AF819680

Recommended by **Teachers**
Trusted by **Toppers**

All in one

इतिहास
कक्षा 12

EVERYTHING YOU NEED TO SCORE

- NCERT की थ्योरी का सरल भाषा में अध्ययन
- वस्तुनिष्ठ प्रश्नों का कवरेज
- दक्षता (Competency) आधारित प्रश्न
- NCERT, बोर्ड परीक्षा व अन्य महत्त्वपूर्ण प्रश्न
- सैंपल पेपर्स

CBSE परीक्षा 2026

लेखकगण
अंकुर कुमार

arihant
SUCCESS AND NOTHING LESS

arihant
SUCCESS AND NOTHING LESS

अरिहन्त प्रकाशन

(स्कूल डिवीज़न सीरीज़)

रजि. कार्यालय

'रामछाया' 4577/15, अग्रवाल रोड, दरिया गंज, नई दिल्ली-110002
फोन: 011-47630600, 43518550; फैक्स: 011-23280316

मुख्य कार्यालय

कालिन्दी, टी०पी० नगर, मेरठ (यूपी)-250002 फोन: 0121-7156203, 7156204

शाखा कार्यालय

आगरा, अहमदाबाद, बरेली, बंगलुरु, चेन्नई, दिल्ली, गुवाहाटी, हैदराबाद, जयपुर, झाँसी, कोलकाता, लखनऊ, नागपुर तथा पुणे

PO No : TXT-XX-XXXXXXX-X-XX

Published by Arihant Publications (India) Ltd.

'अरिहन्त' की पुस्तकों के बारे में अधिक जानकारी के लिए हमारी वेबसाइट www.arihantbooks.com पर लॉग इन करें या info@arihantbooks.com पर सम्पर्क करें।

Follow us on

मूल्य ₹ 425.00

प्रोडक्शन टीम

पब्लिशिंग मैनेजर	कवर डिज़ाइनर	इनर डिज़ाइनर
महेन्द्र सिंह रावत, केशव मोहन	राकेश रावत	अंकित त्यागी
प्रोजेक्ट हैड	*पेज लेआउट*	*प्रूफ रीडर*
पारूल काम्बोज	संजय सागर	शशि रानी

Index *cum* Study Planner

	Studied	Revised	Exam ready

नवीनतम पाठ्यक्रम

भारतीय इतिहास में विषय भाग–1

अध्याय सं.	अध्याय का नाम	अंक
1	**ईंटें, मनके तथा अस्थियाँ** (600 ई. पू. से 600 ई. तक)	25
2	**राजा, किसान और नगर** (600 ई. पू. से 600 ई. तक)	
3	**बंधुत्व, जाति तथा वर्ग** (600 ई. पू. से 600 ई. तक)	
4	**विचारक, विश्वास और इमारतें** (600 ई. पू. से 600 ई. तक)	

भारतीय इतिहास में विषय भाग–2

5	**यात्रियों के नजरिए** (10वीं से 17वीं शताब्दी तक)	25
6	**भक्ति–सूफी परंपराएँ** (8वीं से 18वीं शताब्दी तक)	
7	**एक साम्राज्य की राजधानी : विजयनगर** (14वीं से 16वीं शताब्दी तक)	
8	**किसान, जमींदार और राज्य** (16वीं से 17वीं शताब्दी तक)	

भारतीय इतिहास में विषय भाग–3

9	**औपनिवेशवाद और देहात**	25
10	**विद्रोही और राज**	
11	**महात्मा गाँधी और राष्ट्रीय आंदोलन**	
12	**संविधान का निर्माण**	
	विषय से संबंधित मानचित्र कार्य	05
	योग	80
	प्रोजेक्ट कार्य	20
	योग	**100**

01

अध्याय

हड़प्पा सभ्यता को सिंधु घाटी सभ्यता के नाम से भी जाना जाता है हड़प्पा पुरातत्वेत्ताओं द्वारा प्राप्त इस सभ्यता का प्रथम स्थल था।

▼ **अध्ययन एक नजर में**

▼ **अभ्यास के लिए**

- बहुविकल्पीय प्रश्न 51, चित्र आधारित, कथन/कारण, सुमेलित कीजिए
- वर्णनात्मक प्रकार के प्रश्न (लघु उत्तरीय प्रश्न 20, दीर्घ उत्तरीय प्रश्न 6)
- स्रोत आधारित प्रश्न 5, मानचित्र आधारित प्रश्न 4

ईंटें, मनके तथा अस्थियाँ (हड़प्पा सभ्यता)

1.1 हड़प्पा सभ्यता का विस्तार

- हड़प्पा सभ्यता विश्व की प्राचीन सभ्यताओं में से एक है तथा यह मेसोपोटामिया की सभ्यता के समकालीन है। इस सभ्यता को **सिंधु घाटी की सभ्यता** या **हड़प्पा संस्कृति** भी कहा जाता है।
- पुरातत्त्वविद् 'संस्कृति' शब्द का प्रयोग ऐसे समूह के लिए करते हैं, जो एक विशिष्ट शैली के होते हैं और जिनका एक विशेष भौगोलिक क्षेत्र तथा कालखंड से संबंध पाया जाता है। इस सभ्यता का नामकरण हड़प्पा नामक स्थान (जहाँ यह संस्कृति पहली बार खोजी गई थी) के नाम पर किया गया है।
- हड़प्पा सभ्यता की कुल समय अवधि 6000 ईसा पूर्व से 1300 ईसा पूर्व तक है। इस सभ्यता के काल को सामान्यत: तीन चरणों में विभक्त किया गया है
  (i) **आरंभिक हड़प्पा संस्कृति** 6000 ईसा पूर्व से 2600 ईसा पूर्व तक
  (ii) **परिपक्व हड़प्पा संस्कृति** 2600 ईसा पूर्व से 1900 ईसा पूर्व तक (हड़प्पा सभ्यता का शहरी चरण)
  (iii) **उत्तर हड़प्पा संस्कृति** 1900 ईसा पूर्व से 1300 ईसा पूर्व तक (हड़प्पा सभ्यता के पतन का चरण)
- हड़प्पा सभ्यता का विस्तार तीन देशों **भारत, पाकिस्तान** एवं **अफगानिस्तान** तक विस्तृत है।
- इन देशों में हड़प्पाई मुहरें संभवत: हड़प्पा सभ्यता की सर्वाधिक वस्तुस्थिति का बोध कराती हैं। सेलखड़ी नामक पत्थर से बनाई गई इन मुहरों पर एक ऐसी लिपि का चिह्न अंकित है, जिसे अभी तक पढ़ा नहीं जा सका है। यह एक विशिष्ट प्रकार की लिपि (चित्रात्मक) है, जो दाईं से बाईं ओर लिखी जाती है।
- हड़प्पा सभ्यता के संदर्भ में विभिन्न पुरावस्तुएँ; जैसे—मुहरें, मनके, बाट, पत्थर के फलक तथा पकी हुई और बिना पकी हुईं ईंटें भी प्राप्त हुई हैं। ये सभी वस्तुएँ अफगानिस्तान, सिंध, बलूचिस्तान जैसे क्षेत्रों से प्राप्त हुई हैं।
- हड़प्पा सभ्यता के साक्ष्य भारत के भू-क्षेत्र के अंतर्गत जम्मू-कश्मीर, पंजाब, हरियाणा, राजस्थान, उत्तर-प्रदेश, गुजरात और महाराष्ट्र के क्षेत्रों से पाए गए हैं।

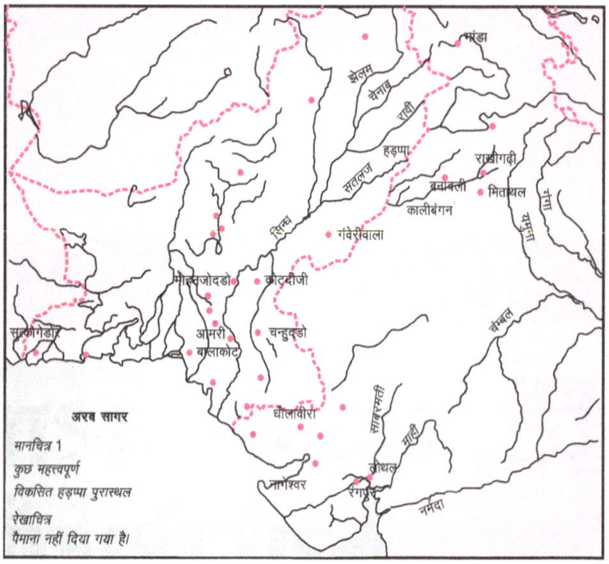

▲ अरब सागर

- हड़प्पा सभ्यता में खोजे गए प्रमुख स्थल हड़प्पा एवं मोहनजोदड़ो हैं। हड़प्पा सबसे पहले खोजा गया शहर था, परंतु सबसे महत्त्वपूर्ण एवं प्रसिद्ध शहर मोहनजोदड़ो था।
- परिपक्व हड़प्पा काल से पहले इस क्षेत्र में कई पुरातात्विक संस्कृतियाँ अस्तित्व में थीं।
- मिट्टी के बर्तन, कृषि, पशुपालन एवं इन संस्कृतियों से संबंधित शिल्प के प्रमाण मिले हैं।
- बस्तियाँ आकार में छोटी थीं और उनकी कोई बड़ी इमारत नहीं थी।
- हाल के पुरातात्विक साक्ष्य इंगित करते हैं कि हड़प्पा संस्कृति में प्रारंभिक कृषक समुदाय लगभग 7000 ई.पू. अस्तित्व में था।

हड़प्पा सभ्यता में जीवन निर्वाह के तरीके

हड़प्पा सभ्यता के निवासी अनेक पेड़-पौधों से प्राप्त उत्पाद और जानवरों के मांस का प्रयोग भोजन के रूप में करते थे।

हड़प्पा सभ्यता में जीवन निर्वाह के लिए जिन तरीकों का प्रयोग किया जाता था, उनमें कृषि एवं पशुपालन आदि मुख्य रूप से शामिल थे। इनका वर्णन निम्नलिखित है

कृषि

- हड़प्पा सभ्यता का मुख्य व्यवसाय कृषि था। इस सभ्यता के निवासी अनेक प्रकार के पेड़-पौधों से प्राप्त उत्पाद और जानवरों; जिनमें मछली भी शामिल हैं, से भोजन प्राप्त करते थे।
- उत्खनन के दौरान हड़प्पाई स्थलों से कृषि कार्य के साक्ष्य उपलब्ध हुए हैं; जैसे—मुख्य खाद्यान्न फसलों में गेहूँ, जौ, दाल, सफेद चना तथा तिल।
- गुजरात (लोथल) से बाजरा प्राप्त हुआ है और चावल के साक्ष्य अपेक्षाकृत कम प्राप्त हुए हैं।

कृषि प्रौद्योगिकी

▲ पकी मिट्टी से बना वृषभ

- मुहरों एवं **मृणमूर्तियों** (Terracotta Sculpture) (पुरातात्विक स्रोत) के आधार पर स्पष्ट होता है कि हड़प्पा सभ्यता में खेत जोतने के लिए बैलों का प्रयोग किया जाता था।
- चोलिस्तान (थार राजस्थान से लगा पाकिस्तानी रेगिस्तान) तथा बनावली (हरियाणा) से मिट्टी के हल के प्रतिरूप भी कृषि प्रौद्योगिकी की पुष्टि करते हैं।
- कालीबंगन (राजस्थान) से जुते हुए खेत के साक्ष्य मिले हैं।
- हड़प्पा सभ्यता के अधिकांश स्थल अर्द्ध-शुष्क क्षेत्रों में स्थित हैं, जहाँ कृषि के लिए संभवत: सिंचाई की आवश्यकता पड़ती है।
- अफगानिस्तान के **शोर्तुघई** (Shortughai) नामक स्थल से हड़प्पा सभ्यता में सिंचाई नहर का अवशेष मिलना इस बात का प्रमाण है।
- विभिन्न स्रोतों से यह भी जानकारी प्राप्त होती है कि सिंचाई हेतु कुओं का प्रयोग भी किया जाता था।
- इसके अतिरिक्त धौलावीरा (गुजरात) में मिले जलाशय का प्रयोग संभव: कृषि के लिए जल संचय हेतु किया जाता था।

पशुपालन एवं शिकार

- पशुपालन के रूप में भेड़, बकरी, भैंस, सुअर आदि के साक्ष्य (हड्डियाँ) प्राप्त हुए हैं। इन साक्ष्यों के अध्ययन से स्पष्ट है कि ये सभी पालतू पशु थे।
- हड़प्पा संस्कृति में जंगली प्रजातियों; जैसे—जंगली सुअर, हिरण व घड़ियाल की हड्डियों के साक्ष्य भी प्राप्त हुए हैं।
- साक्ष्यों से यह अनुमान लगाया जाता है कि मांस प्राप्त करने के लिए इनका शिकार किया जाता था, परंतु यह पूर्ण रूप से ज्ञात नहीं हो पाया है कि इन जानवरों का शिकार हड़प्पा निवासियों द्वारा किया जाता था या किसी अन्य समुदायों द्वारा।
- पक्षी एवं मछलियों की प्राप्त अस्थियाँ वहाँ के निवासियों का मांसाहारी होने की ओर संकेत करती हैं।

1.2 हड़प्पा सभ्यता का सबसे नियोजित शहरी केंद्र : मोहनजोदड़ो

- नियोजित नगर, हड़प्पा सभ्यता की अनूठी विशेषता थी, जिसके आधार पर शहरी केंद्र विकसित किए गए था। दुर्ग स्थापत्य, गृह स्थापत्य और जल निकासी का आधुनिक पद्धतियों से निर्माण हुआ था। हड़प्पा सभ्यता एक शहरीकरण सभ्यता थी, जिसमें **मोहनजोदड़ो** प्रमुख शहर था। हड़प्पा की संपूर्ण नगर नियोजन व्यवस्था का निम्नलिखित तथ्यों के आधार पर अध्ययन किया जा सकता है; जैसे- मोहनजोदड़ो नगर निम्नलिखित दो भागों में विभाजित था
  (i) **दुर्ग** (निचले नगर से अपेक्षाकृत ऊँचे स्थान पर) यहाँ की संरचनाएँ कच्ची ईंटों के चबूतरें पर बनी हुई थीं। दुर्ग को दीवार से घेरा गया था, जिसका अर्थ है कि इसे निचले शहर से अलग किया गया था।
  (ii) **निचले शहर** (बड़े लेकिन अपेक्षाकृत, निचले स्थान पर) निचले शहरों की भी किलेबंदी की गई थी अर्थात् निचले शहरों को भी दीवारों से घेरा गया था। धौलावीरा और लोथल जैसे स्थलों पर पूरी बस्ती किलेबंद थी।
- लोथल में दुर्ग दीवार से घिरा हुआ तो नहीं था, परंतु कुछ ऊँचाई पर बनाया गया था। इसमें अन्नागार (मालगोदाम) तथा वृहत स्नानागार भी शामिल थे।

वृहद् स्नानागार

- स्नानागार (मोहनजोदड़ो से प्राप्त) आँगन से बना एक आयताकार जलाशय था, जो चारों ओर एक गलियारे से घिरा हुआ था। जलाशय तक जाने के लिए उत्तर और दक्षिण दिशा में दो सीढ़ियाँ बनी हुई थीं।
- स्नानागार में ईंटों को जमाकर तथा उनके ऊपर जिप्सम के गारे के प्रयोग से लेप किया गया था। इसके तीनों ओर कक्ष बने हुए थे, जिनमें से एक कक्ष में बड़ा कुआँ था।
- स्नानागार के उत्तर में एक गली के दूसरी ओर एक अपेक्षाकृत छोटी संरचना थी, जिसमें आठ स्नानघर बनाए गए थे।
- एक गलियारे के दोनों ओर चार-चार स्नानघर बने हुए थे। प्रत्येक स्नानघर में नालियाँ गलियारे के साथ-साथ बने एक नाले में मिलती थीं। पुरातत्त्वविदों के अनुसार, स्नानागार का प्रयोग आनुष्ठानिक स्नान (Ritual Bath) के लिए किया जाता था।

निचला-दुर्ग

- निचला शहर भी दीवार से घेरा गया था।
- नियोजन के अन्य लक्षणों में ईंटें शामिल हैं, जो धूप में सुखाकर अथवा भट्टी में पकाकर एक निश्चित अनुपात में बनाई गई थीं, जहाँ लंबाई, चौड़ाई ऊँचाई की क्रमशः चार गुनी और दोगनी होती थी।
- पुरातत्त्वविद् अनुमान लगाते हैं कि यह एक ऐसा शहर था, जहाँ लोग काम करते और रहते थे।
- यहाँ, की सड़कें तथा गलियों को लगभग एक 'ग्रिड' पद्धति में बनाया गया था, जो एक-दसूरे को समकोण पर काटती थीं।
- पहले नालियों के साथ गलियों को भी बनाया गया था और फिर उनके अगल-बगल में आवासों का निर्माण किया गया था।
- घरों के गंदे पानी को गलियों की नालियों से जोड़ना था, तो प्रत्येक घर की कम-से-कम एक दीवार का गली से सटा होना आवश्यक था।

गृह-स्थापत्य

- मोहनजोदड़ो के निचले शहर में आवासीय घर बने थे। घरों को बनाते समय एकांतता को महत्त्व दिया गया था। घर के मध्य में आँगन बना होता था, जिसके चारों ओर कमरे बने होते थे।
- गर्म और शुष्क मौसम में संभवतः आँगन, खाना पकाने और कताई करने जैसी गतिविधियों का केंद्र था।
- भूमि तल पर बनी दीवारों में खिड़कियाँ नहीं होती थीं।
- इसके अतिरिक्त आंतरिक भाग अथवा आँगन का सीधा अवलोकन नहीं होता था।

▲ मोहनजोदड़ो की नाली

जल निकासी व्यवस्था

- हड़प्पा सभ्यता के नगरों की उल्लेखनीय विशेषता जल निकासी प्रणाली थी।
- घरों से निकलने वाले अशुद्ध जल की निकासी के लिए गलियों में विशालकाय नालियाँ बनी थीं, जो गलियों के समान ही **ग्रिड प्रणाली** द्वारा एक-दूसरे से जुड़ी हुई थीं तथा एक-दूसरी को काटती थीं।
- जल निकासी प्रणाली का ऐसा प्रारूप लोथल में मिलता है, जहाँ नालियाँ पक्की ईंटों से बनाई जाती थीं तथा छोटी बस्तियों में घर मिट्टी की ईंटों से बने होते थे।

चेक प्वॉइंट 1

1. प्रारंभिक हड़प्पा संस्कृति का समय काल क्या है?
2. हल के टेराकोटा मॉडल कहाँ से मिले हैं?
3. विशाल स्नानागार का उपयोग किस प्रयोजन के लिए किया जाता था?
4. बस्तियों के लिए किस प्रकार की ईंटों का प्रयोग किया जाता था?
5. हड़प्पा सभ्यता के घरों में आँगन का उपयोग कियाद्‌देश्य के लिए होता था?

1.3 कला और शिल्प उत्पादन

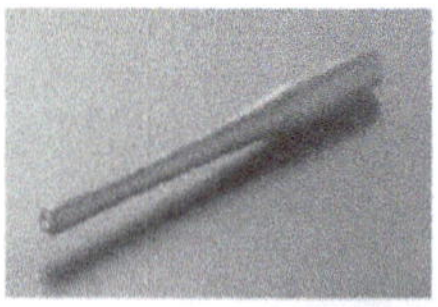
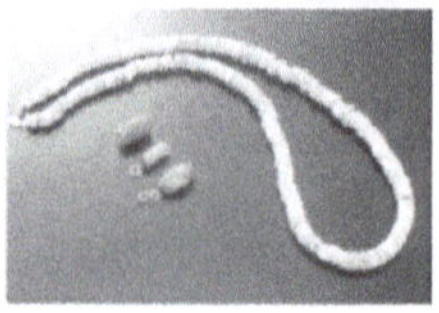

▲ औजार और मनके

- हड़प्पा सभ्यता में शिल्प उत्पादन के लिए सर्वाधिक प्रसिद्ध स्थल **चन्हूदड़ो** था। शिल्प में मनके बनाना, शंखों की कटाई, धातु-कर्म, मुहर निर्माण व बाट बनाने जैसे कार्य शामिल थे।
- शिल्प उत्पादन में मनकों (Beads) की विविधता महत्त्वपूर्ण थी। मनके विभिन्न आकार के होते थे; जैसे—चक्राकार, बेलनाकार, गोलाकार इत्यादि।
- मनकों को उत्कीर्णन एवं चित्रकारी द्वारा सजाया जाता था।
- नागेश्वर एवं बालाकोट शंख से बनी वस्तुओं (चूड़ियाँ, करछियाँ व पच्चीकारी की वस्तुएँ आदि) के निर्माण के विशिष्ट केंद्र थे।
- मनकों का निर्माण लाल रंग के कार्नीलियन, जैस्पर, स्फटिक, पकी मिट्‌टी, क्वाट्‌र्ज, **फयॉन्स**[1] तथा सेलखड़ी से किया जाता था। धातुओं में ताँबे, काँसे व सोने के उपयोग से मनके बनाए जाते थे।
- चन्हूदड़ो धौलावीरा और लोथल में तैयार मनकों को मोहनजोदड़ो और हड़प्पा जैसे बड़े शहरी केंद्रों तक भेजा जाता था। विशिष्ट केंद्रों के अतिरिक्त मोहनजोदड़ो तथा हड़प्पा में भी शिल्प उत्पादन का कार्य किया जाता था।

सामग्री खरीद केंद्र

▲ पकी मिट्‌टी की खिलौना गाड़ी

शिल्प उत्पादन के लिए कुछ सामग्री जो स्थानीय रूप से उपलब्ध थी और कुछ सामग्री; जैसे— पत्थर, लकड़ी और धातु जलोढ़क मैदान के बाहर के क्षेत्रों से मँगानी पड़ती थीं।

- बैलगाड़ियों के मिट्‌टी से बने खिलौनों के प्रतिरूप के संकेत मिलते हैं कि यह सामान लोगों के लिए स्थल मार्गों द्वारा परिवहन का एक महत्त्वपूर्ण साधन था।
- संभवत: सिन्धु तथा उसकी उपनदियों के पास बने नदी-मार्गों और तटीय मार्गों का प्रयोग कच्चे माल की आपूर्ति के लिए किया जाता था।
- उन्होंने विभिन्न शहरों से अलग-अलग सामग्रियाँ प्राप्त कीं, जो इस प्रकार हैं

सामग्री	शहर
शंख	नागेश्वर, बालाकोट
नीले रंग के पत्थर (लाजवर्द मणि)	शोर्तुघई (अफगानिस्तान)
कार्नीलियन	भड़ौच (गुजरात)
सेलखड़ी	दक्षिणी राजस्थान तथा उत्तरी गुजरात
धातु	राजस्थान
ताँबा	खेतड़ी (राजस्थान), पुरातत्त्वविदों ने खेतड़ी को गणेश्वर-जोधपुर संस्कृति का नाम दिया।
सोना	दक्षिण भारत

1 फयॉन्स (Faience) यह पिसी हुई रेत एवं रंग और चिपचिपे पदार्थ के मिश्रण को पकाकर बनाया जाने वाला पदार्थ था।

सुदूर क्षेत्रों से हड़प्पावासियों के संपर्क के प्रमाण

- सुदूर क्षेत्रों में संपर्क स्थापित कर कच्चा माल प्राप्त किया जाता था; जैसे—खेतड़ी (राजस्थान) में ताँबे तथा दक्षिणी भारत में सोने की प्राप्ति के लिए अभियान किए जाते थे।
- नई पुरातात्विक खोजों एवं अनुसंधानों से स्पष्ट हुआ है कि हड़प्पावासी सुदूर अरब प्रायद्वीप में स्थित ओमान से भी ताँबा लाते थे। इसकी पुष्टि निम्नलिखित तथ्यों से होती है
  - रासायनिक विश्लेषणों में ओमान से प्राप्त ताँबे एवं हड़प्पा की ताँबे की पुरावस्तुओं में निकेल के अंश प्राप्त हुए हैं।
  - हड़प्पा सभ्यता से संबंधित काली मिट्टी की परत चढ़ा एक मर्तबान ओमान से मिला है।
  - ऐसा संभव है कि हड़प्पा सम्भ्यता के लोग इनमें रखे सामान का ओमानी ताँबे से विनिमय करते थे।
  - तीसरी सहस्राब्दि **ईसा पूर्व**[2] के मेसोपोटामिया के लेखों में **मगान**[3] (ओमान) से ताँबा आयात करने का वर्णन है।
  - मेसोपोटामिया के लेखों में ओमान के लिए मगान, बहरीन के लिए दिलमुन तथा हड़प्पा के लिए मेलुहा शब्दों का प्रयोग किया गया है।
- मेसोपोटामिया के लेखों में मेलुहा (हड़प्पा) को नाविकों का देश कहा गया है। इसके अतिरिक्त मुहरों पर जहाजों तथा नावों के चित्रांकन प्राप्त होते हैं।

▲ मेसोपोटामिया की एक विशिष्ट बेलनाकार मुहर

मुहरें, लिपि तथा बाट

मुहरें व मुद्रांकन

▲ हड़प्पाई मुहर

- मुहरें हड़प्पा सभ्यता की विशिष्ट पुरावस्तु हैं। मुहरों व मुद्रांकन का उपयोग सुदूरवर्ती क्षेत्रों को माल भेजने में सुरक्षा सील की भाँति किया जाता था।
- दूर भेजी जाने वाली वस्तु को रस्सी से बाँधकर उस पर गीली मिट्टी लगाकर एक या एक से अधिक मुहरों की छाप मुद्रित कर दी जाती थी।
- यदि इस थैले के अपने गंतव्य स्थान पर पहुँचने तक मुद्रांकन अक्षुण्ण रहा, तो इसका अर्थ यह हुआ कि किसी प्रकार की छेड़-छाड़ नहीं की गई है।
- इससे भेजे जाने वाले माल की विश्वसनीयता बनी रहती थी।
- मुद्रांकन से प्रेषक की पहचान का भी पता चलता था।
- पत्थर से बनी मुहर **स्टीटाइट** कही जाती है। मुहरों में जानवरों के रूपांकनों और लिपियों के संकेत प्राप्त हुए हैं।
- मेसोपोटामिया की कुछ मुहरों पर हड़प्पा में प्रचलित कूबड़दार बैल के चित्र उत्कीर्ण हैं।
- बहरीन में मिली गोलकार फारस की खाड़ी के जैसी मुहर में भी हड़प्पा के जैसे चित्र उत्कीर्ण किए जाते थे।

लिपि

- सामान्यत: हड़प्पाई मुहरों पर एक पंक्ति में कुछ लिखा है, जो सम्भवत: मालिक के नाम और उसके पद को दर्शाता है।
- हड़प्पा की लिपि को समझना अत्यंत कठिन है। विद्वानों ने यह भी सुझाव दिया है कि इन पर बना चित्र (सामान्यत: पर एक जानवर) अनपढ़ लोगों को सांकेतिक रूप से इसका अर्थ बताता था।

▲ धौलावीरा से प्राप्त एक प्राचीन सूचना पट्ट के अक्षर

- अधिकांश अभिलेख संक्षिप्त हैं; सबसे लंबे अभिलेख में लगभग 26 चिह्न हैं। यह लिपि दाईं से बाईं ओर लिखी जाती थी।
- हम विभिन्न प्रकार की वस्तुओं को देखते हैं, जिन पर लिखावट मिली है; जैसे— मुहरें, ताँबे के औजार, मर्तबानों के अँवठ, ताँबे तथा मिट्टी की लघुपट्टिकाएँ, आभूषण, अस्थि-छड़ें और यहाँ तक कि एक प्राचीन सूचना पट्ट।
- यह लिपि वर्णमालीय नहीं थी, क्योंकि इसमें चिह्नों की संख्या बहुत अधिक है— लगभग 375-से 400 के मध्य। हालाँकि यह लिपि आज तक इतिहासकारों द्वारा पढ़ी नहीं जा सकी है।

माप-तौल प्रणाली

- हड़प्पा की अपनी विकसित माप-तौल प्रणाली थी। माप-तौल के लिए बाटों का प्रयोग किया जाता था। ये बाट चर्ट नामक पत्थर द्वारा बनाए जाते थे और सामान्यत: ये किसी भी प्रकार के निशान से रहित घनाकार होते थे।

---

2 **ईसा पूर्व** (BC) से तात्पर्य बिफोर क्राइस्ट से है अर्थात् ईसवी सन् प्रारंभ होने से पूर्व का कालखंड।

3 **मगान** (Magan) इतिहासकारों के अनुसार, मगान संभवत: ओमान के लिए प्रयुक्त नाम था।

- इन बाँटों के निचले मानदंड द्विआधारी (1, 2, 4, 8, 16, 32, 160, 200, 320, 640) थे, जबकि ऊपरी मानदंड दशमलव प्रणाली का अनुसरण करते थे।
- छोटे बाट आभूषण व मनकों को तौलने के लिए प्रयोग किए जाते थे।
- उत्खनन में धातु से निर्मित तराजू के पलड़े भी मिले हैं।
- स्थानीय दिलमुन बाटों ने हड़प्पा मानक का पालन किया।

1.4 हड़प्पा सभ्यता की सामाजिक और आर्थिक व्यवस्था

- पुरातत्त्वविदों के अनुसार, हड़प्पाई समाज में संस्कृति के विविध पक्ष दिखाई देते हैं। यह विविधता धार्मिक और रहन-सहन की पद्धतियों पर आधारित होती है। हड़प्पा सभ्यता की सामाजिक व्यवस्था को निम्न रूपों में समझा जा सकता है

कलाकृतियाँ

▲ फयॉन्स से बना पात्र

- पुरातत्त्वविद् सामान्यत: कलाकृतियों को उपयोगी और विलासपूर्ण वस्तुओं में वर्गीकृत करते हैं।
- दैनिक जीवन में उपयोग की जाने वाली उन वस्तुओं को चिह्नित किया गया है, जिन्हें पत्थर अथवा मिट्टी जैसे सामान्य पदार्थों से सरलतापूर्वक बनाया जा सकता है। उदाहरण के लिए चक्कियाँ, मृद्भांड, सुइयाँ आदि।
- पुरातत्त्वविद् उन वस्तुओं को कीमती मानते हैं, जो दुर्लभ, अथवा मँहगी स्थानीय स्तर पर अनुपलब्ध पदार्थों से या जटिल तकनीकों से निर्मित हों।
- इस प्रकार फयॉन्स के छोटे पात्र संभवत: कीमती माने जाते थे, क्योंकि इन्हें बनाना कठिन था।
- फयॉन्स के बने लघुपात्र मादक एवं सुगंधित द्रव्यों के लिए प्रयोग किए पात्रों के रूप में प्रयुक्त होते थे, जो हड़प्पा और मोहनजोदड़ो से प्राप्त हुए हैं।
- महँगे पदार्थों से बनी दुर्लभ वस्तुएँ सामान्यत: मोहनजोदड़ो और हड़प्पा जैसी बड़ी बस्तियों में केंद्रित हैं।
- हड़प्पा स्थलों से मिले सभी स्वर्णाभूषण संचयों से प्राप्त हुए थे।

शवाधान की प्रक्रिया

- हड़प्पा सभ्यता में मृतकों को प्राय: कब्रों में दफनाया जाता था। हड़प्पाई कब्रों की गर्तों की बनावट में भिन्नता पाई गई है। कुछ स्थानों पर गर्त की सतहों में ईंटों की चिनाई की गई थी। इसके अतिरिक्त कुछ कब्रों से मृद्भांड व आभूषण भी मिले हैं। कहीं-कहीं पर मृतक के साथ ताँबे के दर्पणों को भी दफनाया गया था।
- यद्यपि हड़प्पावासियों का मृतकों के साथ बहुमूल्य वस्तुएँ दफनाने में विश्वास नहीं था।
- कुछ स्थानों पर युगल शवाधानों (महिला और पुरुषों का एकसाथ शवाधान) के साक्ष्य भी प्राप्त हुए हैं; जैसे—एक ही कब्र से महिला एवं पुरुष दोनों के आभूषण प्राप्त हुए हैं।
- 1980 के दशक के मध्य में हड़प्पा के कब्रिस्तान में उत्खनन कार्य किया गया, जिसमें शंख के तीन छल्ले, अनेक सूक्ष्म मनके और जैस्पर से बना आभूषण एक पुरुष की खोपड़ी के पास पाया गया था।

चेक प्वॉइंट 2

1. नालियों के निर्माण के लिए किस सामग्री का उपयोग किया गया था?
2. मेसोपोटामिया के ग्रंथों में मेलुहा का वर्णन किस प्रकार किया गया है?
3. मुहर मुख्य रूप से किस सामग्री की बनी है?
4. कौन-से स्थानीय बाट हड़प्पा मानक का पालन करते हैं?
5. हड़प्पा लिपि में सबसे लंबे अभिलेख में चिह्न है?

1.5 हड़प्पा सभ्यता का पतन

हड़प्पा सभ्यता से प्राप्त साक्ष्यों के अनुसार 1800 ई. पू. तक चोलिस्तान जैसे क्षेत्रों में हड़प्पा स्थलों का पतन हो गया था, जबकि गुजरात, हरियाणा तथा पश्चिमी उत्तर प्रदेश की नई बस्तियों में जनसंख्या बढ़ने लगी थी।

भौतिक संस्कृति का परिवर्तन

- 1900 ई. पू. के पश्चात् अस्तित्व में रहे उत्तरकालीन हड़प्पा के कुछ चुने हुए केंद्रों से पतनशील हड़प्पा सभ्यता के स्थलों में बदलाव आया था।
- मुहर, बाट तथा मनकों जैसी विशिष्ट पुरावस्तुएँ समाप्त हो गई थीं। लेखन, शिल्प (Craft) तथा लंबी दूरी के व्यापार भी समाप्त हो गए थे। आावास निर्माण की तकनीकों द्वारा सार्वजनिक संरचनाओं का निर्माण बंद हो गया।
- नगरीय हड़प्पा सभ्यता ग्रामीण जीवन-शैली की ओर संकेत करती है। इसके कारण इन संस्कृतियों को **उत्तर हड़प्पा** (Later Harrapan) अथवा **अनुवर्ती संस्कृतियों** (Successor Cultures) के नाम से जाना गया।
- अनेक विद्वान मानते हैं कि जलवायु परिवर्तन, वनों का विनाश, विनाशकारी बाढ़, नदियों का सूखना व मार्ग बदलना तथा भूमि के अत्यधिक दोहन जैसे कारकों ने इस सभ्यता के पतन का मार्ग प्रशस्त किया।

हड़प्पा सभ्यता की खोज

हड़प्पा सभ्यता की खोज अनकों पुरातत्त्वविदों के साझे प्रयास का परिणाम है। उन्होंने हड़प्पा सभ्यता के बारे में जानकारी प्राप्त करने के लिए अनेक तरीकों का प्रयोग किया।

अलेक्जेंडर कनिंघम

- भारतीय पुरातात्विक सर्वेक्षण के पहले डायरेक्टर जनरल अलेक्जेंडर कनिंघम थे, जिन्हें 'भारतीय पुरातत्त्व का जनक' कहा जाता है।
- इन्होंने उन्नीसवीं शताब्दी के मध्य से पुरातात्विक उत्खनन आरंभ किया।
- कनिंघम ने आरंभिक बस्तियों की पहचान के लिए चौथी से सातवीं शताब्दी ईसवी के बीच उपहाद्वीप में आए चीनी बौद्ध तीर्थ यात्रियों द्वारा छोड़े गए वृत्तांतों का प्रयोग किया है।
- इन्होंने अपने सर्वेक्षण के दौरान मिले अभिलेखों का संग्रहण, प्रलेखन तथा अनुवाद किया।
- कनिंघम ने हड़प्पा स्थल से प्राप्त मुहर पर ध्यान दिया, उसे एक ऐसे कालखंड में दिनांकित करने का असफल प्रयास किया, जिससे वे परिचित थे।
- अलेक्जेंडर का यह मानना था कि भारतीय इतिहास का प्रारंभ गंगा घाटी में उपस्थित पहले शहरों के साथ हुआ था। उनकी सुनिश्चित अवधारणा के चलते यह कोई आश्चर्य की बात नहीं है कि वह हड़प्पा के महत्त्व को समझने से चूक गए।

दयाराम साहनी और राखलदास बनर्जी

- दयाराम साहनी ने 20वीं शताब्दी के पूर्वाद्ध में हड़प्पाई मुहर की खोज की।
- राखलदास बनर्जी से दयाराम साहनी द्वारा खोजी गई हड़प्पाई मुहर के समरूप, दूसरी मुहर मोहनजोदड़ो में खोजी गई। इससे अनुमान लगाया गया कि ये दोनों पुरास्थल एक ही पुरातात्विक संस्कृति के भाग थे।

जॉन मार्शल

- इन्हीं खोजों के आधार पर वर्ष 1924 में भारतीय पुरातात्विक सर्वेक्षण के डायरेक्टर जनरल जॉन मार्शल ने सम्पूर्ण विश्व के समक्ष सिंधु घाटी में एक नवीन सभ्यता की खोज की घोषणा की।
- मार्शल, पुरास्थल के स्तर विन्यास को पूर्ण रूप से अनदेखा कर, पूरे टीले में समान परिमाण वाली नियमित क्षैतिज इकाइयों के साथ-साथ उत्खनन का प्रयास करते थे।
- भारतीय पुरातात्विक सर्वेक्षण के डायरेक्टर-जनरल के रूप में जॉन मार्शल का कार्यकाल वास्तव में भारतीय पुरातत्त्व में एक व्यापक परिवर्तन का काल था।
- वे भारत में कार्य करने वाले पहले पेशेवर पुरातत्वविद् थे और वे यहाँ यूनान तथा क्रीट से अपने कार्यों का अनुभव भी लाए।

आर. ई. एम. व्हीलर

- इनके अनुसार, वर्ष 1944 में भारतीय पुरातत्वविद् सर्वेक्षण के डायरेक्टर जनरल थे।
- व्हीलर ने पहचाना कि एक समान क्षैतिज इकाइयों के आधार पर खुदाई के अतिरिक्त टीले के स्तर विन्यास का अनुसरण करना अधिक आवश्यक था।

1.6 अतीत को जोड़कर पूरा करने की कठिनाइयाँ

- हड़प्पाई लिपि से प्राचीन सभ्यता को जानने में कोई मदद नहीं मिलती, किंतु यह भौतिक साक्ष्य है, जो पुरातत्त्वविदों को हड़प्पाई जीवन को ठीक प्रकार से पुनर्निमित करने में सहायता करती है।
- कपड़ा, चमड़ा, लकड़ी, तथा सरकंडे जैसे जैविक पदार्थ सामान्यत: सड़ जाते हैं। विशेष रूप से उष्णकटिबंधीय क्षेत्रों में जो वस्तुएँ बच जाती हैं, वे हैं— पत्थर, पकी मिट्‌टी तथा धातु आदि।

खोजों का वर्गीकरण

वर्गीकरण का एक सामान्य सिद्धांत प्रयुक्त पदार्थों जैसे; पत्थर, मिट्‌टी धातु, अस्थि, हाथी दाँत आदि के संबंध में होता है। दूसरा और अधिक जटिल, उनकी उपयोगिता के आधार पर होता है।

- कभी-कभी पुरातत्वविदों को अप्रत्यक्ष साक्ष्यों का सहारा लेना पड़ता है। उदाहरण के लिए, हालाँकि कुछ हड़प्पा स्थलों से कपास के टुकड़े मिले हैं, पर पहनावे के विषय में जानने के लिए हमें अप्रत्यक्ष साक्ष्यों; जैसे मूर्तियों में चित्रण पर निर्भर रहना पड़ता है।

पुरातात्विक व्याख्या की समस्याएँ

- पुरातात्विक व्याख्या की समस्याएँ संभवत: सबसे अधिक धार्मिक प्रथाओं के पुनर्निर्माण के प्रयासों में सामने आती हैं।
- आरंभिक पुरातत्त्वविदों को लगता था कि कुछ वस्तुएँ, जो असामान्य और अपरिचित लगती थीं, संभवत: धार्मिक महत्त्व की होती थीं। इनको निम्न बिंदुओं द्वारा समझ सकते हैं

▲ आद्य शिव की मुहर

– आभूषणों से लदी हुई नारी मृण्मूर्तियाँ, जिनमें कुछ के शीर्ष पर विस्तृत प्रसाधन थे। इन्हें मातृदेवियों की संज्ञा की गई है।
– पुरुषों की दुर्लभ पत्थर से बनी मूर्तियाँ, जिनमें उन्हें एक मानकीकृत मुद्रा में; जैसे— एक हाथ घुटने पर रखा-बैठा हुआ दिखाया गया है, जैसा कि 'पुरोहित राजा' को।
– अन्य दृष्टांतों में संरचनाओं को आनुष्ठानिक महत्त्व का माना गया है। इसमें विशाल स्नानागार तथा कालीबंगन हुए तथा लोथल से मिली वेदियाँ सम्मिलित हैं।
– कुछ मुहरों पर एक आकृति जिसे 'पालथी' मारकर 'योगी' की मुद्रा में बैठा हुआ दिखाया गया है और कभी-कभी जानवरों से घिरा हुआ दर्शाया गया है, को 'आद्य शिव की संज्ञा दी गई है।
– कुछ मुहरों पर पेड़-पौधे उत्कीर्ण हैं, मान्यतानुसार वे प्रकृति की पूजा के संकेत देते हैं।
– कुछ मुहरों पर बनाए गए जानवर; जैसे— एक सींगवाला जानवर, जिसे आमतौर पर एकश्रृंगी माना जाता है।
– पत्थर की शंक्वाकार वस्तुओं को लिंग के रूप में वर्गीकृत किया गया है।
– सबसे आरंभिक धार्मिक ग्रंथों में ऋग्वेद (लगभग 1500 से 1000 ईसा पूर्व) में रुद्र नामक देवता का उल्लेख मिलता है, जो बाद की पौराणिक परंपराओं में शिव के लिए प्रयुक्त एक नाम है।

1.7 हड़प्पा सभ्यता की प्राचीन सत्ता

- हड़प्पाई मुद्रा, (मुहरों) बाट तथा ईंटों में एकरूपता हड़प्पा सभ्यता में शासक वर्ग को इंगित करती है, क्योंकि ये सभी एकीकृत सत्ता द्वारा ही निर्धारित किए जाते हैं।
- हड़प्पाई समाज में जटिल फैसले लेने और उन्हें कार्यान्वित करने के संकेत मिलते हैं।

▲ पुरोहित राजा

प्रासाद और शासक

- मोहनजोदड़ो से प्राप्त एक विशाल भवन को कुछ पुरातत्त्वविदों ने राजप्रासाद (राजभवन) की संज्ञा दी है, किंतु वहाँ से शासक वर्ग से संबंधित भव्य वस्तुएँ नहीं मिली हैं।
- एक पत्थर की मूर्ति को 'पुरोहित राजा'की संज्ञा दी गई है और यह नाम आज भी प्रचलित है। ऐसा इसलिए है, क्योंकि पुरातत्वविद् पुरातात्विक मेसोपोटामिया के इतिहास तथा वहाँ के पुरोहित राजाओं से परिचित थे और यही समस्याएँ उन्होंने सिंधु घाटी में खोजी।
- कुछ पुरातत्वविद् इस मत से सहमत हैं कि हड़प्पाई समाज में शासक नहीं थे तथा सभी की सामाजिक स्थिति समान थी।
- दूसरे पुरातत्वविद् यह मानते हैं कि यहाँ कोई नहीं, बल्कि कई शासक थे; जैसे— हड़प्पा और मोहनजोदड़ो में कई अलग-अलग शासक थे।

- कुछ पुरातत्त्वविद् यह तर्क देते हैं कि यह एक ही राज्य था; जैसा कि पुरावस्तुओं में समानताओं, नियोजित बस्तियों के साक्ष्यों, ईंटों के आकार में निश्चित अनुपात तथा बस्तियों के कच्चे-माल के स्रोतों के समीप स्थित है।
- कुछ इतिहासकारों के अनुसार, हड़प्पावासियों ने एक प्रकार की लोकतांत्रिक प्रणाली को अपनाया था।

निष्कर्ष

- दशकों से पुरातात्विक कार्यों के बाद हमें हड़प्पा सभ्यता की अर्थव्यवस्था कार्यप्रणाली और सामाजिक स्थिति की अच्छी समझ है, लेकिन अभी भी बहुत-सी जानकारी पूर्णरूप से हासिल करना शेष है।

चेक प्वॉइंट 3

1. हड़प्पा सभ्यता के पतन के बाद उभरे ग्रामीण जीवन का वर्णन करने के लिए किस शब्द का प्रयोग किया जाता है?
2. किसे भारतीय पुरातात्विक का जनक कहा जाता है?
3. जॉन मार्शल ने अपने काम के दौरान किस उत्खनन विधि का उपयोग किया?
4. महिलाओं की टेराकोटा मूर्तियाँ किसका प्रतिनिधित्व करती थीं?
5. कौन-सी विशेषता यह दर्शाती है कि हड़प्पा बस्तियों की योजना बनाई गई थी?

टाइमलाइन

आरंभिक भारतीय पुरातत्त्व के प्रमुख कालखंड

20 लाख वर्ष (वर्तमान से पूर्व)	निम्न पुरापाषाण काल
80,000	मध्य पुरापाषाण काल
35,000	उच्च पुरापाषाण काल
12,000	मध्य पाषाण काल
10,000	नवपाषाण काल (आरंभिक कृषक तथा पशुपालक)
6,000	ताम्र पाषाण काल (ताँबे का पहली बार प्रयोग)
2600 ई. पू.	हड़प्पा सभ्यता
1000 ई. पू.	आरंभिक लौहकाल, महापाषाण शवाधान
600-400 ई. पू.	आरंभिक ऐतिहासिक काल

हड़प्पाई पुरातत्त्व के विकास के प्रमुख चरण

उन्नीसवीं शताब्दी	
1875	हड़प्पाई मुहर पर कनिंघम की रिपोर्ट
बीसवीं शताब्दी	
1921	दयाराम साहनी द्वारा हड़प्पा में उत्खननों का आरंभ।
1925	मोहनजोदड़ो में उत्खननों का प्रारंभ।
1946	आर ई एम व्हीलर द्वारा हड़प्पा में उत्खनन।
1955	एस आर राव द्वारा लोथल में खुदाई का आरंभ।
1960	बी बी लाल तथा बी के थापर के नेतृत्व में कालीबंगन में उत्खननों का आरंभ।
1974	एम आर मुगल द्वारा बहावलपुर में अन्वेषणों का आरंभ।
1980	जर्मन-इतालवी संयुक्त दल द्वारा मोहनजोदड़ो में सतह-अन्वेषणों का आरंभ।
1986	अमेरिकी दल द्वारा हड़प्पा में उत्खननों का आरंभ।
1990	आर एस बिष्ट द्वारा धौलावीरा में उत्खननों का आरंभ।
1997	अमरेंद्रनाथ ने राखीगढ़ी में खुदाई शुरू की।
2013	बसंत शिंदे ने राखीगढ़ी में पुरातत्व अनुवांशिक अनुसंधान शुरू किया।

Mind Map

ईंटें, मनके तथा अस्थियाँ (हड़प्पा सभ्यता)

1 आरंभ

हड़प्पा संस्कृति लगभग 7000 ई. पू. के शुरुआती कृषक समुदायों से उभरी

2 निर्वाह के तरीके

कृषि प्रौद्योगिकी

- चालिस्तान के कई स्थलों और बनावली (हरियाणा) से मिट्टी से बने हल के प्रतिरूप मिले हैं।
- कालीबंगा (राजस्थान) में जुते हुए खेत में हल रेखाओं के दो समूह एक-दूसरे को समकोण पर काटते हुए मिले हैं, जो एक साथ दो अलग-अलग फसलें उगाने का संकेत करते हैं।
- पुरातत्त्वविदों का मानना है कि हड़प्पा के लोग हल चलाने के लिए बैलों का और फसलों की कटाई के लिए पत्थर या धातु से बने औजारों का प्रयोग करते थे।

3 मोहनजोदड़ो एक योजना बद्ध शहर

नालों का निर्माण

- सड़के ग्रिड पैटर्न पर बिछाई गई थीं।
- घर, नालियों से जुड़ी सड़कों के किनारे बनाए गए थे।

गृह स्थापत्य

आवासीय भवन एक आँगन पर केंन्द्रित थे, जिसके चारों ओर कमरे बने थे। संभवतः आँगन, खाना पकाने और कताई करने जैसी गतिविधियों का केंद्र था।

दुर्ग

- इसमें सार्वजनिक और आनुष्ठानिक उद्‌देश्यों के लिए संरचनाएँ हैं।
- विशाल स्नानागार-आँगन में बना एक आयताकार जलाशय है, जो चारों ओर से एक गलियारे से घिरा है।

4 शिल्प-उत्पादन के विषय में जानकारी

उत्पादन के केंद्रों की पहचान करना

- शिल्प केंद्रों की पहचान के लिए पुरातत्त्वविद् सामान्यतः निम्नलिखित को ढूँढते हैं; जैसे प्रस्तर पिंड, पूरे शंख तथा ताँबा-अयस्क जैसा कच्चा माल, औजार, अपूर्ण वस्तुएँ त्याग दिया गया मल तथा कूड़ा-करकट आदि।

5 माल प्राप्त करने संबंधी नीतियाँ

उपमहाद्वीप और उससे आगे से आने वाला माल

- हड़प्पावासियों ने मूल्यवान सामग्रियों के स्रोतों के नजदीक बस्तियाँ स्थापित कीं।
- सुदूर क्षेत्रों से प्राप्त हड़प्पा की कलाकृतियाँ सुदूर क्षेत्रों के साथ व्यापार संबंधों का संकेत देती हैं।

6 मुहरें, लिपि और बाट

वजन

विनिमय बाटो की एक सूक्ष्म या परिशुद्ध प्रणाली द्वारा नियंत्रित थे। ये बाँट सामान्यतः चार्ट से निर्मित घनाकार थे।

मुहरें और मुद्रांकन

इनका प्रयोग लंबी दूरी के संपर्कों को सुविधाजनक बनाने के लिए होता था।

एक रहस्यमय लिपि

- सामान्यतः हड़प्पाई मुहरों पर एक पंक्ति में कुछ लिखा है, जो संभवतः मालिक के नाम को दर्शाता है।
- अधिकांश अभिलेख संक्षिप्त हैं; सबसे लंबे अभिलेख में लगभग 26 चिह्न हैं।

7 सामाजिक भिन्नताओं का अवलोकन

शवाधान

- हड़प्पा शवाधानों में आमतौर पर मृतकों को गर्तों में दफनाया जाता था।
- कुल मिलाकर ऐसा लगता है कि हड़प्पा सभ्यता के निवासियों का मृतकों के साथ बहुमूल्य वस्तुएँ दफनाने में विश्वास नहीं था।

कलाकृतियाँ

कलाकृतियों को उपयोगी (दैनिक उपयोग की वस्तुएँ; जैसे -चक्की, मिट्टी के बर्तन, सुई आदि) तथा विलास (जटिल तकनीकों से बनी दुर्लभ, महँगी वस्तुएँ)की वस्तुओं के रूप में वर्गीकृत करते हैं।

8 सभ्यता का अंत

जलवायु परिवर्तन (वनों की कटाई, अत्यधिक बाढ़, नदियों का सूखना तथा भू उपयोग प्रारूप परिवर्तन) और सुदृढ़ एकीकरण तत्त्व के अभाव से पतन का मार्ग प्रशस्त किया।

9 अतीत को जोड़कर पूरा करने की समस्याएँ

खोजों का वर्गीकरण

पुरातत्त्वविदों को यह तय करना पड़ता है कि उदाहरणतः कोई पुरावस्तु एक औज़ार है, या एक आभूषण या फिर दोनों अथवा आनुष्ठानिक प्रयोग की कोई वस्तु आदि।

व्याख्या की समस्याएँ

हड़प्पाई धर्म के कई पुनर्निर्माण इस अनुमान के आधार पर किए गए हैं कि आरंभिक तथा बाद की परंपराओं में समानताएँ होती हैं।

सीमित साक्ष्य

जैविक पदार्थ अपघटित हो जाते हैं, केवल टिकाऊ वस्तुएँ ही बची हुई हैं, जिससे सदियों की उपलब्धता सीमित है।

NCERT फोल्डर

अध्याय के मध्य में दिए गए प्रश्न

1. आहार संबंधी आदतों को जानने के लिए पुरातत्त्वविद् किन साक्ष्यों का प्रयोग करते हैं?

उत्तर आहार संबंधी आदतों को जानने के लिए पुरातत्त्वविद् कुछ साक्ष्यों का अवलोकन करते थे

- जले हुए अनाजों की खोज तथा पहचान, जिससे उस क्षेत्र में प्रयुक्त किए गए खाद्य को समझा जा सकता था।
- पुरातत्त्वविद् जानवरों की हड्डियों से भी आहार संबंधी आदतों का पता लगाते हैं। इससे यह पता चलता है कि लोग किस जानवर को भोजन के रूप में प्रयोग करते थे।
- पेड़-पौधों के अवशेषों से भी इसका आकलन किया जाता था।

2. निचला शहर दुर्ग से किस प्रकार भिन्न है?

उत्तर मोहनजोदड़ो नगर दो भागों में विभाजित था- पहला ऊपरी दुर्ग तथा दूसरा निचला शहर। निचला शहर, कुछ बातों में दुर्ग से भिन्न था; जैसे-

- दुर्ग ऊँचाई पर बनाया गया था, जबकि निचला शहर नीचे बनाया गया था।
- निचले शहर में सामान्य लोगों का निवास था। इसके विपरीत दुर्ग क्षेत्र में महत्त्वपूर्ण सार्वजनिक स्मारक व भवन स्थित थे; जैसे–वृहद् स्नानागार, अन्नागार आदि।
- दुर्ग की अवस्थिति नगर के पश्चिम में थी, जबकि निचला शहर पूर्व में स्थित था।

3. मोहनजोदड़ो के कौन-से वास्तुकला संबंधी लक्षण नियोजन की ओर संकेत करते हैं?

उत्तर मोहनजोदड़ो से प्राप्त स्नानागार एक प्रमुख पुरातात्विक साक्ष्य है, जिससे वास्तुकला संबंधी महत्त्वपूर्ण लक्षण नियोजित होते हैं। विशाल स्नानागार आँगन में बना जलाशय है, जो चारों ओर से घिरा एक आयताकार जलाशय है। इसके दक्षिण और उत्तरी भाग में उतरने के लिए सीढ़ियाँ बनी हैं। स्नानागार में जल के निकास की भी व्यवस्था है। इस जलाशय का पानी एक बड़े नाले में बह जाता है।

मोहनजोदड़ो का गृह स्थापत्य भी पूर्णतया नियोजित हैं। घर के मध्य में एक आँगन होता था, जिसके चारों ओर कमरे होते थे। वस्तुतः यह इसलिए रहा होगा ताकि वायु तथा प्रकाश का प्रवाह बना रहे।

4. हड़प्पाई क्षेत्र से ओमान, दिलमुन तथा मेसोपोटामिया तक किन मार्गों से जाया जा सकता था?

उत्तर ओमान, दिलमुन तथा मेसोपोटामिया जाने के लिए सामुद्रिक मार्गों का प्रयोग होता था। मेसोपोटामिया के लेख मेलुहा (हड़प्पा) को नाविकों का देश कहते हैं। इन क्षेत्रों से हड़प्पा के व्यापारिक संबंध थे।

5. क्या हड़प्पाई समाज में सभी लोग समान रहे होंगे?

उत्तर हड़प्पाई समाज विविधता पूर्ण समाज था, जो व्यापारिक आधार तथा सामाजिक प्रतिष्ठा के आधार पर विभाजित था। हड़प्पा में इमारतों की बसावट से भी स्पष्ट होता है कि समाज में समानता नहीं थी; जैसे–अभिजात वर्ग दुर्ग क्षेत्र में, जबकि सामान्य वर्ग निचले शहर में रहता थी। इसके अतिरिक्त कई अन्य इमारतें भी थीं, जिन पर अभिजात वर्गों का ही अधिकार रहा होगा; जैसे- अन्नागार। व्यापार व्यवस्था के अंतर्गत एक वर्ग भी था, जो हड़प्पा के बाध्य तथा आंतरिक व्यापार पर प्रभुत्व रखता था, जिनके पास सम्भवतः अधिक धन रहता था।

6. हड़प्पाई अर्थव्यवस्था के वे कौन-से पहलू हैं, जिनका पुनर्निर्माण पुरातात्विक साक्ष्यों के आधार पर किया गया है?

उत्तर हड़प्पाई अर्थव्यवस्था में ऐसे कई पहलू हैं, जिनका प्रयोग इतिहासकार द्वारा पुनर्निर्माण में किया जाता है; जैसे-

- देशी (आंतरिक) या बाह्य व्यापार की दशा।
- मुद्राओं का व्यापार एवं विनिमय के रूप में प्रयोग।
- आयात-निर्यात की सामग्री का आकलन करना तथा इस आधार पर उत्पादक क्षेत्रों का निर्धारण करना।
- विभिन्न प्रकार की खाद्य फसलों का उपयोग तथा उत्पादन प्रणाली।
- व्यापारिक वर्गों की उपस्थिति तथा उस आधार पर सामाजिक स्तरीकरण का निर्माण आदि।

निम्नलिखित प्रश्नों के उत्तर लगभग 100-150 शब्दों में लिखिए

1. हड़प्पा सभ्यता के शहरों में लोगों को उपलब्ध भोजन सामग्री की सूची बनाइए। इन वस्तुओं को उपलब्ध कराने वाले समूहों की पहचान कीजिए।

उत्तर हड़प्पा सभ्यता के शहरों में लोगों को उपलब्ध भोजन सामग्री एवं उनको उपलब्ध कराने वाले समूह की सूची इस प्रकार है

भोजन	उपलब्ध कराने वाले समूह
पेड़-पौधों से प्राप्त उत्पाद	संग्रहक
मांस तथा मछली	आखेटक (शिकारी) समुदाय
गेहूँ, जौ, दाल, सफेद चना, बाजरा, चावल, तिल जैसे खाद्य पदार्थ	कृषक समूह

- हड़प्पा के लोग अधिक मात्रा में पेड़-पौधों के उत्पादों और जानवरों के मांस का सेवन करते थे। यहाँ भेड़, बकरी, गाय, भैंस आदि को दूध के लिए तथा मछली, हिरन, सांभर, बारहसिंगा और सुअर को मांस के लिए पाला जाता था।
- कालीबंगन में जुते हुए खेत तथा बैल के साक्ष्यों की प्राप्ति से यह पता चलता है कि हड़प्पावासियों द्वारा कृषि/खेती की जाती थी। सेलखड़ी की बनी नींबू की पत्ती से स्पष्ट है कि लोग नींबू, खजूर, अनार और नारियल के बारे में जानते थे। यहाँ अनाज के संरक्षण के प्रमाण भी प्राप्त हुए हैं।
- संभवतः अनाज विनिमय का एक महत्त्वपूर्ण स्रोत रहा होगा। हड़प्पा स्थलों से मिली जानवरों की हड्डियों में मवेशियों, भेड़, बकरी, भैंस तथा सुअर की हड्डियाँ शामिल हैं। पुरा-प्राणिविज्ञानियों अथवा जीव-पुरातत्त्वविदों द्वारा किए गए

अध्ययनों से संकेत मिलता है कि ये सभी जानवर पालतू थे। जंगली प्रजातियों; जैसे—वराह (सुअर), हिरण तथा घड़ियाल की हड्डियाँ भी मिली हैं। हम यह नहीं जान पाए हैं कि हड़प्पा निवासी स्वयं इन जानवरों का शिकार करते थे अथवा अन्य आखेटक समुदायों से इनका मांस प्राप्त करते थे।

2. पुरातत्त्वविद् हड़प्पाई समाज में सामाजिक-आर्थिक भिन्नताओं का पता किस प्रकार लगाते हैं? वे कौन-सी भिन्नताओं पर ध्यान देते हैं?

अथवा **हड़प्पा के लोगों के बीच सामाजिक एवं आर्थिक भिन्नताओं को जानने के लिए पुरातत्त्वविदों ने शवाधानों को कैसे प्रयोग किया है? परीक्षण कीजिए।**

अथवा **हड़प्पा काल की सामाजिक भिन्नताओं को पहचानने में पुरावस्तुएँ किस प्रकार सहायक होती हैं? संक्षेप में वर्णन कीजिए।**

उत्तर पुरातत्त्वविद् हड़प्पाई समाज में सामाजिक-आर्थिक भिन्नताओं का पता जीवन-शैली और शवाधान के माध्यमों से लगाते हैं, जिनका विवरण निम्नलिखित है

जीवन-शैली हड़प्पा स्थलों से प्राप्त पुरावस्तुओं के आधार पर जीवन-शैली के स्तर को निम्न दो भागों में विभाजित किया जाता है

(i) **सामान्य जीवन** उपयोगी वस्तुओं के अंतर्गत दैनिक उपयोग की वस्तुएँ; जैसे—चक्कियाँ, मृद्भांड, सुइयाँ आदि आती हैं। इन्हें पत्थर अथवा मिट्टी जैसे सामान्य पदार्थों से सरलतापूर्वक बनाया जाता था। इस प्रकार की वस्तुएँ सामान्यतः हड़प्पाई पुरास्थलों से प्राप्त हुई हैं।

(ii) **विलासी जीवन** विलासिता की वस्तुओं के अंतर्गत वे महँगी अथवा दुर्लभ वस्तुएँ सम्मिलित होती थीं, जिनका निर्माण स्थानीय स्तर पर अनुपलब्ध पदार्थों अथवा जटिल तकनीकों द्वारा किया जाता था; जैसे—फयॉन्स के बने लघुपात्र, जोकि मादक एवं सुगंधित द्रव्यों के पात्रों के रूप में प्रयुक्त होते थे। इन वस्तुओं से यह स्पष्ट होता है कि ये जीवन स्तर तथा सामाजिक और आर्थिक विभिन्नता को दर्शाती हैं। विलासिता जीवन के अधिकांश साक्ष्य मोहनजोदड़ो से प्राप्त हुए हैं।

शवाधान शवाधानों के पर्यवेक्षण से यह ज्ञात होता है कि मृतकों को दफनाते समय हड़प्पा के लोग शवाधानों में अनेक प्रकार की वस्तुएँ रखते थे। इन वस्तुओं में सामान्य वस्तुओं के साथ-साथ विलासी (बहुमूल्य) वस्तुएँ शामिल थीं।

शवाधानों के साथ सामान्य वस्तुओं की उपस्थिति से मृतक की साधारण आर्थिक स्थिति और विलासी वस्तुओं की उपस्थिति से मजबूत आर्थिक स्थिति का बोध होता है।

ये भिन्नताएँ सामाजिक विभेद का सूचक भी हो सकती हैं।

अतः उपरोक्त विवरण से यह स्पष्ट है कि पुरातत्त्वविद् पुरावस्तुओं के आधार पर हड़प्पा सभ्यता से सामाजिक-आर्थिक भिन्नताओं का पता लगाते हैं।

3. क्या आप इस तथ्य से सहमत हैं कि हड़प्पा सभ्यता के शहरों की जल निकास प्रणाली नगर योजना की ओर संकेत करती है? कारण बताइए।

उत्तर हड़प्पाई नगरों की स्थापना वैज्ञानिक एवं व्यवस्थित ढंग से की गई थी। हड़प्पा सभ्यता के नगरों की जल निकास प्रणाली नगर योजना की ओर संकेत करती है। इस तथ्य की पुष्टि निम्न आधार पर की जा सकती है

- हड़प्पा सभ्यता के नगरों की उल्लेखनीय विशेषता जल निकासी प्रणाली थी। घरों से निकलने वाले अशुद्ध जल की निकासी के लिए गलियों में विशालकाय नालियाँ बनी थीं, जो गलियों के समान ही ग्रिड प्रणाली द्वारा एक-दूसरी से जुड़ी हुई थीं तथा समकोण पर एक-दूसरी को काटती थीं।

  नालियों को चूने-पत्थर की पट्टिका व चौड़ी ईंटों के द्वारा ढका गया था, जिससे समय-समय पर सफाई के लिए इन्हें हटाया जा सके।

  नगर का प्रत्येक द्वार नाली से जुड़ा था, नालियों में गंदा पानी जाने से पहले वह घर में बनी किसी हौद में एकत्र होता था, जिससे ठोस पदार्थ उसी में रह जाते थे। शेष पानी मुख्य नाली में गिरता था। हड़प्पा की जल निकास प्रणाली छोटे व बड़े सभी नगरों में निर्मित थी।
- प्रत्येक घर में ईंटों के फर्श से निर्मित स्नानघर होता था, जिसकी नाली सड़क की मुख्य नाली से जुड़ी होती थी। जल निकासी व्यवस्था केवल शहरों में ही नहीं, बल्कि छोटी-छोटी बस्तियों में भी थी। कच्ची ईंटों से निर्मित नालियों के प्रमाण भी मिलते हैं; जैसे—लोथल।

इस प्रकार, हम कह सकते हैं कि हड़प्पा सभ्यता के शहरों की जल निकासी प्रणाली, इस सभ्यता की नगर योजना की ओर संकेत करती है, जो इस सभ्यता को विशिष्ट बनाती है।

4. हड़प्पा सभ्यता में मनके बनाने के लिए प्रयुक्त पदार्थों की सूची बनाइए। कोई भी एक प्रकार का मनका बनाने की प्रक्रिया का वर्णन कीजिए।

उत्तर मनके बनाना हड़प्पा सभ्यता के लोगों की एक अति महत्त्वपूर्ण शिल्प क्रिया थी। यह मुख्यतः चन्हूदड़ो में प्रचलित थी।

प्रयुक्त सामग्री मनके बनाने के लिए भिन्न-भिन्न पदार्थ प्रयोग में लाए जाते थे। इनमें सुंदर लाल रंग का कार्नीलियन, जैस्पर, स्फटिक पत्थर, ताँबा, काँसा तथा सोने जैसी धातुएँ और शंख, फयॉन्स तथा पक्की मिट्टी प्रयुक्त होती थी।

मनके बनाने की प्रक्रिया हड़प्पा काल में अनेक प्रकार के मनकों का निर्माण किया जाता था, जिसमें अनेक प्रकार की विधियाँ प्रयोग में लाई जाती थीं।

उदाहरण के लिए, कार्नीलियन के मनके बनाने की प्रक्रिया में निम्नलिखित चरण शामिल थे

- कार्नीलियन का लाल रंग प्राप्त करने के लिए पीले रंग के कच्चे माल तथा मनकों को उत्पादन के विभिन्न चरणों में आग में पकाया जाता था।
- पत्थर के पिंडों को पहले अपरिष्कृत आकारों में ही तोड़ लिया जाता था और फिर शल्क निकालकर इन्हें अंतिम रूप दिया जाता था।
- अंतिम चरण में मनकों की घिसाई की जाती थी और इनमें छेद किए जाते थे। इन पर पॉलिश होने के बाद मनके तैयार हो जाते थे।

5. इस चित्र को देखिए और इसका वर्णन कीजिए। शव किस प्रकार रखा गया है? उसके समीप कौन-सी वस्तुएँ रखी गई हैं? क्या शरीर पर कोई पुरावस्तुएँ हैं? क्या इनसे कंकाल के लिंग का पता चलता है?

उत्तर इस शव को देखने से पता चलता है कि शव को उत्तर-दक्षिण दिशा में रखकर दफनाया गया है। शव के साथ कुछ दैनिक उपयोग की वस्तुएँ रखी गई हैं, जिनसे स्पष्ट होता है कि हड़प्पा निवासी मरणोपरांत जीवन में विश्वास करते थे।

शव के पास कुछ बर्तन रखे गए हैं। इनमें से एक पानी का जग है और दूसरा बर्तन, खाने की सामग्री प्रतीत ही रहा है, साथ ही इस बर्तन के ऊपर की प्लेट को देखकर लगता है कि इसे खाना परोसने के लिए रखा गया होगा।

मृत शरीर पर कुछ पुरावस्तुएँ भी दिखाई दे रही हैं। मृत शरीर की पुरावस्तुओं से उसके लिंग का पता लगाया जा सकता है। उदाहरण के लिए, हार, कंगन, भुजबंद, अँगूठी आदि स्त्री-पुरुष दोनों धारण करते थे, किंतु चूड़ियाँ, करधनी, बाली, बुंदे, नथुनी और पाजेब जैसे आभूषणों का प्रयोग केवल महिलाएँ ही करती थीं।

निम्नलिखित प्रश्नों के उत्तर लगभग 500 शब्दों में लिखिए

6. मोहनजोदड़ो की कुछ विशिष्टताओं का वर्णन कीजिए।

उत्तर मोहनजोदड़ो की कुछ प्रमुख विशिष्टताएँ निम्नलिखित हैं

(i) **नगर नियोजन** मोहनजोदड़ो 125 हेक्टेयर में विस्तृत एक शहरी केंद्र था। शहर का विभाजन पूर्व और पश्चिम क्रमशः नगर एवं दुर्ग के रूप में था। दुर्ग की संरचनाएँ ईंटों के चबूतरों पर निर्मित की गई थीं। दुर्ग का प्रयोग संभवतः प्रशासनिक एवं धार्मिक कार्यों के लिए होता था।

मोहनजोदड़ो के दुर्ग निर्माण में किलेबंदी की प्रमुखता थी। यहाँ से प्राप्त बस्तियों के साक्ष्यों, ईंटों के आकार में निश्चित अनुपात तथा बस्तियों के निर्माण में कच्चे माल के स्रोतों के समीप एकरूपता प्रदर्शित होती है।

(ii) **नियोजित सड़कें एवं जल निकास व्यवस्था** मोहनजोदड़ो की प्रमुख विशेषता सड़कें तथा जल निकास व्यवस्था थी। मोहनजोदड़ो की सड़कें सीधी दिशा में एक-दूसरे को समकोण पर काटती हुईं नगर को अनेक वर्गाकार अथवा चतुर्भुजाकार खंडों में विभाजित करती थीं। सड़कें प्रायः मिट्टी की बनी थीं। वहीं जल निकास प्रणाली के अंतर्गत घरों से निकलने वाले अशुद्ध जल की निकासी के लिए गलियों में बड़ी नालियाँ बनी थीं, जो गलियों के समान ही ग्रिड प्रणाली द्वारा एक-दूसरी से जुड़ी हुई थीं। नालियों को चूने-पत्थर की पट्टिका व चौड़ी ईंटों के द्वारा ढका गया था, जिससे समय-समय पर सफाई के लिए इन्हें हटाया जा सके।

मोहनजोदड़ो का निचला शहर आवासीय भवनों का एक खूबसूरत दृष्टांत प्रस्तुत करता है। यह भवन एक आँगन पर केंद्रित था, जिसके चारों ओर कमरे निर्मित किए गए थे। प्रायः सभी बड़े मकानों में रसोईघर, स्नानागार, शौचालय और कुएँ होते थे, हालाँकि आँगन चौरस होते थे।

(iii) **विशाल स्नानागार, अन्नागार** मोहनजोदड़ो का सर्वाधिक उल्लेखनीय स्मारक वहाँ का स्नानागार है। स्नानागार के केंद्र में जलकुंड या जलाशय बना है। इसमें उतरने के लिए उत्तर तथा दक्षिण दिशा की ओर सीढ़ियाँ बनी हैं। जलाशय का फर्श पक्की ईंटों से बना है। वृहत स्नानागार के उत्तर में छोटे स्नानागार बने हैं। वृहत स्नानागार का उपयोग धार्मिक अवसरों पर किया जाता था।

मोहनजोदड़ो में स्थित अन्नागार भी इसकी प्रमुख विशेषता थी। मोहनजोदड़ो के निचले शहर में आवासीय घर बने थे। घरों को बनाते समय एकांतप्रियता को महत्त्व दिया गया था। घर के मध्य में आँगन बना होता था, जिसके चारों ओर कमरे बने होते थे। भूमि तल पर बने कमरों में खिड़कियाँ नहीं थीं। प्रत्येक घर में ईंटों के फर्श से निर्मित स्नानघर होता था। घरों में कुएँ का निर्माण भी होता था।

(iv) **प्रबंध शासन व्यवस्था** पुरातत्त्वविदों को मोहनजोदड़ो में प्रत्यक्ष रूप से शासकीय प्रबंधन के प्रमाण नहीं मिलते हैं, लेकिन पुरातत्त्वविदों ने मोहनजोदड़ो से प्राप्त एक विशाल भवन को एक प्रासाद की संज्ञा दी, परंतु इससे संबद्ध कोई भव्य वस्तु प्राप्त नहीं हुई है। दूसरी ओर यह भी सत्य है कि मोहनजोदड़ो का शहरी स्वरूप, माप-तौल इकाइयों की एकरूपता, किलेबंदी आदि के लिए प्रशासनिक इकाइयों की उपस्थिति का होना आवश्यक होता है।

मोहनजोदड़ो अपनी उपरोक्त उल्लेखनीय विशिष्टताओं के आधार पर एक विशेष शहरी केंद्र है, जिसका ऐतिहासिक एवं पुरातात्विक दृष्टि से महत्त्वपूर्ण स्थान है।

7. हड़प्पा सभ्यता में शिल्प उत्पादन के लिए आवश्यक कच्चे माल की सूची बनाइए तथा चर्चा कीजिए कि ये किस प्रकार प्राप्त किए जाते है?

उत्तर हड़प्पा सभ्यता में शिल्प उत्पादन के लिए सर्वाधिक प्रसिद्ध स्थल चन्हूदड़ो था। शिल्प में मनके बनाना, शंखों की कटाई, धातु कर्म, मुहर निर्माण व बाट बनाना शामिल थे। हड़प्पा में शिल्प उत्पादन के लिए आवश्यक कच्चे माल की सूची इस प्रकार है

- जैस्पर
- स्फटिक
- पकी मिट्टी
- क्वाट्‌र्ज
- फयॉन्स
- सेलखड़ी
- कार्नीलियन
- ताँबा
- सोना
- लाजवर्द मणि
- शंख
- जिप्सम
- अस्थियाँ
- लकड़ियाँ एवं प्रस्तर पिंड

विशिष्ट केंद्रों के अतिरिक्त मोहनजोदड़ो तथा हड़प्पा जैसे बड़े शहरों में भी शिल्प उत्पादन का कार्य किया जाता था।

कच्चा माल प्राप्त करने की कार्य-शैली हड़प्पा सभ्यता के शिल्प उत्पादन के निर्माण हेतु कच्चे माल की आवश्यकता होती थी, जिसके लिए कच्चे माल की आपूर्ति विभिन्न स्थानों से सिंधु नदी तथा इसकी उपनदियों के जलमार्गों द्वारा की जाती थी।

कच्चा माल प्राप्त करने के लिए हड़प्पा संस्कृति के लोग व्यापार के माध्यम से संभवतः निम्नलिखित कार्य-शैली को अपनाते थे।

(i) **बस्तियों की स्थापना** सुदूर के क्षेत्रों से कच्चा माल प्राप्त करने के लिए व्यापारिक केंद्रों के आस-पास बस्तियाँ बसाई गईं; जैसे—नागेश्वर व बालाकोट में शंख प्राप्त करने के लिए, अफगानिस्तान में शोर्तुघई के समीप नीले लाजवर्द मणि को प्राप्त करने के लिए, लोथल (भड़ौच) में कार्नीलियन प्राप्त करने के लिए, दक्षिणी राजस्थान एवं उत्तरी गुजरात में सेलखड़ी प्राप्त करने के लिए तथा राजस्थान में खेतड़ी के पास से ताँबा प्राप्त करने के लिए।

(ii) **अभियान नीति** कच्चे माल की उपलब्धता हेतु हड़प्पावासियों ने एक अन्य नीति अपनाई, जिसे 'अभियान नीति' कहते हैं। राजस्थान के खेतड़ी अंचल (ताँबे हेतु) तथा दक्षिणी भारत जैसे क्षेत्रों में अभियान भेजे जाते थे। इन अभियानों के माध्यम से स्थानीय समुदायों के साथ संपर्क एवं संबंध स्थापित किए जाते थे। इन क्षेत्रों से कभी-कभी मिलने वाली हड़प्पाई पुरावस्तुओं के संकेतक भी प्राप्त होते हैं। खेतड़ी क्षेत्र से प्राप्त साक्ष्यों को पुरातत्त्वविदों ने गणेश्वर-जोधपुर संस्कृति का नाम दिया। यहाँ ताँबे की वस्तुओं की असाधारण संपदा प्राप्त हुई है, जिससे यह अनुमान लगाया जाता है कि इस क्षेत्र के निवासी हड़प्पा सभ्यता के लोगों को ताँबा भेजते थे।

(iii) **कृषि कार्य** वस्त्र निर्माण के लिए सूत, कपास से प्राप्त किया जाता था। कपास की खेती की जाती थी। ऊनी कपड़ों के निर्माण के लिए ऊन, भेड़ों से प्राप्त किया जाता था।

सुदूर देशों के साथ व्यापारिक संबंध नई पुरातात्विक खोजों एवं अनुसंधानों से स्पष्ट हुआ है कि हड़प्पावासी सुदूर अरब प्रायद्वीप में स्थित ओमान से भी कच्चे माल का आदान-प्रदान करते थे। इसकी पुष्टि निम्नलिखित तथ्यों से होती है

- रासायनिक विश्लेषणों में ओमान से प्राप्त ताँबे एवं हड़प्पा की ताँबे की पुरावस्तुओं में निकेल के अंश मिले हैं।
- हड़प्पा सभ्यता से संबंधित काली मिट्टी की परत चढ़ा एक मर्तबान ओमान से मिला है।,
- तीसरी सहस्राब्दि ईसा पूर्व के मेसोपोटामिया के लेखों में मगान (ओमान) से ताँबा आयात करने का वर्णन है। यहाँ से जो ताँबा मिला है, उसमें निकेल भी मिला था।
- मेसोपोटामिया के लेखों में ओमान के लिए मगान, बहरीन के लिए दिलमुन तथा हड़प्पा के लिए मेलुहा शब्दों का प्रयोग किया गया है। मेसोपोटामिया के लेखों में मेलुहा (हड़प्पा) से कार्नीलियन, लाजवर्द मणि, ताँबा, सोना तथा अनेक प्रकार की लकड़ी प्राप्त होने का उल्लेख मिला है।

उपरोक्त विवरण के आधार पर यह कहा जा सकता है कि हड़प्पा सभ्यता में शिल्प उत्पादन न केवल स्थानीय व्यापार में महत्त्वपूर्ण भूमिका निभाता है, बल्कि उसके सुदूरवर्ती देशों के साथ भी व्यापारिक संबंध स्थापित हुए, जोकि आधुनिक अर्थव्यवस्था की भी विशेषता है।

8. चर्चा कीजिए कि पुरातत्त्वविद् किस प्रकार अतीत का पुनर्निर्माण करते हैं?

उत्तर किसी भी काल विशेष की जानकारी प्राप्त करने के लिए या अतीत का पुनर्निर्माण करने हेतु पुरातत्त्वविदों के द्वारा चिह्नित स्थलों का अन्वेषण, उत्खनन, व्याख्या, विश्लेषण के माध्यम से इतिहास के अलग-अलग अंशों को एकसाथ जोड़ा जाता है। पुरातत्त्वविद् निम्नलिखित माध्यमों से अतीत का पुनर्निर्माण करते हैं

(i) **पुरातत्त्व वस्तुओं की पहचान कर** पुरातत्त्व वस्तुओं की पहचान एक विशेष प्रकार की प्रक्रिया द्वारा की जाती है; जैसे—किसी संस्कृति विशेष में रहने वाले लोगों के बीच की सामाजिक एवं आर्थिक भिन्नताओं का अध्ययन करना, सभ्यताओं के लोगों द्वारा उपयोग की जाने वाली पुरावस्तुओं के निर्माण की प्रक्रिया को समझना आदि।

हड़प्पा सभ्यता के संदर्भ में पुरातत्त्वविदों ने भोजन पकाने की प्रक्रिया का अध्ययन किया। भोजन तैयार करने की प्रक्रिया में उपयोग होने वाले पत्थर, धातु, मिट्टी, अनाज पीसने वाले यंत्रों आदि को आधार बनाकर पुरातत्त्वविदों ने अतीत का पुनर्निर्माण करने में सफलता प्राप्त की।

(ii) **तुलनात्मक अध्ययन** पुरातत्त्वविदों ने खोजी गई वस्तुओं की आधुनिक प्रयोग में आने वाली वस्तुओं के साथ तुलना की है; जैसे—मैके ने खोजी गई वस्तुओं की तुलना आधुनिकतम चक्कियों से की है। अतः तुलनात्मक अध्ययन भी अतीत का पुनर्निर्माण करने में सहायक सिद्ध होते हैं।

(iii) **सामाजिक विभिन्नता को आधार बनाकर** पुरातत्त्वविद् सामान्यतः सांस्कृतिक उपक्रम का पता लगाने के इच्छुक रहते हैं। वे सामाजिक विभिन्नता के माध्यमों को अन्वेषित करते हैं। इसके लिए पुरातत्त्वविदों ने विलासिता और शवाधान संबंधी संस्कृतियों की पहचान की। इनसे सामाजिक विभिन्नता की नई व्याख्या का विश्लेषण करना संभव हो पाता है। इस तरह अतीत का पुनर्निर्माण पुरातत्त्वविद् सुगमतापूर्वक करते हैं।

(iv) **शिल्प उत्पादन केंद्रों की पहचान** शिल्प उत्पादन केंद्रों की पहचान के लिए पुरातत्त्वविद् सामान्यतः निम्नलिखित को चिह्नित करते हैं; जैसे—प्रस्तर पिंड, कूड़ा-करकट, ताँबा, अयस्क, कच्चा माल आदि।

उपरोक्त आधारों पर अतीत की आर्थिक व्यवस्था की पहचान तथा उसके पहलुओं का अन्यत्र विश्लेषण आदि किया जाता है। अतीत के पुनर्निर्माण के आधार को तैयार करने में ये बिंदु अत्यंत तथ्यपरक और महत्त्वपूर्ण हैं।

9. हड़प्पाई समाज में शासकों द्वारा किए जाने वाले संभावित कार्यों की चर्चा कीजिए।

उत्तर हड़प्पाई समाज में शासकों द्वारा किए जाने वाले संभावित कार्यों को लेकर पुरातत्त्वविदों ने भिन्न-भिन्न मत दिए हैं, जो निम्नलिखित हैं

(i) **पुरावस्तुओं में एकरूपता का कार्य** हड़प्पाई समाज में सत्ता के द्वारा जटिल एवं सार्वभौमिक निर्णय लेने और उन्हें कार्यान्वित करने जैसे कार्य किए जाते थे, क्योंकि इसकी पुष्टि हड़प्पाई पुरातात्विक वस्तुओं से होती है; जैसे—मृद्भांडों, मुहरों, बाटों तथा ईंटों में समानांतर एकरूपता होती है। अतः पुरावस्तुओं में एकरूपता शासन के अस्तित्व को प्रदर्शित करती है।

(ii) **सार्वजनिक कार्य** अनेक पुरातत्त्वविदों का यह मानना है कि बस्तियों की स्थापना के परिप्रेक्ष्य में महत्त्वपूर्ण निर्णय; जैसे—स्नानागार व दुर्ग के निर्माण की संरचना, भवनों का एक आकार, चबूतरों का निर्माण, लाखों की संख्या में श्रमिकों की व्यवस्था करना आदि संभवतः राजनीतिक सत्ता ही कर सकती है।

(iii) **आनुष्ठानिक कार्य** हड़प्पा सभ्यता के सुसंगठित स्वरूप एवं व्यापकता के कारण पुरातत्त्वविदों ने यहाँ किसी शासन सत्ता के होने का अनुमान व्यक्त किया है। मोहनजोदड़ो से प्राप्त एक विशाल भवन को कुछ पुरातत्त्वविदों ने राज प्रासाद की संज्ञा दी है। दूसरी ओर, पत्थर की एक मूर्ति को अनेक पुरातत्त्वविदों ने पुरोहित राजा की संज्ञा दी है। ऐसा अनुमान उन्होंने मेसोपोटामिया सभ्यता के पुरोहित राजाओं की संकल्पना के आधार पर लगाया है।

(iv) **व्यापारिक कार्य** सुदूरवर्ती क्षेत्रों में अनेक अभियानों के द्वारा उत्पादन हेतु कच्चा माल प्राप्त किया जाता था; जैसे—खेतड़ी (राजस्थान) में ताँबे तथा दक्षिणी भारत में सोने की प्राप्ति के लिए अभियान किए जाते थे। तीसरी सहस्राब्दि ईसा पूर्व के मेसोपोटामिया के लेखों में मगान (ओमान) से ताँबा आयात करने का वर्णन है। अतः इन सभी विवरणों से ऐसा प्रतीत होता है कि ये सभी अभियान हड़प्पा के शासकों के नेतृत्व में ही संपन्न होते थे। ये अभियान सड़क मार्ग और जलमार्ग द्वारा कुशलतापूर्वक संपन्न किए जाते थे।

उपरोक्त तथ्यों के आधार पर राजनैतिक सत्ता को धार्मिक अनुष्ठानों से जोड़ा गया है, परंतु अभी तक पुरातत्त्वविदों ने इस अनुमान पर सत्यता स्पष्ट नहीं की है और न ही इसे उचित माना गया है।

10. मानचित्र पर उन स्थलों पर पेंसिल से घेरा बनाइए, जहाँ से कृषि के साक्ष्य प्राप्त हुए हैं। उन स्थलों के आगे क्रॉस का निशान लगाइए, जहाँ शिल्प उत्पादन के साक्ष्य मिले हैं। उन स्थलों पर 'क' लिखिए, जहाँ कच्चा माल मिलता है।

उत्तर **कृषि उत्पादन स्थल** हड़प्पा, मांडा, राखीगढ़ी, बनावली, कालीबंगन, मोहनजोदड़ो, लोथल, धौलावीरा।

शिल्प उत्पादन स्थल मोहनजोदड़ो, हड़प्पा, नागेश्वर, बालाकोट, चन्हूदड़ो, लोथल, धौलावीरा।

कच्चा माल मोहनजोदड़ो, सुत्कागेंडोर, नागेश्वर, बालाकोट, बनावली आदि।

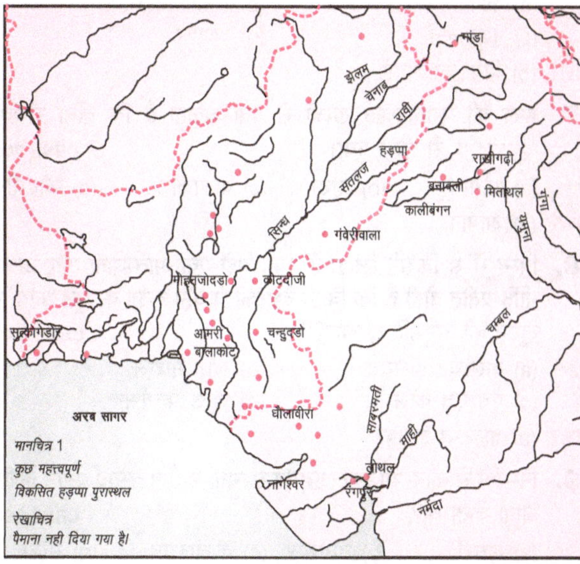

मानचित्र 1
कुछ महत्त्वपूर्ण
विकसित हड़प्पा पुरास्थल
रेखाचित्र
पैमाना नही दिया गया है।

अभ्यास प्रश्न

वस्तुनिष्ठ प्रश्न

बहुविकल्पीय प्रश्न

1. भारतीय पुरातात्विक सर्वेक्षण के डायरेक्टर जनरल का नाम लिखिए, जिसने सिंधु घाटी में मोहनजोदड़ो की खोज की जानकारी दुनिया को दी?
दक्षता आधारित प्रश्न

(a) जॉन मार्शल (b) कनिंघम
(c) एस एन राव (d) ई एम व्हीलर

उत्तर (a) जॉन मार्शल

2. 'द स्टोरी ऑफ इंडियन आर्कियोलॉजी' के लेखक का नाम लिखिए
CBSE 2024

(a) अलेक्जेंडर कनिंघम (b) एस एन राव
(c) जॉन मार्शल (d) ई एम व्हीलर

उत्तर (b) एस एन राव

3. भारत के उस संगठन का नाम लिखिए, जो पुरातत्त्वीय उत्खननों के माध्यम से हड़प्पा के खंडहरों को पहचानने का प्रयास कर रहा है
दक्षता आधारित प्रश्न

(a) भारतीय पुरातात्विक सर्वेक्षण (b) भारतीय उत्खनन विभाग
(c) भारतीय जाँच विभाग (d) नमूना सर्वेक्षण विभाग

उत्तर (a) भारतीय पुरातात्विक सर्वेक्षण

4. निम्न में से किस क्षेत्र में पुरातत्त्व वनस्पतिशास्त्री विशिष्ट हैं?
दक्षता आधारित प्रश्न

(a) पुरानी चट्टानों के अध्ययन में
(b) मृत जानवरों और पौधों के अवशेषों के अध्ययन में
(c) प्राचीन पौधों के अध्ययन में
(d) समुद्री जानवरों के अध्ययन में

उत्तर (c) प्राचीन पौधों के अध्ययन में

5. **हड़प्पा के स्थलों से प्राप्त जले अनाज के दानों तथा बीजों की खोज से हड़प्पावासियों की आहार संबंधी आदतों के विषय में जानकारी प्राप्त करने में निम्नलिखित विद्वानों का कौन-सा वर्ग सफल रहा?** **CBSE 2020**

(a) पुरा-प्राणि विज्ञानियों का वर्ग
(b) पुरा-मानवजाति विज्ञानियों का वर्ग
(c) भू-पुरातात्विकविदों का वर्ग
(d) पुरा-वनस्पतिज्ञों का वर्ग

उत्तर (c) भू-पुरातात्विकविदों का वर्ग

6. **हड़प्पा के नगरों का सबसे अनूठा पहलू ……… का विकास था।**

(a) कृषि (b) नियोजित शहरों
(c) पशुपालन (d) व्यापार

उत्तर (b) नियोजित शहरों

7. **हाल की पुरातात्विक खोजों से पता चलता है कि ताँबा संभवतः ………… से लाया गया।** **CBSE 2021**

(a) ओमान (b) मांडा (c) बालाकोट (d) कोटदीजी

उत्तर (a) ओमान

8. **निम्न में से किसने लिखा है "यह मुझे एक आत्मघाती और अक्षम्य नीति प्रतीत होती है कि किसी देश की प्राचीन कला के मूल कार्यों को लूटने की अनुमति दी जाए?"** **CBSE 2021**

(a) वाल्टेयर इलियट (b) जॉन मार्शल
(c) एच एच कोल (d) जेम्स फर्ग्यूसन

उत्तर (a) वाल्टेयर इलियट

9. **निम्न में से कौन-सा स्थल हड़प्पा सभ्यता में शैल वस्तुएँ बनाने के लिए जाना जाता था?** **CBSE 2021**

(a) अमरी (b) नागेश्वर (c) कालीबंगन (d) मांडा

उत्तर (b) नागेश्वर

10. **पुरातत्त्वविद् जले हुए अनाज और बीजों की खोज से आहार प्रथाओं को पहचानने में सक्षम हैं। इनका अध्ययन ………… द्वारा किया जाता है।**

(a) पुरातत्त्व खगोल विज्ञानी (b) पुरातत्त्व भूविज्ञानी
(c) पुरातत्त्व वनस्पतिशास्त्री (d) पुरातत्त्व जीवविज्ञानी

उत्तर (c) पुरातत्त्व वनस्पतिशास्त्री

11. **निम्न में से कौन-सी पुस्तक अर्नेस्ट मैके द्वारा लिखी गई थी?** **CBSE 2021**

(a) इंडस (b) एंशिएंट इंडिया
(c) अर्ली इंडस सिविलाइजेशन (d) अर्ली इंडियंस

उत्तर (c) अर्ली इंडस सिविलाइजेशन

12. **हड़प्पा सभ्यता के किस स्थल पर मिट्टी के बने हल के प्रतिरूप मिले हैं?** **CBSE 2025**

(a) काली बंगा और धौलावीरा (b) शोर्तुघुई और लोथल
(c) बनावटी और चोलिस्तान (d) संघोल और राखीगढ़ी

उत्तर (c) बनावटी और चोलिस्तान

13. **हड़प्पा संस्कृति के दौरान निम्न में से कौन-सा शिल्प उत्पादन का केंद्र था?**

(a) बनावली (b) कालीबंगन
(c) चन्हूदड़ो (d) मांडा

उत्तर (c) चन्हूदड़ो

14. **"हड़प्पा सभ्यता में व्यापार का विकसित स्वरूप देखने को मिलता हैं। यहाँ न केवल भारतीय उपमहाद्वीप के अंदर, बल्कि उपमहाद्वीप के बाहर भी व्यापारिक गतिविधियों का संचालन होता था।" निम्नलिखित में से कौन-सा कथन हड़प्पा के बाह्य व्यापार से संबंधित नहीं है?** *दक्षता आधारित प्रश्न*

(a) ताँबे का व्यापार सम्भवतः ओमान से किया जाता था।
(b) ओमान से हड़प्पाई मर्तबान की प्राप्ति हुई है
(c) मेसोपोटामिया के लेखों में मगान शब्द हड़प्पा के लिए प्रयुक्त हुआ है
(d) मेसोपोटामिया, बहरीन, ओमान आदि से समुद्री मार्ग के द्वारा संपर्क में था।

उत्तर (c) मेसोपोटामिया के लेखों में 'मगान' शब्द हड़प्पा के लिए प्रयुक्त हुआ है।

15. **निम्न में से कौन अकसर भारतीय पुरातत्त्व के पिता के रूप में जाना जाता है?** **CBSE 2021**

(a) दयाराम साहनी (b) अलेक्जेंडर कनिंघम
(c) राखालदास बनर्जी (d) आर ई एम व्हीलर

उत्तर (b) अलेक्जेंडर कनिंघम

16. **सिंधु घाटी सभ्यता में खोजा गया पहला स्थल निम्न में से कौन-सा था?** **CBSE 2021**

(a) कालीबंगन (b) मोहनजोदड़ो (c) हड़प्पा (d) राखीगढ़ी

उत्तर (c) हड़प्पा

17. **निम्न में से किस पुरातत्त्वविद् ने सिंधु सभ्यता के हड़प्पा स्थल की खोज की?** **CBSE 2021**

(a) दयाराम साहनी (b) राखालदास
(c) बी बी लाल (d) जॉन मार्शल

उत्तर (a) दयाराम साहनी

18. **हड़प्पा के निम्नलिखित क्षेत्रों में से किस एक को 'गणेश्वर-जोधपुर संस्कृति' कहा जाता था?** **CBSE 2023**

(a) नागेश्वर (b) खेतड़ी (c) आमरी (d) चन्हूदड़ो

उत्तर (b) खेतड़ी

19. **रासायनिक विश्लेषणों से पता चला है कि ओमानी ताँबे और हड़प्पा दोनों कलाकृतियों में ………… के निशान हैं, जो एक सामान्य उत्पत्ति का सुझाव देते हैं।** **CBSE 2021**

(a) निकेल (b) लोहे (c) काँसे (d) जस्ते

उत्तर (a) निकेल

20. **निम्न में से किस परिपक्व हड़प्पा स्थल में अग्नि वेदियाँ पाई गईं?** **CBSE 2021**

(a) मोहनजोदड़ो और हड़प्पा (b) कालीबंगन और लोथल
(c) कालीबंगन और चन्हूदड़ो (d) धौलावीरा और बनावली

उत्तर (b) कालीबंगन और लोथल

21. **हड़प्पाई लिपि को रहस्यमय क्यों कहा गया है?** **CBSE 2021, 2020**

(a) यह मिस्र की चित्रात्मक लिपि से मेल खाती है
(b) इसमें चिह्नों की संख्या कहीं अधिक है (600 से 1000 के बीच)
(c) यह बाईं से दाईं ओर लिखी गई थी
(d) इसकी लिखाई आज तक पढ़ी नहीं जा सकी है

उत्तर (d) इसकी लिखाई आज तक पढ़ी नहीं जा सकी है।

22. पुरातात्विक अध्ययन में अभिलेखीय साक्ष्य की एक सीमा है, जो पुरातत्त्वविदों की इतिहास पुनर्संरचना में बाधा के रूप में उभरी है।

अथवा निम्नलिखित में से अभिलेखीय साक्ष्य की सीमा के रूप में किसे शामिल नहीं किया जा सकता है?

(a) पत्र बहुत ही कमजोर उत्कीर्ण हैं
(b) शिलालेख क्षतिग्रस्त हो सकते हैं
(c) कई अभिलेखों को समझा नहीं गया है
(d) सभी शिलालेख संस्कृत भाषा में थे

उत्तर (d) सभी शिलालेख संस्कृत भाषा में थे

23. हड़प्पा संस्कृति में शिल्प उत्पादन केंद्रों की पहचान के संबंध में निम्नलिखित कथनों का अध्ययन कीजिए

1. पुरातत्त्वविद् कच्चा माल; जैसे–प्रस्तर पिंड, ताँबा-अयस्क, शंख आदि को खोजते हैं।
2. वे मृदा की संरचना का अध्ययन करते हैं।
3. वे अपूर्ण वस्तुएँ, त्याग दिया गया माल और कूड़ा-करकट पाते हैं।

शिल्प उत्पादन केंद्रों की पहचान के लिए ऊपर दिए गए कारणों में से कौन-से सही हैं? *दक्षता आधारित प्रश्न*

(a) केवल 1 (b) 2 और 3
(c) 1 और 3 (d) 1 और 2

उत्तर (c) 1 और 3

24. हड़प्पा की भरण-पोषण नीतियों के संदर्भ में निम्नलिखित कथनों में से कौन-सा/से कथन सही है/हैं? **CBSE 2020**

1. पुरातत्त्वविद् जले अनाज के दानों तथा बीजों की खोज से आहार संबंधी आदतों के विषय में जानकारी प्राप्त करने में सफल रहे हैं।
2. प्राचीन वनस्पति के अध्ययन के विशेषज्ञों ने हड़प्पा स्थलों से अनाज के दाने; जैसे–मोटे अनाज, जौ आदि पाए।
3. पुरातत्त्वविदों के अनुसार पशु पाले जाते थे।

कूट

(a) 1 और 2 (b) 2 और 3
(c) 1, 2 और 3 (d) केवल 2

उत्तर (c) 1, 2 और 3

25. हड़प्पा के पुरोहित राज के संदर्भ में पुरातत्त्वविदों के अनुसार दिए गए निम्नलिखित कथनों पर विचार कीजिए *दक्षता आधारित प्रश्न*

1. पुरोहित राजा राजनीतिक सत्ता रखता था।
2. वह मेसोपोटामिया के इतिहास से संबंधित था।
3. वह हड़प्पा के धर्म से संबंधित था।
4. उसका सत्तावादी विधान हड़प्पा के पतन के कारणों में से एक हो सकता था।

उपरोक्त कथनों में से कौन-से कथन सही हैं?

(a) 1, 3 और 4
(b) 2, 3 और 4
(c) 1, 2 और 3
(d) 1, 2 और 4

उत्तर (c) 1, 2 और 3

26. हड़प्पा संस्कृति के संबंध में निम्न कथनों पर विचार करें और सही विकल्प चुनें

1. सबसे अनूठी विशेषता शहरी केंद्रों का विकास था।
2. बस्तियों को दो वर्गों में विभाजित किया गया था अर्थात् दुर्ग और निचला शहर।
3. जल निकासी व्यवस्था सामान्य और नियोजित थी।
4. सड़कों का निर्माण ग्रिड पैटर्न पर आधारित नहीं था।

कूट

(a) 1 और 4 (b) 1 और 2
(c) 2 और 3 (d) 3 और 4

उत्तर (b) 1 और 2

27. "जमीनी स्तर पर मोहनजोदड़ो की घरेलू वास्तुकला निवासियों की गोपनीयता के लिए है।" पहचानें कि निम्न में से कौन-सा कथन इसे सिद्ध करता है? **CBSE 2021**

1. घर आँगन पर केंद्रित होते थे।
2. दीवारों में खिड़कियाँ नहीं थीं।
3. मुख्य द्वार से सीधा अवलोकन नहीं होता था।
4. कई घरों में अकसर राहगीरों के कमरे में कुएँ होते थे।

कूट

(a) 1 और 2 (b) 2 और 3 (c) 3 और 4 (d) 1 और 4

उत्तर (b) 2 और 3

28. निम्नलिखित युग्मों में से कौन-सा युग्म सही सुमेलित नहीं है?

(a) विलासिता संबंधी वस्तुएँ - हड़प्पा
(b) प्रमुख देवता - शिव
(c) शिल्प उत्पादन - चन्हूदड़ो
(d) गणेश्वर-जोधपुर संस्कृति - खेतड़ी

उत्तर (a) विलासिता संबंधी वस्तुएँ- हड़प्पा

29. निम्नलिखित युग्मों में से कौन-सा युग्म सही सुमेलित है? *दक्षता आधारित प्रश्न*

	पुरातत्त्वविद्		पुस्तकें
(a)	जॉन मार्शल	–	मोहनजोदड़ो एंड द इंडस सिविलाइजेशन
(b)	आर ई एम व्हीलर	–	द मिथिकल मैसेकर एट मोहनजोदड़ो
(c)	जी एफ डेल्स	–	एंशिएंट इंडिया
(d)	अर्नेस्ट मैके	–	इंडस सिविलाइजेशन

उत्तर (a) जॉन मार्शल—मोहनजोदड़ो एंड द इंडस सिविलाइजेशन

30. नीचे दी गई सूचना का ध्यानपूर्वक अध्ययन करें और इससे संबंधित स्थल को पहचानिए व नाम बताइए। *दक्षता आधारित प्रश्न*

- कृषि के लिए जल संचयन।
- यह जलाशय गुजरात में स्थित था।

निम्नलिखित विकल्पों में से उपरोक्त से संबंधित शहर/नगर को पहचानिए

(a) रोपड़ (b) धौलावीरा
(c) कालीबंगन (d) शोर्तुघई

उत्तर (b) धौलावीरा

31. **नीचे दी गई सूचना का ध्यानपूर्वक अध्ययन करें और संबंधित स्थल की पहचान कीजिए**

- निचले शहर में आवासीय घर बने थे।
- घर के मध्य में आँगन बना होता था।
- घरों को बनाते समय एकांतप्रियता को महत्त्व दिया गया था।

निम्नलिखित विकल्पों में से उपरोक्त से संबंधित शहर/नहर को पहचानिए।

(a) हड़प्पा (b) कालीबंगन
(c) मोहनजोदड़ो (d) धौलावीरा

उत्तर (c) मोहनजोदड़ो

32. **हड़प्पा के निर्वाह के तरीकों के बारे में निम्नलिखित में से कौन-सा कथन सही नहीं है?** **CBSE 2024**

(a) पकी मिट्टी से बने बैलों के प्रतिरूप (वृषभ मृण्मूर्तियाँ) जुताई को इंगित करते हैं
(b) समकोण पर हल रेखाओं के दो समूह दो फसलों के उगाए जाने को इंगित करते हैं
(c) अफगानिस्तान शोर्तुघई में नहरों के अवशेष मिले हैं
(d) सिंध में सिंचाई के लिए गहरे जलाशय मिले हैं

उत्तर (d) सिंध में सिंचाई के लिए गहरे जलाशय मिले हैं

33. **हड़प्पा पुरास्थलों में लाजवर्द मणि का सबसे अच्छा स्रोत निम्नलिखित में से कौन-सा था?** **CBSE 2024**

(a) नागेश्वर (b) मांडा
(c) राखीगढ़ी (d) शोर्तुघई

उत्तर (d) शोर्तुघई

34. **दिए गए विकल्पों में से उचित शब्द से रिक्त स्थान की पूर्ति कीजिए**
.... **का हड़प्पा पुरास्थल वर्तमान राजस्थान में स्थित है।** **CBSE 2024**

(a) राखीगढ़ी (b) लोथल
(c) कालीबंगन (d) मांडा

उत्तर (c) कालीबंगन

35. **कनिंघम के संदर्भ में निम्नलिखित कथनों में से कौन-से कथन सही हैं?**

1. **कनिंघम भारतीय पुरातात्विक सर्वेक्षण का पहला डायरेक्टर-जनरल था।** **CBSE 2024**
2. **इसने 19वीं शताब्दी के मध्य में पुरातात्विक उत्खनन का कार्य आरंभ किया।**
3. **इसने पुरातत्त्व की पद्धति में सैनिक परिशुद्धता का समावेश किया।**
4. **इसने चीनी बौद्ध तीर्थयात्रियों द्वारा छोड़े गए वृत्तांतों का प्रयोग किया।**

कूट

(a) 1 और 4 (b) 1 और 2
(c) 1, 2 और 3 (d) 1, 2 और 4

उत्तर (d) 1, 2 और 4

36. **निम्नलिखित में से कौन भारतीय पुरातत्त्व सर्वेक्षण (A.S.I) के पहले महानिदेशक थे?** **CBSE 2024**

(a) एस. एन. राय (b) जॉन मार्शल
(c) दया राम साहनी (d) अलेक्जेंडर कनिंघम

उत्तर (d) अलेक्जेंडर कनिंघम

37. **निम्न में से कौन एक पूर्व सेना अधिकारी था और भारतीय पुरातत्त्व सर्वेक्षण (एएसआई) के महानिदेशक के रूप में काम करता था?** **CBSE 2024**

(a) जॉन मार्शल (b) अलेक्जेंडर कनिंघम
(c) आर. डी. बनर्जी (d) आर. ई. एम. व्हीलर

उत्तर (b, d) अलेक्जेंडर कनिंघम और आर. ई. एम. व्हीलर

38. **हड़प्पा की लिपि के संदर्भ में निम्नलिखित में से कौन-सा कथन सही है?** **CBSE 2025**

(a) यह लिपि वर्णानुक्रमिक थी
(b) यह लिपि बाएँ से दाएँ लिखी जाती थी
(c) इस लिपि को अभी तक पढ़ा नहीं जा सका है
(d) इस लिपि में कुछ ही चिह्न या प्रतीक हैं

उत्तर (b) यह लिपि बाएँ से दाएँ लिखी जाती थी

39. **हड़प्पा संस्कृति के संबंध में निम्न में से कौन-सा कथन सही है?** *दक्षता आधारित प्रश्न*

(a) हड़प्पा के अधिकांश स्थल अर्द्ध शुष्क भूमि में स्थित थे
(b) हड़प्पा स्थलों पर कृषि के लिए सम्भवतः सिंचाई की आवश्यकता नहीं थी
(c) हड़प्पा स्थलों पर नहरों का कोई निशान नहीं मिला है
(d) हड़प्पा स्थलों पर लोहे की नोंक वाले हल का उपयोग किया जाता था

उत्तर (a) हड़प्पा के अधिकांश स्थल अर्द्ध शुष्क भूमि में स्थित थे

40. **सुमेलित कीजिए** *दक्षता आधारित प्रश्न*

सूची I (प्राप्त साक्ष्य)	**सूची II** (स्थल)
A. मिट्टी के हल	1. मोहनजोदड़ो
B. जुते हुए खेत	2. बनावली
C. सिंचाई हेतु कुएँ एवं जलाशय	3. कालीबंगन
D. स्नानागार	4. धौलावीरा

कूट

	A	B	C	D		A	B	C	D
(a)	2	3	4	1	(b)	2	3	1	4
(c)	3	2	4	1	(d)	3	2	1	4

उत्तर (a) 2 3 4 1

41. **सुमेलित कीजिए** **CBSE 2021**

सूची I (पुरातत्त्वविद्)	**सूची II** (कार्य)
A. राखालदास बनर्जी	1. ए एस आई के पहले महानिदेशक (भारतीय पुरातत्त्व सर्वेक्षण)
B. एस एन रॉय	2. हड़प्पा में मुहरों की खोज की
C. दयाराम साहनी	3. हड़प्पा के समान मोहनजोदड़ो में खोजी गई मुहरें
D. अलेक्जेंडर कनिंघम	4. 'द स्टोरी ऑफ सिविलाइजेशन' लिखी

कूट

	A	B	C	D		A	B	C	D
(a)	3	4	2	1	(b)	2	1	3	4
(c)	1	2	4	3	(d)	4	3	2	1

उत्तर (a) 3 4 2 1

42. सुमेलित कीजिए **CBSE 2021**

सूची I (पुरातत्त्वविद्)	सूची II (कार्य)
A. एस एन रॉय	1. भारत में कार्य करने वाले पहले पेशेवर पुरातत्त्वविद्
B. जॉन मार्शल	2. चीनी तीर्थयात्रियों द्वारा छोड़े गए वृत्तांतों का उपयोग
C. कनिंघम	3. 'द स्टोरी ऑफ इंडियन आर्कियोलॉजी' के लेखक
D. जी एफ डेल्स	4. 'द मिथिकल मैसेकर एट मोहनजोदड़ो' के लेखक

कूट

	A	B	C	D		A	B	C	D
(a)	3	1	2	4	(b)	1	3	4	2
(c)	2	4	1	3	(d)	4	2	3	1

उत्तर (d) 3 1 2 4

43. सुमेलित कीजिए **CBSE 2024**

सूची I (हड़प्पा पुरास्थल)	सूची II (वर्तमान क्षेत्र)
A. मांडा	1. गुजरात
B. राखीगढ़ी	2. राजस्थान
C. नागेश्वर	3. हरियाणा
D. कालीबंगन	4. जम्मू

कूट

	A	B	C	D		A	B	C	D
(a)	3	1	2	4	(b)	1	2	4	3
(c)	2	4	3	1	(d)	4	3	1	2

उत्तर (d) 4 3 1 2

44. नीचे दिए गए चित्र को ध्यानपूर्वक देखिए और इसके पुरातत्त्वविदों द्वारा दिए गए नाम को लिखिए। **CBSE 2020**

अथवा दिए गए हड़प्पाई चित्र को ध्यानपूर्वक देखें तथा उचित विकल्प का चयन करें। **CBSE 2021**

(a) नर्तकी (b) मातृदेवी
(c) खिलौना (d) मृण्मूर्ति

उत्तर (b) मातृदेवी

45. नीचे दिए गए चित्र का अवलोकन कीजिए और उसका नाम बताइए

(a) औजार (b) मुद्रांकन
(c) मनका (d) फयॉन्स से बना एक पात्र

उत्तर (b) मुद्रांकन

46. हड़प्पा सभ्यता में उपयोग की गई निम्नलिखित मिट्टी के बर्तन बनाने की तकनीकों को कालानुक्रमिक क्रम में व्यवस्थित कीजिए। *दक्षता आधारित प्रश्न*

1. चित्रित मिट्टी के बर्तनों के डिजाइनों का प्रकट होना।
2. चाक से निर्मित बर्तनों का प्रचलन
3. छिद्रित जार का उपयोग
4. भट्टी में पकी ईंटों का उपयोग

कूट

(a) 2,1, 3, 4 (b) 1, 2, 3, 4
(c) 3, 4, 2, 1 (d) 3, 4, 1, 2

उत्तर (a) 2,1,3,4

47. हड़प्पा स्थलों से प्राप्त विभिन्न जानवरों की हड्डियों में निम्नलिखित कौन-से जानवर शामिल हैं?

(a) भेड़, बकरी, भैंस, सुअर
(b) घोड़ा, बकरी, गाय, हाथी
(c) भेड़, घोड़ा, गाय, बकरी
(d) घोड़ा, भैंस, सुअर, गाय

उत्तर (a) भेड़, बकरी, भैंस, सुअर

निर्देश (प्र. सं. 48-51) कुछ दक्षता आधारित प्रश्न दिए गए हैं, जिनके दो कथन दिए गए हैं, जिनमें एक को कथन (A) और दूसरे को कारण (R) माना गया है।

(a) A और R दोनों सही हैं तथा R, A की सही व्याख्या है
(b) A और R दोनों सही हैं, परंतु R, A की सही व्याख्या नहीं है
(c) A सही है, किंतु R गलत है
(d) A गलत है, किंतु R सही है

48. **कथन** (A) हड़प्पा सभ्यता के नगरों की एक प्रमुख विशेषता जल निकासी प्रणाली थी।

कारण (R) घरों से निकलने वाले अशुद्ध जल की निकासी के लिए गलियों में विशालकाय नालियाँ बनी थीं।

उत्तर (a) हड़प्पा सभ्यता के नगरों की उल्लेखनीय विशेषता जल निकासी प्रणाली थी, क्योंकि घरों से निकलने वाले अशुद्ध जल की निकासी के लिए गलियों में विशालकाय नालियाँ बनी थीं, जो गलियों के समान ही ग्रिड प्रणाली द्वारा एक-दूसरी से जुड़ी हुई थीं तथा वे समकोण पर एक-दूसरे को काटती थीं।

49. कथन (A) **हड़प्पा सभ्यता की मुख्य खाद्यान्न फसलों में गेहूँ, जौ तथा दाल प्रमुख थे।**

कारण (R) **गुजरात के धौलावीरा से चावल और बाजरा के साक्ष्य प्राप्त हुए हैं।**

उत्तर (b) उत्खनन के दौरान हड़प्पाई स्थलों से कृषि कार्य के साक्ष्य उपलब्ध हुए हैं; जैसे—मुख्य खाद्यान्न फसलों में गेहूँ, जौ, दाल, सफेद चना तथा तिल प्रमुख थे। चावल और बाजरा के साक्ष्य गुजरात के लोथल से प्राप्त हुए हैं।

50. कथन (A) **हड़प्पा सभ्यता में स्थानीय वस्तुओं के निर्माण हेतु कच्चे माल की आवश्यकता होती थी।**

कारण (R) **दूर के क्षेत्रों से कच्चा माल प्राप्त करने के लिए व्यापारिक केंद्रों के आस-पास बस्तियाँ बसाई गई थीं।**

उत्तर (b) हड़प्पा सभ्यता में स्थानीय वस्तुओं के निर्माण हेतु कच्चे माल की आवश्यकता होती थी। इसके लिए कच्चे माल की आपूर्ति विभिन्न स्थानों से सिंधु नदी तथा इसकी उपनदियों के जलमार्गों के द्वारा की जाती थी। दूर के क्षेत्रों से कच्चा माल प्राप्त करने के लिए व्यापारिक केंद्रों के आस-पास बस्तियाँ बसाई गई थीं; जैसे—नागेश्वर व बालाकोट में शिल्प प्राप्त करने के लिए बस्तियाँ बसाई गई थीं।

51. कथन (A) **हड़प्पा सभ्यता के मृतकों को प्रायः जलाया जाता था।**

कारण (R) **कुछ स्थानों पर युगल शवाधानों (महिला और पुरुषों का एकसाथ शवाधान) के साक्ष्य भी प्राप्त हुए हैं।**

उत्तर (d) हड़प्पा सभ्यता में मृतकों को प्रायः कब्रों में दफनाया जाता था, न कि जलाया जाता था। कुछ स्थानों पर युगल शवाधानों के साक्ष्य प्राप्त हुए हैं; जैसे—एक ही कब्र से महिला और पुरुष दोनों के आभूषण प्राप्त हुए हैं।

लघु उत्तरीय प्रश्न

1. "भारतीय पुरातत्त्व सर्वेक्षण के डायरेक्टर जनरल के रूप में जॉन मार्शल का कार्यकाल वास्तव में भारतीय पुरातत्त्व में एक व्यापक परिवर्तन का काल था।" इस कथन की व्याख्या कीजिए। *दक्षता आधारित प्रश्न*

उत्तर वर्ष 1924 में जॉन मार्शल भारत के पुरातात्विक सर्वेक्षण के डायरेक्टर जनरल के रूप में नियुक्त हुए। अपनी नियुक्ति के साथ ही मार्शल ने सिंधु घाटी में एक नवीन सभ्यता की खोज की घोषणा वर्ष 1924 में की और इन्हीं के निर्देशन में सिंधु घाटी सभ्यता में क्रमिक रूप से संबंधित अनेक स्थलों की खुदाई हुई, जिसके परिणामस्वरूप इस सभ्यता की विशिष्टता विश्व पटल पर उजागर हुई। इनका कार्यकाल वास्तव में भारतीय पुरातत्त्व में एक व्यापक परिवर्तन का काल था।

ये भारत में कार्य करने वाले प्रथम पेशेवर पुरातत्त्वविद् थे। इन्होंने यूनान तथा क्रीट में उत्खनन से संबंधित अपने अनुभवों का प्रयोग सिंधु घाटी के उत्खनन व खोज में किया। कनिंघम की तरह मार्शल ने भी आकर्षक खोजों में अपनी रुचि दिखाई, परंतु सबसे ज्यादा उत्सुकता सिंधु सभ्यता में दैनिक जीवन की पद्धतियों को जानने में होती थी।

जॉन मार्शल ने ही सर्वप्रथम इस सभ्यता का नाम सिंधु नदी के किनारे होने के कारण 'सिंधु सभ्यता' रखा। इसकी तिथि निर्धारित करने का कार्य भी मार्शल के द्वारा ही किया गया था। मार्शल के अनुसार, सिंधु सभ्यता का कालक्रम लगभग 3250 से 2750 ई. पू. तक था। इस प्रकार, सिंधु सभ्यता की खोज और विकास के संबंध में मार्शल का महत्त्वपूर्ण योगदान रहा।

मार्शल के बारे में एस एन राव 'द स्टोरी ऑफ इंडियन आर्कियोलॉजी' में लिखते हैं कि "मार्शल ने भारत को जहाँ पाया था, उसे उसने 3,000 वर्ष पीछे छोड़ा" ऐसा इसलिए था, क्योंकि मेसोपोटामिया के पुरास्थलों में हुए उत्खननों से हड़प्पा पुरास्थलों पर मिली मुहरों जैसी ही मुहरें मिली थीं, पर तब तक उनको पहचाना न जा सका था। इस प्रकार विश्व को न केवल एक नई सभ्यता की जानकारी मिली, बल्कि वह मेसोपोटामिया के समकालीन भी थी।

2. भारतीय पुरातात्विक सर्वेक्षण के डायरेक्टर जनरल के रूप में आर ई एम व्हीलर की उपलब्धियों का उल्लेख कीजिए।

उत्तर आर. ई. एम. व्हीलर एक ब्रिटिश पुरातत्त्वविद् थे। वे ब्रिटिश सेना में एक अधिकारी थे। वे लंदन में पुरातत्त्व संस्थान के संस्थापक थे तथा इन्होंने इस संस्थान में मानव निदेशक का पद संभाला था।

वर्ष 1944 में इनकी नियुक्ति भारतीय पुरातात्विक सर्वेक्षण के डायरेक्टर जनरल के रूप में हुई। उस समय तक पुरातत्त्वविदों द्वारा पुरास्थल के स्तर-विन्यास को पूर्ण रूप से अनदेखा किया गया। व्हीलर ने इस समस्या के निदान के लिए एक समान क्षैतिज इकाइयों के आधार पर खुदाई के बजाय टीले के स्तर विन्यास का अनुसरण करना, आवश्यक समझा, साथ-ही इन्होंने पुरातत्त्व की पद्धति में परिशुद्धता का समावेश भी किया।

इसके अतिरिक्त उन्होंने महत्त्वपूर्ण योगदान दिए, जो इस प्रकार हैं

(i) **हड़प्पा सभ्यता की खुदाई** व्हीलर ने मोहनजोदड़ो और हड़प्पा स्थलों की खुदाई का नेतृत्व किया।

(ii) **मेहरगढ़ खुदाई** उत्तर प्रदेश में स्थित मेहरगढ़ की खुदाई से पहली बार नगर सभ्यता के अवशेष मिले।

(iii) **नालंदा विश्वविद्यालय खुदाई** बिहार में स्थित नालंदा विश्वविद्यालय की खुदाई से इस महान शिक्षण संस्थान के बारे में महत्त्वपूर्ण जानकारी मिली।

(iv) **खजुराहो मंदिरों की मरम्मत** व्हीलर ने खजुराहो के प्रसिद्ध मंदिरों की मरम्मत और संरक्षण का कार्य किया 1980 के दशक तक व्हीलर हड़प्पा और मोहनजोदड़ो दोनों स्थानों पर उपमहाद्वीप तथा विदेशी विशेषज्ञों के साथ संयुक्त रूप से कार्य करते रहे।

3. "व्यापक शोध के बावजूद, हड़प्पा लिपि अभी तक पढ़ी नहीं जा सकी है।" इस प्राचीन लिपि को समझने में आने वाली कठिनाई के पीछे के कारणों पर चर्चा करें। **CBSE 2020, 2024**

उत्तर हड़प्पावासी लेखन कला से परिचित थे। मुद्राएँ, ताम्र पट्टियाँ, अस्थि छड़ें, कुल्हाड़ियाँ, मृद्‌भांड, आभूषण तथा प्राचीन सूचनापट्ट पर अंकित चिह्न हड़प्पाई लिपि के संकेत देते हैं। हड़प्पाई लिपि को पुरातत्त्वविदों ने रहस्यमय लिपि कहा है, क्योंकि यह लिपि आज तक पढ़ी नहीं जा सकी है।

निश्चित रूप से यह वर्णमालीय (जहाँ प्रत्येक चिह्न एक स्वर अथवा व्यंजन को दर्शाता है) नहीं थी, क्योंकि इसमें चिह्नों की संख्या लगभग 375 से 400 के बीच है। इसके साथ ही ऐसा प्रतीत होता है कि यह लिपि दाईं से बाईं ओर लिखी जाती थी, क्योंकि कुछ मुहरों पर दाईं ओर चौड़ा अंतराल है और बाईं ओर यह संकुचित है, जिससे लगता है कि उत्कीर्णक ने दाईं ओर से लिखना आरंभ किया और बाद में बाईं ओर स्थान कम पड़ गया होगा।

सामान्यतः हड़प्पाई मुहरों पर एक पंक्ति में कुछ लिखा है, जो संभवतः मालिक के नाम व पदवी को दर्शाता है। विद्वानों ने यह सुझाव भी दिया है कि इन पर बना चित्र (आमतौर पर एक जानवर) अनपढ़ लोगों को सांकेतिक रूप से इसका अर्थ बताता था।

अतः उपरोक्त लिपि विवरण से यह निर्धारित होता है कि हड़प्पाई लिपी रहस्यमय है, जिसे समझना दुर्लभ कार्य है।

4. इतिहासकारों ने हड़प्पा संस्कृति के निर्वाह के तरीकों को किस प्रकार नई दिशा प्रदान की है? स्पष्ट करें।

उत्तर हड़प्पा सभ्यता के लोगों के निर्वाह के मुख्य तरीके निम्नलिखित थे

- लोग कई प्रकार के पेड़-पौधों तथा जानवरों से भोजन प्राप्त करते थे। मछली उनका मुख्य आहार था।
- उनके अनाजों में गेहूँ , जौ, दाल, सफेद चना तथा तिल शामिल थे। इन अनाजों के विभिन्न कई हड़प्पा स्थलों से मिले हैं।
- लोग बाजरा तथा चावल भी खाते थे। बाजरे के दाने गुजरात के स्थलों से मिले हैं। चावल का प्रयोग संभवतः कम किया जाता था, क्योंकि चावल के दाने अपेक्षाकृत कम मिले हैं।

अतः इस प्रकार के विवरणों से इतिहासकार यह दर्शाने का प्रयास करते हैं कि हड़प्पा सभ्यता के लोगों का जीवन-स्तर समुन्नत प्रगतिशील था।

5. हड़प्पा के लोगों द्वारा निर्वाह के लिए अपनाई गई किन्हीं चार कृषि विधियों को स्पष्ट कीजिए।

उत्तर हड़प्पा के लोगों द्वारा निर्वाह के लिए अपनाई गई चार कृषि विधियाँ निम्न हैं

(i) जुते हुए खेतों में बीजों का छिड़काव किया जाता था। मुहरों पर किए गए रेखांकन तथा मृण्मूर्तियाँ यह इंगित करती हैं कि बैल के विषय में जानकारी थी और इस आधार पर पुरातत्त्वविद् यह मानते हैं कि खेत जोतने के लिए बैलों का प्रयोग होता था।

(ii) चोलिस्तान के कई स्थलों और बनावली (हरियाणा) से मिट्टी से बने हल के प्रतिरूप मिले हैं। पुरातत्त्वविदों को कालीबंगन (राजस्थान) नामक स्थान पर जुते हुए खेत को साक्ष्य मिले हैं, जो आरंभिक हड़प्पा स्थलों से संबद्ध हैं।

(iii) कालीबंगन से जुते हुए खेत के साक्ष्य प्राप्त हुए हैं, जिसकी रेखाएँ एक-दूसरे को समकोण पर काटती हैं, जो एक स्थान पर दो फसलें उगाने के संकेत देती हैं।

(iv) अधिकांश हड़प्पा स्थल अर्द्ध-शुष्क क्षेत्रों में स्थित हैं, जहाँ संभवतः कृषि के लिए सिंचाई की आवश्यकता होती है। अफगानिस्तान में शोर्तुघई नामक हड़प्पा स्थल से नहरों के कुछ अवशेष मिले हैं। संभवतः कुओं से प्राप्त पानी का प्रयोग सिंचाई के लिए किया जाता है। गुजरात में मिले जलाशयों का प्रयोग संभवतः कृषि के लिए संचयन हेतु किया जाता था।

6. हड़प्पावासियों द्वारा तकनीकी विकास को अपनाना तात्कालिक समाज में महत्त्वपूर्ण उपलब्धि थी। तकनीकी प्रगति को कृषि क्षेत्र की उत्पादन विविधता में भी प्रयुक्त किया गया। हड़प्पावासियों द्वारा कृषि की उपज बढ़ाने के लिए अपनाए गई कुछ महत्त्वपूर्ण पद्धतियों का उल्लेख कीजिए। दक्षता आधारित प्रश्न

उत्तर हड़प्पावासियों का तकनीकी विकास, जैसे उन्नत जल निकासी प्रणाली सभी ईटों, तटकालीन समाज की उन्नति और सभ्यास के उत्कृष्ट संगठन का प्रतीक है। हड़प्पावासियों द्वारा कृषि की उपज बढ़ाने के लिए निम्नलिखित तरीके अपनाए गए

(i) **दो फसलें उगाना** कालीबंगन में खेत में हल रेखाएँ समकोण पर एक-दूसरे को काटती थीं। इससे यह अनुमान लगाया जाता है कि एकसाथ दो अलग-अलग फसलें उगाई जाती थीं।

(ii) **सिंचाई** अफगानिस्तान के शोर्तुघई में नहरों के अवशेष प्राप्त हुए हैं, परंतु पंजाब और सिंध में कोई प्रमाण प्राप्त नहीं हुआ है। गुजरात में जलाशय होने से अनुमान है कि इनका प्रयोग सिंचाई के लिए किया जाता होगा।

(iii) **हल का उपयोग** हड़प्पावासियों द्वारा हल नामक नए औजार का उपयोग बीज बोने और मिट्टी को पलटने के लिए किया जाता था।

(iv) **कृषि व्यापार** हड़प्पावासी कृषि व्यापार के जरिए खरबूजे के बीज, खजूर, गेहूँ, जौ, तिल और सरसों जैसी फसलें बेचते थे।

अतः यह अनुमान लगाया जाता है कि अर्द्ध-शुष्क क्षेत्रों के कारण सिंचाई नहरों, कुओं और जलाशयों से की जाती होगी।

7. हड़प्पा सभ्यता के निर्वाह के तरीके के पुनर्निर्माण में पुरातात्विक खोज, जैसे कि बीज और उपकरण, क्या भूमिका निभाते हैं?

उत्तर पुरा-वनस्पतिज्ञ और जीव-पुरातत्त्वविद् हड़प्पा सभ्यता के निर्वाह के निम्न तरीकों पर प्रकाश डालते हैं

- हड़प्पा संस्कृति कुछ ऐसे स्थानों पर विकसित हुई, जहाँ पहले आरंभिक हड़प्पा संस्कृतियाँ अस्तित्व में थीं। इन संस्कृतियों में कई तत्त्व, जिनमें निर्वाह के तरीके शामिल हैं, समान थे।
- हड़प्पा सभ्यता के लोग कई प्रकार के पेड़-पौधों से प्राप्त उत्पाद और जानवरों से भोजन प्राप्त करते थे, जिनमें मछली भी शामिल है।
- जले अनाज के दानों तथा बीजों की खोज से पुरातत्त्वविद् आहार संबंधी आदतों के विषय में जानकारी प्राप्त करने में सफल हो पाए हैं।
- हड़प्पा स्थलों से मिले अनाज के दानों में गेहूँ, जौ, दाल, सफेद चना तथा तिल शामिल हैं। बाजरे के दाने गुजरात के स्थलों से प्राप्त हुए थे। चावल के दाने अपेक्षाकृत कम पाए गए हैं।
- हड़प्पा स्थलों से मिली जानवरों की हड्डियों में मवेशियों भेड़, बकरी, भैंस तथा सुअर की हड्डियाँ शामिल हैं।
  पुरा-प्राणिविज्ञानियों अथवा जीव-पुरातत्त्वविदों द्वारा किए गए अध्ययनों से संकेत मिलता है कि ये सभी जानवर पालतू थे।

ये पुरातत्विक खोज न केवल हड़प्पावासियों के कृषि आधारित जीवन को समझने में सहायता करती है, बल्कि उनकी आर्थिक, तकनीकी और सामाजिक संरचनाओं का भी गहन विश्लेषण प्रदान करती है।

8. ऐसे उदाहरणों की प्रस्तुति कीजिए, जो यह पुष्टि करते हैं कि हड़प्पा सभ्यता के लोगों के पश्चिमी एशिया के साथ व्यापारिक संबंध थे।

अथवा **उदाहरणों की मदद से सिद्ध कीजिए कि हड़प्पाई लोगों ने पुरावस्तुओं को खरीदने/आदान-प्रदान के लिए पश्चिम एशिया के साथ संपर्क स्थापित किया।**

उत्तर नई पुरातात्विक खोजों एवं अनुसंधानों से स्पष्ट हुआ है कि हड़प्पावासी पश्चिमी एशिया में स्थित ओमान से भी कच्चे माल का आदान-प्रदान करते थे। इसकी पुष्टि निम्नलिखित तथ्यों से होती है

- रासायनिक विश्लेषणों में ओमान से प्राप्त ताँबे एवं हड़प्पा की ताँबे की पुरावस्तुओं में निकेल के अंश मिले हैं। हड़प्पा सभ्यता से संबंधित काली मिट्टी की परत चढ़ा एक मृद्भांड ओमान से मिला है।

- तीसरी सहस्राब्दि ईसा पूर्व के मेसोपोटामिया के लेखों में मगान (ओमान) से ताँबा आयात करने का वर्णन है। यहाँ से जो ताँबा मिला है, उसमें निकेल भी मिला था। मेसोपोटामिया के लेखों में ओमान के लिए 'मगान', बहरीन के लिए 'दिलमुन' तथा हड़प्पा के लिए 'मेलुहा' शब्दों का प्रयोग किया गया है।
- मेसोपोटामिया के लेखों में मेलुहा (हड़प्पा) से कार्नीलियन, लाजवर्द मणि, ताँबा, सोना तथा अनेक प्रकार की लकड़ी प्राप्त होने का उल्लेख मिला है। मेसोपोटामिया के लेखों में मेलुहा को नाविकों का देश कहा गया है। मेसोपोटामिया की मुहरों में भी कहीं-कहीं पर हड़प्पा में प्रचलित कूबड़दार बैल के चित्र उत्कीर्ण हैं।
- बहरीन में मिली गोलाकार फारस की खाड़ी के जैसी मुहर में भी हड़प्पा के जैसे चित्र उत्कीर्ण किए जाते थे। दिलमुन के स्थानीय बाट हड़प्पाई बाट प्रणाली पर आधारित थे। अतः इन साक्ष्यों से हड़प्पाई लोगों के पश्चिमी एशिया के साथ व्यापारिक संबंधों की जानकारी मिलती है।

9. "आरंभिक हड़प्पन पुरातत्त्वविदों को कुछ वस्तुएँ जो असामान्य और अपरिचित लगती हैं, वही संभवतः धार्मिक महत्त्व की होती थीं।" प्रमाणों सहित सिद्ध कीजिए।

अथवा **"पुरातात्विक व्याख्या की समस्याएँ संभवतः सबसे अधिक हड़प्पा की धार्मिक प्रथाओं के पुनर्निर्माण के प्रयासों में सामने आती हैं।" स्पष्ट कीजिए।**

अथवा **पुरातत्त्वविदों द्वारा हड़प्पा की धार्मिक प्रथाओं के स्पष्टीकरण में आने वाली समस्याओं का परीक्षण कीजिए।**

उत्तर "आरंभिक हड़प्पन पुरातत्त्वविदों को कुछ वस्तुएँ, जो असामान्य और अपरिचित लगती हैं, वही संभवतः धार्मिक महत्त्व की होती थीं।" निम्नलिखित प्रमाणों द्वारा सिद्ध किया जा सकता है

- पुरातात्विक व्याख्या की समस्याएँ शायद सर्वाधिक रूप से प्रथाओं के पुनर्निर्माण के प्रयासों में सामने आती हैं। आरंभिक पुरातत्त्वविदों को लगता था कि कुछ वस्तुएँ, जो असामान्य व अपरिचित लगती थीं, संभवतः धार्मिक महत्त्व की होती थीं।
- इन वस्तुओं में आभूषणों से युक्त नारी मृण्मूर्तियाँ हैं, जिनमें से कुछ के शीर्ष पर विस्तृत प्रसाधन थे। इन्हें मातृदेवी की संज्ञा दी गई थी।
- पुरुषों की दुर्लभ पत्थर से निर्मित मूर्तियाँ, जिनमें उन्हें एक लगभग मानकीकृत मुद्रा में एक हाथ घुटने पर रखकर बैठा हुआ दिखाया गया था, उन्हें पुरोहित राजा के रूप में वर्गीकृत किया गया था।
- अन्य उदाहरण में संरचनाओं के आनुष्ठानिक महत्त्व को स्वीकार किया गया है। इनके अंतर्गत विशाल स्नानागार और कालीबंगन तथा लोथल से प्राप्त वेदियाँ शामिल हैं।

10. "हड़प्पा के उत्खनन से प्राप्त विविधता पूर्ण पुरातत्त्व ने पुरातत्त्वविदों को इतिहास लेखन की पुनर्संरचना करने तथा उसके वर्गीकरण करने में समस्यागत पहलुओं को उजागर किया है।" कथन की समीक्षा कीजिए।

दक्षता आधारित प्रश्न

उत्तर हड़प्पा सभ्यता के इतिहास की पुनर्सरचना करने में निम्नलिखित समस्याओं का सामना करना पड़ा

(i) **खोजों के वर्गीकरण की समस्या** वर्गीकरण का एक सामान्य सिद्धांत प्रयुक्त पदार्थों; जैसे—पत्थर, मिट्टी, धातु, अस्थि आदि के संबंध में होता है। पुरातत्त्वविदों के समक्ष यह समस्या उत्पन्न होती है कि इन वस्तुओं को उनकी उपयोगिता के आधार पर किस प्रकार वर्गीकृत किया जाए।

(ii) **व्याख्या की समस्या** पुरातात्विक व्याख्या की समस्याएँ संभवतः सबसे अधिक धार्मिक प्रथाओं के पुनर्निर्माण के प्रयासों के समक्ष आती हैं। आरंभिक पुरातत्त्वविदों को लगता था कि कुछ वस्तुएँ, जो असामान्य और अपरिचित लगती थीं, संभवतः धार्मिक महत्त्व की होती थीं।

(iii) **लिपि की समस्या** यह सर्वविदित है कि अभी तक हड़प्पा सभ्यता की लिपि को पढ़ा नहीं जा सका है। लिपि का अपठनीय होना इतिहास के मार्ग में एक बड़ी बाधा है।

(iv) **स्थानीयता की समस्या** हड़प्पा सभ्यता की खुदाई में कई ऐसी वस्तुएँ प्राप्त हुई हैं, जिनके निर्माण स्थान की पहचान करना कठिन है।

11. क्या शवाधान पद्धति हड़प्पाई संस्कृति की सामाजिक-आर्थिक विभिन्नता को प्रदर्शित करती है? अपने उत्तर की पुष्टि कीजिए।

अथवा **हड़प्पा सभ्यता में लोगों के बीच सामाजिक और आर्थिक अंतरों को समझने में शवाधान किस प्रकार सहायक है। व्याख्या कीजिए?**

CBSE 2024

उत्तर पुरातत्त्वविदों ने हड़प्पाई जीवन में सामाजिक एवं आर्थिक विभिन्नता को प्रदर्शित करने हेतु सामान्यतः कई विधियों का प्रयोग किया है। इन्हीं विधियों में से एक विधि शवाधान है। हड़प्पा सभ्यता के समकालिक मिस्र में पाए गए कुछ पिरामिडों को राजकीय शवाधान की संज्ञा पुरातत्त्वविदों द्वारा दी गई। इन पिरामिडों में बड़ी मात्रा में धन-संपत्ति दफनाई गई थी। वहीं हड़प्पा स्थलों से मिलने वाले शवाधानों में आमतौर पर मृतकों को गर्तों में दफनाया गया था। कभी-कभी शवाधान गर्त की बनावट एक-दूसरे से भिन्न होती थी। कुछ स्थानों पर गर्त की सतहों पर ईंटों की चिनाई की गई थी। अतः पिरामिड और गर्त दोनों समाज के उच्च एवं निम्न वर्ग की आर्थिक विभिन्नता की परिपुष्टि करते हैं। यह तथ्य सामाजिक विभिन्नता की ओर भी इंगित करते हैं, क्योंकि इससे यह अनुमान लगाया जाता है कि समाज का उच्च वर्ग शवाधान के लिए पिरामिडों का प्रयोग करता था और निम्न वर्ग के लिए गर्तों का प्रयोग किया जाता था। कुछ कब्रों में मृद्भांड तथा आभूषण मिले हैं, जो संभवतः एक ऐसी मान्यता की ओर संकेत करते हैं, जिसके अनुसार इन वस्तुओं का मृत्योपरांत प्रयोग किया जा सकता था। पुरुषों और महिलाओं, दोनों के शवाधानों से आभूषण मिले हैं।

1980 के दशक के मध्य में हड़प्पा के कब्रिस्तान में हुए उत्खननों में एक पुरुष की खोपड़ी के समीप शंख के तीन छल्ले, जैस्पर (एक प्रकार का उपरत्न) के मनके तथा सैकड़ों की संख्या में सूक्ष्म मनकों से बना एक आभूषण मिला था। कहीं-कहीं पर मृतकों को ताँबे के दर्पणों के साथ दफनाया गया था, परंतु कुल मिलाकर ऐसा लगता है कि हड़प्पा सभ्यता के निवासियों का मृतकों के साथ बहुमूल्य वस्तुएँ दफनाने में विश्वास नहीं था।

अतः यह भी सामाजिक विभिन्नता को प्रदर्शित करता है।

12. हड़प्पाकालीन समाज के शासन और शासकों के बारे में किन्हीं दो विचारों का उल्लेख कीजिए।

अथवा **"हड़प्पाई समाज में जटिल फैसले लेने और उन्हें कार्यान्वित करने के संकेत मिलते हैं।" इस कथन के आलोक में स्पष्ट कीजिए कि क्या हड़प्पाई समाज में शासकों का शासन रहा होगा?**

उत्तर हड़प्पाई समाज में जटिल फैसले लेने और उन्हें उचित प्रकार से कार्यान्वित करने के आधार पर पुरातत्त्वविदों ने यहाँ किसी शासन सत्ता के होने का अनुमान व्यक्त किया है। हालाँकि इस प्रकार के कोई स्पष्ट पुरातात्विक साक्ष्य अभी तक प्राप्त नहीं हो सके हैं। इस संबंध में हड़प्पा समाज के शासकों और शासन की प्रवृत्ति के विषय में पुरातत्त्वविदों के विचारों की समीक्षा निम्न प्रकार है

- मोहनजोदड़ो से प्राप्त एक विशाल भवन को पुरातत्त्वविदों ने प्रासाद के रूप में चिह्नित किया है, किंतु यहाँ से शासक वर्ग से संबंधित भव्य वस्तुएँ नहीं मिली हैं।
- पत्थर की एक मूर्ति को अनेक पुरातत्त्वविदों ने पुरोहित राजा की संज्ञा दी है। ऐसा अनुमान उन्होंने मेसोपोटामिया सभ्यता के पुरोहित राजाओं की संकल्पना के आधार पर लगाया है।
- हड़प्पाई मुद्रा (मुहरों), बाटों तथा ईंटों में एकरूपता शासक वर्ग को इंगित करती है, क्योंकि ये सभी एकीकृत सत्ता द्वारा ही निर्धारित किए जाते हैं।
- पुरातत्त्वविदों के अनुसार, हड़प्पा में कोई शासक वर्ग नहीं था और यहाँ सभी लोग समान सामाजिक स्थिति के थे। कुछ अन्य पुरातत्त्वविदों के अनुसार, यहाँ विभिन्न नगरों के अलग-अलग राजा थे; जैसे—मोहनजोदड़ो तथा हड़प्पा।

वर्तमान समय तक यह युक्तिसंगत नहीं हुआ है कि हड़प्पा में शासन व्यवस्था संचालित होती होगी। अंततः यह कहा जा सकता है कि हड़प्पा सभ्यता का शासन स्वरूप चाहे जो भी रहा हो पर इतना तो निश्चित है कि प्रशासन अत्यधिक कुशल एवं उत्तरदायी था। सुनियोजित नगर, सफाई व्यवस्था, उन्नत सड़कें, विकसित उद्योग-धंधे, संपन्नता तथा सांस्कृतिक विकास बिना प्रशासनिक व्यवस्था के संभव नहीं है।

13. विशाल स्नानागार में जल निकासी व्यवस्था का क्या महत्त्व है? यह मोहनजोदड़ो में सफाई और स्वच्छता के बारे में क्या दर्शाता है?

अथवा **मोहनजोदड़ो के दुर्ग में विशाल स्नानागार की अभिन्यास योजना को उदाहरणों सहित स्पष्ट कीजिए।** **CBSE 2020**

उत्तर हड़प्पा सभ्यता में मोहनजोदड़ो के दुर्ग का प्रयोग संभवतः विशिष्ट प्रयोजनों के लिए किया जाता था। इनमें मालगोदाम व विशाल स्नानागार सम्मिलित हैं।

विशाल स्नानागार आँगन में बना एक आयताकार जलाशय था, जो चारों ओर से एक गलियारे से घिरा हुआ था। जलाशय के तल तक जाने के लिए इसके उत्तरी और दक्षिणी भाग में दो सीढ़ियाँ बनी थीं। जलाशय के किनारों पर ईंटों को जमाकर तथा जिप्सम के गारे के प्रयोग से इसे जलबद्ध किया गया था। इसके तीनों ओर कक्ष बने हुए थे, जिनमें से एक में एक बड़ा कुआँ था। जलाशय से पानी एक बड़े नाले में बह जाता था।

इसके उत्तर में एक गली से दूसरी ओर एक अपेक्षाकृत छोटी संरचना थी, जिसमें आठ स्नानघर बनाए गए थे। एक गलियारे के दोनों ओर चार-चार स्नानघर बने थे। प्रत्येक स्नानघर से नालियाँ, गलियारे के साथ-साथ बने एक नाले में जाकर मिलती थीं। इस संरचना का अनूठा तथा दुर्ग क्षेत्र में कई विशिष्ट संरचनाओं के साथ इनके मिलने से इस बात का स्पष्ट संकेत मिलता है कि इसका प्रयोग किसी विशेष प्रकार के आनुष्ठानिक स्थान के लिए किया जाता था।

14. हड़प्पा शहरों की जल निकास प्रणाली का संक्षेप में वर्णन कीजिए।

अथवा **हड़प्पा की जल निकासी प्रणाली को नियोजित और सम्पूर्ण क्यों माना जाता है। स्पष्ट कीजिए?** **CBSE 2024**

अथवा **हड़प्पा शहरों की सबसे अनूठी विशेषताओं में से एक ध्यानपूर्वक नियोजित जल निकास प्रणाली थी "इस कथन की व्याख्या कीजिए।** **CBSE 2024**

उत्तर नियोजित जल निकास प्रणाली हड़प्पा शहरों की एक मुख्य विशेषता थी। सड़कों तथा गलियों को लगभग एक 'ग्रिड' पद्धति में निर्मित किया गया था, जो एक-दूसरी को समकोण पर काटती थीं। ऐसा लगता है कि पहले नालियों के साथ गलियों का निर्माण किया गया था। इसके बाद उनके इर्द-गिर्द आवासों को बनाया गया था। घरों के गंदे पानी को यदि गलियों की नालियों से जोड़ना था, तो प्रत्येक घर की कम-से-कम एक दीवार का गली से सटा होना जरूरी था।

मुख्य नाले गारे में जमाई गई ईंटों से बने थे तथा इन्हें ऐसी ईंटों से ढँका गया था, जिन्हें सफाई हेतु हटाया जा सके। नालियों के बीच-बीच में हौदें बनी होती थीं, जिनमें नालियों का कचरा इकट्ठा होता था, जिसे बाद में निकालकर नालियों में जलप्रवाह को बनाए रखा जाता था।

15. 1800 ई. पू. तक हड़प्पा सभ्यता के पतन होने के तीन प्रमाणों का उल्लेख कीजिए। इन हड़प्पा स्थलों/शहरों के परित्याग करने के किन्हीं दो कारणों को स्पष्ट कीजिए।

अथवा **हड़प्पा की सभ्यता के पतन को स्पष्ट करने के लिए कौन-से साक्ष्य प्रस्तुत किए गए हैं?**

उत्तर 1800 ई. पू. तक हड़प्पा सभ्यता के पतन होने के प्रमाण निम्नलिखित हैं

- प्राप्त साक्ष्यों के अनुसार लगभग 1800 ई. पू. चोलिस्तान जैसे क्षेत्रों का पतन हो गया था और गुजरात, हरियाणा और पश्चिमी उत्तर प्रदेश की नई बस्तियों की जनसंख्या में वृद्धि होने लगी थी।
- धीरे-धीरे भौतिक संस्कृति में बदलाव आया। आवास निर्माण की तकनीकों में परिवर्तन के साथ सार्वजनिक संरचनाओं का निर्माण बंद हो गया।
- एक ग्रामीण जीवन की संस्कृति, जिसे 'उत्तर हड़प्पा अथवा अनुवर्ती संस्कृतियाँ' कहा जाता है, उभरकर सामने आईं।
- हड़प्पाई राज्य के अंत के साथ मानकीकृत बाट प्रणाली के स्थान पर स्थानीय बाटों का प्रयोग होने लगा।
- इसके अतिरिक्त जलवायु परिवर्तन तथा जल स्रोतों जैसी नदियों आदि का सूख जाना या उनका मार्ग परिवर्तन भी एक महत्त्वपूर्ण कारण है, जिसने सभ्यता के पतन में भूमिका निभाई।

16. हड़प्पा सभ्यता में 1900 ई. पू. के बाद आए किन्हीं दो बदलावों का उल्लेख कीजिए। ये परिवर्तन कैसे आए? स्पष्ट कीजिए।

उत्तर 1900 ई. पू. के बाद हड़प्पा सभ्यता में आए दो बदलाव निम्न हैं

- कुछ चुने हुए हड़प्पा स्थलों की भौतिक संस्कृति में बदलाव आए। उदाहरण के लिए, हड़प्पा सभ्यता की विशिष्ट पुरावस्तुओं—बाटों, मुहरों तथा विशिष्ट मनकों का समाप्त हो जाना।
- लेखन, लंबी दूरी का व्यापार तथा शिल्प विशेषता भी समाप्त हो गई। आवास निर्माण तकनीकों का ह्रास हो गया। इसके अतिरिक्त विशाल सामाजिक संरचनाओं का निर्माण बंद हो गया। संक्षेप में कहा जा सकता है कि पुरावस्तुएँ तथा बस्तियाँ एक ग्रामीण जीवन-शैली की ओर संकेत करती हैं।

उपरोक्त परिवर्तन आने के कारण निम्नलिखित हैं

- जलवायु परिवर्तन, वनों की कटाई, अत्यधिक बाढ़, नदियों का सूख जाना अथवा मार्ग बदल लेना तथा भूमि का अत्यधिक प्रयोग किया जाना।
- हड़प्पाई राज्य का अंत या इसके अतिरिक्त शहरों का पतन तथा परित्याग जैसे बदलाव हो गए।

17. अपने शिल्प उत्पादन के लिए कच्चा माल प्राप्त करने के लिए हड़प्पावासियों द्वारा अपनाए गए तरीकों को स्पष्ट कीजिए? **CBSE 2024**

उत्तर हड़प्पावासी शिल्प-उत्पादन हेतु माल प्राप्त करने के लिए कई तरीके अपनाते थे, जो निम्न हैं।

(i) **बस्तियों की स्थापना** नागेश्वर और बालाकोट में जहाँ शंख आसानी से उपलब्ध था, बस्तियाँ स्थापित की।

ऐसे ही कुछ अन्य पुरास्थल थे—सुदूर अफ़गानिस्तान में शोर्तुघई, जो अत्यंत कीमती माने जाने वाले नीले रंग के पत्थर लाजवर्द मणि के सबसे अच्छे स्रोत के निकट स्थित था तथा लोथल जो कार्नीलियन (गुजरात में भड़ौच), सेलखड़ी (दक्षिणी राजस्थान तथा उत्तरी गुजरात से) और धातु (राजस्थान से) के स्रोतों के निकट स्थित था।

(ii) **अभियान को भेजकर** कच्चा माल प्राप्त करने की एक अन्य नीति थी-राजस्थान के खेतड़ी अँचल (ताँबे के लिए) तथा दक्षिण भारत (सोने के लिए) जैसे क्षेत्रों में अभियान भेजना। इन अभियानों के माध्यम से स्थानीय समुदायों के साथ संपर्क स्थापित किया जाता था। इन क्षेत्रों में जहाँ-तहाँ मिलने वाली हड़प्पाई पुरावस्तुएँ ऐसे सम्पर्कों की संकेतक हैं।

(iii) **सुदूर क्षेत्रों से संपर्क स्थापित कर** हड़प्पाई निवासी भारतीय उपमहाद्वीप-अतिरिक्त सुदूर क्षेत्रों जैसे ओमान आदि से भी शिल्प उत्पादन से संबंधित वस्तुओं का आयात करते थे।

18. पुरातत्त्वविद् हड़प्पावासियों की आहार संबंधी आदतों का पुनर्निर्माण करने में कैसे सक्षम हुए हैं, स्पष्ट कीजिए। **CBSE 2024**

उत्तर हड़प्पा सभ्यता के निवासी कई प्रकार के पेड़-पौधों से प्राप्त उत्पाद और जानवरों से प्राप्त भोजन करते थे। जले अनाज के दानों तथा बीजों की खोज से पुरातत्वविद् आहार संबंधी आदतों के विषय में जानकारी प्राप्त करने में सफल हो पाए हैं। इनका अध्ययन पुरा-वनस्पतिज्ञ करते हैं, जो प्राचीन वनस्पति के अध्ययन के विशेषज्ञ होते हैं। हड़प्पा स्थलों से मिले अनाज के दानों में गेहूँ, जौ, दाल, सफ़ेद चना तथा तिल आदि शामिल हैं। बाजरे के दाने गुजरात के स्थलों से प्राप्त हुए थे। चावल के दाने अपेक्षाकृत कम पाए गए हैं।

इसके अतिरिक्त अन्य पुरातात्विक साक्ष्यों जैसे अवतल चक्कियों, लघुपात्रों, मृद्भांडों आदि के द्वारा भी इनके खान-पान संबंधित आदतों को समझने का प्रयास किया। जैसे गुजरात में प्राप्त मृद्भांड के अध्ययन से पता चलता है कि हड़प्पाई लोग दुग्ध उत्पादों का भी प्रयोग करते थे।

19. पुरातत्त्वविदों ने हड़प्पा युग के शिल्प उत्पादन केंद्रों की पहचान किस प्रकार की? स्पष्ट कीजिए। **CBSE 2024**

उत्तर हड़प्पा सभ्यता में शिल्प उत्पादन के लिए सर्वाधिक प्रसिद्ध स्थल चन्हूदड़ो था। शिल्प में मनके बनाना, शंखों की कटाई, धातु कर्म, मुहर निर्माण व बाट बनाना शामिल थे। शिल्प उत्पादन में मनकों की विविधता महत्त्वपूर्ण थी। मनके विभिन्न आकारों के होते थे; जैसे—चक्राकार, बेलनाकार, गोलाकार इत्यादि। इनको उत्कीर्णन एवं चित्रकारी द्वारा सजाया जाता था।

नागेश्वर एवं बालाकोट शंख से बनी वस्तुओं के निर्माण के विशिष्ट केंद्र थे। इन केंद्रों से तैयार माल बड़े नगरीय केंद्रों तक लाया जाता था। मनकों का निर्माण लाल रंग के कार्नीलियन, जैस्पर, स्फटिक, पकी मिट्टी, क्वार्ट्ज, फयॉन्स तथा सेलखड़ी से किया जाता था। धातुओं में ताँबे, काँसे व सोने के उपयोग से मनके बनाए जाते थे।

20. विभिन्न स्थलों पर हड़प्पावासियों द्वारा उपयोग की जाने वाली सिंचाई की विधियों की व्याख्या कीजिए। **CBSE 2024**

उत्तर हड़प्पा सभ्यता के लोगों ने सिंचाई के लिए कई तरीकों का उपयोग किया, जिनका संक्षिप्त विवरण इस प्रकार है

(i) **नहरें** हड़प्पावासियों ने नदियों से पानी लाकर सिंचाई के लिए नहरों का इस्तेमाल किया। नहरों का निर्माण ईंटों और पत्थरों से किया जाता था और इन्हें चूने और बिटुमेन से सील किया जाता था।

(ii) **घग्घर** हड़प्पावासियों ने सिंचाई के लिए घग्घर नाम की एक नदी का भी प्रयोग किया।

(iii) **कुएँ और बाँध** हड़प्पावासियों ने सिंचाई के लिए कुओं और बाँधों का भी प्रयोग किया।

(iv) **भूमिगत जल निकासी प्रणाली** हड़प्पावासियों ने एक बेहतर भूमिगत जल निकासी प्रणाली भी विकसित की थी। इस प्रणाली में छोटे जमाव पूल और जाल शामिल किए गए थे, जो मोटे गाद को पकड़ते थे।

(v) **गोफन और मिट्टी की गेंदें** हड़प्पावासियों ने अपनी फ़सलों की रक्षा के लिए गोफ़न और मिट्टी की गेंदों का प्रयोग किया।

(vi) **दीवारें** हड़प्पावासियों ने बाढ़ से बचने के लिए दीवारें भी बनाईं।

दीर्घ उत्तरीय प्रश्न

1. भारतीय पुरातात्विक सर्वेक्षण के पहले डायरेक्टर जनरल कनिंघम हड़प्पा के महत्त्व को समझने में क्यों चूक गए? व्याख्या कीजिए।

उत्तर भारतीय पुरातात्विक सर्वेक्षण के पहले डायरेक्टर जनरल कनिंघम हड़प्पा के महत्त्व को समझने में निम्नलिखित कारणों से चूक गए थे

- भारतीय पुरातात्विक सर्वेक्षण के प्रथम डायरेक्टर जनरल कनिंघम ने 19वीं सदी के मध्य में पुरातात्विक उत्खनन शुरू किया। उस समय पुरातत्त्वविद् अपने अन्वेषणों के मार्गदर्शन हेतु लिखित स्रोतों, साहित्य तथा अभिलेख के प्रयोग को अधिक महत्त्व प्रदान

करते थे। कनिंघम का खास रुझान आरंभिक ऐतिहासिक लगभग छठी शताब्दी ई. पू. से चौथी शताब्दी ई. पू. तथा उसके पश्चात् के कालों से संबंधित पुरातत्त्व में था।

- कनिंघम ने प्रारंभिक बस्तियों की पहचान हेतु चौथी से सातवीं शताब्दी के मध्य उपमहाद्वीप में आने वाले चीनी बौद्ध यात्रियों द्वारा छोड़े गए वृत्तांतों का प्रयोग किया था।
- यद्यपि हड़प्पाई पुरावस्तुएँ 19वीं सदी में कभी-कभी मिलती थीं तथा इनमें से कुछ कनिंघम तक पहुँची थीं, तथापि वह समझ नहीं पाए कि ये पुरावस्तुएँ कितनी प्राचीन थीं।
- जब एक अंग्रेज द्वारा कनिंघम को एक हड़प्पाई मुहर दी गई, तो इन्होंने मुहर पर ध्यान तो दिया, लेकिन उसे एक ऐसे कालखंड में दिनांकित करने का असफल प्रयास किया, जिससे वे परिचित थे।
- कनिंघम ने हड़प्पा सभ्यता को एक स्वतंत्र सभ्यता के विपरीत वैदिक सभ्यता का हिस्सा माना। इन्होंने हड़प्पा को एक प्राचीन शहर के बदले एक छोटे गाँव के रूप में देखा।
- अन्य कई व्यक्तियों की भाँति कनिंघम का भी मानना था कि भारतीय इतिहास की शुरुआत गंगा की घाटी में पनपे प्रथम नगरों के साथ ही हुई। कनिंघम की सुनिश्चित अवधारणा के कारण यह कोई आश्चर्य की बात नहीं है कि वह हड़प्पा के महत्त्व को समझने में चूक कर गए।

2. हड़प्पा सभ्यता का संक्षिप्त परिचय देते हुए सभ्यता के प्रमुख केंद्रों पर विस्तार से प्रकाश डालिए।

उत्तर हड़प्पा सभ्यता अथवा सिंधु घाटी की सभ्यता विश्व की प्राचीन सभ्यताओं में से एक है। इस सभ्यता का विस्तार भारत, पाकिस्तान एवं अफगानिस्तान तक है। इसका काल निर्धारण लगभग 2600 से 1900 ई. पू. के बीच किया गया। इतिहासकारों को हड़प्पा सभ्यता के विषय में जानकारी एकत्रित करने हेतु पुरातात्विक स्रोतों पर निर्भर रहना पड़ता है।

हड़प्पा सभ्यता के प्रमुख केंद्र

इस सभ्यता के मुख्य केंद्र निम्नलिखित थे

(i) **हड़प्पा** यहाँ का दुर्ग क्षेत्र सुरक्षा प्राचीर से घिरा हुआ था। यहाँ की मुहरों पर सर्वाधिक एकशृंगी पशु अंकित हैं। यहाँ शव उत्तर-दक्षिण दिशा में दफनाए जाते थे। शवाधानों से काँस्य दर्पण, सुरमा लगाने की सलाई तथा सीपी की चम्मच प्राप्त हुई है।

(ii) **मोहनजोदड़ो** इसका अर्थ 'मृतकों का टीला' होता है। सभागार, काँसे की नर्तकी, पुरोहित आवास, सीपी की बनी पटरी, सेलखड़ी से बना पुरोहित का धड़ यहाँ से प्राप्त एक मुद्रा पर एक आकृति है, जिसमें आधा भाग मानव का तथा आधा बाघ का है। यहाँ से आंशिक शवाधान तथा पूर्ण समाधीकरण के साक्ष्य मिले हैं। मोहनजोदड़ो के पश्चिमी भाग में स्थित दुर्ग टीले को स्तूप टीला भी कहा जाता है।

(iii) **कालीबंगन** इसका अर्थ 'काले रंग की चूड़ी' है। यहाँ ईंटों से निर्मित चबूतरा तथा अनेक घरों में अपने-अपने कुएँ के साक्ष्य प्राप्त हुए हैं। यहाँ का नगर-दुर्ग समानांतर चतुर्भुजाकार था। यहाँ अलंकृत ईंटों का प्रयोग किया गया है। शल्य चिकित्सा के साक्ष्य भी प्राप्त हुए हैं। यहाँ बच्चे की एक खोपड़ी मिली है, जिसमें 6 छेद हैं। इससे जल कपाली या मस्तिष्क शोध की बीमारी का पता चलता है।

(iv) **चन्हूदड़ो** यहाँ प्राक् -हड़प्पा संस्कृति, झूकर एवं झांगर संस्कृति के भी अवशेष मिले हैं। चन्हूदड़ो से किलेबंदी के साक्ष्य नहीं मिले हैं। यहाँ से जला हुआ एक कपाल, चार पहियों वाली गाड़ी, एक मिट्टी की मुद्रा पर तीन घड़ियालों और दो मछलियों का अंकन, एक ईंट पर कुत्ते और बिल्ली के पंजों के निशान तथा मिट्टी के मोर की एक आकृति मिली है। यह एकमात्र पुरास्थल है, जहाँ से वक्राकार ईंटें भी प्राप्त हुई हैं।

(v) **लोथल** यह एक बंदरगाह नगर था। यहाँ से फारस की मुहर, धान एवं बाजरा, पक्के रंगों से रँगा पात्र, घोड़े की लघु मृण्मूर्ति तथा तीन युगल समाधियों के साक्ष्य प्राप्त हुए हैं। यहाँ से ताँबे तथा सोने का काम करने वाले शिल्पियों की उद्योगशालाएँ भी प्रकाश में आई हैं। यहाँ के एक घर में सोने के दाने, सेलखड़ी की चार मुहरें, सीप एवं ताँबे की बनी चूड़ियाँ तथा पूरी तरह से रँगा हुआ एक मिट्टी का जार मिला है।

(vi) **बनावली** यहाँ से अच्छे किस्म का जौ, ताँबे का वाणाग्र, पकी मिट्टी के बने हल की आकृति का खिलौना, ताँबे की कुल्हाड़ी आदि की प्राप्ति हुई हैं। यहाँ नाली पद्धति का अभाव था तथा नगर योजना शतरंज के जाल के आकार की बनाई गई थी।

3. हड़प्पा सभ्यता की अर्थव्यवस्था के प्रमुख पक्षों का विश्लेषण कीजिए।

अथवा **हड़प्पाई अर्थव्यवस्था के वे कौन-कौन-से पहलू हैं, जिनका पुनर्निर्माण पुरातात्विक साक्ष्यों के आधार पर किया गया है?**

उत्तर हड़प्पा सभ्यता की अर्थव्यवस्था अपेक्षाकृत विकसित एवं उन्नत अवस्था में थी। हड़प्पाई अर्थव्यवस्था के अंतर्गत जीवन निर्वाह, कृषि प्रौद्योगिकी, व्यापार एवं शिल्प उत्पादन, मुहरें, मुद्रांकन, माप-तौल प्रणाली इत्यादि गतिविधियों के साक्ष्य उपलब्ध होते हैं। इनका विस्तारपूर्वक वर्णन निम्नलिखित रूपों में किया जा सकता है

(i) **जीवन निर्वाह** हड़प्पा सभ्यता के जीवन निर्वाह के तरीकों में पशुपालन और कृषि दोनों सम्मिलित थे। उत्खनन के दौरान हड़प्पाई स्थलों से कृषि कार्य के साक्ष्य उपलब्ध हुए हैं; जैसे—मुख्य खाद्यान्न फसलों में गेहूँ, जौ, दालें, सफेद चना तथा तिल प्रमुख थे। गुजरात से चावल और बाजरा के साक्ष्य प्राप्त हैं। पशुपालन के रूप में भेड़, बकरी, भैंस, सुअर आदि के साक्ष्य प्राप्त हुए हैं।

(ii) **शिल्प उत्पादन** हड़प्पा सभ्यता में शिल्प उत्पादन के लिए सर्वाधिक प्रसिद्ध स्थल चन्हूदड़ो था। शिल्प में मनके बनाना, शंखों की कटाई, धातु कर्म, मुहर निर्माण व बाट बनाना शामिल थे। शिल्प उत्पादन में मनकों की विविधता महत्त्वपूर्ण थी। मनके विभिन्न आकारों के होते थे; जैसे—चक्राकार, बेलनाकार, गोलाकार इत्यादि। इनको उत्कीर्णन एवं चित्रकारी द्वारा सजाया जाता था।
नागेश्वर एवं बालाकोट शंख से बनी वस्तुओं के निर्माण के विशिष्ट केंद्र थे। इन केंद्रों से तैयार माल बड़े नगरीय केंद्रों तक लाए जाते थे। मनकों का निर्माण लाल रंग के कार्नीलियन, जैस्पर, स्फटिक, पकी मिट्टी, क्वार्ट्ज, फयॉन्स तथा सेलखड़ी से किया जाता था। धातुओं में ताँबे, काँसे व सोने के उपयोग से मनके बनाए जाते थे।

(iii) **व्यापार** हड़प्पा सभ्यता में स्थानीय वस्तुओं के निर्माण हेतु कच्चे माल की आवश्यकता होती थी। इसके लिए कच्चे माल की आपूर्ति विभिन्न स्थानों से तथा सिंधु नदी व इसकी उपनदियों के जलमार्गों द्वारा की जाती थी। बाजार एवं कच्चे माल की उपलब्धता एवं पूर्ति के कारण ही व्यापार के दोनों पहलू (स्थानीय और सुदूर) दृष्टिगत होते हैं।

(iv) **मुहरें एवं मुद्रांकन** मुहरें हड़प्पा सभ्यता की विशिष्ट पुरावस्तु हैं। इनका उपयोग सुदूरवर्ती क्षेत्रों को माल भेजने में सुरक्षा की भाँति किया जाता था। सुदूर भेजी जाने वाली वस्तु को रस्सी से बाँधकर उस पर गीली मिट्टी से मुद्रांकन कर दिया जाता था। इससे भेजे जाने वाले माल की विश्वसनीयता बनी रहती थी।

(v) **माप-तौल प्रणाली** हड़प्पा की अपनी विकसित माप-तौल प्रणाली थी। बाटों के निचले मानदंड द्विआधारी 1, 2, 4, 8, 16, 32 आदि थे, जिनकी सर्वोच्च सीमा 12,800 तक थी। बाटों के ऊपरी मानदंड दशमलव प्रणाली का अनुसरण करते थे।

4. हड़प्पा सभ्यता की विश्व इतिहास में क्या उपलब्धियाँ रहीं? परीक्षण कीजिए।

उत्तर हड़प्पा सभ्यता का विश्व इतिहास में विशिष्ट स्थान रहा है। इस सभ्यता की विशिष्टता इन बातों से झलकती है कि आधुनिक वस्तुएँ, तकनीक और जीवन-शैली जो आज प्रचलित है, वह आज से हजारों वर्ष पूर्व हड़प्पा सभ्यता में प्रचलित थी, जिसका विवरण निम्नलिखित है

(i) **सुव्यवस्थित एवं उन्नत नगर योजना** नियोजित नगर हड़प्पा सभ्यता की अद्वितीय विशेषता थी, जिसके आधार पर शहरी केंद्र विकसित किए गए थे। दुर्ग स्थापत्य, गृह स्थापत्य और जल निकासी का आधुनिक पद्धतियों से निर्माण हुआ था। हड़प्पा सभ्यता एक शहरीकरण सभ्यता थी, जिसमें मोहनजोदड़ो प्रमुख शहर था। हड़प्पा का संपूर्ण नगर नियोजन दो भागों में विभाजित था

- **पहला** दुर्ग निचले नगर से अपेक्षाकृत ऊँचे स्थान पर स्थित था। निचला नगर दुर्ग की अपेक्षा अधिक बड़ा व विस्तृत था। दुर्ग की ऊँचाई का कारण था कि भवनों को ऊँचे चबूतरे पर बनाया गया था।
- **दूसरा** निचले शहरों की भी किलेबंदी की गई थी अर्थात् निचले शहरों को दीवारों से घेरा गया था। धौलावीरा और लोथल जैसे स्थलों पर पूरी बस्ती किलेबंद थी। अतः इस प्रकार की नगर योजना वर्तमान समय में भी प्रचलित है।

(ii) **भवन निर्माण प्रणाली** मोहनजोदड़ो के निचले शहर में आवासीय घर बने थे। घरों को बनाते समय एकांतप्रियता को महत्त्व दिया गया था। घर के मध्य में आँगन बना होता था, जिसके चारों ओर कमरे बने होते थे। भूमि तल पर बने कमरों में खिड़कियाँ नहीं थीं। प्रत्येक घर में ईंटों के फर्श से निर्मित स्नानघर होता था, घरों में कुएँ का निर्माण भी होता था। प्रायः यह कुआँ ऐसे कक्ष में बना होता था, जिसका प्रयोग बाहर आने-जाने के लिए किया जाता था। मोहनजोदड़ो में कुओं की कुल संख्या 700 थी।

(iii) **जल निकासी व्यवस्था** हड़प्पा सभ्यता के नगरों की उल्लेखनीय विशेषता जल निकासी प्रणाली थी। घरों से निकलने वाले अशुद्ध जल की निकासी के लिए गलियों में विशालकाय नालियाँ बनी थीं, जो गलियों के समान ही ग्रिड प्रणाली द्वारा एक-दूसरी से जुड़ी हुई थीं तथा समकोण पर एक-दूसरी को काटती थीं।

(iv) **कृषि प्रौद्योगिकी** मुहरों एवं मृण्मूर्तियों (पुरातात्विक स्रोत) के आधार पर स्पष्ट है कि हड़प्पा सभ्यता में खेत जोतने के लिए बैलों का प्रयोग किया जाता था। चोलिस्तान (थार राजस्थान से लगा पाकिस्तानी रेगिस्तान) तथा बनावली (हरियाणा) से मिट्टी के हल के प्रतिरूप भी कृषि प्रौद्योगिकी की पुष्टि करते हैं। कालीबंगन (राजस्थान) से जुते हुए खेत के साक्ष्य मिले हैं, जिसकी हल रेखाएँ एक दूसरे को समकोण पर काटती हैं, जो एक स्थान पर दो फसलें उगाने के संकेत देती हैं।

(v) **मुहरें व मुद्रांकन प्रणाली** मुहरें हड़प्पा सभ्यता की विशिष्ट पुरावस्तु हैं। इनका प्रयोग सुदूरवर्ती क्षेत्रों को माल भेजने में सुरक्षा सील की भाँति किया जाता था। दूर भेजी जाने वाली वस्तु को रस्सी से बाँधकर उस पर गीली मिट्टी लगाकर एक या एक से अधिक मुहरों की छाप मुद्रित कर दी जाती थी। इससे भेजे जाने वाले माल की विश्वसनीयता बनी रहती थी। मुद्रांकन से प्रेषक की पहचान का भी पता चलता था।

(vi) **माप-तौल प्रणाली** हड़प्पा की अपनी विकसित माप-तौल प्रणाली थी। माप-तौल के लिए बाटों का प्रयोग किया जाता था। ये बाट चर्ट नामक पत्थर द्वारा बनाए जाते थे। बाटों के निचले मानदंड द्विआधारी 1, 2, 4, 8, 16, 32 आदि थे, जिनकी सर्वोच्च सीमा 12,800 तक थी।

बाटों के ऊपरी मानदंड दशमलव प्रणाली का अनुसरण करते थे। छोटे बाट आभूषण आदि को तोलने के लिए प्रयोग किए जाते थे। उत्खनन में धातु से निर्मित तराजू के पलड़े भी मिले हैं।

(vii) **धार्मिक उपलब्धियाँ** धार्मिक दृष्टिकोण का आधार इहलौकिक तथा व्यावहारिक अधिक था। मूर्तिपूजा का आरंभ संभवतः हड़प्पा सभ्यता से ही होता है। हड़प्पा सभ्यता से स्वास्तिक, चक्र और क्रॉस के साक्ष्य मिलते हैं। स्वास्तिक और चक्र, सूर्य पूजा के प्रतीक थे।

अतः उपरोक्त विवरणों के विश्लेषण से यह ज्ञात होता है कि हड़प्पा काल में प्रचलित ये सभी साधन और जीवन-शैली विशिष्ट थी। बाद की सभ्यताओं में इन सभी साधनों का अभाव था। कई सदियों के बाद इस प्रकार की कार्यप्रणाली देखने को मिलती है, जिसका प्रयोग कर अन्य सभ्यताएँ स्वयं को विकसित कर सकीं।

5. "हड़प्पा सभ्यता का सबसे अनूठा पहलू शहरी केंद्रों का विकास था।" स्पष्ट कीजिए। **CBSE 2024**

अथवा **"मोहनजोदड़ो का सबसे अनूठा पहलू शहरी केंद्रों का विकास था।" इस कथन की उदाहरणों सहित पुष्टि कीजिए।**

उत्तर हड़प्पा सभ्यता की मुख्य विशेषता नगर-निर्माण और नागरिक जीवन था। इस सभ्यता के प्रमुख नगर-मोहनजोदड़ो, हड़प्पा, लोथल, कालीबंगन, बनावली आदि थे। इन सभी में मोहनजोदड़ो एक विशिष्ट नगर था, जिसका विवरण निम्न है

- मोहनजोदड़ो की बस्तियाँ दो भागों में विभाजित थीं—एक भाग छोटा, लेकिन ऊँचाई पर बनाया गया था तथा दूसरा कहीं अधिक बड़ा, लेकिन नीचे बनाया गया था। पुरातत्त्वविदों ने इन बस्तियों को क्रमशः दुर्ग और निचला शहर का नाम दिया है।
- मोहनजोदड़ो का निचला शहर आवासीय भवनों के उदाहरण प्रस्तुत करता है। इनमें से कई भवन एक आँगन पर केंद्रित थे, जिसके चारों ओर कमरे बने थे। संभवतः आँगन खाना पकाने और कताई करने जैसी गतिविधियों का केंद्र था, मुख्य रूप से गर्म और शुष्क मौसम में। प्रत्येक घर में ईंटों के फर्श से बना एक स्नानघर होता था।
- इसकी नालियाँ दीवार के माध्यम से सड़क की नालियों से जुड़ी हुई थीं। इसके साथ ही कई आवासों में कुएँ थे, जो अधिकांशतः एक ऐसे कक्ष में बनाए गए थे, जिसमें बाहर से आया जा सकता था। इसका प्रयोग संभवतः राहगीरों द्वारा किया जाता था।

- दुर्ग पर ऐसी संरचनाओं के साक्ष्य मिलते हैं, जिनका प्रयोग संभवतः विशिष्ट सार्वजनिक प्रयोजनों के लिए किया जाता था। उदाहरण के लिए, (अन्नागार) एक ऐसी विशाल संरचना है, जिसके निचले हिस्से को ईंटों तथा ऊपरी हिस्से को संभवतः लकड़ी से बनाया गया था और इसमें विशाल स्नानागार भी सम्मिलित था।
- विशाल स्नानागार आँगन में बना एक आयताकार जलाशय था, जो चारों ओर से एक गलियारे से घिरा हुआ था। जलाशय के तल तक जाने के लिए इसके उत्तरी और दक्षिणी भाग में दो सीढ़ियाँ बनी थीं। जलाशय के किनारों पर ईंटों को जमाकर तथा जिप्सम के गारे के प्रयोग से उन पर लेप किया गया था।

6. हड़प्पा की खोज में विभिन्न पुरातत्त्वविदों की भूमिका को स्पष्ट कीजिए।

उत्तर भारतीय उपमहाद्वीप का उत्तरी क्षेत्र 2600 ई. पू. से 1900 ई. पू. तक हड़प्पा सभ्यता का काल था, जिसे सिंधु घाटी सभ्यता के नाम से भी जाना जाता है। कई पुरातत्त्वविदों ने इसे खोजने और उसके बाद खुदाई करने के लिए कई दशकों तक सहयोग किया। इन्होंनें वर्ष 1875 और 1950 के बीच कुछ महत्त्वपूर्ण योगदान दिए, जो निम्न हैं

(i) **अलेक्जेंडर कनिंघम** एएसआई के पहले महानिदेशक, अलेक्जेंडर कनिंघम (1814-1893) को भारतीय उपमहाद्वीप में कई ऐतिहासिक स्थलों की खोज का श्रेय दिया जाता है।

(ii) **जॉन मार्शल** कनिंघम के बाद जॉन मार्शल ने एएसआई के महानिदेशक का पद संभाला। 1920 से 1930 के दशक में, उन्होंने कई हड़प्पा स्थलों पर खुदाई का निरीक्षण किया, जिसमें मोहनजोदड़ो भी शामिल था, जो हड़प्पा संस्कृति का सबसे महत्त्वपूर्ण और संरक्षित शहरों में से एक था।

(iii) **आर. डी. बनर्जी** इन्होंने जॉन मार्शल के साथ हड़प्पा स्थलों की खुदाई पर काम किया, इन्हें राजस्थान में कालीबंगन के प्राचीन शहर की खोज का श्रेय दिया जाता है।

(iv) **आर. ई. एम. व्हीलर** इन्होंने वर्ष 1944 में एएसआई के महानिदेशक का पद संभाला। इन्होंने एक समान क्षैतिज रेखाओं के साथ यांत्रिक रूप से खुदाई करने के अतिरिक्त टिले के स्तर विन्यास का पालन किया।

(v) **माधो स्वरूप वत्स** इन्होंने 1940 और 1950 के दशक में इस स्थल पर व्यापक खुदाई की, जिसमें सुनियोजित शहरों और व्यापार नेटवर्क के साथ एक परिष्कृत सभ्यता के साक्ष्य सामने आए।

स्रोत आधारित प्रश्न

1. दिए गए स्रोत को ध्यानपूर्वक पढ़िए और नीचे दिए गए प्रश्नों के उत्तर लिखिए। **CBSE 2025**

अब तक खोजी गई प्राचीनतम प्रणाली

(नालियों के विषय में मैके लिखते हैं : "निश्चित रूप से यह अब तक खोजी गई सर्वथा संपूर्ण प्राचीन प्रणाली है"। हर आवास गली की नालियों से जोड़ा गया था। मुख्य नाले गारे में जमाई गई ईंटों से बने थे और इन्हें ऐसी ईंटों से ढंका गया था, जिन्हें सफ़ाई के लिए हटाया जा सके। कुछ स्थानों पर ढकने के लिए चूना पत्थर की पट्टिका का प्रयोग किया गया था। घरों की नालियाँ पहले एक हौदी या मलकुंड में खाली होती थीं, जिसमें ठोस पदार्थ जमा हो जाता था और गंदा पानी गली की नालियों में बह जाता था। बहुत लंबे नालों में कुछ अंतरालों पर सफ़ाई के लिए हौदियाँ बनाई गई थीं। यह पुरातत्व का एक अजूबा ही है कि "मलबे, मुख्यतः रेत के छोटे-छोटे ढेर सामान्यतः निकासी के नालों के अगल-बगल पड़े मिले हैं, जो दर्शाते हैं.... कि नालों की सफ़ाई के बाद कचरे को हमेशा हटाया नहीं जाता था।)

अर्नेस्ट मैके, अर्ली इंडस सिविलाइजेशन, 1948

जल निकास प्रणालियाँ केवल बड़े शहरों तक ही सीमित नहीं थीं बल्कि ये कई छोटी बस्तियों में भी मिली थीं।

उदाहरण के लिए; लोथल में आवासों के निर्माण के लिए जहाँ कच्ची ईंटों का प्रयोग हुआ था, वहीं नालियाँ पक्की ईंटों से बनाई गई थीं।

(i) **हड़प्पा के शहरों में जल निकासी प्रणालियों में एकरूपता के पीछे संभावित कारण का आकलन कीजिए।**

उत्तर हड़प्पा की जल निकासी प्रणाली में एक रूपता केंद्रीकृत नियोजन, उन्नत कौशल और स्वच्छता के प्रति सामाजिक जागरूकता से आई, जो सभी शहरों में समान मानकों को लागू करती थी।

(ii) **जल निकासी के नालों के किनारे रेत के ढेर मिलने के निहितार्थ का विश्लेषण कीजिए।**

उत्तर नाले के किनारे रेत के ढेर नियमित सफाई को दर्शाते हैं, पर कचरे के अपूर्ण निपटान से प्रबंधन की कमी और सम्भवतः क्षम या प्राथमिकता में कमी का संकेत मिलता है।

(iii) **हड़प्पा जल निकासी प्रणाली के प्रभावों का आकलन कीजिए।**

उत्तर हड़प्पा की जल निकासी प्रणाली ने स्वच्छता और स्वास्थ्य को बढ़ावा देकर शहरी जीवन को समृद्ध किया। यह उन्नत नियोजन का प्रतीक थी, जिसने व्यापार और स्थिरता को सहारा दिया। हालाँकि, कचरा प्रबंधन की कमी ने पर्यावरणीय समस्याएँ उत्पन्न कीं, जो सम्भवतः सभ्यता के पतन में योगदान दे सकती थीं।

2. हड़प्पावासी शिल्प उत्पादन हेतु माल प्राप्त करने के लिए कई तरीके अपनाते थे। उदाहरण के लिए, उन्होंने नागेश्वर और बालाकोट में जहाँ शंख आसानी से उपलब्ध था, बस्तियाँ स्थापित कीं। ऐसे ही कुछ अन्य पुरास्थल थे-सुदूर अफगानिस्तान में शोर्तुघई, जो अत्यंत कीमती माने जाने वाले नीले रंग के पत्थर लाजवर्द मणि के साथ अच्छे स्रोत के निकट स्थित था तथा लोथल, जो कार्नीलियन (गुजरात में भड़ौच), सेलखड़ी (दक्षिणी राजस्थान तथा उत्तरी गुजरात से) और धातु (राजस्थान से) के स्रोतों के निकट स्थित था।

कच्चा माल प्राप्त करने की एक अन्य नीति थी-राजस्थान के खेतड़ी अँचल (ताँबे के लिए) तथा दक्षिण भारत (सोने के लिए) जैसे क्षेत्रों में अभियान भेजना। इन अभियानों के माध्यम से स्थानीय समुदायों के साथ संपर्क स्थापित किया जाता था। इन क्षेत्रों में कहीं-कहीं मिलने वाली हड़प्पाई पुरावस्तुएँ ऐसे संपर्कों की संकेतक हैं।

खेतड़ी क्षेत्र में मिले साक्ष्यों को पुरातत्त्वविदों ने गणेश्वर-जोधपुरा संस्कृति का नाम दिया है। इस संस्कृति के विशिष्ट मृद्भांड हड़प्पाई मृद्भांडों से भिन्न थे तथा यहाँ ताँबे की वस्तुओं की असाधारण संपदा मिली थी। ऐसा संभव है कि इस क्षेत्र के निवासी हड़प्पा सभ्यता के लोगों को ताँबा भेजते थे।

(i) उपरोक्त परिच्छेद के अनुसार, हड़प्पा सभ्यता में शिल्प उत्पादन के लिए किन सामग्रियों का उपयोग किया जाता था?

उत्तर शिल्प उत्पादन हेतु पत्थर, मिट्टी, ताँबा, टिन, सोना, कैमिलियन, जैस्पर व क्वाट्र्ज तथा लकड़ी का उपयोग किया जाता था। मिट्टी और लकड़ी स्थानीय रूप से उपलब्ध कच्चे माल थे।

(ii) **हड़प्पावासी नदी मार्गों तथा तटीय मार्गों का उपयोग किस लिए करते थे?**

उत्तर हड़प्पावासी नदी मार्गों तथा तटीय मार्गों का उपयोग शिल्प उत्पादन के लिए माल प्राप्ति हेतु करते थे। उदाहरण के लिए, इन्होंने नागेश्वर ओर बालाकोट में जहाँ शंख की उपलब्धता अधिक थी, में बस्तियाँ स्थापित कीं।

(iii) **गणेश्वर जोधपुरा संस्कृति की हड़प्पाई शिल्प उत्पादन में क्या भूमिका थी?**

उत्तर गणेश्वर जोधपुरा संस्कृति, राजस्थान के खेतड़ी तौवा क्षेत्र को कहा गया, यह ताँबा उत्पादक प्रमुख क्षेत्र था। हड़प्पाई शिल्प कला में कांस्य के प्रयोग के साक्ष्य मिलते हैं। जिसके निर्माण में ताँबे की विशेष भूमिका होती है, इसलिए हड़प्पाई शिल्प उत्पादन केन्द्रों द्वारा राजस्थान के खेतड़ी से ताँबे की आवश्यकता पूरी की जाती थी।

3. अब तक खोजी गई प्राचीनतम प्रणाली।

नालियों के विषय में मैके लिखते हैं—"निश्चित रूप से यह अब तक खोजी गई सर्वथा संपूर्ण प्राचीन प्रणाली है।" हर आवास को गली की नालियों से जोड़ा गया था। मुख्य नाले गारे में जमाई गई ईंटों से बने थे और इन्हें ऐसी ईंटों से ढका गया था, जिन्हें सफाई के लिए हटाया जा सके। कुछ स्थानों पर ढकने के लिए चूना-पत्थर की पट्टिका का प्रयोग किया गया था। घरों की नालियाँ पहले एक हौदी या मलकुंड में खाली होती थीं, जिसमें ठोस पदार्थ जमा हो जाता था और गंदा पानी गली की नालियों में बह जाता था। बहुत लंबे नालों में कुछ अंतरालों पर सफाई के लिए हौदियाँ बनाई गई थीं। यह पुरातत्त्व का एक अजूबा ही है कि "मलबे मुख्यत: रेत के छोटे-छोटे ढेर सामान्यत: निकासी के नालों के अगल-बगल पड़े मिले हैं, जो दर्शाते हैं कि नालों की सफाई के बाद कचरे को हमेशा हटाया नहीं जाता था।" अर्नेस्ट मैके, अर्ली इंडस सिविलाइजेशन, 1948 जल निकास प्रणालियाँ केवल बड़े शहरों तक ही सीमित नहीं थीं, बल्कि ये कई छोटी बस्तियों में भी मिली थीं।

(i) **मुख्य नालियों को बनाने हेतु किस पदार्थ का प्रयोग होता था तथा उन्हें ढकने के लिए किस प्रकार के पत्थर की पट्टिका का प्रयोग किया जाता था?**

उत्तर मुख्य नालियों को बनाने हेतु गारे से ईंटों को जमाया जाता था तथा ढकने के लिए चूना-पत्थर की पट्टिका का प्रयोग किया जाता था।

(ii) **हड़प्पा सभ्यता में जल निकास प्रणालियों पर मैके ने क्या लिखा है?**

उत्तर हड़प्पा सभ्यता में जल निकास प्रणालियाँ केवल बड़े शहरों तक ही सीमित नहीं थीं, बल्कि ये कई छोटी बस्तियों में भी मिली थीं। उदाहरण के लिए, जहाँ आवासों के निर्माण के लिए कच्ची ईंटों का प्रयोग हुआ, वहीं नालियाँ पकी ईंटों से बनाई गई थीं।

(iii) **मैके, हड़प्पा नालियों के विषय में किस तथ्य को अजूबा मानते हैं?**

उत्तर मैके, हड़प्पा नालियों के विषय में कहते हैं कि यह पुरातत्त्व का एक अजूबा ही है कि "मलबे मुख्यतः रेत के छोटे-छोटे ढेर सामान्यतः निकासी के नालों के अगल-बगल पड़े मिले हैं, जो दर्शाते हैं कि नालों की सफाई के बाद कचरे को हमेशा नहीं हटाया जाता था।"

4. एक 'आक्रमण' के साक्ष्य

डैडमैन लेन एक संकरी गली है, जिसकी चौड़ाई 3 से 6 फीट तक परिवर्ती है। वह बिंदु, जहाँ यह गली पश्चिम की ओर मुड़ती है, 4 फीट तथा 2 इंच की गहराई पर एक खोपड़ी का भाग, एक वयस्क की छाती तथा हाथ के ऊपरी भाग की हड्डियाँ मिली थीं। ये सभी बहुत भुरभुरी अवस्था में थीं। यह धड़ पीठ के बल, गली में आड़ा पड़ा हुआ था। पश्चिम की ओर 15 इंच की दूरी पर एक छोटी खोपड़ी के कुछ टुकड़े थे। इस गली का नाम इन्हीं अवशेषों पर आधारित है। जॉन मार्शल, मोहनजोदड़ो एंड द इंडस सिविलाइजेशन, 1931 से उद्धृत। वर्ष 1925 में मोहनजोदड़ो के इसी भाग से सोलह लोगों के अस्थि-पंजर उन आभूषणों सहित मिले थे, जो इन्होंने मृत्यु के समय पहने हुए थे।

बहुत समय पश्चात् वर्ष 1947 में आर ई एम व्हीलर, जो भारतीय पुरातात्विक सर्वेक्षण के तत्कालीन डायरेक्टर जनरल थे, ने इन पुरातात्विक साक्ष्यों का उपमहाद्वीप में ज्ञात प्राचीनतम ग्रंथ ऋग्वेद के साक्ष्यों से संबंध स्थापित करने का प्रयास किया। उन्होंने लिखा—

ऋग्वेद में पुर शब्द का उल्लेख है, जिसका अर्थ—प्राचीर, किला या गढ़ हैं। आर्यों के युद्ध के देवता इंद्र को पुरंदर अर्थात् गढ़-विध्वंसक कहा गया है। .... ये दुर्ग कहाँ हैं? पहले यह माना गया था कि ये मिथक मात्र थे। हड़प्पा में हाल में हुए उत्खननों ने मानो परिदृश्य बदल दिया है। यहाँ हम मुख्यत: अनार्य प्रकार की एक बहुत विकसित सभ्यता पाते हैं, जिसमें अब प्राप्त जानकारी के अनुसार विशाल किलेबंदियाँ की गई थीं। यह सुदृढ़ रूप से स्थित सभ्यता कैसे नष्ट हुई? हो सकता है जलवायु संबंधी, आर्थिक अथवा राजनीतिक ह्रास ने इसे कमजोर किया हो, पर अधिक संभावना इस बात की है कि जान-बूझकर तथा बड़े पैमाने पर किए गए विनाश ने इसे अंतिम रूप से समाप्त कर दिया।

(i) **जॉन मार्शल उल्लेखित गद्यांश की पंक्तियों से किस ओर संकेत करना चाहते हैं?**

उत्तर जॉन मार्शल उल्लेखित गद्यांश की पंक्तियों में हड़प्पा सभ्यता पर बाह्य आक्रमण के संकेत की बात करते हैं और डैडमैन गली के आधार पर यह बताना चाहते हैं कि इस सभ्यता का पतन बाह्य आक्रमणों के कारण हुआ था।

(ii) **'पुर' शब्द का अर्थ लिखिए एवं किस ग्रंथ में इस शब्द का उल्लेख किया गया? आर ई एम व्हीलर ने अपनी रिपोर्ट में 'पुर' का उल्लेख क्यों किया है?**

उत्तर 'पुर' का अर्थ प्राचीर अथवा किला है। इस शब्द का प्रयोग 'ऋग्वेद' ग्रंथ में किया गया है। व्हीलर ने 'पुर' को हड़प्पा सभ्यता के पतन से संबंधित माना है, क्योंकि व्हीलर लिखते हैं कि मोहनजोदड़ो के अंतिम चरण से आभास होता है कि यहाँ पुरुषों, महिलाओं और बच्चों का जनसंहार किया गया है।

(iii) **डैडमैन गली को पुरातत्त्वविद् जी डेल्स ने लापरवाही शवाधान बताया है। क्यों?**

उत्तर जी एफ डेल्स ने डैडमैन गली की अवधारणा को आक्रमणों से जोड़कर नहीं देखा है, बल्कि उनका मानना है कि अधिकांश अस्थियाँ जिन संदर्भों में प्राप्त हुईं, वे जनसंहार नहीं, बल्कि अत्यंत लापरवाही तथा श्रद्धाहीन तरीके से बनाए गए शवाधान हैं।

5. नयी तकनीकें तथा प्रश्न

वर्ष 1944 में भारतीय पुरातात्विक सर्वेक्षण के डायरेक्टर जनरल बने आर.ई.एम. व्हीलर ने इस समस्या का निदान किया। व्हीलर ने पहचाना कि एकसमान क्षैतिज इकाइयों के आधार पर खुदाई के अतिरिक्त टीले के स्तर विन्यास का अनुसरण करना अधिक आवश्यक था। साथ ही, सेना के पूर्व-ब्रिगेडियर के रूप में उन्होंने पुरातत्व की पद्धति में एक सैनिक परिशुद्धता का समावेश भी किया।

हड़प्पा सभ्यता की भौगोलिक सीमाओं का आज की राष्ट्रीय सीमाओं से बहुत थोड़ा या कोई संबंध नहीं है, लेकिन उपमहाद्वीप के विभाजन तथा पाकिस्तान के बनने के पश्चात्, प्रमुख ज्ञात पुरास्थल जो अब पाकिस्तान में स्थित है। इसी कारण से भारतीय पुरातत्वविदों ने भारत में पुरास्थलों को चिह्नित करने का प्रयास किया। कच्छ में हुए व्यापक सर्वेक्षणों से कई हड़प्पाई बस्तियाँ प्रकाश में आईं तथा पंजाब और हरियाणा में किए गए अन्वेषणों से हड़प्पा स्थलों की सूची में कई और नाम जुड़ गए। हालाँकि कालीबंगन, लोथल, राखीगढ़ी और हाल में हुई धौलावीरा की खोज, वहाँ हुए अन्वेषण तथा उत्खनन इन्हीं प्रयासों का हिस्सा हैं। नए अन्वेषण अब भी जारी हैं।

इन दशकों में नए प्रश्न महत्त्वपूर्ण हो गए हैं। यहाँ कुछ पुरातत्वविद् आमतौर पर सांस्कृतिक उपक्रम का पता लगाने के इच्छुक रहते हैं, वहीं कुछ और विशेष पुरास्थलों की भौगोलिक स्थिति के पीछे निहित कारणों को समझने का प्रयास करते हैं। वे पुरावस्तुओं रूपी निधि से भी जूझते हैं और उनकी संभावित उपयोगिताओं को समझने का प्रयास करते हैं।

1980 के दशक से हड़प्पाई पुरातत्व में अंतर्राष्ट्रीय स्तर पर भी रुचि लगातार बढ़ती रही है। हड़प्पा और मोहनजोदड़ो, दोनों स्थानों पर उपमहाद्वीप के तथा विदेशी विशेषज्ञ संयुक्त रूप से कार्य करते रहे हैं। वे आधुनिक वैज्ञानिक तकनीकों का प्रयोग करते हैं, जिनमें मिट्टी, पत्थर, धातु की वस्तुएँ तथा वनस्पति और जानवरों के अवशेष प्राप्त करने हेतु सतह का अन्वेषण और साथ ही उपलब्ध साक्ष्य के हर सूक्ष्म टुकड़े का विश्लेषण सम्मिलित है। ये अन्वेषण भविष्य में रोचक परिणामों की आशा दिलाते हैं।

(i) **भारत की आजादी के समय भारतीय पुरातात्विक सर्वेक्षण के डायरेक्टर जनरल ने पुरातत्त्व की पद्धति में क्या सुधार किया?**

उत्तर वर्ष 1944 में भारतीय पुरातात्विक सर्वेक्षण के डायरेक्टर जनरल बने आर. ई. एम व्हीलर ने नियमित क्षैतिज इकाइयों के द्वारा पुरातत्व की पद्धति का निदान किया। इन्होंने, एक समान क्षैतिज इकाइयों के आधार पर खुदाई के अतिरिक्त टीले के स्तर विन्यास का अनुसरण किया, जिससे बहुमूल्य जानकारी लुप्त न हो सके। इन्होंने सेना के पूर्व ब्रिगेडियर के रूप में पुरातत्व की पद्धति में एक सैनिक परिशुद्धता का समावेश भी किया।

(ii) **हड़प्पा सभ्यता की भौगोलिक सीमाओं का आज की राष्ट्रीय सीमाओं से कोई संबंध है। स्पष्ट कीजिए?**

उत्तर हड़प्पा सभ्यता की भौगोलिक सीमाओं का आज की राष्ट्रीय सीमाओं से कोई संबंध नहीं है, लेकिन उपमहाद्वीप के विभाजन तथा पाकिस्तान के बनने के पश्चात् प्रमुख ज्ञात पुरा स्थल जो अब पाकिस्तान में स्थित है। इसी कारण से भारतीय पुरातत्वविदों ने भारत में पुरास्थलों को चिह्नित करने का प्रयास किया।

(iii) **वर्तमान दशक में पुरातत्वविदों के लिए कौन-से नए प्रश्न महत्त्वपूर्ण हो गए हैं?**

उत्तर हाल-ही दशकों में कुछ पुरातत्वविद् आमतौर पर सांस्कृतिक उपक्रम का पता लगाने के इच्छुक रहते हैं, वहीं कुछ और विशेष पुरास्थलों की भौगोलिक स्थिति के पीछे निहित कारणों को समझने का प्रयास करते हैं वे पुरावस्तुओं रूपी निधि से भी जूझते हैं और उनकी संभावित उपयोगिताओं को समझने का प्रयास करते हैं।

चित्र पर आधारित प्रश्न

1.

(i) **दिया गया चित्र किस पुरातात्विक वस्तु से संबंधित है?**

उत्तर दिया गया चित्र अवतल चक्की का है। इसका प्रयोग सामान्यतः तथा अनाज पीसने के लिए किया जाता था। इसके अतिरिक्त इसे जड़ी -बूटियों को पीसने तथा खाद्य मसालों आदि को पीसने में भी प्रयोग किया जाता था, इसलिए इसे 'सालन पत्थर' भी कहा जाता था। इसका निर्माण मुख्यतः पत्थरों से किया जाता था।

(ii) **दिए गए पुरातात्विक साक्ष्य का प्रारंभिक उल्लेख कहाँ मिलता है?**

उत्तर दिए गए पुरातात्विक साक्ष्य का प्रारंभिक उल्लेख अर्नेस्ट मैके की पुस्तक 'फर्दर एक्सकवेशंस एट मोहनजोदड़ो' में मिलता है। अर्नेस्ट मैके ब्रिटिश पुरातत्त्वविद् थे। इन्होंने इस पुस्तक का प्रकाशन वर्ष 1934 में किया था।

मानचित्र पर आधारित प्रश्न

1. इस रेखामान चित्र पर दो हड़प्पाई स्थल दिए गए हैं -A और B A उस स्थल को संदर्भित करता है, जहाँ वृहद् स्नानागार के साक्ष्य मिले हैं तथा B उस स्थल को संदर्भित करता है, जहाँ मिट्टी के हल के साक्ष्य मिले हैं। इन्हें पहचानिए तथा उनके पास खींची गई रेखाओं पर उनके सही नाम लिखिए।

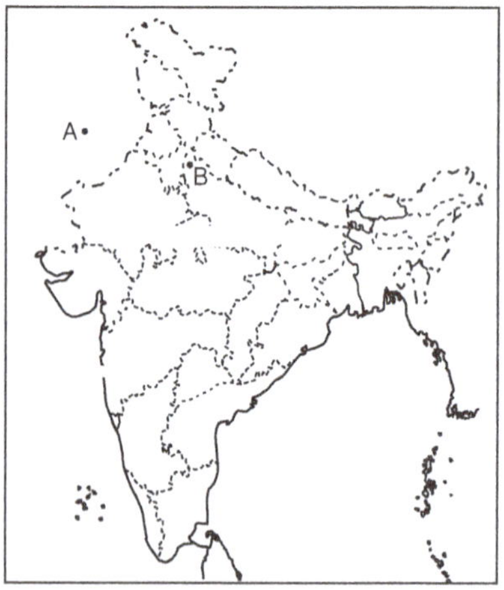

उत्तर (A) मोहनजोदड़ो (B) बनावली

2. भारतीय मानचित्र पर निम्नलिखित को चिह्नित कीजिए

(i) राखीगढ़ी

(ii) (a) हड़प्पा (b) धौलावीरा

(iii) (a) चन्हूदड़ो (b) कोटदीजी

(iv) कालीबंगन (v) लोथल

उत्तर

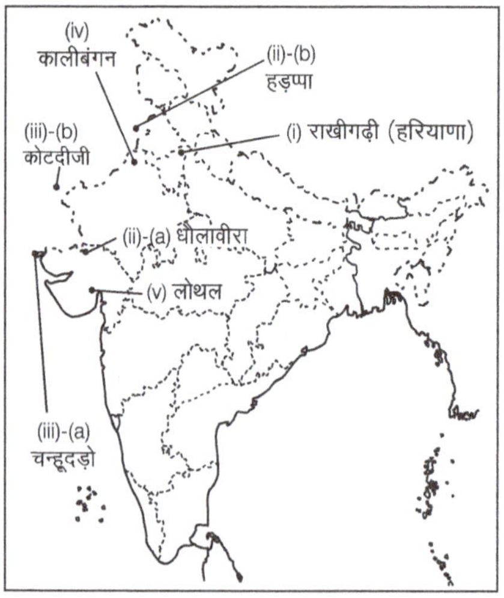

3. निम्नलिखित को मानचित्र पर चिह्नित कीजिए

(i) नागेश्वर (ii) बनावली

(iii) बालाकोट (iv) मोहनजोदड़ो

उत्तर

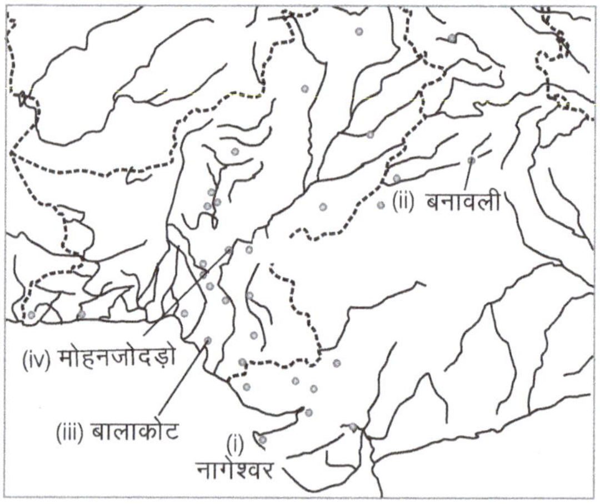

4. भारत के दिए गए राजनीतिक रेखा मानचित्र पर तीन हड़प्पा स्थलों को A, B एवं C के रूप में चिह्नित किया गया है, उनको पहचानकर नाम लिखिए।

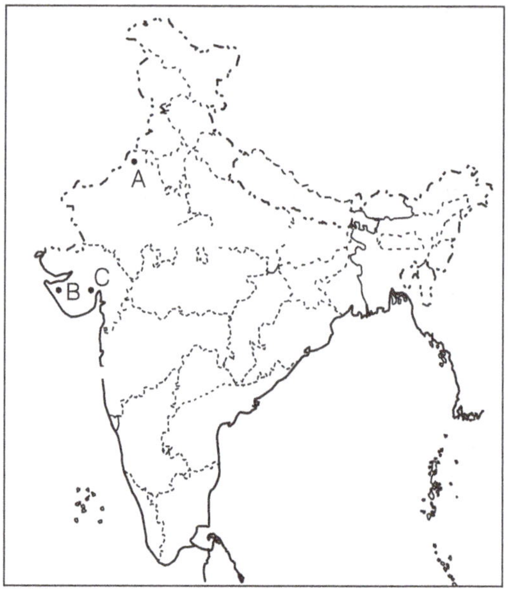

उत्तर (A) कालीबंगन (B) नागेश्वर (C) लोथल

स्वयं को जाँचें

वस्तुनिष्ठ प्रश्न

1. किस हड़प्पा स्थल से जुते हुए खेत के साक्ष्य मिले हैं?
(a) बनावली (b) कालीबंगन
(c) धौलावीरा (d) लोथल

2. निम्नलिखित में से किस स्थल का प्रयोग कृषि के लिए जल संचयन हेतु किया जाता था?
(a) लोथल (b) धौलावीरा
(c) मोहनजोदड़ो (d) रंगपुर

3. हड़प्पाई समाज में किसकी पूजा की जाती थी?
(a) मातृदेवी (b) प्राकृतिक तत्त्व
(c) आद्य शिव (d) ये सभी

4. हड़प्पा एक ………… सभ्यता थी।
(a) नगरीय (b) ग्रामीण
(c) कबिलाई (d) अर्द्ध-विकसित

5. हड़प्पा सभ्यता की धार्मिक प्रथा के बारे में निम्न में से किसके द्वारा पता चलता है?
(a) वृक्ष एवं प्रकृति की पूजा
(b) शिव का मुहर पर मिला चित्र
(c) मातृ देवी की मूर्ति
(d) उपरोक्त सभी

6. निम्न में से कौन-सा कथन यह सिद्ध करता है कि हड़प्पा समाज में निर्णय लेने और उन्हें लागू करने का अधिकार था?
1. हड़प्पा की कलाकृतियों की असाधारण एकरूपता।
2. ईंटों का उत्पादन एक केंद्र पर नहीं होता, लेकिन आकार में एकसमान होता था।
3. बस्तियाँ रणनीतिक रूप से स्थापित नहीं की गईं।
4. पूरे हड़प्पा समाज में एक शासक था।

कूट
(a) 1 और 2
(b) 2 और 3
(c) 3 और 4
(d) 1 और 4

7. कनिंघम हड़प्पा के महत्त्व को क्यों नहीं समझ पाया?
(a) उसे यह ज्ञान नहीं था कि हड़प्पा की पुरावस्तुएँ कितनी प्राचीन थीं
(b) उसने अन्वेषण के लिए मेगालिथ का उपयोग किया
(c) उसने हड़प्पा के लिए विभिन्न अन्वेषण विधियों का उपयोग किया
(d) उसने हड़प्पा को समझने के लिए राखीगढ़ी की कलाकृतियों का प्रयोग किया

8. निम्नलिखित युग्मों में से कौन-सा युग्म सही है?

	नाम	प्रयुक्त शब्द
(a)	ओमान	- दिलमुन
(b)	हड़प्पा	- मेलुहा
(c)	बहरीन	- मगान
(d)	पुरंदर	- रेत एवं रंग और चिपचिपे पदार्थ का मिश्रण

अतिलघु उत्तरीय प्रश्न

9. हड़प्पा सभ्यता के प्रमुख चार स्थलों के नाम लिखिए।

10. हड़प्पा सभ्यता की सर्वाधिक विशिष्ट पुरावस्तु कौन-सी है तथा यह किस पत्थर से बनाई गई है?

11. हड़प्पा सभ्यता में सबसे लंबे अभिलेख में कितने चिह्न अंकित हैं तथा यह किस प्रकार लिखे जाते थे?

12. हड़प्पा सभ्यता की अर्थव्यवस्था में मुहरों के उपयोग को समझाइए।

13. मोहनजोदड़ो का क्या अर्थ है?

लघु उत्तरीय प्रश्न

14. मोहनजोदड़ो की दुर्ग स्थापत्य कला तात्कालिक सभ्यताओं के अनोखी थी, व्याख्या कीजिए।

15. हड़प्पा सभ्यता की कला व धार्मिक विश्वासों की चर्चा कीजिए।

16. हड़प्पा निवासियों द्वारा क्षेत्र में बनाए गए विशाल स्नानागार की मुख्य विशेषताओं का संक्षेप में वर्णन कीजिए।

17. हड़प्पा सभ्यता की 'जल निकास प्रणाली' किस प्रकार इस सभ्यता की अनूठी विशिष्टता थी? स्पष्ट कीजिए।

18. हड़प्पा सभ्यता किस काल की सभ्यता थी? इसे हड़प्पा सभ्यता नाम क्यों दिया गया?

दीर्घ उत्तरीय प्रश्न

19. पुरातत्त्वविदों द्वारा अन्वेषणों को किस प्रकार वर्गीकृत किया जाता था? उल्लेख कीजिए।

20. हड़प्पा सभ्यता की नगर योजना की विशेषताओं का विस्तृत रूप से उल्लेख कीजिए।

21. हड़प्पा सभ्यता की व्यापारिक प्रणाली महाद्वीप के आंतरिक तथा बाह्य क्षेत्रों से किस प्रकार जुड़ी थी? चर्चा कीजिए।

22. हड़प्पा सभ्यता काल की कृषि प्रौद्योगिकी पर विस्तृत रूप से चर्चा करें।

02

अध्याय

यह अध्याय महाजनपदों और मौर्य साम्राज्य की स्थापना से संबंधित है। इस अध्याय में महाजनपदों की संख्या 16 थी,जिनमें मगध सबसे महत्त्वपूर्ण जनपद था। महाजनपद के बाद, मौर्य साम्राज्य अशोक के शासन के अंतर्गत प्रथम अखिल भारतीय साम्राज्य बन गया।

▼ अध्ययन एक नजर में

▼ आपके अभ्यास लक्ष्य

- बहुविकल्पीय प्रश्न 40, चित्र आधारित,
- कथन/कारण, सुमेलित कीजिए
- वर्णनात्मक प्रकार के प्रश्न
- (लघु उत्तरीय प्रश्न 17, दीर्घ उत्तरीय प्रश्न 5)
- स्रोत आधारित प्रश्न 3, मानचित्र आधारित प्रश्न 4)

राजा, किसान और नगर (आरंभिक राज्य और अर्थव्यवस्थाएँ)

हड़प्पा सभ्यता के पश्चात् लगभग 1500 वर्षों के दीर्घ अंतराल में उपमहाद्वीप के विभिन्न भागों में अनेक प्रकार के विकास हुए, जो निम्नलिखत हैं

- ऋग्वेद की रचना और उत्तर भारत दक्कन के पठार और कर्नाटक के कुछ हिस्सों में कृषि बस्तियों का विकास हुआ।
- दक्कन और दक्षिणी क्षेत्रों में पुशपालक समुदायों का उदय हुआ।
- पहली सहस्राब्दि ईसा पूर्व के मध्य और दक्षिण भारत में मेगालिथ नामक विस्तृत पत्थर की संरचनाओं सहित अंतिम संस्कार की नई प्रथाओं का विकास हुआ तथा कुछ इतिहासकार इन घटनाओं को समझने के लिए 600 ईसा पूर्व से 600 ईसवी के शिलालेखों, ग्रंथों और सिक्कों अध्ययन करते हैं।

2.1 प्रारंभिक राज्य : सोलह महाजनपद

- छठी शताब्दी ईसा पूर्व को भारतीय इतिहास में एक महत्त्वपूर्ण एवं परिवर्तनकारी काल माना जाता है। छठी शताब्दी ईसा पूर्व तक लोहे की खोज एवं उसका व्यापक प्रयोग प्रारंभ हो चुका था। साथ ही ब्राह्मणों ने संस्कृत भाषा में **धर्मशास्त्र**[1] (Theology) नामक ग्रंथों की रचना प्रारंभ कर दी थी। इसके अंतर्गत शासक सहित सामान्य लोगों के लिए भी नियमों का निर्धारण किया गया और इस ग्रंथ में यह भी अपेक्षा की गई कि शासक केवल क्षत्रिय वर्ण से ही होंगे।

1 **धर्मशास्त्र** प्राचीन भारतीय ग्रंथ धार्मिक, नैतिक, सामाजिक और कानूनी नियमों का वर्णन है।

- इस काल में बौद्ध एवं जैन सहित विभिन्न दार्शनिक विचारधाराओं का विकास हुआ। इन्हीं धार्मिक एवं दार्शनिक विचारधाराओं के ग्रंथों में सोलह महाजनपदों का वर्णन मिलता है।
- इन 16 महाजनपदों में से वज्जि, मगध, कोशल, कुरु, पांचाल, गांधार एवं अवंति महत्त्वपूर्ण थे।
- 16 महाजनपदों में से कुछ **गणराज्य**[2] (Republic) एवं कुछ राजतंत्र थे।
- बौद्ध एवं जैन धर्म के आरंभिक ग्रंथों में महाजनपद नाम से 16 राज्यों का उल्लेख मिलता है।
- वज्जि, कुरु, मल्ल तथा शूरसेन आदि गणराज्य थे और मगध, वत्स, अवंति तथा कोशल प्रसिद्ध राजतंत्र थे।
- अधिकांश महाजनपदों पर राजा का शासन होता था, लेकिन गण और संघ के नाम से प्रसिद्ध राज्यों में कई लोगों का समूह शासन करता था। इस समूह का प्रत्येक व्यक्ति राजा कहलाता था।
- भगवान महावीर और भगवान बुद्ध इन्हीं गणों से संबंधित थे। वज्जि संघ की ही भाँति कुछ राज्यों में भूमि सहित अनेक आर्थिक स्रोतों पर राजा गण सामूहिक नियंत्रण रखते थे।
- प्रत्येक महाजनपद की एक राजधानी होती थी, जिसके चारों ओर सुरक्षा की दृष्टि से किले का निर्माण किया जाता था।
- धर्मसूत्रों मेें शासकों के लिए मानदंड थे, जिन्हें आदर्श रूप से क्षत्रिय माना जाता था। शासकों को किसानों व्यापारियों और कारीगरों से कर और नजराना वसूलने की सलाह दी गई थी। कुछ राज्यों ने सेनाएँ हासिल कर ली और कुछ न नौकरशाही कायम रखी। अन्य राज्य सहायक सेना पर निर्भर थे, जिन्हें सामान्यत: कृषक वर्ग से नियुक्त किया जाता था।

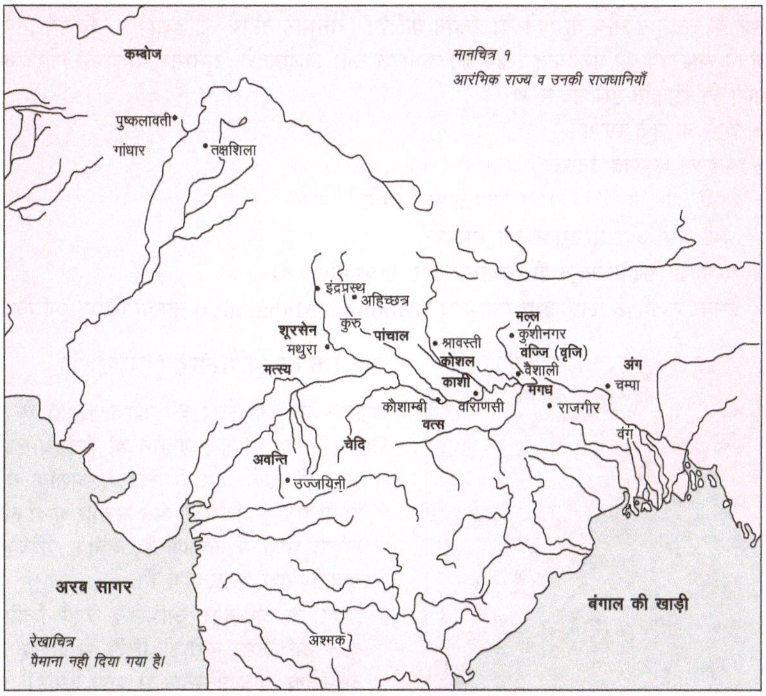

▲ आरंभिक राज्य और उनकी राधानियाँ

मगध : प्रथम महाजनपद

16 महाजनपदों में सर्वाधिक शक्तिशाली महाजनपद मगध था। यह क्षेत्र आधुनिक बिहार राज्य के अंतर्गत था। मगध के शक्तिशाली होने में निम्नलिखित कारकों का योगदान रहा

- मगध की भूमि अत्यधिक उपजाऊ थी। इसी क्षेत्र में अनेक लोहे की खानें थीं, जिनसे अस्त्र-शस्त्र एवं कृषि उपकरण प्रचुर मात्रा में निर्मित हुए।
- सेना के महत्त्वपूर्ण अंग के रूप में हाथी पर्याप्त मात्रा में मगध के जंगलों में मिल जाते थे।
- गंगा एवं इसकी सहायक नदियों से जल परिवहन सस्ता व सुलभ था। **बिंबिसार, अजातशत्रु** (अजातसतु) एवं **महापद्मनंद** जैसे महत्त्वाकांक्षी शासकों की नीतियों ने इसके उत्कर्ष में महत्त्वपूर्ण भूमिका निर्वाह की।
- मगध की प्रारंभिक राजधानी **राजगृह** (आधुनिक बिहार के 'राजगीर' का प्राचीन नाम) के बाद में इसे चौथी शताब्दी ई.पू. में **पाटलिपुत्र** (वर्तमान पटना) में स्थानांतरित कर दिया, क्योंकि यह गंगा के किनारे संचार के मुख्य मार्गों पर स्थित था।

---

2 **गणराज्य** (Republic) ऐसे लोगों का समूह, जहाँ की शासन प्रणाली इन्हीं समूहों के अनुसार क्रियान्वित होती है।

2.2 एक आंरभिक साम्राज्य : मौर्य साम्राज्य

- मगध के विकास के साथ-साथ मौर्य साम्राज्य का उदय हुआ। इसकी स्थापना लगभग 321 ई. पू. में **चंद्रगुप्त मौर्य** ने की थी। यह साम्राज्य पश्चिमोत्तर में अफगानिस्तान एवं बलूचिस्तान तक फैला था।

मौर्य साम्राज्य के विषय में जानकारी प्राप्त करना

- मौर्य साम्राज्य के विषय में जानकारी प्राप्त करने के लिए इतिहासकारों ने विभिन्न स्रोतों का उपयोग किया है, जिसमें पुरातात्विक प्रमाण विशेष रूप से मूर्तिकला एवं कौटिल्य के **अर्थशास्त्र** जैसे साहित्यिक स्रोत सम्मिलित हैं।
- मौर्यकालीन इतिहास को जानने के लिए कुछ विदेशी विवरण भी सहायक हैं; जैसे—मेगास्थनीज (चंद्रगुप्त मौर्य के दरबार का यूनानी राजदूत) कृत **इंडिका**।
- साथ ही मौर्य शासकों का उल्लेख परवर्ती जैन व बौद्ध के पौराणिक ग्रंथों तथा संस्कृत **वाङ्मय** (Literary) में भी मिलता है।
- अशोक द्वारा पत्थरों तथा स्तंभों पर उत्कीर्ण अभिलेख सबसे मूल्यवान स्रोत हैं।

अशोक

अशोक चंद्रगुप्त मौर्य के पोते थे। इन्होंने कलिंग (वर्तमान तटीय ओडिशा) पर विजय प्राप्त की। अशोक ने धम्म को प्रोत्साहन देकर अपने साम्राज्य को एकीकृत रखने की कोशिश की। अशोक के अनुसार, धम्म के लोगों की भलाई सुनिश्चित करेगा, क्योंकि उसके धम्म के सिद्धांत इस प्रकार थे

- बड़ों के प्रति सम्मान
- ब्राह्मणों के प्रति उदारता
- दासों और नौकरों के साथ उदारता से व्यवहार करना।
- सभी धर्मों और परंपराओं का सम्मान।
- धम्म के सिद्धांत बहुत ही साधारण और सार्वभौमिक थे।
- इसके प्रचार के लिए **धम्म महामात्त** (Dhamma Mahamata) नामक विशेष अधिकारियों की नियुक्ति की गई थी।

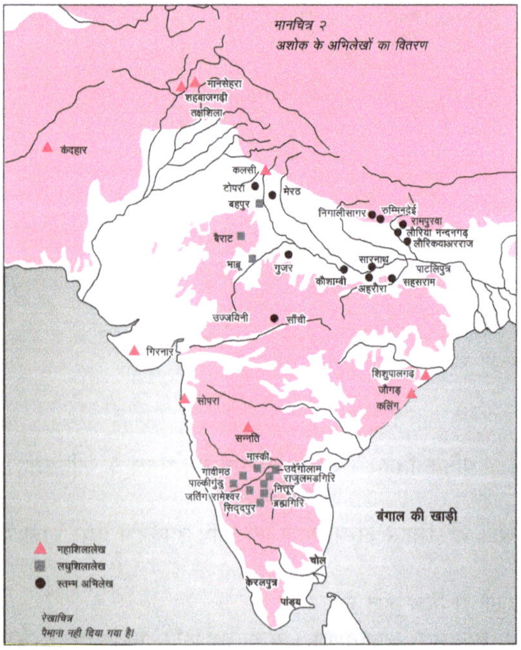

▲ अशोक के अभिलेख का वितरण

अशोक के अभिलेख (प्रियदर्शी)

अशोक के अभिलेख की खोज 1830 के दशक में एक ब्रिटिश पुरातत्त्वविद् जेम्स प्रिंसेप ने की थी तथा इन्होंने ही सर्वप्रथम इन अभिलेखों को पढ़ा था।

- इन अभिलेखों और सिक्कों में अशोक को प्रियदर्शी (पियदस्सी) कहकर संबोधित किया गया है, जिसका अर्थ मनोहर मुखाकृति वाला है। अशोक के अधिकांश अभिलेख प्राकृत भाषा में उत्कीर्ण हैं, जबकि पश्चिमोत्तर भाग में प्राप्त अभिलेख अरामाइक व यूनानी भाषा में उत्कीर्ण हैं।
- प्राकृत के अधिकांश अभिलेख ब्राह्मी लिपि में लिखे गए थे, जबकि उत्तर-पश्चिम के कुछ अभिलेख खरोष्ठी लिपि में लिखे गए थे। अरामाइक व यूनानी लिपियों के अभिलेख अफगानिस्तान से प्राप्त हुए हैं।
- अशोक ने **देवानांपिय** (देवताओं का प्रिय) तथा **पियदस्सी** की उपाधियाँ धारण की थीं। अशोक के अभिलेखों में उनके विचारों और प्रशासनिक सुधारों का वर्णन मिलता है।
- अशोक के सिंह शीर्ष को भारत सरकार ने राष्ट्रीय चिह्न के रूप में अपनाया है। यह भारतीयों की वीरता, एकता, प्रगति तथा उच्च आदर्शों का प्रतीक है।
- अशोक के शिलालेख में कलिंग युद्ध की त्रासदी और उसके दर्द को व्यक्त किया गया है। युद्ध में हुई मानवीय हानि ने अशोक की सोच बदल दी, जिससे वह अहिंसा और धम्म के मार्ग पर चल पड़ा।

अभिलेख

- अभिलेख, पत्थर, धातु या मिट्टी के बर्तन जैसी कठोर सतह पर खुदे कुछ शब्द या लेख होते हैं।
- इनके अंतर्गत उन लोगों की उपलब्धियाँ, गतिविधियाँ या विचार लिखे जाते हैं, जो इनका निर्माण करते हैं।
- इनमें राजाओं की सैन्य उपलब्धियों के साथ महिलाओं और पुरुषों द्वारा धार्मिक संस्थाओं को दिए गए अनुदान का विवरण भी लिखा जाता है।
- शिलालेख वस्तुतः स्थायी अभिलेख होते हैं। कुछ शिलालेखों पर उनके निर्माण की तिथि लिखी होती है, जबकि अन्य अभिलेखों का काल निर्धारण पुरालेख विधा अथवा लेखन शैली से निर्धारित किया जाता है।
- अजातशत्रु और अशोक जैसे शासकों के नाम प्राकृत ग्रंथों और शिलालेखों से ज्ञात होते हैं।
- अभिलेखों और ग्रंथों को लिखने के लिए पालि, तमिल और संस्कृत भाषाओं का भी उपयोग किया गया था।

मौर्य साम्राज्य की प्रशासनिक व्यवस्था

- मौर्य साम्राज्य की प्रशासनिक व्यवस्था अत्यंत केंद्रीकृत और प्रभावशाली थी। इसके प्रमुख राजनीतिक केंद्र राजधानी पाटलिपुत्र और चार प्रांतीय केंद्र तक्षशिला, उज्जयिनी, तोसलि और सुवर्णगिरि हैं।
- साम्राज्य की राजधानी तथा उसके आस-पास के प्रांतीय केंद्रों पर प्रशासनिक नियंत्रण सर्वाधिक प्रबल था।
- तक्षशिला और उज्जयिनी महत्त्वपूर्ण व्यापार मार्गों पर स्थित थे। सुवर्णगिरि कर्नाटक में सोने की खदान के उपयोग के लिए महत्त्वपूर्ण था।
- साम्राज्य के संचालन के लिए स्थल और नदी दोनों मार्गों से संचार महत्त्वपूर्ण था।
- यूनानी राजदूत मेगास्थनीज ने मौर्य साम्राज्य सैनिक गतिविधियों के संचालन के लिए समिति और छः उपसमितियों का उल्लेख किया है, जो इस प्रकार है

  (i) पहली उपसमिति नौसेना का संचालन
  (ii) दूसरी उपसमिति यातायात एवं खान-पान का संचालन
  (iii) तीसरी उपसमिति पैदल सैनिकों का संचालन
  (iv) चौथी उपसमिति अश्वारोहियों का संचालन
  (v) पाँचवीं उपसमिति रथारोहियों का संचालन
  (vi) छठी उपसमिति हाथियों का संचालन।

मौर्य साम्राज्य का महत्त्व

- मौर्य साम्राज्य लगभग 150 वर्षों तक चला।
- 19वीं शताब्दी में इतिहासकारों ने मौर्य साम्राज्य के उदय को भारतीय इतिहास में एक प्रमुख मील का पत्थर माना।
- इस समय भारत ब्रिटिश साम्राज्य के अधीन एक औपनिवेशिक देश था।
- कुछ इतिहास 20वीं शताब्दी के **राष्ट्रवादी**[3] नेता अशोक को प्रेरणादायी मानते थे, क्योंकि वह कालांतर के शासकों की तुलना में अधिक शक्तिशाली और विनम्र थे।
- यहाँ प्रस्तर मूर्तियों सहित अन्य ऐसे स्रोत भी थे, जिनसे मौर्य साम्राज्य की ऐतिहासिक महत्ता पूर्णरूप से स्पष्ट होती है।

चेक प्वॉइंट 1

1. बौद्ध और जैन ग्रंथों में वर्णित 16 राज्यों को क्या कहा जाता था?
2. मौर्य साम्राज्य की प्रारंभिक राजधानी का क्या नाम था?
3. अशोक ने अभिलेखों में स्वयं को किस नाम से संबोधित किया है?
4. मौर्य साम्राज्य के चार प्रांतीय केंद्र कौन-से थे?
5. सुवर्णगिरि किसके लिए लोकप्रिय था?

---

3 **राष्ट्रवादी** वह व्यक्ति जो अपने राष्ट्र की स्वतंत्रता, संप्रभुता, संस्कृति और विकास के प्रति समर्पित हो और उसे सर्वोपरि मानता है।

2.3 राजधर्म की नवीन अवधारणा

छठी शताब्दी ईसा पूर्व से छठी शताब्दी ईसवी तक के समय में भारतीय उपमहाद्वीप में अनेक राजवंशों का उदय हुआ, जिनके राजधर्म की भिन्न-भिन्न संकल्पनाएँ, निम्नलिखित हैं

दक्षिण के राजा और सरदार

- इस काल में सुदूर दक्षिण में स्थित तमिलकम क्षेत्र (आधुनिक तमिलनाडु और आंध्र प्रदेश व केरल के कुछ हिस्से) में चोल, चेर एवं पांड्य जैसी सरदारियों का उदय हुआ।
- कई सरदार और राजा लंबी दूरी के व्यापार द्वारा राजस्व एकत्र करते थे।
- इनमें मध्य और पश्चिम भारत के क्षेत्रों पर शासन करने वाले सातवाहन तथा उपमहाद्वीप के पश्चिमोत्तर और पश्चिम में शासन करने वाले मध्य एशियाई मूल के शक शासक शामिल थे।
- सातवाहनों की सामाजिक उत्पत्ति स्पष्ट नहीं थी, लेकिन सत्ता में आने के बाद इन्होंने विभिन्न तरीकों से अपनी सामाजिक स्थिति को स्थापित करने का प्रयास किया।

सरदार और सरदारी

- सरदार एक शक्तिशाली व्यक्ति होता था, जिसका पद वंशानुगत हो सकता था या नहीं भी हो सकता था। उसे अपने रिश्तेदारों से समर्थन प्राप्त था।
- सरदार के कार्यों में विशेष अनुष्ठान का संचालन, युद्ध के समय नेतृत्व करना तथा विवादों को सुलझाने में मध्यस्थता की भूमिका निभाना शामिल होता था।
- सरदार व राजा में मुख्य अंतर यह था कि सरदार अपने अधीनस्थों से भेंट कर लेता था, जबकि राजा कर वसूलता था। सामान्यत: सरदारों के पास कोई स्थायी सेना या अधिकारी नहीं होते थे।
- सरदार अपने अधीन लोगों से प्राप्त उपहारों को प्राय: अपने समर्थकों के बीच वितरित करता था।
- प्राचीनकाल के तमिल संगम ग्रंथों में सरदारों का उल्लेख करने वाली कविताएँ शामिल हैं। प्रसिद्ध तमिल महाकाव्य सिलप्पदिकारम् में पाण्ड्य सरदार सेनगुत्तुवन की वनयात्रा का विवरण है।

दैविक राजा

- पहली शताब्दी ईसा पूर्व से पहली शताब्दी ईसवी तक कुषाणों ने मध्य एशिया से लेकर उत्तर पश्चिम भारत तक एक विशाल साम्राज्य पर शासन किया। राजस्व के बारे में उनके विचार सिक्कों और मूर्तियों से प्राप्त होते हैं।

▲ कुषाण कालीन सिक्का, अग्रभाग-कनिष्क, पृष्ठ भाग-देवता

- कुछ इतिहासकारों का मानना है कि मथुरा के माट तथा अफगानिस्तान से कुषाण शासकों की मूर्तियाँ मिली हैं। इन मूर्तियों के माध्यम से कुषाण स्वयं को देवतुल्य प्रस्तुत करना चाहते थे।
- कई कुषाण शासकों की मूर्तियों में उनके नाम के आगे देवपुत्र उपाधि भी लगाई गई थी।
- चौथी शताब्दी ई. में गुप्त साम्राज्य सहित कई बड़े साम्राज्यों के साक्ष्य मिले हैं। इस समय अनेक साम्राज्य सामंतों पर निर्भर थे, जो **सामंत**[4] शक्तिशाली होते थे, वे राजा भी बन जाते थे और जो राजा दुर्बल होते थे, वे बड़े शासकों के अधीन हो जाते थे। इतिहासकारों ने गुप्त शासकों का इतिहास साहित्य, सिक्कों और अभिलेखों की सहायता से लिखा गया है।
- गुप्त शासकों में सबसे शक्तिशाली शासक समुद्रगुप्त था।
- समुद्रगुप्त की **प्रयाग प्रशस्ति** में उसे कुबेर, वरुण, इंद्र व यम के समान बताया गया है। इसकी रचना हरिषेण ने संस्कृत में की थी, हरिषेण समुद्रगुप्त का दरवारी कवि था।

---

4 सामंत यह प्राचीन भारत में वह जमींदार या जागीरदार या, जो भूमि पर अधिकार रखता था और राजा को सैन्य सहायता प्रदान करता था।

2.4 ग्रामीण (देहात) क्षेत्रों में परिवर्तन

राजा और प्रजा

- शासक वर्ग एवं आम जनता के मध्य के संबंध अच्छे नहीं रहते थे, क्योंकि शासक वर्ग कृषकों व जनसाधारण से बड़े-बड़े करों की माँग करते थे और जिसकी किसान आलोचना करते थे।
- इन करों की पूर्ति के लिए कृषकों ने उपज बढ़ाने के प्रयत्न भी किए। इस बात का विवरण जातक व पंचतंत्र आदि की कथा-कहानियों में मिलता है।
- प्रथम सहस्राब्दि ई. के मध्य में पालि भाषा में लिखी गईं।

उपज बढ़ाने के तरीके

- उपज बढ़ाने का प्रमुख माध्यम हल का प्रचलन था। यह छठी शताब्दी ईसा पूर्व अथवा 600 ई. पू. से ही गंगा और कावेरी की घाटियों के उर्वर कछारी क्षेत्र में फैल गया।
- रोपाई की शुरुआत के साथ गंगा घाटी के कुछ भागों में धान के उत्पादन में वृद्धि हुई।
- जिन क्षेत्रों में वर्षा अधिक होती थी, वहाँ लोहे के फाल वाले हलों के माध्यम से उर्वर भूमि की जुताई की जाने लगी। इससे फसलों की उपज बढ़ने लगी, लेकिन इन हलों का उपयोग उपमहाद्वीप के कुछ भागों में ही सीमित था।
- पंजाब और राजस्थान जैसी अर्द्ध-शुष्क जमीन वाले क्षेत्रों में **लोहे के फाल** का प्रयोग 20वीं सदी में शुरू हुआ। उपमहाद्वीप के पूर्वोत्तर और मध्य पर्वतीय क्षेत्रों में रहने वाले किसानों ने कुदाल का प्रयोग प्रारंभ किया, जो इस क्षेत्र के लिए अत्यधिक उपयोगी था।
- **सिंचाई के लिए** कुओं, नहरों व जलाशय आदि की भी व्यवस्था की जाने लगी थी, जिसने कृषकों के विकास में महत्त्वपूर्ण भूमिका निभाई।

ग्रामीण समाज में विभिन्नताएँ

- उत्पादन में वृद्धि के परिणामस्वरूप भी समाज को एक समान लाभ प्राप्त नहीं हुआ, जिससे भूमिहीन कृषि मजदूरों छोटे किसानों और बड़े भूस्वामियों के बीच विभेद बढ़ने लगा था।
- बौद्ध स्रोतों में भूमिहीन खेतिहर श्रमिकों, छोटे किसानों व बड़े जमींदारों का उल्लेख है।
- बड़े जमींदार और ग्राम प्रधान शक्तिशाली माने जाते थे, जो प्राय: किसानों पर नियंत्रण रखते थे। ग्राम प्रधान का पद प्राय: वंशानुगत होता था।
- प्रारंभिक तमिल साहित्य (संगम ग्रंथ) में गावों में रहने वाले लोगों की विभिन्न श्रेणियों का उल्लेख जैसे कि **वेल्लालर** (बड़े जमींदार), **उल्वर** (हलवाहक) तथा **अणिमई** (दास) आदि वर्गों का वर्णन किया गया है।
- यह वर्ग विभिन्नता भूमि के स्वामित्व, श्रम और नई प्रौद्योगिकी के उपयोग पर आधारित थी।

ग्रहपति

- प्रारंभिक ग्रंथों में गहपति शब्द का संबोधन छोटे किसानों व जमींदारों के लिए किया जाता था।
- गहपति घर का मुखिया होता था और घर में रहने वाली महिलाओं, बच्चों, नौकरों और दासों पर नियंत्रण रखता था।
- घर से जुड़ी भूमि, जानवर या अन्य सभी वस्तुओं का वह मालिक होता था।
- कभी-कभी इस शब्द का प्रयोग नगरों में रहने वाले संभ्रांत व्यक्तियों और व्यापारियों के लिए भी होता था।

भूमिदान और नए संभ्रांत ग्रामीण

- भूमिदान के प्रमाण ईसवी की आरंभिक शताब्दियों से मिलते हैं। राज्य तथा कृषकों के मध्य के संबंधों का विवरण भी भूमिदान से प्राप्त होता है। भूमिदान के जो प्रमाण मिले हैं, वे सामान्यत: धार्मिक संस्थाओं या ब्राह्मणों को दिए गए थे। ब्राह्मणों को दान में दी गई भूमि को **अग्रहार** (Agrahara) कहा जाता था। इसका प्रमाण संस्कृत में पत्थर और ताँबे की पट्टिकाओं पर मिले शिलालेखों में मिलता है।
- भूमिदान के साथ-साथ उस भूमि में स्थित गाँव के प्रशासनिक व कर संबंधी अधिकार भी हस्तांतरित कर दिए जाते थे।
- संस्कृत के धर्मशास्त्रों के अनुसार भूमि जैसी संपत्ति पर स्वतंत्र अधिकार नहीं था, लेकिन चंद्रगुप्त द्वितीय की पुत्री प्रभावती गुप्त को संपत्ति रखने का अधिकार प्राप्त था, जिसकी पुष्टि एक अभिलेख से होती है।

- कुछ अभिलेखों से ग्रामीण प्रजा का भी पता चलता है। इनमें ब्राह्मण, किसान तथा अन्य प्रकार के वर्ग शामिल थे, जो शासकों या उनके प्रतिनिधियों को कई प्रकार की वस्तु प्रदान करते थे।
- क्षेत्रों में दान की गई भूमि की माप में अंतर है; जैसे—कुछ क्षेत्रों में छोटे-छोटे भूमि के टुकड़े, तो कुछ क्षेत्रों में बड़े-बड़े क्षेत्र दान में दिए गए हैं।
- कुछ इतिहासकारों का मानना है कि भूमिदान शासक वंश द्वारा कृषि को नए क्षेत्रों में प्रोत्साहित करने की एक रणनीति थी।
- वहीं कुछ इतिहासकारों का मानना है कि राजा का शासन सामंतों पर कम होने लगा, तो उसने समर्थकों को एकत्र करने के लिए भूमिदान का प्रयोग किया।

चेक प्वॉइंट 2

1. कुषाण शासकों ने कौन-सी उपाधि धारण की थी?
2. सेनगुत्तुवन की वनयात्रा का विवरण किस तमिल महाकाव्य से मिलता है?
3. प्रयाग प्रशस्ति की रचना किसने की थी?
4. प्रभावती गुप्त किस शासक की पुत्री थी?
5. आरंभिक तमिल संगम साहित्य में वेल्लालर किसे कहा जाता था?

2.5 नगर एवं व्यापार

नए नगर

- छठी शताब्दी ईसा पूर्व में भारतीय उपमहाद्वीप में नगरों के विकास की प्रक्रिया प्रारंभ हुई। इन नगरों में से अधिकतर महाजनपदों की राजधानी थी, जो नदियों तथा राजमार्गों के किनारे बसे थे। दक्षिणी भारत के अधिकांश नगर समुद्र तटों पर बसे थे। इनमें से अधिकांश नगर अभी भी अस्तित्व में हैं।
- कुछ नगर जैसे पाटलिपुत्र नदी मार्गों पर उज्जयिनी स्थल मार्गों पर और पुहार समुद्र तट के पास स्थित थे।
- मथुरा वाणिज्यिक सांस्कृतिक और राजनीतिक गतिविधियों का एक प्रमुख केंद्र था।
- पाँचवीं शताब्दी ईसा पूर्व के मगध शासकों ने अपनी राजधानी राजगाह से पाटलिपुत्र स्थानांतरित की, जिसे पहले पाटलिग्राम कहा जाता था।
- चौथी शताब्दी ईसा पूर्व तक यह मौर्य साम्राज्य की राजधानी बन गया और एशिया के सबसे बड़े नगरों में से एक के रूप में विकसित हुआ। कालांतर में इसका पतन हो गया।
- सातवीं शताब्दी ई. में चीनी तीर्थयात्री ह्वेनसाँग ने मगध का भ्रमण किया और वहाँ के खंडहरों और कम जनसंख्या का उल्लेख किया।

नगरीय जनसंख्या संभ्रांत वर्ग और शिल्पकार

- शासक वर्ग और राजा किलेबंद नगरों में रहते थे। किलेबंद नगरों के अधिकांश स्थलों पर आज व्यापक रूप से खुदाई करना संभव नहीं है।
- इन शहरों में मिली विभिन्न कलाकृतियों में चमकदार (कलई चढ़े मिट्टी के कटोरे, थालियाँ) जिन्हें उत्तरी काले पॉलिश वाले बर्तन के रूप में जाना जाता है। जिनमें आभूषण, उपकरण, हथियार बर्तन, मूर्तियाँ आदि शामिल हैं, जो सोने, चाँदी, ताँबे, कांस्य हाथीदाँत, काँच शंख और टेरा कोटा से बने हैं।
- दूसरी शताब्दी ईसा पूर्व तक, कई शहरों में छोटे-छोटे शिलालेख पाए गए। शिल्पकार, व्यापारी, लिपिक, बुनकर, लोहार, धार्मिक शिक्षक व्यापारी और राजा शहरों में रहते थे।
- अनेक व्यापारिक नगरों में उत्पादकों व व्यापारियों के संघ भी होते थे, जिन्हें **श्रेणी** कहा जाता था।
- ये श्रेणियाँ संभवत: कच्चे माल को खरीदकर उनमें निर्मित वस्तुओं को बाजार में बेचती थीं।
- नगरों की पहचान व्यापारिक गतिविधियों एवं प्रचलित सिक्कों के आधार पर भी की जाती थी।
- शिल्पकार शहरी अभिजात वर्ग की माँगों को पूरा करने के लिए विभिन्न लौह औजारों का उपयोग करते थे।

उपमहाद्वीप और उसके बाहर का व्यापार

- छठी शताब्दी ईसा पूर्व से ही देश में उन्नत भू-मार्ग एवं नदी मार्ग विकसित हो चुके थे। भू-मार्ग मध्य एशिया तक जाते थे, जबकि समुद्र मार्ग अरब सागर से होकर उत्तरी अफ्रीका व पश्चिमी एशिया तक विस्तृत थे। इसी से व्यापारिक गतिविधियाँ आरंभ हो गईं थी।
- इन मार्गों पर चलने वाले व्यापारियों में पैदल वाले व्यापारी, फेरी लगाने वाले व्यापारी तथा बैलगाड़ी और घोड़े-खच्चरों जैसे जानवरों के दल के साथ चलने वाले व्यापारी होते थे।
- पूर्व में बंगाल की खाड़ी से लेकर चीन व दक्षिण-पूर्वी एशिया तक जलमार्ग ज्ञात थे। इन मार्गों में व्यापारियों के काफिले अपनी बैलगाड़ियों एवं जहाजों के साथ यात्रा करते थे।
- तमिल भाषा में **मसत्थुवन** (Masattuvan) और प्राकृत में **सत्थवाह** (Satthavahas) व **सेट्टी** इस काल के बड़े व्यापारियों की पदवियाँ थीं।
- व्यापार की प्रमुख मदों में नमक, अनाज, कपड़ा, धातु अयस्क और उससे निर्मित उत्पाद, लकड़ी, जड़ी-बूटी आदि शामिल थे। रोमन साम्राज्य में काली मिर्च जैसे मसालों की बहुत माँग थी।
- सिक्कों के प्रचलन ने व्यापार में सुगमता ला दी थी। छठी शताब्दी ईसा पूर्व से सोने व चाँदी के आहत सिक्कों का प्रचलन प्रारंभ हो गया था। आहत सिक्कों पर प्रतीकों को हथौड़े इत्यादि से मारकर या पीटकर बनाया जाता था।
- वस्त्र और औषधीय पौधों को भी अरब सागर के पार-भूमध्य सागर तक पहुँचाया जाता था।
- कोडुमनाल (तमिलनाडु) में मनका बनाने के उद्योग के साक्ष्य मिले हैं। स्थानीय व्यापारी इन स्थलों से पत्थरों को जिनका उल्लेख पेरिप्लस, ऑफ एरिथ्रियन सी में मिलता है, तटीय बंदरगाहों तक पहुँचाते हैं।

सिक्के और राजा

- इस अवधि के दौरान चाँदी और ताँबे के आहत सिक्के (छठी शताब्दी ईसा पूर्व से) उपयोग किए गए। मुद्राशास्त्रियों ने इनका और अन्य सिक्कों का अध्ययन करके वाणिज्यिक प्रयोग के संभावित क्षेत्रों को खोजा है।
- हिंद-यूनानी शासकों ने शासकों की प्रतिमा और नाम के साथ सर्वप्रथम भारत में सिक्के जारी किए।
- सोने के सिक्के सर्वप्रथम **कुषाण शासकों** ने प्रथम सदी ईसवी में जारी किए। ये आकार व वजन में रोमन व ईरान के पार्थियन सिक्कों के समान थे।
- दक्षिणी भारत से बड़ी संख्या में रोमन सिक्के विभिन्न उत्खननों में मिले हैं। ये सुदूरवर्ती व्यापारिक संपर्कों का प्रमाण प्रस्तुत करते हैं।
- सिक्कों पर बने प्रतीकों के आधार पर ही इनका संबंध विभिन्न राजवंशों से जोड़ा जाता है।
- सिक्के केवल बड़े साम्राज्यों ने ही जारी नहीं किए, बल्कि **कबायली** (Tribal) गणराज्यों ने भी जारी किए थे। पंजाब व हरियाणा से मिले बड़ी संख्या में **यौधेय गणराज्य** के सिक्के इस बात की पुष्टि करते हैं।
- प्राचीनकाल के सोने के भव्य सिक्कों में से कुछ गुप्त काल में भी जारी किए गए थे। इन सिक्कों पर राजाओं के नाम यूनानी व खरोष्ठी दोनों लिपियों में लिखे गए हैं। गुप्त शासकों द्वारा कुछ भव्य सोने के सिक्के जारी किए गए थे, जिनसे लंबी दूरी के लेन-देन में मदद मिली।

▲ एक गुप्त सिक्का

▲ एक पंच मार्क सिक्का

▲ एक यौधेय सिक्का

आर्थिक संकट

- पंचमार्क सिक्के जिन्हें आहत सिक्के भी कहा जाता है। इन सिक्कों पर प्रतीकों को आहत कर उन्हें बनाया जाता है।
- छठी शताब्दी ई. तक सोने के सिक्कों की मात्रा में कमी देखी गई।
- कुछ इतिहासकार मानते हैं कि पश्चिमी रोमन साम्राज्य के पतन के कारण लंबी दूरी के व्यापार में गिरावट आई, जिसने राज्यों समुदायों और क्षेत्रों की समृद्धि को प्रभावित किया।
- अन्य इतिहासकारों का मानना है कि इस समय के आस-पास नए शहर और व्यापार के नए तंत्र विकसित हुए हैं। इस अवधि के कुछ सिक्के भले ही सीमित मात्रा में मिले हों, लेकिन शिलालेखों और अभिलेखों में इनका उल्लेख जारी रहा।

2.6 अभिलेखों का अर्थ निकालना

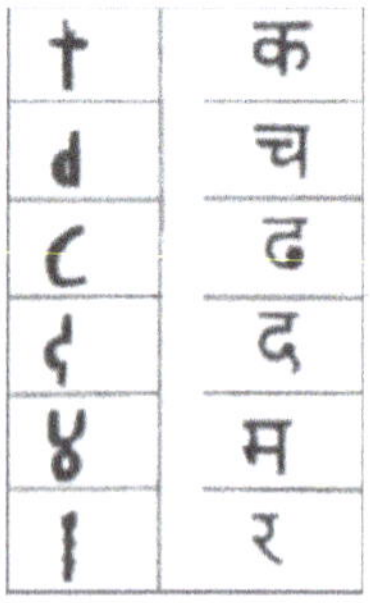

▲ अशोक के समय की ब्राह्मी व उसके समानार्थी देवनागरी अक्षर

ब्राह्मी लिपि का अध्ययन

- आधुनिक भारतीय भाषाओं में प्रयुक्त लगभग सभी लिपियों का मूल ब्राह्मी लिपि है।
- इस लिपि का प्रयोग अशोक के अभिलेखों में किया गया।
- 18वीं शताब्दी से यूरोपीय विद्वानों ने भारतीय पंडितों की सहायता से आधुनिक बंगाली और देवनागरी लिपि में अनेक पांडु लिपियों का अध्ययन किया।
- आरंभिक अभिलेखों का अध्ययन करने वाले विद्वानों के अनुसार, ये अभिलेख संस्कृत भाषा में लिखे हैं और प्राचीन अभिलेख प्राकृत भाषा में लिखे थे।
- अनेक दशकों के पश्चात् 1838 ई. में जेम्स प्रिंसेप ने अशोक कालीन ब्राह्मी लिपि का अर्थ निकाला।

खरोष्ठी लिपि का अध्ययन

- खरोष्ठी लिपि का प्रयोग उत्तर पश्चिमी भारत के शिलालेखों में किया गया है।
- इस क्षेत्र पर शासन करने वाले हिंद यूनानी राजाओं के सिक्कों (लगभग दूसरी-पहली शताब्दी ईसा पूर्व) पर राजाओं के नाम यूनानी (ग्रीक) और खरोष्ठी लिपि में अंकित थे।
- यूरोपीय विद्वान अक्षरों की तुलना करके खरोष्ठी लिपि को पढ़ सकते थे। इस लिपि में प्रयुक्त भाषा प्राकृत भाषा थी।

2.7 अभिलेखों से प्राप्त ऐतिहासिक साक्ष्य

अभिलेखशास्त्रियों को अभिलेखों के अध्ययन एवं उनकी उचित व्याख्या करने में निम्नलिखित समस्याओं का सामना करना पड़ता है

- अनेक अभिलेख हल्के ढंग से उत्कीर्ण किए गए हैं, जिनको पढ़ना कठिन होता है। साथ ही अभिलेख नष्ट होने की भी संभावना बनी रहती है।
- अभिलेखों के शब्दों के वास्तविक अर्थ के विषय में पूर्ण जानकारी हो पाना संभव नहीं है, क्योंकि समय या किसी विशेष स्थान के साथ इनके अर्थ परिवर्तित हो जाते हैं।
- अभिलेख हजारों की संख्या में प्राप्त हुए हैं, परंतु उन सभी के अर्थ नहीं निकाले जा सके हैं और अधिकांश अभिलेख सुरक्षित भी नहीं हैं। सामान्यत: अभिलेख में उन्हीं लोगों के विचार व्यक्त किए गए हैं, जो इन्हें बनवाते थे। इससे जनसामान्य के विषय में बहुत ही कम जानकारी प्राप्त होती है।

निष्कर्ष अकेले पुरालेख राजनीतिक और आर्थिक इतिहास के बारे में पूर्ण जानकारी नहीं देते हैं। उन्नीसवीं शताब्दी के अंत और बीसवीं शताब्दी की शुरुआत में विद्वानों की रुचि मुख्य रूप से राजाओं के इतिहास में थी। हाल ही में विभिन्न सामाजिक समूहों के इतिहास की खोज पर ध्यान केंद्रित किया जा रहा है। इस बदलाव के परिणामस्वरूप उपलब्ध स्रोतों की नई जाँच और नवीन दृष्टिकोणों का विकास होने की संभावना है।

चेक प्वॉइंट 3

1. श्रेणियाँ क्या थीं ?
2. सर्वप्रथम सोने के सिक्के किसने जारी किए?
3. वाणिज्यिक, सांस्कृतिक और राजनीतिक गतिविधि के एक प्रमुख केंद्र का नाम बताइए।
4. यूनानी भाषा में लाल सागर को क्या कहते हैं?
5. खरोष्ठी लिपि में किस भाषा का प्रयोग किया गया था।

टाइमलाइन

प्रमुख राजनीतिक और आर्थिक विकास

लगभग 600-500 ई. पू.	धान की रोपाई, गंगा घाटी में नगरीकरण, महाजनपद, आहत सिक्के
लगभग 500-400 ई. पू.	मगध के शासकों की सत्ता पर पकड़
लगभग 327-325 ई. पू.	सिकंदर का आक्रमण
लगभग 321 ई. पू.	चंद्रगुप्त मौर्य का राज्यारोहण
लगभग 272/268-231 ई. पू.	अशोक का शासन
लगभग 185 ई. पू.	मौर्य साम्राज्य का अंत
लगभग 200-100 ई. पू.	पश्चिमोत्तर में शक शासन, दक्षिणी भारत में चोल, चेर व पांड्य, दक्कन में सातवाहन
लगभग 100 ई. पू.- 200 ई. तक	पश्चिमोत्तर के शक (मध्य एशिया के लोग) शासक, रोमन व्यापार, सोने के सिक्के
लगभग 78 ई.	कनिष्क का राज्यारोहण
लगभग 100-200 ई.	सातवाहन और शक शासकों द्वारा भूमिदान के अभिलेखीय प्रमाण
320 ई.	गुप्त शासन का आरंभ
लगभग 335-375 ई.	समुद्रगुप्त
लगभग 375-415 ई.	चंद्रगुप्त द्वितीय, दक्कन में वाकाटक वंश का उदय
लगभग 500-600 ई.	कर्नाटक में चालुक्यों का उदय और तमिलनाडु में पल्लवों का उदय
लगभग 606-647 ई.	कन्नौज के राजा हर्षवर्द्धन, चीनी यात्री ह्वेनसाँग की यात्रा
लगभग 712 ई.	अरबों की सिंध पर विजय

नोट आर्थिक विकास का शुद्ध काल निर्धारण आसान नहीं है। साथ ही उपमहाद्वीप में अनेक भिन्नताएँ हैं, जिन्हें काल रेखा में इंगित नहीं किया गया है। विशेष विकास के विशिष्ट काल का उल्लेख किया गया है। कनिष्क के राज्यारोहण की तिथि निश्चित नहीं है। अत: राज्यारोहण की तिथि के साथ प्रश्नवाचक चिह्न लगाया गया है।

अभिलेखशास्त्र के क्षेत्र में महत्त्वपूर्ण प्रगति

अठारहवीं शताब्दी

1784	बंगाल एशियाटिक सोसायटी का गठन।

उन्नीसवीं शताब्दी

1810 का दशक	कॉलिन मैकेंजी ने संस्कृत और तमिल भाषा के 8,000 अभिलेख एकत्र किए।
1838	जेम्स प्रिंसेप द्वारा अशोक के ब्राह्मी अभिलेखों का अर्थ लगाना।
1877	अलेक्जेंडर कनिंघम द्वारा अशोक के अभिलेखों के एक अंश का प्रकाशन।
1886	दक्षिणी भारत के अभिलेखों के शोध-पत्र 'एपिग्राफिया कर्नाटिका' का प्रथम अंक।
1888	'एपिग्राफिया इंडिका' का प्रथम अंक।

बीसवीं शताब्दी

1965-66	डी सी सरकार द्वारा 'इंडियन एपिग्राफी एंड इंडियन एपिग्राफिकल ग्लोसरी' का प्रकाशन।

Mind Map

राजा किसान और नगर (आरंभिक राज्य और अर्थव्यवस्थाएँ)

1 प्रारंभिक राज्य सोलह महाजनपद
- महाजनपदों में राजशाही और कुलीन संघ शामिल थे, जिनका नेतृत्व राजाओं द्वारा किया जाता था।
- मगध साम्राज्य 6वीं से 4वीं शताब्दी ईसा पूर्व के मध्य सबसे शक्तिशाली महाजनपद के रूप में उभरा।

2 प्रिंसेप और पियदस्सी
- जेम्स प्रिंसेप ने 1830 के दशक में ब्राह्मी और खरोष्ठी लिपियों का अर्थ निकाला।
- शिलालेखों में अशोक को पियदस्सी। (प्रियदर्शी) के रूप में संदर्भित किया गया था।

3 एक आरंभिक साम्राज्य

मौर्य वंश के इतिहास से संबंधित स्रोत

मौर्य इतिहास के स्रोतों में मूर्तियाँ, ग्रंथ और शिलालेख शामिल हैं।

साम्राज्य का प्रशासन
- राजधानी पाटलिपुत्र थी और प्रांतीय केंद्र जैसे- तक्षशिला, उज्जयिनी, तोस्ली और सुवर्णगिरी साम्राज्य के मुख्य राजनीतिक केंद्र थे।
- सेना और व्यापार मार्गों ने विभिन्न क्षेत्रों में प्रशासन सुनिश्चित किया।

4 राजधर्म के नवीन सिद्धांत

दक्षिण भारत के प्रमुख शासक और राजा
- चोल, चेर और पांड्य वंश ने तमिलकम में स्थायी राज्य बनाए।
- मुखियाओं ने यज्ञ, युद्ध, विवादों का समाधान किया और उपहार प्राप्त किए।

दैवीक राजा
- कुषाण शासकों ने स्वयं को देवताओं के समान बताया और विशाल मूर्ति बनवाई।
- गुप्त शासक सामंतों पर भूमि राजस्व और सैन्य समर्थन के लिए निर्भर थे।

5 बदलता हुआ देहात

उत्पादन बढ़ाने की रणनीति
- हल जोतने की तकनीक ने अधिक वर्षा वाले उपजाऊ क्षेत्रों में कृषि उत्पादन बढ़ाया।
- कुएँ और तालाब जैसी सिंचाई प्रणालियाँ कृषि उपज बढ़ाने में सहायक रहीं।

भूमि अनुदान और नए ग्रामीण सम्रांत वर्ग
- धार्मिक संस्थानों और ब्राह्मणों को भूमि अनुदान दिए जाते थे।
- भूमि अनुदानों का उद्देश्य कृषि का विस्तार और राजनीतिक प्रभाव को सुदृढ़ करना था।

6 नगर एवं व्यापार

शहरी जनसंख्या संभ्रात वर्ग और शिल्पकार
- राजा और अभिजात्य वर्ग किले बंद में रहते थे।
- शिल्पकार विभिन्न सामग्रियों से आभूषण और मूर्तियाँ बनाते थे।

भारतीय उपमहाद्वीप और बाह्य दुनिया में व्यापार
- स्थलीय और नदी मार्ग भारतीय उपमहाद्वीप को दूरस्थ क्षेत्रों से जोड़ते थे।
- शासक व्यापार मार्गों पर नियंत्रण रखते और सुरक्षा प्रदान करने के बदले कर लेते थे।

सिक्के और राजा
- आहत सिक्के और सोने के सिक्के लंबी दूरी के व्यापार को सुगम बनाते थे।

7 मूल बातें अभिलेखों का अर्थ कैसे निकाला जाता है?

खरोष्ठी लिपि को कैसे पढ़ा गया?
- विद्वानों ने यूनानी और खरोष्ठी लिपियों की तुलना के माध्यम से इसे समझा।

शिलालेखों से ऐतिहासिक साक्ष्य
- अशोक के शिलालेखों में शासक की उपाधि दी गई थी।
- शिलालेखविद् भाषा और लेखन शैली का विश्लेषण करते हैं।
- राजा के आदेश अक्सर नगरों के पास या महत्त्वपूर्ण मार्गों पर खुदवाए जाते थे।

8 शिखालेखों से प्राप्त जानकारी की सीमाएँ
- शिलालेखों की अपूर्णता और अस्पष्टता के कारण उनका विश्लेषण जटिल होता है।
- शिलालेख प्रमुख घटनाओं पर केंद्रित होते हैं, लेकिन सामान्य जीवन की जानकारी सीमित होती है।

NCERT फोल्डर

अध्याय के मध्य में दिए गए प्रश्न

1. ऐसे कौन-से क्षेत्र हैं, जहाँ राज्य और नगर सर्वाधिक सघन रूप से बसे थे?

उत्तर आरंभिक राज्यों में मध्य गंगा घाटी के पूर्वी उत्तर प्रदेश तथा वर्तमान बिहार और झारखंड वाले क्षेत्र सर्वाधिक सघन रूप से बसे थे। इन क्षेत्रों में लोहे की उपलब्धता तथा घने जंगलों से इमारती लकड़ी की बहुलता के कारण यहाँ के राज्य एवं नगर सर्वाधिक सघन रूप से बसे थे।

2. सिंह शीर्ष को आज महत्त्वपूर्ण क्यों माना जाता है?

उत्तर सिंह शीर्ष का निर्माण मौर्य सम्राट अशोक द्वारा सारनाथ में एक पाषाण स्तंभ के रूप में करवाया गया था। इस स्तंभ के शीर्ष भाग पर चार शेरों को चारों दिशाओं में देखते हुए एक विशाल मूर्ति बनी है। वहीं इसके निचले भाग पर चार धर्मचक्र एवं चार पशुओं (हाथी, घोड़ा, शेर, बैल) के चित्र अंकित है।

सारनाथ के इस स्तंभ के शीर्ष में सिंहों के प्रतिरूपों को भारत सरकार ने अपने राजचिह्न के रूप में अपनाया है। यह चिह्न शूरवीरता, शांतिप्रियता एवं एकता का प्रतीक है। इसी कारण सिंह शीर्ष को आज महत्त्वपूर्ण माना जाता है।

3. राजा को किस प्रकार दर्शाया गया है?

उत्तर प्राचीन क्षेत्रों में एक कुषाणकालीन सिक्का प्राप्त हुआ है जो कुषाण शासक कनिष्क से संबंधित है, जिसमें उन्हें सिक्के के रूप में दर्शाया गया है।

4. राजाओं ने दिव्य स्थिति का दावा क्यों किया?

उत्तर प्रथम तथा द्वितीय शताब्दी ई.पू. में भारत में अनेक विदेशी आक्रमणकारी जातियाँ; जैसे- यवन, शक तथा कुषाण आदि का आना प्रारंभ हुआ। उस समय भारत में प्रचलित चतुर्वर्ण व्यवस्था में शामिल होने के लिए, इन्होंने स्वयं को दैवीय रूप में दिखाया।

5. शासकों ने सिंचाई के प्रबंध क्यों किए?

उत्तर धान जैसी खाद्य फसलों की उपज बढ़ाकर लोगों की खाद्य आपूर्ति तथा समृद्धि एवं खुशहाली के लिए शासकों ने कुओं, नहरों व तालाबों के माध्यम से सिंचाई के विस्तृत रूप से प्रबंध किए।

6. तीसरी सहस्राब्दि ई.पू. में हड़प्पा सभ्यता जिस क्षेत्र में फैली क्या वहाँ कोई नगर थे?

उत्तर हड़प्पा सभ्यता एक प्राचीन नगरीय सभ्यता थी, जो भारत के उत्तर-पश्चिम क्षेत्र में विस्तृत थी। तीसरी सहस्राब्दि ई.पू. में इस सभ्यता के विशाल भू-भाग में अनेक नगर विकसित हो चुके थे।

7. क्या कुछ देवनागरी अक्षर ब्राह्मी से मिलते-जुलते हैं? क्या कुछ भिन्न भी हैं?

उत्तर वर्तमान में प्रचलित भारत की देवनागरी लिपि के कुछ अक्षर; जैसे- 'द' ब्राह्मी लिपि से लगभग पूर्णतः मिलते हैं। वहीं कुछ अक्षर; जैसे-'क' तथा 'द' की बनावट भी कुछ रूप में ब्राह्मी लिपि से मिलती है, परंतु अन्य किसी भी अक्षरों में कोई भी समानता दिखाई नहीं पड़ती है।

निम्नलिखित प्रश्नों के उत्तर लगभग 100-150 शब्दों में लिखिए

1. आरंभिक ऐतिहासिक नगरों में शिल्पकला के उत्पादन के प्रमाणों की चर्चा कीजिए। हड़प्पा के नगरों के प्रमाण से ये प्रमाण कितने भिन्न हैं?

उत्तर आरंभिक ऐतिहासिक नगरों के अनेक स्थानों के उत्खनन से शिल्पकला के उत्पादन के प्रमाण मिलते हैं, जिनका विवरण निम्नलिखित है

(i) इन नगरों में मृद्भांडों के साथ-साथ गहने, उपकरण, हथियार, बर्तन और सोने-चाँदी, काँस्य, ताँबे, हाथी दाँत, शीशे, शुद्ध और पकी मिट्टी की मूर्तियाँ भी बनाई जाती थीं।

(ii) इन नगरों में वस्त्र बुनने का कार्य, मृद्भांड बनाने का कार्य, आभूषण बनाने का कार्य, लोहे के औजार, अस्त्र-शस्त्र आदि वस्तुएँ तैयार करने का कार्य भी होता था।

आरंभिक ऐतिहासिक नगर हड़प्पा के नगरों से निम्न प्रकार से भिन्न थे

(i) हड़प्पा सभ्यता में लोहे के प्रयोग का प्रमाण नहीं मिलता है, जबकि आरंभिक नगरों में शिल्पकला के क्षेत्र के साथ-साथ अन्य क्षेत्रों में भी लोहे का प्रयोग होता था।

(ii) हड़प्पा सभ्यता में शिल्प को बढ़ावा देने के लिए किसी भी प्रकार के व्यापारिक संघों का प्रमाण नहीं मिलता है। आरंभिक नगरों में श्रेणी नामक संघ की चर्चा मिलती है।

2. महाजनपदों के विशिष्ट अभिलक्षणों का वर्णन कीजिए।

उत्तर महाजनपदों के विशिष्ट अभिलक्षण निम्नलिखित थे

(i) ऐतिहासिक स्रोतों में महाजनपदों की संख्या 16 बताई गई है। इनमें से लगभग 12 राजतंत्रीय और 4 गणतंत्रीय राज्य थे। अधिकांश महाजनपदों पर राजा का शासन होता था, परंतु गण एवं संघ के नाम से प्रसिद्ध राज्यों में कई लोगों का समूह शासन करता था। इस प्रकार के समूह का प्रत्येक व्यक्ति राजा कहलाता था। भगवान महावीर तथा भगवान बुद्ध इन्हीं गणों से जुड़े थे।

(ii) गणराज्यों में भूमि के साथ ही अनेक आर्थिक स्रोतों पर गण के राजा का सामूहिक नियंत्रण होता था।

(iii) प्रत्येक महाजनपद की एक राजधानी होती थी, जो प्रायः किले से घिरी होती थी। राजधानियों के रख-रखाव, सैन्य प्रबंध तथा उच्च अधिकारियों के वेतन भुगतान हेतु संसाधनों की आवश्यकता होती थी।

(iv) शासकों का कार्य किसानों, व्यापारियों तथा शिल्पकारों से कर एवं भेंट वसूल करना था। धीरे-धीरे कुछ शक्तिशाली राज्यों ने अपनी स्थायी सेना एवं नौकरशाही तंत्र तैयार कर लिए।

3. सामान्य लोगों के जीवन का पुनर्निर्माण इतिहासकार कैसे करते हैं?

उत्तर सामान्य लोगों के जीवन का पुनर्निर्माण इतिहासकार साहित्यिक स्रोतों एवं पुरातात्विक स्रोतों की सहायता से करते हैं।

साहित्यिक स्रोत

(i) भारतीय समाज के सामान्य लोगों के बारे में वैदिक साहित्य से पर्याप्त रूप से जानकारी प्राप्त होती है। विभिन्न साहित्यिक स्रोतों से हमें उत्तर भारत व दक्षिण भारत के अनेक क्षेत्रों में विकसित हुई संस्कृतियों के विषय में जानकारी प्राप्त होती है।

(ii) इतिहासकार शवों के अंतिम संस्कार के तरीकों द्वारा भी सामान्य नागरिकों के जीवन का चित्रण करते हैं। इसके अतिरिक्त इतिहासकार सामान्य लोगों के बारे में जानकारी प्राप्त करने के लिए दान संबंधी आदेशों और रिकॉर्डों का भी अध्ययन करते हैं। भूमिदान से संबंधित विज्ञप्तियों से कृषि विस्तार और कृषि के ढंग एवं उपज बढ़ाने के तरीकों के बारे में जानकारी प्राप्त होती है।

पुरातात्विक स्रोत

(i) पुरातात्विक स्रोतों के अंतर्गत अभिलेख, सिक्के, चित्रों आदि को शामिल किया जाता है। अभिलेखों से ही ज्ञात हुआ है कि प्राकृत उत्तरी भारत, तमिल दक्षिणी भारत तथा संस्कृत विशिष्ट वर्गों में प्रचलित भाषा थी। वहीं सिक्कों से सामान्यजन की आर्थिक स्थिति की जानकारी मिलती है।

(ii) कुषाण काल में सोने के अधिक सिक्के मिलने से ऐसा प्रतीत होता है कि सामान्य लोगों की आर्थिक स्थिति अच्छी थी। अभिलेखों से समकालीन लोगों की भाषाओं के विषय में जानकारी मिलती है। प्राकृत भाषा का प्रचलन उत्तरी भारत में और तमिल भाषा का प्रचलन दक्षिणी भारत में था।

4. पांड्य सरदार को दी जाने वाली वस्तुओं की तुलना दंगुन गाँव की वस्तुओं से कीजिए। आपको क्या समानताएँ एवं असमानताएँ दिखाई देती हैं?

उत्तर पांड्य सरदार को दी जाने वाली वस्तुओं एवं दंगुन गाँव की वस्तुओं की तुलना निम्न प्रकार है

(i) तमिल महाकाव्य 'सिलप्पादिकारम्' के अनुसार, पांड्य सरदार को उपहार के रूप में हाथीदाँत, सुगंधित लकड़ी, हिरणों के बाल से बने चँवर, शहद, चंदन आदि वस्तुएँ दी जाती थीं। इसके अतिरिक्त नारियल, आम, जड़ी-बूटी, फूल, प्याज, गन्ना, केला आदि भी उपहार में दिए जाते थे।

(ii) दंगुन गाँव की वस्तुओं में फूल, दूध, सब्जियाँ, नमक, मदिरा, कोयला, घास तथा आसन में प्रयुक्त की जाने वाली जानवरों की खालें आदि शामिल हैं।

(iii) **समानता** इन दोनों सूचियों में फूलों को छोड़कर और कोई विशेष समानता नहीं है। यद्यपि यह संभव है कि दंगुन गाँव की तरह पांड्य सरदार भी उपहार के रूप में प्राप्त जानवरों की खाल का प्रयोग आसन के रूप में करते हों।

(iv) असमानता वस्तुओं की लंबी सूची में असमानता दिखाई पड़ती है, साथ ही उपहार लेने के तरीकों में भी असमानता विद्यमान है।

पांड्य सरदार को लोग खुशी-खुशी नाच-गाकर वस्तुएँ उपहार में देते थे, जबकि दंगुन गाँव के लोगों को भूमिदान से पहले अपने यहाँ की वस्तुएँ राज्य एवं उसके अधिकारियों को देनी पड़ती थीं।

5. अभिलेखशास्त्रियों की कुछ समस्याओं की सूची बनाइए।

उत्तर अभिलेखशास्त्रियों को अभिलेखों के अध्ययन एवं उनकी उचित व्याख्या करने में निम्नलिखित समस्याओं का सामना करना पड़ता है

(i) अनेक अभिलेख हल्के ढंग से उत्कीर्ण किए गए हैं, जिनको पढ़ना कठिन होता है। साथ ही अभिलेख नष्ट होने की भी संभावना बनी रहती है।

(ii) अभिलेखों के शब्दों के वास्तविक अर्थ के विषय में पूर्ण जानकारी हो पाना संभव नहीं है, क्योंकि समय या किसी विशेष स्थान के साथ इनके अर्थ परिवर्तित हो जाते हैं।

(iii) अभिलेख हजारों की संख्या में प्राप्त हुए हैं, परंतु उन सभी के अर्थ नहीं निकाले जा सके हैं और अधिकांश अभिलेख सुरक्षित भी नहीं हैं।

(iv) सामान्यत: अभिलेख में उन्हीं लोगों के विचार व्यक्त किए गए हैं, जो इन्हें बनवाते थे। इससे जनसामान्य के विषय में बहुत ही कम जानकारी प्राप्त होती है।

अत: इतिहासकारों को अभिलेख में व्यक्त विचारों की समीक्षा अन्य विचारों के परिप्रेक्ष्य में करनी चाहिए, ताकि अपने अतीत की बेहतर जानकारी प्राप्त हो सके।

निम्नलिखित प्रश्नों के उत्तर लगभग 500 शब्दों में लिखिए

6. मौर्य प्रशासन के प्रमुख अभिलक्षणों की चर्चा कीजिए। अशोक के अभिलेखों में इनमें से कौन-कौन से तत्त्वों के प्रमाण मिलते हैं?

उत्तर मौर्य प्रशासन भारत का प्रथम अखिल भारतीय साम्राज्य था। इसकी सीमाएँ भी विस्तृत भू-भाग में फैली थीं। अतः इसके शासन प्रबंध को सुचारु रूप से संचालित करने के लिए एक सुव्यवस्थित प्रशासनिक तंत्र स्थापित किया गया था। इसके प्रमुख अभिलक्षण निम्नलिखित हैं

(i) **प्रांतीय प्रशासन** प्रशासन के सुचारु रूप से संचालन हेतु संपूर्ण साम्राज्य को चार प्रमुख प्रांतों में बाँटा गया था; जैसे-पाटलिपुत्र (मध्य प्रांत, राजधानी क्षेत्र) तक्षशिला (उत्तर-पश्चिमी प्रांत) उज्जयिनी (पश्चिमी प्रांत तोसलि) तथा सुवर्णगिरि (दक्षिणी प्रांत) ये प्रांत गवर्नरों के अधीन होते थे, जो सामान्यतः राजवंश से संबंधित होते थे। प्रांतों पर निगरानी हेतु गुप्तचरों की नियुक्ति की जाती थी। प्रांत को जिलों में विभक्त किया गया था, जिसका प्रमुख 'स्थानिक' कहलाता था। तत्पश्चात् वर्तमान की तहसील के समान दस गाँवों का समूह होता था, जिसका प्रमुख 'गोप' होता था। जिसका प्रमुख 'ग्रामिक' कहलाता था। प्रशासन की सबसे छोटी इकाई 'गाँव' थी।

(ii) **नगर प्रबंध** नगर प्रबंधन हेतु 30 सदस्यों वाले एक आयोग का गठन किया गया था, जो पाँच-पाँच सदस्यों वाली छः समितियों में विभक्त था

- **पहली समिति** का कार्य कला-कौशल की देखभाल करना था।
- **दूसरी समिति** का कार्य विदेशियों के प्रबंधन से संबंधित था।
- **तीसरी समिति** का कार्य जन्म-मरण से संबंधित था।
- **चौथी समिति** का कार्य व्यापार के प्रबंधन से जुड़ा था।
- **पाँचवीं समिति** का कार्य तैयार वस्तुओं की देखभाल करना था।
- **छठी समिति** का कार्य बिक्री कर वसूल करना था।

(iii) **आय-व्यय प्रबंधन** राज्य की आय का प्रमुख स्रोत भूमिकर था, जो किसानों से उनकी उपज का 1/6 भाग के रूप में वसूल किया जाता था, परंतु विशिष्ट परिस्थिति में इसे बढ़ाया जा सकता था। इस आय को राज्यहित तथा सैन्य संगठन में व्यय किया जाता था।

(iv) **न्याय प्रबंधन** राजा ही स्वयं न्याय से जुड़े कार्यों का सर्वोच्च अधिकारी होता था। मौर्य साम्राज्य में कठोर दंड का प्रावधान था, जिसके कारण अपराध काफी कम होते थे।

(v) **सैन्य प्रबंधन** मेगास्थनीज ने सैन्य प्रबंधन के लिए एक समिति तथा छः उपसमितियों का उल्लेख किया है। इनमें पहली उपसमिति का कार्य नौसेना का संचालन करना था, दूसरी का कार्य यातायात तथा खान-पान का प्रबंध करना था, तीसरी का कार्य पैदल सैनिकों का संचालन, चौथी का कार्य अश्वारोहियों का संचालन, पाँचवीं का कार्य रथारोहियों का संचालन तथा छठी का कार्य हाथियों का संचालन करना था।

अशोक के अभिलेखों में मिलने वाले प्रशासन के तत्त्व

सम्राट अशोक के अभिलेखों में मौर्य प्रशासन के जिन तत्त्वों का समावेश हुआ, उनमें से कुछ प्रमुख निम्नलिखित हैं

(i) अशोक के अभिलेखों में यह स्पष्ट है कि उन्होने केंद्रीकृत शासन प्रणाली उपनाई, जहाँ राजकीय अधिकारी सीधे सम्राट के आदेशों का पालन करते थे।

(ii) अशोक के अभिलेखों में प्रांतीय प्रशासन के चार केंद्रों तक्षशिला, उज्जयिनी, तोसलि एवं सुवर्णगिरि का उल्लेख किया गया है, जो मौर्य प्रशासन के विभाजन की ओर संकेत करते हैं।

(iii) स्तंभ लेख III और स्तंभ लेख I तथा IV में जिला प्रशासन में नियुक्त राजुक तथा युक्त जैसे अधिकारियों का उल्लेख मिलता है। राजुक का प्रमुख कार्य जनपद के लोगों की भलाई करना है।

(iv) स्तंभ लेख VII में धम्म महामात्रों के कर्त्तव्यों पर प्रकाश डाला गया है। धम्म महामात्रों की नियुक्ति का उद्देश्य सभी वर्गों में धम्म महामात्र का प्रचार करना है, जो सामाजिक तथा आत्मिक उन्नति का आधार हैं।

7. यह 20वीं शताब्दी के एक सुविख्यात अभिलेखशास्त्री डी सी सरकार का वक्तव्य है–"भारतीयों के जीवन, संस्कृति और गतिविधियों का ऐसा कोई पक्ष नहीं है, जिसका प्रबंधन अभिलेखों में नहीं है।" चर्चा कीजिए।

उत्तर अभिलेख भारतीय इतिहास के विभिन्न पहलुओं को उद्घाटित करने में महत्त्वपूर्ण साधन सिद्ध हुए हैं। इनमें भारतीयों के जीवन के विभिन्न पक्ष निम्नलिखित रूप से अभिलक्षित होते हैं, जिनका वर्णन निम्न है

(i) **सामाजिक जीवन** विभिन्न अभिलेखों में प्राचीनकाल के निवासियों के सामाजिक जीवन का विशद वर्णन किया गया है। उदाहरण के लिए, अशोक के अभिलेखों में उनके द्वारा प्रजा को पुत्रवत् स्नेह करने का उल्लेख किया गया है तथा इन्होंने अपनी प्रजा को धम्म के अनुसार, आचरण करने को निर्देशित किया है। अभिलेखों से ज्ञात होता है कि उस समय गाँवों में विभिन्न जाति व पेशे वाले लोग सामूहिक रूप से निवास करते थे। इसके अतिरिक्त उस काल के भोजन इत्यादि की भी जानकारी मिलती है;
जैसे—अशोक द्वारा अपने अभिलेख में मांस हेतु पशुओं के वध को सीमित किए जाने का उल्लेख किया है।

(ii) **धार्मिक जीवन** अभिलेखों के द्वारा तत्कालीन समाज में प्रचलित धार्मिक विश्वासों का भी पता चलता है। शासक वर्ग पुण्य की प्राप्ति के लिए भूमि का दान देता था, जोकि ब्राह्मणों एवं विद्वानों को अग्रहार के रूप में मिलती थी। इसके द्वारा एक प्रकार से राज्य शिक्षा व विद्वत्ता को प्रोत्साहन देता था। विभिन्न शासकों एवं धनी व्यक्तियों ने अपने धार्मिक विश्वासों से मूर्तियाँ उत्कीर्ण करवाकर विभिन्न स्थानों पर स्थापित करवाईं। सिक्कों में उत्कीर्ण देवी-देवताओं की मूर्तियों तथा अभिलेखों से धार्मिक विचारों का पता चलता है।

(iii) **राजनैतिक जीवन** अभिलेखों से प्राचीनकाल में भारतीयों के राजनैतिक जीवन तथा शासक एवं प्रजा के संबंधों का भी ज्ञान होता है। उदाहरण के लिए, मौर्य शासक अपने नाम के आगे विशाल उपाधियाँ नहीं लगाते थे तथा प्रजा को पुत्रवत् मानते थे। अशोक के अभिलेखों से ज्ञात होता है कि मौर्य शासक प्रजा की सेवा करना अपना परम धर्म मानते थे, जबकि परवर्ती शासक स्वयं को प्रतिष्ठित दर्शाने के लिए स्वयं को देवतुल्य स्थापित करने लगे थे।

(iv) **सांस्कृतिक जीवन** अभिलेखों के द्वारा पता चलता है कि भारतीय समाज में विभिन्न भाषाएँ व लिपियाँ प्रचलित थीं तथा शिक्षा का प्रचार-प्रसार होता था। लोग सुसंस्कृत जीवन व्यतीत करते थे। समाज में शिल्पकला, मूर्तिकला, चित्रकला एवं संगीत कला आदि कलाएँ उत्कृष्ट स्तर पर थीं तथा इनमें पारंगत व्यक्ति समाज में प्रतिष्ठित माना जाता था, जैसा कि समुद्रगुप्त को प्रयाग प्रशस्ति में संगीतज्ञ, चित्रकार आदि बताया गया है।

8. उत्तर मौर्य काल में विकसित राजत्व के सिद्धांतों की चर्चा कीजिए।

उत्तर उत्तर मौर्य काल में राजत्व के प्रमुख सिद्धांत विकसित हुए, जो निम्नलिखित हैं

(i) **सरदार शासक प्रणाली** चोल, चेर तथा पांड्य जैसे सरदारियों का उदय दक्षिणी भारत में हुआ। ये राज्य काफी समृद्ध एवं स्थायी थे। प्राचीन तमिल संगम ग्रंथों से इन राज्यों के विषय में जानकारी प्राप्त होती है। ये सरदार काफी शक्तिशाली होते थे, जिनका पद वंशानुगत भी हो सकता था, परंतु यह आवश्यक नहीं था। बहुत से सरदार व्यापार के माध्यम से राजस्व इकट्ठा करते थे। इनमें मध्य एवं पश्चिमी भारत पर शासन करने वाले सातवाहन शासक तथा पश्चिमोत्तर एवं पश्चिम में शासन करने वाले मध्य एशियाई मूल के शक शासक प्रमुख थे।

(ii) **दैवीय उत्पत्ति का सिद्धांत** प्राचीन भारत में कई राजा अपनी सर्वोच्च स्थिति स्थापित करने के लिए अपने नाम को देवी-देवताओं से जोड़ते थे। इसका सबसे अच्छा उदाहरण कुषाण शासकों में देखने को मिलता हैं, जिन्होंने मध्य एशिया से लेकर पश्चिमोत्तर भारत पर शासन किया था। कुषाण शासकों में देखने को मिलता कि उन्होंने अपने राजधर्म को मूर्तियों तथा सिक्कों पर उत्कीर्ण करवाया था। मथुरा (उत्तर प्रदेश) के पास माट के एक देवस्थान पर कुषाण शासकों ने अपनी मूर्ति बनवाई थी। इसी प्रकार की मूर्ति अफगानिस्तान के एक देवस्थान से भी प्राप्त हुई थी। कुछ इतिहासकारों का कहना था कि इन मूर्तियों के द्वारा कुषाण शासक स्वयं को देवतुल्य प्रस्तुत करना चाहते थे। कुछ कुषाण शासकों ने अपने नाम के आगे 'देवपुत्र' की उपाधि भी लगाई थी। शायद वे तत्कालीन चीनी शासक, जो स्वयं 'स्वर्गपुत्र' की उपाधि धारण करते थे, से प्रेरित हुए होंगे।

(iii) **सामंतवादी व्यवस्था का प्रारंभ** चौथी शताब्दी ईसवी में गुप्त राजाओं ने राजत्व के एक नए स्वरूप को प्रस्तुत किया। गुप्त शासक स्वयं को सम्राट कहते थे तथा इनके अधीन कई सामंत थे, जो सामंत शासकों का आदर करते थे तथा आवश्यकता पड़ने पर सैनिक सहायता भी करते थे। कभी-कभी सामंत काफी शक्तिशाली हो जाते थे तथा कई बार तो वे शासक भी बन जाते थे।

गुप्त शासकों ने अपने नाम के सिक्के चलवाए एवं अभिलेखों की रचना करवाई। उदाहरणस्वरूप, हरिषेण द्वारा रचित प्रयाग प्रशस्ति, जिसमें इन्होंने महान गुप्त सम्राट समुद्रगुप्त की काफी प्रशंसा की है। हरिषेण समुद्रगुप्त के राजकवि थे। इन्होंने समुद्रगुप्त की तुलना कुबेर, यम, इंद्र, वरुण आदि देवताओं से की है।

9. वर्णित काल में (600 ई. पू. से 600 ई.) कृषि के तौर-तरीकों में कहाँ तक परिवर्तन हुए?

उत्तर वर्णित काल (600 ई. पू. से 600 ई.) में लोहे की खोज ने कृषि के तौर-तरीकों में क्रांतिकारी परिवर्तन किया। इस काल में लोहे के हल बनने लगे, जिससे खेतों की गहरी जुताई होने लगी। लगभग छठी शताब्दी ईसा पूर्व से ही गंगा एवं कावेरी की घाटियों में लोहे के हल का प्रचलन काफी बढ़ गया। इस काल में कृषि के तौर-तरीकों में निम्नलिखित परिवर्तन आए;

(i) **नई कृषि तकनीकों का प्रयोग** भारी वर्षा वाले क्षेत्रों में लोहे के फाल वाले हल से उर्वर भूमि की जुताई की जाने लगी। गंगा की घाटी में धान की रोपाई से भी उपज में भारी वृद्धि हुई। इसके लिए किसानों को कड़ी मेहनत करनी पड़ती थी। यह सत्य है कि लोहे के फाल वाले हल से कृषि की उपज में काफी वृद्धि हुई, परंतु ऐसे हलों का उपयोग कुछ क्षेत्रों तक ही सीमित था।

कुछ क्षेत्रों में लोहे के फाल वाले हलों का प्रयोग 20वीं शमाब्दी में हुआ; जैसे—पंजाब एवं हरियाणा के अर्द्ध-शुष्क जमीन वाले क्षेत्र आदि। कुछ क्षेत्रों; जैसे—पूर्वोत्तर एवं मध्य पर्वतीय क्षेत्रों के किसान जुताई हेतु कुदाल का उपयोग करते थे, क्योंकि इस क्षेत्र में कुदाल ही अधिक उपयुक्त थे। पानी की उपलब्धता वाले क्षेत्रों में धान की रोपाई की जाती थी। इसमें पहले धान के बीजों को अंकुरित कर लिया जाता था, तत्पश्चात् पौधों को जलयुक्त खेतों में रोपा जाता था। इससे धान की पैदावार में वृद्धि हुई।

(ii) **सिंचाई के नए साधनों का विकास** इस काल में उपज बढ़ाने के लिए कई अन्य तरीकों को अपनाया गया; जैसे—कुओं, तालाबों और कहीं-कहीं नहरों के माध्यम से सिंचाई की जाती थी।

इन सिंचाई के साधनों का निर्माण व्यक्तिगत एवं कृषक समुदायों के स्तर पर होता था। व्यक्तिगत तौर पर नहरों, तालाबों तथा कुओं जैसे सिंचाई के साधनों का निर्माण प्रायः राजा या प्रभावशाली व्यक्ति करवाते थे। वे अपने इन कामों का उल्लेख अभिलेख में करवाते थे। उदाहरणस्वरूप, रुद्रदामन के जूनागढ़ अभिलेख से इसी प्रकार का उल्लेख प्राप्त होता है।

(iii) **दासों का कृषि में प्रयोग** नए कृषि क्षेत्रों के विकास के लिए तथा कृषि उत्पादन में वृद्धि के लिए कृषि श्रमिकों को लगाया जाने लगा। भूमिदान द्वारा भी कृषि क्षेत्र को विकसित करने के प्रमाण मिले हैं। भूमिपति कृषि उपज बढ़ाने के लिए इस पर निवेश करते थे, जिससे राज्य की भी आय बढ़ती थी।

अभ्यास प्रश्न

वस्तुनिष्ठ प्रश्न

बहुविकल्पीय प्रश्न

1. छठी और चौथी बी सी ई. सदी के बीच के सबसे शक्तिशाली महाजनपद का नाम लिखए। **CBSE 2020**

(a) मल्ल (b) गांधार
(c) मगध (d) कोशल

उत्तर (c) मगध

2. निम्न में से कौन-सी विशेषता 'मगध' महाजनपद के संबंध में सही नहीं है?

(a) लोहे की खानों का पाया जाना
(b) उपजाऊ भूमि की अधिकता
(c) सेना महत्त्वपूर्ण शासक के अंग के रूप में विद्यमान
(d) जंगलों में हाथी का अभाव होना

उत्तर (d) जंगलों में हाथी का अभाव होना।

3. चौथी बी सी ई सदी में मगध की राजधानी को कहाँ स्थानांतरित किया गया था? **CBSE 2020**

(a) गिरिब्रज (b) राजगृह (c) पाटलिपुत्र (d) वैशाली

उत्तर (c) पाटलिपुत्र

4. मौर्यकाल के दौरान 'अर्थशास्त्र' पुस्तक का लेखक कौन था? **CBSE 2020**

(a) कौटिल्य (b) मेगास्थनीज
(c) वाल्टेयर (d) हरिषेण

उत्तर (a) कौटिल्य

5. निम्नलिखित में से किस साम्राज्य ने भारत में पहली शताब्दी में सोने के सिक्के जारी किए?

(a) मौर्य साम्राज्य (b) गुप्त साम्राज्य
(c) कुषाण साम्राज्य (d) वाकाटक साम्राज्य

उत्तर (c) कुषाण साम्राज्य

6. निम्न में से किस भाषा में सबसे अधिक अशोक के शिलालेख लिखे गए थे? **CBSE 2021**

(a) तमिल (b) प्राकृत (c) संस्कृत (d) हिंदी

उत्तर (b) प्राकृत

7. हरिसेन, जिन्होंने 'प्रयाग प्रशस्ति' की रचना की थी, निम्न शासकों में से किसके दरबारी कवि थे? **CBSE 2021**

(a) चंद्रगुप्त (b) समुद्रगुप्त (c) अशोक (d) चंद्रगुप्त मौर्य

उत्तर (b) समुद्रगुप्त

8. **निम्न में से कौन-सा गुप्त शासक बहुत अधिक शक्तिशाली तथा प्रसिद्ध शासक था?** **CBSE 2022**

(a) चंद्रगुप्त (b) समुद्रगुप्त (c) कुमारगुप्त (d) स्कंदगुप्त

उत्तर (b) समुद्रगुप्त

9. **निम्नलिखित लिपियों में से किसका अर्थ जेम्स प्रिंसेप द्वारा निकाला गया था?** **CBSE 2020**

(a) बंगाली और देवनागरी (b) संस्कृत और प्राकृत
(c) ब्राह्मी और खरोष्ठी (d) यूनानी और इंडो-यूनानी

उत्तर (c) ब्राह्मी और खरोष्ठी।

10. **प्रभावती गुप्त को निम्नलिखित में से किस भूमिका के लिए जाना जाता है?** **CBSE 2025**

(a) अशोक की पत्नी और बौद्ध संघ की प्रचारक
(b) मौर्य साम्राज्य की रानी और बौद्ध धर्म की प्रचारक
(c) समुद्रगुप्त की पत्नी और गुप्तकाल की कवयित्री
(d) चंद्रगुप्त द्वितीय की पुत्री और वाकाटक राजा की पत्नी

उत्तर (d) चंद्रगुप्त द्वितीय की पुत्री और वाकाटक राजा की पत्नी

11. **'गहपति' के बारे में निम्न में से कौन-सा कथन सही नहीं है?** **CBSE 2021**

(a) एक गहपति घर का मालिक या मुखिया होता था
(b) इस शब्द का प्रयोग अकसर पाली ग्रंथों में बड़े भूमिधारकों को नामित करने के लिए किया जाता था
(c) वह भूमि और खनिजों जैसे संसाधनों का मालिक नहीं था
(d) शहरी अभिजात वर्ग से संबंधित पुरुषों के लिए 'गहपति' का उपयोग मार्कर के रूप में किया जाता था

उत्तर (c) वह भूमि और खनिजों जैसे संसाधनों का मालिक नहीं था

12. **आरंभिक राज्य और अर्थव्यवस्था (लगभग 600 ई. पू. से 600 ई.) के संदर्भ में निम्नलिखित कथनों पर विचार कीजिए तथा सही विकल्प का चयन कीजिए।**

1. **ईसवी की आरंभिक शताब्दियों से ही भूमिदान के प्रमाण मिलते हैं।**
2. **भूमिदान के जो प्रमाण मिले हैं, वे सामान्यतः धार्मिक संस्थाओं या ब्राह्मणों को दिए गए थे।**
3. **ब्राह्मणों को दान में दी गई भूमि को अग्रहार कहा जाता था।**

उपरोक्त में से कौन-से कथन सही हैं?

(a) 1 और 2 (b) 2 और 3
(c) 1 और 3 (d) 1, 2 और 3

उत्तर (c) 1 और 3

13. **एक यूनानी समुद्र यात्री द्वारा रचित 'पेरिप्लस ऑफ एरीथ्रियन सी' में दी गई जानकारी के संदर्भ में निम्नलिखित कथनों पर विचार कीजिए** दक्षता आधारित प्रश्न

1. **विदेशी व्यापारी कालीमिर्च और दालचीनी खरीदने के लिए जहाज भेजते थे।**
2. **भारत में भारी मात्रा में सिक्कों, पुखराज, मूँगे और सीसे का आयात किया जाता था।**
3. **तमिलनाडु में बहुमूल्य और कम मूल्यवान पत्थरों से बनाए जाने वाले मूँगों के उद्योग के पुरातात्विक साक्ष्य मिले हैं।**

उपरोक्त में से कौन-सा/से कथन सही है/हैं?

(a) केवल 1 (b) केवल 2 (c) 1 और 3 (d) ये सभी

उत्तर (d) ये सभी

14. **मगध के बारे में निम्न में से कौन-सा/से कथन सही है/हैं?** दक्षता आधारित प्रश्न

1. **मगध सबसे शक्तिशाली महाजनपद था।**
2. **मगध में कृषि विशेष रूप से उत्पादक थी।**
3. **प्रारंभ में राजगृह (राजगीर) मगध की राजधानी थी।**
4. **मगध के पास पर्याप्त संसाधन नहीं थे।**

कूट

(a) केवल 1
(b) 1 और 2
(c) 3 और 4
(d) 1, 2 और 3

उत्तर (d) 1, 2 और 3

15. **मौर्य साम्राज्य के इतिहास के पुनर्निर्माण के लिए निम्न में से कौन-से प्रमुख साहित्यिक स्रोत हैं?**

1. **मेगास्थनीज के कार्य, एक ग्रीक (यूनानी) राजदूत।**
2. **कौटिल्य का अर्थशास्त्र।**
3. **बौद्ध, जैन और पौराणिक साहित्य।**
4. **कालीदास की मेघदूत।**

कूट

(a) 1, 2 और 4 (b) 2, 3 और 4
(c) 1, 2 और 3 (d) 1, 3 और 4

उत्तर (c) 1, 2 और 3

16. **निम्नलिखित युग्मों में से कौन-सा युग्म सही है?**

महाजनपद		**राजधानी**
(a) काशी	–	श्रावस्ती
(b) कोशल	–	वाराणसी
(c) अवंति	–	उज्जैन
(d) पांचाल	–	इंद्रप्रस्थ

उत्तर (c) अवंति–उज्जैन

17. **निम्नलिखित युग्मों में से कौन सा युग्म सही नहीं है?**

(a) प्रयाग प्रशस्ति	–	हरिषेण
(b) हर्षचरित	–	बाणभट्ट
(c) अर्थशास्त्र	–	सेल्यूकस निकेटर
(d) मनुस्मृति	–	मनु

उत्तर (c) अर्थशास्त्र–सेल्यूकस निकेटर

18. **निम्नलिखित युग्मों में से कौन-सा युग्म सही सुमेलित है?** **CBSE 2021**

शासक		**सिक्के**
(a) यौद्धेय	–	चाँदी के सिक्के
(b) गुप्त शासक	–	ताँबे के सिक्के
(c) कुषाण	–	प्रथम सोने के सिक्के
(d) मौर्य	–	मनका

उत्तर (c) कुषाण—प्रथम सोने के सिक्के

19. नीचे दी गई जानकारी को पढ़िए और अशोक द्वारा तीसरी सदी में तैयार और फैलाए गए संदेशों के संदर्भ में इसे जोड़िए **CBSE 2020**

"सिद्धांत साधारण और सर्वभौमिक थे। सिद्धांतों ने लोगों के जीवन को अच्छा बने रहने के लिए सुनिश्चित किया। अशोक ने इन सिद्धांतों के साथ अपने साम्राज्य को अखंड बनाए रखने का प्रयास किया।"

(a) प्रशासन का सिद्धांत (b) राजस्व का सिद्धांत
(c) धम्म का सिद्धांत (d) युद्ध का सिद्धांत

उत्तर (c) धम्म का सिद्धांत

20. नीचे दी गई जानकारी का अध्ययन कीजिए और सही विकल्प का चयन कीजिए। *दक्षता आधारित प्रश्न*

- जल द्वारों और तटबंधों वाली इस झील का निर्माण मौर्य काल में एक स्थानीय राज्यपाल द्वारा किया गया था।
- तत्कालीन शासक, अद्रदमन ने इस झील की मरम्मत अपने खर्चें से काराई थी और इसके लिए प्रजा से कर भी नही लिया था।

(a) गिरनार झील (b) शाही झील
(c) सुदर्शन झील (d) पिछौड़ा झील

उत्तर (c) सुदर्शन झील

21. मगध के संदर्भ में निम्नलिखित में से कौन-से विकल्प सही हैं? **CBSE 2024**

1. मगध एक बहुत शक्तिशाली महाजनपद था।
2. राजगाह मगध की राजधानी थी।
3. मगध अर्ध-शुष्क क्षेत्र में था।
4. मगध प्राकृतिक संसाधनों से समृद्ध था।

कूट
(a) 1, 2 और 4 (b) 1, 2 और 3
(c) 1, 3 और 4 (d) 2, 3 और 4

उत्तर (c) 1, 3 और 4

22. निम्नलिखित को कालानुक्रम से क्रमबद्ध कीजिए और सही विकल्प का चयन कीजिए **CBSC 2024**

1. अशोक का शासन 2. महापद्मनंद का शासन
3. हर्षवर्द्धन का शासन 4. समुद्रगुप्त का शासन

कूट
(a) 1, 3, 4, 2 (b) 3, 2, 1, 4
(c) 2, 1, 4, 3 (d) 4, 3, 1, 2

उत्तर (c) 2, 1, 4, 3

23. निम्नलिखित घटनाओं को कालक्रमिक क्रम में व्यवस्थित कीजिए **CBSE 2024**

1. गुप्त शासन की शुरुआत
2. मौर्य साम्राज्य का अंत
3. तमिलनाडु में पल्लवों का उदय
4. कन्नौज के राजा के रूप में हर्षवर्द्धन का उदय

कूट
(a) 1, 3, 2, 4 (b) 2, 1, 3, 4 (c) 3, 4, 1, 2 (d) 4, 1, 2, 3

उत्तर (b) 2, 1, 3, 4

24. निम्नलिखित को कालक्रमिक क्रम से व्यवस्थित कीजिए **CBSE 2024**

1. अशोक का शासन 2. सिकंदर का आक्रमण
3. गुप्त वंश का शासन 4. कर्नाटक में चालुक्यों का उदय

कूट
(a) 1, 3, 2, 4 (b) 4, 2, 1, 3
(c) 2, 1, 3, 4 (d) 3, 4, 2, 1

उत्तर (c) 2, 1, 3, 4

25. प्रभावती गुप्त के बारे में निम्नलिखित कथनों पर विचार कीजिए और सही विकल्प का चयन कीजिए **CBSE 2024**

1. वह चंद्रगुप्त मौर्य की पुत्री थी।
2. उसका विवाह वकाटक शासक के साथ हुआ था।
3. उसका संसाधनों पर स्वतंत्र अधिकार था।
4. उसने लोगों को भूमि-अनुदान दिया।

कूट
(a) 1, 2 और 3 (b) 2, 3 और 4
(c) 1, 3 और 4 (d) 1, 2 और 4

उत्तर (b) 2, 3 और 4

26. दी गई जानकारी की सहायता से प्राचीन भारत के शासक की पहचान कीजिए और सही विकल्प का चयन कीजिए **CBSE 2024**

- उसे देवानांपिय की उपाधि मिली।
- उसने स्तूपों के लिए बुद्ध के अवशेषों के अंश वितरित किए।
- वह पहला शासक था, जिसने चट्टानों और स्तंभों पर संदेश खुदवाए।

कूट
(a) समुद्रगुप्त (b) हर्षवर्द्धन (c) रुद्रदमन (d) अशोक

उत्तर (d) अशोक

27. मौर्य साम्राज्य से संबंधित निम्नलिखित कथनों पर विचार कीजिए। **CBSE 2024**

1. मगध के विकास के साथ-साथ मौर्य साम्राज्य का उदय हुआ।
2. चंद्रगुप्त मौर्य, मौर्य साम्राज्य के संस्थापक थे।
3. कौटिल्य चंद्रगुप्त मौर्य के उत्तराधिकारी थे।
4. अशोक चंद्रगुप्त मौर्य के पुत्र थे।

उपरोक्त में से कौन-से कथन सही हैं?
(a) 1 और 3 (b) 1 और 2 (c) 3 और 4 (d) 2 और 3

उत्तर (b) 1 और 2

28. निम्नलिखित जानकारी की सहायता से प्राचीन वंश की पहचान कीजिए **CBSE 2024**

- इन्होंने भव्य सोने के सिक्के जारी किए।
- प्रशस्ति के माध्यम से वहाँ के इतिहास का पुनर्निर्माण किया जा सकता है।
- हरिसेन इनके एक शासक के यहाँ दरबारी कवि थे।

(a) चोल वंश (b) सातवाहन वंश
(c) कुषाण वंश (d) गुप्त वंश

उत्तर (d) गुप्त वंश

29. मौर्य साम्राज्य की विभिन्न घटनाओं को उनके कालखंड के संबंध में सही विकल्प का चयन करें *दक्षता आधारित प्रश्न*

321 ई.पू. : चंद्रगुप्त मौर्य का राज्यरोहण :: 268 ई.पू. : ?

(a) चंद्रगुप्त मौर्य की मृत्यु (b) अशोक का राज्यरोहण
(c) बिंदुसार का राज्यरोहण (d) बिंदुसार की मृत्यु

उत्तर (b) चंद्रगुप्त मौर्य की मृत्यु

30. मौर्य साम्राज्य के प्रांतीय केंद्र के संबंध में कौन-सा विकल्प सही है?

(a) तक्षशिला, उज्जयिनी, सुवर्णगिरि
(b) तक्षशिला, तोसलि, मथुरा
(c) उज्जयिनी, तोसलि, गांधार
(d) तक्षशिला, सुवर्णगिरि, कुमाऊँ

उत्तर (b) तक्षशिला, तोसलि, मथुरा

31. सुमेलित कीजिए

सूची I (घटनाक्रम)	सूची II (घटना)
A. 321 ई. पू.	1. बंगाल एशियाटिक सोसायटी का गठन
B. 185 ई. पू.	2. कनिष्क का राज्यारोहण
C. 78 ई. पू.	3. चंद्रगुप्त मौर्य का राज्यारोहण
D. 1784 ई.	4. मौर्य साम्राज्य का अंत

कूट

	A	B	C	D
(a)	3	4	2	1
(b)	1	2	3	4
(c)	3	2	1	4
(d)	3	1	2	4

उत्तर (a) 3 4 2 1

32. सूची I का सूची II से सही सुमेलित कीजिए। **CBSE 2025**

सूची I (प्राचीन महाजनपद)	सूची II (वर्तमान क्षेत्र)
A. मगध	1. कंधार (पूर्वी अफ़गानिस्तान)
B. अवंति	2. अयोध्या (उत्तर प्रदेश)
C. गंधार	3. पटना (बिहार)
D. कौशल	4. उज्जैन (मध्य प्रदेश)

कूट

	A	B	C	D
(a)	3	2	1	4
(b)	4	2	3	3
(c)	3	4	1	2
(d)	2	1	3	4

उत्तर (c) 3 4 1 2

33. नीचे दिए गए चित्र को ध्यान से देखिए। इस चित्र से संबंधित चौथी सदी ईसवी की मूर्ति को पहचानिए और उसका नाम लिखिए। **CBSE 2020**

(a) चूना-पत्थर से बनी कुषाण राजा (कनिष्क) की मूर्ति
(b) बलुआ पत्थर से निर्मित कुषाण राजा (कनिष्क) की मूर्ति
(c) सम्राट अशोक की मूर्ति
(d) समुद्रगुप्त की खंडित मूर्ति

उत्तर (b) बलुआ पत्थर से निर्मित कुषाण राजा (कनिष्क) की मूर्ति।

34. नीचे दिए गए चित्र का अवलोकन कीजिए और उसका नाम बताइए

(a) मुद्रांकन (b) मुहरें
(c) ताम्रपत्र लेख (d) अभिलेख

उत्तर (c) ताम्रपत्र लेख

निर्देश (प्र. सं. 35-40) नीचे दिए गए कथनों में एक कथन (A) तथा दूसरा कारण (R) है। नीचे दिए गए कूट की सहायता से सही उत्तर का चयन कीजिए।

कूट
(a) A और R दोनों सही हैं तथा R, A की सही व्याख्या है
(b) A और R दोनों सही हैं, परंतु R, A की सही व्याख्या नहीं है
(c) A सही है, किंतु R गलत है
(d) A गलत है, किंतु R सही है

35. कथन (A) छठी शताब्दी ईसा पूर्व से ही देश में उन्नत भू-भाग एवं नदी मार्ग विकसित हो चुके थे। *दक्षता आधारित प्रश्न*

कारण (R) पैदल मार्ग मध्य एशिया तक जाते थे, जबकि समुद्र मार्ग अरब सागर से होकर उत्तरी अफ्रीका व पश्चिमी एशिया तक विस्तृत थे।

उत्तर (a) छठी शताब्दी ईसा पूर्व से ही देश में उन्नत भू-भाग एवं नदी मार्ग विकसित हो चुके थे। पैदल मार्ग मध्य एशिया तक जाते थे, जबकि समुद्र मार्ग अरब सागर से होकर उत्तरी अफ्रीका व पश्चिमी एशिया तक विस्तृत थे। इन्हीं मार्गों से व्यापारिक गतिविधियाँ संचालित होती थीं।

36. कथन (A) हिंद-यूनानी शासकों ने शासकों की प्रतिमा और नाम के साथ सर्वप्रथम भारत में सिक्के जारी किए।

कारण (R) सोने के सिक्के सर्वप्रथम कुषाण शासकों ने प्रथम सदी ईसवी में जारी किए। *दक्षता आधारित प्रश्न*

उत्तर (b) हिंद-यूनानी शासक ने शासकों की प्रतिमा और नाम के साथ सर्वप्रथम भारत में सिक्के जारी किए। कुषाण शासकों ने सर्वप्रथम सोने के सिक्के जारी किए थे। ये आकार व वजन में रोमन व ईरान के पार्थियन सिक्कों के समान थे।

37. कथन (A) आधुनिक भारतीय भाषाओं में प्रयुक्त लगभग सभी लिपियों का मूल ब्राह्मी लिपि है।

कारण (R) 1850 ई. में जेम्स प्रिंसेप ने अशोककालीन ब्राह्मी लिपि का अर्थ निकाला। *दक्षता आधारित प्रश्न*

उत्तर (c) आधुनिक भारतीय भाषाओं में प्रयुक्त लगभग सभी लिपियों का मूल ब्राह्मी लिपि है। जेम्स प्रिंसेप ने अशोक कालीन ब्राह्मी लिपि का अर्थ 1838 ई. में निकाला था।

38. कथन (A) **चौथी शताब्दी में गुप्त साम्राज्य सहित कई बड़े साम्राज्यों के साक्ष्य मिले हैं।**

कारण (R) **सभी सामंत शक्तिशाली होते थे, जो आगे चलकर राजा बनते थे।**

उत्तर (c) चौथी शताब्दी में गुप्त साम्राज्य सहित कई बड़े साम्राज्यों के साक्ष्य मिले हैं, जिनमें से कई सामंतों पर निर्भर थे। सभी सामंत शक्तिशाली नहीं होते थे। सभी सामंत राजा नहीं बनते थे। जो शक्तिशाली होते थे वही राजा बनते थे। इनका भूमि संसाधन पर नियंत्रण होता था।

39. कथन (A) **मगध छठी से चौथी शताब्दी ई. पू. के मध्य सबसे शक्तिशाली जनपद बन गया।**

कारण (R) **मगध में कृषि उत्पादक क्षेत्र लोहे की खदानें और विशाल वन क्षेत्र था।** **CBSE 2021**

उत्तर (a) मगध छठी से चौथी शताब्दी ईसा पूर्व में एक शक्तिशाली महाजनपद बन गया, क्योंकि मगध क्षेत्र की भूमि काफी उर्वर थी, जिससे उपज काफी अच्छी होती थी। लोहे की खदानें आसानी से उपलब्ध थीं, जिससे उपकरण तथा हथियार बनाना काफी सरल होता था। सेना का एक महत्त्वपूर्ण अंग हाथी जंगली क्षेत्रों में उपलब्ध थे। इसके साथ ही गंगा तथा इसकी उपनदियों से आवागमन सस्ता एवं सुलभ होता था।

40. कथन (A) **आरंभिक भारतीय इतिहास में छठी शताब्दी ई. पू. को एक महत्त्वपूर्ण परिवर्तनकारी काल माना जाता है।**

कारण (R) **इस काल को आरंभिक राज्यों, नगरों, लोहे के बढ़ते प्रयोग, सिक्कों के विकास एवं बौद्ध धर्म तथा जैन धर्म के विकास के साथ जोड़ा जाता था।** **CBSE 2024**

उत्तर (a) छठी शताब्दी ईसा पूर्व को एक महत्त्वपूर्ण परिवर्तनकारी काल इसलिए माना जाता है, क्योंकि इस काल में आरंभिक राज्य नगरों, लोहे के बढ़ते प्रयोग और सिक्कों का अभूतपूर्व विकास हुआ था। इसी काल में बौद्ध और जैन साहित विभिन्न दार्शनिक विचारधाराओं का उद्भव हुआ था। साथ ही 16 महाजनपदों का उदय भी इसी काल की देन मानी जाती है।

लघु उत्तरीय प्रश्न

1. मगध की सत्ता के विकास के लिए आरंभिक लेखकों और इतिहासकारों ने क्या-क्या विभिन्न व्याख्याएँ प्रस्तुत कीं? स्पष्ट कीजिए।

उत्तर आरंभिक लेखकों और इतिहासकारों के अनुसार, मगध छठी से चौथी शताब्दी ईसा पूर्व में एक शक्तिशाली महाजनपद के रूप में उभरा। इन्होंने इस संबंध में निम्नलिखित व्याख्याएँ प्रस्तुत कीं

- मगध क्षेत्र की भूमि काफी उर्वर थी, जिससे उपज अत्यधिक अच्छी होती थी।
- गंगा और सोन जैसी नदिया व्यापार व यात्रायात के लिए जहायल थी।
- लोहे की खदानें आसानी से उपलब्ध थीं, जिससे उपकरण तथा हथियार बनाना अधिक सरल था।
- सेना का एक महत्त्वपूर्ण अंग हाथी, जो मगध के जंगली क्षेत्र में उपलब्ध थे।
- जैन तथा बौद्ध लेखकों के अनुसार, मगध की महत्ता का कारण विभिन्न शासकों की नीतियाँ थीं; जैसे—बिंबिसार, अजातशत्रु और महापद्मनंद जैसे प्रसिद्ध राजा अत्यंत महत्त्वाकांक्षी शासक थे तथा उनके मंत्री उनकी नीतियाँ को दृढ़ता से लागू करते थे।
- मगध पहाडियों से घिरा क्षेत्र या जो इसे सुरक्षा प्रदान करता था।

2. मौर्य साम्राज्य को इतिहास का एक प्रमुख काल क्यों माना गया है? संक्षेप में वर्णन कीजिए।

अथवा **"मौर्य साम्राज्य को भारतीय इतिहास का एक प्रमुख काल माना जाता है। इस कथन को न्यायसंगत सिद्ध कीजिए?"** **CBSE 2024**

उत्तर मौर्य साम्राज्य को इतिहास का एक प्रमुख काल मानने के पीछे निम्नलिखित कारण थे

- मौर्य साम्राज्य की स्थापना से एक नए युग का आरंभ हुआ। इससे पूर्व का भारतीय इतिहास प्रायः अंधकारपूर्ण है, जबकि मौर्य साम्राज्य की स्थापना से भारतीय इतिहास प्रकाशमान हुआ।
- मौर्य साम्राज्य भारत में स्थापित पहला सर्वाधिक विशाल साम्राज्य था। इस युग में सभ्यता तथा संस्कृति का विस्तृत विकास हुआ। इसके साथ ही कला, साहित्य, स्थापत्य कला, मूर्तिकला, धार्मिक सौहार्द, प्रशासन व्यवस्था, सहिष्णुता, सहनशीलता तथा शांति का वातावरण का निर्मित हुआ। चित्रकला, लेखन कला, शिल्पकला, भवन निर्माण कला आदि का भी विकास हुआ।
- इसके अतिरिक्त कृषि क्षेत्र, व्यापार, वाणिज्य, लोगों की संपन्नता तथा जीवन स्तर में काफी सुधार एवं विकास हुआ। अशोक ऐसे पहले सम्राट थे, जिन्होंने अपने शिलालेख के माध्यम से प्रजा को सीधे संबोधित किया तथा धम्म का प्रचार किया।

3. मौर्य साम्राज्य के इतिहास की रचना के लिए प्रयुक्त किन्हीं तीन स्रोतों का वर्णन कीजिए **CBSE 2024**

अथवा **"मौर्य साम्राज्य का इतिहास विभिन्न स्त्रोतों पर आधारित है। इस कथन की व्याख्या कीजिए।** **CBSE 2025**

अथवा **मौर्य साम्राज्य के इतिहास की पुनर्रचना के लिए इतिहासकारों द्वारा प्रयुक्त किए गए स्रोतों को स्पष्ट कीजिए।**

अथवा **"मौर्य साम्राज्य के इतिहास की पुनर्रचना के लिए इतिहासकारों ने विभिन्न प्रकार के स्रोतों का उपयोग किया है।" इस कथन की उदाहरणों सहित व्याख्या कीजिए?** **CBSE 2024**

उत्तर मौर्य साम्राज्य के इतिहास की रचना के लिए इतिहासकारों ने निम्न स्रोतों का उपयोग किया है

- मौर्य साम्राज्य के इतिहासकारों ने विभिन्न स्रोतों में से पुरातात्विक स्रोतों को अधिक महत्त्वपूर्ण माना है। इन स्रोतों में मूर्तिकला को अधिक महत्ता दी गई है।
- मौर्यकालीन इतिहास की जानकारी के लिए इतिहासकारों के लिए समकालीन रचनाएँ भी मूल्यवान सिद्ध हुई हैं। यूनानी राजदूत मेगास्थनीज, जो चंद्रगुप्त मौर्य के दरबार में आए थे, के द्वारा लिखी गई 'इंडिका' के कुछ अंश आज भी उपलब्ध हैं। मेगास्थनीज ने अपनी रचना में मौर्यकालीन प्रशासन, समाज एवं राजा के कार्यों का विशद वर्णन किया है।
- एक अन्य रचना, जिसका उपयोग इतिहासकार प्रायः करते हैं, वह 'अर्थशास्त्र' है। इसकी रचना चंद्रगुप्त मौर्य के मंत्री कौटिल्य द्वारा की गई है।
- जैन तथा बौद्ध ग्रंथों से भी मौर्यकालीन इतिहास की अधिक जानकारी प्राप्त होती है।

उपरोक्त स्रोतों के अतिरिक्त पत्थरों और स्तंभों पर मिले अशोक के अभिलेख अधिक मूल्यवान स्रोत समझे जाते थे। अशोक ने अपने अभिलेखों के माध्यम से अपनी प्रजा एवं अधिकारियों को संबोधित किया है। इसमें अधिकारियों को राज्य का भ्रमण करने तथा जनसाधारण से धम्म का पालन करने को कहा गया है।

4. छठी से चौथी शताब्दी ईसा पूर्व में अन्य महाजनपदों को पीछे छोड़ते हुए मगध कैसे एक शक्तिशाली महाजनपद बना?

दक्षता आधारित प्रश्न

उत्तर छठी से चौथी शताब्दी ईसा पूर्व में मगध, कई कारणों से सबसे शक्तिशाली महाजनपद बना।

(i) **कृषि** गंगा और उसकी सहायक नदियों के कारण इस क्षेत्र में कृषि बहुत उत्पादक थी

(ii) **आर्थिक स्थिति** मगध में लोहे और ताँबे जैसी धातुओं का विस्तृत भण्डार था।

(iii) **सेना** मगध के शासकों ने सेना के उपकरणों को मानकीकृत किया और लोहे की नोक वाले तीन और घुड़सवार सेना जैसे नए हथियारों की शुरुआत की।

(iv) **नगरों का विकास** मगध के शासकों ने नगरों के विकास पर ध्यान दिया। मगध के शासकों ने धातु के सिक्कों का प्रचलन शुरू किया।

(v) **शासकों की नीतियाँ** बौद्ध और जैन साहित्य में दावा किया गया है कि बिंबिसार, अजातशत्रु और महापद्मनंद जैसे सम्राटों ने साम्राज्य के विस्तार में महत्त्वपूर्ण योगदान दिया। इन्होंने अपनी नीतियों के माध्यम से अपने साम्राज्य को बढ़ाया और मजबूत किया जिससे यह एक विशाल साम्राज्य में बदल गया।

5. इतिहासकारों के अनुसार, चंद्रगुप्त मौर्य ने किस प्रकार मौर्य वंश का शासन स्थापित किया?

(b) **चंद्रगुप्त मौर्य द्वारा स्थापित इस वंश का भारत में क्या महत्त्व है।**

उत्तर (i) भारत में मौर्य वंश की स्थापना का श्रेय चंद्रगुप्त को दिया जाता है। जिन्होंने सिंकदर के लौट जाने और उसकी अकाल मृत्यु के कारण पंजाब में फैली अराजकता एवं अव्यवस्था का लाभ उठाया और यूनानियों के विरुद्ध उठने वाले विद्रोह का नेतृत्व किया। इतिहासकारों के अनुसार, चंद्रगुप्त मौर्य ने अपने सुयोग्य परामर्शदाता (मंत्री) चाणक्य के सहयोग से कुछ भारतीय सैनिकों को एकत्रित किया और 322 ई.पू. में पंजाब से यूनानियों को हटाकर वहाँ का सम्राट बन गया। इस प्रकार भारतीय इतिहास में मौर्यवंश का आगमन हुआ।

(ii) चंद्रगुप्त मौर्य द्वारा स्थापित मौर्य वंश का भारत पर निम्न प्रभाव पडा।

- मौर्य वंश की स्थापना से यूनानियों का राज्य उत्तर-पश्चिम क्षेत्र से समाप्त हो गया।
- मौर्यवंश के विशाल साम्राज्य ने लगभग सारे भारत को राजनीतिक एकता के सूत्र में पिरो दिया।
- इस वंश में चाणक्य जैसे महान कूटनीतिज्ञ तथा प्रधानमंत्री हुए जिसमें राजनीति के विषय में अर्थशास्त्र की रचना की।
- इस वंश के सम्राट अशोक ने युद्ध त्यागकर सारी दुनिया को शांति तथा अहिंसा की सीख दी तथा बौद्ध धर्म को वैश्विक स्तर तक पहुँचाया।

6. राष्ट्रीय एकता के लिए अशोक द्वारा किए गए प्रयास किस प्रकार अद्वितीय थे?

दक्षता आधारित प्रश्न

उत्तर अशोक ने सम्पूर्ण साम्राज्य को एकता के सूत्र में बाँधने का प्रयास किया, परंतु आवश्यकता पड़ने पर अन्य भाषाओं का भी प्रयोग उन्होंने अभिलेखों में करवाया। सम्राट अशोक द्वारा किए गए यह प्रयास उस समय के किसी भी शासक की कल्पना से परे थे, जो उन्हें अन्य शासकों से अलग बनाते हैं। अशोक ने राष्ट्रीय एकता के लिए निम्नलिखित प्रयास किए, जो इस प्रकार हैं

(i) **राजनैतिक एकीकरण का प्रयास** अशोक ने संपूर्ण देश में एक केंद्रीकृत प्रशासन तंत्र की स्थापना करके संपूर्ण मौर्य साम्राज्य को एक शासन के अधीन ला दिया। उन सभी पर एक प्रकार के नियम लागू किए। इस प्रकार उन्होंने एक शासन के अधीन राजनैतिक एकीकरण किया।

(ii) **धार्मिक सहिष्णुता** अशोक ने स्वयं बौद्ध धर्म ग्रहण कर लिया था, परंतु उन्होंने अपनी प्रजा पर कभी शासक का धर्म मानने के लिए दबाव नहीं डाला। सभी धर्मों के सार को ग्रहण करते हुए उन्होंने मानवता को परम धर्म माना तथा अपनी प्रजा को अपने पुत्र समान मानते हुए उसके नैतिक व भौमिक उत्थान का प्रयास किया।

(iii) **एक भाषा एवं लिपि का प्रयोग** अशोक ने अपने अभिलेखों में जनसामान्य की भाषा प्राकृत का प्रयोग किया, जिसकी लिपि ब्राह्मी है।

7. अशोक के अभिलेखों का भारतीय इतिहास में महत्त्वपूर्ण स्थान है। विवेचना कीजिए।

अथवा **अशोक के अभिलेखों की इतिहास के पुनर्निर्माण में क्या भूमिका रही?**

उत्तर सम्राट अशोक के अभिलेखों का भारतीय इतिहास में महत्त्वपूर्ण स्थान है। इन अभिलेखों की सहायता से प्राचीनकाल के एक गौरवशाली साम्राज्य के इतिहास का पता चलता है, साथ ही शासक के रूप में अशोक की महान विचारधारा का भी पता चलता है।

इन अभिलेखों के द्वारा ही जेम्स प्रिंसेप ने ब्राह्मी लिपि को उद्घाटित किया, जिससे अनेक ब्राह्मी लिपि के लेखों व अभिलेखों को पढ़ने में सफलता मिली। अशोक के अभिलेखों की इतिहास के पुनर्निमाण में निम्न भूमिका थीं

- अभिलेखों में वर्णित राजाज्ञा से अशोक के अभिलेखों द्वारा ही बौद्ध धर्म के प्रचार-प्रसार के लिए किए गए प्रयत्नों का भी पता चलता है।
- अभिलेख मौर्य साम्राज्य की सीमाओं में प्रत्येक स्थान पर उत्कीर्ण करवाए गए थे, जिससे मौर्य साम्राज्य के वास्तविक भौगोलिक विस्तार की जानकारी प्राप्त हो हुई है।

अशोक के अभिलेखों में उन्हें साधारण उपाधियों से युक्त दर्शाया गया है, जिससे उनकी विनम्रता का पता चलता है। इसके अतिरिक्त भारतीय भू-भाग का विस्तार मौर्य काल में जहाँ तक था, उससे राष्ट्रीय आंदोलन में नेताओं ने अखिल भारतीय राष्ट्र के स्वरूप का निर्धारण करने हेतु प्रेरणा प्राप्त की।

8. "अशोक के प्रशासन को समझने के लिए अशोक के अभिलेख सबसे महत्त्वपूर्ण स्रोत हैं।" इस कथन की व्याख्या कीजिए। **CBSE 2025**

उत्तर अशोक के अभिलेख मौर्य सम्राट अशोक के प्रशासन को समझने का सबसे महत्त्वपूर्ण स्रोत हैं, क्योंकि ये उनके शासनकाल की नीतियों, विचारधारा और समाज सुधारों का प्रत्यक्ष प्रमाण प्रस्तुत करते हैं।

ये शिलालेख और गुफा लेख प्राकृत भाषा में ब्राह्मी लिपि में लिखे गए हैं और पूरे भारतीय उपमहाद्वीप में फैले हुए हैं। इसमें अशोक धम्म नीति, अहिंसा, पर्यावरण संरक्षण और प्रजा के कल्याण हेतु किए गए कार्यों का वर्णन है। अभिलेखों से उनके प्रशासनिक ढाँचे, जैसे अधिकारियों की नियुक्ति और जनता से संवाद की जानकारी मिलती है। अन्य स्रोतों की तुलना में ये समकालीन और प्रामाणिक होने के कारण अशोक के शासन की गहरी समझ प्रदान करते हैं।

9. प्राचीनकाल में राजा उच्च प्रतिष्ठा प्राप्त करने के लिए किस प्रकार प्रयास करते थे?

उत्तर प्राचीनकाल में राजा उच्च प्रतिष्ठा प्राप्त करने के लिए निम्नलिखित प्रयास करते थे

(i) स्वयं को विभिन्न देवी-देवताओं से जोड़ते थे। इसका उदाहरण सर्वप्रथम कुषाण शासकों में मिलता है, जिन्होंने अपने नाम के आगे देवपुत्र की उपाधि लगाई। स्वयं को देवतुल्य अर्थात् भगवान के समान प्रस्तुत करने के लिए विभिन्न स्थानों पर अपनी मूर्तियाँ स्थापित करवाईं। गुप्त शासकों ने स्वयं को प्रतिष्ठित दर्शाने के लिए अपने अधीन सामंतों को नियुक्त किया, जो शासक हेतु राजस्व वसूल करते थे।

(ii) शासक समय-समय पर प्रजा को उपहार भी देते थे तथा सैन्य सहायता उपलब्ध कराते थे। इसके अतिरिक्त अनेक शासकों ने विभिन्न स्थानों पर प्रशस्तियाँ व अभिलेख उत्कीर्ण करवाए, जिनमें उनको देवताओं का प्रिय व देवताओं के समान घोषित किया गया है; जैसे—समुद्रगुप्त की प्रयाग प्रशस्ति में उसे इंद्र, वरुण व यम के समान बताया गया है।

10. गुप्तकालीन शासकों के इतिहास की पुनर्रचना में प्रयुक्त स्रोतों का संक्षेप में वर्णन कीजिए।

अथवा गुप्तकाल के शासकों के इतिहास की पुनर्रचना कैसे की गई है? उसके स्रोतों की व्याख्या कीजिए।

उत्तर गुप्तकालीन शासकों के इतिहास की पुनर्रचना में प्रयुक्त स्रोत निम्नलिखित हैं

(i) गुप्त शासकों का इतिहास साहित्य, सिक्कों, अभिलेखों, विदेशी यात्रियों के विवरण आदि की सहायता से लिखा गया है।

(ii) जातक तथा पंचतंत्र में वर्णित कथाओं, साहित्य एवं कवियों द्वारा अपने राजा की प्रशंसा में लिखी गई प्रशस्तियों से गुप्तकालीन शासकों के इतिहास की जानकारी प्राप्त होती है।

(iii) इलाहाबाद स्तंभ अभिलेख के नाम से प्रसिद्ध प्रयाग प्रशस्ति की रचना हरिषेण द्वारा की गई है। हरिषेण गुप्त सम्राट के सबसे शक्तिशाली शासक समुद्रगुप्त का राजकवि था। इस प्रशस्ति में हरिषेण ने समुद्रगुप्त की नीतियाँ, उसके द्वारा विजित क्षेत्रों तथा उसके गुणों का वर्णन किया है।

(iv) सिक्कों पर शासकों की प्रतिमा तथा नाम वाले सिक्के सर्वप्रथम हिंदू-यूनानी शासकों द्वारा जारी किए गए थे। कालांतर में गुप्त शासकों ने इसका अनुसरण किया तथा भव्य स्वर्ण सिक्के जारी किए।

(v) भूमि अनुदान संबंधी अभिलेख से भी गुप्त शासकों के इतिहास को समझने में काफी सहायता मिलती है। आरंभ में भूमिदान ब्राह्मणों तथा धार्मिक संस्थाओं को दिया जाता था, परंतु परवर्ती काल में यह अनुदान कुछ अधिकारियों को भी दिए जाने के साक्ष्य प्राप्त होते हैं।

11. भूमिदान के प्रचलन से राज्य एवं किसानों के बीच संबंध की झाँकी किस प्रकार मिलती है? स्पष्ट कीजिए।

उत्तर भूमिदान का प्रचलन ईसवी की आरंभिक शताब्दियों से होने के प्रमाण मिलते हैं। ये भूमिदान सामान्यतः धार्मिक संस्थाओं और ब्राह्मणों को दिए गए थे। भूमिदान विभिन्न प्रकार के प्रस्तर या ताम्रपत्रों पर उत्कीर्ण कर प्रमाण-पत्र के रूप में दिए गए थे। इन अभिलेखों से तत्कालीन ग्रामीण समाज की झलक मिलती है, क्योंकि भूमिदान गाँवों में ही दिए जाते थे। भूमिदान के रूप में गाँव के राजस्व का अधिकार एवं प्रशासनिक अधिकार भी दान प्राप्तकर्ता को शासक द्वारा हस्तांतरित कर दिया जाता था।

अभिलेखों से पता चलता है कि गाँवों में ब्राह्मण, किसान तथा अन्य अनेक शिल्पकार वर्ग सामूहिक रूप से निवास करते थे। राजा को कर अर्पित करने के अतिरिक्त दौरे पर आने वाले राजकीय पदाधिकारियों के भोजन तथा आसन आदि की व्यवस्था भी इन्हीं ग्रामवासियों को करनी पड़ती थी। इसके अतिरिक्त राज्य के अधिकारी नमक व मदिरा आदि के लिए गाँव वालों से बेगार भी लेते थे। इन अभिलेखों से यह भी पता चलता है कि पशुपालक, मछुआरों, शिकारियों व घूम-घूमकर खेती करने वाले लोगों पर राज्य का नियंत्रण नहीं था। ये लोग अपने जीवन और आदान-प्रदान का विवरण नहीं रखते थे।

12. "छठी शताब्दी ई. पू. से ही भारतीय उपमहाद्वीप में 'भू' और 'नदीय' मार्गों का जाल फैला था।" इस कथन को व्यापार के संदर्भ में प्रमाणित कीजिए। *दक्षता आधारित प्रश्न*

उत्तर छठी शताब्दी ई. पू. से ही उपमहाद्वीप में नदी मार्गों और भू-मार्गों का जाल-सा बिछ गया था और कई दिशाओं में फैल गया था। मध्य एशिया और उसमें भी आगे तक भू-मार्ग थे। समुद्रतट पर बने कई बंदरगाहों से जलमार्ग अरब सागर से होते हुए उत्तरी अफ्रीका, पश्चिम एशिया, बंगाल की खाड़ी से चीन और दक्षिण-पूर्व एशिया तक विस्तृत था। शासकों ने प्रायः इन मार्गों पर नियंत्रण करने का प्रयास किया और संभवतः वे इन मार्गों पर व्यापारियों की सुरक्षा के बदले उनसे धन लेते थे।

इन मार्गों पर चलने वाले व्यापारियों में पैदल, फेरी लगाने वाले व्यापारी तथा बैलगाड़ी और घोड़े-खच्चरों जैसे जानवरों के दल के साथ चलने वाले व्यापारी होते थे, साथ ही समुद्री मार्ग से भी लोग यात्रा करते थे। नमक, अनाज, कपड़ा, धातु और उससे निर्मित उत्पाद, पत्थर, लकड़ी, जड़ी-बूटी जैसे अनेक प्रकार के सामान एक स्थान से दूसरे स्थान तक पहुँचाए जाते थे। रोमन साम्राज्य में काली मिर्च जैसे मसालों तथा कपड़ों व जड़ी-बूटियों की भारी माँग थी। इन सभी वस्तुओं को अरब सागर के रास्ते भू-मध्य क्षेत्र तक पहुँचाया जाता था।

13. "मौर्य साम्राज्य के संचालन के लिए भूमि और नदियों दोनों मार्गों से आवागमन बना रहना अत्यंत आवश्यक था।" उक्त कथन का औचित्य निर्धारित कीजिए।

उत्तर मौर्य साम्राज्य अत्यंत विशाल साम्राज्य था। इसकी सीमाएँ पूर्व में बंगाल की खाड़ी से लेकर पश्चिम में ईरान की सीमा तक तथा उत्तर में हिमालय की तलहटी से दक्षिण में तमिल देश की सीमा तक विस्तृत थीं। इतने विशाल साम्राज्य में सुचारु प्रशासन स्थापित करने, साम्राज्य की सुरक्षा करने तथा व्यापार-वाणिज्य का संचालन करने के लिए आवागमन के साधनों की भूमिका अत्यंत महत्त्वपूर्ण थी।

मौर्य साम्राज्य की राजधानी पाटलिपुत्र गंगा नदी के जल मार्ग एवं स्थल मार्ग के किनारे बसी थी। जल मार्ग द्वारा केवल नदी के बहाव वाले स्थानों तक पहुँचना संभव था। इसलिए थल मार्गों की भी आवश्यकता थी। अतः दोनों ही मार्गों की उचित व्यवस्था अनिवार्य थी। साम्राज्य विशाल होने के कारण समय-समय पर होने वाले विद्रोहों एवं आक्रमणों से निपटने के लिए भी इन मार्गों का संचालन में होना जरूरी था। इसके अतिरिक्त यदि थल मार्ग अवरुद्ध होता, तो जल मार्ग से आवागमन किया जा सकता था। अतः दोनों मार्गों का संचालन में होना अत्यंत आवश्यक था।

14. छठी शताब्दी ईसा पूर्व के मुद्राशास्त्र से किस प्रकार इतिहासकारों को विभिन्न प्राचीन राजव्यवस्थाओं के बारे में जानकारी मिलने में सहायता मिली? वर्णन कीजिए। *दक्षता आधारित प्रश्न*

उत्तर छठी शताब्दी ईसा पूर्व में विभिन्न राजवंशों के शासकों द्वारा चाँदी और ताँबे के आहत सिक्के ढाले गए तथा प्रयोग में लाए गए। पूरे उपमहाद्वीप में खुदाई के दौरान इस प्रकार के सिक्के मिले हैं। मुद्राशास्त्रियों ने इनका और अन्य सिक्कों का अध्ययन करके इनको जारी करने वाले राजवंशों और इनमें वाणिज्यिक प्रयोग के संभावित क्षेत्रों का पता लगाया है। मुद्राशास्त्रियों ने इन सिक्कों पर उत्कीर्ण चिह्नों को मौर्य राजवंश के प्रतीकों से मिलाकर यह निष्कर्ष निकाला कि इन्हें मौर्य शासकों के द्वारा जारी किया गया था।

शासकों की प्रतिमा एवं नाम वाले सिक्के सर्वप्रथम हिंद-यूनानी शासकों ने जारी किए, जिन्होंने ईसा पूर्व दूसरी शताब्दी में भारतीय उपमहाद्वीप के पूर्वोत्तर क्षेत्र में अपना शासन स्थापित किया था। सोने के सिक्के सबसे पहले प्रथम शताब्दी ईसवी में कुषाण शासकों ने जारी किए थे। मुद्राशास्त्रियों ने इनकी तुलना रोमन एवं पार्थियन शासकों के सिक्कों से की, जिससे पता चला कि ये वजन एवं आकार में पार्थियन एवं रोमन सिक्कों के समान थे। पंजाब एवं हरियाणा से यौधेय गणराज्य के ताँबे के सिक्के प्राप्त हुए हैं। यौधेय गणराज्य कबायली गणराज्य था। इसके सिक्कों से राज्य की व्यापार-वाणिज्य में रुचि व सहभागिता का पता चलता है।

15. जेम्स प्रिंसेप कौन था? उसकी खोज ने आरंभिक इतिहास के अध्ययन में एक नई दिशा किस प्रकार दी?

अथवा **जेम्स प्रिंसेप कौन था? इतिहास लेखन में उसका क्या योगदान था?**

उत्तर जेम्स प्रिंसेप एक अंग्रेज विद्वान, प्राच्यविद् और पुरातत्त्ववेत्ता थे। इन्होंने प्राचीन भारतीय लिपियों को समझने में अहम भूमिका निभाई और आरंभिक इतिहास के अध्ययन में एक नई दिशा दी।

(i) जेम्स प्रिंसेप ने सबसे पहले ब्राह्मी और खरोष्ठी लिपियों को पढ़ा था। इन लिपियों का उपयोग सबसे पुराने अभिलेखों और सिक्कों में किया गया था।

(ii) इन्होंने सर अलेक्जेंडर कनिंघम की सहायता से मौर्य सम्राट अशोक के अभिलेखों को पढ़ा था

(iii) इन्होंने अशोक के शिलालेखों में पियदस्सी नाम के राजा के रूप में अशोक का उल्लेख किया है।

(iv) इन्होंने भारतीय सिक्कों की व्याख्या की और सुझाव दिया कि भारतीय सिक्का निर्माण में तीन-चरण थेः पंच-मार्क, डाई-स्ट्रक और कास्ट सिक्के।

(v) उन्होंने बनारस में भारतीय मंदिर वास्तुकला का अध्ययन किया और जलरंगों की एक सीरीज बनाई।

(vi) इन्होंने कलकत्ता में सिक्का निर्माण और भार-माप की भारतीय प्रणाली में सुधार किया।

17. 7वीं शताब्दी को बाणभट्ट के ग्रंथ का अंश दिया गया है। इसमें विंध्य क्षेत्र के जंगल के किनारे की एक बस्ती के जीवन का एक अतिविरल चित्रण किया गया है।

'बस्ती के किनारें का अधिकांश क्षेत्र जंगल है और यहाँ धान की उपज वाली, खलिहान और उपजाऊ भूमि के हिस्सों को छोटे किसानों ने आपस में बाँट लिया है।'

इस जीवनी में आगे बताया है कि बस्ती के लोग जुताई के लिए कुदाल का प्रयोग करते थे।

इस जीवनी की विशेषताओं का उपयोग करके हम उस समय के राज्यों में विद्यमान सामाजिक जीवन का पुनर्निमाण किस प्रकार कर सकते हैं। *दक्षता आधारित प्रश्न*

उत्तर बाणभट्ट के अंश के अनुसार, जंगल के इस क्षेत्र की खलिहान और उपजाऊ भूमि के हिस्सों को छोटे किसानों ने आपस में बाँट लिया था। भूमि के छोटे खंड पर यहाँ के किसान हल के स्थान पर कुदाल का प्रयोग करते थे, क्योंकि घास से भरी भूमि में हल चलाना मुश्किल होता है। जगंल में अधिकांश भूमि साफ नहीं थी, और जो साफ थी उसकी मिट्टी इतनी कठोर थी जितनी की लोहा।

यह जीवनी राजा हर्षवर्द्धन के लेखक बाणभट्ट द्वारा लिखी गई है, जो 7वीं शताब्दी में हर्षवर्द्धन के राज्य में विद्यमान ग्रामीण लोगों की सामाजिक तथा आर्थिक स्थिति का वर्णन करती है। इस अंश में हमें बस्ती के किनारे का अधिकांश भाग जंगल का बताया गया है। जिससे यह पता चलता है कि यहाँ भूमिदान का प्रचलन था। जहाँ उपजाऊ भूमि के विस्तार के लिए राज्यों द्वारा ब्राह्मणों तथा आश्रितों को भूमि दान में दी जाती थी।

यहाँ पुरुषों के साथ-साथ महिलाएँ भी वाणिज्यी व्यापार करती थीं तथा जंगल से एकत्रित वस्तुओं को आस-पास के गाँवों में बेचा करती थीं।

यहाँ के लोगों के पास कृषि के लिए अधिक भू-भाग नहीं था। अतः ये लोग कृषि के साथ जंगल से प्राप्त वस्तुओं से अपना जीवन निर्वहन करते थे।

दीर्घ उत्तरीय प्रश्न

1. प्राचीन भारतीय इतिहास में अशोक के राज्यादेशों तथा शिलालेखों के महत्त्व को बताइए।

उत्तर अशोक के राज्यादेशों एवं शिलालेखों ने प्राचीन भारतीय इतिहास के पुनर्निर्माण में महत्त्वपूर्ण भूमिका निभाई है। इसी के द्वारा हमें अशोक के व्यक्तिगत जीवन, उनके राज्य विस्तार, उनकी धार्मिक नीति आदि के विषय में जानकारी प्राप्त होती है। ये तत्कालीन सामाजिक, धार्मिक, राजनीतिक तथा सांस्कृतिक जीवन पर भी प्रकाश डालते हैं। इन राज्यादेशों एवं शिलालेखों के निम्नलिखित महत्त्व हैं

(i) **अशोक का राज्य विस्तार** अशोक के शिलालेख कई क्षेत्रों से मिले हैं। इनसे हमें साम्राज्य में सम्मिलित प्रदेशों की जानकारी प्राप्त होती है।

(ii) **अशोक का धर्म** इन शिलालेखों से ही पता चलता है कि अशोक ने बौद्ध धर्म को स्वीकार किया था। इन शिलालेखों से अशोक की धार्मिक यात्राओं, उनके धार्मिक नियमों, धम्म महामात्त की नियुक्ति, बौद्ध धर्म का विदेशों में प्रचार आदि का ज्ञान प्राप्त होता है।

(iii) **अशोक के आदर्श** अशोक के राजत्व का ज्ञान भी हमें राज्यादेशों एवं शिलालेखों से होता है। अशोक का आदर्श प्रजा पर शासन करना ही नहीं, बल्कि प्रजा में नैतिकता का संचार करना भी था। बड़ों का आदर करना चाहिए, सत्य बोलना चाहिए, दान देना चाहिए आदि गुणों का इनके राज्यादेशों से ही पता चलता है।

(iv) **अशोक का चरित्र** इन शिलालेखों से ज्ञात होता है कि अशोक अपनी प्रजा की सेवा के लिए हमेशा तत्पर रहते थे, साथ ही न केवल इस लोक में, बल्कि परलोक में भी उनकी सुख-समृद्धि की कामना करते थे।

(v) **कला** अशोक के स्तंभों की बनावट, चित्रकारी, पॉलिश, सुंदर खुदाई आदि की बारीक कारीगरी से मौर्यकालीन कला शैली की जानकारी मिलती है।

(vi) **भाषा** शिलालेख तथा राज्यादेश संस्कृत में न होकर प्राकृत तथा पालि भाषा में लिखे जाते थे। इससे यह भी पता चलता है कि प्राकृत आम लोगों की भाषा थी।

2. मुद्राशास्त्र का क्या अर्थ है? सिक्कों के अध्ययन ने मुद्राशास्त्रियों को उनके वाणिज्यिक विनियम का पुनर्गठन करने में कैसे सहायता की? तर्क दीजिए।

उत्तर सिक्कों के अध्ययन को मुद्राशास्त्र कहा जाता है। मुद्रा अथवा सिक्कों पर पाई जाने वाली उत्कीर्णित चित्र लिपि आदि का अध्ययन मुद्राशास्त्र में किया जाता है। इसके अतिरिक्त इसमें सिक्कों की धातुओं का अध्ययन, यह सिक्का कहाँ से पाया गया है, उस स्थान तथा उस समय के परिवेश का अध्ययन मुद्राशास्त्र के अंतर्गत किया जाता है। मुद्राशास्त्रियों को सिक्कों के आधार पर वाणिज्यिक विनियम का पुनर्गठन करने में निम्न प्रकार से सहायता मिली

- चाँदी और ताँबे के आहत सिक्के (छठी शताब्दी ईसा पूर्व) सबसे पहले ढाले गए तथा इनके आधार पर मुद्राशास्त्रियों ने वाणिज्यिक प्रयोग के संभावित क्षेत्रों का पता लगाया था।
- आहत सिक्कों को मौर्य वंश के राजाओं ने भी जारी किया था। इसके अतिरिक्त व्यापारियों, धनपतियों और नागरिकों ने इस प्रकार के सिक्कों को जारी किया था, ऐसा प्रतीत होता है।
- रोमन सिक्के दक्षिणी भारत के अनेक पुरास्थलों से बड़ी संख्या में पाए गए हैं। इससे यह स्पष्ट होता है कि व्यापारिक तंत्र राजनीतिक सीमाओं से बाहर रोमन साम्राज्य तक विस्तृत था।
- पंजाब और हरियाणा जैसे क्षेत्रों से प्राप्त यौधेय प्रकार के सिक्कों से यौधेयों की व्यापार में रुचि और सहभागिता परिलक्षित होती है।
- सर्वाधिक सोने के सिक्के गुप्त शासकों ने चलाए। इन सिक्कों के माध्यम से दूर-देशों से व्यापार विनिमय करने में आसानी होती थी।
- सोने के सिक्के सबसे पहले प्रथम शताब्दी ईसवी में कुषाण राजाओं ने जारी किए थे। ये आकार तथा वजन में ईरान के पार्थियन शासकों तथा रोमन सम्राटों द्वारा जारी किए गए सिक्कों के बिल्कुल समान थे। सोने के सिक्कों के भारी मात्रा में प्रयोग से ऐसा प्रतीत होता है कि बहुमूल्य वस्तुओं तथा अन्य वस्तुओं का विनिमय होता था।

3. आरंभिक भारतीय इतिहास में छठी शताब्दी ईसा पूर्व आरंभिक राज्यों, साम्राज्यों और विभिन्न विचारधाराओं के अद्भव का काल था। इस कथन को न्यायसंगत ठहराए। **CBSE 2024**

उत्तर छठीं शताब्दी ईसा पूर्व भारतीय इतिहास में अत्यंत महत्त्वपूर्ण काल था। इसे एक ऐसा युग माना जाता है, जिसमें प्रारंभिक राज्यों, साम्राज्यों और विभिन्न दार्शनिक तथा धार्मिक विचारधाराओं का उद्भव हुआ। इस काल को निम्नलिखित कारणों से विशिष्ट माना जा सकता है

(i) **महाजनपदों का उद्भव** इस काल में भारत में कई महाजनपदों का गठन हुआ, जो राजनीतिक संगठन के प्राथमिक स्वरूप थे। 16 महाजनपदों में मगध, कौशल, वज्जि, वत्स, अवंति और कुरु प्रमुख थे। इनमें मगध साम्राज्य ने सबसे अधिक शक्ति प्राप्त की और इसे आगे चलकर मौर्य साम्राज्य का आधार बनाया।

(ii) **राजनीतिक केंद्रीकरण** महाजनपदों के साथ-साथ राज्यों में केंद्रीकरण की प्रक्रिया प्रारंभ हुई और राजा की सत्ता मजबूत होने लगी। इसमें प्रमुख राज्यों ने अपनी सीमाओं का विस्तार कर अन्य राज्यों पर विजय प्राप्त की, जिससे साम्राज्यों की स्थापना हुई। उदाहरण के लिए मगध ने अंग, कौशल और अन्य पडोसी राज्यों को अपने अधीन कर लिया था।

(iii) **विभिन्न विचारधाराओं का उद्भव** छठी शताब्दी ईसा पूर्व में धार्मिक और दार्शनिक विचारों में परिवर्तन की लहर आई। इस काल में ब्राह्मण धर्म के विरुद्ध बौद्ध और जैन धर्म का उदय हुआ। महात्मा बुद्ध ने 'मध्यम मार्ग' और अहिंसा का प्रचार किया, जबकि महावीर ने जैन धर्म की अहिंसा और तपस्या पर आधारित शिक्षाएँ दीं। इसके साथ-साथ आजीवक और चार्वाक जैसी दार्शनिक विचारधाराएँ भी इस समय लोकप्रिय हुईं।

(iv) **आर्थिक और सामाजिक परिवर्तन** इस युग में शहरीकरण, कृषि और व्यापार के क्षेत्र में भी प्रगति हुई। इन महाजनपदों में व्यापार की वृद्धि ने समाज में नए आर्थिक और सामाजिक संरचनाओं का निर्माण किया। सामाजिक असमानता और जाति व्यवस्था के विरुद्ध भी इस काल में कुछ आंदोलन और विचारधाराएँ उभरीं।

इस प्रकार छठीं शताब्दी ईसा पूर्व का काल भारतीय इतिहास में राजनीतिक, धार्मिक और सामाजिक परिवर्तन का समय था। यह समय नए साम्राज्यों, राज्यों और वैचारिक आंदोलनों के उद्भव के कारण भारतीय इतिहास में मील का पत्थर सिद्ध हुआ।

5. **"हालाँकि अभिलेख इतिहास के पुनर्निर्माण के लिए मजबूत साक्ष्य प्रदान करते हैं। फिर भी इन साक्ष्यों की कुछ सीमाएँ हैं।" इस कथन को न्यायसंगत ठहराइए।** **CBSE 2024**

अथवा **"अभिलेखों से प्राप्त जानकारी की भी सीमा होती है।" उपयुक्त तर्कों सहित इस कथन को न्यायसंगत ठहराइए।** **CBSE 2020**

उत्तर अभिलेख इतिहास के पुनर्निर्माण के लिए मजबूत साक्ष्य प्रदान करता है, लेकिन इन साक्ष्यों की कुछ सीमाएँ हैं। जिन्हें निम्न बिंदुओं के अंतर्गत देखा जा सकता है।

(i) **पढ़ने में कठिनाई** अभिलेखशास्त्रियों को सबसे पहली समस्या पढ़ने में आती है, समय के साथ अभिलेख नष्ट हो जाते हैं, जिनसे अक्षर लुप्त हो जाते हैं। कभी-कभी अक्षरों को हल्के ढंग से उत्कीर्ण किया जाता है, जिन्हें पढ़ पाना मुश्किल होता है।

(ii) **भिन्न-भिन्न नामों/उपाधियों का पता लगाने में कठिनाई** कुछ अभिलेखों में एक ही राजा के लिए भिन्न-भिन्न नामों/उपाधियों अथवा सम्मानजनक प्रतीकों और संबोधनों का प्रयोग किया जाता है। इसलिए अभिलेखशास्त्री निष्कर्ष निकालने में काफी परिश्रम करते हैं और अपना समय व्यतीत करते हैं। उदाहरण के लिए ईस्ट इण्डिया कम्पनी के अधिकारी जेम्स प्रिंसेप के सामने मौर्य सम्राट अशोक के अभिलेख की समस्या आई थी।

(iii) **लिपि में परिवर्तन**– अभिलेखशास्त्रियों को एक और समस्या आती है कि समय के साथ लिपि में भी परिवर्तन होने लगते हैं। उदाहरण के लिए है 250 ईसा पूर्व में 'अ' अक्षर दूसरे तरीके से लिखा जाता था और 500 ईसवी में यह अन्य तरीके से लिखा जाने लगा।

(iv) **वास्तविक अर्थ में कठिनाई** अभिलेखों के शब्दों के वास्तविक अर्थ के बारे में पूर्ण रूप से ज्ञान हो पाना सदैव सरल नहीं होता, क्योंकि कुछ अर्थ किसी विशेष संस्था या समय से संबंधित होते हैं, तो कुछ अभिलेख उनके समकालीन होते हैं जिनका अन्य अभिलेखों की भाषाओं के साथ प्रयोग नहीं हुआ है।

(v) **मौलिक समस्या** इसके अतिरिक्त एक मौलिक समस्या यह है कि जिसे हम आज राजनीतिक और आर्थिक रूप से महत्त्वपूर्ण मानते हैं, उन्हें अभिलेखों में अंकित किया ही नही किया गया हो। उदाहरण के तौर पर खेती की दैनिक प्रक्रियाएँ और रोजमर्रा की जिंदगी के सुख-दुःख का उल्लेख अभिलेखों में नहीं मिलता है, क्योंकि प्रायः अभिलेख बड़े और विशेष अवसरों का वर्णन करते हैं। इसके अतिरिक्त अभिलेख हमेशा उन्हीं व्यक्तियों/राजाओं के विचार व्यक्त करते हैं, जो उन्हें बनवाते हैं।

(vi) **भाषा में परिवर्तन** अशोक के अधिकांश अभिलेख प्राकृत में हैं, जबकि पश्चिमोत्तर से मिले अभिलेख आरामाइक और यूनानी भाषा में हैं। प्राकृत के अधिकांश अभिलेख ब्राह्मी लिपि में लिखे गए थे, जबकि पश्चिमोत्तर के कुछ अभिलेख खरोष्ठी लिपि में लिखे गए हैं। अरमाइक और यूनानी लिपियों का प्रयोग अफगानिस्तान में मिले अभिलेखों में किया गया था।

स्रोत आधारित प्रश्न

1. **प्रभावती गुप्त और दंगुन गाँव**

प्रभावती गुप्त ने अपने अभिलेख में यह कहा है

प्रभावती ग्राम कुटुंबिनों (गाँव के गृहस्थ और कृषक), ब्राह्मणों और दंगुन गाँव के अन्य वासियों को आदेश देती है

"आपको ज्ञात हो कि कार्तिक शुक्ल पक्ष की द्वादशी तिथि को धार्मिक पुण्य प्राप्ति के लिए इस ग्राम को जल अर्पण के साथ आचार्य चनालस्वामी को दान किया गया है। आपको इनके सभी आदेशों का पालन करना चाहिए।

एक अग्रहार के लिए उपयुक्त निम्नलिखित रियासतों का निर्देश भी देती हूँ। इस गाँव में पुलिस या सैनिक प्रवेश नहीं करेंगे। दौरे पर आने वाले शासकीय अधिकारियों को यह गाँव घास देने और आसन में प्रयुक्त होने वाली जानवरों की खाल और कोयला देने के दायित्व से मुक्त है। साथ ही वे मदिरा खरीदने और नमक हेतु खुदाई करने के लिए राजसी अधिकार को कार्यान्वित किए जाने से मुक्त हैं। इस गाँव को खनिज-पदार्थ और खदिर वृक्ष के उत्पाद देने से भी छूट है। फूल और दूध देने से भी छूट है। इस गाँव का दान इसके भीतर की संपत्ति और बड़े-छोटे सभी करों सहित किया गया है।'

(i) **प्रभावती गुप्त ने ग्राम कुटुंबिनों को क्या आदेश दिया था?**

उत्तर प्रभावती गुप्त ने अपने अभिलेखों में ग्राम कुटुबिनों, ब्राहमणों और दगुन गाँव के अन्य निवाजियों को आदेश दिया था कि वे जान लें कि कार्तिक शुक्ल पक्ष की द्वादशी तिथि के दिन इस गाँव को धार्मिक पुण्य प्राप्ति के उद्देश्य से जल अर्षण के साथ आचार्य चनाल स्वामी को दान कर दिया गया है। साथ ही उन्होंने या भी निर्देश दिया कि गाँव के लोग आचार्य चनाल स्वामी के सभी आदेशों का पालन करें।

(ii) **प्रभावती गुप्त अपने अभिलेख द्वारा किस गाँव के वासियों को आदेश देती है?**

उत्तर प्रभावती गुप्त अपने अभिलेखों द्वारा दगुन गाँव के वासियों को आदेश देती हैं कि चनालस्वामी को दान में दिए गए इस गाँव में दौरे पर आने वाले शासकीय अधिकारियों को यह गाँव घास देने और आसन में प्रयुक्त होने वाली जानवरों की खाल एवं कोयला देने के दायित्व से मुक्त है।

(iii) **यह शिलालेख हमें राज्य और जनसामान्य के बीच संबंधों के बारे में क्या बताता है? स्पष्ट कीजिए।**

उत्तर इस अभिलेख से हमें ग्रामीण प्रजा की जानकारी भी प्राप्त होती है। इनमें ब्राह्मण, किसान तथा अन्य प्रकार के वर्ग शामिल थे, जो शासकों या उनके प्रतिनिधियों को कई प्रकार की वस्तुएँ प्रदान करते थे। भूमि के प्रचलन से राज्य तथा किसानों के बीच संबंधी झाँकी देखने को मिलती है।

2. सम्राट के अधिकारी क्या-क्या कार्य करते थे? **CBSE 2020**

मेगास्थनीज के विवरण का एक अंश दिया गया है। साम्राज्य के महान अधिकारियों में से कुछ नदियों की देख-रेख और भूमि मापन का काम करते हैं, जैसा कि मिस्र में होता था। कुछ प्रमुख नहरों से उपनहरों के लिए छोड़े जाने वाले पानी के मुखद्वार का निरीक्षण करते हैं, ताकि हर स्थान पर पानी की समान पूर्ति हो सके।

यही अधिकारी शिकारियों का संचालन करते हैं और शिकारियों के कृत्यों के आधार पर उन्हें इनाम या दंड देते हैं। वे कर वसूली करते हैं और भूमि से जुड़े सभी व्यवसायों का निरीक्षण करते हैं, साथ ही लकड़हारों, बढ़इयों, लोहारों और खननकर्ताओं का भी निरीक्षण करते हैं।

(i) **अधिकारियों द्वारा नदियों की देख-रेख तथा भूमि मापन के कार्य की तुलना किस देश से की गई है?**

उत्तर मेगास्थनीज के विवरण के एक अंश में साम्राज्य के अधिकारियों में से कुछ नदियों की देख-रेख और भूमि मापन का काम करने का वर्णन किया है। इसकी तुलना उसने मेगास्थनीज ने मिस्र से की है।

(ii) **मेगास्थनीज के विवरण में सम्राट के अधिकारियों के बारे में क्या चर्चा की गई है?**

उत्तर मेगास्थनीज ने अपने विवरण में सम्राट के अधिकारियों के कार्यों की चर्चा की है। उसके अनुसार अधिकारी शिकारियों का संचालन करते हैं, कर वसूलते हैं तथा भूमि से जुडें सभी व्यवसायों का निरीक्षण करते हैं।

(iii) **कर्मचारियों के कार्यों का निरीक्षण करने की क्या आवश्यकता थी?**

उत्तर साम्राज्य के सुचारु संचालन के लिए कर्मचारियों के कार्यों का निरीक्षण किया जाता था; जैसे—कुछ प्रमुख नहरों से उपनहरों के लिए छोड़े जाने वाले पानी के मुखद्वार का निरीक्षण करना, ताकि हर स्थान पर पानी की समान पूर्ति हो सके। इसके अतिरिक्त वे भूमि से जुड़े सभी व्यवसायों का भी निरीक्षण करते थे।

3. प्रश्न में दिए गए चित्र को ध्यानपूर्वक देखिए तथा इस चित्र से संबंधित पूछे गए प्रश्नों का सही उत्तर दीजिए

(i) **सारनाथ स्तंभ का निर्माण कब और किस उद्देश्य से किया गया?**

उत्तर सारनाथ स्तंभ का निर्माण लगभग 250 ईसा पूर्व में अशोक द्वारा बुद्ध के पहले उपदेश के स्मरण में किया गया था। यह स्तंभ धर्मचक्र प्रवर्तन का घटना का स्मारक है।

(ii) **सारनाथ स्तंभ में पशुओं की कितनी मूर्तियाँ हैं? तथा यह क्या प्रदर्शित करती हैं?**

उत्तर सारनाथ स्तंभ के चारों ओर चार पशुओं की मूर्तियाँ हैं तथा ये मूर्तियाँ चारों दिशाओं का प्रतिनिधत्व करती हैं। इन मूर्तियों में बैल, घोड़े, हाथी और शेर की मूर्तिया हैं।

मानचित्र आधारित प्रश्न

1. भारत के रेखा मानचित्र पर निम्न को दर्शाइए

(i) अवंति (ii) मगध
(iii) वज्जि (iv) कौशल
(v) गांधार (vi) कुरु

उत्तर

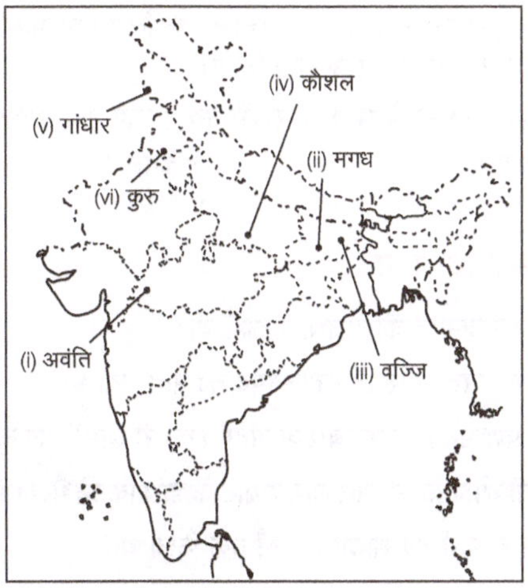

2. भारत के रेखा मानचित्र में निम्न को दर्शाइए

(i) राजगीर (ii) उज्जैन (iii) पांचाल
(iv) वाराणसी (v) तक्षशिला

उत्तर

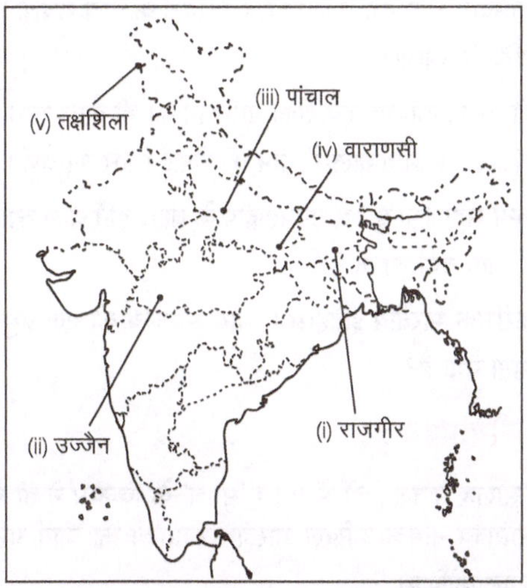

3. भारतीय मानचित्र पर उन शहरों तथा साम्राज्यों (वंशों) को चिह्नित कीजिए, जहाँ से अशोक के शिलालेख प्राप्त हुए हैं। इसी मानचित्र पर विदिशा (a) और वैशाली (b) को भी दर्शाइए।

उत्तर अशोक के शिलालेख की प्राप्ति से संबंधित शहर तथा साम्राज्य (वंश) निम्न हैं

(i) कुषाण वंश (ii) शक वंश
(iii) सातवाहन वंश (iv) वाकाटक वंश
(v) गुप्त वंश (vi) मथुरा
(vii) कन्नौज (viii) भृगु कच्छ
(ix) पुहार

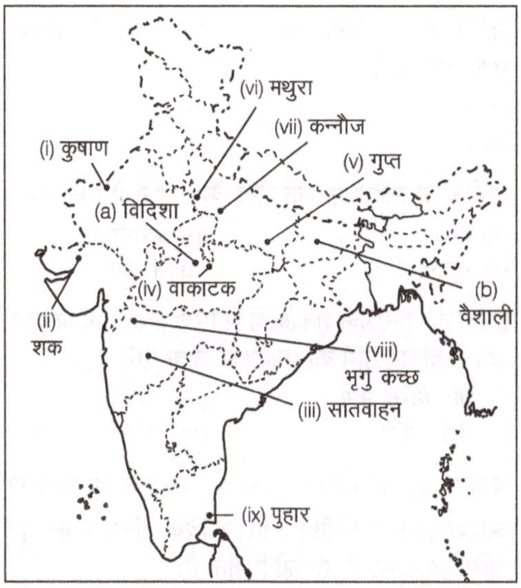

4. भारत के मानचित्र में प्रदर्शित बिंदु A,B,C और D पर अशोक के स्तंभ शिलालेख प्राप्त हुए हैं। इन स्थानों के नाम बताइए।

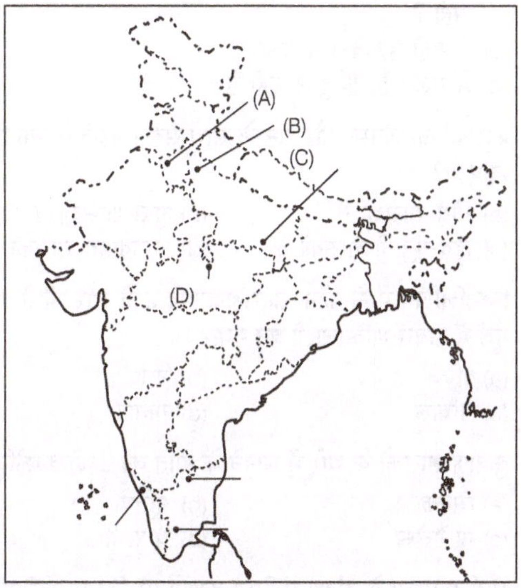

उत्तर (A)-टोपरा, (B)-मेरठ, (C)-कौशांबी, (D)-साँची

स्वयं को जाँचें

वस्तुनिष्ठ प्रश्न

1. धार्मिक एवं दार्शनिक विचारधाराओं के ग्रंथों में कितने महाजनपदों का वर्णन मिलता है?

(a) 8 (b) 1
(c) 16 (d) 18

2. अशोक के अधिकांश अभिलेख किस भाषा में मिले हैं?

(a) प्राकृत (b) अरामाइक
(c) यूनानी (d) संस्कृत

3. ईसवी की आरंभिक शताब्दियों से मिले प्रमाणों के अनुसार ब्राह्मणों को दान में दी गई भूमि को क्या कहा जाता था?

(a) कर योग्य भूमि (b) अग्रहार
(c) बंजर भूमि (d) उपसिंचित भूमि

4. **कथन** (A) अभिलेखों से प्राप्त जानकारी की भी सीमा होती है।

कारण (R) राजनीतिक और आर्थिक इतिहास का पूर्ण ज्ञान मात्र अभिलेख शास्त्र से ही नहीं मिलता है। **CBSE 2021**

कूट

(a) A और R दोनों सही हैं तथा R, A की सही व्याख्या है
(b) A और R दोनों सही हैं, परंतु R, A की सही व्याख्या नहीं है
(c) A सही है, किंतु R गलत है
(d) A गलत है, किंतु R सही है

5. शासकों की प्रतिमा और नाम के साथ सबसे पहले सिक्के किसने जारी किए थे?

(a) मौर्य शासकों ने (b) गुप्त शासकों ने
(c) हिंद-यूनानी शासकों ने (d) सातवाहन शासकों ने

6. निम्नलिखित में से कौन–सा महाजनपद छठी और चौथी शताब्दी ईसा पूर्व में सबसे शक्तिशाली बन गया?

(a) वज्जि (b) मगध
(c) पांचाल (d) गांधार

7. कुषाण शासकों के बारे में जानने के स्रोत का उल्लेख कीजिए

(a) सिक्का (b) मूर्तियाँ
(c) अभिलेख (d) ये सभी

8. मौर्य साम्राज्य के संदर्भ में निम्न कथनों पर विचार कीजिए

1. मगध के विकास के साथ मौर्य साम्राज्य का विकास हुआ।
2. मौर्य प्रशासन में सेना की महत्त्वपूर्ण भूमिका थी।
3. मेगास्थनीज ने सेना के संचालन के लिए एक समिति तथा आठ उपसमितियों का उल्लेख किया।

उपरोक्त कथनों में से कौन–सा/से कथन सही नहीं है/हैं?

(a) केवल 1 (b) केवल 2
(c) केवल 3 (d) 1 और 2

अतिलघु उत्तरीय प्रश्न

9. अंग महाजनपद की राजधानी कहाँ थी?

10. दक्षिण भारत में स्थित महाजनपद का नाम क्या था?

11. मौर्य प्रशासन में नगर प्रबंध के अंतर्गत तीसरी समिति का कार्य क्या था?

12. यूनानी स्रोतों के अनुसार मौर्य सम्राट के पास कितने पैदल सैनिक थे?

13. चंद्रगुप्त मौर्य का साम्राज्य कहाँ तक फैला था?

14. सुदर्शन झील का निर्माण किस वंश के शासकों द्वारा करवाया था?

15. सरदारी प्रथा से आप क्या समझते हैं?

लघु उत्तरीय प्रश्न

16. भूमिदान के प्रयत्न से राज्य एवं किसानों के बीच संबंधों में किस प्रकार परिवर्तन आया?

17. मौर्यकाल कृषिगत तकनीकी परिवर्तन का भी काल रहा। इस कथन के परिप्रेक्ष्य में मौर्यकाल में धान की रोपाई विधि का वर्णन कीजिए।

18. छठी सदी ईसा पूर्व में उपमहाद्वीप के बाहर होने वाले व्यापार के विषय में आप क्या जानते हैं?

19. प्रारंभिक भारतीय इतिहास में मौर्य साम्राज्य को एक प्रमुख काल क्यों माना गया है?

दीर्घ उत्तरीय प्रश्न

20. "सोलह महाजनपदों में प्रथम 'मगध' के विकास ने ही भारत में मौर्य साम्राज्य नामक अखिल भारतीय साम्राज्य का कार्य प्रशस्त किया।" स्पष्ट कीजिए।

21. व्यापार और नगर ने किस प्रकार मौर्य साम्राज्य को स्थापित करने में महत्त्वपूर्ण भूमिका का निर्वाह किया?

22. राजा या प्रभावशाली लोग भूमिदान क्यों देते थे? इस संबंध में विभिन्न इतिहासकारों के बीच क्या मत हैं?

03

अध्याय

बंधुत्व, जाति तथा वर्ग (आरंभिक समाज)

यह अध्याय प्राचीन भारत में बंधुत्व, जाति और वर्ग की व्यवस्था से संबंधित है। धर्मसूत्र, धर्मशास्त्र और महाभारत जैसे अनेक विभिन्न स्रोत हैं, जो हमें प्राचीन भारत में प्रचलित विश्वासों, प्रथाओं और सामाजिक रीति-रिवाजों के बारे में समझने में सहायता प्रदान करते हैं।

▼ अध्ययन एक नजर में

▼ अभ्यास के लिए

- बहुविकल्पीय प्रश्न 37, चित्र आधारित, कथन/कारण, सुमेलित कीजिए
- वर्णनात्मक प्रकार के प्रश्न (लघु उत्तरीय प्रश्न 18, दीर्घ उत्तरीय प्रश्न 8)
- स्रोत आधारित प्रश्न 4, मानचित्र आधारित प्रश्न 1

- लगभग 600 ई.पू. से 600 ई. के मध्य लंबे समय अंतराल में राजनीतिक व आर्थिक क्षेत्रों में परिवर्तन के फलस्वरूप सामाजिक क्षेत्र में भी अनेक परिवर्तन हुए; जैसे-
  - वन क्षेत्रों में कृषि का विस्तार, जिससे जंगलों में रहने वाले लोगों के जीवन शैली में परिवर्तन हुआ।
  - कुशल कारीगरों द्वारा सामाजिक समूहों का गठन।
  - धन के असमान वितरण के कारण सामाजिक मतभेदों में वृद्धि।
- कुछ इतिहासकार बंधुत्व, जाति एवं वर्ग जैसी सामाजिक संरचनाओं को समझने के लिए साहित्यिक परंपराओं का अध्ययन करते हैं। इन साहित्यिक परंपराओं में से कुछ परंपराएँ सामाजिक व्यवहार के मानदंडों को निर्धारित करने वाली होती है, जबकि कुछ समाज का चित्रण करती हैं।
- उदाहरण के लिए, महाभारत ग्रंथ में एक लाख से अधिक श्लोक हैं और इसकी रचना में लगभग 1000 वर्ष (लगभग 500 ई. पू. से) का समय लगा। इस ग्रंथ में ऐसे भी खंड हैं, जिनमें विभिन्न सामाजिक समूहों से संबंधित आचार-विचार के मानदंड हैं।

3.1 महाभारत का समालोचनात्मक संस्करण —

- संस्कृत के प्रसिद्ध विद्वान **वी. एस. सुकथांकर** के नेतृत्व में (वर्ष 1919 में) एक महत्त्वपूर्ण परियोजना की शुरुआत हुई। इस परियोजना का प्रमुख उद्देश्य महाभारत का समालोचनात्मक संस्करण (Critical Edition) तैयार करना था।
- इस संस्करण को तैयार करने का उत्तरदायित्व कुछ विद्वानों ने लिया। शुरुआत में विद्वानों ने देश के विभिन्न हिस्सों से विभिन्न लिपियों में लिखी महाभारत की संस्कृत पांडुलिपियों को एकत्र किया। उन्होंने उन श्लोकों का चयन किया, जो लगभग सभी पांडुलिपियों (Manuscripts) में विद्यमान थे और उनका प्रकाशन (Published) कुल 13,000 पृष्ठों में (विभिन्न खंडों में) किया। यह परियोजना सैंतालीस वर्षों में संपन्न हुई।

इस प्रक्रिया के परिणामस्वरूप दो बातें सामने आईं

(i) संस्कृत के कई पाठों के अनेक अंशों में समानता थी। संपूर्ण उपमहाद्वीप में उत्तर में कश्मीर एवं नेपाल से लेकर दक्षिण में केरल एवं तमिलनाडु तक सभी पांडुलिपियों में समानता देखने को मिलती है।

(ii) कुछ शताब्दियों के दौरान महाभारत के प्रेषण में अनेक क्षेत्रीय विभिन्नता अथवा प्रभेद (Strain) भी उत्पन्न हो गए थे। इन प्रभेदों का संकलन मुख्य पाठ की पांडुलिपियों तथा परिशिष्टों के रूप में किया गया। उल्लेखनीय है कि 13,000 पृष्ठों में से आधे से अधिक में इन प्रभेदों का विवरण प्राप्त होता है।

- इतिहासकारों ने 19वीं और 20वीं शताब्दी में पहली बार सामाजिक इतिहास के पुनर्निर्माण हेतु इन ग्रंथों का अध्ययन किया। उनका मानना था कि इन ग्रंथों में सामाजिक व्यवहार के नियमों का जो उल्लेख किया गया है, उनका शायद पालन किया जाता था।
- कुछ समय पश्चात् पालि, प्राकृत एवं तमिल ग्रंथों के माध्यम से अन्य परंपराओं का अध्ययन करने के पश्चात् विद्वान इस निष्कर्ष पर पहुँचे कि आदर्शमूलक संस्कृत ग्रंथों को सामान्यत: आधिकारिक माना जा सकता है, परंतु इनके आदर्शों का सदैव पालन नहीं किया जा सकता।
- इन आदर्शों पर प्रश्न-चिह्न भी लगाए जाते थे और इनकी अवहेलना भी की जाती थी।

3.2 बंधुत्व एवं विवाह : अनेक नियम और व्यवहार की विभिन्नता

परिवारों के विषय में जानकारी

- संस्कृत ग्रंथों में **कुल** शब्द परिवार के लिए और **जाति** शब्द बाँधवों के बड़े समूह के लिए उपयोग किया गया है। प्राय: सभी परिवार एकसमान नहीं होते थे। परिवार के सदस्यों की संख्या में व एक-दूसरे से उनके रिश्तों और संबंधों में भिन्नता होती थी।
- परिवार के बड़े समूह को **संबंधी** कहा गया है तथा तकनीकी भाषा में इन संबंधियों को **जाति समूह** कहा गया है। पारिवारिक रिश्ते नैसर्गिक (Natural) और रक्त संबंध के रूप में मान्य हैं, किंतु इन संबंधों की परिभाषा भिन्न-भिन्न रूपों में की जाती है। कुछ समाज में चचेरे-ममेरे भाई-बहन को रक्त संबंधी मानते थे, जबकि कुछ समाजों में नहीं।

पितृवंशिक व्यवस्था के आदर्श

- पितृवंशिक (Patriliny) व्यवस्था से आशय उस परंपरा से है, जो पिता से पुत्र, पौत्र और बाद में प्रपौत्र की ओर चलती है, जबकि माता की ओर से चलने वाली वंश परंपरा मातृवंशिक (Matriliny) कहलाती है।
- पितृवंश व्यवस्था के अंतर्गत, पुत्र अपने पिता की मृत्यु के पश्चात् उनके संसाधनों (राजाओं के मामले में सिंहासन सहित) पर दावा कर सकते थे।
- महाभारत पितृवंशिक व्यवस्था के बदलते आदर्शों की कहानी है, जिसमें कुरु वंश के दो दलों—कौरवों एवं पांडवों के मध्य भूमि और सत्ता को लेकर संघर्ष हुआ था। इस संघर्ष में पांडवों की विजय हुई।
- महाभारत ने इस आदर्श को और अधिक सुदृढ़ किया कि वंश परंपरा में पिता के पश्चात् उसका पुत्र ही उत्तराधिकारी होगा। अधिकतर राजवंश (लगभग छठी शताब्दी ई. पू. से) पितृवंशिकता प्रणाली का अनुसरण करते थे।
- पितृवंशिकता की ओर शासक परिवारों का झुकाव प्राचीनकाल से ही है। इसका विवरण ऋग्वेद जैसे ग्रंथ के मंत्रों से भी स्पष्ट होता है। यद्यपि पितृवंशिक प्रणाली में कुछ विभिन्नताएँ थीं, जो इस प्रकार हैं
  - कभी पुत्र के न होने पर भाई भी उत्तराधिकारी हो जाता था।
  - कभी सगे-संबंधी भी गद्दी (सिंहासन) के दावेदार बन जाते थे।
  - कुछ परिस्थितियों में स्त्रियों ने भी सत्ता की बागडोर सँभाली; जैसे—प्रभावती गुप्त।

विवाह के नियम

पितृवंशिक परंपरा में पुत्रों के महत्त्वपूर्ण होने के कारण, पुत्रियों की स्थिति अच्छी नहीं थी; जैसे-

- पुत्रियों का पैतृक संसाधनों पर अधिकार नहीं था।
- उनका विवाह भी गोत्र से बाहर कर दिया जाता था। इस विवाह प्रथा को **बहिर्विवाह प्रथा** कहा जाता था।
- उच्च कुल के परिवारों की कम उम्र की कन्याओं एवं स्त्रियों का जीवन नियमित करने के लिए उचित समय पर उचित व्यक्ति से उनका विवाह कर दिया जाता था।
- कन्यादान या विवाह में पुत्री को उपहार, पिता का एक महत्त्वपूर्ण धार्मिक कर्त्तव्य बन गया।

सामाजिक जीवन में परिवर्तन

- नए नगरों के उदय से सामाजिक जीवन अत्यधिक जटिल हो गया, क्योंकि इन नगरों में वस्तुओं के क्रय-विक्रय के साथ विचारों का भी आदान-प्रदान होता था, जिसके कारण पूर्व में प्रचलित प्रथाओं और मान्यताओं की आलोचना होने लगी।
- ब्राह्मणों ने सामाजिक आचार संहिताएँ निर्मित कर उन्हें संस्कृत ग्रन्थों में संकलित किया, जिन्हें धर्मसूत्र और धर्मशास्त्र के नाम से जाना जाता है।
- इनमें सबसे महत्त्वपूर्ण **मनुस्मृति** थी, जिसका संकलन लगभग 200 ई. पू. से 200 ई. के मध्य हुआ था।

विवाह के आठ प्रकार

- हिन्दू धर्म ग्रंथों (मनुस्मृति) में विवाह के आठ रूपों को मान्यता दी गई है-

  (i) ब्रह्म विवाह (ii) दैव विवाह (iii) आर्ष विवाह
  (iv) प्राजापत्य विवाह (v) असुर विवाह (vi) गंधर्व विवाह
  (vii) राक्षस विवाह (viii) पैशाच विवाह
- ब्राह्मणवादी मानदंडों के अनुसार पहले चार विवाह को अच्छा माना जाता था, जबकि अन्य चार को स्वीकार नहीं किया जाता था।
- मनुस्मृति में सभी विवाह पद्धतियों का स्पष्ट उल्लेख किया गया है, जिसमें शामिल पहली, चौथी, पाँचवीं और छठी विवाह पद्धति का विवरण इस प्रकार है
  - **पहली** पिता अपनी पुत्री के लिए एक सुयोग्य वर की तलाश करता है और उससे अपनी पुत्री का विवाह रीति-रिवाजों से करवाता है।
  - **चाथी** यह ब्रह्म विवाह की भाँति होता है, लेकिन इसमें पिता वर-वधू युगल को यह कहकर संबोधित करता है कि ''तुम साथ मिलकर अपने दायित्वों का पालन करो।''
  - **पाँचवीं** इस विवाह में कन्या के माता-पिता वर पक्ष से धन लेने के बाद अपनी कन्या का विवाह करते हैं।
  - **छठीं** इस विवाह में लड़का और लड़की एक-दूसरे से प्रेम करते हैं और विवाह बंधन में बँध जाते हैं।

स्त्री का गोत्र

- 1000 ई. पू. के बाद ब्राह्मणों ने एक नई सामाजिक पद्धति का विकास किया, जिसे गोत्र (Gotra) पद्धति कहा गया।
- प्रत्येक गोत्र को एक वैदिक ऋषि के नाम पर रखा गया और गोत्र संबंधी दो नियम बनाए गए, जो इस प्रकार हैं
  (i) विवाह के बाद स्त्रियों का गोत्र पिता के स्थान पर पति का हो जाता था।
  (ii) एक ही गोत्र के सदस्य आपस में विवाह संबंध नहीं बना सकते थे।
- कभी-कभी उपरोक्त नियमों का उल्लंघन भी होता था; जैसे—दक्कन के शक्तिशाली सातवाहन राजवंश की स्त्रियों के नाम अपने पिता के गोत्रों से हैं; जैसे—गौतमी , वशिष्ठ , मधरि आदि तथा कुछ रानियाँ एक ही गोत्र की होती थीं, जिससे स्पष्ट होता है कि बहिर्विवाह पद्धति का भी उल्लंघन हुआ था।
- सातवाहन राजाओं से विवाह करने वाली रानियों के नाम गौतम तथा वशिष्ठ गोत्रों से उद्भूत थे, जो उनके पिता के गोत्र थे। ब्राह्मणीय व्यवस्था के अनुसार, उन्होंने अपने पति का गोत्र नहीं अपनाया।
- कभी-कभी **अंतर्विवाह पद्धति**[1] (Endogamy System) का उल्लंघन भी दिखाई देता था, जो दक्षिणी भारत में प्रचलित था। यहाँ ममेरे व चचेरे भाई-बहनों के मध्य विवाह होते थे।

अभिलेखों में सातवाहन राजाओं के नाम

- अभिलेखों से सातवाहन राजाओं की कई पीढ़ियों के नाम प्राप्त हुए हैं, जैसे—
  - राजा गोतमी- पुत्त सिरी-सातकनि
  - राजा वसिथि-पुत्त (सामि) सिरि-पुलुमायि
  - राजा गोतमी-पुत्त सामि-सिरि-यन-सातकनि
  - राजा मधारि-पुत्त स्वामि-सकसेन
  - राजा हरिति -पुत्त चत्तरपन सातकनि
  - राजा हरिति-पत्त विनहुकद चतुकुलानम्द-सातकमनि
  - राजा गोतमी-पुत्त सिरी-विजय सातकनि
- गौतमी और वसिथि स्त्रीवाची नाम हैं ऋषि गौतम और वशिष्ठ के ।
- ये दोनों वैदिक ऋषि थे, जिनके नाम से ये गोत्र हैं।

▲ सातवाहन राजा तथा उसकी पत्नी

1 **अंतर्विवाह पद्धति** एक समूह, एक गोत्र, कुल अथवा एक जाति या फिर एक ही स्थान पर बसने वालों के मध्य संपन्न होने वाले विवाह को अंतर्विवाह कहा जाता है।

विवाह में बहुपति प्रथा

- बहुपति प्रथा एक स्त्री के अनेक पति होने की पद्धति है।
- महाभारत में **द्रौपदी से पांडवों के विवाह की कथा** को उस समय प्रचलित बहुपति विवाह (Polyandery) के रूप में उल्लिखित किया गया है।
- विवाह का यह संदर्भ तात्कालिक शासकों के विशिष्ट वर्ग में प्रचलन के संकेत देता है। अन्य इतिहासकारों का मानना था कि **बहुपति प्रथा**[2] ब्राह्मणों में अमान्य हो गई थी, किंतु यह प्रथा हिमालय क्षेत्र में प्रचलन में थी।

माताओं का महत्त्व

- सातवाहन राजाओं को उनके मातृनाम (माता के नाम से उद्‌भूत) से चिह्नित किया जाता था।
- इससे यह प्रतीत होता है कि माताएँ महत्त्वपूर्ण थीं, किंतु सिंहासन का उत्तराधिकारी पितृवंशिक होता था।

चेक प्वॉइंट 1

1. महाभारत का समालोचनात्मक संस्करण किस विद्वान ने तैयार करना शुरू किया था?
2. किस गंथ में पितृवंशिक व्यवस्था के आदर्श को सर्वाधिक सुदृढ़ किया गया?
3. धर्मशास्त्रों और धर्मसूत्रों में कितने प्रकार के विवाह की मान्यता दी गई है?
4. इतिहासकारों ने सातवाहनों के पारिवारिक संबंधों और विवाहों का पता किन स्रोतों से लगाया है?
5. संस्कृत ग्रंथों में 'कुल' शब्द का अर्थ क्या है?

3.3 सामाजिक विषमताएँ : वर्ण व्यवस्था के दायरे में और उससे परे

- धर्मसूत्रों और धर्मशास्त्रों में एक आदर्श व्यवस्था अर्थात् वर्ण व्यवस्था (ब्राह्मण, क्षत्रिय, वैश्य, शूद्र) का प्रावधान किया गया है।
- इसका सर्वप्रथम उल्लेख **ऋग्वेद के पुरुषसूक्त** में मिलता है।
- ब्राह्मणों का यह मत था कि इस व्यवस्था में उन्हें पहला स्थान प्राप्त है तथा शूद्रों एवं अस्पृश्यों को सबसे निचले स्थान पर रखा गया है।
- इस व्यवस्था में मनुष्य का स्थान जन्म के अनुसार निर्धारित होता था।

उचित जीविका

धर्मसूत्रों एवं धर्मशास्त्रों में स्पष्ट उल्लेख मिलता है कि आदर्श जीविका (Right Occupation) के लिए समाज को चार वर्गों में विभाजित किया गया था तथा सभी चारों वर्गों के लिए अलग-अलग कार्य निर्धारित थे, जो इस प्रकार हैं

(i) **ब्राह्मणों** का कार्य अध्ययन करना, यज्ञ करना एवं करवाना, दान देना एवं लेना था।
(ii) **क्षत्रियों** का कार्य युद्ध करना, लोगों को सुरक्षा देना, वेद पढ़ना, यज्ञ करना, दान-दक्षिणा देना आदि था।
(iii) **वैश्यों** का कार्य कृषि करना, गौ पालन करना तथा व्यापार करना था।
(iv) **शूद्रों** का कार्य ऊपर के तीनों वर्गों या वर्णों की सेवा करना था।

इन नियमों का पालन कराने के लिए ब्राह्मणों ने तीन नीतियों को अपनाया

(i) **प्रथम नीति** ब्राह्मणों ने बताया कि वर्ण व्यवस्था की उत्पत्ति एक दैवीय व्यवस्था है।
(ii) **द्वितीय नीति** नियमों का पालन कराने के लिए राजा पर दबाव डाला जाता था।
(iii) **तृतीय नीति** लोगों को आश्वस्त किया गया कि उनकी प्रतिष्ठा जन्म पर आधारित है।

- अपनी मान्यता को प्रमाणित करने के लिए ब्राह्मण बहुधा ऋग्वेद के पुरुषसूक्त मंत्र को उद्‌धृत अध्ययन करते थे, जो आदि मानव पुरुष की बलि का चित्रण करता है।

2 **बहुपति प्रथा** (Polyandry) एक स्त्री के अनेक पति होने की सामाजिक परिपाटी को बहुपति प्रथा कहा जाता है।

अक्षत्रिय राजा

- शास्त्रों के अनुसार, केवल क्षत्रिय ही राजा हो सकते थे, परंतु इस नियम का सदैव पालन नहीं किया गया। अनेक राजवंश ऐसे भी हुए, जिनकी उत्पत्ति क्षत्रिय वर्ण से नहीं हुई।
- इनमें मौर्य, शुंग, कण्व, शक, सातवाहन आदि प्रमुख हैं। मौर्यों को ब्राह्मण ग्रंथों में **निम्न कुल** तथा बौद्ध ग्रंथों में **क्षत्रिय** कहा गया है।
- शुंग एवं कण्व (जो मौर्यों के उत्तराधिकारी थे,) ब्राह्मण थे।
- शक, जोकि मध्य एशिया से आए थे, को ब्राह्मण **मलेच्छ**[3], **बर्बर** या **अन्यदेशीय** मानते थे।
- लगभग दूसरी शताब्दी में संस्कृत के एक आरंभिक अभिलेख से पता चलता है कि शक राजा रुद्रदामन ने गिरनार में सुदर्शन झील का जीर्णोदहार कराया था। स्पष्ट है कि मलेच्छ राजा संस्कृतीय परिपाटी के विषय में अच्छी तरह जानते थे।
- सातवाहन वंश के सर्वाधिक प्रसिद्ध शासक **गोतमी-पुत्त-सिरी-सातकनि** ने स्वयं को एक अद्‌भुत ब्राह्मण तथा क्षत्रियों के गर्व का हनन करने वाला प्रदर्शित किया।
- जाति व्यवस्था के भीतर एकीकरण जटिल था, क्योंकि सातवाहन स्वयं को ब्राह्मण बताते थे, जबकि ब्राह्मणों के अनुसार केवल क्षत्रिय ही राजा हो सकते थे। हालाँकि सातवाहनों ने वर्ण व्यवस्था का पालन किया, लेकिन उन्होंने व्यवस्था से बाहर रखे गए लोगों से विवाह संबंध बनाए। उदाहरण के लिए, गोतमी-पुत्त सिरी-सातकनि ने रूद्रदामन के परिवार में विवाह किया।
- उन्होंने अंतर्विवाह पद्धति का पालन किया न कि बहिर्विवाह पद्धति का, जो ब्राह्मणीय ग्रंथों में प्रस्तावित है।

▲ शक शासक को चित्रित करता चाँदी का सिक्का

जाति और सामाजिक गतिशीलता

- ब्राह्मणवादी सिद्धांत के अनुसार, वर्ण की भाँति जाति भी धर्म पर आधारित थी।
- वर्ण की संख्या चार निर्धारित की गई, लेकिन जातियों की संख्या पर कोई सीमा नहीं थी।
- वनों में रहने वाले निषाद या सुवर्णकार जैसे व्यावसायिक वर्ग, जिन्हें चतुत्वर्ण व्यवस्था में समाहित करना संभव नहीं था, उनका जाति में वर्गीकरण कर दिया गया।
- एक जैसा व्यवसाय करने वाली जाति को श्रेणियों में संगठित किया जाता था।

मंदसौर पत्थर शिलालेख (मध्य प्रदेश)

- यह शिलालेख रेशम बुनकरों की एक श्रेणी का वर्णन करता है, जो मूल रूप से लाट (गुजरात) में रहते थे, लेकिन बाद में दशपुर (मंदसौर) में आकर बस गए। इस शिलालेख में गिल्ड अथवा श्रेणियों के बारे में कुछ जानकारी दी गई है, जो इस प्रकार है
- श्रेणी की सदस्यता एक समान शिल्प कौशल पर आधारित थी, लेकिन कुछ सदस्य अन्य व्यवसायों का भी अभ्यास करते थे।
- सामूहिक रूप से उन्होंने शिल्पकर्म से अर्जित धन को (सूर्य देवता के सम्मान में) मन्दिर निर्मित करने के लिए व्यय किया।
- उन्होंने स्थानीय राजा की महानता के बारे में जानने या उसके राज्य में बसने के उद्देश्य से अपने बच्चों और परिवारजनों के साथ एक कठिन यात्रा तय की।

वर्ण व्यवस्था रहित समुदाय

- भारतीय उपमहाद्वीप (India-Sub-continent) में अनेक ऐसे समुदाय थे, जिन पर ब्राह्मणीय विचारों का कोई प्रभाव नहीं था। ऐसे समुदाय वर्ण व्यवस्था के अंतर्गत नहीं आते थे।
- संस्कृत साहित्य में ऐसे समुदायों के लिए विचित्र, असभ्य तथा पशुवत् जैसे शब्दों का उल्लेख किया गया है। इनमें से कुछ वनों में निवास करते थे, जो शिकार एवं कंदमूल द्वारा अपनी आजीविका चलाते थे। निषाद वर्ग (एकलव्य इसी वर्ग से संबंधित था) इन्हीं समुदायों से संबंधित था।
- यायावर पशुपालकों (Nomadic Pastoralists) को संदेह की दृष्टि से देखा जाता था, क्योंकि उन्हें कृषि कर्मियों के साँचे में नहीं ढाला जा सकता था।
- कभी-कभी संस्कृत नहीं बोलने वाले को मलेच्छ कहकर हीन दृष्टि से देखा जाता था। ऐसे लोगों के मध्य विचार एवं व्यवहार का आदान-प्रदान अन्य भाषाओं में होता था।
- प्राचीन भारत में ब्राह्मणों ने कुछ लोगों को सामाजिक प्रणाली में शामिल नहीं किया। उन्होंने समाज के कुछ वर्गों को **अस्पृश्य** (Untouchable) अथवा अछूत घोषित कर सामाजिक विषमता को जन्म दिया।
- ब्राह्मणों ने अनुष्ठान से संबंधित कार्यों को पुनीत व पवित्र माना तथा इनसे जुड़े लोग भी स्वयं को पवित्र मानते थे। ऐसे लोग अस्पृश्यों से भोजन स्वीकार नहीं करते थे।

▲ भिक्षा माँगने वाला एक भिक्षुक

3 **मलेच्छ** (Mlechchhas) मध्य एशिया से आने वाले विदेशी आक्रांताओं को ब्राह्मणों ने मलेच्छ कहकर संबोधित किया।

- अनेक जातियाँ ऐसी भी थीं, जिनको अस्पृश्य व दूषित (Polluting) माना जाता था।
- चाण्डाल (Chandalas) नामक जाति को इसमें प्रमुख माना जाता था। इस जाति के लोगों को देखना भी अशुभ था, क्योंकि ये मृत पशुओं को उठाने का कार्य करते थे। मनुस्मृति में चाण्डालों के कर्त्तव्यों के विषय में बताया गया है, जो इस प्रकार हैं
  - वे गाँव तथा नगरों से बाहर रहते थे। वे मरे हुए लोगों के वस्त्र, लोहे के आभूषण तथा फेंके हुए बर्तनों का प्रयोग करते थे।
  - रात के समय नगरों तथा गाँव में उनका प्रवेश वर्जित था। वे ऐसे मृतकों की अंत्येष्टि (Dispose) करते थे, जिनके कोई संबंधी नहीं होते थे।

चीनी यात्रियों द्वारा अस्पृश्यों का वर्णन

- चीनी यात्री **फाह्यान** (लगभग पाँचवीं शताब्दी ईसवी) के अनुसार, अस्पृश्यों को सड़क पर करताल बजाकर चलना पड़ता था, जिससे उच्च वर्ण के लोग उनकी परछाईं से अपवित्र न हो जाएँ।
- इसी प्रकार एक अन्य चीनी यात्री **ह्वेनसाँग** (लगभग सातवीं शताब्दी ईसवी) का भी कहना है कि वधिक तथा सफाई करने वाले लोग नगर से बाहर रहते थे।

3.4 संसाधनों और स्थिति पर नियंत्रण

- दास (Slaves), भूमिहीन खेतिहर मजदूर, शिकारी (Hunter) मछुआरे, पशुपालक (Pastoralists), किसान (Peasants), ग्राम मुखिया, शिल्पकार और राजा सभी उपमहाद्वीप के विभिन्न भागों में समाज के अंग थे।
- इन सभी वर्गों के सामाजिक स्थान इस बात पर निर्भर थे कि आर्थिक संसाधनों पर उनका कितना नियंत्रण है।

संपत्ति पर स्त्री और पुरुष के भिन्न अधिकार

- धर्मसूत्र तथा धर्मशास्त्र में संपत्ति के स्वामित्व पर स्त्री तथा पुरुष के भिन्न-भिन्न अधिकारों की चर्चा की गई है।
- मनुस्मृति के अनुसार, माता-पिता की मृत्यु के पश्चात् पैतृक संपत्ति पर सभी पुत्रों का समान अधिकार होना चाहिए, परंतु ज्येष्ठ पुत्र को इसका कुछ विशेष भाग दिया जाना चाहिए।
- मनुस्मृति में स्पष्ट वर्णन है कि स्त्री पैतृक संपत्ति में हिस्सेदारी की माँग नहीं कर सकती थी, परंतु विवाह के समय मिले उपहार पर स्त्री का अधिकार माना जाता था। इसे ही **स्त्रीधन** की संज्ञा दी गई है।
- स्त्रीधन पर पति का अधिकार नहीं होता था, परंतु उनकी संतान उत्तराधिकारी के रूप में इसे प्राप्त कर सकती थी।
- मनुस्मृति में यह भी उल्लेख किया गया है कि स्त्री अपने पति की अनुमति के बिना न तो पैतृक संपत्ति और न ही बहुमूल्य धन का गुप्त संचय कर सकती है।
- महत्त्वपूर्ण अभिलेख एवं साहित्यिक साक्ष्य से स्पष्ट होता है कि संपन्न वर्ग की कुछ महिलाएँ आर्थिक संसाधनों पर नियंत्रण रखती थीं, परंतु सामान्यत: भूमि, पशु तथा धन पर पुरुषों का ही अधिकार होता था। यही कारण है कि स्त्रियों को समाज में पुरुषों के समान अधिकार नहीं दिया गया था।

वर्ण और संपत्ति के अधिकार

- ब्राह्मणीय ग्रंथों से स्पष्ट होता है कि संपत्ति पर अधिकार का लैंगिक आधार के अतिरिक्त दूसरा आधार वर्ण था।
- शूद्रों का कार्य अन्य तीनों उच्च वर्णों की सेवा करना था और यही उनकी महत्त्वपूर्ण जीविका थी, उच्च वर्णों के पुरुषों के लिए विभिन्न प्रकार की जीविकाओं की संभावना रहती थी। ब्राह्मण तथा क्षत्रिय अत्यधिक समृद्ध होते थे।
- साहित्यिक स्रोतों में राजाओं तथा पुरोहितों को संपन्न व्यक्ति के रूप में चित्रित किया गया है, जिसमें राजा अधिकतर धनी समझे जाते थे, हालाँकि कभी-कभी दरिद्र ब्राह्मण का भी वर्णन मिलता है। पुरोहित भी सामान्यत: धनी दर्शाए जाते थे।
- लगभग छठीं शताब्दी ईसा पूर्व में बौद्धों ने वर्ण व्यवस्था की आलोचना की। इन्होंने सामाजिक विषमताओं को स्वीकार किया, परंतु इनका मानना था कि इन विषमताओं का जन्म प्राकृतिक अथवा स्थायी रूप से नहीं हुआ है।
- बौद्धों ने जन्म आधारित सामाजिक प्रतिष्ठा का खंडन किया और कहा कि मनुष्य की उच्च अथवा निम्न स्थिति का निर्धारण उनके कर्मों से होता है न कि जाति विशेष में जन्म लेने से।

संपत्ति में भागीदारी

- प्राचीनकाल में लोग संपत्ति के आधार पर सामाजिक प्रतिष्ठा प्राप्त करते थे, परंतु समाज में इससे भिन्न स्थिति की संभावना भी विद्यमान थी, जिसमें एक दानशील व्यक्ति को समाज में सम्मान की दृष्टि से तथा स्वयं के लिए धन का संचय करने वाले को घृणा की दृष्टि से देखा जाता था।
- प्राचीन **तमिलकम** क्षेत्र में दानशीलता की अत्यधिक प्रशंसा की जाती थी। सरदार अपनी प्रशंसा में गाने वाले चारण और कवियों का आश्रयदाता होता था।
- तमिल भाषा के **संगम साहित्य** में उल्लेख किया गया है कि धनी तथा निर्धन के मध्य विषमताएँ थीं और धनी व्यक्ति से यह अपेक्षा की जाती थी कि वे अपने संसाधनों का मिल-बाँटकर उपयोग करेंगे।

3.5 सामाजिक अनुबंध

- बौद्धों ने सामाजिक असमानताओं और सामाजिक संघर्षों को नियंत्रित करने के लिए एक अलग अवधारणा प्रस्तुत की।
- सुत्तपिटक में एक मिथक के अनुसार, प्रारंभ में मनुष्य पूरी तरह से विकसित रूप में नहीं था और पौधों की दुनिया भी पूर्ण विकसित नहीं थी।
- मनुष्य एक सुखद जीवन की शांति की स्थिति में रहता था और वे प्रकृति से वही लेते हैं, जो उन्हें भोजन के लिए चाहिए होता था।
- राजा द्वारा प्रदान की जाने वाली सेवाओं के भुगतान के रूप में करों के साथ, राजपद की यह संस्था मानवीय पसंद पर आधारित थी।
- यदि मनुष्य व्यवस्था के निर्माण के लिए जिम्मेदार होते, तो वे भविष्य में इसे बदल भी सकते थे।

चेक प्वॉइंट 2

1. धर्मशास्त्रों और धर्मसूत्रों के अनुसार, वैश्यों से किस व्यवसाय को अपनाने की अपेक्षा की जाती थी?
2. मौर्यों के उत्तराधिकारी कौन थे?
3. किस सातवाहन शासक ने क्षत्रियों के गौरव को नष्ट करने का दावा किया था?
4. श्रेणी की सदस्यता किस कारक पर आधारित थी?
5. तमिल संगम साहित्य में धनी और निर्धन के मध्य कौन सी असमानता का उल्लेख किया गया है?

3.6 एक गतिशील ग्रंथ : महाभारत

- साहित्यिक ग्रंथों में महाभारत का जो पाठ हम प्रयोग करते हैं, वह संस्कृत भाषा में है। हालाँकि संस्कृत संस्करण के बाद भी इसका विकास जारी रहा।
- महाभारत एक नाटकीय ग्रंथ था, जिन्हें लोग पढ़ और सुन सकते थे तथा अधिक रुचि होने पर इसे पुनः भी सुनाया जा सकता था।
- इसके प्रसंगों को नृत्य, मूर्तिकला और चित्रकला में प्रस्तुत किया जाता था।
- महाभारत महाकाव्य की केंद्रीय कहानी की भिन्न-भिन्न प्रकार से व्याख्या की जाती है।

ग्रंथ और इतिहासकार

इतिहासकार किसी ग्रंथ का विश्लेषण करते समय अनेक पहलुओं पर विचार करते हैं, जो इस प्रकार हैं

- ग्रंथ किस भाषा में लिखा गया है; पाली, प्राकृत अथवा तमिल (जो आम लोगों द्वारा बोली जाती थी) अथवा संस्कृत, (जो विशिष्ट रूप से पुरोहितों और विशेष वर्ण द्वारा प्रयोग में लाई जाती थी)
- इतिहासकार ग्रंथ के प्रकार पर भी ध्यान देते हैं कि इस ग्रंथ के मंत्र अनुष्ठानकर्त्ताओं द्वारा पढ़े और उच्चारित किए जाते थे या नहीं।
- इतिहासकार, लेखकों के बारे में भी जानने का प्रयास करते हैं, जिनके दृष्टिकोण और विचारों ने ग्रंथों को रूप दिया।
- इतिहासकार, ग्रंथों के श्रोताओं का भी परीक्षण करते हैं, क्योंकि लेखकों ने अपनी रचना करते समय श्रोताओं की अभिरुचि पर भी ध्यान दिया होगा।

- इतिहासकार ग्रंथ के संभावित संकलन/रचना और उसकी रचना भूमि का भी विश्लेषण करते हैं।
- इतिहासकार इस बात पर भी ध्यान देते हैं कि किसी भी ग्रंथ की विषय-वस्तु का इतिहास पुनर्निर्माण के लिए प्रयोग किया जा सकता है या नहीं।

भाषा और विषय-वस्तु

- ग्रंथ की भाषा संस्कृत है, लेकिन इसके साथ-साथ अन्य भाषाओं में भी इसके संस्करण मिलते हैं।
- महाभारत में प्रयुक्त संस्कृत भाषा वेदों अथवा प्रशस्तियों से बहुत अधिक सरल है। अत: यह संभव है कि इस ग्रंथ को व्यापक स्तर पर समझा जाता था।
- इतिहासकार इस ग्रंथ की विषय-वस्तु को दो मुख्य शीर्षकों-के अंतर्गत रखते हैं; जैसे—
  - **आख्यान**, इसमें कहानियों का संग्रह है।
  - **उपदेशात्मक** इस भाग में सामाजिक आचार-विचार के मानदंडों का चित्रण है।
- अधिकतर इतिहासकार इस बात पर एक मत हैं कि महाभारत वस्तुत: एक भाग में नाटकीय कथानक था, जिसमें उपदेशात्मक अंश बाद में जोड़े गए।
- आरंभिक संस्कृत परंपरा में महाभारत को इतिहास की श्रेणी में रखा गया है।

लेखक और तिथियाँ

- महाभारत की मूल कहानी **सूत** नामक **भाट सारथी** द्वारा रची गई थी। ये क्षत्रिय योद्धाओं के साथ युद्ध क्षेत्र में जाते थे और उनकी विजय व उपलब्धियों के बारे में कविताएँ लिखते थे।
- इन रचनाओं का प्रेषण मौखिक रूप से होता था। पाँचवीं शताब्दी ई.पू. से ब्राह्मणों ने इस कथा परंपरा पर अपना अधिकार कर लिया और इसे लिखा।
- संभवत: 200 ई. पू. से 200 ई. के मध्य महाभारत की रचना की गई थी। बाद की कालावधियों (लगभग 200 से 400 ई.) के मध्य मनुस्मृति के समरूप वृहत् उपदेशात्मक विवरण महाभारत में जोड़े गए।
- इन सब परिवर्तनों के कारण यह ग्रंथ, जो अपने प्रारंभिक रूप में संभवत: 10,000 श्लोकों से भी कम का था, बढ़कर एक लाख श्लोकों वाला हो गया।
- साहित्यिक परंपरा में इस वृहत रचना के रचयिता **ऋषि व्यास** माने जाते हैं।

अभिसरण की खोज

▲ हस्तिनापुर में उत्खनित एक दीवार का अंश

- वर्ष 1951-52 में पुरातत्त्ववेत्ता **बी. बी. लाल** ने मेरठ जिले (उत्तर प्रदेश) के वर्तमान हस्तिनापुर, जो महाभारतकालीन हस्तिनापुर के समरूप था, नामक गाँव का उत्खनन किया।
- यह पुरास्थल **गंगा के ऊपरी दोआब वाले क्षेत्र में** स्थित है, जहाँ **कुरु** राज्य भी स्थित था।
- यह पुरास्थल स्पष्ट करता है कि कुरुओं की राजधानी हस्तिनापुर रही होगी, जिसका वर्णन महाभारत में है।
- बी. बी. लाल को यहाँ से आबादी के पाँच स्तरों के साक्ष्य मिले थे, जिनमें से उन्होंने केवल दूसरे व तीसरे स्तर का वर्णन किया।
- लगभग 12वीं से 7वीं शताब्दी ई. पू. दूसरे स्तर के विषय में उन्होंने बताया कि आवास गृहों की कोई निश्चित परियोजना नहीं थी, किंतु मिट्टी की दीवारें और कच्ची मिट्टी की ईंटें मिली थीं। कुछ घरों की दीवार सरकंडे से बनी थी, जिन पर मिट्टी का लेप था।
- लगभग छठीं से तीसरी शताब्दी ईसा पूर्व तीसरे स्तर के विषय में उन्होंने बताया कि घर कच्ची व पक्की ईंटों के बने थे। गंदे पानी को घर से बाहर निकालने के लिए शोषक-घट (Soakage jar) और ईंटों की नालियाँ बनाई गई थीं।
- वलय-कूपों का उपयोग कुओं और मल की निकासी वाले गर्तो दोनों रूपों में किया जाता था।

चेक प्वॉइंट 3

1. महाभारत की रचना किसने की थी।
2. महाभारत की विषय-वस्तु किन श्रेणियों में विभाजित है?
3. महाभारत का प्रारंभिक रूप कितने श्लोकों का था?
4. किस पुरातत्त्ववेता ने हस्तिनापुर स्थल का उत्खनन किया था?
5. हस्तिनापुर में पाए गए स्तर किस विषय में थे?

टाइमलाइन

प्रमुख साहित्यिक परंपराएँ

लगभग 500 ई. पू.	पाणिनी की अष्टाध्यायी, संस्कृत व्याकरण
लगभग 500-200 ई. पू.	प्रमुख धर्मसूत्र (संस्कृत में)
लगभग 500-100 ई. पू.	आरंभिक बौद्ध ग्रंथ त्रिपिटक सहित (पालि में)
लगभग 500 ई. पू.–400 ई.	रामायण और महाभारत (संस्कृत में)
लगभग 200 ई. पू.–200 ई.	मनुस्मृति (संस्कृत में), तमिल संगम साहित्य की रचना और संकलन
लगभग 100 ई.	चरक और सुश्रुत संहिता, आयुर्वेद के ग्रंथ (संस्कृत में)
लगभग 200 ई.	पुराणों का संकलन (संस्कृत में)
लगभग 300 ई.	भरतमुनि का नाट्यशास्त्र (संस्कृत में)
लगभग 300-600 ई.	अन्य धर्मशास्त्र (संस्कृत में)
लगभग 400-500 ई.	संस्कृत नाटक कालिदास के साहित्य सहित; खगोल व गणित शास्त्र पर आर्यभट्ट और वराहमिहिर के ग्रंथ (संस्कृत में); जैन ग्रंथों का संग्रहण (प्राकृत में)

महाभारत के अध्ययन में प्रमुख कीर्तिमान

वर्ष 1919-66	महाभारत के समालोचनात्मक संस्करण की परिकल्पना और प्रकाशन
वर्ष 1973	जे.ए.बी. वेन बियुटेनेन द्वारा समालोचनात्मक संस्करण का अंग्रेज़ी अनुवाद आरंभ; वर्ष 1978 में उनकी मृत्यु के बाद यह परियोजना अधूरी रह गई।

Mind Map

बंधुत्व, जाति तथा वर्ग (आरंभिक समाज)

1 महाभारत का समालोचनात्मक संस्करण

स्थानीय विचारों ने संस्कृत की प्रचलित परंपराओं को अक्सर चुनौती दी और नया रूप दिया।

2 बंधुता एवं विवाह अनेक नियम और व्यवहार की विभिन्नता

पितृवंशिक व्यवस्था के आदर्श

महाभारत में पितृवंशीय उत्तराधिकार के माध्यम से पारिवारिक संरचना में आए बदलावों को दर्शाया गया है।

परिवारों के बारे में जानकारी

- परिवारों का आकार, संबंध और उनकी गतिविधियाँ अलग-अलग होती थीं।
- अलग-अलग समाजों और सांस्कृतिक परिभाषाओं में बंधुत्व संबंध भिन्न होते थे।

विवाह के नियम

- मनुस्मृति और धर्मशास्त्रों में सामाजिक नियमों और विवाह की विस्तृत व्यवस्था दी गई थी।
- आठ प्रकार के विवाह प्रचलित थे, लेकिन केवल चार को ब्राह्मण परंपरा के अनुरूप माना गया।

3 सामाजिक विषमताएँ वर्ण व्यवस्था के दायरे में और उससे परे

उचित जीविका

- धर्मसूत्रों ने चारों वर्णों के लिए आदर्श व्यवसायों को परिभाषित किया।
- राजाओं को समाज में वर्ण व्यवस्था लागू करने की सलाह दी गई थी।

अक्षत्रिय राजा

राजसत्ता किसी भी व्यक्ति के लिए खुली थी, जिसके पास पर्याप्त समर्थन अर संसाधन थे।

जाति और सामाजिक गतिशीलता

- जाति व्यवस्था ने उन समूहों को वर्गीकृत किया, जो चार वर्णों की पारंपरिक व्यवस्था से बाहर थे।
- मंदसौर शिलालेख यह दर्शाते हैं कि श्रेणियाँ प्रवास, एकता और समाज में योगदान करती थीं।

4 जन्म से परे संसाधन और प्रतिष्ठा

संपत्ति पर स्त्री और पुरुष के भिन्न अधिकार

- मनुस्मृति ने महिलाओं के पारिवारिक संपत्ति के अधिकारों को सीमित किया।
- महिलाओं को विवाह के समय मिले उपहारों को स्त्रीधन के रूप में रखने की अनुमति थी।

वर्ण और संपत्ति के अधिकार

- शूद्रों को केवल सेवा कार्यों तक सीमित रखा गया, जबकि सम्पत्ति पर उच्च वर्णों का वर्चस्व था।
- ग्रंथों में राजा और पुरोहितों को धनवान दिखाया गया है।
- बौद्धों ने जन्म और वर्ण आधारित स्थिति को अस्वीकार किया।

5 सामाजिक विषमताओं की व्याख्या एक सामाजिक अनुबंध

- बौद्धों ने राजसत्ता को दैवीय नहीं, बल्कि मानक समाज की आवश्यकता माना।
- उन्होंने बताया कि मनुष्य ने सामाजिक असमानता को जन्म दिया, जिससे राजा की आवश्यकता पड़ी।

6 एक गतिशील ग्रंथ महाभारत

- महाभारत विभिन्न भाषाओं में कई संस्करणों के माध्यम से विकसित हुआ।
- इस महाकाव्य ने मूर्तिकला, चित्रकला और प्रदर्शन कलाओं को प्रेरित किया।

7 साहित्यिक स्रोतों का इस्तेमाल इतिहासकार और महाभारत

भाषा और विषय-वस्तु

- महाभारत की भाषा वेदों की तुलना में सरल थी, जिससे यह अधिक लोगों द्वारा समझी जा सकती थी।
- इस ग्रंथ को कथात्मक कहानियों और सामाजिक नियमों में विभाजित किया गया था।

लेखक और तिथियाँ

- मूल कथा संभवतः भाट सारथी द्वारा रची गई, जिन्हें 'सूत' कहा जाता था।
- ब्राह्मणों ने 5वीं शताब्दी ईसा पूर्व से इस महाकाव्य को लिखना शुरू किया।

NCERT फोल्डर

अध्याय के मध्य में दिए गए प्रश्न

1. क्या आपको लगता है कि रेशम के बुनकर उस जीविका का पालन कर रहे थे, जो उनके लिए शास्त्रों ने तय की थी?

दक्षता आधारित प्रश्न

उत्तर प्राचीन भारत में, समान आजीविका या पेशे से जुड़ी जातियों को सामान्यतः श्रेणियों में संगठित किया जाता था। मध्य प्रदेश के मंदसौर में मिले एक अभिलेख में रेशम के बुनकरों की एक ऐसी श्रेणी का उल्लेख है। ये बुनकर मूल रूप से लाट (गुजरात) प्रदेश के निवासी थे और बाद में मंदसौर में बस गए थे। यह प्रतीत होता है कि रेशम के बुनकर उस आजीविका का अनुसरण कर रहे थे, जिसे शास्त्रों में उनके लिए निर्दिष्ट किया गया था।

2. मनुस्मृति के आधार पर स्त्री और पुरुष किस प्रकार धन प्राप्त कर सकते थे। इसकी तुलना कीजिए व अंतर भी स्पष्ट कीजिए।

उत्तर मनुस्मृति के अनुसार, पैतृक संपत्ति का सभी पुत्रों में समान बँटवारा होता था, जिसमें सबसे बड़े पुत्र को संपत्ति का विशेष भाग दिया जाता था। कन्याओं को संपत्ति में हिस्सा नहीं दिया जाता था।

विवाह में मिला उपहार 'स्त्रीधन' कहलाता था, जिस पर स्त्रियों का स्वामित्व होता था। इस संपत्ति पर उसके पति का कोई अधिकार नहीं होता था। इसे विरासत में उसकी संतान ही प्राप्त कर सकती थी। स्त्रियाँ अपने पति की जानकारी के अतिरिक्त धन संचय करके नहीं रख सकती थीं। इन नियमों का अपवाद प्रभावती गुप्त जैसी रानियाँ व उच्च वर्गों की स्त्रियाँ थीं, जो संसाधनों पर अपना नियंत्रण रखती थीं। मनुस्मृति में पुरुषों एवं स्त्रियों के लिए धन अर्जित करने के अलग-अलग तरीके निर्धारित थे। पुरुषों के लिए विरासत, खोज, क्रय, जीत द्वारा, निवेश, कार्य द्वारा तथा सज्जनों द्वारा दी गई भेंट जैसे सात तरीके धनार्जन के थे, जबकि महिलाओं के लिए विवाह के समय महिलाओं को प्राप्त स्त्रीधन एक तरीका था।

3. वर्तमान समाज में सामाजिक रिश्ते किस प्रकार परिचालित होते हैं? क्या ये अतीत के सामाजिक रिश्तों से मिलते-जुलते हैं अथवा भिन्न हैं?

उत्तर वर्तमान समाज में अधिकतर रिश्ते विवाह संबंधों के आधार पर परिचालित होते हैं; जैसे- पति-पत्नि का रिश्ता एवं दोनों परिवारों के मध्य रिश्ता तथा उनके बच्चों में रिश्ता आदि। इन संबंधों को पूर्ण रूप से सामाजिक तथा कानूनी संरक्षण प्राप्त है। वर्तमान समाज में रिश्ते एक सीमा तक ही अतीत के रिश्तों से मिलते-जुलते हैं, क्योंकि अतीत से वर्तमान समय तक पारिवारिक संरचना में अत्यधिक अंतर आया है तथा एकल परिवारों का प्रचलन और आजीविका की तलाश में निकले परिवार अपनी जड़ों से दूर होते जा रहे हैं, जो नातेदारी व्यवस्था को सीमित करता है।

निम्नलिखित प्रश्नों के उत्तर लगभग 100-150 शब्दों में लिखिए

1. स्पष्ट कीजिए कि विशिष्ट परिवारों में पितृवंशिकता क्यों महत्त्वपूर्ण रही होगी?

अथवा **छठी शताब्दी ई.पू. के बाद से कुलीन परिवारों के बीच पितृवंशीय व्यवस्था कैसे महत्त्वपूर्ण थी? उदाहरण सहित स्पष्ट कीजिए।** **CBSE 2024**

उत्तर पितृवंशिकता एक परंपरा है, जो पिता के पश्चात् पुत्र, तत्पश्चात् पौत्र और बाद में प्रपौत्र इत्यादि क्रम से चलती है अर्थात् पिता द्वारा अर्जित संसाधनों पर पुत्रों का अधिकार होता है।

नगरीकरण के पश्चात् भारतीय समाज में पितृवंशिकता की परंपरा का प्रचलन तीव्र गति से हुआ।

तत्कालीन समय में विशिष्ट परिवारों के अंतर्गत शासक परिवार एवं संपन्न परिवार को शामिल किया जाता था। इन विशिष्ट परिवारों में पितृवंशिकता का प्रचलन था।

विशिष्ट परिवारों में पितृवंशिकता को निम्नलिखित कारणों से महत्त्वपूर्ण माना गया होगा

(i) **वंश-परंपरा के संचालन हेतु** वैदिक ग्रंथ ऋग्वेद में पितृवंशिकता का उल्लेख अनेक मंत्रों द्वारा प्रस्तुत किया गया है। इसके अनुसार, वंश-परंपरा को सुचारु रूप से संचालित करने के लिए पितृवंशिकता आवश्यक है। धर्मसूत्रों में पुत्र को ही वंश चलाने वाला माना गया है। सभी परिवार पुत्र की कामना हेतु यज्ञ-अनुष्ठान करते थे, चूँकि पितृवंशिकता का आधार पुत्र होते थे। अतः विशिष्ट परिवारों के लिए पितृवंशिकता महत्त्वपूर्ण थी।

(ii) **उत्तराधिकार संबंधी विवाद से बचाव हेतु** पितृवंशिकता के अनुसार, विशिष्ट परिवारों में पिता की मृत्यु के पश्चात् उसके संसाधनों पर पुत्र का अधिकार हो जाता था। इस कारण उत्तराधिकार संबंधी विवाद से आसानी से बचा जा सकता था। यही कारण है कि विशिष्ट परिवारों में पितृवंशिकता को महत्त्वपूर्ण माना जाता था, जैसे-मौर्य वंश में चंद्रगुप्त मौर्य के बाद उनका पुत्र बिंदुसार सिंहासन पर बैठा।

2. क्या आरंभिक राज्यों में शासक निश्चित रूप से क्षत्रिय ही होते थे? चर्चा कीजिए।

उत्तर प्रायः आरंभिक राज्यों में क्षत्रिय ही राजा के पद पर आसीन होते थे, लेकिन इतिहास में ऐसे तथ्यों का भी उदाहरण है, जिसमें गैर-क्षत्रिय भी शासक होते थे; जैसे—मौर्य वंश के प्रथम शासक चंद्रगुप्त मौर्य, जोकि क्षत्रिय वर्ग से संबंधित नहीं थे। ब्राह्मण ग्रंथों में मौर्य वंश के शासकों को 'निम्न कुल' से उत्पन्न बताया गया है।

प्रसिद्ध शक शासक रुद्रदामन (लगभग दूसरी शताब्दी ई.) द्वारा सुदर्शन सरोवर (झील) के जीर्णोद्धार का वर्णन एक आरंभिक अभिलेख में मिलता

है। शक शासक मौर्योत्तर कालीन ब्राह्य आक्रमणकारी थे, जो कालांतर में भारतीय महाद्वीप में शासक बन गए ब्राह्मण शक शासकों को मलेच्छ या बर्बर जाति के मानते थे। इनके प्रांत अभिलेख संस्कृत में वर्णित हैं, जिससे यह सिद्ध होता है कि ये संस्कृत परिपाटी से भली-भाँति परिचित थे।

सातवाहन कुल के सबसे प्रसिद्ध शासक गोतमी पुत्त सिरी-सातकनि ने स्वयं को अद्भुत ब्राह्मण और क्षत्रियों का नाश करने वाला बताया था। उसने चार वर्णों के बीच विवाह संबंध होने पर रोक लगाने की घोषणा की, परंतु इन दावों के विपरीत रुद्रदामन परिवार से उसने विवाह संबंध स्थापित किए। इस प्रकार, हम देखते हैं कि आरंभिक राज्यों के शासक आवश्यक रूप से क्षत्रिय नहीं थे, बल्कि कई जातियों ने शासक का पद धारण किया था।

3. द्रोण, हिडिंबा और मातंग की कथाओं में धर्म के मानदंडों की तुलना कीजिए व उनके अंतर को भी स्पष्ट कीजिए।

उत्तर द्रोण, हिडिंबा तथा मातंग की कथाओं में धर्म के मानदंडों की तुलना इस प्रकार है

- **द्रोण की कथा एवं धार्मिक मानदंड** गुरु द्रोणाचार्य एक ब्राह्मण थे, जो कुरु वंश के राजकुमारों को धनुर्विद्या की शिक्षा देते थे। शास्त्र के अनुसार, ब्राह्मण का कर्म शिक्षा देना था। अतः वे अपने कर्म का पालन कर रहे थे। उस काल में निषाद शिक्षा से वंचित थे। यही कारण है कि उन्होंने एकलव्य को अपना शिष्य नहीं बनाया, परंतु गुरुदक्षिणा में उसके दाएँ हाथ का अँगूठा लेना धर्म के विरुद्ध था। इस कथा में धार्मिक मानदंड यह था कि निषाद (आदिवासी) वर्ण-व्यवस्था के अनुसार उच्च वर्णों की बराबरी का दावा नहीं कर सकता था।
- **हिडिंबा की कथा एवं धार्मिक मानदंड** हिडिंबा एक राक्षस की पुत्री थी। उसके भाई ने उसे पांडवों को पकड़कर लाने का आदेश दिया, जिससे वह उन्हें अपना भोजन बना सके, परंतु हिडिंबा ने अपने धर्म के विरुद्ध भीम से विवाह कर लिया। भीम एक क्षत्रिय वर्ण का व्यक्ति था। एक क्षत्रिय अपने से निम्न जाति से विवाह नहीं कर सकता था। यह भी धर्म के मानदंडों के विपरीत था।
- **मातंग की कथा एवं धार्मिक मानदंड** मातंग नामक बोधिसत्व ने चाण्डाल के रूप में जन्म लिया। उसका विवाह एक व्यापारी की पुत्री दिथ्थ से हुआ, जिससे मांडव्य कुमार नामक पुत्र का जन्म हुआ, जो बाद की कालावधियों में तीनों वेदों का ज्ञाता बना। एक दिन जब मातंग ने भिखारी के रूप में अपने पुत्र के द्वार पर पहुँचकर भोजन माँगा, तो उसने भोजन देने से मना कर दिया तथा उसे अपमानित किया। इस कथा में धार्मिक मानदंड यह था कि लोग महान धार्मिक संत या भिक्षु को भी उसके निम्न वर्ण या जाति से संबंधित होने के कारण उसके साथ घृणा और तिरस्कार का भाव रखते थे।

4. किन मायनों में सामाजिक अनुबंध की बौद्ध अवधारणा समाज के उस ब्राह्मणीय दृष्टिकोण से भिन्न थी, जो 'पुरुष सूक्त' पर आधारित था?

उत्तर बौद्धों ने ब्राह्मणों द्वारा विभाजित चार वर्णों का सिद्धांत और इसके संदर्भ में पुरुषसूक्त की अवधारणा के विपरीत मत दिया तथा समाज में फैले अंतर्विरोधों को नियमित करने के लिए जिन संस्थानों की आवश्यकता थी, उन पर अपना मत दिया। बौद्धों का कहना है कि समाज में असमानता तो विद्यमान है, परंतु इन असमानताओं को शाश्वत नहीं माना जा सकता।

धर्मसूत्र, धर्मशास्त्र एवं पुरुषसूक्त के अनुसार, ब्राह्मणों ने समाज को चार वर्गों में बाँट दिया था, जिसे वे दैवीय मानते थे।

परंतु बौद्धों ने सामाजिक असमानता को स्वीकृति नहीं दी है। 'सुत्तपिटक' नामक ग्रंथ में उल्लेख किया गया है कि आरंभ में यद्यपि मनुष्य एवं वनस्पति जगत अविकसित थे, परंतु शांति का वातावरण था। मनुष्य प्रकृति से उतना ही प्राप्त करता था, जितनी उसे आवश्यकता होती थी। कालांतर में मनुष्य अधिक लालची, कपटी तथा हिंसक हो गया, जिसके फलस्वरूप अब एक ऐसे व्यक्ति की आवश्यकता हुई, जो इस स्थिति को नियंत्रित कर सके। यही कारण है कि लोगों ने अपने प्रतिनिधि के रूप में 'राजा' का चयन किया, जो अपनी सेवा के बदले में 'कर' प्राप्त करता था।

इससे यह स्पष्ट होता है कि आर्थिक और सामाजिक संबंधों को बनाने में मनुष्य के कर्मों का विशेष योगदान था। इसका एक अर्थ यह भी है कि यदि मनुष्य स्वयं एक प्रणाली को बना सकता है, तो उसमें परिवर्तन भी ला सकता है।

5. निम्नलिखित अवतरण महाभारत से है, जिसमें ज्येष्ठ पांडव युधिष्ठिर दूत संजय को संबोधित कर रहे हैं।

संजय, धृतराष्ट्र गृह के सभी ब्राह्मणों और मुख्य पुरोहित को मेरा विनीत अभिवादन दीजिएगा। मैं गुरु द्रोण के सामने नतमस्तक होता हूँ···· मैं कृपाचार्य के चरण स्पर्श करता हूँ···· (और) कुरु वंश के प्रधान भीष्म के। मैं वृद्ध राजा (धृतराष्ट्र) को नमन करता हूँ। मैं उनके पुत्र दुर्योधन और उनके अनुजों के स्वास्थ्य के बारे में पूछता हूँ तथा उनको शुभकामनाएँ देता हूँ···· मैं उन सब युवा कुरु योद्धाओं का अभिनंदन करता हूँ, जो हमारे भाई, पुत्र और पौत्र हैं···· सर्वोपरि मैं उन महामति विदुर को (जिनका जन्म दासी से हुआ है) नमस्कार करता हूँ, जो हमारे पिता और माता के सदृश हैं···· मैं उन सभी वृद्ध स्त्रियों को प्रणाम करता हूँ, जो हमारी माताओं के रूप में जानी जाती हैं, जो हमारी पत्नियाँ हैं, उनसे यह कहिएगा कि "मैं आशा करता हूँ कि वे सुरक्षित हैं"···· मेरी ओर से उन कुलवधुओं का, जो उत्तम परिवारों में जन्मी हैं और बच्चों की माताएँ हैं, अभिनंदन कीजिएगा तथा हमारी पुत्रियों का आलिंगन कीजिएगा ···· सुंदर, सुगंधित, सुवेशित गणिकाओं को शुभकामनाएँ दीजिएगा। दासियों और उनकी संतानों तथा वृद्ध, विकलांग और असहायजनों को भी मेरी ओर से नमस्कार कीजिएगा····।

इस सूची को बनाने के आधारों की पहचान कीजिए–उम्र, लिंग, भेद व बंधुत्व के संदर्भ में, क्या कोई अन्य आधार भी हैं? प्रत्येक श्रेणी के लिए स्पष्ट कीजिए कि सूची में उसे एक विशेष स्थान पर क्यों रखा गया है?

उत्तर इस सूची को बनाते समय विशिष्ट आधारों का प्रयोग किया गया है, जो इस प्रकार हैं

(i) **उम्र के आधार पर सूची** इस सूची के अंतर्गत विभिन्न उम्र के लोगों; जैसे—वृद्ध, अनुज, युवा, बच्चों आदि को संबोधित किया गया है। इस सूची में उम्र के आधार को इसलिए विशेष स्थान पर रखा गया है, क्योंकि इन सभी के प्रति युधिष्ठिर का संबोधन है।

(ii) **लिंग के आधार पर सूची** इस सूची के अंतर्गत विभिन्न लिंग के लोगों; जैसे—स्त्री-पुरुष, बालक-बालिकाओं, पुत्र-पुत्रियों आदि को संबोधित किया गया है। इस सूची में लिंग के आधार को इसलिए विशेष स्थान पर रखा गया है, क्योंकि युधिष्ठिर द्वारा इन सभी को कुशलक्षेम पूछा गया है।

(iii) **भेद के आधार पर सूची** इस सूची में भेद के आधार के अंतर्गत विदुर को रखा गया है, क्योंकि विदुर को दासी से उत्पन्न बताया गया है।

(iv) **बंधुत्व के आधार पर सूची** इस सूची में बंधुत्व के आधार के अंतर्गत अनुज, माता, कुलवधुओं, पुत्रियों आदि को संबोधित किया गया है और विशेष स्थान दिया गया है, क्योंकि ये युधिष्ठिर के कुल से थीं और युधिष्ठिर ने इन सभी की कुशलता के लिए चिंता प्रकट की है।

(v) **अन्य आधार** इसके अंतर्गत श्रेष्ठता, वीरता, बौद्धिकता, दास, विकलांग एवं असहायजनों को शामिल किया जा सकता है।

उपरोक्त कथनों से स्पष्ट है कि सम्मान का पात्र समाज का प्रत्येक व्यक्ति है, क्योंकि सभी के योगदान से ही समाज का निर्माण होता है, साथ ही तात्कालिक समाज में इन सभी व्यक्तियों का महत्त्वपूर्ण स्थान था, जो अपनी विशिष्टताओं के लिए जाने जाते थे।

निम्नलिखित प्रश्नों के उत्तर लगभग 500 शब्दों में लिखिए

6. भारतीय साहित्य के प्रसिद्ध इतिहासकार मॉरिस विंटरविट्ज ने महाभारत के बारे में लिखा था कि "चूँकि महाभारत संपूर्ण साहित्य का प्रतिनिधित्व करता है ...... बहुत सारी और अनेक प्रकार की चीजें इसमें निहित हैं ...... (वह) भारतीयों की आत्मा की अगाध गहराई को एक अंतर्दृष्टि प्रदान करता है।" चर्चा कीजिए।

उत्तर महाभारत एक ऐसा ग्रंथ है, जो प्राचीनतम भारत का महत्त्वपूर्ण साक्ष्य प्रस्तुत करता है। यह एक विशिष्ट साहित्यिक स्रोत है, जिसके महत्त्व को न केवल भारतीय इतिहासकारों ने, बल्कि विदेशी इतिहासकारों ने भी माना है।

भारतीय साहित्य के इतिहासकार मौरिस विंटरविट्ज ने महाभारत के महत्त्व को बताते हुए लिखा, कि "महाभारत पूर्ण साहित्य का प्रतिनिधित्व करता है। यह एक विशाल ग्रंथ है, क्योंकि इसमें विस्तृत विषय-सामग्री को सम्मिलित किया गया है। इसमें बहुत सारी और अनेक प्रकार की वस्तुएँ निहित हैं... (वह) भारतीयों की आत्मा की अगाध को एक अंतदृष्टि प्रदान करता है।"

महाभारत साहित्य भारतीय संस्कृति, समाज और दार्शनिक चिंतन का संपूर्ण प्रतिनिधित्व करता है। महाभारत की रचना एक महाकाव्य के रूप में की गई थी, जिसमें मुख्य कथा कौरवों और पांडवों से संबंधित है, लेकिन यह केवल युद्ध का वर्णन नहीं है। इसमें नैतिकता, वर्ण व्यवस्था, जाति व्यवस्था, विभिन्न प्रकार के विवाह, धर्म, न्याय, प्रेम, त्याग, मोह और युक्ति जैसे कई महत्त्वपूर्ण जीवन मूल्य और भावनाएँ दिखाई देती हैं। इसमें युद्ध और शांति, हिंसा और अहिंसा, सत्ता और त्याग जैसे जीवन के विविध पक्षों का गहन विश्लेषण मिलता है। महाभारत केवल एक कथा न रहकर एक दार्शनिक ग्रंथ बन जाता है, जो जीवन के मूलभूत प्रश्नों पर विचार करता है।

महाभारत की गहराई का सबसे बड़ा उदाहरण है भगवद्गीता, जो इस महाकाव्य का महत्त्वपूर्ण भाग है। गीता में भगवान कृष्ण ने अर्जुन को कर्म, ज्ञान, भक्ति और योग का मार्ग दिखाया है। गीता का यह उपदेश समय और स्थान से परे है और किसी भी युग में मानवता के लिए प्रासंगिक है।

महाभारत में वर्णित अन्य कथाएँ भी जीवन की विविधताओं और उनके साथ जुड़े गूढ़ रहस्यों को उजागर करती हैं। इसमें विदुर नीति, संजय दृष्टि और पक्ष प्रश्न जैसे ज्ञानवर्धक प्रसंग हैं, जो व्यक्ति को जीवन की वास्तविकताओं से परिचित कराते हैं। महाभारत का प्रत्येक पात्र अपने-अपने दृष्टिकोण से जीवन के गूढ़ सवालों का सामना करता है। महाभारत की रचना संस्कृत भाषा में की गई है, परंतु वेदों अथवा प्रशस्तियों में प्रयुक्त संस्कृत से काफी सरल है, इसलिए संभवतः अधिकांश लोगों द्वारा महाभारत को समझा जा सकता था। इतिहासकार महाभारत की विषय-वस्तु को दो मुख्य शीर्षकों—आख्यान एवं उपदेशात्मक में विभाजित करते हैं। आख्यान में कहानियों का संग्रह है, जबकि उपदेशात्मक भाग में सामाजिक आचार-विचार के मानदंड हैं, परंतु यह विभाजन पूर्ण रूप से अपने में एकांकी नहीं है। उपदेशात्मक भाग में भी कथाओं का संग्रह होता था और अधिकांश आख्यानों में समाज के लोगों के लिए शिक्षापरक उपदेश समाहित होते थे।

7. क्या यह संभव है कि महाभारत का एक ही रचयिता था? चर्चा कीजिए।

अथवा **महाभारत के लेखकों और महाभारत के लेखन काल के विषय में आप क्या जानते हैं? व्याख्या कीजिए।**

उत्तर महाभारत के रचनाकार एवं इसके काल के निर्धारण के विषय में भारतीय इतिहासकार एकमत नहीं हैं। विभिन्न इतिहासकारों ने भिन्न-भिन्न विचार व्यक्त किए हैं। चूँकि इस महाकाव्य की रचना में लगभग 1,000 वर्षों का समय लगा। अतः इतने लंबे वर्षों में इस महाकाव्य में अलग-अलग विद्वान विभिन्न कालों में महाभारत की मूल कथा के साथ घटित घटनाओं को भी जोड़ते चले गए, प्रारंभ में इस ग्रंथ में निहित 10,000 श्लोक थे, जो बढ़कर लगभग 1,00,000 हो गए।

संभवतः मूल कथा के रचयिता भाट सारथी (सूत) थे, जो क्षत्रिय योद्धाओं के युद्ध क्षेत्र में जाते थे और उनकी विजय एवं उपलब्धियों के बारे में कविताएँ लिखते थे। ये रचनाएँ मौखिक रूप से एक पीढ़ी से दूसरी पीढ़ी तक पहुँचती रहीं। लगभग पाँचवीं शताब्दी ईसा पूर्व से ब्राह्मणों ने इस कथा परंपरा पर एकाधिकार स्थापित करके लिखना आरंभ कर दिया।

इसी काल में कुरु तथा पांचाल (महाभारत के कथानक का केंद्र बिंदु) का राजतंत्र के रूप में उदय हो रहा था। इतिहासकारों के अनुसार, महाभारत की रचना एक लंबे काल तक चलती रही। लगभग 200 ई. पू. से 200 ई. के मध्य इस ग्रंथ की रचना का एक और चरण आरंभ हो गया। इस काल में पूज्य देवता के रूप में विष्णु के महत्त्व में वृद्धि हो रही थी तथा इस महाकाव्य के महत्त्वपूर्ण नायक श्रीकृष्ण को विष्णु का रूप माना गया।

लगभग 200-400 ई. के मध्य मनुस्मृति से मिलते-जुलते उपदेशात्मक प्रकरणों को महाभारत में जोड़ दिया गया, जिसके फलस्वरूप यह ग्रंथ एक लाख श्लोकों वाला ग्रंथ बन गया। साहित्यिक परंपरा के अनुसार, इस ग्रंथ के रचयिता ऋषि व्यास माने जाते हैं, जिन्होंने महाभारत में

वर्णित कहानियों एवं घटनाओं को क्रमिक रूप से संकलित कर एक महाकाव्य अथवा ग्रंथ का रूप दिया।

उपरोक्त विवरणों से यह स्पष्ट हो जाता है कि महाभारत का रचनाकाल एक नहीं है, इसलिए इसके रचनाकार भी केवल एक नहीं हो सकते। अलग-अलग समयांतरालों में अलग-अलग विद्वानों द्वारा इसकी रचना हुई।

8. आरंभिक समाज में स्त्री-पुरुष के संबंधों की विषमताएँ कितनी महत्त्वपूर्ण रही होंगी? कारण सहित उत्तर दीजिए।

उत्तर आरंभिक समाज में स्त्री-पुरुषों के मध्य विषमताएँ मौजूद थीं। ये विषमताएँ सामाजिक प्रतिष्ठा और संपत्ति संबंधी अधिकार के क्षेत्र में देखी जा सकती हैं।

बौद्ध विद्वानों ने भी स्वीकार किया कि उस समय के समाज में विषमता मौजूद थी, किंतु यह विभेद न तो नैसर्गिक था और न ही स्थायी। बौद्धों ने जन्म के आधार पर सामाजिक प्रतिष्ठा को अस्वीकार किया।

आरंभिक समाज में स्त्री-पुरुष के संबंधों की विषमताओं के कारण इस प्रकार थे

(i) लोग पुत्र प्राप्ति हेतु यज्ञ, ईश्वर की प्रार्थना, मंत्रोच्चारण आदि करते थे। पितृसत्तात्मक समाज में पुरुषों का वर्चस्व था और पुरुषों को ही अधिक महत्त्व दिया जाता था।

(ii) मनुस्मृति के अनुसार, पुरुष सात प्रकार से धन प्राप्त कर सकते थे; जैसे—विरासत, खोज, खरीद, निवेश, विजित करके, कार्य द्वारा तथा लोगों द्वारा दी गई भेंट स्वीकार करके।

(iii) स्त्रियाँ छः प्रकार से धन अर्जित कर सकती थीं—वैवाहिक अग्नि के सामने तथा वधूगमन के समय मिली भेंट, भाई, माता तथा पिता द्वारा दिए गए उपहार, इसके अतिरिक्त विवाह के पश्चात् मिलने वाले उपहार भी इसमें शामिल थे।

(iv) स्त्रियों को विवाह के पश्चात् अपने पिता के गोत्र को त्यागकर अपने पति का गोत्र अपनाना पड़ता था, क्योंकि उस समय पुरुषों को अधिक महत्त्व दिया जाता था।

(v) प्राचीन समाज में स्त्रियों के अस्तित्व एवं सम्मान का ध्यान नहीं रखा जाता था। महाभारत के एक महत्त्वपूर्ण प्रकरण, जिसमें युधिष्ठिर अपनी पत्नी द्रौपदी को दाँव पर लगा देते हैं, से स्पष्ट होता है कि पुरुष अपनी पत्नी को एक संपत्ति समझता था।

(vi) इस घटना पर द्रौपदी ने प्रश्न उठाया कि क्या स्त्री को दाँव पर लगाना उचित है? उस काल में इसे अनुचित नहीं माना गया, क्योंकि पत्नी पर पति का सदैव नियंत्रण होता है। युधिष्ठिर स्वयं को हारने के बाद दास बन गए थे। अतः एक दास किसी अन्य को दाँव पर नहीं लगा सकता था।

(vii) स्त्रियों को पैतृक संपत्ति में हिस्सेदारी नहीं दी गई थी। स्त्रियाँ केवल विवाह के समय प्राप्त उपहार पर अपना स्वामित्व रख सकती थीं। जिसे 'स्त्रीधन' कहा जाता था। 'स्त्रीधन' पर पति का अधिकार नहीं होता था, किंतु उनकी संतान 'स्त्रीधन' को विरासत के रूप में प्राप्त कर सकती थी। मनुस्मृति के अनुसार, स्त्रियाँ अपने पति की अनुमति के विरुद्ध पारिवारिक संपत्ति अथवा अपने बहुमूल्य धन का गुप्त संचय नहीं कर सकती थीं।

(viii) उच्च वर्ग की महिलाएँ सत्ता और संसाधनों पर अपना नियंत्रण रखती थीं; जैसे—वाकाटक रानी प्रभावती गुप्त संसाधनों पर अपना नियंत्रण रखती थीं।

निष्कर्षतः कहा जा सकता है कि पुरुष तथा स्त्री के मध्य सामाजिक प्रतिष्ठा की भिन्नता, संसाधनों पर उनके नियंत्रण में भिन्नता के कारण थी।

9. उन साक्ष्यों की चर्चा कीजिए, जो ये दर्शाते हैं कि बंधुत्व और विवाह संबंधी ब्राह्मणीय नियमों का सर्वत्र अनुसरण नहीं होता था।

अथवा **600 ई. पू. से 600 ई. के दौरान ब्राह्मणीय निर्धारण के अनुसार पारिवारिक संबंधों और विवाह के नियमों का वर्णन कीजिए।**

उत्तर प्राचीनकालीन विभिन्न ग्रंथों के अध्ययन से ऐसे अनेक उदाहरण मिलते हैं, जिनमें ब्राह्मणीय नियमों का सर्वत्र पालन नहीं किया गया है; जैसे—

(i) संस्कृत ग्रंथों में 'कुल' शब्द का प्रयोग परिवार के लिए किया गया है। परिवार एक बड़े समूह का हिस्सा होते हैं, जिन्हें संबंधी कहा जाता है। संबंधियों को 'जाति समूह' कह सकते हैं। परिवार के रिश्ते 'रक्त संबंध' तथा 'नैसर्गिक' माने जाते हैं। कुछ समाजों में भाई-बहन, चचेरे, मौसेरे इत्यादि को खून के रिश्ते के रूप में स्वीकार किया जाता है, परंतु अन्य समाज इसे स्वीकार नहीं करते हैं।

(ii) **पितृवंशिकता के अनुसार**, पिता की मृत्यु के पश्चात् पुत्र उनके समस्त संसाधनों का उत्तराधिकारी होता है। प्रायः राजवंश पितृवंशिकता के नियम का पालन करते थे, परंतु कभी-कभी पुत्र के न होने की स्थिति में एक भाई दूसरे का उत्तराधिकारी बन जाता था।

(iii) कुछ परिस्थितियों में बंधु-बाँधव भी उत्तराधिकारी का दावा करते थे। विशिष्ट परिस्थिति में स्त्रियाँ भी उत्तराधिकारी बन सकती थीं; जैसे—प्रभावती गुप्त (चंद्रगुप्त द्वितीय की पुत्री)।

(iv) धर्मशास्त्र तथा धर्मसूत्र में विवाह के आठ प्रकार बताए गए हैं, जिनमें प्रथम चार को उत्तम एवं अंतिम चार को निन्दनीय विवाह माना गया है। विवाह की अंतिम चार पद्धतियाँ संभवतः कुछ लोगों में प्रचलित थीं, जो ब्राह्मणीय नियम को स्वीकार नहीं करते थे।

(v) **ब्राह्मणीय नियमों के अनुसार**, स्त्रियाँ विवाह के पश्चात् अपने पिता के गोत्र को त्यागकर अपने पति के गोत्र को स्वीकार करती थीं, परंतु सातवाहन राजाओं से विवाह करने वाली रानियों के नाम का विश्लेषण करने से स्पष्ट होता है कि वे गौतम एवं वशिष्ठ गोत्र से उद्भूत थीं, जोकि उनके पिता का गोत्र था।

(vi) साक्ष्यों से यह भी पता चलता है कि कुछ रानियाँ एक ही गोत्र से थीं। यह तथ्य बहिर्विवाह पद्धति के नियमों के विरुद्ध था। दक्षिणी भारत के कई समुदायों में अंतर्विवाह पद्धति अर्थात् अपने बंधुओं में विवाह संबंध प्रचलित था।

(vii) शास्त्रों में अंतर वर्ण विवाहों को वर्जित माना गया है, जबकि महाभारत के विभिन्न पात्र; जैसे—भीम ने हिडिंबा से तथा श्रीकृष्ण ने जांबवती से विवाह किया।

(viii) धर्मशास्त्रों में मनुष्य के लिए विभिन्न प्रकार की मर्यादाओं का भी वर्णन मिलता है, किंतु महाभारत में कई ऐसी घटनाओं की जानकारी मिलती है, जिनमें व्यक्ति अपनी मर्यादा से परे जाकर कार्य करते हैं।

अतः इस प्रकार, उपरोक्त विश्लेषण से स्पष्ट है कि ब्राह्मणीय नियमों को सर्वत्र स्वीकार नहीं किया जाता था।

10. इस अध्याय के मानचित्र की अध्याय 2 के मानचित्र 1 से तुलना कीजिए। कुरु-पांचाल क्षेत्र के पास स्थित महाजनपदों और नगरों की सूची बनाइए।

दक्षता आधारित प्रश्न

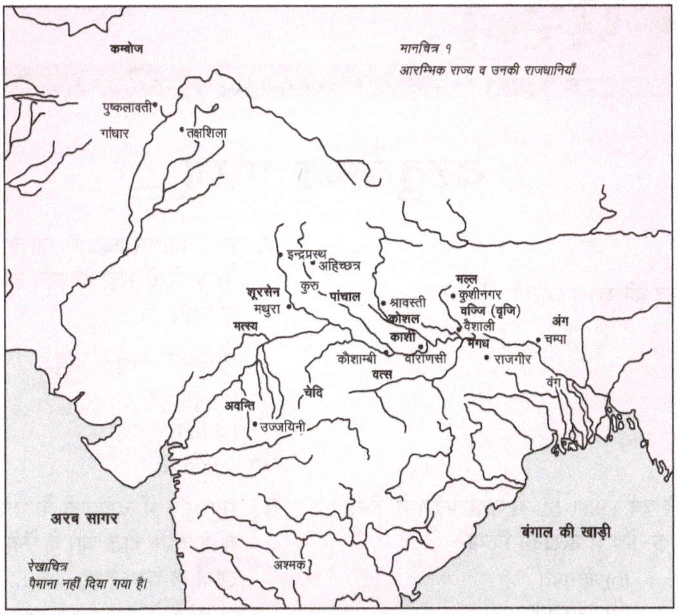

▲ आरंभिक राज्य व उनकी राजधानियाँ

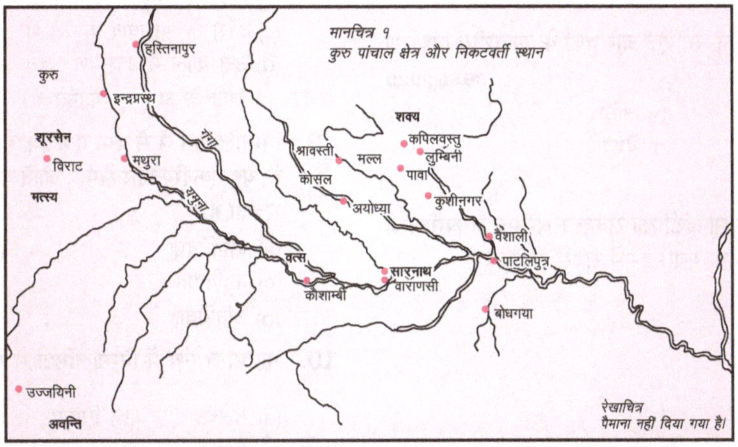

▲ कुरु पांचाल क्षेत्र और निकटवर्ती स्थान

उत्तर कुरु-पांचाल क्षेत्र के पास अवस्थित महाजनपदों और नगरों की सूची निम्नलिखित है।

कुरु-पांचाल क्षेत्र के पास अवस्थित महाजनपद और नगर

क्र.स.	महाजनपद	क्र.स.	नगर
1	काशी	1	हस्तिनापुर
2	कोशल	2	विराटनगर
3	शूरसेन	3	मथुरा
4	मत्स्य	4	इंद्रप्रस्थ
5	वत्स	5	कौशांबी
6	मल्ल	6	श्रावस्ती
7	अवंति	7	कपिलवस्तु
8	मगध	8	पावा
		9	उज्जयिनी
		10	पाटलिपुत्र
		11	बोधगया
		12	वैशाली
		13	वाराणसी
		14	सारनाथ
		15	कुशीनगर
		16	लुंबनी
		17	अहिच्छत्र

अभ्यास प्रश्न

वस्तुनिष्ठ प्रश्न

बहुविकल्पीय प्रश्न

1. साहित्यिक परंपरा में महाभारत की रचना किसने की थी?

(a) मनु
(b) ऋषि व्यास
(c) वाल्मीकि
(d) वी. एस. सुकथांकर

उत्तर (b) ऋषि व्यास

2. पुरातत्त्ववेत्ता बी. बी. लाल ने वर्ष 1951-52 में उत्तर प्रदेश के किस जिले के हस्तिनापुर नामक एक गाँव में उत्खनन किया?

(a) हापुड़ (b) बागपत
(c) मेरठ (d) बिजनौर

उत्तर (c) मेरठ

3. निम्नलिखित वर्गों में से कौन-सा एक चार वर्णों के ब्राह्मणीय निर्धारण में नहीं आता है? **CBSE 2020**

(a) ब्राह्मण (b) क्षत्रिय
(c) निषाद (d) वैश्य

उत्तर (c) निषाद

4. 500 ई. पू. से सामाजिक मानदंडों का संकलन धर्मसूत्र व धर्मशास्त्र नामक संस्कृत ग्रंथों में किया गया। इसमें सबसे महत्त्वपूर्ण .... था/थी।

(a) वेद
(b) पुरुष सूक्त
(c) महाभारत
(d) मनुस्मृति

उत्तर (d) मनुस्मृति

5. मध्य एशिया से आने वाले विदेशी आक्रांताओं को ब्राह्मणों ने .... कहकर संबोधित किया।

(a) मलेच्छ (b) विचित्र
(c) अस्पृश्य (d) यायावर

उत्तर (a) मलेच्छ

6. दिए गए प्रश्न में से उपयुक्त विकल्प अपनी उत्तर पुस्तिका में लिखिए।
.... प्रथा एक पुरुष की अनेक पत्नियाँ होने की सामाजिक परिपाटी है। **CBSE 2024**

(a) बहिर्विवाह
(b) अंतर्विवाह
(c) बहुपत्नी
(d) बहुपति

उत्तर (c) बहुपत्नी

7. नीचे महाभारतकालीन पारिवारिक वंशावली से संबंधित वाक्य दिए गए हैं। इनमें से सही विकल्प का चयन करके निम्नलिखित क्रम को पूरा कीजिए। *दक्षता आधारित प्रश्न*

युधिष्ठिर, अर्जुन, पांडुः ....

(a) दुर्योधन (b) शकुनि
(c) विदुर (d) भीम

उत्तर (c) विदुर

8. मनुस्मृति में चण्डालों के कर्त्तव्यों की सूची मिलती है। उन्हें गाँव के बाहर रहना होता था। वे फेंके हुए बर्तनों का उपयोग करते थे, मरे हुए लोगों के वस्त्र तथा .... *दक्षता आधारित प्रश्न*

(a) सोने के आभूषण पहनते थे।
(b) लोहे के आभूषण पहनते थे।
(c) काँसे के आभूषण पहनते थे।
(d) उस काल में आभूषण पहनने का प्रचलन नहीं था।

उत्तर (b) लोहे के आभूषण पहनते थे।

9. निम्नलिखित में से क्या एक इकाई के भीतर विवाह को संदर्भित करता है, यह एक रिश्तेदार समूह, जाति या एक ही क्षेत्र में रहने वाला समूह हो सकता है? **CBSE 2021**

(a) बहिर्विवाह (b) अंतर्विवाह
(c) बहुविवाह (d) बहुपतित्व

उत्तर (b) अंतर्विवाह

10. महाभारत ग्रंथ में निम्नलिखित में से कौन-सा समुदाय वनवासी था? **CBSE 2021**

(a) मलेच्छ (b) निषाद (c) राक्षस (d) शूद्र

उत्तर (b) निषाद

11. पितृवंशिक व्यवस्था की विभिन्नताओं में कौन -सा कथन शामिल नहीं था? *दक्षता आधारित प्रश्न*

(a) पुत्र के न होने पर भाई भी उत्तराधिकारी हो जाता था।
(b) कभी सगे-संबंधी भी गद्दी (सिंहासन) के दावेदार बन जाते थे।
(c) कुछ परिस्थितियों में स्त्रियाँ भी सत्ता की बागडोर सँभालती थीं।
(d) सामान्यतः स्त्री या पुरुष दोनों सत्ता सँभाल सकते थे।

उत्तर (d) सामान्यतः स्त्री या पुरुष दोनों सत्ता सँभाल सकते थे।

12. विभिन्न वर्णों की सामाजिक भूमिका के संदर्भ में सही विकल्पों का चयन कीजिए।

धार्मिक ग्रंथों की व्याख्या : ब्राह्मण : शिकारी तथा कंदमूल पर आधारित जीवन : .... *दक्षता आधारित प्रश्न*

(a) चण्डाल (b) शिकारी
(c) निषाद (d) शुद्र

उत्तर (a) चण्डाल

13. निम्नलिखित में से किसने महाभारत का समालोचनात्मक संस्करण तैयार करने का जिम्मा उठाया? **CBSE 2024**

(a) डी.एन.झा
(b) इरावती कार्वे
(c) वी.एस. सुकथांकर
(d) रामकरण शर्मा

उत्तर (c) वी.एस. सुकथांकर

14. निम्नलिखित में से कौन-सा युग्म सही सुमेलित है? **CBSE 2024**

(a) अंतर्विवाह - गोत्र से बाहर विवाह
(b) बहिर्विवाह - एक पुरुष की अनेक पत्नियाँ
(c) बहुपत्नी - वैवाहिक सम्बन्ध समूह के मध्य
(d) बहुपति प्रथा - एक स्त्री के अनेक पति

उत्तर (d) बहुपति प्रथा - एक स्त्री के अनेक पति

15. निम्नलिखित युग्मों में से कौन-सा युग्म सही सुमेलित नहीं है? *दक्षता आधारित प्रश्न*

शब्द	**अर्थ**
(a) स्त्रीधन	– पैतृक संपत्ति में हिस्सा
(b) अंतर्विवाह	– एक गोत्र के मध्य संपन्न होने वाला विवाह
(c) निषाद	– प्राचीनकाल का एक आखेटक समुदाय
(d) बहुपति प्रथा	– एक स्त्री के अनेक पति होने की प्रथा

उत्तर (a) स्त्रीधन—पैतृक संपत्ति में हिस्सा

16. निम्नलिखित युग्मों में से कौन-सा युग्म सही सुमेलित है? *दक्षता आधारित प्रश्न*

(a) महाभारत – हिंदी
(b) भरतमुनि का नाट्यशास्त्र – तमिल
(c) आरंभिक बौद्ध ग्रंथ – पालि
(d) जैन ग्रंथों का संग्रहण – संस्कृत

उत्तर (c) आरंभिक बौद्ध ग्रंथ—पालि

17. कल्पना कीजिए कि आप महाभारत के समालोचनात्मक संस्करण पर शोध कर रहे हैं। निम्नलिखित में से कौन-सा स्रोत महाभारत के क्षेत्रीय प्रभेदों और उनसे जुड़े समाजशास्त्रीय महत्त्व को समझने में अधिक सहायक होगा?

(a) महाभारत के सभी क्षेत्रीय प्रभेदों का संकलन करने वाली पांडुलिपियों की पादटिप्पणियाँ और परिशिष्ट
(b) वे श्लोक, जो समूचे उपमहाद्वीप की अधिकांश पांडुलिपियों में समान रूप से पाए गए हैं।
(c) पालि, संस्कृत और तमिल भाषाओं के ग्रंथ, जो सामाजिक इतिहासों का अध्ययन करने में सहायक हैं।
(d) संस्कृत में ब्राह्मणों द्वारा उनके लिए तैयार की गई पांडुलिपि

उत्तर (a) महाभारत के सभी क्षेत्रीय प्रभेदों को संकलन करने वाली पांडुलिपियों की पादटिप्पणियाँ और परिशिष्ट

18. निम्नलिखित कथनों में से कौन-सा सही नहीं है *दक्षता आधारित प्रश्न*

(a) बौद्धों ने इस बात को अंगीकार किया कि समाज में विषमता मौजूद थी।
(b) बौद्धों ने सामाजिक विषमता के भेदों को न तो नैसर्गिक माना न ही स्थायी।
(c) बौद्धों ने जन्म के आधार पर सामाजिक प्रतिष्ठा को स्वीकार किया।
(d) बौद्धों ने जन्म के आधार पर सामाजिक प्रतिष्ठा को अस्वीकार किया।

उत्तर (d) बौद्धों ने जन्म के आधार पर सामाजिक प्रतिष्ठा को अस्वीकार किया।

19. निम्नलिखित जानकारी की सहायता से महाभारत के पात्र की पहचान कीजिए। **CBSE 2024**

1 **वह भीम का पुत्र था।**
2 **वह मातृपक्ष से राक्षस वंश से था।**

(a) दुर्योधन (b) अभिमन्यु
(c) घटोत्कच (d) भीष्म

उत्तर (c) घटोत्कच

20. नीचे दी गई जानकारी को पढ़िए और मनुस्मृति में वर्णित समुदाय को पहचानिए और उसका नाम बताइए। *दक्षता आधारित प्रश्न*

- रात के समय गाँव तथा नगरों से बाहर रहते थे।
- मृत लोगों के वस्त्र व लोहे के आभूषण का प्रयोग करते थे।
- ऐसे मृतकों की अंत्येष्टि करते थे, जिनके कोई संबंधी नहीं होते थे।

(a) निषाद (b) मलेच्छ
(c) चाण्डाल (d) यायावर पशुपालक

उत्तर (c) चाण्डाल

21. दी गई जानकारी के आधार पर महाभारत के चरित्र की पहचान करें। **CBSE 2021**

- हस्तिनापुर का राजा/शासक
- असामयिक मृत्यु
- धृतराष्ट्र का भाई

(a) दुर्योधन (b) द्रोणाचार्य
(c) पांडु (d) अर्जुन

उत्तर (c) पांडु

22. दी गई जानकारी के आधार पर महाभारत के चरित्र की पहचान करें। **CBSE 2021**

- उसने भीम के प्रति अपने प्रेम को प्रकट किया।
- उसने कुंती से कहा कि वह उसके पुत्र को पसंद करती है।
- उसने एक राक्षस बालक को जन्म दिया।

(a) द्रौपदी (b) गांधारी
(c) हिडिंबा (d) सुभद्रा

उत्तर (c) हिडिंबा

23. दिए गए कथनों को ध्यानपूर्वक पढ़ें। **CBSE 2021**

- द्रोणाचार्य का एक पसंदीदा शिष्य।
- द्रोणाचार्य ने उसे अपने शिष्यों के बीच बेजोड़ होने का आशीर्वाद दिया।

भारत के इस चरित्र की निम्न में से पहचान कीजिए।

(a) अर्जुन (b) युधिष्ठिर
(c) एकलव्य (d) दुर्योधन

उत्तर (a) अर्जुन

24. दिए गए कथनों की सहायता से महाभारत के एक चरित्र की पहचान करें। **CBSE 2021**

- यह पाँच पांडव भाइयों में से एक था।
- यह कुरु के राजा पांडु का पुत्र था।
- उसे हस्तिनापुर में चौसर खेलने के लिए चुनौती दी गई।

(a) अर्जुन (b) भीम
(c) युधिष्ठिर (d) दुर्योधन

उत्तर (c) युधिष्ठिर

25. अक्षत्रियक राजा के संदर्भ में निम्नलिखित पर विचार कीजिए।

1. मौर्य 2. शक 3. सातवाहन

उपरोक्त में कौन-सा/से सही है/हैं?

(a) केवल 1 (b) केवल 2
(c) 1 और 3 (d) ये सभी

उत्तर (d) ये सभी

26. संपत्ति संबंधी अधिकार के संबंध में निम्नलिखित कथनों पर विचार कीजिए। *दक्षता आधारित प्रश्न*

1. स्त्रियों को विवाह के समय मिलने वाले उपहार को स्त्रीधन माना जाता था।
2. स्त्रीधन पर पति का अधिकार नहीं होता था।
3. स्त्री अपने पति की अनुमति के बिना पैतृक अथवा बहुमूल्य धन का गुप्त संचय कर सकती थी।

उपरोक्त कथनों में से कौन-सा/से सही नहीं है/हैं?

(a) केवल 1 (b) केवल 2
(c) केवल 3 (d) 1 और 3

उत्तर (c) केवल 3

27. निम्नलिखित कथनों पर विचार कीजिए। *दक्षता आधारित प्रश्न*

1. सातवाहन वंश के शासक गोतमी पुत्त सिरी सातकनि स्वयं का उल्लेख क्षत्रियों के अभिमान का हनन करने वाले एक ब्राह्मण के रूप में करते थे।
2. महाभारत में द्रौपदी से पांडवों के विवाह की कथा का उस समय प्रचलित बहुपति विवाह के रूप में उल्लेख किया गया।
3. प्राचीनकाल में लोग संपत्ति के आधार पर सामाजिक प्रतिष्ठा प्राप्त करते थे।

उपरोक्त में से कौन-सा/से कथन सही है/हैं?

(a) केवल 1 (b) केवल 2 (c) 1 और 3 (d) ये सभी

उत्तर (d) ये सभी

28. संपत्ति के अधिकार के संबंध में निम्नलिखित कथनों पर विचार कीजिए। *दक्षता आधारित प्रश्न*

1. धर्मसूत्र और धर्मशास्त्रों में संपत्ति के अधिकार संबंधी मुददे उल्लखित हैं
2. मनु के अनुसार, पैतृक संपत्ति में ज्येष्ठ पुत्र विशेष भाग का अधिकारी था।
3. मनु के अनुसार स्त्रियाँ पैतृक संपत्ति में हिस्सेदारी की माँग कर सकती थीं।

कूट

(a) 1 और 2 (b) 1 और 3
(c) 2 और 3 (d) 1, 2 और3

उत्तर (a) 1 और 2

29. निम्नलिखित में से कौन साहित्यिक परंपराओं से संबंधित घटनाओं का सही कालानुक्रमिक क्रम दर्शाता है? *दक्षता आधारित प्रश्न*

1. आरंभिक बौद्ध ग्रंथ त्रिपिटक सहित (पालि में)
2. पाणिनी की अष्टाध्यायी, संस्कृत व्याकरण
3. रामायण और महाभारत (संस्कृत में)
4. आयुर्वेद के ग्रंथ (संस्कृत में)

कूट

(a) 1, 2, 3, 4
(b) 2, 1, 3, 4
(c) 1, 3, 4, 2
(d) 2, 4, 1, 3

उत्तर (b) (b) 2, 1, 3, 4

30. सुमेलित कीजिए *दक्षता आधारित प्रश्न*

सूची I	सूची II
A. वी. एस. सुकथांकर	1. पुरातत्त्ववेत्ता
B. बी. बी. लाल	2. संस्कृत के प्रसिद्ध विद्वान
C. आर्यभट्ट	3. खगोलविद् व शिक्षाशास्त्री
D. चारुदल	4. ब्राहमण वणिक

कूट

	A	B	C	D		A	B	C	D
(a)	2	1	3	4	(b)	2	3	1	4
(c)	1	2	3	4	(d)	2	1	4	3

उत्तर (a) 2 1 3 4

31. सुमेलित कीजिए *दक्षता आधारित प्रश्न*

सूची I	सूची II
A. वैश्य	1. सुरक्षा करना
B. ब्राह्मण	2. यज्ञ करना
C. शूद्र	3. ऊपर के वर्णों की सेवा करना
D. क्षत्रिय	4. व्यापार करना

कूट

	A	B	C	D		A	B	C	D
(a)	1	2	3	4	(b)	4	2	3	1
(c)	4	2	1	3	(d)	1	2	4	3

उत्तर (b) 4 2 3 1

32. निम्नलिखित चित्र की पहचान कीजिए और इसे उपयुक्त शीर्षक दीजिए
दक्षता आधारित प्रश्न

(a) महाभारत का एक दृश्य
(b) शक शासक का एक दृश्य
(c) महाभारत के अर्जुन का दृश्य
(d) महाभारत का उपदेशात्मक दृश्य

उत्तर (a) महाभारत का एक दृश्य

33. निम्नलिखित चित्र की पहचान कीजिए और इसे उपयुक्त शीर्षक दीजिए।
दक्षता आधारित प्रश्न

(a) एक शासक और उसका सैनिक
(b) एक सरदार और उसका अनुयायी
(c) गुरु एवं शिष्य
(d) पिता एवं पुत्र

उत्तर (b) एक सरदार और उसका अनुयायी

निर्देश (प्र. सं. 34-37) नीचे दो कथन दिए गए हैं, जिसमें एक को कथन (A) तथा दूसरें कारण (R) कहा गया है। नीचे दिए गए कूट की सहायता से सही उत्तर का चयन कीजिए।

कूट
(a) A और R दोनों सही हैं तथा R, A की सही व्याख्या है।
(b) A और R दोनों सही हैं, परंतु R, A की सही व्याख्या नहीं है।
(c) A सही है, किंतु R गलत है
(d) A गलत है, किंतु R सही है

34. कथन (A) **मनुस्मृति के अनुसार माता-पिता की मृत्यु के पश्चात् पैतृक संपत्ति पर सभी पुत्रों का समान अधिकार होता था।**

कारण (R) **स्त्री पैतृक संपत्ति में हिस्सेदारी की माँग नहीं कर सकती थी।**

उत्तर (a) मनुस्मृति के अनुसार माता-पिता की मृत्यु के पश्चात् पैतृक संपत्ति पर सभी पुत्रों का समान अधिकार होना चाहिए, परंतु ज्येष्ठ पुत्र को इसका कुछ विशेष भाग दिया जाना चाहिए। स्त्री पैतृक संपत्ति की हिस्सेदार नहीं होती थी।

35. कथन (A) **छठी शताब्दी ई. पू. में बौद्धों ने वर्ण व्यवस्था की आलोचना की तथा सामाजिक विषमताओं को स्वीकार किया।**

कारण (R) **बौद्धों ने जन्म आधारित सामाजिक प्रतिष्ठा को स्वीकार किया है।**

उत्तर (c) पूर्व में बौद्धों ने वर्ण व्यवस्था की आलोचना की, इन्होंने सामाजिक विषमताओं को स्वीकार किया, परंतु इनका मानना था कि इन विषमताओं का जन्म प्राकृतिक अथवा स्थायी रूप से नहीं हुआ है। बौद्धों ने जन्म आधारित सामाजिक प्रतिष्ठा का खंडन किया और कहा कि मनुष्य की उच्च अथवा निम्न स्थिति का निर्धारण उसके कर्मों से होता है, न कि जाति विशेष में जन्म लेने से।

36. कथन (A) **महाभारत की रचना में लगभग दो हजार वर्ष लगे थे।**

कारण (R) **महाभारत के कुछ भाग समाज के विभिन्न समुदायों के आचार व्यवहार के मानदंड को प्रस्तुत करते हैं।**

उत्तर (d) महाभारत की रचना में लगभग एक हजार वर्ष (लगभग 500 ई. पू. से) लगे तथा इसमें एक लाख से भी अधिक श्लोकों की रचना हुई है। महाभारत के कुछ भाग समाज के विभिन्न समुदायों के आचार-व्यवहार के मानदंड को प्रस्तुत करते हैं एवं इसके मुख्य पात्र इन सामाजिक मानदंडों का अनुसरण करते हुए दिखाई देते हैं।

37. कथन (A) **धर्मसूत्रों और धर्मशास्त्रों में एक वर्ण व्यवस्था का प्रावधान किया गया है।**

कारण (R) **इसका सर्वप्रथम उल्लेख ऋग्वेद के पुरुष सूक्त में मिलता है।**

उत्तर (a) धर्मसूत्रों और धर्मशास्त्रों में एक आदर्श व्यवस्था अर्थात् वर्ण व्यवस्था (ब्राह्मण, क्षत्रिय, वैश्य, शूद्र) का प्रावधान किया गया है। इसका सर्वप्रथम उल्लेख ऋग्वेद के पुरुषसूक्त में मिलता है। ब्राह्मणों का यह मत था कि इस व्यवस्था में उन्हें पहला स्थान प्राप्त है तथा शूद्रों एवं अस्पृश्यों को सबसे निचले स्थान पर रखा गया है।

लघु उत्तरीय प्रश्न

1. साहित्यिक परंपराओं का अध्ययन (ग्रंथों का विश्लेषण) करते समय इतिहासकारों को कौन-कौन सी बातों को ध्यान में रखना चाहिए? व्याख्या कीजिए।

उत्तर साहित्यिक परंपराओं का अध्ययन करते समय इतिहासकारों को निम्नलिखित बातों का ध्यान रखना चाहिए

(i) साहित्यिक परंपरा के ग्रंथ किसने लिखे, क्या लिखा और किनके लिए इनकी रचना हुई अर्थात् ग्रंथ की विषय-वस्तु का ज्ञान होना चाहिए।

(ii) साहित्यिक परंपराओं के अध्ययन में इतिहासकार को यह भी ध्यान में रखना चाहिए कि इन ग्रंथों की रचना में किस भाषा का प्रयोग हुआ है तथा इनका प्रचार-प्रसार किस तरह हुआ।

(iii) इतिहासकारों को ग्रंथों का प्रयोग सावधानी से करना चाहिए, जिससे समाज में प्रचलित आचार-व्यवहार एवं रीति-रिवाजों का इतिहास लिखा जाए।

2. महाभारत की भाषा और विषय-वस्तु की व्याख्या कीजिए।

उत्तर महाभारत में प्रयुक्त भाषा मूल रूप से संस्कृत है। इस महाकाव्य में जिस संस्कृत भाषा का प्रयोग किया गया है, वह वेदों अथवा प्रशस्तियों में प्रयुक्त संस्कृत से अत्यधिक सरल है। इसकी सरलता का बोध अन्य भाषाओं में इसके अनुवादित संस्करण से होता है। महाभारत की मुख्य रूप से दो विषय-वस्त हैं

(i) **आख्यानात्मक विषय-वस्तु** इस विषय-वस्तु में कई कहानियों का संग्रह है। ये कहानियाँ समाज के विभिन्न पहलुओं को प्रतिबिंबित करती हैं।

(ii) **उपदेशात्मक विषय-वस्तु** इस विषय-वस्तु में सामाजिक आचार-विचार के मानदंडों का चित्रण किया गया है। यह आचार-विचार तत्कालीन वर्णों और जातियों के लिए निर्धारित किया गया था, परंतु यह विभाजन पूर्ण रूप से अपने में एकांकी नहीं है, क्योंकि उपदेशात्मक भाग में कहानियाँ भी निहित हैं और अनेक आख्यानात्मक भाग में समाज के लिए आचार-विचारों का संग्रह किया गया है। इस संदर्भ में अनेक इतिहासकारों का मत है कि महाभारत वस्तुतः नाटकीय कथानक था, जिसमें उपदेशात्मक अंश बाद में जोड़े गए थे।

3. परियोजना पर काम करने वाले विद्वानों ने महाभारत की सभी पांडुलिपियों में पाए जाने वाले श्लोकों की तुलना करने का क्या तरीका ढूँढ निकाला? संक्षेप में वर्णन कीजिए। उनकी खोज का क्या परिणाम निकला? *दक्षता आधारित प्रश्न*

उत्तर परियोजना पर काम करने वाले विद्वानों ने सभी पांडुलिपियों में निहित श्लोकों की तुलना करने का एक तरीका खोज निकाला। इस खोज के अनुसार विद्वानों ने उन श्लोकों का चयन किया, जो लगभग सभी पांडुलिपियों में पाए जाते थे और इनका प्रकाशन 13,000 पृष्ठों में फैले अनेक ग्रंथ के भागों में किया गया। इस परियोजना को पूरा करने में 47 वर्ष का समय लगा। इस परियोजना पर खोज के परिणामस्वरूप दो बातें देखने को मिलती हैं

(i) संस्कृत के कई पाठों के अनेक अंशों में समानता थी। इस बात की पुष्टि पूरे उपमहाद्वीप में (उत्तर में कश्मीर और नेपाल, दक्षिण में केरल और तमिलनाडु तक) सभी पांडुलिपियों में मिली समानताओं से होती है।

(ii) कुछ शताब्दियों के बाद महाभारत की विषय-वस्तु में अनेक क्षेत्रीय अंतर भी दिखाई देने लगे। इन प्रभेदों का संकलन मुख्य पाठ की पादटिप्पणियों और परिशिष्टों के रूप में किया गया। इन 13,000 पृष्ठों में से आधे से भी अधिक इन प्रभेदों का ब्यौरा प्रदान करते हैं।

4. "ईसा-पूर्व प्रथम सहस्राब्दि का काल विश्व इतिहास में एक महत्त्वपूर्ण मोड़ माना जाता है।" इस कथन को न्यायसंगत ठहराइए। CBSE 2025

उत्तर ईसा पूर्व प्रथम सहस्राब्दि (1000 ईसा पूर्व से 1 ईसा पूर्व) को विश्व इतिहास में एक महत्त्वपूर्ण मोड़ मानी जाता है, क्योंकि इस काल में मानव सभ्यता ने कई क्षेत्रों में क्रांतिकारी परिवर्तन देखें। लौह युग का प्रारंभ इस काल की सबसे बड़ी उपलब्धि थी, जिसने कृषि, हथियार निर्माण और औद्योगिक प्रगति को बढ़ावा दिया। मेसोपोटामिया में असीरियाई और बेबीलोनियाई साम्राज्य, मिस्र में नवीन साम्राज्य, भारत में वैदिक सभ्यता और चीन में झोऊ वंश का उदय हुआ। इन सभ्यताओं ने धर्म, दर्शन और शासन प्रणाली को आकार दिया। ग्रीस में लोकतंत्र और दार्शनिक चिंतन का विकास हुआ, जो पश्चिमी सभ्यता की नींव बना। व्यापार मार्गों जैसे रेशम मार्ग, ने संस्कृतियों को जोड़ा। लिखित भाषा साहित्य और कानून का विकास भी इसी काल में हुआ, जिसने आधुनिक समाज के आधार तैयार किए इसलिए यह काल विश्व इतिहास में निर्णायक माना जाता है।

5. महाभारत के संदर्भ में बंधुता के रिश्तों में किस प्रकार परिवर्तन आया? वर्णन कीजिए।

अथवा **महाभारत के अनुसार, बंधुता की व्याख्या कीजिए।**

उत्तर बंधुता से तात्पर्य किसी परिवार के सदस्यों के आपसी सौहार्द की भावना से है। यह भावना प्राचीनकाल से ही समाज व परिवार में प्रचलित थी। प्रारंभ में महाभारत काल के दो मुख्य समुदाय कौरव एवं पांडव के बीच सौहार्द व बंधुता की भावना विद्यमान थी, परंतु धीरे-धीरे कौरवों में अभिमान, धनलोलुपता, ईर्ष्या आदि की भावना बढ़ने से कौरवों और पांडवों में बंधुता घटती गई।

इन परिवर्तनों के कारण दोनों में संघर्ष उत्पन्न हुए, जो युद्ध में परिवर्तित हो गए। महाभारत में पांडवों तथा कौरवों के मध्य भूमि तथा सत्ता के लिए हुए युद्ध का चित्रण किया गया है। दोनों ही दल कुरु वंश से संबंधित थे। इस युद्ध में पांडवों की विजय हुई।

युद्ध के पश्चात् पितृवंशिक उत्तराधिकार की घोषणा की गई। यह सत्य है कि पितृवंशिकता महाकाव्य काल के पहले से ही विद्यमान थी, परंतु महाभारत की मुख्य कथावस्तु ने इसे और सुदृढ़ कर दिया। पितृवंशिकता के अनुसार, पिता की मृत्यु के पश्चात् उनकी समस्त संपत्ति पर पुत्रों का अधिकार हो जाता था। पितृवंशिकता ने उत्तराधिकार के लिए होने वाले संघर्ष को कम किया।

6. आरंभिक परिवार के स्वरूप पर प्रकाश डालिए।

अथवा **समाज की मूलभूत ईकाई 'परिवार' की प्रकृति पर संक्षिप्त चर्चा कीजिए।**

उत्तर आरंभिक परिवारों में एकरूपता नहीं थी। परिवार के प्रकार एवं उनके सदस्यों के संबंधों में भिन्नता होती थी। पारिवारिक जनों की संख्या, एक-दूसरे से उनका संबंध और उनके क्रियाकलाप भी अलग होते थे। अधिकांशतः एक ही परिवार के लोग भोजन और अन्य संसाधनों का आपस में मिल-जुलकर प्रयोग करते थे, एकसाथ रहते और कार्य संपादित करते थे। परिवार में एक बड़े समूह का हिस्सा होता है, जिन्हें संबंधी कहा जाता है। पारिवारिक संबंध 'नैसर्गिक' और 'रक्त संबंध' माने जाते हैं, परंतु इन संबंधों की परिभाषा भिन्न-भिन्न तरीकों से दी जाती है। कुछ समाजों में भाई-बहन (चचेरे, मौसेरे आदि) को रक्त संबंध माना जाता है, किंतु अन्य समाज में ऐसा नहीं मानते।

7. "धर्मसूत्रों और धर्मशास्त्रों में वर्णों के चारों वर्गों के लिए आदर्श जीविका से जुड़े नियम भी मिलते हैं।" इस कथन की आलोचनात्मक समीक्षा कीजिए।

अथवा **धर्मसूत्रों और धर्मशास्त्रों के अनुसार आदर्श जीविका से जुड़े नियमों की व्याख्या कीजिए।**

उत्तर धर्मसूत्रों तथा धर्मशास्त्रों में एक आदर्श व्यवस्था की गई है। इस व्यवस्था को ब्राह्मण एक दैवीय व्यवस्था कहते थे। जन्म आधारित इस व्यवस्था में ब्राह्मण सबसे ऊँचे स्तर पर, जबकि शूद्र समाज के सबसे निचले स्तर पर थे।

धर्मसूत्रों तथा धर्मशास्त्रों में आदर्श जीविका से जुड़े कई नियम मिलते हैं, जिनका विवरण निम्न प्रकार है

- ब्राह्मणों का कार्य अध्ययन, वेदों की शिक्षा, यज्ञ करना और करवाना, साथ ही दान देना और लेना था।
- क्षत्रियों का कार्य युद्ध करना, लोगों को सुरक्षा प्रदान करना, न्याय करना, वेद पढ़ना, यज्ञ करवाना तथा दान-दक्षिणा देना था।
- क्षत्रियों के अंतिम तीन कार्य वैश्यों को भी करने होते थे, साथ ही वे कृषि, पशुपालन और व्यापार भी करते थे।
- शूद्रों का कार्य ऊपर के तीनों वर्णों की सेवा करना था।

ब्राह्मणों ने इन नियमों का पालन करवाने के लिए तीन नीतियों को अपनाया

(i) उन्होंने बताया कि वर्ण व्यवस्था एक दैवीय व्यवस्था की उत्पत्ति है।

(ii) वे शासकों पर दबाव डालते थे कि वे इस व्यवस्था के नियमों का पालन कराएँ।

(iii) वे लोगों को विश्वास दिलाने का प्रयत्न करते थे कि उनकी प्रतिष्ठा जन्म पर आधारित है, परंतु ऐसा करना सरल नहीं था, इसलिए इन मानदंडों को महाभारत जैसे अनेक ग्रंथों में वर्णित कहानियों के द्वारा बल प्रदान किया जाता था।

8. ब्राह्मणीय पद्धति और सातवाहन वंशजों से हमें गोत्रों की विरासत संबंधी क्या प्रमाण मिले हैं?

उत्तर भारत में लगभग 1000 ई. पू. के पश्चात् एक नवीन ब्राह्मणीय पद्धति का विकास हुआ। इस व्यवस्था के अंतर्गत लोगों को विभिन्न गोत्रों में विभाजित कर दिया गया। प्रत्येक गोत्र का नाम एक वैदिक ऋषि के नाम पर रखा जाता था। उदाहरणस्वरूप, वत्स, वशिष्ठ, गौतम आदि गोत्र वैदिक ऋषियों के नाम पर रखे गए।

गोत्र पद्धति के दो विशिष्ट नियम थे, जो निम्न हैं

(i) विवाह के पश्चात् स्त्री को पिता के गोत्र के स्थान पर पति के गोत्र का माना जाता था।

(ii) एक ही गोत्र के सदस्य आपस में विवाह नहीं कर सकते थे।

प्राचीनकाल में गोत्र पद्धति के इन नियमों को सार्वभौमिक रूप से स्वीकार नहीं किया जाता था। उदाहरणस्वरूप, सातवाहन शासक ने शक राजा रुद्रदामन से वैवाहिक संबंध स्थापित किया। इस वैवाहिक संबंध में सातवाहन ने अपने गोत्र से बाहर संबंध स्थापित किया। सातवाहन राजाओं, गोतमी पुत्त सिरी-सातकनि तथा वसिथि पुत्त (सामि) सिरि-पुलमायि के साथ विवाह करने वाली रानियों के नाम का विश्लेषण करने से स्पष्ट होता है कि वे गौतम एवं वशिष्ठ गोत्र से संबंधित थीं, जोकि उनके पिता का गोत्र था, न कि पति का। अतः इन विवरणों से ऐसा प्रतीत होता है कि ब्राह्मणीय नियमों का अनुसरण महाभारत काल में सर्वत्र नहीं होता था।

9. "जाति प्रथा के भीतर आत्मसात होना बहुधा एक जटिल प्रक्रिया" कैसे थी? सोदाहरण स्पष्ट कीजिए।

उत्तर तत्कालीन समाज में जाति प्रथा एक जटिल प्रक्रिया थी। समाज चार वर्णों के अतिरिक्त कई जातियों में बँटा था। जाति का निर्धारण जन्म के अनुसार होता था अर्थात् जो जिस जाति में जन्म लेता था, वह जीवनभर उसी जाति का होकर रह जाता था। जाति परिवर्तन आसान नहीं था। सभी जातियों के कार्य निर्धारित होते थे। अगर कोई उच्च अथवा नीच जाति का व्यक्ति शासक के पद पर पहुँच भी जाता था, तब भी उसकी जाति बदल नहीं पाती थी। उदाहरणस्वरूप, सातवाहन शासक ब्राह्मण वर्ण से थे, जबकि क्षत्रिय ही केवल राजा बन सकते थे। अतः सातवाहन ब्राह्मण ही कहलाए, क्षत्रिय नहीं।

(i) इसी प्रकार मौर्य वंश के शासक बौद्ध धर्म के अनुसार क्षत्रिय थे, किंतु ब्राह्मणीय शास्त्रों के अनुसार वह 'निम्न' कुल से संबंध रखते थे।

(ii) ब्राह्मण मध्य एशिया से आए शकों को मलेच्छ तथा बर्बर मानते थे, किंतु संस्कृत के आरंभिक अभिलेखों में शक राजा रुद्रदामन द्वारा सुदर्शन झील के जीर्णोद्धार का वर्णन मिलता है। इससे यह पता चलता है कि शक्तिशाली मलेच्छ संस्कृत परिपाटी से परिचित थे।

10. आरंभिक समाज की जाति एवं सामाजिक जटिलताओं का वर्णन कीजिए।

अथवा **आरंभिक भारतीय समाज की सामाजिक संरचना व जाति व्यवस्था पर संक्षिप्त चर्चा के साथ उनकी जटिलताओं का भी उल्लेख कीजिए**

दक्षता आधारित प्रश्न

उत्तर आरंभिक समाज वैदिक काल से ही वर्ण व्यवस्था पर आधारित था, परंतु धीरे-धीरे सामाजिक जटिलताओं में वृद्धि होने लगी। इन जटिलताओं के कारण समाज में निम्नलिखित परिवर्तन दृष्टिगोचर होते हैं

(i) सामाजिक जटिलताओं में वृद्धि होने से वर्ण, जातियों में बदल गए। वर्ण जहाँ चार थे, वहीं जातियों की संख्या असंख्य थी। जाति को भी जन्म आधारित माना गया।

(ii) कभी-कभी विभिन्न व्यवसाय करने वाले समूहों को उनके एक व्यवसाय के आधार पर श्रेणियों में संगठित किया गया; जैसे—मंदसौर (मध्य प्रदेश) से प्राप्त एक अभिलेख में रेशम बुनकरों की एक श्रेणी का उल्लेख है, जो यहाँ लाट (गुजरात) से आकर बसी थी। मंदसौर इस समय दशपुर नाम से विख्यात था।

(iii) ये श्रेणियाँ न केवल व्यवसाय, बल्कि धार्मिक मान्यताओं में भी एकता का परिचय देती थीं। इसकी पुष्टि मंदसौर अभिलेख द्वारा रेशम बुनकरों की श्रेणी द्वारा सूर्य मंदिर बनाने के उल्लेख से होती है। यद्यपि श्रेणी की सदस्यता शिल्प में विशेषज्ञता पर आधारित थी। कुछ सदस्यों द्वारा अन्य जीविका के साधन अपनाने के भी उदाहरण मिलते हैं।

11. जाति की अवधारणा कैसे जन्मी? यह वर्ण से किस प्रकार भिन्न थी?

अथवा **जाति व्यवस्था पर संक्षिप्त चर्चा कीजिए तथा उनके विकास की व्याख्या कीजिए**

उत्तर वर्ण व्यवस्था के अनुसार, भारतीय समाज चार वर्णों में विभाजित था, परंतु बाद के काल में जब ब्राह्मणीय व्यवस्था का नए समुदायों से आमना-सामना हुआ; जैसे—जंगल में रहने वाले निषाद या फिर व्यावसायिक वर्ग; जैसे— स्वर्णकार आदि, तो इन्हें पहले से प्रचलित वर्ण व्यवस्था में समाहित करना संभव नहीं था। अतः इस समस्या के समाधान के लिए ब्राह्मणों ने इन्हें विभिन्न जाति में वर्गीकृत कर दिया। इस प्रकार जाति की अवधारणा का जन्म हुआ। वर्ण की तरह जाति भी जन्म पर आधारित थी, किंतु वर्णों की संख्या जहाँ चार थी, वहीं जातियों की संख्या अनिश्चित थी। संभवतः वर्ण की अवधारणा जाति की अवधारणा से पुरानी थी। इसके अतिरिक्त जहाँ वर्ण सीमित था, वहीं जाति असीमित थी। बाद में जातियों के अंतर्गत अनेक उपजातियों का निर्माण होने लगा।

12. मनुस्मृति में दिए चाण्डालों के कर्त्तव्यों की आलोचना कीजिए।

अथवा **प्राचीनकाल में अछूतों के जीवन का वर्णन कीजिए।** **CBSE 2020**

अथवा **प्राचीन कालीन समाजिक संरचना में अंत्यजों/अहूतो की समाजिक स्थिति का संक्षिप्त वर्णन कीजिए।**

उत्तर प्राचीन भारतीय समाज में अछूतों की स्थिति बहुत ही दयनीय तथा निंदनीय थी। वर्ण व्यवस्था के अनुसार, समाज चार वर्णों में विभाजित था, जिनमें ब्राह्मण तथा क्षत्रिय को उच्च स्थान एवं वैश्यों और शूद्रों को निम्न स्थान प्राप्त था, परंतु बाद के काल में केवल शूद्रों को अछूतों की स्थिति प्राप्त हो गई। अनुष्ठान संपादित करने वाले लोग अछूतों के यहाँ भोजन नहीं करते थे। मनुस्मृति में चाण्डालों के निम्नलिखित कर्त्तव्य निर्धारित थे; जैसे-

- वे गाँव तथा नगरों से बाहर रहते थे। वे मरे हुए लोगों के वस्त्र, लोहे के आभूषण तथा फेंके हुए बर्तनों का प्रयोग करते थे।
- रात के समय नगरों तथा गाँव में उनका प्रवेश वर्जित था। वे ऐसे मृतकों की अंत्येष्टि करते थे, जिनका कोई संबंधी नहीं होता था।
- चीनी यात्री फाह्यान के अनुसार अस्पृश्यों को सड़क पर करताल बजाकर चलना पड़ता था, ताकि उच्च वर्ण के लोग उनकी परछाईं से अपवित्र न हो जाएँ।
- इसी प्रकार एक अन्य चीनी यात्री ह्वेनसांग का भी कहना है कि वधिक तथा सफाई करने वाले लोग नगर से बाहर रहते थे।

मनुस्मृति में वर्णित चाण्डालों के कार्य मानवीय मूल्यों के विपरीत थे। ब्राह्मणों द्वारा उन्हें सामाजिक व्यवस्था के बाहर माना जाता था। उन्हें समाज की सबसे निम्न कोटि में रखा जाता था। उच्च वर्ण के लोग उन्हें स्पर्श करना तो दूर की बात है, उन्हें देखना भी अशुभ मानते थे। उन्हें अस्पृश्य घोषित किया गया था। इस तरह इन गतिविधियों से सामाजिक विषमता को और बढ़ावा दिया गया।

18. महाभारत के समालोचनात्मक संस्करण को तैयार करने के कार्य में विद्वानों की भूमिका का विश्लेषण कीजिए? **CBSC 2024**

उत्तर महाभारत के समालोचनात्मक संस्करण को तैयार करने में विद्वानों की भूमिका न केवल गहन अध्ययन ओर अनुसंधान का प्रतीक है बल्कि यह भारतीय साहित्य और इतिहास के पुनर्निर्माण में एकमील का पत्थर भी है। संस्कृत विद्वान वी.एस सुकाथाकर के नेतत्व में इस परियोजना की शुरूआत 1919 में हुई जिसमें कई विद्वानों ने मिलकर 47 वर्षो तक काम किया।

(i) **पांडुलिपियों का संग्रह ओर अध्ययन** विद्वानों ने भारत के विभिन्न क्षेत्रों जैसे कश्मीर नेपाल केरल और तमिलनाडु से संस्कृत पांडुलिपियों को एकत्रित किया।
इन पांडुलिपियें में प्रचलित क्षेत्रीय विविधताओं का तुलनात्मक अध्ययन किया।
उन्होंने ऐसे श्लोकों का चिन्हित किया जो अधिकांश पांडुलिपियों में समान रूप से उपस्थित थे।

(ii) **प्रमाणिक पाठ की पुनर्स्थापना** विद्वानों ने महाभारत के मुख्य पाठ को उन श्लोकों के आधार पर तैयार किया जो सभी पांडुलिपियों में संगत थे।
- इस पाठ का प्रकाशन कुल 13 हजार पृष्ठों में किया गया।
- मुख्य पाठ के साथ- साथ परिशिष्टों में क्षेत्रीय विविधताओं और परिवर्तनों को भी जोड़ा गया।

(iii) **प्रभेदों का दस्तोवेजीकरण/संकलन** महाभारत के दौरान विकसित क्षेत्रीय प्रभेदों के विस्तारपूर्वक परिशिष्टों में दर्ज किया गया। इन प्रभेदों का अध्ययन यह समझने में सहायक रहा कि महाभारत की कथा समय के साथ कैसे बदली।

(iv) **समाजिक इतिहास का पुनर्निर्माण** विद्वानों ने महाभारत को एक सामाजिक संकलन के रूप देखा और इसके माध्यम से प्राचीन भारतीय समाज के रीति -रिवाजों नियमों और आदर्शो का अध्ययन किया।

(v) **सांस्कृतिक विविधता का विश्लेषण** विद्वानों ने यह स्वीकार किया कि पालि प्राकृत और तमिल ग्रंथो में भी भिन्न परंपराएँ प्रचलित थी जिनमें संस्कृत ग्रंथों के आदर्शो को चुनौती दी गई। यह अध्ययन भारतीय समाज की बहुआयामी संरचना को समझने में सहायक हुआ।

निष्कर्षत महाभारत के समालोचनात्मक संस्करण ने न केवल इसके प्रमाणिक पाठ को पुंनः स्थापित किया बल्कि भारतीय साहित्य इतिहास और समाज की गहरी समझ प्रदान की। विद्वानों ने यह सुनिश्चित किया किया महाभारत की समृदध परंपरा न केवल संसक्षित रहें बल्कि उसका विस्तृत और सटीक संकलन भी उपलब्ध हो।

दीर्घ उत्तरीय प्रश्न

1. महाभारत की सभ्यता की खोज पर लेख लिखिए।

अथवा **महाभारत काल के द्वितीय चरण (बारहवीं से सातवीं शताब्दी ईसा पूर्व) में मिलने वाले घरों के बारे में बी. बी. लाल ने क्या लिखा? स्पष्ट कीजिए।**

अथवा **"महाभारत एक जटिल ग्रंथ है।" इस कथन की पुष्टि उन इतिहासकारों के संदर्भ में कीजिए, जिन्होंने विभिन्न तत्त्वों के साथ इसका विश्लेषण किया है।**

अथवा **पुरातत्त्ववेत्ता बी. बी. लाल द्वारा मेरठ, उत्तर प्रदेश के हस्तिनापुर नामक गाँव के उत्खनन में प्राप्त किए गए किन्हीं दो प्रमाणों की परख कीजिए।**

उत्तर महाभारत भारत का एक महाकाव्य है, जिसकी रचना 1,000 वर्षों में पूर्ण हुई। अलग-अलग समय में अलग-अलग विद्वानों ने इस महाकाव्य को तैयार किया। अतः इस महाकाव्य में वर्णित घटनाओं की प्रासंगिकता को लेकर इतिहासकारों में मतभेद हैं। सर्वप्रथम वर्ष 1951-52 में पुरातत्त्ववेत्ता डॉ. बी बी लाल द्वारा महाभारत की सत्यता को सिद्ध करने का प्रयास किया गया। इन्होंने उत्तर प्रदेश के मेरठ में स्थित ग्राम 'हस्तिनापुर' में कुरु राज्य की राजधानी 'हस्तिनापुर' के साक्ष्य ढूँढने का प्रयास किया। उनका मानना है कि क्षेत्रीय नामों में समानता हो सकती है, परंतु कुरु, राज्य क्षेत्र में इसका स्थित होना संयोग नहीं हो सकता।

हस्तिनापुर के उत्खनन से डॉ. बी. बी. लाल को आबादी के पाँच स्तरों के साक्ष्य मिले हैं। इनमें दूसरा तथा तीसरा स्तर काफी महत्त्वपूर्ण है। दूसरा स्तर लगभग बारहवीं से सातवीं शताब्दी ईसा पूर्व के मध्य का है।

इस उत्खनन के बारे में लाल कहते हैं कि "जिस सीमित क्षेत्र का उत्खनन हुआ, वहाँ से आवास गृहों की कोई निश्चित परियोजना नहीं मिलती, किंतु मिट्टी की बनी दीवारें एवं कच्ची मिट्टी की ईंटें अवश्य मिलती हैं।

सरकंडे की छाप वाले मिट्टी के पलस्तर की खोज इस बात की ओर संकेत देती है कि कुछ घरों की दीवारें सरकंडे की बनी होती थीं, जिन

पर मिट्टी का पलस्तर चढ़ा दिया जाता था।'' लगभग छठी से तीसरी शताब्दी ईसा पूर्व के तीसरे स्तर के बारे में लाल कहते हैं कि ''इस स्तर के घर कच्ची और कुछ पक्की ईंटों के बने हुए होते थे। गंदे पानी के निकास के लिए चेंबर युक्त नालियाँ तथा ईंटों के नाले का प्रयोग किया जाता था। वलय-कूपों का प्रयोग, कुओं और मल की निकासी वाले गड्ढों, दोनों ही रूपों में किया जाता था।''

अतः बी. बी. लाल द्वारा महाभारत की सभ्यता की खोज के दौरान प्राप्त साक्ष्यों से यह प्रतीत होता है कि महाभारत महाकाव्य में वर्णित घटनाएँ वास्तविकता के निकट होती हैं।

2. महाभारत काल के दौरान पारिवारिक रिश्तों की कुछ खास विशेषताएँ होती थीं। इस कथन की व्याख्या उदाहरणों सहित कीजिए। **CBSE 2025**

अथवा **''महाभारत, बंधुता और सामाजिक संबंधों के आधार पर एक कहानी है।'' इस कथन की पुष्टि उदाहरणों सहित कीजिए।** **CBSE 2020**

अथवा **इतिहासकारों ने महाभारत काल के दौरान पारिवारिक बंधनों के कई नियमों और विभिन्न प्रथाओं का अध्ययन किया है।'' इन कथनों की उदाहरण सहित व्याख्या कीजिए।**

उत्तर बंधुता एवं विवाह के अंतर्गत अनेक प्रकार के नियम और व्यवहार की विभिन्नता पाई जाती है, जिसका वर्णन निम्न है

(i) **परिवार व्यवस्था** तात्कालिक सामाजिक व्यवस्था में परिवार शब्द के लिए कुल और जाति शब्द के लिए बाँधवों के बड़े समूह का उपयोग किया गया है। प्रायः सभी परिवार एकसमान नहीं होते थे। परिवार के सदस्यों की संख्या, एक-दूसरे से उनके रिश्तों और संबंधों में भिन्नता होती थी। परिवार के बड़े समूह को संबंधी कहा गया है तथा तकनीकी भाषा में इन संबंधियों को जाति समूह कहा गया है। पारिवारिक रिश्ते नैसर्गिक और रक्त संबंध के रूप में मान्य हैं, किंतु इन संबंधों की परिभाषा भिन्न-भिन्न रूपों में की जाती है।

विवाह पैतृक संसाधनों पर पुत्री का कोई अधिकार नहीं था। अपने गोत्र से विवाह अपेक्षित था। अंतर्विवाह में वैवाहिक संबंध समूह के मध्य ही होते हैं। यह समूह एक गोत्र कुल अथवा एक जाति या फिर एक ही स्थान पर बसने वालों का हो सकता है। बहिर्विवाह गोत्र से बाहर विवाह करने को कहते हैं। बहुपत्नी प्रथा एक पुरुष की अनेक पत्नियाँ होने की सामाजिक परिपाटी है। बहुपति प्रथा एक स्त्री के अनेक पति होने की पद्धति है। धर्मसूत्र और धर्मशास्त्र विवाह के आठ प्रकारों को अपनी स्वीकृति देते हैं, जिनमें से चार को 'उत्तम' और बाकी चार को 'निंदित' माना गया है।

(ii) **पितृवंशिक व्यवस्था** पितृवंशिक व्यवस्था से आशय उस परंपरा से है, जो पिता से पुत्र, पौत्र फिर प्रपौत्र की ओर चलती है, जबकि माता की ओर से चलने वाली वंश परंपरा मातृवंशिक कहलाती है। महाभारत पितृवंशिक व्यवस्था के बदलते आदर्शों की कहानी है, जिसमें कुरु वंश के दो दलों—कौरवों एवं पांडवों के बीच भूमि और सत्ता को लेकर संघर्ष हुआ था। इस संघर्ष में पांडवों की विजय हुई। महाभारत ने इस आदर्श को और अधिक सुदृढ़ किया कि वंश परंपरा में पिता के पश्चात् उसका पुत्र ही उत्तराधिकारी होगा। पितृवंशिकता की ओर शासक परिवारों का झुकाव प्राचीनकाल से ही है। इसका विवरण ऋग्वेद जैसे ग्रंथ के मंत्रों से भी स्पष्ट होता है।

यद्यपि पितृवंशिक प्रणाली में कुछ विभिन्नताएँ थीं, जो निम्नलिखित हैं

– कभी पुत्र के न होने पर भाई भी उत्तराधिकारी हो जाता था।
– कभी सगे-संबंधी भी गद्दी (सिंहासन) के दावेदार बन जाते थे।
– कुछ परिस्थितियों में स्त्रियाँ; जैसे– प्रभावती गुप्त ने भी सत्ता की बागडोर सँभाली।

3. ''600 ई. पू. से 600 ई. के मध्य के लंबे अंतराल में राजनीतिक व आर्थिक क्षेत्रों में परिवर्तन के फलस्वरूप सामाजिक क्षेत्र में भी अनेक परिवर्तन हुए।'' कथन की पुष्टि कीजिए। दक्षता आधारित प्रश्न

अथवा **प्राचीन भारत के आरंभिक समाज की प्रमुख विशेषताओं का वर्णन कीजिए।** **CBSE 2020**

उत्तर लगभग 600 ई. पू. से 600 ई. के बीच के लंबे अंतराल में राजनीतिक व आर्थिक क्षेत्रों में परिवर्तन के फलस्वरूप सामाजिक क्षेत्र में भी अनेक परिवर्तन हुए। उदाहरणतः, वन क्षेत्रों में कृषि के विस्तार से वहाँ के लोगों की जीवन-शैली में परिवर्तन हुआ, शिल्प समूहों का उदय हुआ तथा संपत्ति के असमान वितरण से सामाजिक विषमताएँ उभरीं। इनका विस्तारपूर्वक वर्णन निम्नलिखित है

(i) **वर्ण व्यवस्था** धर्मसूत्रों और धर्मशास्त्रों में एक आदर्श व्यवस्था अर्थात् वर्ण व्यवस्था का प्रावधान किया गया है। इसका सर्वप्रथम उल्लेख ऋग्वेद के पुरुष सूक्त में मिलता है, जिसमें एक विराट पुरुष की बलि के पश्चात् उसके मुख से ब्राह्मणों की, भुजाओं से क्षत्रियों की, जाँघों से वैश्यों की तथा पैरों से शूद्रों की उत्पत्ति हुई। ब्राह्मणों का यह मत था कि इस व्यवस्था में स्वयं उन्हें पहला दर्जा प्राप्त है। यह एक दैवीय व्यवस्था है। इसमें 'शूद्रों' एवं अस्पृश्यों' को सबसे निचले स्तर पर रखा गया है। इस व्यवस्था में मनुष्य का स्थान जन्म के अनुसार निर्धारित होता था।

(ii) **जाति व्यवस्था** सामाजिक विषमताओं से उत्पन्न परिस्थितियों से वर्ण व्यवस्था के विघटन से बचाव के लिए 'जाति व्यवस्था' का सृजन किया गया। यह भी जन्म पर ही आधारित होती थी।

(iii) **वर्ण व्यवस्था रहित समाज** भारतीय उपमहाद्वीप की भौगोलिक विविधताओं के कारण यहाँ अनेक ऐसे समुदाय भी अस्तित्व में रहे थे, जिन पर ब्राह्मणीय विचारों का प्रभाव नहीं था। इन्हें ब्राह्मणों द्वारा हेय दृष्टि से देखा जाता था। इन्हें मलेच्छ तथा अस्पृश्य माना जाता था। इनमें निषाद, यायावर, पशुपालक आदि आते थे।

4. महाभारत की घटना क्यों हुई? विवेचना कीजिए।

उत्तर महाभारत की घटना के विषय में जानकारी महाभारत के आदिपर्वन् (प्रथम अध्याय) से मिलती है, जिसमें कौरव और पांडव (स्वजन) के बीच हुए संघर्ष का चित्रण है।

वैदिक साहित्यों के अनुसार, यह प्राचीन भारतीय इतिहास का सबसे बड़ा युद्ध था। महाभारत का युद्ध कौरवों और पांडवों के मध्य कुरु साम्राज्य के सिंहासन की प्राप्ति के लिए लड़ा गया था। महाभारत के अनुसार, इस युद्ध में प्रायः सभी जनपदों ने भाग लिया था। इस युद्ध को 'धर्मयुद्ध' भी कहा गया है, क्योंकि यह सत्य और न्याय के लिए लड़ा जानेवाला युद्ध था। इसके प्रमुख कारण इस प्रकार थे

(i) **कौरवों और पांडवों का संघर्ष** कौरव, धृतराष्ट्र के पुत्र थे और पांडव उनके बाँधव थे। धृतराष्ट्र नेत्रहीन थे, जिस कारण उनके अनुज पांडु हस्तिनापुर के सिंहासन पर आसीन हुए, किंतु पांडु की असामयिक मृत्यु के पश्चात् धृतराष्ट्र राजा बने। राजकुमारों के बड़े होने के बाद हस्तिनापुर के नागरिक कौरवों की अपेक्षा पांडवों की योग्यता एवं दयालु स्वभाव के कारण आकर्षित हुए। पांडवों के प्रति राजदरबारियों एवं नागरिकों में लोकप्रियता के कारण कौरवों में श्रेष्ठ दुर्योधन को ईर्ष्या होती थी। वह पांडवों से घृणा करता था।

(ii) **सिंहासन प्राप्ति की धूर्त मंशा** पांडवों की लोकप्रियता को समाप्त करने एवं उन्हें साम्राज्य से बेदखल करने के उद्देश्य से वह (दुर्योधन) पिता धृतराष्ट्र के पास गया और कहा कि यदि पांडव पांडु से यह विरासत में प्राप्त करते हैं, तो उनके बाद उनके पुत्र, पौत्र और फिर प्रपौत्र इस पैतृक संपत्ति के अधिकारी हो जाएँगे और हम तथा हमारे पुत्र इस राज्य के उत्तराधिकार से बेदखल हो जाएँगे। दुर्योधन ने पांडवों को राज्य से बेदखल करने के लिए कपटतापूर्ण चाल चली और 'द्यूत क्रीड़ा' का आयोजन कराया, जिसमें युधिष्ठिर अपने राज्य, बंधु-बाँधव सहित अपनी पत्नी को भी हार गए।

(iii) **पांडवों की प्रतिष्ठा को ठेस** दुर्योधन ने न केवल पांडवों की सारी संपत्ति जीत ली, बल्कि उसने उन्हें अपमानित भी किया और वनवास जाने की शर्त भी रखी। इसके अतिरिक्त कौरवों ने पांडवों को राज्य विहीन बनाने के साथ उनकी प्रतिष्ठा को ठेस पहुँचाने के लिए अनेक अनैतिक कार्य किए। हस्तिनापुर की प्रजा भी उसके कार्यों से असंतुष्ट थी। अतः इन सब कारणों से युद्ध अवश्यभवी हो गया था। एक तरफ कौरवों के साथ अनेक महान विभूतियाँ एवं योद्धा थे, तो दूसरी तरफ श्रीकृष्ण के नेतृत्व में पांडवों की सेना थी, जिसकी युद्ध के अंत में जीत हुई। महाभारत का युद्ध अधर्म पर धर्म की जीत का प्रतीक है।

निष्कर्षतः यह कहा जा सकता है कि कौरव कुल के प्रधान दुर्योधन की पांडवों के प्रति ईर्ष्या की भावना एवं उसके धर्म के विरुद्ध एवं अनैतिक कार्यों के कारण महाभारत का युद्ध हुआ, जिसमें जीत पांडवों की हुई।

5. महाभारतकालीन समाज को वर्ण के अतिरिक्त जाति के अनुसार वर्गीकृत क्यों किया गया?

अथवा **महाभारत कालीन समाजिक व्यवस्था में जाति व्यवस्था पर संक्षिप्त चर्चा कीजिए।**

उत्तर महाभारतकालीन समाज को वर्ण के अतिरिक्त जाति के अनुसार भी वर्गीकृत किया गया, जिसके कारण इस प्रकार हैं

- महाभारतकालीन समाज वर्ण व्यवस्था पर आधारित था। समाज के सभी लोग अपने वर्ण के अनुसार अपने कार्यों और दायित्वों का निर्वहन करते थे, लेकिन अंतर्जातीय विवाह के कारण नए-नए समुदायों का उदय हुआ, जिन्हें इन चार वर्णों से भिन्न माना गया। इन नए समुदायों के कारण सामाजिक व्यवस्था में जटिलता आने लगी। जंगल में रहने वाले निषाद या फिर व्यावसायिक वर्ग; जैसे—सुवर्णकार, कायस्थ आदि को चार वर्णों वाली व्यवस्था में समाहित करना संभव नहीं था, इसलिए इन्हें एक नई व्यवस्था जाति में वर्गीकृत कर दिया गया। ब्राह्मणीय सिद्धांत में वर्ण की तरह जाति भी जन्म पर आधारित थी। वर्णों की संख्या जहाँ सीमित थी, वहीं जातियों की संख्या असीमित थी।
- नई व्यवस्था से उत्पन्न समुदायों को इन जातियों में ही वर्गीकृत कर दिया जाता था। वे जातियाँ, जो एक ही व्यवसाय अथवा जीविका से संबंधित थीं, उन्हें कभी-कभी श्रेणियों में भी संगठित कर दिया जाता था।

हालाँकि इन समुदायों के इतिहास का लेखा-जोखा कम ही प्राप्त होता है, परंतु कुछ अपवाद हैं; जैसे—मंदसौर (मध्य प्रदेश) से मिला अभिलेख (लगभग पाँचवीं शताब्दी ईसवी)। इसमें रेशम के बुनकरों की एक श्रेणी का वर्णन मिलता है, जो मूलतः लाट (गुजरात) प्रदेश के निवासी थे और फिर वहाँ से मंदसौर चले गए थे, जिसे उस समय 'दशपुर' के रूप में जाना जाता था। श्रेणी की सदस्यता शिल्प में ज्ञान-विशेषज्ञता पर निर्भर करती थी। कुछ सदस्य अन्य जीविका भी अपना लेते थे।

निष्कर्षतः यह कहा जा सकता है कि चारों वर्णों में असंतुलन की स्थिति से नए समुदायों का उदय और इन समुदायों को वर्ण व्यवस्था में समाहित न कर पाने की स्थिति में इन नवीन समुदायों को जाति के रूप में वर्गीकृत किया गया और एक नई सामाजिक व्यवस्था का निर्माण हुआ।

6. "राजत्व क्षत्रिय कुल में जन्म लेने पर शायद ही निर्भर था, बल्कि यह हर उस व्यक्ति के लिए होता था, जो समर्थन और संसाधन जुटा सके।" इस कथन की व्याख्या छठी शताब्दी ई.पू. के बाद के उदाहरणों सहित कीजिए। **CBSE 2025**

उत्तर शजत्व क्षत्रिय कुल में जन्म लेने पर शायद ही निर्भर करता था, बल्कि यह हर उस व्यक्ति के लिए होता था, जो समर्थन और संसाधन जुटा सकें-यह कथन प्राचीन भारत में छठी शताब्दी ई.पू. के बाद के सामाजिक-राजनीतिक परिवर्तनों को रेखांकित करता था। इस काल में वैदिक व्यवस्था की कठोरता कम हुई और शक्ति का आधार वंश से अधिक व्यक्तिगत योग्यता, संसाधन और जनसमर्थन पर निर्भर करने लगा। यह परिवर्तन महाजनपदों के उदय, शहरीकरण और नए सामाजिक-आर्थिक ढाँचे के साथ स्पष्ट होता है।

छठी शताब्दी ई.पू. में मगध जैसे महाजनपदों का उदय इसका प्रमाण है। बिंबिसार, जो हर्यंक वंश से था, ने अपनी शक्ति केवल क्षत्रिय होने के कारण नहीं, बल्कि कूटनीति, विवाद-संबंधों और सैन्य शक्ति के बल पर बढ़ाई। इन्होंने कोशल और वैशाली जैसे क्षेत्रों में गठबंधन बनाए और संसाधन जुटाए। इनका पुत्र आजात शत्रु भी इसी नीति पर चला। उसने लिच्छवियों को हराने के लिए सैन्य रणनीति और संसाधनों का उपयोग किया न कि वंशमत अधिकार का दावा किया। यह दर्शाता है कि राजत्व जन्म से अधिक समर्थन और शक्ति पर निर्भर था।

मौर्य वंश का उदय इसका सबसे बड़ा उदाहरण है। चंद्रगुप्त मौर्य जो सम्भवतः निम्न वर्ण से थे, ने नंद वंश को परास्त कर मगध राज्य पर शासन स्थापित किया। उनकी सफलता क्षत्रिय कुल में जन्म से नहीं, बल्कि चाणक्य के मार्गदर्शन सैन्य संगठन और संसाधन संग्रह से मिली।

इसी तरह, अशोक ने अपने दादा की नींव पर विशाल साम्राज्य बनाया, जो जनसमर्थन और प्रशासनिक कुशलता पर आधारित था।

इस काल में बौद्ध और जैन ग्रंथ भी इस बदलाव को दर्शाते हैं। बुद्ध और महावीर दोनों क्षेत्रिय थे, लेकिन उहोंने आध्यात्मिक नेतृत्व के लिए जनसमर्थन जुटाया, न कि जन्मदिन अधिकार का उपयोग किया, बौद्ध संघों में भी शक्ति और प्रभाव संगठन और अनुयायियों पर निर्भर थे। इस प्रकार छठी शताब्दी ई.पू. के बाद राजत्व का आधार बदल गया। क्षत्रिय कुल अब शक्ति का एकमात्र स्रोत नहीं रहा, बल्कि जो संसाधन, सैन्य बल और जनता का समर्थन जुटा सका, वही शासक बना।

यह सामाजिक गतिशीलता और योग्यता - आधारित नेतृत्व का युग जिसने निकलने प्राचीन भारत के राजनीतिक ढाँचे को नाया रूप दिया।

7. "प्राचीन भारत में राजसत्ता क्षत्रियों के साथ गैर-क्षत्रियों के पास भी होती थी।" इस कथन को उदाहरणों सहित स्पष्ट कीजिए। **CBSC 2024**

अथवा **"प्राचीन भारतीय उपमहाद्वीप में ब्राह्मणवादी विचार के प्रभाव को उदाहरणों सहित स्पष्ट कीजिए।** **CBSE 2024**

अथवा **"ब्राह्मणों ने कुछ नीतियों को जबरदस्ती लागू करने का प्रयास किया, जो वर्ण धर्म से जुड़ी हुई थीं।" इस कथन की व्याख्या कीजिए।** **CBSE 2020**

उत्तर आरंभिक राज्यों में शासक निश्चित रूप से क्षत्रिय ही नहीं होते थे, बल्कि अन्य वर्गों से भी संबंधित होते थे। देश के अंदर शुरू से ही वर्ण व्यवस्था जटिल थी और चारों वर्णों के लिए अलग-अलग कर्त्तव्य निर्धारित थे। उसके अनुसार राज्य करने का अधिकार केवल क्षत्रिय वर्ग के लोगों को ही था। धर्मसूत्रों और धर्मशास्त्रों में इसका एक आदर्श व्यवस्था के रूप में उल्लेख किया गया है। क्षत्रियों का कार्य शासन करना, युद्ध करना, लोगों को सुरक्षा प्रदान करना, न्याय करना, यज्ञ करवाना, वेद पढ़ना और दान-दक्षिणा देना था। ब्राह्मण भी इस व्यवस्था से संतुष्ट थे, क्योंकि उन्हें सामाजिक ढाँचे में पहला स्थान प्राप्त था और वे वर्ण-व्यवस्था को दैवीय व्यवस्था मानते थे। यह भी सत्य है कि ग्रंथों में गैर-क्षत्रिय राजा होने के प्रमाण मिलते हैं। कई महत्त्वपूर्ण राजवंशों की उत्पत्ति अन्य वर्गों से हुई थी। इनमें मौर्य, शुंग, कण्व, शक, सातवाहन आदि प्रमुख हैं। मौर्यों को ब्राह्मण ग्रंथों में 'निम्न कुल' तथा बौद्ध ग्रंथों में 'क्षत्रिय' कहा गया है। शुंग एवं कण्व ब्राह्मण थे, जबकि शक, जो मध्य एशिया से आए थे, को ब्राह्मण मलेच्छ, बर्बर या अन्यदेशीय मानते थे। लगभग दूसरी शताब्दी में संस्कृत के एक आरंभिक अभिलेख से पता चलता है कि शक राजा रुद्रदामन ने गिरनार में सुदर्शन झील की मरम्मत करवाई थी। स्पष्ट है कि मलेच्छ राजा सांस्कृतिक परिपाटी के विषय में अच्छी तरह जानते थे।

धर्मसूत्रों और धर्मशास्त्रों में एक आदर्श व्यवस्था अर्थात् वर्ण व्यवस्था (ब्राह्मण, क्षत्रिय, वैश्य, शूद्र) का प्रावधान किया गया है। इसका सर्वप्रथम उल्लेख ऋग्वेद के पुरुषसूक्त में मिलता है।

ब्राह्मणों का यह मत था कि इस व्यवस्था में उन्हें पहला स्थान प्राप्त है तथा शूद्रों एवं अस्पृश्यों को सबसे निचले स्थान पर रखा गया है। इस व्यवस्था में मनुष्य का स्थान जन्म के अनुसार निर्धारित होता था।

8. "ऐसे विभिन्न तत्त्व हैं जिन पर इतिहासकारों ने महाभारत का विश्लेषण किया है और इसे एक गतिशील ग्रंथ कहा है।" इस कथन की उदाहरण सहित व्याख्या कीजिए।

अथवा **उन मूलभूत बिंदुओं की चर्चा कीजिए, जिनके आधार पर इतिहासविदों ने इसे गतिशील ग्रंथ स्वीकार किया है।**

उत्तर इतिहासकारों ने महाभारत का विश्लेषण विभिन्न तथ्यों के आधार पर किया है। मुख्य तथ्यों में भाषा, विषय-वस्तु, लेखन-काल, लेखन की पहचान तथा पुरातात्विक प्रमाण शामिल हैं। महाभारत को एक गतिशील ग्रंथ कहा गया है, क्योंकि इसकी रचना समय के साथ बदलती रही है और इसमें सामाजिक, धार्मिक और सांस्कृतिक सुधार होते गए।

भाषा और विषय-वस्तु महाभारत संस्कृत में लिखा गया है, लेकिन इसमें प्रयुक्त संस्कृत भाषा अपेक्षाकृत सरल है, जो इसे अधिक व्यापक समाज तक पहुँचने के उद्देश्य से अपनाई गई हो सकती है। इसमें आख्यान (कहानियाँ) ओर उपदेशात्मक श्लोक (सामाजिक मानदंडो का चित्रण) दोनों सम्मिलित हैं, जो इसे एक बहुआयामी रचना बनाते हैं। इसे प्राचीन संस्कृत परंपरा में इतिहास माना गया है, जिसमें परिवारिक और सामाजिक संघर्ष की कहानियाँ हैं।

लेखक और रचना काल ऐसा माना जाता है कि महाभारत के प्रारंभिक रूप का लेखन 'भाट सारथियों' द्वारा किया गया था, जो मौखिक परंपरा के माध्यम से इसे आगे बढ़ाते रहे। 5वीं शताब्दी ई.पू. से ब्राह्मणों ने इसे लिखना शुरू किया। इसे लगभग 200ई.पू. में 10,000 श्लोकों से बढ़ाकर 100,000 श्लोकों का बना दिया गया। इसके मुख्य रचनाकार ऋषि व्यास माने जाते हैं।

पुरातात्विक प्रमाण वर्ष 1951-52 में पुरातत्वेत्ता बी. बी लाल ने वर्तमान हस्तिनापुर गाँव (मेरठ, उत्तर प्रदेश) का उत्खनन किया। जिसे महाभारत कालीन हस्तिनापुर के समरूप माना गया। यहाँ के करु राज्य के प्राचीन आवासीय प्रमाण मिले। विभिन्न स्तरों के पुरास्थलों में मिट्टी की दीवारें, ईंटों के घर तथा घट और नालियाँ पाई गईं, जो उस काल के जीवन को दर्शाते हैं।

स्रोत आधारित प्रश्न

1. रेशम बुनकरों ने क्या किया? **CBSE 2024**

निम्नलिखित अंश संस्कृत के एक अभिलेख से उद्धत है

कुछ लोगों को संगीत से अत्यन्त प्रेम है, जो कानों को प्रिय होता है; अन्य को गर्व है सैकड़ों उत्तम जीवनियों (के रचयिता होने) का, इस तरह वे अनेक कथाओं से परिचित हैं। (अन्य) विनीत भाव से उत्तम धार्मिक अनुष्ठानों में श्रेष्ठ हैं; इसी तरह अपने पर निग्रह रखने वाले (वैदिक) खगोल शास्त्र में पारंगत हैं।

(i) **शिलालेख में संगीत के प्रति प्रेम कैसे व्यक्त किया गया?**

उत्तर शिलालेख में कानों को प्रिय संगीत के प्रति प्रेम दर्शाया गया है। अर्थात् संगीत की मधुरता को स्वीकार किया गया है।

(ii) **व्यक्तियों ने वैदिक खगोल विज्ञान में अपनी निपुणता कैसे प्रदर्शित की?**

उत्तर वैदिक कालीन भारत ने वैदिक खगोल विज्ञान के क्षेत्र में महत्त्वपूर्ण प्रगति की थी। वैदिक कालीन वेदांग ज्योतिष सबसे पुराना खगोलीय ग्रंथ है। प्राचीन खगोल विज्ञान में आर्यभट्ट वराहमिहिर प्रमुख खगोलशास्त्री थे।

(iii) **शिलालेख में उल्लिखित विभिन्न प्रतिभाओं ने समाज के समग्र ढाँचे में किस प्रकार योगदान किया?**

उत्तर शिलालेख संगीतकारों, साहित्यकारों, खगोलशास्त्रियों, धार्मिक व्याख्या में तल्लीन वर्गों का उल्लेख करता है। प्राचीन भारत में नाट्यशास्त्र की रचना भारतीय संगीत के दृष्टिकोण को वृहद् आयाम देती है। इसी तरह प्राचीन प्रतिभाओं ने अपने रचना कार्यों से समाज को समग्रता प्रदान की।

2. महाभारत के आदिपर्वन् से यह कहानी उद्धृत है

एक बार ब्राह्मण द्रोण के पास, जो कुरु वंश के राजकुमारों को धनुर्विद्या की शिक्षा देते थे, एकलव्य नामक वनवासी निषाद (शिकारी समुदाय) आया। गुरु ने उसे शिष्य के रूप में स्वीकार करने से मना कर दिया। एकलव्य ने वन में लौटकर मिट्टी से द्रोण की प्रतिमा बनाई तथा उसे अपना गुरु मानकर वह स्वयं ही तीर चलाने का अभ्यास करने लगा। समय के साथ वह तीर चलाने में सिद्धहस्त हो गया। एक दिन कुरु राजकुमार अपने कुत्ते के साथ जंगल में शिकार करते हुए एकलव्य के समीप पहुँच गए। कुत्ता काले मृग की चमड़ी के वस्त्र में लिपटे निषाद को देखकर भौंकने लगा। क्रोधित होकर एकलव्य ने एकसाथ सात तीर चलाकर उसका मुँह बंद कर दिया।

जब वह कुत्ता लौटा, तो पांडव तीरंदाजी का यह अद्भुत दृश्य देखकर आश्चर्यचकित हो गए। उन्होंने एकलव्य को तलाशा, उसने स्वयं को द्रोण का शिष्य बताया। द्रोण ने अपने प्रिय शिष्य अर्जुन से एक बार यह कहा था कि वह उनके सभी शिष्यों में अद्वितीय तीरंदाज बनेगा। अर्जुन ने द्रोण को उनका यह प्रण याद दिलाया। द्रोण एकलव्य के पास गए,

जिसने उन्हें अपना गुरु मानकर प्रणाम किया। तब द्रोण ने गुरु दक्षिणा के रूप में एकलव्य से उसके दाहिने हाथ का अँगूठा माँग लिया। एकलव्य ने बिना देर किए गुरु को अपना अँगूठा काटकर दे दिया।

अब एकलव्य तीर चलाने में उतना तेज नहीं रहा। इस तरह द्रोण ने अर्जुन को दिए वचन को निभाया। कोई भी अर्जुन से बेहतर धनुर्धर नहीं रहा। **CBSE 2020**

(i) **द्रोणाचार्य ने एकलव्य को शिष्य के रूप में स्वीकार करने से क्यों मना किया?**

उत्तर वर्ण व्यवस्था के नियमानुसार, केवल क्षत्रिय राजकुमार ही धनुर्विद्या की शिक्षा ग्रहण कर सकते थे, जबकि एकलव्य निषाद समुदाय (शिकारी समुदाय) से संबंधित था। अतः एकलव्य को शिष्य बनाने से वर्ण व्यवस्था के नियमों का उल्लंघन होता। इसी कारण द्रोणाचार्य ने एकलव्य को शिष्य के रूप में स्वीकार करने से मना कर दिया।

(ii) **एकलव्य ने तीर चलाने की उत्तम कुशलता कैसे प्राप्त की?**

उत्तर एकलव्य ने गुरु द्रोणाचार्य को अपना गुरु मानकर उनकी मिट्टी की प्रतिमा बनाई तथा उस प्रतिमा के सामने तीर चलाने का अभ्यास किया। समय के साथ अभ्यास करते-करते एकलव्य ने तीर चलाने में कुशलता प्राप्त कर ली।

(iii) **एकलव्य ने अपने आपको पांडवों के समक्ष द्रोण का शिष्य होने का परिचय क्यों दिया?**

उत्तर एकलव्य ने अपने आपको पांडवों के समक्ष द्रोण का शिष्य होने का परिचय इसलिए दिया, क्योंकि उसने द्रोण को अपना गुरु माना था। एकलव्य द्रोण की प्रतिमा के नीचे धनुर्विद्या का अभ्यास करता था।

3. बोधिसत्व एक चाण्डाल के रूप में

क्या चाण्डालों ने अपने को समाज में सबसे निचली श्रेणी में रखे जाने का प्रतिरोध किया। यह कहानी पढ़िए, जो पालि में लिखी मातंग जातक से ली गई है। इस कथा में बोधिसत्व (पूर्वजन्म में बुद्ध) एक चाण्डाल के रूप में चित्रित हैं। एक बार बोधिसत्व ने बनारस नगर के बाहर एक चाण्डाल के पुत्र के रूप में जन्म लिया, उनका नाम मातंग था। एक दिन वे किसी कार्यवश नगर में आ गए और वहाँ उनकी मुलाकात दिथ्थ मांगलिक नामक एक व्यापारी की पुत्री से हुई। उन्हें देखकर वह चिल्लाई "मैंने कुछ अशुभ देख लिया है।" यह कहकर उसने अपनी आँखें धोईं। उसके क्रोधित सेवकों ने मातंग की पिटाई की। विरोध में मातंग व्यापारी के घर के दरवाजे के बाहर जाकर लेट गए। सातवें रोज घर के लोगों ने बाहर आकर दिथ्थ को उन्हें सौंप दिया।

दिथ्थ उपवास से क्षीण हुए मातंग को लेकर चाण्डाल बस्ती में आई। घर लौटने पर मातंग ने संसार त्यागने का निर्णय लिया।

अलौकिक शक्ति हासिल करने के उपरांत वह बनारस लौटे और उन्होंने दिथ्थ से विवाह कर लिया। मांडव्य कुमार नामक उनका एक पुत्र हुआ। बड़े होने पर उसने तीन वेदों का अध्ययन किया तथा प्रत्येक दिन वह 16,000 ब्राह्मणों को भोजन कराता था।

एक दिन फटे वस्त्र पहने तथा मिट्टी का भिक्षा पात्र हाथ में लिए मातंग अपने पुत्र के दरवाजे पर आए और उन्होंने भोजन माँगा। मांडव्य ने कहा कि वे एक पतित आदमी प्रतीत होते हैं। अतः भिक्षा के योग्य नहीं हैं, भोजन ब्राह्मणों के लिए है। मातंग ने उत्तर दिया, "जिन्हें अपने जन्म पर गर्व है, पर अज्ञानी हैं, वे भेंट के पात्र नहीं हैं। इसके विपरीत जो लोग दोषमुक्त हैं, वे भेंट के योग्य हैं।"

मांडव्य ने क्रोधित होकर अपने सेवकों से मातंग को घर से बाहर निकालने के लिए कहा। मातंग आकाश में जाकर अदृश्य हो गए। जब दिथ्थ मांगलिक को इस प्रसंग के बारे में पता चला, तो वह उनसे माफी माँगने के लिए उनके पीछे आई। मातंग ने उससे कहा कि वह उनके भिक्षा पात्र में बचे हुए भोजन का कुछ अंश मांडव्य तथा ब्राह्मणों को दे।

(i) **'चाण्डालों' को समाज की सबसे निचली श्रेणी में क्यों रखा जाता था?**

उत्तर शवों की अंत्येष्टि और मृत पशुओं के छूने वालों को चाण्डाल कहा जाता था। पवित्रता की दृष्टि से ये ऐसे कार्य थे, जिन्हें मुख्यतः दूषित माना जाता था। इसलिए उन्हें वर्ण व्यवस्था वाले समाज में सबसे निम्न कोटि में रखा जाता था।

(ii) **दिथ्थ मांगलिक ने मातंग को अशुभ क्यों समझा?**

उत्तर मातंग ने एक चाण्डाल के पुत्र के रूप में जन्म लिया था, जिसे अछूत एवं अशुभ माना जाता था। दिथ्थ मांगलिक एक व्यापारी की पुत्री थी। अतः जब उसने मातंग को देखा, तो कहा कि मैंने कुछ अशुभ देख लिया।

(iii) **इस स्रोत के आधार पर मातंग की भावनाओं की व्याख्या कीजिए।**

उत्तर मातंग अलौकिक शक्ति प्राप्त कर चुका था। इससे उसकी भावना परोपकार की थी। उसका कहना कि उन्हें अपने जन्म पर गर्व है पर अज्ञानी है, वे भेंट के पात्र नहीं हैं। इसके विपरीत जो लोग दोषमुक्त हैं, वे भेंट के योग्य हैं।

4.

(i) **उपरोक्त चित्र महाकाव्य की किस घटना को दर्शाता है?**

उत्तर यह चित्र महाभारत महाकाव्य के कुरुक्षेत्र युद्ध के दौरान श्रीकृष्ण द्वारा अर्जुन को दिए गए उपदेश (गीता का उपदेश) को दर्शाता है।

(ii) उपरोक्त चित्र में दर्शाए गए दृश्य का महाभारत के कथानक में क्या महत्त्व है?

उत्तर यह दृश्य वह क्षण है, जब अर्जुन युद्ध के मैदान में अपने स्वजनों को मारने के विचार से अत्यंत दुःखी हो जाता है। इसी संकट की घड़ी में श्रीकृष्ण उसे भगवद् गीता का उपदेश देते हैं, जिसमें धर्म, कर्म और जीवन के अर्थ को समझाया जाता है। यह दृश्य महाभारत के दर्शन और धार्मिक आयाम को उजागर करता है और भारतीय दर्शन के लिए भी एक महत्त्वपूर्ण आधार है।

मानचित्र आधारित प्रश्न

1. नीचे दिए गए मानचित्र का अवलोकन कीजिए इसमें 4 बिंदुओं को A, B, C, D और E में निरूपित किया गया है। इनमें से कौन-सा/से महाजनपद नहीं थे तथा शेष महाजनपदों के नाम लिखिए।

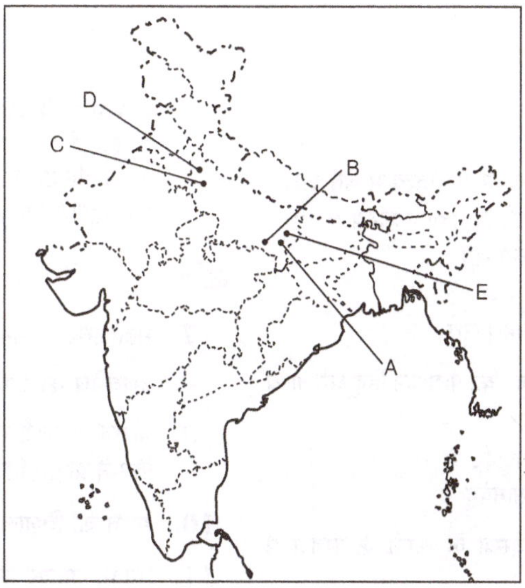

उत्तर

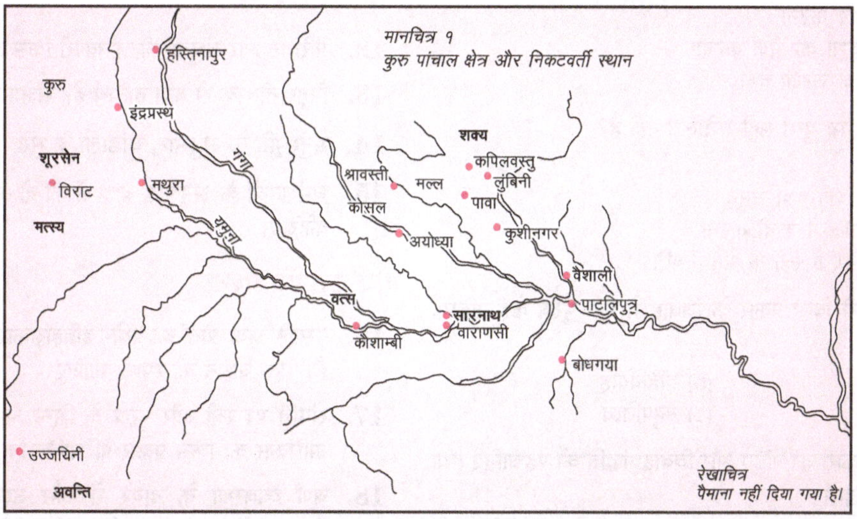

(i) बिंदु E सारनाथ को प्रदर्शित करता है। यह 16 महाजनपदों में शामिल नहीं था। इसी प्रकार बिंदु C पर स्थित मथुरा और बिंदु D पर स्थित हस्तिनापुर महाजनपद नहीं थे, अपितु वह उस काल के प्रमुख नगर थे।

(ii) महाजनपद बिंदु A और B पर स्थित थे, जो निम्नवत हैं

A काशी महाजनपद

B वत्स महाजनपद

स्वयं को जाँचें

वस्तुनिष्ठ प्रश्न

1. **संस्कृत के प्रसिद्ध विद्वान वी. एस. सुकथांकर के नेतृत्व में वर्ष 1919 में एक महत्त्वपूर्ण परियोजना शुरू की गई, जिसका उद्देश्य ……… का समालोचनात्मक संस्करण तैयार करना था।**

(a) वेद (b) पुराण
(c) उपनिषद् (d) महाभारत

2. **वर्ण व्यवस्था (ब्राह्मण, क्षत्रिय, वैश्य, शूद्र) का प्रावधान हिंदू धर्मशास्त्र में है, जिसका उल्लेख किसमें मिलता है?**

(a) ऋग्वेद में (b) यज़ुर्वेद में
(c) अथर्ववेद में (d) सामवेद में

3. **धर्मसूत्रों के अनुसार वर्गीकृत वर्ण व्यवस्था के कार्यों के संबंध में कौन-सा युग्म सही सुमेलित है?**

(a) ब्राह्मण–दान देना एवं लेना
(b) क्षत्रिय–व्यापार करना
(c) वैश्य–सभी वर्णों की सेवा करना
(d) शूद्र–लोगों को सुरक्षा देना

4. **निम्न में से कौन-सा युग्म सही समेलित नहीं है?**

(a) कुल–परिवार
(b) जाति–बांधवों का बड़ा समूह
(c) बहिर्विवाह–गोत्र में शादी करना
(d) बहुपति प्रथा–एक स्त्री के अनेक पति

5. **निम्नलिखित में से किस प्रकार के विवाह में एक पुरुष कई पत्नियाँ रखता है?**

(a) अंतर्विवाह (b) बहिर्विवाह
(c) बहुविवाह (d) बहुपतित्व

6. **नीचे दी गई जानकारी को पढ़िए और विवाह पद्धति को पहचानिए तथा उसका नाम लिखिए।**

- इस पद्धति में कन्याओं का विवाह गोत्र से बाहर किया जाता था।
- उच्च कुल के परिवारों की कम उम्र की कन्याओं का जीवन नियमित करने के लिए उचित व्यक्ति से विवाह होता था।
- समाज में कन्यादान का कार्य पिता के धार्मिक कर्त्तव्य के रूप में उभरा।

(a) अंतर्विवाह पद्धति (b) बहिर्विवाह पद्धति
(c) बहुपति विवाह पद्धति (d) एकल विवाह पद्धति

अतिलघु उत्तरीय प्रश्न

7. महाकाव्य से आप क्या समझते हैं? महाभारत में कुल कितने खंड हैं?

8. अश्वमेध का अर्थ स्पष्ट कीजिए।

9. बीसवीं शताब्दी में महाभारत का समालोचनात्मक संस्करण सर्वप्रथम किसने प्रस्तुत किया?

10. भारत का विशालतम महाकाव्य कौन-सा है?

11. 'मातंग जातक' कथा किसके बारे में वर्णन करती है।

लघु उत्तरीय प्रश्न

12. परिवार और बंधुता की जानकारी किस प्रकार प्राप्त होती थी?

13. पितृसत्तात्मक से क्या तात्पर्य है? संक्षेप में बताइए।

14. मनुस्मृति के अनुसार, चांडालों के मुख्य कर्त्तव्यों को बताइए।

15. धर्मशास्त्रों के अनुसार, ब्राह्मणों की दो आदर्श जीविकाओं का उल्लेख कीजिए।

दीर्घ उत्तरीय प्रश्न

16. "साहित्यिक स्रोतों का प्रयोग इतिहासकारों के लिए सहायक सिद्ध होता है।" इस कथन को स्पष्ट कीजिए।

17. संपत्ति पर स्त्री और पुरुष के भिन्न अधिकार ने वर्ण एवं संपत्ति के अधिकार को किस प्रकार परिभाषित किया? स्पष्ट कीजिए।

18. वर्ण व्यवस्था के दायरे में और उससे परे विद्यमान सामाजिक विषमताओं का विस्तारपूर्वक वर्णन कीजिए।

19. मध्य एशिया से आए शकों को ब्राह्मण क्या मानते थे? उनके प्रसिद्ध शासक का नाम व उसके योगदान का वर्णन कीजिए।

04

अध्याय

विचारक, विश्वास और इमारतें (सांस्कृतिक विकास)

इस अध्याय में छठी शताब्दी ई. पू. में उभरे प्रमुख धर्मों से संबंधित बातों को शामिल किया गया है। इस समय बौद्ध और जैन धर्म नवीन लोकप्रिय धर्म के रूप में उभरे और अपनी वैश्विक पहचान बनाई।

▼ अध्ययन एक नजर में

▼ अभ्यास के लिए

- बहुविकल्पीय प्रश्न 42, चित्र आधारित, कथन/कारण, सुमेलित कीजिए
- वर्णनात्मक प्रकार के प्रश्न (लघु उत्तरीय प्रश्न 17, दीर्घ उत्तरीय प्रश्न 7)
- स्रोत आधारित प्रश्न 6, मानचित्र आधारित प्रश्न 2)

इतिहास के अंतर्गत विचारक, विश्वास और इमारतें सांस्कृतिक विकास का महत्त्वपूर्ण पक्ष हैं। 600 ई. पू. से भारतीय इतिहास में अनेक ऐसे दार्शनिक (Philosophers) हुए, जिन्होंने तत्कालीन परंपराओं को मौखिक और लिखित रूप में ऐतिहासिक बना दिया। इन परंपराओं की जानकारी इतिहासकारों को समकालीन बौद्ध, जैन और ब्राह्मण ग्रंथों के अतिरिक्त ऐतिहासिक इमारतों तथा अभिलेखों आदि से मिलती है। **साँची**[1] का स्तूप इसका प्रमुख उदाहरण है।

4.1 विचारक, विश्वास और परंपराएँ

ईसा पूर्व प्रथम सहस्राब्दि (Mid-first Millennium) का काल विश्व इतिहास के लिए महत्त्वपूर्ण माना जाता है।

- इस काल में ईरान में **जरथुस्त्र** (Zarathustra), चीन में **खुंगत्सी** (Kong-Zi), यूनान में **सुकरात, प्लेटो** और **अरस्तू** तथा भारत में **महावीर** व **बुद्ध** जैसे चिंतकों का उदय हुआ था। इन्होंने जीवन के रहस्यों तथा व्यक्ति व विश्व व्यवस्था के मध्य संबंध को समझने का प्रयास किया; जैसे— नए राज्य व शहर विकसित होने लगे तथा गंगा घाटी में सामाजिक एवं आर्थिक स्थितियों में परिवर्तन आए आदि।
- 1600 ईसा पूर्व के पश्चात् से 600 ईसवी तक प्राचीन इतिहास में भारतीय संस्कृति में विभिन्न धर्मों एवं उनके विचारकों के आगमन के विषय में विवरण मिलता है, जो निम्न प्रकार है
- इस स्तुति का संग्रह किया गया, जिसमें लोगों ने ईश्वर से मवेशियों, बच्चों, अच्छे स्वास्थ्य और लम्बे जीवन हेतु प्रार्थना की।

1 **साँची** भोपाल मध्य प्रदेश में स्थित एक धार्मिक नगर है।

वैदिक धर्म (यज्ञों की परंपरा)

- प्रारंभिक वैदिक काल संबंधी जानकारी इतिहास में 1500 से 1000 ईसा पूर्व के आस-पास प्राप्त होती है। वैदिक काल को जानने का सबसे महत्त्वपूर्ण ऐतिहासिक स्रोत **ऋग्वेद** है।
- वैदिक काल के प्रमुख देवता इंद्र, अग्नि तथा सोम हैं, जिनकी ऋग्वेद में स्तुति की गई है। इस स्तूति में कई भजन गाए गए, जहाँ लोगों ने ईश्वर से मवेशियों, बच्चों, अच्छे स्वास्थ्य और लंबे जीवन हेतु प्रार्थना की।
- वैदिक काल में ब्राह्मणवाद (Brahmanical) की सर्वोच्चता थी और इनका एक ही सिद्धांत था कि व्यक्ति का अस्तित्व उसकी जाति और लिंग से निर्धारित होता है। इसी के साथ ब्राह्मण धर्म की कुछ प्रचलित मान्यताएँ भी थीं, जो निम्नलिखित हैं
  - ब्राह्मण धर्म की उपासना करने का सर्वश्रेष्ठ माध्यम यज्ञ करना था। यज्ञों के समय वैदिक स्रोतों (Vedic Sources) का उच्चारण किया जाता था। प्रारंभ में यज्ञ सामूहिक रूप से किए जाते थे, परंतु कुछ समय बाद (लगभग 1000 से 500 ईसा पूर्व) व्यक्तिगत रूप से भी किए जाने लगे।
  - राजा और सरदार द्वारा **राजसूय** और **अश्वमेध यज्ञ** किए जाते थे। इन यज्ञों का अनुष्ठान ब्राह्मण पुरोहितों द्वारा किया जाता था।
  - ब्राह्मण धर्म में मृत्यु के बाद जीवन की संभावना अर्थात् पुनर्जन्म (Rebirth) संबंधी अवधारणाओं पर बल दिया गया है। इसकी जानकारी उपनिषद् में दी गई विचारधाराओं से मिलती है। ब्राह्मण धर्म में पुनर्जन्म की अवधारणाओं को कर्मवाद से जोड़कर भी देखा गया।
  - छांदोग्य उपनिषद् की रचना छठी शताब्दी ईसा पूर्व संस्कृत में की गई। इसके दो छंद हैं-आत्मा की प्रकृति और सच्चा यज्ञ, जो वैदिक संस्कृत में रचित थे। इन्हें पुरोहित परिवारों के पुरुषों को मौखिक रूप से सिखाया जाता था।

वाद-विवाद और चर्चाएँ

- बौद्ध ग्रंथ, जीवंत चर्चा और वाद-विवाद की परंपराओं का निर्वहन करते हैं। इन ग्रंथों में 64 संप्रदाय (विचारधारा) हैं।
- वाद-विवाद कुटागारशालाओं (नुकीली छतवाली झोपड़ी) में या उपवनों में होते थे, जहाँ भ्रमणशील भिक्षुक रहते थे।
- किसी भी संप्रदाय के लिए समर्थन समय के साथ बढ़ भी सकता है और कम भी हो सकता है। यदि कोई दार्शनिक अपने प्रतिद्वंद्वी को समझाने में असफल हो जाता था, तो उसके अनुयायी भी उसके शिष्य बन जाते थे।
- महावीर और बुद्ध जैसे दार्शनिकों ने वेदों के प्रभुत्व पर सवाल उठाया और व्यक्तिगत विचार पर ध्यान केंद्रित किया। इन्होंने सुझाव दिया कि पुरुष और महिलाएँ जीवन की समस्याओं पर स्वयं के प्रयासों से भी नियंत्रण और मोक्ष (मुक्ति) प्राप्त कर सकते हैं।
- ये विचार ब्राह्मणवादी विचारों से भिन्न थे, जिनमें किसी भी व्यक्ति की स्थिति उसके किसी विशिष्टता जाति ओर लिंग निर्धारित होती थी।

4.2 सांसारिक सुखों से परे महावीर का संदेश

600 ईसा पूर्व के आस-पास जब ब्राह्मण धर्म में कर्मकांडों एवं इसके सिद्धांत अत्यंत जटिल हो गए, तत्पश्चात् ऐसे सहज संप्रदायों का विकास हुआ, जिन्होंने ब्राह्मण धर्म का खंडन किया। इनमें से जैन धर्म भी एक प्रमुख संप्रदाय था।

- **वर्धमान महावीर** के जन्म के पूर्व ही उत्तर भारत में जैन धर्म प्रचलित था। जैन ग्रंथों के अनुसार, जैन धर्म में महावीर स्वामी सहित 24 तीर्थंकर हुए, जिन्होंने जैन धर्म से संबंधित सिद्धांतों का प्रतिपादन किया।
- जैन धर्म की सबसे महत्त्वपूर्ण अवधारणा यह है कि संपूर्ण विश्व प्राणवान है एवं पत्थर, चट्टान व जल में भी जीवन होता है। जीवों के प्रति अहिंसा जैन धर्म का केंद्र बिंदु है। जैनियों के अहिंसा के सिद्धांत ने संपूर्ण भारतीय चिंतन परंपरा को प्रभावित किया है।
- **उत्तराध्ययन सुत्त** का एक प्राकृत पाठ में वर्णन किया गया है कि कैसे एक रानी कमलावती ने अपने पति को संन्यास लेने के लिए मनाने की कोशिश की।

जैन धर्म के पाँच व्रत

जैन धर्म के साधु और साध्वी पाँच व्रत करते थे, जो निम्नलिखित हैं

1. हत्या न करना
2. चोरी न करना
3. झूठ न बोलना
4. ब्रह्मचर्य (अमृषा) का पालन करना
5. धन संग्रह न करना

उपरोक्त सिद्धांतों के अतिरिक्त जैन धर्म ने कर्मवाद पर बल दिया, ताकि पुनर्जन्म के चक्र से मुक्ति मिल सके।

जैन धर्म के महत्त्वपूर्ण संदेश

- संपूर्ण विश्व प्राणवान है, यहाँ तक कि पत्थर, चट्टान और जल में जीवन है।
- जैन अहिंसा के सिद्धांत ने संपूर्ण भारतीय चिंतन परंपरा को भलीभाँति किया। जीवों के प्रति अहिंसा इस दर्शन को प्रमुख केंद्र बिंदु था।
- जन्म और पुनर्जन्म का चक्र कर्म के द्वारा निर्धारित होता है।
- कर्म के चक्र से मुक्ति त्याग और अनुशासन से ही संभव है।

जैन धर्म का विस्तार

- वैदिक कर्मकांड की जटिल प्रक्रिया के विपरीत जैन धर्म के सरल और सहज सिद्धांत के कारण यह भारत के कई हिस्सों में धीरे-धीरे फैलता गया।
- जैन विद्वानों ने प्राकृत, संस्कृत, तमिल जैसी अनेक भाषाओं से संबंधित साहित्य में महत्त्वपूर्ण योगदान दिया है।
- जैन ग्रंथ की अनेक पांडुलिपियाँ (Manuscripts) वर्तमान में भी संग्रहालयों (Museum) में सुरक्षित हैं। जैन धर्मावलंबियों द्वारा जैन तीर्थंकरों (Tirthankaras) की अनेक मूर्तियाँ बनवाई गईं, जो भारतीय उपमहाद्वीप के कई हिस्सों से प्राप्त हुई हैं। लोग उत्तम स्वास्थ्य, लंबी आयु, घर में सुख-समृद्धि, पुत्र एवं अपने पशुओं के लिए भी प्रार्थना करते थे।

▲ चौदहवीं शताब्दी की जैन पांडुलिपि

चेक प्वॉइंट 1

1. ऋग्वेद का संकलन प्राचीन इतिहास के किस काल के आस-पास हुआ था?
2. छांदोग्य उपनिषद् की भाषा क्या थी?
3. जैन परंपरा के अनुसार, महावीर से पहले कितने तीर्थंकर हुए थे?
4. जैन धर्म का संस्थापक किसे माना जाता है?
5. जैन दर्शन का केंद्रीय सिद्धांत क्या था?

4.3 बौद्ध और ज्ञान की खोज

बुद्ध, बौद्ध धर्म के सबसे प्रभावशाली शिक्षकों में से एक थे। समय के साथ उनका संदेश **चीन**, **कोरिया** और **जापान**, **श्रीलंका**, **म्यांमार**, **थाईलैंड** और **इंडोनेशिया** जैसे देशों में प्रसारित हुआ।

बौद्ध धर्म

- इतिहासकारों द्वारा चरित लेखन हेलियोग्राफी से बुद्ध के बारे में जानकारी प्राप्त की गई है।
- जैन धर्म की तरह ही बौद्ध धर्म का उदय भी वैदिक कर्मकांडों के प्रतिक्रियास्वरूप हुआ। बौद्ध धर्म ने कर्मकांड पर बल देकर भौतिकवाद का खंडन किया। यह ब्राह्मण धर्म के विरुद्ध एक चुनौती थी। बौद्ध धर्म की परिकल्पना **महात्मा बुद्ध** से प्रारंभ हुई।
- महात्मा बुद्ध का बचपन का नाम **सिद्धार्थ** था। इनका जन्म शाक्य कबीले के सरदार के घर में हुआ था। प्रारंभ से इनको सभी प्रकार की राजसी सुख-सुविधाएँ मिलीं।
- एक बार बुद्ध महल के बाहर भ्रमण पर निकले, तो रास्ते में एक वृद्ध व्यक्ति को, फिर एक बीमार को और एक लाश को देखकर अत्यंत प्रभावित हुए।
- उसी समय इन्होंने एक संन्यासी को देखा, जो बुढ़ापे, बीमारी और मृत्यु से अनभिज्ञ सच्चे सुख और शांति में लीन हो गया था।
- इन दृश्यों को देखकर उन्हें यह अनुभूति हुई कि मानव शरीर नश्वर है। तदुपरांत उन्होंने यह निश्चय किया कि अब वे संन्यास का मार्ग अपनाएँगे और इसी उद्देश्य से वह गृह त्यागकर सत्य की खोज में निकल पड़े।

- सत्य की खोज में इन्होंने कठिन तपस्या की, जिससे उनकी स्थिति मरणासन्न (Dying) हो गई थी।
- उन्होंने अतिवादी माध्यमों (Extreme Methods) को त्यागकर ध्यान एवं साधना की पद्धति द्वारा ज्ञान की प्राप्ति की और तब ये बुद्ध अथवा ज्ञानी व्यक्ति के नाम से विख्यात हुए।
- इन्होंने अपने संपूर्ण जीवन में सत्य का ज्ञान और सम्यक् जीवन-यापन की शिक्षा दी।
- बौद्ध चरित लेखन के अनुसार, बुद्ध को एक वृक्ष (पीपल) के नीचे ध्यान करते हुए ज्ञान की प्राप्ति हुई। आरंभिक मूर्तिकारों ने बुद्ध को मानव रूप में नहीं, बल्कि प्रतीकों के रूप में दर्शाया है। उदाहरणस्वरूप, रिक्त स्थान बुद्ध के ध्यान की दशा को, **स्तूप**[2] महापरिनिब्बान या महापरिनिर्वाण (Mahaparinibbana) को तथा धर्मचक्र प्रथम उपदेश को दर्शाता है।

बुद्ध की शिक्षाएँ

महात्मा बुद्ध की शिक्षाएँ सुत्तपिटक की कहानियों पर आधारित हैं। बौद्ध धर्म की प्रारंभिक परंपराओं में भगवान का होना या न होना लगभग नगण्य था। बुद्ध ने तर्क और विवेक के आधार पर अपने सिद्धांतों का प्रतिपादन किया है, जो निम्नलिखित हैं

- बुद्ध के अनुसार, विश्व नश्वर है, आत्माविहीन है, क्योंकि यहाँ कुछ भी स्थायी अथवा शाश्वत नहीं है।
- संसार दु:खमय है, परंतु मध्यम मार्ग द्वारा इन दु:खों से मुक्ति पाना संभव है।
- राजाओं और गृहपतियों को दयावान और आचारवान (Ethical) होना चाहिए।
- व्यक्तिगत प्रयास से सामाजिक परिवेश को बदला जा सकता है।
- जन्म-मृत्यु के चक्र से मुक्ति, आत्म-ज्ञान और **निर्वाण**[3] (Nirvana) के लिए सम्यक् कर्म की कल्पना की गई है।
- बौद्ध परंपरा के अनुसार, बुद्ध का अपने शिष्यों को अंतिम उपदेश था, "तुम सब अपने लिए स्वयं ही ज्योति बनों, क्योंकि तुम्हें स्वयं ही अपनी मुक्ति का मार्ग ढूढ़ना है।"

बुद्ध के अनुयायी

- महात्मा बुद्ध ने उपदेशों के माध्यम से कुछ विशेष बातें भी कहीं, जिसे साधारणत: व्यावहारिक ज्ञान भी कहा जाता है। इस व्यावहारिक ज्ञान को उनके शिष्य आनंद और उपालि ने ग्रंथों में संकलित किया है।
- महात्मा बुद्ध ने अपने शिष्यों (भिक्षु) को मिलाकर संघ की स्थापना की, जिसके शिक्षक स्वयं बुद्ध थे। कालांतर में इस संघ के कुछ भिक्षु 'धम्म' के शिक्षक बन गए। ये भिक्षु सादा जीवन व्यतीत करते थे।
- प्रारंभ में संघ में मात्र पुरुष भिक्षुओं को प्रवेश की अनुमति थी, परंतु बाद में बुद्ध के प्रिय शिष्य **आनंद** के प्रस्ताव पर महिला भिक्षुणियों को भी प्रवेश की अनुमति मिली।
- बुद्ध की उपमाता महाप्रजापति गौतमी संघ में प्रवेश पाने वाली प्रथम महिला थीं।
- बुद्ध के अनुयायियों में समाज के कई वर्गों के लोग; जैसे—राजा, गृहपति, दास, सामान्यजन, कर्मकार, शिल्पी आदि शामिल थे। संघ में सभी की स्थिति समान थी। संघ में अनेक स्त्रियाँ भी आईं, जो धम्म की उपदेशिकाएँ बन गईं तथा कुछ समय पश्चात् ये महिलाएँ **थेरी** (Theris) बनीं। थेरी उन महिलाओं को कहा जाता था, जिन्होंने निर्वाण प्राप्त कर लिया हो।
- संघ का कार्य गणतंत्र प्रणाली द्वारा होता था, जिससे परस्पर बातचीत के माध्यम से एकमत होने का प्रयास होता था।
- बुद्ध की मृत्यु के पश्चात् भी यह धर्म तेजी से फैला तथा जो लोग समकालीन धार्मिक प्रथाओं से असंतुष्ट थे, उन्हें इस धर्म के मूल्यों ने अपनी ओर आकर्षित किया।
- ऐसे मुख्य विचार जिन्होंने पुरुषों और महिलाओं को बौद्ध शिक्षाओं की ओर आकर्षित किया वे थीं-
- जन्म के आधार पर श्रेष्ठता के दावों के विपरीत आचरण और मूल्यों को महत्त्व देना।
- विशेष रूप से युवाओं और कमजोरों के प्रति मित्रता और करुणा पर जोर देना।

बुद्ध साहित्य

- बुद्ध ने चर्चा व वाद- विवाद के माध्यम से मौखिक रूप से शिक्षा प्रदान की।
- बुद्ध का कोई भी भाषण उनके जीवनकाल में नहीं लिखा गया।
- बुद्ध की मृत्यु (लगभग चौथी 5वीं- शताब्दी ई.पू.) के बाद, उनकी शिक्षाओं को वैशाली (वर्तमान बिहार) में उनके शिष्यों या वरिष्ठ भिक्षुओं की परिषद् द्वारा संकलित किया गया था।
- इन संकलनों को त्रिपिटक के नाम से जाना जाता था। इसमें सुत्त पिटक, विनय पिटक और अभिधम्म पिटक शामिल हैं।
- सुत्त पिटक में बुद्ध की शिक्षाएँ शामिल हैं।
- विनय पिटक में संघ में शामिल होने हेतु नियम व कानून शामिल हैं।
- अभिधम्म पिटक दार्शनिक विषयों से संबंधित है।

---

2 **स्तूप** (Stupa) बुद्ध के शरीर के कुछ अवशेष या उनके द्वारा प्रयोग की गई वस्तुओं के ऊपर बनाई गई निर्माण संरचना को स्तूप कहा जाता है।

3 **निर्वाण** (Nirvana) अहं एवं इच्छा का त्याग तथा आत्मज्ञान की प्राप्ति को निर्वाण कहा जाता है।

- प्रत्येक पिटक में विभिन्न ग्रंथ शामिल थे, इन ग्रंथों पर बौद्ध विद्वानों द्वारा टिप्पणियाँ लिखीं गई थीं।
- दीपवंश और महावंश जैसे ग्रंथों में बौद्ध धर्म का क्षेत्रीय इतिहास सम्मिलित है।
- एशिया के विभिन्न हिस्सों में बौद्ध ग्रंथों को पांडुलिपियों में संरक्षित किया गया था।

बौद्ध धर्म में परिवर्तन

प्रथम सदी के बाद बौद्ध सिद्धांतों को लेकर बुद्ध के अनुयायियों में विरोधाभास उत्पन्न होने लगा था और बौद्ध धर्म का विभाजन निम्नलिखित शाखाओं में हुआ

हीनयान या थेरवाद

- महात्मा बुद्ध के ऐसे अनुयायी हीनयान या **थेरवाद**[4] के प्रवर्तक कहलाए, जिन्होंने प्रतिष्ठित शिक्षक (बुद्ध) के बताए गए सिद्धांतों को बिना किसी परिवर्तन के अपनाया। हीनयान के अनुसार, "बुद्ध महापुरुष थे और उन्होंने व्यक्तिगत प्रयास से निर्वाण प्राप्त किया है।"

महायान

- हीनयान मत से अलग कुछ अनुयायियों, जो महात्मा बुद्ध को **बोधिसत्व**[5] और मुक्तिदाता मानते थे, के अनुसार बुद्ध, जो उनको जन्म-मरण से मुक्ति दिला सकते थे, ऐसे अनुयायी 'महायान' कहलाए। इस मत के अनुयायियों में बुद्ध और बोधिसत्वों (Bodhisattvas) की मूर्तियों की पूजा एक महत्त्वपूर्ण अंग बन गई।

थेरीगाथा

- यह एक अद्वितीय बौद्ध ग्रंथ है, जो सुत्तपिटक का एक भाग है। यह भिक्षुओं द्वारा रचित छंदों का संग्रह है।
- यह महिलाओं के सामाजिक और आध्यात्मिक अनुभवों के बारे में जानकारी प्रेषित करता है।

चेक प्वॉइंट 2

1. बुद्ध को ज्ञान कैसे प्राप्त हुआ?
2. त्रिपिटक के अंतर्गत तीन पिटिकाओं के नाम लिखिए।
3. महिलाओं को संघ में प्रवेश की अनुमति देने के लिए बुद्ध को कसने मनाया?
4. सुत्त पिटक किस विषय से संबंधित है?
5. बौद्ध संघ में निर्णय कैसे लिए जाते हैं?

4.4 इमारतें अथवा स्थापत्य कला

- बौद्ध विचार और प्रथाएँ ब्राह्मण, जैन और अनेक अन्य परंपराओं के साथ चर्चा की प्रक्रिया से उभरी हैं। कुछ विचारों और प्रथाओं की पहचान ऐतिहासिक इमारतों और मूर्तियों से होती है।
- इनमें से साँची और अमरावती स्तूप इन परंपराओं का प्रतिनिधित्व करने के लिए सबसे अच्छे उदाहरण हैं।
- प्राचीनकाल से लोग कुछ स्थानों को पवित्र मानते थे। इनमें विशेष पेड़ या अद्वितीय चट्टानों वाले स्थल शामिल थे। कुछ स्थलों पर एक छोटी-सी वेदी भी बनी रहती थी, जिसे कभी-कभी **चैत्य**[6] कहा जाता था। बौद्ध साहित्य में कई चैत्यों का उल्लेख है। इसमें बुद्ध के जीवन से जुड़े स्थानों का भी वर्णन है, जो निम्न है

स्थान	बुद्ध के जीवन की घटना
लुंबिनी	बुद्ध का जन्म
बोधगया	आत्मज्ञान की प्राप्ति
सारनाथ	बुद्ध का प्रथम उपदेश
कुशीनगर	निर्वाण की प्राप्ति

बुद्ध के समय के लगभग 200 वर्ष बाद, अशोक ने उस स्थान की अपनी यात्रा को चिह्नित करने के लिए लंबिनी में एक स्तंभ का निर्माण किया।

4 **थेरवाद** (Theravada) बुद्ध द्वारा बताए गए सिद्धांतों का अक्षरशः पालन करने वालों को थेरवाद कहा जाता है।

5 **बोधिसत्व** (Bodhisattva) बौद्ध परंपरा में अच्छे कार्यों द्वारा पुण्य अर्जित करने की प्रक्रिया को बोधिसत्व कहा जाता है।

6 **चैत्य** (Chaityas) प्रारंभ में बौद्ध धर्म में बुद्ध की मूर्ति के निर्माण का विधान न होने से बुद्ध के प्रतीक के रूप में स्तूप पूजे जाते थे। पूजार्थक स्तूप को ही संभवतः चैत्य कहा जाता था।

स्तूप

- महात्मा बुद्ध से जुड़े अवशेष, जिनमें उनकी अस्थियाँ व उनके द्वारा प्रयोग में लाई गई वस्तुएँ शामिल हैं, को बुद्ध से जुड़े पवित्र स्थलों पर जमीन में दबाकर एक निर्माण संरचना बना दी जाती थी, जिसे स्तूप (संस्कृत अर्थ टीला) कहा जाता था।
- ये पवित्र स्थल बुद्ध से जीवन संबंधित जन्म स्थल (लुंबिनी), ज्ञान प्राप्ति (बोधगया), उपदेश (सारनाथ) और निर्वाण प्राप्ति (कुशीनगर) आदि स्थलों से जुड़े हैं।
- स्तूप को बुद्ध और बौद्ध धर्म के प्रतीक के रूप में जाना जाता है। **अशोकावदान** नामक बौद्ध ग्रंथ के अनुसार, अशोक ने बुद्ध के अवशेषों को प्रत्येक महत्त्वपूर्ण शहर में बाँटकर उनके ऊपर स्तूप बनाने का आदेश दिया। ईसा पूर्व दूसरी सदी तक भरहुत, साँची और सारनाथ आदि स्थानों पर स्तूप बनाए जा चुके थे।

स्तूप का निर्माण

- स्तूपों के निर्माण एवं सजावट की जानकारी, स्तूपों की वेदिकाओं एवं स्तंभों पर मिले अभिलेखों में दान की चर्चा से मिलती है।
- कुछ दान राजाओं के द्वारा (जैसे—सातवाहन शासक), तो कुछ दान शिल्पकारों एवं व्यापारियों की श्रेणियों के द्वारा दिए जाते थे।
- भिक्षु और भिक्षुणियों द्वारा भी यहाँ दान दिए जाने का साक्ष्य मिलता है।

स्तूप की संरचना

- प्रारंभ में स्तूप (टीला) अर्द्ध-गोलाकार मिट्टी का टीला था, जिसे **अंड** (Anda) कहा जाता था। बाद में इसे कई चौकोर और गोल आकारों के संतुलन से जटिल रूप दिया गया।
- अंड के ऊपर एक **हर्मिका** (Harmika) होती थी। यह छज्जे (Balconies) की तरह का ढाँचा देवताओं के घर का प्रतीक माना जाता था।
- हर्मिका से एक मस्तूल निकलता था, जिसे **यष्टि** (Yashti) कहा जाता था।
- स्तूप के चारों ओर एक **वेदिका** होती थी, जो एक पवित्र स्थल होता था।
- पत्थर की वेदिकाएँ तथा तोरणद्वार (Gateway) के अतिरिक्त साँची और भरहुत के स्तूपों में कोई अलंकरण नहीं है।
- तोरणद्वार से उपासक प्रवेश कर स्तूप के दक्षिणावर्त परिक्रमा करते थे।
- बाद के स्तूपों में अलंकरण और नक्काशी की जाने लगी जैसे अमरावती और पेशावर (पाकिस्तान) में शाह जी की ढेरी स्तूप में ताखों और मूर्तियाँ उत्कीर्ण करने की कला देखने को मिलती हैं।

▲ महास्तूप की ऊँचाई ऊर्ध्वस्थ परिप्रेक्ष्य में

अमरावती का स्तूप

- 1796 ई. में एक स्थानीय राजा मंदिर का निर्माण कराना चाहते थे, इसी क्रम में उन्हें अमरावती के स्तूप के अवशेष प्राप्त हुए। उन्हें लगा कि यहाँ कोई खजाना है, जिसके लिए खुदाई प्रारंभ कराई गई। खुदाई में उन्हें अमरावती स्तूप के अन्य अवशेष प्राप्त हुए। कालांतर में **कॉलिन मैकेंजी** (Colin Mackenzie) ने भी इस क्षेत्र का भ्रमण किया तथा उन्हें कई मूर्तियाँ प्राप्त हुईं, जिनका इन्होंने विस्तृत चित्रांकन भी किया।
- **गुंटूर** (आंध्र प्रदेश) के कमिश्नर वाल्टेर एलिएट ने 1854 ई. में अपनी अमरावती यात्रा के दौरान कई उत्कीर्ण पत्थर तथा मूर्तियों को मद्रास ले गए।
- उन्होंने पश्चिमी तोरणद्वार की खोज की और वे इस निष्कर्ष पर पहुँचे कि अमरावती का स्तूप बौद्धों का सबसे विशाल और शानदार स्तूप था।
- 1850 के दशक में स्तूपों से उत्कीर्ण पत्थर को कई जगहों पर ले जाया गया। कई अंग्रेज अधिकारियों ने इन्हें अपने उद्यानों में स्थापित कराया।
- कुछ कलकत्ता की एशियाटिक सोसाइटी ऑफ बंगाल में रखा गया। कुछ मद्रास इंडिया ऑफिस और कुछ लंदन ले जाया गया। पुरातत्त्ववेत्ता एच एच कोल ने पत्थरों और मूर्तियों को अलग-अलग जगहों पर ले जाने का बहुत विरोध किया, परंतु अधिकारियों ने इस संदर्भ में कोल की कोई मदद नहीं की।
- यह सत्य है कि मूर्तियों तथा उत्कीर्ण पत्थरों की लूट से अमरावती तो नष्ट हो गया, परंतु साँची स्तूप इस क्षति से बच गया। इसका प्रमुख कारण साँची स्तूप को संरक्षित किया जाना है।

साँची का स्तूप

- प्राचीन अवशेषों में अत्यधिक आकर्षक साँची कनखेड़ा (Sanchi Kanakhera) की इमारत भोपाल राज्य की अद्भुत कलाकृति है। यह भोपाल से 20 मील उत्तर-पूर्व दिशा में एक पहाड़ी पर स्थित है। यहाँ बुद्ध की मूर्ति व प्राचीन तोरणद्वार आकर्षण का केंद्र हैं।
- मेजर अलेक्जेंडर कनिंघम (Major Alexander Cunningham) ने इन अवशेषों का निरीक्षण किया और इस खुदाई के विषय में एक अंग्रेजी पुस्तक में लिखा है।
- 1818 ई. में साँची के स्तूप की खोज के समय उसके तीनों तोरणद्वार खड़े थे, जबकि चौथा वहीं गिरा हुआ था। अंग्रेज इसे भी लंदन या पेरिस ले जाना चाहते थे, परंतु सौभाग्यवश ऐसा नहीं हो सका और साँची स्तूप आज भी वहीं बना हुआ है।
- इतिहासकारों का मानना है कि साँची के स्तूप में कई कहानियों का चित्रांकन किया गया है; जैसे—इसमें एक दृश्य **वेसांतर जातक** (Vessantara Jataka) से लिया गया है।
- इस कहानी में एक दानी राजकुमार का चित्रण किया गया है, जो अपना सब कुछ एक ब्राह्मण को दान देकर पत्नी और बच्चों के साथ स्वयं वनवासी हो गए।

साँची के स्तूप की संरचना

बौद्ध स्तूपों के अलंकरण में जातक कथाओं के चित्रांकन का उदाहरण देखने को मिलता है। साँची के स्तूप में वेसांतर जातक से लिया गया एक दृश्य दिखाया गया है।

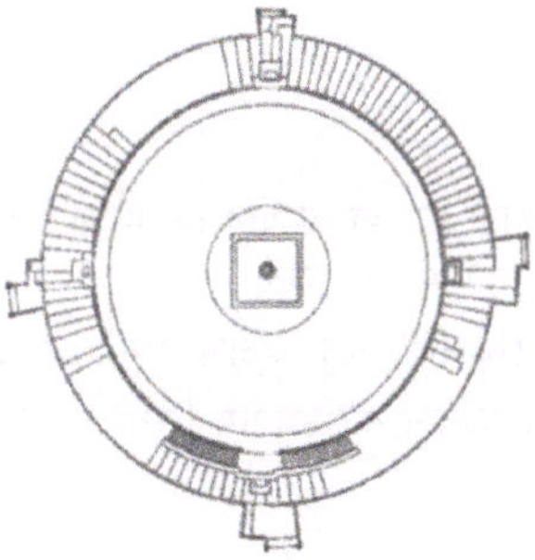

▲ साँची के महास्तूप की योजना

उपसाना के प्रतीक

साँची के स्तूप में बनी मूर्तिकला को समझने के लिए इतिहासकारों को बुद्ध के चरित लेखन को समझना। अंततः इतिहासकार इस निष्कर्ष पर पहुँचे

- चित्र में बना रिक्त स्थान बुद्ध के ध्यान की दशा का प्रतीक है।
- स्तूप, महापरिनिब्बान का प्रतीक बन गया।
- चक्र सारनाथ में बुद्ध के प्रथम उपदेश का प्रतीक बन गया।

प्रचलित लोक परंपराएँ

साँची के स्तूप की कुछ संरचनाएँ बौद्ध विचारों से प्रेरित नहीं थीं ; जैसे- उत्कीर्ण कुछ सुंदर स्त्रियाँ तो तोरण द्वार के किनारे एक पेड़ को पकड़कर झूलती हुई दिखाई देती है। संस्कृत भाषा में इन मूर्तियों को **'शालभंजिका'** कहा गया है।

- शालभंजिका के रूप में सुंदर स्त्री की मूर्ति को शुभ प्रतीक के रूप में माना गया है। साँची स्तूप में कई जानवरों (हाथी, घोड़े, बंदर, गाय, बैल तथा साँप आदि) की मूर्तियाँ उत्कीर्णित हैं। इन जानवरों का मनुष्य के गुणों के प्रतीक के रूप में वर्णन किया गया है।
- प्रतीकों में कमल के फूल और दो हाथियों के बीच में एक स्त्री की मूर्ति प्रमुख है, जिसे बुद्ध की माँ **माया** माना गया, तो कहीं सौभाग्य की देवी **गजलक्ष्मी** माना गया।
- इतिहासकार जेम्स फर्ग्यूसन ने साँची स्तूप पर उत्कीर्णित मूर्तियों के अध्ययन के आधार पर साँची को वृक्ष और सर्प पूजा का केंद्र माना था। बुद्ध के जीवन चरित्र को विभिन्न प्रतीकों के माध्यम से चित्रित करने का प्रयास किया।
- स्तूप के चित्रों में रिक्त स्थान, बुद्ध के ध्यान की दशा तथा स्तूप महापरिनिर्वाण का प्रतीक बन गए। चक्र को सारनाथ में दिए प्रथम उपदेश का प्रतीक तथा पेड़ को ज्ञान प्राप्ति के प्रतीक के रूप में दिखाया गया है।

▲ पूर्वी गेटवे, साँची

साँची की एक झलक

- 19वीं शताब्दी में साँची के स्तूप को लेकर यूरोपियों में अत्यधिक रुचि थी। फ्रांसीसियों ने साँची के पूर्वी तोरणद्वार को फ्रांस के संग्रहालय में प्रदर्शित करने के लिए शाहजहाँ बेगम से स्वीकृति माँगी, जिसे अस्वीकार कर दिया गया। भोपाल के शासकों, शाहजहाँ बेगम और उनकी उत्तराधिकारी सुल्तानजहाँ बेगम ने इस प्राचीन स्थल के संरक्षण के लिए धन दिया था। साँची की खोज ने प्रारंभिक बौद्ध धर्म की समझ को काफी बदल दिया है।

▲ साँची में एक हाथी

साँची में एक साँप

अतीत से प्राप्त चित्र

- अतीत में पेंटिंग सहित संचार के अन्य दृश्य साधनों का भी उपयोग किया जाता था। गुफाओं की दीवारों पर सबसे महत्त्वपूर्ण पेंटिंग पाई गई है। सबसे प्रसिद्ध पेंटिंग अजंता (महाराष्ट्र) में पाई जाती है।
- अजंता की पेंटिंग जातकों की कहानियों; जैसे-दरबारी जीवन, जुलूस, पुरुषों व महिलाओं और त्योहारों को दर्शाती है।
- कलाकारों ने त्रिआयामी गुणवत्ता देने के लिए छायांकन का उपयोग किया।

चेक प्वॉइंट 3

1. कॉलिन मैकेंजी ने जो मूर्तियाँ पाईं उनका क्या किया?
2. स्तूपों का निर्माण क्यों किया जाता था?
3. बाद के स्तूपों में नक्काशीदार आलों और मूर्तियों का समावेश कहाँ से प्रारंभ हुआ?
4. जेम्स फर्ग्यूसन ने साँची को किसका केंद्र माना?
5. कुछ सर्वोत्तम संरक्षित पेंटिंग्स कहाँ पाई जाती हैं?

4.5 नई धार्मिक परंपराएँ

महायान बौद्ध मत का विकास

- प्रारंभिक शिक्षाएँ निर्वाण के लिए आत्म-प्रयास पर केंद्रित थीं। ये बुद्ध को मानवीय रूप में भी मानते थे।
- पहली शताब्दी ई. पू. तक बौद्ध विचारों और प्रथाओं में परिवर्तन हुए।
- बोधिसत्व की अवधारणा भी विकसित हुई, जिन्हें उधारकर्ता के रूप में भी देखा गया, जो दूसरों की मदद करके अपनी योग्यता सिद्ध करते थे। बुद्ध और बोधिसत्व के प्रतिमाओं की पूजा इस परंपरा के लिए महत्त्वपूर्ण हो गई, जिसे 'महायान' के नाम से जाना जाता है।
- महायान के समर्थक अन्य बौद्धों को हीनयान या प्राचीन परंपरा का अनुयायी मानते थे।
- हीनयान के अनुयायियों ने स्वयं को थेरवादियों के रूप में वर्णित किया, जो पुराने, सम्मानित, शिक्षकों थेरों (पुराने शिक्षकों) के मार्ग का अनुसरण करते थे।

पौराणिक हिंदू धर्म का उदय

- हिंदू धर्म के अंतर्गत वैष्णव और शैव संप्रदाय प्रमुख रूप से विद्यमान थे। वैदिक काल के यज्ञ व बलि के स्थान पर ईश्वर की आराधना प्रेम एवं भक्ति के द्वारा प्रचलित हुई।
- वैष्णव संप्रदाय के लोग भगवान विष्णु की उपासना करते थे एवं विष्णु के अवतारों को प्रधानता दी जाती थी। देश के अलग-अलग हिस्सों में लोग विष्णु के विभिन्न अवतारों की पूजा करते थे।

- वैष्णव धर्म के साथ शैव धर्म भी लोगों में अधिक लोकप्रिय था। शिव की उपासना **लिंग** के रूप में या मानव रूप में मूर्ति बनाकर की जाती थी।
- इन देवताओं के गुणों और प्रतीकों को उनके शिरोवस्त्र, आभूषण, अस्त्र-शस्त्रों और बैठने की मुद्राओं से दर्शाया जाता था।
- इन मूर्तियों की अलग-अलग मुद्राएँ प्राचीन कहानियों पर आधारित होती थीं। अनेक कहानियाँ प्रथम सहस्राब्दि के मध्य से ब्राह्मणों द्वारा रचित पुराणों में मिलती हैं।
- ये कहानियाँ संस्कृत श्लोकों में लिखी हुई थीं एवं महिलाओं और शूद्रों को वैदिक साहित्य पढ़ने-सुनने के अधिकार न होने के कारण इन कहानियों को ऊँची आवाज में पढ़ा जाता था, ताकि वे भी सुन सकें।

▲ विष्णु भगवान का वराह अवतार

मंदिर की संरचना

- प्रथम शताब्दी में विभिन्न धर्मों के देवताओं की मूर्तियाँ बनने लगी थीं। इन मूर्तियों को एक स्थान पर स्थापित करने के लिए मंदिर का निर्माण किया जाने लगा।
- प्रारंभ में मंदिर एक चौकोर आकार के कमरे का बना होता था, जिसे **गर्भगृह** (Garbhagriha) कहा जाता था। उपासक को पूजा करने के उद्देश्य से मंदिर में जाने के लिए मात्र एक दरवाजा होता था। बाद में गर्भगृह के ऊपर एक ढाँचा भी बनाया जाने लगा, जिसे **शिखर** (Shikhar) कहा गया।
- मंदिरों के गर्भगृह के साथ-साथ विशाल सभास्थल, ऊँची दीवारें तथा तोरणद्वारों का निर्माण हुआ। प्रारंभिक मंदिरों की विशेषता पहाड़ियों को काटकर तथा खोखला बनाकर, कृत्रिम गुफाओं के रूप में थी। यह मंदिर शैली अत्यधिक प्राचीन शैली थी। ईसा पूर्व तीसरी शताब्दी में सम्राट अशोक द्वारा **आजीवक**[7] संप्रदाय के संतों के लिए सबसे प्राचीन कृत्रिम गुफा निर्मित की गई थी।
- इस शैली का सबसे उत्कृष्ट रूप आठवीं सदी के कैलाशनाथ के मंदिर में देखने को मिलता है, जिसमें पूरी पहाड़ी को काटकर गुफा में मंदिर बनाया गया है। ताम्रपत्र अभिलेख में एलोरा के प्रमुख तक्षक द्वारा इसका निर्माण करने का वर्णन मिलता है।

भारतीय मूर्तिकला

- कई यूरोपीय विद्वानों ने भारत की भारतीय-यूनानी शैली में निर्मित मूर्तियों से तुलना करके इनकी महत्ता स्थापित करने का प्रयास किया।
- फिर भी यूरोपीय विद्वानों ने प्रारंभिक भारतीय मूर्तिकला को यूनानी कला से निम्न स्तर का माना है। यूरोपीय, यूनानी शैली में निर्मित बुद्ध और बोधिसत्वों की मूर्तियों से अधिक प्रभावित थे।
- बौद्ध धर्म से संबंधित मूर्तियाँ तक्षशिला तथा पेशावर जैसे उत्तर-पश्चिम के शहरों से मिली हैं। यूरोपीय विद्वानों ने यूनानी शैली से परिचित होने के कारण बाद में इन शैलियों में बनी भारतीय मूर्तिकला को सर्वश्रेष्ठ नमूना माना है। स्तूपों के आस-पास मिली मूर्तियाँ बहुत खूबसूरत तथा मूल्यवान थीं, यही कारण था कि कई मूर्तियों को यूरोप ले जाया गया।
- मूर्तियों के अध्ययन हेतु इतिहासकार पाठ्य अभिलेखों पर निर्भर रहते हैं, लेकिन हमेशा भारतीय प्रतिमाओं की तुलना ग्रीक मूर्तियों से करना आसान नहीं होता। उदाहरण के लिए महाबलीपुरम (तमिलनाडु) में स्थित मूर्ति।

महाबलीपुरम की एक मूर्ति

- कला इतिहासकारों ने महाबलीपुरम में स्थित इस मूर्ति की पहचान के लिए पुराणों का अध्ययन किया। उनके विचार भिन्न-भिन्न थे।
- कुछ इतिहासकारों का मानना है कि यह स्वर्ग से गंगा नदी के अवतरण का प्रतिनिधित्व करता है।
- चट्टान की सतह के केंद्र में प्राकृतिक विभाजन के रूप में यह नदी का प्रतिनिधित्व करता है।

- अन्य इतिहासकारों का मानना है कि यह महाभारत की एक कहानी का प्रतिनिधित्व करता है, जिसमें अर्जुन हथियार प्राप्त करने के लिए नदी के तट पर तपस्या करते हैं।

चेक प्वॉइंट 4

1. पुराण सामान्यतः किस भाषा में लिखित है?
2. बोधिसत्व कौन थे?
3. प्रारंभिक बौद्ध भिक्षुओं का केन्द्रिय विषय क्या था?
4. पुराणों की सामग्री कैसे विकसित हुई?
5. कौन-सा मंदिर चट्टान के टुकड़ों से निर्मित मंदिर का उदाहरण है?

7 आजीवक (Livelihood) नियतिवादी विचारधारा को मानने वालों को आजीवक कहा जाता है। इनका मानना है कि ''सब कुछ पूर्व निर्धारित है।''

टाइमलाइन

महत्त्वपूर्ण धार्मिक बदलाव

लगभग 1500-1000 ई. पू.	प्रारंभिक वैदिक परंपराएँ
लगभग 1000-500 ई. पू.	उत्तर वैदिक परंपराएँ
लगभग छठी सदी ई. पू.	प्रारंभिक उपनिषद्, जैन धर्म, बौद्ध धर्म
लगभग तीसरी सदी ई. पू.	आरंभिक स्तूप
लगभग दूसरी सदी ईसा पूर्व से आगे	महायान बौद्ध मत का विकास, वैष्णववाद, शैववाद और देवी पूजन परंपराएँ
लगभग तीसरी सदी ईसवी	सबसे पुराने मंदिर

प्राचीन इमारतों और मूर्तियों की खोज और संरक्षण के महत्त्वपूर्ण चरण

उन्नीसवीं सदी

1814	इंडियन म्यूजियम, कलकत्ता की स्थापना।
1834	रामराजा लिखित एसेज ऑन द आर्किटेक्चर ऑफ द हिंदूज का प्रकाशन, कनिंघम द्वारा सारनाथ के स्तूप की छानबीन।
1835-1842	जेम्स फर्ग्यूसन द्वारा महत्त्वपूर्ण पुरातात्विक स्थलों का सर्वेक्षण।
1851	गवर्नमेंट म्यूजियम, मद्रास की स्थापना।
1854	अलेक्जेंडर कनिंघम द्वारा 'भिलसा टोप्स' का लिखा जाना, जो साँची पर लिखी गई सबसे प्रारंभिक पुस्तकों में से एक है।
1878	राजेंद्र लाल मित्र की पुस्तक 'बुद्ध गया : द हेरिटेज ऑफ शाक्य मुनि' का प्रकाशन।
1880	एच एच कोल को प्राचीन इमारतों का संग्रहाध्यक्ष बनाया जाना।
1888	ट्रेजर-ट्रोव एक्ट का बनाया जाना। इसके अनुसार सरकार पुरातात्विक महत्त्व की किसी भी चीज को हस्तगत कर सकती थी।

बीसवीं सदी

1914	जॉन मार्शल और अल्फ्रेड फूसे की 'द मॉन्यूमेंट्स ऑफ साँची' पुस्तक का प्रकाशन।
1923	जॉन मार्शल की पुस्तक 'कंजर्वेशन मैनुअल' का प्रकाशन
1955	प्रधानमंत्री जवाहरलाल नेहरू द्वारा राष्ट्रीय संग्रहालय, नई दिल्ली की नींव का रखा जाना।
1989	साँची को एक विश्व कलादाय स्थान घोषित किया जाना।

Mind Map

विचारक, विश्वास और इमारतें (सांस्कृतिक विकास)

1 पृष्ठभूमि : यज्ञ और विवाद

यज्ञों की परंपरा
- प्रारंभिक यज्ञों में लोग गोधन, पुत्र प्राप्ति, स्वास्थ्य और दीर्घायु जीवन की प्रार्थना करते थे।
- राजसूय और अश्वमेध जैसे यज्ञ मुखियाओं और राजाओं द्वारा किए जाते थे।

वाद-विवाद और चर्चाएँ
- बौद्ध ग्रंथों में 64 संप्रदायों या चिंतन परंपराओं का उल्लेख मिलता है।
- ये चर्चाएँ कुटागार शालाओं या ऐसे उपवनों में होती थीं, जहाँ घुमक्कड़ मनीषी ठहरा करते थे।

2 लौकिक सुखों से आगे महावीर का संदेश
- जैन धर्म सभी जीवों के प्रति अहिंसा की सीख देता है।
- जैन साधु-साध्वियाँ, सत्य और अहिंसा सहित पाँच व्रतों का पालन करते हैं।

3 बुद्ध और ज्ञान की खोज

बुद्ध का जीवन और संदेश
- उनके जीवन की जानकारी ग्रंथों और जीवनचरितों से प्राप्त होती है।
- बुद्ध के उपदेशों का एशिया और अन्य स्थानों तक विस्तार हुआ।
- बुद्ध ने चमत्कारों के विपरीत तर्क को प्राथमिकता दी।

4 स्तूप
- स्तूप साधारण मिट्टी के टीले से विकसित होकर जटिल संरचनाओं में परिवर्तित हो गए।
- शुरुआती स्तूप साधारण थे, बाद में उन पर नक्काशी और मूर्तियाँ जोड़ी गईं।
- स्तूपों में बुद्ध के अवशेषों और पवित्र वस्तुओं को रखा जाता था।
- स्तूप निर्माण के लिए राजा, गिल्ड (व्यापार संघ) और आम जन दान देते थे।

5 साँची की एक झलक
- भोपाल के शासकों ने साँची समर्थन किया।
- साँची बौद्ध इतिहास को ग्रंथों और कलाकृतियों के माध्यम से दर्शाता है।
- कला इतिहासकार मूर्तियों के अर्थों की व्याख्या करने के लिए ग्रंथों का उपयोग करते हैं।

6 मूर्तिकला

उपासना के प्रतीक
- वृक्ष, आसन और चक्र बुद्ध के ध्यान एवं उपदेशों के प्रतीक हैं।

पत्थर में गढ़ी कथाएँ
- साँची में बनी मूर्तियो में वेसांतर जातक की कथा दर्शाई गई है।

लोक परंपराएँ
- अजंता की चित्रकला जातक कथाओं, त्योहारों और दरबारी जीवन को दर्शाती है।
- नाग (सर्प) की आकृतियाँ लोक मान्यताओं और गैर-ग्रंथीय परंपराओं से ली गई हैं।

7 नई धार्मिक परंपराएँ

मंदिरों का निर्माण
- प्रारंभिक मंदिरों में गर्भगृह होता था, जहाँ देव प्रतिमाएँ स्थापित की जाती थीं।
- बाद में मंदिरों में शिखर, सभागृह और भव्य दीवारें जोड़ी गईं।

महायान बौद्ध धर्म का विकास
- महायान बौद्ध धर्म को 'महान मार्ग माना गया, जबकि पुरानी परंपरा को हीनयान या छोटा मार्ग कहा गया।'

पौराणिक हिंदू धर्म का उदय
- पुरोहितों, व्यापारिक और आम जनता के बीच आपसी मेल-जोल से धार्मिक परंपराओं का विकास हुआ।

NCERT फोल्डर

अध्याय के मध्य में दिए गए प्रश्न

1. यज्ञ के उद्देश्यों की सूची बनाइए।

उत्तर यज्ञ के उद्देश्यों की सूची निम्न प्रकार है

- पर्याप्त मात्रा में खाद्य पदार्थ प्राप्त करना।
- पर्याप्त धन अर्जित करना।
- यज्ञ आयोजित करने वाले व्यक्ति की आहुति को देवताओं तक भेजना।
- पुष्टिवर्द्धक अद्भुत गाय प्राप्त करना।
- पुत्र की प्राप्ति करना ताकि, वंश परंपरा आगे बढ़ सके।

2. जब लिखित सामग्री उपलब्ध न हो अथवा किहीं वजहों से बच न पाई हो, तो ऐसी स्थिति में विचारों और मान्यताओं के आधार पर इतिहास का पुनर्निर्माण करने में क्या समस्याएँ सामने आती हैं?

उत्तर लिखित सामग्री के प्रमाण उपलब्ध न होने की स्थिति में इतिहासकार, इतिहास के पुनर्निर्माण के लिए द्वितीयक साक्ष्यों; जैसे- अभिलेख, चित्रकला, मूर्तिकला आदि का सहारा लेते हैं। लिखित साक्ष्यों के अभाव में द्वितीयक साक्ष्यों से प्राप्त निष्कर्षों के प्रमाणीकरण में समस्या का सामना करना पड़ता है। इसके अतिरिक्त द्वितीयक साक्ष्यों से प्राप्त विवरणों में एकरूपता का अभाव होता है। इतिहासकारों के भिन्न-भिन्न दृष्टिकोण के कारण सर्वमान्य इतिहास के पुनर्निर्माण में समस्या आती है।

3. बुद्ध द्वारा सिगल को दी गई सलाह की तुलना उसके द्वारा उसकी प्रजा को दी गई सलाह से कीजिए। क्या आपको कुछ समानताएँ और असमानताएँ नजर आती हैं?

उत्तर बुद्ध द्वारा सिगल को दी गई सलाह की तुलना अशोक द्वारा उसकी प्रजा को दी गई सलाह से करने पर निम्नलिखित समानताएँ और असमानताएँ नजर आती हैं।

समानताएँ

- दासों तथा सेवकों के साथ विनम्र व्यवहार।
- अपने से बड़ों के प्रति आदर व सम्मान व्यक्त करना
- ब्राह्मणों तथा सन्यासियों की उचित देखभाल करना।

असमानताएँ

- अन्य धर्मों तथा परंपराओं का आदर।
- श्रमणों तथा ब्राह्मणों की दैनिक आवश्यकताओं को पूरा करने के लिए हमेशा घर खुला रखना।
- कर्मचारियों तथा नौकरों को भोजन व वेतन देने के साथ उन्हें समय-समय पर अवकाश देना चाहिए और बीमार होने पर उनकी देखभाल करनी चाहिए।

4. मूर्तिकला के लिए हड्डियों, मिट्टी और धातुओं का भी उपयोग होता है इनके विषय में पता कीजिए।

उत्तर हड़प्पाकालीन मूर्तिकला के निर्माण में मिट्टी, पत्थर, धातुओं और हड्डी का प्रयोग होता था। इन सामग्रियों को प्रयोग में लाने का प्रमुख कारण यह है कि इन पर तकनीकी तौर पर उत्कीर्णन सुगम था और यह वस्तुएँ सस्ती एवं आसानी से उपलब्ध हो जाती थीं।

निम्नलिखित प्रश्नों के उत्तर लगभग 100-150 शब्दों में लिखिए

1. क्या उपनिषदों के दार्शनिकों के विचार नियतिवादियों और भौतिकवादियों से भिन्न थे? अपने जवाब के पक्ष में तर्क दीजिए।

उत्तर उपनिषदों की रचना छठी सदी ईसा पूर्व में हुई थी। इनमें वैदिक ग्रंथों का चिंतन प्रस्तुत किया गया है। उपनिषदों में अनेक दार्शनिक विचार प्रस्तुत किए गए हैं। इसके अतिरिक्त गौतम बुद्ध, महावीर एवं मक्खलि गोसाल आदि **दार्शनिकों ने नियतिवाद** एवं **भौतिकवाद** के रूप में अपने 'दर्शन' प्रस्तुत किए हैं। उपनिषदों के दार्शनिकों के विचार नियतिवादियों और भौतिकवादियों से भिन्न थे। इसे हम निम्न रूपों में समझ सकते हैं

- उपनिषद् के दार्शनिकों के अनुसार, मानव जीवन का अर्थ, मृत्यु के बाद जीवन की संभावना और पुनर्जन्म के बारे में जानने की आकांक्षा रखता है।
- उपनिषद् के दार्शनिकों ने अलौकिक विद्या एवं अध्यात्म के द्वारा ज्ञान प्राप्ति पर बल दिया और ज्ञान से ब्रह्म की प्राप्ति होती है।
- नियतिवादियों का मानना है कि सब कुछ पूर्व-निर्धारित है अर्थात् व्यक्ति के कर्मों का निर्धारण उसके जन्म के पूर्व हो जाता है, लेकिन उपनिषद् जीवन-मरण चक्र की उपस्थिति को मानते हैं।
- भौतिकवादियों का कहना है कि दान देना एक मूर्खतापूर्ण कार्य है। मूर्ख और विद्वान दोनों ही नष्ट हो जाते हैं, क्योंकि मृत्यु के बाद शेष कुछ भी नहीं बचता है।

2. जैन धर्म की महत्त्वपूर्ण शिक्षाओं को संक्षेप में लिखिए।

उत्तर जैन धर्म की महत्त्वपूर्ण शिक्षाएँ निम्नलिखित हैं

(i) **अहिंसा** जैन धर्म का केंद्रीय तत्त्व अहिंसा है। इनका मानना था कि मनुष्य, जानवर, पेड़-पौधे, कीड़े-मकोड़ों और यहाँ तक कि पत्थर, चट्टान, जल आदि में भी जीवन विद्यमान है। अतः इनके प्रति किसी भी प्रकार की हिंसा नहीं करनी चाहिए।

(ii) **मोक्ष प्राप्ति** जैन मतानुसार आत्मा का जन्म और पुनर्जन्म के चक्र से मुक्त होना ही निर्वाण या मोक्ष है। त्रिरत्न अर्थात् सम्यक् ज्ञान, सम्यक् दर्शन (ध्यान) तथा सम्यक् चरित्र (आचरण) के द्वारा मोक्ष को प्राप्त किया जा सकता है।

(iii) **कठोर तपस्या और आत्मत्याग** जैन धर्म को मानने वाले लोग अपने शरीर को कष्ट देकर अपने मन और इंद्रियों पर नियंत्रण रखना चाहते हैं। इनका मानना था कि भूखे रहकर प्राण त्यागने से मनुष्य को मोक्ष की प्राप्ति होती है।

(iv) **पंच महाव्रत** जैन साधु एवं साध्वी को पंच महाव्रत का अनुसरण करना पड़ता था अर्थात् अहिंसा, सत्य, अस्तेय, अपरिग्रह और ब्रह्मचर्य।

(v) **जाति प्रथा में अविश्वास** जैनी लोग जाति-पाति के सिद्धांत को स्वीकार नहीं करते थे। इनका मानना था कि सभी मनुष्य एकसमान हैं।

(vi) **ईश्वर में विश्वास** जैन धर्म में ईश्वर के अस्तित्व को स्वीकार किया गया है, परंतु ईश्वर का स्थान 'जिन' (तीर्थंकर) से नीचे रखा गया है। सृष्टिकर्ता के रूप में ईश्वर को स्वीकार नहीं किया गया है।

3. साँची के स्तूप के संरक्षण में भोपाल की बेगमों की भूमिका की चर्चा कीजिए।

उत्तर भोपाल में स्थित साँची का स्तूप एक अद्भुत ऐतिहासिक विरासत है। उन्नीसवीं सदी में यूरोपियों में साँची के स्तूप को लेकर विशेष उत्साह था। अंग्रेज तथा फ्रांसीसी दोनों ही साँची के पूर्वी तोरणद्वार को अपने साथ यूरोप ले जाना चाहते थे, लेकिन भोपाल की बेगमों के कारण ऐसा संभव नहीं हो पाया। भोपाल की बेगमों ने इसके संरक्षण में निम्नलिखित भूमिकाएँ निभाईं

- जब फ्रांसीसियों ने साँची के पूर्वी तोरणद्वार को फ्रांस के संग्रहालय में प्रदर्शित करने के लिए शाहजहाँ बेगम से फ्रांस ले जाने की इजाजत माँगी, तो बेगम ने बड़ी सावधानी से 'प्लास्टर प्रतिकृतियों' को उन्हें सौंपकर संतुष्ट किया। इस प्रकार मूल कृति भोपाल में ही यथावत् बनी रही।
- भोपाल के शासकों, शाहजहाँ बेगम और उनकी उत्तराधिकारी सुल्तानजहाँ बेगम ने इस प्राचीन स्थल के रख-रखाव के लिए धन का अनुदान दिया।
- सुल्तानजहाँ बेगम ने साँची स्तूप के पास एक संग्रहालय और अतिथिशाला बनाने के लिए अनुदान दिया। वहाँ रहते हुए जॉन मार्शल ने कई पुस्तकों की रचना की तथा इन पुस्तकों के प्रकाशन में सुल्तानजहाँ बेगम ने अपना योगदान दिया।
- भोपाल की बेगमों ने साँची के स्तूप को रेल ठेकेदारों एवं निर्माताओं से बचाकर रखा।
- बौद्ध धर्म से संबंधित यह स्तूप भारतीय पुरातात्विक सर्वेक्षण की सफल मरम्मत और संरक्षण का एक उदाहरण है।

4. निम्नलिखित संक्षिप्त अभिलेख को पढ़िए और जवाब दीजिए महाराज हुविष्क (एक कुषाण शासक) के तैंतीसवें वर्ष में गर्म मौसम के पहले महीने के आठवें दिन त्रिपिटक जानने वाले भिक्षु बल की शिष्या, त्रिपिटक जानने वाली बुद्धिमता की बहन की बेटी भिक्षुणी धनवती ने अपने माता-पिता के साथ मधुवनक में बोधिसत्व की मूर्ति स्थापित की।

(i) **धनवती ने अपने अभिलेख की तारीख कैसे निश्चित की?**

उत्तर धनवती ने अपने अभिलेख की तारीख तत्कालीन कुषाण शासक हुविष्क के शासनकाल के तैंतीसवें वर्ष में गर्म मौसम के पहले महीने के आठवें दिन का उल्लेख कर निश्चित की।

(ii) **आपके अनुसार उन्होंने बोधिसत्व की मूर्ति क्यों स्थापित की?**

उत्तर धनवती ने स्वयं को भिक्षुणी सिद्ध करने तथा बौद्ध धर्म में अपना विश्वास प्रकट करने हेतु मधुवनक में बोधिसत्व की मूर्ति स्थापित की।

(iii) **वे अपने किन रिश्तेदारों का नाम लेती थीं?**

उत्तर इस अभिलेख में उसने अपनी मौसी बुद्धमित के नाम का उल्लेख किया है। बुद्धमित एक बौद्ध भिक्षुणी थी। इसके साथ उसने अपने माता-पिता का भी उल्लेख किया है।

(iv) **धनवती कौन-से बौद्ध ग्रंथ को जानती थी?**

उत्तर धनवती बौद्ध धर्म के ग्रंथ 'त्रिपिटक' को जानती थी।

(v) **उसने यह पाठ किससे सीखा था?**

उत्तर उसने यह पाठ भिक्षुणी बुद्धमित से सीखा था। धनवती भिक्षुणी बाला की पहली महिला शिष्या थी।

5. आपके अनुसार स्त्री-पुरुष संघ में क्यों जाते थे?

उत्तर स्त्री-पुरुष के संघ में जाने के निम्नलिखित कारण थे

- स्त्री तथा पुरुष उस काल में प्रचलित धार्मिक प्रथाओं (वैदिक धर्म) से संतुष्ट नहीं थे।
- पहली बार महात्मा बुद्ध ने कहा कि प्रत्येक व्यक्ति अपने सद्कर्मों से मोक्ष प्राप्त कर सकता है। इसके लिए वैदिक कर्मकांड आवश्यक नहीं। इस कथन से समकालीन स्त्री-पुरुष अत्यंत प्रभावित हुए।
- संघ में एक बार प्रवेश करने के बाद सभी मनुष्य एकसमान हो जाते थे।
- संघ में ऊँच-नीच, जात-पाँत आदि जैसा कोई तत्त्व नहीं था, जिससे स्त्री तथा पुरुष दोनों आकर्षित हुए।
- संघ की संचालन पद्धति गणों और संघों की परंपरा पर आधारित थी।
- वे बुद्ध की शिक्षाओं से अधिक प्रभावित थे, साथ ही उनके मार्गदर्शन में निर्वाण प्राप्त करना चाहते थे।

निम्नलिखित प्रश्नों के उत्तर लगभग 500 शब्दों में लिखिए

6. साँची की मूर्तिकला को समझने में बौद्ध साहित्य के ज्ञान से कहाँ तक सहायता मिलती है?

उत्तर साँची का स्तूप मूल रूप से बौद्ध धर्म से संबंधित है और इसकी स्थापत्य कला में चित्रित अनेक चित्र बौद्ध धर्म से संबंधित विषयों पर आधारित हैं, इसलिए साँची की मूर्तिकला को समझने के लिए बौद्ध साहित्य का ज्ञान आवश्यक है। इन ग्रंथों के अध्ययन से ही इस स्तूप की मूर्तियों में उल्लिखित मानवीय एवं सामाजिक जीवन के अनेक पहलुओं को आसानी से समझा जा सकता है। प्रथम दृष्टि में देखने पर ऐसा लगता है कि इस मूर्तिकला में फूस की झोंपड़ी और पेड़ों वाले ग्रामीण दृश्य का चित्रांकन किया गया है। इतिहासकारों का मानना है कि साँची की मूर्तिकला वेसांतर जातक से लिया गया एक दृश्य है। कला इतिहासकारों को बौद्ध मूर्तिकला को समझने के लिए बुद्ध के चरित्र लेखन को समझना आवश्यक है। आरंभिक इतिहासकारों ने बुद्ध को मानव रूप में न दर्शाकर, प्रतीकों के रूप में दर्शाया है।
उदाहरणस्वरूप, रिक्त स्थान बुद्ध के ध्यान की दशा को, स्तूप, महापरिनिर्वाण को तथा धर्मचक्र प्रथम उपदेश को दर्शाता है। बहुत-सी ऐसी मूर्तियाँ, जो साँची में उत्कीर्णित हैं, वे बौद्ध धर्म से प्रत्यक्ष रूप से संबंधित नहीं हैं। इनमें कुछ सुंदर स्त्रियाँ मूर्ति के रूप में उत्कीर्णित हैं, जो तोरणद्वार के किनारे एक पेड़ पकड़कर झूल रही हैं। संस्कृत भाषा में इसे शालभंजिका मूर्ति कहा जाता है, वस्तुतः यह मूर्ति उर्वरता के प्रतीक के रूप में जानी जाती है।
इसी मूर्ति से स्पष्ट होता है कि जो लोग बौद्ध धर्म में आए, उन्होंने बौद्ध धर्म को समृद्ध करने में महत्त्वपूर्ण योगदान दिया। साँची में कई

जानवरों; जैसे—हाथी, घोड़े, बंदर, गाय, बैल आदि की मूर्तियाँ उत्कीर्णित हैं। इन जानवरों का मनुष्य के गुणों के प्रतीक के रूप में वर्णन किया गया।

उदाहरणस्वरूप, हाथी को ज्ञान तथा शक्ति का प्रतीक माना जाता था। एक स्त्री पर हाथी द्वारा जल छिड़का जा रहा है, जोकि इतिहासकारों के अनुसार 'गजलक्ष्मी' की प्रतीक या बुद्ध की माता 'माया' है। यह सर्वविदित है कि गजलक्ष्मी को प्रायः हाथियों के साथ दिखाया जाता है। यही कारण है कि कुछ इतिहासकारों का मत है कि संभवतः उपासक इसका संबंध माया और गजलक्ष्मी दोनों के साथ मानते हैं।

विद्वानों का मत है कि साँची की मूर्तियों में पाए जाने वाले अनेक प्रतीकों अथवा चिह्नों को भी लोक परंपराओं से लिया जाता है। जिस कला में प्रतीकों का प्रयोग किया जाता है, उसके अर्थ की व्याख्या अक्षरशः करने से परहेज करना चाहिए। उदाहरण के लिए, बौद्ध मूर्तिकला में पेड़ का अर्थ केवल एक पेड़ मात्र से नहीं होता, बल्कि उसको बुद्ध के जीवन की विशिष्ट घटनाओं से जोड़कर देखा जाता है। इसी प्रकार साँची के कई स्तंभों पर सर्पों को दिखाया गया है। यह प्रतीक भी ऐसी ही लोकपरंपराओं से उद्धृत होता है, जिनका ग्रंथों में प्रायः कम उल्लेख मिलता है।

इस प्रकार हम कह सकते हैं कि साँची की मूर्तिकला को समझने के लिए बौद्ध साहित्य का ज्ञान परम आवश्यक है।

7. चित्र 1 और 2 में साँची के लिए दो परिदृश्य दिए गए हैं। आपको इनमें क्या नजर आता है? वास्तुकला, पेड़-पौधे और जानवरों को ध्यान से देखकर तथा लोगों के काम-धंधों को पहचानकर यह बताइए कि इनमें से कौन-से ग्रामीण और कौन-से शहरी परिदृश्य हैं?

चित्र 1 **चित्र 2**

उत्तर उल्लेखित चित्रों में निम्नलिखित तथ्यों की पुष्टि होती है

चित्र 1 को देखकर यह लगता है कि 600 ई. तक वास्तुकला अपनी उन्नत अवस्था में थी। यहाँ इमारतों (स्तूप) की भव्यता को बढ़ाने हेतु दीवारों पर पेड़-पौधे एवं जानवरों के चित्र उत्कीर्ण किए गए हैं।

इसमें लताओं, पेड़-पौधों और परिदृश्य पशुओं (गाय, भैंस, हिरण आदि) का चित्रण सिद्ध करता है कि यह परिदृश्य ग्रामीण पृष्ठभूमि का प्रतिनिधित्व करता है। इस चित्र के बीच के भाग में पशुओं के कटे हुए सिर और धनुष बाण लिए कुछ लोगों को दिखाया गया है। यह बलि प्रथा की ओर संकेत करता है।

चित्र 2 में बड़े-बड़े मजबूत स्तंभ और उनके नीचे जाली का विचित्र चित्रण किया गया है। स्तंभों के ऊपर पशुओं के चित्र जिस प्रकार उत्कीर्ण किए गए, उनसे यह स्पष्ट होता है कि यह राजकीय चिह्न है, जोकि शहरों की अवस्थिति को प्रदर्शित करते हैं। स्तंभों के माध्यम से बौद्ध धर्म के अनुयायी विभिन्न शारीरिक आकृतियों में बैठे हुए या खड़े हुए हैं, जोकि महलों की बैठक व्यवस्था की ओर संकेत करते हैं। महलों की अवस्थिति भी शहर केंद्रित होती है।

निष्कर्षतः यह कहा जा सकता है कि चित्र 1 ग्रामीण परिदृश्य और चित्र 2 शहरी परिदृश्य को इंगित करता है।

8. वैष्णववाद तथा शैववाद के उदय से जुड़ी वास्तुकला और मूर्तिकला के विकास की चर्चा कीजिए।

उत्तर वैदिक धर्म में प्रचलित कर्मकांडों द्वारा 600 ई. पू. से 600 ई. के बीच पौराणिक हिंदू धर्म के अंतर्गत दो भिन्न संप्रदायों का उदय हुआ। ये दो **संप्रदाय वैष्णववाद** और **शैववाद** थे। इन दोनों संप्रदायों में किसी एक देवता की विशेष रूप से पूजा की जाती थी। वैष्णववाद में विष्णु को और शैववाद में शिव को विशेष देवता के रूप में स्थापित किया गया था और इन्हीं के विभिन्न प्रतिरूपों व मुद्राओं को मूर्तिकला व वास्तुकला में प्रदर्शित किया गया था।

(i) **वैष्णववाद** इसके अंतर्गत विष्णु को सबसे महत्त्वपूर्ण देवता माना जाता है। वैष्णववाद में कई अवतारों के इर्द-गिर्द पूजा पद्धतियाँ विकसित हुईं। वैष्णववाद के अंतर्गत विष्णु के दस अवतारों की कल्पना की गई। यह माना जाता था कि दुष्टों के आतंक से जब सृष्टि त्रस्त हो जाती थी, तभी भगवान विष्णु विभिन्न रूपों में अवतार लिया करते थे।

(ii) **शैववाद** इसके अंतर्गत भगवान शिव को परमेश्वर माना जाता है। भगवान शिव तथा उनके अवतारों को मानने वाले को शैव कहते हैं। शैव में शाक्त, नाथ, दसनामी आदि उपसंप्रदाय शामिल हैं। शैववाद का मूलरूप ऋग्वेद से रूद्र की कल्पना में मिलता है। रूद्र के भयंकर रूप की अभिव्यक्ति वर्षा के पूर्व झंझावात के रूप में होती थी। अतः रूद्र का ही दूसरा सौम्य रूप 'शिव' जनमानस में स्थिर हो गया।

(iii) **वैष्णववाद एवं शैववाद के संबंध में वास्तुकला का विकास** वैष्णववाद और शैववाद के उदय को मंदिरों के माध्यम से दिखाया जाता था। विभिन्न मूर्तियों को जब एक ही स्थान पर स्थापित किया गया, तो उसे मंदिर कहा गया। आरंभ में मंदिर एक चौकोर कमरे के रूप में थे, जिसे 'गर्भगृह' कहते थे। उपासकों की मूर्तिपूजा हेतु उसमें एक प्रवेश द्वार बनाया जाता था। कालांतर में 'गर्भगृह' के ऊपर एक शिखर बनाया जाने लगा। मंदिर की दीवारों पर भित्ति चित्र उत्कीर्ण किए जाते थे। बाद के काल में मंदिरों के साथ विशाल सभास्थल, ऊँची दीवारें तथा तोरण भी बनाए जाने लगे। साथ ही जलापूर्ति का भी विशेष प्रबंध किया गया। लगभग ईसा पूर्व तीसरी सदी से ही पहाड़ों को काटकर कृत्रिम गुफा बनाई जाती थी। इसका सबसे विकसित रूप आठवीं सदी के कैलाशनाथ मंदिर में दृष्टिगोचर होता है, जहाँ पूरी पहाड़ी को काटकर एक मंदिर का रूप दिया गया।

(iv) **वैष्णववाद एवं शैववाद के संबंध में मूर्तिकला का विकास** वैष्णववाद में अवतारवाद की भावना को महत्त्व दिया गया है। इसमें विष्णु के अवतारों की पूजा पर विशेष बल दिया गया है। इसी कारण विष्णु के विभिन्न अवतारों की अनेकों मूर्तियाँ बनाई

गईं। विष्णु के साथ-साथ तत्कालीन समय में अन्य देवी-देवताओं की मूर्तियों का भी निर्माण किया गया। शिव का चित्रण लिंग के रूप में किया गया। मूर्तिकला के अंतर्गत शिव के मनुष्य रूप की भी आकृति बनाई जाती थी। सभी चित्रणों का आधार देवी-देवताओं से जुड़ी मिश्रित अवधारणाएँ थीं। देवी-देवताओं की विशेषताओं एवं उनके प्रतीकों का चित्रांकन उनके शिरोवस्त्र, आभूषणों, आयुक्तों और बैठने की मुद्रा के द्वारा किया जाता था।

उपरोक्त विवरण को आधार बनाकर यह निश्चित रूप से कह सकते हैं कि वैष्णववाद और शैववाद के उदय से जुड़ी वास्तुकला और मूर्तिकला के विकास ने उल्लेखनीय भूमिका का निर्वहन किया।

9. स्तूप क्यों और कैसे बनाए जाते थे? चर्चा कीजिए।

उत्तर **स्तूप का अर्थ** महात्मा बुद्ध से जुड़े अवशेष, जिसमें उनकी अस्थियाँ व उनके द्वारा प्रयोग में लाई गई वस्तुएँ शामिल हैं, को बुद्ध से जुड़े पवित्र स्थलों पर गाड़कर एक निर्माण संरचना बना दी जाती थी, जिसे स्तूप (टीला) कहा जाता है। ये पवित्र स्थल बुद्ध के जन्म स्थल (लुंबिनी), ज्ञान प्राप्ति (बोधगया), उपदेश (सारनाथ) और निर्वाण प्राप्ति (कुशीनगर) आदि स्थलों से जुड़े हैं।

स्तूप को बुद्ध और बौद्ध धर्म के प्रतीक के रूप में जाना जाता है। 'अशोकावदान' नामक बौद्ध ग्रंथ के अनुसार, अशोक ने बुद्ध के अवशेषों को सभी महत्त्वपूर्ण शहर में बाँटकर उनके ऊपर स्तूप बनाने का आदेश दिया। ईसा पूर्व दूसरी सदी तक भरहुत, साँची और सारनाथ आदि स्थानों पर स्तूप बनाए जा चुके थे। इससे लोगों की बौद्ध धर्म में आस्था भी प्रकट होती थी।

स्तूप की संरचना स्तूपों के निर्माण एवं सजावट की जानकारी, स्तूपों की वेदिकाओं एवं स्तंभों पर मिले अभिलेखों में दान की चर्चा से मिलती है। कुछ दान राजाओं के द्वारा (जैसे—सातवाहन शासक), तो कुछ दान शिल्पकारों एवं व्यापारियों की श्रेणियों द्वारा दिए जाते थे।

प्रारंभ में स्तूप (टीला) अर्द्ध-गोलाकार मिट्टी का टीला था, जिसे अंड कहा जाता था। बाद में इसे कई चौकोर और गोल आकारों के संतुलन से जटिल रूप दिया गया। अंड के ऊपर एक हर्मिका होती थी। यह छज्जे की तरह का ढाँचा है, जो देवताओं के घर का प्रतीक था।

हर्मिका से छत्री लगी मस्तूल निकलती थी, जिसे यष्टि कहा जाता था। स्तूप के चारों ओर एक वेदिका होती थी, जो एक पवित्र स्थल होता था।

पत्थर की वेदिकाएँ तथा तोरणद्वार के अतिरिक्त साँची और भरहुत के स्तूपों में कोई अलंकरण नहीं है। वेदिकाएँ बाँस अथवा लकड़ी के घेरे की होती थीं तथा चारों ओर स्थित तोरणद्वार पर अत्यधिक नक्काशी की गई थी।

पूर्वी तोरणद्वार से उपासक प्रवेश कर स्तूप के दक्षिणावर्त परिक्रमा करते थे। बाद के कालों में स्तूपों पर भी अलंकरण तथा नक्काशी की जाने लगी। स्तूपों में ताखों और मूर्तियाँ उत्कीर्ण करने की कला अमरावती और पेशावर (पाकिस्तान) में शाहजी की ढेरी में देखने को मिलती है।

10. विश्व के रेखांकित मानचित्र पर उन क्षेत्रों पर निशान लगाइए, जहाँ बौद्ध धर्म का प्रसार हुआ। उपमहाद्वीप से इन क्षेत्रों को जोड़ने वाले जल और स्थलमार्गों को दिखाइए।

उत्तर (i) भारत (ii) अफगानिस्तान (iii) यूनान (iv) जापान
(v) पाकिस्तान (vi) कोरिया (vii) श्रीलंका (viii) चीन

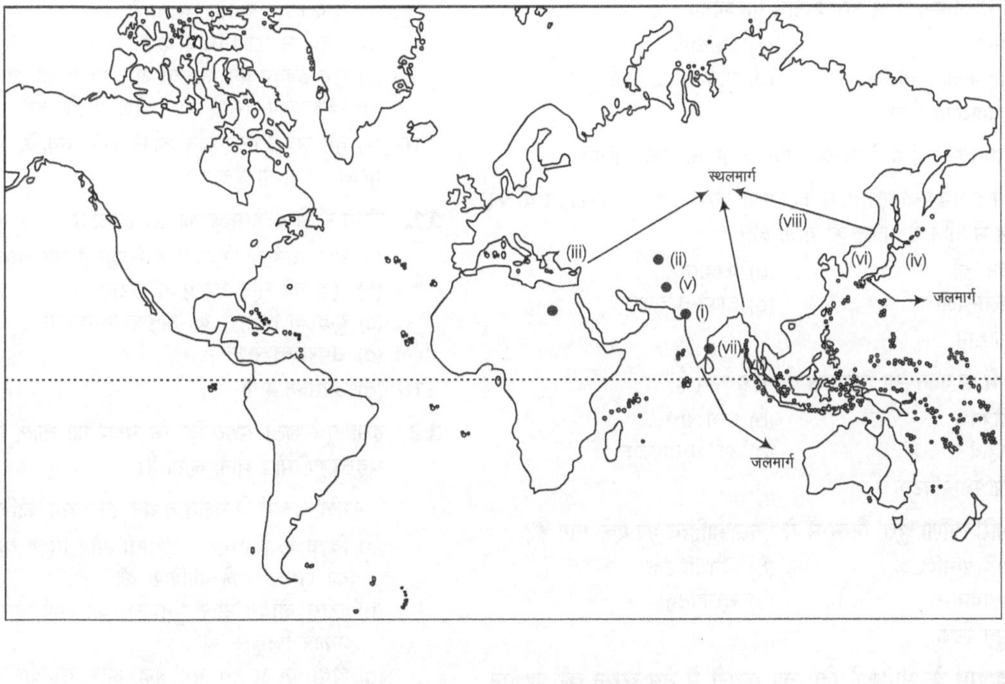

अभ्यास प्रश्न

वस्तुनिष्ठ प्रश्न

बहुविकल्पीय प्रश्न

1. ईसा पूर्व प्रथम सहस्राब्दियों का काल विश्व इतिहास में महत्त्वपूर्ण माना जाता है। इस काल में ईरान में किस महान चिंतक का उदय हुआ?

(a) जरथुस्त्र (b) खुंगत्सी
(c) सुकरात (d) अरस्तू

उत्तर (a) जरथुस्त्र

2. निम्नलिखित में से कौन-सा ग्रंथ महावीर या जैन दर्शन की शिक्षाओं को समाहित किए हुए है? **CBSE 2020**

(a) महावंश (b) उत्तराध्ययन सूत्र
(c) दीपवंश (d) सुत्तपिटक

उत्तर (b) उत्तराध्ययन सूत्र

3. बुद्ध की शिक्षाओं को कहानियों के रूप में मुख्यत: त्रिपिटक के एक ग्रंथ .... में से पुनर्निर्मित किया गया है। **CBSE 2020**

(a) विनयपिटक (b) सुत्तपिटक
(c) महावंश (d) अभिधम्मपिटक

उत्तर (b) सुत्तपिटक

4. संघ में सबसे पहले बुद्ध की पालक माता को भिक्षुणी के रूप में नियुक्त किया था। निम्न में से उसका नाम पहचानिए

(a) पुन्ना (b) यशोधरा
(c) महाप्रजाति गोतमी (d) माया

उत्तर (c) महाप्रजाति गोतमी

5. दिए गए विकल्पों में से चुनकर रिक्त स्थान की पूर्ति कीजिए

जब बौद्ध धर्म पूर्वी एशिया में फैल गया, जैसे .... ने बौद्ध ग्रंथों की तलाश में चीन से भारत की यात्रा की।

(a) चेन हुई (b) फाह्यान
(c) नेली-दली (d) ताओ-ते-च्यांग

उत्तर (b) फाह्यान

6. निम्न में से कौन-सा त्रिपिटक का एक भाग है?

(a) दीपवंश (b) धम्म सुत्त
(c) महावंश (d) अभिधम्मपिटक

उत्तर (d) अभिधम्मपिटक

7. 'महापरिनिर्वाणा सुत्त' निम्न में से किस साहित्य का एक भाग है?

(a) अभिधम्मपिटक (b) विनयपिटक
(c) महावामसा (d) सुत्तपिटक

उत्तर (d) सुत्तपिटक

8. वैष्णव धर्म के संबंध में दिए गए कथनों में उस कथन की पहचान कीजिए जो इससे संबंधित नहीं हैं *दक्षता आधारित प्रश्न*

(a) वैष्णव धर्म में परमेश्वर के रूप में विष्णु की पूजा एवं भक्ति की जाती है
(b) इस धर्म का जन्म सर्वप्रथम यमुना के आस-पास मथुरा जिले में हुआ था
(c) अवतारवाद की भावना वैष्णव धर्म की एक महत्त्वपूर्ण विशेषता है
(d) दक्षिण भारत में वैष्णव संतों को नयनार कहा जाता है

उत्तर (d) दक्षिण भारत में वैष्णव संतों को नयनार कहा जाता है।

9. उपयुक्त विकल्प द्वारा रिक्त स्थान की पूर्ति करें।

प्रारंभिक मंदिर एक छोटा वर्गाकार कक्ष था, जिसे .... कहा जाता था, जिसमें उपासक के प्रवेश करने और मूर्ति- पूजा करने के लिए एक ही द्वार था।

(a) मंडप (b) शिखर
(c) गोपुरम् (d) गर्भगृह

उत्तर (d) गर्भगृह

10. बुद्ध का अपने अनुयायियों के लिए अंतिम संदेश क्या था? *दक्षता आधारित प्रश्न*

(a) तुम सबके लिए खुद ज्योति बनो, क्योंकि तुम्हें खुद ही अपनी मुक्ति का रास्ता ढूँढना है
(b) पुनर्जन्म पर विचार करो
(c) तुम ईश्वर की कामना और सत्य की खोज करो
(d) शिक्षा का प्रसार अपने देश में ही करो

उत्तर (a) तुम सबके लिए खुद ज्योति बनो, क्योंकि तुम्हें खुद ही अपनी मुक्ति का रास्ता ढूँढना है।

11. निम्न में से बोधिसत्व की संकल्पना है *दक्षता आधारित प्रश्न*

(a) बौद्ध धर्म के विचारों व सिद्धांतों पर चलना
(b) बुद्ध की मूर्ति की पूजा करना
(c) बुद्ध के विचारों का अनुसरण करना
(d) उपरोक्त सभी

उत्तर (d) उपरोक्त सभी

12. ईसा पूर्व छठी सहस्राब्दि के मध्य का काल विश्व इतिहास में एक महत्त्वपूर्ण मोड़ माना जाता है।

निम्नलिखित में से गलत कथन का चयन कीजिए **CBSE 2020**

(a) विश्व के विद्वानों ने इंसानों और विश्व व्यवस्था के बीच संबंधों को समझने की कोशिश की
(b) लोग जीवन और पुनर्जन्म का अर्थ समझने के बारे में भली प्रकार जिज्ञासु थे
(c) वेदों के प्रभुत्व पर बुद्ध और महावीर ने सवालिया निशान उठाए
(d) महाजनपदों का आविर्भाव और लोहे का उपयोग हुआ

उत्तर (a) विश्व के विद्वानों ने इंसानों और विश्व व्यवस्था के बीच संबंधों को समझने की कोशिश की।

13. साँची के स्तूप क्यों बच गए, जबकि अमरावती नष्ट हो गया? निम्न विकल्पों में से सही कारण का चयन कीजिए **CBSE 2020**

(a) साँची, सम्राट शाहजहाँ द्वारा संरक्षित था
(b) बंगाल की एशियाटिक सोसायटी ने इसको सुरक्षित रखने की कोशिश की
(c) कॉलिन मैकेंजी ने अपनी साँची की जानकारी समर्पित कर दी
(d) अमरावती के नष्ट होने के बाद ही विद्वान स्थल पर संरक्षण का महत्त्व समझ सके

उत्तर (d) अमरावती के नष्ट होने के बाद ही विद्वान स्थल पर संरक्षण का महत्त्व समझ सके।

14. 'ऋग्वेद' के संबंध में निम्नलिखित में से कौन-सा सही है? *दक्षता आधारित प्रश्न*

(a) ऋग्वेद का संकलन 2500 ईसा पूर्व और 2000 ई. सं. तक के बीच हुआ था
(b) ऋग्वेद में अग्नि, इंद्र और सोम जैसे देवताओं की स्तुति में मंत्र हैं
(c) जब यज्ञ किया जाता था, तब ऋग्वेद के मंत्रों का उच्चारण नहीं किया जाता था
(d) ऋग्वेद उपनिषदों का एक भाग है

उत्तर (b) ऋग्वेद में अग्नि, इंद्र और सोम जैसे देवताओं की स्तुति में मंत्र हैं

15. निम्न में से कौन-सा कथन बुद्ध के अनुयायियों के संबंध में सही है? *दक्षता आधारित प्रश्न*

(a) बुद्ध के अनुयायी केवल राजा और गहपति थे
(b) श्रमिक, दास और शिल्पकार संघों में काम करते थे
(c) भिक्षु या भिक्षुणी बनने पर अनुयायियों को समान माना जाता था
(d) बुद्ध की पालक माता, गोतमी ने कभी बौद्ध धर्म नहीं अपनाया

उत्तर (c) भिक्षु या भिक्षुणी बनने पर अनुयायियों को समान माना जाता था

16. वैदिक परंपरा के संबंध में निम्नलिखित कथनों में से कौन-सा सही नहीं है? **CBSE 2023**

(a) प्रारंभिक वैदिक परंपरा को 1000 ई.पू. से 1600 ई. के बीच संकलित किया गया
(b) ऋग्वेद में अग्नि, इंद्र और सोम की स्तुति में भजन शामिल है
(c) राजसूय और अश्वमेध यज्ञ राजाओं द्वारा करवाए जाते थे
(d) उपनिषद् में कई वैदिक विचार मिलते हैं

उत्तर (a) प्रारंभिक वैदिक परंपरा को 1000 ई.पू. से 1600 ई. के बीच संकलित किया गया।

17. बौद्ध धर्म और जैन धर्म के मध्य समानता की जाँच करें *दक्षता आधारित प्रश्न*

(a) दोनों वेदों और आत्मा में विश्वास रखते थे
(b) दोनों संघ और भिक्षुओं को महत्ता देते थे
(c) दोनों मोक्ष प्राप्ति के चरम तरीकों में विश्वास करते थे
(d) दोनों ने उत्तर भारत में क्षत्रिय वंश की खोज की

उत्तर (b) दोनों संघ और भिक्षुओं को महत्ता देते थे।

18. निम्नलिखित घटनाओं को कालक्रमानुसार व्यवस्थित करें *दक्षता आधारित प्रश्न*

1. इंडियन म्यूजियम (कलकत्ता) की स्थापना।
2. जॉन मार्शल की पुस्तक कंजर्वेशन मैनुअल का प्रकाशन
3. गवर्नमेंट म्यूजियम (मद्रास) की स्थापना
4. एच.एच.कोल को प्राचीन इमारतों का संग्रहालय बनाया गया।

कूट

(a) 1, 2, 4, 3 (b) 1, 3, 4, 2
(c) 4, 3, 1, 2 (d) 2, 3, 4, 1

उत्तर (b) 1, 3, 4, 2

19. निम्न कथनों पर विचार कीजिए तथा इनमें से सही कथन का चुनाव कीजिए *दक्षता आधारित प्रश्न*

1. ब्राह्मण धर्म में पुनर्जन्म संबंधी अवधारणाओं पर बल दिया गया है।
2. बौद्ध धर्म में धर्मचक्र प्रथम उपदेश को दर्शाता है।
3. वैष्णव संप्रदाय के लोग भगवान शिव की उपासना करते थे।

कूट

(a) केवल 1 (b) केवल 3
(c) 1 और 2 (d) 1, 2 और 3

उत्तर (c) 1 और 2

20. बौद्ध धर्म के संदर्भ में निम्नलिखित कथनों का सावधानीपूर्वक अध्ययन कीजिए **CBSE 2020**

1. बुद्ध के जीवनकाल में और उनकी मृत्यु के बाद भी बौद्ध धर्म तेजी से फैला।
2. बौद्ध धर्म ने आचरण और मूल्यों को अधिक महत्त्व नहीं दिया।
3. जो लोग समकालीन धार्मिक प्रथाओं से असंतुष्ट थे, ऐसे बहुत से लोगों से बौद्ध धर्म ने आग्रह किया।
4. बौद्ध धर्म ने जन्म के आधार पर श्रेष्ठता को अधिक बल दिया।

उपरोक्त कथनों में से कौन-सा/से सही है/हैं?

(a) केवल 1
(b) 2 और 4
(c) 1 और 3
(d) उपरोक्त में कोई नहीं

उत्तर (c) 1 और 3

21. प्राचीनकाल में यूनान की कला के संबंध में निम्नलिखित कथनों पर विचार कीजिए **CBSE 2020**

1. यूनान के मॉडलों के आधार पर बुद्ध और बोधिसत्व की मूर्तियों की खोज की गई।
2. तक्षशिला और पेशावर जैसे नगरों में मूर्तियाँ मिली थीं।
3. भारतीय-यूनानी शासकों ने उत्तर-पश्चिम भारत में शासन किया।

उपरोक्त कथनों में से कौन-सा/से कथन सही है/हैं?

(a) केवल 1 (b) केवल 3
(c) 2 और 3 (d) ये सभी

उत्तर (d) ये सभी

22. जैन धर्म से संबंधित निम्नलिखित कथनों को पढ़िए और सही विकल्प का चयन कीजिए **CBSE 2025**

1. जन्म और पुनर्जन्म का चक्र कर्म के द्वारा निर्धारित होता है।
2. संसार के त्याग की आवश्यकता है।
3. मोक्ष प्राप्ति के लिए सांसारिक अस्तित्व एक अनिवार्य नियम है।
4. अहिंसा का सिद्धांत महत्त्वपूर्ण है।

कूट

(a) 1, 2 और 3 (b) 2, 3 और 4
(c) 1, 2 और 4 (d) 1, 3 और 4

उत्तर (c) 1, 2 और 4

23. निम्न में से कौन-से स्थान बुद्ध के जीवन से जुड़े हुए हैं?

1. लुंबिनी 2. कुशीनगर
3. सारनाथ 4. गांधार

कूट

(a) 1, 2 और 3 (b) 2, 3 और 4
(c) 1, 3 और 4 (d) 1, 2 और 4

उत्तर (a) 1, 2 और 3

24. निम्नलिखित कथनों पर विचार करें

1. विनय पिटक में संघ या बौद्ध मठों में रहने वाले लोगों के लिए नियमों का संग्रह था।
2. बुद्ध की शिक्षाओं को सुत्त पिटक में संकलित किया गया।
3. दर्शन से संबंधित विषयों को अभिधम्म पिटक में संकलित किया गया।

उपरोक्त कथनों में से कौन-सा/से कथन सही हैं?

(a) 1 और 2 (b) 2 और 3
(c) 1 और 3 (d) ये सभी

उत्तर (d) ये सभी

25. महात्मा बुद्ध के जीवन से जुड़े स्थानों के संबंध में दिए गए युग्मों में कौन-सा युग्म सही सुमेलित है?

(a) बुद्ध का जन्म स्थल – बोधगया
(b) ज्ञान प्राप्ति स्थल – सारनाथ
(c) उपदेश – लुंबिनी
(d) निर्वाण प्राप्ति – कुशीनगर

उत्तर (d) निर्वाण प्राप्ति—कुशीनगर

26. नीचे दी गई जानकारी को पढ़िए तथा स्तूप संबंधी तथ्यों को पहचानिए तथा उनका नाम लिखिए *दक्षता आधारित प्रश्न*

- यहाँ बुद्ध की मूर्ति व प्राचीन तोरणद्वार आकर्षण का केंद्र है।
- 1818 ई. में इसकी खोज हुई थी, जिसे अंग्रेज पेरिस ले जाना चाहते थे।
- इसमें शामिल एक दृश्य वेसांतर जातक से लिया गया है।

(a) भरहुत का स्तूप
(b) साँची का स्तूप
(c) अमरावती का स्तूप
(d) सारनाथ का स्तूप

उत्तर (b) साँची का स्तूप

27. नीचे दी गई जानकारी को पढ़िए तथा धर्म संबंधी सही तथ्यों की पहचान कीजिए और उसका नाम लिखिए *दक्षता आधारित प्रश्न*

600 ई. पूर्व के आस-पास ऐसे सहज संप्रदायों का विकास हुआ, जिन्होंने ब्राह्मण धर्म का खंडन किया। इसकी सबसे महत्त्वपूर्ण अवधारणा यह है कि संपूर्ण विश्व प्राणवान है एवं पत्थर, चट्टान, जल में भी जीवन होता है।

(a) बौद्ध धर्म (b) ईसाई धर्म
(c) जैन धर्म (d) पारसी धर्म

उत्तर (c) जैन धर्म

28. बौद्ध धर्म से संबंधित स्थापत्य की अवस्थिति के संदर्भ में सही विकल्प का चयन करें (दक्षता आधारित प्रश्न)

साँची : मध्यप्रदेश, नीलगिरि : : ?

(a) महाराष्ट्र (b) तमिलनाडु
(c) ओडिशा (d) आंध्र प्रदेश

उत्तर (c) ओडिशा

29. दिए गए विकल्पों में से उचित विकल्प अपनी उत्तर पुस्तिका में लिखिए **CBSE 2024**

बुद्ध का पहला उपदेश .... में दिया गया था।

(a) बोधगया (b) अमरावती (c) सारनाथ (d) साँची

उत्तर (c) सारनाथ

30. सूची I को सूची II से सुमेलित कीजिए

सूची I (संरक्षण के महत्वपूर्ण चरण)	सूची II (वर्ष)
A. इंडियन म्यूजियम की स्थापना, कलकत्ता	1. 1814
B. गवर्नमेंट म्यूजियम, मद्रास	2. 1851
C. अलेक्जेंडर कनिंघम द्वारा भिलसा टोप्स लिखा जाना	3. 1854
D. ट्रेजर-ट्रोव एक्ट का बनाया जाना	4. 1888

कूट

	A	B	C	D
(a)	1	2	3	4
(b)	2	1	3	4
(c)	3	1	4	2
(d)	4	2	1	3

उत्तर (a) 1 2 3 4

31. सूची I को सूची II से सुमेलित कीजिए

सूची I	सूची II
A. थेरवाद	1. स्तूप
B. उपनिषद्	2. बौद्ध धर्म
C. हर्मिका	3. मंदिर
D. गर्भगृह	4. वैदिक धर्म

कूट

	A	B	C	D
(a)	2	1	3	4
(b)	2	4	1	3
(c)	3	1	4	2
(d)	4	3	2	1

उत्तर (b) 2 4 1 3

32. सूची I को सूची II से सुमेलित कीजिए **CBSC 2024**

सूची I (साँची की मूर्ति कला)	सूची II (प्रतीक)
A. रिक्त स्थान	1. सौभाग्य का प्रतीक
B. चक्र	2. शुभ प्रतीक
C. शालभंजिका	3. बुद्ध का पहला उपदेश
D. गजलक्ष्मी	4. महापिरनिब्बान

कूट

	A	B	C	D		A	B	C	D
(a)	1	2	3	4	(b)	1	2	4	3
(c)	4	3	2	1	(d)	3	4	1	2

उत्तर (c) 4 3 2 1

33. सूची I को सूची II से सुमेलित कीजिए **दक्षता आधारित प्रश्न**

सूची I (प्राचीन मंदिर)	सूची II (स्थान)
A. देवगढ़	1. तमिलनाडु
B. महाबलीपुरम	2. महाराष्ट्र
C. कैलाशनाथ	3. बिहार
D. बराबर	4. उत्तर प्रदेश

कूट

	A	B	C	D		A	B	C	D
(a)	1	2	3	4	(b)	2	3	4	1
(c)	4	1	2	3	(d)	3	4	1	2

उत्तर (c) 4 1 2 3

34.

(i) **उपरोक्त दी गई मूर्ति को पहचानिए और उसका सही नाम लिखिए** **CBSE 2020**

(a) दूसरी सदी की बुद्ध मूर्ति (b) पहली सदी की बुद्ध मूर्ति
(c) तीसरी सदी की बुद्ध मूर्ति (d) चौथी सदी की बुद्ध मूर्ति

उत्तर (b) पहली सदी की बुद्ध मूर्ति

(ii) **निम्नलिखित में से किस कला शैली को बुद्ध की दी गई मूर्ति छवि में दर्शाया गया है?** **CBSE 2024**

(a) अमरावती कला शैली (b) मथुरा कला शैली
(c) गांधार कला शैली (d) गॉथिक कला शैली

उत्तर (b) मथुरा कला शैली

(iii) **बुद्ध के दिए गए चित्र की सहायता से कला शैली की पहचान कीजिए** **CBSE 2020**

(a) गांधार कला शैली
(b) मथुरा कला शैली
(c) सारनाथ कला शैली
(d) अमरावती कला शैली

उत्तर (b) मथुरा कला शैली

35. निम्नलिखित प्रतिमा की पहचान कीजिए और इसे उपयुक्त शीर्षक दीजिए **CBSE 2024**

(a) मथुरा से प्राप्त तीर्थंकर की मूर्ति
(b) सिरपुर से प्राप्त जैन मूर्ति
(c) गोमतेश्वर की जैन मूर्ति
(d) दिलवाड़ा जैन मूर्ति

उत्तर (a) मथुरा से प्राप्त तीर्थंकर की मूर्ति

36. निम्नलिखित चित्र की दिए गए विकल्पों में से पहचान कीजिए **CBSE 2024**

(a) सुल्तान जहाँ बेगम
(b) शाहजहाँ बेगम
(c) जहांआरा बेगम
(d) रुख्सार बेगम

उत्तर (b) शाहजहाँ बेगम

37. दिए गए विकल्पों में से प्राचीन मंदिर के इस चित्र की पहचान कीजिए **CBSE 2024**

(a) देवगढ़ मंदिर (b) कैलाशनाथ मंदिर
(c) बृहदेश्वर मंदिर (d) महाबलीपुरम् मंदिर

उत्तर (b) कैलाशनाथ मंदिर

38. साँची स्तूप की 'A' द्वारा अंकित संरचनात्मक विशेषता की पहचान कीजिए और निम्नलिखित में से सही विकल्प का चयन कीजिए **CBSE 2024**

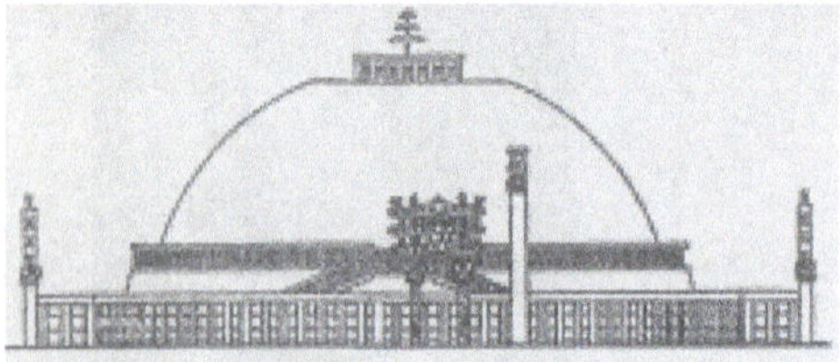

(a) हर्मिका (b) यष्टि (c) छत्री (d) अंड

उत्तर (d) अंड

निर्देश (प्र. सं. 39-42) नीचे दिए गए कथनों में एक कथन (A) तथा दूसरा कारण (R) है। जिन्हें ध्यानपूर्वक पढ़कर कूट की सहायता से सही उत्तर का चयन कीजिए।

कूट
(a) A और R दोनों सही हैं तथा R, A की सही व्याख्या है
(b) A और R दोनों सही हैं, परंतु R, A की सही व्याख्या नहीं है
(c) A सही है, किंतु R गलत है
(d) A गलत है, किंतु R सही है

39. कथन (A) **बुद्ध के जीवनकाल में और उनकी मृत्यु के बाद भी बौद्ध धर्म तेज़ी से फैला।** **CBSE 2025**

कारण (R) **लोग समकालीन धार्मिक प्रथाओं से असंतुष्ट थे और उस युग में तेज़ी से हो रहे सामाजिक बदलावों ने उलझनों में बाँध रखा था।**

उत्तर (a) A और R दोनों सही हैं तथा R, A की व्याख्या करता है।
बौद्ध धर्म का तेजी से प्रसार बुद्ध के जीवनकाल और उनकी मृत्यु के बाद ऐतिहासिक तथ्य है। इसका कारण उस समय की धार्मिक और सामाजिक परिस्थिति थीं, जो वैदिक कर्मकांडो से असंतोष और सामाजिक बदलावों से उत्पन्न उलझन जिन्होने लोंगो को बुद्ध के सरल और व्यावहारिक दर्शन की ओर आकर्षित किया।

40. कथन (A) **महात्मा बुद्ध के ऐसे अनुयायी थेरवाद के प्रवर्तक कहलाए, जिन्होंने प्रतिष्ठित शिक्षक (बुद्ध) के बताए गए सिद्धांतों को बिना किसी परिवर्तन के अपनाया।**

कारण (R) **महायान मत के अनुयायी बुद्ध और बोधिसत्वों के सिद्धांतों का पालन करते थे तथा वे मूर्ति पूजा पर विश्वास नहीं करते थे।**

उत्तर (c) महात्मा बुद्ध के ऐसे अनुयायी हीनयान या थेरवाद के प्रवर्तक कहलाए, जिन्होंने प्रतिष्ठित शिक्षक (बुद्ध) के बताए गए सिद्धांतों को बिना किसी परिवर्तन के अपनाया।
हीनयान के अनुसार, "बुद्ध महापुरुष थे और इन्होंने व्यक्तिगत प्रयास से निर्वाण प्राप्त किया है।" महायान मत के अनुयायी बुद्ध और बोधिसत्व की मूर्तियों की पूजा करते थे।

41. कथन (A) **प्रारंभ में मंदिर एक चौकोर आकार के कमरे का बना होता था, जिसे गर्भगृह कहा जाता था।**

कारण (R) **गर्भगृह के ऊपर एक ढाँचा भी बनाया गया था, जिसे शिखर कहा जाता था।** *दक्षता आधारित प्रश्न*

उत्तर (b) प्रारंभ में मंदिर एक चौकोर आकार के कमरे का बना होता था, जिसे गर्भगृह कहा जाता था। उपासक को पूजा करने के उद्देश्य से मंदिर में जाने के लिए मात्र एक दरवाजा होता था। बाद में गर्भगृह के ऊपर एक ढाँचा भी बनाया जाने लगा, जिसे शिखर कहा गया।

42. कथन (A) **स्तूपों के आस-पास मिली प्राचीन मूर्तियों को यूरोपियनों द्वारा यूरोप ले जाया गया।**

कारण (R) **ये मूर्तियाँ यूनान काल से संबद्ध थीं तथा इनका संरक्षण आवश्यक था।** *दक्षता आधारित प्रश्न*

उत्तर (c) कई यूरोपीय विद्वानों ने भारत की भारतीय-यूनानी शैली में निर्मित मूर्तियों से तुलना करके इनकी महत्ता स्थापित करने का प्रयास किया। फिर भी यूरोपीय विद्वानों ने प्रारंभिक भारतीय मूर्तिकला को यूनानी कला से निम्न स्तर का माना है। यूरोपीय, यूनानी शैली में निर्मित बुद्ध और बोधिसत्वों की मूर्तियों से अधिक प्रभावित थे। बौद्ध धर्म से संबंधित मूर्तियाँ तक्षशिला तथा पेशावर जैसे उत्तर-पश्चिम के शहरों से मिली हैं। यूरोपीय विद्वानों ने यूनानी शैली से परिचित होने के कारण बाद में इन शैलियों में बनी भारतीय मूर्तिकला को सर्वश्रेष्ठ नमूना माना है। स्तूपों के आस-पास मिली मूर्तियाँ बहुत खूबसूरत तथा मूल्यवान थीं, यही कारण था कि कई मूर्तियों को यूरोप ले जाया गया।

लघु उत्तरीय प्रश्न

1. "ईसा पूर्व प्रथम मध्य सहस्राब्दि का काल इतिहास में एक महत्त्वपूर्ण मोड़ माना जाता है।" इस कथन का औचित्य निर्धारित कीजिए। *दक्षता आधारित प्रश्न*

उत्तर विश्व इतिहास में ईसा पूर्व प्रथम सहस्राब्दि का काल अधिक महत्त्वपूर्ण काल माना जाता है, क्योंकि इसी समय ईरान में जरथुस्त्र, चीन में खुंगत्सी, यूनान में सुकरात, प्लेटो, अरस्तू तथा भारत में बौद्ध, जैन एवं कई अन्य चिंतकों का उदय हुआ। इन्होंने मानवजाति को उसके जीवन के रहस्यों के बारे में समझाने का प्रयास किया।
इसी काल में गंगा घाटी क्षेत्र में नए राज्यों एवं शहरों का उदय हुआ, साथ ही सामाजिक तथा आर्थिक जीवन में कई परिवर्तन आए। सबसे अहम परिवर्तन था कि तत्कालीन समाज में अनेक धार्मिक संप्रदायों का जन्म हो चुका था एवं अब उनका विभाजन भी अनेक शाखाओं में हुआ था। अतः समाज की वर्ण व्यवस्था एवं संपूर्ण परिपाटी में नए परिवर्तन दृष्टिगत होते हैं।

2. वैदिक परंपरा में यज्ञों के महत्त्व का विवरण प्रस्तुत करें

उत्तर 'यज्ञ' वैदिक संस्कृति का मूल था और यज्ञ के साथ-साथ अनेक अनुष्ठान और मंत्रविधियाँ प्रचलित थीं। पुरोहित यज्ञ कुंड द्वारा अग्नि का आह्वान कर वेदमंत्रों द्वारा देवताओं का आह्वान करते थे।

ऐसी मान्यता प्रचलित थी कि वैदिक यज्ञों के माध्यम से ही देवताओं को आहुतियाँ दी जा सकती है, जिससे प्रसन्न होकर देवता उन्हें संतति (संतान), पशु, अन्न, धान्य, आरोग्य आदि प्रदान करेंगे। अतः इसी कामना से प्रेरित होकर वैदिक लोग यज्ञ आदि धार्मिक अनुष्ठान आयोजित करते थे।

आरंभ में यज्ञ सामूहिक रूप से किए जाते थे, परंतु कालान्तर में कुछ यज्ञ घरों के मलिको द्वारा किया जाने लगा। जैसे राजसय और अश्यमेघ जैसे यज्ञ सरदार और राज्य द्वारा किया जाता है।

उनका मानना था कि यज्ञ की सुगंध समाज के सुसंगठित कर एक सुव्यवस्था देती है। यज्ञों के माध्यम से ऋद्धियाँ- सिद्धियाँ प्राप्त की जाती थीं। यज्ञ को संकट निवारण का प्रमुख कार्य माना जाता था।

3. "जैन दर्शन द्वारा दिए गए अहिंसा और त्याग के सिद्धांत ने परंपरा को प्रभावित किया है।" इस कथन की महावीर के संदेशानुसार पुष्टि कीजिए।

उत्तर जैन दर्शन की सबसे महत्त्वपूर्ण अवधारणा यह है कि संपूर्ण विश्व सजीव है। जैन दर्शन के अनुसार सभी प्राकृतिक तत्त्वों; जैसे— पत्थर, चट्टान और जल आदि में भी जीवन होता है।

जीवों के प्रति अहिंसा खासकर इंसानों, जानवरों, पेड़-पौधों, कीड़े-मकोड़ों को न मारना इस दर्शन का केंद्रबिंदु है। वस्तुतः जैन धर्म के अहिंसा के सिद्धांत ने संपूर्ण भारतीय चिंतन परंपरा को प्रभावित किया है, क्योंकि

- अहिंसा के माध्यम से ब्राह्मणवादी 'बलि' प्रथा पर गहरी चोट पहुँची।
- त्याग से 'दान' आदि देने की प्रथा पर प्रहार हुआ, जिससे लोगों में कर्मकांडों के प्रति व्यक्त आस्था कमजोर होने लगी।
- जैन धर्म ने मुनाफा एवं सूदखोरी को मान्यता देकर वाणिज्य एवं व्यापार को बढ़ावा दिया।

4. जैन धर्म की शिक्षा एवं सिद्धांतों का वर्णन कीजिए।

अथवा **जैन धर्म की शिक्षाओं का वर्णन कीजिए।** **CBSE 2023**

उत्तर जैन धर्म में कुल 24 तीर्थंकर हुए, जिन्होंने मानव जीवन के हित में अनेक शिक्षाओं और सिद्धांतों का प्रतिपादन किया। पार्श्वनाथ द्वारा प्रतिपादित चार महाव्रत (सत्य, अहिंसा, अपरिग्रह और अस्तेय) के अतिरिक्त 24वें तीर्थंकर महावीर स्वामी ने पाँचवें महाव्रत 'ब्रह्मचर्य' की शिक्षा दी। इन पाँच महाव्रतों का समस्त भिक्षु-भिक्षुणियों को पालन करना पड़ता है। जैन धर्म के अनुसार, संपूर्ण प्राकृतिक तत्त्वों में जीवन निहित है। जीवों के प्रति अहिंसा खासकर मानव, जीव-जंतु, पेड़-पौधों तथा कीड़े-मकोड़ों को न मारना जैन धर्म का मुख्य केंद्रबिंदु है। सभी के प्रति दया भाव की शिक्षा महावीर स्वामी ने दी। जैन परंपरा के अनुसार जन्म और पुनर्जन्म का चक्र कर्म के अनुसार निर्धारित होता है। अतः इस चक्र से मुक्ति के लिए त्याग पर बल दिया गया और मुक्ति के लिए संसार के त्याग का मार्ग प्रशस्त किया गया।

5. "बुद्ध और महावीर द्वारा वेदों का अस्वीकरण ब्राह्मणवाद तथा इसकी स्वार्थपरकता के विरुद्ध एक प्रतिक्रिया थी।" कथन की समीक्षा कीजिए।

दक्षता आधारित प्रश्न

अथवा **"बुद्ध ने सामाजिक संसार को दैवीय उत्पत्ति के बजाय मनुष्यों की रचना माना।" इस कथन की व्याख्या कीजिए।** **CBSE 2024**

उत्तर बुद्ध और महावीर दोनों ने ही वेद की सर्वोच्चता को अस्वीकार किया है। इन दोनों का मानना था कि वेदों की रचना ईश्वर ने नहीं, बल्कि कुछ लोगों ने अपनी स्वार्थपूर्ति हेतु की है। बुद्ध और महावीर दोनों ने ही ईश्वर की सत्ता को स्वीकार नहीं किया है। भगवान बुद्ध से जब भी ईश्वर से संबंधित प्रश्न पूछा जाता था, तो वे मौन हो जाते थे।

महावीर का मानना था कि यदि ईश्वर की सत्ता है, तो वह तीर्थंकर से नीचे है। बौद्ध तथा जैन ने पशुबलि, यज्ञ, कर्मकांड आदि वैदिक आडंबरों का विरोध किया है। दोनों धर्मों ने बाहरी तथा आंतरिक पवित्रता पर बल दिया। दोनों धर्मों ने जाति प्रथा का विरोध किया है। इन्होंने यह भी माना कि जीवन के दुःखों से मुक्ति का प्रयास प्रत्येक व्यक्ति स्वयं कर सकता है, जबकि ब्राह्मणवाद का मानना था कि व्यक्ति का अस्तित्व उसकी जाति तथा लिंग से निर्धारित होता है।

6. आप कहाँ तक सहमत हैं कि बुद्ध की शिक्षाएँ सुत्तपिटक की कहानियों के आधार पर पुनर्निमित की गई हैं? *दक्षता आधारित प्रश्न*

उत्तर सुत्तपिटक में बुद्ध के उपदेशों के आधार पर वर्णित कहानियों के माध्यम से बुद्ध की शिक्षाओं को पुनर्निर्मित किया गया है। सुत्तपिटक के अवलोकन से यह पता चलता है कि कुछ कहानियों के द्वारा बुद्ध ने व्यावहारिक ज्ञान के बारे में बताया है, तो कुछ कहानियों में बुद्ध को तर्क एवं विवेक के आधार पर लोगों को समझाते हुए दिखाया गया है। उदाहरणस्वरूप, बुद्ध के अनुसार, यह संसार नश्वर है, आत्माविहीन है, क्योंकि यहाँ कुछ भी स्थायी अथवा शाश्वत नहीं है।

संसार दुःखमय है और इसी संसार में मानव की इच्छाएँ एवं तृष्णाएँ दुःखों का कारण हैं। बुद्ध ने 'मध्यम मार्ग' को अपनाकर इन दुःखों से मुक्ति की राह दिखाई है। बुद्ध ईश्वर के बारे में मौन हो जाते हैं, उन्होंने ईश्वर के स्थान पर मानव प्रतिष्ठा पर अधिक बल दिया। अतः बुद्ध ने यह सब ज्ञान उपदेश के माध्यम से दिया, जोकि सुत्तपिटक में संकलित है।

7. "बुद्ध के जीवनकाल में तथा उसकी मृत्यु के पश्चात् भी बौद्ध धर्म तेजी से फैला।" उक्त कथन का औचित्य निर्धारित कीजिए।

उत्तर भगवान बुद्ध सबसे अधिक लोकप्रिय और प्रभावशाली व्यक्तित्व में से एक थे। उनके उपदेश मात्र भारतीय उपमहाद्वीप में ही नहीं, बल्कि मध्य एशिया होते हुए, चीन, कोरिया, जापान, श्रीलंका, म्यांमार, थाइलैंड तथा इंडोनेशिया तक प्रसारित हो गए। बौद्ध धर्म के विस्तार के निम्न कारण थे

- भारत में बौद्ध धर्म का उद्भव तथा विस्तार ऐसे समय में हुआ, जब संपूर्ण भारत धार्मिक संकीर्णता, कर्मकांडों, पशुबलि आदि आडंबरों से ग्रसित था।
- बौद्ध धर्म के विस्तार हेतु यह एक अनुकूल वातावरण था। उस काल के लगभग सभी हिंदू धर्म ग्रंथ संस्कृत भाषा में लिखे गए थे, जोकि आम लोगों की समझ से परे थे, जबकि बौद्ध ग्रंथ लोक भाषा पालि में लिखे गए। अतः आम लोगों को इन्हें समझना और इनका प्रयोग करना आसान था।

- बौद्ध धर्म के प्रचार-प्रसार में राजकीय संरक्षण का विशेष महत्त्व रहा है। अशोक, कनिष्क, हर्षवर्द्धन जैसे अनेक राजाओं ने बौद्ध धर्म को अपनाया तथा इसको राज्य धर्म घोषित करके अपनी सारी शक्ति लगा दी। बौद्ध भिक्षुओं को राजकोष से सहायता और अनेक प्रकार की सुविधाएँ प्रदान की गईं।
- बौद्ध धर्म की शिक्षाएँ अत्यंत सरल थीं। इनका कहना था कि अष्टमार्गों का अनुसरण करके तथा दस शीलों का आचरण करके कोई भी व्यक्ति निर्वाण अथवा मोक्ष को प्राप्त कर सकता है। बौद्ध धर्म की इन सरल शिक्षाओं से प्रेरित होकर विशाल संख्या में लोगों ने इसे स्वीकार किया।

8. बुद्ध के अनुयायी समाज के किस वर्ग से आए? संघ का संचालन किस पद्धति पर आधारित था?

उत्तर बुद्ध के अनुयायी कई सामाजिक वर्गों से आए थे। इनमें राजा, धनवान, गृहपति और सामान्यजन, कर्मकार, शिल्पी सभी शामिल थे। एक बार संघ में आ जाने के बाद सभी को बराबर अधिकार प्राप्त होता था। भिक्षु और भिक्षुणी बनने पर उन्हें अपनी पुरानी पहचान को त्यागना पड़ता था।

संघ का संचालन निम्नलिखित पद्धतियों पर आधारित होता है

- संघ की संचालन पद्धति गणों और संघों की परंपरा पर आधारित थी।
- किसी भी मत पर लोग बातचीत के माध्यम से एकमत होने की कोशिश करते थे।
- कभी-कभी मतदान के द्वारा भी निर्णय लिया जाता था।

9. समकालीन बौद्ध ग्रंथों में वर्णित जीवंत चर्चाओं और विवादों ने विभिन्न विचार वाले लोगों को किस प्रकार प्रभावित किया? समीक्षा करें

दक्षता आधारित प्रश्न

उत्तर समकालीन बौद्ध ग्रंथों से 64 संप्रदायों अथवा चिंतन मान्यताओं की जानकारी मिलती है। इनसे जीवंत चर्चाओं और विवादों की एक झलक प्राप्त होती है। शिक्षक एक स्थान से दूसरे स्थान तक घूम-घूमकर अपने ज्ञान, दर्शन अथवा जीवन के रहस्य के विषय में अपनी समझ को लेकर एक-दूसरे से वाद-विवाद करते थे।

इस प्रकार के वाद-विवाद या चिंतन शिक्षकों के आश्रमों या उपवनों में भी होते थे। यदि एक शिक्षक अपने प्रतिद्वंद्वी को अपने तर्कों से समझा लेता था, तो वह अपने अनुयायियों के साथ उसका शिष्य बन जाता था, इसलिए किसी भी संप्रदाय की लोकप्रियता समय के साथ घटती-बढ़ती रहती थी। इन संप्रदायों में बौद्ध एवं जैन संप्रदाय सबसे अग्रणी थे, जिनके शिक्षक क्रमशः बुद्ध और महावीर थे, जिन्होंने तत्कालीन वैदिक धर्म के प्रभुत्व पर प्रश्न-चिह्न लगाए थे।

10. महिलाओं को संघ में शामिल करने की अनुमति कब मिली? स्पष्ट कीजिए।

उत्तर बौद्ध ग्रंथों के अनुसार, बुद्ध के प्रिय शिष्य आनंद ने बुद्ध को समझाकर महिलाओं को संघ में शामिल होने की अनुमति प्राप्त की। इससे संबंधित अन्य विवरण निम्न हैं

- प्रारंभ में संघ में प्रवेश मात्र पुरुषों को मिलता था, परंतु कुछ समय पश्चात् इसमें महिलाओं को भी शामिल किया गया।
- बुद्ध की उपमाता महाप्रजापति गोतमी संघ में आने वाली पहली भिक्षुणी बनीं। कई स्त्रियाँ संघ में आईं और वे धम्म की उपदेशिकाएँ बन गईं। आगे चलकर उपदेशिकाएँ थेरी बनीं, जिसका अर्थ है—ऐसी महिलाएँ, जिन्होंने निर्वाण प्राप्त कर लिया हो।

11. हीनयान और महायान के सिद्धांतों में मूलतः क्या अंतर है?

उत्तर हीनयान और महायान के सिद्धांतों में निम्नलिखित अंतर हैं

हीनयान	महायान
हीनयान को मानने वाले गौतम बुद्ध को अपना पवित्र और आदर्श पुरुष मानते हैं।	महायान मत मानने वाले बुद्ध को देवता मानकर उनकी पूजा करते हैं।
ये किसी भी बात का विश्वास तर्क की कसौटी पर रखकर करते हैं।	इस मत के लोग विश्वास और श्रद्धा पर अधिक बल देते हैं।
हीनयान मत को मानने वालों की साहित्यिक रचना पालि भाषा में है।	इस मत के लोग साहित्य रचना में संस्कृत भाषा का प्रयोग करते थे।
ये अपने जीवन का लक्ष्य प्राप्त करने के लिए शुद्ध और अच्छे कर्मों पर बल देते हैं।	इस मत के लोग धार्मिक नियमों का पालन करना ही आवश्यक मानते हैं।

12. बौद्ध धर्म और जैन धर्म की मुख्य शिक्षाओं में अंतर स्पष्ट कीजिए।

उत्तर बौद्ध धर्म और जैन धर्म की शिक्षाओं में निम्नलिखित अंतर हैं

बौद्ध धर्म	जैन धर्म
बौद्ध धर्म ईश्वर के अस्तित्व पर मौन हो जाता है।	जैन धर्म ईश्वर के अस्तित्व को मानता है, परंतु इन्हें 'जिन' तीर्थंकर से नीचे रखा गया है।
बौद्ध धर्म में आत्मा और पुनर्जन्म की मान्यता है।	जैन धर्म में आत्मा की तो मान्यता है, पर पुनर्जन्म की नहीं।
बौद्ध धर्म में अहिंसा को महत्त्व दिया गया है।	जैन धर्म में अहिंसा पर आवश्यकता से अधिक बल दिया गया है।
बौद्ध धर्म में संघ को धर्म प्रचार का माध्यम बनाया गया है।अध्ययन तथा अध्यापन का कार्य मठों में होता था।	जैन धर्म में संघ नहीं होते, परंतु धर्म प्रचार के लिए प्रचारक होते हैं।
बौद्ध धर्म की शिक्षाओं का प्रसार भारत के अतिरिक्त अन्य देशों में भी हुआ। मोक्ष को प्राप्त करने के लिए अच्छे कार्य और पवित्र जीवन पर बल देते हैं।	जैन धर्म की शिक्षाओं का विकास केवल भारत में ही हुआ।मोक्ष प्राप्ति के लिए सम्यक ज्ञान, सम्यक कर्म और अहिंसा पर बल देते हैं।

13. "परित्राता (मुक्तिदाता) की धारणा हिंदू और बौद्ध दोनों धर्मों में दिखती है।" इस कथन का तर्कसंगत औचित्य निर्धारित कीजिए।

दक्षता आधारित प्रश्न

अथवा **"मुक्तिदाता की कल्पना केवल बौद्ध धर्म तक ही सीमित नहीं थी।" टिप्पणी कीजिए।**

उत्तर ईसा की प्रथम सदी के बाद समकालीन धर्मों (हिंदू, बौद्ध) में मुक्तिदाता की कल्पना का विकास हुआ। बौद्ध धर्म में बोधिसत्वों को

और हिंदू धर्म में विष्णु के अवतारों को मुक्तिदाता के रूप में संबोधित किया गया है। बौद्ध धर्म में बोधिसत्वों को परम करुणामय जीव माना गया है, जो अपने अच्छे कर्मों से पुण्य कमाते थे, परंतु वे इस पुण्य का उपयोग अपने हित में नहीं, बल्कि दूसरों की भलाई के लिए करते थे।

हिंदू धर्म में मुक्तिदाता की अवधारणा एक अलग ढंग से विकसित हो रही थी। इस समय हिंदू धर्म में वैष्णव व शैव धर्म प्रचलित था। ईश्वर की आराधना के लिए प्रेम, समर्थन एवं भक्ति की भावना का विकास होने लगा था। वैष्णव संप्रदाय में अवतारवाद की कल्पना की गई, जिसके अनुसार भगवान विष्णु ने पापियों के अत्याचार से विश्व की रक्षा के लिए अलग-अलग रूपों में अवतार लिए थे। इस तरह इस काल में मुक्तिदाता की भावना का तेजी से विकास हुआ।

14. छठी शताब्दी ईसा पूर्व में भारत में पौराणिक हिंदू धर्म के उदय के कारकों का वर्णन कीजिए। *दक्षता आधारित प्रश्न*

उत्तर छठी शताब्दी ईसा पूर्व में भारत में पौराणिक हिंदू धर्म के उदय के कारक निम्नलिखित हैं

- वैष्णव संप्रदाय में कई अवतारों के इर्द-गिर्द पूजा पद्धतियाँ विकसित हुईं। इन अवतारों में देवताओं को विष्णु के रूप में मान्यता मिली, जो हिंदू धर्म के उत्थान के लिए प्रकट हुए थे।
- हिंदू धर्म की नवीन परंपरा में उपासना और ईश्वर के बीच का रिश्ता प्रेम और समर्पण का रिश्ता माना जाता था, इसे 'भक्ति' कहते थे। ऐसा माना जाता था कि भक्ति से प्रसन्न होकर ईश्वर कल्याणपथ प्रदर्शित करेंगे।
- वैदिक साहित्य, जिसे महिलाओं तथा शूद्रों को सुनने अथवा पढ़ने नहीं दिया जाता था, को ये वर्ग सुन सकते थे।
- पुजारी और सामान्य स्त्री-पुरुष एक से दूसरी जगह भ्रमण करते हुए अपने विश्वासों तथा अवधारणाओं का आदान-प्रदान करते थे।
- वैष्णव और शैव परंपराओं ने भी हिंदू धर्म के उत्थान तथा नई विकसित विचारधाराओं को प्रसारित करने में मदद की।

इस प्रकार, उपरोक्त वर्णित कारकों ने छठी शताब्दी ई. पू. में भारत में पौराणिक हिंदू धर्म के उदय में महत्त्वपूर्ण भूमिका निभाई।

15. "बहुत-से रीति-रिवाज, धार्मिक विश्वास और व्यवहार, इमारतों, मूर्तियों या चित्रकला के द्वारा स्थायी दृश्य माध्यमों के रूप में दर्ज नहीं किए गए।" इस कथन की आलोचनात्मक समीक्षा कीजिए। *दक्षता आधारित प्रश्न*

उत्तर उपरोक्त कथन के संबंध में निम्नलिखित आलोचनाएँ की गई थीं

- यह कथन बहुत हद तक सत्य है कि "बहुत-से रीति-रिवाज, धार्मिक विश्वास और व्यवहार, इमारतों, मूर्तियों या चित्रकला के द्वारा स्थायी दृश्य माध्यमों के रूप में दर्ज नहीं किए गए।"
- बहुत लंबे समय तक लोगों को विवरण रखने की आवश्यकता अनुभव नहीं हुई। यह संभव है कि उनकी दार्शनिक तथा धार्मिक परंपराएँ लंबे समय तक सक्रिय रही हों।
- इनमें विशेष अवसरों पर घटित घटनाओं को ही मूर्तिकला के माध्यम से दिखाया गया। किसी कालखंड में प्रचलित संपूर्ण रीति-रिवाज और धार्मिक मान्यताओं का चित्रण मूर्तियों या चित्रकला के माध्यम से करने का प्रयास नहीं किया गया।
- इतिहासकार सामान्यतः इमारतों, मूर्तियों आदि की व्याख्या लिखित साक्ष्यों के आधार पर करते हैं। यही कारण है कि इतिहासकारों को मूर्तिकला को समझने के लिए बुद्ध के चरित्र लेखन के विषय में अपनी समझ बनानी पड़ी। कई आरंभिक मूर्तिकारों ने बुद्ध को मानव रूप में न प्रदर्शित करके उनकी उपस्थिति प्रतीकों के माध्यम से दर्शाने का प्रयास किया।
- साँची में उत्कीर्णित बहुत-सी अन्य मूर्तियाँ शायद बौद्ध मत से प्रत्यक्ष रूप से जुड़ी नहीं थीं।

16. साँची का स्तूप क्यों बच गया, जबकि अमरावती का स्तूप नष्ट हो गया? आलोचनात्मक समीक्षा कीजिए।

उत्तर साँची का स्तूप संरक्षण श्रेणी में और अमरावती स्तूप मात्र टीले के रूप में रह गया है, क्योंकि

- अमरावती की खोज साँची स्तूप से पहले हो गई थी। तब तक विद्वान इस महत्त्व को नहीं समझ पाए थे कि किसी पुरातात्विक अवशेष को उठाकर ले जाने के बजाए, खोज की जगह पर ही संरक्षित करना कितना महत्त्वपूर्ण था।
- 1818 ई. में जब साँची की खोज हुई, तो इसके तीन तोरणद्वार तब भी वहीं खड़े थे तथा चौथा वहीं जमीन पर गिरा हुआ था और टीला भी अच्छी स्थिति में था।
- भोपाल के समकालीन शासकों, शाहजहाँ बेगम और उनके उत्तराधिकारियों ने इस प्राचीन स्थल के रख-रखाव के लिए अनुदान दिए और इसे संरक्षण भी प्रदान किया, जिससे यह स्तूप आज भी सुरक्षित है। अंततः कई कारणों से साँची का स्तूप वहीं बना रहा और आज भी बना हुआ है, जबकि अमरावती का महाचैत्य अब मात्र एक छोटा टीला है, जिसका सारा गौरव नष्ट हो चुका है।

17. 19वीं सदी में यूरोप के विद्वान भारतीय मूर्तिकला को यूनानी कला से निम्न स्तर का मानते थे। इस कथन की समीक्षा करें।

उत्तर 19वीं सदी में जब यूरोपीय विद्वानों ने यहाँ की देवी-देवताओं की मूर्तियाँ देखीं, तो उन्हें अजीबो-गरीब लगा, क्योंकि वे प्राचीन भारतीय कला शैली से अनभिज्ञ थे। कई सिरों, हाथों वाली या मनुष्य और जानवरों के रूपों को मिलाकर बनाई गई मूर्तियों को वे समझ नहीं पाते थे और कभी-कभी तो घृणा से भी भर जाते थे, परंतु जब उन्होंने इन मूर्तियों की तुलना यूनानी कला से की, तो उनकी समझ कुछ स्पष्ट हुई। वे आरंभिक भारतीय मूर्तिकला को यूनानी कला से निम्न स्तर का मानते थे।

उनके अनुसार, बुद्ध तथा बोधिसत्व की मूर्तियाँ यूनानी प्रतिमानों से प्रभावित थीं। भारतीय मूर्तिकला की इन मूर्तियों को इन्होंने सर्वश्रेष्ठ नमूना माना, क्योंकि वे यूनानी परंपरा से परिचित थे। इन्होंने कला को समझने के लिए एक नया तरीका अपनाया अर्थात् परिचित चीजों के आधार पर अपरिचित चीजों को समझने का प्रयास किया।

दीर्घ उत्तरीय प्रश्न

1. बौद्ध ग्रंथ किस प्रकार तैयार तथा संरक्षित किए जाते थे? स्पष्ट कीजिए।

उत्तर बौद्ध ग्रंथ को निम्नलिखित क्रम में तैयार किया जाता था

- बुद्ध चर्चा तथा बातचीत के माध्यम से मौखिक शिक्षा देते थे। स्त्री-पुरुष (शायद बच्चे भी) इन उपदेशों को सुनते थे और इन पर बातचीत करते थे।
- बुद्ध द्वारा दिए गए उपदेशों को उनके जीवनकाल में नहीं लिखा गया। लगभग पाँचवीं-चौथी सदी ईसा पूर्व में बुद्ध की मृत्यु के बाद उनके शिष्यों ने वैशाली (बिहार में स्थित) में एक सभा बुलाई। इसी सभा में उनके उपदेशों का संकलन किया गया। इन संग्रहों को ही 'त्रिपिटक' कहा जाता था। आरंभ में उन्हें मौखिक रूप में ही संप्रेषित किया गया, परंतु बाद में लिखकर विषय तथा लंबाई के अनुसार वर्गीकृत किया गया।
- त्रिपिटक के अंतर्गत सुत्तपिटक, विनयपिटक तथा अभिधम्मपिटक आते हैं। बुद्ध की शिक्षाएँ सुत्तपिटक में, बौद्ध दर्शन अभिधम्मपिटक में तथा बौद्ध संघ के नियमों का संकलन विनयपिटक में किया गया है।
- दीपवंश तथा महावंश नामक बौद्ध ग्रंथ श्रीलंका में मिले गए हैं। इससे स्पष्ट होता है कि बौद्ध धर्म का विस्तार श्रीलंका में भी हुआ। अधिकांश बौद्ध ग्रंथ पालि भाषा में लिखे गए हैं, जबकि उस काल में ग्रंथ संस्कृत भाषा में लिखे जाते थे।
- बौद्ध धर्म का विस्तार पूर्व एशिया में भी हुआ। फा-शिएन तथा ह्वेनसाँग जैसे तीर्थयात्री बौद्ध ग्रंथ की खोज में चीन से भारत आए और यहाँ से अनेक बौद्ध ग्रंथ ले गए। भारतीय बौद्ध शिक्षकों ने भी बुद्ध की शिक्षाओं के प्रसार हेतु विभिन्न देशों की यात्रा की। वे कई पुस्तकों को भी अपने साथ ले गए।

बौद्ध ग्रंथों के संरक्षण से संबंधित बातें निम्नलिखित हैं

- विभिन्न कालखंडों में बौद्ध मतावलंबी शासकों द्वारा बौद्ध ग्रंथ के रचनाकारों और ग्रंथों को संरक्षण दिया जाता था। इनमें अजातशत्रु, अशोक, कालाशोक आदि प्रमुख हैं।
- बौद्ध पांडुलिपियों को कई सदियों तक एशिया के अलग-अलग क्षेत्रों में स्थित बौद्ध विहारों में संरक्षित किया गया। पालि, संस्कृत, चीनी और तिब्बती भाषाओं में लिखे गए इन ग्रंथों का आधुनिक अनुवाद किया गया है।
- प्राचीनकाल में बौद्ध संगीतियों के माध्यम से भी शासकों ने ग्रंथों की रचना और उन्हें सुरक्षित करने का प्रयास किया।
- 19वीं शताब्दी और उससे पूर्व भी शाहजहाँ बेगम जैसी शासिकाओं ने बौद्ध ग्रंथों के संरक्षण हेतु संग्रहालय और अतिथिशालाओं का निर्माण किया।

2. बौद्ध दर्शन के पुनर्निर्माण में सुत्तपिटक की भूमिका के साथ बौद्ध त्रिपिटक से संबंधित तथ्यों का वर्णन करें। *दक्षता आधारित प्रश्न*

उत्तर बौद्ध दर्शन को सुत्तपिटक में दी गई कहानियों के आधार पर पुनर्निर्मित किया गया है। इन कहानियों से दर्शन संबंधी निम्न बातें उभरकर सामने आती हैं

- विश्व अनित्य है और लगातार परिवर्तनथिल है। यह आत्माविहीन (आत्मा) है, क्योंकि यहाँ कुछ भी स्थायी या शाश्वत नहीं है।
- इस क्षणभंगुर दुनिया में दुःख मनुष्य के जीवन का अंतर्निहित तत्त्व है। घोर तपस्या और विषयासक्ति के बीच मध्यम मार्ग अपनाकर मनुष्य दुनिया के दुःखों से मुक्ति पा सकता है।
- बुद्ध का मानना था कि समाज का निर्माण इंसानों ने किया है, न कि ईश्वर ने। इसलिए उन्होंने राजाओं और गृहपतियों को दयावान और आचारवान होने की सलाह दी। उनका मानना था कि व्यक्तिगत प्रयास से सामाजिक परिवेश को बदला जा सकता है।
- बुद्ध ने जन्म-मृत्यु के चक्र से मुक्ति, आत्मज्ञान और निर्वाण के लिए व्यक्ति केंद्रित हस्तक्षेप और सम्यक् कर्म की कल्पना की। निर्वाण का अर्थ था अहं और इच्छा का खत्म होना, जिससे गृहत्याग करने वालों के दुःख के चक्र का अंत हो सकता था।
- बौद्ध परंपरा के अनुसार, अपने शिष्यों के लिए उनका अंतिम निर्देश था— "तुम सब अपने लिए खुद ही ज्योति बनो, क्योंकि तुम्हें खुद ही अपनी मुक्ति का रास्ता ढूँढना है।" बौद्ध धर्म की प्रारंभिक परंपराओं में ईश्वर का होना या न होना अप्रासंगिक था।
- बुद्ध ने धर्म या सम्यक् जीवनयापन की शिक्षा दी।

बौद्ध त्रिपिटक बुद्ध की मृत्यु के बाद उनके शिष्यों ने बुद्ध के विचारों तथा शिक्षाओं का संकलन किया। इन ग्रंथों को त्रिपिटक (तीन टोकरियाँ) कहा गया। ये निम्नलिखित हैं

- **सुत्तपिटक** इसमें बुद्ध की शिक्षाएँ संकलित हैं।
- **विनयपिटक** इसमें भिक्षुओं तथा भिक्षुणियों के लिए संघ में अनुशासन के नियम संकलित हैं।
- **अभिधम्मपिटक** इसमें बुद्ध के दार्शनिक विचार वर्णित हैं।

3. प्रथम शताब्दी के बाद पौराणिक हिंदू धर्म में बदलाव क्यों हुए और इसकी क्या विशेषताएँ थीं?

उत्तर प्रथम शताब्दी के बाद समकालीन समाज और धर्म के क्षेत्र में अनेक ऐसी परिस्थितियाँ विद्यमान थीं, जिन्होंने पौराणिक हिंदू धर्म में बदलाव के लिए प्रोत्साहित किया। इनका विवरण निम्न है

(i) **हिंदू धर्म की महत्ता में कमी** ईसा की प्रथम सदी के बाद का काल धर्म के क्षेत्र में परिवर्तनकारी युग था। इस युग में हिंदू धर्म में व्याप्त जटिल धार्मिक क्रियाकलापों के विरोध में नए-नए संप्रदायों का उदय हुआ, जिनमें बौद्ध धर्म एवं जैन धर्म प्रमुख थे। इन धर्मों का वैदिक कर्मकांड से अलग सरल एवं सहज उपासना पद्धति तथा नैतिक मूल्यों पर आधारित धार्मिक व्यवस्था के कारण इनकी लोकप्रियता में अधिक वृद्धि हुई और हिंदू धर्म की महत्ता में कमी आई।

(ii) **हिंदू धर्म में मोक्ष प्राप्ति का साधन** हिंदू धर्म में भी 'मुक्तिदाता' की कल्पना की भावना प्रभावी होने लगी थी। यह विश्वास किया जाने लगा था कि मनुष्य की दुःखों से मुक्ति इन्हीं से संभव है। अतः इस युग में हिंदू धर्म के अंतर्गत वैष्णव एवं शैव संप्रदाय प्रमुख रूप से उभरे, जिन्होंने ईश्वर की आराधना अथवा उपासना के लिए वैदिक कर्मकांड की जगह प्रेम एवं भक्ति का मार्ग प्रशस्त किया।

(iii) **सहज उपासना पद्धति** वैष्णववाद में कई अवतारों के इर्द-गिर्द सहज पूजा पद्धतियाँ विकसित हुईं। इस परंपरा में दस अवतारों की कल्पना की गई है। वैष्णववाद एक एकीकृत धार्मिक परंपरा बन गई, क्योंकि यहाँ मानव जीवन को महत्ता दी गई।

(iv) **देवताओं का मानवीय चित्रण** कई अवतारों को मूर्तियों के रूप में दिखाया गया है। विष्णु के अवतारों पर आधारित मूर्तियों का निर्माण भी किया गया, जो अलग-अलग क्षेत्रों में स्थापित की गईं। अन्य देवताओं की मूर्तियाँ भी बनाई गईं। शिव को उनके प्रतीक लिंग के रूप में दर्शाया जाता था, परंतु उन्हें कई मूर्तियों में मनुष्य के रूप में भी दर्शाया गया है। ये सभी चित्रण देवताओं से जुड़ी हुई मिश्रित अवधारणाओं पर आधारित थे। उनके गुणों और प्रतीकों को उनके शिरोवस्त्रों, आभूषणों, आयुधों (हथियार और हाथ में धारण किए गए अन्य शुभ अस्त्र) और बैठने की शैली से व्यक्त किया जाता था।

(v) **पुराणों पर आधारित कहानियाँ** इस समय की बनी मूर्तियाँ प्राचीन कहानियों पर आधारित होती थीं। ये कहानियाँ प्रायः पुराणों से ली गई होती थीं। इतिहासकारों को भी इन मूर्तियों की विभिन्न मुद्राओं को समझाने के लिए पुराणों में वर्णित कहानियों को समझाना पड़ता था।

(vi) **नवीन हिंदू धर्म की विशेषताएँ** पौराणिक हिंदू धर्म में परिवर्तन के उपरांत निम्नलिखित विशेषताएँ उभरकर आईं
- नवीन हिंदू धर्म बौद्ध व जैन धर्म की तरह सरल तथा सहज उपासना पद्धति पर आधारित था।
- वैदिक कर्मकांड की जगह दुःख निवारण के लिए प्रेम व भक्ति पर जोर दिया जाता था।
- अब समाज के सभी वर्गों को धार्मिक आराधना के लिए हिंदू धर्म में स्थान दिया गया।
- विष्णु के अवतारों और शिव की अनेक मूर्तियों का निर्माण कर उनकी उपासना की जाने लगी।
- वैदिक यज्ञों के स्थान पर भक्ति-आराधना महत्त्वपूर्ण हो गई।

4. "ई. पू. 600 से ई. सं. 600 तक पौराणिक हिंदू धर्म में विभिन्न विचारों, मूर्तियों और मंदिरों का विकास हुआ।" इस कथन को सिद्ध कीजिए। **CBSE 2019**

उत्तर ई. पू. 600 से ई. सं. 600 तक पौराणिक हिंदू धर्म में विभिन्न विचारों, मूर्तियों और मंदिरों का विकास हुआ, जिनका विवरण इस प्रकार है

(i) **विभिन्न विचारों का विकास** इस दौरान मुक्तिदाता (परित्राता) जैसे विश्वासों की कल्पना में बदलाव आया। बौद्ध धर्म के विस्तार के बावजूद एक अलग प्रकार की परंपराओं व विचारों का विकास भी तीव्र गति से हुआ, जिसे हिंदू धर्म के नाम से जाना जाता है। इसमें वैष्णव धर्म को अधिक स्वीकार्यता मिली, जिसमें हिंदू परंपरा के तहत विष्णु को प्रमुख देवता माना गया।

इनके अंतर्गत एक विशेष देवता की पूजा को विशेष महत्त्व दिया गया। इस प्रकार की आराधना में उपासना और ईश्वर के बीच का संबंध प्रेम और समर्पण पर विशेष बल दिया गया, जिसे 'भक्ति' कहते हैं।

वैष्णववाद में कई अवतारों के इर्द-गिर्द पूजा पद्धतियाँ विकसित हुईं। इस परंपरा के अंदर दस अवतारों की कल्पना भी की गई है। यह माना जाता था कि पापियों के बढ़ते प्रभाव को रोकने के लिए, विश्व की रक्षा के लिए भगवान अलग-अलग रूपों में अवतार लेते हैं। ये देश के भिन्न-भिन्न हिस्सों में अलग-अलग रूपों में लोकप्रिय हुए। इस प्रकार, नए विचारों का प्रभाव बढ़ा, जिसे एकीकृत धार्मिक परंपरा के रूप में स्वीकारा गया।

(ii) **मूर्तियों का विकास** इस दौरान देवताओं की भी मूर्तियाँ बनीं। शिव को उनके प्रतीक लिंग के रूप में बनाया गया, लेकिन उन्हें कई बार मनुष्य के रूप में भी दिखाया गया है। ये सभी चित्रण देवताओं से जुड़ी हुई मिश्रित अवधारणाओं को व्यक्त करते हैं। उनकी विशेषताओं और प्रतीकों को उनके शिरोवस्त्र, आभूषण, आयुधों (हथियार और हाथ में धारण किए गए अन्य शुभ अस्त्र) और बैठने की शैली आदि रूपों में प्रस्तुत किया गया।

(iii) **मंदिरों का विकास** प्रारंभ में मंदिर एक चौकोर कमरे के रूप में बनाए जाते थे, जिन्हें 'गर्भगृह' कहा जाता था। इसमें एक प्रवेश द्वारा होता था, जिससे उपासक मूर्ति की पूजा करने के लिए भीतर प्रविष्ट हो सकता था। धीरे-धीरे गर्भगृह के ऊपर एक ऊँचा ढाँचा बनाया जाने लगा, जिसे 'शिखर' कहा गया। मंदिर की दीवारों पर भित्ति चित्र उत्कीर्ण किए जाने लगे। बाद के युगों में स्थापत्य का काफी विकास हुआ।

इस प्रकार, मंदिरों के साथ विशाल सभास्थल, ऊँची दीवारें और तोरण भी जुड़ गए। जल आपूर्ति की व्यवस्था भी की जाने लगी। कृत्रिम गुफाएँ बनाने की पुरानी परंपरा में लगातार वृद्धि हुई। सबसे प्राचीन कृत्रिम गुफाएँ ईसा पूर्व तीसरी सदी में अशोक के आदेश से आजीवक संप्रदाय के संतों के लिए बनाई गई थीं। यह परंपरा अलग-अलग चरणों में विकसित होती रही। इसका सबसे विकसित रूप हमें आठवीं सदी के कैलाशनाथ (शिव का एक नाम) के मंदिर में दिखाई देता है, जिसमें पूरी पहाड़ी को काटकर उसे मंदिर बनाया गया, जो विश्व प्रसिद्ध है।

5. साँची के स्तूप की मुख्य विशेषताओं और इसके संरक्षण में भोपाल के शासकों की भूमिका की पहचान कीजिए? **CBSE 2024**

उत्तर साँची स्तूप की प्रमुख विशेषताएँ निम्नलिखित हैं

(i) **अर्द्धगोलाकार गुंबद** यह स्तूप एक चौकोर आधार पर बना है और इसमें अर्द्धगोलाकार गुंबद है। यह बौद्ध ब्रह्मांड विज्ञान में ब्रह्मांडीय मेरु पर्वत का प्रतीक है

(ii) **तोरण और स्तंभ** इस स्तूप के चारों ओर जटिल नक्काशीदार तोरण और स्तंभ हैं। इन पर बुद्ध के जीवन के दृश्य, जातक कथाएँ और बौद्ध रूपांकन बने हैं।

(iii) **रेलिंग और प्रवेशद्वार** यह स्तूप एक रेलिंग से घिरा हुआ है और इसके चारों ओर चार अलंकृत प्रवेशद्वार हैं, इन्हें तोरण कहते हैं।

(iv) **प्रदक्षिणा पथ** स्तूप के चारों ओर एक गोलाकार पथ है, जिसे प्रदक्षिणा पथ कहते हैं। यह पथ जन्म और मृत्यु के चक्र को दर्शाता है।

(v) **छत्र** स्तूप के शीर्ष पर एक छत्र है, जो बौद्ध धर्म में सर्वोच्च पद का प्रतीक है।

(vi) **अशोक स्तंभ** साँची स्तूप से जुड़ा अशोक स्तंभ, अशोक के शिलालेखों से युक्त है

(vii) **बौद्ध धर्म के प्रसार में भूमिका** साँची स्तूप ने प्राचीन भारत और उसके बाहर बौद्ध धर्म के प्रसार में अहम भूमिका निभाई।

साँची के स्तूप के संरक्षण में भोपाल के शासकों की भूमिका के लिए NCERT Folder के प्रश्न 3 का अध्ययन करें।

6. बुद्ध की मुख्य शिक्षाओं की परख कीजिए और बुद्ध के समय में बौद्ध धर्म तेजी से क्यों बढ़ा व्याख्या कीजिए? **CBSE 2024**

उत्तर बुद्ध की मुख्य शिक्षाएँ चार आर्य सत्य और अष्टांगिक मार्ग हैं। बौद्ध धर्म की मूल शिक्षाओं के रूप में चार आर्य सत्य निम्नलिखित हैं

(i) दुनिया दुःख और कष्टों से भरी है।

(ii) सभी पीड़ाओं का एक कारण (समुदाय) हैं, जो ईच्छा (तृष्णा) है।

(iii) दर्द और दुःख का अन्त इच्छाओं के छुटकारा मिलने से किया जा सकता है। (निरोध)

(iv) तृष्णा को अष्टांगिक मार्ग के द्वारा नियंत्रित किया जा सकता है।

अष्टांग मार्ग जैसे

(i) सम्यक विचार (ii) सम्यक विश्वास

(iii) सम्यक वाक (iv) सम्यक कर्म

(v) सम्यक जीविका (vi) सम्यक प्रयास

(vii) सम्यक स्मृति (viii) सम्यक समाधि

अष्टांग मार्गों में तीन बुनियादी श्रेणियाँ शामिल हैं। जिनके नाम एकाग्रता (समाधि स्कंद), ज्ञान (प्रज्ञा स्कंद) और नैतिक आचरण (शील स्कंद हैं। समाधि स्कंदर के अंतर्गत सम्यक स्मृति, सम्यक समाधि में आते हैं। जबकि सम्यक वाक, सम्यक जीविका और सम्यक प्रयास शील स्कंद के अंतर्गत विभाजित हैं। प्रज्ञा स्कंद में सम्यक विचार, सम्यक कर्म और सम्यक विश्वास शामिल हैं।

बुद्ध के समय में बौद्ध धर्म के तेजी से बढ़ने के निम्न कारण थे।

बुद्ध के अनुयायी कई सामाजिक वर्गों से आए। इनमें राजा, धनवान, गृहपति और सामान्यजन, कर्मकार, दास, शिल्पी सभी शामिल थे। एक बार संघ में आ जाने पर सभी को बराबर माना जाता था, क्योंकि भिक्षु और भिक्षुणी बनने पर उन्हें अपनी पुरानी पहचान को त्याग देना पड़ता था। संघ की संचालन पद्धति गणों और संघों की परंपरा पर आधारित थी। इसके तहत लोग बातचीत के माध्यम से एकमत होने की कोशिश करते थे। यदि यह संभव नहीं होता था तो मतदान द्वारा निर्णय लिया जाता था।

बुद्ध के जीवनकाल में और उनकी मृत्यु के बाद भी बौद्ध धर्म तेज़ी से फैला। इसका मुख्य कारण यह था कि लोग समकालीन धार्मिक प्रथाओं से असंतुष्ट थे और उस युग में हो रहे सामाजिक परिवर्तनों ने उन्हें उलझनों में बाँध रखा था। बौद्ध शिक्षाओं में जन्म के आधार पर श्रेष्ठता के अतिरिक्त जिस तरह अच्छे आचरण और मूल्यों को महत्त्व दिया गया, उससे महिलाएँ और पुरुष इस धर्म की तरफ़ आकर्षित हुए। इन्होंने कमजोर लोगों की तरफ़ मित्रता और करुणा के भाव को महत्त्व देने के आदर्श ने अधिकांश लोगों को प्रेरित किया।

7. अमरावती स्तूप की नियति साँची स्तूप से कैसे भिन्न थी? स्पष्ट कीजिए।

उत्तर सर्वप्रथम अमरावती स्तूप की खोज, यूरोपीय लोगों द्वारा इसके अवशेषों को अपने देश से जाने की होड़ और इसका शीघ्र ह्रास साँची स्तूप की नियति से भिन्नता प्रदान करता है। अमरावती स्तूप की नियति साँची स्तूप से निम्न प्रकार भिन्न है

- सर्वप्रथम 1796 ई. में अमरावती के स्तूप की खोज हुई। स्थानीय राजा को मंदिर निर्माण के उद्देश्य से खुदाई के दौरान वहाँ स्तूप के अवशेष मिले। कालांतर में अंग्रेज अधिकारी कॉलिन मैकेंजी को अमरावती के भ्रमण के दौरान वहाँ से कई मूर्तियाँ मिलीं, जिनका उन्होंने चित्रांकन भी किया, परंतु उनकी रिपोर्ट कभी प्रकाशित नहीं हो सकी।
- 1854 ई. में गुंटूर (आंध्र प्रदेश) के कमिश्नर ने अमरावती स्तूप के पश्चिमी तोरणद्वार की खोज की। वे कई मूर्तियों और उत्कीर्ण पत्थरों को मद्रास ले गए और इसी के आधार पर अमरावती के स्तूप को बौद्धों का सबसे विशाल और उत्कृष्ट स्तूप कहा। 1850 के दशक में अमरावती के उत्कीर्ण पत्थरों को एशियाटिक सोसायटी ऑफ बंगाल, (कलकत्ता) मद्रास के इंडिया ऑफिस तथा लंदन आदि स्थानों पर ले जाया जाने लगा। पुरातत्त्ववेत्ता एच एच कोल ने इन प्राचीन कलाकृतियों की लूट को आत्मघाती और असमर्थनीय बताया।
- एच. एच. कोल की संग्रहालयों में मूर्तियों की प्लास्टर प्रतिकृतियाँ रखने और असली कृतियों को खोज की जगह पर ही संरक्षण की नीति को अमरावती के बजाय साँची के लिए मान लिया गया। अमरावती स्तूप की खोज, साँची स्तूप के पहले होना एवं उसके उत्कीर्ण पत्थरों की लूट के कारण अमरावती अब एक छोटे-से टीले के रूप में रह गया।

स्रोत आधारित प्रश्न

1. नीचे दिए गए स्रोत को ध्यानपर्वूक पढ़िए और दिए गए प्रश्नों के उत्तर दीजिए **CBSE 2024**

नियतिवादी और भौतिकवादी

यहाँ हम सुत्त पिटक से लिया गया दृष्टांत दे रहे हैं। इसमें मगध के राजा अजातशत्रु और बुद्ध के बीच बातचीत का वर्णन किया गया है।

एक बार राजा अजातशत्रु बुद्ध के पास गए और उन्होंने मक्खलि गोसाल नामक एक अन्य शिक्षक की बातें बताईं।

"हालाँकि बुद्धिमान लोग यह विश्वास करते हैं कि इस सद्गुण से.... इस तपस्या से मैं कर्म प्राप्ति करूँगा..... मूर्ख उन्हीं कार्यों को करके धीरे-धीरे कर्म मुक्ति की उम्मीद करेगा। दोनों में से कोई कुछ नहीं कर सकता। सुख और दुःख मानो पूर्व निर्धारित मात्रा में माप कर दिए गए हैं। इसे संसार में बदला नहीं जा सकता। इसे बढ़ाया या घटाया नहीं जा सकता है। जैसे धागे का गोला फेंक देने पर लुढ़कते-लुढ़कते अपनी पूरी लंबाई तक खुलता जाता है, उसी तरह मूर्ख और विद्वान दोनों ही पूर्व निर्धारित रास्ते से होते हुए दुःखों का निदान करेंगे"और अजीत केसकंबलिन नामक दार्शनिक ने यह उपदेश दिया कि "हे राजन्! दान, यज्ञ या चढ़ावा जैसी कोई चीज़ नहीं होती ..... इस दुनिया या दूसरी दुनिया जैसी कोई चीज़ नहीं होती..." मनुष्य चार तत्त्वों से बना होता है। जब वह मरता है, तब मिट्टी वाला अंश पृथ्वी में, जल वाला अंश जल में, गर्मी वाला अंश आग में, साँस का अंश वायु में वापिस मिल जाता है और उसकी इंद्रियाँ अंतरिक्ष का हिस्सा बन जाती हैं।

दान देने की बात मूर्खों का सिद्धांत है, खोखला झूठ है..... मूर्ख हो या विद्वान दोनों ही कट कर नष्ट हो जाते हैं। मृत्यु के बाद कोई नहीं बचता।"

प्रथम गद्यांश के उपदेशक आजीविका परंपरा के थे। उन्हें अक्सर नियतिवादी कहा जाता है–ऐसे लोग जो विश्वास करते थे कि सब कुछ पूर्व निर्धारित है। द्वितीय गद्यांश के उपदेशक लोकायत परंपरा के थे, जिन्हें सामान्यतः भौतिकवादी कहा जाता है। इन दार्शनिक परंपराओं के ग्रंथ नष्ट हो गए हैं। इसलिए हमें अन्य परंपराओं से ही उनके बारे में जानकारी मिलती है।

(i) **कर्म पर मक्खलि गोसाल के विचारों का विश्लेषण कीजिए।**

उत्तर मक्खलि गोसाल के अनुसार, बुद्धिमान लोग यह विश्वास करते हैं, कि इस सदगुण से वह कर्म प्राप्त करेगा तथा मूर्ख उन्हीं कार्यों को करके धीरे-धीरे कर्म मुक्ति की उम्मीद करेगा, परंतु दोनों में से कोई कुछ नहीं कर सकता, क्योंकि मूर्ख और विद्वान दोनों ही पूर्व निर्धारित रास्ते से होते हुए दुःखों का निदान करेंगे।

(ii) **अजीत केसकंबलिन ने मनुष्यों का प्रकृति के चार तत्वों के साथ संबंध को किस प्रकार वर्णित किया?**

उत्तर अजीत केसकंबलिन के अनुसार, मनुष्य चार तत्त्वों से बना होता है। जब वह मरता है। तब मिट्टी वाला अंश पृथ्वी में, जल वाला अंश जल में, गर्मी वाला अंश आग में, साँस का अंश वायु में वापिस मिल जाता है तथा इसकी इंद्रियाँ अंतरिक्ष का हिस्सा बन जाती हैं।

(iii) **इस स्रोत के संदर्भ में नियतिवादी और भौतिकवादी के विचारों में अंतर स्पष्ट कीजिए?**

उत्तर नियतिवादियों के अनुसार, मनुष्य के जीवन को उसके पूर्व कर्मों और नियति से निर्धारित किया जाता है।

भौतिकवादियों के अनुसार, मन, चेतना और विचार जैसे तत्व भौतिक वस्तुओं के कार्य-व्यवहार के अधीन होते हैं।

2. व्यवहार में बौद्ध धर्म

सुत्तपिटक से लिए गए इस उद्धरण में बुद्ध सिगल नाम के एक अमीर गृहपति को सलाह दे रहे हैं,

मालिक को अपने नौकरों और कर्मचारियों की पाँच तरह से देखभाल करनी चाहिए···· उनकी क्षमता के अनुसार उन्हें काम देकर, उन्हें भोजन और मजदूरी देकर, बीमार पड़ने पर उनकी परिचर्या करके, उनके साथ सुस्वादु भोजन बाँटकर और समय-समय पर उन्हें छुट्टी देकर····· कुल के लोगों को पाँच तरह से श्रमणों (जिन्होंने सांसारिक जीवन को त्याग दिया है) और ब्राह्मणों की देखभाल करनी चाहिए···· कर्म, वचन और मन से अनुराग द्वारा, उनके स्वागत में हमेशा घर खुले रखकर और उनकी दिन-प्रतिदिन की जरूरतों की पूर्ति करके। सिगल को माता-पिता, शिक्षक और पत्नी के साथ व्यवहार के लिए भी ऐसे ही उपदेश दिए गए हैं।

(i) **बुद्ध ने सामाजिक पदानुक्रम में करुणा के महत्त्व को कैसे उजागर किया?**

उत्तर बुद्ध के सुत्तपिटक से लिए गए उद्धरण में उन्होंने सिगल नाम के एक अमीर गृहपति को अपने नौकर और कर्मचारियों की पाँच तरह से देखभाल करने की सलाह देकर करुणा के महत्त्व को उजागर किया है।

(ii) **बुद्ध ने सदाचार पर बल क्यों दिया है?**

उत्तर बुद्ध ने व्यक्तिगत लाभ के बारे में सोचे बिना सदाचार अपनाने का उपदेश दिया है, क्योंकि ऐसा व्यवहार समग्र कल्याण की ओर ले जाता है।

(iii) **बुद्ध के अनुसार कर्म के किन्हीं दो सिद्धांतों की व्याख्या कीजिए?**

उत्तर बुद्ध के अनुसार, कर्म के दो सिद्धांत निम्न बिंदुओं के अंतर्गत देखे जा सकते हैं।

व्यक्ति जो भी कर्म करता है, उसे उसका फल मिलता है। कर्म दो तरह के होते हैं, सकाम और निष्काम, सकाम कर्म बंधन का कारण बनते हैं, जबकि निष्काम, सकाम कर्म बंधन को खोलते हैं।

3. थेरीगाथा

यह अनूठा बौद्ध ग्रंथ सुत्तपिटक का हिस्सा है। इसमें भिक्खुनियो द्वारा रचित छंदों का संकलन किया गया है। इससे महिलाओं के सामाजिक और आध्यात्मिक अनुभवों के बारे में अंतर्दृष्टि मिलती है। पुन्ना नाम की एक दासी अपने मालिक के घर के लिए प्रतिदिन सुबह नदी का पानी लेने जाती थी। वहाँ वह प्रत्येक दिन एक ब्राह्मण को स्नान कर्म करते हुए देखती थी। एक दिन उसने ब्राह्मण से बात की।

निम्नलिखित पद्य की रचना पुन्ना ने की थी, जिसमें ब्राह्मण से उसकी बातचीत का वर्णन है:

मैं जल ले जाने वाली हूँ: कितनी भी ठंड हो
मुझे पानी में उतरना ही है। सजा के डर से
या ऊँचे घरानों की स्त्रियों के कटु वाक्यों के डर से।
हे ब्राह्मण! तुम्हें किसका डर है,
जिससे तुम जल में उतरते हो
(जबकि) तुम्हारे अंग ठंड से काँप रहे हैं?
ब्राह्मण बोले
मैं बुराई को रोकने के लिए अच्छाई कर रहा हूँ;
बूढ़ा या बच्चा
जिसने भी कुछ बुरा किया हो
जल में स्नान करके मुक्त हो जाता है।
पुन्ना ने कहा
यह किसने कहा है
कि पानी में नहाने से बुराई से मुक्ति मिलती है?
ऐसा हो तो सारे मेंढक और कछुए स्वर्ग जाएँगे
साथ में पानी के साँप और मगरमच्छ भी।
इसके बदले में वे कर्म न करें
जिनका डर
आपको पानी की ओर खींचता है।
हे ब्राह्मण! अब तो रुक जाओ।
अपने शरीर को ठंड से बचाओ। **CBSE 2020**

(i) **दो उदाहरणों सहित पुन्ना के विचारों को स्पष्ट कीजिए।**

उत्तर पुन्ना के दो विचार निम्नवत् हैं

- वह सजा के डर से या ऊँचे घराने की स्त्रियों के कटु वाक्यों के डर से अपने मालिक के घर प्रतिदिन सुबह नदी का पानी ले जाती है, चाहे कितनी भी ठंड क्यों न हो।
- पुन्ना का दूसरा विचार है कि पानी में नहाने से बुराई से मुक्ति कैसे मिल सकती है? यदि ऐसा होता, तो सारे मेंढक और कछुए स्वर्ग में जाते, साथ में पानी के साँप व मगरमच्छ भी।

(ii) **ब्राह्मण ने नदी में प्रतिदिन गोता लगाने के लिए क्या स्पष्टीकरण दिया?**

उत्तर ब्राह्मण ने नदी में प्रतिदिन गोता लगाने के लिए यह स्पष्टीकरण दिया कि मैं बुराई को रोकने के लिए अच्छाई कर रहा हूँ। बूढ़ा या बच्चा जिसने भी कुछ बुरा कर्म किया हो, जल में स्नान करके वह मुक्त हो जाता है।

(iii) **इस गाथा द्वारा व्यक्त किए जा रहे बौद्ध दर्शन के मूल को स्पष्ट कीजिए।**

उत्तर उपर्युक्त गाथा बौद्ध ग्रंथ सुत्तपिटक का हिस्सा है, जिसमें भिक्षुणियों द्वारा रचित छंदों का संकलन किया गया है। इसके अंतर्गत महिलाओं के सामाजिक और आध्यात्मिक अनुभवों के बारे में उल्लेख किया गया है। इससे स्पष्ट होता है कि इसमें बौद्ध दर्शन के सामाजिक एवं आध्यात्मिक मूल व्यक्त किए गए हैं।

4. अग्नि की प्रार्थना

यहाँ पर ऋग्वेद से लिए गए दो छंद हैं, जिनमें अग्निदेव का आह्वान किया गया है–हे शक्तिशाली देव, आप हमारी आहुति देवताओं तक ले जाएँ। हे बुद्धिमंत, आप तो सबके दाता हैं। हे पुरोहित, हमें खूब सारे खाद्य पदार्थ दें। हे अग्नि, यज्ञ के द्वारा हमारे लिए प्रचुर धन ला दें। हे अग्नि, जो आपकी प्रार्थना करता है उसके लिए आप सदा के लिए पुष्टिवर्द्धक अद्भुत गाय ला दें। हमें एक पुत्र मिले, जो हमारे वंश को आगे बढ़ाए। इस तरह के छंद एक खास तरह की संस्कृत में रचे गए थे, जिसे वैदिक संस्कृत कहा जाता था। ये स्रोत पुरोहित परिवारों के लोगों को मौखिक रूप में सिखाए जाते थे।

(i) **अग्नि को आहुति क्यों दी जाती थी?**

उत्तर आर्यों को यह विश्वास था कि अग्नि ऐसे एकमात्र देवता हैं, जो उनके द्वारा दी जाने वाली आहुति को देवताओं तक ले जाएँगे। फलतः देवता उन पर प्रसन्न होकर उन्हें विभिन्न प्रकार से सुख-समृद्धि प्रदान करेंगे। इसीलिए अग्नि को आहुति दी जाती थी।

(ii) **वैदिक संस्कृत क्यों महत्त्वपूर्ण थी?**

उत्तर ऋग्वेद में छंद एक विशेष तरह की संस्कृत में रचे गए थे, जिसे 'वैदिक संस्कृत' कहा जाता था। ये स्रोत पुरोहित परिवारों के लोगों को मौखिक रूप से सिखाए जाते थे। वैदिक संस्कृत इसलिए महत्त्वपूर्ण थी, क्योंकि यज्ञों के समय इन स्रोतों का उच्चारण किया जाता था और लोग मवेशी, पुत्र, स्वास्थ्य, लंबी आयु आदि के लिए प्रार्थना करते थे।

(iii) **वैदिक परंपराओं के किन्हीं दो धार्मिक विश्वासों और रिवाजों को स्पष्ट कीजिए।**

उत्तर चिंतन, धार्मिक विश्वास और व्यवहार की कई विचारधाराएँ प्राचीन युग से चली आ रही थीं। पूर्व वैदिक परंपरा, जिसकी जानकारी हमें 1500 से 1000 ईसा पूर्व में संकलित ऋग्वेद से मिलती है। ऋग्वेद अग्नि, इंद्र, सोम आदि कई देवताओं की स्तुति का संग्रह है। वैसी ही एक प्राचीन परंपरा थी 'यज्ञ'। यज्ञों के समय इन स्रोतों का उच्चारण किया जाता था। प्रारंभ में यज्ञ सामूहिक रूप से किए जाते थे, कुछ यज्ञ घरों के मालिकों द्वारा किए जाते थे। इनके अनुष्ठान के लिए उन्हें ब्राह्मण पुरोहितों पर निर्भर रहना पड़ता था।

5. महल के बाहर की दुनिया

जैसे बुद्ध के उपदेशों को उनके शिष्यों ने संकलित किया, वैसे ही महावीर के शिष्यों ने किया। अकसर ये उपदेश कहानियों के रूप में प्रस्तुत किए जाते थे, जो आम लोगों को आकर्षित करते थे। यह उदाहरण उत्तराध्ययन सूत्र नामक एक ग्रंथ से लिया गया है। इसमें कमलावती नामक एक महारानी अपने पति को संन्यास लेने के लिए समझा रही है। अगर संपूर्ण विश्व और वहाँ के सभी खजाने तुम्हारे हो जाएँ तब भी तुम्हें संतोष नहीं होगा, न ही यह सारा कुछ तुम्हें बचा पाएगा।

हे राजन! जब तुम्हारी मृत्यु होगी और जब सारा धन पीछे छूट जाएगा तब सिर्फ धर्म ही और कुछ भी नहीं, तुम्हारी रक्षा करेगा। जैसे एक चिड़िया पिंजरे से नफरत करती है, वैसे ही मैं इस संसार से नफरत करती हूँ। मैं बाल-बच्चे को जन्म देकर निष्काम भाव से, बिना लाभ की कामना से और बिना द्वेष के एक साध्वी की तरह जीवन बिताऊँगी ....

जिन लोगों ने सुख का उपभोग करके उसे त्याग दिया है, वायु की तरह भ्रमण करते हैं, जहाँ मन करे स्वतंत्र उड़ते हुए पक्षियों की तरह जाते हैं .... इस विशाल राज्य का परित्याग करो .... इंद्रिय सुखों से नाता तोड़ो, निष्काम अपरिग्रही बनो, तत्पश्चात् तेजमय हो घोर तपस्या करो.......

(i) **बुद्ध और महावीर के उपदेशों को किसने संकलित किया?**

उत्तर बुद्ध और महावीर के उपदेशों को इनके शिष्यों ने विभिन्न समयांतरालों पर संकलित किया। यह संकलन कहानियों के रूप में किया गया था, जिससे आम लोग आकर्षित हो सकें और आसानी से समझ सकें।

(ii) **महारानी ने अपने पति को संन्यास लेने के लिए किस प्रकार समझाया?**

उत्तर महारानी अपने पति को संन्यास लेने के लिए समझाते हुए कहती है कि यदि समस्त विश्व का खजाना भी आपके पास आ जाए, तो आपको संतुष्टि नहीं मिलेगी और न ही यह धन-संपदा आपको बचा पाएगी। मृत्यु के पश्चात् धर्म ही एक ऐसा तत्त्व है, जो आपको बचा सकता है, इसलिए इस विशाल राज्य का परित्याग कर, इंद्रिय सुखों से नाता तोड़कर निष्काम अपरिग्रही बनें और घोर तपस्या में लीन हो जाएँ।

(iii) **जैन धर्म के किन्हीं तीन सिद्धांतों का वर्णन कीजिए।**

उत्तर जैन धर्म के तीन सिद्धांत निम्नलिखित हैं

(i) **स्यादवाद** इसके अनुसार साधारण व्यक्ति एक बार में एक ही धर्म को जान सकता है। अतः इसके बारे में दिया गया कोई भी निरपेक्ष कथन सत्य नहीं होता है। अतः उसके पहले स्यात् लगा देना चाहिए। अनेकात्मवाद का अर्थ है कि जैन धर्म कई आत्माओं में विश्वास करता है।

(ii) **पंचमहाव्रत**
- अहिंसा
- सत्य
- अस्तेय
- अपरिग्रह
- ब्रह्मचर्य

(iii) **त्रिरत्न** कर्मफल से मुक्ति के लिए त्रिरत्न का अनुशीलन आवश्यक है। जैन धर्म के त्रिरत्न हैं
- **सम्यक् दर्शन** सत् में विश्वास
- **सम्यक् ज्ञान** सद्रूप का शंकाविहीन तथा वास्तविक ज्ञान
- **सम्यक् आचरण** सांसारिक विषयों से उत्पन्न सुख-दुःख के प्रति समभाव। इनमें आचरण पर सर्वाधिक बल दिया गया है।

6. नीचे दिए गए चित्र का अवलोकन करें तथा संबंधित प्रश्नों के उत्तर दें।

(i) **अमरावती की इस मूर्ति में कौन-सा दृश्य दिखाया गया है?**

उत्तर यह मूर्ति अमरावती (आंध्रप्रदेश) की है, जो लगभग 200 ईस्वी की मानी जाती है। इसमें बुद्ध के महल से प्रस्थान का दृश्य दिखाया गया है। मूर्ति में बुद्ध को एक घोड़े पर बैठे हुए दिखाया गया है। उनके चारों ओर कुछ अनुयायी और सेवक दिखायी दे रहे हैं, जो इस यात्रा में उनके साथ हैं। मूर्ति का भाव बुद्ध के जीवन में आए महत्त्वपूर्ण मोड़ को दर्शाता है।

(ii) **इतिहासकार इस चित्र द्वारा गौतम बुद्ध के जीवन के किस पक्ष की समीक्षा कर पाते हैं?**

उत्तर इतिहासकारों ने बुद्ध के जीवन से संबंधित जानकारी चरित्र लेखन से एकत्रित की है। अतः यदि हम बुद्ध के जीवन से संबंधी घटनाओं को नहीं जानते, तो हम मूर्ति को देखकर सही अनुमान नहीं लगा सकते थे कि यह मूर्ति बुद्ध के जीवन संबंधित किस घटना पर प्रकाश डाल रही है। इस मूर्ति को देखने से जानकारी मिलती है कि बुद्ध ने सन्यासी को देखकर सन्यास का मार्ग अपनाने का निश्चय किया और सत्य की तलाश के लिए महल को त्याग दिया है।

मानचित्र आधारित प्रश्न

1. भारत के दिए गए रेखा मानचित्र पर दो प्रमुख बौद्ध स्थल A और B के रूप में अंकित हैं। उन्हें पहचानिए और उनके सही नाम, उनके पास खींची गई रेखाओं पर लिखिए। **CBSE 2017**

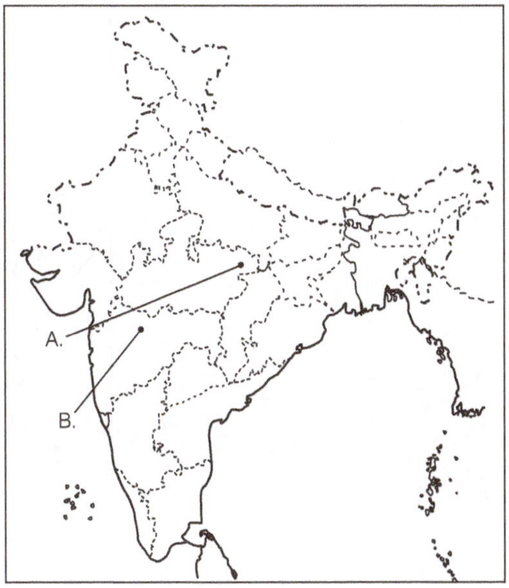

उत्तर

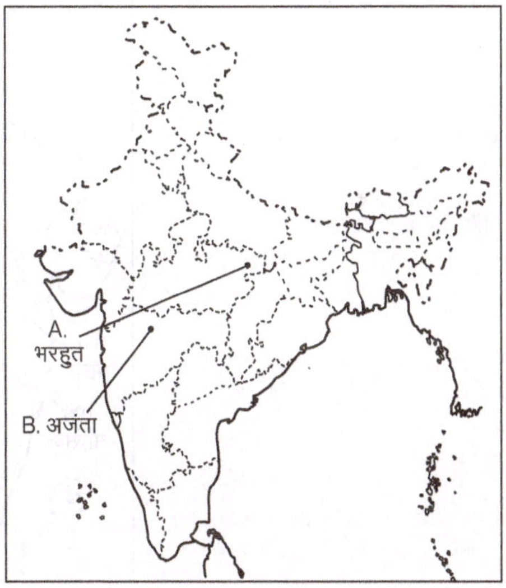

2. भारत के दिए गए राजनीतिक रेखा मानचित्र पर निम्नलिखित को अंकित कीजिए और उनके नाम लिखिए

(i) बोधगया (ii) लुंबिनी
(iii) साँची (iv) नागार्जुनकोंडा
(v) अमरावती (vi) नासिक

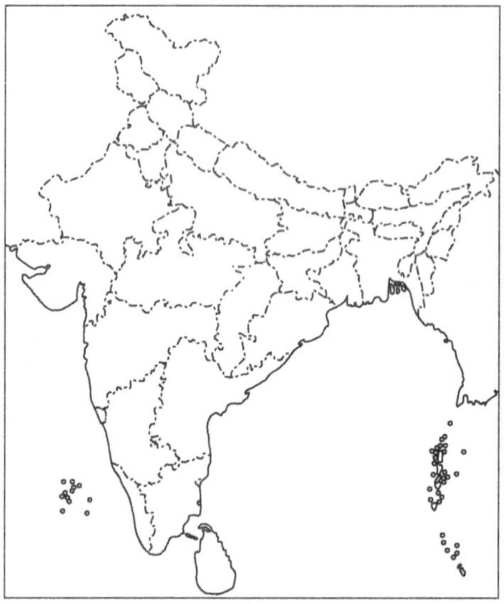

उत्तर

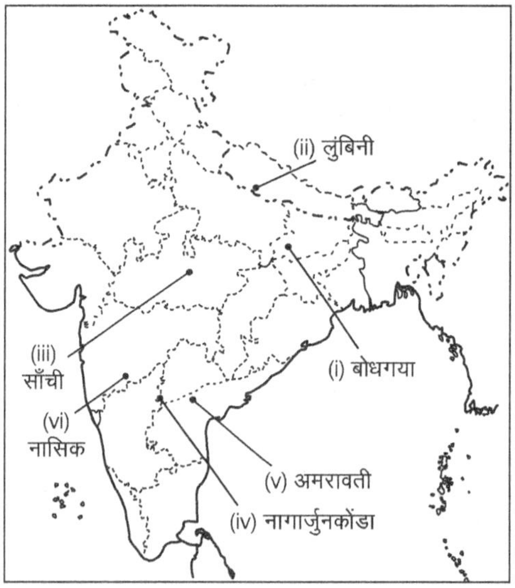

स्वयं को जाँचें

वस्तुनिष्ठ प्रश्न

1. जैन ग्रंथों के अनुसार, जैन धर्म में महावीर स्वामी सहित कितने तीर्थंकर हुए?

(a) 21 (b) 22 (c) 23 (d) 24

2. बौद्ध धर्म में थेरी किन्हें कहा जाता था?

(a) संघ में प्रवेश करने वाली महिलाओं को
(b) धम्म की उपदेशिकाएँ बनी महिलाओं को
(c) निर्वाण प्राप्त कर चुकी महिलाओं को
(d) संघ में शिक्षा देने वाली महिलाओं को

3. साँची स्तूप में कई जानवरों, हाथी, घोड़े, बंदर, गाय, बैल तथा साँप आदि की मूर्तियाँ उत्कीर्णित हैं। इन जानवरों का किसके गुणों के प्रतीक के रूप में वर्णन किया गया है?

(a) बुद्ध के (b) बुद्ध के शिष्यों के
(c) संघ की महिलाओं के (d) मनुष्य के

4. **कथन** (A) छठी शताब्दी ईसा पूर्व को अकसर प्रारंभिक भारतीय इतिहास में एक प्रमुख मोड़ के रूप में माना जाता है।

कारण (R) लोहे का बढ़ता उपयोग, सिक्के का विकास, बौद्ध धर्म और जैन धर्म के विकास सहित विचार की विविध प्रणालियों का विकास।

कूट

(a) A और R दोनों सही हैं तथा R, A की सही व्याख्या है
(b) A और R दोनों सही हैं, परंतु R, A की सही व्याख्या नहीं है
(c) A सही है, किंतु R गलत है
(d) A गलत है, किंतु R सही है

5. निम्न में से किस स्थान पर 'शाह जी की ढेरी स्तूप' स्थित है?

(a) लाहौर (b) पेशावर (c) सिंध (d) पंजाब

6. निम्न में से किस घटना ने बुद्ध की बाहरी दुनिया में पहली यात्रा को दर्दनाक बना दिया?

(a) उसने युवा लड़के को भगवान से प्रार्थना करते हुए देखा
(b) उसने शिलालेख पर एक दिव्य संदेश देखा
(c) उसने एक बीमार आदमी और लाश को देखा
(d) उसने एक संत को मध्यस्थता करते हुए देखा

7. निम्न में से कौन-सी बुद्ध की शिक्षाएँ हैं?

1. संसार क्षणभंगुर है और निरंतर बदलता रहता है।
2. संसार निष्प्राण है, क्योंकि कुछ भी शाश्वत नहीं है।
3. दुःख मानव अस्तित्व के लिए आंतरिक नहीं है।
4. मृत्यु अवश्यंभावी है।

कूट

(a) 1, 2 और 3
(b) 2, 3 और 4
(c) 1, 3 और 4
(d) 1, 2 और 4

अतिलघु उत्तरीय प्रश्न

8. ईसा पूर्व 600 से ईसा संवत् 600 तक के काल के श्रेष्ठ विचारकों के नाम लिखिए।

9. वैदिक संस्कृति के विषय में आप क्या जानते हैं?

10. 'ताज-उल-इकबाल तारीख भोपाल' के विषय में आप क्या जानते हैं?

11. 'साँची के स्तूप' के संरक्षण में क्या कठिनाइयाँ थीं?

12. 'भारतीय पुरातात्विक सर्वेक्षण' क्या है?

13. थेरीगाथा क्या है?

14. हीनयान किसे कहा गया?

15. मक्खलि गोसाल का संबंध किस सम्प्रदाय से था?

लघु उत्तरीय प्रश्न

16. बौद्ध धर्म और जैन धर्म में क्या-क्या समानताएँ और विषमताएँ हैं?

17. महायान बौद्ध काल का विकास किस प्रकार हुआ? संक्षेप में उत्तर दीजिए।

18. महावीर के संदेशों का संक्षेप में वर्णन कीजिए।

19. साँची का स्तूप भारतीय इतिहास में क्यों महत्त्वपूर्ण है?

20. किन्ही पाँच बौद्ध स्थलों का उल्लेख कीजिए?

दीर्घ उत्तरीय प्रश्न

21. बीसवीं-इक्कीसवीं शताब्दी में अहिंसा की प्रासंगिकता पर निबंध लिखिए

22. "वैदिक कर्मकांडों की बढ़ती प्रवृत्ति ने जैन एवं बौद्ध धर्म के उदय का मार्ग प्रशस्त किया।" व्याख्या कीजिए

23. बुद्ध के अनुयायियों ने किस प्रकार कालांतर में मूर्तिपूजा को बढ़ावा दिया? विस्तार से समझाइए।

24. भारतीय मंदिर निर्माण शैली की विस्तृत व्याख्या कीजिए

05

अध्याय

यात्रियों के नजरिए (समाज के बारे में उनकी समझ)

इस अध्याय, में अतीत में भारत आए विभिन्न विदेशी यात्रियों का वर्णन किया गया है। अल-बरूनी, इब्न-बतूता और फ्रांस्वा बर्नियर ने भारत के विजय में अपनी पुस्तकें लिखीं, जो भारतीय इतिहास का पुनर्निर्माण करने में हमारी मदद करती हैं।

▼ अध्ययन एक नजर में

▼ अभ्यास के लिए

- बहुविकल्पीय प्रश्न 35, चित्र आधारित, कथन/कारण, सुमेलित कीजिए
- वर्णनात्मक प्रकार के प्रश्न (लघु उत्तरीय प्रश्न 17, दीर्घ उत्तरीय प्रश्न 7)
- स्रोत आधारित प्रश्न 12, मानचित्र आधारित प्रश्न 2

- महिलाओं और पुरुषों दोनों ने कार्य की तलाश में 'प्राकृतिक आपदाओं से बचाव के लिए व्यापारियों, सैनिकों और तीर्थयात्रियों आदि के रूप में यात्राएँ की'।
- इन यात्रियों ने जिन स्थानों की यात्राएँ कीं, वहाँ के भू-दृश्य या भौतिक वातावरण, रीति-रिवाज, विश्वास और भाषा आदि में भिन्नताएँ मिलीं हैं।
- इस अध्याय में तीन महत्त्वपूर्ण व्यक्तियों के यात्रा-वृत्तांत पर चर्चा की गई है
  - अल-बरूनी (11वीं सदी)
  - इब्न-बतूता (14वीं शताब्दी)
  - फ्रांस्वा बर्नियर (17वीं शताब्दी)
- इन लेखकों ने दैनिक गतिविधियों पर ध्यान केंद्रित किया, जबकि स्थानीय लेखक इन गतिविधियों को नियमित कार्य मानते थे, वे उन्हें वृत्तांतों में दर्ज करने योग्य नहीं मानते थे।

5.1 अल-बरूनी

ख्वारिज्म से पंजाब तक

अल-बरूनी का जन्म 973 ई. में आधुनिक उज्बेकिस्तान के ख्वारिज्म में हुआ था। ख्वारिज्म शिक्षा का एक महत्त्वपूर्ण केंद्र था।

- अल-बरूनी फारसी, अरबी, हिब्रू , संस्कृत तथा सीरियाई आदि कई भाषाओं का ज्ञाता था।

- अल-बरूनी को यूनानी भाषा की ज्ञान नहीं था। परंतु उसने प्लेटों और अन्य यूनानी दार्शनिकों की कृतियों का अरबी अनवाद पढ़ा ।
- उसने अनेक संस्कृत रचनाओं, जिसमें पतंजलि का व्याकरण पर ग्रंथ भी शामिल है, का अरबी में अनुवाद किया। उसने अपने ब्राह्मण मित्रों के लिए यूक्लिड (एक यूनानी गणितज्ञ) के कार्यों का संस्कृत में अनुवाद किया।
- 1017 ई. में महमूद गजनवी **ख्वारिज्म विजय** के पश्चात् अल-बरूनी को अन्य विद्वानों के साथ युद्ध बंधक के रूप में गजनी ले आया।

अल-बरूनी द्वारा वर्णित उसके कार्य के उद्देश्य

- गजनी में ही अल-बरूनी की भारत के प्रति रुचि विकसित हुई, क्योंकि आठवीं शताब्दी से ही संस्कृत में रचित खगोल-विज्ञान, गणित और चिकित्सा संबंधी कार्यों का अरबी भाषा में अनुवाद होने लगा था।
- पंजाब के गजनवी साम्राज्य का हिस्सा बन जाने के बाद स्थानीय लोगों से हुए संपर्कों ने आपसी विश्वास और समझ का वातावरण बनाने में मदद की।
- अल-बरूनी ने ब्राह्मण पुरोहितों तथा विद्वानों के साथ कई वर्ष बिताए और संस्कृत, धर्म तथा दर्शन का ज्ञान प्राप्त किया। उसने पंजाब और उत्तर भारत के कई हिस्सों की यात्रा की थी।
- उसके लिखने के समय यात्रा वृत्तांत अरबी साहित्य का एक मान्य हिस्सा बन गया था। यह वृत्तांत पश्चिम में सहारा रेगिस्तान से लेकर उत्तर में वोल्गा नदी तक फैले क्षेत्रों से संबंधित था।
- अल-बरूनी का उद्देश्य उन लोगों सहायता करना था, जो हिंदुओं से धार्मिक प्रश्नों पर चर्चा करना चाहते थे।
- अल-बरूनी उनसे जुड़ना चाहते थे, जिनके पास धार्मिक जानकारी का भंडार होता था।

अल-बरूनी और किताब-उल-हिंद

- अल-बरूनी और किताब-उल-हिंद की रचना **अल-बिरूनी** द्वारा **अरबी भाषा** में की गई थी। इस किताब की भाषा बहुत सरल थी। इस किताब को अस्सी अध्यायों में विभाजित किया गया है, जिसमें धर्म, दर्शन, त्योहार, खगोल विज्ञान, कीमिया, शिष्टाचार रीति-रिवाज व प्रथाएँ, सामाजिक जीवन, भार-तौल तथा मापन विधियाँ, मूर्तिकला, कानून, मापतंत्र विज्ञान आदि विषयों से संबंधित रचनाएँ हैं। किताब-उल-हिंद पुस्तक की लेखन शैली इस प्रकार है
  - इसके आरंभ में एक प्रश्न होता था, उसके बाद संस्कृतवादी परंपराओं पर आधारित वर्णनात्मक लेख।
  - अंत में अन्य संस्कृतियों के साथ तुलनात्मक निष्कर्ष होता था।
  - अल-बरूनी ने लेखन में अरबी भाषा का प्रयोग किया था।
- विद्वानों का तर्क है कि अल-बरूनी का गणित से अत्यधिक लगाव था। इसी कारण उसकी पुस्तक, जो लगभग **ज्यामितीय संरचना** (Geometric Structure) है, बहुत ही स्पष्ट बनी हुई है। संभवत: अल-बरूनी ने अपनी कृतियाँ उपमहाद्वीपीय समीपवर्ती क्षेत्रों के निवासियों के लिए लिखी थीं। उसे संस्कृत, पालि व प्राकृत ग्रंथों के अरबी भाषा में अनुवादों तथा रूपांतरणों की जानकारी थी;
- ये ग्रंथ दंत कथाओं (काल्पनिक कहानियों) खगोलविज्ञान, चिकित्सा जैसे विभिन्न विषयों के संदर्भ में थे। वह इसमें सुधार करना चाहता था, क्योंकि वह इन ग्रंथों को पहले लिखे जाने के तरीके से संतुष्ट नहीं था।

अल-बरूनी और संस्कृतवादी परंपरा

- अल-बरूनी ने स्थानीय प्रथाओं में आने वाली समस्याओं को समझने के लिए चर्चा की, जो इस प्रकार है
  - संस्कृत सीखना कठिन था, क्योंकि इसमें शब्दों की एक विस्तृत श्रृंखला और स्वरूप था। यह भाषा अरबी और फारसी से अलग थी।
  - विचारों और अवधारणाओं का आसानी से एक भाषा से दूसरी भाषा में अनुवाद नहीं किया जा सकता था।
  - धार्मिक विश्वासों और प्रथाओं में मतभेद थे।
  - उसके अनुसार स्थानीय आबादी की संकीर्ण मानसिकता भी एक समस्या थी।
- उपरोक्त समस्याओं के बाद भी, अल-बरूनी पूर्ण रूप से से ब्राह्मणों के कार्यों पर निर्भर था। भारतीय समाज को समझने के लिए वह सामान्यत: वेदों, पुरानों, भगवद्गीता, पतंजलि की रचनाओं व मनुस्मृति आदि का अध्ययन करता था।

अल-बरूनी द्वारा जाति व्यवस्था का वर्णन

- अल-बरूनी ने सल्तनतकालीन भारतीय समाज का चरित्र-चित्रण किया, जिसमें इन्होंने जाति संबंधी विवरण को प्रमुखता दी।
- अल-बरूनी ने जाति व्यवस्था की व्याख्या करते हुए लिखा है कि "प्राचीनकाल में 4 सामाजिक वर्गों को मान्यता प्राप्त थी
  (i) घुड़सवार और शासक वर्ग, (ii) भिक्षु आनुष्ठानिक पुरोहित
  (iii) चिकित्सक, खगोलशास्त्री और अन्य वैज्ञानिक, (iv) कृषक तथा शिल्पकार।"

- **यात्रा** वृत्तांत (Travel Literature) किसी व्यक्ति द्वारा अपनी यात्रा के दौरान घटित घटनाओं व स्थितियों का विवरण।
- अन्य देशों से जाति व्यवस्था की तुलना द्वारा वह यह बताना चाहता है कि जाति व्यवस्था केवल भारत में ही विद्यमान नहीं थी।
- उसके अनुसार, इस्लाम में सभी लोगों को समान माना जाता था और उनमें भिन्नताएँ केवल धार्मिकता के पालन में थीं।
- उसका विवरण संस्कृत ग्रंथों के अध्ययन से प्रभावित था। इन ग्रंथों ने ब्राह्मणों के दृष्टिकोण से व्यवस्था को नियंत्रित करने वाले नियम निर्धारित किए। हालाँकि वास्तविक जीवन में जाति व्यवस्था के यह नियम इतने कठोर नहीं थे।
- अलबरूनी ने जाति व्यवस्था के संदर्भ में ब्राह्मणवादी अपवित्रता संबंधी मान्यता को स्वीकार नहीं किया।

सामाजिक अवरोध पर अल-बरूनी के विचार

- अल-बरूनी ने सामाजिक प्रदूषण के विचार को अस्वीकार किया।
- अल-बरूनी ने बताया कि प्रत्येक अशुद्ध चीज अपनी मूल पवित्रता की स्थिति में वापस आने की कोशिश करती है।
- अल-बरूनी के लिए जाति व्यवस्था में सामाजिक प्रदूषण की अवधारणा प्राकृतिक नियमों से मेल नहीं खाती।

वर्ण व्यवस्था पर अल-बरूनी के विचार

- वर्ण व्यवस्था में सबसे ऊँची जाति ब्राह्मणों की है। इनके संदर्भ में हिंदू धर्म ग्रंथ में उल्लेख है कि यह ब्रह्मा के सिर से उत्पन्न हुए थे।
- ब्रह्मा, प्रकृति नामक शक्ति का स्वरूप हैं और उनका सर शरीर का सबसे उच्च भाग है, इसलिए ब्राह्मण को हिंदू वर्ण व्यवस्था में सर्वोच्च स्थान प्राप्त है।
- वर्ण व्यवस्था में द्वितीय क्रम पर स्थित क्षत्रियों का सृजन ब्रह्मा के कंधों और हाथों से हुआ है। अत: उनका दर्जा ब्राह्मणों से अधिक निम्न नहीं है।
- इसके बाद वैश्य आते हैं, इनका उद्‌भव ब्रह्म की जंघाओं से हुआ था।
- अंतत: शूद्रों का उद्‌भव ब्रह्म के चरणों से हुआ था।
- अल-बरूनी के अनुसार, वर्ण व्यवस्था में तृतीय और चतुर्थ क्रम पर स्थित वैश्य और शूद्रों के बीच अधिक अंतर नहीं है।
- इन वर्गों के मध्य भिन्नता होने पर भी ये एकसाथ एक ही शहरों और गाँवों में समान घरों और आवासों में मिल-जुलकर रहते हैं।

चेक प्वॉइंट 1

1. अल-बरूनी किस स्थान से भारत आया था?
2. अल-बरूनी किन भाषाओं में पारंगत था?
3. किताब-उल-हिंद में कौन-से विषय शामिल थे?
4. अल-बरूनी के अनुसार, प्राचीन फारस में जाति व्यवस्था की चार सामाजिक श्रेणियाँ क्या थीं?
5. हिंदुओं में श्रेष्ठ कौन माने जाते थे?

5.2 इब्न-बतूता

- इब्न-बतूता मोरक्को का निवासी था, जिसका जन्म **तैंजियर** के सबसे सम्मानित व शिक्षित परिवार में हुआ था। यह परिवार इस्लामी कानून अथवा शरिया पर अपनी विशेषज्ञता के लिए प्रसिद्ध था।
- उसने छोटी उम्र में ही साहित्यिक और शास्त्ररूढ़ शिक्षा प्राप्त की।
- इब्न-बतूता का यात्रा-वृत्तांत **रेहला** अरबी भाषा में लिखा गया है, जिसमें 14वीं शताब्दी में भारतीय उपमहाद्वीप के सामाजिक व सांस्कृतिक जीवन के विषय में महत्त्वपूर्ण जानकारी मिलती है।
- इब्न-बतूता ने 1332-33 ई. में भारत आगमन से पूर्व मक्का, सीरिया, इराक, फारस, यमन, ओमान तथा पूर्वी अफ्रीका के कई तटीय शहरों की यात्राएँ कीं।
- इब्न-बतूता के लिए, यात्राओं से प्राप्त अनुभव, पुस्तकों की तुलना में ज्ञान का अधिक महत्त्वपूर्ण स्रोत था।
- इब्न-बतूता एक नियमित यात्री था। उसे विश्व भ्रमण करने वाला कहा जाता था।
- इब्न-ब्तूता ने अपने जीवन के अनके वर्ष उत्तरी अफ्रीका, पश्चिम एशिया और मध्य एशिया के कुछ हिस्सों, भारतीय उपमहाद्वीप और चीन की यात्रा में बिताए।
- वह अपने घर को छोड़ने के लगभग 30 वर्ष पश्चात्, 1354ई. में वापस लौटा।

इब्न–बतूता की भारत यात्रा

- 1333 ई. में इब्न–बतूता स्थल मार्ग से मध्य एशिया होते हुए सिंध पहुँचा, फिर वहाँ से मुल्तान व कच्छ होते हुए दिल्ली पहुँचा। वह मोहम्मद-बिन-तुगलक की ख्याति से आकर्षित होकर कला एवं साहित्य के संरक्षक के रूप में उसके दरबार में पहुँचा।
- सुल्तान ने उसकी विद्वता से प्रभावित होकर उसे दिल्ली का काजी या न्यायाधीश नियुक्त किया। कई वर्षों तक इस पद पर रहने के पश्चात् सुल्तान से मतभेद होने के कारण उसे कैद कर लिया गया। तत्पश्चात् मतभेद दूर होने से पुन: राजकीय सेवा में उसी पद पर आसीन हुआ।

इब्न–बतूता की चीन यात्रा

- 1342 ई. में सुल्तान ने इब्न–बतूता को दूत के रूप में मंगोल शासक के पास चीन भेज दिया।
- इब्न–बतूता ने भारत में दिल्ली सल्तनत के काजी पद पर रहते हुए अनेक देशों की यात्राएँ कीं, जिनमें कुछ निम्नलिखित हैं
  - सर्वप्रथम वह मध्य भारत के रास्ते मालाबार होते हुए मालदीव पहुँचा, जहाँ वह 18 महीनों तक काजी के पद पर रहा और फिर वह श्रीलंका गया।
  - उसने चीन जाने से पूर्व एक बार पुन: मालाबार और मालद्वीप व असम तथा बंगाल की यात्राएँ कीं।
  - उसने सुमात्रा के रास्ते चीनी बंदरगाह जायतुन (वर्तमान क्वानझू) के साथ-साथ बीजिंग तक यात्रा की, परंतु चीन में लंबे समय तक नहीं रहा और 1347 ई. में घर लौटने का फैसला किया।
- इब्न–बतूता के चीनी–वृत्तांत की तुलना मार्को पोलो से की जाती है, जिसने 13वीं सदी में वेनिस से चीन (भारत की भी) की यात्रा की थी। उसके बाद मोरक्को आने पर वहाँ के स्थानीय शासक ने उसकी कहानियों को लिपिबद्ध करने का निर्देश दिया।

▲ नाँव में यात्री, बंगाल के एक मंदिर की मृण मूर्तिकला (लगभग 17-18वीं शताब्दी)

इब्न–बतूता की यात्रा का विश्लेषण

- इब्न–बतूता ने नई संस्कृतियों, लोगों, विश्वासों, मूल्यों आदि के बारे में अपने अवलोकन दर्ज किए।
- 14वीं शताब्दी में यात्रा करना वर्तमान समय की तुलना में अत्यधिक कठिन और खतरनाक था।
- इब्न–बतूता पर यात्रा के दौरान कई बार लुटेरों के समूह ने हमला किया, इसलिए वह कारवाँ में साथियों के साथ यात्रा करना पसंद करता था, किंतु राजमार्ग लुटेरों ने इस कारवाँ पर भी हमला किया।
- इब्न–बतूता के अनुसार, मुल्तान से दिल्ली तक यात्रा करने में 40 दिन, सिंध से दिल्ली तक यात्रा में लगभग 50 दिन, दौलताबाद से दिल्ली तक लगभग 40 दिन और ग्वालियर से दिल्ली तक लगभग 10 दिन लगे थे।
- रेहला पुस्तक में इब्न–बतूता चर्चा करता है कि डकैती के अतिरिक्त यात्रियों को बीमार पड़ने की समस्या का भी सामना करना पड़ता था। उस समय वे अपने घर को बहुत याद करते थे।

इब्न–बतूता और अपरिचित उत्साह

- इब्न–बूतूता 14वीं शताब्दी में दिल्ली पहुँचा। उस समय यह उपमहाद्वीप (पूर्व में चीन से लेकर पश्चिम में उत्तर-पश्चिमी अफ्रीका और यूरोप तक) वैश्विक संचार के नेटवर्क का भाग था।
- उन्होंने पवित्र तीर्थ स्थलों का भ्रमण किया तथा विद्वानों और शासकों के साथ समय व्यतीत किया।
- इस पुस्तक के अनुसार, उन्होंने जीवंत संस्कृति का आनंद लिया, जिसमें विभिन्न भाषाओं को बोलने वाले लोगों को स्वीकार किया गया और अपने विचार, जानकारी तथा वास्तविक जीवन की कहानियाँ साझा कीं।

नारियल और पान

- इब्न-बतूता ने बताया है कि नारियल के वृक्ष हू-बहू खजूर के वृक्ष जैसे दिखते हैं इनमें कोई अंतर नहीं, सिवाय एक अपवाद के, एक से काष्ठफल प्राप्त होता है और दूसरे से खजूर।
- नारियल के रेशे से रस्सी बनाते थे, जिसका उपयोग जहाजों को सिलने में लोहे की कीलों के स्थान पर किया जाता था। जहाजों के लिए कंबल भी इन्हीं रेशों के प्रयोग से बनाए जाते थे।
- इब्न-बतूता ने पान का वर्णन करते हुए लिखा है कि पान एक ऐसा पेड़ है, जिस पर कोई फल नहीं होता, इसे केवल पत्तियों के लिए उगाया जाता है।

इब्न-बतूता और भारतीय शहर

- इब्न-बतूता के अनुसार, भारतीय शहरों में अच्छे, साधन तथा कौशल से संपन्न लोगों के लिए भरपूर अवसर थे।
- ये शहर समृद्ध और घनी आबादी वाले थे, जो युद्धों और आक्रमण के दौरान नष्ट हो गए।
- अधिकतर शहरों में भीड़भाड़ वाली सड़कें और विभिन्न प्रकार के सामानों से भरे चमकीले और रंगीन बाजार थे।

दिल्ली के बारे में इब्न-बतूता के विचार

▲ तुगलकाबाद (दिल्ली) का एक मेहराब

- इब्न-बतूता के अनुसार, दिल्ली विशाल आबादी वाला भारत का सबसे बड़ा शहर था।
- दिल्ली के चारों ओर एक रक्षात्मक दीवार थी, जिसकी चौड़ाई 11 हाथ थी।
- इसके अंदर ही रात्रि पहरेदारों और द्वारपालों के कक्ष थे। खान-पान की चीजें, पत्रिकाएँ, गोला बारूद, प्रक्षेपास्त्र और घेराबंदी हेतु आवश्यक मशीने रखने के लिए भंडारगृह बने थे। भंडारित अनाज बिना सड़े लंबे समय तक चल सकता था।
- दीवार में चौड़ी खिड़कियाँ थीं, जिनसे प्रकाश अंदर आता था। रक्षात्मक दीवार का निचला हिस्सा पत्थर से और ऊपरी हिस्सा ईटों से बना था। इसमें एक-दूसरे के करीब कई मीनारें भी थीं।
- इस शहर के 28 द्वार हैं, जिन्हें दरवाजा कहा जाता है। इनमें से बदायूँ दरवाजा सर्वाधिक विशाल है।
- मांडवी दरवाजे के भीतर एक अनाज मंडी है और गुल दरबाजे के समीप में फलों का एक बगीचा है।
- दिल्ली शहर में एक बेहतरीन कब्रागाह है, जिसमें बनी कब्रों पर गुंबद बनाया गया है और जिन कब्रों पर गुंबद नहीं है, उन पर मेहराबें बनाई गई हैं।

इब्न-बतूता का दौलताबाद के संबंध में विचार

- महाराष्ट्र में दौलाताबाद, दिल्ली के बराबर आकार का एक शहर था। दौलताबाद में पुरुष और महिला गायकों के लिए एक 'ताराबाद' नामक बाजार था। यह सबसे सुंदर और विशाल बाजारों में से एक था।
- यहाँ दुकानों की अधिकता है, प्रत्येक दुकान का एक दरवाजा मालिक के घर में खुलता है। दुकानों को कालीन से सजाया गया है। दुकान के मध्य भाग में एक झूला है, जिस पर गायिका (महिला) बैठती थी।
- बाजार के मध्य भाग में एक विशाल गुंबद है, जिस पर कालीन बिछाकर सजावट की गई है। प्रत्येक गुरुवार को सुबह की प्रार्थना के पश्चात् प्रमुख संगीतकार और उनके सेवक वहाँ एकत्रित होते थे।
- बाजारों में मस्जिदें थीं, जहाँ नमाज अदा की जाती थी।
- जब भी कोई शासक (हिंदू/मुस्लिम) गुंबदाकार इमारत पर पहुँचता था और बाजार से गुजरता था, तो महिला गायक उनके सामने गाती थीं।

अर्थव्यवस्था, कृषि और व्यापार के बारे में इब्न-बतूता के विचार

- बाजार आर्थिक विनिमय के साथ-साथ सामाजिक-आर्थिक गतिविधियों के भी केंद्र थे।
- अधिकतर बाजारों में एक मस्जिद व एक मंदिर होता था। कुछ बाजारों में नर्तकों, संगीतकारों और गायकों के सार्वजनिक प्रदर्शन के लिए स्थान चिह्नित किए गए थे।
- इतिहासकारों ने इब्न-बतूता के वृत्तांतों का उपयोग किया और शहरों की संवृद्धि के बारे में बातया कि शहर अपनी संपत्ति का एक बड़ा भाग गाँवों से अधिशेष के अधिग्रहण से प्राप्त करते थे।

- इब्न-बतूता ने भारतीय कृषि को मिट्टी की उर्वरता के कारण बहुत उत्पादक बताया, जिससे किसान एक साल में दो फसलें उगाने के लिए सक्षम हैं।
- उपमहाद्वीप व्यापार और वाणिज्य के अंतर-एशियाई नेटवर्क के साथ अच्छी तरह संलग्न और एकीकृत था।
- भारतीय माल की मध्य तथा दक्षिण-पूर्व एशिया, दोनों में अत्यधिक माँग थी, जिससे शिल्पकारों तथा व्यापारियों का बहुत लाभ होता था।
- भारतीय कपड़ों, विशेषकर सूती कपड़ा, महीन मलमल, रेशम, साटन आदि के कपड़े प्रसिद्ध थे, जिससे व्यापार में इनकी अत्यधिक माँग थी। व्यापारियों को प्रोत्साहित करने के लिए सभी व्यापारिक मार्गों पर सराय व विश्राम गृह बनाए गए थे।
- अच्छे मलमल की कुछ किस्में इतनी महँगी थीं कि केवल कुलीन और अमीर लोग ही इसे खरीद सकते थे।

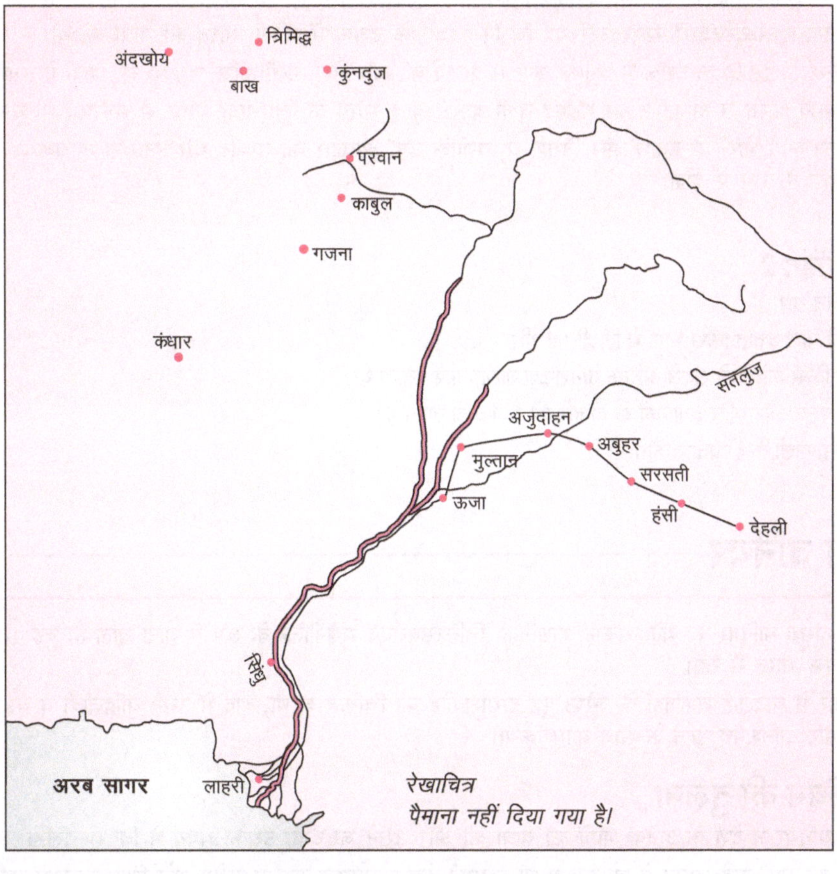

भारतीय डाक प्रणाली के बारे में इब्न-बतूता का विवरण

- इब्न-बतूता भारत की कुशल डाक व्यवस्था से आश्चर्यचकित था। डाक व्यवस्था ने व्यापारियों को लंबी दूरी तक सूचना भेजने, ऋण हस्तान्तरित करने और अल्प सूचना पर माल वितरित करने में सक्षम बनाया।
- इब्न-बतूता ने लिखा है कि "सल्तनतकालीन डाक प्रणाली इतनी सटीक व कुशल थी कि सिंध से दिल्ली यात्रा में पचास दिन, जबकि गुप्तचरों की खबरें सुल्तान तक पहुँचाने में केवल पाँच दिन ही लगते थे।
- भारतीय डाक प्रणाली दो प्रकार की थी- **उलुक**[1] और **दावा**[2]।
- प्रत्येक तीसरे मील पर, एक अच्छी आबादी वाला गाँव था, जहाँ कूरियर ले जाने के लिए आदमी उपलब्ध थे।
- जब कोई कूरियर शहर से चलता है, तो प्रत्येक व्यक्ति एक हाथ में पत्र और दूसरे हाथ में ताँबे की घंटियों वाली छड़ी रखता है और जितनी तेजी से हो सके दौड़ता है

---

1 उलुक अश्व डाक व्यवस्था जिसे उलुक कहा जाता था, हर चार मील की दूरी पर स्थापित राजकीय छोड़ा द्वारा चलित होती थी।

2 दावा पैदल डाक व्यवस्था के प्रति मील टीन अवस्थान होते थे, जिसे दावा कहा जाता है।

- अगले 'दावा' में जब दूसरे आदमी इस घण्टी को सुनते हैं, तो वह तैयार हो जाते हैं और जैसे ही कूरियर उसके पास पहुँचता है, वह उसे ले लेता है और अगले 'दावा' को हस्तान्तरित कर देता है। यह अपने गंतव्य तक पहुँचने तक जारी रहता है।
- यह दावा-डाक (पैदल-डाक) अश्व-डाक से अधिक तीव्र होती है और इसका प्रयोग सामान्यत: खुरासन के फलों के परिवहन के लिए होता है, जिन्हें भारत में बहुत पसंद किया जाता है।

इब्न-बतूता के अनुयायी

- 1400 से 1800 ई. के मध्य अनेक यात्री भारत से मध्य एशिया ईरान तथा ऑटोमन साम्राज्य की यात्रा पर आए, उन्होंने अल-बरूनी तथा इब्न-बतूता के पदचिह्नों (Footsteps) का अनुसरण करते हुए अपनी यात्रा का विवरण फारसी भाषा में लिखा।
- सबसे प्रसिद्ध लेखक **अब्दुर्रज्जाक समरकंदी** था, जिसने 1440 के दशक में दक्षिण भारत की यात्रा की थी।
- महमूद वली बल्खी ने 1620 के दशक में व्यापक रूप से यात्राएँ कीं और शेख अली हाजिन 1740 के दशक में उत्तर भारत आए थे।
- उनमें से कुछ यात्री भारत से आकर्षित थे। महमूद वली बल्खी कुछ समय के लिए एक प्रकार से संन्यासी भी बन गए थे।
- हाजिन जैसे अन्य लोग भारत से हताश और निराश थे, क्योंकि उन्हें व्यवहार की उम्मीद थी। उनमें से अधिकतर ने भारत को आश्चर्यों की भूमि के रूप में देखा।

चेक प्वॉइंट 2

1. इब्न-बतूता कौन था?
2. इब्न-बतूता की यात्रा वृत्तांत किस भाषा में लिखी गई थी?
3. इब्न-बतूता ने किस शहर को सबसे अधिक जनसंख्या वाला शहर बताया था?
4. दौलताबाद में पुरुष और महिला गायकों के बाजार को क्या कहा जाता है?
5. भारतीय डाक प्रणाली के दो प्रकार कौन-से थे?

5.3 फ्रांस्वा बर्नियर

- फ्रांसीसी यात्री फ्रांस्वा बार्नियर को इतिहासकार, दार्शनिक, चिकित्सक एवं राजनीतिज्ञ के रूप में जाना जाता है। वह 1656 से 1668 ई. (बारह वर्षों) तक भारत में रहा।
- वह मुगल दरबार में बादशाह शाहजहाँ के ज्येष्ठ पुत्र दाराशिकोह का चिकित्सक था, बाद में उसने बुद्धिजीवी व वैज्ञानिक के रूप में, आर्मीनियाई अमीर दानिशमंद खान के साथ काम किया।

पूर्व और पश्चिम की तुलना

▲ बर्नियर यूरोपियन वस्त्र में

- बर्नियर ने देश के अनेक भागों की यात्रा की और उसने जो देखा उसके विषय में विवरण लिखे।
- वह सामान्यत: भारत में जो देखता था, उसकी तुलना सामान्य रूप से यूरोप और विशेष रूप में फ्रांस की स्थिति से करता था।
- उसने अपनी प्रमुख कृति फ्रांस के शासक लुई XIV को समर्पित की थी। बर्नियर के अनेक कार्य प्रभावशाली अधिकारियों और मंत्रियों को पत्रों के रूप में लिखे गए थे।
- लगभग प्रत्येक दृष्टांत में बर्नियर ने भारत की स्थिति को यूरोप में हुए विकास की तुलना में दयनीय बताया।
- बर्नियर नीति-निर्माताओं और बुद्धिजीवियों को सही निर्णय लेने के लिए प्रभावित करना चाहता था।
- बर्नियर की कृति ट्रैवल्स इन द मुगल एंपायर विस्तृत अध्ययन व आलोचनात्मक दृष्किोण के लिए जानी जाती है। उसने अपने वृत्तांत में मुगलकाल के इतिहास को वैश्विक रूप में दिखाया है।

बर्नियर के वृत्तांत का प्रकाशन

- 1670-71 ई. में बर्नियर के वृत्तांतों का फ्रांस में प्रकाशन हुआ। उसके वृत्तांतों का अगले पाँच वर्षों के अंदर ही अंग्रेजी, इतालवी, जर्मन एवं डच भाषाओं में अनुवाद किया गया।
- उसका वृत्तांत 1670 से 1725 ई. के मध्य आठ बार फ्रेंच में पुनर्मुद्रित (Rprint) हो चुका था।

- 1684 ई. तक यह तीन बार अंग्रेजी में पुन: मुद्रित हुआ था।
- यह अरबी और फारसी वृत्तांतों, जिनका प्रसार हस्तलिपियों के रूप में होता था और जो 1800 से पहले सामान्यत: प्रकाशित नहीं होते थे, के बिल्कुल विपरीत था।

बर्नियर की 'ट्रैवल्स इन द मुगल एंपायर'

- बर्नियर की पुस्तक "**ट्रैवल्स इन द मुगल एंपायर**" में मुगल समाज का विस्तृत अवलोकन, आलोचनात्मक अंतर्दृष्टि और प्रतिबिंब है।
- उन्होंने मुगल भारत की तुलना समकालीन यूरोप से की और यूरोप की श्रेष्ठता पर बल दिया।

भू-स्वामित्व का प्रश्न

- बर्नियर के अनुसार, (भूमि का स्वामित्व के संदर्भ में) मुगल भारत और यूरोप के मध्य एक बड़ा अंतर था।
- यहाँ निजी भू-स्वामित्व (Land Ownership) का अभाव था। उसका मानना था कि राज्य और उसके नागरिक दोनों के लिए निजी संपत्ति होना अच्छा है।
- उसका मानना था कि मुगल साम्राज्य में संपूर्ण भूमि का स्वामी बादशाह था, जो इन भूमियों को राजस्व उगाही के लिए अपने अमीरों में वितरित करता था, इस पद्धति का अर्थव्यवस्था और समाज पर प्रभाव पड़ा।
- ये दृष्टांत सोलहवीं और सत्रहवीं शताब्दी के अन्य यात्रियों के वृत्तांतों में भी पाए जाते हैं।

भारत में भूमि स्वामित्व प्रणाली के नुकसान

- बर्नियर के अनुसार, 'भूमि के मुकुट स्वामित्व' में भूमिधारक अपने बच्चों को भूमि नहीं दे सकते थे, जिस कारण भूमिधारक उत्पादन के स्तर को बनाए रखने और उसमें बढ़ोतरी के लिए दूरगामी निवेश के प्रति उदासीन थे।
- निजी भू-स्वामित्व के अभाव ने 'बेहतर' भू-धारक वर्ग के उदय (जैसा कि पश्चिमी यूरोप में) को रोका, जो भूमि के रख-रखाव व बेहतरी के प्रति सजग रहते थे।
- इससे कृषि का समान रूप से विनाश हुआ, किसानों का अत्यधिक उत्पीड़न हुआ। शासक और अभिजात वर्ग को छोड़कर समाज के सभी वर्गों के जीवन स्तर में अनवरत् पतन की स्थिति उत्पन्न हुई ।

भूमि के स्वामित्व के बारे में सच्चाई

- मुगल आधिकारिक दस्तावेज ये नहीं दर्शाते कि राज्य भूमि का एकमात्र स्वामी था।
- 16वीं शताब्दी के आधिकारिक इतिहासकार व अकबर के दरबारी अबुल फजल ने भू-राजस्व को राजत्व का पारिश्रमिक (Remuneration of Sovereignty) बताया है।
- राजत्व पारिश्रमिक का अर्थ है- शासक द्वारा अपनी प्रजा की सुरक्षा के बदले में लिया गया कर, न कि भूमि पर लगान के रूप में लिया गया कर।
- ऐसा प्रतीत होता है कि यूरोपीय यात्री भू-राजस्व की अधिक माँग के कारण इसे लगान (Rent) समझ बैठे थे, परंतु वास्तव में यह न तो लगान था और न ही भूमि कर, अपितु यह भू-उपज पर लगने वाला कर था।

कृषकों के संदर्भ में बर्नियर के विचार

- बर्नियर ने अपने यात्रा-वृत्तांत में किसानों के शोषण का वर्णन किया है। उन्होंने बताया कि हिंदुस्तान में भूमि के विशाल भू-भाग थे। इससे खेत 'आडीदार' तथा 'घातक दल दल' से भरे हुए थे।
- साम्राज्य के विशाल ग्रामीण अंचलों में से कई में केवल रेतीली भूमियाँ व बंजर पर्वत थे। यहाँ खेती अच्छी नहीं थी और इन इलाकों में आबादी भी कम थी।
- कृषि योग्य भूमि का एक बड़ा हिस्सा भी श्रमिकों के अभाव में कृषि विहीन रह जाता था।
- जब गरीब लोग अपने क्रूर और लालची स्वामियों की माँगों को पूरा नहीं कर पाते थे, तो उनकी आजीविका के साधन छीन लिए जाते थे और उनके बच्चों को गुलाम बनाकर ले जाया जाता था।
- इस अत्यंत निरंकुशता से हताश होकर किसान गाँव छोड़कर चले जाते थे।

नगरों के बारे में बर्नियर के विचार

- बर्नियर के अनुसार, 17वीं शताब्दी में मुगलकालीन नगरीय जनसंख्या (लगभग 15%) पश्चिमी यूरोप की नगरीय जनसंख्या के अनुपात से अधिक थी।
- बर्नियर ने मुगलकालीन शहरों को शिविर नगर (Camp Towns) बताया, जो राजकीय शिविर पर निर्भर थे। ये शिविर नगर राजकीय दरबार के आगमन से अस्तित्व में आते थे और फिर उनके जाने के बाद नष्ट हो जाते थे।
- इन कस्बों की व्यवहार्य सामाजिक और आर्थिक नींव नहीं थी और ये शाही संरक्षण पर निर्भर थे।
- बर्नियर ने शहरों के बारे में एक अतिसरलीकृत चित्र खींचा था। वास्तव में वहाँ सभी प्रकार के नगर थे, जैसे विनिर्माण नगर, व्यापारिक नगर, बंदरगाह नगर, पवित्र केंद्र, तीर्थ नगर आदि। इन नगरों के अस्तित्व ने व्यापारी समुदायों और पेशेवर वर्गों की समृद्धि का संकेत दिया।
- इसका अस्तित्व समृद्ध व्यापारिक समुदायी तथा व्यावसायिक वर्ग के अस्तित्व का सूचक था।

जटिल सामाजिक वास्तविकता

- बर्नियर ने मुगल राज्य को क्रूर बताया है, लेकिन उसका विवरण एक अधिक जटिल समाज का प्रतिनिधित्व करता है।
- बर्नियर का मानना था कि करीगरों में अपने काम को बेहतर बनाने के लिए प्रेरणा की कमी थी। , क्योंकि राज्य उनका मुनाफा ले लेता था, जिससे गुणवत्ता में गिरावट आती थी। हालाँकि, उन्होंने स्वीकार किया कि भारत को निर्यात के माध्यम से बड़ी मात्रा में कीमती धातुएँ प्राप्त होती थीं।
- सरकारी मुगल दस्तावेज इंगित नहीं करता है कि राज्य भूमि का एकमात्र स्वामी था, जैसे अकबर के समय का सरकारी इतिहासकार अबुल फजल भूमि राजस्व को 'राजत्व का पारिश्रमिक बताता है, जो राजा के द्वारा प्रजा प्रदान करने' की सुरक्षा के बदले में लिया जाता था, न कि भूमि पर लगान के रूप में।

कस्बों में व्यापारी और अन्य पेशेवर

- व्यापारियों ने एक मजबूत समुदाय बनाया और जाति आधारित व्यावसायिक समूहों में संगठित हुए, पश्चिमी भारत में इन समूहों को 'महाजन' और उनके मुखिया 'सेठ' कहलाते थे।
- बर्नियर ने लंबी दूरी के व्यापार में शामिल एक सफल व्यापारी समुदाय को भी देखा।
- अहमदाबाद जैसे शहर में महाजनों का सामूहिक प्रतिनिधित्व 'नगर सेठ' द्वारा होता था, जो व्यापारिक समुदाय का मुखिया था।
- इन व्यावसायिक वर्गों में चिकित्सक (हकीम, वैद्य) अध्यापक (पंडित और मुल्ला), अधिवक्ता (वकील), चित्रकार, वास्तुविद्, संगीतकार, लेखक आदि आते थे, जिसमें कुछ को राजकीय प्रश्रय प्राप्त था। उनमें से कुछ अन्य संरक्षकों की सेवा कर के कमाते थे, तो कुछ बाजारों में लोगों की सेवा कर जीवन-निर्वाह करते थे।

बर्नियर द्वारा भारतीय समाज की आलोचना

- बर्नियर ने भारतीय समाज की आलोचना की, वह भरतीय समाज को दरिद्र लोगों के समरूप, जन समूह से बना वर्णित करता है, जिसे अमीर और शक्तिशाली शासक वर्ग के अल्पसंख्यक समूह द्वारा दबा दिया जाता है।
- बर्नियर कहता है कि गरीबों में सबसे गरीब तथा अमीरों में सबसे अमीर व्यक्ति के मध्य नाममात्र को भी कोई सामाजिक समूह या वर्ग नहीं था। बर्नियर मुगल शासकों को क्रूर लोगों और भिखारियों का राजा कहता है।
- राजकीय भू-स्वामित्व व्यवस्था के कारण यहाँ के नगर नष्ट तथा दूषित हवा से ग्रसित थे, खेत फसल विहीन एवं घातक दलदल से भरे थे।
- बर्नियर कहता है कि यहाँ गरीबों से सबसे गरीब और अमीरों में सबसे अमीर व्यक्ति के बीच नाममात्र को भी कोई समाजिक समूह या वर्ग नही था। वर्नियर विश्वास से कहता है कि 'भारत में मध्य की स्थिति के लोग नहीं थे।'
- 17वीं शताब्दी के शुरुआती दशकों के दौरान एक डच यात्री, पेलसर्ट ने उपमहाद्वीप का दौरा किया। बर्नियर की भाँति पेलसर्ट भी भरतीय समाज में गरीबी देखकर हैरान थे।

भारत के बारे में विचार

- यूरोपीय यात्रियों ने अपने यात्रा-वृत्तांतों के प्रकाश के माध्यम से यूरोप में भारत की छवि का निर्मिण किया।
- 1750 ई. के बाद **शेख इतेसामुद्दीन** एवं **मिर्जा अबु तालिब** जैसे भारतीय हस्तियों ने यूरोप का दौरा किया और भारतीय समाज पर अपने विचार साझा करके इन धारणाओं को चुनौती दी।

शाही कारखानों पर बर्नियर का विवरण

- बर्नियर शाही कारखानों की कार्यप्रणाली का विस्तृत विवरण प्रदान करने वाला संभवत: एकमात्र इतिहासकार है।
- कई स्थानों पर बड़े कक्ष दिखाई देते हैं, जिन्हें कारखाना अथवा शिल्पकारों की कार्यशाला कहते हैं।
- प्रत्येक कक्ष में कसीदाकार एक मास्टर के निरीक्षण में व्यस्तता से कार्यरत् रहते हैं, जिनमें कढ़ाई करने वाले, सुनार, चित्रकार, प्रलाक्षा रस का रोगन लगाने वाले, बटाँई, खरादी, दर्जी, जूते बनाने वाले, रेशम, जकी तथा महीन मलमल का काम करने वाले शामिल थे।
- शिल्पकार प्रतिदिन सुबह अपने कारखानों में आते थे, जहाँ वह पूरे दिन कार्यरत् रहते थे और शाम को अपने-अपने घर चले जाते थे। इनमें से कोई भी जीवन स्तर में सुधार का इच्छुक नहीं था।

बर्नियर के वृत्तांतों का अन्य विचारकों पर प्रभाव

- भारत के संदर्भ में बनिर्यर के यात्रा वृत्तांतों से 18वीं शताब्दी के बाद से पश्चिमी विचारक अत्यधिक प्रभावित हुए; जैसे-मांटेस्क्यू,कार्ल मार्क्स आदि।

मांटेस्क्यू

- मांटेस्क्यू ने बर्नियर के वृत्तांतों का प्रयोग **प्राच्य निरंकुशवाद** (Oriental Despotism) के सिद्धांत को विकसित करने में किया, जिसके अनुसार एशिया (पूर्व या प्राच्य) में शासक अपनी प्रजा पर संपूर्ण आधिपत्य रखते थे।
- सभी भूमि को राजा के स्वामित्व में सौंप दिया गया और निजी संपत्ति की अनुमति न देकर लोगों को दबाया गया व गरीबी में रखा गया।
- शासक व उनके सरदारों के अतिरिक्त सभी लोग अत्यधिक कठिनाई से जीवन-यापन करते थे।

कार्ल मॉर्क्स

- 19वीं शताब्दी में कार्ल मॉर्क्स ने बर्नियर के विचारों को 'एशियायी-उत्पादन' शैली के सिद्धांत के रूप में विकसित किया, जिसके अनुसार भारत तथा अन्य एशियायी देशों में उपनिवेशवाद (Colonialism) से पूर्ण कृषि अधिशेष (Agriculture Surplus) का अधिग्रहण राज्य द्वारा होता था।
- इसके फलस्वरूप बड़ी संख्या में स्वायत्त (Autonomous) तथा समतावादी ग्रामीण समुदाय का समाज विकसित हुआ, जिन पर राज्य का नियंत्रण होता था।
- शाही दरबार इन गाँवों की स्वायत्तता का सम्मान करता था। जब तक की अधिशेष का प्रवाह बाधित नहीं हुआ। अत: इस व्यवस्था को एक निष्क्रिय व्यवस्था माना गया।

ग्रामीण समाज की हकीकत

- बर्नियर का ग्रामीण समुदाय का यह चित्रण सही नहीं था। 16वीं से 17वीं शताब्दी के ग्रामीण समाज में कई सामाजिक-आर्थिक अंतर थे।
- जहाँ एक ओर बड़े जमींदार थे, जो भूमि के उच्चाधिकारी थे, वहीं दूसरी ओर भूमिहीन श्रमिक थे।
- इन दोनों के मध्य बड़े किसान होते थे, जो भूमिहीन किसानों के श्रम से कृषि उत्पादन में लगे रहते थे। इसके अतिरिक्त छोटे किसान भी थे, जो छोटे पैमाने पर ही खेती कर पाते थे।

भारत पर अब्दुर्रज्जाक का विवरण

- 1440 के दशक में लिखा गया अब्दुर्रज्जाक का यात्रा वृत्तांत भारत के संदर्भ में भावनाओं और धारणाओं का एक आकर्षक संयोजन है।
- केरल के कालीकट बंदरगाह में उसने जो देखा, उससे वह प्रभावित नहीं हुआ, क्योंकि वहाँ के लोग अब्दुर्रज्जाक की कल्पना से बिल्कुल अलग थे। उन्होंने उन्हें एक अजीब राष्ट्र के रूप में वर्णित किया।
- बाद में, जब वे मैंगलोर गए, तो उन्होंने वहाँ जो मन्दिर देखा, उसकी प्रशंसा की। उन्होंने मंदिर को मूर्तिभवन बताया। वह मंदिर की शिल्पकला और कारीगरी देखकर आश्चर्यचकित रह गए।

5.4 अन्य यूरोपीय यात्री

- लगभग 1500 (1498) में पुर्तगालियों के भारत आगमन के बाद कई यूरोपीय विद्वानों ने भारतीय रीति-रिवाजों और धार्मिक प्रथाओं के बारे में विस्तृत विवरण लिखे।
- जेसुइट रॉबर्टो नोबिली ने अनेक भारतीय ग्रन्थों का यूरोपीय भाषाओं में अनुवाद किया।
- पुर्तगाली लेखकों में **दुआर्ते बारबोसा** सर्वाधिक प्रसिद्ध थे, उन्होंने दक्षिण भारत में व्यापार एवं समाज पर एक रोचक विवरण दिया है।
- 1600 ई. के बाद भारत में डच, अंग्रेज तथा फ्रांसीसी यात्रियों का व्यापक रूप से आगमन हुआ।
- फ्रांसीसी जौहरी **ज्यां बेप्टिस्ट तैबर्नियर** ने छ: बार भारत की यात्रा की और यहाँ की व्यापारिक स्थितियों से प्रभावित हुए। उसने भारत की तुलना ईरान और ऑटोमन साम्राज्य से की।
- इतालवी चिकित्सक **मनूची** जैसे कई ऐसे भी लोग थे, जो यहाँ की परिस्थितियों से प्रभावित होकर यहीं बस गए।

5.5 महिलाएँ : दास, सती और मजदूर

- लिखित विवरण छोड़ने वाले यात्री आमतौर पर पुरुष थे, लेकिन उन्हें भारतीय उपमहाद्वीप में महिलाओं की स्थिति का विषय रुचिकर और जिज्ञासापूर्ण लगता था।
- कभी-कभी वे सामाजिक असमानताओं को स्वाभाविक स्थिति मान लेते थे; जैसे-दासों को अन्य वस्तुओं की तरह बाजारों में खुलेआम बेचा जाता था और उपहार के रूप में भी उनका आदान-प्रदान किया जाता था।
- इब्न-बतूता के अनुसार, अधिकतर महिला दासियाँ छापे और अभियानों के दौरान पकड़ी गईं।
- इब्न-बतूता ने स्वयं सिंध पहुँचकर सुल्तान मुहम्मद बिन तुगलक के लिए उपहार के रूप में घोड़ों और ऊँटों के साथ दास भी खरीदे।
- मुल्तान पहुँचकर उसने गवर्नर को 'किशमिश और बादाम के साथ एक दास और घोड़ा भी उपहार' में दिया था।
- मुहम्मद बिन तुगलक, नसीरुद्दीन नामक धर्मोपदेशक के प्रवचन से इतना प्रसन्न हुआ कि उसे 'एक लाख टंका (मुद्रा) तथा दो सौ दास दिए'।
- इब्न-बतूता के वृत्तांत से पता चलता है कि दासों में अत्यधिक विभेद था।
- सुल्तान की सेवा में दासियाँ संगीत और गायन में पारंगत/निपुण थीं। सुल्तान अपने अमीरों पर नजर रखने के लिए दासियों को भी नियुक्त करता था।
- दासों को सामान्यत: घरेलू श्रम के लिए प्रयोग किया जाता था। इब्न-बतूता ने इनकी सेवाओं को पालकी या डोले में पुरुष और महिलाओं को ले जाने में विशेष रूप से अपरिहार्य पाया।
- घरेलू श्रम के लिए महिला दासों की कीमत बहुत कम थी और अधिकतर परिवार, जो उन्हें रख पाने में समर्थ थे कम-से-कम एक या दो को तो रखते ही थे।

महिलाओं की स्थिति पर यूरोपीय यात्रियों के विचार

- कई समकालीन यूरोपीय यात्रियों और लेखकों ने अक्सर पश्चिमी और पूर्वी समाजों के मध्य अंतर के एक महत्त्वपूर्ण बिंदु महिलाओं के साथ व्यवहार को माना है।
- बर्नियर ने **सती प्रथा** का उल्लेख किया है। उसने बताया कि यद्यपि कुछ स्त्रियाँ खुशी से मृत्यु का वरण कर लेती थीं, तथापि अन्य को मरने के लिए बाध्य किया जाता था।
- महिलाएँ अन्य कार्यों/गतिविधियों में भी शामिल होती थीं। उनका श्रम कृषि और गैर कृषि उत्पादन दोनों के लिए महत्त्वपूर्ण था।
- व्यापारी परिवारों की महिलाएँ वाणिज्यिक गतिविधियों में भाग लेती थीं, कभी-कभी व्यापारिक (व्यापार और वाणिज्य) विवादों को अदालत में भी ले जाती थीं।

निष्कर्ष

- यात्रियों के विवरणों/वृत्तांतों से हमें इन शताब्दियों के दौरान पुरुषों और महिलाओं के जीवन का अच्छा अंदाजा मिलता है। हालाँकि जिन स्थानों से यह यात्री आए थे, उसने उनके अवलोकन को प्रभावित किया। सामाजिक जीवन के विविध पक्षों पर उनका ध्यान आकर्षित नहीं हुआ। भारतीय उपमहाद्वीप के बाहर जा चुके लोगों के अनुभव भी अज्ञात हैं।

चेक प्वॉइंट 3

1. फ्रांस्वा बर्नियर कौन था?
2. फ्रांस्वा बर्नियर ने अपना कार्य किसे समर्पित किया?
3. वह इतिहासकार कौन था, जिसने शाही कारखानों का विस्तृत विवरण दिया?
4. बर्नियर के किस विचार को कार्ल मार्क्स ने विकसित किया था?
5. उस इतालवी यात्री का नाम बताइए, जो भारत आकर यहीं बस गया।

टाइमलाइन

काल-रेखा (कुछ यात्री, जिन्होंने वृत्तांत छोड़े)

दसवीं-ग्यारहवी शताब्दियाँ 973-1048	मोहम्मद इब्न अहमद अबू रेहान अल-बरूनी (उज़्बेकिस्तान से)
तेरहवीं शताब्दी 1254-1323	मार्को पोलो (इटली से)
चौदहवीं शताब्दी 1304-77	इब्न-बतूता (मोरक्को से)
पंद्रहवीं शताब्दी 1413-82	अब्द अल-रज़्ज़ाक कमाल अल-दिन इब्न इस्हाक़ अल-समरक़ंदी (समरक़ंद से)
1466-72 (भारत में बिताए वर्ष)	अफानासी निकितिच निकितिन (पंद्रहवीं शताब्दी, रूस से)
सोलहवीं शताब्दी 1518 (भारत की यात्रा)	दूरते बारबोसा, मृत्यु 1521 (पुर्तगाल से)
1562 (मृत्यु का वर्ष)	सयदी अली रेइस (तुर्की से)
1536-1600	अंतोनियो मानसेरेते (स्पेन से)
सत्रहवीं शताब्दी 1626-31 (भारत में बिताए वर्ष)	महमूद वली बलख़ी (बल्ख़ से)
1600-67	पीटर मुंडी (इंग्लैंड से)
1605-89	ज्यां बैप्टिस्ट तैबर्नियर (फ्रांस से)
1620-88	फ्रांस्वा बर्नियर (फ्रांस से)

Mind Map

यात्रियों के नजरिए (समाज के बारे में उनकी समझ)

1 अल-बिरूनी

ख्वारिज्म से पंजाब तक
- अल-बिरूनी का जन्म आधुनिक उज्बेकिस्तान में स्थित ख्वारिज्म में 973 ई. में हुआ।
- सन् 1017 ई. में अल-बिरूनी को सुल्तान महमूद गजनी ले गया।

किताब-उल हिंद
- अल-बिरूनी की किताब उल-हिंद में धर्म, दर्शन, खगोल विज्ञान और रीति-रिवाजों का वर्णन किया गया है।

2 अल-बिरूनी तथा संस्कृतिवादी परंपरा

समझने में बाधाएँ और उन पर विजय
- अल-बिरूनी को भारत को समझने में भाषा की कठिनाइयों का सामना करना पड़ा।
- स्थानीय लोगों की धार्मिक मान्यताएँ और संकीर्ण सोच भी उनके लिए चुनौती थी।

अल बिरूनी का जाति व्यवस्था का विवरण
- उन्होंने भारतीय जाति व्यवस्था की तुलना फारस की सामाजिक विभाजन से की।
- उनका जाति विवरण ब्राह्मण ग्रंथों से प्रभावित था।

3 इब्नबतूता और जिज्ञासाओं का उपयोग

एक अनूठी संचार प्रणाली
- राज्य ने व्यापार को बढ़ावा देने के लिए सराय और मेहमानों के लिए घोड़े उपलब्ध कराएँ।
- इब्न-बतूता ने डाक प्रणाली की प्रभावशीलता की सराहना की।

नारियल और पान
- इब्न-बतूता ने नारियल ओर पान जैसी वानस्पतिक उपज का वर्णन किया, जो उनके पाठकों के लिए पूरी तरह नया था।

एक प्रारंभिक विश्व-यात्री
- इब्न-बतूता ने रिहला नामक पुस्तक में वीं सदी के भारत का वर्णन किया।
- वे पुस्तकीय ज्ञान से अधिक यात्रा के अनुभव को महत्त्वपूर्ण मानते थे।

इब्न-बतूता और भारतीय नगर
- इब्नबतूता ने दिल्ली और दौलताबाद को बड़े एवं समृद्ध नगरों के रूप में वर्णित किया।

4 फ्रांस्वा बर्नियर एक विशिष्ट चिकीत्सक

भूमि स्वामित्व का प्रश्न
- फ्रांसीसी यात्री बर्नियर का मानना था कि राजा द्वारा भूमि का स्वामित्व अर्थव्यवस्था और समाज के लिए हानिकारक था।
- किसानों के अधिक शोषण के कारण व्यापक गरीबी फैल गई थी।

पूर्व और पश्चिम की तुलना
- बर्नियर ने भारत की तुलना यूरोप से की तथा भारत को इस दृष्टि से कमतर बताया।

अधिक जटिल सामाजिक वास्तविकता
- बर्नियर ने माना कि राज्य द्वारा बेगार लेने के कारण कारीगरों में श्रम करने की प्रेरणा नहीं थी।
- फिर भी उन्होंने भारत की समृद्धि को सोने-चाँदी के निर्यात से जोड़ा।

5 महिलाएँ दासियाँ, सती तथा श्रमिक

- दासों को खुले बाजारों में बेंचा और आदान-प्रदान किया जाता था।
- बर्नियर ने सती प्रथा की आलोचना की।

NCERT फोल्डर

अध्याय के मध्य में दिए गए प्रश्न

1. आपके मत में कुछ यात्रियों के हाथों में हथियार क्यों हैं?

उत्तर इस अध्याय में दिए गए चित्र 5.4 में व्यापारियों से भरी एक नाव को प्रदर्शित किया गया है। इसमें व्यापारी सामुद्रिक मार्ग से व्यापार करने के लिए जा रहे हैं। इन्होंने सामुद्रिक डाकुओं के द्वारा की जाने वाली लूट के भय से हाथों में हथियार उठा रखे हैं।

2. आपके विचार में अल-बरूनी और इब्न-बतूता के उद्देश्य किन मायनों में समान और भिन्न थे?

उत्तर अल-बरूनी ने भारत का विवरण उपलब्ध साहित्य के आधार पर दिया है, जबकि इब्न-बतूता ने भारतीय यात्रा में प्राप्त अनुभवों के आधार पर अपना विवरण लिखा है।

समानताएँ इनके उद्देश्यों में निम्न समानताएँ थीं-

- भारतीय सामाजिक जीवन के रीति-रिवाजों, प्रथाओं, धार्मिक जीवन, त्योहारों आदि का वर्णन दोनों के द्वारा किया गया।
- दोनों की रुचि भारतीय साहित्य, समाज, धर्म तथा संस्कृति में थी।

भिन्नताएँ

- अल-बरूनी ने भारतीय ब्राह्मणों, पुरोहितों, विद्वानों के साथ कई वर्ष व्यतीत किए, जबकि इब्न-बतूता को ऐसा अवसर प्राप्त नहीं हुआ।
- अल-बरूनी ने अपने विवरण संस्कृतवादी परंपराओं के आधार पर लिखे, जबकि इब्न-बतूता ने अपने लेखन में संस्कृतवादी परंपराओं का उपयोग नहीं किया।

3. स्थापत्य के कौन-से अभिलक्षणों पर इब्न-बतूता ने ध्यान दिया?

उत्तर इब्न-बतूता ने शहर के चारों ओर बनी प्राचीर, दीवार की चौड़ाई, प्राचीर के अंदर बने भवन और खिड़कियों, दरवाजे, कब्रगाह और गुंबद जैसी स्थापत्य के अभिलक्षणों पर सर्वाधिक ध्यान दिया।

4. अपने वर्णन में इब्न-बतूता ने इन गतिविधियों को उजागर क्यों किया था?

उत्तर भारतीय समाज में दुकानों की साज-सज्जा,बाजार की सुंदरता, विशेष महिला गायकों का बाजार (इब्न-बतूता) के लिए विशेष आकर्षण का केंद्र था। उस समय के लोगों में नृत्य, संगीत तथा गायन कलाओं के प्रति रुझान अधिक था। ये स्थल अभिजात वर्ग के लिए मनोरंजन का केंद्र होते थे। बाजार की ये गतिविधियाँ तत्कालीन लोगों की कलात्मक रुचियों का संकेत देती थी। इसलिए इब्न-बतूता ने इन गतिविधियों को रेखांकित किया था।

5. इब्न-बतूता लोगों के लिए ऐसी वस्तुओं और स्थितियों के वर्णन की समस्या को कैसे हल करता था, जिनसे वे अनभिज्ञ थे और जिन्हें उन्होंने नहीं किया था?

उत्तर इब्न-बतूता अक्सर नई चीजों की तुलना अपने पाठकों की ज्ञात चीजों से करता था तथा प्रथाओं और रीति-रिवाजों को समझाने के लिए ऐसे संबंध दिखाता था, जो उनके अपने सांस्कृतिक संदर्भ से मेल खाते हों। कई बार इब्न-बतूता अपने अनुभवों का बहुत ही विस्तृत वर्णन करता था। वह विशेष रंग, आकार और संरचना का वर्णन इस प्रकार से करता था कि पाठक के सामने दृश्य स्पष्ट हो जाए

निम्नलिखित प्रश्नों के उत्तर लगभग 100-150 शब्दों में दीजिए।

1. किताब-उल-हिंद पर एक लेख लिखिए।

उत्तर किताब-उल-हिंद भारत आने वाले अरब यात्री अल-बरूनी का यात्रा वृत्तांत है। इसे तहकीक-ए-हिंद के नाम से भी जाना जाता है। यह एक विशाल ग्रंथ है, जिसे 80 अध्यायों में विभाजित किया गया है। इससे भारत के ज्ञान, धर्म, दर्शन, मान्यताओं, रीति-रिवाजों, त्योहारों, कला एवं मापन विधियों आदि की जानकारी प्राप्त होती है। अल-बरूनी ने यह ग्रंथ अरबी भाषा में लिखा है।

किताब-उल-हिंद की लेखन शैली की एक महत्त्वपूर्ण विशेषता यह है कि इसमें प्रत्येक अध्याय के प्रारंभ में एक प्रश्न दिया गया है। उसके बाद संस्कृतवादी परंपराओं पर आधारित उसका वर्णन किया गया है और सबसे अंत में अन्य संस्कृतियों के साथ एक तुलनात्मक अध्ययन प्रस्तुत किया गया है।

किताब-उल-हिंद में भारत की प्राकृतिक परिस्थितियों, राजनैतिक तथा सामाजिक दशाओं का विस्तृत वर्णन किया गया है। इसमें भारतीय रीति-रिवाजों, सामाजिक परंपराओं और धार्मिक दर्शनों का विस्तृत वर्णन किया गया है। इसमें श्रीमद्भागवद्गीता, वेद, उपनिषद्, पतंजलि के योगशास्त्र आदि का उल्लेख भी मिलता है। इसमें भारतीय खान-पान, उत्सव, त्योहार, वेशभूषा आदि के विषय में भी जानकारी मिलती है। अल-बरूनी ने लिखा है कि भारत की न्याय-व्यवस्था उदार एवं मानवीय है। इस प्रकार, यह ग्रंथ भारत के विषय में बहुमूल्य जानकारी प्रदान करता है।

2. इब्न-बतूता और बर्नियर ने जिन दृष्टिकोणों से भारत में अपनी यात्राओं के वृत्तांत लिखे थे, उनकी तुलना कीजिए तथा अंतर बताइए।

उत्तर इब्न-बतूता और बर्नियर दोनों ही भारत आने वाले विदेशी यात्री थे। अफ्रीकी यात्री इब्न-बतूता 14वीं शताब्दी में भारत की यात्रा पर आया था, वहीं यूरोपीय यात्री बर्नियर 17वीं शताब्दी में भारत आया था। इब्न-बतूता ने अपना भारत विवरण 'रेहला' में दिया है, जबकि बर्नियर ने 'ट्रैवल्स इन द मुगल एंपायर' में अपना विवरण दिया है।

इब्न-बतूता और बर्नियर के दृष्टिकोणों में अंतर इब्न-बतूता और बर्नियर ने अपने-अपने वृत्तांतों में भिन्न-भिन्न दृष्टिकोणों का अनुसरण किया है। जहाँ इब्न-बतूता ने प्रत्येक उस वस्तु के वर्णन को अपने वृत्तांत में लिखा है, जिसकी विशिष्टताओं से वह प्रभावित हुआ, वहीं दूसरी ओर बर्नियर का दृष्टिकोण भारत के प्रति आलोचनात्मक रहा था। इब्न-बतूता ने भारत का वर्णन एक समृद्धिशाली देश के रूप में किया है, उसने भारतीय शहरों की समृद्धि का वास्तविक श्रेय ग्रामों को दिया है। उसके अनुसार भारतीय शहर व्यापक भीड़-भाड़ वाले रंगीन बाजारों से युक्त थे। बाजार केवल आर्थिक विनिमय के स्थान ही नहीं, अपितु सामाजिक एवं आर्थिक गतिविधियों के महत्त्वपूर्ण केंद्र भी थे। इसके विपरीत बर्नियर ने भारत में व्याप्त सामाजिक कुरीतियों; जैसे—सती

प्रथा, अस्पृश्यता आदि को उजागर किया है। वह मुगल शहरों को सैन्य शिविर शहर बताता है, लेकिन शहरों की जनसंख्या, विस्तृत आकार, व्यापारियों में विभिन्न संगठन और शहरी समूहों में अनेक तरह के व्यावसायिक जीवन-यापन से अत्यधिक प्रभावित होने के बाद भी, भारत की आलोचना उसका प्रमुख केंद्र रहा।

3. बर्नियर के वृत्तांत से उभरने वाले शहरी केंद्रों के चित्र पर चर्चा कीजिए।

उत्तर बर्नियर फ्रांसीसी यात्री था, जिसने 1656 से 1668 ई. तक मुगल काल के दौरान भारत की यात्रा की। उसने भारत में जो भी देखा उसकी तुलना यूरोप से की, जोकि उसकी लेखन-शैली की एक महत्त्वपूर्ण विशेषता थी। बर्नियर के अनुसार, 17वीं शताब्दी में संपूर्ण जनसंख्या का लगभग 15% भाग नगरों में रहता था। यह औसत उस समय की पश्चिमी यूरोप की नगरीय जनसंख्या के अनुपात से अधिक था। बर्नियर ने मुगलकालीन शहरों को 'शिविर नगर' कहा है।

उसका मानना था कि ये नगर अपने अस्तित्व को बनाए रखने के लिए राजकीय शिविरों पर निर्भर थे और इन शिविरों के पलायन के साथ ही ये पतनोन्मुखी हो जाते थे। उसका यह भी मानना था कि इनकी सामाजिक और आर्थिक नींव व्यवहार्य नहीं होती थी और ये नगर राजकीय प्रश्रय पर आश्रित रहते थे।

बर्नियर द्वारा भारतीय नगरों के संबंध में किया गया आकलन वास्तविकता से दूर है, क्योंकि तत्कालीन भारत में सभी प्रकार के नगरों का अस्तित्व देखने को मिलता है। उत्पादन केंद्रों, व्यापारिक नगरों, बंदरगाह नगरों तथा धार्मिक केंद्रों के बिना एक समृद्ध व्यापारिक समुदाय अस्तित्व में नहीं रह सकता है, जिसका चित्रण मुगलकाल में मिलता है।

4. इब्न-बतूता द्वारा दास प्रथा के संबंध में दिए गए साक्ष्यों का विवेचन कीजिए।

अथवा **भारत में दासों के बारे में इब्न-बतूता के दिए विवरण की व्याख्या कीजिए।**

उत्तर इब्न-बतूता के विवरणों से ज्ञात होता है कि तत्कालीन समय में दास प्रथा का बहुत अधिक प्रचलन था। बाजारों में दासों की खरीद वस्तुओं की तरह होती थी। इब्न-बतूता स्वयं का उदाहरण देते हुए कहता है कि उसने भी सुल्तान मोहम्मद-बिन-तुगलक को भेंटस्वरूप दास दिए थे।

दासों का उपयोग पुरस्कार के रूप में भी किया जाता था; जैसे— मोहम्मद-बिन-तुगलक नासिरुद्दीन नामक धर्मोपदेशक के प्रवचन से इतना प्रसन्न हुआ कि उसे "एक लाख टंके तथा दो सौ दास" पुरस्कार में दे दिए। दासों का प्रयोग घरेलू श्रम के लिए भी किया जाता था। अधिकांश परिवार अपनी सामर्थ्य के अनुसार दासों को रखते थे। दासों की कीमत बहुत ही कम होती थी और घरेलू श्रम के अतिरिक्त, पालकी उठाना उनका प्रमुख कार्य था।

पुरुषों के साथ-साथ स्त्री दासों का भी प्रचलन था। अधिकांश दासियों को हमलों और अभियानों के दौरान प्राप्त किया जाता था। महलों में इन दासियों द्वारा संगीत व गायन आदि जैसे कार्य कराए जाते थे। इसके अतिरिक्त इन दासियों को गुप्त कार्यों; जैसे— सुल्तान द्वारा अमीरों पर नज़र रखने के लिए भी नियुक्त किया जाता था।

5. सती प्रथा के कौन-से तत्त्वों ने बर्नियर का ध्यान अपनी ओर खींचा?

अथवा **इब्न-बतूता और बर्नियर ने 16 वीं व 17 वीं शताब्दी की महिलाओं के जीवन की किस प्रकार रोचक झाँकी प्रस्तुत की है? स्पष्ट कीजिए।**

उत्तर भारतीय महिलाओं की दयनीय स्थिति ने सदैव यूरोपीय यात्रियों का ध्यान अपनी ओर आकर्षित किया। यूरोपीय यात्रियों ने अपने वृत्तांतों में उन सभी विषयों को केंद्रित किया, जो यूरोप में नहीं थे। बर्नियर के अनुसार भारत में महिलाओं के प्रति किया जाने वाला व्यवहार पूर्वी और पश्चिमी समाजों के बीच भिन्नता का एक महत्त्वपूर्ण संकेतक माना जाता था।

बर्नियर ने अपने विवरण में सती प्रथा का विस्तृत विवरण दिया है। उसने लिखा है कि कुछ महिलाएँ प्रसन्नता से मृत्यु को गले लगा लेती थीं, किंतु कई बार महिलाओं को इसके लिए बाध्य भी किया जाता था। बर्नियर ने अपनी लाहौर यात्रा के दौरान एक 12 वर्षीय अल्पवयस्क विधवा को, लोगों द्वारा सती के नाम पर जबरदस्ती जिंदा जलाते देखा। इस घटना से बर्नियर बहुत दुःखी तथा व्यथित हुआ। बर्नियर के वृत्तांत में यह घटना सबसे मार्मिक विवरणों में से एक है। सती होने वाली महिलाओं की अनिच्छा, विवशता, अल्पवयस्कता और असहायता की स्थिति जैसे तत्त्वों ने उसे आकर्षित किया।

निम्नलिखित पर लगभग 250-300 शब्दों में लघु निबंध लिखिए।

6. जाति व्यवस्था के संबंध में अल-बरूनी की व्याख्या पर चर्चा कीजिए।

उत्तर सुप्रसिद्ध अरब लेखक अल-बरूनी ने भारत के संदर्भ में अपनी विभिन्न पुस्तकों में लिखा, जिसमें सर्वाधिक महत्त्वपूर्ण स्थान 'किताब-उल-हिंद' का है, जिसे 'तहकीक-ए-हिंद' के नाम से भी जाना जाता है। इस पुस्तक में उसने भारतीय खान-पान, वेशभूषा, जाति व्यवस्था, सामाजिक व्यवस्था आदि के बारे में विस्तारपूर्वक लिखा है।

जाति व्यवस्था का तुलनात्मक अध्ययन अल-बरूनी ने भारतीय जाति व्यवस्था को अन्य समुदायों में प्रचलित प्रतिरूपों के माध्यम से समझने और व्याख्या करने का प्रयास किया है। उसने लिखा कि प्राचीन फारस में चार सामाजिक वर्गों की मान्यता थी; जैसे—घुड़सवार और शासक वर्ग, भिक्षु, आनुष्ठानिक पुरोहित एवं चिकित्सक वर्ग, खगोलशास्त्री तथा अन्य वैज्ञानिक वर्ग और अंत में कृषक वर्ग। इस प्रकार, वह यह बताना चाहता था कि ये सामाजिक वर्ग विभाजन केवल भारत तक ही सीमित नहीं थे, बल्कि इस्लाम में भी समानता के सिद्धांत के बावजूद, धार्मिकता के पालन में भिन्नता थी।

जाति व्यवस्था प्रकृति के विरुद्ध जाति व्यवस्था के संबंध में ब्राह्मणवादी व्याख्या को मानने के बावजूद, अल-बरूनी ने अपवित्रता की मान्यता को अस्वीकार कर दिया। उसके अनुसार जाति व्यवस्था में सन्निहित अपवित्रता की अवधारणा प्रकृति के नियमों के विरुद्ध थी।

मूल्यांकन जाति व्यवस्था के विषय में अल-बरूनी का विवरण पूरी तरह से संस्कृत ग्रंथों के अध्ययन की गहनता से प्रभावित था। बर्नियर के अनुसार, सबसे ऊँची जाति ब्राह्मणों की है। इन ग्रंथों में ब्राह्मणों के दृष्टिकोण से जाति व्यवस्था को संचालित करने वाले नियमों का प्रतिपादन किया गया था, लेकिन वास्तविक जीवन में यह व्यवस्था इतनी भी कड़ी नहीं थी। उदाहरणस्वरूप, अंत्यज नामक श्रेणियों से सामान्यतया यह अपेक्षा की जाती थी कि वे किसानों और जमींदारों के लिए सस्ता श्रम उपलब्ध करें। हालाँकि ये अकसर प्रताड़ना का शिकार होते थे, फिर भी इन्हें आर्थिक तंत्र में शामिल किया जाता था।

7. क्या आपको लगता है कि समकालीन शहरी केंद्रों में जीवन-शैली की सही जानकारी प्राप्त करने में इब्न-बतूता का वृत्तांत सहायक है? अपने उत्तर के कारण दीजिए।

उत्तर इब्न-बतूता के वृत्तांत समकालीन शहरों की जीवन-शैली के संबंध में महत्त्वपूर्ण जानकारी उपलब्ध कराते हैं। इब्न-बतूता ने इस उपमहाद्वीप के शहरों को उन लोगों के लिए व्यापक अवसरों से भरपूर पाया, जिनके पास आवश्यक इच्छा, साधन तथा कौशल था। उसके वृत्तांत से ऐसा प्रतीत होता है कि अधिकांश शहरों में भीड़-भाड़ वाली सड़कें तथा चमक-दमक एवं रंगीन बाजार थे, जो विविध प्रकार की वस्तुओं से भरे रहते थे।

भारतीय कपड़ों, विशेष रूप से सूती कपड़ा, महीन मखमल, रेशम, जरी तथा साटन की अत्यधिक माँग थी। महीन मखमल की कई किस्में, इतनी महँगी थीं कि उन्हें अमीर वर्ग या बहुत धनाढ्य लोग ही पहन सकते थे।

उसके अनुसार शहरों के ये बाजार मात्र आर्थिक विनिमय के स्थान ही नहीं थे, बल्कि ये सामाजिक तथा आर्थिक गतिविधियों के केंद्र भी थे। धार्मिक स्थल तथा मनोरंजन के साधन भी इन बाजारों में उपलब्ध होते थे। इब्न-बतूता दिल्ली को एक बड़ा आबादी वाला शहर बताते हैं। उनके अनुसार दक्षिण में दौलताबाद (महाराष्ट्र) भी एक विशाल नगर था, जो दिल्ली को चुनौती देता था। यद्यपि इब्न-बतूता की रुचि इन शहरों की समृद्धि का वर्णन करने में अधिक नहीं थी, बल्कि अन्य इतिहासकारों ने उसके वृत्तांत का प्रयोग यह तर्क देने में किया है कि इन शहरों की संपत्ति का एक बड़ा भाग गाँवों से अधिशेष के अधिग्रहण से प्राप्त हुआ था। इस अधिशेष ने शहरी जीवन-शैली को गंभीर रूप से प्रभावित किया। अतः इसमें कोई संदेह नहीं कि इब्न-बतूता का वृत्तांत समकालीन शहरी जीवन-शैली की सही जानकारी प्राप्त करने में हमारी सहायता करता हैं।

8. चर्चा कीजिए कि बर्नियर का वृत्तांत किस सीमा तक इतिहासकारों को समकालीन ग्रामीण समाज को पुनर्निर्मित करने में सक्षम करता है?

उत्तर बर्नियर ने अपने विवरणों में ग्रामीण अंचल में कृषकों के विषय में विस्तृत जानकारी दी है। यह विवरण इतिहासकारों को समकालीन ग्रामीण समाज को पुनर्निर्मित करने में सक्षम बनाता है, जिसका विवरण निम्नलिखित है

- बर्नियर ने भारत के ग्रामीण समाज का चित्रण ग्रामीण अंचल नामक अपने वृत्तांत में किया है, जिसके अनुसार, भारत के विशाल ग्रामीण अंचलों में अधिकांश भूमि रेतीली और बंजर थी, जिसके कारण यहाँ खेती अच्छे से नहीं हो पाती थी, जिससे यहाँ घनी आबादी का भी अभाव था।
- इन क्षेत्रों में गवर्नरों के क्रूर एवं शोषणपूर्ण व्यवहार के कारण अनेक श्रमिक मर जाते थे अथवा दूसरी जगह पलायन कर जाते थे, जिसके फलस्वरूप कृषि योग्य भूमि का एक बड़ा हिस्सा श्रमिकों के अभाव के कारण कृषि विहीन रह जाता था।
- उस समय निजी भू-स्वामित्व का अभाव पाया जाता था, जिससे उत्पादन का स्तर गिरता गया। उत्पादन का निम्न स्तर और शोषणपूर्ण व्यवहार के कारण समाज में केवल दो ही वर्ग थे, एक सबसे अमीर और दूसरा सबसे गरीब।

अतः इस प्रकार बर्नियर द्वारा भारतीय ग्रामीण समाज का विवरण, समकालीन ग्रामीण समाज के पुनर्निर्माण में इतिहासकारों की अधिक सहायता नहीं करता है। इसका कारण यह है कि बर्नियर एक भिन्न बुद्धिजीवी परंपरा से संबंधित था और उसने भारत में जो भी देखा, वह उसकी तुलना यूरोप से करता था। ऐसा प्रतीत होता है कि वह इस तुलनात्मक अध्ययन के प्रति अधिक चिंतित था। इसके अतिरिक्त उसका विचार नीति-निर्माताओं तथा बुद्धिजीवी वर्ग को प्रभावित करने का था। इस प्रकार उसके द्वारा दिया गया विवरण 'द्वि-विपरीतता' के नमूने पर आधारित था, जहाँ भारत को यूरोप के प्रतिलोम के रूप में दिखाया गया है, जिससे भारत पश्चिमी दुनिया को निम्न कोटि का प्रतीत हो। इस प्रकार बर्नियर द्वारा दिया गया विवरण दोषपूर्ण है।

9. यह बर्नियर से लिया गया एक उदाहरण है "ऐसे लोगों द्वारा तैयार …………… आकर्षित हुआ हूँ।"

उसके द्वारा अलिखित शिल्प कार्यों को सूचीबद्ध कीजिए तथा इसकी तुलना अध्याय में वर्णित शिल्प गतिविधियों से कीजिए।

उत्तर बर्नियर द्वारा उल्लेखित शिल्प कार्य की सूची में बढ़ई, लोहार, कुम्हार, सुनार, पेंटर, चर्मकार, धातु कार्यकर्ता, बंदूक बनाने वाले, वस्तु निर्माण करने वाले, कसीदाकार, दर्जी, रेशम, जरी तथा महीन मलमल का काम करने वाले शिल्पी आदि शामिल हैं, जिसकी तुलना इस अध्याय में वर्णित शिल्प गतिविधियों से निम्न रूप में है

- इस अध्याय में नाव बनाने वाले, मिट्टी की मूर्ति बनाने वाले मूर्तिकार, मंदिर स्थापत्य के कारीगरों का उल्लेख किया गया है।
- इस अध्याय में एक चित्रकारी करने वाले चित्रकारों को सर्दी के समय आग के चारों ओर बैठे हुए दिखाया गया है।
- सत्रहवीं शताब्दी में बर्नियर को यूरोपीय ढंग से वस्त्रों के ढंग को दिखाया गया है। तैबर्नियर नामक चित्रकार को भारतीय वेशभूषा में दिखाया गया है।
- गलीचा बनाने की कला का भी उल्लेख किया गया है।
- विभिन्न प्रकार के वस्त्रों का निर्माण; जैसे—सूती वस्त्र, सुंदर तरीके की मलमल, ऊनी वस्त्र के निर्माण का भी इस अध्याय में उल्लेख है।
- इस अध्याय में सोने से बने हुए बड़े और सुंदर चम्मच का चित्र बनाया गया है, जिसमें आभूषण निर्माताओं ने हीरे, पन्ने और मोती जड़े हैं।
- इस अध्याय में राजकीय कारखानों का उल्लेख बर्नियर द्वारा किया गया है। यह शिल्पकारों की कार्यशाला है, जिसके एक कमरे में जिसमें कसीदाकार, दूसरे में सुनार, तीसरे कमरे में चित्रकार, चौथे में रोगन करने वाले शिल्पकार, पाँचवें में बढ़ई, दर्जी, जूते बनाने वाले शिल्पकार, छठे कमरे में जरी, मलमल का काम करने वाले महान कारीगर हैं।

सभी कारीगर ठीक समय पर काम पर आते हैं, इन्हें संभवतः किसी ने भी प्रशिक्षण देने की तकलीफ नहीं की है। किसी को भी इनकी दशा सुधारने की चिंता नहीं है।

10. **विश्व की सीमा रेखा पर उन देशों को चिह्नित कीजिए, जिनकी यात्रा इब्न-बतूता ने की थी। कौन-कौन से समुद्रों को उसने पार किया होगा ?**

उत्तर नीचे दिए गए मानचित्र को ध्यान से देखें। इस पर उन देशों को दर्शाया गया है, जिनकी यात्रा इब्न-बतूता ने की थी।

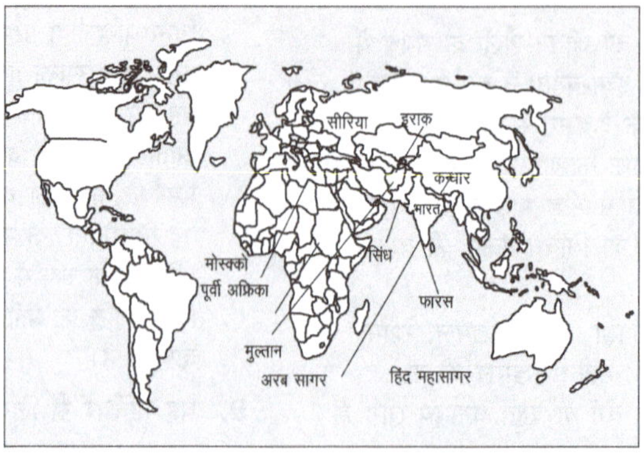

1332-33 ई. में भारत के लिए प्रस्थान करने से पहले इब्न-बतूता ने मक्का सीरिया, इराक, फारस, यमन, ओमान तथा पूर्वी अफ्रीका, मोरक्को, मुल्तान, कंधार की यात्राएँ कीं। इसके बाद सिंध, भारत, चीन, श्रीलंका तथा सुमात्रा की यात्रा की। इब्न-बतूता ने महासागरों/सागरों की यात्रा की जिनके नाम इस प्रकार हैं अरब सागर, लाल सागर तथा हिंद महासागर।

अभ्यास प्रश्न

वस्तुनिष्ठ प्रश्न

बहुविकल्पीय प्रश्न

1. **भारत में आने वाले विदेशी यात्री अल-बरूनी को किस भाषा की जानकारी नहीं थी?**

(a) संस्कृत (b) फारसी (c) अरबी (d) यूनानी

उत्तर (d) यूनानी

2. **अल-बरूनी ने भारतीय समाज के अध्ययन में अथवा समाज चित्रण, यात्रा वृत्तांतों में किसे अपना स्रोत नहीं बनाया?**

(a) भगवद्‌गीता (b) मनुस्मृति
(c) रेहला (d) पतंजलि की कृतियाँ

उत्तर (c) रेहला

3. **मोरक्को निवासी इब्न-बतूता ने अपना यात्रा वृत्तांत 'रेहला' .... भाषा में लिखा है, जिसमें 14वीं शताब्दी के भारतीय समाज का विवरण है।**

(a) संस्कृत (b) अरबी (c) अंग्रेजी (d) फारसी

उत्तर (b) अरबी

4. **इब्नबतूता अपनी व्यापक यात्राओं के दौरान अपरिचित संस्कृतियों और समाजों का अन्वेषण करने में सक्षम था। निम्नलिखित में से कौन सी योग्यता उसने सबसे अधिक विकसित की?** **CBSE 2025**

(a) नेतृत्व और न्यायिक प्रबंधन (b) सांस्कृतिक योग्यता और कौशलता
(c) प्रशासनिक और सैन्य ज्ञान (d) वैज्ञानिक और तकनीकी विशेषज्ञता

उत्तर (b) सांस्कृतिक योग्यता और कौशलता

5. **निम्नलिखित में से किस पश्चिमी सिद्धांतवादी ने प्राच्य तानाशाह का विचार 18वीं सदी में विकसित किया था?** **CBSE 2020**

(a) मांटेस्क्यू (b) रूसो
(c) वाल्टेयर (d) कार्ल मार्क्स

उत्तर (a) मांटेस्क्यू

6. **अल-बरूनी का प्रमुख कार्य 'किताब-उल-हिंद' भारत के व्यापक अध्ययन के लिए महत्त्वपूर्ण है** **CBSE 2025**

निम्नलिखित में से इसका प्राथमिक उद्‌देश्य क्या था?

(a) इस्लामी शिक्षाओं को बढ़ावा देना
(b) भौगोलिक स्थानों का मानचित्र बनाना
(c) संस्कृति और रीति-रिवाजों की आलोचना करना
(d) भारतीय संस्कृति का दस्तावेजीकरण करना

उत्तर (c) संस्कृति और रीति-रिवाजों की आलोचना करना

7. **अल-बरूनी के विषय में निम्नलिखित कथनों में कौन-सा कथन सही नहीं है?** **CBSE 2020**

(a) वह मुहम्मद-बिन-तुगलक के साम्राज्य के दौरान काजी था।
(b) उसने अरबी में किताब-उल हिंद लिखी।
(c) उसने संस्कृत, पालि और प्राकृत कार्य का अरबी भाषा में अनुवाद किया।
(d) इसने पंचतंत्र का अरबी भाषा में अनुवाद किया था।

उत्तर (a) वह मुहम्मद-बिन-तुगलक के साम्राज्य के दौरान काजी था

8. इब्नबतूता ने भारतीय शहरों को व्यापक सुअवसरों से भरपूर पाया। निम्नलिखित विकल्पों में से उपयुक्त कारण की पहचान **CBSE 2020**

(a) विशाल जनसंख्या, बाजार और सक्षम संचार व्यवस्था
(b) भूमि पर राजकीय स्वामित्व
(c) स्वायत्त और समतावादी ग्रामीण नियंत्रण
(d) व्यापारी सोना और चाँदी निर्यात करते थे

उत्तर (a) विशाल जनसंख्या, बाजार और सक्षम संचार व्यवस्था

9. मुगलकालीन भारत की तत्कालीन यूरोप से तुलना करते हुए फ्रांस्वा बर्नियर द्वारा लिखी गई पुस्तक का नाम लिखिए।

(a) ट्रैवल्स इन द मुगल एंपायर
(b) द हिस्ट्री ऑफ द लेट रेवोल्युशन
(c) एवरेज ऑफ द फिलॉसफी ऑफ गेसैंडी
(d) डाउट्स द बर्नियर

उत्तर (a) ट्रैवल्स इन द मुगल एंपायर

10. निम्न कथनों पर विचार कीजिए तथा इनमें से सत्य कथन की पहचान कीजिए *दक्षता आधारित प्रश्न*

1. बर्नियर ने मुगलकालीन शहरों को शिविर नगर बताया, जो राजकीय शिविर पर निर्भर थे।
2. अकबर के दरबारी इतिहासकार अबुल फजल ने भू-राजस्व को राजस्व का पारिश्रमिक बताया था।
3. पीटर मुंडी ने बर्नियर के वृत्तांतों का प्रयोग प्राच्य निरंकुशवाद के सिद्धांत विकसित करने में किया, जिसके अनुसार एशिया में शासक अपनी प्रजा पर संपूर्ण आधिपत्य रखते थे।

कूट
(a) 2 और 3 (b) 1 और 2
(c) 1 और 3 (d) 1,2 और 3

उत्तर (b) 1 और 2

11. निम्न कथनों पर विचार कीजिए।

1. 17वीं शताब्दी के आरंभ में पेलसर्ट नामक डच यात्री ने भारतीय उपमहाद्वीप की यात्रा की तथा गरीबी से संबंधित विवरण दिया।
2. 19वीं शताब्दी में कार्ल मार्क्स ने बर्नियर के विचारों को एशियायी-उत्पादन शैली के सिद्धांत को विकसित करने में किया।
3. मुगलकाल में महिलाओं की स्थिति अच्छी नहीं थी तथा सती प्रथा का भी अभाव था। महिलाएँ केवल घरों तक सीमित थीं।

उपरोक्त में से कौन सा/से कथन असत्य है/हैं?
(a) केवल 1 (b) 1 और 2
(c) केवल 3 (d) ये सभी

उत्तर (c) केवल 3

12. नीचे दिए गए युग्म में कौन-सा सही सुमेलित नहीं है? *दक्षता आधारित प्रश्न*

(a) अल-बरूनी – ज्यामितीय संरचना
(b) इब्न-बतूता – गजनी
(c) अब्दुर्रज्जाक – लेखक
(d) ज्यां बैप्टिस्ट तैबर्नियर – चिकित्सक

उत्तर (b) इब्न-बतूता — गजनी

13. नीचे दिए गए युग्मों में कौन-सा युग्म सही सुमेलित है? *दक्षता आधारित प्रश्न*

(a) शोबू – इटली
(b) पीटर मुंडी – फ्रांस
(c) दुआर्ते बारबोसा – पुर्तगाल
(d) मार्को पोलो – ब्रिटेन

उत्तर (c) दुआर्ते बारबोसा - पुर्तगाल

14. नीचे दी गई जानकारी को पढ़िए तथा भारत के समाज के संबंध में विदेशी यात्रियों द्वारा दिए गए विवरण की पहचान कीजिए *दक्षता आधारित प्रश्न*

"सल्तनतकालीन डाक प्रणाली इतनी सटीक व कुशल थी कि जहाँ सिंध से दिल्ली की यात्रा में पचास दिन लगते थे, वहीं गुप्तचरों की खबरें सुल्तान तक इस डाक व्यवस्था से मात्र पाँच दिनों में पहुँच जाती थीं।"

(a) अल-बरूनी का डाक प्रणाली संबंधी विवरण
(b) इब्न-बतूता का संचार प्रणाली संबंधी विवरण
(c) बर्नियर का व्यापार संबंधी विवरण
(d) अब्दुर्रज्जाक की सामाजिक व्यवस्था का विवरण

उत्तर (b) इब्न-बतूता का संचार प्रणाली संबंधी विवरण

15. नीचे दी गई जानकारी को पढ़िए तथा दिए गए विवरण की पहचान कीजिए कि किस विदेशी यात्री ने उक्त कथन को प्रस्तुत किया है?

"शहरों को शिविर नगर कहा जाता था, जो राजकीय शिविर पर निर्भर होते थे। ये शिविर नगर राजकीय दरबार के आगमन से अस्तित्व में आते थे और फिर उनके जाने के बाद नष्ट हो जाते थे। व्यापारी अपनी जाति तथा व्यावसायिक संस्थाओं के माध्यम से संगठित होते थे।"

(a) अल-बरूनी (b) अब्दुर्रज्जाक
(c) बर्नियर (d) मार्को पोलो

उत्तर (c) बर्नियर

16. निम्नलिखित में से किस भाषा में अल-बरूनी ने भारत में संस्कृत, पालि और प्राकृत पुस्तकों का अनुवाद किया? **CBSE 2024**

(a) फ़ारसी (b) अरबी
(c) उर्दू (d) हिंदवी

उत्तर (b) अरबी

17. निम्नलिखित में से किसके 'अपविकसित पूर्व' के वर्णन ने पश्चिम के दार्शनिकों को 'प्राच्य निरंकुशवाद' के सिद्धांत को विकसित करने की प्रेरणा दी? **CBSE 2024**

(a) पीटर मुंड़ी
(b) फ्रांस्वा बर्नियर
(c) दुआर्ते बारबोसा
(d) मार्को पोलो

उत्तर (b) फ्रांस्वा बर्नियर

18. "पूर्व और पश्चिम की तुलना" करते समय निम्नलिखित में से किसको फ्रांस्वा बर्नियर ने अपना लेखन समर्पित किया? **CBSE 2024**

(a) लुईस XIV (b) चार्ल्स IX
(c) लुईस IX (d) फिलप II

उत्तर (a) लुईस XIV

19. **इब्नबतूता ने भारत की यात्रा के दौरान किस प्रमुख शहर को 'एक बड़ा शहर, विशाल आबादी वाला तथा भारत में सबसे बड़ा' बताया?** **CBSE 2024**

(a) दौलताबाद (b) आगरा (c) कलकत्ता (d) दिल्ली

उत्तर (d) दिल्ली

20. **निम्नलिखित जानकारी की सहायता से मध्यकालीन विश्व-यात्री की पहचान कीजिए।** **CBSE 2024**

- 1332-33 में भारत के लिए प्रस्थान करने से पहले वह मक्का की तीर्थ यात्रा कर चुका था।
- दिल्ली के सुल्तान, मुहम्मद-बिन-तुगलक ने उसे दिल्ली का काज़ी या न्यायाधीश नियुक्त किया।

(a) अब्दुर्रज्जाक (b) अल-बरूनी
(c) इब्न-बतूता (d) सयदी अली रेइस

उत्तर (c) इब्न-बतूता

21. **विदेशी यात्रियों के विवरण से उनके द्वारा अपने देश छोड़ने के कालखंड के विषय में सही विकल्प का चयन करें?**

इब्न-बतूता : 1304, **मार्को पोलो : ?** दक्षता आधारित प्रश्न

(a) 1254 ई. (b) 1264 ई. (c) 1274 ई. (d) 1284 ई.

उत्तर (a) 1254 ई.

22. **दिए गए कथनों की सहायता से मध्यकालीन यात्री का सही चयन कीजिए।**

- वह एक चिकित्सक, राजनीतिक, दार्शनिक तथा एक इतिहासकार था
- वह 1656 ई. से 1668 ई. तक भारत में बारह वर्ष तक रहा।
- वह दाराशिकोह के चिकित्सक के रूप में मुगल साम्राज्य से जुडा रहा। दक्षता आधारित प्रश्न

(a) दुआर्ते बारबोसा (b) जेसुइट रॉबर्टो
(c) बैप्टिस्ट तैबर्नियर (d) फ्रांस्वा बर्नियर

उत्तर (d) फ्रांस्वा बर्नियर

23. **मध्यकालीन भारत में आए विभिन्न यात्रियों को उनकी घटनाओं के क्रम से लगाएँ।** दक्षता आधारित प्रश्न

1. **अल-बरूनी ने अरबी में कृति किताब-उल-हिंद की रचना की।**
2. **इब्न-बतूता ने अरबी भाषा में रेहला वृत्तांत लिखा।**
3. **बर्नियर ने अपनी प्रमुख कृति को फ्रांस के शासक लुई XIV को समर्पित किया।**
4. **अब्दुर्रज्जक समरकंदी ने दक्षिण भारत की यात्रा की।**

कूट

(a) 1, 2, 4, 3 (b) 2, 1, 3, 4
(c) 4, 1, 2, 3 (d) 1, 4, 3, 2

उत्तर (a) 1, 2, 4, 3

24. **16वीं शताब्दी में भारत आए विभिन्न यात्रियों के आने के क्रम में कौन-सा सही नही हैं?** दक्षता आधारित प्रश्न

(a) मार्को पोलो, इब्न-बतूत्रा दुआर्ते बारबोसा
(b) दुआर्ते बारबोसा, सयदी अली रेइस, अंतोनियो मानसेरते
(c) सयदी अली रेइस, अंतोनियों मानसेरते, महमूद बल्द्वखी
(d) पीटर मुंडी, बर्नियर, दुआर्ते बारबोसा

उत्तर (d) पीटर मुंडी, बर्नियर, दुआर्ते बारबोसा

25. **भारत में इब्न बतूता की पहचान व लोकप्रियता के संबंध में दिए गए कथनों में से सटीक कथन का चयन करें।** दक्षता आधारित प्रश्न

(a) इब्न-बतूता ने यात्रा वृत्तांत रेहला की रचना की।
(b) यह इस्लामी कानून (शरिया) पर अपनी विशेषज्ञता के लिए प्रसिद्ध था।
(c) भारत के लिए प्रस्थान से पहले उसने मक्का, सीरिया, इराक, फारस, यमन, ओमान के तटीय व्यापारिक बंदरगाहों की यात्राएँ कीं।
(d) उसे दिल्ली काजी या न्यायाधीश नियुक्त किया गया।

उत्तर (a) इब्नबतूता ने यात्रा वृत्तांत रेहला की रचना की।

26. **सुमेलित कीजिए** **CBSE 2024**

सूची I	सूची II
A. अल-बरूनी	1. मोरक्को
B. इब्न-बतूता	2. समरकंद
C. मार्को पोलो	3. इटली
D. अब्दुर्रज्जाक	4. उज्बेकिस्तान

कूट

	A	B	C	D		A	B	C	D
(a)	1	3	4	2	(b)	2	1	3	4
(c)	4	1	3	2	(d)	3	2	4	1

उत्तर (c) 4 1 3 2

27. **सुमेलित कीजिए** **CBSE 2020**

सूची I	सूची II
A. मनूची	1. समरकंद
B. ज्यां बैप्टिस्ट तैबर्नियर	2. इटली
C. दुआर्ते बारबोसा	3. फ्रांस
D. अब्दुर्रज्जाक	4. पुर्तगाली

कूट

	A	B	C	D		A	B	C	D
(a)	2	3	4	1	(b)	1	4	3	2
(c)	4	1	2	3	(d)	3	2	1	4

उत्तर (a) 2 3 4 1

28. **सुमेलित कीजिए** **CBSE 2024**

सूची I (यात्री)	**सूची II** (लिखी गई किताबें)
A. अबुल फज़ल	1. ट्रैवल्स इन द मुगल एंपायर
B. इब्नबतूता	2. किताब-उल-हिंद
C. अल-बरूनी	3. रेहला
D. फ्रांस्वा बर्नियर	4. आइन-ए-अकबरी

कूट

	A	B	C	D
(a)	4	3	2	1
(b)	3	2	1	4
(c)	2	1	4	3
(d)	1	3	2	4

उत्तर (a) 4 3 2 1

29. नीचे दिए गए चित्र (विदेशी यात्री) को पहचानिए तथा सही नाम लिखिए *दक्षता आधारित प्रश्न*

(a) भारतीय पोशाक में तैबर्नियर का चित्र
(b) भारतीय पोशाक में अब्दुर्रज्जाक का चित्र
(c) भारतीय पोशाक में इब्न-बतूता का चित्र
(d) भारतीय पोशाक में महमूद- वली- बल्खी का चित्र

उत्तर (a) भारतीय पोशाक में तैबर्नियर का चित्र

30. नीचे दिए गए चित्र की पहचान कीजिए तथा उसका नाम लिखिए

(a) तुगलकाबाद, दिल्ली का मेहराब
(b) सिकंदरा, आगरा का मेहराब
(c) फतेहपुर, सीकरी का मेहराब
(d) लाल किला, दिल्ली का मेहराब

उत्तर (a) तुगलकाबाद, दिल्ली का मेहराब

निर्देश (प्र. सं. 31-35) नीचे दो कथन दिए गए हैं, जिनमें एक को कथन (A) तथा दूसरे को कारण (R) कहा गया है। नीचे दिए गए कूट की सहायता से सही उत्तर का चयन कीजिए।

कूट
(a) A और R दोनों सही हैं तथा R, A की सही व्याख्या है।
(b) A और R दोनों सही हैं, परंतु R, A की सही व्याख्या नहीं है।
(c) A सही है, किंतु R गलत है।
(d) A गलत है, किंतु R सही है।

31. कथन (A) बर्नियर का निजी स्वामित्व के गुणों में दृढ़ विश्वास था। उसने देखा कि मुगल साम्राज्य में भूमि पर राजकीय स्वामित्व राज्य और उसके निवासियों दोनों के लिए अहितकर है।

कारण (R) भूधारक अपने बच्चों को भूमि नहीं दे सकते थे। इसलिए वे उत्पादन के स्तर को बनाए रखने और उसमें बढ़ोतरी के लिए दूरगामी निवेश के प्रति उदासीन थे। **CBSE 2020**

उत्तर (a) बर्नियर के अनुसार, भारत और यूरोप के बीच मूल भिन्नताओं में से एक भारत में निजी भू-स्वामित्व का अभाव था। इसने माना कि मुगल साम्राज्य में सम्राट सारी भूमि का स्वामी था, जो इसे अपने अमीरों के बीच बाँटता था और इसके अर्थव्यवस्था और समाज के लिए अनर्थकारी परिणाम होते थे। इसके कारण ही भूधारक अपने बच्चों को भूमि दान नहीं दे सकते थे। इसलिए ये उत्पादन के स्तर को बनाए रखने और उसमें बढ़ोतरी के लिए दूरगामी निवेश के प्रति उदासीन थे।

32. कथन (A) अल-बरूनी ने भारत के जाति व्यवस्था के संबंध में ब्राह्मणवादी अपवित्रता संबंधी मान्यता को अस्वीकार किया तथा इसने जाति व्यवस्था को प्रकृति के विरुद्ध माना।

कारण (R) भारत में वास्तविक रूप में जाति व्यवस्था का कठोरता से पालन किया जाता है। अछूत सामाजिक प्रताड़ना से वंचित थे। *दक्षता आधारित प्रश्न*

उत्तर (c) अल-बरूनी ने जाति व्यवस्था के संबंध में ब्राह्मणवादी अपवित्रता संबंधी मान्यता को अस्वीकार किया तथा जाति व्यवस्था को प्रकृति के नियमों के विरुद्ध माना। जाति व्यवस्था के विषय में अल-बरूनी का विवरण उसके नियामक संस्कृत ग्रंथों के अध्ययन से गहनता से प्रभावित था।
अल-बरूनी ने साथ-साथ ये भी लिखा कि भारत में वास्तविक रूप में जाति व्यवस्था का कठोरता से पालन नहीं होता था। अछूत, जो सामाजिक प्रताड़ना के शिकार थे, को आर्थिक तंत्र में शामिल किया जाता था।

33. कथन (A) सल्तनतकाल में भारतीय वस्तुओं की केवल मध्य एशिया में ही माँग थी, जिससे भारतीय शिल्पकारों को काफी हानि उठानी पड़ती थी।

कारण (R) भारतीय कपड़ों विशेषकर सूती कपड़ा, महीन मलमल, रेशम, साटन आदि कपड़ों की व्यापारों में अधिक माँग थी।

उत्तर (d) सल्तनतकाल में भारतीय माल की मध्य तथा दक्षिण-पूर्व एशिया दोनों में अत्यधिक माँग थी, जिससे शिल्पकारों तथा व्यापारियों को काफी लाभ होता था।
इसको बढ़ावा देने के लिए संचार प्रणाली की उन्नत व्यवस्था थी। इस काल में भारतीय कपड़े विशेष रूप से सूती, मलमल, रेशम व साटन आदि की अधिक माँग थी।

34. कथन (A) बर्नियर के अनुसार मुगलकालीन भारतीय समाज में सती प्रथा का प्रचलन था। इस समय महिलाएँ कृषि कार्य करती थीं।

कारण (R) मुगलकालीन समाज में स्त्रियों की स्थिति अच्छी थी तथा वह केवल घरों तक सीमित नहीं थीं।

उत्तर (b) बर्नियर के अनुसार मुगलकाल में सती प्रथा प्रचलन में थी। यद्यपि कुछ स्त्रियाँ खुशी से मृत्यु का वरण कर लेती थीं। तथापि अन्य को मरने के लिए बाध्य किया जाता था। इसके विपरीत स्त्रियाँ आर्थिक गतिविधियों में भाग लेती थीं। वह कृषि कार्यों के अतिरिक्त व्यापारिक कार्यों में पुरुषों के साथ सहयोग करती थीं। वहीं उच्च वर्ग की स्थिति अच्छी थी। अतः महिलाओं को घरों तक सीमित नहीं रखा जाता था।

35. कथन (A) **इब्न-बतूता ने भारतीय कृषि को बहुत उत्पादक पाया।**

कारण (R) **मिट्टी उपजाऊ थी, जिससे किसानों को साल में दो फसलों को उगाना संभव था।** **CBSE 2024**

उत्तर (a) इब्न-बतूता द्वारा भारतीय कृषि को अर्थव्यवस्था की रीढ़ माना गया। उसके अनुसार भारत में साल में दो फसलें उगाई जाती थीं। इसलिए भारतीय कृषि की उत्पादकता अधिक थी। इब्न-बतूता ने भारत में आम, कटहल, नारंगी आदि फलों का वर्णन किया है। भारतीय खाद्यानों का वर्णन करते हुए इब्न-बतूता लिखता है कि "भारत में चावल प्रचुर मात्रा में होता है। पृथ्वी पर शायद ही कोई ऐसा क्षेत्र होगा, जहाँ इतनी मात्रा में खाद्यान्न होता होगा।"

लघु उत्तरीय प्रश्न

1. उन कारणों की परख कीजिए, जिनके फलस्वरूप अल-बरूनी ने भारत की यात्रा की।

अथवा **गजनी में रहते हुए अल-बरूनी की भारत के प्रति रुचि क्यों बढ़ी?**

उत्तर अल-बरूनी ने भारत की यात्रा निम्नलिखित कारणों से की हैं

- अल-बरूनी बहुमुखी प्रतिभा का धनी था। उसे अनेक भाषाओं का ज्ञान था, जिसके कारण भारत में 8वीं शताब्दी से संस्कृत में रचित खगोल विज्ञान, गणित और चिकित्सा संबंधी कार्यों का अरबी भाषा में अनुवाद से वह भारत के प्रति आकर्षित हुआ।
- पंजाब के गजनवी साम्राज्य का भाग बन जाने के कारण स्थानीय लोगों से हुए संपर्कों ने आपसी विश्वास और समझ का वातावरण तैयार किया, जिससे अल-बरूनी की जिज्ञासा बढ़ती गई।
- इसके साथ ही अल-बरूनी ने भारत आगमन के बाद ब्राह्मणों, पुरोहितों तथा विद्वानों के साथ कई वर्ष व्यतीत किए और संस्कृत, धर्म, प्रथा, दर्शन आदि का ज्ञान प्राप्त किया।

2. अल-बरूनी द्वारा लिखित पुस्तक का नाम बताइए और पुस्तक लिखने के लिए उसके द्वारा अपनाई गई विधि की संक्षिप्त व्याख्या कीजिए।

अथवा **अल-बरूनी द्वारा लिखित कृति का नाम लिखिए तथा उसकी भाषा व विषय-वस्तु का उल्लेख कीजिए।**

उत्तर अल-बरूनी ने अपना यात्रा वृत्तांत 'किताब-उल-हिंद' नाम से लिखा है। अलबिरूनी ने यह पुस्तक अरबी भाषा में लिखी है, जिसमें प्रत्येक अध्याय का प्रारंभ एक प्रश्न से होता है, जो साहित्य की विशिष्ट एवं विभिन्न शैली को प्रतिपादित करता है।

विषय-वस्तु संस्कृतवादी परंपराओं पर आधारित वर्णन और अंत में अन्य संस्कृतियों के साथ तुलना तथा इसके साथ ही, अल-बरूनी ने यहाँ के धर्म, दर्शन, त्योहार, खगोल विज्ञान, कमियाँ, रीति-रिवाजों, प्रथाओं तथा सामाजिक व आर्थिक जीवन का व्यापक आलोचनात्मक अध्ययन प्रस्तुत किया है।

3. 'हिंदू' शब्द का प्रयोग कब और कैसे हुआ?

उत्तर 'हिंदू' शब्द लगभग पाँचवीं-छठी शताब्दी ईसा पूर्व में प्रयुक्त होने वाले एक प्राचीन फ़ारसी शब्द, जिसका प्रयोग सिंधु नदी के पूर्व के क्षेत्र के लिए होता था, से निकला। अरबी लोगों ने इस फ़ारसी शब्द को जारी रखा और इस क्षेत्र को 'अल-हिंद' तथा यहाँ के निवासियों को 'हिंदी' कहा। कालांतर में तुर्कों ने सिंध से पूर्व में रहने वाले लोगों को 'हिंदू', उनके निवास क्षेत्र को' हिंदुस्तान' तथा उनकी भाषा को 'हिंदवी' का नाम दिया। इनमें से कोई भी शब्द लोगों की धार्मिक पहचान का द्योतक नहीं था। इस शब्द का धार्मिक संदर्भ में प्रयोग बहुत बाद में हुआ। हिंदुओं को ही आर्य, वैदिक और सनातनी कहा गया। हिंदू शब्द का जिक्र पारसी किताबों तथा वराहमिहिर रचित बृहत्संहिता में भी मिलता है।

4. भारतीय सामाजिक और ब्राह्मणिक प्रथाओं को समझने में अल-बरूनी को जिन अंतर्निहित समस्याओं का सामना करना पड़ा, उन्हें स्पष्ट कीजिए। उसके समर्थन में दिए गए किन्हीं दो स्रोतों का उल्लेख कीजिए।

उत्तर अल-बरूनी को अपना यात्रा वृत्तांत लेखन के दौरान अनेक भारतीय सामाजिक और ब्राह्मणिक प्रथाओं का सामना करना पड़ा, जो अल-बरूनी की साहित्यिक शैली की अंतर्निहित समस्याएँ भी बन गई थीं। ये समस्याएँ निम्नलिखित थीं

- उस समय प्रचलित संस्कृत, अरबी तथा फारसी से काफी अलग थी, जिसके सिद्धांतों एवं विचारों को एक भाषा से दूसरी भाषा में अनुवाद करना काफी जटिल कार्य था।
- धार्मिक रीति-रिवाजों और मान्यताओं में भी विभिन्नता थी।
- ब्राह्मणों का अभिमानपरक स्वभाव आदि।

इन सब समस्याओं के होते हुए भी, भारतीय समाज के अध्ययन के लिए अल-बरूनी लगभग पूरी तरह से ब्राह्मणों द्वारा रचित कृतियों पर आश्रित रहा। अल-बरूनी ने अपने यात्रा-वृत्तांतों में वेदों और पुराणों आदि स्रोतों के अंशों को शामिल किया है।

5. अल-बरूनी ने भारतीय संस्कृति और इसे देश के रूप में समझाने वाले जिन तीन प्रमुख अवरोधों की चर्चा की है, उनका संक्षिप्त विवरण दीजिए।

अथवा **भारतीय उपमहाद्वीप को समझने में अल-बरूनी के सामने आई बाधाओं की व्याख्या कीजिए।**

उत्तर अल-बरूनी ने भारत देश की यात्रा के दौरान कई अवरोधों की चर्चा की है, जो उसके अनुसार समझ में बाधक थे, वे निम्नलिखित हैं

- पहले अवरोध के रूप में उसने 'भाषा' की चर्चा की है। उसके अनुसार संस्कृत, अरबी तथा फारसी से काफी भिन्न थी, जिसके कारण विचारों और सिद्धांतों को एक भाषा से दूसरी भाषा में अनुवादित करना एक जटिल समस्या थी।
- दूसरे अवरोध के रूप में एक क्षेत्र का दूसरे क्षेत्र की धार्मिक अवस्था और प्रथा की भिन्नता को उसने चिह्नित किया है।
- लोगों के 'अभिमान' को उसने तीसरा अवरोध बताया है, जिसमें लोग अपनी श्रेष्ठता स्थापित करने का प्रयास करते थे।

6. दिल्ली के सुल्तान मोहम्मद-बिन-तुगलक के अधीन सेवा काल में इब्न-बतूता और सुल्तान के संबंधों की संक्षेप में व्याख्या कीजिए।

उत्तर इब्न-बतूता, मोहम्मद-बिन-तुगलक के शासनकाल में भारत आया था। वह मध्य एशिया के रास्ते से भारत आया था। उससे प्रभावित होकर सुल्तान ने उसे दिल्ली का काजी नियुक्त किया। वह इस पद पर कई वर्षों तक रहा, पर कुछ समय के पश्चात् उसने सुल्तान का विश्वास खो दिया और उसे कैद कर लिया गया। बाद में पुनः सुल्तान और इब्न-बतूता के बीच मतभेद दूर होने के बाद उसे राजकीय सेवा में पुनर्स्थापित किया गया और 1342 ई. में मंगोल शासक के पास सुल्तान के दूत के रूप में उसे चीन भेजा गया। अपनी नई नियुक्ति के

दौरान इब्न-बतूता मालाबार तट से होते हुए मालद्वीप पहुँचा तथा वहाँ 18 महीनों तक काजी के पद पर रहा और इसके बाद उसने श्रीलंका की यात्रा की।

7. इब्न -बतुता ने नारियल के वृक्ष को एक अनोखा व विस्मयकारी वृक्ष माना है। क्यों?

उत्तर इब्न-बतूता ने नारियल के वृक्ष को एक अनोखा व विस्मयकारी वृक्ष माना है। उसके अनुसार यह वृक्ष हू-ब-हू खजूर के वृक्ष के समान दिखता है, किंतु इससे काष्ठफल (अर्थात् नारियल) प्राप्त होता है, जबकि खजूर के वृक्ष से खजूर प्राप्त होता है। काष्ठफल अर्थात् नारियल की तुलना इब्न-बतूता ने मनुष्य के सिर से की है। वह कहता है कि "इसमें भी मानव सिर से मेल खाती दो आँख व एक मुख है, इसके अंदर का भाग हरा होने पर मस्तिष्क जैसा दिखता है, इसके रेशे बालों जैसे प्रतीत होते हैं।" नारियल के उपयोग को बताते हुए इब्न-बतूता कहता है कि इसके रेशों से रस्सी बनाई जाती है, जिसका प्रयोग लोहे की कील के स्थान पर जहाज को सिलने के लिए रस्सी बनाने में किया जाता है।

8. इब्न-बतूता द्वारा किया गया पान का वर्णन कितना सटीक है?

उत्तर इब्न-बतूता द्वारा किया गया पान का वर्णन अधिक रोचकपूर्ण है, जो निम्नलिखित है

- पान का वृक्ष लतादार वृक्ष है, जो अंगूर की तरह उगाया जाता है। पान पर फल नहीं पाया जाता, इसकी मात्र पत्तियाँ ही उपयोगी होती हैं।
- पान का प्रयोग करने की विधि के संबंध में इब्न-बतूता बताता है कि इसे खाने से पहले सुपारी ली जाती है।
- सुपारी जायफल जैसी होती है, इसे तोड़ा जाता है और इसके छोटे-छोटे टुकड़े किए जाते हैं। फिर इन्हें मुँह में रखकर पान की पत्तियों के साथ चबाया जाता है।

इस प्रकार, इब्न-बतूता के द्वारा किया गया पान का वर्णन काफी सटीक प्रतीत होता है, जो वर्तमान समय में भी उपयोगी है।

9. इब्न-बतूता ने भारत के प्रस्थान से पहले मक्का, सीरिया,इराक फारस, ओमान की यात्रा की। क्या कारण थे कि इब्न-बतूता ने भारत की यात्रा को छठी यात्रा कहा ? *दक्षता आधारित प्रश्न*

उत्तर इब्न-बतूता ने जिस समय भारत की यात्राएँ प्रारंभ कीं, उस समय की तात्कालिक परिस्थितियाँ यात्रा के लिए अत्यंत कठिन तथा जोखिम भरी थीं। उस समय इब्न-बतूता को मुल्तान से दिल्ली की यात्रा में 40 दिन और सिंध से दिल्ली की यात्रा में लगभग 50 दिन का समय लगा था। इब्न-बतूता को कई बार डाकुओं के आक्रमण का सामना करना पड़ा था, इसलिए वह अपने साथियों के साथ कारवाँ में चलना पसंद करता था, परंतु इससे भी लुटेरों के आतंक से नहीं बचा जा सकता था।

हठी यात्री के रूप में इब्न-बतूता वास्तव में एक हठी यात्री प्रतीत होता है, क्योंकि यात्राएँ करना इतना कठिन एवं जोखिम भरा होने के बावजूद उसने उत्तरी अफ्रीका, पश्चिमी एशिया, मध्य एशिया, चीन तथा भारतीय उपमहाद्वीप की विस्तृत यात्राएँ कीं, जो उसकी यात्रा के प्रति जिज्ञासा तथा हठधर्मिता को साबित करती हैं।

10. "चौदहवीं शताब्दी में भारत में एक अनूठी संचार व्यवस्था थी।" इब्न-बतूता के इस कथन का वर्णन कीजिए।

अथवा **भारतीय संचार प्रणाली के संदर्भ में इब्न-बतूता के विवरण का वर्णन कीजिए।**

अथवा **इब्न-बतूता ने भारत की तत्कालीन डाक व्यवस्था का वर्णन किस प्रकार किया है? स्पष्ट कीजिए।**

उत्तर चौदहवीं शताब्दी में भारत में प्रचलित संचार व्यवस्था को इब्न-बतूता ने एक विशिष्ट संचार व्यवस्था के रूप में वर्णित किया है। उसके अनुसार, व्यापारियों को प्रोत्साहित करने के लिए राज्य विशेष उपाय करता था। प्रायः सभी व्यापारिक मार्गों पर सराय तथा विश्रामगृह स्थापित किए जाते थे। इब्न-बतूता भारतीय डाक प्रणाली की कार्यकुशलता से अत्यधिक प्रभावित था।

इस प्रणाली के द्वारा व्यापारियों के लिए लंबी दूरी तक सूचना भेजना और संदेश प्रेषित करना संभव हुआ। साथ ही अल्प सूचना पर माल भेजना भी सरल हो गया था।

वह भारतीय डाक प्रणाली की प्रशंसा करते हुए लिखता है कि डाक प्रणाली इतनी कुशल थी कि जहाँ सिंध से दिल्ली की यात्रा में पचास दिन लगते थे, वहीं गुप्तचरों की खबरें सुल्तान तक इस डाक व्यवस्था के माध्यम से केवल पाँच दिनों में पहुँच जाती थीं। आगे वह डाक व्यवस्था का वर्णन करते हुए लिखता है कि भारत में दो प्रकार की डाक व्यवस्था प्रचलित थी

अश्व डाक व्यवस्था इस डाक व्यवस्था में हर चार मील की दूरी पर स्थापित राजकीय घोड़ों द्वारा पत्र या डाक व्यवस्था चालित होती थी। इस व्यवस्था को उलुक कहा जाता था।

पैदल डाक व्यवस्था इस डाक व्यवस्था के प्रति मील तीन अवस्थान होते थे, जिन्हें दावा कहा जाता था। यह एक मील का एक-तिहाई होता था। हर तीन मील पर घनी आबादी वाला एक गाँव होता था, जिसके बाहर तीन मंडप होते थे, जिनमें लोग तैयार बैठे रहते थे। उनमें से प्रत्येक के पास दो हाथ लंबी एक छड़ होती थी, जिसके ऊपर ताँबे की घंटियाँ लगी होती थीं। जब संदेशवाहक शहर से यात्रा आरंभ करता था, तो एक हाथ में पत्र तथा दूसरे में घंटियों सहित छड़ लिए वह क्षमतानुसार तेज भागता था। जब मंडप में बैठे लोग घंटियों की आवाज सुनते, तो वे तैयार हो जाते थे। जैसे ही संदेशवाहक उनके पास पहुँचता, उनमें से एक उससे पत्र लेता और वह छड़ हिलाते हुए पूरी ताकत से दौड़ता, जब तक वह अगले दावा तक नहीं पहुँच जाता। पत्र के अपने गंतव्य स्थान तक पहुँचने तक यही प्रक्रिया चलती रहती थी।

मूल्यांकन पैदल डाक व्यवस्था, अश्व डाक व्यवस्था से अधिक तीव्र होती थी और इसका प्रयोग अकसर खुरासान के फलों के परिवहन के लिए होता था, जिन्हें भारत में बहुत पसंद किया जाता था।

11. अब्दुर्रज्जाक के यात्रा वृत्तांत को संवेगों और अवबोधनों का मिश्रण क्यों कहा गया है? *दक्षता आधारित प्रश्न*

उत्तर अब्दुर्रज्जाक द्वारा 1440 के दशक में उसके लिखे वृत्तांतों में अवबोधनों और संवेगों का रोचक मिश्रण देखने को मिलता है। जहाँ एक तरफ उसने केरल के कालीकट (वर्तमान/आधुनिक कोझीकोड) बंदरगाह पर जो देखा, उसे प्रशंसनीय नहीं माना। उसने लोगों के प्रति जैसी कल्पना की थी, वहाँ के लोग वैसे नहीं थे। इन लोगों को उसने एक 'विचित्र देश' के लोग बताया।

उसने मंगलौर भ्रमण के दौरान एक अनोखा मंदिर देखा, जिसकी प्रशंसा में उसने अनेक बातें कहीं और उसे अतुलनीय बताया। यह वर्गाकार था, जिसकी संरचना चार द्वार-मंडपों के साथ पूरी तरह से ढले हुए काँसे से ढकी हुई थी। प्रवेशद्वार के द्वार-मंडप में सोने की बनी एक मूर्ति थी, जो मानव आकृति जैसी आदमकद थी।

उसकी दोनों आँखों में काले रंग के माणिक इतनी कुशलता से लगाए गए थे; मानो वह सचमुच देख रही हो। इस शिल्पकला और कारीगरी को संवेगों एवं अवबोधनों का मिश्रण कहा गया है।

12. बर्नियर ने मुगलकालीन राजकीय कारखानों के संबंध में क्या विवरण प्रस्तुत किया है?

उत्तर विदेशी यात्रियों में बर्नियर एकमात्र इतिहासकार है, जिसने राजकीय कारखानों की कार्य-प्रणाली का विस्तृत वर्णन अपने विवरण में दिया है, जो निम्नलिखित है

- कई स्थानों पर बड़े कक्ष दिखाई पड़ते थे, जिन्हें कारखाने या शिल्पकारों की कार्यशाला कहा जाता था।
- इस बड़े कक्ष में कई छोटे-छोटे कक्ष होते थे, जिसके कई कमरों में विविध शिल्पों का कार्य किया जाता था; जैसे—पहले कक्ष में कसीदाकारी, दूसरे में सुनार, तीसरे में चित्रकार आदि। ये शिल्पी किसी-न-किसी मास्टर के अधीन काम करते थे। ये रोज सुबह कारखाने में आ जाते थे और दिनभर काम करने के बाद शाम को अपने घर चले जाते थे। यही उनका नियमित कार्य था।

13. मुगलकालीन भारत में भू-संपत्तियों के स्वामित्व पर बर्नियर के दृष्टिकोण की समीक्षा कीजिए। *दक्षता आधारित प्रश्न*

उत्तर मुगलकालीन भारत में भू-संपत्तियों के स्वामित्व पर बर्नियर का यह विचार था कि समस्त भूमि का स्वामी बादशाह था अर्थात् भूमि पर राजकीय स्वामित्व था, जिसके कारण राज्य व समाज दोनों पर हानिकारक परिणाम हुए।

उसका मानना था कि सम्राट ही भूमि का वितरण अपने गवर्नरों या अमीरों के बीच करता था। भूमि पर निजी स्वामित्व न होने के कारण किसानों को उत्पादन स्तर बढ़ाने में रुचि नहीं रही। अतः दूरगामी निवेश न होने के कारण भूमि के रख-रखाव को भी अनदेखा किया गया, जिसके परिणामस्वरूप किसानों और श्रमिकों का क्रमिक पतन हुआ और गरीबों की संख्या बहुत बढ़ गई।

14. बर्नियर ने भूमि स्वामित्व के कौन-कौन से दुष्परिणाम बताए थे?

उत्तर बर्नियर ने भारतीय भू-स्वामित्व के प्रचलन संबंधी निम्नलिखित दुष्परिणाम बताए थे

- बर्नियर के अनुसार भारत में निजी भू-स्वामित्व का अभाव था। वह भूमि पर राजकीय स्वामित्व को राज्य तथा उसके निवासियों दोनों के लिए हानिकारक मानता था।
- बर्नियर को प्रतीत हुआ कि भूमि पर संपूर्ण अधिकार सम्राट का था, जिसे वह अपने अमीरों में बाँटता था। फलस्वरूप इसकी अर्थव्यवस्था और समाज पर हानिकारक प्रभाव पड़ता था।
- बर्नियर के अनुसार भू-स्वामी अपने बच्चों को भूमि नहीं दे सकते थे। इसलिए वे उत्पादन के स्तर को बनाए रखने और उसमें बढ़ावे के लिए निवेश के प्रति उदासीन थे।
- निजी स्वामित्व के अभाव ने बेहतर भू-स्वामी के वर्ग के उदय को रोका, जो भूमि के रख-रखाव व बेहतरी के प्रति सजग रहते थे।
- निजी भूमि स्वामित्व के कारण कृषि का विनाश, कृषकों का उत्पीड़न तथा समाज के सभी वर्गों के जीवन स्तर में गिरावट आई।

15. बर्नियर ने मुगलकालीन शहरों को 'शिविर नगरों' के रूप में क्यों वर्णित किया? वर्णन कीजिए।

उत्तर 17वीं शताब्दी में भारत आने वाले फ्रांसीसी यात्री बर्नियर ने मुगलकालीन भारतीय शहरों के संदर्भ में रोचक विवरण दिया है। '**ट्रैवल्स इन द मुगल एंपायर**' में उसने शहरों के बारे में वर्णन किया है कि कुल जनसंख्या का लगभग 15% भाग शहरों में रहता था। इन शहरों को बर्नियर ने 'शिविर नगर' के नाम से संबोधित किया है, क्योंकि नगर या शहर का अस्तित्व राजकीय शिविरों पर आधारित था। ऐसे नगर राजकीय शिविरों के आस-पास विकसित होते थे। इन नगरों को शासक द्वारा भी प्रोत्साहित किया जाता था, क्योंकि इन नगरों से सैनिक शिविरों की दैनिक आवश्यकताओं की आपूर्ति आसानी से हो जाती थी। ऐसे नगरों का विकास काफी कम समय में संभव हो जाता था और उतना ही शीघ्र इसका पतन भी हो जाता था।

शिविर नगरों के तीव्र पतन का मुख्य कारण सामाजिक और आर्थिक नींव का व्यवहार्य नहीं होना और राजकीय प्रश्रय या संरक्षण पर आश्रित होना आदि था। किसी स्थान विशेष पर राजकीय शिविर की स्थापना के साथ ही शिविर नगरों की स्थापना होती थी और शिविरों के किसी अन्य स्थान पर पलायन के साथ ही ये नगर पतनोन्मुख हो जाते थे।

16. बर्नियर के मुगल साम्राज्य के बारे में दिए गए वर्णन में की गई एक जटिल सामाजिक सच्चाई के संकेत को स्पष्ट कीजिए। *दक्षता आधारित प्रश्न*

उत्तर बर्नियर ने अपने वर्णन में मुगल साम्राज्य को एक निरंकुश राज्य दिखाने का प्रयत्न किया है, किंतु कई बार उसके वर्णन में कुछ जटिल सामाजिक सच्चाई भी देखने को मिलती है। बर्नियर के अनुसार शिल्पकारों के द्वारा अपने उत्पादों को बेहतर बनाने का प्रयास नहीं किया जाता था, क्योंकि राज्य के द्वारा लाभ का अधिग्रहण कर लिया जाता था। इसलिए उत्पादन की स्थिति पतनोन्मुख थी, साथ ही वह यह भी मानता है कि पूरे विश्व से बड़ी मात्रा में बहुमूल्य धातुएँ भारत में आती थीं, क्योंकि उत्पादों का सोने और चाँदी के बदले निर्यात होता था। वह एक समृद्ध व्यापारिक समुदाय, जो लंबी दूरी के विनिमय में संलग्न था, के अस्तित्व को भी रेखांकित करता है।

17. इब्न-बतूता के पद-चिह्नों के संदर्भ में एक अंश दिया गया है, जिसमें कहा गया कि '1400 से 1800 के बीच भारत आए यात्रियों ने फारसी में कई यात्रा वृत्तांत लिखे। उसी समय भारत से मध्य एशिया, ईरान तथा ऑटोमन साम्राज्य की यात्रा करने वालों ने भी कभी-कभी अनुभव लिखे। इन लेखकों ने अल-बरूनी और इब्न-बतूता के पद चिह्नों का अनुसरण किया। इनमें से कुछ ने इन पूर्ववर्ती लेखकों को पढ़ा भी था'

इस वृत्तांत अंश में कुछ याात्रियों का विवरण दिया गया है। इन यात्रियों के विवरण का अनुशरण कर क्या हम भारत के प्रति उनके दृष्टिकोण को पता कर सकते हैं। *दक्षता आधारित प्रश्न*

उत्तर इब्न-बतूता के बाद भारत में अनेक विदेशी यात्री आए, जिनमें से सबसे प्रसिद्ध लेखकों में अब्दर्रज़ाक समरकंदी जिसने 1440 के दशक में दक्षिण भारत की यात्रा की थी, महमूद वली-बल्खी, जिसने 1620 ई.के दशक में व्यापक रूप से यात्राएँ की थीं तथा शेख अली हाजिन, जो 1740 के दशक में उत्तर भारत आया था। इनके विवरणों

तथा वृत्तांत से हमें ज्ञात होता है कि इनमें से कुछ लेखक भारत से सम्मोहित थे और यहाँ तक कि उनमें से एक महमूद वल्खी तो कुछ समय के लिए संन्यासी भी बन गया था। कुछ अन्य यात्री जैसे हाजिन अपने वृत्तांतों में भारत से निराशा जाहिर करते हैं। यहाँ तक की भारत से घृणा करने लगते हैं, क्योंकि वे भारत मे अपने लिए एक उत्सवीय स्वागत की आशा कर रहे थे। अधिकांश लेखकों ने भारत को अचम्भों के देश के रूप में देखा है।

दीर्घ उत्तरीय प्रश्न

1. अल-बरूनी के यात्रा वृत्तांत को बताते हुए उसके द्वारा दर्शाए गए सामाजिक चित्रण की व्याख्या कीजिए।

उत्तर अल-बरूनी, एक प्रसिद्ध फारसी विद्वान, गणितज्ञ, खगोलशास्त्री और भूगोलवेत्ता थे, जिसने 11वीं सदी में भारत की यात्रा की थी। अल-बरूनी का भारत आने का उद्देश्य यहाँ के समाज, संस्कृति, धर्म, विज्ञान और ज्ञान की परंपराओं का अध्ययन करना था। अपनी पुस्तक 'तहकीक-ए-हिंद' में उसने भारतीय समाज का विस्तार से वर्णन किया है।

(i) **धार्मिक और सांस्कृतिक विविधता** अल-बरूनी ने भारत में प्रचलित विभिन्न धार्मिक मान्यताओं और धार्मिक पुस्तकों; जैसे- वेद, पुराण और महाभारत का अध्ययन किया। उसने हिंदु धर्म के विभिन्न संप्रदायों और उनकी आस्थाओं पर प्रकाश डाला। उसने विशेष रूप से भारतीय समाज में धार्मिक अनुष्ठानों, देवी-देवताओं और पूजा-पद्धतियों का वर्णन किया।

(ii) **जाति व्यवस्था और सामाजिक विभाजन** अल-बरूनी ने भारतीय समाज में जाति-प्रथा को लेकर भी विस्तार से लिखा है। उसने वर्ण व्यवस्था और जातीय संरचना का उल्लेख करते हुए बताया कि समाज को चार मुख्य वर्णों- ब्राह्मण, क्षत्रिय, वैश्य और शूद्र में विभाजित किया गया है। जाति-प्रथा में ऊँच-नीच और भेदभाव का उल्लेख करते हुए उसने बताया कि ऊँची जातियों को अधिक अधिकार और सुविधाएँ मिलती थीं जबकि निचली जातियाँ सीमित और अपेक्षित रहती थीं।

(iii) **शिक्षा और विज्ञान का स्तर** अल-बरूनी ने भारतीय गणित, खगोलशास्त्र, आयुर्वेद और अन्य विज्ञानों की प्रगति की सराहना की। उसने भारत के महान गणितज्ञों और खगोलशास्त्रियों का सम्मानपूर्वक उल्लेख किया तथा यहाँ के ज्ञान विज्ञान को इस्लामी और यूनानी ज्ञान से तुलना कर उसे बेहतर समझने की कोशिश की।

(iv) **भाषा और साहित्य** अल-बरूनी ने संस्कृत भाषा को अत्यंत महत्त्वपूर्ण बताया और इसकी जटिलता एवं व्यापकता पर प्रकाश डाला। उसने संस्कृत साहित्य, विशेषकर वेदों, महाकाव्यों तथा धर्मशास्त्रों का अध्ययन किया और इस भाषा के प्रति अपनी रुचि सम्मान को दर्शाया।

(v) **भारतीय समाज का समस्त दृष्टिकोण** अल-बरूनी के अनुसार, भारतीय समाज सहिष्णु, जिज्ञासु और ज्ञान के प्रति प्रेमी था, लेकिन उसने भारतीय समाज में बाहरी दुनिया के प्रति थोड़ी उदासीनता और अन्य संस्कृतियों के प्रति आरक्षण का भी उल्लेख किया

अल-बरूनी का भारत यात्रा वृत्तांत न केवल उस युग के भारतीय समाज का दर्पण है, बल्कि यह उस समय के समाज, धार्मिक, सांस्कृतिक और वैज्ञानिक स्थिति को भी उजागर करता है। उसका वृत्तांत हमें मध्यकालीन भारत को बेहतर ढंग से समझने में मदद करता है।

2. उन यात्रियों ने जो भारत आए, सामाजिक पक्षपात को सामान्य परिस्थिति क्यों माना? स्पष्ट कीजिए। दक्षता आधारित प्रश्न

उत्तर भारत में आए विदेशी यात्रियों में से कुछ ने अपनी भारत यात्रा के अनुभवों को अपने वृत्तांतों में लिखा है। 10वीं सदी से 17वीं सदी तक भारत में अनेकों यात्री आए। अल-बरूनी उन्हीं यात्रियों में से एक था, जो 1017 ई. में भारत आया। उसने भारत में प्रचलित जाति व्यवस्था को अपनी जानकारी के अनुसार अन्य समुदायों में इसके प्रतिरूपों की खोज के माध्यम से समझने और व्याख्या करने की कोशिश की। अपने वृत्तांत 'किताब-उल-हिंद' में उसने लिखा है कि प्राचीन फारस में भी भारत की तरह ही समाज चार वर्गों में विभक्त था। यद्यपि अलबिरूनी ने अपवित्रता संबंधी ब्राह्मणवादी व्याख्या को नकार दिया, किंतु जाति व्यवस्था को एक सामान्य परिस्थिति माना, क्योंकि अन्य समुदायों में भी इसके प्रतिरूप व्याप्त थे।

इसी प्रकार इब्न-बतूता नामक यात्री ने 'रेह्ला' नामक अपने वृत्तांत में दासों की स्थिति पर चर्चा की है, जो तत्कालीन समय में बहुत अधिक प्रचलित थे। दासों के साथ बहुत ही निर्मम व्यवहार किया जाता था। उनको बहुत ही कम दामों में खरीदा व बेचा जाता था।

स्त्री दासियों का भी प्रचलन था, जिन्हें मनोरंजन तथा जासूसी के लिए नियुक्त किया जाता था, किंतु इब्न-बतूता ने भी दास प्रथा को सामान्यतः स्वीकार किया है, क्योंकि यह लगभग विश्व के अन्य कई क्षेत्रों में भी प्रचलित थी और इब्न-बतूता इससे परिचित थी। अतः उसने भारत में दास प्रथा को एक सामान्य परिस्थिति के रूप में ही देखा।

इस प्रकार, उपरोक्त विवरणों से स्पष्ट होता है कि कई यात्रियों ने भारत में प्रचलित सामाजिक एवं धार्मिक प्रथाओं को सामान्य परिस्थिति के रूप में संबोधित किया है।

3. अंकुर, बर्नियर के दृष्टिकोण से मुगलकालीन समाज को समझने की कोशिश कर रहा है।

बर्नियर के वृत्तांत के साक्ष्यों से प्राप्त तीन मुगल पद्धतियों का उल्लेख करें। दक्षता आधारित प्रश्न

(i) **शिल्पकार** (ii) **व्यापारी** (iii) **शहर**

उत्तर बर्नियर फ्रांस से भारत शाहजहाँ के शासनकाल में आया था, पेशे से वह एक चिकित्सक, दार्शनिक व इतिहासकार था। वह 1656 से 1668 ई. तक भारत में रहा। बर्नियर ने अपने वृत्तांत में समाज के विभिन्न वर्गों का उल्लेख किया है।

शिल्पकार शिल्पकारों के संदर्भ में बर्नियर कहता है कि शिल्पकारों के पास अपने उत्पादों को बेहतर बनाने का कोई प्रयास नहीं किया जाता था, क्योंकि लाभ का अधिग्रहण राज्य कर लेता था, इसलिए उत्पादन पर नकारात्मक प्रभाव पड़ा। साथ ही वह यह भी मानता है कि पूरे विश्व से बड़ी मात्रा में बहुमूल्य धातुएँ भारत में आती थीं, क्योंकि उत्पादों का सोने और चाँदी के बदले निर्यात होता था।

व्यापारी बर्नियर एक समृद्ध व्यापारिक समुदाय, जो लंबी दूरी के विनिमय में संलग्न थे, के अस्तित्व को रेखांकित करता है और बताता है कि विभिन्न प्रकार के रेशम तथा सूती वस्त्रों का विदेश में निर्यात किया जाता था। व्यापारी अपनी जाति तथा व्यावसायिक संस्थाओं के माध्यम से संगठित होते थे। पश्चिमी भारत में ऐसे समूह 'महाजन' के नाम से जाने जाते थे और मुखिया को 'सेठ' के नाम से जाना जाता था।

शहर बर्नियर के अनुसार 17वीं शताब्दी में जनसंख्या का लगभग 15% भाग नगरों में रहता था। यह औसत उस समय की पश्चिमी यूरोप की नगरीय जनसंख्या से अधिक था। इसके अतिरिक्त वह इन नगरों को 'शिविर नगर' भी कहता है, जिससे उसका आशय उन नगरों से था, जो अपने अस्तित्व के लिए राजकीय संरक्षण पर निर्भर रहते हैं। इसके साथ ही बर्नियर व्यापारिक नगर, बंदरगाह नगर, उत्पादन केंद्र आदि सभी प्रकार के नगरों के अस्तित्व का भी वर्णन करता है, जिससे समृद्ध व्यापारिक नगरों की जानकारी मिलती है।

4. बर्नियर के यात्रा वृत्तांत को मुगल राजनीति व समाज को जानने का महत्त्वपूर्ण स्रोत क्यों माना जाता है? स्पष्ट कीजिए।

दक्षता आधारित प्रश्न

उत्तर बर्नियर का यात्रा वृत्तांत 'ट्रैवल्स इन द मुगल एंपायर' अपने गहन प्रेक्षण, आलोचनात्मक अंतर्दृष्टि तथा चिंतन के लिए उल्लेखनीय है, जिसमें उसने मुगलकालीन भारत के भौतिक परिवेश, रीति-रिवाज, धर्म-संस्कृति तथा दरबारी इतिहास का रोचक वर्णन किया है, जिसका विवरण निम्नलिखित है

- बर्नियर ने अपने विवरण में जो भी तथ्य दिया है, वह उसकी आँखों देखी घटनाओं पर आधारित था, जो उसके विवरण में विश्वसनीयता एवं सत्यपरकता का बोध कराता है।
- बर्नियर ने अपनी पुस्तक में विभिन्न घटनाओं का उल्लेख किया है, जिसमें शाहजहाँ के पुत्रों के बीच उत्तराधिकार का युद्ध, औरंगजेब द्वारा शाहजहाँ को कैद किया जाना, विदेशियों का मुगल दरबार में आना तथा शिवाजी के द्वारा सूरत लूट का वर्णन मिलता है। बर्नियर ने अपने वृत्तांत में दाराशिकोह के बारे में व्यापक रूप में विवरण दिया है, क्योंकि उसे दाराशिकोह का संरक्षण प्राप्त था। वह मुगलों के राजनीतिक उत्तराधिकार की समस्या एवं राज-सिंहासन प्राप्ति के लिए खूनी संघर्ष का ब्यौरा भी देता है।
- बर्नियर ने मुगलकालीन दरबारी संस्कृति, सामाजिक जीवन, रीति-रिवाज, हिंदू समाज, कश्मीर का वर्णन, औरंगजेब के सैन्य अभियान आदि का उल्लेख कई अध्यायों में किया है। उसने अपने ग्रंथ के अंतिम अध्याय में मुगलकालीन आर्थिक स्थिति का उल्लेख किया है तथा राजस्व से प्राप्त होने वाली आय का भी विवरण दिया है।
- बर्नियर का मुगलकाल संबंधी युद्धों का विवरण सही प्रतीत होता है, क्योंकि यह मुगल शासकों एवं सेना के साथ युद्धों में भाग लेता था और उसने युद्ध के दौरान जो भी देखा, उसका वर्णन अपने यात्रा वृत्तांत में किया था।
- बर्नियर ने औरंगजेब की धार्मिक नीतियों की आलोचना करते हुए वर्णन किया। औरंगजेब ने शासन व्यवस्था का संचालन सुचारु रूप से किया, लेकिन वह धार्मिक क्षेत्र में असहिष्णु व्यक्ति था। उसने हिंदू समाज में प्रचलित वर्ण व्यवस्था के बारे में भी उल्लेख किया है। अतः बर्नियर का यात्रा-वृत्तांत मुगलकालीन शासन व्यवस्था तथा समाज को जानने के लिए महत्त्वपूर्ण स्रोत है।

5. बर्नियर की रचना 'ट्रैवल्स इन द मुगल एंपायर' पर एक आलोचनात्मक टिप्पणी लिखिए।

उत्तर बर्नियर की रचना 'ट्रैवल्स इन द मुगल एंपायर' के कई मतों के आधार पर आलोचनात्मक बिंदु प्रस्तुत किए गए हैं। इन बिंदुओं का विस्तृत विवरण इस प्रकार है

बर्नियर के विरोधाभासिक तथ्य

- बर्नियर के विवरणों में विरोधाभासों की झलक मिलती है। एक ओर उसने अपने विवरणों में यह बताया है कि शिल्पकारों द्वारा अपने उत्पादों को बेहतर बनाने के प्रयास नहीं किए जाते थे, क्योंकि मुनाफे का अधिग्रहण राज्य द्वारा कर लिया जाता था, जिसके कारण उत्पादन पर नकारात्मक प्रभाव पड़ा।
- वहीं दूसरी ओर उसका यह वक्तव्य कि पूरे विश्व से बड़ी मात्रा में बहुमूल्य धातुएँ भारत में आती थीं, क्योंकि उत्पादों का सोने और चाँदी के बदले निर्यात होता था, जो एक समृद्ध व्यापार का उदाहरण है, विरोधाभासों को दिखाता है।

विवादित भू-राजस्व व्यवस्था

- सरकारी मुगल दस्तावेजों के अध्ययन से बर्नियर के विवरण निराधार प्रतीत होते हैं। अकबर के दरबारी इतिहासकार अबुल फजल ने भू-राजस्व को 'राजत्व का पारिश्रमिक' बताया है, जो शासक द्वारा अपनी प्रजा की सुरक्षा के बदले में लिया जाता था, न कि भूमि पर लगान के रूप में।
- ऐसा प्रतीत होता है कि यूरोपीय यात्री भू-राजस्व की अधिक माँग के कारण इसे 'लगान' समझ बैठे थे, परंतु वास्तव में यह न तो लगान था और न ही भूमिकर। यह भू-उपज पर लगने वाला कर था।

ग्रामीण समुदाय विवादित चित्रण

- ग्रामीण समुदाय का यह चित्रण सही नहीं था। सोलहवीं से 17वीं शताब्दी में ग्रामीण समाज में कई सामाजिक- आर्थिक अंतर थे।
- जहाँ एक ओर बड़े जमींदार थे, जो भूमि के उच्चाधिकारी थे, वहीं दूसरी ओर भूमिहीन श्रमिक (बलाहार)। इन दोनों के मध्य बड़े किसान होते थे, जो भूमिहीन किसानों के श्रम से कृषि उत्पादन में लगे रहते थे। इसके अतिरिक्त छोटे किसान भी थे, जो छोटे पैमाने पर ही खेती कर पाते थे।

6. बर्नियर ने भूमि पर राजकीय स्वामित्व को राज्य तथा उसके निवासियों के लिए हानिकारक क्यों माना?

दक्षता आधारित प्रश्न

अथवा **मुगल भारत के दौरान भूमि के राजकीय स्वामित्व और निजी संपत्ति की कमी के बर्नियर के विवरण की परख कीजिए।** **CBSE 2024**

उत्तर बर्नियर ने अपनी पुस्तक में भारत तथा यूरोप में प्रचलित भू-स्वामित्व संबंधी तुलनात्मक अध्ययन का रोचक विवरण दिया है। बर्नियर का निजी स्वामित्व के गुणों में दृढ़ विश्वास था। उसने भारत में प्रचलित भूमि पर राजकीय स्वामित्व का विस्तृत रूप से अध्ययन करने के पश्चात् इसे राज्य तथा उसके नागरिकों दोनों के लिए हानिकारक माना है। उसने यह महसूस किया कि मुगल साम्राज्य में मुगल बादशाह ही संपूर्ण भूमि का स्वामी होता था।

बादशाह इन भू-क्षेत्रों से राजस्व उगाही के लिए अपने अमीरों के बीच भूमि वितरण करता था, जो बादशाह के बाद भूमि के वास्तविक स्वामी होते थे। ये राजस्व वसूली के लिए किसानों पर मनमाने कर लगाते थे, जो भारतीय अर्थव्यवस्था और समाज दोनों के लिए हानिकारक साबित होते थे। इसके साथ ही दूरगामी निवेश न होने के कारण भूमि के रख-रखाव को भी अनदेखा किया गया, जिसके फलस्वरूप किसानों और श्रमिकों का क्रमिक पतन हुआ और गरीबों की संख्या में बढ़ोतरी हुई। राजकीय भू-स्वामित्व के कारण बर्नियर का मत है कि भू-स्वामी

अपनी भूमि को अपने बच्चों में वितरित नहीं कर पाते थे, जिससे उसका समुचित अनुप्रयोग हो सके। इसलिए वे उत्पादन के स्तर को बनाए रखने एवं उसकी उत्पादकता में बढ़ोतरी के लिए निवेश नहीं कर पाते थे, जिसका भूमि पर दूरगामी प्रभाव पड़ा।

अतः निजी भू-स्वामित्व के अभाव के कारण योग्य भू-धारकों के वर्ग का उदय (जैसा कि पश्चिमी यूरोप में से) नहीं हो सका, जो भूमि की देखभाल व प्रबंधन के प्रति जागरूक होते थे।

इसके नकारात्मक परिणाम के रूप में कृषि का समुचित विकास न होना, किसानों का उत्पीड़न, गरीबी आदि दृष्टिगत हुए। बर्नियर ने अपने मतों को स्पष्ट करने के लिए यूरोप के निजी भू-स्वामित्व का उदाहरण दिया, जहाँ भू-स्वामियों ने उनकी भूमि पर निजी स्वामित्व के कारण कृषि में आमूल-चूल परिवर्तन किए थे।

7. अपनी यात्रा के दौरान दिल्ली और दौलताबाद पर इब्न-बतूता के विचारों की परख कीजिए। **CBSE 2024**

अथवा **इब्नबतूता ने भारतीय शहरों का वर्णन किस प्रकार किया है?** **CBSE 2024**

उत्तर इब्नबतूता, मोहम्मद-बिन-तुगलक के शासनकाल में मध्य एशिया के रास्ते से भारत आया था। उससे प्रभावित होकर सुल्तान ने उसे दिल्ली का काजी नियुक्त किया। वह इस पद पर कई वर्षों तक रहा, परंतु कुछ समय के पश्चात् उसने सुल्तान का विश्वास खो दिया और उसे कैद कर लिया गया। बाद में पुनः सुल्तान और इब्नबतूता के बीच मतभेद दूर होने के बाद उसे राजकीय सेवा में पुनर्स्थापित किया गया और 1320 ई. में मंगोल शासक के पास सुल्तान के दूत के रूप में उसे चीन भेजा गया। अपनी नई नियुक्ति के दौरान इब्न-बतूता मालाबार तट से होते हुए मालद्वीप पहुँचा तथा वहाँ 18 महीनों तक काजी के पद पर रहा और इसके बाद उसने श्रीलंका की यात्रा की।

इब्न-बतूता ने उपमहाद्वीप के शहरों को उन लोगों के लिए व्यापक अवसरों से भरपूर पाया जिनके पास आवश्यक इच्छा, साधन तथा कौशल था। ये शहर घनी आबादी वाले तथा समृद्ध थे सिवाय कभी-कभी युद्धों तथा अभियानों से होने वाले विध्वंस के। इब्न-बतूता के वृत्तांत से ऐसा प्रतीत होता है कि अधिकांश शहरों में भीड़-भाड़ वाली सड़कें तथा चमक-दमक वाले और रंगीन बाज़ार थे, जो विविध प्रकार की वस्तुओं से भरे रहते थे।

इब्न-बतूता दिल्ली को एक बड़ा शहर, विशाल आबादी वाला तथा भारत में सबसे बड़ा बताता है। दौलताबाद (महाराष्ट्र में) भी कम नहीं था और आकार में दिल्ली को चुनौती देता था।

इब्नबतूता ने अपने वर्णन में भारतीय उपमहाद्वीप के शहरों को उन लोगों के लिए व्यापक अवसरों से भरपूर पाया, जिनके पास आवश्यक इच्छा, साधन तथा कौशल था।

स्रोत आधारित प्रश्न

1. एक विचित्र देश 1440 के दशक में लिखा गया अब्दुर्रज्जाक का यात्रा वृत्तांत संवेगों और अवबोधनों का एक रोचक मिश्रण है। एक ओर केरल में कालीकट (आधुनिक कोज़ीकोड), बंदरगाह पर उसने जो देखा उसे प्रशंसनीय नहीं माना, ''यहाँ ऐसे लोग बसे हुए थे, जिनकी कल्पना मैने कभी भी नहीं की थी।'' इन लोगों को उसने एक ''विचित्र देश'' बताया।

कालांतर में अपनी भारत यात्रा के दौरान वह मंगलौर आया, और पश्चिमी घाट को पार किया। यहाँ उसने एक मंदिर देखा, जिसने उसे प्रशंसा से भर दिया।

मंगलौर से नौ मील के भीतर ही, मैंने एक ऐसा पूजा-स्थल देखा, जो पूरे विश्व में अतुलनीय है। यह वर्गाकार था, जिसकी प्रत्येक भुजा लगभग दस गज़, ऊँचाई पाँच गज़ थी और जो चार द्वार-मंडपों के साथ, ही पूरी तरह से ढले हुए काँसे से ढका हुआ था। प्रवेशद्वार के द्वार-मंडप में सोने की बनी एक मूर्ति थी, जो मानव आकृति जैसी तथा आदमकद थी। इसकी दोनों आँखों में काले रंग के माणिक इतनी चतुराई से लगाए गए थे कि प्रतीत होता था मानो वह देख सकती हों। इस शिल्प और कारीगरी के क्या कहने! **CBSE 2024**

(i) **अब्दुर्रज्जाक ने भारत को 'विचित्र देश' क्यों कहा?**

उत्तर केरल में कालीकट (आधुनिक कोजीकोड), बंदरगाह पर रज्जाक ने जो देखा उसे प्रशंसनीय नहीं माना, यहाँ ऐसे लोग बसे हुए थे, जिनकी कल्पना मैने कभी भी नहीं की थी।'' इन लोगों को उसने एक 'विचित्र देश' बताया।

(ii) **इस स्रोत में भावनाएँ और धारणाएँ कैसे प्रतिबिंबित होती हैं?**

उत्तर अब्दुर्रज्जाक का यात्रा वृत्तांत संवेगों और अवबोधनों का एक रोचक मिश्रण है। एक ओर केरल में कालीकट (आधुनिक कोजीकोड़), बंदरगाह पर उसने जो देखा उसे प्रशंसनीय नहीं माना तथा जब उसने मंगलौर के पश्चिमी घाट को पार किया, तो उसने एक मंदिर देखा जिसने उसे प्रशंसा से भर दिया।

(iii) **अब्दुर्रज्जाक ने मंगलौर के पश्चिमी घाट के मंदिरों का वर्णन किस प्रकार किया है?**

उत्तर अब्दुर्रज्जाक ने मगंलौर के पश्चिमी घाट के मदिंरों को देखा, जिसने उसे प्रशंसा से भर दिया।

मंगलौर से नौ मील के भीतर ही मैनें एक ऐसा पूजा-स्थल देखा, जो पूरे विश्व में अतुलनीय है। यह वर्गाकार था, जिसकी प्रत्येक भुजा लगभग दस गज, ऊँचाई पाँच गज थी और चार द्वार-मंडपों के साथ पूरी तरह से ढले हुए काँसे से ढंका हुआ था। प्रवेशद्वार के द्वार-मंडप में सोने की बनी एक मूर्ति थी, जो मानव आकृति जैसी तथा आदमकद थी।

2. भारत के विषय में विचारों का निर्माण व प्रसार

भारत के विषय में विचारों का सृजन और प्रसार कर यूरोपीय यात्रियों के वृतांतों ने उनकी पुस्तकों के प्रकाशन और प्रसार के माध्यम से यूरोपीय लोगों के लिए भारत की एक छवि के सृजन में सहायता की। बाद में, 1750 के बाद, जब शेख इतेसामद्दीन तथा मिर्ज़ा अबु तालिब जैसे भारतीयों ने यूरोप की यात्रा की, तो उन्हें यूरोपीय लोगों की भारतीय समाज की छवि का सामना करना पड़ा और उन्होंने तथ्यों की अपनी अलग व्याख्या के माध्यम से इसे प्रभावित करने का प्रयास किया और भारत को महान राष्ट्र बताया। **CBSE 2024**

(i) **शेख इतेसामुद्दीन और मिर्ज़ा अबु तालिब ने भारत के प्रति यूरोपीय संस्करण को किस प्रकार चुनौती दी?**

उत्तर शेख इतेसामुद्दीन और मिर्ज़ा अबु तालिब ने 1750 ई. के बाद यूरोप की यात्रा के दौरान भारत के प्रति यूरोपीय संस्करण को उन्होंने तथ्यों की अपनी अलग व्याख्या के माध्यम से प्रभावित करने का प्रयास किया और भारत को महान राष्ट्र बताया।

(ii) **मध्यकालीन भारत पर यूरोपीय लेखकों द्वारा लिखी गई किसी एक पुस्तक का उदाहरण दीजिए?**

उत्तर फ्रांसीसी यात्री फ्रांस्वा बर्नीयर एक चिकित्सक, राजनीतिक दार्शनिक तथा इतिहासकार था। इसकी पुस्तक 'ट्रैवल्स इन द मुगल एम्पायर' अपने गहन प्रेक्षण, आलोचनात्मक अंतदृष्टि तथा गहन चिंतन के लिए उल्लेखनीय है।

(iii) **यूरोपियों द्वारा प्रस्तुत भारत की छवि और भारतीयों के संस्करणों के बीच महत्त्वपूर्ण अंतर को स्पष्ट कीजिए।**

उत्तर यूरोपीय यात्री बर्नियर ने मुगल साम्राज्य को इस रूप में देखा-इसका राजा ''भिखारियों और क्रूर लोगों'' का राजा था। इसके शहर और नगर विनष्ट तथा ''खराब हवा'' से दूषित थे; और इसके खेत ''झाड़ीदार'' तथा ''घातक दलदल'' से भरे हुए थे इसका मात्र एक ही कारण था-राजकीय भूस्वामित्व।

वहीं सरकारी मुगल दस्तावेज के अनुसार राज्य की भूमि का एकमात्र स्वामी नहीं था। अकबर के काल का सरकारी इतिहासकार अबुल फजल भूमि राजस्व को ''राजत्व का पारिश्रमिक'' बताता है, जो राजा द्वारा अपनी प्रजा को सुरक्षा प्रदान करने के बदले में की गई माँग प्रतीत होती है। ना कि अपने स्वामित्व वाली भूमि पर लगान यह न तो लगान था, न ही भूमिकर, बल्कि उपज पर लगने वाला कर था।

3. विशाल पहुँच वाली एक भाषा

संस्कृत के विषय में अल-बरूनी यह लिखता है

यदि आप इस कठिनाई (संस्कृत भाषा सीखने की) से पार पाना चाहते हैं, तो यह आसान नहीं होगा, क्योंकि अरबी भाषा की तरह ही, शब्दों तथा विभक्तियों, दोनों में ही इस भाषा की पहुँच बहुत विस्तृत है। इसमें एक ही वस्तु के लिए कई शब्द, मूल तथा व्युत्पन्न दोनों, प्रयुक्त होते हैं और एक ही शब्द का प्रयोग कई वस्तुओं के लिए होता है, जिन्हें भली प्रकार समझने के लिए विभिन्न विशेषक संकेतपदों के माध्यम से एक-दूसरे से अलग किया जाना आवश्यक है। **CBSE 2024**

(i) **अल-बरूनी को संस्कृत का अध्ययन करने के लिए किस चीज़ ने प्रेरित किया?**

उत्तर आठवीं शताब्दी से ही संस्कृत में रचित खगोल-विज्ञान, गणित और चिकित्सा संबंधी कार्यों का अरबी भाषा से अनुवाद होने लगा। जिससे अल-बरूनी की भारत के प्रति रुचि विकसित हुई। इसी चीज ने अल-बरूनी को संस्कृत का अध्ययन करने के लिए प्रेरित किया।

(ii) **संस्कृत के बारे में अल-बरूनी की टिप्पणी ने अंतर-सांस्कृतिक समझ में कैसे योगदान दिया?**

उत्तर कई भाषाओं में दक्षता हासिल करने के कारण अल-बरूनी भाषाओं की तुलना तथा ग्रंथों का अनुवाद करने में सक्षम रहा। उसने कई संस्कृत कृतियों, जिनमें पतंजलि का व्याकरण पर ग्रंथ भी शामिल है। का अरबी में अनुवाद किया। अपने ब्राह्मण मित्रों के लिए उसने यूक्लिड (एक यूनानी गणितज्ञ) के कार्यों का संस्कृत में अनुवाद किया। जिससे अंतर-सांस्कृतिक समझ को बढ़ावा मिला।

(iii) **अल-बरूनी ने संस्कृत की तुलना अरबी से किस प्रकार की है?**

उत्तर अल-बरूनी के अनुसार, संस्कृत भाषा सीखना आसान नहीं होता, क्योंकि अरबी भाषा की तरह ही शब्दों तथा विभक्तियों, दोनों में ही इस भाषा की पहुँच बहुत विस्तृत है। इसमें एक-ही वस्तु के लिए कई शब्द, मूल तथा व्युत्पन्न होते हैं। और एक ही शब्द का प्रयोग कई वस्तुओं के लिए होता है, जिन्हें भली प्रकार समझने के लिए विभिन्न विशेषक संकेत पदों के माध्यम से एक-दूसरे से अलग किया जाना आवश्यक है।

4. सती बालिका

यह संभवत: बर्नियर के वृत्तांत के सबसे मार्मिक विवरणों में से एक है। लाहौर में मैंने एक बहुत ही सुंदर अल्पवयस्क विधवा, जिसकी आयु मेरे विचार से बारह वर्ष से अधिक नहीं थी, की बलि होते हुए देखी। उस भयानक नरक की ओर जाते हुए वह असहाय छोटी बच्ची जीवित से अधिक मृत प्रतीत हो रही थी। उसके मस्तिष्क की व्यथा का वर्णन नहीं किया जा सकता। वह काँपते हुए बुरी तरह से रो रही थी, लेकिन तीन या चार ब्राह्मण एक बूढ़ी औरत, जिसने उसे अपनी आस्तीन के नीचे दबाया हुआ था, की सहायता से उस अनिच्छुक पीड़िता को जबरन घातक स्थल की ओर ले गए। उसे लकड़ियों पर बैठाया, उसके हाथ और पैर बाँध दिए, ताकि वह भाग न पाए और इस स्थिति में उस मासूम प्राणी को जिंदा जला दिया गया। मैं अपनी भावनाओं को दबाने में और उनके कोलाहलपूर्ण तथा व्यर्थ के क्रोध को बाहर आने से रोकने में असमर्थ था।

(i) **बर्नियर ने सती प्रथा का विवरण किस प्रकार दिया?**

उत्तर बर्नियर सती प्रथा का बहुत ही मार्मिक चित्र प्रस्तुत करता है; जैसे

(i) बारह वर्ष की बालिका को उस भयानक नरक की ओर ले जाने का उल्लेख करता है।

(ii) उस बालिका के हाथ-पैर बाँध दिए जाते हैं, ताकि वह भाग न पाए।

(iii) सती प्रथा में विधवा को स्वेच्छा अथवा जबर्दस्ती लकड़ियों पर बैठाकर जिंदा ही जला दिया जाता था।

(ii) **बर्नियर की अनुच्छेद में अभिव्यक्त भावनाओं का वर्णन कीजिए।**

उत्तर इस मर्मांतक दृश्य को देखकर बर्नियर द्रवित हो गया था। किसी को जिंदा जला देने की इस भयानक प्रक्रिया ने उसके हृदय को विचलित कर दिया था और वह अपनी भावनाओं तथा क्रोध को बाहर आने से रोकने में असमर्थ हो गया था।

(iii) **बर्नियर ने महिलाओं के साथ किए जाने वाले व्यवहार को पश्चिमी और पूर्वी समाजों के बीच भिन्नता का एक महत्त्वपूर्ण पहलू क्यों माना है? स्पष्ट कीजिए।**

उत्तर पश्चिमी तथा पूर्वी समाजों की महिलाओं के बीच निम्नलिखित विभिन्नता देखने को मिलती है

(i) पश्चिमी समाजों में महिलाओं को स्वतंत्रता मिली हुई थी, वहीं पूर्वी समाज में इसकी अनुपलब्धता थी।

(ii) सती प्रथा, जैसी कुरीति पश्चिमी सभ्यता में विद्यमान नहीं थी।

(iii) भारत में स्त्रियों को घर की चहारदीवारी तक सीमित रखा जाता था, जबकि पश्चिमी समाजों में स्त्रियाँ अधिकार संपन्न होती थीं।

5. नीचे दिए गए स्रोत को ध्यानपूर्वक पढ़िए और उसके नीचे दिए गए प्रश्नों के उत्तर लिखिए **CBSE 2025**

यूरोप के लिए एक चेतावनी

बर्नियर चेतावनी देता है कि यदि यूरोपीय शासकों ने मुग़ल ढाँचे का अनुसरण किया तो

उनके राज्य इस प्रकार अच्छी तरह से जुते और बसे हुए, इतनी अच्छी तरह से निर्मित, इतने समृद्ध, इतने सुशिष्ट तथा फलते-फूलते नहीं रह जाएँगे जैसा कि हम उन्हें देखते हैं। दूसरी दृष्टि से हमारे शासक अमीर और शक्तिशाली हैं; और हमें यह स्वीकार करना चाहिए कि उनकी बेहतर और राजसी ढंग से सेवा हो। वे जल्द ही रेगिस्तान तथा निर्जन स्थानों के, भिखारियों तथा क्रूर लोगों के राजा बनकर रह जाएँगे जैसे कि वे जिनके विषय में मैंने वर्णन किया है। मुग़ल शासक ...(हम उन महान शहरों और नगरों को खराब हवा के कारण न रहने योग्य अवस्था में पाएँगे तथा विनाश की स्थिति में, जिनके जीर्णोद्धार की किसी को चिंता नहीं है, व्यक्त टीले और झाड़ियों अथवा घातक दलदल से भरे हुए खेत, जैसा कि पहले ही बताया गया है।

(i) बर्नियर के किसी एक मुख्य योगदान का उल्लेख कीजिए।

उत्तर फ्रांस बर्नियर का मुख्य योगदान 17वीं सदी के मुगल भारत का विस्तृत और विश्लेषणात्मक विवरण प्रस्तुत करना है। उनकी पुस्तक "ट्रेवल्स इन द मुगल एम्पायर मुगल शासन, सामाजिक - आर्थिक स्थिति और प्रशासनिक व्यवस्था की गहन जानकारी देती है, जो एक यूरोपीय दृष्टिकोण से ऐतिहासिक अध्ययन के लिए मूल्यवान है।

(ii) बर्नियर ने यूरोपीय साम्राज्य और मुग़ल क्षेत्रों के बीच अंतर का वर्णन कैसे किया?

उत्तर बर्नियर ने यूरोपीय साम्राज्यों को समूह, सुशासित और फलते-फूलते बताया, जहाँ शासक शक्तिशाली और सम्मानित थे। इसके विपरीत मुगल क्षेत्रों को इन्होंने अव्यवस्थित और पतन शील माना, जहाँ शासक धनवान थे, पर इनकी नीतियों से राज्य निर्जन, गरीब और क्रूर लोगों का स्थान बन गया।

(iii) मुग़ल शासन के तहत लोगों की सामाजिक-आर्थिक स्थिति पर बर्नियर के विचारों की व्याख्या कीजिए।

उत्तर बर्नियर के अनुसार, मुगल शासन में लोगों की सामाजिक-आर्थिक स्थिति दयनीय थी। इन्होंने जागीरदारी और राज्य व्यवस्था की आलोचना की, जिसके कारण निजी संपत्ति का आभाव था। यहाँ की कृषि ठप थी और अर्थव्यवस्था संकटग्रस्त थी। शहर वाणिज्य के केंद्र थे पर गाँव गरीब थे। महिलाओं की स्थिति पर भी इन्होंने पर्दा प्रथा और एकांतवास को रेखांकित किया, जिससे सामाजिक अशांति बढ़ी।

6. नारियल का वर्णन इब्न-बतूता इस प्रकार करता है

ये वृक्ष स्वरूप से सबसे अनोखे तथा प्रकृति में सबसे विस्मयकारी वृक्षों में से एक है। यह हू-ब-हू खजूर के वृक्ष जैसे दिखते हैं, इनमें कोई अंतर नहीं है सिवाय एक अपवाद के। एक से काष्ठफल प्राप्त होता है और दूसरे से खजूर।

नारियल के वृक्ष का फल मानव सिर से मेल खाता है, क्योंकि इसमें भी मानो दो आँखें तथा एक मुख है और अंदर का भाग हरा होने पर मस्तिष्क जैसा दिखता है और इसके रेशे बालों के समान दिखाई देते हैं। वे इससे रस्सी बनाते हैं, लोहे की कीलों के प्रयोग के बजाय इनसे जहाज को सिलते हैं, वे इससे बर्तनों के लिए रस्सी भी बनाते हैं।

(i) नारियल के विभिन्न उपयोगों की व्याख्या कीजिए।

उत्तर नारियल एक बहुउपयोगी फल है, जिसके सभी भाग उपयोग में आ जाते हैं। इसका फल खाने में, रेशा रस्सी बनाने में और इन रस्सियों का प्रयोग जहाज को सिलने या बर्तनों के लिए होता है।

(ii) नारियल के वृक्ष और खजूर के वृक्ष में अंतर को स्पष्ट कीजिए।

उत्तर नारियल के वृक्ष और खजूर के वृक्ष में काफी समानताएँ होती हैं। मात्र उनके फलों में अंतर होता है। नारियल के वृक्ष से काष्ठफल (नारियल) प्राप्त होता है, जबकि खजूर के वृक्ष से खजूर प्राप्त होता है। नारियल के वृक्ष का फल मानव सिर से मेल खाता है।

(iii) नारियल की मानव सिर से समानता का वर्णन किस प्रकार किया गया है?

उत्तर नारियल के वृक्ष से प्राप्त होने वाला काष्ठफल (नारियल) मानव सिर से मेल खाता है, क्योंकि इसकी आकृति देखने पर ऐसा प्रतीत होता है कि इसमें दो आँख तथा एक मुख है। अंदर का हरा भाग मस्तिष्क जैसा दिखता है, जबकि इसके रेशे बालों जैसे दिखाई देते हैं।

7. अल-बरूनी वर्ण व्यवस्था का इस प्रकार उल्लेख करता है

सबसे ऊँची जाति ब्राह्मणों की है, जिनके विषय में हिंदुओं के ग्रंथ हमें बताते हैं कि वे ब्रह्मा के सिर से उत्पन्न हुए थे, क्योंकि ब्रह्मा, प्रकृति नामक शक्ति का ही दूसरा नाम है और सिर शरीर का सबसे ऊपरी भाग है, इसलिए ब्रह्मा पूरी प्रजाति के सबसे चुनिंदा भाग हैं। इसी कारण से हिंदू उन्हें मानव जाति में सबसे उत्तम मानते हैं। अगली जाति क्षत्रियों की है, जिनका सृजन ऐसा कहा जाता है, ब्रह्मा जी के कंधों और हाथों से हुआ था। उनका दर्जा ब्राह्मणों से अधिक नीचे नहीं है।

उनके पश्चात् वैश्य आते हैं, जिनका उद्‌भव ब्रह्मा की जंघाओं से हुआ था। शूद्र, जिनका सृजन उनके चरणों से हुआ था। अंतिम दो वर्गों के बीच अधिक अंतर नहीं है, लेकिन इन वर्गों के बीच भिन्नता होने पर भी ये एकसाथ ही शहरों और गाँवों में रहते हैं, समान घरों और आवासों में मिल-जुलकर रहते हैं।

(i) **अल-बरूनी द्वारा वर्णित वर्ण व्यवस्था का वर्णन कीजिए।**

उत्तर अलबिरूनी के अनुसार, वर्ण व्यवस्था में सबसे ऊँची जाति ब्राह्मणों की है, जिनका जन्म ब्रह्मा के सिर से हुआ है।

ये सभी वर्णों में सर्वश्रेष्ठ हैं। दूसरी जाति क्षत्रियों की है, जिनका जन्म ब्रह्मा के कंधों और हाथों से हुआ है। इनका स्थान ब्राह्मणों के बाद आता है। इनके पश्चात् वैश्य हैं, जिनका जन्म ब्रह्मा की जंघाओं से हुआ है। शूद्र का सृजन ब्रह्मा के चरणों से हुआ है। वैश्य तथा शूद्र के बीच अधिक अंतर नहीं है।

(ii) **क्या आप इस प्रकार के वर्ण विभाजन को उचित समझते हैं?**

उत्तर इस प्रकार का वर्ण विभाजन अनुचित है। इससे सामाजिक असमानता तथा भेदभाव को बढ़ावा मिलता है, जिनके परिणामस्वरूप समाज का निर्माण नहीं हो पाता है। इसी कारण बाद के कालों में इन वर्णों में जटिलता के कारण अनेक जातियों की उत्पत्ति हुई।

(iii) **वास्तविक जीवन में यह व्यवस्था किस प्रकार इतनी कठोर भी नहीं थी? व्याख्या कीजिए।**

उत्तर वास्तविक जीवन में यह व्यवस्था इतनी कठोर नहीं थी, क्योंकि सभी वर्ण एकसाथ शहरों तथा गाँवों में निवास करते थे तथा एक ही जैसे घरों व आवासों में रहते थे।

8. घोंसले से निकलता पक्षी

यह अंश 'रिहला' से लिया गया है, वीरवार को मैं अपने जन्म स्थान तंगीर से चला ………… मैं अकेला ही चला न मेरे साथ कोई अनुयायी था, न कोई कारवाँ, जिनका साथ मैं करता, किंतु मेरे भीतर एक कभी पराजित न होने वाली प्रेरणा थी, जो खींचकर ले जा रही थी, लंबे समय से मन में दबी एक आकांक्षा थी। मैंने अपनी प्रतिज्ञा को दृढ़ किया कि अपने प्रियजनों, स्त्रियों, पुरुषों को छोड़ दूँ, मैंने अपना घर ऐसे ही त्याग दिया जैसे पक्षी अपना घोंसला त्याग देता है। उस समय मेरी उम्र बाईस वर्ष थी। घर छोड़ने के 30 वर्ष बाद 1354 ई. में इब्न-बतूता घर लौटा।

(i) **इब्न-बतूता ने किस इच्छा के कारण घर छोड़ा? भारत आने से पहले और उसके बाद उसने कहाँ-कहाँ की यात्राएँ कीं?**

उत्तर प्रसिद्ध पुण्यस्थलों की यात्रा करने की इच्छा से प्रेरित होकर इब्न-बतूता ने अपना घर छोड़ा। भारत आने से पहले इब्न-बतूता ने मक्का, सीरिया, इराक, फारस, यमन, ओमान तथा पूर्वी अफ्रीका के कई तटीय व्यापारिक बंदरगाह होते हुए भारत पहुँचा। भारत आने के पश्चात् वह मालदीव, सुमात्रा, श्रीलंका तथा चीन तक गया।

(ii) **उसे भारत में यात्रा करना कठिन क्यों लगा?**

उत्तर भारत के रास्ते अत्यंत दुर्गम, डाकुओं व लुटेरों से भरे थे। डाकुओं का भय राजमार्गों में भी था। मुल्तान से दिल्ली यात्रा के दौरान इब्न-बतूता के काफिले पर भी डाकुओं का आक्रमण हुआ था।

(iii) **उसने भारतीय नगरों के बारे में क्या लिखा?**

उत्तर इब्न-बतूता ने भारतीय नगरों को भीड़-भाड़ तथा विशाल आबादी वाला रंगीन बाजारों से युक्त बताया है। इसके साथ ही ये नगर उन लोगों के लिए अवसरों से भरपूर थे, जिनके पास पर्याप्त साधन, कौशल और इच्छा थी।

9. डाक व्यवस्था का वर्णन इब्न-बतूता इस प्रकार करता है

भारत में दो प्रकार की डाक व्यवस्था है। अश्व डाक व्यवस्था, जिसे उलुक कहा जाता है, प्रत्येक चार मील की दूरी पर स्थापित राजकीय घोड़ों द्वारा चालित होती है। पैदल डाक व्यवस्था के प्रति मील तीन अवस्थान होते हैं, इसे दावा कहा जाता है और यह एक मील का एक-तिहाई होता है ……… अब, प्रत्येक तीन मील पर घनी आबादी वाला एक गाँव होता है, जिसके बाहर तीन मंडप होते हैं, जिनमें लोग कार्य आरंभ के लिए तैयार बैठे रहते हैं।

उनमें से प्रत्येक के पास दो हाथ लंबी एक छड़ होती है, जिसके ऊपर ताँबे की घंटियाँ लगी होती हैं। जब संदेशवाहक शहर से यात्रा आरंभ करता है, तो एक हाथ में पत्र तथा दूसरे में घंटियों सहित छड़ लिए वह क्षमतानुसार तेज भागता है। जब मंडप में बैठे लोग घंटियों की आवाज सुनते हैं, तो वे तैयार हो जाते हैं। जैसे ही संदेशवाहक उनके पास पहुँचता है, उनमें से एक उससे पत्र लेता है और वह छड़ हिलाते हुए पूरी ताकत से दौड़ता है, जब तक वह अगले दावा तक नहीं पहुँच जाता। पत्र के अपने गंतव्य स्थान तक पहुँचने तक यही प्रक्रिया चलती रहती है।

यह पैदल डाक व्यवस्था, अश्व डाक व्यवस्था से अधिक तीव्र होती है और इसका प्रयोग अकसर खुरासान के फलों के परिवहन के लिए होता है, जिन्हें भारत में बहुत पसंद किया जाता है।

(i) **इब्न-बतूता द्वारा वर्णित दो प्रकार की डाक व्यवस्था का वर्णन कीजिए।**

उत्तर इब्न-बतूता के अनुसार, भारत में दो प्रकार की डाक व्यवस्था प्रचलित थी। पहली अश्व डाक व्यवस्था, जिसे उलुक भी कहा जाता था, राजकीय घोड़ों द्वारा चालित होती थी, जबकि दूसरी पैदल डाक व्यवस्था, जिसे दावा भी कहा जाता था, जिसमें संदेशवाहक ताँबे की घंटी वाली छड़ी और पत्र लेकर दौड़ता था।

(ii) **एक उदाहरण देकर स्पष्ट कीजिए कि तत्कालीन डाक व्यवस्था संदेशवाहन का एक अनूठा तरीका था।**

उत्तर तत्कालीन डाक व्यवस्था संदेशवाहन का एक अनूठा तरीका था। इसका प्रमुख उदाहरण सिंध से दिल्ली की यात्रा थी, जोकि दस दिनों में तय की जाती थी, जबकि इस संदेशवाहन के परिणामस्वरूप सिंध से संदेश महज पाँच दिनों में दिल्ली पहुँच जाता था।

(iii) **क्या आपको लगता है कि पैदल डाक व्यवस्था पूरे उपमहाद्वीप में संचालित की जाती होगी? व्याख्या कीजिए।**

उत्तर पैदल डाक व्यवस्था का संचालन राज्य द्वारा किया जाता था। अतः संभव है कि यह पूरे उपमहाद्वीप में संचालित की जाती हो। यद्यपि प्रशासन इसका सर्वाधिक उपयोग करता था, किंतु व्यापारियों द्वारा भी इसका व्यापार में व्यापक प्रयोग किया जाता था।

10. बाजार में संगीत

यहाँ इब्न-बतूता द्वारा दौलताबाद के विवरण से एक अंश दिया जा रहा है : दौलताबाद में पुरुष और महिला गायकों के लिए एक बाजार है, जिसे ताराबाद कहते हैं। यह सबसे विशाल और सुंदर बाजारों में से एक है। यहाँ बहुत-सी दुकानें हैं और प्रत्येक दुकान में एक ऐसा दरवाजा है, जो मालिक के आवास से खुलता है ⋯ दुकानों को कालीनों से सजाया गया है और दुकान के मध्य में झूला है जिस पर गायिका बैठती है।

वह सभी प्रकार की भव्य वस्तुओं से सजी होती है और उसकी सेविकाएँ उसे झूला झुलाती हैं। बाजार के मध्य में एक विशाल गुंबद खड़ा है, जिसमें कालीन बिछाए गए हैं और उसे सजाया गया है।

इसमें प्रत्येक गुरुवार सुबह की इबादत के बाद संगीतकारों के प्रमुख, अपने सेवकों और दासों के साथ स्थान ग्रहण करते हैं। गायिकाएँ एक के बाद एक झुंडों में उनके समक्ष आकर सूर्यास्त का गीत गाती और नाचती हैं, जिसके पश्चात् वे चले जाते हैं। इस बाजार में इबादत के लिए मस्जिदें बनी हुई हैं····· हिंदू शासकों में से एक··· जब भी बाजार से गुजरता था, गुंबद में उतरकर आता था और गायिकाएँ उसके समक्ष गान प्रस्तुत करती थीं। यहाँ तक कि कई मुस्लिम शासक भी ऐसा ही करते थे।

(i) **इब्न-बतूता ने अपने वृत्तांत में किस नगर (स्थान) में पुरुष और महिला गायकों के लिए एक बाजार का विवरण दिया है तथा उस व्यवस्थित बाजार को क्या कहा जाता था?**

उत्तर इब्न-बतूता 'दौलताबाद' नगर में पुरुषों और महिलाओं के लिए एक बाजार की व्यवस्था का वर्णन देता है। पुरुष और महिला गायकों के बाजार को 'ताराबाद' कहा जाता था।

(ii) **इब्न-बतूता 'ताराबाद' का चित्रण किस प्रकार करता है?**

उत्तर 'ताराबाद' पुरुष और महिला गायकों का बाजार था, जिसके अंतर्गत बहुत-सी दुकानें आती थीं। दुकानों का दरवाजा मालिक के आवास में खुलता था। दुकानों को कालीनों से सजाया जाता था। दुकान के बीच में झूले पर गायिकाएँ बैठी होती थीं, जो भव्य वस्तुओं से सजी होती थीं और उन्हें सेविकाएँ झूले से झूलाती थीं। बाजार के मध्य में एक गुंबद भी होता था।

(iii) **इब्न-बतूता ने अपने विवरण में इन गतिविधियों को रेखांकित क्यों किया?**

उत्तर इब्न-बतूता दौलताबाद की बाजार व्यवस्था से काफी प्रभावित था। बाजार की आंतरिक संरचना प्रणाली और साजो-सज्जा उसे अत्यधिक सुंदर एवं आकर्षक लगे, इसलिए उसने अपने विवरण में इन गतिविधियों को रेखांकित किया।

11. यूरोप के लिए चेतावनी

बर्नियर चेतावनी देता है कि यदि यूरोपीय शासकों ने मुगल ढाँचे का अनुसरण किया, तो उनके राज्य इस प्रकार अच्छी तरह से जुते और बसे हुए, इतनी अच्छी तरह से निर्मित, इतने समृद्ध इतने सुशिष्ट तथा फलते-फूलते नहीं रह जाएँगे जैसा कि हम उन्हें देखते हैं।

दूसरी दृष्टि से हमारे शासक अमीर और शक्तिशाली हैं और हमें यह स्वीकार करना चाहिए कि उनकी और बेहतर और राजसी ढंग से सेवा हो।

वे जल्द ही रेगिस्तान तथा निर्जन स्थानों के, भिखारियों तथा क्रूर लोगों के राजा बनकर रह जाएँगे जैसे कि वे जिनके विषय में मैंने वर्णन किया है। (मुगल शासक) ···· हम उन महान शहरों और नगरों को खराब हवा के कारण न रहने योग्य अवस्था में पाएँगे तथा विनाश की स्थिति में, जिनके जीर्णोद्धार की किसी को चिंता नहीं है, व्यक्त टीले और झाड़ियों अथवा घातक दलदल से भरे हुए खेत, जैसा कि पहले ही बताया गया है।

(i) **बर्नियर ने मुगल शासकों को दोषी क्यों ठहराया है?**

उत्तर बर्नियर के अनुसार मुगल सम्राट समस्त भूमि के अधिपति थे और वे भूमि को मुगल अधिकारियों में असंगत रूप से वितरित करते थे। बर्नियर ने मुगल शासकों को दोषी इसलिए ठहराया, क्योंकि
(i) मुगल साम्राज्य में निजी भू-स्वामित्व का अभाव था।
(ii) भूमि स्वामित्व का यह अभाव समाज के लिए हानिकारक था।

(ii) **अबुल फजल की आईने-अकबरी और बर्नियर के विवरण में क्या अंतर है?**

उत्तर अबुल फजल की आईने-अकबरी के अनुसार, भूमि राजस्व को राजत्व का पारिश्रमिक बताया गया है जोकि मुगल सम्राट के द्वारा प्रजा की सुरक्षा करने हेतु प्राप्त किया जाता था न कि यह स्वामित्व वाली भूमि पर राजस्व था। बर्नियर के अनुसार, राज्य ही भूमि का एकमात्र स्वामी था अर्थात् यहाँ निजी भू-स्वामित्व का अभाव पाया जाता था।

(iii) **गर्व का अंत होता ही है जब कोई कार्य की उपेक्षा और शक्ति का प्रयोग अन्य पर करता है। कथन के संदर्भ में बर्नियर की चेतावनी को स्पष्ट कीजिए।**

उत्तर बर्नियर इस उल्लेखित कथन के द्वारा यूरोप को यह चेतावनी दे रहा है कि
(i) जो निजी स्वामित्व के गुणों को नहीं स्वीकारते हैं, वह इसे स्वीकार करें।
(ii) राज्य और समाज से संबंधित विवादों में यूरोप की कोई भागीदारी नहीं होनी चाहिए।

12.

(i) **यह किला वर्तमान में किस भारतीय शहर में स्थित है तथा इसका वृत्तांत किस विदेशी यात्री द्वारा किया गया है?**

दक्षता आधारित प्रश्न

उत्तर चित्र में प्रदर्शित किला वर्तमान के दिल्ली शहर में अवस्थित है। इस शहर को तत्कालीन ग्रंथों में देहली नाम से उद्घृत किया गया था। इसका वर्णन इब्न-बतूता ने इस प्रकार किया है कि दिल्ली बड़े क्षेत्र में फैला घना जनसंख्या वाला शहर है। इब्न-बतूता के अनुसार दिल्ली में भीड़-भाड़ वाली सड़कें हैं तथा रंगीन बाजार लगता है।

(ii) **इब्न-बतूता के विवरणों का अनुसरण करते हुए दिल्ली शहर के किले की स्थापत्य की व्याख्या कीजिए।**

उत्तर इब्न-बतूता के अनुसार, दिल्ली शहर के चारों ओर बनी प्राचीर अतुलनीय है, दीवार की चौड़ाई ग्यारह हाथ है और इसके भीतर रात्रि के पहरेदार तथा हथियार, बारूद, प्रक्षेपास्त्र तथा घेरेबंदी में काम आने वाली मशीनों के संग्रह के लिए भंडार ग्रह बने हुए थे। प्राचीर के भीतरी भाग में घुड़सवार तथा पैदल सैनिक शहर के एक छोर से दूसरे छोर तक आते-जाते हैं। प्राचीर में खिड़कियाँ बनी हैं, जो शहर की ओर खुलती हैं और इन्हीं खिड़कियों के माध्यम से प्रकाश अन्दर आता है। प्राचीर का निचला भाग पत्थर से, जबकि ऊपरी भाग ईंटों से बना है।, इस शहर के 28 द्वार हैं और इनमें से बदायूँ दरवाजा सबसे विशाल है।

मानचित्र पर आधारित प्रश्न

1. भारत के रेखा मानचित्र पर निम्न को दर्शाइए

(i) सिंध (ii) दिल्ली

(iii) दौलताबाद (iv) ग्वालियर

उत्तर

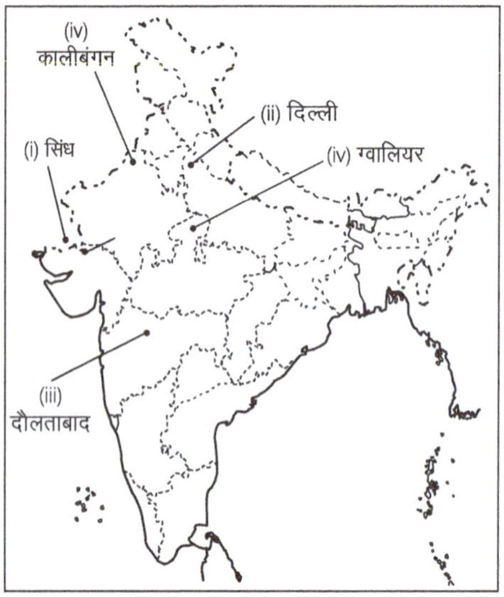

2. भारत के मानचित्र में प्रदर्शित बिंदु A,B, और C पर इब्न-बतूता ने भ्रमण किया है। इन स्थानों के नाम बताइए।

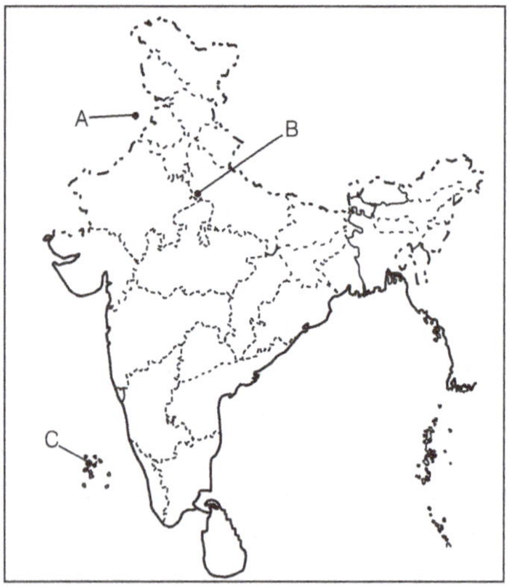

उत्तर (a) मुल्तान (b) आगरा (c) मालद्वीप

स्वयं को जाँचें

वस्तुनिष्ठ प्रश्न

1. अलबरूनी ने किताब-उल-हिंद की रचना किस भाषा में की थी?
(a) संस्कृत (b) फारसी (c) अरबी (d) यूनानी

2. इब्न-बतूता किस देश का निवासी था, जिनका परिवार इस्लामी कानून अथवा शरिया पर अपनी विशेषज्ञता के लिए प्रसिद्ध था?
(a) मोरक्को (b) फ्रांस
(c) वेनिस (इटली) (d) उज्बेकिस्तान

3. भारत में आने वाले विदेशी यात्रियों के संबंध में कौन-सा युग्म सही सुमेलित है?
(a) अंतोनियो मानसेरते - इंग्लैंड
(b) ज्यां बैप्टिस्ट तैबर्नियर - फ्रांस
(c) कार्ल मार्क्स - इटली
(d) पीटर मुंडी - जर्मनी

4. सुमेलित कीजिए

सूची I	सूची II
A. इब्न-बतूता स्थल मार्ग से सिंध पहुँचा	1. 1333 ई.
B. मार्को पोलो की दक्षिण भारत यात्रा	2. 1294 ई.
C. इब्न-बतूता को दूत के रूप में चीन भेजा गया	3. 1342 ई.
D. बर्नियर के वृत्तांतों का अंग्रेजी में पुनः मुद्रण	4. 1684 ई.

कूट

	A	B	C	D		A	B	C	D
(a)	2	1	3	4	(b)	1	2	3	4
(c)	3	1	4	2	(d)	4	3	2	1

5. दिए गए कथनों में एक कथन (A) तथा दूसरा कारण (R) है। नीचे दिए गए कूट की सहायता से सही उत्तर का चयन करें।

कथन (A) बर्नियर के अनुसार मुगलकालीन भारतीय समाज में सती प्रथा का प्रचलन था। इस समय महिलाएँ कृषि कार्य करती थीं।

कारण (R) मुगलकालीन समाज में स्त्रियों की स्थिति अच्छी थी तथा वह केवल घरों तक सीमित नहीं थीं।

कूट
(a) A और R दोनों सही हैं, तथा R, A की सही व्याख्या है
(b) A और R दोनों सही हैं, परंतु R, A की सही व्याख्या नहीं है
(c) A सही है, किंतु R गलत है
(d) A गलत है, किंतु R सही है

6. यूरोपीय यात्रियों के आगमन के संबंध में दिए गए कथनों पर विचार कीजिए
1. दुआर्ते बारबोसा ने दक्षिण भारत में व्यापार एवं समाज पर एक रोचक विवरण दिया है।
2. फ्रांसीसी जौहरी ज्यां बैप्टिस्ट तैबर्नियर ने छः बार भारत की यात्रा की थी।
3. इतालवी चिकित्सक मनूची (भारत आने वाले यात्री) भारत की परिस्थितियों से प्रभावित होकर भारत में ही बस गया था।

कूट
(a) केवल 1 (b) केवल 2 (c) 1 और 3 (d) ये सभी

7. निम्नलिखित में से कौन-सी इब्न-बतूता की पुस्तक रेहला की विशेषता नहीं है?
(a) यह पुस्तक फारसी में लिखी गई है
(b) यह भारतीय उपमहाद्वीप के सामाजिक और सांस्कृतिक जीवन के विषय में बहुत ही प्रचुर और रोचक जानकारियाँ देती है
(c) इस पुस्तक में लेखक की यात्रा के अनुभव समाहित हैं
(d) यह पुस्तक ज्ञान का एक महत्त्वपूर्ण स्रोत है

अतिलघु उत्तरीय प्रश्न

8. अल-बरूनी की किताब-उल-हिंद की मुख्य विषय-वस्तु क्या थी?

9. संस्कृत भाषा के विषय में अल-बिरूनी क्या लिखता है?

10. अल-बरूनी महमूद गजनवी के संपर्क में कैसे आया?

11. किताब-उल-हिंद में किन विषयों से संबंधित तथ्यों का उल्लेख किया गया है?

12. अल-बरूनी की भारत यात्रा का क्या उद्देश्य था।

13. मार्को पोलो कौन था?

14. एक अन्य क्षेत्र से आए यात्री के लिए स्थानीय क्षेत्र की भाषा का ज्ञान कितना आवश्यक है।

लघु उत्तरीय प्रश्न

15. मुगलकालीन स्थापत्य के कौन-से अभिलक्षणों पर इब्न-बतूता ने ध्यान दिया?

16. इब्न-बतूता भारतीय शहर का कौन-सा दृश्य प्रस्तुत करता है?

17. बर्नियर के अनुसार ग्रामीण समाज की क्या स्थिति थी?

18. अल-बरूनी ने जाति प्रथा के संबंध में अपवित्रता की मान्यता को क्यों नहीं स्वीकार किया?

19. इब्न-बतूता द्वारा वर्णित भारतीय बाजारों की किंही दो विशेषताओं का उल्लेख कीजिए?

दीर्घ उत्तरीय प्रश्न

20. दिल्ली, जिसे तत्कालीन ग्रंथों में देहली के नाम से उद्धृत किया गया, का वर्णन इब्न-बतूता ने किस प्रकार किया है? विवरण दीजिए।

21. बर्नियर के अनुसार उपमहाद्वीप में किसानों को किन-किन समस्याओं से जूझना पड़ता था? चर्चा कीजिए।

22. फ्रांस्वा बर्नियर का परिचय दीजिए तथा भारत पर उसके वृत्तांत की व्याख्या कीजिए?

06

अध्याय

भक्ति-सूफी परंपराएँ (धार्मिक विश्वासों में बदलाव और श्रद्धा ग्रंथ)

यह अध्याय 8वीं से 18वीं शताब्दी के दौरान प्रचलित भक्ति और सूफी परंपराओं से संबंधित है, कबीर, मीराबाई, मुहम्मद चिश्ती जैसे प्रसिद्ध संतों ने अपनी शिक्षाओं से भारतीय धर्म और समाज को और अधिक उदार बनाया।

▼ अध्ययन एक नजर में

▼ अभ्यास के लिए

- बहुविकल्पीय प्रश्न 33, चित्र आधारित, कथन/कारण, सुमेलित कीजिए
- वर्णनात्मक प्रकार के प्रश्न (लघु उत्तरीय प्रश्न 20,दीर्घ उत्तरीय प्रश्न 12)
- स्रोत आधारित प्रश्न 9, मानचित्र आधारित प्रश्न 1

भक्तिकाल के दौरान प्रचलित उपमहाद्वीप की विभिन्न धार्मिक मान्यताओं को लिखित परंपराओं से पुनर्निर्मित किया गया था, जिसमें संत कवियों की रचनाएँ शामिल थीं। विभिन्न इतिहासकारों ने भक्ति-सूफी संतों के अनुयायियों या उनके धार्मिक संप्रदायों के सदस्यों द्वारा लिखित जीवनी या जीवनी जैसे स्रोत का भी उपयोग किया है।

इस काल के नूतन साहित्यिक स्रोतों मे संत कवियों की रचना है, जो जनसाधारण की क्षेत्रीय भाषाओं में मैखिक रूप से व्यक्त किया गया था। यह रचनाएँ, जो अधिकतर संगीतबद्ध हैं संतों के अनुयायियों द्वारा उनकी मृत्यु के बाद संकलित की गई है।

6.1 धार्मिक विश्वास की प्रक्रियाएँ

- 8वीं से 18वीं शताब्दी के मध्य के काल की सबसे महत्त्वपूर्ण विशेषता यह थी कि इस दौरान ग्रंथों और मूर्तिकला में अनेक नए देवी-देवता उभरकर सामने आने लगे थे।
- विष्णु, शिव और देवी जैसे प्रमुख देवताओं की पूजा भी महत्त्वपूर्ण हो गई थी, जिनका विभिन्न रूपों में चित्रण या कल्पना की जाती थी।

सांस्कृतिक एकीकरण

इतिहासकारों ने धार्मिक विकास को समझने के लिए दो प्रक्रियाओं का सुझाव दिया, जो निम्नलिखित हैं

- **पहली प्रक्रिया** यह प्रक्रिया ब्राह्मणीय विचारधारा से प्रेरित थी। इस प्रक्रिया का प्रसार पौराणिक ग्रंथों की रचना, संकलन व संरक्षण के उद्देश्य से किया गया था। ये ग्रंथ सरल संस्कृत छंदों में संकलित थे, जो वैदिक शिक्षा से विहीन स्त्रियों और शूद्रों द्वारा भी ग्रहण किए जा सकते थे।

- **दूसरी प्रक्रिया** यह प्रक्रिया स्त्रियों, शूद्रों एवं अन्य सामाजिक वर्गों की आस्थाओं और विश्वासों को ब्राह्मणों द्वारा मान्यता देने और उसे एक नया स्वरूप प्रदान करने से संबंधित थी। समाजशास्त्रियों का यह मत था कि ये विचारधाराएँ एवं पद्धतियाँ 'महान' संस्कृत-पौराणिक परंपरा और 'लघु' परंपरा के बीच संवाद का परिणाम थीं।

महान और लघु परंपराएँ

- 'महान' और 'लघु' जैसे शब्द बीसवीं शताब्दी के समाजशास्त्री **रॉबर्ट रेडफील्ड** द्वारा एक कृषक समाज के सांस्कृतिक आचरणों का वर्णन करने के लिए मुद्रित किए गए।
- **महान परंपरा** किसान उन अनुष्ठानों और रीति-रिवाजों का पालन करते थे, जिनका पालन समाज के प्रभुत्वशाली वर्ग जैसे पुरोहित और राजा करते थे।
- लघु परंपरा कृषक समुदाय अन्य रीति-रिवाजों का भी पालन करते थे, जो महान परंपरा में सर्वथा भिन्न थी।
- **रेडफील्ड** ने यह भी देखा कि महान और लघु दोनों ही परंपराओं में समय के साथ हुए पारस्परिक आदान-प्रदान के कारण परिवर्तन हुए।

दूसरी प्रक्रिया का उदाहरण

- दूसरी प्रक्रिया का सबसे विशिष्ट उदाहरण पुरी (उड़ीसा) से मिलता है, जहाँ मुख्य देवता के रूप में जगन्नाथ (विष्णु का एक स्वरूप) को चित्रित किया गया है।
- देवता को बहुत भिन्न तरीके से प्रस्तुत किया गया है। स्थानीय आदिवासी कारीगरों द्वारा लकड़ी से बनाए गए स्थानीय देवता को विष्णु के रूप में प्रस्तुत किया गया है। विष्णु का यह स्वरूप देश के विभिन्न भागों से प्राप्त स्वरूपों से सर्वथा भिन्न है।
- देवा की उपासना अधिकतर सिंदूर से पोते गए पत्थर के रूप में की जाती थी। इन स्थानीय देवियों को पौराणिक परंपरा में देवताओं की पत्नी की मान्यता प्रदान की गई, जैसे विष्णु की पत्नी लक्ष्मी और शिव की पत्नी पार्वती आदि।

▲ जगन्नाथ अपनी बहन सुभद्रा और भाई बलराम के साथ हैं

भेद और संघर्ष

- 8वीं शताब्दी के आसपास प्राय: यह देखा जा रहा था कि इस समय ब्राह्मण धर्म को सरल एवं उदार बनाए जाने के साथ-साथ उपासना पद्धति में तांत्रिक पद्धति (Tantric System) का प्रचलन बढ़ रहा था। जिसका वर्णन निम्न बिंदुओं द्वारा किया गया है
- देवी की आराधना में तांत्रिक रीतियों के प्रयोग के कारण इस पद्धति को तांत्रिक नाम से संबोधित किया गया।
- तांत्रिक पद्धति का विस्तार शैव और बौद्ध धर्मों में हुआ, जो भारत के पूर्वी, उत्तरी और दक्षिणी भागों में वृहत् रूप में प्रचलित थे। यह पद्धति समान रूप से स्त्री-पुरुषों दोनों में प्रचलित थी।
- तांत्रिक अनुयायी कर्मकांड के दौरान वर्ण और वर्ग के आधार पर भेदभाव नहीं करते थे।
- तांत्रिक पद्धति के साथ नई धार्मिक विचारधाराओं का उद्भव होने लगा था। कुछ लोग कर्मकांड (Rituals) का विरोध करते (वैष्णववाद) और कुछ कर्मकांड समर्पित (शैववाद) थे।
- ईश्वर की भक्ति एक हजार वर्ष पुरानी परंपरा है। इस पद्धति में उपासक मंदिरों में अपने इष्टदेव (Devotee) की आराधना करते हैं। प्राचीन समय में भक्ति परंपरा में उपासना का आधार गायन पद्धति था। वैष्णव और शैव संप्रदायों में यह विशेष रूप से महत्त्वपूर्ण थी।
- वैदिक धर्म के प्रमुख देवता अग्नि, इंद्र और सोम की लोकप्रियता कम हो गई और साहित्य व मूर्तिकला में उनका निरूपण गौण हो गया।
- भगवान विष्णु, शिव और देवी-देवताओं की लोकप्रियता में वृद्धि हुई। इसका आशय यह नहीं है कि वेदों का महत्त्व समाप्त हो गया, हालाँकि असंगतियों के बावजूद वेदों को प्रमाणिक माना गया।
- तांत्रिक परंपरा को मानने वाले लोग वैदिक सत्ता की अवहेलना करते थे।
- बौद्ध धर्म और जैन धर्म जैसी अन्य परंपराओं के साथ संबंध प्राय: तनावपूर्ण होते थे। हालाँकि स्पष्ट रूप से संघर्ष कम ही दिखाई देते थे।

6.2 प्रारंभिक भक्ति परंपराएँ

- आराधना के तरीकों के क्रमिक विकास के दौरान अनेक संत कवि के आस-पास भक्तजनों के एक पूरे समुदाय का गठन हो गया।
- यद्यपि अनेक भक्ति परंपराओं में देवताओं और भक्तजनों के मध्य ब्राह्मणों ने मध्यस्थता की भूमिका निभाई,
- इन परंपराओं की मुख्य विशेषता यह थी कि इसमें स्त्रियों तथा निम्न वर्गों को भी शामिल किया गया था।
- इस परंपरा की एक अन्य विशेषता इसकी विविधता है।
- भक्ति के आधार पर परंपराओं को दो भागों में विभाजन किया गया है
  (i) **सगुण** (विशेषण सहित) इस परंपरा में ईश्वर के प्रतिरूप शिव, विष्णु तथा उनके अवतार व देवियों की आराधना मूर्त (आकार) रूप में की जाती है।
  (ii) **निर्गुण** (विशेषण सहित) इस परंपरा में अमूर्त, निराकार ईश्वर की उपासना की जाती है अर्थात् विचार या विचार के रूप में विद्यमान ईश्वर की उपासना करना।

इस विभाजन से यह प्रतीत होता है कि यह काल भक्ति आंदोलन का काल था।

तमिलनाडु के अलवार एवं नयनार संत

- लगभग छठी शताब्दी में विष्णु के उपासक **अलवार** (Alvar) तथा शिव के उपासक **नयनार** (Nayanar) कहलाते थे। इन्हीं के नेतृत्व में भक्ति आंदोलन का प्रारंभ हुआ।
- ये अपने इष्ट (पूज्य देव) की स्तुति तमिल भाषा में एक स्थान से दूसरे स्थान तक भजन के माध्यम से करते थे।
- अलवार और नयनार संतों ने कुछ पवित्र स्थलों को अपने इष्ट के निवास स्थान के रूप में घोषित किया और बाद में भव्य मंदिरों का निर्माण करके उन्हीं स्थलों को तीर्थस्थल घोषित किया, जहाँ संत कवियों के भजनों को इन मंदिरों में गाया जाता था तथा इनकी पूजा भी की जाती थी।

भक्ति साहित्य का संकलन

- दसवीं शताब्दी तक बारह अलवारों की रचनाओं का संकलन किया गया, जो **नलयिरा दिव्यप्रबंधम्** अर्थात् चार हजार पावन रचनाएँ (Nalayira Divyaprabandham) के नाम से प्रसिद्ध है।
- दसवीं शताब्दी में ही अप्पार, संबंदर और सुंदरार की कविताएँ 'तवरम' नामक रचना में संकलित कर इसे संगीत के आधार पर वर्गीकृत किया गया।

जाति संबंधी विचार

- इतिहासकारों के अनुसार अलवार और नयनार संतों ने जाति प्रथा एवं ब्राह्मणों के वर्चस्व का विरोध किया, क्योंकि ये भक्ति संत विविध समुदायों से थे; जैसे—ब्राह्मण, शिल्पकार, किसान और कुछ अस्पृश्य माने जाने वाली जातियों से थे।
- अलवार संतों की रचना (नलयिरा दिव्यप्रबंधम्) को तमिल वेद के रूप में मान्यता प्राप्त है, जिसमें ब्राह्मणीय रीतियों का विरोध किया गया है। यह ग्रंथ संस्कृत के चार वेदों के समान महत्त्वपूर्ण है।
- तोंदराडिपोडि नामक अलवार ने अपने लेखन में चतुर्वेदी (ब्राह्मण) और बहिष्कृत लोगों (दासों) के मध्य कोई अंतर नहीं बताया है।
- अप्पार नामक नयनार संत ने अपने लेखन में गोत्र और कुल के प्रयोग पर प्रश्न उठाया और सुझाव दिया कि व्यक्ति को सिर्फ मारपेरु के स्वामी (शिव) के प्रति समर्पित होना चाहिए।

▲ 12वीं शताब्दी में निर्मित कराइक्काल अम्मइयार की कांस्य मूर्ति

स्त्री भक्त

- भक्तिमार्ग में स्त्री और पुरुषों को समान प्राकृतिक तत्त्व के रूप में माना गया है। महिलाओं को समाज में एक आदरसूचक स्थान दिया गया। भक्ति संप्रदाय में स्त्रियों की भूमिका भी महत्त्वपूर्ण थी। अलवार संप्रदाय में **अंडाल** नामक स्त्री की काफी प्रसिद्धि थी। अंडाल ने स्वयं को विष्णु की प्रेयसी के रूप में स्थापित किया और अपनी प्रेम भावना को छंदों में व्यक्त किया।
- नयनार संप्रदाय में स्त्री संत करइक्काल अम्मइयार ने शिव भक्ति से प्रेरित होकर घोर तपस्या का मार्ग अपनाया और अनेक रचनाओं का सृजन किया। इनकी रचनाओं ने पितृसत्तात्मक आदर्शों को चुनौती भी दी।

राज्य के साथ संबंध

- प्रथम सहस्राब्दि ईस्वी के आरंभ में तमिल में कई महत्त्वपूर्ण सरदारियाँ (छोटे शासकों का क्षेत्र) थीं। इसी समय राज्य का उद्‌भव और विकास हुआ , जिसमें पल्लव और पांड्य राज्य (छठी सेनवी शताब्दी इसवी) शामिल थे।
- बौद्ध तथा जैन धर्म इस क्षेत्र में कई शताब्दियों से विद्यमान थे, उन्हें व्यापारी व शिल्पी वर्ग का प्रश्रय प्राप्त होने के साथ कभी-कभी राजकीय संरक्षण और अनुदान भी मिलता था।
- तमिल भक्ति रचनाओं की एक मुख्य विषय-वस्तु बौद्ध तथा जैन धर्म के प्रति उनका विरोध था। यह विरोध नयनार संतों की रचनाओं में विशेष तौर पर दिखता था।
- नौवीं से तेरहवीं शताब्दी में 'चोलों' ने ब्राह्मणीय एवं भक्ति परंपरा का समर्थन किया और वैष्णव तथा शैव मंदिरों के निर्माण के लिए भूमि अनुदान दिए। चोल शासकों के द्वारा चिदंबरम्, तंजावुर और गंगैकोंडचोलपुरम् के विशाल शिव मंदिरों का निर्माण कराया गया। इसी समय कांस्य में ढाली गई शिव प्रतिमाओं का भी निर्माण किया गया।
- अलवार व नयनार संतों को वेल्लाल कृषकों द्वारा सम्मान दिया जाता था।
- चोल सम्राटों ने अपनी प्रभुता स्थापित करने के लिए इन संत कवियों का समर्थन पाने का प्रयास किया, जिसके लिए उन्होंने भव्य मूर्तियों एवं मंदिरों का निर्माण कराया।
- चोल शासकों ने ऐसे भजनों का संकलन एक ग्रंथ **तवरम** (Tvaram) के रूप में किया, जिसका गायन प्राय: मंदिरों में किया जाता था।

▲ नटराज के रूप में शिव

- 945 ई. के एक अभिलेख से यह जानकारी मिलती है कि चोल शासक 'परांतक प्रथम' ने संत कवि अप्पार, संबंदर एवं सुंदरार की धातु प्रतिमाएँ एक शिव मंदिर में स्थापित कराईं। छठी से ग्यारहवीं शताब्दी तक भक्ति परंपरा का यही आधार प्रचलन में रहा, लेकिन बारहवीं शताब्दी तक आते-आते शैव संप्रदाय में नई विचारधारा का उद्‌भव हुआ, जिसे **वीरशैव परंपरा** (Virshaiva Tradition) कहा जाता था।

6.3 कर्नाटक के वीरशैव एवं लिंगायत संत

- बारहवीं शताब्दी में **बासवन्ना** (1106-68 ई.) नामक ब्राह्मण के नेतृत्व में कर्नाटक में एक नवीन संप्रदाय का उदय हुआ।
- बासवन्ना शुरू में एक जैनी थे तथा कलचुरी राजा के दरबार में मंत्री थे।
- इनके अनुयायी वीरशैव (शिव के वीर) तथा **लिंगायत** (लिंग को धारण करने वाले) कहलाए।
- वीरशैव परंपरा की उत्पत्ति उन वचनों से हुई, जो कन्नड़ भाषा में उन स्त्री-पुरुषों द्वारा रचे गए, जो इस आंदोलन में शामिल हुए।
- इस समुदाय के लोग **शिव** की आराधना लिंग के रूप में करते थे। पुरुष बाएँ कंधे पर चाँदी के पिटारे में एक छोटे लिंग को धारण करते हैं, जिनमें **जंगम** (Jangama) अर्थात् **यायावर भिक्षु** (Monks) शामिल हैं।
- इस संप्रदाय के लोगों का मत यह था कि मृत्यु के बाद भक्त शिव में विलीन हो जाएँगे और इस तरह जन्म-मरण से मुक्ति पाएँगे।
- ये हिंदू-श्राद्ध, संस्कार को नहीं मानते और अपने मृतकों को विधिपूर्वक जमीन में दफनाते थे।
- लिंगायतों ने ब्राह्मणीय अवधारणा का खंडन किया है; जैसे—जाति, वर्ण व्यवस्था, पुनर्जन्म आदि।
- लिंगायतों ने वयस्क विवाह, विधवा पुनर्विवाह आदि को मान्यता दी।

उत्तर भारत में धार्मिक आंदोलन

- उत्तर भारत में विष्णु तथा शिव जैसे देवताओं की पूजा मंदिरों में की जाती थी, जिन्हें शासकों के सहयोग से निर्मित किया गया था।
- उत्तरी भारत में अनेक राजपूत राज्यों का उदय हुआ, जिनमें ब्राह्मणों का महत्त्वपूर्ण स्थान था और ये लौकिक (Secular) (भौतिक सुखों की प्राप्ति हेतु धार्मिक कार्य) तथा आनुष्ठानिक (Ceremonial) (धार्मिक कर्मकांडीय कार्य) दोनों कार्य करते थे।
- उत्तरी भारत में ऐसे नेताओं का वर्चस्व बढ़ा, जो ब्राह्मणीय विचारधारा के विरुद्ध थे। ऐसे नेताओं में नाथ, जोगी व सिद्ध शामिल थे।
- इन नेताओं में बहुत-से शिल्पी समुदाय के थे।
- संयोजित दस्तकारी उत्पादन के विकास के साथ उनके महत्त्व में भी वृद्धि हो रही थी।
- अनेक धार्मिकों ने वेदों को चुनौती देकर अपने विचार लोगों को व्यक्त किए। ये धार्मिक नेता प्रसिद्धि पाने के पश्चात् भी शासक वर्ग की शरण प्राप्त करने की स्थिति में नहीं थे।
- उत्तर भारत में तुर्कों के आगमन के परिणामस्वरूप दिल्ली सल्तनत की स्थापना हुई।
- सल्तनत की स्थापना के साथ राजपूत राज्यों तथा उनसे संबंधित ब्राह्मणों की शक्ति में धीरे-धीरे ह्रास होने लगा, जिसके परिणामस्वरूप सांस्कृतिक तथा धार्मिक परिवर्तन हुए।
- इन परिवर्तनों की एक महत्त्वपूर्ण परिणति सूफियों का आगमन था।

चेक प्वॉइंट 1

1. ब्राह्मणवादी विचारों के प्रसार का मुख्य उद्देश्य क्या था?
2. वैदिक परंपरा के प्रमुख देवता कौन थे?
3. कराइक्काल अम्मइयार की रचनाएँ किस परंपरा में संरक्षित थीं?
4. चोल शासकों की सहायता से कौन-से भव्य शिव मंदिर निर्मित किए गए थे?
5. नाथ, जोगी और सिद्धा कौन थे?

6.4 इस्लामी परंपराएँ

- प्रथम सहस्राब्दी ईसवी में अरब व्यापारी समुद्र के मार्ग से पश्चिमी भारत के बंदरगाहों तक आए।
- इसी समय देश के उत्तर-पश्चिमी प्रांतों में मध्य एशिया से आकर लोग बस गए।
- 7वीं शताब्दी में इस्लाम के उदय के साथ यह क्षेत्र इस संसार का हिस्सा बन गया, जिसे प्राय: इस्लामी विश्व कहा जाता है।

शासकों और प्रजा के धार्मिक विश्वास

- सर्वप्रथम 711 ई. में 'मोहम्मद- बिन-कासिम' (अरब सेनापति) ने सिंध को जीता और वहाँ इस्लामी सत्ता स्थापित की।

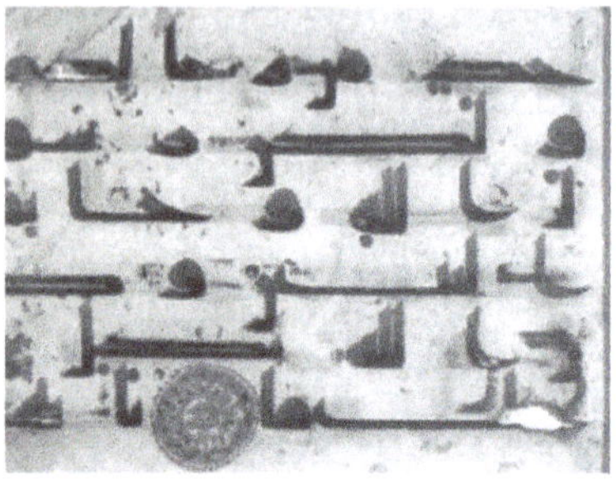

▲ कुरान शरीफ के एक पृष्ठ का भाग

- इसके बाद तुर्क व अफगानों ने दिल्ली सल्तनत की नींव साम्राज्य के रूप में रखी। राज्य स्थापना के पश्चात् मुसलमान शासकों ने इस्लाम को राजकीय धर्म के रूप में घोषित किया।
- अनेक क्षेत्रों में इस्लाम शासकों का स्वीकृत धर्म था। यह स्थिति मुगल साम्राज्य की स्थापना के साथ भी जारी रही।
- 18वीं शताब्दी में उदित क्षेत्रीय राज्यों में से कई राज्यों के शासक भी इस्लाम धर्म का ही पालन करते थे।
- भारतीय उपमहाद्वीप में विद्यमान इस्लाम धर्म के विपरीत स्थिति में मुसलमान शासकों के मार्गदर्शन के लिए उलमा (**उलेमा**[1]) होते थे, जो शरियत के ज्ञाता थे।
- 'शरिया' मुस्लिम समुदाय का मार्गदर्शन करने वाला कानून है। यह **कुरान शरीफ** और **हदीस**[2] पर आधारित है, जिसका आधार पैगबर की परंपराएँ हैं।
- इस्लाम का अरब क्षेत्र से बाहर प्रसार होने पर कियासा (सदृशता के आधार पर तर्क) और इजमा (समुदाय की सहमति) को भी कानून का स्रोत समझा जाने लगा।
- उलमा से यह अपेक्षा की जाती थी कि वे शासन में **शरिया** को आदेशों का पालन अवश्य करवाएँगे, किंतु उपमहाद्वीप में गंभीर स्थिति थी, क्योंकि इस्लाम धर्म को मानने वाले लोगों की संख्या कम थी।
- इस संदर्भ में **जिम्मी**[3] अर्थात् संरक्षित श्रेणी का प्रादुर्भाव हुआ। जिम्मी लोग उद्घटित धर्मग्रंथ को मानते थे; जैसे—यहूदी और ईसाई।
- मुसलमानों से संरक्षण प्राप्त करने के लिए ये जजिया नामक कर का भुगतान करते थे।
- शासकों ने अपनी प्रजा के प्रति अत्यधिक नरम नीति अपनाई तथा बहुत-से शासकों ने जैन, पारसी, ईसाई, हिंदू तथा यहूदी धार्मिक संस्थाओं को भूमि अनुदान और कर में रियायत भी दी।
- ऐसे अनुदान, अनेक मुगल बादशाहों जिनमें अकबर व औरंगजेब प्रमुख थे, के द्वारा दिए गए।
- इस प्रकार शरिया, का विकास कुरान, हदीस , कियास और इजमा से हुआ।

लोक प्रचलन में इस्लाम धर्म

- इस्लाम धर्म के अनुयायियों या इस्लाम को कबूल करने वाले व्यक्ति को पाँच सिद्धांतों या शिक्षाओं का पालन करना पड़ता था, जिनका विवरण निम्नलिखित है
  (i) 'अल्लाह' मुसलमानों के एकमात्र ईश्वर हैं और पैगंबर मुहम्मद साहब उनके दूत हैं।

---

1 उलेमा यह आलिम (इस्लाम धर्म का ज्ञाता) का बहुवचन है।
2 हदीस पैगंबर से जुड़ी परंपराओं का संकलन हदीस कहलाता है।
3 जिम्मी इस्लामी राज्य में निवास करने वाले गैर-इस्लामिक धर्म को मानने वाले लोगों को जिम्मी कहा जाता है।

(ii) एक दिन में पाँच बार नमाज़ पढ़ना आवश्यक है।
(iii) धार्मिक एवं नैतिक लाभ के लिए खैरात (दान) देनी चाहिए।
(iv) रमजान के महीने में रोजा (उपवास) रखना आवश्यक है।
(v) हज के लिए या मक्का की धार्मिक यात्रा करनी चाहिए।

- यह सार्वभौमिक तत्त्व सामान्यत: सांप्रदायिक कारणों से तथा स्थानीय रीति-रिवाजों के प्रभाव से शिया तथा सुन्नी जैसे विभिन्न संप्रदायों में अलग-अलग तरीके से अपनाए जाते थे।
- खोजा इस्माइली (शिया) समुदाय के लोगों ने कुरान के विचारों की अभिव्यक्ति के लिए साहित्यिक स्रोतों का सहारा लिया।
- जीनन (ज्ञान) नामक भक्ति पंजाबी, मुल्तानी, सिंधी, कच्छी, हिंदी और गुजराती में दैनिक प्रार्थना के समय गाए जाते थे।
- मालाबार तट के किनारे निर्वासित अरब व्यापारियों ने स्थानीय मलयालम भाषा को अपनाने के साथ मातृकुलीयता और मातृगृहता जैसे स्थानीय आचारों को भी अपनाया।
- वास्तुकला में विशेष तौर पर मस्जिद के निर्माण में इस्लाम और स्थानीय परंपराओं का मिश्रण स्पष्ट रूप से दृष्टिगोचर होता था।
- इमारत का मक्का की ओर अनुस्थापन मेहराब (प्रार्थना स्थल) और मिम्बर (व्यासपीठ) की स्थापना के अनुसार होता था, हालाँकि छत और निर्माण की वस्तुओं में भिन्नताएँ देखने को मिलती हैं।

इस्लामिक समुदायों का नामकरण

- 8वीं से 14वीं शताब्दी के बीच के संस्कृत ग्रंथों और अभिलेखों में कहीं भी मुसलमान शब्द का वर्णन नहीं किया गया है। इस्लामी समुदायों का वर्गीकरण उनके जन्म-स्थान के आधार पर किया गया है।
- तुर्की मुसलमानों को तुरुष्क, तजाकिस्तानी मुसलमानों को ताजिक तथा फारसी मुसलमानों को पारसीक कहा गया। तुर्क और अफगानों को क्रमश: शक एवं यवन के नाम से भी संबोधित किया जाता था।
- गैर-इस्लामी अर्थात् ब्राह्मणवादी प्रवासी समुदायों के लिए 'मलेच्छ' शब्द का प्रयोग करते थे। इस शब्द से वे हीनभावना को व्यक्त करते थे, परंतु ऐसे शब्द विशिष्ट मुसलमान धार्मिक समुदाय के लिए शायद ही व्यक्त होते थे।

6.5 सूफीवाद का विकास

- समकालीन इस्लाम धर्म एवं राजनीति में बढ़ती बुराइयों के विरुद्ध आध्यात्मिक लोगों ने समाज एवं धर्म को एक नई पहचान दी थी। ये वैराग्य और सूफीवाद से प्रभावित थे। इन लोगों ने **कुरान** और **सुन्ना** की बौद्धिक व्याख्या की आलोचना की।
- सूफीवाद एक अंग्रेजी शब्द है, जिसे इस्लामी ग्रंथों में 'तसव्वुफ' कहा गया है।
- सूफीवाद की उत्पत्ति 'सूफ' से हुई, जिसका शाब्दिक अर्थ 'ऊन' होता है। यह ऊन सूफियों द्वारा पहने जाने वाले ऊनी वस्त्र का द्योतक है।
- एक अन्य मत के अनुसार, सूफीवाद की उत्पत्ति 'सफा' से हुई है, जो पैगंबर मुहम्मद की मस्जिद के बाहर के चबूतरे का द्योतक है।
- सूफियों ने मोक्ष की प्राप्ति के लिए ईश्वर की भक्त और उनके आदेशों के पालन पर बल दिया।
- सूफियों ने अपने व्यक्तिगत अनुभव के आधार पर कुरान की व्याख्या की।
- भारत में सूफी परंपरा का आगमन इस्लाम धर्म के आगमन के अनेक वर्षों के पश्चात् हुआ। सूफी परंपरा इस्लाम धर्म की रहस्यवादी व सुधारवादी विचारधारा है, जो भारत में अनेक चरणों में विकसित हुई।

खानकाह और सिलसिला

- ग्यारहवीं शताब्दी तक सूफीवाद का पूर्ण विकास हुआ, जिसका सूफी व कुरान से संबंधित अपना साहित्य था।
- ये एक संगठित समुदाय के रूप में एक जगह रहने लगे, जिसे **खानकाह** (Khanqahs) कहा गया।
- खानकाह पर शेख (अरबी), पीर अथवा मुर्शीद (फारसी) का नियंत्रण था। इनका कार्य मुरीदों (अनुयायियों) की भर्ती करना तथा अपने वारिस का चयन करना था।
- वह आध्यात्मिक व्यवहार के नियम निर्धारित करने के अतिरिक्त समूह के सदस्यों के साथ-साथ शेख और सामान्य लोगों के मध्य के रिश्तों की सीमा भी निर्धारित करते थे।

सूफी सिलसिला

- 12वीं शताब्दी तक इस्लामी विश्व के विभिन्न अनेक सूफी सिलसिलों का उद्भव हुआ। सिलसिले का अर्थ 'जंजीर' (Chain) है। यह शेख और मुरीद के मध्य अटूट रिश्ते का द्योतक है, साथ ही यह असीम कड़ी के रूप में पैगंबर साहब से जुड़ा हुआ है, जिसके द्वारा आध्यात्मिक शक्ति और आशीर्वाद मुरीदों तक पहुँचता है।
- मुरीदों के लिए दीक्षा के नियम बनाए गए, जिसमें दीक्षित को निष्ठा का वचन देना पड़ता था तथा सिर मुंडवाकर थेगड़ी (Patched) लगे वस्त्र धारण करने पड़ते थे।
- पीर की मृत्यु के बाद उनकी दरगाह (दरबार), उनके मुरीदों के लिए पवित्र स्थल माना जाता था, जहाँ सामान्य दिनों के अतिरिक्त उनकी बरसी पर ज़ियारत (उर्स) करने की प्रथा प्रारंभ हुई। अत: इसके साथ-साथ चिश्ती सिलसिले का भी विकास हुआ।
- लोगों का मानना था कि पीर मृत्यु के पश्चात् ईश्वर से एकीभूत हो जाते हैं और इस प्रकार पहले की तुलना में उनके अधिक निकट हो जाते हैं।
- लोग आध्यात्मिक और ऐहिर कामनाओं की पूति के लिए उनका आर्शीवाद लेने जाते थे। इस प्रकार शेख का वली के रूप मे पूजने की प्रथा है।

खानकाह के बाहर

- कुछ सूफी ऐसे थे, जो खानकाह को त्यागकर फकीरी (गरीबी एवं ब्रह्मचर्य) में विश्वास रखते थे, इसलिए इन्हें रहस्यवादी (Mystics) कहा गया है।
- रहस्यवादी सूफियों को मदारी, मलंग, हैदरी एवं कलंदर आदि नामों से भी जाना जाता था। इन्होंने **शरिया** (Shari'a) को नहीं माना, इसलिए इन्हें **बे-शरिया** (Be-Shari'a) भी कहा गया।
- इस प्रकार यह शरिया का पालन करने वाले (बा-शरिया) सूफियों से भिन्न थे।

6.6 उपमहाद्वीप में चिश्ती सिलसिला

- 12वीं शताब्दी के अंत में भारत आने वाले सूफी समुदायों में चिश्ती सर्वाधिक प्रभावशाली थे।
- इन्होंने स्थानीय वातावरण तथा भारतीय भक्ति परंपरा की कई विशेषताओं को भी अपनाया।

चिश्ती खानकाह में जीवन

- खानकाह चिश्ती सूफियों की गतिविधियों का केंद्र बिंदु था।
- चिश्ती खानकाह में शेख निजामुद्दीन औलिया (14वीं शताब्दी) की खानकाह प्रसिद्ध थी। यह दिल्ली शहर के बाह्य क्षेत्र में यमुना नदी के तट पर गियासपुर में स्थित थी।
- इन खानकाह में सभी समुदाय के लोग (व्यापारी, सिपाही, गुलाम, हिंन्दू, जोगी, कलंदर, कवि आदि) अनुयायी बनने, इबादत करने तथा विभिन्न समस्याओं पर शेख की सलाह लेने के लिए आते थे।
- इसमें अनेक छोटे-छोटे कमरे और एक बड़ा हॉल (जमातजावा) था, जिसमें शेज का परिवार, सेवक और अनुयायी रहने के साथ उपासना भी करते थे।
- शेज छत पर एक कमरे में रहते थे और वहीं पर अपने आगुंतकों से सुबह-शाम मिलते थे।
- आँगन को एक गलियारा तथा खानकाह को चारों ओर से दीवार घेरे रहती थी। यहाँ पर एक सामुदायिक रसोई (लंगर) फुतुह (बिना माँगी खैर) पर चलती थी।
- शेख से मिलने के लिए अमीर हसन सिजजी, अमीर खुसरो जैसे कवि तथा दरबारी इतिहासकार भी आते थे।

चिश्ती उपासना : जियारत और कव्वाली

- उपमहाद्वीप के विभिन्न भागों में खानकाह स्थापित करने के लिए शेख निजामुद्दीन ने कई आध्यात्मिक उत्तराधिकारी नियुक्त किए।
- इस कारण से चिश्तियों के उपदेश, व्यवहार, संस्थाएँ और शेख की लोकप्रियता प्रसारित हुई, जिससे अनेक तीर्थयात्री उनकी तथा उनके आध्यात्मिक पूर्वजों की दरगाह पर आने लगे।

जियारत

- सूफी संतों की दरगाह ज़ियारत (भक्ति) करने का प्रमुख केंद्र स्थल है। पाँच चिश्ती संतों की दरगाह में सबसे प्रसिद्ध ख्वाजा मुइनुद्दीन की दरगाह है। इन्हें 'गरीब नवाज' के नाम से भी जाना जाता है।
- ख्वाजा मुइनुद्दीन की दरगाह पर आने वाला पहला शासक दिल्ली का सुल्तान मोहम्मद-बिन-तुगलक (1324-51 ई.) था तथा इस दरगाह की इमारत का निर्माण करने वाला पहला सुल्तान गयासुद्दीन खिलजी (मालवा सुल्तान) था।
- सोलहवीं शताब्दी तक इस दरगाह की लोकप्रियता एवं ज़ियारत संबंधी भजनों के कारण अकबर यहाँ आने के लिए प्रेरित हुआ।

▲ शेख निजामुद्दीन औलिया तथा उनके शिष्य अमीर खुसरो

कव्वाली

- सूफी संत संगीत के माध्यम से अपने इष्ट की आराधना करते थे। ये नृत्य और संगीत ज़ियारत का ही एक भाग थे। विशेष रूप से कव्वालों (Qawwals) द्वारा प्रस्तुत **रहस्यवादी गुणगान**। सूफी संत **जिक्र** (ईश्वर का नाम जपना) या **समा** (श्रवण करना) अर्थात् आध्यात्मिक संगीत के द्वारा ईश्वर का सान्निध्य (कृपा) प्राप्त करते थे।
- अमीर खुसरो, एक महान कवि, संगीतकार और निजामुद्दीन औलिया के शिष्य थे। इन्होंने कौल (कहावत) के प्रचलन से चिश्ती समा को एक विशिष्ट स्वरूप प्रदान किया।
- कौल को कव्वाली के शुरू तथा अंत में गाया जाता था।
- वर्तमान में उपमहाद्वीप की सभी दरगाहों पर कव्वाली गाई जाती है।
- चिश्त उपासना पद्धति में 'सभा' का महत्त्व इस बात से होती हैं कि चिश्ती स्थानीय भक्ति परंपरा से जुड़ी हैं।

भाषा और संपर्क

- दिल्ली में चिश्ती सिलसिले के लोग हिंदवी में बातचीत करते थे।
- बाबा फरीद ने स्थानीय भाषा में अपने काव्यों की रचना की, जिसे 'गुरु ग्रंथ साहिब' में भी संकलित किया गया। कुछ अन्य सूफियों ने कविताएँ और गजलें भी लिखीं, जिनमें ईश्वर को प्रेमी तथा मानव को प्रेमिका के रूप में माना गया।
- उदाहरणस्वरूप, मलिक मोहम्मद जायसी का **प्रेमाख्यान** पद्मावत पद्मिनी और चित्तौड़ के राजा रतनसेन की प्रेमकथा को दर्शाता है।
- 17वीं-18वीं शताब्दी में चिश्ती संतों द्वारा बीजापुर (कर्नाटक) में दक्खनी (उर्दू का रूप) भाषा में लिखित छोटी कविताओं की शुरुआत हुई।
- ये कविताएँ संभवत: औरतों द्वारा घर का काम करते समय गाई जाती थीं; जैसे—चक्की पीसते हुए तथा चरखा कातते हुए आदि।
- अन्य सूफी काव्य रचनाएँ लोरीनामा एवं शादीनामा के रूप में भी लिखी गईं।
- चिश्ती सूफी लिंगायतों के कन्नड़ के वचन और पंढरपुर के संतों के मराठी अभंगों (Abhangs) से भी प्रभावित थे, जिससे इनका दक्कन में आसानी से विस्तार हुआ।

सूफी एवं राज्य संबंध

- चिश्ती संप्रदाय की एक विशेषता उनका संयम और सादगीपूर्ण जीवन था। ये लोग सत्ता से दूर रहते थे, लेकिन सत्ताधारी विशिष्ट वर्ग यदि बिना माँगे अनुदान या भेंट दें, तो सूफी संत उसे स्वीकार करते थे।
- ऐसा उल्लेख मिलता है कि सुल्तानों ने खानकाहों को **कर मुक्त भूमि** अनुदान (इनाम) में दी, जिसके दान संबंधी कागजात भी बनाए गए।
- शेख (सूफी संत) नैतिक व्यवहार से भी ईमानदार होते थे, क्योंकि दान के रूप में जो इन्हें धन और सामान मिलता था, ये उसे आनुष्ठानिक कार्यों में खर्च कर देते थे, जिससे जनता में इनकी प्रतिष्ठा बढ़ी रहती थी तथा शेख के नैतिक अधिकार की भी पुष्टि होती थी।
- सूफी संतों की धर्मनिष्ठा, विद्वता तथा उनकी चमत्कारी शक्ति में लोगों का विश्वास उनकी लोकप्रियता के प्रमुख कारण थे। इन कारणों से शासक भी उनका समर्थन प्राप्त करना चाहते थे।
- तुर्कों ने जब दिल्ली सल्तनत की स्थापना की उस समय अधिकांश प्रजा इस्लाम धर्म वाली नहीं थी, इसलिए इन पर शरिया कानून नहीं लगाया जा सकता था।
- उलेमा द्वारा शरिया के लगाए जाने की माँग को सुल्तानों ने ठुकरा दिया, लेकिन इस्लाम धर्म के शरिया के अनुसार इस्लामिक राज्य में शरिया को ही लगाया जा सकता था।
- इस दौरान सुल्तानों ने सूफी संतों की सहायता ली, जो अपनी आध्यात्मिक सत्ता को अल्लाह से उद्भूत मानते थे और शरिया पर निर्भर नहीं थे।
- सुल्तानों तथा सूफियों के मध्य संघर्ष के भी उदाहरण मिलते हैं। अपनी सत्ता स्थापित करने के लिए दोनों ही झुककर प्रणाम और कदम चूमना जैसे आचारों पर बल देते थे।

- सूफी शेख प्रायः आडंबरपूर्ण पदवी का प्रयोग करते थे, जैसे शेख निजामुद्दीन औलिया के अनुयायी उन्हें सुल्तान-उल-मशेख (शेखों में सुल्तान) कह कर संबोधित करते थे।

चिश्ती सिलसिले के मुख्य उपदेशक

सूफी	मृत्यु का वर्ष	दरगाह का स्थान
शेख मुइनुद्दीन चिश्ती	1235	अजमेर (राजस्थान)
ख्वाजा कुतुबुद्दीन बख्तियार काकी	1235	दिल्ली
शेख फरीदुद्दीन गंज-ए-शकर	1265	अजोधन (पाकिस्तान)
शेख निजामुद्दीन औलिया	1325	दिल्ली
शेख नसीरुद्दीन चिराग-ए-देहली	1356	दिल्ली

चेक प्वॉइंट 2

1. 16वीं शताब्दी में अकबर किस दरगाह पर गया था?
2. किस मुगल शासक ने प्रजा के लिए अनुदान दिए?
3. अरब मुस्लिम व्यापारियों ने केरल में कौन-से स्थानीय रीति-रिवाज अपनाए?
4. दिल्ली के संवाद के लिए चिश्ती सिलसिला ने कौन-सी भाषा अपनाई?
5. निजामुद्दीन औलिया को उनके अनुयायियों ने क्या पदवी दी?

6.7 नवीन भक्ति पंथ

चौदहवीं-सोलहवीं शताब्दी के बीच नवीन भक्ति पंथों का उदय हुआ, जिन्होंने समकालीन सामाजिक परिस्थितियों, विचारों और संस्थाओं का अध्ययन कर स्थानीय भाषाओं में लोगों को निर्देशित किया, जिनमें निम्नलिखित सामाजिक-धार्मिक सुधारकों का महत्त्वपूर्ण योगदान रहा।

कबीर

लगभग चौदहवीं-पंद्रहवीं शताब्दी के संत कवियों में कबीर का महत्त्वपूर्ण स्थान है।

- इनका मूलनाम कबीरदास और इनका पालन-पोषण जुलाहा परिवार में हुआ था।
- इनके गुरु का नाम रामानंद था, हालाँकि इन सूचनाओं को लेकर भी इतिहासकारों में अनेक मतभेद हैं।
- कबीर ईश्वर की खोज में मौजूदा धार्मिक और सामाजिक मान्यताओं की अवहेलना करने वाले लोगों के लिए प्रेरणास्रोत बन गए।

कबीर की रचनाएँ

- 19वीं शताब्दी में बंगाल, गुजरात और महाराष्ट्र में उनके पद संग्रहों को प्रसारित किया जाने लगा। अनेक भाषाओं और बोलियों में कबीर की रचनाएँ संग्रहीत हैं। इनमें से कुछ निर्गुण कवियों की विशेष बोली संत भाषा में है।
- कबीर की भाषा **उलटबाँसी** (Ulatbansi) (उल्टी कही पंक्तियाँ) थी। इसका उद्देश्य परम सत्य के स्वरूप को समझने में कठिनाइयों को दर्शाना था। कबीर की भाषा को तीन रूपों में संकलित किया गया है
  (i) **कबीर बीजक** कबीर के अनुयायियों द्वारा वाराणसी तथा उत्तर प्रदेश के अन्य स्थानों पर उनकी कृतियों को संरक्षित किया गया है।
  (ii) **कबीर ग्रंथावली** इसका संबंध राजस्थान के दादूपंथियों से है।
  (iii) **ग्रंथ साहिब** इसमें कबीर के कई पदों का संकलन किया गया है।
- इन सभी ग्रंथों का संकलन कबीर की मृत्यु के पश्चात् हुआ।

कबीर की कविताओं का महत्त्व

- कबीर ने परम सत्य की व्याख्या करने के लिए अनेक विचारधाराओं का सहारा लिया।
- इस्लाम दर्शन से प्रभावित होकर इन्होंने सत्य को अल्लाह, खुदा, पीर और हजरत कहा।
- वेदांत दर्शन की तरह इन्होंने इस सत्य को ब्राह्मण, आत्मन, निराकार और अलख (अदृश्य) कहा।

- इसकी अभिव्यंजनाए उनकी रहस्थवादी अनुभूतियों को दर्शाती है।
- कबीर के पदों में 'शब्द और शून्य' जैसी अभिव्यंजनाएँ योगी परंपरा से उद्भूत हैं।
- कबीर के कुछ पदों में इस्लाम दर्शन के एकेश्वरवाद (Monotheism) तथा मूर्तिभंजक (Iconoelasm) के आधार पर हिंदू धर्म के बहुदेववाद (Polytheism) एवं मूर्तिपूजा के विरोध के स्वर मिलते हैं।
- कुछ पदों में 'नाम सिमरन' की हिंदू परंपरा को बताने के लिए 'जिक्र और इश्क' के सूफी सिद्धांतों का उपयोग किया गया।

गुरुनानक

- चौदहवीं-पंद्रहवीं शताब्दी में गुरुनानक के द्वारा सिख संप्रदाय की स्थापना हुई।
- गुरुनानक (1469-1539 ई.) का जन्म एक हिंदू परिवार में पंजाब के ननकाना गाँव में रावी नदी के किनारे हुआ था।
- वे सूफी और भक्ति संतों के बीच जाते थे और वाद-विवाद से संबंधित वार्ता भी करते थे। वे फारसी भाषा से परिचित थे।
- इन्होंने भक्तिमार्ग एवं मानवतावाद पर बल दिया। सिख संप्रदाय द्वारा भक्तिमार्ग, सामुदायिक उपासना एवं खालसा पंथ पर चर्चा की गई।

गुरुनानक की शिक्षाएँ

- गुरुनानक की शिक्षाएँ उनके भजनों एवं उपदेशों में समाहित हैं। इन्होंने धार्मिक बाह्य आडंबरों (यज्ञ, स्नान, मूर्तिपूजा, तपस्या) का विरोध किया और हिंदू व मुस्लिम धर्मग्रंथों को भी अस्वीकार किया। इनके विचार 'शबद' में संगृहीत हैं।
- नानक अपने विचारों (शबद) को अलग-अलग रागों में गाकर उजागर करते थे और उनका सेवक 'मरदाना' इस क्रम में रबाब बजाकर उनका सहयोग करता था।
- उनके अनुसार, परम पूर्ण रब (ईश्वर) का कोई लिंग या आकार नहीं है। नानक ने इस रब की उपासना के लिए निरंतर नाम स्मरण व जप को आवश्यक बताया।
- गुरुनानक ने अपने अनुयायियों को एक समुदाय के रूप में संगठित कर सामुदायिक उपासना (संगत) के आचारों का निर्माण किया। यहाँ सामुदायिक रूप से पाठ किया जाता था।
- इन्होंने अपने शिष्य अंगद को उत्तराधिकारी घोषित कर गुरु पद प्रदान किया। यह प्रथा लगभग 200 वर्षों तक चलती रही।
- बाबा गुरुनानक किसी नए धर्म की स्थापना नहीं करना चाहते थे, लेकिन उनके शिष्यों ने उनकी मृत्यु के पश्चात् अपने आचार-व्यवहार को संगठित कर स्वयं को हिंदू तथा मुस्लिमों से पृथक् कर लिया।
- सिखों के पाँचवें गुरु अर्जुनदेव जी ने आदिग्रंथ साहिब की रचना की, जिसमें गुरुनानक एवं उनके चार उत्तराधिकारियों के साथ बाबा फरीद, रविदास और कबीर की बानी को शामिल किया गया, जिसे **गुरबानी** कहा जाता है। सत्रहवीं शताब्दी में **गुरु ग्रंथ साहिब** में नौवें गुरु तेगबहादुर की रचनाओं को दसवें गुरु गोविंद सिंह जी ने शामिल किया, जिसे पूर्णतः गुरु ग्रंथ साहिब के नाम से जाना गया।
- गुरु गोविंद सिंह जी ने ही 'खालसा पंथ' (Khalsa Panth) की स्थापना की और अपने अनुयायियों के लिए पाँच नियमों का प्रतिपादन किया, जो निम्नलिखित हैं

  1. बिना कटे केश
  2. कृपाण (तलवार)
  3. कच्छ
  4. कंघा
  5. लोहे का कड़ा

- गुरु गोविंद सिंह जी के ही नेतृत्व में खालसा पंथ एक सामाजिक, धार्मिक और सैन्य बल के रूप में संगठित होकर एक नवीन धर्म **सिख धर्म** के रूप में उभरा।

मीराबाई

- लगभग पंद्रहवीं-सोलहवीं शताब्दी की भक्ति परंपरा की मीराबाई काफी विख्यात संत और कवयित्री थीं।
- उनकी जीवनी उनकेलिखे गये भजनों के आधार पर संकलित की गई है, जो शताब्दियों तक मौखिक रूप से चलता रहा। मीराबाई मारवाड़ के मेड़ता जिले की एक राजपूत राजकुमारी थीं।
- इनका विवाह इनकी सहमति के विरुद्ध मेवाड़ के सिसोदिया कुल में कर दिया गया।
- उनकी जीवनी की रचना उनके भजनों के आधार पर की गई।
- मीराबाई ने अपने स्त्रीधर्म की अवहेलना करते हुए वैराग्य का मार्ग अपनाया और विष्णु के अवतार 'कृष्ण' को अपना पति मानकर उनकी भक्ति में लीन हो गईं।
- इन्होंने कृष्ण की स्तुति में अनेक गीतों की रचना की।
- कुछ विद्वानों का मत है कि मीराबाई के गुरु 'रैदास' थे, जो चर्मकार परिवार से थे, जिससे उनकी जातिवादी समाज की रूढ़ियों की अवहेलना की पुष्टि होती है।
- मीराबाई ने किसी पंथ की स्थापना नहीं की थी।
- उनके रचित पद मुख्य रूप से गुजरात एवं राजस्थान के गरीब लोगों (नीच जाति) द्वारा गाए जाते हैं।

▲ बाँसुरी बजाते कृष्ण मीराबाई कृष्ण के इसी रूप की पूजा करती थी

शंकरदेव

- पंद्रहवीं सदी के उत्तरार्द्ध में असम में वैष्णव धर्म के मुख्य प्रचारक के रूप में शंकरदेव का नाम आता है।
- इनकी शिक्षाओं को 'भगवती धर्म' के रूप में जाना जाता है, क्योंकि ये 'भगवद्गीता' और 'भागवत पुराण' पर आधारित थीं।
- शंकरदेव ने भक्ति प्राप्ति के लिए नानक की भाँति ईश्वर के नाम-जाप पर बल दिया।
- इन्होंने 'सत्र या मठ' (Satra or Monastries) तथा 'नामधर' की स्थापना आध्यात्मिक प्रचार के लिए की।
- शंकरदेव की प्रमुख काव्य रचनाओं में कीर्तनघोष प्रमुख हैं।

6.8 धार्मिक परंपराओं के इतिहास का पुनर्निर्माण

- इतिहासकार धार्मिक परंपरा के इतिहास के पुनर्निर्माण के लिए मूर्तिकला, स्थापत्य, धर्मगुरुओं की कहानियाँ और दैवीय स्वरूप को समझने को उत्सुक स्त्री तथा पुरुष द्वारा लिखित काव्य रचनाएँ जैसे अनेक स्रोतों का उपयोग करते हैं।
- धार्मिक विश्वासों से संबंधित साहित्यिक परंपराओं में अत्यधिक विविधता है तथा वे कई भाषाओं तथा शैलियों में रचित हैं।
- कुछ स्रोत सरल तथा स्पष्ट भाषा में लिखित हैं, जैसे बासवन्ना के वचन आदि।
- मुगल सम्राटों के फरमान फारसी में लिखे गए हैं।
- इतिहासकारों को प्रत्येक प्रकार के स्रोत को समझने के लिए प्रत्येक विधि की शैली व शैलियों में सूक्ष्म अंतरों को पहचानना पड़ता हैं।

सूफी परंपरा के इतिहास के पुनर्निर्माण के स्रोत

सूफी खानकाहो तथा उनके आसपास कई प्रकार के ग्रंथ लिखे गए, जिनमें हमें सूफी परंपराओं के इतिहास से संबंधित विवरण मिलता हैं। ये स्रोत निम्नलिखित हैं

कश्फ-उल-महजूब

- यह सूफी विचारों पर आधारित एक महत्त्वपूर्ण पुस्तक है, जिसकी रचना 'अली बिन उस्मान हुजविरी' ने की थी।
- साहित्य इतिहासकार इसकी मदद से उपमहाद्वीप के बाहर की परंपराओं द्वारा भारतीय सूफी चिंतन को प्रभावित करने वाले कारकों का अध्ययन करते हैं।

मुलफुजात (सूफी संतों की बातचीत)

- मुलफुजात की रचना विभिन्न सूफी शेखों की आज्ञा से हुई।
- इसका उद्देश्य शेखों के उपदेशों का संकलन करना था।
- मुलफुजात पर एक आरंभिक ग्रंथ फवाइद-अल-फुआद है, जो निजामुद्दीन औलिया की बातचीत पर आधारित एक संग्रह है।
- दक्कन सहित उपमहाद्वीप के विभिन्न भागों से ऐसे ग्रंथ प्राप्त हुए हैं। जिनका कई शताब्दियों तक संकलन होता रहा।

मक्तुबात

- यह सूफी संतों द्वारा अपने अनुयायियों और सहयोगियों को लिखे गए पत्रों का संकलन है।
- इन पत्रों से धार्मिक सत्य से संबंधित शेख के अनुभवों का वर्णन प्राप्त होता है, जो वह अन्य लोगों के साथ साझा करना चाहता है।
- सूफी संत मक्तुबात के माध्यम से अपने अनुयायियों के सांसारिक और आध्यात्मिक जीवन उनकी आकांक्षाओं और व्यावहारिक जटिलताओं के समाधान से संबंधित बातों की चर्चा करते थे; जैसे-शेख अहमद सरहिंदी द्वारा रचित 'मक्तुबात-ए-इमाम रब्बानी'।

तजकिरा

- यह सूफी संतों की जीवनियों का स्मरण है।
- इसके लेखकों का मुख्य उद्देश्य अपने सिलसिले की प्रधानता स्थापित करना तथा अपनी आध्यात्मिक वंशावली का महिमामंडन करना है।
- मीर खुर्द किरमानी का 'सियार-उल-औलिया' भारत में लिंखित प्रथम सूफी तजकिरा है। यह मुख्यत: चिश्ती संतों से संबंधित था।
- सर्वाधिक प्रसिद्ध तजकिरा अब्दुल हक मुहाद्दिस देहलवी का 'अख्बार-उल-अखयार' है।

चेक प्वॉइंट 3

1. भक्ति मार्ग के तीन सबसे प्रभावशाली कवि-संतों के नाम बताइए।
2. शंकरदेव किस स्थान के निवासी थे?
3. निर्गुण कवियों की भाषा को क्या कहा जाता था?
4. सर्वाधिक प्रसिद्ध तजकिरा कौन-सा था?
5. मीराबाई का विवाह मेवाड़ के किस कुल में हुआ था?

टाइमलाइन

लगभग 500-800 ई. पू.	तमिलनाडु में अप्पार, संबंदर, सुंदरमूर्ति का कालक्रम
लगभग 800-900 ई.	तमिलनाडु में नम्मलवर, मणिक्वचक्कार, अंडाल, तोंदराडिप्पोडि।
लगभग 1000-1100 ई.	पंजाब में अल हुजविरी, दातागंज बख्श, तमिलनाडु में रामानुजाचार्य।
लगभग 1100-1200 ई.	कर्नाटक में बासवन्ना का कालक्रम।
लगभग 1200-1300 ई.	महाराष्ट्र में ज्ञानदेव मुक्ताबाई; राजस्थान में ख्वाजा मुइनुद्दीन चिश्ती; पंजाब में बहादुद्दीन जकारिया और फरीदुद्दीन गंज-ए-शकर; दिल्ली में कुतुबुद्दीन बख्तियार काकी।
लगभग 1300-1400 ई.	कश्मीर में लाल देद; सिंध में लाला शाहबाज़ कलंदर; दिल्ली में निज़ामुद्दीन औलिया; उत्तर प्रदेश में रामानंद; महाराष्ट्र में चोखमेला; बिहार में शराफुदीन याह्या मनेरी।
लगभग 1400-1500 ई.	उत्तर प्रदेश में कबीर, रैदास, सूरदास; पंजाब में बाबा गुरुनानक: गुजरात में वल्लभाचार्य; ग्वालियर में अब्दुल्ला सत्तारी; गुजरात में मोहम्मद शाह आलम; गुलबर्गा में मीर सैयद मोहम्मद गेसू दराज़; असम में शंकरदेव; महाराष्ट्र में तुकाराम।
लगभग 1500-1600 ई.	बंगाल में श्री चैतन्य; राजस्थान में मीराबाई; उत्तर प्रदेश में शेख अब्दुल कुद्दूस गंगोही, मलिक मोहम्मद जायसी, तुलसीदास का कालक्रम।
लगभग 1600-1700 ई.	हरियाणा में शेख अहमद सरहिंदी; पंजाब में मियाँ मीर का कालक्रम।

नोट ये कालावधियाँ इन शिक्षकों के अनुमानित काल को इंगित करती हैं।

Mind Map

भक्ति-सूफी परंपराएँ (धार्मिक विश्वासों में बदलाव और श्रद्धा ग्रंथ)

1 धार्मिक विश्वासों और आचरणों की गंगा जमुनी बनावट

पूजा प्रणालियों का समन्वय
- पुराणों ने ब्राह्मणवादी विचारों को महिलाओं और शूद्रों तक पहुँचाया।
- ब्राह्मणों ने स्थानीय मान्यताओं और परंपराओं का संस्कृत में संकलन और परिरक्षण किया।

भेद और संघर्ष
- तांत्रिक पद्धतियों में कर्मकांडीय संदर्भ में वर्ग और वर्ण के भेद व वैदिक अधिकारों की अवहेलना के कारण द्वंद्व दृष्टिगत होते हैं।

2 उपासना की कविताएँ प्रारंभिक भक्ति परंपराएँ

राज्य के साथ संबंध
- तमिल भक्ति कवियों में राजकीय अनुदान को लेकर प्रतिस्पर्द्धा के कारण बौद्ध और जैन धर्म का विरोध किया।
- चोल शासकों ने मध्य मंदिरों का निर्माण करके ब्राह्मणवादियों ने भक्ति परंपराओं का समर्थन किया।
- नयनार और अलवारों ने मंदिर कला एवं पूजा पद्धतियों को प्रेरित किया।

तमिलनाडु के अलवार और नयनार पंत
- अलवार विष्णु की स्मृति करते थे, वहीं नयनार शिव की आराधना करते थे।
- अलवार और नयनार संतों ने जाति प्रथा व ब्राह्मणों की प्रभुता के विरोध में आवाज उठाई।

स्त्री भक्त
अंडाल और कराईकल अम्माइपर जैसी महिलाओं ने महत्त्वपूर्ण भूमिका निभाई।

3 कर्नाटक की वीरशैव परंपरा
- 12वीं शताब्दी में बासवन्ना ने वीर शैव आंदोलन का नेतृत्व किया
- बासवन्ना अनुयायी वीर शैव व लिंगायत कहलाए।
- कन्नड में रचित 'वचन'वीरशैव विश्वासों और प्रथाओं की व्याख्या करते हैं।

4 उत्तरी भारत में धार्मिक उफान
- उत्तर भारत के मंदिरों में विष्णु और शिव जैसे देवताओं की उपासना की जाती थी।
- रूढ़िवादी ब्राह्मणीय साँचे से बाहर नाथ, जोगी, सिद्ध आदि का उदय हुआ, जिन्होंने वैदिक सत्ता को चुनौती दी तथा अपने विचार आम लोगों की भाषा में सामने रखे।

5 दुशाले के नए ताने-बाने इस्लामी परंपराएँ

शासकों और शासितों के धार्मिक विश्वास
- इस्लामी शासक शरिया द्वारा निर्देशित थे।
- जिम्मी अर्थात् संरक्षित श्रेणी का उदय हुआ। ये लोग जजिया कर चुकाकर मुस्लिम शासकों द्वारा संरक्षण दिए जाने के अधिकारी हो जाते थे।

लोक प्रचलन में इस्लाम
- सैद्धांतिक रूप से इस्लाम की मुख्य बातों (अल्लाह तथ इसके दूत के रूप में पैगंबर, नमाज, जकात (खैरात), रोजा और हज) का पालन स्थानीय भिन्नताओं के साथ सार्वभौमिक रूप से किया जाता है।
- खोजा इस्माइली (शिया) समुदाय के लोगों ने कुरान के विचारों की अभिव्यक्ति के लिए देशी साहित्यिक विद्या का सहारा लिया।

6 सूफी मत का विकास
- सूफीवाद ने खानकाह जैसी संस्थाओं का विकास किया और खानकाह का नियंत्रण शेख, पीर अथवा मुर्शीद के हाथों में था।
- कुछ रहस्यवादियों ने सूफी विद्वानों की मौलिक व्याख्या के आधार पर नवीन आंदोलन चलाए।
- यह खानकाह का तिरस्कार कर रहस्यवादी, फकीर का जीवन व्यतीत करते थे; जैसे- कलंदर, मदारी अलंग, हैदरी आदि।

7 उपमहाद्वीप में चिश्ती सिलसिला

भाषा और संपर्क
- चिश्ती लोग ने सांस्कृतिक रूप से जुड़ने के लिए हिंदवीं जैसी स्थानीय भाषाओं का प्रयोग किया।

सूफी और राज्य
- चिश्ती संप्रदाय की एक और विशेषता संयम और सादगी का जीवन था, परंतु वे राज्य से दान स्वीकार करते थे।

चिश्ती उपासना जियारत और कव्वाली
- जियारत में आध्यात्मिक आशीर्वाद के लिए सूफी कब्रों की तीर्थयात्रा शामिल है।
- चिश्ती उपासना पद्धति में 'सभा' (श्रवण करना) का महत्त्व इस तथ्य की पुष्टि करता है कि चिश्ती स्थानीय भक्ति परंपरा से जुड़े।

8 नवीन भक्तिपंथ
- मीराबाई ने पारंपरिक पारिवारिक भूमिकाओं को अस्वीकार करते हुए स्वयं को कृष्ण के लिए समर्पित कर दिया।
- गुरुनानक ने धार्मिक अनुष्ठानों को अस्वीकार करते हुए निर्गुण भक्ति को बढ़ावा दिया।
- कबीर ने अपने पदों में धार्मिक विभाजन और पूर्ति पूजक प्रथाओं को चुनौती दी।
- उनकी कविताओं में ईश्वर के लिए वेदांतिक, यौगिक और इस्लामी शब्दों का प्रयोग किया गया।

9 धार्मिक परंपराओं के इतिहासों का पुनर्निर्माण
इतिहासकार धार्मिक परंपरा के इतिहास के पुनर्निर्माण के लिए अनेक स्रोतों का उपयोग करते हैं; जैसे-मूर्तिकला, स्थापत्य आदि।

NCERT फोल्डर

अध्याय के मध्य में दिए गए प्रश्न

1. क्या आपको लगता है कि तोंदराडिप्पोडि जाति- व्यवस्था के विरोधी थे?

उत्तर तोंदराडिप्पोडि जाति-व्यवस्था के विरोधी थे। तोंदराडिप्पोडि नामक ब्राह्मण अलवार का कहना था कि चारों वेदों के ज्ञाता ब्राह्मण भी भगवान विष्णु की सेवा के प्रति निष्ठा नहीं रखते, तो वे भगवान विष्णु को प्रिय नहीं होते। दूसरी ओर भगवान विष्णु उन दासों को अधिक पसंद करते हैं, जो भगवान के चरणों में प्रेम रखते हैं, चाहे वे वर्ण-व्यवस्था के अंतर्गत भले ही नहीं आते हों।

2. क्या ब्राह्मणों के प्रति तोंदराडिप्पोडि और अप्पार के विचारों में समानता है अथवा नहीं?

उत्तर स्रोत से प्रस्तुत उद्धरण को पढ़कर लगता है कि तोंदराडिप्पोडि और नयनार संत अप्पार के विचारों में पर्याप्त समानता है। अप्पार का उद्धरण भी शास्त्रों को उद्धृत करने वाले ब्राह्मणों का धूर्तता की ओर लक्ष्य करते हुए उन्हें शिव के प्रति निष्ठा और समर्पण तथा उन्हें अपना एकमात्र आश्रयदाता मानकर नतमस्तक होने के लिए प्रेरित करता है।

3. उन उपायों की सूची बनाइए, जिन उपायों से कराइक्काल अम्मइयार स्वयं को प्रस्तुत करती है। किस भाँति यह उपाय स्त्री सौंदर्य की पारंपरिक अवधारणा से भिन्न हैं?

उत्तर (i) फूली हुई नाड़ियाँ
(ii) बाहर निकली हुई आँखें
(iii) सफेद दाँत
(iv) अंदर धँसा हुआ पेट
(v) लाल केश
(vi) आगे की ओर निकले दाँत
(vii) टखनों तक फैली हुई लंबी पिंडली की नली

ये उपाय निम्न प्रकार से स्त्री सौंदर्य की पारंपरिक अवधारणा से भिन्न हैं।

(i) काजल लगी हुई मछली जैसी आँखें
(ii) सफेद दाँत तथा होठों पर लगी हुई लाली
(iii) गहरे काले बाल
(iv) मुँह में सही स्थिति में सुंदर दाँत
(v) लंबी तथा सुंदर पिंडली तथा पाँवों में पायजेब

4. आपको क्यों लगता है कि शासक भक्तों से अपने संबंध को दर्शाने के लिए उत्सुक थे?

उत्तर शासक भक्तों से अपने संबंध दर्शाने के लिए इसलिए उत्सुक रहते थे, क्योंकि उन्हें जनसामान्य का अत्याधिक समर्थन प्राप्त था। चोल सम्राटों ने दैवीय समर्थन प्राप्त होने का दावा किया। नयनार और अलवार संतों का समर्थन प्राप्त करने के लिए शासकों ने विशाल मंदिरों का निर्माण करवाया। चोल सम्राट परांतक प्रथम द्वारा संत कवि अप्पार और सुंदरार की धातु-प्रतिमाओं की स्थापना शिव-मंदिर में करवाई गई।

5. अनुष्ठानों के प्रति बासवन्ना के रवैये की व्याख्या कीजिए। वे किस तरह श्रोता को अपनी बात समझाने का प्रयत्न करते हैं।

उत्तर बासवन्ना, लोगों द्वारा दिए जा रहे आडंबर, कर्मकांड तथा मूर्तीपूजा पर कटाक्ष करते हैं। उनका कहना है कि वे पत्थर से बने सर्प को दूध पिलाते हैं, जो पी नहीं सकता और जीवित सर्प को मारने पर तैयार हो जाते हैं। इस प्रकार भगवान (पत्थर की मूर्तियों) को भोग चढाते हैं और भूखे-प्यासे भगवान के सेवक को भगाने का प्रयास करते हैं।

6. वे कौन-से लोग थे, जिनकी ओर से अकबर को अपने फरमान की बेअदबी का अंदेशा था?

उत्तर बादशाह अकबर को खंबात, गुजरात में गिरजाघर के निर्माण में यह हुकुमनामा इसलिए जारी करना पड़ा, क्योंकि बादशाह को ऐसा अंदेशा था कि संभवतः अन्य धर्मों के लोग गिरजाघर के निर्माण का विरोध करेंगे। उस काल में ईसाई धर्म के लोगों की संख्या भी कम थी। अकबर अपनी उदारवादी नीति के कारण अल्पसंख्यक लोगों के संरक्षण हेतु प्रतिबद्ध था।

7. जोगी द्वारा वंदनीय देवता की पहचान कीजिए। जोगी के प्रति बादशाह के रवैये का वर्णन कीजिए।

उत्तर औरंगजेब द्वारा जोगी को लिखे गए पत्र से ज्ञात होता है कि जोगी शैव धर्म का उपासक है और जोगी के आराध्य देवता भगवान शिव हैं। बादशाह जोगी का बहुत सम्मान करता है और जोगी की सभी प्रकार से सहायता करता हैं। पत्र में औरंगजेब का जोगी के प्रति श्रद्धाभाव प्रकट होता है। पत्र के अंशों से स्पष्ट आभास मिलता है कि औरंगजेब कट्टर व क्रूर शासक नही था जैसा कि सिद्ध किया जाता है। वह हिंदू संतों के उपदेश सुनता था तथा वास्तव में एक उदार व धर्म सहिष्णु वीर शासक था।

8. जहाँआरा कौन-सी चेष्टाओं का जिक्र करती है, जो शैव के प्रति उसकी भक्ति को दर्शाती है। दरगाह के गुणों को वह किस प्रकार दर्शाती है?

उत्तर ये चेष्टाएँ जो जहाँआरा की शेख मुइनुद्दीन चिश्ती के प्रति श्रद्धा दर्शाती हैं, वे इस प्रकार-मार्ग में कम-से-कम दो बार नमाज पढ़ना (प्रत्येक पड़ाव पर), रात को बाघ के चमड़े पर न सोना, दरगाह की दिशा की ओर पैर न करना, दरगाह की ओर अपनी पीठ न करना आदि। जहाँआरा दरगाह की विशिष्टताओं का इस प्रकार वर्णन करती है कि दरगाह का वातावरण चिराग तथा इत्र से खुशनुमा है, दरगाह पाक और मुकद्दस थी, दरगाह के अंदर पवित्र आत्मिक आनंद की अनुभूति हुई और जहाँआरा ने दरगाह की चौखट पर अपना सिर रखा।,

9. इस गाने के विचार और अभिव्यक्ति के तरीके जहाँआरा की जियारत में वर्णित विचारों और अभिव्यक्ति के तरीकों से कैसे समान और भिन्न हैं?

उत्तर इस गाने के विचार और अभिव्यक्ति के तरीके जहाँआरा की जियारत में वर्णित विचारों और अभिव्यक्ति के तरीकों से इस प्रकार भिन्न हैं कि जहाँआरा ने जियारत अर्थात् अपनी भक्ति और इबादत के लिए बाह्य पूजा, जैसा कि शारीरिक कष्ट उठाकर नंगे पाव जाना, कठिन नियमों का पालन करना आदि का सहारा लिया है। यहाँ पर आत्मपूजा पर बल दिया गया है। अपने अंदर बैठे परमात्मा की हर श्वास से पूजा करनी है तथा

कही बाहर नहीं जाना है। समानता इस बात की है कि दोनों पद्धतियों के भाव में कोई फर्क नहीं है। भाव तो परम सत्ता की इबादत का ही है।

10. धार्मिक और राजनीतिक नेताओं में टकराव के संभावित स्रोत क्या-क्या हैं?

उत्तर तत्कालीन समय में धार्मिक और राजनीतिक नेताओं में टकराव की घटनाओं के उदाहरण अल्प मात्रा में ही प्राप्त होते हैं। वैसे निम्नलिखित कुछ संभावित कारण दोनों के बीच तनाव के संबंध में हो सकते हैं, जैसे कि दोनों कुछ आधारों पर झुक कर प्रणाम करने और कदम चूमने पर बल देते थे। कभी-कभी सूफी संतों को भी उनके अनुयायी सुल्तान की पदवी से संबोधित करते थे, जैसे कि शेख निजामुद्दीन औलिया के अनुयायी उन्हें सुल्तान-उल-मशेख अर्थात् शेखों का सुल्तान कहते थे।

11. विभिन्न समुदायों के ईश्वर के बीच पार्थक्य के विरुद्ध कबीर किस प्रकार की दलील पेश करते हैं?

उत्तर कबीर के अनुसार, संसार का स्वामी एक ही है, जो ईश्वर है। लोग ईश्वर को अल्लाह, राम, रहीम, करीम, केशव , हरि, हजरत आदि नामों से पुकारते हैं। कबीर के अनुसार, ईश्वर के नाम के बारे में विभिन्नताएँ तो केवल शब्दों में हैं, जो हमारे द्वारा ही बनाए गए हैं। कबीर कहते हैं कि हिंदू और मुसलमान दोनों ही समुदाय गुमराह हो गए हैं, वे अपना संपूर्ण जीवन विवादों में ही नष्ट कर देते हैं।

12. आपको क्यों लगता है कि कबीर बाबा, गुरुनानक और मीराबाई इक्कीसवीं शताब्दी में भी महत्त्वपूर्ण हैं?

उत्तर कबीर, बाबा गुरुनानक और मीराबाई जैसे संतों के वचन, उपदेश व आदर्श मानव जाति के कल्याण के लिए हैं। अतः ये आज भी उतने ही महत्त्वपूर्ण हैं, जितने उस समय में थे। इक्कीसवीं सदी में इन संत महात्माओं के वचन और भी प्रासंगिक हो जाते हैं, क्योंकि आज मानव मूल्यों के पतन की पराकाष्ठता है और समाज को आज भी ऐसे मार्गदर्शकों की महंती आवश्यकता है।

निम्नलिखित प्रश्नों के उत्तर लगभग 100-150 शब्दों में दीजिए।

1. उदाहरण सहित स्पष्ट कीजिए कि संप्रदाय के समन्वय से इतिहासकार क्या अर्थ निकालते हैं?

उत्तर 8वीं से 18वीं शताब्दी के काल को विभिन्न संप्रदायों के मध्य धार्मिक विश्वास और आचरण का समन्वय के काल के नाम से जाना जाता है। यहाँ समन्वय का अभिप्राय इस बात से है कि इस कालावधि में विभिन्न संप्रदायों की पूजा व आराधना पद्धति का अधिग्रहण होने लगा था। लोग एक-दूसरे के विचार, विश्वास एवं प्रथाओं को अपनाने लगे थे। इस काल के साहित्य व कला दोनों से विभिन्न प्रकार के देवी-देवताओं की जानकारी मिलती है।

पूर्व में प्रचलित विष्णु, शिव एवं देवियों की विभिन्न रूपों की आराधना के साथ ही इस काल में अब स्थानीय देवताओं के साथ इनका संबंध जोड़ा जाने लगा था। इस समन्वय का सर्वोत्कृष्ट उदाहरण वर्तमान ओडिशा के 'पुरी' में देखने को मिलता है। यहाँ के स्थानीय देवता 'जगन्नाथ' (संपूर्ण विश्व के स्वामी) को विष्णु का एक रूप माना गया। समन्वय के ऐसे उदाहरण 'देवी' संप्रदायों में भी देखने को मिलते हैं। देवी की उपासना अधिकतर सिंदूर से पोते गए पत्थरों के रूप में की गई। यहाँ शाक्त धर्म का प्रचलन था।

विभिन्न संप्रदायों के समन्वय से एक अलग प्रकार की विचारधारा सामने आई, जो विभिन्न क्षेत्रों में दिखाई देती है। इस विचारधारा के कारण ब्राह्मण वर्ग भी स्त्रियों और निम्न वर्ग के लोगों की विचारधारा को स्वीकार करने लगे। धर्म को एक नया स्वरूप प्रदान करने का प्रयास किया गया, जिसके अंतर्गत पुराण तथा काव्यों को सरल संस्कृत में लिखा गया, जिसे समाज के सभी वर्ग के लोग समझ सकें।

2. किस हद तक उपमहाद्वीप में पाई जाने वाली मस्जिदों का स्थापत्य स्थानीय परिपाटी और सार्वभौमिक आदर्शों का सम्मिश्रण है?

उत्तर यह सर्वविदित है कि किसी स्थान विशेष की स्थापत्य संरचना में वहाँ की स्थानीय स्थापत्य कला को शामिल किया जाता रहा है। आठवीं से अठारहवीं शताब्दी के मध्यकालीन भारत की स्थापत्य संरचना में इस प्रकार की विशेषता देखने को मिलती है। इस काल में मुस्लिम शासकों द्वारा इस्लाम धर्म से संबंधित अनेक प्रकार की मस्जिदें और इमारतें बनवाई गईं, जिसमें स्थानीय हिंदू स्थापत्य प्रणाली को भी अपनाया गया।

स्थानीय स्थापत्य की जो विशेषता थीं, उसकी मौलिकता अब इस समय की मस्जिदों में भी दिखाई देने लगी। चूँकि, इस्लाम धर्म में जीवित वस्तुओं का चित्रण करना मना था, इसलिए अलंकरण हेतु इन सभी पद्धतियों को अपना लिया गया। इन अलंकरण पद्धतियों में मुख्य रूप से घंटियों के नमूने, बेल के नमूने, कमल का फूल, स्वास्तिक आदि के चिह्न शामिल थे, जिनका प्रयोग इस्लामिक इमारतों में किया जाने लगा। यह सार्वभौमिक धर्म की स्थानीय परंपराओं के साथ सम्मिश्रण का सुंदर उदाहरण है।

केरल, बांग्लादेश तथा कश्मीर की मस्जिदों की स्थापत्य संरचना पर स्थानीय स्थापत्य का स्पष्ट प्रभाव दृष्टिगोचर होता है। केरल के मंदिरों में शिखर स्थापत्य की एक महत्त्वपूर्ण विशेषता है, जोकि तेरहवीं शताब्दी में केरल की मस्जिदों की छतों में दिखाई देती है, जो शिखरनुमा है। इसी प्रकार 1395 ई. में कश्मीर की शाह हमदान मस्जिद पर कश्मीरी स्थापत्य का प्रभाव दिखता है, जिसमें काष्ठ (लकड़ी) स्थापत्य कला का प्रयोग किया गया है। इस प्रकार यह कहा जा सकता है कि भारतीय उपमहाद्वीप में पाई जाने वाली मस्जिदों का स्थापत्य स्थानीय परिपाटी और सार्वभौमिक आदर्शों का सम्मिश्रण है।

3. बे-शरिया और बा-शरिया में सूफी परंपरा के बीच एकरूपता और अंतर दोनों को स्पष्ट कीजिए।

उत्तर बे-शरिया और बा-शरिया सूफी परंपरा के बीच एकरूपता निम्न रूप में देखने को मिलती है

- दोनों सिलसिले एकेश्वर में विश्वास करते थे। उनके अनुसार अल्लाह एक है। वह सर्वोच्च, सर्वशक्तिशाली और सर्वव्यापक है।
- दोनों अल्लाह के सामने पूर्ण आत्मसमर्पण पर बल देते थे।
- दोनों पीर अथवा गुरु को अत्यधिक महत्त्व देते थे।
- दोनों इबादत अर्थात् उपासना पर अत्यधिक बल देते थे। उनके अनुसार अल्लाह की इबादत करने से ही मनुष्य संसार से मुक्ति पा सकता था।

बे-शरिया तथा बा-शरिया सूफी परंपरा के बीच निम्न अंतर हैं

- बे-शरिया शरिया का पालन नहीं करते थे, जबकि बा-शरिया शरिया का पालन करने वाले लोग थे।
- बा-शरिया के लोग कभी-कभी शेखों से जुड़े रहते थे, परंतु बे-शरिया वाले खानकाह शेखों से बिल्कुल अलग रहते थे।

4. चर्चा कीजिए कि अलवार, नयनार और वीरशैवों ने किस प्रकार जाति प्रथा की आलोचना प्रस्तुत की?

उत्तर प्रारंभ में भक्ति आंदोलन अलवारों तथा नयनारों के नेतृत्व में हुआ। इसके विकास के क्रम में ही बारहवीं शताब्दी में कर्नाटक में बासवन्ना के नेतृत्व में वीरशैव संप्रदाय की उत्पत्ति हुई। अलवार और नयनार संत विभिन्न समुदायों या जाति से संबंधित थे; जैसे—कोई ब्राह्मण जाति से था, तो कोई शिल्पकार, किसान और अन्य जातियों से, तो कुछ अस्पृश्य जातियों से भी थे, परंतु ये सारे संत एकसमान पूजनीय थे। इनमें जाति को लेकर कोई परस्पर विरोधाभास नहीं था। इन्होंने अपने ग्रंथ 'नलयिरादिव्यप्रबंधम्' को वेदों के समान बताया है। इन सब बातों से ऐसा प्रतीत होता है कि ये ब्राह्मण द्वारा पोषित जाति प्रथा के विरुद्ध थे और समानता के समर्थक थे। वीरशैवों (लिंगायत) ने भी जाति की अवधारणाओं को अस्वीकार किया। कोई व्यक्ति या जाति दूषित भी हो सकती है।

यह मानने से इन्होंने इनकार कर दिया, जिसके कारण 'अस्पृश्य' जातियाँ वीरशैव संप्रदाय को अपनाने लगीं। इसके अतिरिक्त इन्होंने वयस्क विवाह (बाल विवाह के विरोधी) तथा विधवा पुनर्विवाह का समर्थन किया और ब्राह्मण पोषित विचारधाराओं का खंडन किया।

5. कबीर अथवा बाबा गुरुनानक के मुख्य उपदेशों का वर्णन कीजिए। इन उपदेशों का किस तरह संप्रेषण (प्रसार) हुआ?

उत्तर कबीर ने परमसत्य को वर्णित करने के लिए अनेक परंपराओं का सहारा लिया। इस्लामी दर्शन के प्रभाव में आकर इन्होंने अपने परम सत्य को अल्लाह, खुदा, हजरत और पीर कहा। कबीर वेदांत दर्शन की भाँति परम सत्य को अदृश्य और निराकार भी कहते हैं। ये योगियों के दर्शन से भी प्रभावित थे। कबीर ने एकेश्वरवाद पर जोर दिया तथा मूर्तिपूजा का खंडन किया। इन्होंने सभी संप्रदायों की कुरीतियों पर आघात किया तथा इनके अच्छे गुणों को स्वीकार किया। गुरुनानक ने अपने संदेश उपदेशों तथा भजनों के माध्यम से दिए। गुरुनानक ने निर्गुण भक्ति का प्रचार-प्रसार किया। ईश्वर की उपासना के लिए इन्होंने निरंतर ईश्वर के नाम का जाप करने को कहा, सभी बाहरी आडंबरों; जैसे— यज्ञ, आनुष्ठानिक स्नान, मूर्ति पूजा व कठोर तप को अस्वीकार किया। कबीर तथा गुरुनानक के अनुयायी इनके विचारों तथा उपदेशों का संकलन करके इनके उपदेशों को आगे बढ़ाते रहे।

निम्नलिखित पर लगभग 250-300 शब्दों में लघु निबंध लिखिए।

6. सूफी मत के मुख्य धार्मिक विश्वासों और आचारों की व्याख्या कीजिए।

अथवा सूफ़ी मत के दर्शन का वर्णन कीजिए। **CBSE 2020**

उत्तर इस्लाम धर्म की आरंभिक शताब्दियों में कुछ आध्यात्मिक लोगों का झुकाव वैराग्य और रहस्यवाद के प्रति बढ़ने लगा। ऐसे लोगों को ही सूफ़ी कहा गया। इनके धार्मिक विश्वास और आचार परंपरागत धर्मावलंबियों से भिन्न थे, जिनका विवरण निम्न है

सूफ़ी मत के मुख्य धार्मिक विश्वास सूफ़ी लोगों ने रूढ़िवादी विचारों, मान्यताओं एवं धर्माचार्यों द्वारा की गई कुरान की व्याख्या को मानने से इनकार कर दिया तथा इनकी आलोचना प्रारंभ कर दी। मुक्ति पाने के लिए उन्होंने ईश्वर की भक्ति और उनके आदेशों का पालन करने पर बल दिया। पैगंबर मुहम्मद को इनसान-ए-कामिल बताते हुए उनके उपदेशों का अनुसरण करने को कहा तथा कुरान की व्याख्या इन लोगों ने अपने अनुभवों के आधार पर की। बारहवीं शताब्दी के आस-पास सूफ़ी सिलसिलों का गठन प्रारंभ हो गया। सिलसिले का शाब्दिक अर्थ जंजीर होता है, जो 'शेख' और उनके मुरीदों को आपस में बाँधे रखती है और इसकी पहली अटूट कड़ी पैगंबर मुहम्मद से जुड़ी हुई है। इस कड़ी के द्वारा आध्यात्मिक शक्ति और आशीर्वाद मुरीदों तक पहुँचता था। दीक्षा के विशिष्ट अनुष्ठान विकसित किए गए, जिसमें दीक्षित को निष्ठा का वचन देना होता था और सिर मुंडवाकर थेगड़ी लगे वस्त्र धारण करने पड़ते थे। **सूफ़ी मत के मुख्य धार्मिक आचार** इनके धार्मिक विचारों के अनुसार पीर मृत्यु के बाद ईश्वर में समाहित हो जाते हैं तथा ये ईश्वर के और करीब होते जाते हैं, इसलिए 'पीरों' की मृत्यु के बाद इनकी दरगाह बनाई जाने लगी तथा दरगाह पर जियारत करने के लिए जाना एक परिपाटी ही बन गई। लोग अपनी ऐहिक तथा आध्यात्मिक कामनाओं के लिए दरगाह पर जाने लगे। इस तरह शेखों का 'वली' के रूप में आदर करने की परिपाटी प्रारंभ हो गई।

कुछ रहस्यवादियों ने सूफ़ी सिद्धांतों की मौलिक व्याख्या के आधार पर एक नवीन आंदोलन की नींव रखी। खानकाह का तिरस्कार करके ये रहस्यवादी फकीर की जिंदगी बिताने लगे। निर्धनता तथा ब्रह्मचर्य को इन्होंने गौरवपूर्ण बताया। ऐसे रहस्यवादियों को विभिन्न नामों से पुकारा जाने लगा; जैसे—कलंदर, मदारी, मलंग, हैदर इत्यादि। जो लोग शरिया का उल्लंघन करते थे, उन्हें बे-शरिया तथा शरिया का पालन करने वाले को बा-शरिया कहा जाने लगा। कुछ संप्रदाय; जैसे—चिश्ती संप्रदाय में नृत्य और संगीत भी जियारत करने के भाग बन गए। रहस्यवादी गुणगान के रूप में कव्वाली प्रस्तुत की जाती थी, जिससे परमानंद की भावना को उभारा जाता था। सूफ़ी संत जिक्र (ईश्वर का नाम) या फिर समा (श्रवण करना) अर्थात् आध्यात्मिक संगीत की महफिल के द्वारा ईश्वर की उपासना में विश्वास रखते थे।

7. क्यों और किस तरह शासकों ने नयनार और सूफ़ी संतों से अपने संबंध बनाने का प्रयास किया?

अथवा ग्यारहवीं शताब्दी से सोलहवीं शताब्दियों के बीच सूफ़ी संतों और राज्यों के संबंधों की पहचान कीजिए। **CBSE 2020**

उत्तर मध्य काल में अलवार-नयनार संतों और सूफ़ी संतों की समकालीन समाज में काफी प्रसिद्धि थी। समाज का एक बड़ा वर्ग इनका समर्थक था, इसलिए समकालीन शासक इनका समर्थन और मान्यता प्राप्त करने के लिए इनसे संबंध स्थापित करने के लिए प्रयास करते रहते थे। ये प्रयास निम्नलिखित उद्देश्यों की प्राप्ति हेतु किए जाते थे

- उपासना पद्धतियों के क्रमिक विकास के समय अनेक बार संत ऐसे नेता के रूप में उभरे, जिनके आस-पास भक्तजनों के एक पूरे समुदाय का गठन हो गया। बहुत से व्यक्ति इनके अनुयायी बन गए तथा इनके द्वारा प्रचलित विचारधारा को अपनाने लगे। नयनार संत, जो भगवान शिव की आराधना करते थे, वेल्लाल कृषकों द्वारा सम्मानित होने लगे तथा समाज में इनकी प्रभुसत्ता में धीरे-धीरे वृद्धि होने लगी। अपनी जनता का समर्थन पाने के क्रम में शासकों ने भी उनका समर्थन करना शुरू कर दिया।
- इन शासकों में प्रमुख चोल सम्राट थे। चोल सम्राटों ने दैवीय समर्थन पाने का दावा किया तथा शिव के बड़े-बड़े मंदिरों की स्थापना की। इन संतों की लोकप्रियता बरकरार रखने के लिए इनके द्वारा रचित भजन मंदिरों में गाए जाने लगे, जिनका प्रचलन चोल सम्राटों ने ही किया। संत कवियों की प्रतिमाएँ भी मंदिरों में स्थापित की जाने लगीं।

- संतों द्वारा रचित गीतों का संकलन भी शासकों ने करवाया, जिसे 'तवरम' कहा गया। जब तुर्कों ने दिल्ली सल्तनत की स्थापना की, तो उलेमा द्वारा शरिया लागू करने की माँग को ठुकरा दिया गया, क्योंकि अधिकांश प्रजा इस्लाम धर्म मानने वाली नहीं थी, वह गैर-इस्लामिक थी, लेकिन इस्लाम धर्म में शासकों द्वारा अपने राज्य में शरिया को लागू करवाना सर्वप्रमुख माना जाता था।
- ऐसे में सुल्तानों ने सूफियों के विचारों का समर्थन किया, क्योंकि सूफी लोगों ने उलेमा द्वारा व्याख्यायित शरिया को मानने से इनकार कर दिया था तथा इन्होंने अपनी आध्यात्मिक सत्ता को सीधे अल्लाह के साथ जोड़ा था।
- इसके अतिरिक्त सूफी संत दान में मिले हुए धन को आनुष्ठानिक कार्यों में खर्च कर देते थे, जिसके चलते ये आम जनता में काफी प्रसिद्ध हो गए थे। सूफी संतों की धर्मनिष्ठा और लोगों द्वारा उनकी चमत्कारी शक्ति में विश्वास उनकी लोकप्रियता के प्रमुख कारण थे। इन कारणों से भी शासक उनका समर्थन प्राप्त करना चाहते थे। शासक वर्ग भी इनकी दरगाहों पर जियारत के लिए जाने लगे। मोहम्मद-बिन-तुगलक, मालवा के शासक गयासुद्दीन खिलजी तथा अकबर जैसे महान शासक भी इनकी दरगाह पर जाते थे।

उपरोक्त सभी कारणों के आधार पर यह स्पष्ट होता है कि चोल शासकों के साथ-साथ अन्य शासकों ने भी नयनार और सूफी संतों से अपने संबंध बनाने के प्रयास किए।

8. उदाहरण सहित विश्लेषण कीजिए कि क्यों भक्ति और सूफी चिंतकों ने अपने विचारों को अभिव्यक्त करने के लिए विभिन्न भाषाओं का प्रयोग किया?

उत्तर प्रारंभिक भक्ति आंदोलन लगभग छठी शताब्दी में दक्षिणी भारत में हुआ। यहाँ पर विभिन्न क्षेत्रों में भिन्न-भिन्न भाषाएँ बोली जाती थीं, जिस कारण संतों व सूफियों के लिए यह आवश्यक था कि अपने-अपने गीतों तथा अपनी धार्मिक विचारधारा को फैलाने के लिए स्थानीय भाषा का प्रयोग किया जाए। तत्कालीन सभी संत एक जगह से दूसरी जगह भ्रमण करते रहते थे, इसलिए स्थानीय भाषा का प्रयोग और भी जरूरी था। यही बात सूफियों पर भी लागू होती थी।

वीरशैव संप्रदाय के लोगों ने अपनी विचारधारा को प्रसारित करने के लिए कन्नड भाषा को अपनाया तथा अपने काव्यों की रचना भी कन्नड भाषा में की, क्योंकि इनका प्रसार या उद्भव क्षेत्र कन्नड क्षेत्र ही था।

इसी प्रकार चिश्ती संप्रदाय के लोगों ने अपनी विचारधारा को प्रसारित करने के लिए 'हिंदवी' को अपना लिया। 'बख्तियार काकी' ने क्षेत्रीय भाषा में अपने काव्य की रचना भी की, जो गुरु ग्रंथ साहिब में है। भक्ति आंदोलन के संतों ने अपनी धार्मिक विचारधारा का विस्तार करने के लिए तेलुगू तथा तमिल भाषाओं को अपनाने पर बल दिया, क्योंकि इनके सारे काव्य इन भाषाओं में रचित हुए हैं। तमिल भाषा में शैव भजनों का संकलन कराया गया, जिसे 'तवरम' कहा जाता था। अलवार और नयनार संतों की रचनाओं को वेद जितना महत्त्वपूर्ण माना जाने लगा। इसी क्रम में एक काव्य 'नलयिरादिव्यप्रबंधम्' (तमिल भाषा में रचित) को तमिल वेद माना गया।

इसे ब्राह्मणों के चारों वेदों के बराबर माना गया। कबीर की रचनाएँ भी अनेक भाषाओं और बोलियों में मिलती हैं। गुरुनानक ने भी अपनी विचारधारा को पंजाबी भाषा में प्रचारित किया। मीराबाई द्वारा रचित गीत आज भी राजस्थान और गुजरात में स्त्रियों और पुरुषों द्वारा गाए जाते हैं। इतिहासकार जिन स्रोतों का प्रयोग अपनी सूफी परंपरा के पुनर्निर्माण के लिए करते हैं, वे भी कुछ फारसी तथा हिंदवी में लिखी गई हैं। अमीर खुसरो ने 'हिंदवी' का उल्लेख करते हुए कुछ कविताएँ भी रचीं। उस समय तक पारंपरिक ग्रंथ सरल संस्कृत छंद में लिखे गए, ताकि वे स्त्री और पुरुष भी समझ सकें, जो वैदिक संस्कृत को नहीं समझ पाते हों। बौद्धों और जैनों ने भी अपनी विचारधारा का प्रचार यहाँ की स्थानीय भाषा में ही किया। सूफी खानकाहों में भी भाषा को आसान तथा सुगम बनाया गया।

उपरोक्त सभी तथ्यों के आधार पर कहा जा सकता है कि विभिन्न क्षेत्रों में अपने विचारों व विश्वासों को सभी लोगों तक पहुँचाने के लिए भक्ति और सूफी चिंतकों ने विभिन्न भाषाओं का प्रयोग किया था। इन भाषाओं के प्रयोग से भक्ति संत और सूफी संतों के उपदेश सुदूरवर्ती क्षेत्रों में भी प्रसारित हो सके और उनकी रचनाओं को वेदों के समान मान्यता प्राप्त हो सकी।

9. इस अध्याय में प्रयुक्त किन्हीं पाँच स्रोतों का अध्ययन कीजिए और उनमें निहित सामाजिक व धार्मिक विचारों पर चर्चा कीजिए।

उत्तर आठवीं से अठारहवीं शताब्दी के दौरान अनेक ऐसे महान भक्ति और सूफी संत हुए, जिन्होंने समकालीन सामाजिक व धार्मिक स्थितियों पर अनेक ग्रंथ लिखे, जिनसे उस समय की सामाजिक एवं धार्मिक परिस्थितियों का रोचक विवरण मिलता है। इन स्रोतों से संबंधित विवरण निम्नलिखित हैं

(i) **नलयिरादिव्यप्रबंधम्** यह अलवार संतों का एक मुख्य काव्य संकलन है, जो तमिल वेद के रूप में प्रसिद्ध है। इस ग्रंथ में अलवार संतों की धार्मिक कार्यप्रणाली, बौद्ध एवं जैन धर्मों से उनके विरोधात्मक संबंध और समकालीन समाज से संबंधित महत्त्वपूर्ण जानकारियाँ मिलती हैं।

(ii) **तोंदराडिप्पोडि** यह काव्य भी एक अलवार संत के द्वारा रचित है। इस काव्य में अलवार संतों के द्वारा जाति व्यवस्था के विरोध के संदर्भ में व्यक्त विचारधाराओं की महत्त्वपूर्ण जानकारी मिलती है। इससे यह भी ज्ञात होता है कि अलवार संत विष्णु के भक्त थे और नयनार संत शिव के उपासक थे।

(iii) **कश्फ-उल-महजुब** अबुल हसन अल-हुजविरी, जिन्हें दातागंज बख्स के नाम से भी जाना जाता था, ने किताब 'कश्फ-उल-महजुब' (परदे वालों की बेपर्दगी) लिखी, जिसमें सूफियों की धार्मिक विचारधारा और उनकी सामाजिक स्थिति तथा धार्मिक विचारधारा के बारे में भी जानकारी मिलती है।

(iv) **तजाकिरा** (सूफ़ी संतों की जीवनियों का स्मरण) भारत में लिखा पहला सूफ़ी तजाकिरा मीर खुर्द किरमानी का सियार-उल-औलिया है। यह तज़ाकिरा मुख्यतः चिश्ती संतों के बारे में था। सबसे प्रसिद्ध तजाकिरा अब्दुल हक मुहाद्दिस देहलवी (मृत्यु 1642 ई.) का अखबार-उल-अखयार है। तजाकिरा के लेखकों का मुख्य उद्देश्य अपने सिलसिले की प्रधानता स्थापित करना और साथ ही अपनी आध्यात्मिक वंशावली की महिमा का बखान करना था। तजाकिरा के बहुत से वर्णन अद्भुत और अविश्वसनीय हैं, किंतु फिर भी वे इतिहासकारों के लिए महत्त्वपूर्ण हैं और सूफ़ी परंपरा के स्वरूप को समझने में सहायक सिद्ध होते हैं।

(v) **मक्तुबात** (लिखे हुए पत्रों का संकलन) ये वे पत्र थे, जो सूफ़ी संतों द्वारा अपने अनुयायियों और सहयोगियों को लिखे गए थे। इन पत्रों से धार्मिक सत्य के बारे में शेख के अनुभवों का वर्णन मिलता है, जिसे वे अन्य लोगों के साथ बाँटना चाहते थे। वे इन पत्रों में अपने अनुयायियों के लौकिक और आध्यात्मिक जीवन, उनकी आकांक्षाओं और मुश्किलों पर भी टिप्पणी करते थे।

10. **भारत के एक मानचित्र पर 3 सूफी और 3 वे स्थल, जो मंदिरों (विष्णु, शिव तथा देवी से जुड़ा एक मंदिर) से संबद्ध हैं, निर्दिष्ट कीजिए।**

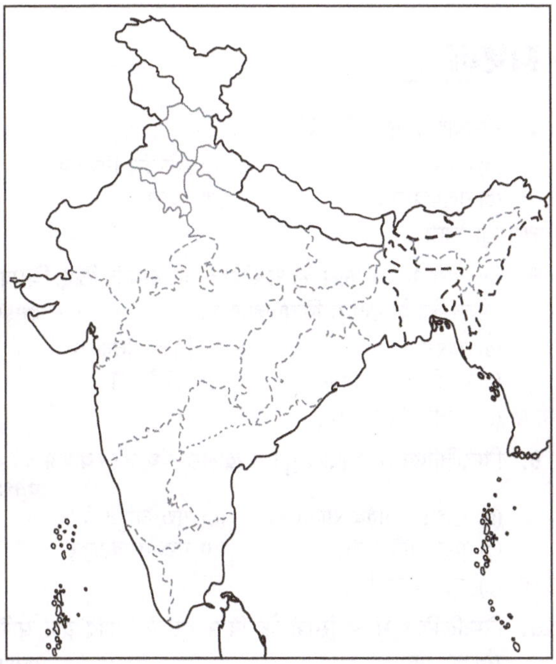

उत्तर (i) दिल्ली (ii) मनेर (बिहार)
(iii) अजमेर (राजस्थान) (iv) रुद्रप्रयाग (उत्तराखंड)
(v) उधमपुर (जम्मू व कश्मीर) (vi) पुरी (ओडिशा)

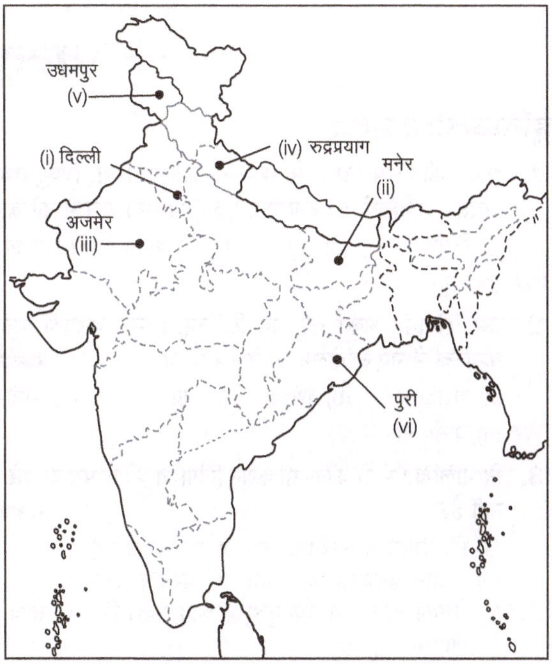

अभ्यास प्रश्न

वस्तुनिष्ठ प्रश्न

बहुविकल्पीय प्रश्न

1. भक्ति की किस परंपरा में ईश्वर के प्रतिरूप शिव, विष्णु तथा उनके अवतार व देवियों की आराधना मूर्त (आकार) रूप में की जाती है?

(a) निर्गुण (b) सगुण (c) वैष्णववाद (d) शैववाद

उत्तर (b) सगुण

2. उस लिंगायत भक्त का नाम लिखिए, जिसने बारहवीं शताब्दी में कर्नाटक में नए आंदोलन का नेतृत्व किया **CBSE 2020**

(a) बासवन्ना (b) वशेश्वर (c) अपन्ना (d) आदिगल

उत्तर (a) बासवन्ना

3. निम्नलिखित में से कौन-सा कथन लिंगायत की परंपरा के बारे में सत्य नहीं है? **CBSE 2021**

(a) लिंगायतों ने अंत्येष्टि संस्कार का प्रयास नहीं किया
(b) उन्होंने पुनर्जन्म के सिद्धांत पर प्रश्न उठाया
(c) उनका मानना था कि मृत्यु के बाद भक्त शिव के साथ एक हो जाएगा
(d) उन्होंने विधवा पुनर्विवाह को प्रोत्साहित नहीं किया

उत्तर (d) उन्होंने विधवा पुनर्विवाह को प्रोत्साहित नहीं किया

4. कल्पना कीजिए की आपका जन्ममध्य काल के उस दौर में हुआ है, जब दक्षिण भारत में भक्ति परंपरा का प्रसार था। इस आधार पर कर्नाटक की लिंगायत परंपरा में आप किन लक्षणों को पाते हैं?

(a) शिव की आराधना लिंग के रूप में करते हैं
(b) पुरुष अपने दाहिने कंधे को चाँदी पिटारे पर लिंग धारण करते थे
(c) धर्मशास्त्र में बताए गए श्राद्ध का पालन करते थे
(d) विधवा पुनर्विवाह को मान्यता नहीं देते थे, किंतु वयस्क विवाह को मानते थे

उत्तर (a) शिव की आराधना लिंग के रूप में करते हैं।

5. चौदहवीं-पंद्रहवीं शताब्दी के संत कवि कबीर के गुरु कौन थे? **CBSE 2020**

(a) रामदास (b) रामानंद (c) नामदेव (d) सुंदरदास

उत्तर (b) रामानंद

6. एक आधुनिक शहर में, मित्रों का एक समूह आज के समाज में कबीर की शिक्षाओं की प्रासंगिकता पर चर्चा करता है। कुछ का मानना है कि ये शिक्षाएँ अप्रासंगिक हैं, जबकि अन्य समानता और प्रेम को बढ़ावा देने में उनके महत्त्व को देखते हैं। निम्नलिखित में से कौन-सा परिदृश्य आज कबीर की प्रासंगिकता को सबसे अच्छी तरह से दर्शाता है? **CBSE 2025**

(a) कबीर के ऐतिहासिक संदर्भ पर बहस
(b) आध्यात्मिकता को अप्रासंगिक बनाने पर चर्चा
(c) केवल सामाजिक मानदंडों और परंपराओं पर ध्यान
(d) ईश्वर के साथ सरल संबंध की खोज

उत्तर (d) ईश्वर के साथ सरल संबंध की खोज

7. मीराबाई के गुरु कौन थे?

(a) अमरदास (b) हरिदास निरंजनी
(c) मलूकदास (d) रैदास

उत्तर (d) रैदास

8. अलवारों के उस मुख्य काव्य संकलन का नाम लिखिए, जिसका वर्णन तमिल वेद के रूप में किया जाता था **CBSE 2020**

(a) तवरम (b) शिलप्पादिकारम्
(c) नलयिरादिव्यप्रबंधम् (d) मणिमेखलै

उत्तर (c) नलयिरादिव्यप्रबंधम्

9. निम्नलिखित में से किस गुरु ने खालसा पंथ की स्थापना की थी? **CBSE 2021**

(a) गुरु हरगोविंद साहिब (b) गुरु अर्जुन देव
(c) गुरु गोविंद सिंह (d) गुरु तेगबहादुर

उत्तर (c) गुरु गोविंद सिंह

10. निम्नलिखित में से सिखों के किस गुरु ने 'आदि ग्रंथ साहिब' का संकलन किया? **CBSE 2024**

(a) गुरु नानक देव जी (b) गुरु अर्जुन देव जी
(c) गुरु हरगोविंद साहिबजी (d) गुरु गोविंद सिंह जी

उत्तर (c) गुरु गोविंद सिंह

11. निम्नलिखित में से कौन अमीर खुसरो के मार्गदर्शक थे? **CBSE 2024**

(a) शेख नासिरुद्दीन चिराग-ए-दिल्ली
(b) शेख मुइनुद्दीन चिश्ती
(c) शेख सलीम चिश्ती
(d) शेख निज़ामुद्दीन औलिया

उत्तर (d) शेख निज़ामुद्दीन औलिया

12. दिए गए दो युग्मों में पहले का अनुसरण करते हुए दूसरे युग्म का सही उत्तर चुनें। *दक्षता आधारित प्रश्न*

शेख निजामुद्दीन औलिया : दिल्ली :: शेख फरीदुद्दीन : ? **CBSE 2024**

(a) अजमेर (b) अजोधन
(c) दिल्ली (d) फतेहपुर सिकरी

उत्तर (b) अजोधन

13. कबीर के बारे में निम्नलिखित में से कौन-सा कथन सही है? **CBSE 2021**

(a) कबीर के छंद केवल 'कबीर बीजक' में ही संकलित हैं।
(b) कबीर कई लोगों के लिए प्रेरणा के स्रोत थे और वर्तमान में भी हैं
(c) उन्होंने केवल सगुण भक्ति का समर्थन किया
(d) कबीर बहुदेववाद में विश्वास करते थे

उत्तर (b) कबीर कई लोगों के लिए प्रेरणा के स्रोत थे और वर्तमान में भी हैं

14. नीचे चिश्ती संप्रदाय से संबंधित कुछ सूफी संतों के नाम दिए गए हैं, इन्हें इनकी मृत्यु के कालक्रम में व्यवस्थित कीजिए

दक्षता आधारित प्रश्न

1. शेख नसीरुद्दीन चिराग-ए-देहली
2. ख्वाजा कुतुबुद्दीन बख्तियार काकी
3. शेख मुइनुद्दीन चिश्ती
4. शेख फरीदुद्दीन गंज-ए-शकर

कूट

(a) 1, 2, 3, 4 (b) 3, 2, 4, 1
(c) 4, 3, 2, 1 (d) 2, 4, 3,1

उत्तर (b) 3, 2, 4, 1

15. सिख संप्रदाय के संबंध में दिए गए कथनों पर विचार कीजिए तथा इनमें से सही कथनों की पहचान कीजिए

1. सिख संप्रदाय के संस्थापक गुरुनानक ने भक्तिमार्ग तथा मानवतावाद पर बल दिया।
2. गुरुनानक ने यज्ञ, स्नान, मूर्तिपूजा, तपस्या जैसे बाह्य धार्मिक आडंबरों को स्वीकार तथा मुस्लिम धर्मग्रंथों को अस्वीकार किया।
3. सिखों के पाँचवें गुरु अर्जुनदेव जी ने आदिग्रंथ साहिब की रचना की।

कूट

(a) केवल 1 (b) केवल 2
(c) 1 और 3 (d) ये सभी

उत्तर (c) 1 और 3

16. गुरु नानक देव के संबंध में कौन-सा कथन सही है? **CBSE 2021**

1. गुरु नानक ने अपने अनुयायियों को एक समुदाय में संगठित किया।
2. उन्होंने सामूहिक पूजा (संगत) के लिए नियम स्थापित किए।
3. उन्होंने खालसा पंथ की नींव रखी।

कूट

(a) 1 और 2 (b) 2 और 3
(c) 1 और 3 (d) केवल 3

उत्तर (a) 1 और 2

17. सूफी मत से संबंधित दिए गए कथनों पर विचार कीजिए

दक्षता आधारित प्रश्न

1. सूफीवाद एक अंग्रेजी शब्द है, जिसे इस्लामी ग्रंथों में तसव्वुफ कहा गया है।
2. सूफी संप्रदाय में सिलसिले का अर्थ जंजीर होता है, जो शेख एवं मुरीद के बीच अटूट रिश्ते का द्योतक होता है।
3. 'कश्फ-उल-महजुब' सूफी आचारों और विचारों पर आधारित महत्त्वपूर्ण पुस्तक है, जिसकी रचना अबुल हसन अल-हुजविरी ने की थी।

उपरोक्त में से कौन-सा/से कथन सही है/हैं?

(a) केवल 1 (b) केवल 2
(c) 1 और 3 (d) ये सभी

उत्तर (d) ये सभी

18. भक्ति संप्रदाय के संबंध में दिए गए कथनों पर विचार कीजिए

दक्षता आधारित प्रश्न

1. शिव के उपासक नयनार कहलाते हैं।
2. विष्णु के उपासकों को अलवार कहा जाता है।
3. लिंगायत, शिवलिंग को धारण करते हैं।

उपरोक्त में से कौन-सा/से कथन सही है/हैं?

(a) केवल 1
(b) केवल 2
(c) 1 और 3
(d) ये सभी

उत्तर (d) ये सभी

19. मीराबाई के संबंध में निम्नलिखित में से कौन-सा कथन सही है? सही विकल्प का चयन करें। दक्षता आधारित प्रश्न

1. वह मारवाड़ की एक राजपूत राजकुमारी थीं।
2. उसने अपने पति की अह्वेलना की और पत्नी और माँ की भूमिका के प्रति समर्पण नहीं किया।
3. उसने भगवान कृष्ण को अपने प्रेमी के रूप में पहचाना।
4. सूरदास उनके गुरु थे।

कूट

(a) 1 और 2
(b) 1, 2 और 3
(c) 1, 3 और 4
(d) 1, 2 और 4

उत्तर (b) 1, 2 और 3

20. धार्मिक विकास की भक्ति परंपरा के संबंध में दिए गए युग्मों में कौन-सा युग्म सही सुमेलित है?

(a) वैष्णववाद – कर्मकांड समर्पित
(b) शैववाद – कर्मकांड का विरोध
(c) सगुण – अवतार एवं देवियों की आराधना
(d) निर्गुण – गुण रहित आराधना

उत्तर (c) सगुण--अवतार एवं देवियों की आराधना

21. निम्नलिखित में से कौन-सा युग्म सही सुमेलित है?

दक्षता आधारित प्रश्न

संत		उनका क्षेत्र
(a) कबीरदास	–	कर्नाटक
(b) मीराबाई	–	राजस्थान
(c) बासवन्ना	–	असम
(d) शंकरदेव	–	उत्तर प्रदेश

उत्तर (b) मीराबाई - राजस्थान

22. निम्नलिखित में से कौन-सा युग्म सही सुमेलित है? **CBSE 2024**

(a) शेख मुइनुद्दीन चिश्ती – अजोधन (पाकिस्तान)
(b) ख्वाजा कुतुबुद्दीन बख्तियार काकी – आगरा
(c) शेख निजामुद्दीन औलिया – दिल्ली
(d) शेख फरीदुद्दीन गंज-ए-शंकर – अजमेर

उत्तर (c) शेख निजामुद्दीन औलिया -- दिल्ली

23. उस बोधवर्द्धक या सिख समुदाय के गुरु की पहचान कीजिए और उनका नाम लिखिए, जिनके कार्यों और योगदानों को नीचे दिया गया है। **CBSE 2020**

- उन्होंने खालसा पंथ की नींव रखी।
- उन्होंने सिखों को पाँच भिन्न प्रतीक समर्पित किए।
- उन्होंने समुदाय को सामाजिक, धार्मिक और सैन्य बल के रूप में संगठित किया।
- उन्होंने नौवें गुरु, गुरु तेगबहादुर की रचनाओं को गुरु ग्रंथ साहिब में संकलित किया।

(a) गुरु अर्जुनदेव (b) गुरु तेगबहादुर
(c) गुरु गोविंद सिंह (d) गुरु हरगोविंद

उत्तर (c) गुरु गोविंद सिंह

24. निम्नलिखित जानकारी की सहायता से सूफी संत की पह **CBSE 2021**

- चौदहवीं सदी के सूफी।
- अमरी खुसरो उनके शिष्य थे।
- उनके शिष्यों ने उन्हें सुल्तान-उल-मशेख के रूप में संबोधित किया।

(a) शेख मुइनुद्दीन चिश्ती
(b) ख्वाजा कुतुबुद्दीन बख्तियार काकी
(c) शेख फरीदुद्दीन गंज-ए-शकर
(d) शेख निजामुद्दीन औलिया

उत्तर (d) शेख निजामुद्दीन औलिया

25. निम्नलिखित जानकारी को ध्यानपूर्वक पढ़िए और इस दरगाह का स्थान नीचे दिए विकल्पों मे से पहचानिए **CBSE 2024**

- यह शेख सलीम चिश्ती की दरगाह है।
- अकबर ने इस दरगाह का कई बार दौरा किया।

(a) अजमेर (b) दिल्ली
(c) आगरा (d) फतेहपुर सीकरी

उत्तर (d) फतेहपुर सीकरी

26. निम्नलिखित जानकारी की सहायता से शेख निज़ामुद्दीन औलिया के शिष्य की पहचान कीजिए **CBSE 2024**

- वे मध्यकाल के एक महान कवि और संगीतकार थे।
- इन्होंने चिश्ती सभा को एक अनूठा रूप दिया।
- इन्होंने कव्वाली की शुरुआत की।

(a) बाबा फरीद
(b) दाता गंज बख्श
(c) अमीर खुसरो
(d) ज़ियाउद्दीन बरनी

उत्तर (c) अमीर खुसरो

27. सुमेलित कीजिए **दक्षता आधारित प्रश्न**

	सूची I		सूची II
A.	कश्फ-उल-महजुब	1.	सूफी संतों की जीवनियों का स्मरण
B.	मुलफुजात	2.	लिखे पत्रों का संकलन
C.	मक्तुबात	3.	सूफी संतों की बातचीत
D.	तजकिरा	4.	सूफी आचारों और विचारों पर आधारित पुस्तक

कूट

	A	B	C	D
(a)	1	2	3	4
(b)	2	1	4	3
(c)	4	3	2	1
(d)	3	2	1	4

उत्तर (c) 4 3 2 1

28. सुमेलित कीजिए **CBSE 2023**

	सूची I (पंथ)		सूची II (संत)
A.	अलवार	1.	गुरु गोबिंद सिंह
B.	नयनार	2.	अंडाल
C.	सूफीवाद	3.	कराईक्काल अम्मीयार
D.	सिख धर्म	4.	बाबा फरीद

कूट

	A	B	C	D
(a)	1	3	2	4
(b)	1	2	3	4
(c)	2	3	4	1
(d)	4	2	3	1

उत्तर (c) 2 3 4 1

29. नीचे दिए गए चित्र को पहचानिए तथा सही नाम लिखिए

(a) करइक्काल अम्मइयार की कांस्य मूर्ति
(b) गोमतेश्वर की मूर्ति
(c) मणिक्वचक्कार की कांस्य मूर्ति
(d) मारिची की मूर्ति

उत्तर (a) करइक्काल अम्मइयार की कांस्य मूर्ति

30. नीचे दिए गए चित्र को पहचानिए तथा सही नाम लिखिए

(a) बाबा फरीद तथा निजामुद्दीन औलिया का चित्र
(b) शेख निजामुद्दीन औलिया तथा अमीर खुसरो का चित्र
(c) अमीर खुसरो तथा फरीदुद्दीन गंज-ए-शकर का चित्र
(d) बाबा फरीद तथा शेख सलीम चिश्ती का चित्र

उत्तर (b) शेख निजामुद्दीन औलिया तथा अमीर खुसरो का चित्र

निर्देश (प्र. सं. 31-33) दिए गए कथनों में एक कथन (A) तथा दूसरा कारण (R) है। नीचे दिए गए कूट की सहायता से सही उत्तर का चयन कीजिए

कूट

(a) A और R दोनों सही हैं तथा R, A की सही व्याख्या है
(b) A और R दोनों सही हैं, परंतु R, A की सही व्याख्या नहीं है
(c) A सही है, किंतु R गलत है
(d) A गलत है, किंतु R सही है

31. कथन (A) चिश्ती सत्ताधारी विशिष्ट वर्ग से धन और सामान के रूप में दान स्वीकार नहीं करते थे।

कारण (R) सूफी संतों की धर्मनिष्ठा, विद्वता एवं चमत्कारी शक्ति के कारण आम लोग उनकी तरफ आकर्षित होते थे।

दक्षता आधारित प्रश्न

उत्तर (d) चिश्ती सत्ताधारी विशिष्ट वर्ग से धन और सामान के रूप में दान स्वीकार करते थे, किंतु इसे सँजोने के बजाए, खाने, कपड़े, रहने की व्यवस्था और अनुष्ठानों में खर्च कर देते थे। सूफी संत, जिन्हें शेख कहा जाता था, धर्मनिष्ठा, विद्वता तथा चमत्कारी शक्ति से संपन्न होते थे। यही कारण है कि आम लोग उनकी तरफ आकर्षित होते थे।

32. कथन (A) कबीर ने परम सत्य की व्याख्या करने के लिए अनेक विचारधाराओं का सहारा लिया।

कारण (R) इन्होंने इस्लाम दर्शन के एकेश्वर का कभी भी विरोध नहीं किया, जबकि मूर्तिपूजा का विरोध बड़े पैमाने पर किया।

उत्तर (c) कबीर ने अनेक धर्मों की विचारधाराओं का सहारा लेकर परम सत्य की व्याख्या प्रस्तुत की थी। इस्लाम दर्शन के आधार पर उन्होंने सत्य को अल्लाह, खुदा, पीर और हजरत कहकर संबोधित किया। कबीर ने इस्लाम के एकेश्वरवाद का भी कई जगह विरोध किया। अपने दोहों के माध्यम से उन्होंने इस्लाम के एकेश्वरवाद के साथ-साथ सनातन के मूर्तिपूजा का भी विरोध किया।

33. कथन (A) अलवार और नयनार संतों ने जाति प्रथा व ब्राह्मणों की प्रभुता के विरोध में आवाज उठाई।

कारण (R) भक्ति संत विविध समुदायों से थे, जैसे–ब्राह्मण, शिल्पकार, किसान और कुछ तो उन जातियों से आए थे, जिन्हें अस्पृश्य माना जाता था।

उत्तर (a) कुछ इतिहासकारों का मानना है कि अलवार और नयनार संतों ने जाति प्रथा व ब्राह्मणों की प्रभुता के विरोध में आवाज उठाई। कुछ हद तक यह बात सत्य है, क्योंकि भक्ति संत विविध समुदायों से थे; जैसे— ब्राह्मण, शिल्पकार, किसान और कुछ तो उन जातियों से आए थे, जिन्हें 'अस्पृश्य' माना जाता था।

लघु उत्तरीय प्रश्न

1. वैष्णववाद में अनेक अवतारों के इर्द-गिर्द पूजा पद्धतियाँ किस प्रकार विकसित हुईं?

उत्तर वैष्णववाद में अनेक अवतारों के इर्द-गिर्द जो पूजा पद्धतियाँ विकसित हुईं, उन्हें निम्न प्रकार दर्शाया गया है

- वैष्णववाद में एक प्रमुख देवता की उपासना की जाती थी, वे प्रमुख देवता विष्णु थे।
- इस परंपरा में विष्णु के दस अवतारों का उल्लेख किया गया है। भगवान विष्णु एक लोकमान्य देवता बने तथा पुरी (ओडिशा) के प्रमुख देवता जगन्नाथ को भी भगवान विष्णु से जोड़ा गया। विष्णु के अवतार अलग-अलग स्थानों पर अपने अलग-अलग अवतारों के रूप में पूजे जाने लगे।
- इन अवतारों के अलग-अलग मंदिर बनाए जाने लगे तथा यह परंपरा धीरे-धीरे बढ़ने लगी और भारत में विभिन्न स्थानों पर इनके मंदिर बनाए गए।
- विष्णु को संपूर्ण विश्व का स्वामी माना जाने लगा तथा इस तरह व्याख्या की गई कि पापियों का नाश करने के लिए भगवान विष्णु ने अवतार लिया। स्थानीय देवताओं को विष्णु से संबंधित किया जाने लगा।

2. भक्ति परंपरा का भारतीय संस्कृति पर क्या प्रभाव पड़ा?

उत्तर भक्ति परंपरा के भारतीय संस्कृति पर पड़ने वाले सांस्कृतिक प्रभाव निम्नलिखित हैं

- भक्ति परंपरा का सबसे अधिक प्रभाव उस समय की स्थापत्य कला पर दिखाई देता है। हिंदुओं के स्थापत्य तथा इस्लामी स्थापत्य दोनों पर एक-दूसरे के धर्म का प्रभाव पड़ा।
- इस्लामिक स्थापत्य में फूल, स्वास्तिक आदि के चिह्न दिखाई देते हैं, जो हिंदू परंपरा से लिए गए थे, जबकि मेहराबों का प्रयोग इस्लामी स्थापत्य कला से लिया गया।
- ग्रंथों की रचना में भी इसका प्रभाव दिखता है। बख्तियार काकी ने भक्ति परंपरा से प्रभावित होकर ही अपना काव्य लिखा, जिसका संकलन गुरु ग्रंथ साहिब में मिलता है।
- इस समय विभिन्न काव्यों की रचना हुई; जैसे—जायसी का पद्मावत, तुलसीदास की रामचरित मानस, जयदेव का गीत गोविंद इत्यादि।

3. वैदिक परिपाटी और तांत्रिक परिपाटी में मुख्य अंतर क्या था?

उत्तर वैदिक परिपाटी और तांत्रिक परिपाटी में निम्नलिखित अंतर थे

वैदिक परिपाटी	तांत्रिक परिपाटी
इस परिपाटी में वैदिक देवताओं की आराधना की जाती थी।	इसमें देवी की आराधना की जाती थी।
इसमें आराध्य देव इंद्र, अग्नि, वरुण आदि थे।	इसमें आराध्य देवी तारा (बौद्धों की देवी) थी।
इसमें ईश्वर की उपासना के लिए याज्ञिक अनुष्ठान या मंत्रों का जाप किया जाता था।	इसमें याज्ञिक अनुष्ठान तथा मंत्रों के जाप की मनाही थी।
इसमें वर्णभेद को स्वीकार किया गया था।	इसमें वर्णभेद को अस्वीकार कर दिया गया था।
बौद्ध तथा जैन इस परिपाटी के विरुद्ध थे।	बौद्ध तथा जैनों ने इस परिपाटी का समर्थन किया था।

4. वैदिक परिपाटी और तांत्रिक परिपाटी में संघर्ष की स्थिति क्यों उत्पन्न हो जाती थी?

उत्तर वैदिक परिपाटी और तांत्रिक परिपाटी में संघर्ष के निम्न कारण हो सकते थे

- तांत्रिक पद्धति के उपासक वैदिक कर्मकांड के खिलाफ प्रचार करते थे तथा इसे व्यर्थ बताते थे।

- ब्राह्मणों द्वारा पोषित 'वर्ण कुल' को ये नहीं मानते थे तथा समानता की भावना अपनाने पर जोर देते थे।
- वैदिक परिपाटी के इंद्र, अग्नि, वरुण आदि प्रमुख देवता थे, जबकि तांत्रिक पद्धतियों में देवी की आराधना की जाती थी। जहाँ वैदिक परंपरा में स्त्रियों और शूद्रों का स्थान गौण था, वहीं तांत्रिक पद्धति में स्त्रियों और शूद्रों की काफी महत्ता थी। उन्हें इस परंपरा के अंतर्गत अनेक अधिकार प्राप्त थे।

अतः इन कारणों से इन दोनों के बीच संघर्ष की स्थिति उत्पन्न हुई।

5. प्रारंभिक भक्ति परंपरा के स्वरूप की विशेषता बताइए।

उत्तर प्रारंभिक भक्ति परंपरा के स्वरूप की निम्नलिखित विशेषताएँ थीं

- देवताओं की पूजा करने की पद्धतियों में बदलाव आया तथा भक्ति पर जोर देकर 'मोक्ष' की बात की गई।
- भक्ति संत अलग-अलग समुदायों से थे; जैसे—किसान, चर्मकार, जुलाहा, ब्राह्मण, सैनिक आदि।
- कुछ संत विष्णु के उपासक (अलवार) तथा कुछ शिव के उपासक (नयनार) थे।
- कुछ इतिहासकारों ने भक्ति परंपरा को दो वर्गों में बाँटा है—सगुण भक्ति तथा निर्गुण भक्ति।
- देवताओं की पूजा-आराधना के लिए तांत्रिक विधियों का प्रयोग किया जाता था।
- तांत्रिक विधियों के प्रयोग में स्त्री-पुरुषों के मध्य कोई भेद नहीं था।

6. भक्ति आंदोलन से सम्राटों में धार्मिक सहनशीलता की भावना किस प्रकार आई?

उत्तर भक्ति संतों के संपर्क में आने से समकालीन शासकों में उदारता और सहनशीलता की भावना उत्पन्न हुई। वे अपने राज्य के अन्य समुदायों को भी समान रूप से देखने लगे।

भक्ति आंदोलन से प्रभावित होकर ही सुल्तानों तथा बादशाहों ने हिंदुओं के साथ उदारता तथा समानता का व्यवहार किया।

हिंदुओं को राजकीय पद प्रदान किए गए तथा उनसे वैवाहिक संबंध स्थापित किए गए। तीर्थ करों को समाप्त किया गया एवं जजिया कर को भी हटा दिया गया।

हिंदुओं की 'तुला दान' तथा 'झरोखा दर्शन' प्रथा को अपनाया तथा अपने राजमहल में हिंदू त्योहार मनाने की छूट दी गई। सल्तनतकालीन समय में भी सुल्तानों ने हिंदू धर्म के प्रति सहिष्णुता बनाए रखी थी। मोहम्मद-बिन-तुगलक तो हिंदुओं के एक प्रमुख त्योहार होली में शामिल भी होता था।

7. रवि, मध्यकाल में भक्ति परंपरा के सिद्धांतों पर संबंधित लेख लिख रहा है। नीचे लिखे पहलुओं पर संक्षिप्त टिप्पणी कीजिए, जिससे रवि को सहायता मिल सके। *दक्षता आधारित प्रश्न*

(i) **एकेश्वरवाद** (ii) **गुरु परंपरा**
(iii) **ईश्वरोपासना** (iv) **आत्मसमर्पण**

उत्तर भक्ति आंदोलन के विभिन्न सिद्धांत निम्नलिखित थे

(i) **एकेश्वरवाद** भक्ति आंदोलन के विभिन्न संत एकेश्वरवाद पर जोर देते हैं, जिनमें कबीर एवं गुरुनानक प्रमुख थे। एकेश्वरवाद मत का प्रचार करते हुए संतों ने बताया कि ईश्वर एक है तथा वही सर्वशक्तिमान एवं सर्वज्ञ है।

(ii) **गुरु परंपरा** भक्ति आंदोलन के संतों ने गुरु की महिमा बताते हुए कहा कि गुरु ज्ञान प्राप्ति का एकमात्र साधन है। गुरुनानक ने गुरु परंपरा की शुरुआत की। अपने शिष्य अंगद को गद्दी पर आसीन करके गुरुओं को ईश्वर के बराबर तथा कभी-कभी उससे श्रेष्ठ भी बताया जाने लगा।

(iii) **ईश्वर भक्ति पर बल** इस आंदोलन के सभी संत नेताओं ने ईश्वर भक्ति पर बल दिया। ईश्वर भक्ति को इन लोगों ने श्रेष्ठ तथा उत्तम बताया। संतों ने ईश्वर की भक्ति से मोक्ष प्राप्त करने को एक अलग रास्ता बताया। गुरुनानक ने ईश्वर का नाम जपते रहने को कहा।

(iv) **आत्मसमर्पण** संतों ने ईश्वर के प्रति आत्मसमर्पण करने को कहा, वैदिक परंपरा के सभी भारी-भरकम आडंबरों को संत नेताओं ने दूर करने का प्रयास किया और इस प्रयास में वे कुछ हद तक सफल भी रहे।

8. अलवार और नयनार कौन थे? उन्हें चोल राजाओं से प्राप्त समर्थन का उल्लेख कीजिए।

उत्तर लगभग छठी शताब्दी में भक्ति आंदोलन प्रारंभ हुआ। अलवार विष्णु भक्त थे तथा नयनार शिव भक्त थे। इनके नेतृत्व में ही भक्ति आंदोलन प्रारंभ हुआ था। अलवार और नयनार संतों ने कुछ पवित्र स्थलों को अपने इष्ट के निवास स्थान के रूप में घोषित किया और बाद में भव्य मंदिरों का निर्माण करके उन्हीं स्थलों को तीर्थस्थल घोषित किया, जहाँ संत कवियों के भजनों को इन मंदिरों में गाया जाता था।

चोल राजाओं का समर्थन

अलवार और नयनार संतों को चोल राजाओं का समर्थन प्राप्त था। ये राजा संतों से अपने संबंध स्थापित करने के लिए इनकी हरसंभव मदद करते थे। इन्होंने विष्णु और शिव के मंदिरों के निर्माण के लिए भूमि दान दी। चिदंबरम्, तंजावुर और गंगैकोंडचोलपुरम् के विशाल शिव मंदिर चोल सम्राटों की मदद से स्थापित हुए। चोल सम्राटों ने तमिल शैव भजनों को मंदिरों में प्रचलित करवाया।

9. तमिलनाडु के अलवार और नयनार संतों के राज्य के साथ 8वीं से 18वीं शताब्दी के दौरान संबंधों की पहचान कीजिए।

उत्तर 8वीं से 18वीं शताब्दी के दौरान तमिलनाडु के अलवार और नयनार संतों के राज्यों के साथ सौहार्दपूर्ण संबंध थे। इन राज्यों में मुख्य रूप से चोल आते थे। शक्तिशाली चोल सम्राटों ने ब्राह्मणीय और भक्ति परंपरा को समर्थन दिया तथा विष्णु और शिव के मंदिरों के निर्माण के लिए भूमि अनुदान दिए। चोल सम्राटों की सहायता से चिदंबरम्, तंजावुर और गंगैकोंडचोलपुरम् में विशाल शिव मंदिर का निर्माण किया गया। नयनार और अलवार संतों की लोकप्रियता किसानों सहित समाज के सभी वर्गों में थी, जिसके कारण चोल सम्राट भी इन संतों का समर्थन प्राप्त करने के लिए प्रयासरत रहते थे।

इसका प्रमाण इस बात से है कि चोल सम्राटों ने दैवीय समर्थन पाने का दावा किया और अपनी सत्ता का प्रदर्शन करने के लिए सुंदर व विशाल मंदिरों का निर्माण किया, जिसमें पत्थर और धातु से बनी मूर्तियाँ सुसज्जित होती थीं। इसके अतिरिक्त चोल सम्राटों ने तमिल भाषा के शैव भजनों का गायन इन मंदिरों में प्रचलित करवाया। उन्होंने ऐसे भजनों का संकलन एक ग्रंथ के रूप में करवाया। 945 ई. के एक अभिलेख से जानकारी मिलती है कि चोल सम्राट परांतक प्रथम ने संत कवि अप्पार, संबंदर और सुंदरार की धातु प्रतिमाएँ एक शिव मंदिर में स्थापित करवाई थीं। इस प्रकार इन विवरणों से स्पष्ट है कि संतों के राज्यों के साथ अच्छे संबंध रहे थे।

10. भक्ति संप्रदाय और सूफी संप्रदाय में क्या समानताएँ दिखती हैं? दर्शाइए।

उत्तर भक्ति और सूफी संप्रदाय की समानताओं को निम्न बिंदुओं द्वारा समझाया गया है

- भक्ति और सूफी संप्रदाय एकेश्वरवाद में विश्वास रखते थे, दोनों ने एक ईश्वर में विश्वास किया तथा उसे सर्वशक्तिमान एवं सर्वज्ञ बताया। गुरुओं की महत्ता इन दोनों में प्रमुख रूप से विद्यमान रही। सूफी अपने गुरु को 'पीर' कहते थे तथा इनकी दरगाह पर 'ज़ियारत' के लिए जाते थे। कबीर ने गुरु को ईश्वर से श्रेष्ठ बताया।
- दोनों संप्रदायों ने समानता के आचरण पर जोर दिया, कोई बड़ा या छोटा नहीं होता, सभी आपस में समान होते हैं। इस तरह के विचार का प्रचार किया गया कि मानव की सेवा ईश्वर की सेवा है। दोनों संप्रदायों ने हिंदुओं और मुसलमानों को साथ मिलकर रहने को कहा तथा सामंजस्य की भावना बनाए रखने और एक-दूसरे की सहायता करने पर बल दिया।

11. "मीराबाई भक्ति परंपरा की एक प्रसिद्ध महिला कवि थीं।" इस कथन की पुष्टि कीजिए। **CBSE 2023**

उत्तर मीराबाई लगभग 15वीं-16वीं शताब्दी की भक्ति परंपरा की प्रसिद्ध महिला कवि थीं। उन्होंने भगवान कृष्ण को अपना पति मानकर उनकी स्तुति में अनेक गीतों की रचना की। इनकी जीवनी की रचना इनके द्वारा लिखे गए गीतों के आधार पर ही की जाती है, जो शताब्दियों से जनसामान्य में प्रचलित है। मीराबाई ने 'गीत गोविंद' पर टीका की रचना की।

इनके अधिकतर गीत ब्रजभाषा एवं राजस्थानी में हैं। भक्ति परंपरा में इन्होंने ईश्वर की भक्ति एवं उपासना पर बल दिया तथा स्वयं समस्त वैदिक कर्मकांडों एवं धर्मशास्त्रों द्वारा बनाए गए नियम को तोड़ श्रीकृष्ण की भक्ति में लीन रहीं। इन्होंने समकालीन लोगों को भौतिक दुःखों से मुक्ति एवं ईश्वर की भक्ति प्राप्ति हेतु ईश्वर की आराधना करने पर बल दिया। मीराबाई द्वारा लिखित श्रीकृष्ण भक्ति गीतों ने इन्हें गीत-शैली की कविता की देवी का सम्मान दिया।

12. गुरुनानक की परंपराएँ 21वीं सदी में महत्त्वपूर्ण हैं, कैसे?

उत्तर 21वीं सदी में गुरुनानक की परंपराएँ महत्त्वपूर्ण होने के निम्नलिखित कारण हैं

- परस्पर वैमनस्य को दूर कर भाईचारे को बढ़ाने के लिए इन्होंने संदेश दिया तथा समानता की भावना का विस्तार किया। इस तरह की भावना तथा विचार की वर्तमान समय में अत्यंत आवश्यकता है।
- गुरुनानक ने जाति प्रथा का विरोध किया था, जो किसी भी समाज के विकास के लिए आवश्यक है।
- जटिल वैदिक कर्मकांडों को इन्होंने अनावश्यक बताया तथा ईश्वर भक्ति पर जोर देने को कहा। वैदिक कर्मकांडों में धन और समय दोनों नष्ट होते हैं, जो आज के समाज के लिए अवांछनीय हैं। ईश्वर भक्ति सरल तथा सुलभ है।
- उनकी शिक्षाएँ सरल थीं, जो वर्तमान समय में भी व्यावहारिक हैं। उन्होंने बताया कि ईश्वर से संपर्क मात्र उनके नाम जपते रहने से ही हो जाएगा, जो मोक्ष प्राप्ति का आसान साधन माना गया।

13. सूफी मत ने किस प्रकार समाज में अपना प्रभाव डाला?

उत्तर सूफी मत का उदय इस्लाम के सुधारवादी और उदारवादी चरणों के तौर पर देखा जाता है। इसने न केवल इस्लाम को प्रभावित किया, बल्कि हिंदू धर्म को भी प्रभावित किया। सूफी मत के कुछ प्रभावों को निम्नलिखित तौर पर दर्शाया जा सकता है

- उदार भाव के कारण निम्न वर्ग के हिंदुओं को भी समाज में जगह मिली। मुसलमानों और हिंदुओं की वैमनस्य भावना में कमी तथा ये एक-दूसरे के निकट आए। सूफी मत के प्रचार के कारण मुसलमानों और हिंदुओं के रीति-रिवाज़ परस्पर संपर्क में आए तथा एक-दूसरे को प्रभावित भी किया। इनके प्रभाव से कई साहित्य भी लिखे गए, जिनमें जायसी का पद्मावत तथा अमीर खुसरो का काव्य ग्रंथ प्रमुख हैं।
- सूफी मत के प्रचार के कारण ही सुल्तानों और बादशाहों ने अपने धार्मिक मत को सहिष्णु बनाया तथा हिंदुओं को भी जिम्मी माना, जिसे 'शरिया' में संरक्षण का अधिकार नहीं था।
- स्थापत्य कला के क्षेत्र में भी इसका प्रभाव पड़ा तथा हिंदुओं और मुसलमानों दोनों की संस्कृति को स्थापत्य कला में अपनाया गया।

14. सूफी सिद्धांतों के प्रमुख विचारों का उल्लेख करें, उनका प्रभाव जन-जीवन पर किस प्रकार पड़ा?

उत्तर सूफी सिद्धांतों के प्रमुख विचार निम्नलिखित हैं

- इनकी विचारधारा रहस्यवादी है। ये कुरान में छिपे रहस्य के महत्त्व पर जोर देते हैं।
- ये इस्लाम विरोधी कुछ बातों: जैसे—संगीत, नृत्य आदि को ज़ियारत के तौर पर अपनाते थे। ये रोजे रखने तथा नमाज पढ़ने में विश्वास नहीं रखते थे।
- सूफी सिद्धांतों में गुरुओं अथवा पीरों को बहुत महत्त्व दिया जाता है। इनकी दरगाहों पर जाना इस्लाम धर्म में काफी प्रचलित है।
- सूफी लोग एकेश्वरवाद में विश्वास रखते थे। सूफी लोग प्रेम भावना पर अधिक बल देते थे। उनका मानना था कि प्रेम के आगे नमाज, रोजे इत्यादि का कोई महत्त्व नहीं है।

सूफी सिद्धांतों के प्रमुख विचारों का उनके जन-जीवन पर निम्नलिखित प्रभाव पड़ा

- सूफियों के आगमन से यहाँ की स्थापत्य कला में अंतर आने लगा। इस्लामी और हिंदू संस्कृति एक-दूसरे से प्रभावित होने लगी। समानता के भाईचारे में विश्वास रखने के कारण इनके विचार उचित और सार्वभौमिक होने लगे। लोगों में समानता की भावना आने लगी।
- हिंदू और मुसलमान में विद्यमान अविश्वास तथा संदेश की भावना कम होने लगी तथा ये दोनों एक-दूसरे के करीब आए और बंधुत्व की भावना का विकास होने लगा।

15. "11वीं शताब्दी तक आते-आते सूफीवाद एक पूर्ण विकसित आंदोलन था।" इस कथन की पुष्टि कीजिए।

उत्तर 11वीं शताब्दी तक आते-आते सूफीवाद एक पूर्ण विकसित आंदोलन बन गया था। इस्लामी दुनिया में सूफी सिलसिलों का गठन होने लगा। इन सूफियों ने भक्ति के माध्यम से स्वयं के ग्रंथों की रचना की, जो कुरान और सूफी विचारों पर आधारित थे। अब सूफी समुदाय स्वयं को एक संगठित समुदाय खानकाह के इर्द-गिर्द स्थापित करने लगे। खानकाह का नियंत्रण शेख, पीर अथवा मुर्शीद के हाथों में था।

वे अनुयायियों (मुरीदों) को भर्ती करते थे और वारिस (खलीफा) की नियुक्ति करते थे। इन वारिसों के नेतृत्व में सूफी संप्रदाय और विकसित हुआ तथा भारतीय उपमहाद्वीप में कई प्रचारक विभिन्न क्षेत्रों में गए। धीरे-धीरे कई जगहों में खानकाहों की स्थापना हुई और जनता में इनके प्रति विश्वास में वृद्धि होने लगी। सुल्तानों और बादशाहों ने भी इनका समर्थन किया तथा अनुदान भी दिए। सूफियों का जिन क्षेत्रों में प्रसार हुआ उन क्षेत्रों की स्थानीय परंपराओं को इन्होंने अपनी परंपराओं के साथ समाहित किया, जिससे इनका तीव्र प्रसार हुआ। साथ ही इन्होंने सभी के प्रति उदार नीति अपनाकर धार्मिक बुराइयों की आलोचना की।

16. "12वीं शताब्दी के अंत में चिश्तियों ने अपने को स्थानीय परिवेश में अच्छी तरह ढाला और भारतीय भक्ति परंपरा की कई विशिष्टताओं को भी अपनाया।" स्पष्ट कीजिए।

उत्तर 12वीं शताब्दी के अंत में भारत में आने वाले सूफी समुदायों में चिश्ती समुदाय सबसे अधिक प्रभावशाली रहा। इसका मुख्य कारण यह था कि चिश्तियों ने न केवल अपने आपको स्थानीय परंपरा में अच्छी तरह ढाला, अपितु भारतीय भक्ति परंपरा की कई विशिष्टताओं को भी अपनाया था। चिश्तियों के सामाजिक जीवन का मुख्य केंद्रबिंदु 'खानकाह' होते थे। खानकाह का नियंत्रण शेख, पीर या मुर्शीद के हाथ में था। ये लोग अपने अनुयायियों की भर्ती और अपने उत्तराधिकारियों की नियुक्ति करते थे। इसके अतिरिक्त ये आध्यात्मिक व्यवहार के नियम निर्धारित करने, शेख व सामान्य लोगों के बीच के रिश्तों की सीमा नियत करते थे। खानकाह के साथ दरगाहों पर मुस्लिम समुदायों के साथ ही हिंदू समुदायों से; जैसे—गायक, व्यापारी, राहगीर, जोगी आदि भी अपनी कामना की पूर्ति और समस्याओं के समाधान के उद्देश्य से आते थे। चिश्तियों का स्थानीय परंपराओं को आत्मसात करने का सबसे श्रेष्ठ उदाहरण शेख के सामने झुकने, मिलने वालों को पानी पिलाने, दीक्षितों के सिर मुंडवाने और यौगिक व्यायाम आदि गतिविधियाँ हैं, साथ ही चिश्ती स्थानीय भाषा को अपनाकर दिल्ली में हिंदवी में बातचीत करते थे। बाबा फरीद ने भी क्षेत्रीय भाषा में काव्य रचना की, जो गुरु ग्रंथ साहिब में संकलित है।

अतः उपरोक्त विवरणों से स्पष्ट होता है कि चिश्तियों ने अनेक क्षेत्रीय परंपराओं से प्रभावित होकर भक्ति परंपराओं को अपनाया था।

17. "चिश्ती खानकाह सामाजिक जीवन का एक केंद्र था।" कथन को उदाहरणों सहित स्पष्ट कीजिए।

उत्तर चिश्तियों का खानकाह दिल्ली के बाहर गियासपुर में यमुना नदी के तट पर अवस्थित था। यह खानकाह सामाजिक जीवन का एक केंद्रबिंदु था। इस खानकाह में बहुत से कमरे और एक जमातखाना था। यहाँ अतिथि रहते थे तथा उपासना करते थे। शेख छत पर बने कमरे में रहते थे तथा वहीं पर मेहमानों से मिला करते थे। सुबह से रातभर गरीब वर्ग के लोग, धनी, निर्धन, सिपाही, गायक, कवि, इबादत करने वाले, ताबीज लेने वाले आते रहते थे। इन खानकाहों में अमीर खुसरो भी आते थे, जो निजामुद्दीन औलिया के शिष्य थे। चिश्तियों ने स्थानीय भाषा 'हिंदवी' को अपनाया। इसमें उन्होंने लेखन कार्य भी किया। उर्दू में लिखी गई उनकी कविताएँ महिलाओं द्वारा वर्तमान में भी सुनाई जाती हैं। चिश्तियों ने न केवल स्थानीय भाषा को अपनाया, बल्कि दिल्ली में चिश्ती सिलसिले के लिए हिंदवी में बातचीत भी करते थे। बाबा फरीद ने भी क्षेत्रीय भाषा में काव्य रचना की, जो गुरु ग्रंथ साहिब में संकलित है।

18. सूफी परंपरा के इतिहास के पुनर्निर्माण में मुलफुजात और मक्तुबात को ऐतिहासिक स्रोत के रूप में दर्शाइए।

उत्तर सूफी परंपरा के इतिहास के पुनर्निर्माण में मुलफुजात तथा मक्तुबला का संक्षिप्त विवरण इस प्रकार है।

मुलफुजात जिसका अर्थ सूफी संतों की बातचीत से है। मुलफुजात का संकलन विभिन्न सूफी सिलसिलों के शेखों की अनुमति से हुआ। इसका मुख्य उद्देश्य उपदेशात्मक था। इन ग्रंथों से सूफियों के जीवन तथा उनकी विचारधाराओं के विषय में पता चलता है। इन ग्रंथों में एक आरंभिक ग्रंथ फवाइद-उल-फुवाद है, जो निजामुद्दीन औलिया की बातचीत पर आधारित है। इस ग्रंथ का संकलन प्रसिद्ध फारसी कवि अमीर हसन सिजजी देहलवी ने किया। इस तरह के मुलफुजात का संकलन हमेशा होता रहा।

मक्तुबात लिखे हुए पत्रों के संकलन को मक्तुबात कहते हैं। ये वे पत्र थे, जो सूफी संतों द्वारा अपने अनुयायियों तथा सहयोगियों को लिखे गए। वे अपने इन पत्रों में अपने अनुयायियों के लौकिक और आध्यात्मिक जीवन के बारे में चर्चा करते हैं और बताते हैं कि उनका जीवन कितना कठिनमय है। ऐसे पत्रों में शेखों के धार्मिक विश्वासों के बारे में पता चलता है, जिसे वे अन्य लोगों के साथ बाँटना चाहते थे। सत्रहवीं शताब्दी के नक्शबंदी सिलसिले के शेख अहमद सरहिंदी द्वारा लिखा गया मक्तुबात-ए-इमाम रब्बानी एक प्रमुख मक्तुबात है। अनुयायियों की आकांक्षाओं तथा कठिनाइयों का वर्णन शेख अहमद सरहिंदी द्वारा अपने मक्तुबात में किया गया।

19. "इस्लाम और उसके सिद्धांतों का पूरे उपमहाद्वीप में दूर-दराज तक फैलाव हुआ।" कथन को स्पष्ट कीजिए।

अथवा **इस्लाम धर्म की उन विशेषताओं को स्पष्ट कीजिए, जिनकी मदद से यह धर्म उपमहाद्वीप में फैल गया।** *दक्षता आधारित प्रश्न*

उत्तर भारत में इस्लामिक राज्य और धर्म की स्थापना के पश्चात् इसके अनुयायियों ने इसके सिद्धांतों का व्यापक रूप से प्रचार-प्रसार किया, जिसके परिणामस्वरूप यह मात्र शासक वर्ग तक ही सीमित नहीं रहा, बल्कि समूचे भारतीय उपमहाद्वीप में दूर-दूर तक तथा विभिन्न समुदायों--किसान, शिल्पी, व्यापारी आदि वर्गों में फैल सका।

इस्लामिक समुदाय की कुछ ऐसी गतिविधियाँ थीं, जो इसके सिद्धांतों को पूरे उपमहाद्वीपीय भारत में प्रसार करने में सहायक रहीं, जिन्हें निम्न रूपों में दर्शाया जा सकता है

- इस्माइली शिया समुदाय के लोगों ने कुरान के विचारों की अभिव्यक्ति के लिए देशी साहित्यिक विधा का सहारा लिया। जीवन, जिसकी उत्पत्ति संस्कृत के ज्ञान से हुई है, के नाम से भक्ति गीतों को पंजाबी, मुल्तानी, सिंधी, गुजराती और हिंदी आदि में गाया जाता था।
- अरब मुसलमान व्यापारी, जो मालाबार तट (केरल) के किनारे बसे थे, ने न केवल स्थानीय मलयालम भाषा को अपनाया, बल्कि स्थानीय आचारों; जैसे—मातृकुलीयता और मातृगृहता को भी अपनाया।
- इस्लाम धर्म के स्थानीय आचारों संग जटिल मिश्रण का सर्वश्रेष्ठ उदाहरण मस्जिदों की स्थापत्य कला में दिखाई देता है।

अतः इन सभी उपायों के कारण इस्लाम धर्म का प्रसार भारत के अनेक क्षेत्रों में हुआ।

20. बाबा गुरुनानक देव जी ने निर्गुण भक्ति का प्रचार किया। इस कथन की व्याख्या कीजिए। **CBSE 2024**

उत्तर गुरुनानक देव ने निर्गुण भक्ति का प्रचार किया, क्योंकि उनका मानना था कि परमात्मा निर्गुण यानी बिना आकार का है, इसके अतिरिक्त, उन्होंने धर्म से जुड़े कई बाहरी आडंबरों को खारिज कर दिया था, इन आडंबरों में यज्ञ, मूर्ति-पूजा, अनुष्ठानिक स्नान और कठोर तप शामिल थे। गुरु नानक ने धार्मिक परंपराओं में व्याप्त कुरीतियों को तार्किक आधार पर खंडन किया। अपनी शिक्षाओं और उपदेशों में नानक ने निम्न आधारों पर सुधारों का समर्थन किया

- इन्होंने हिंदू और मुस्लिम धर्मों के ग्रंथों को भी नकारा
- उनकी शिक्षाओं में हिंदू और इस्लाम धर्मों के श्रेष्ठतम सिद्धांत समाहित थे।
- इन्होंने परमात्मा की उपासना के लिए एक सरल उपाय बताया, जिसमें उसका निरंतर स्मरण और नाम का जाप करना था।
- गुरु नानक का मानना था कि व्यक्ति और समाज अभिन्न रूप से जुड़े हुए हैं।
- उनका मानना था कि परमात्मा सभी को सामंजस्यपूर्ण रूप से जोड़ता है।
- गुरुनानक ने भक्ति आंदोलन में अहम भूमिका निभाई।

दीर्घ उत्तरीय प्रश्न

1. 13वीं-14वीं शताब्दी के धार्मिक परिवर्तनों का ब्राह्मणवाद पर क्या प्रभाव पड़ा?

उत्तर 13वीं-14वीं शताब्दी का काल भारतीय धर्म के लिए संक्रमण काल था। इस काल में भक्ति आंदोलन प्रारंभ हुआ, वहीं दूसरी ओर इस्लामी राज्य स्थापित होने पर इस्लाम धर्म का प्रसार हो रहा था। इस समय का धर्म से संबंधित क्रमागत वर्णन निम्न है

- भारतीय उपमहाद्वीप में वैदिक परंपरा पर आधारित हिंदुओं के कर्मकांड प्रचलित थे, ब्राह्मण वर्ग का वर्चस्व था तथा कुछ लोगों को वर्ण व्यवस्था में एकदम निम्न स्थान दिया गया था।
- वर्ण व्यवस्था को अत्यधिक कठोर तरीके से अपनाया जाता था। इसी समय में सल्तनतकालीन युग प्रारंभ हुआ। इस्लाम धर्म के पूर्ण रूप से भारत में प्रवेश करने तथा इस्लामी कानून लेकर आने से एक नई क्रांति का जन्म हुआ।
- दिल्ली सल्तनत की स्थापना से एक इस्लामी राज्य की स्थापना हुई है। दिल्ली के सुल्तान कट्टर सुन्नी मुसलमान थे। आरंभिक समय में उलेमाओं के कहने पर इन शासकों ने हिंदुओं को मुसलमान बनाने की कई मुहिम चलाईं। जनता को भयभीत कर इस्लाम धर्म अपनाने पर मजबूर किया जाने लगा। हालाँकि बाद के काल में अलाउद्दीन खिलजी व मोहम्मद-बिन-तुगलक ने इन उलेमाओं की बातें मानने से इनकार कर दिया। उन्होंने तर्क दिया कि गैर-इस्लाम लोगों की जनसंख्या अधिक है।
- अतः सभी पर इस्लाम नहीं लादा जा सकता, उस काल के दौरान हिंदुओं को अपना धार्मिक विश्वास बनाए रखने में कठिनाइयों का सामना करना पड़ रहा था। समाज असहिष्णु हो गया था तथा इनके धार्मिक कार्य में विघ्न डाला जाने लगा।

13वीं-14वीं शताब्दी की धार्मिक स्थिति के ब्राह्मणवाद पर पड़ने वाले प्रभाव निम्नलिखित हैं

- ब्राह्मणों के प्रभाव में कमी आने लगी थी, साथ ही वैदिक कर्मकांडों में भी कमी आने लगी।
- इसी समय भक्ति और सूफी आंदोलन प्रारंभ हुआ, जिसमें इनकी प्रभुता पर प्रहार किया जाने लगा। इनके द्वारा पोषित वे सारी क्रियाएँ व्यर्थ और आडंबरपूर्ण बताई जाने लगीं तथा सरल उपासना और ईश्वर भक्ति का प्रचार किया गया।
- ज़जिया कर, जो पहले ब्राह्मणों पर नहीं लगाया जाता था, भी उन पर लगा दिया गया।
- ब्राह्मणों के महान वेदों को मानने से इनकार कर दिया गया तथा भक्तिकाल के संतों के ग्रंथों को वेदों के समान माना जाने लगा। आर्थिक स्थिति सुधरने से अब वे समुदाय भी मुक्त हो गए, जिन्हें आश्रित समझा जाता था तथा वे वैदिक विचारधारा को छोड़कर अन्य विचारधारा को अपनाने लगे।

अतः उपरोक्त सभी तथ्यों के आधार पर यह कहा जा सकता है कि ब्राह्मण तथा उनके ब्राह्मणवाद की स्थिति पहले से खराब होने लगी और इनके आश्रयदाता भी अब बदल गए थे।

2. भक्ति आंदोलन के उदय में सामाजिक असमानता की क्या भूमिका रही?

उत्तर भक्ति आंदोलन मध्य काल की एक महत्त्वपूर्ण घटना थी, जिसके विकास हेतु अनेक कारक उत्तरदायी थे। इन कारकों ने ही इसकी पृष्ठभूमि तैयार की, जिनका विवरण निम्नलिखित है

(i) **हिंदू धर्म में व्याप्त कुरीतियाँ** उस समय हिंदू धर्म स्वयं में एक बड़ा आडंबरपूर्ण धर्म था। उसमें वर्ण व्यवस्था, जाति प्रथा इतनी विकराल रूप से व्याप्त थी कि इसमें निचले वर्ग वाले लोगों को कोई सामाजिक अधिकार ही नहीं मिलता था। ब्राह्मणों का प्रभुत्व था, जो सामान्य लोगों का और अधिक शोषण करना चाहते थे। शूद्रों को अन्य वर्गों की सेवा करने का ही काम दिया जाता था। इन सभी असमानताओं के विरुद्ध कुछ संतों ने आवाज उठाई, जो भक्ति आंदोलन में प्रखर हो गई।

(ii) **वैदिक कर्मकांड का आडंबरपूर्ण होना** वैदिक कर्मकांड काफी आडंबरपूर्ण था। इसमें ईश्वर की उपासना तथा आशीर्वाद के लिए यज्ञ किया जाता था। धनी व्यापारी, शासक वर्ग ही उस तरह के यज्ञ कर सकते थे। इसी समय भक्ति आंदोलन का उदय हुआ और लोग भक्ति मार्ग पर चलने लगे।

(iii) **इस्लाम धर्म का प्रचार** भारत में इस्लाम धर्म के शासकों का राज्य स्थापित होने तथा उनके 'शरिया' के अनुसार इस्लाम धर्म का प्रसार 'शासक वर्ग' के लिए जरूरी था। इन लोगों के कारण इस्लाम का प्रसार तेजी से होने लगा, जबरन हिंदुओं को मुसलमान बनाया जाने लगा। इससे हिंदू धर्म पर खतरा उत्पन्न हो गया।

(iv) **सूफी संत तथा उनकी समानता की भावना** इस समय सूफी संतों ने समानता के भाव का प्रसार करना शुरू किया। सूफी सिद्धांत के अनुसार, मनुष्य में कोई भेद नहीं था। सभी को ईश्वर में लीन होने का अधिकार है। समानता की भावना के कारण लोगों का सूफी संतों की ओर आकर्षण बढ़ गया।

(v) **भक्तिमार्ग को अपनाना** इस्लाम तथा उनके रहस्यवादी सूफी सिद्धांत लोगों में आकर्षण का केंद्र हो गए। इन लोगों ने भक्तिमार्ग को ईश्वर के सान्निध्य प्राप्ति का आसान तरीका बताया। इन सभी के सामंजस्य के कारण ही भक्ति आंदोलन का उदय हुआ तथा 'सगुण भक्ति' का प्रसार हुआ।

3. गुरुनानक देव की मुख्य मान्यताओं और शिक्षाओं की व्याख्या कीजिए। **CBSE 2025**

अथवा **सिख मत के दर्शन की शिक्षाओं का वर्णन कीजिए।** **CBSE 2020**

अथवा **गुरुनानक देव के दर्शन और शिक्षाओं का वर्णन कीजिए।** **CBSE 2024**

अथवा **खालसा पंथ की नींव किसने रखी? गुरुनानक के संदेश और शिक्षाओं का संक्षेप में वर्णन कीजिए**

उत्तर गुरुनानक (1469-1539 ई.) का जन्म एक हिंदू व्यापारी परिवार में हुआ था। इनका जन्मस्थल पंजाब में रावी नदी के किनारे ननकाना गाँव में था। सत्रहवीं शताब्दी के उत्तरार्द्ध में सिखों के दसवें गुरु, गुरु गोविंद सिंह ने खालसा पंथ की स्थापना की। इन्होंने अपने अनुयायियों के लिए पाँच प्रतीकों—केश, कृपाण, कच्छ, कंघा और कड़ा का निर्माण किया। गुरु गोविंद सिंह के नेतृत्व में सिख समुदाय एक सामाजिक, धार्मिक और सैन्य बल के रूप में संगठित होकर सामने आया। गुरुनानक के संदेश उनके भजनों और उपदेशों में निहित हैं। इन्होंने निर्गुण भक्ति का प्रचार किया तथा धर्म के सभी बाहरी आडंबरों को अस्वीकार किया। हिंदू , मुस्लिमों के धर्म ग्रंथों को भी इन्होंने नकार दिया।

ये सूफी व भक्ति संतों के बीच जाते थे और वाद-विवाद से संबंधित यात्राएँ भी करते थे। इनकी दी गई प्रमुख शिक्षाएँ निम्न प्रकार हैं

- गुरुनानक ने ईश्वर को निराकार बताया तथा निर्गुण भक्ति का प्रचार किया। ये धर्म के सभी बाहरी आडंबरों; जैसे—आनुष्ठानिक स्नान, यज्ञ, मूर्तिपूजा, कठोर तप को अस्वीकार करते थे। हिंदू और मुसलमान के धर्मग्रंथों में ये विश्वास नहीं करते थे तथा इसे अस्वीकार करते थे। इन्होंने ईश्वर की उपासना के लिए एक सरल उपाय उनका निरंतर स्मरण और नाम का जाप बताया। अपने अनुयायी अंगद को अपने गुरुपद पर आसीन कर गुरु परंपरा का प्रारंभ किया।
- अपने अनुयायियों को एक समुदाय में संगठित किया तथा उपासना के नियम निर्धारित किए। इनका संदेश इनके भजनों और उपदेशों में मिलता है।

  गुरुनानक के उपदेशों एवं विचारों से ऐसा प्रतीत होता है कि वे नया धर्म स्थापित नहीं करना चाहते थे, बल्कि उनकी इच्छा केवल ईश्वर आराधना को सरल एवं सुगम बनाना था, जिससे ईश्वर के निराकार रूप तक सबकी पहुँच हो सके। उनकी मृत्यु के बाद उनके अनुयायियों ने अपने आचार-विचार को सुगठित करके एक अलग संप्रदाय की स्थापना कर ली, जिसे हम सिख संप्रदाय के नाम से जानते हैं।

4. कबीर की कविताओं के महत्त्व तथा उनके द्वारा परमसत्य को वर्णित करने के लिए जिन परिपाटियों का सहारा लिया गया है, उनकी व्याख्या कीजिए।

अथवा **कबीर की शिक्षाओं की व्याख्या कीजिए, उन्होंने अपनी कविताओं के माध्यम से परमसत्य का वर्णन किस प्रकार किया है?**

अथवा **कबीर के दर्शन और शिक्षाओं का वर्णन कीजिए?** **CBSE 2024**

उत्तर कबीर चौदहवीं-पंद्रहवीं शताब्दी में उभरने वाले संत कवियों में प्रमुख थे। कबीर के समृद्ध तथ्य इस बात को दर्शाते हैं कि कबीर पहले और आज भी उन लोगों के प्रेरणा स्रोत हैं, जो सत्य की खोज में रूढ़िवादी, धार्मिक, सामाजिक संस्थाओं, विचारों और व्यवहारों को प्रश्नवाचक दृष्टि से देखते हैं।

कबीर की रचना से उस समय के समाज की स्थिति का ज्ञान मिलता है कि किस प्रकार समाज बाह्य आडंबरों तथा मूर्तिपूजा में विश्वास रखता था।

उन्होंने अपनी रचनाओं के माध्यम से समाज में व्याप्त कुरीतियों पर आघात किया है। कुछ कविताएँ इस्लाम दर्शन के एकेश्वरवाद तथा मूर्ति भंजन का समर्थन करते हुए हिंदू धर्म के बहुदेववाद और मूर्तिपूजा का खंडन करती हैं। कबीर की रचनाएँ अनेक भाषाओं और बोलियों में मिलती हैं, जिनमें कवियों में प्रचलित 'संत' भाषा प्रमुख है तथा उनकी कुछ रचनाएँ उलटबाँसी में भी मिलती हैं। कबीर ने परमसत्य को दर्शाने के लिए अनेक परिपाटियों का सहारा लिया, जो निम्न हैं

- उलटबाँसी रचनाओं का तात्पर्य परमसत्य को कठिन दर्शाना था।
- इस्लामी दर्शन की तरह वे परमसत्य को अल्लाह, खुदा, हजरत और पीर कहते हैं।
- परमसत्य को अलख (अदृश्य), निराकार, ब्रह्म और आत्मन कहकर भी संबोधित करते हैं, जिससे पता चलता है कि वे वेदांत दर्शन से भी प्रभावित थे।
- कबीर कुछ और शब्द पदों का प्रयोग करते हैं; जैसे—'शब्द' और 'शून्य' ये अभिव्यंजनाएँ योगी परंपराओं से ली गई हैं।
- कुछ कविताएँ 'जिक्र' और 'इश्क' के सूफी सिद्धांतों का प्रयोग करते हुए यह दर्शाती हैं कि इसकी कुछ परंपराएँ हिंदू परंपराओं से भी ली गई हैं।

5. संत कवयित्री मीराबाई की जीवनी की रचना मूल रूप से किस आधार पर की गई है? उन्होंने समाज की रूढ़ियों का उल्लंघन किस प्रकार किया? स्पष्ट कीजिए।

उत्तर मीराबाई का जन्म सोलहवीं शताब्दी में हुआ एवं इनके पिता राणा रतन सिंह मेड़ता के शासक थे तथा इनका विवाह राणा सांगा के बड़े पुत्र भोजराज से हुआ।

मीराबाई अपने पति के रूप में भगवान श्रीकृष्ण को स्वीकार करती थीं, इसलिए कुछ समय के पश्चात् गृहत्याग कर दिया तथा आजीवन भिक्षुणी बनकर अपने गीतों का प्रचार करती रहीं। इनकी जीवनी की रचना इनके लिखे भजनों के आधार पर की गई है, जो शताब्दियों से एक-दूसरे को सुनाते हुए आगे बढ़ती गई। मध्यकालीन भारत में जहाँ स्त्रियों के अधिकार नाममात्र के थे, वहाँ पर मीराबाई ने अपने पति की आज्ञा का उल्लंघन करते हुए पत्नी और माँ के धर्म के परंपरागत दायित्वों को निभाने से इनकार कर दिया।

इसी कारण इनके ससुराल वालों ने इनको विष देने का भी प्रयास किया था। मीराबाई ने विद्यमान जाति प्रथा तथा बाह्य आडंबरों को मानने से इनकार कर दिया तथा अपना गुरु रैदास को माना। रैदास एक चर्मकार समाज से थे, जो उस समय-काल के अनुसार अस्पृश्य माने जाते थे। इन गीतों ने उन्हें गीत-शैली की कविता की देवी का सम्मान दिया।

मीराबाई ने 'गीत गोविंद' पर टीका भी लिखी। इनके ज्यादातर गीत ब्रजभाषा तथा राजस्थानी में हैं। इनकी तुलना सूफी महिला राबिया से की गई है। भक्ति परंपरा में इन्होंने उपासना के लिए ईश्वर की भक्ति

करने को कहा तथा स्वयं सारे वैदिक कर्मकांडों और धर्मशास्त्रों द्वारा बनाए गए नियम को तोड़कर, पति और पिता का घर छोड़कर सारा जीवन श्रीकृष्ण की भक्ति तथा उनके प्रेम में लीन रहीं और समकालीन समाज के लोगों को भौतिक दुःखों से मुक्ति और ईश्वर की भक्ति प्राप्ति के लिए ईश्वर की आराधना करने पर जोर दिया।

6. भक्तिमार्ग के जाति संबंधी, स्त्री संबंधी एवं विभिन्न संप्रदायों से संबंधित विचारों का वर्णन कीजिए।

उत्तर इस प्रश्न के उत्तर के लिए पृष्ठ संख्या 152-133 पर शीर्षक 'प्रारंभिक भक्ति परंपरा' देखें।

7. सूफी संतों के राज्यों के साथ संबंधों की चर्चा कीजिए और औलिया के महत्त्व पर भी प्रकाश डालिए।

अथवा **सूफी संतों और राज्य के बीच आठवीं शताब्दी से अठारहवीं शताब्दी के दौरान संबंधों की पहचान कीजिए।**

उत्तर दिल्ली सल्तनत के सुल्तानों ने अपनी प्रजा में विभिन्न धर्मों के मानने वाले अनुयायियों के कारण प्रशासन में उलेमा द्वारा शरिया कानून लागू किए जाने की माँग को ठुकरा दिया, जिससे सुल्तान एवं उलेमा के बीच मतभेद भी उत्पन्न हुए।

अतः ऐसे समय में सुल्तानों ने धार्मिक मार्गदर्शन के लिए सूफी संतों का समर्थन हासिल किया। समकालीन शासक न केवल सूफी संतों से संपर्क स्थापित करना चाहते थे, बल्कि वे उनके समर्थन के लिए भी हार्दिक इच्छा रखते थे।

दिल्ली सल्तनत तथा मुगल काल में कुछ सूफी संत राज्यों से प्रत्यक्ष रूप से जुड़े रहे। उदाहरणतः सल्तनत काल में सुहरावर्दी और मुगलकाल में नक्शबंदी राज्य से संबंधित थे, परंतु राज्य से इनके संबंधों में चिश्तियों से भिन्नता होती थी।

कभी-कभी ये सूफी दरबारी पद पर भी आसीन होते थे। ये सूफी संत धार्मिक पदों के साथ-साथ राजनीतिक पद भी प्राप्त करते थे और राजकीय धर्म एवं राजनीति में महत्त्वपूर्ण योगदान देते थे।

राज्य और सूफी संत अपनी सत्ता की स्थापना के लिए कुछ नियमों पर बल देते थे, जिससे उनके बीच तनाव की स्थिति भी उत्पन्न होती थी। कभी-कभी सूफी शेखों को इनके अनुयायी आडंबरपूर्ण नामों से अभिहित करते थे; जैसे—शेख निजामुद्दीन औलिया को 'सुल्तान-उल-मशेख' (शेखों में सुल्तान) पद से संबोधित किया गया।

शेख निजामुद्दीन औलिया का महत्त्व शेख निजामुद्दीन औलिया 'चिश्ती' सिलसिले के सबसे प्रसिद्ध सूफी संत थे। इनके नेतृत्व में चिश्ती सिलसिले का भारत में काफी विकास हुआ। ऐसी मान्यता है कि औलिया मध्यस्थ के रूप में खुदा (परमात्मा) से लोगों की लौकिक (सांसारिक) और आध्यात्मिक दशा में सुधार लाने का कार्य करते थे। इसी के प्रभावस्वरूप शासक अपनी कब्र सूफी दरगाहों तथा खानकाहों के नजदीक बनाना चाहते थे।

शासकों द्वारा औलिया को जो भी भेंट (धनराशि और जमीन के पट्टे) दी जाती थी, वे कभी भी उसे निजी उपयोग में नहीं लाते थे, बल्कि उसका उपयोग धर्म के उन्नयन में करते थे। शेख निजामुद्दीन औलिया ने भारतीय उपमहाद्वीप के विभिन्न भागों में खानकाह स्थापित करने के लिए अपने उत्तराधिकारियों का चुनाव और नियुक्ति की, जिसके फलस्वरूप चिश्तियों के उपदेश, व्यवहार एवं यश का चारों ओर फैलाव हुआ।

8. मध्यकाल के दौरान भारत में चिश्तियों की मुख्य मान्यताओं और शिक्षाओं की व्याख्या कीजिए। **CBSE 2025**

उत्तर मध्यकालीन भारत में सूफी संतों की चिश्ती परंपरा एक प्रमुख आध्यात्मिक और सामाजिक शक्ति के रूप में उभरी। चिश्ती सिलसिला जिसकी शुरुआत ख्वाजा मुइनुद्दीन चिश्ती ने 12वीं शताब्दी में अजमेर से की, इसने अपनी मान्यताओं और शिक्षाओं के माध्यम से भारतीय समाज में गहरी छाप छोड़ी। इसकी मुख्य मान्यताएँ और शिक्षाएँ सूफी दर्शन के मूल सिद्धांतों - ईश्वर के प्रति प्रेम, मानवता की सेवा और आत्म-शुद्धि-पर आधारित थी।

मुख्य मान्यताएँ

(i) चिश्तियों का विश्वास था कि ईश्वर एकमात्र सत्य है और सारी सृष्टि उसकी अभिव्यक्ति है। यह विचार वहदत-उल-बुईरद के सिद्धांत से प्रेरित था, जिसे इब्न अरबी ने प्रतिपादित किया था। इनके लिए ईश्वर तक पहुँचने का मार्ग प्रेम और भक्ति था, न कि केवल कर्मकांड।

(ii) चिश्ती संतों ने ईश्वर के प्रति गहन प्रेम को आध्यात्मिक साधना का आधार माना। उनका मानना था कि प्रेम के माध्यम से ही आत्मा ईश्वर से मिल सकती है। यह प्रेम न केवल ईश्वर के लिए था, बल्कि सृष्टि, विशेष रूप से मानवता के लिए भी था।

(iii) चिश्ती संत सांसारिक सुखों और धन-दौलत से दूर रहते थे। वे सादा जीवन जीते थे और भौतिक संपत्ति को आत्मिक उन्नति में बाधा मानते थे। ख्वाजा मुइनुद्दीन चिश्ती और निजामुद्दीन औलिया जैसे संतों ने शाही अनुदान तक ठुकरा दिया, ताकि उनकी स्वतंत्रता और पवित्रता बनी रहे।

शिक्षाएँ और प्रथाएँ

(i) चिश्ती संतों की सबसे बड़ी शिक्षा थी कि ईश्वर की सबसे बड़ी भक्ति इसकी सृष्टि की सेवा में निहित है। वे गरीबों तथा भूखों और जरूरतमंदों की सहायता करते थे। लंगर (सामुदायिक भोजन) की प्रथा इसका उदाहरण है, जहाँ सभी को बिना भेदभाव के भोजन दिया जाता था।

(ii) चिश्चितों ने संगीत को ईश्वर तक पहुँचने के साधन के रूप में स्वीकार किया। सूफी संगीत सभा में कव्वालिया गाई जाती थी, जो आत्मा को ईश्वरीय प्रेम में डुबो देती थीं। हालाँकि कुछ संतों ने इसे विवादास्पद माना, पर निजामुद्दीन औलिया जैसे संत इसके समर्थक थे।

(iii) चिश्ती साधना में जिक्र और ध्यान का विशेष महत्त्व था। संत अपने शिष्यों को आत्म-चिंतन और ईश्वर के नाम के जाप के लिए प्रेरित करते थे यह अभ्यास आत्म-शुद्धि और ईश्वर से निकटता का मार्ग था।

चिश्ती परंपरा की मान्यताएँ और शिक्षाएँ ईश्वर के प्रति प्रेम, मानवता की सेवा और सादगी पर केंद्रित थीं, इनके माध्यम से इन्होंने मध्यकालीन भारत में एक ऐसी आधात्मिक क्रांति लाई, जो धार्मिक सीमाओं से परे थी। उनकी सहिष्णुता और समर्पण ने भारतीय संस्कृति को समृद्ध किया और सूचीवाद को जन आंदोलन का रूप दिया।

9. चिश्ती परंपरा में जियारत और कव्वाली किस प्रकार भक्तों को ईश्वर के नजदीक लाते हैं? कथन की समीक्षा कीजिए। **दक्षता आधारित प्रश्न**

उत्तर ज़ियारत और कव्वाली सूफी परंपरा विशेष रूप से चिश्ती उपासना पद्धति का मुख्य अंग रही है। सूफी संतों की दरगाहों पर जियारत

करना सारे इस्लाम धर्म में प्रचलित था। इस अवसर पर संत के आध्यात्मिक आशीर्वाद अर्थात् बरकत की कामना की जाती है। दरगाह पर जियारत के लिए जाना खासतौर पर उनकी बरसी पर जाना एक परंपरा-सी हो गई। इस परंपरा को 'उर्स' कहा जाता है, क्योंकि लोगों का मानना था कि मृत्यु के बाद पीर ईश्वर में समाहित हो जाते हैं और इस प्रकार वे ईश्वर के और समीप हो जाते हैं।

इन सबमें सबसे पूजनीय दरगाह ख्वाजा मुइनुद्दीन चिश्ती की है, जिसे 'गरीब नवाज' कहा जाता था। इन दरगाहों पर जियारत के लिए बड़े-बड़े शासक भी आते थे, जिनमें अकबर प्रमुख था। चिश्ती संप्रदाय में कव्वाली, नाच और गीत उपासना का प्रमुख हिस्सा रहा है खासतौर से कव्वालों द्वारा प्रस्तुत रहस्यवादी गुणगान, जिससे परमानंद की भावना को उभारा जा सके। सूफी संत जिक्र (ईश्वर का नाम-जाप) समा (श्रवण) अर्थात् आध्यात्मिक संगीत की महफिल के द्वारा ईश्वर की उपासना में विश्वास रखते थे। संगीत के द्वारा उपासना पद्धति आज भी विद्यमान है। अकबर जैसा महान शासक भी इनके संगीतों से प्रभावित होकर ही अजमेर शरीफ 'गरीब नवाज' की दरगाह पर आया था। इन लोगों का ऐसा विश्वास था कि संगीत के माध्यम से आत्मा को परमात्मा के साथ जोड़ा जा सकता है और संपर्क बनाया जा सकता है।

कव्वालियों में ये अपने पीर का गुणगान किया करते हैं तथा आशीर्वाद के लिए प्रार्थना करते हैं। इस तरह की परंपरा चिश्ती पीरों की दरगाहों पर आज भी स्थित है।

10. सूफीवाद के उदय के कारणों की व्याख्या कीजिए और सूफियों के राज्य के साथ संबंधों को भी स्पष्ट कीजिए। CBSE 2024

उत्तर सूफीवाद के उदय के निम्नलिखित कारण थे

- पैगंबर मुहम्मद की मृत्यु के बाद, मुस्लिम समुदाय में शिया और सुन्नी जैसे दो सम्प्रदायों के बीच धार्मिक मतभेद उत्पन्न हो गए। इसमें इन दोनों संप्रदायों के बीच लंबे समय तक आपसी दुश्मनी और कटु झगड़े हुए।
- इस्लाम की आरंभिक शताब्दियों में धार्मिक और राजनीतिक संस्था के रूप में खिलाफत की बढ़ती विषयशक्ति के विरुद्ध कुछ आध्यात्मिक लोगों का रहस्यवाद और वैराग्य की ओर झुकाव बढ़ा, इन्हें सूफी कहा जाने लगा।
- सूफीवाद की शुरुआत 7वीं शताब्दी में अरब के रेगिस्तानों में तपस्वियों के एक आंदोलन के रूप में हुई थी।
- सूफीवाद के अनुयायियों का मानना था कि इस्लाम के दिव्य सत्य तक केवल व्यक्तिगत ज्ञात के माध्यम से ही पहुँचा जा सकता है।
- सूफीवाद के अनुयायियों ने इस्लाम के सार को संरक्षित करने के लिए संघर्ष किया। सूफियों के राज्य के साथ संबंधों को निम्न बिंदुओं में देख सकते हैं।

11. भक्ति आंदोलन में कबीर के योगदान और धार्मिक व सामाजिक सद्भाव पर उनके प्रभावों का वर्णन कीजिए CBSE 2024

उत्तर भक्ति आंदोलन में कबीर का योगदान अत्यंत महत्वपूर्ण रहा है। कबीर ने अपनी काव्य रचनाओं के माध्यम से समाज में धार्मिक और सामजिक सद्भाव को बढ़ावा दिया। भक्ति आंदोलन में कबीर के यागदान को निम्न रूपों में वर्णित किया गया है

(i) **समानता का संदेश** कबीर ने जाति, धर्म और समाज में भेदभाव को समाप्त करने का संदेश दिया। उन्होंनें सभी मानवों को एक समान मानते हुए 'एक सृजनहार' की उपासना की।

(ii) **भक्ति के मार्ग का उद्घाटन** कबीर ने भक्ति को व्यक्तिगत अनुभव और आस्था पर आधारित बनाया, न कि धार्मिक आडंबर पर। उन्होंने लोगों को सीधा ईश्वर से जुड़ने की प्रेरणा दी।

(iii) **कविता और पदों का प्रयोग** कबीर की रचनाएँ सरल और प्रभावशाली भाषा में थी। उनके पदों में गहरी आध्यात्मिक अनुभूति और सामाजिक सच्चाई झलकती है।

धार्मिक और सामाजिक सद्भाव पर प्रभाव

(i) **धार्मिक सहिष्णुता** कबीर ने हिंदू और मुस्लिम दोनों धर्मों के अनुययियों को एक मंच पर लाने का प्रयास किया। उनके दृष्टिकोण ने धार्मिक सद्भाव को प्रोत्साहित किया।

(ii) **सामाजिक सुधार** कबीर ने समाज में व्याप्त कुरीतियों और असमानताओं के विरुद्ध आवाज उठाई। उन्होंने महिलाओं के अधिकरों, गरीबों के अधिकारों और शोषण के खिलाफ संघर्ष किया।

(iii) **सामाजिक जागरुकता** कबीर की शिक्षाओं ने लोगों को अपने अधिकारों और सामाजिक जिम्मेदारियों के प्रति जागरूक किया, जिससे समाज के सुधार की दिशा में कदम बढ़े।

कुल मिलाकर, कबीर का योगदान भक्ति आंदोलन को एक नई दिशा देने वाला रहा है, जिससे धार्मिक और सामाजिक सद्भाव में सुधार संभव हुआ। उनकी विचारधारा आज भी प्रासंगिक है और समाज में समरसता की आवश्यकता को दर्शाती है।

12. गुरु नानक देव जी की एकता के दर्शन पर जोर देते हुए उनकी शिक्षाओं का वर्णन कीजिए? CBSE 2024

उत्तर गुरु नानक देव जी, सिख धर्म के संस्थापक ने एकता के दर्शन पर जोर देते हुए अनेक शिक्षाएँ दीं। उनका संदेश सभी मानकों के लिए एक समानता और भईचारे का था।

एकता के दर्शन

(i) **ईश्वर की एकता** गुरु नानक ने कहा कि ईश्वर एक है। और सभी जीवों में विद्यमान है। इन्होंने 'एक ओंकार' के सिद्धांत से यह स्पष्ट किया कि ईश्वर में कोई भेदभाव नहीं है।

(ii) **जाति और धर्म से परे** गुरु नानक ने जाति, धर्म और लिंग के भेदभाव को नकारा। इन्होंने बताया कि सभी मनुष्य एक समान हैं। और किसी भी व्यक्ति की पहचान उसके कर्मों से होती है न कि उसकी जाति या धर्म से।

(iii) **सर्वजनहित और सेवा** गुरु नानक ने 'सेवा' और संगत का महत्त्व बताया। इन्होंने कहा कि समाज में एकता और भाईचारा बनाए रखने के लिए सेवा करना आवश्यक है।

शिक्षाएँ

(i) **सच्चे शब्द** इन्होंने अपने अनुयायियों को सच्चाई और ईमानदारी का पालन करने की प्रेरणा दी। इनका मानना था। कि सच्चा जीवन ही सच्चे ईश्वर की आराधना है।

(iv) **मित्री** गुरु नानक ने मित्री (सहिष्णुता) का महत्त्व बताया। उन्होंने सिखाया कि सभी मनुष्यों के प्रति प्रेम और करुणा होनी चाहिए, चाहे वे किसी भी धर्म या जाति के हों।

(v) **आध्यात्मिक जागरूकता** इन्होंने ध्यान और साधना के माध्यम से आत्मज्ञान की ओर बढ़ने का मार्ग दिखाया। इससे व्यक्ति अपने अंदर की एकता को पहचान सकता है।

गुरु नानक देव जी की शिक्षाएँ आज भी प्रासंगिक हैं, जो समाज में एकता, सहिष्णुता और प्रेम का संदेश देती हैं। उनके दर्शन ने सिख धर्म को एक मजबूत आधार प्रदान किया, जो मानवता की सेवा और सच्चाई की ओर अग्रसर है।

स्रोत आधारित प्रश्न

1. एक ईश्वर

यह रचना कबीर की मानी जाती है
हे भाई! यह बताओ, किस तरह हो सकता है
कि संसार के एक नहीं दो स्वामी हों?
किसने तुम्हें भ्रमित किया है?
ईश्वर को अनेक नामों से पुकारा जाता है; जैसे–अल्लाह, राम, करीम, केशव, हरि तथा हज़रत।
विभिन्नताएँ तो केवल शब्दों में हैं, जिनका आविष्कार हम स्वयं करते हैं। **CBSE 2024**

(i) **कबीर ने परम सत्यता का विवरण कैसे दिया है?**

उत्तर कबीर ने परम सत्यता का विवरण इस प्रकार दिया है कि संसार का एक स्वामी (ईश्वर) है, जिन्हें अनेक नामों से पुकारा जाता है; जैसे—अल्लाह, राम, करीम, केशव, हरि आदि।

(ii) **कबीर का दर्शन अध्यात्म की व्यापक समझ में कैसे योगदान देता है?**

उत्तर कबीर चाहते थे कि हिंदू-मुस्लिम प्रेम व भाइचारे की भावना से एक साथ मिलकर रहें। उन्होंने राम और रहीम की एकता स्थापित करते हुए बताया कि ईश्वर दो नहीं हो सकते।

(iii) **कबीर ने किस प्रकार मानवता के प्रति समावेशी और दयालु दृष्टिकोण की बात की है?**

उत्तर कबीर जी मानवीय दृष्टिकोण और समानता के परिचायक थे। उन्होंने जाति-धर्म से ऊपर होने की बात कही और लोगों को बताया कि सभी मनुष्य एक ही होते हैं और सबका ईश्वर भी एक है। उन्होंने मानवों को आपस में भाई-चारे के साथ रहने के लिए कहा है।

2. एक राक्षसी?

यह उद्धरण करइक्काल अम्मइयार की कविता से लिया गया है, जहाँ वे स्वयं का वर्णन कर रही हैं। राक्षसी, फूली हुई नाड़ियों वाली बाहर निकली आँखें, सफेद दाँत और भीतर धँसा उदर, लाल केश और आगे निकले दाँत, लंबी पिंडली की नली, जो टखनों तक फैली हुई है। वनों में विचरते समय चीखना और क्रंदन यह अलंकदु का वन है, जो हमारे पिता (शिव) का घर है। वह नृत्य करते हैं, उनके जटाजूट आठों ओर बिखर जाते हैं। उनके अंग शांत हैं। **CBSE 2020**

(i) **करइक्काल अम्मइयार ने सौंदर्य की पारंपरिक अवधारणा से अपने आपको किस प्रकार भिन्न रूप से प्रस्तुत किया? विश्लेषण कीजिए।**

उत्तर करइक्काल अम्मइयार ने सौंदर्य की पारंपरिक अवधारणा से अपने आपको भिन्न रूप से प्रस्तुत किया। वह स्वयं को एक राक्षसी के रूप में वर्णन करती हैं, जिसकी फूली हुई नाड़ी, बाहर निकली आँखें, सफेद दाँत, धँसा उदर, लाल केश और आगे निकले दाँत, लंबी पिंडली की नली टखनों तक फैली हुई है। वह वन में विचरते समय चीखती है क्रंदन करती है।

(ii) **यह कविता किस प्रकार पैतृक मानदंडों को चुनौती देती है? विश्लेषण कीजिए।**

उत्तर उपरोक्त कविता स्त्रियों की जीवन पद्धति और इनकी रचनाओं, पितृसत्तात्मक आदर्शों अथवा मानदंडों को चुनौती देती है। यह अपने उद्देश्यों की प्राप्ति हेतु घोर तपस्या करती है।

(iii) **उसके सामाजिक आभारों के परित्याग के किन्हीं दो पहलुओं का विश्लेषण कीजिए।**

उत्तर करइक्काल अम्मइयार ने अपने उद्देश्य प्राप्ति के लिए घोर तपस्या का मार्ग अपनाया। इसने अपने सामाजिक कर्त्तव्यों का परित्याग किया। वह किसी वैकल्पिक व्यवस्था अथवा भिक्षुणी समुदाय की सदस्या नहीं बनी।

3. शास्त्र या भक्ति?

यह छंद अप्पार नयनार संत की रचना है।
हे धूर्तजन, जो तुम शास्त्र को उद्धृत करते हो
तुम्हारा गोत्र और कुल भला किस काम का?
तुम केवल मारपेरू के स्वामी (शिव जो तमिलनाडु के तंजावुर जिले के मारपेरू में बसते हैं) को अपना एकमात्र आश्रयदाता मानकर नतमस्तक हो।

(i) **नयनार कौन थे? इनकी रचना कौन-सी है?**

उत्तर 'नयनार' दक्षिणी भारत के शैव संत थे, जिनके नेतृत्व में भक्ति आंदोलन का प्रारंभ हुआ था। 'अप्पार' इनकी रचना है।

(ii) **अलवारों और नयनारों ने जाति प्रथा तथा ब्राह्मणों के प्रभुत्व के खिलाफ आवाज क्यों उठाई?**

उत्तर दक्षिण के अलवार और नयनार संत विविध समुदायों से संबंधित थे। ये ब्राह्मणों द्वारा निर्मित वर्ण व जाति व्यवस्था को समाज के विकास में हानिकारक मानते थे। इन्हें जाति व्यवस्था में विश्वास नहीं था। अतः इन संतों ने जाति प्रथा तथा ब्राह्मणों के प्रभुत्व के खिलाफ आवाज उठाई।

(iii) **मारपेरू का स्वामी किसे कहा गया है और क्यों?**

उत्तर भगवान शिव को तमिलनाडु के तंजावुर जिले के मारपेरू में बसने के कारण इन्हें 'मारपेरू' के नाम से संबोधित किया गया और इनकी मान्यता थी कि शिव ही इनके एकमात्र आश्रयदाता हैं।

4. चरखानामा

यह गीत चरखे के चलने की धुन पर आधारित है।
जैसे आप रूई लेते हैं,
आप जिक्र-ए-जाली करें।
जैसे आप रूई को धुनते हैं,
आप जिक्र-ए-कल्बी करें।
जैसे आप धागे को फिरकी पर लपेटते हैं,
आप जिक्र-ए-आइनी करें।
जिक्र पेट से छाती तक उच्चारित किया जाए।
उसे धागे की तरह गले से उतारें
स्वास के धागे एक-एक गिनें, बहन
चौबीस हज़ार तक गिनें
सुबह-शाम ऐसा करें
और इसे तोहफे में अपने पीर को पेश करें।

(i) **यह कविता किस विधा की है? इस विधा की रचना कहाँ और किसके द्वारा हुई?**

उत्तर उपरोक्त उद्धरण सूफी विधा की एक कविता है, जिसकी रचना कर्नाटक के बीजापुर के आस-पास बसने वाले सूफी संतों ने की। यह दक्खनी (उर्दू का रूप) में लिखी छोटी कविताएँ थीं, जो सत्रहवीं-अठारहवीं शताब्दी में इस क्षेत्र के चिश्ती संतों द्वारा रची गई थीं।

(ii) इस परंपरा की दो अन्य रचनाओं के नाम बताइए।

उत्तर इस परंपरा की दो अन्य रचनाएँ 'लोरीनामा' और 'शादीनामा' हैं।

(iii) इन रचनाओं को कब और कौन गाता था और क्यों?

उत्तर इन रचनाओं को प्रायः स्त्रियों द्वारा घरेलू कामों (जैसे—चक्की पीसना, चरखा कातना आदि) के दौरान गाया जाता था, जिससे वह अपने 'इष्ट' से जुड़ी रहें और उनका सान्निध्य प्राप्त कर सकें।

5. 'महान' और 'लघु' परंपराएँ

'महान' और 'लघु' जैसे शब्द बीसवीं शताब्दी के समाजशास्त्री रॉबर्ट रेडफील्ड द्वारा एक कृषक समाज के सांस्कृतिक आचरणों का वर्णन करने के लिए मुद्रित किए गए। इस समाजशास्त्री ने देखा कि किसान उन कर्मकांडों और पद्धतियों का अनुकरण करते थे, जिनका समाज के प्रभुत्वशाली वर्ग; जैसे-पुरोहित और राजा द्वारा पालन किया जाता था। इन कर्मकांडों को रेडफील्ड ने 'महान' परंपरा की संज्ञा दी। साथ ही कृषक समुदाय अन्य लोकाचारों का भी पालन करते थे, जो इस महान परिपाटी से सर्वथा भिन्न थे। उसने इन्हें 'लघु' परंपरा के नाम से अभिहित किया। रेडफील्ड ने यह भी देखा कि महान और लघु दोनों ही परंपराओं में समय के साथ हुए पारस्परिक आदान-प्रदान के कारण परिवर्तन हुए।

हालाँकि विद्वान इन प्रक्रियाओं और वर्गीकरण के महत्त्व से इनकार नहीं करते तथापि वे इन शब्दों में जो पदसोपानात्मक स्वर उभरकर आता है, उसकी अवमानना करते हैं। इसे लक्षित करने का एक तरीका है। इन शब्दों को उद्धरण चिह्न के साथ प्रस्तुत करना; जैसे- 'लघु' और 'महान'।

(i) **महान और लघु परंपराओं की संकल्पना किस समाजशास्त्री ने प्रस्तुत की थी?**

उत्तर 'महान' और 'लघु' परंपराओं की संकल्पना बीसवीं शताब्दी के प्रसिद्ध समाजशास्त्री रॉबर्ट रेडफील्ड ने प्रस्तुत की थी। उन्होंने एक कृषक समाज के सांस्कृतिक आचरणों का अध्ययन करते हुए इन शब्दों का प्रयोग उन परंपराओं का वर्गीकरण करने के लिए किया, जो समाज के विभिन्न वर्गों द्वारा अपनाई गई हैं।

(ii) **'महान' परंपरा किनके आचरणों का अनुसरण करती है?**

उत्तर 'महान' परंपारा समाज के प्रभुत्वशाली वर्गों, जैसे कि पुरोहित और राजा के आचरणों एवं कर्मकांडों का अनुसरण करती है। यह उन धार्मिक और सामाजिक पद्धतियों को शामिल करती है, जिन्हें उच्च वर्ग के लोग अपनाते हैं तथा अन्य समुदायों में भी उन्हें आदर्श के रूप में देखा जाता है।

(iii) **महान और लघु परंपराओं में परिवर्तन का मुख्य कारण क्या था?**

उत्तर महान और लघु परंपराओं में समय के साथ बदलाव का मुख्य कारण इन दोनों के बीच हुआ पारस्परिक आदान-प्रदान था। रॉबर्ट रेडफील्ड ने देखा कि महान परंपरा और लघु परंपरा एक -दूसरे से प्रभावित होकर समय के साथ बदलती गई, जिससे इन परंपराओं में नई विशेषताएँ और पद्धतियाँ जुड़ती रहीं।

6. मुगल शहजादी जहाँआरा की तीर्थयात्रा (1643 ई.)

निम्नलिखित गद्यांश जहाँआरा द्वारा रचित शेख मुइनुद्दीन चिश्ती की जीवनी मुनिस-अल-अखाह (यानि आत्मा का विश्वस्त) से लिया गया है। अल्लाहताला की तारीफ के बाद ………… यह फकीरा जहाँआरा ………… राजधानी आगरा से अपने पिता (बादशाह शाहजहाँ) के संग पाक और बेजोड़ अजमेर के लिए निकली ………… मैं इस बात के लिए वायदापरस्त थी कि हर रोज और हर मुकाम पर मैं दो बार की अख्तियारी नमाज अदा करूँगी। ………… बहुत दिन ………… मैं रात को बाघ के चमड़े पर नहीं सोई और अपने पैर मुकद्दस दरगाह की तरफ नहीं फैलाए, न ही मैंने अपनी पीठ उनकी तरफ की। मैं पेड़ के नीचे दिन गुजारती थी।

वीरवार को रमजान के मुकद्दस महीने के चौथे रोज मुझे चिराग और इतर में डूबी दरगाह की जियारत की खुशी हासिल हुई ………… चूँकि दिन की रोशनी की एक छड़ी बाकी थी मैं दरगाह के भीतर गई और अपने जर्द चेहरे को उसकी चौखट की धूल से रगड़ा। दरवाजे से मुकद्दस दरगाह तक मैं नंगे पाँव वहाँ की जमीन को चूमती हुई गई।

गुंबद के भीतर रोशनी से भरी दरगाह में मैंने मजार के चारों ओर सात फेरे लिए। आखिर में अपने हाथों से मुकद्दस दरगाह पर मैंने सबसे उम्दा इतर छिड़का। चूँकि गुलाबी दुपट्टा जो मेरे सिर पर था, मैं उतार चुकी थी, इसलिए उसे मैंने मुकद्दस मजार के ऊपर रखा ………… ।

(i) **जहाँआरा कहाँ से अजमेर की तीर्थयात्रा के लिए निकली?**

उत्तर जहाँआरा अपने पिता बादशाह शाहजहाँ के साथ राजधानी आगरा से अजमेर की तीर्थयात्रा के लिए निकली। इन्होंने यह यात्रा शेख मुइनुद्दीन चिश्ती की दरगाह की जियारत करने के उद्देश्य से की थी और इसके लिए वे बहुत श्रद्धा और संकल्प से तैयार हुई थी।

(ii) **जहाँआरा ने दरगाह में किस प्रकार श्रद्धा प्रकट की?**

उत्तर जहाँआरा ने दरगाह में गहरी श्रद्धा प्रकट की। वह नंगे पाव दरगाह की जमीन को चूमते हुए मजार तक पहुँची और मजार के चारों ओर सात चक्कर लगाए। इन्होंने अपनी ओर से सबसे अच्छा इतर मजार पर छिड़का और पूर्ण सम्मान के साथ अपनी श्रद्धा व्यक्त की।

(iii) **जहाँआरा ने अपने सिर का दुपट्टा कहाँ रखा?**

उत्तर जहाँआरा ने अपने सिर से गुलाबी दुपट्टा उतारकर उसे श्रद्धा के साथ मजार के ऊपर रखा। यह इनका सम्मान और विनम्रता प्रकट करने का तरीका था, जिसमें इन्होंने दरगाह के प्रति अपनी गहरी आस्था व्यक्त की।

7. शाही भेंट अस्वीकार

यह उद्धरण सूफी ग्रंथ से है, जो शेख निजामुद्दीन औलिया की खानकाह में 1313 में हुई घटना का वर्णन करता है।

मेरी (अमीर हसन सिजजी) अच्छी किस्मत थी कि मैं उनके (निजामुद्दीन औलिया) कदम चूम सका... इस समय एक स्थानीय शासक ने दो बगीचे और बहुत-सी जमीन का पट्टा शेख साहब को भेजा है। साथ ही इनके रखरखाव के लिए औजार व आवश्यक वस्तुएँ भेजी हैं।

शासक ने यह भी साफ किया है कि वह बगीचों और जमीन पर अपना हक कहते हैं: "इस जमीन, खेत और बगीचे का मुझे क्या करना है?…… हमारे कोई भी आध्यात्मिक गुरु ने इस तरह का काम नहीं किया।" फिर उन्होंने एक उचित कहानी सुनाई "…… सुल्तान गियासुद्दीन, जो उस समय उलूग खान के नाम से जाने जाते थे, शेख फरीदुद्दीन से मिलने आए। उन्होंने शेख को कुछ धनराशि और चार गाँवों का पट्टा भेंट किया। धन दरवेशों के लिए था और जमीन शेख के अपने इस्तेमाल के लिए थी। मुस्कुराते हुए शेख-अल-इस्लाम (फरीदुद्दीन) ने कहा, मुझे धन दे दो मैं

इसे दरवेशों में बाँट दूँगा, पर जहाँ तक जमीन के पट्टे का सवाल है उसे उन लोगों को दे दो जिन्हें उनकी कामना है...।" **CBSE 2021**

(i) **शाही भेंट अस्वीकार करने का क्या कारण था?**

उत्तर शाही भेंट अस्वीकार करने का कारण यह था कि सूफी संतों का मानना था कि उन्हें सम्पत्ति या जमीन जैसी सांसारिक चीजों की आवश्यकता नहीं हैं। उनके विचारों में यह आवश्यक नही था कि एक आध्यात्मिक गुरु सम्पत्ति का मालिक बने। शेख फरीदुद्दीन ने इसे स्वीकार करने की बजाय उसे उन लोगों को देने का सुझाव दिया, जो वास्तव में उसकी कामना करते थे।

(ii) **शेख फरीदुद्दीन ने शाही भेंट का क्या किया?**

उत्तर शेख फरीदुद्दीन ने शाही भेंट में दिए गए धन को दरवे शो (फकीरों) में बाँट दिया और जमीन का पट्टा अस्वीकार कर दिया। इन्होंने सुझाव दिया कि जमीन को उन लोगों को दिया जाए, जिन्हें उसकी आवश्यकता हो।

(iii) **शेख निजामुद्दीन औलिया ने भेंट के बारे में क्या कहा?**

उत्तर शेख निजामुद्दीन औलिया ने भेंट के बारे में कहा कि उनके किसी भी आध्यात्मिक गुरु ने इस प्रकार का कार्य नहीं किया है,जिसका अर्थ था कि इन्होंने सांसारिक संपत्ति और धन को अस्वीकार करने की परंपरा को जारी रखा।

8. शकंरदेव

पंद्रहवीं शताब्दी के उत्तरार्द्ध में असम में शंकरदेव वैष्णव धर्म के मुख्य प्रचारक के रूप में उभरे। उनके उपदेशों को 'भगवती धर्म' कहकर संबोधित किया जाता है, क्योंकि वे भगवद् गीता और भागवत पुराण पर आधारित थे। ये उपदेश सर्वोच्च देवता विष्णु के प्रति पूर्ण समर्पण भाव पर केंद्रित थे। शंकरदेव ने भक्ति के नाम कीर्तन और श्रद्धावान भक्तों के सत्संग में ईश्वर के नाम उच्चारण पर बल दिया। उन्होंने आध्यात्मिक ज्ञान के प्रचार के लिए सत्र या मठ तथा नामघर जैसे प्रार्थनागृह की स्थापना को बढ़ावा दिया। इस क्षेत्र में ये संस्थाएँ और आचार आज भी पनप रहे हैं। शंकरदेव की प्रमुख काव्य रचनाओं में 'कीर्तनघोष' भी हैं। **CBSE 2021**

(i) **शंकरदेव किस धर्म के मुख्य प्रचारक थे?**

उत्तर शंकरदेव पंद्रहवी शताब्दी के उत्तरार्द्ध में असम में वैष्णव धर्म के मुख्य प्रचारक के रूप में उभरे थे। इन्होंने वैष्णव धर्म के माध्यम से समाज को एक नया धार्मिक और सांस्कृतिक मार्गदर्शन प्रदान किया, जिसमें भगवान विष्णु के प्रति पूर्ण समर्पण और भक्ति का महत्त्व बताया गया।

(ii) **शंकरदेव के उपदेश किस पर आधारित थे?**

उत्तर शंकरदेव के उपदेश भगवत गीता और भागवत पुराण जैसे महत्त्वपूर्ण हिंदू धार्मिक ग्रंथों पर आधारित थे। इनके उपदेशों में भगवान विष्णु की भक्ति और परम सत्य के रूप में उनकी उपासना का महत्त्व बताया गया, जिससे अनुयायियों को आध्यात्मिक मार्ग पर चलने की प्रेरणा मिलती थी।

(iii) **शंकरदेव के उपदेशों को किस नाम से संबोधित किया जाता है?**

उत्तर शंकरदेव के उपदेशों को 'भगवती धर्म' कहा जाता है। यह नाम इसलिए दिया गया, क्योंकि इनके उपदेश भगवान विष्णु की भक्ति, भागवत पुराण और भगवत गीता के सिद्धांतों पर आधारित थे। भगवती धर्म में विष्णु को परम देवता के रूप में माना गया है और अनुयायी उन्हें श्रद्धा और भक्ति के साथ पूजते हैं।

9.

(i) **उपर्युक्त चित्र में किस देवी की मूर्ति को दर्शाया गया है?**

उत्तर उपर्युक्त चित्र में बौद्ध देवी, मारिची की मूर्ति (लगभग दसवीं शताब्दी, बिहार) को दर्शाया गया है। यह विभिन्न धार्मिक विश्वासों और क्रियाकलापों के एकीकरण की प्रक्रिया का उदाहरण प्रस्तुत करती है।

(ii) **मारिची देवी की मूर्ति में उनके कितने हाथ दिखाए जाते हैं और उनमें कौन-कौन-से वस्त्र या उपकरण होते हैं?**

उत्तर मारिची देवी की मूर्तियों में आमतौर पर उनके आठ से दस हाथ होते हैं, जिनमें विभिन्न प्रकार के अस्त्र-शस्त्र; जैसे- त्रिशूल, कमल, तलवार, धनुष एवं बाण आदि दिखाए जाते हैं। ये उनकी विभिन्न शक्तियों और गुणों का प्रतीक है।

(iii) **10वीं शताब्दी के देवी संप्रदायों में देवी की उपासना किस प्रकार की जाती थी?**

उत्तर देवी संप्रदायों में देवी की उपासना अधिकतर सिंदूर से पोते गए पत्थर के रूप में की जाती थी। इन स्थानीय देवियों को पौराणिक परंपरा के अंतर्गत मुख्य देवताओं की पत्नी के रूप में मान्यता दी गई अर्थात् कभी वह लक्ष्मी के रूप में विष्णु की पत्नी बनी और कभी शिव की पत्नी (पार्वती) के रूप में सामने आई।

मानचित्र आधारित प्रश्न

1. निम्न रेखा मानचित्र पर दो सूफी संतों की दरगाह के स्थल A और B, दिए गए हैं। A उस स्थल को संदर्भित करता है, जहाँ शेख मुइनुद्दीन चिश्ती की दरगाह है तथा B उस स्थल को संदर्भित करता है, जहाँ ख्वाजा कुतुबुद्दीन बख्तियार काकी की दरगाह है। उन स्थानों को पहचानिए, जो A और B से संबंधित हैं।

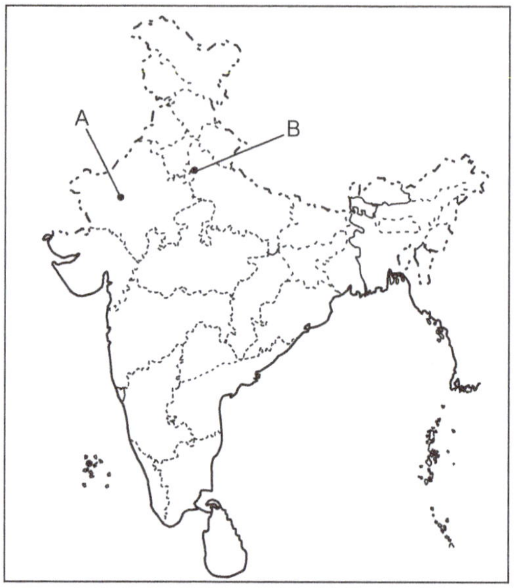

उत्तर (a) अजमेर (राजस्थान) (b) दिल्ली

स्वयं को जाँचें

वस्तुनिष्ठ प्रश्न

1. पद्मावत के रचयिता का नाम बताइए

(a) मलिक मोहम्मद जायसी (b) अमीर खुसरो
(c) निजामुद्दीन औलिया (d) शेख मुइनुद्दीन चिश्ती

2. किस सिख गुरु ने सिख समुदाय को सामाजिक, धार्मिक और सैन्य बल में संगठित किया?

(a) गुरु अर्जुन साहिब (b) गुरु हरगोविन्द साहिब
(c) गुरु गोविंद सिंह साहिब (d) गुरु तेगबहादुर साहिब

3. मलिक मोहम्मद जायसी का प्रेमाख्यान पद्मावत .... और चितौड़ के राजा रतनसेन की प्रेमकथा को दर्शाता है।

(a) पद्मिनी (b) कर्णावती
(c) दुर्गावती (d) कलावती

4. निम्न कथनों पर विचार कीजिए

1. ख्वाजा मुइनुद्दीन की दरगाह पर आने वाला पहला शासक दिल्ली का सुल्तान मोहम्मद-बिन-तुगलक था।
2. शेख निजामुद्दीन औलिया की दरगाह अजमेर (राजस्थान) में अवस्थित है।
3. शरिया, मुस्लिम समुदाय का मार्गदर्शन करने वाला कानून है। यह कुरान शरीफ और हदीस पर आधारित है।

उपरोक्त में से कौन-सा/से कथन सही है/हैं?

(a) केवल 2 (b) 1 और 2
(c) 1 और 3 (d) ये सभी

5. धार्मिक परंपरा/संप्रदाय तथा उससे संबंधित व्यक्ति के संबंध में दिए गए युग्मों में कौन-सा युग्म सही सुमेलित नहीं है?

(a) बासवन्ना - वीरशैव परंपरा
(b) शंकरदेव - भगवती धर्म
(c) कबीर - सगुण परंपरा
(d) अर्जुनदेव - सिख संप्रदाय

6. नीचे दिए गए कूट की सहायता से सही उत्तर का चयन कीजिए

कथन (A) 15वीं सदी के उत्तरार्द्ध में असम में वैष्णव धर्म के मुख्य प्रचारक के रूप में शंकरदेव का नाम जाना जाता है।

कारण (R) शंकरदेव ने भक्ति प्राप्ति के लिए नानक की तरह ईश्वर के नाम-जाप पर बल दिया।

कूट

(a) A और R दोनों सही हैं तथा R, A की सही व्याख्या है
(b) A और R दोनों सही हैं, परंतु R, A की सही व्याख्या नहीं है
(c) A सही है, किंतु R गलत है
(d) A गलत है, किंतु R सही है

अतिलघु उत्तरीय प्रश्न

7. अलवार और नयनार कौन थे?

8. जगन्नाथ का शाब्दिक अर्थ क्या होता है?

9. चोल सम्राट ने किन कवियों की मूर्ति शिव मंदिर में स्थापित करवाई?

10. 'विशेषणविहीन' भक्ति परंपरा के वर्ग का नाम बताइए।

लघु उत्तरीय प्रश्न

10. धार्मिक विश्वासों और आचरणों की गंगा-जमुना बनावट से आप क्या समझते हैं?

11. अलवार और नयनार संत कौन थे? इन संतों का जाति के प्रति क्या दृष्टिकोण था?

12. धार्मिक विकास में कितनी पद्धतियाँ विद्यमान थीं?

13. अलवार और नयनार परंपरा ने सामाजिक समरसता में अपनी भूमिका निभाई उपयुक्त उदाहरण से कथन की पुष्टि कीजिए।

दीर्घ उत्तरीय प्रश्न

14. आठवीं से अठारहवीं सदी के बीच के काल में पूजा प्रणालियों के समन्वय के संदर्भ में कौन-कौन सी दो प्रक्रियाएँ कार्यरत् थीं? व्याख्या कीजिए।

15. बारहवीं शताब्दी में भारतीय उपमहाद्वीप में हुए चिश्ती सिलसिले के विकास का विस्तारपूर्वक वर्णन कीजिए।

16. सूफी सिलसिले का अर्थ स्पष्ट कीजिए तथा बे-शरिया और बा-शरिया सूफी परंपराओं के बीच समानता एवं अंतर का उल्लेख कीजिए।

07

अध्याय

यह अध्याय, विजयनगर साम्राज्य से संबंधित है, जो आधुनिक समय में दक्षिण भारत में स्थापित सबसे बड़ा हिंदु साम्राज्य था। यह वृहदेश्वर मंदिर के लिए जाना जाता था।

▼ अध्ययन एक नजर में

▼ अभ्यास के लिए

- बहुविकल्पीय प्रश्न 48, चित्र आधारित, कथन/कारण, सुमेलित कीजिए
- वर्णनात्मक प्रकार के प्रश्न (लघु उत्तरीय प्रश्न 18, दीर्घ उत्तरीय प्रश्न 7)
- स्रोत आधारित प्रश्न 6, मानचित्र आधारित प्रश्न 2

एक साम्राज्य की राजधानी : विजयनगर

मोहम्मद-बिन तुगलक के शासनकाल के अंतिम वर्षों में उत्पन्न होने वाली अराजकता एवं अव्यवस्था के परिणामस्वरूप 14वीं शताब्दी के चौथे-पाँचवें दशक में महत्त्वपूर्ण राज्य विजयनगर (विजय का शहर) का उदय हुआ। यह नाम एक साम्राज्य तथा शहर दोनों के लिए प्रयुक्त होता था। विजयनगर साम्राज्य की स्थापना 1336 ई. हरिहर तथा बुक्का नामक दो भाइयों ने की थी।

7.1 विजयनगर

- विजयनगर (विजय का शहर) एक शहर और एक साम्राज्य दोनों था। इसकी स्थापना चौदहवीं शताब्दी में हुई थी और इसका पतन सत्रहवीं-अठारहवीं शताब्दी में हुआ था।
- अपने चरमोत्कर्ष पर यह उत्तर में कृष्णा नदी से लेकर प्रायद्वीप के सुदूर दक्षिण तक विस्तृत था।
- विजयनगर साम्राज्य को कई नामों से जाना जाता था। सामान्यत: इसे हंपी नाम से याद रखा जाता था। इस नाम का आविर्भाव यहाँ की स्थानीय मातृदेवी पंपादेवी के नाम से हुआ था।
- इतिहासकारों द्वारा जहाँ विजयनगर साम्राज्य शब्द का प्रयोग किया जाता है, वहीं समकालीन लोगों द्वारा इसे **कर्नाटक साम्राज्यमु** की संज्ञा दी गई।

हंपी की खोज

- कर्नल कोलिन मैकेंजी, जो एक इंजीनियर, **पुरातत्त्ववेत्ता**[1], सर्वेक्षक और **मानचित्रकार**[2] थे, ने 1800 ई. में हंपी के खंडहरों की खोज की। उन्होंने हंपी स्थल का **पहला सर्वेक्षण मानचित्र** तैयार किया।
- उनकी प्रारंभिक जानकारी विरूपाक्ष मंदिर और पंपादेवी मंदिर के पुजारियों की स्मृतियों पर आधारित थी।
- 1836 ई. में **पुरालेखशास्त्रियों**[3] ने हंपी के मंदिरों में पाए गए कई शिलालेखों को एकत्रित करना शुरू किया और कालांतर में 1856 ई. से छाया चित्रकारों ने यहाँ के भवनों के चित्र संकलित करने आरंभ किए, जिससे शोधकर्त्ता उनका अध्ययन कर पाएँ।
- इतिहासकारों ने इस शहर और साम्राज्य के इतिहास के पुनर्निर्माण के लिए विदेशी यात्रियों के यात्रा वृत्तांतों तथा तेलुगू, कन्नड़, तमिल और संस्कृत में लिखे गए अन्य साहित्य से मिलान किया।

कोलिन मैकेंजी

- कोलिन मैकेंजी का जन्म 1754 ई. में हुआ था। ये एक प्रसिद्ध अभियंता, सर्वेक्षक और मानचिकार बने।
- 1815 ई. में उन्हें भारत का **प्रथम महासर्वेक्षक** नियुक्त किया गया तथा 1821 ई. में अपनी मृत्यु तक वे इस पद पर बने रहे।
- भारत के अतीत को बेहतर ढ़ग से समझने और उपनिवेश के शासन को आसान बनाने के लिए उन्होंने इतिहास से संबंधित स्थानीय परंपराओं का संकलन तथा ऐतिहासिक स्थलों का सर्वेक्षण करना आरंभ किया।
- इनका मानना था कि ''ब्रिटिश प्रशासन के सुप्रभाव में आने से पहले दक्षिण भारत खराब प्रबंधन की दुर्गति से लम्बे समय तक जूझता रहा था।''

7.2 राय, नायक और सुल्तान

- प्राचीन शिलालेखों के अनुसार, विजयनगर साम्राज्य की स्थपना दो भाइयों **हरिहर** और **बुक्का** द्वारा 1336 ई. में की गई थी।
- इस साम्राज्य के लोग अलग-अलग भाषाएँ बोलते थे और अलग-अलग धार्मिक परंपराओं को मानते थे।
- उत्तर में, विजयनगर के राजाओं ने उपजाऊ नदी घाटियों व विदेशी व्यापार से उत्पन्न संसाधनों पर नियन्त्रण के लिए दक्कन के सुल्तानों और उड़ीसा के **गजपति**[4] शासकों जैसे समकालीन शासकों के साथ प्रतिस्पर्द्धा की थी।
- इन राज्यों के बीच संपर्क से विचारों का आदान-प्रदान विशेष रूप से स्थापत्य के क्षेत्र में होने लगा।
- विजयनगर की लोकप्रिय परंपराओं में, दक्कन के सुल्तानों को **अश्वपति**[5] कहा जाता था।
- विजयनगर शासकों ने अवधारणाओं और भवन निर्माण की तकनीकों को ग्रहण और विकसित किया।
- इस साम्राज्य का हिस्सा बनाए गए कुछ क्षेत्रों में तमिलनाडु में चोल और कर्नाटक में होयसल जैसे शक्तिशाली राज्यों का विकास हुआ था।
- इन क्षेत्रों के शासकों ने **वृहदीश्वर मंदिर** (तंजावुर) और चन्नकेशव मंदिर (बेलूर) जैसे मंदिरों को संरक्षण प्रदान किया था।

▲ तंजावुर में वृहदेश्वर मंदिर का गोपुरम् अथवा प्रवेशद्वार

- विजयनगर के शासक, जो स्वयं को **राय** कहते थे, उन्हें **नरपति** या मनुष्यों का स्वामी भी कहा जाता था।

शासक और व्यापारी

- इस काल में युद्धकला प्रभावशाली अश्व सेना पर आधारित होती थी, इसलिए प्रतिस्पर्द्धी राज्यों के लिए अरब तथा मध्य एशिया से घोड़ों का आयात बहुत महत्त्वपूर्ण था।
- यह व्यापार आरंभिक चरणों में अरब व्यापारियों द्वारा नियंत्रित था।

---

1 **पुरातत्त्ववेत्ता** वह व्यक्ति, जो पुरावशेषों का अध्ययन या संग्रह करता है।
2 **मानचित्रकार** वह व्यक्ति, जो मानचित्र बनाता और तैयार करता है।
3 **पुरालेखशास्त्री** वह व्यक्ति, जो प्राचीन अभिलेखों का अध्ययन और व्याख्या करता है।
4 **गजपति** इसका अर्थ है हाथियों का स्वामी।
5 **अश्वपति** इसका अर्थ 'घोड़ों का स्वामी' होता है।

- व्यापारियों के स्थानीय समूह, जिन्हें **कुदिरई चेट्टी** अथवा घोड़ों के व्यापारी कहा जाता था, इन विनियमों में भाग लेते थे।
- 1498 ई. से कुछ और लोग पटल पर उभरकर आए। ये पुर्तगाली थे, जो उपमहाद्वीप के पश्चिमी तट पर आए और व्यापारिक तथा सामरिक केंद्र स्थापित करने का प्रयास करने लगे।
- इनकी बेहतर सामरिक तकनीक (विशेष रूप से मस्कट जैसी लंबी बंदूकों के प्रयोग ने) ने उन्हें इस काल की उलझी हुई राजनीति में महत्त्वपूर्ण शक्ति बनकर उभरने में सहायता की।
- विजयनगर मसालों, वस्त्रों तथा रत्नों के अपने बाजार के लिए प्रसिद्ध था। ऐसे शहरों के लिए व्यापार एक प्रतिष्ठा का मानक माना जाता था।
- यहाँ की समृद्ध जनता महँगी विदेशी वस्तुओं की माँग करती थी, विशेष रूप से रत्नों और आभूषणों की। दूसरी ओर व्यापार से प्राप्त राजस्व राज्य की समृद्धि में महत्त्वपूर्ण योगदान देता था।

राज्य का चरमोत्कर्ष तथा पतन

- पहला राजवंश **संगम** राजवंश था, जिसने 1485 ई. तक नियंत्रण रखा।
- उन्हें सुलुवों ने उखाड़ फेंका, जो सैनिक कमांडर थे और 1503 ई. तक सत्ता में रहे। इसके बाद तुलुवों ने उनका स्थान ले लिया।
- **कृष्णदेव राय**, तुलुव वंश से ही संबद्ध थे।

कृष्णदेव राय

- कृष्णदेव राय विजयनगर साम्राज्य के एक महान शासक थे, जिनके शासनकाल में यह साम्राज्य अनेक प्रकार से विस्तारित हुआ। 1512 ई. में तुंगभद्रा और कृष्णा नदियों के बीच के क्षेत्र, जो **रायचूर दोआब** कहलाता था, पर कृष्णदेव राय ने पूर्ण रूप से अधिकार कर लिया।
- 1514 ई. में कृष्णदेव राय ने उड़ीसा के शासकों का दमन किया तथा 1520 ई. में बीजापुर के सुल्तान को पराजित किया।
- कृष्णदेव राय के शासनकाल में विजयनगर साम्राज्य ने प्रत्येक क्षेत्र में चरमोत्कर्ष को प्राप्त किया। कृष्णदेव राय ने भव्य मंदिरों का निर्माण कराया। मंदिरों में **गोपुरम् शैली**[6] (Gopuram Style) को जोड़ा तथा अपनी माँ के नाम पर एक नगर **नगलपुरम्** की स्थापना की, जो विजयनगर के समीप था।
- 1529 ई. में कृष्णदेव राय की मृत्यु के पश्चात् इनके उत्तराधिकारियों को राज्य के अनेक सेनानायकों के विद्रोहों का सामना करना पड़ा, जिसके फलस्वरूप 1542 ई. तक राज्य पर नियंत्रण एक अन्य वंश, **अराविदु** के हाथों में चला गया।
- इस वंश का शासन 17वीं शताब्दी के अंत तक रहा। अराविदु वंश के शासकों के शासनकाल में भी पूर्व की तरह दक्कन सल्तनत के शासकों के साथ संघर्ष चलते रहे।
- इस समय दक्कन सल्तनत के शासकों ने विजयनगर के शासकों के विरुद्ध **मैत्री-समझौता** किया। इस समझौते के कारण ही कालांतर में **राक्षसी-तांगड़ी** का युद्ध हुआ।
- तेलुगू में राज्यकला पर उनके कार्य को **अमुक्तमाल्यदा** के नाम से जाना जाता है।

राय व नायक

- विजयनगर साम्राज्य में सेना का महत्त्वपूर्ण स्थान था। सेना के प्रमुख को **नायक** कहा जाता था। सामान्यत: किलों पर इनका नियंत्रण होता था और इनके पास सशस्त्र समर्थक भी होते थे। इनको किसानों का भी समर्थन प्राप्त था।
- ये उपजाऊ भूमि की तलाश में रहते थे और किसान भी इनका साथ देते थे। ये सामान्यत: तेलुगू या कन्नड़ भाषा बोलते थे।
- नायकों ने विजयनगर शासक की सत्ता स्वीकार कर ली थी, लेकिन ये प्राय: विद्रोह कर देते थे, जिसे सैनिक कार्रवाई के माध्यम से नियंत्रण में किया जाता था।

अमरनायक प्रणाली

- विजयनगर साम्राज्य की शासन प्रणाली दक्षिणी भारत के राजवंशों में सबसे महत्त्वपूर्ण थी।
- विजयनगर साम्राज्य के प्रशासन की प्रमुख विशेषता **अमरनायक** प्रणाली थी। इस प्रणाली में दिल्ली सल्तनत की **इक्ता प्रणाली** के कई तत्त्व सम्मिलित थे। नायकों पर शासकों का प्रभुत्व था।
- अमरनायक सेना के प्रधान होते थे, जिनको राय द्वारा शासन व सैन्य निर्वाह के लिए राज्य क्षेत्र प्रदान किए जाते थे।
- अमरनायक शिल्पकर्मियों, किसानों तथा व्यापारियों से कर व भू-राजस्व वसूल किया करते थे, प्राप्त राजस्व का उपयोग व्यक्तिगत उपभोग, घोड़ों तथा हाथियों के निर्धारित दल के रख-रखाव के लिए करते थे।
- अमरनायकों का सैन्य बल, विजयनगर के शासकों की सैन्य शक्ति होती थी, जिसकी सहायता से शासक समस्त **दक्षिणी प्रायद्वीप** पर अपना आधिपत्य स्थापित कर सके।

---

6 गोपुरम शैली यह एक बड़ा प्रवेशद्वारा था, जो सामान्यतः किसी भी मंदिर के प्रवेश द्वार पर नक्काशी से सुसज्जित होता था। यह विशेष रूप से दक्षिण भारत की मंदिर शैली में देखने को मिलता है।

- अमरनायक विजयनगर के शासकों को साम्राज्य विस्तार में सैनिक सहायता प्रदान करते थे। वर्ष में एक बार अमरनायक अपनी स्वामी भक्ति प्रकट करने के लिए स्वयं राजदरबार में उपहारों के साथ उपस्थित होते थे। राज्यों ने अमरनायकों पर अपना प्रभुत्व स्थापित करने के लिए इनका स्थानांतरण किया, परंतु सत्रहवीं शताब्दी में अमरनायकों द्वारा स्वतंत्र सत्ता स्थापित करने के कारण केंद्रीय राजकीय ढाँचा पतन की ओर अग्रसर हो गया।

कृष्ण देवराय के पश्चात् विजयनगर साम्राज्य

- कृष्ण देवराय की मृत्यु के पश्चात् 1529 ई. में राजकीय, ढ़ाँचे में तनाव उत्पन्न होने लगा। उसके उत्तराधिकारियों को विद्रोही नायकों या सेनापतियों से चुनौती का सामना करना पड़ा।
- 1542 ई. तक केंद्र पर नियंत्रण एक अन्य राजकीय वंश अराविदु के हाथों में चला गया, जो सत्रहवीं शताब्दी के अंत तक सत्ता पर कायम रहा।
- इस काल में भी विजयनगर शासकों और साथ ही दक्कन सल्तनतों के शासकों की सामरिक महत्त्वाकांक्षाओं के चलते समीकरण बदलते रहे। अंततः यह स्थिति विजयनगर के विरुद्ध दक्कन सल्तनतों के बीच मैत्री समझौते में परिणत हुई।
- 1565 ई. में विजयनगर की सेना को (प्रधानमंत्री रामराय के नेतृत्व में) राक्षसी तांगड़ी (जिसे तालीकोटा के नाम से जाता है) के युद्ध में **उत्तरी बीजापुर, अहमदनगर** तथा **गोलकुंडा** की संयुक्त सेनाओं द्वारा पराजित किया गया।
- विजयी सेनाओं ने विजयनगर शहर पर धावा बोलकर उसे लूटा। कुछ ही वर्षों के भीतर यह शहर पूरी तरह से उजड़ गया।
- अब साम्राज्य का केंद्र पूर्व की ओर स्थानांतरित हो गया, जहाँ अराविदु राजवंश ने **पेनुकोंडा** से और बाद में **चन्द्रगिरि** से शासन किया।

सुल्तान

- दक्कन के सुल्तानों की सेनाएँ विजयनगर शहर के विनाश के लिए जिम्मेदार थीं।
- फिर भी विजयनगर के शासकों और सुल्तानों के बीच के संबंध धार्मिक विभिन्नताएँ होने के पश्चात् भी शत्रुतापूर्ण नहीं थे। दोनों राज्यों के शासकों ने एक-दूसरे के उत्तराधिकार संबंधी विवादों को सुलझाने में मदद की थी। कृष्णदेव राय ने इस उपलक्ष्य में **यवन**[7] राज्य की स्थापना करने वाला की उपलब्धि धारण की।
- इसी प्रकार, बीजापुर के सुल्तान ने कृष्णदेव राय की मृत्यु के पश्चात् विजयनगर में उत्तराधिकार के विषादो को सुलझाने के लिए हस्तक्षेप किया।
- वास्तव विजयनगर शासक (राय) और दक्कन दोनों ही एक-दूसरे के स्थायित्व को निश्चित करने का प्रयास करते थे।
- परंतु कालांतर में रामराय की विपरीत कूटनीति, जिसके अनुसार रामराय ने एक सुल्तान को दूसरे सुल्तान के विरुद्ध भड़काने की कोशिश की, जो असफल रही और ये सुल्तान एक हो गए, जिसके कारण रामराय की निर्णायक हार हुई।

चेक प्वॉइंट 1

1. विजयनगर साम्राज्य की स्थापना कब हुई थी?
2. पुरातत्ववेता ने किस वर्ष हंपी खंडहरों की खोज थी?
3. भारत के प्रथम महासर्वेक्षक के रूप में किसे नियुक्त किया गया?
4. तालीकोटा के युद्ध में विजयनगर की सेना का नेतृत्व किसने किया था?
5. अमर-नायक प्रणाली कहाँ से ली गई थी?

7.3 विजयनगर : राजधानी तथा उसके परिप्रदेश

- पंद्रहवीं शताब्दी और सोलहवीं शताब्दी के मध्य कई यात्रियों जैसे, **निकोलो दे कोंटी** एक इतालवी व्यापारी, **अब्दुर्रज्जाक** नामक फारस के राजा का दूत, **अकानासी निकितिन** नामक रूस का एक व्यापारी, **दुआर्ते बरबोसा**, **डोमिंगो पेस** तथा पुर्तगाल के **फर्नावो नूनिज** ने इस शहर की यात्रा की थी।
- डोमिंगो पेस ने विजयनगर के बारे में कहा कि यह मुझे रोम जितना विशाल प्रतीत हुआ, जो देखने में अत्यंत सुंदर है। इसमें पेड़ों के कई उपवन हैं। आवासों के बगीचें, जिसमें की कई नालियाँ आती हैं। कई स्थानों पर झीलें हैं आदि का वर्णन किया।

विजयनगर के जल संसाधन

- विजयनगर के स्थान के बारे में सबसे महत्त्वपूर्ण विशेषता उत्तर-पूर्व दिशा में बहने वाली **तुंगभद्रा नदी** द्वारा निर्मित प्राकृतिक बेसिन है।
- यह शहर ग्रेनाइट पहाड़ियों से घिरा हुआ था, जहाँ से नदियाँ बहती थीं। इन धाराओं के किनारे तटबंध बनाए गए थे, जिससे अलग-अलग आकार के जलाशय बनाए जा सकें।

---

7 **यवन** (Yavana) यह एक संस्कृत शब्द है, जिसका प्रयोग यूनानियों और अन्य लोगों के लिए किया जाता था, जो उत्तर-पश्चिम से उपमहाद्वीप में प्रवेश करते थे।

- यह क्षेत्र प्रायद्वीप के सबसे शुष्क क्षेत्रों में से एक है, इसलिए वर्षा जल को संग्रहित करने और उसे शहर तक पहुँचाने की व्यवस्था की गई।
- पंद्रहवीं शताब्दी में सबसे महत्त्वपूर्ण जलाशय का निर्माण किया गया, जिसे **कमलपुरम् जलाशय** के नाम से जाना जाता है।
- इस जलाशय के पानी का उपयोग खेतों की सिंचाई के लिए भी किया जाता था। साथ ही एक नहर के माध्यम से पानी को 'राजकीय केंद्र' तक ले जाया जाता था।
- सबसे महत्त्वपूर्ण जल संबंधी संरचनाओं में से एक **हिरिया नहर** थी। इसका निर्माण **संगम वंश** के राजाओं ने करवाया था।
- इस नहर में तुंगभद्रा नदी पर बने बाँध से पानी लाया जाता था और इसे धार्मिक केंद्र से शहरी केंद्र को अलग करने वाली घाटी को सिचिंत करने में प्रयोग किया जाता था।

किलेबंदी और सड़कें

- विजयनगर शहर चारों ओर से दीवारों से घिरा हुआ था अर्थात् **किलेबंदी** की गई थी।
- पंद्रहवीं शताब्दी में फारस के शासक द्वारा कालीकट भेजा गया दूत **अब्दुर्रज्जाक**, देवराय द्वितीय के काल में विजयनगर आया और उसने इस राज्य की किलेबंदी की बहुत प्रशंसा की थी। वह दुर्गों की सात पंक्तियों का उल्लेख करता है।
- किलेबंदी की सर्वाधिक महत्त्वपूर्ण बात यह थी कि इसमें खेतों को भी घेरा गया था। किलेबंदी निम्नलिखित उद्देश्यों से प्रेरित होकर की गई थी
  - संपूर्ण कृषि व्यवस्था को सुरक्षित करने के लिए।
  - युद्धकालीन परिस्थितियों में प्रतिपक्ष सेना की खाद्य आपूर्ति बाधित करने के लिए।
  - नगरीय केंद्रों के आंतरिक भाग को आवरण प्रदान करने के लिए।
  - युद्ध की स्थिति से निपटने के लिए किले के अंदर ही विशाल अन्नागारों का निर्माण।
  - शासकीय एवं महत्त्वपूर्ण इमारतों की सुरक्षा के लिए।
- डोमिंगो पेस (पुर्तगीज यात्री) ने भी इसी प्रकार की प्रशंसा दुर्ग के संदर्भ में की है।
- इस किले का निर्माण पहाड़ियों को जोड़ते हुए **शुंडाकार** (Slightly Tapered) में किया गया था। किले में प्रवेश करने के लिए प्रवेशद्वार बने हुए थे, जो शहर को मुख्य सड़कों से जोड़ते थे।
- दीवारों के अंदर का भाग मिट्टी और मलबे के मिश्रण से बना हुआ था। वर्गाकार तथा आयताकार बुर्ज बाहर की ओर निकले हुए थे।
- किलेबंद बस्ती में जाने हेतु बने प्रवेशद्वार पर बनी मेहराब और साथ ही द्वार के ऊपर बना गुंबद तुर्की सुल्तान द्वारा स्थापित स्थापत्य के तत्त्व माने जाते हैं।
- कला के इतिहासकार इस शैली को **इंडो-इस्लामिक** (Indo-Islamic) (हिंद-इस्लामिक) कहते हैं।

कृषि भूमि की किलेबंदी

- कृषि भूमि के चारों ओर किलेबंदी थी। अब्दुर्रज्जाक ने बताया कि ''पहली, दूसरी और तीसरी दीवारों के बीच जुते हुए खेत, बगीचे तथा आवास हैं।''
- डोमिंगो पेस ने इन तीनों दीवारों के बारे में अलग-अलग बातें बताईं। उनके अनुसार, पहली परिधि से शहर में प्रवेश करने तक की दूरी बहुत थी, जिसमें खेत थे, जहाँ वे धान उगाते थे। इसमें कई उद्यान थे और बहुत सारा जल था, जो दो झीलों से आता था।
- इन्होंने धार्मिक केंद्र तथा नगरीय केंद्र के बीच एक कृषि क्षेत्र के साक्ष्य खोज निकाले थे। इस भूमि को तुंगभद्रा नदी पर बनी नहर प्रणाली से पानी की आपूर्ति की जाती थी।
- मध्यकालीन समय में, घेराबंदियों का मुख्य उद्देश्य प्रतिपक्ष को खाद्य सामग्री से वंचित कर समर्पण के लिए बाध्य करना होता था।
- शासक सामान्यत: पर हमले की स्थिति से निपटने के लिए किलेबंद क्षेत्रों के भीतर ही **विशाल अन्नागारों** का निर्माण करवाते थे।
- विजयनगर शासकों ने कृषि भू-भाग को बचाने के लिए अत्यधिक महँगी व्यापक नीति को अपनाया और कृषि क्षेत्रों को किलेबंद दीवरों के भीतर सुरक्षित रखा।

नगरीय परिसर का आंतरिक भाग

- नगरीय परिसर को दूसरी पंक्ति की किलेबंदी से घेरा गया था और तीसरी पंक्ति से शासकीय केंद्र को घेरा गया था। जिसमें महत्त्वपूर्ण इमारतों को प्रत्येक समूह की ऊँची दीवारों से घेरा गया था।
- दुर्ग में प्रवेश के लिए मजबूत और सुरक्षित प्रवेशद्वार थे, जो नगर को मुख्य सड़कों से जोड़ते थे

प्रवेश द्वार

▲ किलेबंद दीवार में बना एक प्रवेश द्वार

- प्रवेश द्वार विशिष्ट स्थापत्य के नमूने थे, जिनसे सामान्यत: बाहरी प्रवेश को नियंत्रित किया जाता था।
- किलेबंद बस्ती में जाने के लिए बने प्रवेशद्वार पर बनी मेहराब और साथ ही द्वार के ऊपर बनी गुंबद तुर्की शासकों द्वारा प्रवर्तित स्थापत्य की विशेषता मानी जाती थी।
- कला-इतिहासकार इस शैली को इंडो-इस्लामिक कहते हैं, क्योंकि इसका विकास विभिन्न क्षेत्रों के स्थानीय स्थापत्य की परंपराओं के साथ संपर्क से हुआ।

शहरी केंद्र

- शहरी केंद्र की ओर जाने वाली सड़कों पर चलें, तो सामान्य लोगों के आवासों की अपेक्षाकृत कम पुरातात्विक साक्ष्य हैं।
- पुरातत्त्वविदों ने कुछ स्थानों, जिनमें शहरी केंद्र का उत्तर-पूर्वी कोना भी शामिल है। इस क्षेत्र में परिष्कृत चीनी मिट्‌टी मिली, जिससे अमीर व्यापारी लोगों के रहने का प्रमाण मिलता है।
- यह मुस्लिम रिहायशी आवासीय क्षेत्र भी था। यहाँ स्थित मकबरों तथा मस्जिदों के विशेष कार्य हैं, फिर भी उनका स्थापत्य हंपी में मिले मंदिरों के मंडपों के स्थापत्य से मिलता-जुलता है।
- सोलहवीं शताब्दी का पुर्तगाली यात्री **बारबोसा** सामान्य लोगों के आवासों का वर्णन करता है, जो अब अस्तित्व में नहीं है।
- लोगों के आवास छप्पर के होते थें, जिनकी छतें पुआल और ताड़ के पत्तों से बनी थीं और बहुत ही सुदृढ़ थीं। आवास, व्यवसाय के आधार पर कई खुले स्थानों वाली लंबी गलियों में व्यवस्थित थे।
- क्षेत्र-सर्वेक्षणों से पता चलता है कि पूरा क्षेत्र कई तीर्थस्थलों और छोटे मंदिरों से घिरा हुआ था, जो सामान्यत: विभिन्न प्रकार के संप्रदायों व समुदायों द्वारा संरक्षित था।
- सर्वेक्षणों से यह भी इंगित होता है कि कुएँ और बरसात के पानी वाले जलाशय तथा मंदिरों के जलाशय संभवत: सामान्य नगर निवासियों के लिए पानी के स्रोत का कार्य करते थे।

7.4 विजयनगर के राजकीय केंद्र

- विजयनगर साम्राज्य के दक्षिण-पश्चिम भाग में राजकीय केंद्र या भवन अवस्थित थे। इसमें 60 से भी अधिक मंदिर सम्मिलित थे।
- इन केंद्रों में मंदिरों के अतिरिक्त महल भी बने होते थे। इन महलों तथा मंदिरों की संरचनाओं में यह अंतर था कि मंदिर पूर्णत: अलंकृत (Ornate) होते थे, जबकि भवन साधारण निर्माण संरचना के उदाहरण थे।
- लगभग तीस संरचनाओं की पहचान महलों के रूप में की गई थी। ये अपेक्षाकृत बड़ी संरचनाएँ थीं, जो आनुष्ठानिक कार्यों से संबद्ध नहीं होती थीं।

राजकीय केंद्र में स्थापत्य

- विजयनगर साम्राज्य में राजकीय सत्ता को **दैवीय सिद्धांत** से जोड़कर देखा जाता है, इसलिए यहाँ पर अनेक राजकीय केंद्रों की स्थापना की गई। इससे सुदृढ़ राजनीतिक सत्ता की पहचान होती थी; जैसे—किलेबंदी, राजा का भवन, सभा मंडप, महानवमी डिब्बा, **रायगोपुरम्**[8], लोटस महल, हजार राम मंदिर आदि।

▲ मदुरई के सभा मंडप की आंतरिक भाग की मेहराबें

- विजयनगर के भवनों के आकार और उनके कार्यों के आधार पर यहाँ की विशिष्ट संरचनाओं का नामकरण किया जाता था। 'राजा का भवन' नामक संरचना सबसे विशाल थी, परंतु इसके राजकीय आवास होने के निश्चित साक्ष्य नहीं मिले हैं। **सभा मंडप** एवं **महानवमी डिब्बा** इसके दो महत्त्वपूर्ण तंत्र थे।
- संपूर्ण परिसर ऊँची दोहरी दीवारों से घिरा हुआ था और उन दीवारों के मध्य में एक सड़क थी।
- सभा मंडप एक ऊँचे मंच की तरह था, जिसमें पास-पास तथा निश्चित दूरी पर लकड़ी के स्तंभों के लिए छेद बने हुए थे, जिससे इस पर दूसरी मंजिल होने के संकेत मिलते हैं। यहाँ से दूसरी मंजिल के लिए सीढ़ियों के साक्ष्य भी प्राप्त हुए हैं।
- यह इस क्षेत्र की एक विशालकाय संरचना है, जो शहर के ऊँचे स्थानों में से एक थी। इसका क्षेत्रफल लगभग 11,000 वर्ग फीट तथा ऊँचाई 40 फीट थी। इसके आधार पर उभारदार चित्र बनाए गए थे। यहाँ से प्राप्त साक्ष्यों से ऐसा प्रतीत होता है कि इस पर लकड़ी की कोई संरचना बनी थी।

8 **रायगोपुरम्** (Rayagopuram) विजयनगर के शासकों द्वारा बनवाए गए मंदिरों के प्रवेशद्वार को रायगोपुरम् कहा जाता था।

- इस संरचना से जुड़े अनुष्ठान संभवत: सितंबर तथा अक्टूबर के शरद महीनों में मनाए जाते थे; जैसे—उत्तर प्रदेश में **दशहरा**, बंगाल में **दुर्गा पूजा** तथा प्रायद्वीपीय भारत में **नवरात्रि या महानवमी**।

महानवमी के अवसर पर समारोह

- दशहरे से पूर्व रामनवमी के अवसर पर विभिन्न समारोह आयोजित किए जाते थे; जैसे–मूर्ति की पूजा, राज्य के अश्व की पूजा।
- इस दिन भैंसों और अन्य पशुओं की बलि भी दी जाती थी।
- इस अवसर पर नृत्य एवं कुश्ती जैसी प्रतिस्पर्द्धा आयोजित की जाती थी और सजे हुए घोड़े, हाथियों तथा रथों व सैनिकों की शोभायात्रा निकली जाती थी।

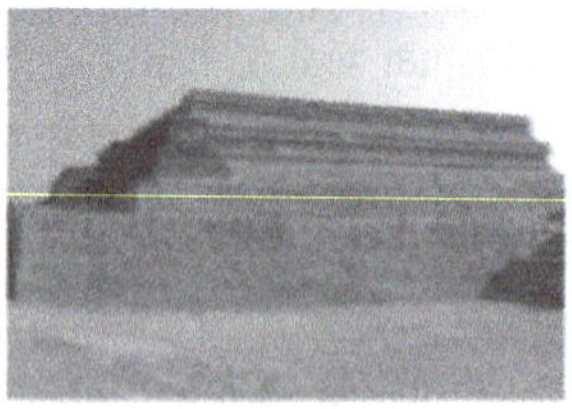

▲ महानवमी डिब्बा

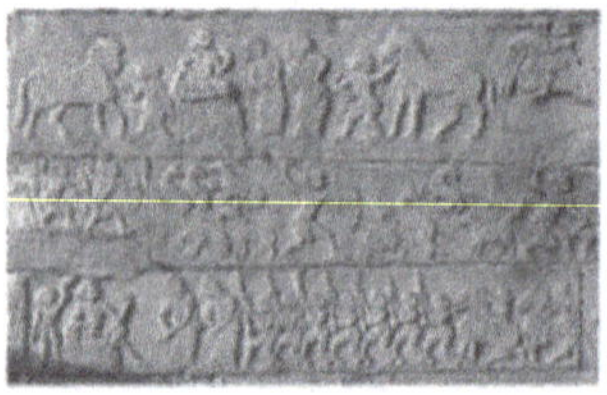

▲ महानवमी डिब्बा पर उत्कीर्ण चित्र

- राजा, अपनी तथा अपने नायकों की सेना का (खुले मैदान में आयोजित) भव्य समारोह में निरीक्षण करता था। इस अवसर पर नायक, राजा के लिए अधिक मात्रा में भेंट लेकर आते थे।
- प्रमुख नायकों व अधीनस्थ राजाओं द्वारा लाई गई औपचारिक भेंट, राजा को उनके अतिथियों के समक्ष प्रदान की जाती थी।

राजकीय केंद्र में स्थित अन्य भवन

लोटस महल

- राजकीय क्षेत्र के सर्वाधिक सुंदर महलों में से एक लोटस (कमल) महल है। इसको यह नाम अंग्रेजों ने 19वीं शताब्दी में दिया था, परंतु इस भवन के उपयोग को लेकर इतिहासकारों में मतभेद है कि इस भवन का प्रयोग किस कार्य के लिए किया जाता था।
- **मैकेंजी** के अनुसार, यह परिषदीय भवन था, जहाँ राजा परामर्शदाताओं से मिलता होगा।

▲ लोटस महल

हजार राम मंदिर

- हजार राम मंदिर राजकीय केंद्र में स्थापित था, जहाँ केवल राजा और उसके परिवार के लोग धार्मिक अनुष्ठान के लिए जाते थे। यहाँ मंदिर की आंतरिक दीवारों पर रामायण से संबंधित कुछ अंशों का उत्कीर्णन किया गया है।

चेक प्वॉइंट 2

1. किंही दो यात्रियों के नाम बताइए, जिनके वृत्तांतों से विजयनगर के विषय में जानकारी मिलती है।
2. विजयनगर के उत्तर पूर्व दिशा मे बहने वाली नदी का नाम बताइए?
3. हिरिया नहर का निर्माण किस राजवंश द्वारा किया गया था?
4. दुआर्ते बारबोसा द्वारा वर्णित विजयनगर में आम लोगों के घरों की एक विशेषता बताइए।
5. महानवमी डिब्बा से जुड़े अनुष्ठान किस त्योहार के साथ मेल खाते थे?

7.5 विजयनगर के धार्मिक केंद्र

- विजयनगर की महत्त्वपूर्ण नदी तुंगभद्रा के उत्तरी भाग में चट्टानी पहाड़ियाँ स्थित हैं, जिनसे संबंधित दो मान्यताएँ प्रचलित हैं
  1. ये पहाड़ियाँ रामायण में उल्लिखित बालि और सुग्रीव के वानर राज्य की रक्षक का कार्य करती थीं।
  2. स्थानीय मातृदेवी पंपादेवी ने इन पहाड़ियों पर **विरुपाक्ष** से विवाह करने के लिए तप किया था, जिसकी याद में आज भी विरुपाक्ष मंदिर में यह विवाह प्रत्येक वर्ष मनाया जाता है।
- इन पहाड़ियों में विजयनगर साम्राज्य के पूर्वकालिक जैन मंदिर के साक्ष्य भी मिले हैं अर्थात् यह कई धार्मिक मान्यताओं से संबद्ध था।

मंदिर निर्माण की परंपरा

- विजयनगर क्षेत्र में मंदिर निर्माण का एक लंबा इतिहास रहा है, जो पल्लव, चालुक्य, होयसल तथा चोल वंशों तक जाता है।
- सामान्यत: शासक अपने आप को ईश्वर से जोड़ने के लिए मंदिर निर्माण को प्रोत्साहित करते थे।
- विजयनगर शासकों में मंदिर निर्माण की परंपरा थी। मंदिरों का निर्माण देवताओं के साथ-साथ शिक्षा के केंद्र के रूप में भी किया जाता था। इन मंदिरों के रख-रखाव के लिए भूमि या अन्य संपदा दान में दी जाती थी। मंदिर महत्त्वपूर्ण धार्मिक, सामाजिक सांस्कृतिक तथा आर्थिक केंद्रों के रूप में विकसित हुए।
- विजयनगर के शासक स्वयं को देवताओं के प्रतिनिधि के रूप में स्थापित करने के लिए **हिंदू सूरतराणा** जैसी धार्मिक उपाधि ग्रहण करते थे।
- हिंदू सूरतराणा अरबी शब्द 'सुल्तान' का संस्कृत अनुवाद है, जिसका शाब्दिक अर्थ है-हिंदू।
- विजयनगर के शासकों ने पूर्वकालिक परंपराओं को अपनाया, उनमें नवीनता लाई और उन्हें आगे विकसित किया।
- राजकीय प्रतिकृति मूर्तियाँ मंदिरों में प्रदर्शित की जाने लगीं और राजा की मंदिरों की यात्राओं को महत्त्वपूर्ण राजकीय अवसर माना जाने लगा। जिन पर साम्राज्य के महत्त्वपूर्ण नायक भी उनके साथ जाते थे।

गोपुरम् और मंडप

- मंदिर स्थापत्य के संदर्भ में कई नए तत्त्व प्रकाश में आते हैं। इनमें विशाल स्तर पर बनाई गई संरचनाएँ, जो राजकीय सत्ता की द्योतक थीं शामिल की गई हैं।
- राजकीय सत्ता की पहचान के रूप में बनाई गई इमारतों में रायगोपुरम् अथवा राजकीय प्रवेशद्वारा बहुत बड़े एवं स्थापत्य की दृष्टि से अधिक आकर्षक थे।
- इनके निर्माण से संबंधित कुछ महत्त्वपूर्ण तथ्य इस प्रकार हैं
  - इनके निर्माण द्वारा शासक अपनी ताकत का प्रदर्शन करता था।
  - इनके द्वारा शासक अपने साधन तथा तकनीकी कौशल का प्रदर्शन भी करता था।
  - लंबी दूरी से मंदिरों की पहचान के रूप में संकेत दिया जाता था।
- मंदिर परिसर के भीतर लंबे स्तंभों वाले गलियारे, जो सामान्यत: मंदिर परिसर में स्थित देवस्थलों के चारों ओर बने थे इत्यादि सम्मिलित हैं।

विरुपाक्ष मंदिर

- विरुपाक्ष मंदिर का निर्माण कार्य अनेक शताब्दियों में संपन्न हुआ था। शिलालेखों से पता चतला है कि यहाँ का सबसे प्राचीन मंदिर 9वीं-10वीं शताब्दी का था। विजयनगर साम्राज्य के उदय के साथ इसका भी विस्तार किया गया।
- कृष्णदेव राय ने अपने राज्यारोहण के अवसर पर मुख्य मंदिर के सामने एक मंडप का निर्माण करवाया था। सूक्ष्मता से उकर या गोदे गये स्तंभों पर सूक्ष्म उत्कीर्णन से इसे आकर्षक बनाया गया। पूर्वी गोपुरम् का निर्माण भी इन्होंने ही कराया था।
- विजयनगर के शासकों द्वारा इस मंदिर को विशाल और आकर्षक रूप दिया गया।
- मंदिर में अनेक सभागार बनाए गए थे, जो अनेक धार्मिक गतिविधियों के केंद्र थे।
- केंद्रीय मंदिर परिसर का एक छोटा हिस्सा था।
- मंदिर के हॉल/मंडप का निर्माण अनेक उद्देश्यों के लिए किया जाता था। इनमें नृत्य, संगीत, नाटक और अन्य विशेष कार्यक्रमों को आयोजित किया जाता था।
- इसके साथ ही कुछ स्थानों का उपयोग दैव विवाह के लिए तथा कुछ मंडपों का प्रयोग देवी-देवताओं को झूला झुलाने के लिए होता था।

▲ विरुपाक्ष मंदिर का दृश्य

विजयनगर पर विरुपाक्ष मंदिर का प्रभाव

- विजयनगर के स्थान का चयन, वहाँ के विरुपाक्ष और पंपादेवी मंदिरों के अस्तित्व से प्रेरति था।
- विजयनगर के शासक भगवान विरुपाक्ष की ओर से शासन करने का दावा करते थे। राजकीय आदेशों पर कन्नड़ लिपि में **श्री विरुपाक्ष** शब्द अंकित होता था।

विट्ठल मंदिर

▲ विट्ठल मंदिर का रथ

- विजयनगर का दूसरा प्रमुख मंदिर 'विट्ठल मंदिर' है, जिसमें विट्ठल (विष्णु के एक रूप में) मुख्य देवता के रूप में विराजमान हैं। विष्णु के रूप में विट्ठल की पूजा सामान्यत: महाराष्ट्र और कर्नाटक में प्रचलित थी।
- इस मंदिर की मुख्य विशेषता रथ के आकार के रूप में मंदिर का निर्माण होना था।
- मंदिर परिसरों की मुख्य विशेषता रथ गलियाँ थीं। इन गलियों का फर्श पत्थर के टुकड़ों से बना होता था।
- अन्य मन्दिरों की भाँति विट्ठल मन्दिर को भी अनेक हॉल और रथ के रूप में डिजाइन किया जाता था।
- इस मंदिर की एक महत्त्वपूर्ण विशेषता रथ मार्ग थे, जो मंदिर के गोपुरम् से सीधी रेखा में फैले हुए थे।
- मंदिर की सड़कें पत्थर की पटियाओं से बनी हुई थीं, जिनके किनारे पर व्यापारी अपनी दुकान लगाते थे, दुकानें खंभों वाले मंडपों से सजी थीं।

7.6 महलों, मंदिरों तथा बाजारों का अंकन

- विजयनगर के विषय में जानकारी के भंडार का विश्लेषण फोटोग्राफ, नक्शे, संरचनाओं के खड़े रेखाचित्र तथा मूर्तियों से किया जाता है।
- विजयनगर स्थल का संरक्षण बीसवीं शताब्दी में भारतीय पुरातात्विक सर्वेक्षण तथा कर्नाटक पुरातात्विक सवेक्षण एवं संग्रहालय विभाग द्वारा किया गया।
- वर्ष 1976 में हंपी को राष्ट्रीय महत्त्व के स्थल के रूप में मान्यता मिली।
- 1980 के दशक के प्रारंभ में विजयनगर में भौतिक अवशेषों का विस्तृत दस्तावेजीकरण और अभिलेखीकरण करने के लिए एक परियोजना शुरू की गई थी।

विद्वानों का योगदान

- विद्वानों ने छोटे-छोटे मंदिरों और आवासों से लेकर बड़े-बड़े मंदिरों तक हजारों संरचनाओं को पुन: उजागर किया और उनका प्रलेखन भी किया। इन सभी प्रक्रियाओं के कारण सड़कों, रास्तों और बाजारों आदि के अवशेषों को पुन: प्राप्त किया जा सका है।
- इन सभी साक्ष्यों की पहचान, स्तंभ आधारों तथा मंचों के माध्यम से की गई है। उस समय जो बाजार जीवंत रूप में थे, वर्तमान में उनके कुछ अवशेष ही प्राप्त हैं।
- जॉन एम. फ्रिट्ज, जॉर्ज मिशेल तथा एम. एम. नागराज राव ने इस स्थान पर वर्षों तक कार्य किया। इन्होंने विजयनगर के स्मारकों के अपने अध्ययन में नष्ट हो चुकी लकड़ी की वस्तुओं-स्तंभ, टेक (ब्रेकेट), धरन, भीतरी छत, लटकते हुए छज्जों के अंदरूनी भाग तथा मीनारों की एक पूरी श्रेणी की कल्पना की, जो प्लास्टर से सजाए और संभवत: चटकीले रंगों से चित्रित थे।

यात्रियों का योगदान

- **पेस** जैसे कुछ यात्रियों ने विजयनगर को विश्व के सबसे आकर्षक व सुसज्जित शहरों में से एक बताया। जिसके बाजार चावल, गेहूँ, अनाज, भारतीय मकई और कुछ मात्रा में जौ तथा सेम, मूँग, अन्य दालें, काला चना, जैसे खाद्य पदार्थों से भरे रहते थे। ये सभी प्रदार्थ सस्ते दामों पर तथा प्रचुर मात्रा में उपलब्ध रहते थे।
- **फर्नाओ नूनिज** के अनुसार, विजयनगर के बाजार 'प्रचुर मात्रा में फलों, अगूँरों और संतरों, नींबू, अनार, कटहल तथा आम से भरे रहते थे, जो बहुत कम दामों पर मिलते थे।
- बाज़ारों में मांस भी अधिक मात्रा में बिकता था; जैसे—भेड़-बकरी का मांस, सूअर का मांस, मृगमांस, तीतर-मांस, खरगोश, कबूतर, बटेर का मांस और इसके अतिरिक्त अन्य प्रकार के पक्षी, चिड़िया, चूहे तथा बिल्लियाँ और छिपकलियाँ भी विजयनगर के बाजारों में बिकती थीं।

स्थापत्य की जानकारी (विजयनगर)

- सुरक्षित भवन हमें उन तकनीकों के विषय में बताते हैं, जिनसे स्थानों को व्यवस्थित किया गया और उन्हें प्रयोग में लाया गया।
- वह हमें यह भी बताते हैं कि किन वस्तुओं तथा तकनीकों से उनका निर्माण किया गया और कैसे किया गया।

  उदाहरण के लिए, किसी शहर की किलेबंदी के अध्ययन से हम उसकी प्रतिरक्षा आवश्यकताओं और सामरिक तैयारी को समझ सकते हैं।
- यदि हम उनकी अन्य स्थानों के भवनों से तुलना करें, तो भवन हमें विचारों के फैलाव और सांस्कृतिक प्रभावों के बारें में भी बताते हैं।
- ये उन विचारों को जाहिर करते हैं, जो निर्माणकर्त्ता या प्रश्रयदाता व्यक्त करना चाहते थे। वे सामान्यत: ऐसे चिह्नों से परिपूर्ण रहते हैं, जो उनके सांस्कृतिक संदर्भ का परिणाम होते हैं।
- वास्तुकला संबंधी विशेषताएँ साधारणत: पुरुषों, महिलाओं और बच्चों के विषय में जानकारी नहीं देतीं, जो शहर और इसके बाहरी क्षेत्रों में रहते थे।

निष्कर्ष

- विजयनगर एक प्रसिद्ध साम्राज्य था, जिसका विस्तार कृष्णा नदी से लेकर प्रायद्वीप के सुदूर दक्षिण तक था। विजयनगर में महान शासकों द्वारा अनेक प्रसिद्ध मंदिरों का निर्माण किया गया, जो आज के समय की ऐतिहासिक धरोहर हैं।
- विजयनगर में निर्माण से जुड़े सभी महत्त्वपूर्ण निर्णय शासक ही लेते थे। हालाँकि इमारतों के कलाकार, श्रमिक निर्माणकर्त्ता की मजदूरी, बच्चे, माल के स्रोत आदि के विषय में जानकारी अभी तक स्पष्ट नहीं है।

चेक प्वॉइंट 3

1. पंपादेवी का विवाह किस मंदिर में मनाया जाता है?
2. विरुपाक्ष मंदिर के पूर्वी गोपुरम का निर्माण किसने किया?
3. विष्णु के रूप विट्ठल की पूजा किसी राज्यों में की जाती थी?
4. हंपी को राष्ट्रीय महत्त्व के स्थल के रूप में कब मान्यता दी गई है?
5. किस यात्री ने विजयनगर को सर्वोत्तम सुविधायुक्त शहर बताया है?श

टाइमलाइन

काल रेखा 1 महत्त्वपूर्ण राजनीतिक परिवर्तन

लगभग 1200-1300 ईसवी	दिल्ली सल्तनत की स्थापना (1206)
लगभग 1300-1400 ईसवी	विजयनगर साम्राज्य की स्थापना (1336); बहमनी राज्य की स्थापना (1347); जौनपुर, कश्मीर और मदुरई में सल्तनतें
लगभग 1400-1500 ईसवी	उड़ीसा के गजपति राज्य की स्थापना (1435); गुजरात और मालवा की सल्तनतों की स्थापना; अहमदाबाद, बीजापुर तथा बरार सल्तनतों का उदय (1490)
लगभग 1500-1600 ईसवी	पुर्तगालियों द्वारा गोवा पर विजय (1510); बहमनी राज्य का विनाश; गोलकुंडा की सल्तनत का उदय (1518); बाबर द्वारा मुगल साम्राज्य की स्थापना (1526)

नोट प्रश्नचिह्न अनिश्चित तिथि की ओर संकेत करता है।

काल रेखा 2 विजयनगर की खोज व संरक्षण की मुख्य घटनाएँ

1800	कॉलिन मैकेंजी द्वारा विजयनगर की यात्रा
1856	अलेक्जेंडर ग्रनिलो ने हंपी के पुरातात्विक अवशेषों के पहले विस्तृत चित्र लिए
1876	पुरास्थल की मंदिर की दीवारों के अभिलेखों का जे एफ फ्लीट द्वारा प्रलेखन आरंभ
1902	जॉन मार्शल के अधीन संरक्षण कार्य आरंभ
1986	हंपी को यूनेस्को द्वारा विश्व पुरातत्त्व स्थल घोषित किया जाना।

Mind Map

एक साम्राज्य की राजधानी: विजयनगर

1 हम्पी की खोज

हम्पी के अग्नावशेषों की खोज 1800 में कॉलिन मैकेन्जी ने की थी।

2 राय, नायक और सुल्तान

शासक और व्यापारी

- युद्ध कला के प्रभावशाली अश्वसेना पर आधारित होने के कारण अरब तथा मध्य एशिया से घोड़ों का आयात होता था।
- कृष्णदेव राय ने राज्य की समृद्धि और सुरक्षा के लिए व्यापार को बढ़ावा देने पर बल दिया।

राज्य का चरमोत्कर्ष तथा पतन

- कृष्णदेव राय ने विजयनगर साम्राज्य का विस्तार किया तथा मंदिरों में भव्य गोपुरम का निर्माण करवाया।
- 1565 ई में तालीकोटा के युद्ध विजयनगर की पराजय ने इसके वैभव को नष्ट कर दिया।

राय तथा नायक

- नायक सैन्य प्रमुख थे, जो किलों पर नियंत्रण रखते थे और किसानों का नेतृत्व करते थे।
- अमरनायक सैनिक कमांडर थे, जिन्हें रॉय द्वारा प्रशासन के लिए राज्य क्षेत्र दिए जाते थे।

3 विजयनगर : राजधानी तथा उसके परिप्रदेश

जल संपदा

- विजयनगर ग्रेनाइट पहाड़ियों से घिरा है, जिसमें तुंगभद्रा द्वारा निर्मित एक प्राकृतिक कुंड है।
- हिरिया नहर के जल का प्रयोग 'धार्मिक केंद्र'' से 'शहरी केंद्र' को अलग करने वाली घाटी को सिंचित करने में प्रयोग किया जाता था।

शहरी केंद्र

- अमीर व्यापारी शहरी केंद्र में रहते थे, जिसका प्रमाण परिष्कृत चीनी मिट्टी का पाया जाता है।
- कुएँ, बरसात के पानी वाले जलाशय और साथ ही मंदिरों के जलाशय संभवतः सामान्य नगर निवासियों के लिए पानी के स्रोत का कार्य करते थे।

किलेबंदियाँ तथा सड़कें

- सात पंक्तियों की किलेबंदी की गई थी, जिसने शहर, खेतों और जंगलों की रक्षा की
- घाटियों से होकर जाने वाली सड़कें मंदिरों और बजारों को जोड़ती हैं।

4 राजकीय केंद्र

- राजा के महल में दो मंच थे, दर्शक हॉल और महानवमी डिब्बा। महानवमी डिब्बा एक ऊँचा मंच है, जिसका उपयोग संभवतः अनुष्ठानों के लिए किया जाता था।
- राजकीय केंद्र में अन्य इमारतों में लोटस महल और हजाराराम मंदिर शामिल हैं।

5 धार्मिक केंद्र

गोपुरम और मंडप

- राजकीय प्रवेशद्वार (रॉय गोपुरम्) राजा की शक्ति और अधिकार का प्रतीक थे।
- मंडप तथा लंबे स्तंभों वाले गलियारें, जो अक्सर मंदिर परिसर में स्थित देवस्थलों के चारों ओर बने होते थे।

राजधानी का चयन

- स्थानीय मान्यता के अनुसार, तुंगभद्रा नदी के तट से सटे शहर के चट्टानी उत्तरी भाग की पहाड़ियाँ बाली और सुग्रीव के वानर राज्य की रक्षा करती थी।
- स्थानीय मातृदेवी पंपादेवी ने राज्य के संरक्षक देवता विरुपाक्ष से विवाह करने के लिए इन पहाड़ियों पर तपस्या की थी।
- पल्लव, चालुक्य, तोपसाल तथा चोल जैसे राजवंशों ने स्वयं को ईश्वर से जोड़ने के साधन के रूप में मन्दिरों के निर्माण को प्रोत्साहन दिया था।

6 महलों, मंदिरों तथा बाज़ारों का अंकन

- विजय नगर की संरचनाओं, सड़कों और बाज़ारों का विस्तृत सर्वेक्षण किया गया।
- हम्पी को वर्ष 1976 में राष्ट्रीय महत्त्व के स्थल के रूप में मान्यता दी गई।

7 उत्तरों की खोज

- भवन हमें विचारों के फैलाव सामग्री, तकनीकी और सांस्कृतिक प्रभावों के बारे में भी बताते हैं।
- किसी शहर की किलेबंदी के अध्ययन से हम उसकी प्रतिरक्षण आवश्यकताओं और सामरिक तैयारी को समझ सकते हैं।

NCERT फोल्डर

अध्याय के मध्य में दिए गए प्रश्न

1. आपके विचार में राजा (कृष्णदेव राय) व्यापार को प्रोत्साहित करने का इच्छुक क्यों था? इन विनियमों से किन समूहों को लाभ पहुँचा होगा?

उत्तर राजा कृष्णदेव राय के व्यापार को प्रोत्साहित करने के कारण निम्नलिखित थे

- व्यापार से प्राप्त राजस्व का राज्य की समृद्धि में महत्त्वपूर्ण योगदान था।
- सेना के लिए अच्छी नस्ल के शक्तिशाली घोड़े प्राप्त करने के लिए व्यापार का प्रोत्साहन आवश्यक था।
- घोड़े, हाथियों, रत्नों, चंदन, मोती तथा अन्य वस्तुओं के आयात में वृद्धि। राज्य के शासक वर्ग, शिल्पी, विदेशी व्यापारी तथा समृद्ध जनता आदि को इन विनियमों से लाभ प्राप्त हुआ।

2. उन आधुनिक राज्यों को चिह्नित कीजिए, जो विजयनगर साम्राज्य का भाग थे।

उत्तर महाराष्ट्र, कर्नाटक, गोवा, उड़ीसा, छत्तीसगढ़, आंध्र प्रदेश तेलंगाना केरल तथा तमिलनाडु

3. विजयनगर की रूपरेखा की तुलना अपने नगर या गाँव की रूपरेखा से कीजिए।

उत्तर अध्यापक की सहायता से विद्यार्थी स्वयं करें।

4. नायकों ने विजयनगर के शासकों की भवन निर्माण परंपराओं को जारी क्यों रखा?

उत्तर विजयनगर शहर पर आक्रमण के पश्चात् शहर की नई संरचनाएँ नष्ट हो चुकी थीं। नायकों ने महलनुमा संरचनाओं के निर्माण की परंपरा को जारी रखा। इनमें से कई भवन वर्तमान में भी अस्तित्व में हैं। नायकों ने अपनी शक्ति गौरव प्रतिष्ठा का प्रदर्शन करने के लिए भवन निर्माण परंपरा को जारी रखा।

5. आनुष्ठानिक स्थापत्य की पूर्ववर्ती परंपराओं को विजयनगर के शासकों ने कैसे और क्यों अपनाया तथा रूपांतरित किया?

उत्तर विजयनगर शासकों ने पूर्ववर्ती परंपराओं को अपनाकर उसमें नवीनता को शामिल कर उन्हें स्थापित किया।

निम्नलिखित प्रश्नों के उत्तर लगभग 100-150 शब्दों में दीजिए।

1. पिछली दो शताब्दियों में हंपी के पुरातात्विक साक्ष्यों के अध्ययन में कौन-सी पद्धतियों का प्रयोग किया गया है? आपके अनुसार ये पद्धतियाँ विरुपाक्ष मंदिर के पुरोहितों द्वारा प्रदान की गई जानकारी में किस प्रकार पूरक रहीं?

उत्तर विजयनगर साम्राज्य राजनैतिक, सामाजिक, सांस्कृतिक एवं धार्मिक आदि सभी पक्षों से सुदृढ़ साम्राज्य था। हंपी इस साम्राज्य का एक महत्त्वपूर्ण स्थल है। कृष्णा-तुंगभद्रा दोआब आदि क्षेत्रों को हंपी के नाम से जाना गया। हंपी के पुरातात्विक साक्ष्यों के अध्ययन में पिछली दो शताब्दियों में अनेक पद्धतियों का प्रयोग किया गया; जैसे—

- 1800 ई. में कॉलिन मैकेंजी ने हंपी के पुरातात्विक साक्ष्यों की ओर ध्यान आकर्षित किया। मैकेंजी ने सर्वप्रथम इस जगह सर्वेक्षण पद्धति का प्रयोग करके यहाँ पर आधारित मानचित्र तैयार किया। चित्र, नक्शे, संरचनाओं के खड़े रेखाचित्र आदि का विस्तृत विश्लेषण किया। मैकेंजी द्वारा किए गए आरंभिक सर्वेक्षणों के पश्चात् यात्रा वृत्तांतों और अभिलेखों से मिली जानकारी को एकसाथ जोड़ा गया।
- हंपी के पुरातात्विक साक्ष्यों के अध्ययन में विदेशी यात्रियों के वृत्तांतों का भी अध्ययन किया गया और उनको स्थानीय भाषा में लिखे साहित्य से मिलाया गया।
- इसकी शुरुआती जानकारियाँ विरुपाक्ष मंदिर तथा पंपादेवी के पूजास्थल के पुरोहितों ने अपनी स्मृतियों के आधार पर दीं। 1856 ई. में अलेक्जेंडर ग्रनिलो ने हंपी के पुरातात्विक अवशेषों के पहले विस्तृत चित्र जारी किए।

विरुपाक्ष मंदिर के पुरोहितों द्वारा प्रदान की गई जानकारी
उपरोक्त सभी जानकारियाँ निःसंदेह विरुपाक्ष मंदिर के पुरोहितों द्वारा प्रदान की गई सूचनाओं की पूरक थीं। पुरोहितों द्वारा दी गई जानकारियों को पूरक इसलिए माना जाता है, क्योंकि मैकेंजी और ग्रनिलो के द्वारा जारी की गई सूचनाएँ और चित्र कुछ हद तक पुरोहितों द्वारा प्रदत्त सूचनाओं से मिलते-जुलते हैं। इसके अतिरिक्त ये विद्वान आँकड़ों व चित्रों के संग्रह में पुरोहितों का सहयोग लेते थे।

2. विजयनगर की जल आवश्यकताओं को किस प्रकार पूरा किया जाता था?

उत्तर विजयनगर की जल आवश्यकताओं को पूरा करने के लिए तुंगभद्रा नदी द्वारा निर्मित एक प्राकृतिक कुंड का प्रयोग किया जाता था। यह नदी पूर्व दिशा में बहती है। आस-पास की कई पहाड़ियों से जलधाराएँ आकर तुंगभद्रा नदी में मिलती हैं। लगभग सभी जलधाराओं पर बाँध बनाकर अलग-अलग प्रकार के हौज बनाए गए थे। 'कमलपुरम् हौज' एक महत्त्वपूर्ण हौज था, जिससे पानी शहर राजकीय केंद्र तक आता था।

इस पानी से सिंचाई तथा अन्य आवश्यकताओं की पूर्ति की जाती थी। और इसे धार्मिक केंद्र से शहरी केंद्र की अलग करने वाली घाटी को सिंचित करने में प्रयोग किया जाता था। हिरिया नहर को पानी तुंगभद्रा नदी से मिलता था। इसका निर्माण संभवतः संगम वंश के राजाओं ने किया था। हिरिया नहर सबसे महत्त्वपूर्ण जल संबंधी संरचनाओं में से एक थी। इसके अतिरिक्त प्राकृतिक झील, कुआँ तथा बरसाती जलाशय का प्रयोग तत्कालीन जल-आपूर्ति में किया जाता था।

3. शहर के किलेबंद क्षेत्र में कृषि क्षेत्रों को रखने के आपके विचारों में क्या लाभ और हानि थे?

उत्तर विजयनगर राज्य की किलेबंदी की सबसे महत्त्वपूर्ण विशेषता इसमें कृषि क्षेत्र का होना था, जिसके अनेक लाभ और हानि थे, जिनका क्रमिक विवरण निम्नलिखित है

लाभ

- किले के अंदर कृषि क्षेत्र के शामिल होने से युद्ध के दौरान खाद्यान्नों की कमी का सामना नहीं करना पड़ता था।
- युद्ध के दौरान आक्रमणकारियों द्वारा किसी राज्य को परास्त करने के लिए प्रयासरत् रहते थे कि उसकी खाद्य आपूर्ति को नष्ट किया जाए। अतः कृषि क्षेत्र किले के अंदर होने के कारण इस नुकसान या समस्या से बच जाते थे।
- युद्ध के दौरान कोई राज्य अपनी खड़ी फसल को शत्रु के विनाश से बचा सकता था।
- सामान्यतः युद्ध के समय एक निश्चित अवधि के पश्चात् खाद्य सामग्रियों की कमी हो जाती है। इसके अतिरिक्त सेना भी इससे प्रभावित होती है। अतः किले के अंदर कृषि क्षेत्र होने से इस समस्या से बचा जा सकता है।

हानि

- किसी किले के अंदर कृषि क्षेत्र के होने से उसका विस्तार सीमित रह जाता है।
- कृषि क्षेत्र को किले के अंदर रखने की व्यवस्था अत्यधिक महँगी होती है।
- कृषि अधिशेष के तौर पर बचे अनाजों का भंडारण करना एक जटिल कार्य हो जाता है, क्योंकि किले के अंदर स्थान सीमित होते हैं।
- किले के अंदर कृषि के लिए आवश्यक बीज, उर्वरक तथा यंत्र आदि लाने में कठिनाई के कारण उत्पादन को बढ़ाया नहीं जा सकता।

4. आपके विचार में 'महानवमी डिब्बा' से संबद्ध अनुष्ठानों का क्या महत्त्व था?

अथवा **डोमिंगो पेस द्वारा विजयनगर शासन के 'महानवमी डिब्बा' के बारे में देखे गए पहलुओं की महत्ता पर चर्चा कीजिए।**

अथवा **"महानवमी डिब्बा, विजयनगर साम्राज्य की एक विशिष्ट संरचना थी।" कथन को न्यायसंगत ठहराइए।** **CBSE 2020**

अथवा **विजयनगर साम्राज्य के राजकीय केंद्र में संरचना 'महानवमी डिब्बा' के साथ जुड़े अनुष्ठानों और प्रथाओं की पहचान या विश्लेषण कीजिए।**

उत्तर विजयनगर की स्थापत्य संरचनाओं की विशिष्टता यह थी कि इसकी संरचनाओं का नामकरण भवनों के आकार और उनके कार्यों के आधार पर किया गया था। महानवमी डिब्बा का नामकरण नवरात्र या महानवमी के अवसर पर एक विशाल ऊँचे चबूतरे पर धार्मिक अनुष्ठानों के कारण हुआ। यह शहर के सबसे ऊँचे स्थानों पर निर्मित एक विशालकाय मंच था, जिसकी ऊँचाई 11,000 वर्ग फीट के आधार से 40 फीट तक थी। साक्ष्यों से ऐसा प्रतीत होता है कि इस पर एक लकड़ी की संरचना बनी थी और मंच का आधार उभारदार उत्कीर्णन से पटा पड़ा था।

यह एक सार्वजनिक संरचना या भवन था, जहाँ अनेक उत्सवों के अवसर पर अनेक प्रकार के धार्मिक और सांस्कृतिक कार्यक्रम आयोजित किए जाते थे। इन कार्यक्रमों में सबसे प्रमुख सितंबर-अक्टूबर के शरद मासों में मनाए जाने वाले दशहरा (उत्तर भारत) का त्योहार था। इस हिंदू त्योहार को बंगाल में दुर्गा पूजा तथा प्रायद्वीपीय भारत में नवरात्रि या महानवमी कहा जाता है। इस महानवमी के दिन विभिन्न धार्मिक अनुष्ठान किए जाते थे। इस अवसर पर विजयनगर के शासक अपनी प्रतिष्ठा, शक्ति और स्वामित्व का प्रदर्शन करते थे।

इस अवसर पर होने वाले धर्मानुष्ठानों में मूर्ति की पूजा, राज्य के अश्व की पूजा, भैंसों और अन्य जानवरों की बलि सम्मिलित थी। नृत्य, कुश्ती, साज लगे घोड़ों, हाथियों तथा रथों की शोभायात्रा निकाली जाती थी। त्योहार के अंतिम दिन राजा अपनी तथा अपने नायकों की सेना का खुले मैदान में आयोजित भव्य समारोह में निरीक्षण करता था। इस अवसर पर नायक, राजा के लिए बड़ी मात्रा में भेंट तथा साथ ही नियत कर भी लाते थे। इस अवसर पर राजाओं और उनके अतिथियों को भेंट दी जाती थी।

इस प्रकार, उपरोक्त विवरणों से यह स्पष्ट होता है कि महानवमी डिब्बा विजयनगर साम्राज्य का धार्मिक व सांस्कृतिक केंद्र था। यह एक ऐसा महत्त्वपूर्ण स्थल था, जहाँ त्योहारों के दौरान अनेक प्रकार की धार्मिक व सांस्कृतिक गतिविधियाँ संचालित की जाती थीं।

5. यह चित्र विरुपाक्ष मंदिर के एक अन्य स्तंभ का रेखाचित्र है। क्या आप कोई पुष्प-विषयक् रूपांकन देखते हैं? किन जानवरों को दिखाया गया है? आपके विचार में इन्हें क्यों चित्रित किया गया है? मानव आकृतियों का वर्णन कीजिए।

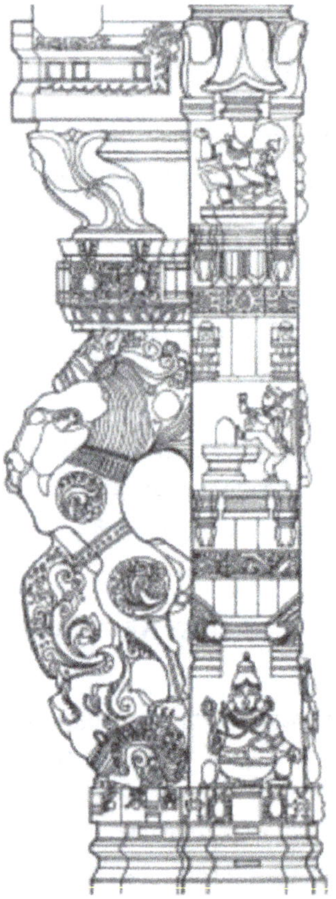

उत्तर विरुपाक्ष मंदिर विजयनगर के समकालीन मंदिरों में स्थापत्य कला की दृष्टि से उत्कृष्ट नमूना है। इस मंदिर में अनेक स्तंभों, गोपुरमों तथा सभागारों का प्रयोग किया गया है, जिन पर अनेक प्रकार की वस्तुओं व जीवों का चित्रण किया गया है। विरुपाक्ष मंदिर के स्तंभों को सूक्ष्म

रूप से देखने पर यह स्पष्ट होता है कि इसमें अनेक प्रकार के पुष्पों का प्रयोग किया गया है, जो उस समय प्रचलन में रहे थे। मंदिर के स्तंभों पर पुष्पों के साथ ही अनेक जीवों का चित्रण किया गया है, जिसमें मुख्य रूप से घोड़ा, मोर, सिंह, गरुड़ आदि तथा पक्षियों का चित्र उकेरा गया है। स्तंभों पर उत्कीर्णित जानवरों के चित्रों से यह ज्ञात होता है कि इस समय मंदिर धार्मिक केंद्र के साथ सामाजिक एवं सांस्कृतिक गतिविधियों का केंद्र भी था, साथ ही इन चित्रों से यह भी स्पष्ट होता है कि उस समय मूर्ति पूजा प्रचलित थी। स्तंभ पर चित्रित जानवरों और पक्षियों को देवी-देवताओं के वाहन के रूप में पूजा जाता था।

विरुपाक्ष मंदिर के स्तंभों पर पुष्प, जानवरों सहित मानव आकृतियों का चित्रण किया गया है। इन स्तंभों पर तीन मानव आकृतियाँ दिखाई देती हैं। नीचे से ऊपर की ओर पहली आकृति किसी बड़े पेट वाले पुरुष की लगती है, जिसके हाथ में गदा जैसा कोई शस्त्र दिखाई देता है। बीच में एक पुरुष है, जो हाथों में धनुष-बाण लिए हुए है। शायद यह किसी योद्धा के लिए उत्कीर्ण किया गया है और तीसरी आकृति किसी स्त्री की लगती है, जिसके हाथ में कमल है। स्तंभ पर बने चित्रों से स्पष्ट होता है कि इस समय मूर्ति पूजा का चलन था, क्योंकि जो स्त्री कमल का फूल लिए है, वह लक्ष्मी की मूर्ति का प्रतिरूप हो सकती है।

निम्नलिखित प्रश्नों के उत्तर लगभग 250-300 शब्दों में दीजिए।

6. 'शाही केंद्र' शब्द शहर के जिस भाग के लिए प्रयोग किया गया है, क्या वह उस भाग का सही वर्णन करता है?

अथवा **विजयनगर की बस्ती के दक्षिण-पश्चिमी भागों को शाही केंद्र की संज्ञा क्यों दी गई थी? स्पष्ट कीजिए।**

उत्तर विजयनगर शहर के जिस क्षेत्र को पुरातत्त्वविदों ने शाही केंद्र कहकर संबोधित किया है, वह क्षेत्र सामान्यतः शहर का दक्षिण-पश्चिमी भाग था। इस शाही केंद्र में लगभग 60 मंदिर होने के प्रमाण मिलते हैं, इसलिए यह कहना उचित नहीं होगा कि यह क्षेत्र शाही केंद्र हो सकता है, परंतु कुछ ऐसी संरचनाएँ भी मिलती हैं; जैसे—सभा मंडप, महानवमी डिब्बा, लोटस महल, जिनके आधार पर इसे राजकीय या शाही केंद्र भी कह सकते हैं।

अभी तक इतिहासकार स्पष्ट मत नहीं दे पाए हैं कि यह संरचना वास्तव में क्या थी? यहाँ पर 30 ऐसी संरचनाएँ मिली हैं, जिनकी पहचान राजमहलों के तौर पर की जाती है। ये संरचनाएँ स्वयं में शाही केंद्र होने के साक्ष्य उपलब्ध कराती हैं।

मंदिरों और अन्य संरचनाओं से ये इस प्रकार भिन्न थीं कि मंदिर पूरी तरह धर्म तथा धार्मिक चित्रों से निर्मित थे, जबकि राजमहल जैसी संरचना अलंकृत वस्तुओं से तैयार की गई थी।

इस क्षेत्र की कुछ संरचनाएँ; जैसे—'राजा का भवन' नामक संरचना सबसे विशाल है। इसके दो प्रभावशाली मंच थे, जिन्हें सभा मंडप तथा महानवमी डिब्बा कहा गया। महानवमी डिब्बा में दशहरा त्योहार की पूजा का अनुष्ठान किया जाता था तथा नौवें दिन महानवमी को राजा अकसर अपनी ताकत एवं अधिराज्य का प्रदर्शन करते थे। यह संभवतः मात्र शासक वर्गों के लिए बनाई गई हो तथा वर्ष में एक बार सामान्य जनता के लिए खुलती हो। लोटस महल को परिषदीय भवन कहा जाता था, जहाँ पर शासक अपने परामर्शदाता से मिलता था। इस तथ्य से बिल्कुल इनकार नहीं किया जाता है कि विजयनगर साम्राज्य दैवीय सिद्धांतों से जुड़ा हुआ था। मंदिरों और संप्रदायों को संरक्षण देना राजत्व सिद्धांत की विशेषता थी, जिसके लिए राजा इन सभी राजकीय केंद्रों को राजनैतिक कार्यों के लिए प्रयोग करता था।

यह प्रशासकीय नीति का भाग था। इसलिए शाही केंद्र में भी अनेक मंदिरों की स्थापना की गई। संभवतः हजार राम मंदिर का निर्माण केवल राजा और राजपरिवार के सदस्यों के लिए किया गया था, इसलिए इसकी स्थापना शाही केंद्र में की गई थी।

7. कमल महल और हाथियों के अस्तबल जैसे भवनों का स्थापत्य हमें उनके बनवाने वाले शासकों के विषय में क्या बताता है?

उत्तर विजयनगर साम्राज्य की एक महत्त्वपूर्ण विशेषता स्थापत्य कला थी। इसका प्रमुख कारण यह था कि वहाँ के शासकों की अभिरुचि स्थापत्य कला में थी। विजयनगर की संरचना में विशिष्ट भौतिक रूपरेखा तथा स्थापत्य शैली परिलक्षित होती है।

राजकीय केंद्र के सबसे सुंदर भवनों में एक लोटस (कमल) महल था। हालाँकि इतिहासकार इस बारे में निश्चित नहीं हैं कि यह भवन किस कार्य के लिए बना था। मैकेंजी ने जब सर्वेक्षण करके विजयनगर शहर पर मानचित्र बनाया था, तब उस समय उन्होंने सर्वेक्षण के आधार का कमल महल को एक परिषदीय भवन कहा, जहाँ पर राजा अपने परामर्शदाताओं से मिलता था। इसका नामकरण 'लोटस महल' अंग्रेज यात्रियों के द्वारा किया गया था, जो यहाँ घूमने आए थे।

स्थानीय रूप से इस महल को चित्तरंजनी महल कहा जाता था। यह दो मंजिलों वाला एक खुला चौकोर मंडप है। नीचे की मंजिल में पत्थर से सुसज्जित एक अधिष्ठान है। ऊपर की मंजिल में खिड़कियों वाले कई सुंदर झरोखे हैं। कमल महल में नौ मीनारें थीं। महल की मेहराबें इंडो इस्लामी का परिचायक हैं, जिससे यह प्रतीत होता है कि विजयनगर के शासक धार्मिक रूप से सहनशील थे।

हाथियों का पालन एक समृद्धि और ताकत के तौर पर देखा जाता था। हाथियों का प्रयोग युद्धों में किया जाता था, जो युद्ध में महत्त्वपूर्ण भूमिका निभाते थे। कुछ समकालीन राजाओं के वंश भी हाथियों के नाम पर थे; जैसे—उड़ीसा का गजपति वंश। विजयनगर के कुछ शासकों ने 'गजवेटकर' की उपाधि भी धारण की थी, जिसका अर्थ 'हाथियों का शिकारी' या 'हाथियों को मारने वाला' होता है। शायद इसलिए अपनी प्रतिष्ठा बढ़ाने के लिए 'कमल महल' के समीप हाथियों के अस्तबल का निर्माण कराया गया होगा।

अस्तबल की संरचना एकसमान थी, प्रत्येक कमरे का क्षेत्रफल एकसमान था। अस्तबल में अनेक विशाल कक्ष या हॉल थे। इन सभी तथ्यों से हम कह सकते हैं कि विजयनगर के राजाओं में हाथी पालने का बहुत शौक था तथा अत्यधिक मात्रा में इन्होंने हाथी पाल रखे थे।

निष्कर्षत यह कहा जा सकता है कि कमल महल और हाथियों के अस्तबल जैसे भवनों के बनवाने में शासकों की सम्मिलित अभिरुचि (युद्ध सुरक्षा और कला) दिखाई पड़ती है।

8. स्थापत्य की कौन-कौन सी परंपराओं ने विजयनगर के वास्तुविदों को प्रेरित किया? उन्होंने इन परंपराओं में किस प्रकार बदलाव किए?

अथवा **किन्हीं दो स्थापत्य परंपराओं का उल्लेख कीजिए, जिन्होंने विजयनगर के वास्तुविदों को प्रेरित किया। इन्होंने इन परंपराओं का मंदिर स्थापत्य में किस प्रकार प्रयोग किया? स्पष्ट कीजिए।**

उत्तर विजयनगर साम्राज्य अपने किलों तथा मंदिरों के स्थापत्य दोनों के लिए प्रसिद्ध था। विजयनगर की विशालता और समृद्धि के कारण आस-पास के राज्यों के निवासियों तथा व्यापारियों का आगमन इस राज्य में शुरू हो गया, जिसके परिणामस्वरूप दोनों क्षेत्रों की संस्कृतियों का आदान-प्रदान हुआ। इन संस्कृतियों के आदान-प्रदान में स्थापत्य कला ने ज्यादा प्रभावित किया। विजयनगर के शासकों ने अवधारणाओं और भवन निर्माण की तकनीकों को ग्रहण किया, जिन्हें आगे चलकर और विकसित किया गया।

वास्तुविदों को प्रेरित करने वाले तत्त्व दक्कनी शासकों की तरह विजयनगर के शासकों में भी मंदिर निर्माण की समृद्ध परंपरा थी। शासकों के दृष्टिकोण से मंदिरों का निर्माण, मरम्मत तथा रखरखाव, अपनी सत्ता, संपत्ति तथा निष्ठा के लिए समर्थन तथा मान्यता के महत्त्वपूर्ण माध्यम थे। इसी उद्देश्य से शासकों ने स्थापत्य कला की दृष्टि से भव्य मंदिरों का निर्माण करवाया। सामान्यतः शासक अपने आपको ईश्वर से जोड़ने के लिए मंदिर निर्माण को प्रोत्साहन देते थे। देवताओं को व्यक्त या अव्यक्त रूप से राजा से जोड़ा जाता था, जिसकी अभिव्यक्ति मंदिर निर्माण में स्थापत्य कला के द्वारा की जाती थी। इसके अतिरिक्त विजयनगर के शासक वास्तुविदों को मंदिर निर्माण के क्षेत्र में प्रोत्साहित करने के लिए इनको संरक्षण भी प्रदान करते थे।

वास्तुविद् परंपरा विजयनगर के वास्तुविदों की सबसे बड़ी उपलब्धि कल्याण मंडप एवं हजार स्तंभों वाले 'गोपुरम्' का निर्माण था। ये दोनों अपने समय में अद्वितीय थे। फारस का राजदूत अब्दुर्रज्जाक यहाँ की किलेबंदी से बहुत प्रभावित था। वह इसका वर्णन करते हुए बताता है कि किलेबंदी सात चरणों में विभाजित थी। वस्तुओं के निर्माण में कहीं जोड़ने के लिए किसी पदार्थ का साक्ष्य नहीं मिला। इस समय दो संरचनाएँ सबसे अधिक महत्त्वपूर्ण थीं पहली किलों का निर्माण एवं दूसरी मंदिरों का निर्माण।

परंपरा में बदलाव इस समय विशाल किले बनाए जाते थे तथा इन्हें विभिन्न चरणों में बाँटकर इनमें रहने वालों का स्थान सुनिश्चित किया जाता था। इनकी दीवारों में जो स्तंभ और गुंबद बनाए जाते थे, उन पर इस्लामी स्थापत्य का प्रभाव होता था। मंदिरों के लिए गोपुरम् विशाल तथा ऊँचाई वाले बनाए जाने लगे। कभी-कभी इनकी ऊँचाई किलों से भी ऊपर हो जाती थी। गोपुरम् पर चित्र अंकित होने लगे, जो बहुत बारीकी से उत्कीर्ण किए गए थे। अब मुख्य मंदिर ही इन गोपुरमों के आगे बौने नज़र आने लगे।

9. अध्याय के विभिन्न विवरणों से आप विजयनगर के सामान्य लोगों के जीवन की क्या छवि पाते हैं?

उत्तर विजयनगर के सामान्य लोगों के जीवन के संबंध में अनेक ऐसे स्रोत उपलब्ध हैं, जिनसे महत्त्वपूर्ण जानकारियाँ मिलती हैं। इन स्रोतों में विजयनगर में आए अनेक समकालीन यात्री; जैसे— इतालवी व्यापारी निकोलो दे कॉन्ती, फारसी राजा के दूत अब्दुर्रज्जाक, रूसी व्यापारी अफानासी निकितिन, दुआर्ते बारबोसा, डोमिंगो पेस, फर्नावो नूनिज तथा विरुपाक्ष व अन्य मंदिरों के पुरोहितों से मिली जानकारी आदि शामिल हैं। इन स्रोतों से प्राप्त रोचक विवरण निम्नलिखित हैं

- सामान्य लोगों की जीविका का साधन कृषि था। इनके घर कच्चे होते थे तथा इनकी छत छप्पर की बनी होती थी, इसके बावजूद इनका घर काफी मजबूत था।
- सामान्य लोगों में विभिन्न संप्रदायों के लोग थे, जो विभिन्न स्थानों से आकर बस गए थे। उसका साक्ष्य हम उन चीनी-मिट्टी के बर्तन से ले सकते हैं, जहाँ पर धनी मुस्लिम व्यापारी रहा करते थे।
- जीविका का अन्य साधन व्यापार भी था। विजयनगर शहर अपने मसालों, वस्त्रों एवं रत्नों के लिए अधिक प्रसिद्ध था तथा इन वस्तुओं का निर्यात भी करता था।
- सामान्य लोग धार्मिक अनुष्ठान में विश्वास रखते थे, विभिन्न अवसरों पर विभिन्न अनुष्ठान इनकी धार्मिक केंद्रता को दर्शाता है। दशहरा व रामनवमी पर विशेष आयोजन किया जाता था।
- सामान्य लोगों की जल व्यवस्था के लिए कुएँ तथा मंदिरों के जलाशय का निर्माण कराया गया था।
- कुछ धनी वर्ग भी थे, जो विदेशों से महँगे रत्नों की माँग रखते थे।
- सामान्य जनता वर्ण व्यवस्था पर आधारित थी, ब्राह्मण को सर्वोच्च स्थान मिला हुआ था।
- सामान्य जनता की आर्थिक स्थिति को ध्यान से देखा जाए, तो कृषक से अधिक बेहतर स्थिति में लोहार तथा बढ़ई थे।

अधिकांश जनसंख्या हिंदू धर्म का अनुयायी थीं। बौद्ध, जैन, मुसलमान एवं ईसाई भी पर्याप्त संख्या में थे। विजयनगर के सभी शासकों ने सभी धर्मों के अनुयायियों के प्रति सहनशीलता की नीति का अनुसरण किया

10. विश्व की सीमा रेखा मानचित्र पर इटली, पुर्तगाल, ईरान तथा रूस को सन्निकटता से अंकित कीजिए। इन मार्गों को पहचानिए जिनका प्रयोग पृष्ठ 176 पर उल्लिखित यात्रियों ने विजयनगर पहुँचने के लिए किया था।

उत्तर

अभ्यास प्रश्न

वस्तुनिष्ठ प्रश्न

बहुविकल्पीय प्रश्न

1. परंपरा और अभिलेखीय साक्ष्यों के अनुसार, विजयनगर साम्राज्य की स्थापना .... और .... ने 1336 ई. में की थी।

(a) हरिहर, बुक्का (b) हरिहर, कृष्णदेव राय
(c) बुक्का, कृष्णदेव राय (d) हरिहर, सदाशिव राय

उत्तर (a) हरिहर, बुक्का

2. विजयनगर की भौगोलिक स्थिति के विषय में सबसे चौंकाने वाला तथ्य .... नदी जो उत्तर-पूर्व दिशा में बहती है जहाँ निर्मित एक प्राकृतिक कुंड था। **CBSE 2021**

(a) नर्मदा (b) गोदावरी
(c) कावेरी (d) तुंगभद्रा

उत्तर (d) तुंगभद्रा

3. निम्नलिखित में से कौन 1800 ई. में हंपी के खंडहरों को प्रकाश में लाया? **CBSE 2021**

(a) थॉमस हिक्की (b) कॉलिन मैकेंजी
(c) जे एफ फ्लीट (d) अलेक्जेंडर ग्रीनलॉ

उत्तर (b) कॉलिन मैकेंजी

4. निम्नलिखित में से किस देवता के नाम पर हंपी नाम लिया गया है?

(a) राम (b) विरुपाक्ष
(c) विट्ठल (d) पंपादेवी

उत्तर (d) पंपादेवी

5. निम्नलिखित मंदिरों में से कौन-सा मंदिर था, जिसका उपयोग केवल विजयनगर के शासकों और उनके परिवारों द्वारा किया जाता था? **CBSE 2020**

(a) विट्ठल मंदिर (b) विरुपाक्ष मंदिर
(c) हजारा राम मंदिर (d) लोटस मंदिर

उत्तर (c) हजारा राम मंदिर

6. निम्नलिखित में से किस साम्राज्य को "कर्नाटक साम्राज्यमु" कहा जाता था?

(a) चेर (b) पल्लव
(c) चोल (d) विजयनगर

उत्तर (d) विजयनगर

7. निम्नलिखित में से आमुक्तमाल्यद पुस्तक के लेखक कौन **CBSE 2021**

(a) रामराय (b) हरिहर राय
(c) कृष्णदेव राय (d) सदाशिव राय

उत्तर (c) कृष्णदेव राय

8. निम्नलिखित में से किस मंदिर के सामने बना मंडप कृष्णदेव राय ने अपने राज्यारोहण के उपलक्ष्य में बनवाया था?

(a) विट्ठल मंदिर (b) विरुपाक्ष मंदिर
(c) हजारा राम मंदिर (d) जैना मंदिर

उत्तर (b) विरुपाक्ष मंदिर

9. कृष्णदेव राय ने विजयनगर के निकट किस नगर की स्थापना की थी? **CBSE 2021**

(a) नागपट्टनम (b) नागलपुरम
(c) रायपुर (d) कन्नानुर कुपम

उत्तर (b) नागलपुरम

10. किस युद्ध में विजयनगर के शासक को बीजापुर, अहमदनगर तथा गोलकुंडा की संयुक्त सेनाओं द्वारा शिकस्त मिली? **CBSE 2020**

(a) राक्षसी-तांगड़ी (तालीकोटा) युद्ध
(b) होयसल का युद्ध
(c) मदुरै का युद्ध
(d) गोवा का युद्ध

उत्तर (a) राक्षसी-तांगड़ी (तालीकोटा) युद्ध

11. निम्नलिखित में किस युद्ध के कारण विजयनगर साम्राज्य का पतन हो गया? **CBSE 2021**

(a) मैसूर का युद्ध
(b) त्रिचिनापल्ली का युद्ध
(c) राक्षसी-तांगड़ी का युद्ध
(d) अर्काट का युद्ध

उत्तर (c) राक्षसी-तांगड़ी का युद्ध

12. विजयनगर की लोकप्रिय परंपराओं में दक्कन सुल्तान के लिए निम्नलिखित में से किस शब्द का प्रयोग किया जाता था?

(a) अश्वपति (b) कुदिरई चेट्टी
(c) नरपति (d) गजपति

उत्तर (a) अश्वपति

13. विजयनगर का दूसरा प्रमुख मंदिर 'विट्ठल मंदिर' किसके एक रूप को समर्पित है?

(a) विष्णु (b) शिव
(c) सूर्य (d) अग्नि

उत्तर (a) विष्णु

14. हंपी को किस वर्ष राष्ट्रीय स्थल के रूप में घोषित किया गया?

(a) वर्ष 1970 में (b) वर्ष 1976 में
(c) वर्ष 1980 में (d) वर्ष 1985 में

उत्तर (b) वर्ष 1976 में

15. विजयनगर साम्राज्य की निम्नलिखित में से कौन-सी इमारत ऐसी जगह मानी जाती थी, जहाँ राजा अपने सलाहकारों से मिलता था? **CBSE 2021**

(a) हजारा राम मंदिर
(b) लोटस (कमल) महल
(c) विरुपाक्ष मंदिर
(d) महानवमी डिब्बा

उत्तर (b) लोटस (कमल) महल

16. निम्नलिखित में से किस राजवंश ने विजयनगर में हिरिया नहर का निर्माण कराया था?

(a) तुलुव (b) संगम
(c) अरविदु (d) सुलुव

उत्तर (b) संगम

17. महानवमी डिब्बा विस्तृत अनुष्ठानों का केंद्र था। निम्नलिखित में से कौन-सा अनुष्ठान यहाँ किया गया था? **CBSE 2021**

(a) लोहड़ी उत्सव (b) होली उत्सव
(c) नवरात्री उत्सव (d) बैशाखी उत्सव

उत्तर (c) नवरात्री उत्सव

18. विजयनगर का नाम हंपी क्यों पड़ा? निम्नलिखित में से उपयुक्त कथन का चयन कीजिए। **CBSE 2023**

(a) यह नाम कृष्णदेव राय ने विजयनगर को दिया था
(b) यह नाम कॉलिन मैकेंजी, जो एक पुराविद् थे, द्वारा लिया गया था
(c) यह नाम स्थानीय देवी पंपादेवी से लिया गया था
(d) यह नाम विट्ठल और विरुपाक्ष देवताओं को समर्पित था

उत्तर (c) यह नाम स्थानीय देवी पंपादेवी से लिया गया था।

19. निम्नलिखित में से किसे कुदिरई चेट्टी के नाम से जाना जाता था? **CBSE 2021**

(a) पुर्तगाली का एक समूह जो सैन्य प्रौद्योगिकी का व्यापार करता था
(b) घोड़ा व्यापारियों का एक स्थानीय समुदाय
(c) घोड़े का व्यापार करने वाले अरब व्यापारियों का एक समूह
(d) कस्तूरी का व्यापार करने वाले व्यापारियों का एक स्थानीय समुदाय

उत्तर (b) घोड़ा व्यापारियों का एक स्थानीय समुदाय

20. विजयनगर साम्राज्य के बारे में निम्नलिखित में से कौन-सा कथन सही नहीं है? **CBSE 2021**

(a) विजयनगर के राजाओं ने भगवान विरुपाक्ष की ओर से शासन करने का दावा किया
(b) सभी शाही आदेशों पर तेलुगू लिपि में श्री विरुपाक्ष शब्द अंकित होता था
(c) शासकों ने हिंदू सुरतराणा शीर्षक का उपयोग करके देवताओं के साथ अपने घनिष्ठ संबंधों का भी संकेत दिया
(d) विजयनगर मंदिर, धार्मिक ओर सांस्कृतिक केंद्रों के रूप में विकसित हुए

उत्तर (b) सभी शाही आदेशों पर तेलुगू लिपि में श्री विरुपाक्ष शब्द अंकित होता था।

21. निम्नलिखित में से कौन-सा कारक विजयनगर साम्राज्य के पतन का मुख्य कारण बना? **CBSE 2024**

(a) आंतरिक संघर्ष और विजयनगर के विरुद्ध सल्तनत के साथ गठबंधन
(b) तालीकोटा में बीजापुर, अहमदनगर और गोलकुंडा की हार
(c) विजयनगर साम्राज्य के व्यापार और अर्थव्यवस्था में भारी गिरावट
(d) पुर्तगालियों और फ्रांसीसियों का विजयनगर पर आक्रमण

उत्तर (a) आंतरिक संघर्ष और विजयनगर के विरुद्ध सल्तनत के साथ गठबंधन

22. विजयनगर साम्राज्य के समकालीन राज्यों के संदर्भ में कौन-सा कथन सही नहीं है? **CBSE 2024**

(a) ओडिसा के गजपति राज्य की स्थापना
(b) मालवा की सल्तनतों की स्थापना
(c) बीजापुर की सल्तनतों का उदय
(d) कर्नाटक में चालुक्यों का उदय

उत्तर (c) बीजापुर की सल्तनतों का उदय

23. विजयनगर साम्राज्य के संबंध में निम्नलिखित विकल्पों में से सही कथन का चयन कीजिए। **CBSE 2024**

(a) इस साम्राज्य की स्थापना सुलुव वंश द्वारा की गई
(b) कृष्णदेव राय की मृत्यु के पश्चात् यह साम्राज्य शक्तिशाली हो गया
(c) तालीकोटा का युद्ध इस साम्राज्य के लिए विनाशकारी साबित हुआ
(d) इनकी भू-राजस्व प्रणाली मनसबदारी प्रणाली से ली गई थी

उत्तर (c) तालीकोटा का युद्ध इस साम्राज्य के लिए विनाशकारी साबित हुआ।

24. विजयनगर स्थापत्य संरचना के संदर्भ में सही विकल्प चुनकर निम्नलिखित को पूरा कीजिए।

राय गोपुरम: मंदिर स्थापत्य, महानवमी डिब्बा:

दक्षता आधारित प्रश्न

(a) विशालकाय मंच (b) चित्रशैली
(c) राजमहल (d) स्नानागार

उत्तर (a) विशालकाय मंच

25. निम्नलिखित कथनों पर विचार कीजिए। **CBSE 2020**

1. **कृष्णदेव राय के शासन की चारित्रिक विशेषता विस्तार और दृढ़ीकरण थी।**
2. **उसके साम्राज्य में शांति और संपन्नता थी।**
3. **कुछ भव्य मंदिरों का निर्माण करने का श्रेय उसे जाता है।**
4. **वह संगम राजवंश से संबंधित था।**

उपरोक्त दिए गए कथनों में से कौन-सा/से कथन कृष्णदेव राय के सम्बंध में सही है

(a) 1, 2 और 4 (b) 1, 2 और 3
(c) 2, 3 और 4 (d) 1, 3 और 4

उत्तर (b) 1, 2 और 3

26. निम्नलिखित में से कर्नल कोलिन मैकेंजी के संदर्भ में कौन-से कथन सही हैं? सही विकल्प का चयन कीजिए **CBSE 2025**

1. हम्पी के भग्नावशेष 1800 ई. में उसके द्वारा प्रकाश में लाए गए।
2. वह ईस्ट इंडिया कंपनी का एक अधिकारी था।
3. उसने इस स्थान का पहला सर्वेक्षण मानचित्र तैयार किया।
4. विजयनगर साम्राज्य की जानकारियाँ उसने दुआर्ते बरबोसा से लीं।

कूट

(a) 1, 2 और 3 (b) 2, 3 और 4
(c) 1, 3 और 4 (d) 1, 2 और 4

उत्तर (a) 1, 2 और 3

27. विजयनगर के संबंध में निम्नलिखित में से कौन-सा कथन सही है? **CBSE 2021**

1. विजयनगर साम्राज्य की स्थापना 11 वीं सदी में हुई थी।
2. 1565 ई. के बाद यह वीरान हो गया।
3. कॉलिन मैकेंजी के द्वारा हंपी के खंडहरों को प्रकाश में लाया गया था।

कूट

(a) 2 और 4 (b) 2 और 3
(c) 1 और 4 (d) 3 और 4

उत्तर (b) 2 और 3

28. विजयनगर साम्राज्य के निम्नलिखित राजवंशों को कालक्रमानुसार व्यवस्थित कीजिए **CBSE 2020**

1. संगम 2. अराविदु
3. तुलुव 4. सुलुव

कूट

(a) 1, 3, 4, 2 (b) 2, 1, 3, 4
(c) 1, 4, 3, 2 (d) 4, 1, 2, 3

उत्तर (c) 1, 4, 3, 2

29. विजयनगर साम्राज्य के सुमेलित प्रतीक चिह्नों के संदर्भ में कौन-सा युग्म सही नहीं है?

(a) गोपुरम् – प्रवेशद्वार
(b) लोटस महल – धार्मिक अनुष्ठान
(c) हजारा राम मंदिर – परिषदीय भवन
(d) महानवमी डिब्बा – एक विशालकाय संरचना

उत्तर (b) लोटस महल – धार्मिक अनुष्ठान

30. निम्नलिखित में से कौन-सा युग्म सही सुमेलित है? **CBSE 2021**

(a) विट्ठल मंदिर – पंपादेवी को समर्पित
(b) विरुपाक्ष मंदिर – रथ मंदिर
(c) हजारा राम मंदिर – कृष्णदेव राय का मंदिर
(d) नागलपुरम – उप-शहर

उत्तर (c) हजारा राम मंदिर–कृष्णदेव राय का मंदिर

31. निम्नलिखित में से कौन-सा युग्म सही सुमेलित है? **CBSE 2021**

विजयनगर आने वाले यात्री	क्षेत्र देश से संबंधित
(a) निकोलो डी कोंटी	– पुर्तगाल
(b) अब्दुर्रज्जाक	– पर्शिया
(c) अफानासी निकितन	– इटली
(d) फर्नावो नूनिज	– रूस

उत्तर (b) अब्दुर्रज्जाक–पर्शिया

32. सूची I का सूची II से सही सुमेलन कीजिए। **CBSE 2025**

सूची I (विदेशी यात्री)	सूची II (देश)
A. अफानासी निकितिन	1. फारस
B. डोमिंगो पेस	2. रूस
C. अब्दुर-रज्जाक	3. पुर्तगाल
D. निकोलो-दे-कॉन्ती	4. इटली

कूट

	A	B	C	D
(a)	3	4	1	2
(b)	2	3	1	4
(c)	1	2	4	3
(d)	2	1	3	4

उत्तर (b) 2 3 1 4

33. निम्नलिखित में से कौन-सा युग्म सही सुमेलित है? **CBSE 2024**

मंदिर	स्थान
(a) चिदंबरम मंदिर	– तंजावुर
(b) बृहदेश्वर मंदिर	– विजयनगर
(c) चन्नकेश्व मंदिर	– बेल्लूर
(d) हज़ार राम मंदिर	– तमिलनाडु

उत्तर (c) चन्नकेश्व मंदिर- बेल्लूर

34. नीचे दी गई जानकारी को पढ़िए और विजयनगर साम्राज्य के भवन की पहचान कीजिए व उसका नाम लिखिए। **CBSE 2020**

- राजकीय केंद्र का सबसे सुंदर भवन।
- अंग्रेज यात्रियों ने उन्नीसवीं सदी में उसका नामकरण किया था।
- इसका नाम रोमांचक है, लेकिन इतिहासकार इस बारे में निश्चित नहीं हैं कि यह भवन किस उपयोग के लिए था।

(a) लोटस (कमल) महल
(b) सभा मंडप
(c) हजारा राम मंदिर
(d) महानवमी डिब्बा

उत्तर (a) लोटस (कमल) महल

35. नीचे दी गई जानकारी को पढ़िए और विजयनगर साम्राज्य के मंदिर की पहचान कीजिए व उसका नाम लिखिए। **दक्षता आधारित प्रश्न**

- इसमें एक मंडप का निर्माण करवाया गया।
- शासकों द्वारा इसको विशाल और आकर्षक रूप दिया गया।

(a) विट्ठल मंदिर (b) विरुपाक्ष मंदिर
(c) पंपादेवी मंदिर (d) बृहदेश्वर मंदिर

उत्तर (b) विरुपाक्ष मंदिर

36. निम्नलिखित विशेषताओं की सहायता से मंदिर की पहचान कीजिए। **CBSE 2021**

- मंदिर परिसर में रथ की गलियाँ थीं।
- ये गलियाँ मंदिर के गोपुरम से सीधी रेखा में जाती हैं।
- इन गलियों का फर्श पत्थरों के टुकड़ों से बनाया गया था और इनके दोनों ओर स्तंभ वाले मंडप थे।

(a) विरुपाक्ष मंदिर (b) विट्ठल मंदिर
(c) हजारा राम मंदिर (d) बृहदेश्वर मंदिर

उत्तर (b) विट्ठल मंदिर

37. **कृष्णदेव राय की मृत्यु के पश्चात् उनके उत्तराधिकारियों तथा विद्रोही नायकों या सेनापतियों के मध्य की चुनौतियों के परिणामों की समीक्षा कीजिए तथा दिए गए विकल्पों में से सही विकल्प का चयन कीजिए।**

(a) राज्य अराविदु वंश के हाथों में चला गया
(b) विजयनगर के विरुद्ध दक्कन सल्तनतों के बीच मैत्री समझौते के रूप में परिणत हुआ
(c) राक्षसी-ताँगड़ी युद्ध का कारण बना
(d) साम्राज्य का केंद्र पूर्व की ओर स्थानांतरित हो गया

उत्तर (a) राज्य अराविदु वंश के हाथों में चला गया।

38. **मान लिजिए आप पुराने ऐतिहासिक दस्तावेजों का विश्लेषण कर रहे हैं, जिसमें आपने विजयनगर साम्राज्य से संबंधित दस्तावेजों का अध्ययन किया। निम्न में से कौन-सा दस्तावेज साम्राज्य और धार्मिक संस्थाओं के बीच के संबंधों को समझने में सबसे ज्यादा मददगार साबित होगा?**

दक्षता आधारित प्रश्न

(a) विजयनगर शासकों की विजयों का विवरण देने वाला एक सैन्य वृत्तांत
(b) किसी पवित्र संगठन को भूमि या विशेषाधिकार प्रदान करने वाला शाही फरमान
(c) शहरी वर्गों के अधिकारों और जिम्मेदारियों को रेखांकित करने वाली एक कानूनी संहिता
(d) व्यापारियों और विदेशी राजदूतों के साथ राजनयिक आदान-प्रदान का रिकॉर्ड

उत्तर (b) शहरी वर्गों के अधिकारों और जिम्मेदारियों को रेखांकित करने वाली एक कानूनी संहिता

39. **1565 ई. में तालीकोटा के युद्ध में विजयनगर के विरुद्ध भाग लेने वाले राज्यों के संबंध में सही विकल्प का चयन करें।**

(a) बीजापुर, अहमदनगर, गोलकुंडा (b) बरार, अहमदनगर, गोलकुंडा
(c) गोलकुंडा, बीजापुर, बीदर (d) बीदर, बरार, गोलकुंडा

उत्तर (a) बीजापुर, अहमदनगर, गोलकुंडा

40. **सूची I का सूची II से सही सुमेलन कीजिए**

सूची I	सूची II
A. अमरनायक	1. लड़ाई या युद्ध
B. गजपति	2. हाथी का स्वामी
C. नरपति	3. लोगों के स्वामी
D. अश्वपति	4. घोड़ों के स्वामी

कूट

	A	B	C	D
(a)	2	3	1	4
(b)	1	2	3	4
(c)	1	4	2	3
(d)	3	1	4	2

उत्तर (b) 1 2 3 4

41. **सूची I का सूची II से सही सुमेलन कीजिए**

सूची I	सूची II
A. 1800	1. अलेक्जेंडर ग्रनिलो ने हंपी के पुरातात्विक अवशेषों के पहले चित्र लिए
B. 1856	2. कॉलिन मैकेंजी द्वारा विजयनगर की यात्रा
C. 1986	3. हंपी को यूनेस्को द्वारा विश्व पुरातत्त्व स्थल घोषित किया गया
D. 1876	4. पुरास्थल की मंदिर की दीवारों के अभिलेखों का जे एफ फ्लीट द्वारा प्रलेखन आरंभ

कूट

	A	B	C	D
(a)	1	2	3	4
(b)	1	3	2	4
(c)	2	1	3	4
(d)	2	1	4	3

उत्तर (c) 2 1 3 4

42. **सूची I का सूची II से सही सुमेलन कीजिए** CBSE 2024

सूची I (क्षेत्र)	सूची II (मंदिर)
A. विजयनगर	1. वृहदेश्वर
B. तंजावुर	2. चन्नकेश्वर
C. तमिलनाडु	3. हज़ारा राम मंदिर
D. बेल्लूर	4. चिदंबरम्

कूट

	A	B	C	D
(a)	3	2	4	1
(b)	1	3	2	4
(c)	3	1	4	2
(d)	4	1	3	2

उत्तर (c) 3 1 4 2

43. **विजयनगर साम्राज्य के संदर्भ में सूची I को सूची II से सुमेलित कीजिए** CBSE 2024

सूची I (यात्री, जिन्होंने विजयनगर साम्राज्य की यात्रा की)	सूची II (देश, जिससे वह संबंधित थे)
A. निकोलो डी कोंटी	1. फारस
B. अब्दुर्रज्जाक	2. पुर्तगाल
C. दुआर्ते बारबोसा	3. इटली
D. अफानासी निकितन	4. रूस

कूट

	A	B	C	D
(a)	1	3	4	2
(b)	3	1	2	4
(c)	4	2	3	1
(d)	2	4	1	3

उत्तर (b) 3 1 2 4

44. **निम्नलिखित चित्र में चट्टान काटकर निर्मित मंदिर की संरचना दर्शाई गई है। दिए गए विकल्पों में से इस मंदिर की पहचान कीजिए** CBSE 2025

(a) देवगढ़ मंदिर
(b) कैलाशनाथ मंदिर
(c) महाबलीपुरम मंदिर
(d) बृहदेश्वर मंदिर

उत्तर (b) कैलाशनाथ मंदिर

45. **नीचे दी गई आकृति को पहचानिए और उसका नाम लिखिए।**

दक्षता आधारित प्रश्न

(a) मंडप (b) गोपुरम्
(c) विट्ठल मंदिर (d) कमल महल

उत्तर (b) गोपुरम्

निर्देश (प्र. सं. 46-48) नीचे दो कथन दिए गए हैं, जिसमें एक को कथन (A) तथा दूसरे को कारण (R) कहा गया है। नीचे दिए गए कूट की सहायता से सही उत्तर का चयन कीजिए।

दक्षता आधारित प्रश्न

कूट

(a) A और R दोनों सही हैं तथा R, A की सही व्याख्या है
(b) A और R दोनों सही हैं, परंतु R, A की सही व्याख्या नहीं है
(c) A सही है, किंतु R गलत है
(d) A गलत है, किंतु R सही है

46. **कथन** (A) **कृष्णदेव राय विजयनगर साम्राज्य का सबसे प्रसिद्ध शासक था।**

कारण (R) **कृष्णदेव राय की मृत्यु के पश्चात् इनके उत्तराधिकारियों को राज्य के सेनानायकों के विद्रोहों का सामना करना पड़ा।**

उत्तर (a) कृष्णदेव राय विजयनगर साम्राज्य का सबसे महान व प्रसिद्ध शासक था। इसके शासनकाल में विजयनगर साम्राज्य ने प्रत्येक क्षेत्र में चरमोत्कर्ष को प्राप्त किया। कृष्णदेव राय की मृत्यु के पश्चात् इनके उत्तराधिकारियों को राज्य के अनेक सेनानायकों के विद्रोह का सामना करना पड़ा, जिसके फलस्वरूप 1542 ई. तक राज्य पर नियंत्रण एक अन्य देश, अराविदु के हाथों में चला गया।

47. **कथन** (A) **अमरनायक सेना के प्रधान होते थे, जिनको राय द्वारा शासन व सैन्य निर्वाह के लिए राज्य क्षेत्र प्रदान किए जाते थे।**

कारण (R) **ये शिल्पकर्मियों, किसानों तथा व्यापारियों से कर व भू-राजस्व वसूला करते थे।**

उत्तर (a) विजयनगर सैन्य प्रशासन में अमरनायक सेना के प्रधान होते थे। अमरनायकों को विजयनगर शासकों (राय) द्वारा शासन और सैन्य निर्वाह के लिए राज्य क्षेत्र दिए जाते थे। अमरनायक राज्यों से प्राप्त राज्य क्षेत्र में शिल्पकर्मियों, किसानों तथा व्यापारियों से कर व भू-राजस्व की भी वसूली करते थे। उनकी आर्थिक स्थिति काफी समृद्ध थी।

48. **कथन** (A) **पुर्तगाली यात्री बारबोसा ने विजयनगर शहर की सुंदरता की तुलना रोम से की थी।**

कारण (R) **विजयनगर के शासकों ने पूर्वकालिक धार्मिक परंपराओं को अपनाने के साथ-साथ उसमें अनेक नवीन तत्त्व भी जोड़े।**

उत्तर (d) विजयनगर शहर की तुलना डोमिंगो पेस नामक यात्री ने रोम से की थी। विजयनगर के शासकों ने पूर्वकालिक धार्मिक परंपराओं को अपनाने के साथ-साथ उसमें अनेक नवीन तत्त्व भी जोड़े। अब राजकीय प्रतिकृति मूर्तियाँ मंदिरों में स्थापित की जाने लगीं।

लघु उत्तरीय प्रश्न

1. **एक साम्राज्य की राजधानी के रूप में विजयनगर नाम के उपयोग एवं साम्राज्य की स्थापना, फैलाव, पतन एवं हंपी नाम के आविर्भाव का उल्लेख कीजिए।** *दक्षता आधारित प्रश्न*

उत्तर **विजयनगर नाम का उपयोग** विजयनगर नाम का उपयोग साम्राज्य तथा इसके शहर दोनों के लिए किया जाता है।

विजयनगर साम्राज्य की स्थापना, विस्तार तथा पतन विजयनगर साम्राज्य की स्थापना हरिहर तथा बुक्का ने 1336 ई. में की थी। यह साम्राज्य अपने चरमोत्कर्ष के समय कृष्णा नदी से लेकर सुदूर दक्षिणावर्ती क्षेत्रों तक फैला हुआ था। 1565 ई. में हुए तालीकोटा के युद्ध के पश्चात् इसे भयंकर तरीके से लूटा गया और इसके संरचनाओं को नष्ट किया गया। इस युद्ध के बाद ही विजयनगर शहर धीरे-धीरे नष्ट हो गया।

हंपी का आविर्भाव विजयनगर का हंपी नामकरण यहाँ की स्थानीय देवी पंपादेवी के नाम पर हुआ था।

2. **विजयनगर साम्राज्य का निर्माण क्या एक क्रमिक चरणीय प्रक्रिया थी। आप इस बात से कहाँ तक सहमत हैं बताइए।** *दक्षता आधारित प्रश्न*

उत्तर विजयनगर का एक सुदृढ़ साम्राज्य के रूप में निर्माण अनेक राजवंशों के नेतृत्व में विभिन्न चरणों में संपन्न हुआ, जिसका विवरण निम्नलिखित है

पहला चरण विजयनगर की स्थापना हरिहर तथा बुक्का नामक दो भाइयों ने 1336 ई. में की थी। इन्होंने जिस वंश की स्थापना की, वह 'संगम वंश' कहलाया। संगम वंश के अनेक शासकों ने निरंतर युद्ध जारी रखा तथा अपने क्षेत्र का विस्तार किया। इस वंश का महान् शासक देवराय द्वितीय था।

दूसरा चरण संगम वंश के बाद सुलुव वंश तथा इसके बाद तुलुव वंश सत्ता में आया। तुलुव वंश के समय में विजयनगर साम्राज्य ने विभिन्न क्षेत्रों में प्रगति की। इस वंश के महानतम शासक 'कृष्णदेव राय' को भारत के महान् शासकों में गिना जाता है। साहित्य, स्थापत्य कला इत्यादि सभी क्षेत्रों में विजयनगर अपने समकालीन शहरों से अग्रणी था। विदेशी यात्रियों के फलस्वरूप यहाँ पर विभिन्न संस्कृतियों का आगमन हुआ, जिसका सबसे अधिक प्रभाव स्थापत्य कला पर पड़ा।

तीसरा चरण तुलुव वंश के बाद अराविदु वंश प्रभाव में आया। इस वंश में विजयनगर साम्राज्य का पतन प्रारंभ हो गया तथा अब राजधानी विजयनगर से पेनुकोंडा ही रह गई थी।

अतः विजयनगर साम्राज्य का निर्माण एक चरणीय प्रक्रिया के तहत हुआ था।

3. इतिहासकारों को "विजयनगर से संबंधित सर्वाधिक ऐतिहासिक स्रोत हंपी से प्राप्त हुए हैं।" इस कथन को ध्यान में रखते हुए हंपी से प्राप्त हुए स्रोतों का उल्लेख कीजिए। *दक्षता आधारित प्रश्न*

अथवा **बीसवीं शताब्दी तक के खंडहरों के आधार पर हंपी शहर और राज्य के इतिहास के पुनर्निर्माण में विद्वानों द्वारा किए गए विभिन्न प्रयासों का वर्णन कीजिए।**

उत्तर बीसवीं शताब्दी तक के खंडहरों के आधार पर हंपी शहर और राज्य के इतिहास के विषय में जानने के लिए इतिहासकारों ने अनेक प्रयास किए, जो इस प्रकार हैं

- विजयनगर के सर्वाधिक ऐतिहासिक स्रोतों की प्राप्ति हंपी नामक स्थल से हुई है। 1800 ई. में हंपी की खोज एक अंग्रेज अभियंता तथा पुरातत्त्वविद् कर्नल कॉलिन मैकेंजी द्वारा की गई तथा इस स्थान का पहला सर्वेक्षण मानचित्र जारी किया गया। उस समय मैकेंजी ब्रिटिश ईस्ट इंडिया कंपनी में नियुक्त थे।
- मैकेंजी द्वारा प्राप्त प्रारंभिक जानकारियाँ विरुपाक्ष मंदिर और पंपादेवी के मंदिर में पुरोहितों की स्मृतियों पर आधारित थीं। हंपी की खोज में अभिलेखकर्ताओं ने मुख्य भूमिका निभाई।
- अलेक्जेंडर ग्रनिलो ने हंपी के पुरातात्त्विक अवशेषों के पहले विस्तृत चित्र को दर्शाया।
- वर्ष 1902 में जॉन मार्शल के अधीन संरक्षण कार्य प्रारंभ हुआ।
- इन्होंने 1836 ई. से लेकर 1856 ई. तक हंपी के अन्य मंदिरों से दर्जनों अभिलेखों का संग्रह करना शुरू कर दिया।

इन सभी पुरातात्विक साक्ष्यों का प्रयोग इतिहासकारों ने विदेशी यात्रियों के वृत्तांतों तथा तेलुगू, तमिल व संस्कृत में लिखे साहित्य के साथ स्रोत के रूप में इतिहास के पुनर्निर्माण में किया।

वर्ष 1986 में युनेस्को द्वारा इसे विश्व पुरातत्त्व स्थल घोषित किया गया।

4. मैकेंजी और उनके देशज सूचनादाताओं को चित्रकार ने किस प्रकार चित्रित किया है? उनके तथा उनके सूचनादाताओं के विषय में दर्शकों पर किस प्रकार के विचार डालने का प्रयास किया गया है?

उत्तर मैकेंजी और उनके देशज सूचनादाताओं का चित्र, 'थॉमस हिकी' द्वारा बनाया गया, किन्तु थामस हिकी द्वारा बनाया गया चित्र किसी अज्ञात चित्रकार द्वारा बनाई गई नकल है, जो तेलविधि से बनाया गया एक तेलचित्र है। इस चित्र में मैकेंजी और अन्य व्यक्तियों को उनके सहायक के रूप में दिखाया गया है। मैकेंजी के बाईं ओर दूरबीन पकड़े उनका चपरासी स्निाजी और दाईं ओर उनके ब्राह्मण सहायक हैं, एक जैन पंडित दाईं ओर तथा उनके पीछे तेलुगू ब्राह्मण कावलेरी वेंतक लच्छमैया हैं।

इस चित्र के माध्यम से यह दर्शाने का प्रयास किया गया है कि मैकेंजी बहुमुखी प्रतिभा के व्यक्ति थे। वे एक अभियंता, सर्वेक्षक और मानचित्रकार थे, साथ ही यह भी बताने का प्रयास किया गया कि उन्होंने विजयनगर साम्राज्य के पुरातात्विक अवशेषों की खोज में महत्त्वपूर्ण प्रयास किए।

5. "विजयनगर के एक साम्राज्य के रूप में विकसित होने में यहाँ की भौगोलिक स्थिति का महत्त्वपूर्ण योगदान था। स्पष्ट कीजिए। *दक्षता आधारित प्रश्न*

उत्तर विजयनगर के एक साम्राज्य के रूप में विकसित होने में यहाँ की भौगोलिक स्थिति का महत्त्वपूर्ण योगदान था। विजयनगर की पहाड़ी और जलीय संरचना बाहरी आक्रमण से सुरक्षा प्रदान करने और अर्थव्यवस्था के विकास में सहायक रही। इसे निम्नलिखित विवरणों से समझा जा सकता है

- यहाँ पर तुंगभद्रा नदी द्वारा बनाया गया एक प्राकृतिक कुंड था, जो जलस्रोत और परिवहन के लिए उपयोगी था।
- आस-पास का क्षेत्र मजबूत ग्रेनाइट पत्थरों से निर्मित था।
- इन पहाड़ों से आने वाली विभिन्न जलधाराओं पर बाँध बनाकर शहर के अंदर पानी लाया जाता था।
- विजयनगर शहर लगभग चारों ओर से पहाड़ियों से घिरा हुआ था, जो इसे दुर्भेद्य किले के रूप में बाहरी आक्रमण से सुरक्षा प्रदान करती थीं।
- विजयनगर शहर प्रायद्वीप के सबसे शुष्क क्षेत्रों में से एक था। उसी कमी को दूर करने के लिए नहरें तथा हौज बनाए गए। इन हौजों में 'कमलपुरम्' हौज सबसे महत्त्वपूर्ण था।

6. कृष्णदेव राय को विजयनगर में सबसे महान शासक क्यों माना जाता है?

अथवा **कृष्णदेव राय के शासन में चारित्रिक विशेषता, विस्तार और दृढ़ीकरण था। इस कथन की समीक्षा कीजिए।** *दक्षता आधारित प्रश्न*

अथवा **विजयनगर साम्राज्य में कृष्णदेव राय की भूमिका का विश्लेषण कीजिए।** **CBSE 2024**

उत्तर कृष्णदेव राय, विजयनगर साम्राज्य के महान शासकों में से एक थे। उनकी महानता को निम्नलिखित तथ्यों से जाना जा सकता है

(i) **महान विजेता तथा सेनापति** कृष्णदेव राय, जब साम्राज्य की गद्दी पर बैठे थे, तब उन्हें अनेक समस्याओं का सामना करना पड़ा। उन्होंने अपनी सभी समस्याओं को धीरे-धीरे सुलझा लिया। 1512 ई. में 'रायचूर' दोआब को प्राप्त किया। 1514 ई. में उड़ीसा के राजा का दमन किया तथा 1520 ई. में बीजापुर के सुल्तान को भी पराजित किया।

(ii) **कुशल प्रशासक** अपने राज्य को संगठित करके कृषि एवं व्यापार पर ध्यान दिया। व्यापार को अपने राज्य का सबसे प्रमुख आय का स्रोत बनाया तथा इन व्यापारों में घोड़े के व्यापार को सबसे प्रमुख माना। उस समय के विजयनगर के बाजार में विश्व की प्रत्येक वस्तु उपलब्ध थी।

(iii) **कला, स्थापत्य एवं साहित्य का महान संरक्षक तथा संस्थापक** कृष्णदेव के काल में विशाल गोपुरमों का निर्माण किया गया। गोपुरमों का निर्माण किलों तथा मंदिरों के लिए होने लगा। 'विट्ठल स्वामी' मंदिर का निर्माण कृष्णदेव राय ही ने करवाया था। इसके अतिरिक्त हजार राम मंदिर, चिदंबरम् मंदिर इत्यादि का निर्माण भी इन्होंने ही करवाया। इन्होंने संस्कृत, तेलुगू एवं कन्नड़ सभी भाषाओं के विकास में योगदान दिया। कृष्णदेव राय ने स्वयं तेलुगू में 'आमुक्तमाल्यद' नामक ग्रंथ की रचना की। यह ग्रंथ शासन कला पर आधारित है।

7. कृष्णदेव राय की मृत्यु का विजयनगर साम्राज्य पर क्या प्रभाव पड़ा? स्पष्ट कीजिए।

उत्तर कृष्णदेव राय की मृत्यु के पश्चात् विजयनगर शहर पतन की ओर उन्मुख हो गया। इनकी मृत्यु के बाद विजयनगर साम्राज्य पर पड़ने वाले प्रभाव को निम्न बिंदुओं से समझा जा सकता है

- नायकों या सेनापतियों का विद्रोह बढ़ गया, जिससे कृष्णदेव राय के उत्तराधिकारियों को अनेक चुनौतियों का सामना करना पड़ा। दक्षिण के सुल्तान इनकी कमजोर स्थिति का लाभ उठाकर इन पर आक्रमण करने लगे।
- नायकों में स्वतंत्र राज्य की स्थापना की प्रवृत्ति बढ़ने लगी।
- विजयनगर के शासक रामराय की दक्कनी सुल्तानों को एक-दूसरे के विरुद्ध भड़काने की नीति के कारण विजयनगर के दक्कनी सुल्तानों के आपसी संबंध खराब हो गए थे।
- इसी समय तालीकोटा का प्रसिद्ध युद्ध हुआ, जिसमें विजयनगर की हार हुई तथा उसे बुरे तरीके से लूटा गया, जिसके कारण इस राज्य का पतन हो गया।

8. 15वीं शताब्दी के दौरान एक फारसी राजदूत अब्दुर्रज्जाक विजयनगर की किलेबंदी से क्यों अत्यधिक प्रभावित था? स्पष्ट कीजिए।

अथवा **विजयनगर साम्राज्य की किलेबंदी पर अब्दुर्रज्जाक द्वारा व्यक्त किए गए किन्हीं चार पहलुओं पर प्रकाश डालिए।**

अथवा **"किलेबंदी की दीवारों ने न केवल विजयनगर के शहर को, अपितु कृषि प्रयुक्त आसपास के क्षेत्रों तथा जंगलों को भी घेरा था।" इस कथन के प्रकाश में किलेबंदी के महत्त्व की व्याख्या कीजिए।** **CBSE 2020**

उत्तर
- पंद्रहवीं शताब्दी में फारस के शासक का राजदूत अब्दुर्रज्जाक यहाँ की किलेबंदी से बहुत प्रभावित हुआ।
- उसने दुर्गों की सात पंक्तियों का उल्लेख किया है। इनसे न केवल शहर को, बल्कि कृषि क्षेत्र तथा जंगलों को भी घेरा गया था।
- सबसे बाहरी दीवार शहर के चारों ओर बनी पहाड़ियों को आपस में जोड़ती थी। यह विशाल रचना थोड़ी शुंडाकार थी, पत्थर के टुकड़े फनाकार थे, जिसके कारण वे अपने स्थान पर टिके रहते थे।
- दीवारों के अंदर का भाग मिट्टी और मलबे के मिश्रण से बना हुआ था। वर्गाकार तथा आयताकार बुर्ज बाहर की ओर निकले हुए थे। इस किलेबंदी की सबसे महत्त्वपूर्ण बात यह थी कि इसमें खेतों को भी जोड़ा गया था।
- अब्दुर्रज्जाक लिखता है कि "पहली, दूसरी और तीसरी दीवारों के बीच जुते हुए खेत, बगीचे तथा आवास हैं।" इतिहासकारों ने किलेबंदी के पीछे सन्निहित उद्देश्यों की पुष्टि निम्न रूपों में की है
  – संपूर्ण कृषि व्यवस्था को बचाने के लिए।
  – शासकीय एवं महत्त्वपूर्ण इमारतों की सुरक्षा के लिए।
  – नगरीय केंद्रों के आंतरिक भाग को आवरण प्रदान करने के लिए।

अतः अब्दुर्रज्जाक उपरोक्त सभी निहित उद्देश्यों को समझकर ही किलेबंदी की व्यवस्था से प्रभावित हुआ और अपने वृत्तांत में इसका विस्तृत विवरण दिया।

9. विजयनगर के संदर्भ में जो भवन सुरक्षित रह गए, वे हमें उन तरीकों, स्थान व्यवस्थापन और उनके प्रयोग के बारे क्या जानकारी प्रदान करते हैं? संक्षेप में वर्णन कीजिए। *दक्षता आधारित प्रश्न*

उत्तर विजयनगर शहर (आधुनिक हंपी) के अवशेष अब बहुत ही कम रह गए हैं और जो भी अवशेष बचे हुए हैं, उसके इतिहास के बारे में जानने के लिए इतिहासकारों का सदैव प्रयास रहा। इनके प्रयासों से जो जानकारी उभरकर आती है, वह इस प्रकार है

- किलों की सजावट तथा विशालता को देखकर उसकी सुरक्षा को समझा जा सकता है। किलों की दीवार बहुत ऊँची-ऊँची होती थीं। किलों में रहने वालों की सभी आवश्यक सामग्री किलों में उपलब्ध होती थी।
- किलों के विशाल निर्माण से पता चलता है कि विजयनगर आर्थिक दृष्टि से अधिक सुदृढ़ शहर था।
- बड़े-बड़े गोपुरम् का प्रयोग उसकी प्रतिष्ठा और शक्ति को प्रदर्शित करता था। शहर की महानवमी डिब्बा नामक संरचना से उस समय के धार्मिक विश्वास के बारे में पता चलता है। मंदिरों के निर्माण के कारण शासक अपनी प्रजा में अधिक लोकप्रिय थे। राजा-रानी की मूर्तियाँ भी देवताओं के साथ रखी जाने लगी थीं। लोटस मंदिर से शासकों के परिषदीय भवन का पता चलता है, जहाँ शासक सार्वजनिक सभाओं या राजनीतिक सभाओं का आयोजन भी करते थे।

10. उन कारणों का विश्लेषण कीजिए जिनके कारण विजयनगर साम्राज्य का पतन हुआ। **CBSE 2025**

उत्तर कृष्णदेव राय की मृत्यु के पश्चात् विजयनगर साम्राज्य का धीरे-धीरे पतन होने लगा। कृष्णदेव राय के बाद विजयनगर के शासक भोग-विलास में डूब गए, जिससे अयोग्य उत्तराधिकारियों का शासन हुआ। 1565 ई. में तालीकोटा का युद्ध पतन का प्रमुख कारण बना, जिसके बाद शहर नष्ट हो गया।

नायकों की महत्त्वाकांक्षाएँ बढ़ी और रामराय जैसे नायकों ने सत्ता हथिया ली। मुस्लिम व गजपति शासकों से निरंतर युद्ध गलत नीतियों से नायकों के विद्रोह और व्यापार के हास ने पतन को तेज किया।

मंदिर के निर्माण व धार्मिक कार्यों में धन व्यय से नायकों की शक्ति बढ़ी। सेना असंगठित थी, आधुनिक हथियारों का आभाव था और कोई शासक आर्थिक स्थिति सुदृढ़ न कर सका, जिससे विजयनगर का अंत हुआ।

11. पुर्तगाली यात्री बारबोसा द्वारा विजयनगर शासन के शहरी केंद्रों में देखे गए किन्हीं चार पहलुओं पर प्रकाश डालिए।

उत्तर पुर्तगाली यात्री बारबोसा द्वारा विजयनगर शासन के शहरी केंद्रों में देखे गए चार पहलू निम्नलिखित हैं

(i) विजयनगर शहर के उत्तर-पूर्वी कोने से परिष्कृत चीनी मिट्टी की वस्तुएँ मिली हैं, जिससे यह प्रतीत होता है कि यह अमीर व्यापारियों का निवास स्थान था।
(ii) यहाँ मुस्लिम रिहायशी लोग भी रहते थे। इसकी पुष्टि इन शहरों में मकबरों एवं मस्जिदों की उपस्थिति से होती है। मकबरों व मस्जिदों की स्थापत्य कला, हंपी में मिले मंदिरों के स्थापत्य से प्रभावित थी। सामान्य लोगों के आवासों के अपेक्षाकृत कम पुरातात्विक साक्ष्य मिले हैं।
(iii) 'बारबोसा' के अनुसार लोगों के अन्य आवास छप्पर के हैं, पर फिर भी सुदृढ़ हैं और व्यवसाय के आधार पर कई खुले स्थानों वाली लंबी गलियों में व्यवस्थित हैं।
(iv) इन शहरों में निवास करने वाले विविध समुदायों के अनेक मंदिर थे। कुएँ, बरसात के पानी वाले जलाशय, मंदिरों के जलाशय आदि सामान्य नगर के लोगों के लिए जल के स्रोत थे।

12. क्या आर्थिक दृष्टिकोण से विजयनगर एक संपन्न राज्य था। विभिन्न स्रोतों से इसे स्पष्ट कीजिए। *दक्षता आधारित प्रश्न*

उत्तर आर्थिक दृष्टिकोण से विजयनगर एक संपन्न राज्य था। वहाँ कृषि एवं व्यापार उन्नत स्थिति में थे। डोमिंगो पेस ने आर्थिक समृद्धि का वर्णन करते हुए लिखा है कि "राजा के पास भारी कोष, अनेक सैनिक तथा हाथी हैं। इस नगर में व्यापार अधिक होता है और हीरे आदि बहुमूल्य पत्थर प्रचुर मात्रा में उपलब्ध हैं। संसार में यह सबसे अधिक संपन्न नगर है और यहाँ चावल, गेहूँ आदि खाद्यान्नों के भंडार भरे हुए हैं।"

ईरानी यात्री अब्दुर्रज्जाक लिखता है कि "देश के सभी उच्च और निम्न लोग तथा कारीगर भी कानों, कंठों, बाजुओं, कलाइयों तथा अँगुलियों में जवाहरात तथा सोने के आभूषण पहने हुए हैं।"

विजयनगर का अंतर्राष्ट्रीय व्यापार पुर्तगाल, अरब, फारस, बर्मा एवं चीन से होता था। इन देशों को विजयनगर से सूती वस्त्र एवं मसालों का निर्यात किया जाता था और विदेशों से उत्तम नस्ल के घोड़े, हीरे, मोती, माणिक्य इत्यादि मँगाए जाते थे। महँगी वस्तुओं की माँग हमेशा रहती थी, जो विजयनगर के लोगों की आर्थिक संपन्नता को दर्शाती है।

13. "पुरातत्त्वविदों द्वारा यह दावा किया गया है कि विजयनगर में साहित्य व स्थापत्य कला उन्नत स्थिति में थी"। इस कथन की उदाहरण सहित पुष्टि करें। *दक्षता आधारित प्रश्न*

उत्तर विजयनगर साम्राज्य साहित्य एवं स्थापत्य की दृष्टि से उन्नत स्थिति में था। इसके साहित्य एवं स्थापत्य को निम्नलिखित विवरणों से समझा जा सकता है

साहित्य के दृष्टिकोण से भी विजयनगर अत्यधिक महत्त्वपूर्ण रहा है। इस समय अनेक विद्वान हुए, जिन्होंने साहित्य की रचना की। कृष्णदेव राय के दरबार में 'आठ' कवियों का एक दल रहता था, जिसे 'अष्ट दिग्गज' कहा जाता था। सायण तथा उनके भाई माधव विद्यारण्य ने वेदों पर टीकाएँ लिखीं। कृष्णदेव राय ने स्वयं तेलुगू में 'आमुक्तमाल्यद' नामक पुस्तक की रचना की।

स्थापत्य के क्षेत्र में बड़े-बड़े गोपुरमों का निर्माण इस काल की मुख्य विशेषता रही है। मंदिरों में मंडपों का निर्माण किया गया। विट्ठल स्वामी मंदिर, हजारा राम मंदिर व विरुपाक्ष मंदिर इसी समय के हैं, जिसमें अनेक स्थापत्य कृत्यों का प्रयोग किया गया। किलों के स्तंभों पर गुंबद का प्रयोग होने लगा।

इस प्रकार हम कह सकते हैं कि विजयनगर अपने समयकाल में अन्य राज्यों से कहीं आगे था।

14. "विजयनगर एक विशिष्ट स्थापत्य शैली से अभिलक्षित था।" इस कथन की विजयनगर के धार्मिक स्थापत्यों के उदाहरणों सहित पुष्टि कीजिए। *दक्षता आधारित प्रश्न*

अथवा **विजयनगर साम्राज्य में मंदिरों की प्रमुख विशेषताओं का वर्णन कीजिए।**

उत्तर "विजयनगर एक विशिष्ट स्थापत्य शैली से अभिलक्षित था।" इस कथन की पुष्टि निम्नलिखित बिंदुओं से होती है

- विजयनगर साम्राज्य में मंदिरों की एक मुख्य विशेषता यह थी कि इसका इतिहास पल्लव, चालुक्य, होयसल तथा चोल वंशों तक जाता है।
- शासक अपने आपको ईश्वर से जोड़ने लिए मंदिर निर्माण को प्रोत्साहन देते थे। मंदिर शिक्षा के केंद्रों के रूप में कार्य करते थे। शासक तथा अन्य लोग मंदिर के रख-रखाव के लिए भूमि, धन, अन्य संपदा आदि अनुदान में देते थे।
- इसके अतिरिक्त विजयनगर साम्राज्य में मंदिरों की प्रमुख विशेषताओं को निम्न रूपों में समझा जा सकता है
  - मंदिर धार्मिक, सामाजिक, सांस्कृतिक तथा आर्थिक रूप में अधिक विकसित हुए।
  - मंदिर की संरचनाएँ विशाल स्तर पर बनाई गईं।
  - इनमें विशाल स्तर पर बनाई गई संरचनाएँ, राजकीय सत्ता की पहचान थीं।
  - मंदिर के रायगोपुरम् राजकीय प्रवेशद्वार थे, ये इतने विशाल होते थे कि मंदिर का मुख्य भाग भी इनसे छोटा प्रतीत होता था और लंबी दूरी से ही मंदिर के होने का संकेत देते थे। ये संभवतः शासकों की सुदृढ़ता की याद भी दिलाते थे।
  - मंदिरों में मंडप का निर्माण एक अन्य विशेषता थी।
  - मंदिरों के स्तंभों वाले गलियारों का निर्माण देवी-देवताओं के मुख्य परिसर के चारों ओर किया गया था।
  - मंदिरों को राजकीय केंद्रों का दर्जा भी प्राप्त था।

15. विजयनगर नरेश स्वयं को देवता या भगवान का प्रतिनिधि होने का दावा क्यों करते थे? इस संबंध में उनके द्वारा धारण की गई 'हिंदू सूरतराणा' उपाधि का अर्थ स्पष्ट कीजिए। *दक्षता आधारित प्रश्न*

उत्तर शासकों में यह परंपरा रही है कि वे अपनी सत्ता तथा स्वयं को ईश्वर से जोड़ लेते थे। इस प्रक्रिया को दैवीय सिद्धांत कहा गया है। इस प्रक्रिया से शासक अपनी प्रजा में सत्ता का प्रभाव साबित करना चाहते थे। विजयनगर के शासक भी इससे अछूते नहीं रहे और इन्होंने स्वयं को वहाँ के एक पारंपरिक एवं स्थानीय देवता विरुपाक्ष से जोड़ा। विजयनगर के शासकों ने स्वयं को विरुपाक्ष की ओर से शासन करने वाला बताया। इसके साथ-साथ अब इन शासकों की स्वयं की मूर्तियाँ मंदिरों में देवता के साथ स्थापित की जाने लगीं तथा इनकी पूजा भी की जाने लगी। शासक देवताओं से अपने गहन संबंधों के संकेतक के रूप में 'हिंदू सूरतराणा' का प्रयोग भी करते थे। इसका शाब्दिक अर्थ-'हिन्दू सुल्तान' था।

16. **विजयनगर के शासकों ने विरुपाक्ष मंदिर में नवीनता से नई परंपराओं को विकसित किया। स्पष्ट कीजिए।**

अथवा **मंदिरों के निर्माण में विजयनगर के शासकों द्वारा प्रारंभ किए गए किन्हीं तीन नवाचारों का वर्णन कीजिए।** **CBSE 2020**

उत्तर नौवीं से दसवीं शताब्दी का सबसे प्राचीन मंदिर विरुपाक्ष मंदिर माना जाता है, तथापि इस मंदिर में नई परंपराओं का विकास और निर्माण कार्य विजयनगर साम्राज्य की स्थापना के बाद वास्तविक रूप में हुआ। विजयनगर के शासकों द्वारा इस मंदिर में अनेक संरचनाओं को जोड़ा गया, जिससे इस मंदिर का स्वरूप विशाल एवं आकर्षक हुआ। कृष्णदेव राय ने अपने राज्यारोहण के अवसर पर मुख्य मंदिर के सामने एक मंडप का निर्माण करवाया।

पूर्वी गोपुरम् का निर्माण भी इन्होंने ही करवाया था। स्तंभों पर सूक्ष्म उत्कीर्णन से इसे आकर्षक बनाया गया। विजयनगर के शासकों द्वारा इस मंदिर को विशाल और आकर्षक रूप दिया गया। मंदिर में अनेक सभागार बनाए गए थे, जो अनेक धार्मिक गतिविधियों के केंद्र थे। इन सभागारों का प्रयोग देवताओं की मूर्तियों, संगीत, नृत्य जैसे कार्यक्रमों को देखने के अतिरिक्त देवी-देवताओं के विवाह-उत्सव और उन्हें झूला झुलाने के लिए किया जाता था। इस प्रकार विजयनगर के शासकों ने विरुपाक्ष मंदिर की स्थापत्य संरचना को पूर्णता प्रदान की।

17. **विजयनगर के मंदिरों के सभागारों का प्रयोग विविध प्रकार के कार्यों के लिए होता था" तथा "इन मंदिरों की एक चारित्रिक विशेषता रथ गलियाँ हैं" यह कथन सही है, तो इसकी पुष्टि कीजिए।** *दक्षता आधारित प्रश्न*

अथवा **विजयनगर विट्ठल मंदिर को अनूठा और रोचक समझा जाता था। उदाहरण सहिता स्पष्ट कीजिए** *दक्षता आधारित प्रश्न*

उत्तर विजयनगर का दूसरा प्रमुख देवस्थल विट्ठल मंदिर है, इसे विजयनगर का अनूठा और रोचक मंदिर समझा जाता था। विट्ठल यहाँ के प्रमुख देवता थे, जो सामान्यतः महाराष्ट्र में पूजे जाने वाले विष्णु के एक रूप हैं। इसकी पूजा को कर्नाटक में आरंभ करना उन माध्यमों का द्योतक है, जिनसे एक साम्राज्यिक संस्कृति के निर्माण के लिए विजयनगर के शासकों ने अलग-अलग परंपराओं को आत्मसात् किया। अन्य मंदिरों की तरह ही इस मंदिर में भी कई सभागार तथा रथ के आकार का एक अनूठा मंदिर भी है।

विजयनगर के मंदिरों में सभागार का प्रयोग निम्नलिखित कार्यों के लिए होता था ।

- सभागार का प्रयोग विविध आनुष्ठानिक कार्यों के लिए होता था।
- इन सभागारों में से कुछ सभागारों का प्रयोग देवताओं की मूर्तियाँ, संगीत, नृत्य और नाटकों के विशेष कार्यक्रमों को देखने के लिए किया जाता था।
- देवी-देवताओं के विवाह के उत्सव मनाने के लिए प्रयोग में लाया जाता था।

मंदिर परिसर में बनी रथ गलियों की चारित्रिक विशेषताएँ निम्नलिखित हैं

- ये गलियाँ मंदिर के गोपुरम् से सीधी रेखा में जाती थीं।
- इन गलियों का फर्श पत्थर के टुकड़ों से बनाया गया था।
- सड़क के दोनों ओर स्तंभ वाले मंडप थे, जिनमें व्यापारी अपनी दुकानें लगाते थे।

18. **'अमर-नायक प्रणाली' विजयनगर साम्राज्य की एक प्रमुख राजनीतिक खोज थी। इस कथन की पुष्टि कीजिए।** **CBSE 2025**

उत्तर विजयनगर साम्राज्य में अमर-नायक प्रणाली, सैन्य और प्रशासनिक ढाँचे का एक अहम हिस्सा थी। इसे निम्न बिंदुओं के अंतर्गत देख सकते हैं।

- अमर-नायक, विजयनगर साम्राज्य के सैन्य कमांडर थे। इन्हें राजा या राय द्वारा शासन करने के लिए क्षेत्र दिए जाते थे।
- इन्हें **नायक** या **मंडलेश्वर** भी कहा जाता था।
- ये क्षेत्र के किसानों, व्यापारियों और शिल्पकारों से कर और बकाया वसूलते थे।
- इन्हें दी जाने वाली भूमि को 'अमरम' कहा जाता था। यह भमि वंशानुगत होती थी और इन्हें इस भूमि पर प्रशासन करने की स्वतंत्रता मिली होती थी।
- इन्हें व्यक्तिगत प्रयोग करने के लिए और घोड़ों और हाथियों की टुकड़ी के रख-रखाव के लिए राजस्व का एक हिस्सा दिया जाता था।
- इन्हें राजा को उपहार और कीमती श्रद्धांजलि भी देनी होती थी।
- इन्हें मिलने वाले राजस्व का कुछ हिस्सा मंदिरों के रख-रखाव और सिंचाई के लिए भी प्रयोग किया जाता था।
- अमर-नायक प्रणाली, विजयनगर साम्राज्य का एक अहम राजनीतिक नवाचार था।
- ऐसा माना जाता है कि इस प्रणाली की अनेक प्रसिद्ध दिल्ली सल्तनत की इक्ता प्रणाली से ली गई थीं।

दीर्घ उत्तरीय प्रश्न

1. **विजयनगर राज्य का उत्कर्ष तथा पतन किस प्रकार हुआ? उल्लेख कीजिए। कृष्णदेव राय के काल को इस राज्य का महान काल कहा जाता है कथन की पुष्टि करें।** *दक्षता आधारित प्रश्न*

अथवा **विजयनगर साम्राज्य के चरमोत्कर्ष और उसके पतन की परख कीजिए।** **CBSE 2023**

अथवा **विजयनगर साम्राज्य के उत्थान और पतन के मुख्य कारणों की परख कीजिए?** **CBSE 2024**

उत्तर विजयनगर 14वीं से 17वीं शताब्दी तक दक्षिण भारत में एक महत्त्वपूर्ण साम्राज्य था और इसकी राजधानी हंपी थी। राज्य का उत्कर्ष विभिन्न राजनीतिक, सामाजिक, आर्थिक और सांस्कृतिक कारणों से हुआ, जिनमें प्रमुख कारण निम्न है

(i) **संशक्त प्रशासनिक व्यवस्था** विजयनगर राज्य में एक मजबूत और कुशल प्रशासन था। राज्य की विभिन्न इकाइयों का केन्दीकरण और स्थिर नेतृत्व ने राज्य को सशक्त बनाने में मदद की।

(ii) **सैन्य शक्ति और युद्ध कौशल** विजयनगर राज्य का सैन्य बहुत सशक्त था और इसमें विभिन्न प्रकार के सैनिकों और युद्धकला का अच्छे से समावेश था। कृष्देव राय जैसे शासकों ने सेनाओं को संगठित और प्रशिक्षित किया, जिससे विजयनगर राज्य के दुश्मन राज्यों को कई बार पराजित किया।

(iii) **आर्थिक समृद्धि** विजयनगर राज्य में व्यापार और कृषि का अच्छा संगठित ढाँचा था। राज्य ने दक्षिण भारत, मध्य एशिया और यूरोप से व्यापारिक सम्बंध बनाए, जिससे व्यापारिक गतिविधियों में वृद्धि हुई।

4. **साम्राज्य विस्तार और रणनीतिक स्थिति** विजयनगर राज्य का साम्राज्य विस्तार और रणनीतिक स्थिति उसकी शक्ति का एक प्रमुख कारण था। इसने दक्षिण भारत और अन्य क्षेत्रों में अपने नियंत्रण का विस्तार किया और एक मजबूत साम्राज्य स्थापित किया।
5. **धार्मिक सहिष्णुता** विजयनगर राज्य में धार्मिक सहिष्णुता का वातावरण था। यह राज्य हिंदू धर्म के केन्द्र के रूप में प्रसिद्ध था, लेकिन यहाँ पर इस्लाम और अन्य धर्मों के अनुयायियों को भी सम्मान मिला।

कृष्णदेव राय की मृत्यु के पश्चात् विजयनगर साम्राज्य का धीरे-धीरे पतन होने लगा, जिसके प्रमुख कारण निम्नलिखित थे

- कृष्णदेव राय के बाद के शासक भोग-विलास के मोह में लिप्त हो गए, जिसके कारण अच्छे शासक विजयनगर को नहीं मिल पाए अर्थात् अयोग्य उत्तराधिकारी अब विजयनगर की गद्‌दी पर आसीन हो गए।
- 1565 ई. में तालीकोटा का युद्ध इसके पतन का सर्वप्रमुख कारण था। इस युद्ध के बाद ही विजयनगर शहर धीरे-धीरे नष्ट हो गया।
- विजयनगर राज्य के नायकों की महत्त्वाकांक्षाएँ बढ़ गईं तथा राजनीति में महत्त्वपूर्ण रूप से हिस्सा लेने लगे। तुलुव वंश के एक शासक के समय 'रामराय', जो एक नायक था, मंत्री बन बैठा तथा सत्ता का नियंत्रण अपने हाथों में ले लिया था।
- निरंतर युद्ध में शामिल रहने से भी इसका पतन हुआ। मुस्लिम तथा गजपति शासकों से युद्ध निरंतर होता रहता था। कभी क्षेत्र विवाद को लेकर, तो कभी व्यापार को लेकर।
- कृष्णदेव राय की मृत्यु के पश्चात् उनके आने वाले वंशजों की गलत नीति से नायकों का विद्रोह तथा युद्ध झेलने पड़े, जिससे व्यापार का ह्रास हुआ। यदि कोई राज्य सिर्फ व्यापार से गतिशील हो, तो व्यापार की समाप्ति के साथ ही शहर का पतन प्रारंभ हो जाता है।
- बड़े-बड़े मंदिरों की स्थापना तथा अनेक धार्मिक कार्यों में धन का व्यय किया गया। नायकों को वेतन देने के लिए संरक्षित भूमि का प्रयोग करना पड़ा, जिसके कारण नायकों की शक्ति बढ़ी, जो विजयनगर के पतन में सहायक बनी।
- विजयनगर की सेना संगठित नहीं थी तथा युद्ध क्षेत्र में अपने नायकों की सेना पर भरोसा रखना होता था, इससे केंद्रीय सेना कमजोर हो जाती थी।
- कृष्णदेव राय के बाद ऐसा कोई भी शासक नहीं रहा, जो दीर्घकालीन आर्थिक योजनाओं पर अमल करके आर्थिक स्थिति को सुदृढ़ बना सके।
- आधुनिक हथियारों के नाम पर विजयनगर के पास कुछ नहीं था। तोपखाना पुरानी पद्धति का था। इन तोपों का योगदान युद्ध क्षेत्र में न के बराबर हो गया था।

कृष्णदेव राय का महान काल इसके उत्तर के लिए लघु उत्तरीय प्रश्न 6 देखें।

2. विजयनगर की किलेबंदी कैसी थी? विवेचना कीजिए।

अथवा **विजयनगर साम्राज्य की किलेबंदी के विशिष्ट पहलुओं को स्पष्ट कीजिए?** **CBSE 2024**

उत्तर दक्षिणी भारत के प्रसिद्ध शहरों में से एक विजयनगर था। विजयनगर अधिकांश राजधानियों की तरह विशिष्ट भौतिक रूपरेखा तथा स्थापत्य शैली से परिपूर्ण था। डोमिंगो पेस ने कहा था "यह इतना बड़ा है कि एक स्थान से दूसरे स्थान तक नहीं देखा जा सकता, लेकिन मैं पहाड़ पर चढ़ा हुआ हूँ इसलिए इसका बड़ा भाग मैं देख सका।" इसकी विभिन्न संरचनाओं में जल संपदा तथा किलेबंदियाँ अति महत्त्वपूर्ण हैं।

किलेबंदी इसके उत्तर के लिए लघु उत्तरीय प्रश्न 8 देखें।

3. विजयनगर के शहर के लिए जल के स्रोतों की व्याख्या कीजिए और इसके साथ ही साम्राज्य के व्यापार के विकास को स्पष्ट कीजिए। **CBSE 2020**

अथवा **विजयनगर साम्राज्य के जल संसाधन क्यों विकसित किए गए थे? कारण लिखिए।**

अथवा **विजयनगर साम्राज्यों में जल संसाधनों की व्यवस्था को उदाहरणों सहित स्पष्ट कीजिए?** **CBSE 2022**

उत्तर विजयनगर भारतीय प्रायद्वीप के सबसे शुष्क क्षेत्रों के अंतर्गत आता था। इसी कारण राज्य की ओर से जल संचयन और इसे उपयोग में लाने के लिए व्यापक प्रबंधन और जल संसाधनों का विकास किया गया।

इसके अतिरिक्त भी अन्य कारण थे, जो निम्नलिखित हैं

- तुंगभद्रा नदी के द्वारा यहाँ प्राकृतिक रूप से कुंड का निर्माण हुआ था। यह नदी शहर के उत्तर-पूर्व दिशा में बहती थी, जो जल संसाधन विकास में सहायक रही।
- विजयनगर शहर चारों ओर से पहाड़ियों से घिरा था और इन पहाड़ियों से कई जलधाराएँ आकर नदियों में मिल जाती थीं। बाँध के माध्यम से इन जलधाराओं को बड़े आकार के हौजों में एकत्रित किया जाता था।
- 'कमलपुरम्' महत्त्वपूर्ण जलाशय था, जिसके माध्यम से आस-पास के खेतों में सिंचाई के साथ इसके जल को नहर के रूप में 'राजकीय केंद्र' तक ले जाया जाता था। वर्तमान समय में यहाँ की जल संबंधी संरचनाओं के साक्ष्य 'हिरिया नहर' में देखे जा सकते हैं। इस नहर को पानी तुंगभद्रा नदी से मिलता था और इसका प्रयोग 'धार्मिक केंद्र' से 'शहरी केंद्र' को अलग करने वाली घाटी को सिंचित करने में किया जाता था।
- इस प्रकार विजयनगर के शुष्क क्षेत्रों में उपस्थिति और अनेक प्राकृतिक जलस्रोतों की विद्यमानता के कारण जलस्रोतों का विकास किया गया। इसके अतिरिक्त दक्षिणी भारत में विजयनगर एक विशाल राज्य था, जिसकी जलापूर्ति के लिए संसाधनों का विकास करना आवश्यक था।

साम्राज्य के व्यापार का विकास इस काल में युद्धकला प्रभावशाली अश्वसेना पर आधारित होती थी, इसलिए प्रतिस्पर्द्धी राज्यों के लिए अरब तथा मध्य एशिया से घोड़ों का आयात बहुत महत्त्वपूर्ण था। यह व्यापार आरंभिक चरणों में अरब व्यापारियों द्वारा नियंत्रित था। व्यापारियों के स्थानीय समूह, जिन्हें कुदिरई चेट्टी अथवा घोड़ों के व्यापारी कहा जाता था, भी इन विनिमयों

में भाग लेते थे। 1498 ई. से पुर्तगाली भी उपमहाद्वीप के पश्चिमी तट पर आए और व्यापारिक तथा सामरिक केंद्र स्थापित करने लगे।

विजयनगर मसालों, वस्त्रों तथा रत्नों के अपने बाजारों के लिए प्रसिद्ध था। ऐसे शहरों के लिए व्यापार एक प्रतिष्ठा का मानक माना जाता था। यहाँ की समृद्ध जनता महँगी विदेशी वस्तुओं- विशेष रूप से रत्नों और आभूषणों की माँग करती थी। दूसरी ओर व्यापार से प्राप्त राजस्व राज्य की समृद्धि में महत्त्वपूर्ण योगदान देता था।

4. विजयनगर के शाही केंद्र के महत्त्व को विशेषकर उसकी महत्त्वपूर्ण इमारतों को दृष्टि में रखते हुए स्पष्ट कीजिए।

उत्तर विजयनगर शहर का शाही केंद्र बस्ती के दक्षिण-पश्चिमी भाग में स्थित था। यहाँ की 60 से अधिक संरचना मंदिर की तरह लगती है तथा 30 संरचनाओं की पहचान महल के रूप में की गई है। शाही केंद्रों की विशालता तथा सुव्यवस्था को देखकर विजयनगर शहर की संपन्नता को समझा जा सकता है। इसकी महत्त्वपूर्ण इमारतें निम्नलिखित थीं

(i) **सभा मंडप** यह एक ऊँचे मंच की तरह था, जिसमें पास-पास तथा निश्चित दूरी पर लकड़ी के स्तंभों के लिए छेद बने हुए थे, जिससे इस पर दूसरी मंजिल होने का संकेत मिलता है। यहाँ से दूसरी मंजिल के लिए सीढ़ियों के साक्ष्य भी मिले हैं।

(ii) **महानवमी डिब्बा** यह एक विशाल मंच की तरह है, जिसका आधार 11,000 फीट तथा ऊँचाई 40 फीट तक है। यहाँ से प्राप्त साक्ष्यों से ऐसा प्रतीत होता है कि इस पर एक लकड़ी की संरचना बनाई गई थी। इस क्षेत्र में धार्मिक अनुष्ठान हुआ करते थे। दशहरे की महानवमी के दिन विशेष आनुष्ठानिक कार्य संपादित होते थे। इस अवसर पर विजयनगर के शासक अपनी ताकत तथा अधिराज्य का प्रदर्शन करते था। त्योहारों के अंतिम दिन राजा अपनी तथा अपने नायकों की सेना का निरीक्षण करता था। इसके अतिरिक्त इस अवसर पर यहाँ मूर्तिपूजा, राज्य के अश्व की पूजा, जानवरों की बलि आदि अनुष्ठान भी होते थे।

(iii) **लोटस महल** यह राजकीय केंद्र के सबसे सुंदर भवनों में से एक है। इसका मानचित्र मैकेंजी ने बनाया था तथा यह सुझाव दिया था कि यह एक परिषदीय भवन हो सकता है तथा राजा अपने दरबारियों से यहाँ परामर्श करता होगा, लेकिन इतिहासकारों में इस बात को लेकर अधिक मतभेद हैं। इस महल का नामकरण कुछ अंग्रेज यात्रियों ने किया था।

5. " विजयनगर साम्राज्य के शासक शिक्षा, साहित्य व ज्ञान के महान संरक्षक थे" साहित्य, स्थापत्य व कला के क्षेत्र में उनके द्वारा किए गए कार्यों की समीक्षा कीजिए। *दक्षता आधारित प्रश्न*

अथवा **विजयनगर राज्य में साहित्य, स्थापत्य एवं कला के क्षेत्र में हुई प्रगति का विवरण दीजिए।**

उत्तर विजयनगर के शासक शिक्षा, साहित्य और ज्ञान के महान संरक्षक थे। इनके काल में साहित्य, स्थापत्य एवं कला के क्षेत्र में हुई प्रगति का विवरण निम्न प्रकार लिखित है

साहित्य इनके काल में द्रविड़ भाषाओं के साथ-साथ वैदिक साहित्य का भी विकास हुआ। विजयनगर के अधिकांश राजा सुशिक्षित थे। इन्होंने विभिन्न भाषाओं के साहित्य के विकास में महत्त्वपूर्ण योगदान दिया, जो निम्नलिखित हैं

(i) **संस्कृत** विजयनगर के प्रारंभिक शासकों के अधीन संस्कृत साहित्य की विशेष प्रगति हुई। बुक्का प्रथम के संरक्षण में सायण के नेतृत्व में विद्वानों के एक मंडल ने चारों वेदों की संहिताओं और अनेक ब्राह्मण ग्रंथों तथा अरण्यकों पर भाष्य लिखे। कृष्णदेव राय के संरक्षण में भी संस्कृत भाषा का विकास हुआ।

(ii) **तेलुगू** कृष्णदेव राय का शासनकाल तेलुगू भाषा का स्वर्णिम काल था। कृष्णदेव राय ने तेलुगू भाषा में 'आमुक्तमाल्यद' की रचना की। कृष्णदेव राय के दरबार में आठ तेलुगू के विद्वान् थे, जिन्हें 'अष्ट दिग्गज' कहा जाता था। तेलुगू भाषा में 'महाभारत' का भी अनुवाद किया गया।

(iii) **कन्नड़** संस्कृत एवं तेलुगू भाषा के अतिरिक्त इस काल में कन्नड़ भाषा का भी विकास हुआ। इस काल की कन्नड़ कृतियों में 'भीमक' द्वारा रचित 'वासवपुराण' अत्यंत प्रसिद्ध लिंगायत धर्मग्रंथ है।

स्थापत्य कला दक्षिणी भारत में मंदिर निर्माण शैली का चरमोत्कर्ष विजयनगर के शासकों के काल में ही प्राप्त हुआ। कृष्णदेव राय ने 'हजारा राम' एवं 'विट्ठल स्वामी' मंदिर का निर्माण कराया। विजयनगर के मंदिर स्थापत्य की प्रमुख विशेषता कल्याण मंडप एवं हजारों स्तंभों वाले गोपुरमों तथा अन्य गोपुरमों का निर्माण था। इस काल में किलों का भी निर्माण हुआ था, जिसमें विजयनगर शहर का किला अतुलनीय है। विजयनगर वास्तुकला की अंतिम शैली का संरक्षण इसके नायकों ने किया। इस काल में विजयनगर के शासकों की मूर्ति मंदिरों में स्थापित की जाने लगी तथा इनकी पूजा अन्य देवताओं की तरह की जाने लगी। कृष्णदेव राय ने अपनी माँ के नाम पर विजयनगर के समीप नगलपुरम् नामक उप-नगर की स्थापना की। विट्ठल स्वामी का मंदिर भी उनके काल में बनाया गया। साहित्य के दृष्टिकोण से यात्रियों का विवरण तथा कृष्णदेव राय द्वारा रचित किताब 'आमुक्तमाल्यद' प्रमुख थी।

चित्रकला विजयनगर काल में चित्रकला की स्वतंत्र शैली विकसित हुई। विजयनगर की चित्रकला लिपाक्षी कला के नाम से जानी जाती है। इस चित्रकला के विषय रामायण एवं महाभारत से लिए गए हैं।

6. गोपुरम् और मंडपों पर विशेष बल देते हुए विजयनगर के 'पवित्र केंद्र' के महत्त्व की व्याख्या कीजिए।

उत्तर 'पवित्र केंद्र' के स्थापत्य के महत्त्व के संदर्भ में गोपुरम् तथा मंडप 'भवन निर्माण शैली' में विभिन्न तरह के तत्त्व दृष्टिगोचर होते हैं। विशाल स्तर पर बनाई गई संरचना 'गोपुरम्' (प्रवेशद्वार) एक प्रकार से राजकीय सत्ता की पहचान थी। गोपुरम् कभी-कभी इतने ऊँचे होते थे कि इन्होंने मंदिरों की मुख्य मीनारों को भी छोटा सिद्ध कर दिया। ये शासकों की ताकत की याद दिलाते थे, जो इतनी ऊँची मीनारों के निर्माण के लिए आवश्यक साधन, तकनीक तथा कौशल जुटाने में सक्षम थे।

कृष्णदेव राय ने विरुपाक्ष मंदिर के सामने अपने राज्यारोहण की याद में एक मंडप बनवाया था। इसके स्तंभों पर विभिन्न चिह्नों को उत्कीर्ण किया गया है, जो इसे सुंदर तथा आकर्षक बनाते हैं।

मंदिर आर्थिक गतिविधियों से भी महत्त्वपूर्ण होते थे। इन पवित्र केंद्रों में एक 'विट्ठल स्वामी' का भी केंद्र है, जिसका निर्माण यह बताता है कि सांस्कृतिक विचार का आदान-प्रदान हो रहा था, क्योंकि विट्ठल महाराष्ट्र के पूजनीय देवता थे। मंदिर के मुख्य भाग के चारों ओर बने लंबे स्तंभों वाले गलियारे भी प्रमुख स्थान रखते हैं।

7. विजयनगर साम्राज्य के प्राचीन अवशेषों को संरक्षित करने के लिए समकालीन भारत सरकार के कार्यों का वर्णन कीजिए, साथ ही इस साम्राज्य के अवशेषों के गहन अध्ययन के लिए निर्मित परियोजना की चर्चा कीजिए। *दक्षता आधारित प्रश्न*

उत्तर 20वीं शताब्दी में भारतीय पुरातात्विक सर्वेक्षण तथा कर्नाटक पुरातात्विक एवं संग्रहालय विभाग द्वारा इस स्थान को संरक्षणता प्रदान की गई। वर्ष 1976 में हंपी को राष्ट्रीय स्थल घोषित किया गया। 1980 के दशक में विजयनगर से प्राप्त भौतिक अवशेषों के गहन अध्ययन के लिए एक परियोजना शुरू की गई। परियोजना के अंतर्गत लगभग बीस वर्षों तक इस स्थान का सर्वेक्षण-संरक्षण किया जाता रहा।

शहर का वर्गीकरण परियोजना के अंतर्गत विजयनगर शहर का मानचित्रीकरण कर इसका वर्गीकरण निम्नलिखित प्रकार से किया गया

- सर्वप्रथम संपूर्ण शहर को 25 भागों में विभाजित किया गया।
- विभाजित क्षेत्रों को वर्णमाला के अक्षरों से सांकेतिक किया गया।
- इन क्षेत्रों को विभिन्न उप-क्षेत्रों में बाँटा गया।
- पुनः फिर इन्हें और भी छोटे क्षेत्रों और इकाइयों में बाँटा गया। इस क्षेत्र विभाजन क्रिया द्वारा विजयनगर से जुड़ी हजारों संरचनाओं के आवासों से लेकर विशाल मंदिरों को पुनः उभारा गया।

इन गहन सर्वेक्षणों और वर्गीकरण के परिणामस्वरूप इस ऐतिहासिक स्थल की बस्ती, सड़कों और बाजारों के अवशेषों को फिर से ढूँढा जा सका। साथ ही विजयनगर साम्राज्य की महत्ता का विश्लेषण करने के लिए मैकेंजी द्वारा किए गए आरंभिक सर्वेक्षणों के बाद यात्रा वृत्तांतों और अभिलेखों से मिली जानकारियों तथा अन्य स्रोतों से प्राप्त साक्ष्यों का अध्ययन और खोज को समकालीन सरकार द्वारा प्रश्रय दिया गया।

पुरातत्त्वविदों के सर्वेक्षण कार्य जॉन एम फ्रिट्ज, जॉर्ज मिशेल तथा एम एस नागराज राव के सर्वेक्षण कार्यों में विजयनगर के स्मारकों से संबंधित लकड़ी की वस्तुएँ; जैसे—स्तंभ, धरन, भीतरी छत, छज्जे और मीनारों को उजागर किया, जिसमें पूरी स्थापत्य श्रेणी की कल्पना की जा सकती है। यद्यपि लकड़ी की संरचनाएँ नष्ट हो चुकी हैं, परंतु पत्थरों की संरचनाओं और विदेशी यात्रियों के वृत्तांतों से पूर्व की संरचनाएँ विभिन्न पहलुओं को उजागर करने में सहायक हैं।

स्रोत आधारित प्रश्न

निम्नलिखित स्रोतों को ध्यानपूर्वक पढ़कर उन पर आधारित प्रश्नों के उत्तर दीजिए।

1. पेस बाजार का एक सजीव विवरण देता है

आगे जाने पर एक चौड़ी और सुंदर गली पाते हैं ………… इस गली में कई व्यापारी रहते हैं और वहाँ आप सभी प्रकार के माणिक्य हीरे, पन्ने, मोती, छोटे मोती, वस्त्र और पृथ्वी पर होने वाली प्रत्येक वस्तु, जिसे आप खरीदना चाहेंगे, पाएँगे। फिर प्रत्येक शाम को आप एक मेला देख सकते हैं। जहाँ से कई सामान्य घोड़े तथा टट्टू और कई तुरंज और नींबू और संतरे और अंगूर और उद्यान में उगने वाली प्रत्येक प्रकार की वस्तुएँ और लकड़ी मिलती हैं।

इस गली में आप प्रत्येक वस्तु पा सकते हैं और सामान्य रूप में वह शहर का वर्णन "विश्व के सबसे अच्छे संभरण वाले शहर" के रूप में करता है, जहाँ बाजार में चावल, गेहूँ, अनाज, भारतीय मकई और कुछ मात्रा में जौ तथा सेम, मूँग, दालें, काला चना जैसे खाद्य पदार्थों से भरे रहते थे, जो सभी सस्ते दामों पर तथा प्रचुर मात्रा में उपलब्ध रहते थे।

फर्नावो नूनिज के अनुसार, विजयनगर के बाजार "प्रचुर मात्रा में फलों, अंगूरों, संतरों, नींबू, अनार, कटहल तथा आम से भरे रहते थे और सभी बहुत सस्ते।" बाजारों में मांस भी बड़ी मात्रा में बिकता था। नूनिज उल्लेख करता है कि "भेड़-बकरी का मांस, सुअर, मृग मांस, तीतर मांस, खरगोश, कबूतर, बटेर और सभी प्रकार के पक्षी, चिड़ियाँ, चूहे तथा बिल्लियाँ और छिपकलियाँ" बिसनग (विजयनगर) के बाजारों में बिकती थीं।

(i) फर्नावो नूनिज ने विजयनगर के बाजार के संबंध में क्या कहा था?

उत्तर फर्नावों नूनिज के अनुसार, विजयनगर के बाजार प्रचुर मात्रा में फूलों, अँगूरों, संतरों, नींबू, अनार, कटहल तथा आम से भरे रहते थे और सभी बहुत सस्ते होते थे। बाजारों में मांस भी अधिक मात्रा में बिकता था।

(ii) डोमिंगो पेस ने विजयनगर शहर का वर्णन किस रूप में किया।

उत्तर डोमिंगों पेस ने विजयनगर शहर का वर्णन विश्व के सबसे अच्छे संभरण वाले शहर के रूप में किया है, जहाँ बाजार चावल, गेहूँ, अनाज, भारतीय मकई और कुछ मात्रा में जौ तथा सेम, मूँग, दालें, काला चना जैसे खाद्य पदार्थों से भरे रहते थे, जो सभी सस्ते दामों तथा प्रचुर मात्रा में उपलब्ध थे।

(iii) नूनिज़ के अनुसार, विजयनगर के बाजार में किस प्रकार मांस बिकता था?

उत्तर नूनिज़ के अनुसार, भेड़-बकरी, सुअर, मृग, तीतर, खरगोश, कबूतर, बटेर आदि का मांस बाजार में बिकता था और सभी प्रकार के पक्षी, चिड़ियां, चूहें तथा बिल्लियाँ व छिपकलियाँ भी विजयनगर के बाजारों में बिकती थीं।

2. हौजों/जलाशयों का निर्माण किस प्रकार होता था? CBSE 2024

कृष्णदेव राय द्वारा बनवाए गए जलाशय के विषय में पेस लिखता है

राजा ने एक जलाशय बनवाया ………… दो पहाड़ियों के मुख-विवर पर, जिससे दोनों में से किसी पहाड़ी से आने वाला सारा जल वहाँ इकट्ठा हो और इसके अतिरिक्त जल 9 मील (लगभग 15 किमी) से भी अधिक की दूरी से पाइपों से आता है, जो बाहरी शृंखला के निचले हिस्से के साथ-साथ बनाए गए थे। यह जल एक झील से लाया जाता है, जो छलकाव से स्वयं एक छोटी नदी में मिलती है। जलाशय में तीन विशाल स्तंभ बने हैं, जिन पर खूबसूरती से चित्र उभारे गए हैं। ये ऊपरी भाग में कुछ पाइपों से जुड़े हुए हैं। जिनसे ये अपने बगीचों तथा धान के खेतों की सिंचाई के लिए पानी लाते हैं। इस जलाशय को बनाने के लिए इस राजा ने एक पूरी पहाड़ी को तुड़वा दिया ………… जलाशय में मैंने लोगों को कार्य करते देखा कि वहाँ पंद्रह से बीस हजार आदमी थे, चींटियों की तरह …………।

(i) कृष्णदेव राय ने जलाशय का निर्माण क्यों करवाया?

उत्तर कृष्णदेव राय ने जलाशय का निर्माण वर्षा जल संचयन के लिए करवाया था, इस जलाशय का निर्माण सिंचाई के लिए भी किया गया था, जिससे मुख्यतः धान के खेतों और बगीचों में सिंचाई होती थी।

(ii) **कृष्णदेव राय ने जलाशय के निर्माण के लिए दो पहाड़ियों के मुख-विवर के स्थान को क्यों चुना?**

उत्तर कृष्णदेव राय ने जलाशय के निर्माण के लिए दो पहाड़ियों के मुख-विवर के स्थान को इसलिए चुना, जिससे दोनों में से किसी भी पहाड़ी से आने वाला सारा जल वहाँ इकट्ठा हो सके।

(iii) **जलाशयों के पानी का उपयोग किस प्रकार किया जाता था?**

उत्तर जलाशयों से 15 किमी से भी अधिक की दूरी से जल को पाइपों से लाया जाता है, जो बाहरी शृंखला के निचले हिस्से के साथ-साथ बनाए गए थे। इससे जल झीलों से, छलकाव से स्वयं एक छोटी नदी में जा मिलता है। जलाशय में बने स्तंभ के ऊपरी भागों में जुड़े पाइपों से जल को बगीचों तथा सिंचाई के लिए लाया जाता है।

3. राजा और व्यापारी

विजयनगर के सबसे प्रसिद्ध शासक कृष्णदेव राय (शासनकाल 1509-29 ई.) ने शासन कला के विषय में 'आमुक्तमाल्यद' नामक तेलुगू भाषा में एक कृति लिखी। व्यापारियों के विषय में उन्होंने लिखा–"एक राजा को अपने बंदरगाहों को सुधारना चाहिए और वाणिज्य को इस प्रकार प्रोत्साहित करना चाहिए कि घोड़ों, हाथियों, रत्नों, चंदन, मोती तथा अन्य वस्तुओं का खुले तौर पर आयात किया जा सके।

उसे प्रबंध करना चाहिए उन विदेशी नाविकों का, जिन्हें तूफानों, बीमारी या थकान के कारण उनके देश में उतरना पड़ता है कि भली-भाँति देखभाल की जा सके·····सुदूर देशों के व्यापारियों, जो हाथियों और अच्छे घोड़ों का आयात करते हैं, को रोज बैठक में बुलाकर, तोहफे देकर तथा उचित मुनाफे की स्वीकृति देकर अपने साथ संबद्ध करना चाहिए। ऐसा करने पर ये वस्तुएँ कभी भी तुम्हारे दुश्मनों तक नहीं पहुँचेंगी।"

(i) **एक शासक को अपने बंदरगाहों को क्यों सुधारना चाहिए? स्पष्ट कीजिए।**

उत्तर कृष्णदेव राय ने स्वरचित ग्रंथ 'आमुक्तमाल्यद' में कहा है कि "एक राजा को बंदरगाहों का सुधार इसलिए करना चाहिए, जिससे व्यापार सुगमतापूर्वक किया जा सके और विदेशी नाविकों की विपरीत स्थिति में देखभाल की जा सके।"

(ii) **जिन विदेशी नाविकों को उनके राज्य में किन्हीं कारणों से उतरना पड़ता है, उसके साथ उनकी देखभाल अच्छी तरह क्यों करनी चाहिए? स्पष्ट कीजिए।**

उत्तर कृष्णदेव राय के अनुसार, विदेशी नाविकों के राज्य में आगमन के पश्चात् भली-भाँति उनकी देखभाल करनी चाहिए, क्योंकि ये नाविक ही व्यापारियों को या स्वयं व्यापारी के रूप में हाथी या घोड़ों को लेकर राज्य में आते हैं। ऐसा न करने पर ये दुश्मनों के पास पहुँच सकते हैं।

(iii) **आप ऐसा क्यों सोचते हैं कि राजा व्यापार को प्रोत्साहित करने के लिए इच्छुक था?**

उत्तर अपनी कृति 'आमुक्तमाल्यद' में कृष्णदेव राय व्यापार और व्यापारियों के विषय में उल्लेख करते हुए कहते हैं कि व्यापारियों से उचित व्यवहार किया जाए। उन्हें सभा में बुलाया जाए, उन्हें उपहार दिया जाए, ताकि वे घोड़ों को किसी अन्य राज्यों में न बेचें। ऐसा करने से तुम्हारे दुश्मनों तक ये सामग्री नहीं पहुँचेगी तथा अन्य राज्य घोड़ों के बिना युद्ध क्षेत्र में कमजोर साबित होंगे।

4. कॉलिन मैकेंजी

1754 ई. में जन्मे कॉलिन मैकेंजी ने एक अभियंता, सर्वेक्षक तथा मानचित्रकार के रूप में प्रसिद्धि हासिल की। 1815 ई. में उन्हें भारत का पहला सर्वेयर जनरल बनाया गया और 1821 ई. में अपनी मृत्यु तक वे इस पद पर बने रहे।

भारत के अतीत को बेहतर ढंग से समझने और उपनिवेश के प्रशासन को आसान बनाने के लिए उन्होंने इतिहास से संबंधित स्थानीय परंपराओं का संकलन तथा ऐतिहासिक स्थलों का सर्वेक्षण करना आरंभ किया। वे कहते हैं–"ब्रिटिश प्रशासन के सुप्रभाव में आने से पहले दक्षिणी भारत खराब प्रबंधन की दुर्गति से लंबे समय तक जूझता रहा।" विजयनगर के अध्ययन से मैकेंजी को यह विश्वास हो गया कि कंपनी स्थानीय लोगों के अलग-अलग कबीलों, जो इस समय भी जनसंख्या का एक बड़ा हिस्सा थे, को अब भी प्रभावित करने वाली इनमें से कई संस्थाओं, कानूनों तथा रीति-रिवाजों के विषय में बहुत महत्त्वपूर्ण जानकारियाँ हासिल करा सकती थी।

(i) **कॉलिन मैकेंजी कौन थे? उनका परिचय दीजिए।**

उत्तर 1754 ई. में जन्मे कॉलिन मैकेंजी एक अभियंता सर्वेक्षक तथा मानचित्रकार थे। 1815 ई. में उन्हें भारत का प्रथम सर्वेयर जनरल बनाया गया।

(ii) **मैकेंजी ने विजयनगर साम्राज्य की पुनः खोज का प्रयास किस प्रकार किया?**

उत्तर मैकेंजी ने विजयनगर साम्राज्य की पुनः खोज के लिए इतिहास से संबंधित स्थानीय परंपराओं का संकलन तथा ऐतिहासिक स्थलों का सर्वेक्षण करना आरंभ किया। उसका मूल उद्देश्य भारत के अतीत को जानकर उपनिवेश के प्रशासन को आसान बनाना था।

(iii) **ईस्ट इंडिया कंपनी के लिए विजयनगर साम्राज्य का अध्ययन किस प्रकार उपयोगी था?**

उत्तर विजयनगर के अध्ययन से मैकेंजी को यह विश्वास हो गया कि ईस्ट इंडिया कंपनी स्थानीय लोगों के अलग-अलग कबीलों, जो इस समय भी जनसंख्या का एक बड़ा हिस्सा थे, को प्रभावित करने वाली इनमें से कई संस्थाओं, कानूनों तथा रीति-रिवाजों के विषय में बहुत महत्त्वपूर्ण जानकारियाँ हासिल करा सकती थी। इस विजयनगर साम्राज्य का अध्ययन ईस्ट इंडिया कंपनी के लिए उपयोगी था।

5. यह डोमिंगो पेस द्वारा लिखे गए विजयनगर शहर से लिया गया एक उद्धरण है। इस शहर का परिमाप मैं यहाँ नहीं लिख रहा हूँ, क्योंकि यह एक स्थान से पूरी तरह नहीं देखा जा सकता, पर मैं एक पहाड़ पर चढ़ा, जहाँ से मैं इसका एक बड़ा भाग देख पाया। मैं इसे पूरी तरह से नहीं देख पाया, क्योंकि यह कई पर्वत शृंखलाओं के बीच स्थित है। वहाँ से मैंने जो देखा वह मुझे रोम जितना विशाल प्रतीत हुआ और देखने में अत्यंत सुंदर। इसमें पेड़ों के कई उपवन हैं, आवासों के बगीचों में तथा पानी की कई नालियाँ जो इसमें आती हैं तथा कई स्थानों पर झीलें हैं तथा राजा के महल के समीप ही खजूर के पेड़ों का बगीचा तथा अन्य फल प्रदान करने वाले वृक्ष थे।

(i) **पेस विजयनगर शहर की तुलना किससे करता है?**

उत्तर डोमिंगो पेस विजयनगर शहर की तुलना यूरोप के शहर रोम से करता है।

(ii) **पूरे शहर को 'पेस' क्यों नहीं देख पाया? उसने अपनी समस्या को कैसे सुलझाया?**

उत्तर विजयनगर शहर का परिमाप बहुत बड़ा था, इसलिए पेस उसे देख नहीं पाया। उसने इस समस्या का समाधान एक पहाड़ पर चढ़कर शहर का अवलोकन करके किया। इसके पश्चात् भी वह शहर के मात्र एक हिस्से को ही देख पाया।

(iii) **शहर की सुंदरता का वर्णन पेस किस प्रकार करता है?**

उत्तर शहर की सुंदरता की व्याख्या करते हुए वह कहता है कि यहाँ पर कई उपवन हैं। आवासों के बगीचों में तथा पानी की कई नालियाँ जो इसमें आती हैं तथा कई स्थानों पर झीलें हैं। राजा के महल के समीप ही खजूर के पेड़ों का बगीचा तथा अन्य फल प्रदान करने वाले वृक्ष हैं। विजयनगर शहर को यह रोम के समकक्ष बताता है।

6. नीचे दिए गए चित्र में किलेबंद दीवार में बना एक प्रवेशद्वार को दर्शाया गया है।

(i) **उपरोक्त चित्र में विजयनगर के शासकों ने इंडों इस्लामी स्थापत्य के तत्त्वों को क्यों अपनाया?**

उत्तर तत्कालीन समय में धीरे-धीरे इंडो-इस्लामिक स्थापत्यकला का विकास हो रहा था अतः विजयनगर में शासकों ने इस स्थापत्यकला का प्रयोग मंदिरों में किया। यह उनकी धार्मिक सहनशीलता को भी प्रदर्शित करता है।

(ii) **चित्र में प्रदर्शित प्रवेश द्वार की कोई दो मुख्य विशेषता क्या है?**

उत्तर चित्र में वर्णित प्रवेश द्वारा की दो मुख्य विशेषता निम्नलिखित हैं

- प्रवेश द्वार के शिखर ऊँचे बनाए गए हैं।
- शिखर गोलाकार व आयताकार है।

मानचित्र आधारित प्रश्न

1. राजनीतिक रेखा मानचित्र के निम्नलिखित को अंकित कीजिए और उनके नाम लिखिए।

(i) मैसूर (ii) तंजावुर-वृहदेश्वर मंदिर
(iii) बिदर (iv) गोलकुंडा
(v) बीजापुर

उत्तर

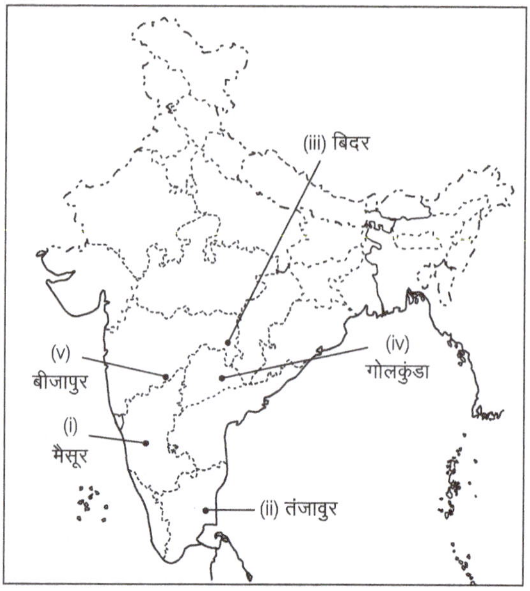

2. दिए गए राजनीतिक रेखा मानचित्र में बिंदु A, B, C, D, E को दर्शाया गया है। विजयनगर साम्राज्य से संबंधित इन स्थलों के नाम लिखिए।

उत्तर (A) चंद्रगिरि (B) कांचीपुरम (C) कोलार (D) तिरुनेवेल्ली (E) विजयनगर

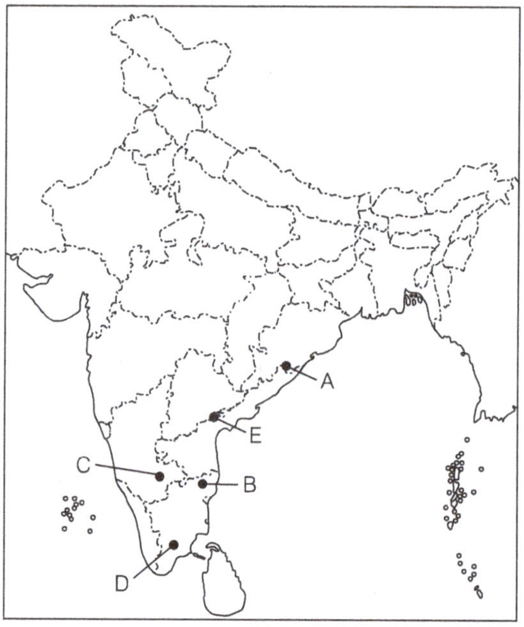

स्वयं को जाँचें

वस्तुनिष्ठ प्रश्न

1. कृष्णदेव राय ने 1512 ई. में तुंगभद्रा और कृष्णा नदियों के बीच का क्षेत्र रायचूर दोआब पर पूर्ण रूप से अधिकार कर लिया। कृष्णदेव राय किस वंश का शासक था?

(a) संगम वंश (b) सुलुव वंश (c) तुलुव वंश (d) अराविदु वंश

2. विजयनगर साम्राज्य के दुर्ग के प्रवेशद्वार किस विशिष्ट स्थापत्य शैली के नमूने थे?

(a) इस्लामिक शैली (b) यूरोपियन शैली
(c) इंडो शैली (d) इंडो-इस्लामिक शैली

3. विजयनगर साम्राज्य के संदर्भ में निम्नलिखित कथनों पर विचार कीजिए।

1. विजयनगर की सैन्य व्यवस्था युद्ध कला में अश्वसेना का महत्त्वपूर्ण स्थान था।
2. विजयनगर की महत्त्वपूर्ण नदी तुंगभद्रा थी।
3. विजयनगर की राजधानी अपनी विशिष्ट भौतिक रूपरेखा तथा स्थापत्य शैली के लिए प्रसिद्ध थी।

उपरोक्त में से कौन-सा/से कथन सही है/हैं?

कूट

(a) केवल 1 (b) केवल 2
(c) 1 और 3 (d) ये सभी

4. नीचे दिए गए कूट की सहायता से सही उत्तर का चयन कीजिए।

कथन (A) दक्षिण भारत में विजयनगर का साम्राज्य उत्तर में कृष्णा नदी से लेकर प्रायद्वीप के सुदूर दक्षिण तक विस्तृत था।

कारण (R) यहाँ के शासक विरुपाक्ष की ओर से शासन करने का दावा करते थे।

कूट

(a) A और R दोनों सही हैं तथा R, A की सही व्याख्या है। A और R दोनों सही हैं तथा R, A की सही व्याख्या है
(b) A और R दोनों सही हैं, परंतु R, A की सही व्याख्या नहीं है
(c) A सही है, किंतु R गलत है
(d) A गलत है, किंतु R सही है

5. विजयनगर साम्राज्य के प्रशासन की प्रमुख विशेषता क्या थी?

(a) इक्ता प्रणाली (b) नायक प्रणाली
(c) सैनिक प्रणाली (d) अमरनायक प्रणाली

अतिलघु उत्तरीय प्रश्न

5. विजयनगर शहर कहाँ-से-कहाँ तक फैला हुआ था तथा इसे कब लूटा गया?

6. दक्षिण के राज्यों में संघर्ष का मुख्य कारण क्या था?

7. विजयनगर साम्राज्य से पहले यहाँ पर किस शासक वर्ग ने शासन किया? इसकी दो विशेषताओं को बताइए।

8. विजयनगर राज्य की आय के मुख्य साधन कौन-कौन से थे?

9. राक्षसी-तांगड़ी का युद्ध कब हुआ? इसमें विजयनगर साम्राज्य की पराजय क्यों हुई?

10. गोपुरम् क्यों बनाए जाते हैं?

लघु उत्तरीय प्रश्न

11. विजयनगर साम्राज्य का निर्माण किन-किन चरणों में संपन्न हुआ? उनका वर्णन कीजिए।

12. विजयनगर शहर में किलेबंदी की क्या विशेषता थी?

13. कृष्णदेव राय कौन थे? उनके द्वारा किए गए प्रमुख कार्यों को बताइए।

14. विजयनगर साम्राज्य के पतन में 'तालीकोटा के युद्ध' की भूमिका का उल्लेख कीजिए।

15. नायक कौन-सी भाषा बोलते थे? विजयनगर के शासक कैसे इन पर नियंत्रण रखते थे?

16. विजयनगर साम्राज्य में होने वाले व्यापारिक परिदृश्यों का अवलोकन कीजिए।

दीर्घ उत्तरीय प्रश्न

17. विजयनगर के भौगोलिक परिदृश्य को देखते हुए उसके द्वारा की गई किलेबंदी की सविस्तार चर्चा कीजिए।

18. विरुपाक्ष मंदिर के विषय में बताइए? इसके सभागारों का प्रयोग किस रूप में किया जाता था? इनके रूपों का उल्लेख कीजिए?

19. विजयनगर के शासक किस प्रकार शिक्षा, साहित्य और अन्य कला के संरक्षक थे? उनके महत्त्वों पर प्रकाश डालिए।

20. विजयनगर साम्राज्य के राजकीय केंद्र में स्थापत्य के महत्त्व को समझाइए? तथा राजकीय केंद्र में स्थित भवनों का वर्णन कीजिए?

08

अध्याय

किसान, जमींदार और राज्य (कृषि समाज तथा मुगल साम्राज्य)

यह अध्याय, मुगल साम्राज्य के दौरान मौजूद सामाजिक और आर्थिक स्थिति से संबंधित है। अबुल फजल द्वारा लिखित आइन-ए-अकबरी मुगल साम्राज्य के इतिहास के पुनर्निर्माण का मुख्य स्रोत है।

▼ अध्ययन एक नजर में

▼ अभ्यास के लिए

- बहुविकल्पीय प्रश्न 28, चित्र आधारित, कथन/कारण, सुमेलित कीजिए
- वर्णनात्मक प्रकार के प्रश्न (लघु उत्तरीय प्रश्न 23, दीर्घ उत्तरीय प्रश्न 8)
- स्रोत आधारित प्रश्न 8, मानचित्र आधारित प्रश्न 2

16वीं से 17वीं शताब्दी में मुगल साम्राज्य के समय भारत की अधिकांश जनसंख्या (लगभग 85%) ग्रामीण क्षेत्रों में निवास करती थी। ग्रामीण क्षेत्रों में कृषि ही जीवन निर्वाह का प्रमुख आधार थी। खेतिहर और भूमिहर संभ्रांत दोनों ही कृषि उत्पादन करते थे और फसल के हिस्से पर अपना अधिकार जताते थे। इससे उनके बीच सहयोग, प्रतिस्पर्द्धा और संघर्ष के रिश्ते बने। मुगल साम्राज्य अपनी आय का एक बड़ा भाग कृषि उत्पादन के द्वारा प्राप्त करता था।

राजस्व मूल्यांकनकर्ता, संग्रहकर्ता रिकॉर्ड रखने वाले राज्य के एजेंट थे। ये एजेंट समाज को नियंत्रित करते थे, ताकि यह सुनिश्चित हो सके कि खेती होती रहे और राज्य को उपज से कर का नियमित हिस्सा मिले।

8.1 किसान और कृषि उत्पादन

- कृषि समाज की मूल इकाई गाँव थी, जहाँ किसान रहते थे, और विभिन्न कार्य करते थे जिनसे वर्ष भर कृषि उत्पादन होता था।
- किसान मिट्टी जोतने, बीज बोने और फसल पकने पर उसे काटने में शामिल थे। वे चीनी और तेल जैसी कृषि-आधारित वस्तुओं के उत्पादन के लिए भी मजदूरी करते थे।
- विशाल शुष्क भूमि पर पहाड़ी क्षेत्र जैसे क्षेत्र अधिक उपजाऊ भूमि की तरह कृषि योग्य नहीं थे।

स्रोतों की तलाश

16वीं और 17वीं शताब्दी के आरंभिक कृषि इतिहास के प्रमुख स्रोत मुगल दरबार के इतिहास और दस्तावेज निम्नलिखित हैं

- आइन-ए-अकबरी अकबर के दरबारी इतिहासकार अबुल फजल द्वारा लिखित सबसे महत्त्वपूर्ण इतिहास था।
- आइन-ए-अकबरी में खेती को सुनिश्चित करने और राज्य एजेंसियों एवं जमींदारों द्वारा राजस्व संग्रह को सुविधाजनक बनाने के लिए राज्य द्वारा उठाए गए उपायों का संग्रह किया गया है।
- आइन का मुख्य लक्ष्य अकबर के साम्राज्य को एक ऐसे साम्राज्य के रूप में प्रदर्शित करना था। जहाँ एक मजबूत शासक वर्ग द्वारा सामाजिक मेल-जोल बनाकर रखा जाता था।
- आइन विवरण को मुगल राजधानी के बाहर के क्षेत्रों में विवरणों से समर्थन प्राप्त होता है, जिसमें 17वीं और 18वीं शताब्दी के गुजरात, महाराष्ट्र और राजस्थान के विस्तृत राजस्व अभिलेख शामिल हैं।

इसके अतिरिक्त ईस्ट इंडिया कंपनी के अभिलेखों से हमें पूर्वी भारत में कृषि संबंधों का विवरण मिलता है। साथ ही उनमें किसानों जमींदारों और राज्य के बीच संघर्ष के उदाहरण भी दर्ज हैं।

किसान और उनकी जमीन

- ग्रामीण समुदाय की आधारभूत इकाई किसान होते थे। ये प्राय: गाँवों में निवास करते थे। किसान संपूर्ण वर्ष कृषि कार्यों (जुताई, बुआई, फसल कटाई) में संलग्न रहते थे।
- मुगल काल में किसानों को अलग-अलग नामों से संबोधित किया गया। भारतीय-फारसी स्रोतों में किसानों को रैयत (बहुवचन रिआया), मुजरियान, आसामी आदि कहा गया है।
- 17वीं सदी के स्रोतों में दो किस्म के किसानों का विवरण मिलता है
  1. **खुदकाश्त** वे किसान होते है, जो अपनी भूमि पर खेती करते थे। यह खेती व्यक्तिगत स्वामित्व के सिद्धांत पर आधारित थी। किसानों की जमीनें उसी तरह खरीदी और बेची जाती थीं जैसे दूसरे संपत्ति मालिकों की जमीनें।
  2. **पाहिकाश्त** वे किसान होते हैं, जो दूसरे गाँवों में ठेके पर कृषि कार्य करते थे।
- लोगों के पाहिकाश्त बनने के अलग-अलग कारण थे: जैसे-
  - अपनी इच्छा से अर्थात् जब दूरदराज के गाँवों में कर की दर कम थी।
- मजबूरी में अकाल या अन्य प्राकृतिक आपदा के बाद आर्थिक नुकसान से मजबूर होकर।
- मुगलकालीन किसानों की औसत स्थिति साधारण थी। एक किसान के पास एक जोड़ी बैल और दो हल से ज्यादा शायद ही कुछ होता था। गुजरात में 6 एकड़ जमीन वाले किसान, बंगाल में 5 एकड़ जमीन वाले किसान और असम में 10 एकड़ जमीन वाले किसान को समृद्ध माना जाता था। इसमें 10 एकड़ जमीन वाले आसामी (किसान) को अमीर समझा जाता था।

सिचाई एवं प्रौद्योगिकी

- कृषि के निरंतर विस्तार के कारण भूमि की प्रचुरता, उपलब्ध श्रम और किसानों की गतिशीलता थी।
- चूँकि कृषि प्राथमिक उद्देश्य लोगों को भोजन उपलब्ध कराना था, इसलिए चावल, गेहूँ या बाजरा जैसे बुनियादी खाद्य स्रोत सबसे अधिक उगाई जाने वाली फसलें थीं।
- चावल उत्पादक क्षेत्र वे क्षेत्र थे, जहाँ एक वर्ष में 40 इंच या उससे अधिक वर्षा होती थी। इसके बाद गेहूँ और बाजरे की फसल का स्थान है जहाँ वर्षा की मात्रा कम होती जा रही है।
- मानसून भारतीय कृषि की रीढ़ था लेकिन कुछ फसलों को अतिरिक्त पानी की आवश्यकता थी। जिसके लिए सिंचाई की व्यवस्था करनी थी।
- मुगलकालीन कृषि उन्नत अवस्था में थी, क्योंकि यहाँ कृषि तकनीकों के द्वारा कृषि कार्य किए जाते थे; जैसे—
  - जुताई में लकड़ी के हल्के हल का प्रयोग किया जाता था, जिसके एक छोर पर नुकीली धार या फाल लगी होती थी, जिससे मिट्टी की हल्की खुदाई होती थी और इससे गर्मी के मौसम में भी मिट्टी की नमी बनी रहती थी।
  - बीज बोने के लिए एक ड्रिल का उपयोग किया जाता था, जिसे विशालकाय बैलों की जोड़ी खींचती थी। बीजों को अलग-अलग जगह पर बिखेरना सबसे अधिक प्रचलित तरीका था।
  - लकड़ी के मूठ वाले लोहे के पतले धारनुमा औजार से मिट्टी की गुड़ाई और निराई की जाती थी।

फसलों की बहुतायत (भरमार)

- ग्रामीण परिवेश में विभिन्न क्षेत्रों में विभिन्न प्रकार की फसलें उगाई जाती थीं, जिनमें कृषि से संबंधित भौगोलिक एवं फसलों में विविधता पाई जाती थी। यहाँ 'रबी' और 'खरीफ' फसल की कृषि की साहित्यिक जानकारी उपलब्ध होती है, परंतु ऐसे क्षेत्र भी थे, जहाँ बारिश या सिंचाई के अन्य साधन विद्यमान होने के कारण वर्ष में कम-से-कम तीन फसलें होती थीं।
- आइन-ए-अकबरी के अनुसार, रबी और खरीफ की फसल के अंतर्गत मुगल प्रांत आगरा में 39 किस्म की फसलें, दिल्ली प्रांत में 43 किस्म की फसलें और बंगाल में केवल चावल की 50 किस्मों की पैदावार की जाती थी। बहुतायत रूप में चावल, गेहूँ, ज्वार इत्यादि उपजाए जाते थे।
- वे क्षेत्र, जहाँ 40 इंच या उससे अधिक वर्षा होती थी, वहाँ चावल का उत्पादन किया जाता था। इसके विपरीत निम्न वर्षा वाले क्षेत्रों में गेहूँ व ज्वार-बाजरे का उत्पादन किया जाता था।
- मुगल राज्य में निर्वाहपरक फसलों के अतिरिक्त कुछ ऐसी फसलों का भी उत्पादन होता था, जिससे राज्य को अधिक कर मिले। इन फसलों को **जिन्स-ए-कामिल** या **नकदी फसल** कहा गया; जैसे—कपास (मध्य भारत और दक्कनी भारत), चीनी (बंगाल), गन्ना, तिलहन आदि।
- इन नकदी फसलों में विभिन्न प्रकार के तिलहन और दालें भी शामिल थीं। इससे पता चलता है कि औसत किसान की जोत में निर्वाह और वाणिज्यिक उत्पादन का आपस में गहरा संबंध था।
- 17वीं शताब्दी में भारतीय उपमहाद्वीप में विश्व के अनेक कोनों से नई-नई फसलें पहुँचीं; जैसे—मक्का अफ्रीका और स्पेन से, इसी तरह आलू, टमाटर, मिर्च, अनन्नास और पपीता आदि नई दुनिया से भारत पहुँचे।

कृषि समृद्धि और जनसंख्या वृद्धि कृषि उत्पादन के ऐसे विविध और लचीले तरीकों का एक बड़ा नतीजा यह निकला कि आबादी धीरे-धीरे बढ़ने लगी। आर्थिक इतिहासकारों की गणना के अनुसार, समय-समय पर होने वाली भुखमरी और महामारी के बावजूद, 1600 से 1700 के बीच भारत की आबादी लगभग 5 करोड़ बढ़ गई। 200 वर्षों में यह लगभग 33% बढ़ गई थी।

अकाल और महामारी के कारण समय-समय पर होने वाली बाधाओं के बावजूद भारत की जनसंख्या में वृद्धि हुई।

तंबाकू का प्रसार

सर्वप्रथम तंबाकू की फसल दक्कन में पैदा की गई थी और वहाँ से इसे 17वीं शताब्दी के आरंभिक वर्षों में उत्तरी भारत लाया गया। आइन-ए-अकबरी में इस फसल का विवरण नहीं मिलता। 1604 ई. में तंबाकू का सेवन अधिक मात्रा में किया जाने लगा। जहाँगीर ने अपने राज्य में इस पर पाबंदी लगा दी थी, परंतु 17वीं शताब्दी के अंत तक तंबाकू का प्रयोग संपूर्ण भारत में व्यापार और खेती के रूप में होने लगा था।

चेक प्वॉइंट 1

1. मुगल साम्राज्य के कृषि समाज की मूल इकाई क्या थी?
2. आइन-ए-अकबरी के लेखक कौन हैं?
3. वर्ष 1600 से 1700 तक भारत की आबादी लगभग कितीन बढ़ गई?
4. दो जिन्स-ए-कामिल फसलों के नाम बताइए।
5. तंबाकू के उपयोग पर प्रतिबंध किसने लगाया था?

8.2 ग्रामीण समुदाय

- किसान मुख्यत: कृषि उत्पादन में लगे हुए थे। वे अपनी जमीनों पर व्यक्तिगत स्वामित्व रखते थे।
- साथ ही वे अपने सामाजिक जीवन के कई पहलुओं में एक सामूहिक ग्राम समुदाय का हिस्सा थे।
- इस ग्राम समुदाय के तीन भाग थे अर्थात् कृषक, पंचायत और ग्राम प्रधान (मुकदद्म या मंडल)।

जाति एवं ग्रामीण परिवेश

- जाति और इसी तरह के भेदभावों पर आधारित महत्त्वपूर्ण असमानताओं के कारण कृषक एक विविध समूह के थे।
- भूमि जोतने वालों में बड़ी संख्या में ऐसे लोग थे, जो कृषि मजदूर के रूप में कार्य करते थे।
- मुगल साम्राज्य में बड़ी मात्रा में कृषि योग्य भूमि उपलब्ध होने के अतिरिक्त, कुछ जाति समूहों को निम्न स्तर की नौकरियाँ दी जाती थीं, जो गरीबी में रहते थे।
- ये समूह गाँव की आबादी का एक बड़ा हिस्सा थे, उनके पास न्यूनतम संसाधन थे और जाति पदानुक्रम में उनकी स्थिति सीमित थी, जैसे आधुनिक भारत में दलित।
- मुस्लिम समुदायों में हलालखोरन (मैला ढोने वाले) जैसे निम्न दर्जे के लोगों को गाँव की सीमा के बाहर रहने के लिए मजबूर किया जाता था। इसी तरह बिहार में मल्लाहजावों (नाविकों के बेटे) की तुलना गुलामों से की जाती थी।
- समाज के निचले स्तर पर जाति, गरीबी, और सामाजिक स्थिति के बीच सीधा संबंध था, जबकि मध्यवर्ती स्तरों पर समान सहसंबंध इतना स्पष्ट नहीं था।
- 17वीं शताब्दी में मारवाड़ से प्राप्त एक पुस्तिका में राजपूतों को किसान बताया गया है, जिनकी स्थिति जाटों के समान थी, जिन्हें जाति पदानुक्रम में जाटों से ऊपर रखा गया है।
- इसी समय भूमि जुताई का कार्य करने वाले 'गौरव समुदाय' (वृंदावन, उत्तर प्रदेश) ने भी खुद को राजपूत होने का दावा किया।
- पूर्वी क्षेत्र के पशुपालकों और मछुआरों (सदगोप व कैवर्त) को भी किसानों के समरूप माना गया। पशुपालन और बागवानी में अच्छी आय के कारण अहीर, गुज्जर और माली आदि जातियों की सामाजिक प्रतिष्ठा में वृद्धि हुई।

▲ प्रारंभिक 19वीं शताब्दी में पंजाब का एक गाँव

पंचायतें और मुखिया

- ग्राम पंचायत बुजुर्गों की एक सभा थी, जो सामान्यतः इस सभा में गाँव के महत्त्वपूर्ण लोग होते थे और उन्हें अपनी संपत्ति पर वंशानुगत अधिकार प्राप्त होते थे।
- कुछ गाँवों में पंचायतों में दलित जाति की आबादी रहती है।
- इन पंचायतों द्वारा लिए गए निर्णय सदस्यों पर बाध्यकारी होते थे
- इस पंचायत का एक मुखिया होता था, जिसे मुकदद्म या मंडल कहा जाता था। इस मुखिया का चयन गाँव के बुजुर्गों की सहमति से होता था, जिसे जमींदार द्वारा अनुमोदित किया जाता था।
- मुखिया तब तक अपने पद पर बना रहता था, जब तक उसे गाँव के बुजुर्गों का विश्वास प्राप्त था। उसे गाँव के बुजुर्ग पद से हटा भी सकते थे।
- मुखिया का मुख्य कार्य गाँव के खातों की तैयारी की देखभाल करना था, जिसमें पंचायत के लेखाकार या पटवारी द्वारा उनकी सहायता की जाती थी।
- गाँव की आय-व्यय का लेखा जोखा मुखिया की देख-रेख में ही तैयार किया जाता था।
- याचिकाएँ जाति समूह या समुदाय द्वारा सामूहिक रूप से प्रस्तुत की जाती थीं, जिसमें कुलीन समूहों की अन्यायपूर्ण माँगों के विरुद्ध विरोध किया जाता था; जैसे—सूखे या अन्य आपदाओं के दौरान अत्यधिक कर की माँग आदि।

▲ प्रारंभिक 19वीं शताब्दी में गाँव के बुजुर्ग कर अधिकारियों से मिल रहे हैं।

- ग्राम पंचायत के अतिरिक्त गाँवों में प्रत्येक जाति की अपनी जातिगत पंचायतें भी होती थीं। ये पंचायतें अधिकार संपन्न होती थीं। राजस्थान में जाति पंचायतें **दीवानी** (Civil) और **फौजदारी** (Criminal) मामलों से संबंधित झगड़ों का निपटारा करती थीं।
- पश्चिमी भारत के राजस्थान और महाराष्ट्र में निम्न जाति के लोगों ने उच्च जाति या राज्य के अधिकारियों के विरुद्ध जबरदस्ती कर या बेगार वसूली की शिकायत की है। इसके अंतर्गत किसी जाति या संप्रदाय विशेष के लोग संभ्रांत समूहों की उन माँगों का विरोध करते थे, जिन्हें वे नैतिक दृष्टि से अवैध मानते थे। कर की अत्यधिक माँग से किसानों का दैनिक जीवन प्रभावित होता था, विशेषकर सूखे या अन्य आपदा के समय।
- निचली जाति के किसानों और राज्य के अधिकारियों या स्थानीय जमींदार के बीच मतभेद में पंचायत का फैसला अलग-अलग विवादों में भिन्न-भिन्न होता था। मतभेद का समाधान नहीं होने पर किसान गाँव छोड़कर चले जाते थे।
-

- ग्राम प्रधान को ग्राम समुदाय के सदस्यों के आचरण की निगरानी करनी होती थी तथा अपनी जाति के विरुद्ध किसी भी अपराध को रोकना होता था।
- पंचायतों को जुर्माना लगाने और समुदाय से निष्कासन जैसे गंभीर दंड देने का अधिकार क्या निष्कासन का था? निष्कासन का अर्थ दंडित व्यक्ति को गाँव छोड़ने, जाति से बहिष्कृत होने और अपने पेशे का अभ्यास करने के अधिकार से वंचित होने के लिए मजबूर किया जाना था। इनका उपयोग राजस्व अधिकारियों के मनोरंजन के लिए भी किया जाता था।

पंचायत के कार्य

- गाँवों में रहने वाले समुदायों पर नियंत्रण रखना।
- शादी-विवाह मुखिया की मौजूदगी में कराना। पूर्वी भारत की सभी शादियाँ मुखिया की मौजूदगी में होती थीं।
- जाति व्यवस्था बनाए रखने के लिए लोगों के आचरण पर निगरानी रखना।
- असामाजिक कार्यों के लिए जुर्माना और समुदाय से निष्कासन जैसे दांडिक कार्य करना।
- अत्यधिक कर की माँग के विवाद में सुझाव देना।

पंचायत कोष

- पंचायतों का अपना एक कोष (Fund) होता था, जिसमें गाँव का प्रत्येक व्यक्ति अपनी क्षमतानुसार अनुदान देता था। इस कोष में जमा रुपयों का उपयोग अधिकारियों के वेतन, भत्ते तथा प्राकृतिक आपदाओं (बाढ़/सूखा) से बचाव, तालाब, नहर और बाँध निर्माण आदि सामुदायिक कार्यों के लिए किया जाता था।

जाति पंचायतें

- ग्राम पंचायत के अतिरिक्त गाँव में प्रत्येक जाति की अपनी जाति पंचायत होती थी।
- राजस्थान में जाति पंचायतें विभिन्न जातियों के सदस्यों के बीच नागरिक विवादों का निपटारा करती थीं।
- जाति पंचायतें भूमि विवादों में मध्यस्थता करती हैं। इसके अतिरिक्त अन्य मुददे् भी सुलझाती हैं- जैसे
  - जब अलग-अलग व्यक्ति एक ही जमीन पर दावा करते हैं।
  - यह तय करते हैं कि क्या विवाह किसी विरोध जाति समूह द्वारा निर्धारित नियमों के अनुसार किया गया था।
  - यह निर्णय करना कि गाँव के कार्यों में किसका धार्मिक महत्त्व अधिक है।
- आपराधिक न्याय के मामलों को छोड़कर राज्य अधिकांश मामलों में जाति पंचायतों के निर्णयों का सम्मान करता था।

ग्रामीण दस्तकार

- गाँवों में **शिल्पकारों** अथवा **दस्तकारों** (Artisans) की संख्या अत्यधिक (कुल आबादी का 25%) थी, जिसकी पुष्टि अंग्रेजी सरकार के आरंभिक सर्वेक्षण और मराठाओं के दस्तावेजों से होती है।
- किसानों और दस्तकारों के मध्य अंतर करना बहुत कठिन था, क्योंकि अनेक समूह खेती और दस्तकारी दोनों कार्य करते थे। खेतिहर और उसके परिवार के लोग अनेक वस्तुओं का उत्पादन करते थे; जैसे—रँगरेजी, कपड़े पर छपाई, मिट्टी के बर्तनों को पकाना, कृषि हेतु औजार बनाना या उनकी मरम्मत आदि।
- कुम्हार, लोहार, बढ़ई, नाई, सोनार आदि प्रमुख दस्तकार थे। इन दस्तकारों की सेवाओं के बदले ग्रामीण समुदाय द्वारा फसल का एक हिस्सा या जमीन का कुछ टुकड़ा अदायगी के रूप में दिया जाता था। महाराष्ट्र में ऐसी भूमि, जिस पर दस्तकारों का पुश्तैनी अधिकार होता था, उसे **मीरास** या **वतन** (Miras or Watan) कहा जाता था।
- जजमानी प्रथा प्रचलित थी, जहाँ कारीगरों और किसान परिवारों को जमींदारों द्वारा एक छोटा-सा दैनिक भत्ता दिया जाता था।

राज्य (एक छोटा गणराज्य)

- मुगलकाल में राज्य की संकल्पना आधुनिक रूप में तो नहीं, लेकिन केंद्रीय सत्ता के रूप में विद्यमान थी। शक्ति का केंद्रीकरण था, लेकिन शासन एवं प्रशासन कार्य प्रांतों के स्तर पर भी होते थे।
- केंद्रीय सत्ता शहरों में अवस्थित थी और भारतीय गाँवों को अंग्रेज अफसरों के द्वारा **छोटा गणराज्य** (Little Republic) कहा जाता था। इन गणराज्यों में लोग सामूहिक स्तर पर संसाधनों और श्रम का विभाजन भाईचारे के साथ करते थे। गाँव में सामाजिक समानता नहीं थी। संपत्ति की व्यक्तिगत मिल्कियत होती थी। जाति और सामाजिक लिंग के आधार पर विषमताएँ विद्यमान थीं। शक्तिशाली लोग गाँव के मामलों में निर्णय लेकर निम्न वर्गों का शोषण करते थे।

- मुगल साम्राज्य के मध्यक्षेत्र में राजस्व का आकलन और संग्रह नकद में किया जाता था।
- निर्यात बाजार के लिए काम करने वाले कारीगरों के साथ-साथ कपास, रेशम या नील जैसे वाणिज्यिक उत्पादों के उत्पादकों को उनकी अंतिम राशि या मजदूरी नकद में मिलती थी।
- फ्रांसीसी यात्री ज्यां बैप्टिस्ट तैवर्नियर के अनुसार, गाँवों में मुद्रा के लेन-देन का कार्य करने के लिए **सर्राफ** (Shroff) होते थे। ये एक बैंकर के रूप में **हवाला** (Hawala) का भुगतान करते थे और अपने अनुसार पैसे के मुकाबले रुपये की कीमत बढ़ा देते थे।

चेक प्वॉइंट 2

1. हलालखोरन कौन थे?
2. ग्राम पंचायत के मुखिया का चुनाव कैसे होता था?
3. राजस्थान में जातीय पंचायतें विभिन्न जातियों के सदस्यों के बीच कौन-से विवादों का निपटान करती थी?
4. महाराष्ट्र में कारीगरों की वंशानुगत संपत्ति को किस शब्द से संदर्भित किया जाता है?
5. जजमानी व्यवस्था क्या थी?

8.3 कृषि समाज में महिलाएँ

समकालीन समाज में महिलाएँ आर्थिक गतिविधियों में पुरुषों के समान कार्यों में संलग्न रहती थीं, फिर भी इनकी आर्थिक एवं सामाजिक स्थिति दयनीय थी। इनसे संबंधित तथ्य निम्नलिखित हैं

महिलाओं की सामाजिक स्थिति

- समाज में महिलाओं की स्थिति महत्त्वपूर्ण संसाधन के रूप में होने के बावजूद भी दयनीय थी। कुपोषण, बार-बार माँ बनना तथा असुरक्षित प्रसव के कारण महिलाओं की मृत्यु दर अत्यधिक थी। समाज में विवाहित महिलाओं की कमी के कारण तलाकशुदा व विधवा विवाह को प्रश्रय दिया गया।
- कई ग्रामीण संप्रदायों में शादी के समय दहेज न लेकर दुल्हन की कीमत अदा की जाती थी।
- महिलाओं को जैव वैज्ञानिक प्रक्रियाओं के कारण कई पूर्वाग्रहों का सामना करना पड़ता था; जैसे—राजस्वला होने पर हल/चाक को न छूना। बंगाल में महिलाएँ इस समय पान के बगान में नहीं जा सकती थीं।
- महिलाओं की चरित्रहीनता पर उन्हें दंडित किया जाता था, परंतु पुरुषों पर यह नियम लागू नहीं होता था। राजस्थान, गुजरात और महाराष्ट्र आदि पश्चिमी भारत से प्राप्त दस्तावेजों में महिलाओं द्वारा ग्राम पंचायत में न्याय एवं हर्जाने की माँग से संबंधित विवरण मिलता है। इन दस्तावेजों में महिलाओं को उनके नाम से संबोधित न करके मुखिया की माँ/बहन/पत्नी के रूप में संबोधित किया जाता था।

▲ सूत काटाती महिला

- समकालीन समाज में महिलाएँ, पुरुषों के समान कृषि एवं उत्पादनात्मक कार्यों में महत्त्वपूर्ण भूमिका अदा करती थीं। महिलाएँ किसानों की व्यक्तिगत कृषि के विकास के कारण घर-परिवार के श्रम को बढ़ावा देती थीं।
- दस्तकारी कार्यों में भी महिलाएँ सूत कातना, बर्तन बनाने के लिए मिट्टी साफ करना व गूँथना और कढ़ाई आदि कार्य करती थीं। बाजार और घरों में भी महिलाएँ श्रमिक के रूप में कार्य करती थीं।

महिलाओं को संपत्ति संबंधी अधिकार (आर्थिक स्थिति)

- सामान्यतः स्त्रियों के संपत्ति संबंधी अधिकार काफी सीमित थे, परंतु भूमिहर उच्च वर्ग की महिलाओं को संपत्ति संबंधी पुश्तैनी अधिकार प्राप्त थे। पंजाब से मिले साक्ष्यों के अनुसार, महिलाओं (विधवा महिला) को भी **पुश्तैनी संपत्ति**[1] (Inherit Property) के विक्रेता के रूप में ग्रामीण भूमि संबंधी अधिकार प्राप्त थे।
- हिंदू और मुसलमान स्त्रियों को जमींदारी उत्तराधिकार में प्राप्त होती थी, जिसकी वे स्वतंत्र मालिक होती थीं। बंगाल में यह व्यवस्था प्रचलित थी। 18वीं सदी की सबसे बड़ी और प्रसिद्ध राजशाही की जमींदारी की संचालनकर्ता एक स्त्री ही थी।

---

1 पुश्तैनी संपत्ति किसी व्यक्ति के किसी संपत्ति पर वंशगत अधिकार को पुश्तैनी संपत्ति कहा जाता है।

8.4 वन एवं जनजातियाँ

बसे हुए गाँवों के परे

- उत्तरी और उत्तर- पश्चिमी भारत में घने जंगल और झाड़ीदार भूमि सहित वनों के विशाल क्षेत्र पूर्वी भारत, मध्य भारत, उत्तरी भारत (भारत-नेपाल सीमा पर तराई सहित) झारखंड और पश्चिमी घाट तथा दक्कन के पठार के नीचे प्रायद्विपीय भारत में सामान्य थे।
- समसामयिक रचनाओं में जंगलों में निवास करने वाले समुदायों को जंगली कहा जाता है। यहाँ जंगली से अर्थ उन समुदायों से है, जिनका जीवन निर्वाह जंगल के उत्पादों, शिकार, **झूम खेती**[2] (Shifting Agriculture) आदि पर निर्भर होता है।
- समकालीन भारत में लगभग 40% भारतीय भूमि (झारखंड, पूर्वी भारत, मध्य भारत, उत्तरी क्षेत्र, दक्षिणी भारत का पश्चिमी घाट, दक्कन का पठारी क्षेत्र) पर जंगल विस्तृत थे।
- जंगलों को उपद्रवियों के लिए शरणस्थली के रूप में देखा जाता था। मुगल सम्राट बाबर ने कहा कि जंगल अच्छी सुरक्षा प्रदान करते हैं, जिससे विद्रोही ग्रामीणों को करों का भुगतान करने से बचने में सहायता मिलती थी।

जंगलों में घुसपैठ

- जंगल में बाहरी ताकतें कई प्रकार से घुसपैठ करती थीं; जैसे—सेना हाथी के लिए, क्योंकि सेना को हाथियों की आवश्यकता होती थी और हाथियों की उपलब्धि जंगलों में थी। इसलिए जंगलवासियों से आने वाली पेशकश में बड़ी संख्या में हाथी शामिल होते थे।
- जंगलों में जाने का दूसरा तरीका था— शिकार अभियान। दरबारी इतिहासकारों के अनुसार बादशाह शिकार अभियान के तहत अपने बड़े से साम्राज्य के हर कोने का दौरा कर अलग-अलग समूहों और क्षेत्रों के लोगों की समस्याओं/शिकायतों का निवारण करता था। दरबारी चित्रकारों द्वारा निर्मित जंगल के चित्रों में ऐसे दृश्यों का समावेश किया जाता था, जो सद्‌भावनापूर्ण शासक की ओर इशारा करते थे।
- वाणिज्यिक कृषि के प्रसार ने वनवासियों के जीवन पर नकारात्मक प्रभाव डाला। शहद, मोम और गोंद, लाख जैसे वन उत्पादों की बहुत माँग थी तथा सत्रहवीं शताब्दी तक गोंद, लाख प्रमुख विदेशी निर्यात बन गया था।
- कबीले का अपना एक सरदार और अपनी सामाजिक परंपराएँ होती थीं, लेकिन व्यापारिक गतिविधियों के कारण ग्रामीण समुदायों से इनका संपर्क बढ़ा और कबीलों के सरदार अब जमींदार बनने लगे, साथ ही कुछ सरदार स्वयं को शासक घोषित करने लगे; जैसे—असम के अहोम राजा।
- अहोम राजाओं के पास 'पाइक' नामक लोग थे, जो भूमि के बदले में सैन्य सेवा प्रदान करते थे।
- अहोम राजाओं ने जंगली हाथियों को पकड़ने पर शाही एकाधिकार घोषित कर दिया।
- सिंध क्षेत्र में जनजातियों के पास 6000 घुड़सवार और 7000 पैदल सेनाएँ थीं।
- पंजाब के लोहानी कबीले जैसे कुछ कबीले भारत और अफगानिस्तान के मध्य संपन्न होने वाले जमीनी व्यापार में महत्त्वपूर्ण भूमिका निभाते थे। इसके अतिरिक्त ये पंजाब के गाँवों व शहरों के बीच होने वाले व्यापार में भी भाग लेते थे।

जनजातिया तक संक्रमण

- स्रोतों के अनुसार, 16वीं शताब्दी तक कबीलों के बीच राजतंत्रात्मक प्रणाली (Monarchical System) विकसित हो चुकी थी। जंगली क्षेत्रों में नए सांस्कृतिक प्रभावों के विस्तार की भी शुरुआत हुई।
- सूफी संतों के उदारवादी विचारों से प्रभावित होकर ग्रामीण समुदायों और उनसे संबंधित वर्गों ने इस्लाम धर्म को अपनाया।
- आइन-ए-अकबरी के उत्तर-पूर्व में जनजातीय राज्यों के अस्तित्व का उल्लेख है।
- यह आम बात थी कि सोलहवीं और सत्रहवीं शताब्दी के दौरान कोच राजाओं ने पड़ोसी जनजातियों पर नियंत्रण पाने के लिए उसके विरुद्ध युद्ध किया।

---

2 झूम खेती एक स्थान से दूसरे स्थान पर किसी समुदाय द्वारा की गई कृषि को झूम खेती कहते हैं।

8.5 जमींदार

- जमींदार एक ग्रामीण वर्ग था, जो कृषि पर निर्भर था, लेकिन सही तरीके से जमीन पर खेती नहीं करता था।
- जमींदार, ग्रामीण समुदाय का एक ऐसा समृद्ध वर्ग था, जिसकी आय का मुख्य स्रोत उसके मालिकाना हक की भूमि होती थी। जमींदारों की विस्तृत व्यक्तिगत जमीन उनकी समृद्धि का कारण था, जिस कारण इन्हें **मिल्कियत**[3] (Milkiyat) कहते थे।
- जमींदारों की समृद्धि का मुख्य कारण उनकी जातिगत श्रेष्ठता, राज्य की ओर से विशेष सामाजिक-आर्थिक सुविधाएँ, कर वसूलने एवं सेना रखने का अधिकार आदि थे। जमींदारों के पास तोपखाने, पैदल और घुड़सवार सैनिक टुकड़ियों के साथ किले भी होते थे।
- अबुल फजल के विवरण से पता चलता है कि 'उच्च जाति ब्राह्मण-राजपूत गठबंधन ने पहले ही ग्रामीण समाज पर मजबूत नियंत्रण प्राप्त कर लिया था, जिसमें तथा कथित मध्यवर्ती लागत का महत्त्वपूर्ण प्रतिनिधित्व था।
- समकालीन दस्तावेज संकेत देते हैं कि कुछ लोग सनद (शाही आदेश) के समर्थन से कमजोर व्यक्तियों से जमीन जब्त करके सैन्य बल के माध्यम से जमींदार बन गए।
- अन्य कारकों ने भी वंशानुक्रम के आधार पर कबीले या जमीदारियों को मजबूत करने में योगदान दिया। उदाहरण के लिए ,राजपूत और जाट जैसे कबीलों ने उत्तरी भारत में नियंत्रण को केंद्रीकृत करने के लिए इन रणनीतियों का उपयोग किया, जबकि सद्रगोप जैसे किसान पुशपालकों ने मध्य और-पश्चिमी बंगाल में शक्तिशाली जमींदारी स्थापित की।

जमींदार और किसान के संबंध

- जमींदार शोषण करने वाले सामाजिक वर्ग के रूप में विख्यात थे, फिर भी किसानों से उनके सौहार्दपूर्ण संबंध होते थे, जिसकी पुष्टि निम्न तथ्यों से होती है
  1. समकालीन भक्ति संतों ने जातिगत और अन्य दूसरी किस्म के अत्याचारों की निंदा की है, परंतु जमींदारों को किसानों के शोषक या अत्याचारकर्ता के रूप में नहीं दिखाया है।
  2. 17वीं सदी में अनेक कृषक विद्रोह हुए, जिनमें राज्य के विरुद्ध जमींदारों को सामान्यतः किसानों का समर्थन मिलता था।
- जमींदारों द्वारा कृषि योग्य भूमि का विस्तार कर वहाँ किसानों को कृषि उपयोग के साजो-सामान व उधार देकर उन्हें वहाँ बसने में सहयोग किया जाता था।
- जमींदारी की खरीद-फरोख्त से गाँवों में **मौद्रीकरण**[4] (Monetisation) की प्रक्रिया का विस्तार हुआ। जमींदार बाजारों का निर्माण करते थे, जहाँ वे अपनी खुद की जमीन की फसलों के साथ किसानों की फसलों की बिक्री भी करते थे।

चेक प्वॉइंट 3

1. दो ऐसी इस्तकारी गतिविधियों के नाम बताइए ,जो महिला श्रम पर निर्भर थीं।
2. किस मुगल सम्राट के अुनसार, जंगल विद्रोही ग्रामीणों को एक अच्छी सुरक्षा प्रदान करते थे?
3. जंगली हाथियों को पकड़ने पर शाही एकाधिकार किसने घोषित किया था?
4. पाइक कौन थे?
5. ग्रामीण अर्थव्यवस्था के मौद्रिकीकरण में जमींदारों ने किस प्रकार योगदान दिया?

8.6 भू-राजस्व प्रणाली

- भू-राजस्व मुगल साम्राज्य की अर्थव्यवस्था का आधार स्तंभ था, इसलिए कृषि संबंधी गतिविधियों की निगरानी और राजस्व आकलन व वसूली के लिए एक विभाग की स्थापना की गई, जिसका प्रमुख **दीवान** होता था।
- दीवान पर ही पूरे राज्य की वित्तीय व्यवस्था की देख-रेख की जिम्मेदारी होती थी। राजस्व अधिकारी को **अमील-गुजार** (Amil-Guzar) कहा जाता था।

---

3 **मिल्कियत** जमींदारों की अपनी पुश्तैनी जमीन पर एकाधिकार की स्थिति को मिल्कियत कहा गया।

4 **मौद्रीकरण** किसी कालखंड में प्रचलित मुद्रा के स्थान पर किसी नई मुद्रा के प्रचलन को मौद्रीकरण कहा जाता है।

- राज्य की ओर से लोगों पर 'कर' निर्धारित करने से पूर्व कृषि भूमि और उस पर होने वाली उपज का आकलन किया जाता था। भू-राजस्व निर्धारण के दो चरण होते थे
  1. कर निर्धारण (जमा) 2. वास्तविक वसूली (हासिल)
- मुगलकाल के प्रत्येक प्रांत की कृषि योग्य भूमि की माप की जाती थी। इसकी जानकारी अकबर के शासनकाल में अबुल फजल की रचना आइन-ए-अकबरी में संकलित आँकड़ों से मिलती है।
- 1665 ई. में औरंगजेब ने भी अपने राजस्व अधिकारियों को गाँव में किसानों की संख्या का वार्षिक हिसाब रखने का निर्देश दिया था, परंतु कुछ ऐसे भी क्षेत्र थे, जिनकी माप सफलतापूर्वक नहीं हो सकी। अकबर के शासनकाल में प्रत्येक वर्ग की अलग-अलग भूमि होती थी, जिसके लिए राजस्व भी अलग-अलग निर्धारित किया गया था।; जैसे–
  - **पोलज** वह भूमि, जिसमें एक के बाद एक फसल लगातार बोई जाती थी तथा उसे कभी भी खाली नहीं छोड़ा जाता था।
  - **परौती** वह भूमि, जिस पर कुछ दिनों के लिए खेती को रोक दिया जाता था, जिससे वह पुन: कृषि योग्य हो सके।
  - **चाचर** यह भूमि तीन या चार वर्षों तक खाली रहती थी।
  - **बंजर** वह भूमि जिस पर पाँच या उससे अधिक वर्षों से खेती न की गई हो, बंजर भूमि कहलाती थी।

भू राजस्व संग्रह के लिए कई प्रणालियाँ थीं, जो निम्नलिखित हैं

- **कंकुट** कन का अर्थ है अनाज और कुट का अर्थ अनुमान लगाना है या मूल्यांकन करना है। यह प्रणाली अनाज का अनुमान लगाने को संदर्भित करती है, जहाँ फसलों को काटा जाता है और तीन श्रेणियों में मूल्यांकन किया जाता है। अच्छा, मध्य और घटिया।
- **बटाई** इसे भाऊली के नाम से भी जाना जाता है। इसमें फसलों की कटाई और संग्रह किया जाता है जिसे फिर सभी पक्षों के सामने सहमति से बाँटा जाता है।
- **खेत-बटाई** वह प्रणाली है, जिसमें खेतों को बोने के बाद विभाजित किया जाता है।
- **लाँग बटाई** एक ऐसी प्रणाली है, जिसमें अनाज काटने के बाद उसे बाँट दिया जाता है।

मनसबदारी व्यवस्था

- मुगल प्रशासन के अंतर्गत राज्य के सैनिक व नागरिक मामलों की जिम्मेदारी के समुचित निर्वहन के लिए एक नई व्यवस्था का सृजन किया गया, जिसे मनसबदारी व्यवस्था कहा गया।
- कुछ मनसबदारों को इनकी सेवाओं के बदले नकद भुगतान किया जाता था और कुछ को वेतन के बदले भू-क्षेत्र दिए जाते थे।

8.7 चाँदी का प्रवाह

▲ अकबर द्वारा जारी चाँदी का रूपया

▲ औरंगजेब द्वारा जारी चाँदी का रूपया

- मुगल साम्राज्य की गणना एशिया के महान साम्राज्यों (मिंग-चीन, सफावी-ईरान, ऑटोमन-तुर्की) में की जाती है, जिन्होंने सत्ता एवं संसाधनों के समुचित उपयोग से विशाल साम्राज्य की स्थापना की।
- इन साम्राज्यों द्वारा स्थापित राजनीतिक स्थिरता ने चीन से भू-मध्य सागर तक सक्रिय स्थल व्यापार नेटवर्क का निर्माण किया।
- 16वीं से 17वीं शताब्दी में भारत के एशिया और यूरोप के देशों से अच्छे व्यापारिक संबंध थे। इन देशों के द्वारा निर्यातित भारतीय वस्तुओं का भुगतान चाँदी के रूप में किया जाता था, जो भारत के लिए काफी लाभकारी सिद्ध हुआ।
- 16वीं से 18वीं शताब्दी तक भारत में धातु मुद्रा विशेषकर चाँदी के रुपयों की उपलब्धता में स्थिरता बनी रही।
- इटली यात्री 'जोवान्नी कारेरी' (1690 ई. में भारत आगमन) भारत में चाँदी आगमन से संबंधित विवरण देता है, जिससे 17वीं सदी में भारत में व्यापक रूप से नकद एवं वस्तुओं के आदान-प्रदान से संबंधित जानकारी मिलती है।

8.8 अबुल फजल अल्लामी की आइन-ए अकबरी

- 16वीं से 17वीं शताब्दी की कृषि की ऐतिहासिक जानकारी इतिहासकारों को तत्कालीन साहित्यिक स्रोतों से प्राप्त होती है। इस समय के स्रोतों में सबसे प्रमुख है—अबुल फजल की **आइन-ए-अकबरी**। आइन-ए-अकबरी की रचना अकबर के दरबारी इतिहासकार अबुल फजल द्वारा अकबर के शासनकाल के 42वें वर्ष की गई। आइन-ए-अकबरी का रचनाकाल 1598 ई. माना जाता है।
- आइन-ए-अकबरी, अकबरनामा परियोजना का एक भाग है, जिसमें शाही नियमों का सारांश उल्लेखित है। यह मुगलकालीन दरबार, प्रशासन व सेना का संगठन, अकबर के साम्राज्य के प्रांतों का भूगोल, राजस्व के स्रोत और लोगों के साहित्यिक, सांस्कृतिक एवं धार्मिक क्षेत्रों का उल्लेख करती है।
- आइन-ए-अकबरी का मुख्य उद्देश्य अकबर के साम्राज्य का एक ऐसा स्वरूप/ढाँचा पेश करना था, जहाँ एक मजबूत सत्ताधारी वर्ग सामाजिक सामंजस्य बनाकर रखता था।

आइन-ए-अकबरी के पाँच खंड

आइन-ए-अकबरी की रचना पाँच खंडों (दफ्तर) में की गई है, जो निम्नलिखित हैं

- **पहला खंड** (मंजिल-आबादी) इस खंड में शाही घर-परिवार और उसके रख-रखाव से संबंधित विवरण दिया गया है।
- **दूसरा खंड** (सिपह-आबादी) इस खंड में सैनिक एवं नागरिक प्रशासन और नौकरों के बारे में चर्चा की गई है।
- **तीसरा खंड** (मुल्क-आबादी) इस खंड के अंतर्गत साम्राज्य एवं प्रांतों के बीच वित्तीय संबंधों और राजस्व की दरों से संबंधित आँकड़ों, बारह प्रांतों एवं उत्तरी भारत के कृषि समाज के विषय में चर्चा की गई है। इसमें सांख्यिकी सूचनाएँ भी दी गई हैं, जिसमें सूबों और उनकी प्रशासनिक व वित्तीय इकाइयों के भौगोलिक, स्थलाकृतिक और आर्थिक रेखाचित्र भी सम्मिलित हैं। इसके अतिरिक्त प्रत्येक प्रांत और उसकी इकाइयों की कुल मापी गई भूमि और निर्धारित राजस्व का भी वर्णन है।
- **चौथा और पाँचवाँ खंड** इनमें भारत के लोगों के धार्मिक विश्वास, साहित्यिक और सांस्कृतिक प्रथाओं के बारे में जानकारी दी गई है। अकबर के 'शुभ वचनों' का भी संग्रह इस भाग में किया गया है।

सरकार संबंधी विवरण

- आइन-ए-अकबरी में सूबे या प्रांत से नीचे की प्रशासनिक इकाई 'सरकार' के बारे में विस्तृत चर्चा की गई है, जिसका विवरण आठ खंडों में दिया गया है, जो निम्न हैं

  1. परगनात या महल
  2. किला
  3. अराजी और जमीन-ए-पाइमूद (मापे गए क्षेत्र)
  4. नकदी (नकद निर्धारित राजस्व)
  5. सुयूरगल (दान में दिया गया राजस्व अनुदान)
  6. जमींदार

  7. व 8. इन दोनों में जमींदारों की जातियाँ और उनके घुड़सवार, पैदल सिपाही एवं हाथी सहित फौज की जानकारी है।

आइन-ए-अकबरी की महत्ता

- आइन-ए-अकबरी पांडुलिपि को अबुल फजल द्वारा पाँच बार संशोधित किया गया था, जो सटीकता सुनिश्चित करने के लिए उनके सावधानीपूर्वक दृष्टिकोण को दर्शाती है।
- अबुल फजल से पूर्व इतिहासकारों के लिखित केंद्र बिंदु अधिकांश राजनीतिक घटनाएँ होती थीं, परंतु इसने समाज और अर्थव्यवस्था को सांख्यिकीय आँकड़ों के रूप में उल्लेखित किया है।
- मौखिक साक्ष्यों को इतिहास में तथ्यों के रूप में शामिल करने से पहले उनकी दोबारा जाँच की गई और उनका सत्यापन किया गया।
- आगामी इतिहासकारों को नए इतिहास लेखन की परंपरा का आधार बनाया।
- भारत के लोगों और मुगल साम्राज्य की विस्तृत जानकारी प्राप्त करने का यह एक महत्त्वपूर्ण स्रोत है।

आइन-ए-अकबरी प्रामाणिकता और सीमाएँ

आइन-ए-अकबरी की कुछ सीमाएँ अर्थात् कमियाँ भी हैं, जिस कारण इसकी प्रासंगिकता (महत्त्व) पर प्रश्नचिह्न लगता है; जैसे—

- उल्लेखित राजस्व आँकड़ों को बढ़ा-चढ़ाकर पेश किया गया, जो एक निश्चित क्षेत्र (आगरा) तक सीमित है, साथ ही यह ऐसा क्षेत्र है, जहाँ राजस्व दरों की आलोचना की गई है।
- आँकड़ों में समानता नहीं दिखाई देती; जैसे— अनेक सूबों में जमींदारों की जाति का उल्लेख किया गया है, वहीं बंगाल एवं ओडिशा के विषय में कोई उल्लेख नहीं किया गया है।
- जोड़ करने से संबंधित गलतियाँ पाई गई हैं। ऐसा प्रतीत होता है कि या तो ये जोड़ के दौरान छोटी चूक हैं या फिर नकल उतारने के दौरान अबुल फजल के सहयोगियों की भूल।

निष्कर्ष

अपनी सीमाओं के बावजूद आइन अपने समय का एक महत्त्वपूर्ण दस्तावेज बना हुआ है। यह मुगल साम्राज्य की संरचना और संगठन के विषय में बहुमूल्य जानकारी देता है।

पहले के इतिहासकारों के विपरीत, जो मुख्य रूप से राजनीतिक घटनाओं पर ध्यान केंद्रित करते थे, अबुल फजल ने साम्राज्य और उसके लोगों के बारे में विस्तृत जानकारी दर्ज की, व्यवसायों, व्यापारों और शाही प्रतिष्ठानों के विषय में आइन की अंतर्दृष्टि इतिहासकारों को मुगल युग की सामाजिक संरचना को फिर से बनने में सहायता करती है।

चेक प्वॉइंट 4

1. मुगलकाल में भूराजस्व विभाग का प्रमुख कौन होता था?
2. किस इतालवी यात्री ने संपूर्ण देश में चाँदी के प्रवाह का स्पष्ट विवरण दिया?
3. आइन-ए-अकबरी की रचना किस वर्ष हुई?
4. आइन-ए-अकबरी की पांडुलिपि कितनी बार संशोधित की गई?
5. आइन-ए-अकबरी की कोई एक सीमा बताइए?

टाइमलाइन

1526	दिल्ली के सुल्तान इब्राहिम लोदी को पानीपत में हराकर बाबर पहला मुगल बादशाह बना
1530-40	हुमायूँ के शासन का पहला चरण
1540-55	शेरशाह से पराजित होकर हुमायूँ का सफावी दरबार में प्रवासन
1555-56	हुमायूँ के खोए हुए राज्य की पुन: प्राप्ति
1556-1605	अकबर का शासनकाल
1605-27	जहाँगीर का शासनकाल
1628-58	शाहजहाँ का शासनकाल
1658-1707	औरंगजेब का शासनकाल
1739	नादिरशाह द्वारा भारत पर आक्रमण और दिल्ली की लूट
1761	अहमदशाह अब्दाली द्वारा पानीपत के तीसरे युद्ध में मराठों की पराजय
1765	बंगाल का दीवानी अधिकार ईस्ट इंडिया कंपनी को प्राप्त होना।
1857	अंतिम मुगल बादशाह बहादुरशाह ज़फ़र को अंग्रेज द्वारा गद्दी से हटाया जाना और देश निकाला देकर रंगून (आज का यांगोन, म्यांमार में) भेजना।

Mind Map

किसान, जमींदार और राज्य (कृषि समाज तथा मुगल साम्राज्य)

1 किसान और कृषि उत्पादन

स्रोतों की तलाश
- आइन-ए-अकबरी में कृषि और राजस्व संग्रह के लिए राज्य कार्य प्रणाली की चर्चा है।
- पूरक स्रोतों में क्षेत्रीय राजस्व रिकॉर्ड और ईस्ट इंडिया कंपनी के दस्तावेज शामिल हैं।

सिंचाई और तकनीकी
- सिंचाई कार्यों के लिए राज्यों द्वारा नई नहरें तथा नालों के साथ-साथ पुराने नहरों की मरम्मत करवाई गई; जैसे, शाहजहाँ द्वारा पंजाब की शाह नहर।
- कृषि कार्यों में खेतों को जोतने तथा बीज बोने वाले बरमें में पशुधन का प्रयोग होता था।

फसलों की भरमार
- आइन-ए-अकबरी के अनुसार, दोनों मौसमों को मिलकर मुगल प्रांतों में विविध फसलें उगाई जाती थीं, जैसे आगरा में 39 किस्में, दिल्ली में 43 किस्में तथा बंगाल में केवल चावल की 50 किस्में पैदा होती थीं।
- भारत में मक्का, टमाटर और पपीता जैसी विदेशी फसलें भी उगाई गईं।

किसान और उनकी जमीन
- मुगल काल में किसानों को रैयत, रिआयत, मुजरियान, किसान या आसामी कहा जाता था। 17वीं सदी के
- स्रोतों में दो किस्म के किसानों की चर्चा है, जैसे-खुदकाश्त (उन्हीं गाँव में रहते हैं, जहाँ उनकी ज़मीनें हैं) पाहिकाश्त (गैर निवासी किसान)
- गुजरात में संपन्न किसानों के पास 6 एकड़ और बंगाल में 5 एकड़ जमीनें थीं।

2 ग्रामीण समुदाय

ग्रामीण दस्तकार
- दस्तकार अपनी सेवाएँ (सामान) ग्रामीणों को देते थे। जिसके बदले ग्रामीण अलग-अलग तरीकों से उन सेवाओं की अदायगी करते थे। सामान्यतः उन्हें फसल का एक भाग दिया जाता था।
- महाराष्ट्र में कारीगरों की जमीन को मिरास या वतन कहा जाता है।

एक छोटा गणराज्य
- गाँव को सामूहिक रूप से देखा जाता था, लेकिन ऐसा नहीं लगता कि गाँव में सामाजिक बराबरी थी।
- जाति और लिंग (जेंडर) असमानताओं के साथ व्यक्तिगत स्वामित्व मौजूद था।

पंचायत और मुखिया
- पंचायतें वंशानुगत संपत्ति अधिकारों वाले बुजर्गों की सभाएँ थीं।
- पंचायत का एक प्रमुख मुखिया होता था, जिसे मुकद्दम या मंडल कहा जाता था, जो गाँव के खातों और गतिविधियों की देख-रेख करता था।

जाति और ग्रामीण वातावरण
- जाति आधारित असमानताओं के कारण कृषि मजदूरों सहित किसानों के एक अलग समूह का निर्माण हुआ।
- मुस्लिम समुदायों में हलालखोराम और मल्लाहजादों जैसे निम्नवर्गीय लोगों को सामाजिक बहिष्कार का सामना करना पड़ा।

3 कृषि समाज में महिलाएँ
- कृषि उत्पादन की प्रक्रिया में पुरुष और महिलाएँ मिलकर कार्य करते थे, परंतु कृषि में, साझा परिवार के अतिरिक्त लैंगिक भूमिकाएँ बनी रहीं
- कृषि और दस्तकारी दोनों ही कार्यों में महिलाओं का श्रम आवश्यक था।

4 जंगल और कबीले

बसे हुए गाँवों से परे
- वनवासियों को जंगली कहा जाता था, जो वन संसाधनों पर निर्भर रहते थे। उनकी गतिविधियों में खाद्य संग्रहण, शिकार, मछली पकड़ना और खेती करना शामिल था।

जंगलों में घुसपैठ
- राज्य को सेना के लिए हाथियों की आवश्यकता थी, इसलिए वनवासियों से पेशकश में अकसर हाथी भी लिए जाते थे।
- लाख, गोंद, शहद जैसे वन उत्पादों की बहुत माँग थी।

5 ज़मींदार
- ज़मींदारों के पास निजी जमीन (मिल्कियत) होती थी, जिस पर मज़दूरों से खेती कराई जाती थी।
- वे राज्य के लिए राजस्व एकत्र करते थे और सैन्य संसाधनों को नियंत्रित करते थे।
- औपनिवेशीकरण, भूमि हस्तांतरण और जमींदारी खरीद फरौक्ख्त ने गाँवों के मौद्रीकरण को जन्म दिया।

6 भू-राजस्व प्रणाली
- जमीन से मिलने वाला राजस्व मुगल साम्राज्य की आर्थिक बुनियाद थी।
- प्रशासनिक व्यवस्था कृषि उत्पादन पर नियंत्रण सुनिश्चित करती थी, जिसमें दीवान का कार्यालय भी शामिल था।
- भू-राजस्व व्यवस्था के दो चरण थे, जमा (निर्धारित रकम) और हासिल (राशि का वास्तविक संग्रह)।

7 चाँदी का बहाव

व्यापार, मुद्रा और वैश्विक विनिमय
- मुगल साम्राज्य ने सत्ता और संसाधनों पर अपनी पकड़ मजबूत की तथा ज़मीनी व्यापार का जीवंत जाल बिछाया।
- खोजी यात्राओं से यूरोप के साथ भारत के व्यापार को बल मिला।
- जोवान्नी कारेरी (इटली) के विवरण में भारत में वैश्विक नकदी प्रवाह का वर्णन मिलता है।

8 अबुल फजल की आइन-ए-अकबरी
- आइन-ए-अकबरी में साम्राज्य के प्रशासन राजस्व और प्रांतों का विस्तृत विवरण दिया गया है साथ ही यह सूबा, सरकार और महलों (परगना) का परिमाणात्मक आँकड़ा प्रदान करता है।
- सटीकता और प्रमाणिकता के लिए आइन को 5 बार संशोधित किया गया। पांडुलिपि में शामिल करने से पूर्व मौखिक कथनों की अन्य स्रोतों से पुष्टि की जाती थी।
- कीमतों और मजदूरी की दरों का आँकड़ा आगरा और आस-पास के इलाकों तक सीमित था, यह राष्ट्रव्यापी नहीं थी।

NCERT फोल्डर

अध्याय के मध्य में दिए गए प्रश्न

1. कृषि जीवन के उन पहलुओं का विवरण दीजिए, जो बाबर को उत्तर भारत के क्षेत्रों में विशेष लगे।

उत्तर बाबर को उत्तर भारत के क्षेत्रों में कृषि से जुड़ी कुछ विशेषताएँ अथवा पहलू पसंद थीं; जैसे–

- मुगल साम्राज्य के दौरान कृषि में तकनीकी नवाचार हुए।
- प्रशासनिक नीतियों में भी कृषि विकास को बढ़ावा मिला।
- उत्तर भारत में कई तरह की फसलें उगाई जाती थीं; जैसे–गेहूँ, चावल, जौ, कपास, नील और अफीम आदि अतिरिक्त नकदी फसलों की खेती को बढ़ावा दिया गया।

2. क्या प्रांत में कृषि भूमि पर महिलाओं और पुरुषों की पहुँच में कोई अंतर है?

उत्तर हाँ कृषि भूमि पर महिलाओं और पुरुषों की पहुँच में बहुत ही अंतर होता है। भारत में, महिलाएँ लगभग 33% और किसान 47% पुरुष कृषि मजदूर हैं। इन आँकड़ों में देश के पशुधन, मत्स्यपालन और खाद्य उत्पादन के अन्य सहायक फार्मों को शामिल नहीं किया जाता हैं।

3. अपने अधीन क्षेत्रों में जमीन का वर्गीकरण करते समय मुगल राज्य ने किन सिद्धांतों का पालन किया? राजस्व निर्धारण किस प्रकार किया जाता था?

उत्तर अपने अधीन क्षेत्रों में जमीन का वर्गीकरण करते समय मुगल राज्य ने निम्नलिखित सिद्धांतों का पालन किया तथा राजस्व संबंधी नियमों का निर्धारण किया। मुगल सम्राटों ने कुशल प्रशासन का परिचय देते हुए जमीनों का वर्गीकरण किया। इन्होंने विभिन्न किस्म की जमीन के लिए अलग-अलग राजस्व निर्धारित किए, ताकि उचित राजस्व निर्धारित किया जा सके। मुगलकाल में भूमि को **चार किस्मों** में बाँटा गया था

(i) **पोलज** यह वह भूमि थी, जिसमें एक के बाद एक फसल की वार्षिक खेती होती थी, जिसे कभी खाली नहीं छोड़ा जाता था।

(ii) **परौती** यह वह भूमि थी, जिसमें कुछ दिनों के लिए कृषि कार्य करना छोड़ दिया जाता था।

(iii) **चचर** यह वह भूमि थी, जिसमें तीन या चार वर्षों के लिए कृषि कार्य करना बंद कर दिया जाता था।

(iv) **बंजर** यह वह भूमि थी, जिस पर पाँच या उससे अधिक वर्षों तक खेती नहीं की जाती थी।

सर्वप्रथम दो प्रकार की भूमि की तीन किस्में थीं

(i) अच्छी (ii) मध्यम (iii) खराब

प्रत्येक वर्ग की जमीन की उपज को जोड़ दिया जाता था और इसका तीसरा भाग मध्यम उत्पाद की श्रेणी में आता था एवं उसका एक-तिहाई भाग राजकीय शुल्क माना जाता था।

4. भू-राजस्व की वसूली पर साम्राज्य के विस्तार का क्या प्रभाव पड़ा?

उत्तर भू-राजस्व की वसूली पर साम्राज्य के विस्तार का निम्नलिखित प्रभाव पड़ा

- भू-राजस्व की वसूली करना कठिन हो गया।
- राजस्व में वृद्धि तो हुई, लेकिन इसके लिए अधिक प्रयास करने पड़े।
- साम्राज्य के अधिक विस्तार होने से पूरी रकम राजकोष में जमा नहीं हो पाती थी, क्योंकि उस पर एकसमान दृष्टि रखना संभव नहीं था।

5. क्या आप मुगलों की भू-राजस्व प्रणाली को एक लचीली व्यवस्था मानेंगे?

उत्तर हाँ, हम मुगलों की भू-राजस्व प्रणाली का एक लचीला व्यवस्था मान सकते है। इसके निम्नलिखित कारण हैं

- गुणवत्ता के आधार पर भूमि का वर्गीकरण करना।
- कर संग्रहण फसलों की गुणवत्ता के आधार पर किया जाना।
- राजस्व संग्रहण में बल का प्रयोग न करना।
- नकदी कृषि करने को प्रोत्साहित करना।
- सूखा, अकाल, अतिवृष्टि आदि की दशाओं में भू-राजस्व की गणना करके किसानों को सहायता देना।

6. वर्तमान में आपके राज्य में कृषि उत्पादन पर कर लगाए जाते हैं या नहीं। आज की राज्य सरकारों की राजकोषीय नीतियों और मुगल राजकोषीय नीतियों में समानताओं और भिन्नताओं को समझाइए।

उत्तर वर्तमान में भारत में कृषि आय पर कर नहीं लगाया जाता, क्योंकि इसे आयकर अधिनियम, 1961 के तहत कर मुक्त रखा गया है। हालांकि कुछ राज्य कृषि उत्पादों की खरीद या बिक्री पर अप्रत्यक्ष कर लगाते है।

समानताएँ

- दोनों ही नीतियों का उद्देश्य राजस्व संग्रह है। मुगल काल में भूमि कर (खराज) मुख्य स्रोत था, जबकि आज प्रत्यक्ष करों और वस्तु एवं सेवा कर पर जोर हैं।
- मुगलों और वर्तमान सरकार दोनों ने भूमि/आय के आधार पर वर्गीकरण किया

असमानताएँ

- मुगल शासन में कृषि से सीधा कर वसूला जाता था, वर्तमान में यह नहीं होता।
- आधुनिक नीतियाँ अधिक समावेशी और कल्याणकारी हैं। जबकि मुगलों की नीतियाँ मुख्यत शासक वर्ग की जरूरतों पर केंद्रित थी।

निम्नलिखित प्रश्नों के उत्तर लगभग 100-150 शब्दों में दीजिए।

1. कृषि इतिहास लिखने के लिए आइन-ए-अकबरी को स्रोत के रूप में प्रयोग करने में कौन-सी समस्याएँ हैं? इतिहासकार इन समस्याओं से कैसे निपटते हैं?

उत्तर अबुल फजल द्वारा लिखी पुस्तक आइन-ए-अकबरी में मुगलकालीन राजनीति एवं समाज के साथ-साथ कृषि से संबंधित महत्त्वपूर्ण सूचनाएँ मिलती हैं, परंतु इसके प्रयोग में कुछ समस्याएँ हैं, जिनका विवरण निम्न है

- कृषि से संबंधित संख्यात्मक आँकड़ों में विषमताएँ देखने को मिलती हैं।
- सभी सूबों से आँकड़े क्षेत्र के अनुसार, एकत्रित नहीं किए गए हैं। एक ओर जहाँ कई सूबों के लिए जमींदारों की जाति के

अनुसार, सूचनाएँ एकत्रित की गईं, वहीं दूसरी ओर बंगाल और ओडिशा के लिए ऐसी सूचनाएँ मौजूद नहीं हैं।

- सूबों से लिए गए राजकोषीय आँकड़े तो दिए गए हैं, परंतु उन्हीं क्षेत्रों की कीमतों तथा मजदूरी के बारे में चर्चा नहीं की गई है और अगर की भी गई है, तो केवल आगरा और उसके आस-पास के क्षेत्रों में की गई है।
- आइन-ए-अकबरी में कुछ प्रांतों से संबंधित जो आँकड़े दिए गए हैं, वे बाकी प्रांतों के संदर्भ में प्रासंगिक नहीं थे।

इतिहासकार ऐसी समस्याओं से निपटने के लिए इस समय के अन्य ग्रंथों तथा यात्रियों के विवरण, अभिलेखीय साक्ष्य, 17वीं व 18वीं शताब्दी के गुजरात, महाराष्ट्र और राजस्थान से मिलने वाले उन दस्तावेजों का अध्ययन करते हैं, जो सरकार की आय की विस्तृत जानकारी देते हैं। इसके साथ ही इतिहासकार सिक्कों का अध्ययन भी करते हैं। इनके अध्ययन में जो भी ऐतिहासिक त्रुटियाँ रह जाती हैं, उन्हें पूरा कर लिया जाता है।

2. 16वीं से 17वीं सदी में कृषि उत्पादन को किस हद तक महज गुजारे के लिए खेती कर सकते हैं? अपने उत्तर के कारण स्पष्ट कीजिए।

उत्तर 16वीं से 17वीं शताब्दी में कृषि मुगलकालीन अर्थव्यवस्था का मुख्य आधार थी। इससे प्राप्त उत्पाद समाज के विभिन्न वर्गों के जीवन यापन और समृद्धि का आधार स्तंभ था। कृषि भूमि की अधिकता, मजदूरों की मौजूदगी और किसानों की गतिशीलता के कारण कृषि का क्रमिक रूप से विस्तार होता रहा। इस समय कृषि का मुख्य उद्देश्य लोगों की खाद्य आपूर्ति को पूरा करना था, इसलिए दैनिक खाद्य फसलों; जैसे—चावल, गेहूँ, ज्वार आदि फसलों का मुख्य रूप से उत्पादन किया जाता था। कृषि योग्य भूमि पर इतना ही उत्पादन किया जाता था कि केवल राजस्व की अदायगी और अपने परिवार का पालन-पोषण किया जा सके, किंतु इसका अर्थ यह नहीं है कि मुगलकालीन कृषि महज गुजारे के लिए की जाती थी। समकालीन स्रोतों में 'जिन्स-ए-कामिल' शब्द नकदी या सर्वोत्तम फसलों के लिए प्रयोग किया जाता था।

राज्य द्वारा किसानों को ऐसी फसलों की खेती के लिए प्रोत्साहित किया जाता था। इन फसलों के उत्पादन से राज्य को अतिरिक्त कर के साथ किसानों को भी लाभ होता था। कपास और गन्ना की फसलें श्रेष्ठ 'जिन्स-ए-कामिल' की श्रेणी में आते थे। मध्य भारत और दक्कनी पठार में वृहत् रूप से कपास की खेती होती थी तथा बंगाल में गन्ने की खेती अत्यधिक मात्रा में होती थी। तिलहन और दलहन भी नकदी फसल के अंतर्गत उपजाए जाते थे।

अतः उपरोक्त विवरणों से स्पष्ट होता है कि 16वीं से 17वीं शताब्दी में कृषि के अनुकूल घटकों की उपस्थिति के कारण किसान अपने दैनिक गुजारे के साथ ही अतिरिक्त आमदनी की प्राप्ति के लिए कृषि कार्य करते थे।

3. कृषि उत्पादन में महिलाओं की भूमिका का वर्णन कीजिए।

उत्तर मुगलकालीन कृषि आधारित समाज में महिलाओं ने अनेक भूमिकाएँ निभाईं, जिन्हें निम्न आधारों से समझा जा सकता है

- छोटी-छोटी ग्रामीण इकाइयों और किसान की व्यक्तिगत खेती के विकास के कारण खेती में महिलाओं की भागीदारी में वृद्धि हुई। कृषि क्षेत्र में सक्रियता के कारण महिलाएँ उत्पादन की बुनियाद के रूप में उभरीं।
- उस समय महिलाएँ और पुरुष आपस में मिलकर खेतों में काम करते थे। पुरुष खेत जोतते थे और हल चलाते थे तथा महिलाएँ बुआई, निराई एवं कटाई का काम करती थीं। इसके अतिरिक्त पकी फसलों से अनाज निकालना महिलाओं का ही काम था।
- कपड़ों पर कढ़ाई जैसे दस्तकारी के काम उत्पादन के ऐसे पहलू थे, जो महिलाओं के श्रम पर निर्भर होते थे।
- सूत कातना, बर्तन बनाने के लिए मिट्टी को साफ करना और गूँथना, रंगरेजी इत्यादि का काम महिलाएँ करने लगीं।
- किसान और दस्तकार महिलाएँ जरूरत पड़ने पर न केवल खेतों में काम करती थीं, बल्कि नियोक्ताओं के घरों पर और बाजारों में भी जाती थीं।

4. विचाराधीन काल में मौद्रिक कारोबार की अहमियत की विवेचना उदाहरण देकर कीजिए।

उत्तर 16वीं और 17वीं शताब्दी में अर्थव्यवस्था में मौद्रीकरण का उल्लेखनीय विस्तार हुआ और वस्तु विनिमय के स्थान पर मुद्रा अर्थात् मौद्रिक कारोबार का प्रचलन प्रारंभ हो गया। यह मुगल बादशाहों की नई आर्थिक नीतियों का परिणाम था। इसके अन्य कारण उदाहरण सहित निम्नलिखित हैं

- मुगलकालीन शहरों का गाँवों के साथ व्यापारिक संबंध स्थापित होने से शहरों में प्रचलित नकदी व्यवस्था का धीरे-धीरे गाँवों में भी विस्तार होने लगा। इसके परिणाम अब गाँवों में भी आपसी लेन-देन नकदी में ही होने लगा। ग्रामीण बाजारों का शहरी बाजारों से जुड़ाव के कारण मौद्रिक व्यापार में वृद्धि हुई।
- तत्कालीन समय में निर्यात के लिए उत्पादन करने वाले दस्तकारों और कपास, रेशम या नील जैसी व्यापारिक फसलों की पैदावार करने वालों को भुगतान नकद रूप में ही किया जाने लगा।
- बंगाल में प्रचलित जजमानी व्यवस्था के परिणामस्वरूप भी मौद्रिक अर्थव्यवस्था को बल मिला, क्योंकि दस्तकारों की सेवाओं के बदले प्रायः भुगतान मुद्रा के रूप में होने लगा था।
- जमींदारी प्रथा ने भी मौद्रीकरण को बढ़ावा दिया; जैसे—जमींदारों ने किसानों को कृषि योग्य भूमि के विस्तार के लिए प्रोत्साहित किया। इन्होंने किसानों को कृषि संबंधी उपकरण तथा उधार देकर वहाँ बसने में सहायता प्रदान की।

5. उन सबूतों की जाँच कीजिए, जो ये सुझाते हैं कि मुगल राजकोषीय व्यवस्था के लिए भू-राजस्व बहुत महत्त्वपूर्ण था।

उत्तर मुगलकालीन राजकोषीय व्यवस्था तथा इसमें भू-राजस्व की उपयोगिता के संदर्भ में आइन-ए-अकबरी का तीसरा भाग 'मुल्क-आबादी' में विस्तृत रूप से चर्चा की गई है। इसमें साम्राज्य व प्रांतों के वित्तीय पहलुओं तथा राजस्व की दरों के आँकड़ों का विस्तृत वर्णन मिलता है। इस खंड में प्रत्येक प्रांत और उसकी अलग-अलग इकाइयों की कुल मापी गई भूमि तथा निर्धारित राजस्व का उल्लेख किया गया है। इस प्रकार, आइन-ए-अकबरी तथा इसके तीसरे भाग मुल्क-आबादी में भू-राजस्व से संबंधित विवरणों की जाँच से निम्नलिखित तथ्यों की जानकारी मिलती है

- मुगल साम्राज्य के लिए भू-राजस्व आर्थिक आधार था। मुगल सम्राटों की आय का सबसे ज्यादा भाग भू-राजस्व से ही आता था।
- मुगल साम्राज्य अपने समकालीन साम्राज्यों की तरह ही स्थिर तथा सुदृढ़ था। सुदृढ़ता के लिए मुद्रा की आवश्यकता थी, जो अधिक मात्रा में भू-राजस्व से प्राप्त होती थी।

- अपने अधीनस्थ क्षेत्रों, दरबारियों और अन्य प्रशासनिक अधिकारियों पर नियंत्रण के लिए अत्यधिक मात्रा में मुद्रा की आवश्यकता होती थी।
- सैनिक अभियान, उत्सव तथा धार्मिक केंद्रों की स्थापना; जैसे—मस्जिद, मकबरा आदि सभी के लिए मुद्रा की आवश्यकता होती थी।

निम्नलिखित प्रश्नों के उत्तर लगभग 250-300 शब्दों में दीजिए।

6. आपके मुताबिक कृषि समाज में सामाजिक व आर्थिक संबंधों को प्रभावित करने में जाति किस हद तक एक कारक थी?

उत्तर कृषि समाज में सामाजिक और आर्थिक संबंधों को प्रभावित करने में जाति के प्रभाव को हम निम्नलिखित तरीके से समझ सकते हैं

सामाजिक संबंधों पर जाति का प्रभाव

- ऊँची जाति और निचली जाति जैसे भेदभावों के कारण खेतिहर किसान कई तरह के समूहों में विभाजित थे।
- खेती योग्य जमीन होने के बावजूद कुछ निचली जातियों को निम्न स्तर वाले कार्य ही दिए जाते थे।
- जाति का प्रभाव मुस्लिम समुदाय पर भी था। इनमें 'हलालखोरान' नामक जाति को नीच समझा जाता था तथा गाँवों से बाहर रहने को मजबूर किया जाता था।
- निचली जातियों को उच्च वर्णों की जातियों की अपेक्षा समुचित न्याय नहीं मिल पाता था, जिसके कारण इस जाति के लोग हमेशा से विद्रोहात्मक रहते थे।
- वैवाहिक संबंध अपनी ही जाति के साथ करने होते थे, अन्यथा इसके लिए न्यायिक दंड दिया जाता था; जैसे—समुदाय से बहिष्कृत कर देना आदि।
- जातियों के एक समूह में रहने के कारण इनकी अपनी एक जातिगत पंचायत बन गई, जिसका निर्णय राज्य भी मानता था, केवल फौजदारी न्याय में इसके द्वारा दिए फैसले को राज्य अस्वीकार करता था।

आर्थिक संबंधों पर जाति का प्रभाव

- निम्न जातियों को कृषि कार्यों में नहीं लगाया जाता था। यदि वे कृषि कार्य करते भी थे, तो केवल मजदूर बनकर। इससे इनकी आर्थिक स्थिति कमजोर बनी रहती थी।
- कृषि उत्पादन में लाभ तथा फसलों के व्यवसायीकरण के कारण विभिन्न नई जातियाँ कृषि क्षेत्र में आने लगीं। उदाहरण के लिए, 'सदगोप' व 'कैवर्त' जाति। पशुपालन तथा बागवानी में बढ़ते लाभ की वजह से विभिन्न जातियाँ सामाजिक सीढ़ी में ऊपर उठीं। पूर्वी क्षेत्रों में पशुपालक और मछुआरे किसानों के जैसी सामाजिक स्थिति पाने लगे।
- बढ़ते लाभ के कारण नई-नई जमींदारियाँ बढ़ने लगीं तथा समाज में एक नए बुर्जुआ वर्ग का आविर्भाव हुआ।

7. 16वीं और 17वीं सदी में जंगलवासियों की जिंदगी किस तरह बदल गई?

अथवा **16वीं और 17वीं शताब्दियों के दौरान भारत में जंगलवासियों के जीवन जीने के स्वरूप का वर्णन कीजिए।** **CBSE 2020, 19**

उत्तर 16वीं और 17वीं सदी में खेती के वाणिज्यीकरण और जंगलों में बाहरी शक्तियों के आगमन से जंगलवासियों के जीवन में अनेक बदलाव आए। इसे हम निम्नलिखित तथ्यों से समझ सकते हैं

- जंगलों के उत्पाद; जैसे— अदरक, लंबी मिर्च, मजीठ, मोम, शहद, मधुमोम और लाक आदि की बाजार माँग बढ़ गई, जिससे इनकी आय में वृद्धि हुई।
- लाक की उस समय अत्यधिक माँग थी और 17वीं सदी में भारत से समुद्र पार निर्यात होने वाली मुख्य वस्तु थी। हाथियों को पकड़कर बेचने पर इनकी आय के स्तर में वृद्धि होती थी।
- कुछ जंगलवासी; जैसे— पंजाब के 'लोहानी कबीले' के लोग भारत तथा अफगानिस्तान के बीच जमीन के व्यापार में हिस्सा लेने लगे। ये लोग गाँवों एवं शहरों के मध्य होने वाले व्यापार में भी हिस्सा लेते थे तथा अत्यधिक मात्रा में लाभ प्राप्त करते थे। इससे होने वाली आमदनी के कारण उनके निजी जीवन में बदलाव आने शुरू हो गए।
- कबीले संगठित होने लगे तथा इन्होंने अपने सरदार भी चुन लिए। ये सरदार धीरे-धीरे जमींदार बन गए, तो कुछ सरदारों ने स्वयं को राजा घोषित करके अपनी राजतंत्रात्मक प्रणाली विकसित कर ली। इन राजाओं के पास अपनी एक सेना होती थी। सिंध की कबीलाई सेनाओं में 6,000 घुड़सवार और 7,000 पैदल सिपाही थे।
- जंगलवासियों में सांस्कृतिक बदलाव भी आए। कुछ जंगली लोगों ने सूफियों के संपर्क में आकर इस्लाम धर्म कबूल कर लिया। कुछ कबीले स्वयं को राज्य के रूप में घोषित करने लगे; जैसे—भील, असम में अहोम आदि।

8. मुगल भारत में जमींदारों की भूमिका की जाँच कीजिए।

अथवा **16वीं-17वीं शताब्दी में मुगल भारत में जमींदारों की भूमिका की जाँच कीजिए।**

अथवा **ग्रामों में जमींदारों की उत्पत्ति, एकीकरण तथा उनकी भूमिका की व्याख्या कीजिए और बताइए कि क्या यह वर्ग केवल शोषणकर्ता था?**

अथवा **16वीं और 17वीं सदियों के दौरान भारत में जमींदारों द्वारा निभाई गई भूमिका की व्याख्या कीजिए।**

उत्तर मुगल भारत के ग्रामीण समुदाय में जमींदार एक ऐसा वर्ग था, जो उत्पादन में प्रत्यक्ष भागीदारी नहीं करता था, लेकिन उत्पादन के एक बड़े हिस्से का दावेदार होता था। जमींदार वर्ग के पास जमीन का मालिकाना हक होता था। इस वर्ग को ग्रामीण समाज में ऊँची स्थिति की वजह से विशेष सामाजिक और आर्थिक सुविधाएँ मिली हुई थीं। जमींदारों की प्रतिष्ठा वृद्धि का एक कारण उनका उच्च जाति से संबंधित होना था। दूसरा कारण यह था कि वे लोग राज्य को कुछ विशेष प्रकार की सेवाएँ उपलब्ध कराते थे। मुगल भारत में इसकी भूमिका को निम्नलिखित शीर्षकों से दर्शाया जा सकता है

(i) **राज्य के लिए भूमिका** जमींदार वर्ग राज्य के शासन संचालन और राजस्व वसूली में महत्त्वपूर्ण भूमिका का निर्वहन करता था। वह राज्य की ओर से किसानों से कर की वसूली करता था, जिसके बदले में राज्य द्वारा कर का कुछ भाग दिया जाता था। कर वसूली में सहायता के लिए राजा द्वारा छोटी सैन्य टुकड़ी दी जाती थी, जो आवश्यकता पड़ने पर राजा को सैन्य मदद देती थी।

(ii) **नई जमीनों के लिए प्रयास** जमींदारों ने खेती लायक जमीनों की बसावट में अगुवाई की और खेतिहरों को खेती के साजो-सामान उधार देकर उन्हें वहाँ बसने में भी मदद की। जमींदारों की खरीद-फरोख्त से गाँवों के मौद्रीकरण की प्रक्रिया में तेजी आई। इसके अतिरिक्त जमींदार अपनी मिल्कियत की जमीनों की फसल भी बेचते थे। जमींदार बाजार स्थापित करते थे, जहाँ किसानों को भी अपनी फसलों को बेचने के अवसर प्राप्त होते थे।

(iii) **गाँवों के संरक्षक के रूप में** जमींदारों को शोषण करने वाले वर्ग के रूप में देखा जाता था, परंतु इसके विपरीत कुछ ऐसे जमींदार भी थे, जो गाँव व किसानों के संरक्षक के रूप में भी कार्य करते थे।

यह कहना अनुचित होगा कि जमींदार वर्ग केवल शोषणकर्ता था। कृषि को बढ़ावा देना, कृषि हेतु भूमि विस्तार करना, बाजार स्थापित करवाना ऐसे कार्य थे, जो जमींदारों को कृषक वर्ग से जोड़े रखे हुए थे। इनके रिश्तों में पारस्परिकता, पैतृकवाद और संरक्षण का संयोजन था। ये किसानों की जरूरत के समय आर्थिक रूप से मदद भी करते थे। 17वीं शताब्दी में होने वाले किसानों के विद्रोह में जमींदारों ने किसानों का साथ दिया था। इस प्रकार यह कहा जा सकता है कि जमींदारों ने ग्रामीण समाज व प्रशासन के समुचित विकास में महत्त्वपूर्ण भूमिका निभाई।

9. पंचायत और गाँव का मुखिया किस तरह से ग्रामीण समाज का नियमन करते थे? विवेचना कीजिए।

अथवा **"मुगल साम्राज्य के गाँव की पंचायत ग्रामीण समाज का नियमन करती थी।" इस कथन को स्पष्ट कीजिए।**

उत्तर 'पंचायत' मुगल ग्रामीण प्रशासन की सर्वोच्च संस्था थी। यह एक ऐसी संस्था थी, जिसमें गाँवों के विभिन्न समुदायों और जातियों का प्रतिनिधित्व होता था, किंतु छोटे और नीच जाति के खेतिहर मजदूरों का प्रतिनिधित्व संभवतः न के बराबर पंचायत का फैसला सभी के लिए बाध्यकारी होता था।

पंचायत का प्रधान 'मुखिया' होता था, जिसे मुकद्दम या मंडल भी कहा जाता था। मुखिया का चुनाव गाँव के बुजुर्ग सदस्यों द्वारा होता था, जिसे गाँव के जमींदार से समर्थन लेना पड़ता था। मुखिया गाँव के पटवारी की मदद से गाँव का आमदनी और खर्च संबंधी विवरण तैयार करवाता था। पंचायत और गाँव का मुखिया निम्नलिखित उपायों से ग्रामीण समाज का नियमन करते थे

- प्रत्येक गाँव की अपनी एक पंचायत होती थी, जिसमें जमीनों के पुश्तैनी अधिकार वाले बुजुर्ग वर्ग ही शामिल होते थे।
- पंचायत मुख्य रूप से गाँवों के समुदायों पर नियंत्रण रखती थी, ताकि कोई भी जाति के नियमों का उल्लंघन न करे।
- पूर्वी भारत के सभी वैवाहिक कार्य मंडल की उपस्थिति में आयोजित होते थे।
- जाति की अवहेलना रोकने के लिए इन पंचायतों के पास न्यायिक अधिकार भी थे, ऐसा करने वालों को पंचायत जुर्माना और समुदाय से बहिष्कृत कर देती थी।
- पंचायत प्राकृतिक आपदा में मदद करती थी तथा छोटी-मोटी नहरों की खुदाई भी कराती थी।
- ग्राम पंचायत के अतिरिक्त जाति पंचायत भी होती थी, जो जातिगत रिवाजों की अवहेलना करने से रोकती थी तथा छोटे-मोटे दीवानी फैसले भी सुनाती थी।
- राज्य के कर्मचारियों तथा गाँवों के किसानों के बीच मध्यस्थता का काम ये पंचायतें ही करती थीं। इससे राज्य के कर्मचारियों के द्वारा राजस्व वसूली में आसानी होती थी तथा किसानों पर भी राजस्व का दबाव सीमित रहता था।
- चूँकि पंचायत 'राज्य' तथा जमींदार वर्ग से जुड़ी हुई थी, इसलिए इसका फैसला गाँव के लोगों को मानना पड़ता था। गाँवों की फसलों के लिए बाजार व्यवस्था का काम भी पंचायत ही करती थी।
- धार्मिक आयोजन, बड़े पैमाने पर अनुष्ठान आदि का कार्य पंचायतों द्वारा ही आयोजित किया जाता था।

10. विश्व के बहिरेखा वाले नक्शे पर उन क्षेत्रों को दिखाएँ जिनका मुगल साम्राज्य के साथ आर्थिक संपर्क था। इन क्षेत्रों के साथ यातायात-मार्गों को दिखाएँ।

उत्तर

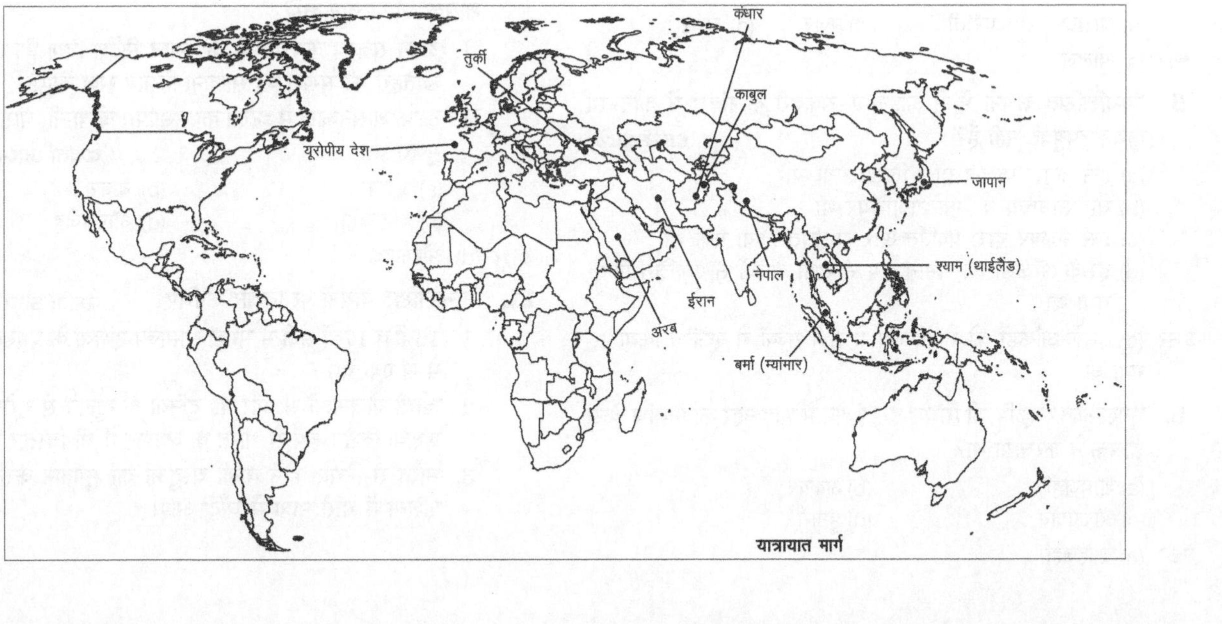

यात्रायात मार्ग

अभ्यास प्रश्न

वस्तुनिष्ठ प्रश्न

बहुविकल्पीय प्रश्न

1. मुगलकाल में निम्नलिखित में से कौन-सा कबीला भारत और अफ़गानिस्तान के बीच ज़मीनी व्यापार में लगा था और पंजाब के गाँवों और शहरों में भी भ्रमण करता था? **CBSE 2024**

(a) मुंडा (b) कोच
(c) अहोम (d) लोहानी

उत्तर (d) लोहानी

2. मुगल राज्य में कृषि के निरंतर विस्तार में निम्नलिखित में से कौन-सा एक प्रमुख कारक नहीं था? **CBSE 2024**

(a) भूमि की प्रचुरता (b) श्रम की उपलब्धता
(c) किसानों की गतिशीता (d) ट्रेक्टरों की उपलब्धता

उत्तर (d) ट्रेक्टरों की उपलब्धता

3. आइन-ए-अकबरी के संदर्भ में निम्नलिखित में से कौन-सा कथन सही है? **CBSE 2024**

(a) अकबरनामा, आइन-ए-अकबरी की तीसरी जिल्द (Third Book) है
(b) मंज़िल-आबादी मुगलों के नागरिक प्रशासन से संबंधित है
(c) सिपाह-आबादी मुगलों के शाही घर परिवार से संबंधित है
(d) मुल्क आबादी मुगल साम्राज्य के वित्तीय पहलू से संबंधित है

उत्तर (d) मुल्क आबादी मुगल साम्राज्य के वित्तीय पहलू से संबंधित है

4. दिए गए विकल्पों में से उचति शब्द से रिक्त स्थान की पूर्ति कीजिए, मुगल साम्राज्य की वह ज़मीन जिसमें एक के बाद एक फ़सल की सालाना खेती होती थी, को .... कहा जाता था। **CBSE 2024**

(a) पोलज (b) परौती (c) बंजर (d) चचर

उत्तर (a) पोलज

5. निम्नलिखित कथनों में से आइन-ए-अकबरी के संबंध में कौन-सा कथन उपयुक्त नहीं है? **CBSE 2020**

(a) इसे अबुल फजल द्वारा लिखा गया था
(b) यह साम्राज्य का एक गजेटियर था
(c) इसे अकबर द्वारा प्रवर्तित और संसूचित किया गया था
(d) इसके आँकड़ों को समान रूप से सभी राज्यों से एकत्रित किया गया था

उत्तर (d) इसके आँकड़ों को समान रूप से सभी राज्यों से एकत्रित किया गया था

6. मुगलकाल में कृषि की सिंचाई हेतु पंजाब में शाह नहर का निर्माण किस शासक ने करवाया था?

(a) शाहजहाँ (b) अकबर
(c) औरंगजेब (d) हुमायूँ

उत्तर (a) शाहजहाँ

7. निम्नलिखित में से कौन-सा कथन 16वीं और 17वीं शताब्दी के भारत के जमींदारों के बारे में सबसे उपयुक्त है। **CBSE 2025**

(a) जमींदार किसानों के लिए शोषक वर्ग थे
(b) राज्य की ओर से वे राजस्व एकत्र करते थे
(c) उनके गाँव वालों के साथ सदैव सौहार्दपूर्ण संबंध थे
(d) उनके पास निजी इस्तेमाल के लिए जमीन के छोटे टुकड़े होते थे

उत्तर (c) उनके गाँव वालों के साथ सदैव सौहार्दपूर्ण संबंध थे

8. नीचे मध्यकालीन परिस्थितियों को जानने के स्रोत के रूप में कुछ पुस्तकें तथा उनके लेखक का नाम दिया गया है। उचित विकल्प की सहायता से युग्म को पूरा करें।

आइने-ए-अकबरी:अबुल फजल, चंडी मंगल: ....।

दक्षता आधारित प्रश्न

(a) बीरबल (b) मान सिंह
(c) मुकुंदराम चक्रवर्ती (d) जोवान्नी कारेरी

उत्तर (c) मुकुंदराम चक्रवर्ती

9. 16वीं और 17वीं शताब्दी के भारत के कृषि इतिहास को समझने का निम्नलिखित में से प्रमुख स्रोत कौन-सा है? **CBSE 2025**

(a) आगरा और दिल्ली के राजस्व रिकॉर्ड
(b) किसानों और जमींदारों के बीच संबंध
(c) आइन-ए-अकबरी, राजवंश का महत्त्वपूर्ण इतिहास
(d) उस समय उगाई जाने वाली कृषि फसलों के प्रकार

उत्तर (c) आइन-ए-अकबरी, राजवंश का महत्त्वपूर्ण इतिहास

10. प्रदान की गई जानकारी का उपयोग करके दिए गए विकल्पों में से मुगल शासक की पहचान करें?

I. अपने राजस्व कर्मचारियों को स्पष्ट निर्देश दिया कि हर गाँव में खेतिहरों की संख्या का सालाना हिसाब रखा जाए।
II. उसके शासनकाल में इटली का मुसाफ़िर जोवान्नी, भारत से होकर गुजरा था। *दक्षता आधारित प्रश्न*

(a) अकबर (b) बाबर
(c) शाहजहाँ (d) औरंगजेब

उत्तर (d) औरंगजेब

11. निम्नलिखित कथनों पर विचार कीजिए *दक्षता आधारित प्रश्न*

1. 16वीं व 17वीं सदी में मुगल साम्राज्य एशिया के प्रमुख साम्राज्यों में से एक था।
2. खोजी योजनाओं से और नई दुनिया के खुलने से यूरोप के साथ एशिया विशेष रूप से भारत के व्यापार में भी विस्तार हुआ।
3. भारत से निर्यात होने वाली वस्तुओं का भुगतान करने के लिए एशिया में भारी मात्रा में चाँदी आई।

उपरोक्त में से कौन-सा/से कथन सही है/हैं?

(a) केवल 1
(b) 2 और 3
(c) 1 और 2
(d) उपरोक्त सभी

उत्तर (d) उपरोक्त सभी

12. 16वीं व 17वीं सदी में महिलाओं की स्थिति के संदर्भ में निम्नलिखित कथनों पर विचार कीजिए *दक्षता आधारित प्रश्न*

1. तलाकशुदा महिलाएँ और विधवाएँ दोनों कानूनी रूप से शादी/विवाह नहीं कर सकती थीं।
2. महिलाएँ पुरुषों के समान कृषि एवं उत्पादन कार्यों (दस्तकारी) में महत्त्वपूर्ण भूमिका निभाती थीं।
3. भूमिहर उच्च वर्ग की महिलाओं को संपत्ति संबंधी पुश्तैनी अधिकार प्राप्त थे।

उपरोक्त में से कौन-सा/से कथन सही नहीं है/हैं?

(a) केवल 1
(b) केवल 2
(c) 1 और 3
(d) ये सभी

उत्तर (a) केवल 1

13. अकबर के शासन में भूमि के वर्गीकरण के संबंध में निम्नलिखित में से कौन-सा युग्म सही सुमेलित है? **CBSE 2024**

(a) पोलज – भूमि जहाँ सालाना खेती होती थी
(b) परौती – भूमि जहाँ पाँच वर्षों से खेती नहीं की गई
(c) चचर – भूमि जहाँ एक वर्ष से खेती नहीं की गई
(d) बंजर – भूमि जहाँ तीन वर्षों से खेती नहीं की गई

उत्तर (a) पोलज – भूमि जहाँ सालाना खेती होती थी

14. मुगल ग्रामीण समाज का निम्नलिखित में से कौन-सा युग्म सही सुमेलित है? **CBSE 2024**

ग्रामीण लोग — कार्य
(a) रैयत – नाविक
(b) मल्लाह – बैंकर
(c) सराफ़ – किसान
(d) मनसबदार – सैनिक-नौकरशाह

उत्तर (d) मनसबदार-सैनिक -नौकरशाह

15. मुगलकाल के दौरान ग्रामीण लोगों के कार्यों के संबंध में सही युग्म का चयन कीजिए **CBSE 2024**

नाम — कार्य
(a) मल्लाहज़ादा – गाँव का मुखिया
(b) मुक़द्दम – बैंकर
(c) सराफ़ – नाविक
(d) मुज़रियान – किसान

उत्तर (d) मुज़रियान-किसान

16. निम्नलिखित में से कौन-सा युग्म सही सुमेलित है?

(a) सर्राफ – गाँवों में मुद्रा के लेन-देन का कार्य करने वाला
(b) मिल्कियत – दूसरे की जमीन पर एकाधिकार की स्थिति
(c) जिन्स-ए-कामिल – खाद्यान्न फसलें
(d) भ्रष्टमंडल – भ्रष्ट अधिकारियों पर नियंत्रण करने वाला अधिकारी

उत्तर (a) सर्राफ —गाँवों में मुद्रा के लेन-देन का कार्य करने वाला

17. निम्नलिखित मुगलकालीन घटनाओं का सही कालानुक्रमिक क्रम क्या है? *दक्षता आधारित प्रश्न*

1. अकबर और उसके अभिजातों ने पहली बार तंबाकू को देखा।
2. पहाड़ी कबीलों और मैदानों के बीच व्यापार
3. इटली का मुसाफिर जोवान्नी कारेरी, भारत से होकर गुजरा
4. अकबर के शासनकाल के 42वें वर्ष में आइन-ए-अकबर को, पाँच संशोधनों के बाद पूरा किया गया।

कूट

(a) 1, 2, 3, 4 (b) 3, 2, 1, 4 (c) 2, 4, 1, 3 (d) 4, 3, 2, 1

उत्तर (c) 2, 4, 1, 3

18. निम्नलिखित जानकारी की सहायता से सोलहवीं और सत्रहवीं शताब्दी के दौरान जंगली कबीले की पहचान कीजिए। **CBSE 2024**

- असम में ये जंगली कबीलों के सरदार राजा बन गए।
- ये ज़मीन के बदले सैनिक सेवा देते थे।
- इन्होंने जंगली हाथी पकड़ने पर अपने एकाधिकार का ऐलान कर रखा था।

(a) लोहानी कबीला (b) संथाल कबीला
(c) अहोम कबीला (d) मुंडा कबीला

उत्तर (c) अहोम कबीला

19. नीचे दी गई सूचना को पढ़िए तथा 16वीं और 17वीं सदी की फसल की पहचान कीजिए और उसका नाम बताइए।

- यह फसल सबसे पहले दक्कन पहुँची।
- आइन उत्तर भारत की फसलों में इसका उल्लेख नहीं करती।
- सत्रहवीं सदी के शुरुआती वर्षों में इसे उत्तर भारत लाया गया।

(a) मक्का (b) आलू
(c) तंबाकू (d) टमाटर

उत्तर (c) तंबाकू

20. मुगलों की भू-राजस्व प्रणाली के संदर्भ में सूची I का मिलान सूची II के साथ कीजिए और दिए गए कूट से सही विकल्प का चयन कीजिए

	सूची I		सूची II
A.	जमा	1.	सचमुच वसूली गई रकम
B.	खेत बँटाई	2.	फसल काटने के बाद उसे अपने में बाँटना
C.	लाँग बँटाई	3.	बीज बोने के बाद खेत बाँटना
D.	हासिल	4.	निर्धारित रकम

कूट

	A	B	C	D
(a)	4	3	2	1
(b)	1	2	3	4
(c)	4	3	1	2
(d)	3	2	1	4

उत्तर (b) 1 2 3 4

22. निम्नलिखित को सुमेलित कीजिए **CBSE 2023**

सूची I (मुगल साम्राज्य में भूमि)	सूची II (विशेषता)
A. पोलज	1. सदैव खेती की गई जमीन
B. परौती	2. तीन या चार साल के लिए परती जमीन
C. चचर	3. एक साल के लिए परती जमीन
D. बंजर	4. पाँच साल से खेती न की गई जमीन

कूट

	A	B	C	D
(a)	1	3	2	4
(b)	2	3	4	1
(c)	3	4	1	2
(d)	4	3	2	1

उत्तर (a) 1 3 2 4

23. निम्नलिखित को सुमेलित कीजिए

सूची I	सूची II
A. सुयूरगल	1. दान में दिया गया राजस्व अनुदान
B. अराजी और जमीन-ए-पाइमूद	2. मापे गए क्षेत्र
C. मीरास या वतन	3. जिस भूमि पर दस्तकारों का पुश्तैनी अधिकार होता था
D. नस्क प्रणाली	4. राजस्व निर्धारण व वसूली की एक प्रणाली

कूट

	A	B	C	D
(a)	1	2	3	4
(b)	2	3	1	4
(c)	1	3	4	2
(d)	3	2	1	4

उत्तर (a) 1 2 3 4

24. नीचे दिए गए चित्र को पहचानिए और शिकार करते हुए व्यक्ति का नाम बताइए।

(a) अकबर (b) औरंगजेब
(c) शाहजहाँ (d) जहाँगीर

उत्तर (c) शाहजहाँ

25. नीचे दिए गए चित्र का ध्यान से अवलोकन करें और बताइए कि अबुल फजल किसको अकबरनामा की पांडुलिपि पेश कर रहे हैं?

(a) अकबर (b) शाहजहाँ (c) जहाँगीर (d) औरंगजेब

उत्तर (a) अकबर

निर्देश (प्र. सं. 26-28) **नीचे दिए गए कथनों में एक अभिकथन** (A) **तथा दूसरा कारण** (R) **है। नीचे दिए गए कूट की सहायता से सही उत्तर का चयन कीजिए।** *दक्षता आधारित प्रश्न*

कूट
(a) A और R दोनों सही हैं तथा R, A की सही व्याख्या है
(b) A और R दोनों सही हैं, परंतु R, A की सही व्याख्या नहीं है
(c) A सही है, किंतु R गलत है
(d) A गलत है, किंतु R सही है

26. कथन (A) **आइन-ए-अकबरी की रचना अबुल फजल ने की थी।**

कारण (R) **यह मुगलकालीन दरबार, प्रशासन, सेना का संगठन व सांस्कृतिक एवं धार्मिक क्षेत्रों का उल्लेख करती है।**

उत्तर (a) आइन-ए-अकबरी की रचना अकबर के दरबारी इतिहासकार अबुल फजल द्वारा अकबर के शासनकाल के 42 में वर्ष में हुई। इसका रचनाकाल 1598 ई. माना जाता है। यह मुगलकालीन दरबार, प्रशासन, सेना का संगठन व सांस्कृतिक कृषि एवं धार्मिक क्षेत्रों का उल्लेख करती है।

27. कथन (A) **सत्रहवीं सदी में दुनिया के अलग-अलग हिस्सों से कई नई फसलें भारतीय उपमहाद्वीप में आईं।**

कारण (R) **भारत में मक्का अमेरिका के रास्ते आया।**

उत्तर (c) 17वीं शताब्दी में दुनिया के भिन्न-भिन्न हिस्सों से कई नई फसलें; जैसे—मक्का, तंबाकू, टमाटर, आलू आदि भारतीय उपमहाद्वीप में पहुँचीं। भारत में मक्का अमेरिका से नहीं, बल्कि अफ्रीका और स्पेन के रास्ते आया था।

28. कथन (A) **भू-राजस्व मुगल साम्राज्य की अर्थव्यवस्था का आधार स्तंभ था।**

कारण (R) **राजस्व अधिकारी को अमील-गुजार कहा जाता था।**

उत्तर (b) भू-राजस्व मुगल साम्राज्य की अर्थव्यवस्था का आधार स्तंभ था। इसके लिए कृषि संबंधी गतिविधियों की निगरानी और राजस्व आकलन व वसूली के लिए एक विभाग की स्थापना की गई, जिसका प्रमुख दीवान होता था, जिसकी जिम्मेदारी राज्य की वित्तीय व्यवस्था की होती थी। राजस्व अधिकारी को अमील-गुजार कहा जाता था।

लघु उत्तरीय प्रश्न

1. मुगल भारत में भू-राजस्व प्रणाली की परख कीजिए।

उत्तर मुगल राजस्व व्यवस्था में लगान का निर्धारण फसल के रूप में किया जाता था तथा इसकी वसूली नकद रूप में की जाती थी। साम्राज्य के दूरस्थ और पिछड़े क्षेत्रों में अनाज या फसल के रूप में लगान वसूल करने की अनुमति थी। कश्मीर, ओडिशा तथा राजपूताना के क्षेत्रों में गल्ले के रूप में राजस्व की वसूली की जाती थी।

मुगलकाल में भू-राजस्व प्रणाली

- भू-राजस्व मुगल साम्राज्य की अर्थव्यवस्था का आधार स्तंभ था, इसलिए कृषि संबंधी गतिविधियों की निगरानी और राजस्व आकलन व वसूली के लिए एक अलग विभाग की स्थापना की गई, जिसका प्रमुख दीवान होता था।
- दीवान पर ही पूरे राज्य की वित्तीय व्यवस्था की देख-रेख की जिम्मेदारी होती थी। राजस्व अधिकारी को अमील-गुजार (Amil-Guzar) कहा जाता था।
- राज्य की ओर से लोगों पर 'कर' निर्धारित करने से पूर्व कृषि भूमि और उस पर होने वाली उपज का आकलन किया जाता था।

भू-राजस्व निर्धारण के निम्नलिखित दो चरण होते थे

(i) कर निर्धारण (जमा)

(ii) वास्तविक वसूली (हासिल)

2. आइन-ए-अकबरी की कुछ सीमाएँ हैं" इस कथन की परख कीजिए? **CBSE 2024**

उत्तर आइन-ए-अकबरी की सीमाएँ अन्य ग्रंथों की तरह हैं, जो निम्नलिखित हैं

- आइन-ए-अकबरी में जोड़ करने में गलतियाँ पाई गई हैं। ऐसा प्रतीत होता है कि या तो ये जोड़ के दौरान छोटी चूक हैं या फिर नकल उतारने के दौरान अबुल फजल के सहयोगियों द्वारा की गई भूल है। इस ग्रंथ में प्रांतों से संबंधित समान आँकड़े नहीं मिलते हैं; जैसे-किसी सूबे के जमींदारों की जाति के संदर्भ में विस्तृत सूचनाएँ दी गई हैं, तो वहीं बंगाल और उड़ीसा (ओडिशा) से संबंधित ऐसी सूचनाएँ नहीं मिलतीं।
- कुछ सूबों के राजस्व से जुड़े आँकड़े बड़े विस्तार से दिए गए हैं, परंतु उन्हीं सूबों से संबंधित कीमतों एवं मजदूरी जैसे महत्त्वपूर्ण मापदंडों की अवहेलना की गई है। इसके अतिरिक्त मजदूरी व कीमतों से संबंधित जो आँकड़े दिए गए हैं, वे केवल आगरा व आस-पास के क्षेत्रों से एकत्रित किए गए हैं।

3. जमीन से मिलने वाला राजस्व मुगल साम्राज्य की आर्थिक बुनियाद थी।" उदाहरणों सहित इस कथन की पुष्टि कीजिए? **CBSE 2024**

उत्तर मुगलकालीन राजकोषीय व्यवस्था तथा इसमें भू-राजस्व की उपयोगिता के संदर्भ में आइन-ए-अकबरी का तीसरा भाग 'मुल्क-आबादी' में विस्तृत रूप से चर्चा की गई है। इसमें साम्राज्य व प्रांतों के वित्तीय पहलुओं तथा राजस्व की दरों के आँकड़ों का विस्तृत रूप से वर्णन किया गया है, जो इस तथ्य की पुष्टी करते हैं कि भू राजस्व मुगल साम्राज्य की आर्थिक बुनियादी थी। इसे निम्न आधार पर समझा जा सकता है।

- मुगल साम्राज्य के लिए भू-राजस्व आर्थिक आधार था। मुगल सम्राटों की आय का सबसे ज्यादा भाग भू-राजस्व से ही आता था।
- मुगल साम्राज्य अपने समकालीन साम्राज्यों की तरह ही स्थिर तथा सुदृढ़ था। सुदृढ़ता के लिए मुद्रा की आवश्यकता थी, जो अधिक मात्रा में भू-राजस्व से ही आती थी।
- अपने अधीनस्थ क्षेत्रों, दरबारियों और अन्य प्रशासनिक अधिकारियों पर नियंत्रण के लिए अत्यधिक मात्रा में मुद्रा की आवश्यकता थी।
- सैनिक अभियान, उत्सव तथा धार्मिक केंद्रों की स्थापना; जैसे-मस्जिद, मकबरा आदि सभी के लिए मुद्रा की आवश्यकता थी।

4. मुगलों ने अपनी भू-राजस्व प्रणाली को किस प्रकार व्यवस्थित किया? स्पष्ट कीजिए। **CBSE 2024**

उत्तर मुगलों ने विभिन्न माध्यमों से अपनी भू-राजस्व प्रणाली को व्यवस्थित किया। इन्हें निम्न बिंदुओं के अंतर्गत देख सकते हैं।

- मुगल साम्राज्य को परगना में बाँटा गया था, परगने में कई गाँव होते थे।
- भूमि राजस्व तय करने के लिए, पिछले दस सालों की औसत उपज का एक तिहाई हिस्सा राज्य का हिस्सा होता था।
- आमतौर पर, भू-राजस्व का भुगतान नकद में किया जाता था।
- ज़मींदारों को साम्राज्य और किसानों के बीच मध्यस्थ का काम करना होता था।
- ज़मींदारों को अक्सर उनकी सेवाओं के लिए राजस्व का एक हिस्सा दिया जाता था।
- मुगल साम्राज्य में भूमि को चार समूहों में बाँटा गया था, पोलज, परती, चाचर और बंजर।
- हर तरह की जमीन के लिए अलग-अलग राजस्व तय किया गया था।
- मुगल साम्राज्य में भू-राजस्व के लिए फारसी शब्द 'माल' और 'मालवाज' का इस्तेमाल किया जाता था।

5. उन स्रोतों की चर्चा कीजिए, जो 16वीं से 17वीं शताब्दी के ग्रामीण समाज का वृहत् विवरण देते हैं।

उत्तर ग्रामीण समाज संबंधी तथ्यों के मुख्य स्रोत मुगल दरबार की देख-रेख में लिखे गए ऐतिहासिक ग्रंथ और दस्तावेज थे। इन ग्रंथों में सबसे महत्त्वपूर्ण 'आइन-ए-अकबरी' था, जिसकी रचना अबुल फजल ने की थी। इस ग्रंथ में कृषि भूमि की जुताई से संबंधित सर्वेक्षण, करों की वसूली, राज्य और जमींदारों के बीच संबंध आदि से संबंधित तथ्यात्मक वर्णन किया गया है।

इसके साथ ही 'आइन-ए-अकबरी' का एक दूसरा पहलू यह था कि इस ग्रंथ में अकबर के साम्राज्य के सत्ताधारी वर्ग (राजा और उसके अधिकारी) से संबंधित गतिविधियों के चित्रण पर जोर दिया गया और किसानों से संबंधित जो दृष्टांत वर्णित किया गया है, वह उच्च अधिकारियों का वक्तव्य था। इसके अतिरिक्त भी कई स्रोत थे, जो समकालीन ग्रामीण समाज की जानकारी के प्रमुख स्रोत हैं

- 17वीं और 18वीं शताब्दी के गुजरात, महाराष्ट्र और राजस्थान से प्राप्त दस्तावेज, जो समकालीन सरकार की आय का विस्तृत विवरण देते हैं।
- ईस्ट इंडिया कंपनी के दस्तावेज, जो पूर्वी भारत के कृषि संबंधों की उपयोगी जानकारी देते हैं।

ये सभी स्रोत किसान, जमींदार और राज्य के बीच के संबंधों से संबंधित महत्त्वपूर्ण जानकारी देते हैं।

6. स्पष्ट कीजिए कि आइन-ए-अकबरी आज भी अपने समय का असाधारण ग्रंथ क्यों है? *दक्षता आधारित प्रश्न*

उत्तर आइन-ए-अकबरी अपने समय का असाधारण ग्रंथ है, इसे हम निम्नलिखित तथ्यों से समझ सकते हैं

- मुगलकालीन समाज की जितनी ज्यादा मात्रा में और प्रामाणिक जानकारी आइन-ए-अकबरी से मिलती है, उतनी अन्य ग्रंथों से नहीं मिलती है।
- आइन-ए-अकबरी में प्रशासनिक अधिकारियों और उनके कार्यों का विस्तृत एवं सही वर्णन है।
- आइन-ए-अकबरी कई मुद्दों पर विस्तार से जानकारी देती है; जैसे—दरबार, प्रशासन और सेना का गठन, राजस्व के स्रोत और अकबरी साम्राज्य के प्रांतों का भूगोल तथा लोगों के साहित्यिक, सांस्कृतिक व धार्मिक रिवाज।
- अकबर प्रशासन के सभी विभागों और प्रांतों (सूबों) के बारे में विस्तार से जानकारी देने के अतिरिक्त, आइन-ए-अकबरी इन सूबों के विषय में सही और संख्यात्मक आँकड़ों की प्रस्तुति करती है।
- इसमें सूचनाओं को इकट्ठा करके, उन्हें क्रमानुसार तरीके से संकलित किया गया है।

7. 16वीं और 17वीं शताब्दी के दौरान हिंदुस्तान के ग्रामीण समुदाय की स्थिति पर विशेषयात्मक चर्चा कीजिए।

उत्तर 16वीं और 17वीं सदी के दौरान हिंदुस्तान में लगभग 85% लोग गाँवों में रहते थे। छोटे किसान, बड़े किसान तथा जमींदार सभी कृषि उत्पादन से जुड़े थे और ये लोग फसल के हिस्से के दावेदार थे। इससे उनके बीच सहयोग, प्रतियोगिता और संघर्षपूर्ण संबंध होते थे। कृषि से जुड़े इन सभी रिश्तों के ताने-बाने से गाँव का समाज बनता था। इसकी स्थिति को और स्पष्ट रूप से समझने के लिए निम्नलिखित तथ्यों को देखा जा सकता है

- ग्रामीण समुदाय जातिगत समुदायों में बँटे हुए थे, जो इनकी सामाजिक स्थिति को दर्शाता था।
- व्यावसायिक फसलें आ जाने से ग्रामीण समुदायों में भी मुद्रा का प्रचलन बढ़ गया। कहने का तात्पर्य यह है कि इनकी आर्थिक स्थिति में सुधार हुआ तथा इनकी फसलों को व्यापारी इनके गाँव से ही नकद पैसा देकर खरीद लेते थे।
- व्यापार एवं मुद्रा बाजार की बढ़ोतरी से ग्रामीण समुदाय के लोग भी शहरों से जुड़ने लगे।
- कालांतर में बाह्य लोगों का प्रवेश इन ग्रामीण समुदायों में हुआ, जिसके प्रभावस्वरूप अनेक परिवर्तन हुए।
- बाह्य लोगों के प्रवेश से राजस्व वसूली के लिए नए अधिकारियों का आगमन हुआ और भू-राजस्व संबंधी नई दर लागू की गई।

8. 17वीं शताब्दी के दौरान उत्तरी भारत के औसत किसान की स्थिति का वर्णन कीजिए।

उत्तर 17वीं शताब्दी के दौरान उत्तरी भारत के औसत किसान के पास एक जोड़ी बैल और दो हल से ज्यादा कुछ नहीं होता था। इस समय किसान वर्गों के पास विस्तृत भूमि नहीं थी। समकालीन गुजरात में जिन किसानों के पास 6 एकड़ जमीन थी तथा बंगाल के जिन किसानों के पास 10 एकड़ जमीन थी, वे समृद्ध समझे जाते थे। ऐसे में इन जमीनों पर केवल इतना ही उत्पादन हो पाता था, जिससे केवल राजस्व चुकाया जा सके तथा अपने परिवार का पालन-पोषण किया जा सके। इसे हम निम्न तरीके से समझ सकते हैं

- राजस्व दर उच्च थी, जिसके कारण शेष उत्पादन केवल किसान के अपने परिवार में ही समाप्त हो जाता था।
- कृषि मानसून पर आधारित थी, जिसके कारण उत्पादन की दर कम थी। किसानों की मिल्कियत छोटी थी।
- जमींदारों के द्वारा भी कृषि विस्तार हेतु प्रयास नहीं किए जाते थे।

9. मुगलकाल के समय भारतीय किसान तथा कृषि उत्पादन पर एक टिप्पणी लिखिए।

उत्तर मुगलकाल में ग्रामीण समुदाय की आधारभूत इकाई किसान होते थे, जो संपूर्ण कृषि कार्यों में संलग्न रहते थे तत्कालीन समय में दो प्रकार के किसान थे; जैसे–

(i) **खुदकाश्त** वे किसान, जो अपनी भूमि पर खेती करते थे।
(ii) **पाहिकाश्त** वे किसान, जो दूसरे गाँवों में ठेके पर कृषि कार्य करते थे।

सामान्यतः किसानों की स्थिति अच्छी नहीं होती थी। ये लोग गरीबी में जीवन-यापन करते थे। ऐसे किसान, जिनके पास 5 से 10 एकड़ जमीन थी, उन्हें समृद्ध समझा जाता था। इस समय दो प्रकार की फसलों का उल्लेख मिलता है

(i) **खाद्यान्न फसलें** गेहूँ, जौ, बाजरा, चावल इत्यादि।
(ii) **व्यावसायिक फसलें** दलहन, तिलहन, गन्ना, कपास इत्यादि।

कृषि उत्पादन के अतिरिक्त कुछ जंगली उत्पादों की भी माँग थी;

10. 16वीं-17वीं शताब्दी में कबीलाई समाज में राज्य द्वारा न्याय सुनिश्चित करने में 'शिकार' एक महत्त्वपूर्ण साधन था। स्पष्ट कीजिए। *दक्षता आधारित प्रश्न*

उत्तर 16वीं-17वीं शताब्दी में मुगल बादशाह अपने विशाल साम्राज्य के कोने-कोने तक न्याय एवं प्रशासन सुनिश्चित करने और स्थानीय समस्याओं के समाधान के लिए 'शिकार' को एक महत्त्वपूर्ण साधन के रूप में प्रयोग करते थे। मुगल बादशाह शिकार अभियान के नाम पर अपने विशाल साम्राज्य का दौरा करते थे, जिससे शासक को कबीलाई समाज (जंगली क्षेत्र) से जुड़ने का अवसर प्राप्त होता था।

बादशाह शिकार के दौरान कबीलों की समस्याओं को सुनते थे और उसका समाधान भी करते थे। दरबारी कलाकार भी अपने चित्रों में बादशाह के शिकार से संबंधित चित्रण करते थे, जिससे सद्भावनापूर्ण शासन की जानकारी मिलती थी।

11. मुगलकालीन कृषि विस्तार, सिंचाई तथा कृषि उपयोगी तकनीकी के प्रसार के संबंध में चर्चा कीजिए *दक्षता आधारित प्रश्न*

उत्तर मुगलकालीन भारत में कृषि विस्तार, सिंचाई तथा कृषि उपयोगी तकनीक का वर्णन निम्न प्रकार है

- जंगलों की सफाई करके नई जमीनों को खेती के लिए उपयोगी बनाया गया।
- जमींदारों को विभिन्न प्रकार से लालच देकर नई जमीनों पर श्रम कराया गया तथा खेतिहर किसानों को तकावी ऋण व खेती के उपकरण देकर इस जमीन पर बसाया गया।

- व्यावसायिक फसलें अच्छी आमदनी का साधन थीं। इन फसलों ने भी कृषि विस्तार तथा उत्पादन में महत्त्वपूर्ण भूमिका निभाई। नई जमीनों पर राज्य सरकारों के द्वारा कुछ वर्षों तक राजस्व नहीं लिया जाता था।
- सिंचाई के साधन के लिए मुख्य रूप से कुएँ तथा तालाब का उपयोग होता था। सिंचाई के लिए नहर भी बनवाई गई; जैसे—पंजाब में शाह नहर, शाहजहाँ द्वारा बनवाई गई थी। पुरानी नहरों की मरम्मत कराई गई।
- कृषि तकनीक परंपरागत होती थी। कृषि के लिए सामान्यतः पशुबल का प्रयोग किया जाता था।
- हल से खेतों की गुड़ाई होती थी, जिसे एक छोर पर लोहे की नुकीली धार या फाल लगाकर बनाया जाता था।

12. **16वीं व 17वीं शताब्दियों में मुगलकाल में औसतन किसान की जमीन पर पेट भरने और व्यापार के लिए किए जाने वाले उत्पादन एक-दूसरे से किस प्रकार से जुड़े हुए थे? स्पष्ट कीजिए।**

दक्षता आधारित प्रश्न

उत्तर 16वीं व 17वीं शताब्दी के दौरान दैनिक आहार वाली फसलों के उत्पादन पर ज्यादा जोर दिया जाता था, साथ ही कृषि का व्यवसायीकरण भी हो रहा था। इसे हम निम्नलिखित तथ्यों के द्वारा समझ सकते हैं

- मुगल साम्राज्य दैनिक आहार की फसलों के साथ-साथ ऐसी फसलों के उत्पादन पर भी जोर देता था, जिन्हें जिन्स-ए-कामिल (नकदी फसलें) कहा जाता था।
- कपास और गन्ने जैसी फसलें जिन्स-ए-कामिल थीं। मध्य भारत एवं दक्कनी पठारों पर कपास उगाई जाती थी तथा बंगाल में गन्ने की अधिक पैदावार के कारण यह चीनी के लिए मशहूर था। दलहन और तिलहन की फसलें भी नकदी फसलों में आती थीं।

इससे पता चलता है कि औसतन किसान की जमीन पर किस प्रकार जीवन निर्वाह के लिए होने वाले उत्पादन और व्यापार के लिए किए जाने वाले उत्पादन एक-दूसरे से जुड़े हुए थे।

13. **अकबर के शासनकाल में भूमि का वर्गीकरण किन रूपों में हुआ था? पोलज तथा परती भूमि कैसी भूमि थी?**

उत्तर अबुल फजल अपने ग्रंथ आइन-ए-अकबरी में कृषि भूमि का उल्लेख विस्तार से करता है। इसके अनुसार, अकबर बादशाह ने अपनी गहरी दूरदर्शिता के साथ जमीनों का वर्गीकरण किया और प्रत्येक वर्ग की जमीन के लिए अलग-अलग राजस्व निर्धारित किया। इस समय की जमीनों को चार भागों में बाँटा गया

(i) **पोलज** यह ऐसी जमीनें होती थी, जो काफी उपजाऊ मानी जाती थी। इस जमीन पर वर्षभर खेती होती रहती थी। इसे कभी खाली नहीं छोड़ा जाता था।

(ii) **परौती** यह ऐसी जमीन थी, जिस पर निरंतर खेती तो नहीं होती थी, फिर भी यह उपजाऊ जमीन मानी जाती थी। इसे कुछ दिनों के लिए खाली छोड़ दिया जाता था, ताकि अपनी उर्वरता पा सके।

(iii) **चचर** ऐसी जमीनों पर तीन या चार वर्षों तक खेती रोक दी जाती थी, ताकि यह फिर से उपजाऊ बन जाए।

(iv) **बंजर** ऐसी जमीनों को पाँच वर्षों या उससे अधिक वर्षों के लिए खाली छोड़ा दिया जाता था।

14. **16वीं तथा 17वीं शताब्दियों में कृषि के लगातार विस्तार के लिए उत्तरदायी तीन कारकों का वर्णन कीजिए।**

उत्तर 16वीं तथा 17वीं शताब्दियों में कृषि के विस्तार के लिए निम्नलिखित तीन कारण उत्तरदायी थे

(i) **सिंचाई के साधनों का विकास** 16वीं से 17वीं शताब्दी के मध्य सिंचाई के साधनों का क्रमिक विकास हुआ; जैसे— कुओं, तालाबों को खुदवाया गया, नहरों की मरम्मत कराई गई आदि। शाहजहाँ द्वारा 'शाह नहर' का निर्माण कराया गया। सिंचाई उपलब्ध होने पर उन फसलों का भी उत्पादन होने लगा, जो मानसून के बिना संभव नहीं हो पाती थीं।

(ii) **व्यावसायिक फसलों की माँग में वृद्धि** इस समय व्यावसायिक फसलों की माँग बढ़ गई थी। निर्यात के लिए नील, चीनी, शोरा, मलमल इत्यादि वस्तुओं की भारी माँग थी। इनके उत्पादन से आय अपेक्षाकृत अधिक होती थी।

(iii) **कृषि भूमि का विस्तार** इसके अतिरिक्त जंगलों की सफाई, नई भूमि का विकास, जमींदारों की उत्पादन में रुचि, राज्यों की प्रेरणा इत्यादि ये सभी तथ्य उत्पादन बढ़ाने के प्रमुख कारण रहे थे।

15. **सिंचाई के जिन साधनों का जिक्र बाबर ने किया है, उनकी तुलना विजयनगर की सिंचाई व्यवस्था से कीजिए। सिंचाई की इन दोनों अलग-अलग प्रणालियों में किस-किस तरह के संसाधनों की जरूरत पड़ती होगी? इनमें से किन-किन प्रणालियों में कृषि तकनीक में सुधार के लिए किसानों की भागीदारी आवश्यक होती होगी?**

दक्षता आधारित प्रश्न

उत्तर विजयनगर की सिंचाई व्यवस्था तथा बाबर द्वारा उल्लिखित सिंचाई व्यवस्था का वर्णन निम्नलिखित है

- विजयनगर में नदियों पर बाँध बनाए गए थे अर्थात् इन बाँधों को सिंचाई का माध्यम बनाया गया था। बाँध बनाकर उससे नहरें निकाली जाती थीं, जबकि उत्तरी भारत में बाबर किसी प्रकार के बाँध का उल्लेख नहीं करता है।
- बाबर इस समय सिंचाई के लिए तालाबों तथा कुओं का उल्लेख करता है। बाबर रहट से सिंचाई का उल्लेख करता है, लेकिन विजयनगर में रहट से सिंचाई व्यवस्था के साक्ष्य प्राप्त नहीं होते हैं।

सिंचाई की इन प्रणालियों में बाल्टी, पशुवतल, लोहा, लकड़ी इत्यादि की जरूरत पड़ती थी। इन प्रणालियों में किसानों द्वारा कुछ तकनीकी सुधार किए गए थे, जो निम्नलिखित हैं

- किसान रस्सी के दो गोलाकार फंदे बनाकर उसमें लकड़ी के सहारे घड़े बाँध देते थे, जिसे ऊपर की तरफ खींचने से पानी बनाई हुई नालियों में गिरने लगता था।
- कुएँ के किनारे पर वे लकड़ी के कन्ने गाड़ देते थे, इन कन्नों के बीच बेलन टिकाकर एक बड़ी बाल्टी में रस्सी बाँधते थे और इसके दूसरे छोर को बैल से बाँध देते थे। बैलों के हाँकने पर बाल्टी का पानी ऊपर आ जाता था।

16. **"ग्रामीण भारत में बसे हुए लोगों के पास खेती के अतिरिक्त भी बहुत कुछ था।" इस कथन को मुगलकाल के संदर्भ में स्पष्ट कीजिए।**

दक्षता आधारित प्रश्न

उत्तर 16वीं एवं 17वीं शताब्दी में भारत में बसे हुए लोग खेती के अतिरिक्त भी गैर-कृषि कार्यों में संलग्न रहते थे; जैसे—शिल्पकारी व्यवस्था, दस्तकारी कार्य आदि। तत्कालीन गाँवों में शिल्पकारों अथवा दस्तकारों की

संख्या अत्यधिक (कुल आबादी का 25%) थी, जिसकी पुष्टि अंग्रेजी सरकार के आरंभिक सर्वेक्षण और मराठाओं के दस्तावेजों से होती है।

कुम्हार, लोहार, बढ़ई, नाई, सोनार आदि प्रमुख दस्तकार थे। रंगरेजी, कपड़े की छपाई, मिट्टी के बर्तनों को पकाना, खेती के औजार बनाना या उनकी मरम्मत आदि प्रमुख दस्तकारी कार्य थे।

इन दस्तकारों की सेवाओं के बदले ग्रामीण समुदाय द्वारा फसल का एक हिस्सा या जमीन के कुछ टुकड़े की अदायगी की जाती थी।

17. मुगलकाल में ग्रामीण दस्तकारों के बारे में चर्चा कीजिए।

उत्तर अंग्रेजी शासन के शुरुआती वर्षों में किए गए गाँवों के सर्वेक्षण और मराठाओं के दस्तावेज बताते हैं कि गाँवों में दस्तकार काफी बड़ी संख्या में निवास करते थे। कुछ स्थानों पर कुल घरों में से 25ङ घर दस्तकारों के थे।

दस्तकार और उसके परिवार के सदस्य कई तरह की वस्तुओं का उत्पादन करते थे; जैसे—रँगरेजी, कपड़े पर छपाई, मिट्टी के बर्तनों को पकाना, खेती के औजारों को बनाना या उनकी मरम्मत करना। किसानों के द्वारा कृषि कार्यों के बीच के समय में दस्तकारी कार्य किए जाते थे। कुम्हार, लोहार, बढ़ई, नाई, यहाँ तक कि सुनार जैसे ग्रामीण दस्तकार भी अपनी सेवाएँ गाँवों के लोगों को देते थे, जिसके बदले गाँव वाले उन्हें अलग-अलग तरीकों से उन सेवाओं की अदायगी करते थे।

आमतौर पर उन्हें फसल का एक हिस्सा दे दिया जाता था या फिर गाँव की जमीन का एक टुकड़ा, जो खेती लायक होने के पश्चात् भी व्यर्थ पड़ी थी। कर की अदायगी क्या होगी, इसका निर्णय पंचायत करती थी। महाराष्ट्र में ऐसी जमीन दस्तकारों की मिरास बन गई, जिस पर दस्तकारों का पुश्तैनी अधिकार होता था। बंगाल में जमींदारों द्वारा इनकी सेवाओं के बदले रोज का भत्ता और खाने की वस्तुओं के लिए कुछ धन दिया जाता था।

18. निचली जातियों के लोगों की पंचायत से क्या उम्मीद रहती थी?

उत्तर निचली जाति के लोग जो उम्मीद पंचायत से रखते थे, वे निम्नलिखित थीं

- निम्न जाति के लोग संभ्रांत (उच्च) वर्ग की अनैतिक माँगों का विरोध करते थे और वह पंचायतों से उम्मीद रखते थे कि उनकी अनैतिक माँग को रद्द कराया जाए।
- बेगार प्रथा पर रोक लगाने की उम्मीद पंचायतों से रखी जाती थी।
- सूखे या विपदाओं के समय लगान की वसूली पर जो कठोरता अपनाई जाती थी, उसको कम कराने की उम्मीद करते थे।
- निम्न जाति के अस्तित्व हेतु यह आवश्यक था कि उन्हें न्यूनतम बुनियादी साधन तथा परंपरागत सुविधाएँ उपलब्ध हों। इसके लिए ये लोग पंचायतों से उम्मीद रखते थे कि वह इस व्यवस्था को बनाए रखे।
- निचली जाति के किसानों एवं राज्य अधिकारियों के आपसी विवाद तथा राजस्व वसूली के समय उत्पन्न व्यवधान को पंचायत खत्म करेगी, ऐसी उम्मीद रखते थे।
- यदि पंचायतों के फैसले समझौतेपूर्ण नहीं होते थे, तो ये लोग गाँव छोड़कर चले जाते थे, इस कारण पंचायतों के फैसले ज्यादातर इनके पक्ष में होते थे। इस तरह की उम्मीद पंचायतों में इनका विश्वास बनाए रखती थी।

19. मुगलकाल के दौरान आम लोगों के अधिकारों की वकालत करने में पंचायत की भूमिका को स्पष्ट कीजिए। **CBSE 2025**

उत्तर मुगल काल में पंचायतें ग्रामीण स्तर पर समाजिक और प्रशासनिक व्यवस्था का आधार थीं। ये आम लोगों के अधिकारों की वकालत में महत्त्वपूर्ण थीं, क्योंकि ये स्थानीय विवादों का निपटारा करती थीं और केंद्रीय शासन की कठोरता से राहत देती थीं। ये पंचायतें कर संग्रह, भूमि विवाद और सामाजिक नियमों को लागू करने में मध्यस्थ की भूमिका निभाती थीं, जिससे लोगों को मुगल अधिकारियों के प्रत्यक्ष दबाव से कुछ संरक्षण मिलता था। हालाँकि इनकी शक्ति सीमित थीं, क्योंकि मुगल प्रशासन का नियंत्रण जागीदारों और सूबेदारों के हाथों में थीं। फिर भी, पंचायतें सामुदायिक एकता और स्थानीय स्वायत्ता की प्रतीक थी, जो आम लोगों की आवाज को कुछ हद तक उठाती थी।

20. 16वीं और 17वीं शताब्दियों में जाति पंचायतों का गठन कैसे किया जाता था? उनके कार्य और अधिकारों की व्याख्या कीजिए।

उत्तर ग्राम पंचायत के अतिरिक्त गाँव में हर जाति की अपनी पंचायत होती थी, जिसे जाति पंचायत कहा जाता था। ये पंचायतें काफी समृद्ध और शक्ति-संपन्न होती थीं।

जातिगत पंचायत के गठन को हम निम्नलिखित बिंदुओं से समझ सकते हैं

- जातिगत पंचायत में बुजुर्ग लोग शामिल होते थे।
- इस पंचायत में वही शामिल हो सकता था, जो उस जाति का हो, जिस जाति की पंचायत थी।
- आमतौर पर पंचायत के सदस्यों के पास अपनी पुश्तैनी जमीन अवश्य होती थी।

जातिगत पंचायत के कार्य और अधिकार निम्नलिखित थे

- यह दो लोगों के बीच दीवानी झगड़ों का निपटारा करती थी। यह जमीन से जुड़ी दावेदारियों के झगड़े सुलझाती थी।
- शादियाँ जातिगत मानदंडों के मुताबिक हो रही हैं या नहीं, इस पर नियंत्रण रखती थी।
- जाति की अवहेलना रोकने के लिए इन पंचायतों के पास न्यायिक अधिकार होता था। अवहेलना करने पर जुर्माना या बहिष्कृत करने का कार्य पंचायत करती थी।

21. "मुगलकाल में राज्य के उच्च अधिकारियों के खिलाफ जबरन कर वसूली की शिकायतें या अर्जियाँ पंचायतों में की जाती थीं।" इस कथन को स्पष्ट कीजिए। *दक्षता आधारित प्रश्न*

उत्तर पश्चिमी भारत विशेषकर राजस्थान और महाराष्ट्र जैसे प्रांतों के दस्तावेजों में निम्न जातियों की अर्जियों के साक्ष्य मिलते हैं, जिनमें उन्होंने उच्च जाति या राज्य के अधिकारियों के खिलाफ जबरदस्ती कर उगाही की शिकायतें पंचायतों में कीं। कभी-कभी सामूहिक रूप से भी अर्जियाँ दी जाती थीं। उनका मानना था कि ग्राम पंचायत उनके हितों की रक्षा करे, जिससे यह सुनिश्चित हो सके कि राज्य अपना नैतिक कर्त्तव्य और न्याय पूरा कर रहा है।

निचली जाति के किसानों और राज्य के अधिकारियों के बीच उत्पन्न विवाद में पंचायत के निर्णयों में भिन्नता होती थी। पंचायत द्वारा न्यायसंगत निर्णय न मिलने पर किसान उग्र रास्ते अपनाते थे। श्रमिकों की कमी के कारण श्रमिक द्वारा गाँव छोड़कर चले जाना एक प्रभावी हथियार के रूप में उपयोग किया जाता था।

22. 16वीं और 17वीं शताब्दी में केंद्रीय शहरों से गाँवों तक नकदी व्यवस्था का विस्तार किस प्रकार हुआ? *दक्षता आधारित प्रश्न*

उत्तर 16वीं से 17वीं शताब्दी के मध्य शहरों का गाँवों के साथ व्यापारिक संबंध स्थापित होने से शहरों में प्रचलित नकदी व्यवस्था का धीरे-धीरे गाँवों में भी विस्तार होने लगा। मुगलों की केंद्रीय शहरों में कर की गणना और वसूली भी नकद रूप में ही की जाती थी, साथ ही निर्यात के लिए उत्पादन करने वाले दस्तकारों और कपास, रेशम या नील जैसी व्यापारिक फसलों की पैदावार करने वाले को भुगतान नकद रूप में ही किया जाता था।

चूँकि इन व्यावसायिक फसलों की पैदावार ग्रामीण क्षेत्रों में बहुतायत रूप से होती थी, इसलिए इन फसलों की रकम अदायगी में नकदी के प्रयोग से गाँवों में इसका प्रवाह तीव्र गति से हुआ। फ्रांसीसी यात्री ज्यां बैप्टिस्ट तैवर्नियर के अनुसार गाँवों में मुद्रा का फेर-बदल करने वाले सर्राफ होते थे। ये एक बैंकर के रूप में 'हवाला' का भुगतान करते थे और अपने अनुसार पैसे के मुकाबले रुपये की कीमत बढ़ा देते थे। इसी व्यवस्था के द्वारा मुख्य रूप से 16वीं से 17वीं शताब्दी में केंद्रीय शहरों से गाँवों तक नकदी व्यवस्था का विस्तार हुआ।

23. मुगलों के अधीन भारत के विदेश व्यापार के परिणामों का वर्णन कीजिए।

उत्तर मुगलकाल में होने वाले विदेश व्यापार के निम्नलिखित परिणाम हुए

- भारत में बढ़ते व्यापार के कारण पहले की अपेक्षा निर्यात ज्यादा होने लगा।
- राज्य तथा उसके सामान्य वर्गों की आय में वृद्धि हुई और जीवन अपेक्षाकृत सरल हो गया। बढ़ते व्यापार के कारण वस्तुओं के भुगतान के लिए मुद्रा की जरूरतें बढ़ गईं।
- इन मुद्राओं में चाँदी की मुद्राओं की माँग बढ़ गई तथा इनका अत्यधिक मात्रा में ढलाई का कार्य होने लगा।
- निर्यात की जाने वाली वस्तुओं के भुगतान के तौर पर विदेशों से 'चाँदी की मुद्रा' का आयात बढ़ गया।
- चाँदी की मुद्रा के अत्यधिक मात्रा में आने के कारण चाँदी के मूल्य में स्थिरता आई। राजस्व को नकद रूप में प्राप्त करना पहले से आसान हो गया, क्योंकि बाजार में चाँदी की मुद्रा की व्यापकता ज्यादा हो गई थी।
- मुद्रा के आगमन से मौद्रीकरण में तेजी आई, जिसके कारण इस समय की अर्थव्यवस्था में सुधार हुआ तथा राज्य अपनी स्थिरता और सुदृढ़ता बढ़ाने में सफल रहा।

दीर्घ उत्तरीय प्रश्न

1. आइन-ए-अकबरी मुगलकाल के इतिहास का एक महत्त्वपूर्ण स्रोत है। इसके महत्त्व एवं सीमाओं को स्पष्ट कीजिए।

अथवा **"अपनी सीमाओं के बावजूद 'आइन-ए-अकबरी' अपने समय का एक असामान्य व अनोखा दस्तावेज बना हुआ है।" कथन को स्पष्ट कीजिए।** *दक्षता आधारित प्रश्न*

उत्तर बादशाह अकबर ने अपने शासन की सुविधा के उद्देश्य से आइन (आइन-ए-अकबरी) की रचना कराई, जिसमें राज्य से संबंधित विस्तृत सूचनाएँ संकलित की जा सकें। इसमें संकलित आँकड़ों एवं तथ्यों से इसकी उपयोगिता चरितार्थ होती है। इस ग्रंथ की प्रामाणिकता इस बात से सिद्ध होती है कि इसमें पाँच बार संशोधन किया गया। इसकी रचना में अबुल फजल ने मौखिक कथनों को तथ्य के रूप में लेने से पूर्व इससे संबंधित अन्य स्रोतों का भी प्रयोग किया है। सांख्यिकी वाले खंडों में आँकड़ों को अंकों के साथ शब्दों में भी लिखा गया है, जिससे कालांतर में इसके आँकड़ों को गलत साबित न किया जा सके।

आइन-ए-अकबरी की महत्ता मध्यकालीन भारत में अबुल फज्ल से पूर्व के इतिहासकारों में ज्यादातर विद्वान राजनीतिक घटनाओं से संबंधित विवरण अपनी रचनाओं में देते थे। राज्य व उसके लोगों को उत्पादों का विवरण सीमित रूप में ही देखने को मिलता था।

इसके विपरीत अबुल फजल ने आइन में राज्य व उसके नागरिकों के लिए उत्पादों के विस्तृत विवरण के साथ सांख्यिकीय आँकड़े देकर एक नई परंपरा का विकास किया। इसके साथ ही आइन में राज्य के लोग, उनके व्यापार-व्यवसाय, साम्राज्य की अवस्था और उसके उच्च अधिकारियों से संबंधित महत्त्वपूर्ण जानकारियाँ समाहित हैं, जिससे यह इतिहासकारों के समकालीन इतिहास लेखन के लिए एक महत्त्वपूर्ण स्रोत साबित होता है।

आइन-ए-अकबरी की सीमाएँ अन्य ग्रंथों की तरह इस ग्रंथ की कुछ सीमाएँ हैं, जिनका विवरण निम्नलिखित हैं

(i) **आइन-ए-अकबरी** में जोड़ करने में त्रुटियाँ पाई गई हैं। ऐसा प्रतीत होता है कि या तो ये जोड़ के दौरान छोटी चूक हैं या फिर नकल करने के दौरान अबुल फजल के सहयोगियों द्वारा की गई गलती है। इस ग्रंथ में प्रांतों से संबंधित समान आँकड़े नहीं प्राप्त होते हैं; जैसे—किसी सूबे के जमींदारों की जाति के संदर्भ में विस्तृत सूचनाएँ दी गई हैं, तो वहीं बंगाल और उड़ीसा (ओडिसा) से संबंधित ऐसी सूचनाएँ नहीं प्राप्त होती है।

(ii) **कुछ सूबों के राजस्व से संबंधित आँकड़े** ये आँकड़े बड़े विस्तार से दिए गए हैं, परंतु उन्हीं सूबों से संबंधित कीमतों एवं मजदूरी जैसे महत्त्वपूर्ण मापदंडों की अवहेलना की गई है। इसके अतिरिक्त मजदूरी व कीमतों से संबंधित जो आँकड़े दिए गए हैं, वे केवल आगरा व आस-पास क्षेत्रों से प्राप्त किए गए हैं।

2. 'आइन-ए-अकबरी' के अनुसार, मुगलों का शासन अद्वितीय था। मुगलों की प्रशासनिक शैली और उसके प्रशासन के अद्वितीय पहलुओं की विवेचना कीजिए। *दक्षता आधारित प्रश्न*

उत्तर आइन-ए-अकबरी के अनुसार प्रशासनिक व्यवस्था को हम निम्नलिखित रूपों में दर्शाया गया है

- मुगल साम्राज्य में अनेक प्रशासनिक पद थे; जैसे—दीवान, सूबेदार, अमील-गुजार इत्यादि।
- सूबे के प्रमुख अधिकारी को सूबेदार कहा जाता था। इसके विभिन्न खंड थे। सरकार और परगना सरकार के बारे में यह ग्रंथ विस्तृत सूचना देता है। ये सूचनाएँ तालिकाबद्ध तरीके से दी गई हैं, जहाँ प्रत्येक तालिका में आठ खंड हैं

(i) परगनात या महल
(ii) किला
(iii) अराजी और जमीन-ए-पाइमूद (मापे गए क्षेत्र)
(iv) नकदी (नकद निर्धारित राजस्व)
(v) सुयूरगल (दान में दिया गया राजस्व अनुदान)
(vi) जमींदार
(vii) व

(viii) जमींदारों की जातियाँ और उनके घुड़सवार, पैदल सिपाही एवं हाथी (फील) सहित उनकी फौज की जानकारी दी गई है।

- प्रशासन में अन्य प्रमुख पद मनसबदारों का होता था। इनका प्रमुख कार्य सैनिक रखना तथा राज्य को सैनिक सहायता प्रदान करना था।

आइन-ए-अकबरी के अनुसार सेना का संगठन इसके अनुसार सेना का संगठन निम्न प्रकार से था

(i) सेना की देखभाल के लिए दीवान-ए-अर्ज नामक एक विभाग होता था, जिसका प्रमुख मीरबख्शी होता था।

(ii) मनसबदार नामक प्रशासनिक पद वाले लोगों को एक सीमा तक सैनिक रखने होते थे तथा आवश्यकता के अनुसार राज्य को सैन्य सहायता देनी पड़ती थी।

प्रत्येक सैन्य कमांडर घुड़सवारों की भर्ती करता था। घुड़सवारी फौज मुगल फौज का अपरिहार्य अंग थी।

3. मुगल भारत के जाति और ग्रामीण वातावरण का वर्णन कीजिए। मुगलकाल के दौरान ग्रामीण समाज में जाति पंचायतें किस प्रकार ताकतवर थीं? स्पष्ट कीजिए। *दक्षता आधारित प्रश्न*

उत्तर मुगलकालीन ग्रामीण समाज जाति और आर्थिक आधार पर विभाजित था। जाति के आधार पर खेतिहर किसान कई वर्गों में बँटा होता था। इन किसानों में कुछ ऐसे वर्ग थे, जिनकी संख्या अधिक थी और वे नीच समझे जाने वाले कार्य करते थे। उस समय कृषि भूमि की अधिकता के बावजूद उनसे घृणा योग्य कार्य कराए जाते थे। कुछ जातियों की स्थिति दासों के समरूप मानी जाती थी; जैसे—मल्लाहजादा व हलालखोरान। ये जातियाँ गाँव के बाहर निवास करती थीं और इस जाति के लोग संभवतः निम्न स्तर के कार्यों से जुड़े होते थे।

आर्थिक आधारों पर भी ग्रामीण समुदाय का विभाजन देखा गया, जिनसे ग्रामीण वातावरण की पृष्ठभूमि तय होती थी। ये ग्रामीण समुदाय थे-किसान, जमींदार, अन्य वर्ग आदि, जिनका विवरण निम्नलिखित है

जमींदार जमींदार, ग्रामीण समुदाय का एक ऐसा समृद्ध वर्ग था, जिसकी आय का मुख्य स्रोत उसके मालिकाना हक की भूमि होती थी। जमींदारों की समृद्धि का मुख्य कारण उनकी जातिगत श्रेष्ठता, राज्य की ओर से विशेष सामाजिक-आर्थिक सुविधाएँ, कर वसूलने एवं सेना रखने का अधिकार आदि थे।

किसान ग्रामीण समुदाय की आधारभूत इकाई किसान होते थे। ये प्रायः गाँवों में निवास करते थे। किसान संपूर्ण वर्ष कृषि कार्यों (जुताई, बुआई, फसल कटाई) में संलग्न रहते थे। 17वीं सदी के स्रोतों में दो किस्म के किसानों का विवरण मिलता है

(i) **खुदकाश्त** वे किसान, जो अपनी भूमि पर खेती करते थे।

(ii) **पाहिकाश्त** वे किसान, जो दूसरे गाँवों में ठेके पर कृषि कार्य करते थे।

ग्रामीण समुदाय के अन्य वर्ग

ग्रामीण समुदायों में कुछ अन्य वर्ग की विशेषताएँ भी दिखाई पड़ती हैं; जैसे—

- 17वीं शताब्दी में मारवाड़ में लिखित एक पुस्तक में राजपूत और जाट की किसान के रूप में चर्चा की गई है, परंतु जाटों की स्थिति राजपूतों से नीचे थी।
- इसी समय भूमि जुताई का कार्य करने वाले 'गौरव समुदाय' (वृंदावन, उत्तर प्रदेश) ने भी खुद को राजपूत होने का दावा किया। पूर्वी क्षेत्रों के पशुपालकों और मछुआरों (सदगोप व कैवर्त) को भी किसानों के समरूप माना गया।
- पशुपालन और बागवानी में अच्छी आय के कारण अहीर, गुज्जर और माली आदि जातियों की सामाजिक प्रतिष्ठा में वृद्धि हुई।

जातिगत पंचायतों की शक्तियाँ

16वीं और 17वीं सदी में ग्राम पंचायत के अतिरिक्त जातिगत पंचायतें भी होती थीं। ये पंचायतें अधिकार संपन्न होती थीं। ये दीवानी और फौजदारी मामलों से संबंधित विवादों का निपटारा भी करती थीं तथा जातिगत व्यवस्था बनाए रखने के लिए लोगों के चरित्र पर भी निगरानी रखती थीं। यदि जातिगत आधारों का उल्लंघन होता था, तो ऐसी स्थिति में जातिगत पंचायतों को सजा देने का अधिकार भी होता था।

4. 16वीं व 17वीं शताब्दी के दौरान वृहद ग्रामीण समाज के निर्माण से सामान्य लोगों के मध्य सामाजिक तथा आर्थिक दशा का वर्णन कीजिए। *दक्षता आधारित प्रश्न*

उत्तर 16वीं व 17वीं शताब्दी के दौरान सामान्य लोग तीन समूहों में बँटे हुए थे। इन समूहों के आपसी संपर्क व संबंधों से ही वृहत् ग्रामीण समाज का निर्माण हुआ। इनकी सामाजिक तथा आर्थिक दशा को निम्न शीर्षकों की सहायता से समझा जा सकता है

(i) **उच्च वर्ग** ऊँचे वर्गों में ऐसे लोग आते थे, जिनके पास पैतृक जमीन ज्यादा हो अथवा राज्य का कोई भी बड़ा अधिकारी हो। ऐसे वर्ग अपनी संपत्ति का प्रयोग भोग-विलास के लिए करते थे तथा विलासितापूर्ण जीवन व्यतीत करते थे। समाज में इनको अलग तरह का अधिकार तथा सम्मान प्राप्त था। अबुल फजल के अनुसार, अकबर के हरम में 'पाँच हजार' स्त्रियाँ थीं, जिनका निरीक्षण तथा देखभाल वह विशेष अधिकारी के द्वारा कराता था।

(ii) **मध्यम वर्ग** इन वर्गों में गाँव के उन किसानों, जिनकी भूमि पैतृक हो तथा 10 एकड़ से ज्यादा जमीन हो, को रखा जा सकता है। इसके अतिरिक्त व्यापारी वर्ग में छोटे-छोटे राज्य अधिकारी आते थे। इनका जीवन विलासितापूर्ण तो नहीं होता था, परंतु ये सुखमय जीवन व्यतीत करते थे।

(iii) **निम्न वर्ग** इस वर्ग में आने वाले लोगों की स्थिति कमजोर तथा दयनीय रहती थी। कुछ खेतिहर किसान तो आजीवन ऋण से मुक्त नहीं हो पाते थे। उनकी मृत्यु के बाद उनके पुत्र को ऋण चुकाना पड़ता था। इस प्रकार शोषण की प्रक्रिया चलती रहती थी। निचली जातियों से निम्न स्तर (नीच) वाला काम लिया जाता था तथा इन्हें गाँवों से बाहर बसाया जाता था। गाँवों का एक बहुत बड़ा हिस्सा ऐसे लोगों का ही था। कुछ लोगों के पास अपनी भूमि होती थी, तो कुछ लोग दूसरों की जमीनों पर खेती करते थे। इस प्रकार आर्थिक असमानता बड़े स्तर पर थी, जो वर्तमान में भी तक विद्यमान है।

5. **16वीं व 17वीं शताब्दियों के दौरान जमींदारों और किसानों के आपसी संबंधों की चर्चा कीजिए, साथ ही यह भी बताइए कि उनके आपसी संबंध कितने सौहार्दपूर्ण थे?** *दक्षता आधारित प्रश्न*

अथवा **भारत में मुगलकाल के दौरान कृषि उत्पादन से जुड़े किसानों और भूमिहर संभ्रांतों की भूमिका का वर्णन कीजिए।** **CBSE 2020**

उत्तर जमींदार, ग्रामीण समुदाय का एक ऐसा समृद्ध वर्ग था, जिसकी आय का मुख्य स्रोत खेती थी, परंतु कृषि उत्पादन में उसकी प्रत्यक्ष भागीदारी नहीं होती थी। ये अपनी जमीन के मालिक स्वयं होते थे और इन्हें ग्रामीण समाज में जातिगत श्रेष्ठता और राज्य को कुछ विशेष सेवाएँ देने के कारण कुछ विशेष सामाजिक-आर्थिक सुविधाएँ भी प्राप्त होती थीं। जमींदारों की अपनी जमीन पर मिल्कियत या मालिकाना हक, उनकी समृद्धि का मुख्य कारण था।

मुगलकालीन जमींदार इतने अधिकार संपन्न होने के बावजूद भी इनके संबंध किसानों के साथ परस्पर सहयोगात्मक थे। ये शासक और किसानों के बीच मध्यस्थ के रूप में कार्य करते हुए राज्य द्वारा जनहित में बनाई गई योजनाओं को लोगों तक पहुँचाने का कार्य करते थे। जमींदारों द्वारा कृषि और किसानों के हित में अनेक ऐसे कार्य किए गए, जिससे जमींदार और किसानों के रिश्तों में प्रगाढ़ता आई और दोनों के बीच पारस्परिक संबंधों की स्थापना हुई। इन्हें निम्नलिखित रूपों में समझा जा सकता है

- जमींदारों ने कृषि योग्य भूमि का विस्तार किया। नई-नई जमीनें बनाई गईं और किसानों को प्रोत्साहित करने के लिए उन्हें कृषि हेतु साजो-सामान उधार देकर वहाँ बसने में मदद की, जिससे जमींदार और किसान के बीच सहयोगात्मक संबंधों की स्थापना में मदद मिली।
- जमींदारी की खरीद-बिक्री से गाँवों का मौद्रीकरण हुआ, जिससे जमींदारों को अतिरिक्त लाभ हुआ। इस अतिरिक्त लाभ को जमींदारों ने कृषि और किसानों के हित में खर्च किया। जमींदार अपने स्वामित्व वाली भूमि पर बँटाइदारों को खेती करने के लिए प्रोत्साहित करते थे। उन्हें मजदूरी के रूप में नकद या फसल का कुछ भाग दिया जाता था।
- जमींदारों द्वारा फसलों की बिक्री के लिए 'बाजारों' की स्थापना की जाती थी, जहाँ जमींदारों के स्वामित्व वाली भूमि से उत्पादित फसलों के अतिरिक्त किसानों की फसलों की खरीद-बिक्री भी होती थी।
- ये जमींदार उसी गाँव से होते थे, जिस गाँव से वे कर वसूली करते थे। अतः ये करों के निर्धारण और वसूली में किसानों के प्रति उदारवादी रुख रखते थे।

इस प्रकार, जमींदारों द्वारा किए गए इन कार्यों से इनको किसानों का सहयोग और समर्थन मिला। यद्यपि जमींदार शोषण करने वाले सामाजिक वर्ग के रूप में विख्यात थे, तथापि किसानों से उनके रिश्तों में पारस्परिकता, पैतृकवाद और संरक्षण का संयोजन होता था, जिससे इनके बीच सौहार्दपूर्ण संबंधों की स्थापना हुई, जिसकी पुष्टि इन दो तथ्यों से होती है

(i) समकालीन भक्ति संतों ने जातिगत और अन्य दूसरी किस्मों के अत्याचारों की निंदा की है, परंतु उन्होंने जमींदारों का किसानों का शोषक या उन पर अत्याचार करने वाले के रूप में वर्णन नहीं किया है।

(ii) 17वीं सदी में अनेक कृषि विद्रोह हुए, जिनमें राज्य के विरुद्ध जमींदारों को सामान्यतः किसानों का समर्थन मिलता था।

6. **वनवासी कौन थे? 16वीं और 17वीं शताब्दी में उनके जीवन में कैसे परिवर्तन आया?**

अथवा **मुगलकाल में जंगल में रहने वाले लोगों के जीवन का वर्णन कीजिए।** **CBSE 2020**

उत्तर मुगलकाल की समसामयिक रचनाओं में जंगलों में निवास करने वाले समुदायों को 'वनवासी' अथवा 'जंगली' कहा गया है। यहाँ जंगली शब्द से तात्पर्य सभ्यता से परे होना नहीं था, बल्कि ऐसे लोगों से था, जिनका जीवन निर्वाह जंगल के उत्पादों, शिकार और भूमि खेती से होता था। एक जगह से दूसरी जगह पलायन करते रहना इन जंगली कबीलों की विशेषता थी।

राज्य हमेशा से जंगलों को बदमाशों तथा विद्रोहियों की शरणस्थली के रूप में देखता था। जंगलवासियों का जीवन मौसम से प्रभावित होता था। उदाहरणस्वरूप, भील वसंत के मौसम में जंगल के उत्पाद इकट्ठा करते थे, गर्मियों में मछली पकड़ते, मानसून के महीनों में कृषि करते और शरद व जाड़े के महीनों में शिकार करते थे। यह परंपरा लगातार गतिशीलता की आधारशिला पर खड़ी थी। राज्य के अनुसार, जंगल उलट-फेर वाला और बदमाशों को शरण देने वाला क्षेत्र था। 16वीं और 17वीं शताब्दी में कुछ ऐसे कारकों का प्रादुर्भाव हुआ, जिससे जंगलवासियों के परंपरागत जीवन में महत्त्वपूर्ण परिवर्तन देखे गए, जो निम्नलिखित हैं

- मुगलकाल में परंपरागत कृषि के अतिरिक्त वाणिज्यिक कृषि पर भी जोर दिया गया, जिससे कुछ बाहरी लोगों का जंगली जीवन में आगमन हुआ। वन से संबंधित उत्पादों (शहद, मधुमोम और लाक आदि) की माँग बढ़ने लगी थी।
- 17वीं शताब्दी में लाक जैसे वन उत्पाद का भारत से दूसरे देशों को निर्यात होता था। युद्ध में हाथियों की उपयोगिता के कारण हाथियों का शिकार और व्यापार के लिए जंगलों में घुसपैठ होने लगी।
- अतः इन आर्थिक गतिविधियों के जंगलों में प्रवेश के कारण कई कबीले व्यापारिक गतिविधियों से जुड़ने लगे। पंजाब के लोहानी जैसे कबीले भारत एवं अफगानिस्तान के बीच होने वाले व्यापार से जुड़े थे।
- शहरों से पारस्परिक संपर्क तथा सामाजिक परिवर्तन के कारण कबीलों के रहन-सहन में अनेक परिवर्तन हुए। कबीले अब संगठित होने लगे थे। इनका अपना एक संगठन होता था, जिसका प्रमुख 'सरदार' होता था। नई व्यवस्था के अनुसार, अनेक कबीलों के सरदार जमींदार और राजा बनने लगे थे; जैसे—अहोम (असम) राज्य।

अतः उपरोक्त वर्णित गतिविधियों के कारण वनवासियों के जीवन स्तर में अनेक परिवर्तन हुए, जिससे इनका जुड़ाव शहरों व ग्रामों से होने लगा।

7. **16वीं और 17वीं सदियों के कृषि इतिहास को समझने में ऐतिहासिक ग्रंथ 'आइन-ए-अकबरी' किस प्रकार एक प्रमुख स्रोत है? व्याख्या कीजिए। इसके साथ इस काल में प्रयुक्त सिंचाई और तकनीक के तरीकों को भी स्पष्ट कीजिए।** *दक्षता आधारित प्रश्न*

अथवा **आइन-ए-अकबरी को 16वीं और 17वीं शताब्दी के कृषि इतिहास का एक महत्त्वपूर्ण स्रोत माना जाता है इस कथन की परख कीजिए।** **CBSE 2024**

उत्तर 16 वीं और 17वीं सदियों के कृषि इतिहास को समझने के लिए मुख्य स्रोत वे ऐतिहासिक ग्रंथ व दस्तावेज हैं, जो मुगल दरबार की निगरानी

में लिखे गए थे। सबसे महत्त्वपूर्ण ऐतिहासिक ग्रंथों में आइन-ए-अकबरी था, जिसे अकबर के दरबारी इतिहासकार अबुल फजल ने लिखा था। जिसे निम्न तथ्यों के द्वारा व्यक्त किया जा सकता है

(i) **किसान और कृषि उत्पादन** खेतिहर समाज की बुनियादी इकाई गाँव थी, जिसमें किसान रहते थे। किसान वर्षभर विभिन्न मौसमों में वो सभी कार्य करते थे, जिससे फसल की पैदावार होती थी; जैसे—जमीन की जुताई, बीज बोना और फसल पकने पर उसकी कटाई। इसके अतिरिक्त वो कृषि आधारित शक्कर व तेल के उत्पादन में शामिल होते थे।

(ii) **किसान एवं उनकी जमीन** 17वीं सदी के स्रोतों में दो प्रकार के किसानों का वर्णन मिलता है—खुदकाश्त व पाहिकाश्त। खुदकाश्त वे किसान थे, जो उन्हीं गाँवों में निवास करते थे, जिनमें उनकी जमीन थी। दूसरे पाहिकाश्त वे खेतिहर किसान थे, जो दूसरे गाँवों से ठेके पर कृषि करने आते थे। उत्तर भारत के औसत किसान के पास शायद ही कभी एक जोड़ी बैल और दो हल से ज्यादा कुछ होता था के पास इससे भी कम होते थे। गुजरात में 6 एकड़ जमीन वाले किसान समृद्ध माने जाते थे तथा 10 एकड़ जमीन वाले आसामी को अमीर समझा जाता था।

(iii) **विभिन्न प्रकार की फसलों का उत्पादन** मौसम के दो मुख्य चक्रों एक खरीफ (पतझड़ में) और दूसरी रबी (बसंत में) के दौरान खेती की जाती थी। आइन के अनुसार मुगल प्रांत आगरा में 39 किस्म की फसलें, दिल्ली में 43 किस्म की फसलें उगाई जाती थीं। फसलों में खाद्यान्न के साथ नकदी फसलें, कपास तथा गन्ना भी उगाया जाता था।

(iv) **सिंचाई और तकनीक के तरीके** जमीन की बहुतायत, मजदूरों की मौजूदगी और किसानों की गतिशीलता की वजह से कृषि का लगातार विस्तार हुआ। जिन इलाकों/क्षेत्रों में प्रतिवर्ष 40 इंच या उससे ज्यादा बारिश होती थी, वहाँ चावल की खेती होती थी व कम वर्षा वाले क्षेत्रों में क्रमशः गेहूँ व ज्वार-बाजरे की खेती ज्यादा प्रचलित थी। इसके अतिरिक्त कुछ ऐसी फसलें भी थीं, जिनके लिए अतिरिक्त पानी की जरूरत थी। इनके लिए कृत्रिम उपाय बनाने पड़े। सिंचाई कार्यों को राज्य की सहायता भी मिलती थी; जैसे—उत्तर भारत में राज्य ने कई नई नहरें व नाले खुदवाए और कई पुरानी नहरों की मरम्मत करवाई। साथ ही किसान ऐसी तकनीकों का इस्तेमाल भी करते थे जो अक्सर पशुबल पर आधारित होती थीं। लकड़ी के हल का प्रयोग किया जाता था।

8. मौसम के दो मुख्य चक्रों के दौरान 16वीं और 17वीं शताब्दियों के दौरान कृषि किस प्रकार की जाती थी? विभिन्न फसलों का उदाहरण देकर स्पष्ट कीजिए। *दक्षता आधारित प्रश्न*

उत्तर मुगलकालीन कृषि के अंतर्गत प्रायः दो फसलों की ही पैदावार होती थी—रबी और खरीफ की फसलें, परंतु कुछ ऐसे क्षेत्र भी थे, जहाँ बारिश या सिंचाई के साधन विद्यमान थे, वहाँ तीन फसलों की खेती होती थी। इस प्रकार भूमि के कारण कृषि क्षेत्र में विविधताएँ व्याप्त थीं।

आइन-ए-अकबरी के अनुसार, रबी और खरीफ फसल के अंतर्गत मुगल प्रांत आगरा में 39 किस्म की फसलें, दिल्ली प्रांत में 43 किस्म की फसलें और बंगाल में केवल चावल की 50 किस्मों की पैदावार की जाती थी।

खेती का प्राथमिक उद्देश्य लोगों का पेट भरना था, इसलिए चावल, गेहूँ, ज्वार इत्यादि फसलें सबसे ज्यादा उगाई जाती थीं। मानसून वर्तमान की ही तरह मुगलकालीन कृषि का रीढ़ था, लेकिन कुछ फसलें ऐसी भी थीं जिनके लिए अतिरिक्त पानी की जरूरत थी। फलतः इनके लिए सिंचाई के कृत्रिम साधन का विकास किया गया, जिसमें राज्य की मदद भी मिलती थी। राज्य की ओर से कई पुरानी नहरों की मरम्मत कराई गई तथा नई नहर का निर्माण भी किया गया।

मुगल राज्य में निर्वाहपरक फसलों के अतिरिक्त व्यावसायिक अर्थात् नकदी फसलों का उत्पादन भी होता था, ताकि राज्य की आय में वृद्धि हो सके। नकदी फसलों को जिन्स-ए-कामिल कहा जाता था; जैसे—कपास, गन्ना, तिलहन आदि। मध्य भारत और दक्कनी पठार आदि क्षेत्रों में कपास की पैदावार होती थी। बंगाल चीनी के लिए प्रसिद्ध था। इससे यह जानकारी मिलती है कि एक औसत किसान की जमीन पर किस तरह पेट भरने के लिए होने वाले उत्पादन और व्यापार के लिए किए जाने वाले उत्पादन एक-दूसरे से जुड़े हुए थे।

17वीं शताब्दी में भारतीय उप-महाद्वीप में विश्व के अनेक स्थानों से नई-नई फसलें पहुँचीं। मक्का भारत में अफ्रीका और स्पेन के रास्ते आया तथा इस सदी तक इसकी गिनती पश्चिमी भारत की प्रमुख फसलों में होने लगी। टमाटर, आलू और मिर्च तथा अनन्नास और पपीता जैसे फल एवं सब्जियाँ अन्य यूरोपीय देशों से आए।

स्रोत आधारित प्रश्न

1. अवध सूबे (आज के उत्तर प्रदेश का हिस्सा) के मैदानी इलाकों और पहाड़ी कबीलों के बीच होने वाले लेन-देन के बारे में अबुल फज्ल ने कुछ इस तरह लिखा है :

उत्तर के पहाड़ों से इंसानों, मोटे-मोटे घोड़ों और बकरों की पीठ पर लादकर बेशुमार सामान ले जाए जाते हैं; जैसे- सोना, ताँबा, शीशा, कस्तूरी, सुरागाय (याक) की पूँछ, शहद, चुक (संतरे का रस और नींबू के रस को साथ उबालकर बनाया जाने वाला एक अम्ल), अनारदाना, अदरक, लंबी मिर्च, मजीठ (जिससे लाल रंग बनाया जाता है) की जड़ें, सुहागा, जदवार (हल्दी जैसी एक जड़), मोम, ऊनी कपड़े, लकड़ी के सामान, चील, बाज, काले बाज, मर्लिन (बाज पक्षी की ही एक किस्म) और अन्य वस्तुएँ। इसके बदले, वे सफेद और रंगीन कपड़े, कहरुबा (एक पीली-भूरी धातु, जिससे गहने बनाए जाते थे), नमक, हींग, गहने और शीशे व मिट्टी के बर्तन वापिस ले जाते हैं।

(i) **अबुल फजल ने किसके बीच होने वाले व्यापार के विषय में लिखा है?**

उत्तर अबुल फजल ने अवध सूबे (आज के उत्तर प्रदेश) के मैदानी क्षेत्रों और पहाड़ी कबीलों के बीच होने वाले लेन-देन के विषय में लिखा है। यह व्यापार विनिमय पद्धति पर आधारित था।

(ii) **चुक किसके द्वारा बनाया जाने वाला अम्ल है?**

उत्तर चुक संतरे का रस और नींबू के रस को मिलाकर बनाया जाने वाला अम्ल है। इसे एकसाथ उबालकर बनाया जाता था।

(iii) **कहरूबा कैसी धातु थी? इससे क्या बनाया जाता था?**

उत्तर कहरूबा एक पीली-भूरी धातु थी, जिससे गहने बनाए जाते थे।

2. यह 16वीं सदी में मुकुंदराम चक्रवर्ती की लिखी एक बंगाली कविता चंडीमंगल का एक अंश है। कविता के नायक कालकेतु ने जंगल खाली करवा के एक साम्राज्य की स्थापना की, खबर मिलते ही, परदेसी आने लगे तमाम जगहों से।

फिर कालकेतु ने खरीदकर बाँटें उनमें भारी भरकम चाकू, कुल्हाड़ी और भाले-बरछे।

उत्तर से आए दास; सैकड़ों उमड़ते हुए।
हुए चकित देखकर कालकेतु को
जिसने दी सुपारी एक-एक को।
दक्खिन से आए फसल कटाई वाले
एक उद्यमी के साथ पाँच सौ।
पश्चिम से आया जफर मियाँ
साथ में बाईस हजार लोग।
हाथों में सुलेमानी मोती की माला
जपते हुए पीर ओ पैगंबर का नाम।
जंगलों को हटाने के बाद
उन्होंने बसाए बाजार।
सैकड़ों की तादाद में बिदेसी
जंगलों को (जैसे) खा लिए और घुस आए वहाँ।
कुल्हाड़ियों की आवाज सुनकर
शेर डर गए और दहाड़ते हुए भाग निकले।

(i) **कविता चंडीमंगल का नायक कौन है?**

उत्तर कविता चंडीमंगल का नायक कालकेतु है। यह 16वीं सदी में मुकुंदराम चक्रवर्ती द्वारा लिखी गई कविता है। कविता के नायक कालकेतु ने जंगल खाली करवा के एक साम्राज्य की स्थापना की।

(ii) **उपर्युक्त स्रोत के अनुसार, जंगलों का सफाया किस लिए किया गया था?**

उत्तर उपर्युक्त स्रोत के अनुसार, जंगलों का सफाया कृषि बस्तियों के लिए किया गया था। जंगलों को साफ करने के पश्चात् बाजार बनाए गए।

(iii) **कालकेतु ने आने वाले परदेशियों में किसका वितरण किया हैं?**

उत्तर कालकेतु ने आने वाले परदेशियों में कुल्हाड़ी, चाकू और भाले-बरछे का प्रयोग किया है। कालकेतु ने जंगल खाली करवाके एक साम्राज्य की स्थापना की थी।

3. **''अकबर के शासन में भूमि का वर्गीकरण''**

अकबर बादशाह ने अपनी गहरी दूरदर्शिता के साथ जमीनों का वर्गीकरण किया और प्रत्येक (वर्ग की जमीन) के लिए अलग-अलग राजस्व निर्धारित किया। **पोलज** वह जमीन है, जिसमें एक के बाद एक हर फसल की सालाना खेती होती है और जिसे कभी खाली नहीं छोड़ा जाता है। **परौती** वह जमीन है, जिस पर कुछ दिनों के लिए खेती रोक दी जाती है, ताकि वह अपनी खोई ताकत वापस पा सके। **चचर** वह जमीन है, जो तीन या चार वर्षों तक खाली रहती है। **बंजर** वह जमीन है, जिस पर पाँच या उससे ज्यादा वर्षों से खेती नहीं की गई हो। पहले दो प्रकार की जमीन की तीन किस्में हैं—अच्छी, मध्यम और खराब। वे हर किस्म की जमीन के उत्पाद को जोड़ देते हैं और इसका तीसरा हिस्सा मध्यम उत्पाद माना जाता है, जिसका एक-तिहाई हिस्सा शाही शुल्क माना जाता है। **CBSE 2020**

(i) **चचर भूमि तीन से चार वर्षों तक खाली क्यों छोड़ी जाती थी?**

उत्तर चचर भूमि को तीन से चार वर्षों तक खाली इसलिए छोड़ा जाता था, जिससे कि भूमि अपनी खोई हुई उर्वर शक्ति को पुनः प्राप्त कर सके।

(ii) **इस वर्गीकरण के आधार को स्पष्ट कीजिए।**

उत्तर अकबर बादशाह ने भूमि का वर्गीकरण किया तथा प्रत्येक वर्ग की भूमि के लिए अलग-अलग राजस्व निर्धारित किया, जिससे कि अलग-अलग भूमि की श्रेणी (उनकी उपजाऊ क्षमता) के अनुसार राजस्व निर्धारण किया जा सके तथा कम उपजाऊ भूमि को अधिक राजस्व न देना पड़ा।

(iii) **क्या आप समझते हैं कि यह राजस्व का मूल्यांकन करने का मज़बूत आधार था? स्पष्ट कीजिए।**

उत्तर अकबर द्वारा भूमि को उनके उपजाऊ क्षमता के आधार पर वर्गीकृत किया गया तथा उनका राजस्व का निर्धारण भी उसी आधार पर किया गया। अतएव यह समझा जा सकता है कि भूमि का वर्गीकरण राजस्व मूल्यांकन का मज़बूत आधार था।

4. **''खुशकिस्मती के गुलाब बाग की सिंचाई''**

··· अबुल फजल, वल्द मुबारक ... को यह शानदार हुक्म दिया गया, "शानदार घटनाओं और राज्य क्षेत्र अधीन करने वाली हमारी फतहों की दास्तान ईमानदारी की कलम से लिखो....।" तसल्ली से मैंने काफी खोजबीन और मेहनत करके महामहिम की गतिविधियों के सबूत और दस्तावेज इकट्ठे किए और बहुत समय तक राज्य के मुलाजिमों व शाही परिवार के सदस्यों के साथ जवाब-तलब किया। मैंने सच बोलने वाले समझदार बुजुर्गों और फुर्तीले दिमाग वाले, सत्यकर्मी जवानों दोनों (की बातों) को परखा और उनके बयानों को लिखित रूप से दर्ज किया।

सूबों को शाही हुक्म जारी किया गया कि पुराने मुलाजिमों में जिस किसी को बीते वक्त की घटनाएँ याद हों, पूरे विश्वास के साथ या मामूली शक के साथ (भी), वे अपने संस्मरण को लिखें और उसे दरबार में भेज दें, (फिर) उस पाक-मौजूदगी के कक्ष से एक और हुक्म रोशन हुआ, वह यह कि जो सामग्री जमा की जाए ... उसे शाही मौजूदगी में पढ़कर सुनाया जाए और बाद में जो कुछ भी लिखा जाना हो, उसे उस महान किताब में परिशिष्ट की शक्ल में जोड़ दिया जाए और यह कि ऐसे ब्यौरे, जो जाँच-पड़ताल की बारीकियों की वजह से या मामले की बारीकियों की वजह से उसी समय अंजाम तक नहीं लाए जा सके, उन्हें मैं बाद में दर्ज करूँ।

ईश्वरी अध्यादेश का खुलासा करने वाले इस शाही हुक्म (की वजह) से अपने गुप्त फिक्र से राहत पाकर, मैंने ऐसे कच्चे प्रारूप लिखने की शुरुआत की, जिसमें शैली या विन्यास की खूबसूरती नहीं थी।

मैंने इलाही संवत के उन्नीसवें साल से, जब महामहिम की दानिशमंद अक्ल से दस्तावेज दफ्तर स्थापित किया गया था, घटनाओं का इतिहासवृत्त हासिल किया और उसके भरे-पूरे पन्नों से मैंने कई मामलों का ब्यौरा पाया।

काफी तकलीफें उठाकर उन सभी हुक्मों की मूल प्रति या नकल हासिल की गई, जो राज्याभिषेक से लेकर आज तक सूबों को जारी किए गए थे। काफी दिक्कतों का सामना करते हुए, मैंने उनमें से कई रिपोर्टों को भी शामिल किया, जो साम्राज्य के विभिन्न मामलों या दूसरे देशों में घटी घटनाओं के बारे में थीं और जिन्हें ऊँचे अफसरों और मंत्रियों ने भेजा था और जवाब-तलब व खोजबीन के तंत्र से मेरी मेहनतपसंद रूह संतृप्त हो गई।

बड़ी कर्मठता के साथ मैंने वे कच्चे मसौदे व ज्ञापन पत्र भी हासिल किए, जो जानकार और दूरदर्शी लोगों ने लिखे थे। इन तरीकों से खुशकिस्मती के इस गुलाब बाग (अकबरनामा) को सींचने और नमी देने के लिए मैंने हौज बनाया।

(i) **अबुल फजल कौन था?**

उत्तर अबुल फजल अकबर का राजदरबारी इतिहासकार था। वह अकबर के नौरत्नों में से एक था। **CBSE 2020**

(ii) **उन सभी स्रोतों को बताइए, जिनका उपयोग अबुल फजल ने अपनी पुस्तक पूरी करने के लिए किया।**

उत्तर अबुल फजल ने अपनी पुस्तक पूरी करने के लिए निम्न स्रोतों का उपयोग किया

(i) शाही मुलाजिमों तथा शाही परिवार के सदस्यों से बातचीत कर सूचनाएँ एकत्रित की गईं।

(ii) विभिन्न सूबों से आँकड़े मँगाए गए तथा प्रयोग किए गए।

(iii) **किन्हीं दो प्रशासनिक और साहित्यिक परियोजनाओं के नाम बताइए, जिनकी रचना अबुल फजल ने सम्राट अकबर के निर्देशानुसार की थी।**

उत्तर अकबर द्वारा निर्देशित करने पर अबुल फजल ने निम्नलिखित रचनाओं का संकलन किया

प्रशासनिक रचनाएँ

- सिपह-आबादी
- मुल्क आबादी

साहित्यिक रचनाएँ

- अकबरनामा
- आइन-ए-अकबरी

अथवा

(i) **शाही विचारधाराएँ किस प्रकार प्रचारित की जाती थीं?**

उत्तर शाही विचारधाराएँ विभिन्न रचनाओं के माध्यम से प्रचारित की जाती थीं; जैसे—अकबरनामा के तीसरे जिल्द आइन-ए-अकबरी में शाही नियम-कानून के बारे में जानकारी दी हुई है।

(ii) **शाही हुक्म को ईश्वरी अध्यादेश क्यों माना जाता था?**

उत्तर मुगल बादशाहों द्वारा दिए गए हुक्म (शाही हुक्म) को ईश्वरी अध्यादेश माना जाता है, क्योंकि दरबारी इतिहासकारों ने कई साक्ष्यों के आधार पर यह दिखाया कि मुगल राजाओं को सीधे ईश्वर से शक्ति मिली थी।

(iii) **मुगल शासन का सजीव वर्णन करने के लिए किन स्रोतों का उपयोग किया गया?**

उत्तर मुगल शासन का सजीव वर्णन करने के लिए निम्नलिखित स्रोतों का उपयोग किया गया

- सूबों के पुराने मुलाजिमों, समझदार बुजुर्गों, सत्यकर्मी, जवानों।
- घटनाओं का इतिहासवृत, शाही हुक्मों की मूल प्रति या नकल, विभिन्न रिपोर्टों, जो साम्राज्य के विभिन्न मामलों या दूसरे देशों में घटी घटनाओं के बारे में थीं और जिन्हें ऊँचे अफसरों और मंत्रियों ने भेजा था।

5. ''आइन से यह एक और स्रोत है''

अमील-गुज़ार सिर्फ नकद लेने की आदत न डालें, बल्कि फसल भी लेने के लिए तैयार रहें। यह बाद वाला तरीका कई तरह से काम में लाया जा सकता है। पहला, कणकूतः हिंदी जुबान में कण का मतलब है, अनाज और कूत, अंदाजा... अगर कोई शक हो, तो फसल को तीन अलग-अलग पुलिंदों में काटना चाहिए। अकसर अंदाज से किया गया ज़मीन का आकलन भी पर्याप्त रूप से सही नतीजा देता है।

दूसरा, बँटाई, जिसे भाओली भी कहते हैं (में), फसल काटकर जमा कर लेते हैं और फिर सभी पक्षों की मौजूदगी में व रज़ामंदी में बँटवारा करते हैं, लेकिन इसमें कई समझदार निरीक्षकों की ज़रूरत पड़ती है; नहीं तो दुष्ट-बुद्धि और मक्कार, धोखेबाज़ी की नीयत रखते हैं।

तीसरा, खेत बँटाई, जब वे बीज बोने के बाद खेत बाँट लेते हैं। चौथा, लॉन्ग बँटाई; फसल काटने के बाद वे उसका ढेर बना लेते हैं और फिर उसे अपने में बाँट लेते हैं और प्रत्येक पक्ष अपना हिस्सा घर ले जाता है और उसका मुनाफा कमाता है।

(i) **कणकूत का अर्थ स्पष्ट कीजिए।**

अथवा **भू-राजस्व की कणकूत पद्धति को स्पष्ट कीजिए।**

उत्तर कणकूत दो शब्दों के मेल से बना है, जिसमें कण का अर्थ है—अनाज और कूत का अर्थ है—अनुमान अर्थात् अनाज के अनुमान के आधार पर किया गया जमीन का आकलन ही कणकूत प्रथा कहलाती थी।

(ii) **भू-राजस्व वसूली की बँटाई अथवा भाओली प्रथा को स्पष्ट कीजिए।**

अथवा **बँटाई अथवा भाओली के मामलों में भू-राजस्व का किस प्रकार का मूल्यांकन किया जाता था?**

उत्तर बँटाई प्रथा के अंतर्गत फसल को काटकर जमा कर लिया जाता था और फिर सभी पक्षों की मौजूदगी में बँटवारा किया जाता था। यह बँटवारा बुजुर्ग और समझदार व्यक्ति की उपस्थिति में होता था।

(iii) **लॉन्ग बँटाई प्रथा की व्याख्या कीजिए।**

उत्तर लॉन्ग बँटाई में फसल को काटकर उसका ढेर बना लिया जाता था और फिर इस ढेर का बँटवारा कर लिया जाता था। प्रत्येक पक्ष अपना हिस्सा घर ले जाता था और उससे मुनाफा कमाता था।

अथवा

(i) **'कणकूत' शब्द की परख कीजिए।**

उत्तर कणकूत शब्द दो शब्दों कण + कूत से मिलकर बना है। हिंदी में कण का अर्थ होता है—अनाज तथा कृत का अर्थ होता है—अंदाज या अनुमान। कणकूत राजस्व वसूल करने की प्रणाली है।

(ii) **'खेत-बँटाई' की राजस्व वसूली करने की प्रणाली के रूप में व्याख्या कीजिए।**

उत्तर खेत-बँटाई राजस्व वसूली की तीसरी प्रणाली है। इसके अंतर्गत बीज बोने के पश्चात् अनाज को खेत में ही बाँट लिया जाता है।

(iii) **अमील-गुजार की भूमिका की परख कीजिए।**

उत्तर अमील-गुजार राजस्व वसूली का काम करता था। इसका प्रयास यह होता था कि वह खेतिहर से नकद भुगतान प्राप्त करे, यद्यपि वह फसलों में भुगतान का विकल्प भी खुला रखे। इस तरह से इसकी राजस्व वसूली में महत्त्वपूर्ण भूमिका होती थी।

6. ''किसान बस्तियों का बसना-उजड़ना''

यह हिंदुस्तानी कृषि समाज की एक खासियत थी और इस खासियत ने मुगल शासक बाबर की तेज निगाहों को इतना चौंकाया कि उसने इसे अपने संस्मरण बाबरनामा में नोट किया। हिंदुस्तान में बस्तियाँ और गाँव, दरअसल शहर के शहर, एक लम्हे में ही वीरान भी हो जाते हैं और बस भी जाते हैं। वर्षों से आबाद किसी बड़े शहर के बाशिंदे उसे छोड़कर चले जाते हैं, तो वे ये काम कुछ इस तरह करते हैं कि डेढ़ दिनों के अंदर उनका हर नामो-निशान (वहाँ से) मिट जाता है।

दूसरी ओर, अगर वे किसी जगह पर बसना चाहते हैं, तो उन्हें पानी के रास्ते खोजने की जरूरत नहीं होती, क्योंकि उनकी सारी फसलें बारिश के पानी में उगती हैं और चूँकि हिंदुस्तान की आबादी बेशुमार है, लोग उमड़ते चले आते हैं।

वे एक सरोवर या कुआँ बना लेते हैं; उन्हें घर बनाने या दीवार खड़ी करने की भी जरूरत नहीं होती .... खस की घास बहुतायत में पाई जाती है, जंगल अपार हैं, झोंपड़ियाँ बनाई जाती हैं और यकायक एक गाँव या शहर खड़ा हो जाता है।

(i) **बाबरनामा किसकी रचना है?**

उत्तर 'बाबरनामा' बाबर द्वारा रचित आत्मकथा है। यह संस्मरण मूलतः तुर्की भाषा में लिखा गया है। इस ग्रंथ में तत्कालीन भारतीय समाज एवं परिवेश की जानकारी मिलती है।

(ii) **ग्रामीण समाज के लोग घरों का निर्माण किस प्रकार करते थे? बाबर हिंदुस्तान की बस्तियों की किन विशेषताओं से प्रभावित था?**

उत्तर ग्रामीण समाज के लोगों का घर या झोंपड़ी प्रायः जंगलों की लकड़ी तथा खस (एक प्रकार की घास) से बनाई जाती थी। बाबर हिंदुस्तान की बस्तियों के एकाएक बसाव और उजाड़ से ज्यादा प्रभावित था। उसने अपनी आत्मकथा में यह वर्णन किया है कि हिंदुस्तानी बस्तियाँ एवं गाँव कुछ ही समय में वीरान हो जाते थे और फिर कुछ ही समय में बस भी जाते थे। जब इन बस्तियों का पलायन होता था, तो इनके नामो-निशान भी नहीं बचते थे, जो एक आश्चर्यचकित करने वाली घटना थी।

(iii) **मुगलकालीन फसलों के उत्पादन में सिंचाई के क्या साधन थे?**

उत्तर मुगलकालीन कृषि मानसून पर आधारित थी। फसलों का उत्पादन बारिश के पानी से होता था। यही सिंचाई का मुख्य साधन था। इसके अतिरिक्त नहरों, कूपों आदि से सिंचाई काफी सीमित मात्रा में होती थी।

7. ''पेड़ों और खेतों की सिंचाई''

यह बाबरनामा से लिया गया एक अंश है, जो सिंचाई के उन उपकरणों के बारे में बताता है, जो इस बादशाह ने उत्तर भारत में देखे। हिंदुस्तान के मुल्क का ज्यादातर हिस्सा मैदानी जमीन पर बसा हुआ है। हालाँकि यहाँ शहर और खेती लायक जमीन की बहुतायत है, लेकिन कहीं भी बहते पानी का इंतजाम नहीं है, वह इसलिए ... कि फसल उगाने या बागानों के लिए पानी की बिल्कुल जरूरत नहीं है।

शरद ऋतु की फसलें बारिश के पानी से ही पैदा हो जाती हैं और यह हैरानी की बात है कि बसंत ऋतु की फसलें तो तब भी पैदा हो जाती हैं, जब बारिश बिल्कुल ही नहीं होती। फिर भी छोटे पेड़ों तक बाल्टियों या रहट के जरिए पानी पहुँचाया जाता है...। लाहौर, दीपालपुर (दोनों ही आज के पाकिस्तान में) और ऐसी दूसरी जगहों में लोग रहट के जरिए सिंचाई करते हैं। वे रस्सी के दो गोलाकार फंदे बनाते हैं, जो कुएँ की गहराई के मुताबिक लंबे होते हैं। इन फंदों में थोड़ी-थोड़ी दूरी पर वे लकड़ी के गुटके लगाते हैं और इन गुटकों पर घड़े बाँध देते हैं।

लकड़ी के गुटकों और घड़ों से बँधी इन रस्सियों को कुएँ के ऊपर पहियों से लटकाया जाता है। पहिये की धुरी पर एक और पहिया। इस अंतिम पहिये को बैल के जरिए घुमाया जाता है; इस पहिये के दाँत पास के दूसरे पहिये के दाँतों को जकड़ लेते हैं और इस तरह घड़ों वाला पहिया घूमने लगता है।

घड़ों से जहाँ पानी गिरता है, वहाँ एक सँकरा नाला खोद दिया जाता है और इस तरीके से हर जगह पानी पहुँचाया जाता है। आगरा, चाँदवर व बयाना (आज के उत्तर प्रदेश में) और ऐसे अन्य इलाकों में भी लोग बाल्टियों से सिंचाई करते हैं। कुएँ के किनारे पर वे लकड़ी के कन्ने गाड़ देते हैं, इन कन्नों के बीच बेलन टिकाते हैं, एक बड़ी बाल्टी में रस्सी बाँधते हैं, रस्सी को बेलन पर लपेटते हैं और इसके दूसरे छोर को बैल से बाँध देते हैं। एक शख्स को बैल हाँकना पड़ता है, दूसरा बाल्टी से पानी निकालता है। **CBSE 2020**

(i) **मुगलकाल के समय लाहौर में प्रयुक्त किए गए सिंचाई के स्रोतों को उदाहरणों सहित स्पष्ट कीजिए।**

उत्तर मुगलकाल के समय लाहौर (वर्तमान पाकिस्तान में) में सिंचाई के लिए रहट का उपयोग किया जाता था। इस तकनीक में रस्सी के दो गोलाकार फंदे होते थे, जो कुएँ की गहराई के अनुसार लंबे होते थे। इन फँदों में थोड़ी दूर पर लकड़ी के गुटके लगाए जाते, जिनमें घड़े का बाँध दिया जाता था।

लकड़ी के गुटकों और घड़ों से बँधी इन रस्सियों को कुएँ के ऊपर पहियों से लटकाया जाता था तथा अंतिम पहिये को बैल के माध्यम से घुमाया जाता है। घड़ों से जहाँ पानी गिरता है, वहाँ सँकरा नाला खोद दिया जाता था और इस तरीके से हर जगह पानी पहुँचाया जाता था।

(ii) **आगरा में भूमि की सिंचाई के लिए किन विधियों का उपयोग किया गया था? उदाहरणों सहित स्पष्ट कीजिए।**

उत्तर आगरा, चाँदवर और बयाना (वर्तमान उत्तर प्रदेश में) भी लोग बाल्टियों से सिंचाई करते थे। कुएँ के किनारे पर वे लकड़ी के कन्ने गाड़ देते थे, इन कन्नों के बीच बेलन टिकाते थे, एक बड़ी बाल्टी में रस्सी बाँधते थे, रस्सी को बेलन पर लपेटते थे और इसके दूसरे छोर को बैल से बाँध देते थे। इस तरह एक शख्स को बैल हाँकना पड़ता था तथा दूसरा बाल्टी से पानी निकालता था।

(iii) **सिंचाई परियोजनाओं को किस प्रकार मुगल राज्य की मदद मिली?**

उत्तर मुगल राज्य में सिंचाई परियोजनाओं को कई प्रकार से मदद मिली। उदाहरणस्वरूप, उत्तर भारत में राज्य ने कई नहरें व नाले खुदवाए और कई पुरानी नहरों की मरम्मत करवाई; जैसे—शाहजहाँ के शासनकाल के समय पंजाब में शाह नहर।

8.

(i) **चित्र में दिए गए सिक्के मुगलकालीन चाँदी के सिक्के हैं, क्या इस बात का पता लगाया जा सकता है कि मुगलकाल में चाँदी का प्रवाह किस प्रकार होता था?**

उत्तर भारत मुगलकाल में चाँदी का प्रवाह विदेशी व्यापार (यूरोपीय व्यापारियों से आयत) खनिज, स्रोतों और स्थानीय टक्सालों से होता था। इसे व्यापार, कर संग्रह सैनिको के वेतन और ग्रामीण शहरी लेन-देन में उपयोग किया जाता था।

(ii) **किस यात्री ने विवरण प्रस्तुत किया कि चाँदी तमाम दुनिया से होकर भारत पहुँचती थी?**

उत्तर इटली का यात्री जोवान्नी, ने विवरण प्रस्तुत किया कि चाँदी तमाम दुनिया से होकर भारत पहुँचती थी। उसी से हमें पता चलता है कि 17वीं सदी के भारत में बड़ी अद्भुत मात्रा में नकद और वस्तुओं का आदान-प्रदान हो रहा था।

मानचित्र पर आधारित प्रश्न

1. **विभिन्न शासकों के अधीन मुगल साम्राज्य की सीमाओं को अंकित कीजिए**

(i) **बाबर का शासन,** 1530

(ii) **अकबर का शासन,** 1605

(iii) **औरंगजेब का शासन,** 1707

उत्तर

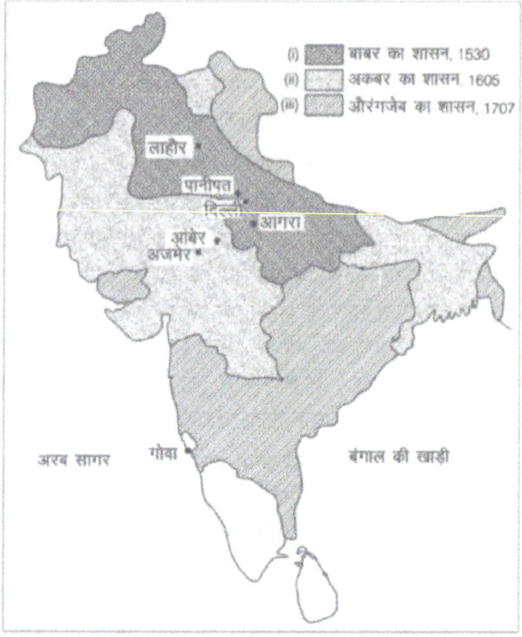

2. **दिए गए मानचित्र पर दो मुगलकालीन स्थल A और B हैं। A उस स्थल को संदर्भित करता है, जहाँ लोग बाग, बालटियों से सिंचाई करते हैं तथा B उस स्थल को संदर्भित करता है, जहाँ लोग रहट के जरिए सिंचाई करते हैं। इन स्थलों की पहचान कीजिए तथा उनका नाम लिखिए।**

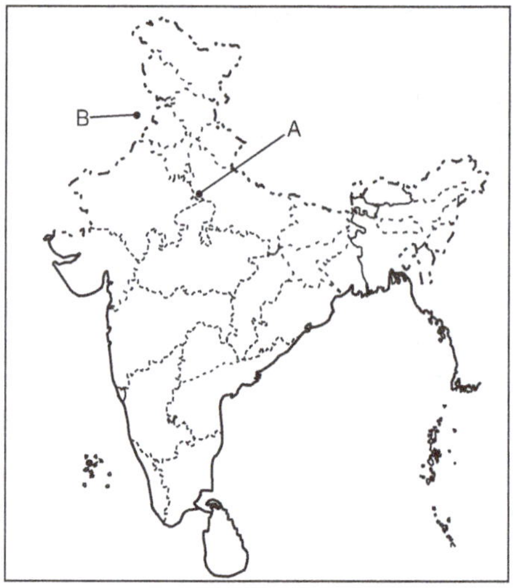

उत्तर A- चाँदवर B- दीपालपुर, पाकिस्तान

स्वयं को जाँचें

वस्तुनिष्ठ प्रश्न

1. जजमानी प्रथा कहाँ प्रचलित थी?

(a) बिहार (b) पंजाब
(c) बंगाल (d) उत्तर प्रदेश

2. मुगलकाल में कम और कमतर वर्षा वाले क्षेत्रों में किसकी खेती अधिक प्रचलित थी?

1. गेहूँ 2. ज्वार 3. चावल 4. बाजरा

कूट

(a) 1 और 3 (b) 2 और 4
(c) 1, 2 और 3 (d) 1, 2 और 4

3. मुगलकालीन दस्तकारी के संबंध में एक कौन-सा कथन सही नहीं है?

(a) गाँवों में दस्तकार काफी अच्छी तादाद में रहते थे
(b) रंगरेजी, कपड़े पर छपाई व मिट्टी के बर्तनों को पकाना प्रमुख दस्तकारी कार्य थे
(c) कुम्हार, लोहार, बढ़ई, नाई, सोनार आदि प्रमुख दस्तकार थे
(d) ग्रामीण दस्तकार अपनी सेवाएँ राजा को देते थे

4. 16वीं व 17वीं शताब्दी के दौरान किस अभियान के नाम पर बादशाह अपने साम्राज्य के विभिन्न भागों का दौरा करता था और लोगों की समस्याओं और शिकायतों पर व्यक्तिगत रूप से गौर करता था?

(a) कर अभियान
(b) राजस्व संग्रह अभियान
(c) शिकार अभियान
(d) शिकायत अभियान

5. निम्नलिखित में से एक कौन-सा युग्म सुमेलित नहीं है?

(a) हलालखोरान — मुस्लिम समुदाय की निचली जाति
(b) पहिकाश्त — दूसरे की भूमि पर खेती करने वाले किसान
(c) मल्लाहजादा — किसानों के पुत्र
(d) खुदकाश्त — अपनी भूमि पर काम करने वाले किसान

6. मनसबदारी व्यवस्था के संदर्भ में एक कौन-सा कथन सही है?

1. इस पर राज्य के सैनिक व नागरिक मामलों की जिम्मेदारी थी।
2. यह मुगल प्रशासनिक व्यवस्था के शीर्ष पर था।
3. कुछ मनसबदारों का नकदी भुगतान किया जाता था।

कूट

(a) 1 और 3 (b) 2 और 3
(c) 1 और 2 (d) ये सभी

7. नीचे दी गई जानकारी को पढ़िए और संबंधित मुगलकालीन समाज को पहचानिए तथा उसका नाम बताए?

- ये राज्य की ओर से कर बसूल सकते थे
- इन्हें वित्तीय मुआवजा मिलता था।
- इनके पास अपने किले व अपनी सैनिक टुकडियाँ भी थी।

(a) किसान (b) इस्तकार
(c) व्यापारी (d) जमींदारी

अतिलघु उत्तरीय प्रश्न

8. मुगलकालीन ग्रामीण समुदाय का विभाजन कितने आधारों पर किया गया था?

9. हलालखोरान जाति की स्थिति समकालीन समाज में किस प्रकार की थी?

10. पाहिकाश्त से आप क्या समझते हैं?

11. किन कारकों से प्रभावित होकर ग्रामीण व जंगली समुदाय ने इस्लाम धर्म को स्वीकार किया?

लघु उत्तरीय प्रश्न

12. जाति पंचायत क्या थी? इसके कार्यों का वर्णन कीजिए?

13. 16वीं से 17वीं शताब्दी में ग्रामीण समुदाय के अंतर्गत किसान और जमींदारों के अतिरिक्त अन्य कौन-से वर्ग आते थे? वर्णन कीजिए।

14. मुगलकाल में भारत में कौन-कौन सी नई फसलें अन्य देशों से लाई गई थीं? चर्चा कीजिए।

15. मुगल प्रशासन के अंतर्गत 'मनसबदारी व्यवस्था' का उल्लेख कीजिए?

दीर्घ उत्तरीय प्रश्न

16. मुगलकाल में जमींदार किस प्रकार शक्ति प्राप्त करते थे? इनके द्वारा सामाजिक व आर्थिक सुविधाओं को भोगने के दो कारण लिखिए?

17. वे कौन-से कारक थे, जिन्होंने 16वीं शताब्दी में जमींदारों के विकास में सहायता की? साथ ही समकालीन ग्रामीण समाज के विकास में जमींदारों की भूमिका का परीक्षण कीजिए।

18. आइन-ए-अकबरी की रचना अबुल फजल के द्वारा किस परियोजना के अंतर्गत की गई थी? इसमें वर्णित ऐतिहासिक तथ्यों का परीक्षण कीजिए।

09

अध्याय

औपनिवेशवाद और देहात (सरकारी अभिलेखों का अध्ययन)

यह अध्याय, शासक और राजस्व राजनीति से संबंधित है। इसमें ब्रिटिश कानून और राजनीति समाज के विभिन्न वर्गों; जैसे–जमींदार, किसान, वनवासी आदि से संबंधित जानकारी पर प्रकाश डाला गया है।

▼ अध्याय एक नजर में

▼ अभ्यास के लिए

- बहुविकल्पीय प्रश्न 32, चित्र आधारित, कथन/कारण, सुमेलित कीजिए
- वर्णनात्मक प्रकार के प्रश्न (लघु उत्तरीय प्रश्न 23, दीर्घ उत्तरीय प्रश्न 8)
- स्रोत आधारित प्रश्न 4

भारत में औपनिवेशिक शासन (Colonial Administration) की स्थापना अंग्रेजों द्वारा की गई, जिसमें बंगाल, राजमहल व संथाल के पहाड़ी भाग, मध्य भारत तथा दक्कन प्रदेश के नगरीय एवं देहाती भाग मुख्य रूप से शामिल थे। इन प्रदेशों में ब्रिटिश औपनिवेशिक नीति व नियम व्यापक रूप से लागू थे, जिनका समय-समय पर स्थानीय लोगों द्वारा विरोध भी किया जाता था। इससे संबंधित जानकारी हमें तत्कालीन राजस्व अभिलेखों (Inscriptions) व सर्वेक्षणों (Survey), पत्र-पत्रिकाओं व सर्वेक्षकों एवं यात्रियों के विवरणों तथा जाँच आयोगों द्वारा प्रस्तुत रिपोर्टों से प्राप्त होती है।

9.1 बंगाल और वहाँ के जमींदार

- औपनिवेशिक शासन प्रणाली सबसे पहले बंगाल प्रांत में स्थापित की गई थी।
- इस प्रांत से ही सर्वप्रथम ग्रामीण समाज की रूप-रेखा तैयार करने, भूमि अधिकार संबंधित नए नियम बनाने तथा भू-राजस्व व्यवस्था लागू करने का प्रयास किया गया था।

अदा न किए गए राजस्व की समस्या

- ब्रिटिश शासन के समय 1770 के दशक में भू-राजस्व संबंधी अनेक समस्याएँ उत्पन्न हो गई थीं। बंगाल में इस समय बार-बार अकाल पड़ने तथा खेती की पैदावार में गिरावट के कारण स्थिति और भयावह हो गई थी।
- अधिकारियों का मानना था कि खेती, व्यापार और राज्य के राजस्व संसाधन तभी विकसित होंगे, जब कृषि को प्रोत्साहन दिया जाएगा और ऐसा करना तभी संभव है जब संपत्ति के अधिकार प्राप्त कर लिए जाएँ तथा राजस्व की दरों को स्थायी किया जाए।

▲ चार्ल्स कार्नवालिस (1738-1805)

- अत: 1793 ई. में एक नई राजस्व प्रणाली शुरू की गई, जिसे स्थायी बंदोबस्त (Permanent Settlement) के रूप में जाना जाता है।
- इस व्यवस्था को गर्वनर-जनरल लार्ड कार्नवालिस द्वारा बंगाल में लागू किया गया था, जिसमें ईस्ट इंडिया कंपनी द्वारा भू-राजस्व की रकम निधारित कर दी गई थी।
- यह व्यवस्था संपत्ति के अधिकारों को सुरक्षित करने और राजस्व माँग की दरों को स्थायी रूप प्रदान करने के लिए लागू की गई थी।
- ब्रिटिश अधिकारियों की यह आशा थी कि इस प्रक्रिया से छोटे किसानों और धनी भू-स्वामी का एक ऐसा वर्ग उत्पन्न हो जाएगा, जिसके पास सुधार करने के लिए पूँजी और उद्यम दोनों होंगे। उन्हें यह भी उम्मीद थी कि ब्रिटिश शासन से पालन-पोषण और प्रोत्साहन पाकर, यह वर्ग कंपनी के प्रति ईमानदार बना रहेगा।
- कंपनी ने बंगाल के राजाओं और तालुकदारों के साथ मिलकर इस्तमरारी बंदोबस्त लागू किया तथा किसानों को जमींदारों के रूप में वर्गीकृत किया इस व्यवस्था में वर्णित था कि जमींदार निर्धारित भू-राजस्व की सदैव अदायगी भुगतान करेगा। अत: अब जमींदार गाँव में भू-स्वामी नहीं था, बल्कि वह राजस्व समाहर्ता (अर्थात् संग्राहक) बन गया था।
- जमींदारों के के अधीन लगभग 400 गाँव होते थे। कंपनी के अनुसार, एक जमींदार के हिस्से में आने वाले गाँव मिलकर एक राजस्व संपदा का रूप ले लेते थे।
- जमींदार यह निर्धारित करता था कि भिन्न-भिन्न गाँवों से राजस्व की कितनी-कितनी माँग पूरी करनी होगी और फिर जमींदार उन गाँवों से निर्धारित राजस्व राशि एकत्रित करता था। जमींदारों से यह अपेक्षा की जाती थी कि वह कंपनी को नियंत्रित रूप से राजस्व राशि अदा करे और यदि वे ऐसा नहीं कर पाता है, तो उनकी संपदा नीलाम की जाती थी।

बर्दवान (बर्द्धमान) में नीलामी की घटना

- सर्वप्रथम नीलामी की घटना 1797 ई. में बर्दवान (वर्तमान बर्द्धमान) नामक स्थान पर हुई, जिसमें अंग्रेजों द्वारा जमींदारी की संपत्ति नीलामी कर दी गई थी।
- ईस्ट इंडिया कंपनी ने जमींदारों के लिए भू-राजस्व की रकम निश्चित कर दी थी।
- इस व्यवस्था में जो जमींदार निश्चित राजस्व-राशि नहीं चुका पाते थे, उनकी जागीरों को नीलाम कर दिया जाता था।
- इसी प्रकार बर्दवान के राजा पर अधिक मात्रा में बकाया जमा हो चुका था, जिसे वह समय पर चुका नहीं पाए, परिणामत: उनकी संपत्ति नीलाम कर दी गई।
- बर्दवान के राजा कई महल (संपदा) बेचे गए। एक उल्लेखनीय तथ्य यह था कि उसमें कई खरीदार राजा के नौकर और एजेंट थे, जो मालिक की ओर से खरीद रहे थे।
- यद्यपि राजा की कुछ संपत्तियाँ इसी प्रकार सार्वजनिक रूप से बेच दी गईं, किंतु इसके बाद भी राजा ने जमींदारी पर अपना नियंत्रण बनाए रखा।

राजस्व के भुगतान में जमींदारों की विफलता

- ब्रिटिश अधिकारियों का यह सोचना था कि राजस्व की देय धनराशि निश्चित होने के कारण कंपनी को निश्चित समय पर एक निश्चित धनराशि प्राप्त होगी और जमींदारों में सुरक्षा की भावना उत्पन्न होगी, जिससे अधिक लाभ प्राप्ति की आशा से वे अपनी भू-राजस्व संपदा में भी सुधार करेंगे।
- इस्तमरारी बंदोबस्त लागू होने के पश्चात् जमींदार अपनी राजस्व की राशि को अदा करने में लापरवाही करते रहे, जिसके कारण राजस्व की बकाया राशि बढ़ती गई। जमींदारों के अधीन लगभग 400 गाँव आते थे, जिनसे वे राजस्व इकट्ठा किया करते थे। जमींदारों की राजस्व अदायगी की असफलता के चार प्रमुख कारण निम्नलिखित थे
  (i) प्रारंभ में राजस्व की माँगें बहुत ऊँची थीं। ऐसा महसूस किया गया कि यदि माँग को निर्धारित किया जाता है, तो आय में वृद्धि होने पर भी कंपनी उस वृद्धि में अपना हिस्सा नहीं माँग सकेगी। इसके विषय में कंपनी ने यह तर्क दिया कि जैसे-जैसे कृषि की पैदावार और कीमतों में बढ़ोतरी होगी, वैसे-वैसे जमींदारों पर राजस्व का बोझ कम होता जाएगा।
  (ii) 1790 के दशक में कृषि उत्पादों की माँग ऊँची थी, जबकि कृषि उपज की कीमतें निम्न थीं, जिसके कारण किसानों या रैयतों के लिए जमींदार को उनकी देय राशियाँ चुकाना मुश्किल था, जिससे जमींदारों को भी राजस्व की धनराशि चुकाने में कठिनाई होती थी।
  (iii) वसूल किया जाने वाला राजस्व असमान था तथा फसल अच्छी हो या खराब राजस्व का निश्चित समय पर भुगतान आवश्यक था। **सूर्यास्त कानून** (Sunset Law) के अनुसार, निश्चित तारीख को सूर्य अस्त होने तक निर्धारित राजस्व धनराशि का भुगतान करना अनिवार्य था। यदि यह भुगतान उस समय तक नहीं किया जाता था, तो जमींदारी को नीलाम कर दिया जाता था।
  (iv) इस्तमरारी बंदोबस्त ने प्रारंभ में जमींदारों की शक्ति को किसानों (**रैयत**[1]) से राजस्व इकट्ठा करने और अपनी जमींदारी के प्रबंध तक ही सीमित कर दिया था।

---

1 रैयत इस शब्द का प्रयोग अंग्रेजों के विवरणों में किसानों के लिए किया जाता था। बंगाल में रैयत जमीन को स्वयं काश्त नहीं करते थे, बल्कि शिकमी रैयत को आगे पट्टे पर दे दिया करते थे।

जमींदारों के सामने आने वाली समस्याएँ

- कंपनी ने जमींदारों की सैन्य टुकड़ियों को भंग कर दिया और आय के स्रोत सीमा शुल्क को खत्म किया एवं उनकी कचहरियों को भी कंपनी के कलेक्टर के निरीक्षण में रख दिया गया, साथ ही जमींदारों को प्राप्त स्थानीय न्याय और स्थानीय पुलिस की व्यवस्था करने की शक्ति से विमुक्त कर दिया गया।
- कई बार फसल खराब और फसल की कम कीमत होने के कारण किसान अपनी देय राशियों का भुगतान नहीं कर पाते थे तथा कुछ किसान जान-बूझकर भी भुगतान में देरी करते थे।
- अमीर रैयत और गाँव के मुखिया, जोतदार और मंड़ल सभी जमींदारों के खिलाफ थे।

जोतदारों का उदय

- 18वीं शताब्दी के अंत में जमींदारों की स्थिति कमजोर होने के पश्चात् कुछ धनी किसान वर्गों का उदय हुआ, जो जोतदार के नाम से जाने गए।
- **फ्रांसिस बुकानन** के उत्तरी बंगाल के दिनाजपुर जिले के सर्वेक्षण में जोतदारों का विस्तृत विवरण मिलता है।

जोतदारों की शक्ति के लिए जिम्मेदार कारक

- जमींदार शहरी इलाकों में रहते थे ,जबकि जोतदार गाँवों में रहते थे और गरीब ग्रामवासियों पर अपना सीधा नियंत्रण रखते थे।
- वे अपनी जमीन पर बटाईदारों से खेती करवाते थे, जिन्हें **अंधियारो** या **बरगादारी** भी कहा जाता था। ये लोग अपने हल स्वयं लाते थे और खेती में काम करते थे तथा फसल कटने के बाद उपज का आधा हिस्सा जोतदार को सौंप देते थे।
- जोतदार का, स्थानीय व्यापार और साहूकारों के कारोबार पर कुछ हद तक नियंत्रण था और इस प्रकार वे उस क्षेत्र के गरीब काश्तकारों पर व्यापक शक्ति का प्रयोग करते थे।
- जोतदार जमींदारों द्वारा गाँव की जमा (लगान) को बढ़ाने के लिए किए जाने वाले प्रयत्नों का भी घोर प्रतिरोध करते थे। वे जमीदारों के अधिकारियों को अपने कर्त्तव्यों का पालन करने से रोकते थे। जो रैयतदार उन पर निर्भर थे, उन्हें वे अपने पक्ष में एकजुट रखते थे और जमींदार को राजस्व के भुगतान में जान-बुझकर देरी करने के लिए विवश कर देते थे।
- राजस्व का भुगतान करने में असफल रहने वाले जमींदारों की संपदा को नीलामी के दौरान जोतदारों द्वारा खरीद लिया जाता था।
- उत्तरी बंगाल में जोतदार सबसे अधिक शक्तिशाली थे, हालाँकि धनी किसान और गाँव के मुखिया लोग भी बंगाल के अन्य भागों में (देहाती इलाकों में) प्रभावशाली बनकर उभर रहे थे।

जमींदार, जोतदार, रैयत शिकमी आदि के राजस्व वसूली संबंध

- जमींदार कंपनी को राजस्व अदा करने के लिए, गाँवों पर राजस्व संबंधी माँग निर्धारित करने के लिए जिम्मेदार थे। गाँव का प्रत्येक छोटा या बड़ा रैयत जमींदार को लगान अदा करता था।
- जोतदार अन्य रैयतों को उधार देते थे और अपनी फसल बेचते थे। रैयत कुछ जमीन खुद जोतते थे और बाकी जमीन **शिकमी रैयत** (निम्न स्तर के किसान) को लगान पर दे देते थे।
- **शिकमी**[2] रैयतों को लगान कर के रूप में देते थे।

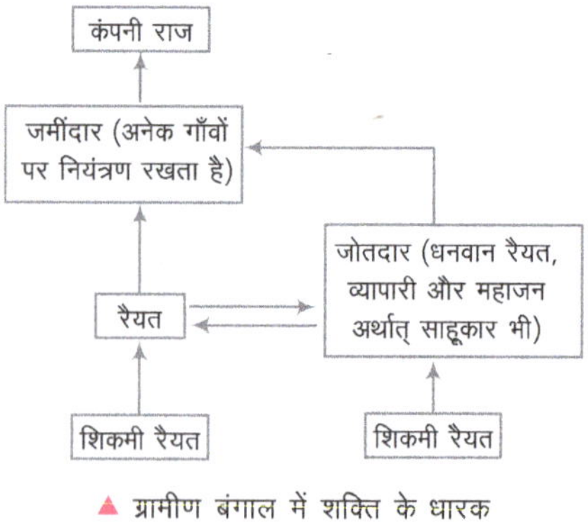

▲ ग्रामीण बंगाल में शक्ति के धारक

2 शिकमी शिकमी सबसे निम्न स्तर के किसान को कहा जाता है।

जमीदारों की ओर से प्रतिरोध

राजस्व की अत्यधिक माँग और अपनी भू-संपदा की संभावित नीलामी से अपनी जमींदारी को बचाने के लिए जमींदारों ने कुछ प्रयास किए, जो निम्न हैं

- जमींदार अपनी जमींदारियों पर नियंत्रण बनाए रखने हेतु फर्जी बिक्री का सहारा लेते थे। इनमें नीलामी के समय जमींदार का एजेंट उसकी तरफ से संपत्ति खरीद लेते थे।
- कुछ जमींदार अपनी भू-संपदा का कुछ भाग अपनी माता या पत्नी के नाम कर देते थे, क्योंकि तत्कालीन समय में यह नियम प्रचलन में था कि स्त्रियों की संपत्ति नहीं छीनी जाएगी।
- उचित बोली न लगने या नीलामी की धनराशि न मिलने पर कंपनी द्वारा नीलामी की प्रक्रिया बार-बार दोहराई जाती थी। अंत में पर्याप्त बोली न लगने पर पुनः संबंधित जमींदार को वह भू-संपदा लौटा दी जाती थी। इस प्रकार जमींदार को वही भू-संपदा पुनः प्राप्त हो जाती थी।
- 1793 से 1801 ई. के बीच बंगाल की चार बड़ी जमींदारियों ने अनेक **बेनामी**[3] खरीदारियाँ कीं, जिनसे कुल 30 लाख रुपये की प्राप्ति हुई।
- कभी-कभी जमींदार अपने प्रभुत्व के बल पर अपने लाठियालों द्वारा नीलामी में भाग लेने के लिए शामिल नए जमींदारों या बाहरी लोगों को भगा देते थे अथवा नए जमींदारों को नीलामी में शामिल होने नहीं दिया जाता था।
- 19वीं शताब्दी के प्रारंभ में कीमतें गिरनी बंद हो गईं, जिसके कारण जमींदारों ने अपनी सत्ता को मजबूत किया। तथा राजस्व भुगतान के नियमों को भी कम कर दिय गया।
- पुनः 1930 के दशक में मंदी के कारण जमींदारों का पतन होने लगा और इसी स्थिति में जोतदारों की स्थिति मजबूत हुई।

पाँचवीं रिपोर्ट

- यह भारत में कंपनी के प्रशासन और गतिविधियों पर रिपोर्ट की श्रृंखला है, जिसे पाँचवीं रिपोर्ट के नाम से जाना जाता है। यह रिपोर्ट 1002 पृष्ठ की थी। इसके 800 से अधिक पृष्ठ परिशिष्टों के थे।
- इसमें जमीदारों और रैयतों की अर्जियाँ, भिन्न-भिन्न जिलों के कलेक्टरों की रिपोर्ट, अधिकारियों द्वारा बंगाल और मद्रास के राजस्व तथा न्यायिक प्रशासन पर लिखित टिप्पणियाँ आदि शामिल की गई थीं।

रिपोर्ट प्रस्तुत करने के कारण

- कंपनी ने 1760 के दशक के मध्य में, जब से बंगाल में अपने आपको स्थापित किया था, तभी से इंग्लैंड में उसके क्रियाकलापों पर बारीकी से नज़र रखी जाने लगी थी और उन पर चर्चा की जाती थी। ब्रिटेन में बहुत से ऐसे समूह भी थे, जो भारत तथा चीन के साथ व्यापार पर ईस्ट इंडिया कंपनी के एकाधिकार का विरोध करते थे। वे चाहते थे कि उस शाही फरमान को रदद कर दिया जाए, जिसके तहत इस कंपनी को यह एकाधिकार दिया गया था।
- कई निजी व्यापारी भारत और ब्रिटेन के उद्योगपतियों के साथ व्यापार में हिस्सा बनना चाहते थे, ताकि ब्रिटिश निर्मित वस्तुओं के लिए भारतीय बाजार में हिस्सेदारी मिल सके।
- कुछ राजनीतिक समूहों के अनुसार, बंगाल के विषय से पूरे देश को लाभ नहीं हो रहा था, बल्कि इसका लाभ केवल कंपनी को हो रहा था।
- कंपनी के कुशासन और अव्यवस्थित प्रशासन के विषय में प्राप्त सूचना पर ब्रिटेन में बहस छिड़ गई और कम्पनी के अधिकारियों के लोभ-लालच और भ्रष्टाचार की घटनाओं को ब्रिटेन के समाचार-पत्रों में व्यापक रूप से दर्शाया गया।
- अठारहवीं शताब्दी के अन्तिम दशकों में अनेक अधिनियम पारित किए गए। कंपनी को बाध्य किया गया कि वह भारत के प्रशासन के विषय में नियमित रूप से अपनी रिपोर्ट भेजा करें, कंपनी के कामकाज की जाँच करने के लिए कई समितियाँ नियुक्त की गईं, जिसमें पाँचवीं रिपोर्ट एक ऐसी रिपोर्ट थी, जो एक प्रवर समिति द्वारा तैयार की गई थी।

पाँचवीं रिपोर्ट के आलोचनात्मक पक्ष

- शोधकर्ताओं ने ग्रामीण बंगाल में औपनिवेशिक शासन के संबंध में लिखने के लिए बंगाल के कई जमींदारों के अभिलेखागारों तथा जिला स्थानीय अभिलेखों की गहनता से जाँच की है।
- इन गहन जाँचों के अनुसार, पाँचवीं रिपोर्ट को तैयार करने वाले कंपनी के कुशासन की आलोचना करने पर तत्पर थे, इसलिए परंपरागत जमींदारी के पतन के संबंध में इसमें विशेष उल्लेख मिलता है।

---

3 **बेनामी** इसका शाब्दिक अर्थ है–हिंदी तथा कुछ भारतीय भाषाओं में इस शब्द का प्रयोग ऐसे सौदों के लिए किया जाता है, जो किसी फर्जी महत्त्वहीन व्यक्ति के नाम से किए जाते हैं।

चेक प्वॉइंट 1

1. औपनिवेशिक शासन सर्वप्रथम भारत के किस प्रांत में स्थापित हुआ था?
2. स्थायी बंदोबस्त का मुख्य उद्देश्य क्या था?
3. सर्वप्रथम नीलामी की घटना कब और कहाँ हुई थी?
4. किस कारण 1930 में जमींदारों का पतन होने लगा था?
5. पाँचवी रिपोर्ट को किसके द्वारा तैयार किया गया था?

9.2 बंगाल के ग्रामीण क्षेत्र

- 19वीं शताब्दी के आरंभिक वर्षों में, बुकानन ने राजमहल की पहाड़ियों का दौरा किया, जिसके अनुसार ये पहाड़ियाँ सघन होने के साथ-साथ एक खतरनाक क्षेत्र भी था।
- बुकानन की पत्रिका एवं डायरी से पहाड़ी लोगों से संबंधित संक्षिप्त जानकारी मिलती है, जो लंबे इतिहास की व्याख्या नहीं करती।

राजमहल की पहाड़ियाँ

- 18वीं सदी के परवर्ती दशकों के राजस्व अभिलेखों के तथ्यों के अनुसार, ये पहाड़ी लोग राजमहल की पहाड़ियों के आसपास रहकर जंगली उत्पादों से अपना जीवनयापन करने के साथ ही **झूम कृषि** अथवा **स्थानांतरित कृषि** (Shifting Cultivation) भी करते थे।
- पहाड़ी लोग अपने खाने के लिए दाने और ज्वार-बाजरा आदि का उत्पादन करते थे।
- झूम कृषि के अंतर्गत जंगल के छोटे-छोटे हिस्सों से झाड़ियों को काटकर एवं घास को जलाकर साफ कर दिया जाता था।
- यह राख पोटाश के रूप में कृषि उपज में वृद्धि करती थी।
- उसके बाद इस भूमि पर कृषि की प्रक्रिया प्रारंभ करते थे। कुछ समय बाद इस जगह को छोड़कर दूसरी जगह यही प्रक्रिया अपनाई जाती थी। इस प्रकार छोड़ी गई जमीन पुन: उर्वरता प्राप्त कर लेती थी।

पहाड़ी लोगों का जीवन

- पहाड़ी लोग खाने के लिए महुआ के फूल एवं रेशम के कोया और राल का प्रयोग बाजार में बेचने के लिए करते थे। काठ कोयला बनाने के लिए लकड़ियाँ एकत्र करते थे। घास-फूँस एवं पेड़ों के नीचे उगे हुए पौधे चरागाह का काम करते थे। शिकारी, झूम खेती करने वाले, लकड़ी से कोयला बनाने वाले, खाद्य एकत्र करने वाले, रेशम के कीड़े पालने वाले आदि के रूप में पहाड़ी लोग जंगल से घनिष्ठ रूप में जुड़े हुए थे।
- पहाड़ी लोग अपने रहने के लिए इमली के पेड़ों के बीच झोपड़ियाँ बनाते थे तथा आम के पेड़ों के नीचे आराम करते थे। वे पूरे प्रदेश को अपनी निजी भूमि मानते थे। अत: बाहरी लोगों के प्रवेश का ये विरोध करते थे। इन पहाड़ी लोगों के मुखिया आपसी लड़ाई-झगड़े को सुलझा कर अपने समूह में एकता को बनाए रखते थे। ये मैदानी लोगों के साथ तथा अन्य जनजातियों के बीच लड़ाई होने पर अपनी जनजाति का नेतृत्व करते थे।
- पहाड़ी लोग पहाड़ियों को अपना मूल तत्त्व मानकर प्राय: उन मैदानी भागों पर आक्रमण करते रहते थे, जहाँ पर किसान स्थायी निवास कर कृषि करते थे। इनके द्वारा ये आक्रमण सामान्य रूप से मैदानी भागों के समुदाय पर अपना वर्चस्व दिखाने एवं विशेष रूप से अभाव एवं अकाल के समय स्वयं को जीवित रखने के लिए किए जाते थे। इसके अतिरिक्त, बाहरी लोगों के साथ राजनीतिक संबंध बनाने के उद्देश्य से भी आक्रमण किए जाते थे।
- मैदानी भाग के जमींदार प्राय: पहाड़ी मुखियाओं के आक्रमण से बचने के लिए नियमित रूप से **खिराज** (एक प्रकार का कर) देते थे। व्यापारी समुदाय को भी पहाड़ियों द्वारा नियंत्रित मार्ग को उपयोग करने के लिए कुछ **पथकर** देना पड़ता था। इससे व्यापारियों को रक्षा करने एवं माल न लूटने का पहाड़ी लोगों द्वारा आश्वासन मिलता था, किंतु स्थायी कृषि विस्तार के कारण यह संधि अधिक दिनों तक नहीं चल सकी।

पहाड़ी लोगों को नियंत्रित करने की ब्रिटिश नीतियाँ

- 18वीं सदी के अंतिम दशकों में अंग्रेजों द्वारा जंगलों की कटाई एवं सफाई को प्रोत्साहन दिया जाने लगा और साथ-ही-साथ जमींदारों एवं जोतदारों द्वारा परती जमीन को धान के खेत के रूप में बदल दिया गया। अंग्रेजों द्वारा स्थायी कृषि के विस्तार हेतु प्रमुख कारण कारण अग्रलिखित हैं

– राजस्व के स्रोत में वृद्धि करने के साथ ही निर्यात करने के लिए फसल उगाना।
– अंग्रेज जंगलों एवं जंगलवासियों को असभ्य मानते थे।
– जंगलवासियों को स्थायी कृषि करने के लिए खुश करना ताकि उन पर शासन करने में आसानी हो।

- स्थायी किसानों से ब्रिटिश सरकार को राजस्व के रूप में **एकमुश्त** रकम मिलती थी। अत: 1770 के दशक में ब्रिटिश अधिकारियों ने पहाड़ियों को समाप्त करने के लिए क्रुर नीति अपनाई और उनका शिकार तथा संहार करने लगे।
- भागलपुर के कलेक्टर **ऑगस्टस क्लीवलैंड** द्वारा 1780 के दशक में पहाड़ी मुखियाओं को वार्षिक भत्ता दिए जाने से संबंधित शांति स्थापना की नीति का प्रस्ताव लाया गया, परंतु बहुत से पहाड़ी मुखियाओं ने क्लीवलैंड के प्रस्ताव अर्थात् भत्ता लेने से इनकार कर दिया। जिन लोगों ने भत्ता लेना स्वीकार किया उनमें से अनेक ने अपनी समुदाय की सत्ता को खो दिया।
- औपनिवेशिक सरकार के वेतनभोगी हो जाने से उन्हें वैतनिक मुखिया या अधीनस्थ कर्मचारी माना गया। इस नीति के आरंभ से ही पहाड़ी समुदाय स्वयं को शत्रुरूपी सैन्य बलों से रक्षा करने तथा बाहरी लोगों से लड़ाई को जारी रखने के लिए पहाड़ी क्षेत्रों में ही रहना उचित समझते थे।

ब्रिटिश नीतियों का प्रभाव

- जैसे-जैसे कंपनी का शांति अभियान आगे बढ़ा, पहाड़ी लोग इनसे बचने के लिए पहाड़ों की ओर आगे बढ़ गए। हालाँकि वे बाहरी लोगों के खिलाफ लड़ते रहे।
- वे श्वेत व्यक्ति (अंग्रेजों) को अपनी जीवन-शैली का नष्ट करने वाला मानते थे।
- यहाँ तक कि जब बुकानन ने 1810-11 ई. में इस क्षेत्र की यात्रा की, तो वे लोग उसे भी संदेह और अविश्वास की दृष्टि से देखते थे।

कुदाल और हल

- 17वीं सदी में संथाल लोग राजमहल की पहाड़ियों (उन क्षेत्रों में जहाँ पहले पहाड़ियाँ लोग रहते थे) के आस-पास के इलाकों में बस गए थे। वे लकड़ी काटते, जमीन जोतते तथा चावल और कपास की खेती करते थे।
- धीरे-धीरे राजमहल की निचली पहाड़ी में भी संथालों ने अधिकार कर लिया। पहाड़ी लोग अपनी झूम खेती के लिए कुदाल का प्रयोग करते थे, इसलिए कुदाल को पहाड़ी लोगों का प्रतीक माना जाता था, जबकि हल नए बंशिदों (संथालों) का प्रतीक था।

संथाल : अगुआ बाशिंदे

- संथाल 1780 के दशक में बंगाल में प्रवेश करने लगे और इन लोगों को जमींदारों द्वारा खेती के लिए नई जमीन तैयार करने एवं खेती के फैलाव के लिए किराए पर रख लिया गया।
- ब्रिटिश कंपनी द्वारा संथालों को राजमहल की तराई में बसाने के लिए तैयार किया गया। भूमि के एक बड़े भाग का 1832 ई. में **दामिन-ए-कोह** के नाम से सीमांकन किया गया तथा इसे **संथालों की भूमि** के रूप में घोषित किया गया।
- इस घोषणा का मुख्य उद्देश्य इस क्षेत्र में संथालों की आबादी को बसाना तथा उन्हें स्थायी कृषक बनाना था।
- संथालों को प्राप्त होने वाली भूमि के अनुदान पत्र में दी गई भूमि के कम-से-कम दसवें भाग को साफ करके पहले दस वर्षों के अंदर जोतना था।
- इस संपूर्ण भू-भाग के सर्वेक्षण के माध्यम से नक्शा तैयार करने के साथ ही इसके चारों ओर खंभे गाड़कर परिसीमा निर्धारित कर दी गई। इनको मैदानी भाग के स्थायी कृषकों और पहाड़ी लोगों की पहाड़ियों से इसे पृथक् कर दिया।
- दामिन-ए-कोह के सीमांकन के पश्चात् संथालों की जनसंख्या तथा बस्तियों में तीव्र गति से वृद्धि हुई, 1838 ई. में जो क्रमश: 3,000 एवं 40 थी, वह 1851 ई. तक बढ़कर क्रमश: 82,000 और 1,473 तक हो गई। इस प्रकार जैसे-जैसे खेती का विस्तार होता गया, वैसे-वैसे कंपनी का राजस्व भी बढ़ता गया। संथालों के इस यात्रा के इतिहास का उल्लेख बार-बार 19वीं सदी के संथाली गीतों एवं मिथकों में किया गया है।

संथालों के बसने से राजमहल के पहाड़ी लोगों पर प्रभाव

- पहाड़ी लोगों को पहाड़ियों में अंदर की तरफ जाने के लिए संथालों ने विवश कर दिया गया। उन्हें पहाड़ियों तथा घाटियों में नीचे की ओर जाने से रोक दिया गया तथा चट्टानी भागों, अधिक बंजर भागों एवं भीतरी शुष्क भागों तक सीमित कर दिया गया।
- उनकी झूम खेती के क्षेत्र-विस्तार पर भी रोक लगा दी गई।
- इन सभी के परिणामस्वरूप पहाड़ी लोगों का जीवन बुरी तरह से प्रभावित हुआ, जिससे उनकी स्थिति दयनीय हो गई।
- संथालों ने जंगल में बसने के बाद अपने असभ्य जीवन को त्याग दिया और बाजार के लिए अनेक प्रकार के वाणिज्यिक फसलों की खेती करने लगे थे। व्यापारियों तथा साहूकारों के साथ लेन-देन शुरू कर दिए थे।

- कुछ समय के पश्चात् संथालों की स्थिति में परिवर्तन आने लगा था। संथालों ने जंगलों को काटकर जिस कृषि योग्य भूमि का निर्माण किया था, उस पर ब्रिटिश कंपनी द्वारा भारी कर लगाया गया। **साहूकार** (दिकू) ऊँची दर पर संथालियों को ऋण देते थे और ऋण की अदायगी न होने पर उनकी जमीन पर कब्जा कर लिया जाता था।
- 1850 के दशक तक संथाल के लोग यह समझने लगे थे कि धीरे-धीरे उनका क्षेत्र नियंत्रण से बाहर हो रहा है। अत: इन सभी परिस्थितियों से बचने के लिए उन्होंने विद्रोह का रास्ता अपनाया।
- 1855-56 ई. के पश्चात् 5,500 वर्गमील का क्षेत्र भागलपुर और बीरभूम जिलों में से लेकर **संथाल परगने** का निर्माण कर दिया गया। औपनिवेशिक सरकार का यह मानना था कि संथालों के लिए नया परगना बनाने और उसमें कुछ विशेष कानून लागू करने से ये लोग संतुष्ट हो जाएँगे।

फ्रांसिस बुकानन

- फ्रांसिस बुकानन एक ब्रिटिश चिकित्सक थे। बुकानन ने बंगाल चिकित्सा सेवा के लिए 1794 से 1815 ई. तक कार्य किया। कुछ वर्षों तक बुकानन भारत के गवर्नर-जनरल लॉर्ड वेलेजली के शल्य चिकित्सक के रूप में कार्यरत् थे।
- उन्हीं के प्रयास से कलकत्ता (कोलकाता) में एक चिड़ियाघर की स्थापना की गई, जो कलकत्ता अलीपुर चिड़ियाघर के नाम से जाना गया।
- बुकानन ने बंगाल सरकार के आदेश पर कंपनी के अधिकार क्षेत्र में आने वाली भूमि का विस्तृत सर्वेक्षण किया था। बुकानन ने वाणिज्यिक दृष्टि से मूल्यवान पत्थरों तथा खनिजों को खोजने के लिए विभिन्न प्रकार की खोज यात्राएँ आयोजित कीं।
- इसके साथ ही उन्होंने न केवल लौह खनिज, अबरक, ग्रेनाइट तथा साल्टपीटर से संबंधित स्थानों का पता किया तथा नमक बनाने एवं कच्चा लोहा निकालने का स्थानीय तरीकों का निरीक्षण भी किया।
- बुकानन की प्राथमिकताएँ स्थानीय निवासियों से अलग एवं उनका आकलन कंपनी के वाणिज्यिक हितों एवं प्रगति के संबंध में आधुनिक पाश्चात्य विचारधारा से तय होता था। बुकानन के विवरण से जंगल व देहाती क्षेत्र के बारे में महत्त्वपूर्ण जानकारी मिलती है। वे अनिवार्य रूप से जंगल के लोगों की जीवन-शैली के आलोचक थे।
- उनका मानना था कि वनों को कृषि योग्य भूमि में बदलना ही होगा। 1815 ई. में बुकानन इंग्लैंड लौट गए। उन्होंने अपनी माता की मृत्यु के पश्चात् हैमिल्टन वंश को अपना लिया, जिसके फलस्वरूप उन्हें बुकानन-हैमिल्टन भी कहा जाता है।

चेक प्वॉइंट 2

1. पहाड़ी लोग भोजन और व्यापार के लिए क्या-क्या वस्तुएँ एकत्रित करते थे?
2. 1780 के दशक में शांति की नीति किसने प्रस्तावित की थी?
3. संथालों को जमींदारों द्वारा वेतन पर क्यों रखा जाता था?
4. दामिन-ए-कोह का सीमाकंन कब किया गया?
5. बुकानन किस गर्वनर-जनरल के काल में भारत आया था?

9.3 देहात में विद्रोह: बंबई दक्कन

- 19वीं सदी के समय, भारत के विभिन्न प्रांतों के किसानों ने साहूकारों और अनाज के व्यापारियों के खिलाफ अनेक विद्रोह किए। ऐसा ही एक विद्रोह पश्चिम भारत के बंबई दक्कन में 1875 ई. में हुआ, जिसे **दक्कन विद्रोह** के नाम से जाना जाता है।

लेखा-बहियाँ जला दी गईं

- यह आंदोलन पूना (आधुनिक पुणे) जिले के एक बड़े गाँव सूपा में आरंभ हुआ। सूपा एक विपणन केंद्र था। यहाँ पर अनेक साहूकार एवं व्यापारी रहते थे। आसपास के ग्रामीण क्षेत्रों के रैयतों ने 12 मई, 1875 को एकत्र होकर, साहूकारों से उनके बहीखातों व ऋणबंधों की माँग करते हुए उन पर हमला कर दिया तथा बहीखातों को जलाने के साथ ही उनके घरों में भी आग लगा दी और अनाज की दुकानें लूट लीं।
- दक्कन का विद्रोह पूना से लेकर अहमदनगर तक फैल गया। मात्र दो महीने के अंदर 6500 वर्ग किमी क्षेत्र इस विद्रोह का केंद्र बन गया। इन गतिविधियों से घबराकर अधिकांश साहूकारों ने गाँव छोड़ दिया।
- जब विद्रोह फैला तो ब्रिटिश अधिकारियों को 1857 का विद्रोह याद आ गया। विद्रोही किसानों के गाँव में पुलिस थाने स्थापित किए गए।
- 95 व्यक्तियों को गिरफ्तार कर लिया गया और उनमें से अधिकतर को दंडित किया गया।

एक नई राजस्व प्रणाली

- ब्रिटिश शासन के बंगाल से भारत के अन्य भागों में फैलने के साथ ही नई राजस्व प्रणालियाँ भी लागू की गईं। बंगाल से बाहर इस्तमरारी बंदोबस्त को कम ही लागू किया गया था। इस्तमरारी बंदोबस्त लागू करने के मुख्य कारण निम्नलिखित थे
  - 1810 ई. के पश्चात् कृषि उत्पादों की कीमतों में वृद्धि होने लगी थी, जिससे बंगाल के जमींदारों के आय में भी वृद्धि हुई।
  - प्रचलित राजस्व व्यवस्था के अंतर्गत सरकार की राजस्व माँग निश्चित होने के कारण जमींदारों की अतिरिक्त आय में अपने हिस्से का दावा भी नहीं कर सकती थी।
- ब्रिटिश सरकार द्वारा नई राजस्व व्यवस्था के अंतर्गत बंबई दक्कन में एक बंदोबस्त किया गया, जिसे **रैयतवाड़ी बंदोबस्त** कहा गया।
- रैयतवाड़ी बंदोबस्त के अंतर्गत राजस्व की राशि, राजस्व देने वाले रैयत के साथ निर्धारित की जाती थी एवं राजस्व की दर स्थायी नहीं थी।
- यह दर प्रत्येक 30 वर्ष बाद भूमि सर्वेक्षण के बाद निर्धारित की जाती थी।

राजस्व की माँग और किसान का ऋण

- बंबई दक्कन में पहला राजस्व बंदोबस्त 1820 के दशक में किया गया। राजस्व माँग की दर अधिक होने के कारण अनेक किसान उस जगह को छोड़कर दूसरी जगह चले गए।
- 1830 का दशक आते-आते किसानों की स्थिति और भी खराब हो गई एवं 1832 ई. के पश्चात् कृषि उत्पादों की कीमतों में तीव्र गति से गिरावट आई, जोकि डेढ़ दशक तक बनी रही, जिससे किसानों की आय में काफी कमी आई।
- 1832-34 ई. में देहाती इलाकों के अकाल की चपेट में आने के कारण, दक्कन का एक तिहाई पशुधन और आधी मानव जनसंख्या नष्ट हो गई, जो लोग बचे उनके सामने खाद्यान्न की समस्या के साथ-ही-साथ राजस्व की बकाया राशि भी अधिक हो गई थी।
- ऐसी परिस्थितियों में किसानों के पास अपनी सभी प्रकार की आवश्यकताओं को पूरा करने के लिए पैसा उधार लेने के अतिरिक्त और कोई उपाय नहीं था, किंतु स्थिति खराब होने के कारण कई बार उधार ली गई राशि वापस करना उनके लिए आसान नहीं था।
- इस प्रकार कर्ज राशि में वृद्धि, ली गई उधारी का बकाया रहना एवं ऋणदाता पर बढ़ती निर्भरताओं से उनकी स्थिति इतनी खराब हो गई कि 1840 के दशक तक अधिकारियों को भी किसानों के कर्ज बोझ के साक्ष्य मिलने लगे कि किसान कर्ज के बोझ से दबे जा रहे हैं।
- 1840 के दशक के मध्य में एक विशेष प्रकार के आर्थिक पुनरुत्थान के लक्षण दिखाई देने लगे थे।
- राजस्व सुधार के फलस्वरूप 1845 ई. के बाद कृषि उत्पादों की कीमतों में वृद्धि होती गई और कृषि क्षेत्र का विस्तार भी बढ़ता गया।

डेविड रिकार्डो के विचार

- अर्थशास्त्री डेविड रिकार्डो 1820 के दशक तक इंग्लैंड में विख्यात थे। औपनिवेशिक अधिकारी डेविड रिकार्डो से प्रभावित थे, इसलिए इन अधिकारियों द्वारा 1820 के दशक में किए गए प्रारंभिक बंदोबस्त की शर्तों में यह प्रभाव दिखने लगा था।
- रिकार्डो के अनुसार, भू-स्वामी को उस समय लागू औसत लगानों को प्राप्त करने का अधिकार होना चाहिए, जब भूमि से 'औसत लगान' से अधिक प्राप्ति होने लगे तो भू-स्वामी को अधिशेष आय होगी जिस पर सरकार को कर लगाने की आवश्यकता होगी।
- यदि कर नहीं लगाया गया, तो किसान **किरायाजीवी** (किरायाजीवी से आशय ऐसे लोग से है, जो अपनी संपत्ति के किराए पर जीवनयापन करते हैं।) में बदल जाएँगे और उनकी अधिशेष आय का भूमि के सुधार में उत्पादक रीति से निवेश नहीं होगा।
- बंगाल के जमींदार लोग किरायाजीवियों की स्थिति में बदलने लगे थे। इन्हीं सब कारणों से ब्रिटिश अधिकारियों के लिए नई राजस्व प्रणाली अनिवार्य हो गई थी।

कपास और इसकी बढ़ती वैश्विक माँग

- 1860 के दशक के पहले, ब्रिटेन में कच्चे माल के रूप में आयात की जाने वाली कपास का तीन-चौथाई हिस्सा केवल अमेरिका से आता था, जिससे सूती वस्त्रों के विनिर्माता अमेरिका पर निर्भरता से अधिक चिंतित थे।
- इन्हीं कारणों से 1857 ई. में ब्रिटेन में **कपास आपूर्ति संघ** की स्थापना हुई एवं 1859 ई. में **मैनचेस्टर कॉटन कंपनी** बनाई गई, जिसका उद्देश्य अपनी कंपनी के विकास करने के लिए, विश्व के प्रत्येक भाग में कपास के उत्पादन को प्रोत्साहित करना था।
- इस समय भारत को कपास के अच्छे विकल्प के रूप में देखा गया। साथ ही यह भी निर्धारित किया गया कि यदि अमेरिका से कपास की आपूर्ति बंद हो जाती है, तो भारत लंकाशायर को कपास भेज सकेगा। भारत की भूमि और जलवायु दोनों ही कपास की खेती के अनुकूल थी, साथ ही सस्ते श्रम उपलब्ध थे।

अमेरिकी गृहयुद्ध का कपास के निर्यात पर प्रभाव

- 1861 ई. में अमेरिकी गृहयुद्ध होने के कारण ब्रिटेन का अमेरिका के साथ कपास व्यापार बुरी तरह प्रभावित हुआ। अमेरिका से आने वाली कच्ची कपास के आयात में भारी गिरावट आई, जो 3% से भी कम हो गया। 1861 ई. में जहाँ 20 लाख गाँठें आती थीं, वहीं 1862 ई. में 55 हजार गाँठों का आयात हुआ।
- इन प्रभावों के कारण भारत तथा अन्य देशों को ब्रिटेन में अधिक मात्रा में कपास निर्यात करने का संदेश भेजा गया। बंबई में कपास व्यापारियों ने कपास आपूर्ति को बढ़ाने के लिए कपास उत्पादक जिलों का सर्वेक्षण किया। अमेरिका में संकट की स्थिति बने रहने के कारण 1860 से 1864 ई. के मध्य कपास उगाए जाने वाले क्षेत्रों की संख्या दोगुनी हो गई।
- 1862 ई. तक ब्रिटेन के कुल कपास के आयात में 90% केवल भारत से निर्यात किया जाता था, किंतु तेजी के वर्षों में भी सभी कपास उत्पादकों को लाभ नहीं हुआ। इसमें कुछ किसानों को छोड़कर अधिकतर किसान ऋण के बोझ से और अधिक दब गए।
- 1865 ई. तक अमेरिका में गृहयुद्ध के अंत होते ही वहाँ कपास उत्पादन का कार्य शुरू हो गया। इसके प्रभावस्वरूप ब्रिटेन में भारतीय कपास के आयात में कमी होने लगी, जिसके कारण महाराष्ट्र में निर्यात व्यापारी और साहूकार दीर्घावधिक देने के लिए तैयार नहीं थे। उन्होंने अपना कार्य-व्यवहार बंद करने एवं अग्रिम राशियाँ प्रतिबंधित करने के साथ ही बकाया ऋणों को वसूलने का फैसला किया। ऋणदाता तथा ऋणी (रैयत) के मध्य संबंध भी बिगड़ने लगे।
- ऋणदाता ताकतवर लोग होते थे। इसमें एक सामान्य मानक था कि ब्याज मूलधन से अधिक नहीं लिया जाएगा, किंतु इस नियम का औपनिवेशिक शासन में कई बार उल्लंघन किया गया। इन शिकायतों के समाधान और बहुत समय तक ब्याज को इकट्ठा होने से रोकने के उद्देश्य से 1859 ई. में **परिसीमन कानून** (Limitation Law) को पारित किया गया।
- इसके अनुसार ऋणदाता और रैयत के मध्य जारी किया गया **ऋणपत्र** (Loan Bonds) मात्र तीन वर्षों के लिए ही मान्य होगा। इस कानून का उद्देश्य बहुत समय तक ब्याज को संचित होने से रोकना था, परंतु ऋणदाताओं ने इस कानून को अपने ही पक्ष में कर लिया और रैयत से प्रत्येक तीन वर्ष बाद नया ऋणपत्र अथवा बंधपत्र भरवाने लगे थे।

कपास के निर्यात में गिरावट

- जैसे-जैसे कपास का उत्पादन बढ़ता गया, वैसे-वैसे भारत के कपास व्यापारियों ने कपास उत्पादन में अमेरिका की जगह लेने और विश्व बाजार पर कब्जा करने की सोची, लेकिन गृहयुद्ध समाप्त होने के बाद अमेरिका में कपास का उत्पादन फिर से आरंभ हो गया और भारतीय कपास निर्यात में गिरावट आई।
- भारतीय कपास की माँग कम हो गई और कपास की कीमतों में गिरावट आने से साहूकार अब किसानों को दीर्घकालिक ऋण उपलब्ध नहीं करा रहे थे।
- उनमें से कई लोगों ने अपने काम बंद कर दिए और दर्ज करने की माँग की। दूसरी तरफ, राजस्व की माँग भी नाटकीय रूप से 50-100% बढ़ा दी गई।

अन्याय का अनुभव

साहूकार ग्रामीण इलाकों के पारंपरिक नियमों को तोड़ रहे थे, जिससे रैयत नाराज थे। इस नियम के अनुसार लिए जाने वाला ब्याज मूलधन से ज्यादा नहीं हो सकता था।

- दक्कन दंगा आयोग द्वारा छानबीन किए गए एक मामले में ऋणदाता ने ₹ 100 के मूलधन पर ₹ 2000 से भी अधिक ब्याज लगाया था।
- रैयत, ऋणदाता को कुटिल और धोखेबाज समझते थे। वे ऋणादाओं के द्वारा खातों में धोखाधड़ी करने और कानून को व्यवसाय बताने की शिकायते करते थे।
- 1859 ई. में अंग्रेजों ने एक परिसीमन कानून पारित किया, जिसमें यह कहा गया कि ऋणदाताओं और रैयत के बीच हस्ताक्षरित ऋणपत्र केवल तीन वर्षों के लिए ही मान्य होगा।
- प्रत्येक नए बांड के साथ मूल ऋण और संचित ब्याज शुल्क को मूलधन के रूप में माना जाता था और उस पर नए सिरे से ब्याज लगने लगता।

9.4 दक्कन दंगा आयोग

- दक्कन दंगा आयोग को प्राप्त याचिकाओं में किसानों को ऋणदाताओं द्वारा किसानों के शोषण और उन्हें ऋण जाल में फँसाने से संबंधित बातों का उल्लेख किया है, जो इस प्रकार है
- किसानों द्वारा ऋण चुकाए जाने के बाद भी उन्हें रसीद नहीं देना, बंधपत्रों में फर्जी आँकड़े भरना, किसानों की फसलों को कम कीमतों पर खरीदना तथा ऋण न चुकाने की स्थिति में किसानों की धन-संपत्ति पर अधिकार कर लेना।

- अनेक प्रकार के दस्तावेज तथा बंधपत्र नई अन्यायपूर्ण प्रणाली के प्रतीक बन गए, जो पहले अत्यंत कम होते थे। ब्रिटिश अधिकारी अनौपचारिक समझौते के आधार पर पुराने तरीके से किए गए लेन-देन को संदेह की निगाह से देखते थे।
- ऋणदाता ऋण के बदले में किसानों से गारंटी के रूप में दस्तावेजों पर हस्ताक्षर तथा अँगूठे का निशान लगवाते थे। किसानों को लिखने-पढ़ने का ज्ञान न होने की स्थिति में उन्हें यह ज्ञात नहीं हो पाता था कि जिस दस्तावेज पर ऋणदाता अँगूठे का निशान लगवा रहे हैं, वह दस्तावेज कैसा है?
- भारत सरकार के दबावस्वरूप बंबई की सरकार ने दक्कन दंगा के कारणों की जाँच-पड़ताल करने के लिए एक आयोग गठित किया।
- आयोग की रिपोर्ट 1878 ई. में ब्रिटिश पार्लियामेंट में प्रस्तुत की गई। यह रिपोर्ट इतिहासकारों को उस समय हुए दंगों के अध्ययन के लिए स्रोत उपलब्ध कराती है। आयोग ने दंगा हुए जिलों में छानबीन कराई, रैयत वर्गों, साहूकारों तथा चश्मदीद गवाहों के बयान दर्ज किए।
- साथ-ही-साथ अलग-अलग क्षेत्रों में राजस्व की दरों, कीमतों और ब्याज से संबंधित आँकड़े एकत्र किए तथा जिला कलेक्टरों द्वारा एकत्र आँकड़े और उनके द्वारा भेजी गई रिपोर्टों का संकलन किया।

निष्कर्ष

- बंगाल में औपनिवेशिक शासन एक क्रूर नीति का परिणाम रहा है, जिसमें असाक्षर व गरीब लोगों का श्वेत शासन व जमींदारों ने भरपूर शोषण किया। फलस्वरूप किसानों, गरीबों में दंगे की भावना जन्म लेने लगी।
- दक्कन दंगा आयोग को विशेष रूप से यह दर्शाया गया है कि क्या सरकार की राजस्व माँग का स्तर विद्रोह का कारण था। इसने अपनी रिपोर्ट प्रस्तुत की, जिसमें विद्रोह के लिए किसानों के गुस्से के बजाय साहूकारों को दोषी ठहराया गया।

चेक प्वॉइंट 3

1. बंबई दक्कन में राजस्व बंदोबस्त पहली बार कब किया गया था?
2. ब्रिटेन अमेरिका पर किस बात के लिए निर्भर था?
3. स्थायी बंदोबस्त में कर का निर्धारण कितने बर्षों बाद पुनः किया जाता था?
4. परिसीमन कानून कब पारित किया गया?
5. दंगों की जाँच के लिए गठित आयोग का नाम क्या था?

टाइमलाइन

1765	इंग्लिश ईस्ट इंडिया कंपनी ने बंगाल की दीवानी प्राप्त की।
1773	ईस्ट इंडिया कंपनी के क्रियाकलापों की विनियमित करने के लिए ब्रिटिश पार्लियामेंट द्वारा रेग्यूलेटिंग एक्ट पारित किया गया।
1793	बंगाल में इस्तमरारी बंदोबस्त।
1800 का दशक	संथाल लोग राजमहल की पहाड़ियों में आने लगे और वहाँ बसने लगे।
1818	बंबई दक्कन में पहला राजस्व बंदोबस्त।
1820 का दशक	कृषि कीमतें गिरने लगीं।
1840 व 1850 का दशक	बंबई दक्कन में कृषि विस्तार की धीमी प्रक्रिया।
1855-56	संथालों की बगावत।
1861	कपास में तेजी का शुभारंभ।
1875	दक्कन के गाँवों में रैयतों की बगावत।

Mind Map

उपनिवेशवाद और देहात (सरकारी अभिलेखों का अध्ययन)

1 बंगाल और वहाँ के जमींदार

बर्दवान में की गई नीलामी की एक घटना
- 1793 ई. के स्थायी बंदोबस्त के परिणामस्वरूप 1797 ई. में जमींदारों की जागीर की नीलामी हुई।
- नीलामी की 95% से अधिक बिक्री को फर्जी पाया

अदा न किए गए राजस्व की समस्या
- स्थायी बंदोबस्त 1793 ई. में लागू किया गया।
- इसमें जमींदारों की राजस्व माँग को स्थायी रूप से तय कर दिया गया।
- जमींदार सीधे भूमि के मालिक नहीं थे, बल्कि केवल राजस्व संग्राहक के रूप में कार्य करते थे।
- स्थायी बंदोबस्त के बाद 75% से अधिक जमींदारों ने अपनी जमीनें खो दीं।

राजस्व राशि के भुगतान में जमींदार क्यों चूक करते थे
- 1793 के स्थायी बंदोबस्त के बाद उच्च राजस्व माँग ने जमींदारों के अतिरिक्त बोझ डाला।
- जमींदारों को राजस्व राशि के भुगतान में चूक करने वालों से प्रतिरोध, बकाया और मुकदमे का सामना करना पड़ा।
- वर्ष 1930 में महान मंदी के दौरान जमींदारी का पतन होने लगा और जोतदारों की स्थिति मजबूत हुई।

जोतदारों का उदय
- जोतदारों के पास विशाल जमीनें थीं और वे व्यापार एवं पैसे उधार देने पर नियंत्रण रखते थे।
- जमींनदारों के विपरीत जोतदार रैयतों के अधिक करीब थे, इसलिए जोतदारों की शक्तियाँ अधिक प्रभावी थीं।
- जोतदारों का प्रमुख उत्तर बंगाल में था

पाँचवीं रिपोर्ट
- इसमें ईस्ट इंडिया कंपनी की गतिविधियों का विस्तृत रूप से दस्तावेजीकरण किया गया।
- ब्रिटिश समूहों ने भारत में कंपनी के व्यापार के एकाधिकार पर विरोध किया।
- पाँचवीं रिपोर्ट ने जमींदारों के पतन और भूमि हानि का अतिरंजित विवरण प्रस्तुत किया।

2 कुदाल और हल

राजमहल की पहाड़ियों में
- राजमहल पहाड़ी के निवासी 'पहाड़ियाँ' कहलाते थे। वे वन उत्पादों पर निर्भर थे और झूम खेती करते थे।
- ब्रिटिशों ने कृषि विस्तार किया,जिससे पहाड़ियों को अपनी जमीनों से बेदखल कर दिया गया।
- संथालों का पहाड़ियों में बसने के कारण, पहाड़ियों और बसने वालों के बीच संघर्ष को तेज कर दिया, जो हल बनाम कुदाल का प्रतीक बन गया।

संथाल अगुआ बशिंदे
- बुकानन में राजमहल की पहाड़ियों को बदलने में संथालों के प्रयासों की सराहना की।
- 1832 से 1851ई. के बीच संथालों की जनसंख्या और गाँव तेजी से बढ़े।
- जमींदारों और साहूकारों द्वारा शोषण के कारण संथाल विद्रोह (1855) हुआ।

बुकानन का विवरण
- बुकानन ब्रिटिश ईस्ट इंडिया कंपनी के लिए काम करते थे और जानकारी एकत्र करते थे।
- उनकी टिप्पणियाँ परिदृश्यों, वाणिज्यिक और कृषि संभावनाओं पर केंद्रित थीं।

4 दक्कन दंगा आयोग

- इसकी स्थापना दक्कन दंगों के कारण की छानबीन करने के लिए की गई थी। यह रिपोर्ट ई. में ब्रिटिश संसद में प्रस्तुत की गई।
- रिपोर्ट में विभिन्न क्षेत्रों में राजस्व की दरों, कीमतों और ब्याज के बारें में आँकड़े संकलित किए गए, इसमें जिला कलेक्टरों द्वारा भेजी गई रिपोर्टें भी शामिल थीं।

3 देहात में विद्रोह

एक नई राजस्व प्रणाली
- स्थायी बंदोबस्त/इस्तमरारी बंदोबस्त निश्चित राजस्व के कारण बंगाल से बाहर विरले ही लागू किया गया।
- डेविड रिकार्डो के आर्थिक सिद्धांतों के औपनिवेशिक भारत में राजस्व नीतियों को प्रभावित किया।
- रैयतवाडी बंदोबस्त में राजस्व की राशि सीधे रैयत के साथ तय की जाती थी।

राजस्व की माँग और किसान का कर्ज
- उच्च राजस्व माँग के कारण किसान गाँवों से पलायन कर गए तथा नए क्षेत्रों में उन्हें विकट समस्याओं का सामना करना पड़ा। अकाल, फसल खराब होना, गिरती कीमतों ने किसानों की स्थिति को और दयनीय बना दिया।
- 1845 ई. के बाद, कृषि सुधारों के कारण कृषि के विस्तार हेतु हल, बीज और जमीन खरीदने के लिए उन्हें एक बार फिर ऋण लेने के लिए ऋणदाताओं का मोहताज होना पड़ा।

लेखा बहियों का जलाया जाना
- यह आंदोलन 1857 ई. में पूना जिले के सूपा गाँव से प्रारंभ हुआ था। रैयतों ने उनके ऋण-बंध व नष्ट कर दिए, वहीं खाते जला दिए, अनाज की दुकानें लूटली तथा कुछ मामलों में साहूकारों के घरों को जला दिया।
- विद्रोह की जड़ें कृषि और औपनिवेशिक आर्थिक परिवर्तनों में निहित थीं।

ऋण का स्रोत सूख गया
- महाराष्ट्र में निर्यात व्यापारी और साहूकार अब दीर्घकालिक ऋण देने के इच्छुक नहीं थे।

अन्याय का अनुभव
- ऋणदाताओं द्वारा अत्यधिक ब्याज वसूलना, देहात के प्रथागत मानकों का उल्लंघन करना।
- 1859 ई. में अंग्रेजों ने एक परिसीमन कानून पारित किया। जिसमें यह निर्धारित किया गया कि ऋणदाता और रैयत के बीच हस्ताक्षरित ऋणपत्र केवल तीन वर्षों के लिए ही मान्य होंगे।

फिर कपास में तेज़ी आई
- अमेरिकी गृह युद्ध (1861) ने कपास के निर्यात को प्रभावित किया, जिस कारण ब्रिटेन के उद्योगों में खलबली मच गई।
- 1862 ई. तक स्थिति यह आई कि ब्रिटेन में जितना भी कपास का आयात होता था उसका अकेले भारत आपूर्ति करता था। इससे धनी किसानों को लाभ हुआ, परंतु कर्ज भी बढ़ा।

NCERT फोल्डर

अध्याय के मध्य में दिए गए प्रश्न

1. यह बताइए कि जोतदार जमींदार की सत्ता का किस प्रकार प्रतिरोध किया करते थे?

उत्तर जोतदार बड़ी-बड़ी जमीन जोतते थे। वे अपना राजस्व भी पूरा जमा नहीं करते थे और राजस्व को शेष रखते थे। यदि जमींदार गाँव की लगान को बढ़ाने का प्रयास करते थे, तो वे उनका कड़ा प्रतिरोध करते थे। जोतदार जमींदारी अधिकारियों को अपने कर्त्तव्यों का पालन करने से रोकते थे और वे जमींदार को राजस्व के भुगतान में जानबूझकर देरी करा देते थे। जमींदार के कारनामों द्वारा डराए-धमकाए जाने पर वे फौजदारी थाने में जमींदार के कारनामों के विरुद्ध शिकायत करते थे कि उन्होंने हमारा अपमान किया है। इस तरह राजस्व के शेष में वृद्धि होती जाती थी तथा जोतदार छोटे-छोटे रैयत को राजस्व न देने के लिए उकसाते रहते थे। इस प्रकार जोतदार जमींदार की सत्ता का प्रतिरोध किया करते थे।

2. बुकानन का वर्णन विकास के संबंध में उसके विचारों के बारे में क्या बताता है? उद्धरणों से उदाहरण देते हुए अपनी दलील पेश कीजिए। यदि आप एक पहाड़ी वनवासी होते, तो उसके इन विचारों के प्रति आपकी क्या प्रतिक्रिया होती?

उत्तर बुकानन ने राजमहल की पहाड़ियों का बहुत ही आकर्षक वर्णन किया है, लेकिन हमें यह नहीं भूलना चाहिए कि वह ब्रिटिश ईस्ट इंडिया कंपनी का एक कर्मचारी था। उसने व्यापारिक दृष्टि से महत्त्वपूर्ण खनिजों तथा मूल्यवान पत्थरों को खोजने का प्रयास किया तथा लौह खनिज अभ्रक, ग्रेनाइट तथा साल्टमीटर से संबंधित सभी स्थानों का पता लगाया। उसने राजमहल की पहाड़ियों में उगाई जाने वाली धान की फसलों का भी उल्लेख किया, लेकिन उसके अनुसार इन क्षेत्रों में उन्नत खेती की अत्यधिक कमी थी। उसने सुझाव देते हुए लिखा कि यहाँ लाख और टसर के बड़े-बड़े बागान लगाए जा सकते थे। उसकी मान्यता थी कि जंगलों को कृषि की भूमि में परिवर्तित करना ही होगा। यदि मैं पहाड़ी वनवासी होता, तो बुकानन के विचारों के प्रति मेरी प्रतिक्रिया विपरीत होती।

3. रैयत अपनी अर्जी से क्या शिकायत कर रहा है? ऋणदाता द्वारा किसान से ले जाने वाली फसल उसके खाते में क्यों नहीं चढ़ाई जाती? किसानों को कोई रसीद क्यों नहीं दी जाती? यदि आप ऋणदाता होते, तो इन व्यवहारों के लिए क्या-क्या कारण देते?

उत्तर (i) रैयत अपनी अर्जी में कलेक्टर अहमदनगर को शिकायत कर रहा है कि साहूकार उन पर अत्यधिक अत्याचार कर रहे हैं। उन्हें वस्त्र और अन्न देकर कड़ी शर्तों पर बंध-पत्र लिखवाया जाता है तथा नकद मूल्यों की अपेक्षा उन्हें सामान 25 से 50% ज्यादा मूल्य पर दिया जाता है। किसानों के खेत की उपज ले जाते समय साहूकार भरोसा देता है कि उपज की कीमत उसके खाते में चढ़ा दी जाएगी, परंतु वे ऐसा नहीं करते तथा उन्हें कोई रसीद भी नहीं देते थे।

(ii) ऋणदाता बेईमान नियति के थे तथा किसानों का अधिक से अधिक शोषण करना चाहते थे, इसलिए वे किसान की उपज की कीमत उसके खाते में नहीं चढ़ाते थे और न ही किसान को उसकी रसीद देते थे। किसान की उपज की कीमत वह उसके खाते में इस कारण नहीं चढ़ाता होगा कि उसका ज्यादा समय तक शोषण नहीं किया जा सकेगा, इसलिए उसे रसीद भी नहीं दी जाती थी।

(iii) यदि हम ऋणदाता होते, तो (कहते कि हम) रैयत को उचित कीमत पर सामान देते है, उसे रसीद भी देते है, जब हम अपना उधार वापस माँगते तो किसान आनाकानी करता है और हमारी झूठी शिकायत करता है।

निम्नलिखित प्रश्नों के उत्तर लगभग 100-150 शब्दों में दीजिए।

1. ग्रामीण बंगाल के बहुत-से क्षेत्रों में जोतदार एक ताकतवर हस्ती क्यों था?

उत्तर 18वीं शताब्दी के अंत में जमींदारी संकट की स्थिति से गुजर रही थी, परंतु धनी किसानों के कुछ समूह गाँवों में अपनी स्थिति मजबूत करते जा रहे थे। किसानों के इस मजबूत समूह को जोतदार कहा गया।

जोतदारों के ताकतवर हस्ती बनने में निम्न कारक सहायक थे

- जोतदारों के पास जमीन का विस्तृत भाग था।
- जमींदारों के विपरीत जोतदार गाँवों में ही रहते थे और गरीब ग्रामवासियों पर सीधे अपने अधिकार का प्रयोग करते थे।
- रैयत (किसान) जोतदारों की जमीनों पर खेती करते थे, इसलिए जोतदार इनके समर्थन के लिए भी तैयार रहते थे।
- जोतदार जमींदारों को राजस्व देने से रैयतों को रोकते थे।
- जोतदार लोग कृषि के साथ-साथ स्थानीय व्यापार और साहूकार के कारोबार पर भी नियंत्रण रखे हुए थे।
- जमींदारों द्वारा राजस्व वसूली के समय किसानों की तरफ से जबरन वसूली के खिलाफ जोतदार ही आवाज उठाते थे, जिसके कारण किसान इनके पक्षधर हो गए थे, हालाँकि ये राजस्व के खिलाफ अपनी आवाज स्वार्थवश ही उठाते थे।

उपरोक्त तथ्यों के आधार पर यह कहा जा सकता है कि ग्रामीण बंगाल के बहुत-से क्षेत्रों में जोतदार एक ताकतवर हस्ती थे।

2. जमींदार लोग अपनी जमींदारियों पर किस प्रकार नियंत्रण बनाए रखते थे?

उत्तर 18वीं व 19वीं शताब्दी में जमींदारों के समक्ष 'भू-राजस्व' की अत्यधिक माँग तथा भू-संपदा की संभावित नीलामी जैसी अनेक समस्याएँ थीं, फिर भी जमींदार लोग अपनी जमींदारियों पर नियंत्रण बनाए रखने के लिए अनेक उपाय करते थे, जो निम्नलिखित हैं

- फर्जी बिक्री एक ऐसा ही प्रयास था, जिसके अंतर्गत किसी जमींदार की जमींदारी नीलामी में उस जमींदार के एजेंट ही भाग लेते थे और अधिक-से-अधिक बोली लगाकर राजा की जमींदारी को प्राप्त करते थे, जिससे राजा की जमींदारी उसे पुनः प्राप्त हो जाती थी।

- कुछ जमींदार अपनी भू-संपदा का कुछ भाग अपनी माता या पत्नी के नाम कर देते थे, क्योंकि तत्कालीन समय में यह नियम प्रचलन में था कि स्त्रियों की संपत्ति नहीं छीनी जाएगी।
- जमींदार या राजा के एजेंटों द्वारा नीलामी की धनराशि का भुगतान न होने पर संबंधित भू-संपदा की पुनः नीलामी की जाती थी।
- उचित बोली न लगने या नीलामी की धनराशि न मिलने पर कंपनी द्वारा नीलामी की प्रक्रिया बार-बार दोहराई जाती थी। अंत में पर्याप्त बोली न लगने पर संबंधित जमींदार को वह भू-संपदा लौटा दी जाती थी।
- कभी-कभी जमींदार अपने बल द्वारा नीलामी में भाग लेने के लिए शामिल नए जमींदारों को भगा देते थे अथवा नए जमींदारों को नीलामी में शामिल होने नहीं देते थे।

3. पहाड़ी लोगों ने बाहरी लोगों के आगमन पर कैसी प्रतिक्रिया दर्शायी?

उत्तर पहाड़ी लोग बाहर से आने वाले लोगों को संदेह तथा अविश्वास की दृष्टि से देखते थे। जब संथाल राजमहल की पहाड़ियों पर बसे, तो पहले पहाड़ी लोगों ने इसका प्रतिरोध किया, परंतु धीरे-धीरे उन्हें पहाड़ियों में अंदर की ओर चले जाने के लिए विवश कर दिया गया, परंतु उन्हें निचली पहाड़ियों तथा घाटियों में नीचे की ओर आने से रोक दिया गया। अतः वे ऊपरी पहाड़ियों की चट्टानों, अधिक बंजर प्रदेशों तथा भीतरी शुष्क भागों तक सीमित होकर रह गए। इसका उनके रहन-सहन तथा जीवन पर बुरा प्रभाव पड़ा। झूम खेती के लिए नई-से-नई उपजाऊ जमीनें चाहिए थीं, परंतु अब ऐसी जमीनें उनके लिए दुर्लभ हो गईं, क्योंकि वे अब दामिन-ए-कोह अर्थात् संथालों की भूमि का भाग बन चुकी थीं, इसलिए पहाड़ी लोग अपनी झूम खेती को सफलतापूर्वक जारी नहीं रख सके। जब इस क्षेत्र के जंगल खेती के लिए साफ कर दिए गए, तो पहाड़ी शिकारियों को भी समस्याओं का सामना करना पड़ा।

4. संथालों ने ब्रिटिश शासन के विरुद्ध विद्रोह क्यों किया?

उत्तर संथालों द्वारा ब्रिटिश शासन के विरुद्ध विद्रोह करने के निम्न कारण थे

- संथालों ने जिस जमीन को साफ करके कृषि योग्य जमीन बनाई थी, उस पर अंग्रेजी शासन ने भारी राजस्व लगा दिया।
- ब्रिटिश शासन द्वारा इनको मजबूर किया जाता था कि दी गई भूमि के कम-से-कम दसवें भाग को साफ करके दस वर्षों के लिए कृषि योग्य बनाना।
- संथाल लोगों की अपनी स्वतंत्र संसार की कल्पना भी ब्रिटिश शासन के विरुद्ध विद्रोह करने का एक प्रमुख कारण रहा।
- इनके द्वारा तैयार की गई भूमि अंग्रेज तथा जमींदार वर्ग अपना प्रभुत्व स्थापित करना चाहते थे।
- जमींदार लोग भी दामिन-ए-कोह पर नियंत्रण का दावा करने लगे थे। अंग्रेजों ने नमक बनाने तथा लोहा निकालने जैसी स्थानीय पद्धतियों का निरीक्षण किया।

अतः इन सबसे संथालों को आघात पहुँचा और अंततः वे विद्रोह के लिए उग्र हो गए।

5. दक्कन के रैयत ऋणदाताओं के प्रति क्रोधित क्यों थे?

उत्तर दक्कन के रैयतों के ऋणदाताओं के प्रति क्रोधित होने के निम्नलिखित कारण थे, क्योंकि

- जब कपास की माँग तेज थी, तब ऋणदाताओं ने व्यापक स्तर पर ऋण दिया था, लेकिन कपास की माँग में गिरावट आते ही ऋणदाताओं ने रैयतों को ऋण देने से इंकार कर दिया और दिए गए ऋण को वापस माँगने लगे।
- औपनिवेशिक शासन व्यवस्था द्वारा राजस्व की दर 50% से 100% बढ़ा दी गई। राजस्व की दर उस समय बढ़ाई गई थी, जब कीमतें गिर रही थीं और कपास के खेत गायब हो रहे थे। बढ़ती राजस्व को चुकाने के लिए उन्हें ऋणदाताओं के पास जाना पड़ा, लेकिन इस बार ऋणदाताओं ने ऋण देने से इंकार कर दिया।
- रैयतों की आर्थिक स्थिति इतनी कमजोर हो गई थी कि दैनिक उपयोग की आवश्यकताओं को भी ऋण से ही पूरा किया जाता था, लेकिन ऋणदाता इतने संवेदनहीन हो गए थे कि इनके हालात पर तरस भी नहीं खा रहे थे।
- रैयतों से बंधपत्रों तथा दस्तावेजों पर अँगूठा लगवा लिया जाता था, लेकिन वास्तव में उन्हें यह भी नहीं पता होता था कि उनसे किस दस्तावेज पर अँगूठा लगवाया जा रहा है। ये प्रत्येक लिखे हुए शब्द से भयभीत थे।
- दिए गए ऋण का ब्याज दस से बीस गुना तक वसूल किया जाता था। ऐसे ही एक उदाहरण में दक्कन आयोग ने बताया था कि एक ऋणदाता ने ₹ 100 के मूलधन पर ₹ 2,000 से अधिक ब्याज लगा रखा था।

निम्नलिखित प्रश्नों के उत्तर लगभग 250-300 शब्दों में दीजिए।

6. इस्तमरारी बंदोबस्त के बाद बहुत-सी जमींदारियाँ क्यों नीलाम कर दी गईं?

उत्तर इस्तमरारी बंदोबस्त के बाद बहुत-सी जमींदारियाँ नीलाम कर दी गईं, जिसके पीछे निम्नलिखित कारक उत्तरदायी थे

- बंगाल की ग्रामीण अर्थव्यवस्था संकट के दौर से गुजर रही थी। यहाँ बार-बार अकाल पड़ रहे थे और खेती की पैदावार घटती जा रही थी। ऐसे में रैयतों का नियमित रूप से राजस्व न दिए जाने के कारण जमींदारों के पास देय राशियों की कमी होती जा रही थी। राजस्व अदा न करने की स्थिति में जमींदारी नीलाम कर दी जाती थी।
- शुरुआती राजस्व माँग की दर काफी उच्च थी। राजस्व संपूर्ण समय के लिए निर्धारित किया जा रहा था, जिसके कारण आगे चलकर जमींदारों तथा कृषि में विस्तार होने से जो आय में वृद्धि होती उस पर अतिरिक्त राजस्व नहीं लगाया जा सकता था, इसलिए कंपनी ने राजस्व माँग को काफी ऊँचे स्तर पर रखा, जिसका भुगतान जमींदार समय पर नहीं कर पाए, इसलिए जमींदारियाँ नीलाम कर दी गईं।

- जमींदारों के नीचे अनेक गाँव होते थे। कंपनी के हिसाब से, एक जमींदारी के अंदर आने वाले गाँव मिलकर एक राजस्व संपदा का रूप ले लेते थे और कंपनी संपूर्ण संपदा पर कुल माँग निर्धारित करती थी, फिर जमींदार उन गाँवों से निर्धारित राजस्व राशि एकत्रित करता था। जमींदार से यह उम्मीद की जाती थी कि वह कंपनी को नियमित रूप से राजस्व राशि अदा करे और यदि वह ऐसा नहीं करता, तो उसकी संपदा नीलाम कर दी जाती थी।
- इस्तमरारी बंदोबस्त के बाद ब्रिटिश अधिकारियों द्वारा 'सूर्यास्त का कानून' लाया गया। इस कानून के अंतर्गत जमींदारों को राजस्व चुकाने के अंतिम दिन के सूर्यास्त होने से पहले राजस्व चुकाना पड़ता था, लेकिन जमींदार इस समय तक राजस्व अदा नहीं कर पाते थे, जिसके कारण जमींदारियाँ नीलाम कर दी जाती थीं।
- रैयत लोग जमींदार को अपना राजा तथा स्वयं को उसकी प्रजा मानते थे, जिसके कारण कुछ उदार जमींदार राजस्व वसूली में नरमी बरता करते थे, जिससे उनको सही वक्त पर राजस्व नहीं मिल पाता था। राजस्व नहीं मिलने पर ये आगे कंपनी सरकार को देय राशियाँ नहीं जमा कर पाते थे, जिसके कारण इनकी जमींदारी नीलाम कर दी जाती थी।
- जोतदार लोग भी अकसर रैयतों द्वारा राजस्व चुकाने में देरी करवा देते थे, जिससे जमींदार को सही वक्त पर राजस्व नहीं मिल पाता था और राजस्व नहीं जमा करने की स्थिति में जमींदारियाँ नीलाम कर दी जाती थीं।

7. पहाड़ी लोगों की आजीविका संथालों की आजीविका से किस रूप में भिन्न थी?

उत्तर पहाड़ी लोगों की आजीविका तथा संथालों की आजीविका में निम्नलिखित अंतर हैं

पहाड़ी	संथाल
पहाड़ी लोग जंगल की उपज से अपनी जीविका चलाते थे।	संथालों की मुख्य जीविका का आधार कृषि था।
पहाड़ी लोग कृषि की उपज के लिए झूम खेती किया करते थे।	संथाल जंगलों को काटकर स्थायी कृषि की ओर अग्रसर थे।
पहाड़ी लोग राजमहल की पहाड़ियों के आस-पास या पहाड़ों के अंदर रहा करते थे।	संथाल लोग इन पहाड़ों की तलहटियों में रहा करते थे तथा अपने लिए इस क्षेत्र को मैदानी क्षेत्रों में परिवर्तित कर दिया था।
पहाड़ी लोगों के मुख्य कृषि उत्पाद दाल, ज्वार तथा बाजरा थे।	संथाल खाद्यान्न उत्पादन के अतिरिक्त व्यावसायिक फसलों का भी उत्पादन किया करते थे, जैसे कि 'कपास'।
पहाड़ी लोगों को ब्रिटिश सरकार पर भरोसा नहीं था। उन्हें लगता था कि प्रत्येक गोरा (अंग्रेज) उनको उनकी जमीन से बाहर करने पर उतारु है।	संथाल लोगों को बसने का निमंत्रण ब्रिटिश अधिकारियों ने ही दिया था।
पहाड़ी लोग जंगल काटने के पक्षधर नहीं थे।	जबकि संथाल लोग जंगल काटकर ही खेती के लिए भूमि तैयार करते थे।
कभी-कभी जीविका चलाने के लिए पहाड़ी लोग स्थायी कृषकों पर हमला कर देते थे।	संथाल लोग कभी स्थायी कृषकों के खिलाफ हमला नहीं करते थे। वे स्थायी कृषि का विस्तार कर रहे थे।
पहाड़ी लोग व्यापारियों, साहूकारों और जमींदारों से दूरी बनाकर रखते थे।	संथाल लोग इन वर्गों से अपनी फसलों का व्यापार किया करते थे।

8. अमेरिकी गृहयुद्ध ने भारत में रैयत समुदाय के जीवन को कैसे प्रभावित किया?

उत्तर अमेरिका में 1861 ई. में जब गृहयुद्ध छिड़ गया, तो ब्रिटेन के कपास क्षेत्रों में तहलका मच गया। अमेरिका से आने वाली कच्ची कपास के आयात में अधिक मात्रा में गिरावट देखी गई। ब्रिटेन में इस गृहयुद्ध से पहले आयात की जाने वाली समस्त कपास का तीन-चौथाई भाग अमेरिका से आता था।

अमेरिकी गृहयुद्ध का भारत के रैयतों पर निम्नलिखित प्रभाव पड़ा

- अमेरिकी गृहयुद्ध (1861) आरंभ होने से कपासों की कीमतों में वृद्धि हुई, जिसके कारण कपास की माँग भारत में भी बढ़ गई। इससे किसानों को अच्छा पैसा मिला तथा उनकी आर्थिक स्थिति में कुछ सुधार हुआ।
- कपास में तेजी आने से बंबई के व्यापारियों द्वारा ज्यादा लाभ कमाने के लिए कपास की खेती के लिए रैयतों को प्रोत्साहन दिया जाने लगा, जिससे कृषकों को भारी मात्रा में ऋण मिलने लगा। इन ऋणों में ज्यादातर ऋण दीर्घकालीन था।
- ऋणों की प्राप्ति से रैयतों को खेती के सामान; जैसे—हल, बीज, बैल इत्यादि खरीदने में आसानी हो गई। सामानों की प्रचुरता से उत्पादन में वृद्धि हुई, जिसका लाभ कृषकों के साथ-साथ व्यापारियों को भी मिला।
- कपास उगाए जाने वाली जमीनों पर 1 एकड़ के लिए ₹100 तक का ऋण व्यापारियों द्वारा दिया जाने लगा। इससे उत्पादन में तो सुधार हुआ ही साथ-ही-साथ कृषकों की आर्थिक स्थिति में भी सुधार हुआ।
- कुछ बड़े वर्ग के लोग तथा बड़े किसान छोटे किसानों की अपेक्षा ज्यादा लाभ अर्जित करने में कामयाब रहे थे।
- कुछ छोटे स्तर के किसान जिनके पास जमीनें कम थीं उन लोगों ने अग्रिम राशियाँ तो ले लीं, लेकिन उत्पादन की कमी के कारण इन लोगों पर ऋण का बोझ बढ़ता गया। अमेरिकी गृहयुद्ध समाप्त होते ही कपास की माँग में तेजी से गिरावट होने लगी, जिससे रैयतों की स्थिति खराब हो गई।
- जिन किसानों ने भारी अग्रिम राशियाँ ले रखी थीं, उनके लिए और बड़ी समस्या उत्पन्न हो गई थी। इन राशियों को चुकाने के लिए इन्हें साहूकारों तथा ऋणदाताओं के पास जाना पड़ा।

9. किसानों का इतिहास लिखने में सरकारी स्रोतों के उपयोग के बारे में क्या समस्याएँ आती हैं?

उत्तर किसानों का इतिहास लिखने में सरकारी स्रोतों के उपयोग में निम्नलिखित समस्याएँ आती हैं

- सरकारी स्रोत अधिकतर सरकारी लोगों के लिए रहते हैं तथा सरकार के उद्देश्यों को ही प्रदर्शित करते हैं। इसलिए इनकी विश्वसनीयता पूर्ण रूप से नहीं हो सकती।
- सरकारी स्रोतों में किसानों का विवरण सही तरीके से नहीं मिलता। ये स्रोत उतना ही बताते हैं, जितना सरकारी आदेशानुसार उल्लिखित रहता है। ऐसे ही एक स्रोत में दक्कन दंगा आयोग है, जिसमें आयोग को कहा गया था कि विद्रोह की जाँच रिपोर्ट में केवल सरकारी पहलुओं की जाँच करें। यह विद्रोह सरकारी राजस्व के विरुद्ध था या इसका कारण कुछ और था।
- किसानों का इतिहास लिखने के लिए इतिहासकारों को सरकारी स्रोतों के अतिरिक्त दूसरे विभिन्न स्रोतों पर भी निर्भर रहना पड़ा। इस तरह सरकारी स्रोतों के प्रमाणिकता पर सवाल उठता है।
- चूँकि ऐसे स्रोत सरकारी अभिलेखों की तरह होते हैं, इसलिए इनकी प्रमाणिकता सही करने के लिए उन स्रोतों को अन्य स्रोतों से मिलाना पड़ता है, जैसे कि यात्रियों का विवरण अन्य निष्पक्ष समाचार पत्र-पत्रिका या दूसरे लोगों का लिखा इतिहास आदि।
- सरकारी स्रोतों से सरकार के विचारों का तो पता चलता है, लेकिन इस समय की घटना के लिए जिम्मेदार दूसरे वर्ग की सोच का पता नहीं चलता। साथ ही सरकार यह मानने को तैयार नहीं होती है कि जनता में असंतोष या रोष सरकारी नीतियों के कारण होता है।
- वर्तमान समय तक बहुत सारे सरकारी ऐतिहासिक स्रोत नष्ट हो गए, जिससे इतिहास लिखने में परेशानियाँ उत्पन्न होती हैं।
  अतः सरकारी रिपोर्ट को सावधानीपूर्वक पढ़ा जाना चाहिए और समाचार-पत्रों, गैर-सरकारी वृत्तांतों, अभिलेखों तथा मौखिक स्रोतों के साक्ष्यों को मिलाकर ही उनकी विश्वसनीयता की जाँच की जानी चाहिए।

10. उपमहाद्वीप के बाह्यरेखा मानचित्र (नक्शा) में इस अध्याय में वर्णित क्षेत्रों को अंकित कीजिए। यह भी पता लगाइए कि क्या ऐसे भी कोई क्षेत्र थे, जहाँ इस्तमरारी बंदोबस्त और रैयतवाड़ी व्यवस्था लागू थी? ऐसे क्षेत्रों को मानचित्र में अंकित कीजिए।

उत्तर

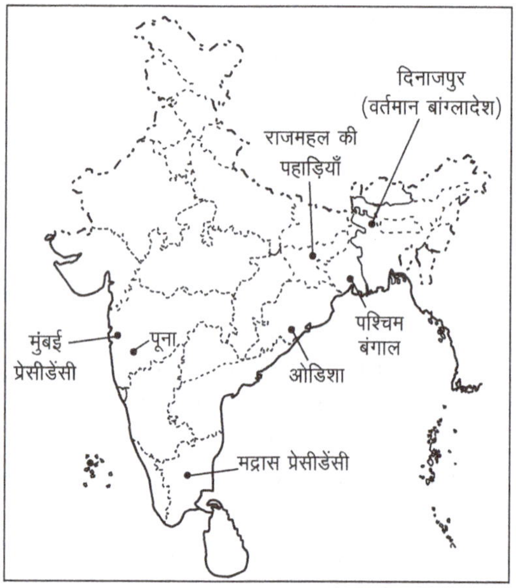

अभ्यास प्रश्न

वस्तुनिष्ठ प्रश्न

बहुविकल्पीय प्रश्न

1. जोतदारों का उदय किस समय के आस-पास हुआ था?

(a) 15वीं शताब्दी के अंत में
(b) 13वीं शताब्दी के अंत में
(c) 18वीं शताब्दी के अंत में
(d) 20वीं शताब्दी की शुरुआत में

उत्तर (c) 18वीं शताब्दी के अंत में

2. दामिन-इ-कोह के सीमांकन के बाद 1838 से 1851 ई. तक संथालों की जनसंख्या कितनी बढ़ गई थी?

(a) 3000 से 10,000
(b) 1000 से 5000
(c) 3000 से 82000
(d) 10000 से 50000

उत्तर (c) 3000 से 82000

3. लॉर्ड कॉर्नवालिस द्वारा बंगाल में इस्तमरारी बंदोबस्त व्यवस्था कब लागू की गई?

(a) 1770 ई. (b) 1791 ई. (c) 1793 ई. (d) 1797 ई.

उत्तर (c) 1793 ई.

4. 1793 ई. के इस्तमरारी बंदोबस्त के संदर्भ में विषम की पहचान कीजिए **CBSE 2025**

(a) सूर्यास्त कानून
(b) बर्दवान की नीलामी
(c) पाँचवीं रिपोर्ट
(d) दक्कन दंगा आयोग

उत्तर (d) दक्कन दंगा आयोग

5. निम्नलिखित में से 1855 ई. के संथाल विद्रोह का मुख्य कारण कौन-सा था? **CBSE 2025**

(a) एकमुश्त बंदोबस्त का अधिरोपण
(b) अंग्रेजों द्वारा सांस्कृतिक दमन
(c) पाश्चात्य शिक्षा को थोपना
(d) भारी कर और भूमि अधिग्रहण

उत्तर (d) भारी कर और भूमि अधिग्रहण

6. उस अर्थशास्त्री की पहचान कीजिए, जिसके विचारों के अनुसार ब्रिटिश अधिकारी 1820 के दशक में महाराष्ट्र में कार्य करने लगे। **CBSE 2020**

(a) डेविड रिकार्डो
(b) थेम्स रॉबर्ट
(c) जॉन स्टुअर्ट मिल
(d) वाल्टर बेघॉट

उत्तर (a) डेविड रिकार्डो

7. 1780 ई. में निम्नलिखित से किसने भागलपुर में पहाड़ियों के साथ 'शांति की नीति' का प्रस्ताव दिया? **CBSE 2024**

(a) विलियम होज
(b) ऑगस्टस क्लीवलैंड
(c) जॉर्ज चिनरे
(d) कैप्टन कूक

उत्तर (b) ऑगस्टस क्लीवलैंड

8. निम्नलिखित में से किस जिले में रैयतों ने रैयतवाड़ी व्यवस्था में साहूकारों के विरुद्ध विद्रोह किया था? **CBSE 2024**

(a) अवध (b) बैरकपुर (c) भागलपुर (d) पूना

उत्तर (d) पूना

9. इस्तमरारी बंदोबस्त की निम्नलिखित में से कौन-सी महत्त्वपूर्ण आलोचना थी? **CBSE 2024**

(a) जमींदारी को भूमि पर स्थायी अधिकार मिल गया
(b) अंग्रेजों ने सीधा किसानों से सम्पर्क किया
(c) इस प्रणाली ने आदिवासी समुदायों के प्रभाव को बढ़ाया
(d) इस प्रणाली के परिणामस्वरूप बंबई-दक्कन में दंगे हुए

उत्तर (a) जमींदारी को भूमि पर स्थायी अधिकार मिल गया

10. निचली राजमहल की पहाड़ियों से गुजरते हुए 'बुकानन' के विवरण में किस बात का उल्लेख नहीं मिलता है?

(a) इस प्रदेश का दृश्य बहुत ही रोचक है।
(b) यहाँ की घुमावदार संकरी घाटियों में लहलहाती गेंहूँ की फसल
(c) यहाँ लकड़ी की जगह टसर और लाख के लिए बड़े-बड़े बागान लगाए जा सकते हैं
(d) कुछ स्थानों पर पनई, ताड़ और महुआ के पेड़ लगाए जा सकते हैं

उत्तर (b) यहाँ की घुमावदार संकरी घाटियों में लहलहाती गेहूँ की फसल

11. जोतदारों के संबंध में निम्नलिखित में से असत्य विकल्प का चयन करें

(a) जोतदारों का उदय 15वीं शताब्दी के आसपास हुआ था
(b) धनी किसानों के वर्ग को जोतदार कहते थे
(c) जोतदार जमीन के बड़े भू-भाग पर खेती करते थे
(d) गाँवों में जोतदारों की शक्ति, जमींदारों की ताकत की अपेक्षा अधिक प्रभावशाली होती थी

उत्तर (a) जोतदारों का उदय 15वीं शताब्दी के आस-पास हुआ था

12. बंगाल में इस्तमरारी बंदोबस्त लागू करने में अंग्रेजों के प्राथमिक उद्देश्य की पहचान कीजिए। निम्नलिखित में से सर्वोपयुक्त विकल्प का चयन कीजिए। **CBSE 2024**

(a) क्षेत्र के किसानों को सशक्त करने के लिए
(b) क्षेत्र में भू-स्वामित्व को समाप्त करने के लिए
(c) ज़ोतदारों का कृषि उत्पादन बढ़ाने के लिए
(d) ब्रिटिश सरकार को वित्तीय स्थिरता प्रदान करने के लिए

उत्तर (d) ब्रिटिश सरकार को वित्तीय स्थिरता प्रदान करने के लिए

13. निम्नलिखित में से 'बंबई दक्कन' में अंग्रेजों द्वारा लागू की गई रैयतवाड़ी प्रणाली की प्राथमिक विशेषता कौन-सी थी? **CBSE 2024**

(a) ज़मींदारों के माध्यम से अप्रत्यक्ष राजस्व वसूली
(b) ग्राम समुदाय द्वारा भूमि का सामूहिक स्वामित्व

(c) अंग्रेजों का सीधे किसानों के साथ राजस्व समझौता
(d) समानता को बढ़ाने के लिए भूमि जोतदारों को देना

उत्तर (c) अंग्रेजों का सीधे किसानों के साथ राजस्व समझौता

14. 1860 के दशक में कपास की माँग में वृद्धि के परिणामस्वरूप ब्रिटेन में कपास उत्पादन से संबंधित संरचनात्मक परिवर्तन हुआ। निम्नलिखित विकल्पों की सहायता से युग्म को पूरा करें।

कपास आपूर्ति संघ: वर्ष 1857, मैनचेस्टर कॉटन कंपनी: ....

दक्षता आधारित प्रश्न

(a) 1858 ई. (b) 1859 ई.
(c) 1860 ई. (d) 1863 ई.

उत्तर (b) 1859 ई.

15. निम्नलिखित को कालानुक्रमिक क्रम में व्यवस्थित कीजिए और नीचे दिए गए कूट से सही विकल्प का चयन कीजिए। **CBSE 2024, 2023**

1. अंग्रेजों द्वारा पारित किया गया परिसीमन कानून
2. बंगाल में इस्तमरारी बंदोबस्त का प्रारंभ
3. संथाल विद्रोह
4. बॉम्बे दक्कन में रैयतवाड़ी प्रणाली

कूट
(a) 1, 2, 3, 4 (b) 2, 3, 1, 4
(c) 2, 4, 3, 1 (d) 3, 4, 1, 2

उत्तर (c) 2, 4, 3, 1

16. निम्नलिखित को कालक्रम में व्यवस्थित कीजिए और सही विकल्प का चयन कीजिए। **CBSE 2024**

1. परिसीमन कानून
2. सूर्यास्त कानून
3. संथाल विद्रोह
4. बंबई-दक्कन दंगे

कूट
(a) 2, 3, 1, 4 (b) 1, 2, 4, 3
(c) 3, 4, 2, 1 (d) 4, 3, 1, 2

उत्तर (a) 2, 3, 1, 4

17. 1798 ई. में लॉर्ड वेलेज़ली द्वारा पेश की गई 'सहायक संधि' की मुख्य विशेषता निम्नलिखित में से कौन-सी थी? **CBSE 2025**

(a) अंग्रेजों द्वारा लाई गई मुक्त व्यापार नीति
(b) अंग्रेजों द्वारा देशी सेना का रख-रखाव
(c) अंग्रेजों द्वारा पश्चिमी रीति-रिवाजों को लागू करना
(d) अंग्रेजों द्वारा देशी क्षेत्र की सुरक्षा

उत्तर (b) अंग्रेजों द्वारा देशी सेना का रख-रखाव

18. निम्नलिखित कथनों पर विचार कीजिए *दक्षता आधारित प्रश्न*

1. 1860 के दशक के पहले ब्रिटेन में आयात की जाने वाली कपास का तीन-चौथाई हिस्सा भारत का था।
2. अमेरिकी गृहयुद्ध होने के कारण ब्रिटेन का अमेरिका के साथ कपास व्यापार बुरी तरह प्रभावित हुआ।
3. अमेरिका में गृहयुद्ध की समाप्ति के पश्चात् ब्रिटेन में भारतीय कपास के आयात में कमी होने लगी।

उपरोक्त में से कौन-सा एक कथन सही नहीं है?

(a) केवल 1 (b) केवल 2
(c) केवल 3 (d) 1 और 3

उत्तर (a) केवल 1

19. निम्नलिखित कथनों को ध्यानपूर्वक पढ़िए और 'दक्कन विद्रोह' के संबंध में सही कूट का चयन करें। *दक्षता आधारित प्रश्न*

1. दक्कन विद्रोह 1875 ई. में हुआ था।
2. दक्कन का विद्रोह मुख्यत: महाजन और साहूकारों के विरुद्ध था।
3. इस विद्रोह के समय अहमदनगर में किसानों ने साहूकारों के बहीखातों को जला दिया था।
4. दक्कन का विद्रोह मुख्य रूप से पूर्वी भारत में हुआ था।

कूट
(a) 1 और 2 (b) 2 और 3
(c) 1, 2 और 3 (d) 1, 2, 3 और 4

उत्तर (c) 1, 2 और 3

20. निम्नलिखित में से कौन-सा युग्म सही नहीं है? *दक्षता आधारित प्रश्न*

(a) कॉर्नवालिस – बंगाल का गवर्नर-जनरल
(b) बुकानन – ब्रिटिश चिकित्सक
(c) मेहताब चंद – संथाल का राजा
(d) विलियम होजेज – ब्रिटिश कलाकार

उत्तर (c) मेहताब चंद-संथाल का राजा

21. निम्नलिखित में से कौन-सा युग्म सही सुमेलित है?

(a) 1820 के दशक – कृषि कीमतों में वृद्धि
(b) 1855-56 – संथालों की बगावत
(c) 1857 – परिसीमन कानून
(d) 1813 – बंबई दक्कन में पहला राजस्व बंदोबस्त

उत्तर (b) 1855-56-संथालों की बगावत

22. नीचे दी गई जानकारी को पढ़िए और राजस्व प्रणाली/कानून का पहचान कीजिए और उसका नाम लिखिए। *दक्षता आधारित प्रश्न*

- निश्चित तारीख को सूर्यास्त होने तक निर्धारित राजस्व धनराशि का भुगतान अनिवार्य था।
- भुगतान निर्धारित समय तक नहीं होने पर जमींदारी को नीलाम कर दिया जाता था।

(a) स्थायी बंदोबस्त व्यवस्था (b) रैयतवाड़ी व्यवस्था
(c) सूर्यास्त कानून (d) जमींदारी व्यवस्था

उत्तर (c) सूर्यास्त कानून

23. नीचे दी गई जानकारी को पढ़िए और उस विद्रोह का पहचान कीजिए व उसका नाम बताइए। *दक्षता आधारित प्रश्न*

- यह एक बड़े गाँव सूपा में शुरू हुआ।
- सूपा एक विपणन केंद्र (मंडी) था।
- रैयतों के द्वारा साहूकारों के बहीखाते जला दिए गए।

(a) दक्कन विद्रोह (b) संथाल विद्रोह
(c) पहाड़ी विद्रोह (d) दामिन-ए-कोह विद्रोह

उत्तर (a) दक्कन विद्रोह

24. **सूची I को सूची II सुमेलित कीजिए**

सूची I	सूची II
A. खिराज	1. साहूकार
B. कुदाल	2. संथालियों का प्रतीक चिह्न
C. हल	3. पहाड़ी लोगों का प्रतीक चिह्न
D. दिकू	4. एक प्रकार का कर

कूट

	A	B	C	D		A	B	C	D
(a)	1	2	3	4	(b)	4	3	1	2
(c)	4	3	2	1	(d)	4	1	2	3

उत्तर (c) 4 3 2 1

25. **सूची I को सूची II सुमेलित कीजिए** दक्षता आधारित प्रश्न

सूची I	सूची II
A. नीलामीकर्ता	1. जो व्यक्ति नीलामी में बोली लगाता है।
B. नीलामवस्तु	2. जो नीलामी का संचालन करता है
C. बोलीदाता	3. वह वस्तु, जो नीलामी में बेची जा रही है।
D. अंतिम बोली	4. वह अंतिम बोली, जो नीलामी में लगाई जाती है।

कूट

	A	B	C	D		A	B	C	D
(a)	2	3	1	4	(b)	3	2	4	1
(c)	2	4	3	1	(d)	1	2	3	4

उत्तर (a) 2 3 1 4

26. **नीचे दिए गए चित्र को देखिए तथा पहचानिए और उसका नाम बताइए।**

(a) बुकानन
(b) थॉमस गेन्सबोरो
(c) चार्ल्स कॉर्नवालिस
(d) लॉर्ड वेलेजली

उत्तर (c) चार्ल्स कॉर्नवालिस

27. **नीचे दिए गए चित्र को देखिए व पहचानिए तथा इनमें रहने वाले का नाम बताइए।**

(a) जोतदार
(b) राजा
(c) जमींदार
(d) ब्रिटिश अधिकारी

उत्तर (a) जोतदार

निर्देश (प्र. सं. 28-32) नीचे दिए गए कथनों में एक कथन (A) तथा दूसरा कारण (R) है। नीचे दिए गए कूट की सहायता से सही उत्तर का चयन कीजिए
दक्षता आधारित प्रश्न

कूट
(a) A और R दोनों सही हैं तथा R, A की सही व्याख्या है
(b) A और R दोनों सही हैं, परंतु R, A की सही व्याख्या नहीं है
(c) A सही है, किंतु R गलत है
(d) A गलत है, किंतु R सही है

28. **कथन (A) इस्तमारी बंदोबस्त में जमींदार राजस्व माँग को अदा नहीं कर पाए और बकाया रकमें बढ़ती गईं।**
कारण (R) सूर्यास्त विधि (कानून) के अनुसार, यदि निश्चित तारीख़ को सूर्य अस्त होने तक भुगतान नहीं आता था, तो ज़मींदारी को नीलाम कर दिया जा सकता था। **CBSE 2023**

उत्तर (a) 1793 ई. में इस्तमरारी बंदोबस्त लागू हो गया था। ईस्ट इंडिया कंपनी ने राजस्व की राशि निश्चित कर दी थी, जो प्रत्येक जमींदार को अदा करनी होती थी। जो जमींदार अपनी निश्चित तारीख को अपनी राशि चुका नहीं पाते थे, सूर्यास्त विधि कानून द्वारा उनसे राजस्व वसूलने के लिए उनकी संपदाएँ नीलाम कर दी जाती थीं। 1797 ई. में बर्दवान में एक नीलामी कर गई थी।

29. **कथन (A) बुकानन ने बंगाल सरकार के आदेश पर कंपनी के अधिकार क्षेत्र में आने वाली भूमि का विस्तृत सर्वेक्षण किया था।**
कारण (R) बुकानन की प्राथमिकताएँ स्थानीय निवासियों से अलग एवं उनका आकलन कंपनी के वाणिज्यिक हितों एवं प्रगति के संबंध में होता था। दक्षता आधारित प्रश्न

उत्तर (a) फ्रांसिस बुकानन एक ब्रिटिश चिकित्सक था। उसने बंगाल सरकार के आदेश पर कंपनी के अधिकार क्षेत्र में आने वाली भूमि का विस्तृत सर्वेक्षण किया था।

बुकानन ने वाणिज्यिक दृष्टि से मूल्यवान पत्थरों तथा खनिजों को खोजने के लिए विभिन्न प्रकार की खोज यात्राएँ कीं। बुकानन की प्राथमिकताएँ स्थानीय निवासियों से अलग एवं उनका आकलन कंपनी के वाणिज्यिक हितों एवं प्रगति के संबंध में आधुनिक पाश्चात्य विचारधारा से तय होता था।

30. **कथन (A) ब्रिटिश कंपनी द्वारा संथालों को राजमहल की तराई में बसाने हेतु दामिन-ए-कोह के नाम से भूमि का सीमांकन किया गया।**
कारण (R) इसे पहाड़ियों की भूमि के रूप में घोषित किया गया।

उत्तर (c) ब्रिटिश कंपनी द्वारा संथालों को राजमहल की तराई में बसाने के उद्देश्य से भूमि के एक बड़े भाग का 1832 ई. में दामिन-ए-कोह के नाम से सीमांकन किया गया तथा इसे संथालों की भूमि के रूप में घोषित किया गया। इस घोषणा का मुख्य उद्देश्य इस क्षेत्र में संथालों की आबादी को बसाना तथा उन्हें स्थायी कृषक बनाना था।

31. कथन (A) **बंबई दक्कन में पहला राजस्व बंदोबस्त 1930 के दशक में किया गया।**

कारण (R) **रैयतवाड़ी बंदोबस्त के अंतर्गत राजस्व की राशि, राजस्व देने वाले रैयत के साथ निर्धारित की जाती थी।**

उत्तर (d) बंबई दक्कन में पहला राजस्व बंदोबस्त 1820 के दशक में किया गया। रैयतवाड़ी बंदोबस्त के अंतर्गत राजस्व की राशि, राजस्व देने वाले रैयत के साथ निर्धारित की जाती थी लेकिन राजस्व की दर स्थायी नहीं थी। यह दर प्रत्येक 30 वर्ष बाद भूमि सर्वेक्षण के पश्चात् निर्धारित की जाती थी।

32. कथन (A) **अट्ारहवीं शताब्दी के अंत में जमींदार संकट की स्थिति से गुजर रहे थे।**

कारण (R) **गाँवों में जोतदारों की शक्ति जमींदारों की अपेक्षा अधिक प्रभावशाली होती थी।**

उत्तर (b) अट्ठारहवीं शताब्दी के अंत में जहाँ एक ओर अनेक जमींदार संकट की स्थिति से गुजर रहे थे, तो दूसरी ओर धनी किसानों के कुछ समूह गाँवों में अपनी स्थिति मजबूत करते जा रहे थे। गाँवों में जोतदारों की शक्ति जमींदारों की अपेक्षा अधिक प्रभावशाली होती थी, क्योंकि जमींदार शहरी इलाकों में रहते थे, जबकि जोतदार गाँवों में ही रहते थे और गरीब ग्रामवासियों के काफी बड़े वर्ग पर सीधे अपने नियंत्रण का प्रयोग करते थे।

लघु उत्तरीय प्रश्न

1. गाँव में जोतदारों की शक्ति जमींदारों की शक्ति की अपेक्षा अधिक प्रभावशाली थी? स्पष्ट करें।

उत्तर गाँवों में जोतदारों की शक्ति जमींदारों की शक्ति से अधिक प्रभावशाली थी। इसकी शक्ति को निम्न तथ्यों से समझ सकते हैं

- जमींदारों की तरह ही कुछ जोतदारों के पास कई हजार एकड़ जमीन थी।
- जोतदार लोग स्थानीय व्यापार तथा साहूकार के कारोबार पर नियंत्रण रखते थे, उसके फलस्वरूप उस क्षेत्र के गरीब काश्तकारों पर व्यापक शक्ति का प्रयोग करते थे।
- जोतदार गाँवों में रहते थे, जबकि बहुत सारे जमींदार गाँवों के बाहर शहर में रहते थे।
- जमींदारों द्वारा गाँव की जमा (लगान) को बढ़ाने के लिए किए गए प्रयत्नों का विरोध करते थे तथा जमींदारों के अधिकारियों को अपने कर्त्तव्यों का पालन करने से रोकते थे।
- जोतदार गरीब ग्रामवासियों के काफी बड़े वर्ग पर सीधे अपने नियंत्रण का प्रयोग करते थे।
- जो रैयत जोतदारों पर निर्भर रहते थे, उन्हें वे अपने पक्ष में एकजुट रखते थे और जमींदार को राजस्व के भुगतान में देरी कर देते थे।

2. कंपनी ने जमींदारों को महत्त्व देते हुए भी उसे कैसे नियंत्रित किया?

उत्तर ईस्ट इंडिया कंपनी-जमींदारों को महत्त्व देने के साथ-साथ उस पर नियंत्रण भी रखती थी। उसकी स्वतंत्रता को सीमित करने के लिए कंपनी ने कई विभिन्न प्रकार के नियम बनाए, जो निम्न प्रकार से थे

- जमींदारों की सैन्य टुकड़ियों को भंग करके उसकी सीमा शुल्क लेने के अधिकार को रद्द कर दिया गया। इनकी कचहरियों को कंपनी द्वारा नियुक्त कलेक्टर की देख-रेख में स्थानांतरित कर दिया गया।
- स्थानीय न्याय और स्थानीय पुलिस की व्यवस्था करने की शक्ति छीन ली गई। समय के साथ-साथ सत्ता के संपूर्ण अधिकार सीमित कर दिए गए।
- जमींदारों की सारी शक्तियाँ या तो सीमित हो गईं या तो प्रतिबंधित कर दी गईं। इनकी सभी गतिविधियों को कलेक्टर के निरीक्षण में कर दिया गया।

3. जमींदार रैयतों से राजस्व वसूली करते समय किन समस्याओं से गुजरते थे?

अथवा **जब जमींदार अपने रैयतों से राजस्व वसूली करते थे, तो उन्हें कौन-कौन सी कठिनाइयों का सामना करना पड़ता था?**

उत्तर राजस्व इकट्ठा करने के समय जमींदार का एक अधिकारी जिसे आमतौर पर 'अमला' कहा जाता था, गाँव में राजस्व वसूली के लिए आता था, लेकिन राजस्व संग्रह एक परिवार्षिक समस्या थी। ये समस्याएँ निम्न थीं

- कभी-कभी फसल खराब हो जाती थी तथा कीमतें गिर जाती थीं, जिसके कारण किसान अपना राजस्व देने में असमर्थ हो जाता था। कभी-कभी ऐसा भी प्रतीत होता था कि रैयत राजस्व भुगतान जान-बूझकर नहीं करते थे।
- जोतदार लोग जमींदारी अधिकारियों को अपने कर्त्तव्यों का पालन करने से रोकते थे तथा जो रैयत उन पर निर्भर रहते थे, उनसे जान-बूझकर राजस्व भुगतान में देरी करा देते थे।
- राजस्व की दर भी बहुत ज्यादा थी, जिसके कारण रैयत एक साथ चुका पाने में असमर्थ हो जाते थे।

4. राजस्व के भुगतान में जमींदारों की असफलता के क्या कारण थे?

उत्तर राजस्व के भुगतान में जमींदारों की असफलता के निम्न कारण थे

- प्रारंभिक माँगें काफी उच्च थीं, क्योंकि ऐसा महसूस किया गया था कि यदि माँग को आने वाले संपूर्ण समय के लिए निर्धारित किया जा रहा है, तो आगे चलकर कीमतों में बढ़ोतरी होने तथा खेती का विस्तार होने से आय में वृद्धि हो जाने पर भी कंपनी उस वृद्धि में अपने हिस्से का दावा नहीं कर सकेगी, इससे बचने के लिए राजस्व की माँग काफी उच्च रखी गई।
- यह माँग उस समय लागू की गई थी, जब कृषि की उपज की कीमतें नीची थीं, जिससे रैयतों तथा जमींदारों को तय राजस्व की दर को चुकाना मुश्किल था।
- फसल अच्छी हो या खराब 'सूर्यास्त कानून' के अनुसार राजस्व चुकाने के अंतिम दिन तक राजस्व चुकाना पड़ता था अन्यथा जमींदारी नीलाम होने लगती थी।
- इस्तमरारी बंदोबस्त ने प्रारंभ में जमींदार की शक्ति को रैयत से राजस्व इकट्ठा करने तथा अपनी जमींदारी का प्रबंध करने तक ही सीमित कर दिया गया था।

5. 18वीं शताब्दी के अंत में 'जोतदारों' की स्थिति का वर्णन कीजिए।

अथवा **"बंगाल के कई ग्रामीण क्षेत्रों में उन्नीसवीं शताब्दी के प्रारंभ में जोतदार शक्तिशाली हुए।" इस कथन का मूल्यांकन कीजिए।** **CBSE 2020**

उत्तर 18वीं शताब्दी के अंत में जहाँ एक ओर अनेक जमींदार संकट की स्थिति से गुजर रहे थे, वहीं दूसरी ओर धनी किसानों का एक समूह

गाँवों में अपनी स्थिति मजबूत कर रहा था। इन लोगों को जोतदार कहा गया। जोतदारों की स्थिति नीचे दिए निम्न बिंदुओं से समझी जा सकती है

- 18वीं शताब्दी के अंत तक जोतदारों के पास भूमि का अच्छा भाग देखने को मिलता है।
- स्थानीय व्यापार और साहूकार के कारोबार पर भी अब उनका नियंत्रण हो गया था और इस प्रकार वे उस क्षेत्र के गरीब काश्तकारों पर व्यापक शक्ति का प्रयोग करने लगे थे।
- गाँवों में जोतदारों की शक्ति जमींदारों की ताकत की अपेक्षा अधिक प्रभावशाली हो गई थी।
- जोतदार गाँवों में ही रहते थे और गरीब ग्रामवासियों के बड़े वर्ग पर सीधे अपने नियंत्रण का प्रयोग करने लगे थे।
- जमींदारों द्वारा गाँव की जमा (लगान) को बढ़ाने के लिए किए जाने वाले प्रयत्नों का वे घोर प्रतिरोध करने लगे थे।
- जो रैयत जोतदारों के पक्ष में होते थे, उनसे जमींदार को राजस्व के भुगतान में जान-बूझकर देरी करा देते थे।

6. इंग्लैंड में कंपनी के विरुद्ध किन तथ्यों को लेकर अकसर विरोध होता रहता था?

उत्तर इंग्लैंड में कंपनी के विरुद्ध निम्न तथ्यों को लेकर अक्सर विरोध होते रहते थे

- भारत तथा चीन के मध्य होने वाले व्यापार पर ईस्ट इंडिया कंपनी का एकाधिकार था।
- ऐसे व्यापारियों की संख्या बढ़ती जा रही थी, जो भारत के साथ होने वाले व्यापार में हिस्सा लेना चाहते थे।
- ब्रिटेन के उद्योगपति ब्रिटिश विनिर्माताओं के लिए भारत का बाजार खुलवाना चाहते थे।
- कंपनी के अधिकारियों के लोभ लालच और भ्रष्टाचार की घटनाओं को ब्रिटेन के समाचार-पत्रों में व्यापक रूप से उछाला जाता था।
- कंपनी के कुशासन और अव्यवस्थित प्रशासन के विषय में प्राप्त सूचना के आधार पर अकसर विरोध होता था।

7. स्थायी बंदोबस्त पद्धति की किन्हीं तीन विशेषताओं का वर्णन कीजिए। **CBSE 2020**

अथवा **अंग्रेजों ने बंगाल में इस्तमरारी बंदोबस्त की शुरुआत क्यों की? स्पष्ट कीजिए।** **CBSE 2022**

उत्तर स्थायी बंदोबस्त/इस्तमरारी बंदोबस्त अथवा जमींदारी प्रथा की तीन विशेषताएँ निम्नलिखित हैं

(i) इस व्यवस्था को लागू करने का उद्देश्य आय बढ़ाना और बिचौलियों को समाप्त करना था।

(ii) कंपनी को अब प्रत्येक किसान से जमीन का राजस्व वसूलने की जिम्मेदारी से मुक्ति मिल गई।

(iii) कंपनी की आय निश्चित हो गई और बजट तैयार करने में आसानी हुई।

(iv) जमींदार कंपनी के समर्थक बन गए और इन्होंने ब्रिटिश विरोधी आंदोलनों में कंपनी की सहायता की।

8. दामिन-ए-कोह को स्पष्ट करते हुए संथालों के विद्रोह के कारण बताइए।

अथवा **दामिन-ए-कोह क्या था? अठारहवीं शताब्दी के दौरान संथालों ने अंग्रेजों का प्रतिरोध क्यों किया? इसके तीन कारणों का वर्णन कीजिए।**

उत्तर ब्रिटिश अधिकारियों द्वारा राजमहल पहाड़ी की तलहटी में संथालों को बसाने के उद्देश्य से 1832 ई. में जमीन के एक बड़े भू-भाग का सीमांकन करवाया गया, जिसे दामिन-ए-कोह के नाम से जाना जाता है। तत्पश्चात् उस भूमि को संथालों की भूमि के नाम से घोषित कर दिया गया। संथालों के विद्रोह के कारणों को निम्न तथ्यों द्वारा स्पष्ट कर सकते हैं

(i) सरकार (राज्य) द्वारा खेती के लिए साफ की गई भूमि पर अधिक मात्रा में कर लगाया जाना।

(ii) साहूकार (दिकू) लोग अधिक ऊँची दर पर ब्याज लगा रहे थे।

(iii) कर्ज न चुका पाने की स्थिति में साहूकारों द्वारा जमीन को ही हड़प लिया जाना।

(iv) जमींदारों द्वारा दामिन क्षेत्रों पर अपने अधिकारों का दवा किया जाना।

(v) जबरदस्ती भू-राजस्व की वसूली करना।

(vi) संथालों का अपना स्वतंत्र क्षेत्र और शासन की कल्पना भी विरोध करने का प्रमुख कारण बना।

इस तरह से ये सभी संथालों के विद्रोह में महत्त्वपूर्ण कारण रहे।

9. बुकानन की भारत यात्रा के वास्तविक उद्देश्य को स्पष्ट कीजिए।

अथवा **ब्रिटिश ईस्ट इंडिया कंपनी के असाधारण प्रेक्षक के रूप में फ्रांसिस बुकानन की भूमिका की परख कीजिए।** **CBSE 2022**

उत्तर फ्रांसिस बुकानन एक चिकित्सक थे, जो भारत आए और बंगाल चिकित्सा सेवा में (1794 से 1815 ई. तक) कार्य किया। कुछ वर्षों तक भारत के गवर्नर जनरल लॉर्ड वेलेजली के शल्य चिकित्सक भी रहे। कुछ समय के लिए ये वानस्पतिक उद्यान के भी प्रभारी रहे। बंगाल सरकार के अनुरोध पर इन्होंने कंपनी के अंतर्गत आने वाली जमीनों का व्यापक सर्वेक्षण भी किया। जब कंपनी ने अपनी शक्ति को सुदृढ़ बना लिया, तब उसने परिदृश्यों तथा राजस्व स्रोतों का सर्वेक्षण किया, खोज यात्राएँ आयोजित कीं और जानकारी इकट्ठी करने के लिए अपने भूविज्ञानियों, चिकित्सकों, वनस्पति विज्ञानियों को इन क्षेत्रों में भेजा। बुकानन ऐसे ही एक दल के नेता थे। बुकानन जहाँ भी कहीं गया भूमि के भिन्न-भिन्न स्तरों तथा परतों को ध्यानपूर्वक देखा, मूल्यवान पत्थरों तथा खनिजों को खोजने की कोशिश की, बुकानन ने लौह खनिज, अभ्रक, ग्रेनाइट तथा साल्टपीटर से संबंधित सभी स्तरों का पता लगाया। नमक बनाने तथा कच्चा लोहा निकालने की स्थानीय पद्धतियों का भी निरीक्षण किया।

10. 1813 ई. की पाँचवीं रिपोर्ट की समालोचनात्मकता करे स्पष्ट कीजिए **CBSE 2024**

उत्तर 1813 ई. की पाँचवीं रिपोर्ट की समालोचनात्मकता को निम्न बिंदुओं के अंतर्गत देख सकते हैं

- यह रिपोर्ट ईस्ट इंडिया कंपनी के अनुकूल थी।
- इस रिपोर्ट ने पारंपरिक जमींदारी सत्ता के पत्तन को बढ़ा-चढ़ाकर पेश किया था।
- इस रिपोर्ट ने कंपनी को एक शासक के साथ-साथ एक वाणिज्यिक निकाय के रूप में संरक्षित करने में 1813 ई. के चार्टर अधिनियम को प्रभावित किया।
- इसमें कंपनी के कुशासन और कुप्रशासन के बारे में जानकारी थी।
- कई ब्रिटिश व्यापारी भारत में कंपनी के व्यापार में हिस्सा चाहते थे और भारत में ब्रिटिश निर्माताओं के लिए खुलेपन पर जोर देते थे।

11. पहाड़ी लोग कौन थे? वे 19वीं शताब्दी में बुकानन के राजमहल की पहाड़ियों में दौरे के प्रति इतने आशंकित क्यों थे? अपने उत्तर में इसकी पुष्टि कीजिए। *दक्षता आधारित प्रश्न*

उत्तर राजमहल की पहाड़ियों के आस-पास रहने वाले लोगों को पहाड़ी कहा जाता था। पहाड़ी लोग अपने जीवनयापन के लिए जंगल तथा पहाड़ों के उत्पादों पर निर्भर रहते थे। इनकी प्रमुख कृषि पद्धति झूम कृषि थी

पहाड़ी लोग खाने के लिए महुआ का फूल, रेशम का कोया और राल का प्रयोग बाजार में बेचने के लिए करते थे। 1770 के दशक में ब्रिटिश अधिकारियों ने इनके दमन के लिए क्रूर नीति अपना ली, क्योंकि इनके आक्रमण स्थायी कृषकों पर नियमित होने लगे थे। इन्हीं सब कारणों से जब 1810-11 ई. में बुकानन ने उस क्षेत्र की यात्रा की थी, तब ये पहाड़ी लोग उसे संदेह की नजर से देख रहे थे। उन्हें ऐसा लगने लगा था कि प्रत्येक गोरा आदमी एक ऐसी शक्ति का प्रतिनिधित्व कर रहा है, जो उनसे उनके जंगल और जमीन छीन कर उनकी जीवन-शैली और जीवित रहने के साधनों को नष्ट करने पर उतारू है। ये हमेशा प्राकृतिक संसाधनों को मूल तत्त्व मानते थे। अतः बाहरी लोगों के प्रवेश से आशंकित थे।

12. 1830 ई. के बाद रैयत समुदाय को ऋणदाताओं द्वारा ऋण न दिए जाने के अनुभवों की आलोचनात्मक व्याख्या कीजिए।

उत्तर 1830 ई. के बाद कपास निर्यात में आई मंदी के साथ-साथ किसानों को ऋण मिलना समाप्त कर दिया गया, वहीं दूसरी ओर राजस्व की माँग में भी बढ़ोतरी कर दी गई। रैयत ऋण लेने पर मजबूर हो गए, लेकिन जब ऋण के लिए ये लोग साहूकारों के पास गए, तो साहूकारों ने ऋण देने से मना कर दिया। किसानों को ये बातें अन्यायपूर्ण लगीं। रैयत अपने जीवन को बचाने के लिए पूर्णरूप से ऋणदाता पर आश्रित थे और ऋणदाता वर्ग इतना संवेदनहीन हो गया था कि उनकी हालत पर दया नहीं करते थे। कई प्रकार के प्रथागत मानक ऋणदाता और रैयत के पारस्परिक संबंधों पर लागू होते थे। ऋणदाता लोग देहात के प्रथागत मानको अर्थात् रीति रिवाजों का भी विरोध कर रहे थे। रैयतों को ऋण लेना मजबूरी बन गया था। इस मजबूरी का लाभ उठाते हुए ऋणदाताओं ने ब्याज की दर को भी बढ़ा दिया। दक्कन दंगा आयोग के अनुसार, यदि किसान अपना कर्ज चुकाने में असमर्थ होते थे, तो उन्हें गिरफ्तार करके जेल भेज दिया जाता था।

13. ब्रिटिश सरकार द्वारा बंगाल में प्रारंभ किए स्थायी बंदोबस्त (इस्तमरारी) की असफलता के दो कारणों का उल्लेख कीजिए।

उत्तर स्थायी बंदोबस्त की असफलता के दो कारण निम्न हैं

(i) राजस्व की माँग को स्थायी रूप से निर्धारित कर दिया गया, जिसके फलस्वरूप आगे चलकर कीमतों में बढ़ोतरी होने और खेती का विस्तार होने से आय में वृद्धि हो जाने के बाद भी कंपनी उस वृद्धि में अपने हिस्से का दावा नहीं कर पाई। कंपनी की राजस्व आय निर्धारित तो हो गई, लेकिन इसमें वृद्धि नहीं की जा सकी, जिसके कारण कंपनी की आय सीमित हो गई।

(ii) प्रारंभिक माँगें बहुत ऊँची थीं। यह माँग 1790 के दशक में लगाई गई थी, जब कृषि की उपज की कीमतें नीची थीं, जिससे लगाया गया राजस्व चुकाना मुश्किल हो गया।

14. रैयतवाड़ी व्यवस्था से आप क्या समझते हैं? इसके सामाजिक तथा आर्थिक प्रभाव को बताइए।

अथवा **"रैयतवाड़ी प्रथा ने बंबई दक्कन के रैयतों को संकट की स्थिति में डाल दिया।" कोई तीन उदाहरण देकर इस कथन की व्याख्या कीजिए।** **CBSE 2020**

उत्तर बंगाल में लागू की गई प्रणाली के विपरीत बंबई दक्कन के क्षेत्र में रैयतवाड़ी व्यवस्था लागू की गई। इस प्रणाली के अंतर्गत राजस्व की राशि सीधे रैयत के साथ तय की जाती थी। भिन्न-भिन्न भूमि से होने वाली आय का अनुमान लगाकर राजस्व निर्धारित किया जाता था।

रैयतवाड़ी व्यवस्था के सामाजिक तथा आर्थिक प्रभाव निम्न प्रकार थे

- राजस्व की दर इतनी ज्यादा थी कि रैयत अपने गाँव छोड़कर अन्य स्थानों पर जाने के लिए मजबूर हो गए, जिससे इनके सामाजिक संबंधों का ह्रास हुआ। राजस्व को चुकाने के लिए ऋणदाताओं से रैयतों को ऋण लेना पड़ता था।
- कृषि में सुधार होने की अपेक्षा इसमें और ह्रास ही हुआ।
- रैयतों की आर्थिक स्थिति बिल्कुल दयनीय हो गई, अब इन्हें रोजमर्रा की चीजों के लिए भी ऋण लेना पड़ता था।
- राजस्व वसूली के दौरान राजस्व नहीं प्राप्त होने पर पूरे गाँव पर जुर्माना लगा दिया जाता था। किसी एक किसान के कारण पूरे गाँव को समस्या झेलनी पड़ती थी।

15. दक्कन राइट्स कमीशन की रिपोर्ट की आलोचनात्मक समीक्षा कीजिए।

अथवा **दक्कन दंगा आयोग की रिपोर्ट की आलोचनात्मक समीक्षा कीजिए।**

उत्तर बंबई सरकार द्वारा गठित एक जाँच आयोग ने एक रिपोर्ट तैयार की, जो 1878 ई. में ब्रिटिश पार्लियामेंट में पेश की गई। इस रिपोर्ट को दक्कन दंगा रिपोर्ट कहा जाता है। आयोग ने दंगा पीड़ित जिलों में जाँच कराई।

रैयत वर्गों, साहूकारों और गवाहों के बयान लिए, भिन्न-भिन्न क्षेत्रों में राजस्व की दरों, कीमतों और ब्याज के बारे में आँकड़े इकट्ठे किए और जिला कलेक्टर द्वारा भेजी गई रिपोर्टों का संकलन किया। संपूर्ण साक्ष्य प्रस्तुत करने के बाद आयोग ने यह सूचित किया कि सरकारी राजस्व माँग गुस्से की वजह नहीं थी, विद्रोह का सारा दोष ऋणदाताओं तथा साहूकारों पर थोप दिया गया।

यद्यपि दक्कन जाँच आयोग के द्वारा दी गई रिपोर्ट इतिहास के पुनः निर्माण के लिए बहुमूल्य स्रोत साबित होती है, परंतु यह नहीं भूला जा सकता कि यह एक सरकारी रिपोर्ट थी। दक्कन जाँच आयोग द्वारा स्वतंत्र जाँच नहीं कराई गई।

औपनिवेशिक सरकार द्वारा आयोग को कहा गया कि विशिष्ट तौर पर यह जाँच करे कि विद्रोह सरकारी माँग के खिलाफ तो नहीं था। वास्तव में सरकार विद्रोह की जाँच के बजाय अपने द्वारा लगाए राजस्व को रैयतों के दृष्टिकोण से समझना चाहती थी।

16. 1861 ई. में अमेरिका में गृहयुद्ध छिड़ने से भारतीय किसानों पर क्या प्रभाव पड़ा?

अथवा **अमेरिकी गृहयुद्ध का ब्रिटिश सूती आयात पर पड़े प्रभाव का आकलन कीजिए।**

अथवा **अमेरिकी गृहयुद्ध के दौरान भारत में आई कपास की तेजी के प्रभावों का विश्लेषण कीजिए।**

अथवा **दक्कन के देहाती इलाकों में रैयतों के जीवन पर अमेरिकी गृहयुयद्ध के प्रभाव का विश्लेषण कीजिए।**

उत्तर 1860 के दशक से पहले ब्रिटेन में कच्चे माल के तौर पर आयात की जाने वाली समस्त कपास का तीन चौथाई भाग अमेरिका से आता था, लेकिन 1861 ई. में अमेरिकी गृहयुद्ध होने से वहाँ से आने वाली कपास में भारी गिरावट आ गई। 1861 ई. में जहाँ 20 लाख गाँठें आई थीं, वहीं 1862 ई. में केवल 55 हजार गाँठों का आयात हुआ।

कपास की तेजी से (बढ़ती माँग का) भारतीय किसानों पर निम्न प्रभाव पड़ा

- जब कपास की कीमतों में उछाल आया, तब मुंबई के निर्यातकों ने अधिक मात्रा में कपास खरीदना शुरू कर दिया। उत्पादन को प्रोत्साहित करने के लिए भारी मात्रा में किसानों को ऋण बाँटा गया।
- रैयतों को दीर्घावधिक ऋण मिलने लगा। एक एकड़ के लिए ₹100 तक अग्रिम राशि दी जाने लगी। इससे किसानों को अपनी कृषि संबंधी आवश्यकताएँ पूरी करने में सहायता मिली।
- अत्यधिक माँग की वजह से कपास का उत्पादन बढ़ गया तथा कृषकों को अपने उत्पादन अधिशेष के तौर पर अच्छी रकम मिलने लगी। इन तेजी दौरान छोटे किसानों से ज्यादा लाभ धनी किसानों को हुआ। 1860-64 ई. में कपास के क्षेत्रों में दोगुना वृद्धि हुई, परिणामस्वरूप ब्रिटेन के कुल आयात में भारत का हिस्सा 90% हो गया।

17. रिकार्डो का भू-स्वामित्व का विचार बंबई दक्कन में किस प्रकार लागू किया गया? समीक्षा कीजिए।

उत्तर रिकार्डो का भू-स्वामित्व के विचार के अंतर्गत भू-पति को वर्तमान समय में लागू 'औसत लगानों' को प्राप्त करने का ही अधिकार होना चाहिए, किंतु भूमि से 'औसत लगान' से अधिक होने की स्थिति में भू-पति को अधिशेष आय की प्राप्ति होने लगती है, जिस पर सरकार को कर लगाना आवश्यक होगा, क्योंकि कर नहीं लगाए जाने पर किसान किरायाजीवी का रूप धारण कर लेंगे।

दक्कन क्षेत्र में ब्रिटिश अधिकारी राजस्व बंदोबस्त करने के समय रिकार्डो के 'औसत लगान' सिद्धांत से प्रेरित थे, क्योंकि ये अधिकारी किरायाजीवी शब्द का बंगाल में पुष्टि के रूप में देख रहे थे। अतः इन सभी को देखते हुए ब्रिटिश अधिकारी बंबई दक्कन में राजस्व प्रणाली निम्न प्रकार से अपनाई

(i) रैयतवाड़ी व्यवस्था के अंतर्गत रैयतों को जमीन का मालिक माना गया तथा राजस्व की राशि को प्रत्यक्ष रूप से रैयतों के साथ निर्धारित कर दिया गया।

(ii) विभिन्न प्रकार की भूमि से प्राप्त होने वाली आय का औसत आय एवं रैयतों की राजस्व देने की क्षमता को अनुमान लगाकर, सरकार को दिए जाने के रूप में उसका एक अनुपात निश्चित कर दिया गया।

(iii) प्रत्येक 30 वर्षों के बाद पुनः जमीनों का सर्वेक्षण कर राजस्व की दर सर्वेक्षण के अनुसार बढ़ा दी जाती थी।

18. उन परिस्थितियों का विश्लेषण कीजिए, जिनके अंतर्गत अंग्रेज अधिकारियों ने उन्नीसवीं शताब्दी में संथालों को राजमहल की पहाड़ियों की परिधि में बसने के लिए आमंत्रित किया था? **CBSE 2020**

उत्तर अंग्रेज अधिकारियों द्वारा संथालों को राजमहल की पहाड़ियों की परिधि में बसने के लिए आमंत्रित करने की परिस्थितियों को निम्न प्रकार से व्यक्त किया जा सकता है।

- जमींदार उन्हें खेती के लिए नई भूमि तैयार करने और खेती का विस्तार करने के लिए भाड़े पर रखते थे।
- ब्रिटिश अधिकारियों ने उन्हें जंगल महालों में बसने का निमंत्रण दिया। यह निमंत्रण तब दिया गया जब ब्रिटिश लोग पहाड़ियों को अपने नियंत्रण में करके स्थायी कृषि के लिए एक स्थान पर बसाने में असफल रहे।
- इसके अतिरिक्त पहाड़ियाँ लोग जंगल काटने के लिए हल का प्रयोग करने को तैयार नहीं थे और अब भी वह उपद्रवी जैसे व्यवहार करते थे, जबकि दूसरी ओर संथाल आदर्श बाशिंदे प्रतीत हुए, क्योंकि उन्हें जंगलों का सफाया करने में कोई संकोच नहीं था और वे भूमि को पूरी शक्ति से जोतते व कृषि करते थे।

19. राजमहल की पहाड़ियों पर संथालों के बसने के बाद, पहाड़ी लोगों के जीवन एवं कृषि भूमि पर क्या प्रभाव पड़ा?

अथवा **राजमहल की पहाड़ियों पर संथालों के बसने के बाद पहाड़ी लोगों के आर्थिक जीवन पर नकारात्मक प्रभाव पड़ा। इस कथन की पुष्टि उदाहरण सहित कीजिए।** **दक्षता आधारित प्रश्न**

उत्तर संथालों के राजमहल की पहाड़ियों पर बसने के बाद, पहाड़ी लोगों को पहाड़ियों में अंदर की तरफ जाने के लिए विवश कर दिया गया। उन्हें निचली पहाड़ियों तथा घाटियों में नीचे की ओर आने से रोकने के साथ-साथ ऊपरी पहाड़ियों के चट्टानी और बंजर इलाकों तथा भीतरी शुष्क भागों तक सीमित कर दिया गया। इन सारी घटनाओं का पहाड़ी लोगों के रहन-सहन तथा जीवन पर व्यापक दुष्प्रभाव पड़ा।

परिणामस्वरूप वह कालांतर में निर्धन हो गए। झूम खेती के लिए नई-नई जमीनें खोजना और भूमि की प्राकृतिक उर्वरता का प्रयोग करने की क्षमता पर निर्भर रहना, उनके लिए कठिन हो गया था। साथ ही जंगलों के साफ होने से उन्हें शिकार के लिए भी कई तरह की समस्याओं का सामना करना पड़ा। साथ ही उनकी सर्वाधिक उर्वर जमीनें उनकी न रहकर दामिन का हिस्सा बन गई थी, इसी कारण पहाड़ी लोग झूम खेती को आगे न बढ़ा सके।

20. संथालों ने जमींदारों, साहूकारों और अंग्रेजों के विरुद्ध विद्रोह क्यों किया? **CBSE 2024**

उत्तर संथालों द्वारा जमींदारों, साहूकारों और अंग्रेजों के विरुद्ध विद्रोह करने के निम्नलिखित कारण थे

- 1850 के दशक तक संथाल यह समझने लगे थे कि धीरे-धीरे उनका क्षेत्र नियंत्रण से बाहर हो रहा है। अतः इन सभी परिस्थितियों से बचने के लिए इन्होंने विद्रोह का रास्ता अपनाया।
- संथालों ने जिस जमीन को साफ करके उसे कृषि योग्य बनाया, उस पर अंग्रेजी शासन ने भारी राजस्व लगा दिया।
- ब्रिटिश शासन द्वारा इनको मजबूर किया जाता था, जिसमें दी गई भूमि के कम-से-कम दसवें भाग को साफ करके दस वर्षों के लिए भूमि को कृषि योग्य बनाया जाता था।
- संथाल लोगों की अपनी स्वतंत्र संसार की कल्पना भी ब्रिटिश शासन के विरुद्ध विद्रोह करने का एक प्रमुख कारण रहीं।
- इनके द्वारा तैयार की गई भूमि पर अंग्रेज तथा जमींदार वर्ग अपना प्रभुत्व स्थापित करना चाहते थे।
- जमींदार लोग भी दामिन-ए-कोह पर नियंत्रण का दावा करने लगे थे। अंग्रेजों ने नमक बनाने तथा लोहा निकालने जैसी स्थानीय पद्धतियों तैयार निरीक्षण किया।

अतः इन सबसे संथालों को आघात पहुँचा और अंततः वे विद्रोह के लिए उग्न हो गए।

21. राजमहल के पहाड़ी लोगों और संथालों के बीच संघर्ष के कारणों की व्याख्या कीजिए। **CBSE 2024**

उत्तर पहाड़ी लोगों और संथालों के बीच संघर्ष के प्रमुख कारण निम्न थे

- पहाड़ी लोग अपनी जमीन को अपनी पहचान और जीवन का आधार मानते थे और बाहरी लोगों के प्रवेश का विरोध करते थे।
- संथाल लोग जंगलों का सफाया करके, इमारतों की लकड़िया काटकर और जमीन जोतकर राजमहल की पहाड़ियों पर निवास करते थे।
- पहाड़ी लोग कुदाल से खेती करते थे, जबकि संथाल लोग हल से खेती करते थे।
- ब्रिटिश काल में साहूकार और औपनिवेशिक प्रशासन दोनों ही संथालों का शोषण करते थे।
- संथालों को अंग्रेजी अदालतों से न्याय नहीं मिलता था या देरी से मिलता था।
- संथालों को अपनी जमीनों से बेदखल किया जाता था।

23. 1850 के दशक के दौरान अंग्रेजों ने भारतीयों का शोषण किस प्रकार किया? स्पष्ट कीजिए।

उत्तर 1850 में एक अधिनियम द्वारा वंशानुक्रम के हिंदू कानून को बदल दिया गया। ईसाई धर्म अपना लेने वाले भारतीयों की पदोन्नति कर दी जाती थी। भारतीय धर्म का अनुपालन करने वालों को सभी प्रकार से अपमानित किया जाता था। इससे लोगों को यह संदेह होने लगा कि अंग्रेज भारतीयों को ईसाई धर्म में परिवर्तित करने की योजना बना रहे हैं। सती प्रथा तथा कन्या-भ्रूण हत्या जैसी प्रथाओं को समाप्त करने और विधवा-पुनर्विवाह को वैध बनाने वाले कानून को स्थापित सामाजिक संरचना के लिए खतरा माना गया।

शिक्षा ग्रहण करने के पश्चिमी तरीके हिंदुओं के साथ-साथ मुसलमानों की रूढ़िवादिता को सीधे चुनौती दे रहे थे। यहाँ तक कि रेलवे और टेलीग्राफ की शुरुआत को भी संदेह की दृष्टि से देखा गया। ग्रामीण क्षेत्रों में किसान और जमींदार भूमि पर भारी-भरकम लगान और कर वसूली के सख्त तौर-तरीकों से परेशान थे।

दीर्घ उत्तरीय प्रश्न

1. बंगाल में इस्तमरारी बंदोबस्त के कार्यान्वयन और इसके परिणामों को प्रभावित करने वाले कारकों की परख कीजिए? **CBSE 2024**

उत्तर बंगाल में इस्तमरारी बंदोबस्त का क्रियान्वयन 1793 ई. में ब्रिटिश उपनिवेशी सरकार द्वारा किया गया था। इस व्यवस्था के तहत जमींदारों को भूमि का मालिकाना हक दिया गया, जबकि किसानों से लगान वसूली का अधिकार उन्हें दिया गया। इस व्यवस्था के कई परिणाम और प्रभावित करने वाले कारक थे।

क्रियान्वयन के कारक

क्रियान्वयन के निम्नलिखित कारक हैं

(i) **ब्रिटिश नीतियाँ** ब्रिटिश शासन ने कृषि उत्पादन बढ़ाने और राजस्व वसूली को प्राथमिकता दी, जिसके लिए जमींदारी प्रणाली लागू की गई।

(ii) **कृषि का व्यावसायीकरण** जमींदारों को कृषि में व्यावसायिक दृष्टिकोण अपनाने के लिए प्रेरित किया गया, जिससे इन्होंने अधिक उत्पादन करने की कोशिश की।

(iii) **कानूनी ढाँचा** जमींदारी कानूनों के तहत जमींदारों को भूमि के कानूनी अधिकार दिए गए, जिससे उन्हें अपने अधिकारों की सुरक्षा मिली।

परिणाम

क्रियान्वयन के निम्नलिखित परिणाम हैं

(i) **कृषि में बदलाव** इस व्यवस्था में जमींदारों को अधिकतम लाभ के लिए कृषि उत्पादन को बढ़ाने की प्रेरणा दी, जिससे कुछ क्षेत्रों में कृषि विकास हुआ।

(ii) **किसानों पर प्रभाव** किसानों पर अत्यधिक दबाव पड़ा, क्योंकि जमींदारों ने अपनी लागत को किसानों पर डाल दिया। इससे किसानों की आर्थिक स्थिति दयनीय हो गई।

(iii) **सामाजिक असमानता** जमींदारों की बढ़ती शक्ति ने सामाजिक असमानता को बढ़ावा दिया, जिससे ग्रामीण समुदाय में तनाव उत्पन्न हुआ।

इस्तमरारी बंदोबस्त ने बंगाल की कृषि प्रणाली को एक नया स्वरूप दिया, लेकिन इसके साथ ही सामाजिक और आर्थिक असमानताओं को भी जन्म दिया। इस प्रणाली के परिणामस्वरूप जमींदारी और कृषि संबंधों में महत्त्वपूर्ण बदलाव आए, जिनका प्रभाव आज भी महसूस किया जाता है।

2. इस्तमरारी बंदोबस्त व्यवस्था के गुण और दोष क्या थे? इस संबंध में इनका विस्तार से तुलनात्मक अध्ययन करें।

उत्तर स्थायी अथवा इस्तमरारी बंदोबस्त व्यवस्था के संबंध में इतिहासकारों ने अलग-अलग राय प्रकट की है। कुछ इतिहासकारों ने इसे साहसी एवं बुद्धिमतापूर्ण कार्य माना है, तो कुछ ने इसके विरोध में तीव्र मत प्रकट किए।

तुलनात्मक अध्ययन करने पर इसके गुण व दोष निम्नलिखित थे

गुण इस्तमरारी बंदोबस्त के निम्न गुण इस प्रकार हैं

- सरकार की आय में अत्यधिक वृद्धि हो गई।
- सरकार की आय निश्चित हो गई, जिससे अपना बजट तैयार करने में उसे आसानी हुई।
- इस व्यवस्था से जमींदार स्थायी रूप से भूमि के मालिक बन गए। सरकार को प्रतिवर्ष राजस्व की दरें तय करने एवं ठेके देने से मुक्ति मिल गई।
- लगान की एक निश्चित राशि सरकार को देने के पश्चात् काफी बड़ी धनराशि जमींदारों को प्राप्त होने लगी।
- अधिक आय से कालांतर में जमींदार अत्यधिक समृद्ध हो गए तथा वे विलासिता पूर्ण जीवन व्यतीत करने लगे।
- कंपनी के कर्मचारियों को लगान व्यवस्था से मुक्ति मिल गई, जिससे वे कंपनी के व्यापार की ओर अधिक ध्यान दे सकें। उसके प्रशासनिक व्यय में भी कमी आई तथा प्रशासनिक कुशलता भी बढ़ी।
- राजस्व में वृद्धि की संभावनाओं के कारण जमींदारों ने कृषि में स्थायी रूप से रुचि लेनी प्रारंभ कर दी तथा कृषि उत्पादन में वृद्धि के अनेक प्रयास किए। उससे कृषि उत्पादन में वृद्धि हुई।
- कृषि उत्पादन में वृद्धि से व्यापार एवं उद्योग की प्रगति हुई।
- जमींदारों से लगान सदैव के लिए निश्चित कर दिया गया। जमींदारों को किसानों से वसूले गए भू-राजस्व की कुल रकम का 10/11 भाग कंपनी को देना था तथा 1/11 भाग स्वयं रखना था।

दोष

इस्तमरारी बंदोबस्त के निम्न दोष इस प्रकार हैं

- इस व्यवस्था से सबसे अधिक नुकसान किसानों को हुआ। इससे उनके संबंधी तथा अन्य परंपरागत अधिकार छीन लिए गए तथा वे केवल खेतिहर मजदूर बनकर रह गए।
- किसानों को जमींदारों के अत्याचारों व शोषण का सामना करना पड़ा तथा वे पूर्णतया जमींदारों की दया पर निर्भर हो गए।
- वे जमींदार जो राजस्व वसूली की उगाही में उदार थे, वे भू-राजस्व की उच्च दरें सरकार को समय पर अदा नहीं कर सके, जिसके कारण इनकी जमींदारी नीलाम कर दी गई।
- इस व्यवस्था से किसान दिनों-दिन निर्धन होते गए तथा उनमें सरकार तथा जमींदारों के विरुद्ध असंतोष बढ़ने लगा।
- इस व्यवस्था में राजस्व की दर काफी उच्च रखी गई थी और समय पर राजस्व नहीं चुकाने पर जमींदारी नीलाम कर दी जाती थी।
- इस व्यवस्था से सरकार तथा कृषक वर्ग दोनों को हानि हुई। संपूर्ण लाभ केवल जमींदारों को ही प्राप्त हुआ।
- स्थायी बंदोबस्त व्यवस्था ने कालांतर में राष्ट्रीय स्वतंत्रता संघर्ष को भी हानि पहुँचाई, जमींदार वर्ग ने हमेशा अंग्रेजों का साथ दिया।

3. ब्रिटिश शासनकाल में भारतीय किसानों की दरिद्रता के कारणों की विवेचना कीजिए तथा स्पष्ट कीजिए कि ब्रिटिश नीतियों का किसानों पर क्या प्रभाव पड़ा? *दक्षता आधारित प्रश्न*

उत्तर ब्रिटिश शासनकाल में भारतीय किसानों की दरिद्रता के निम्नलिखित कारण थे

(i) **राजस्व की नई व्यवस्था** राजस्व की नई व्यवस्था अलग-अलग क्षेत्रों में अलग-अलग प्रकार से की गई थी। बंगाल, ओडिशा में जमींदारी व्यवस्था को अपनाया गया था और बंबई दक्कन के क्षेत्रों में रैयतवाड़ी व्यवस्था को अपनाया गया। परिणामस्वरूप इन व्यवस्थाओं से किसानों का शोषण ही होता रहा।

(ii) **फसलों के उत्पादन में रुचि न लेना** रैयत वर्ग उत्पादन में कोई रुचि नहीं लेते थे। उन्हें हमेशा भय रहता था कि जमींदार फसलों को राजस्व वसूली के नाम पर ले लेगा। किसान उतना ही उत्पादन करते थे, जिससे राजस्व चुकाया जा सके तथा पारिवारिक व्यवस्था की जा सके।

(iii) **किसानों का शोषण** ब्रिटिश शासन व्यवस्था में किसानों का शोषण कहीं जमींदारों द्वारा हुआ, तो कहीं ब्रिटिश अधिकारियों द्वारा हुआ। राजस्व की वसूली मनमाने ढंग से की जाती तथा इनसे जबरदस्ती बेगार के काम लिए जाते थे।

(iv) **जोतों का छोटे-छोटे टुकड़े में बँटना** इस समय खेती पर दबाव काफी बढ़ गया था। शहरों में रोजगार नहीं मिल रहे थे तथा दस्तकार की दस्तकारी भी धीरे-धीरे समाप्त हो गई थी। इसके कारण बहुत सारे लोग गाँवों में आ गए तथा कृषि पर निर्भर हो गए। इन सबके कारण जोती जाने वाली जमीन के छोटे-छोटे टुकड़े हो गए। उसका प्रभाव कृषि उत्पादन पर पड़ा।

(v) **साहूकारों द्वारा शोषण** किसान बिना ऋण लिए खेती नहीं कर पाता था। ऋण ले लेने पर ये साहूकार लोग ऋणों पर अधिक ब्याज लगा देते थे। कहीं-कहीं तो ₹100 के मूलधन पर ₹ 2,000 के ब्याज का भी उदाहरण मिलता है। ऋण नहीं चुकाने की स्थिति में ये लोग जमीनों पर कब्जा कर लेते थे। इन सब कारणों से भारतीय किसानों की आर्थिक स्थिति दिन-प्रतिदिन दयनीय होती गई तथा वे दरिद्रता की ओर अग्रसर हो गए।

ब्रिटिश नीतियों का किसानों पर प्रभाव

ब्रिटिश नीतियों का किसानों पर निम्नलिखित प्रभाव पड़ा

- इन नीतियों से किसानों के भूमि संबंधी अधिकार कम हो गए तथा वे केवल खेतिहर मजदूर बन कर रह गए।
- इन व्यवस्थाओं से किसान धीरे-धीरे और निर्धन होते गए तथा इनमें सरकार तथा जमींदारों के विरुद्ध असंतोष बढ़ने लगा। कालांतर में होने वाले कृषक आंदोलन में से कुछ के लिए इस असंतोष ने भी योगदान दिया।
- अंग्रेजी शासन के अधीन कृषकों के साथ कृषि उत्पादों की भी स्थिति खराब हो गई। किसान भूमि में धन तथा श्रम दोनों नहीं लगा पाता था, उत्पादन की कमी के कारण इनकी आर्थिक स्थिति और दयनीय हो गई।
- राजस्व की ऊँची माँग दर के कारण किसान समय पर राजस्व चुकाने के लिए ऋणदाताओं से कर्ज लेता था, एक बार कर्ज ले लेने पर किसान उस कर्ज को भी उतार नहीं पाता था। कर्ज के बढ़ने के साथ साहूकार उनकी जमीनों पर कब्जा कर लेते थे।

कुल मिलाकर ब्रिटिश नीति के कारण किसानों की स्थिति बदतर हो गई तथा रोजमर्रा का गुजारा चलाने के लिए भी इन्हें कर्ज लेना पड़ा।

4. बंगाल में इस्तमरारी बंदोबस्त लागू करने के बाद जमींदार भू-राजस्व को अदा करने में लगातार असफल रहे। इसके कारणों और परिणामों की परख कीजिए।

अथवा **"इस्तमरारी बंदोबस्त के बाद, प्रारंभ के दशकों में जमींदार राजस्व की माँग को अदा करने में बराबर असफल रहे।" इस कथन के संदर्भ में कारणों की जाँच विस्तार में कीजिए।** **CBSE 2020**

उत्तर बंगाल में इस्तमरारी बंदोबस्त लागू होने के पश्चात् जमींदारों के भू-राजस्व को अदा करने में लगातार असफल रहने के प्रमुख कारण निम्नलिखित थे।

- प्रारंभिक माँगें काफी उच्च थीं, क्योंकि ऐसा महसूस किया गया था कि यदि माँग को आने वाले संपूर्ण समय के लिए निर्धारित किया जा रहा है, तो आगे चलकर कीमतों में बढ़ोतरी होने तथा खेती का विस्तार होने से आय में वृद्धि हो जाने पर भी कंपनी उस वृद्धि में अपने हिस्से का दावा नहीं कर सकेगी, इससे बचने के लिए राजस्व की माँग काफी उच्च रखी गई।
- यह माँग उस समय लागू की गई थी, जब कृषि की उपज की कीमतें नीची थीं, जिससे रैयतों तथा जमींदारों को तय राजस्व की दर को चुकाना मुश्किल था।
- फसल अच्छी हो या खराब 'सूर्यास्त कानून' के अनुसार राजस्व चुकाने के अंतिम दिन तक राजस्व चुकाना पड़ता था अन्यथा जमींदारी नीलाम होने लगती थी।
- इस्तमरारी बंदोबस्त ने प्रारंभ में जमींदार की शक्ति को रैयत से राजस्व इकट्ठा करने तथा अपनी जमींदारी का प्रबंध करने तक ही सीमित कर दिया गया था।

इस्तमरारी बंदोबस्त के प्रमुख प्रभाव निम्नलिखित हैं

(i) इसमें भू-राजस्व से किसानों पर अधिक प्रभाव पड़ा। किसान खेतिहर मजदूर बनकर रह गए।

(ii) इसमें किसानों को जमींदारों के अत्याचारों व शोषण का सामना करना पड़ता था।
(iii) वे जमींदार, जो राजस्व वसूली की उगाही में उदार थे तथा भू-राजस्व को समय पर अदा नहीं करते थे, उनकी जमींदारी नीलाम कर दी जाती थी।
(iv) इस व्यवस्था से किसान दिन-प्रतिदिन निर्धन होते गए तथा उनमें सरकार और जमींदार दोनों के प्रति असंतोष था।
(v) इसमें राजस्व की दर निश्चित होने से किसानों को हानि होती थी।
(vi) इस व्यवस्था से जमींदारों को लाभ भी हुआ, क्योंकि इसमें निश्चित भू-राजस्व की राशि होने से उनकी आय में वृद्धि हो गई।
(vii) इस व्यवस्था से किसानों की भूमि छिन गई, जिससे किसानों की आर्थिक स्थिति दयनीय होती गई। वहीं जमींदार स्थायी भू-स्वामी बन गए।
(viii) इससे किसानों को अत्यधिक हानि हुई, जिसका प्रभाव राष्ट्रीय स्वतंत्रता संग्राम के रूप में देखा जा सकता है।

इस प्रकार इस्तमरारी बंदोबस्त का प्रभाव जमींदार तथा किसान दोनों पर पड़ा।

5. पाँचवीं रिपोर्ट, 1813 में प्रमुख पहलुओं का विश्लेषण कीजिए। इसमें प्रस्तुत किए गए दस्तावेजों और साक्ष्यों का क्या महत्त्व था?

अथवा **1813 ई. में ब्रिटिश संसद में प्रस्तुत की गई पाँचवीं रिपोर्ट के मुख्य पहलुओं की परख कीजिए।**

उत्तर पाँचवीं रिपोर्ट, 1813 में ब्रिटिश संसद में पेश की गई थी। यह कंपनी के प्रशासन तथा क्रियाकलापों पर आधारित थी। पाँचवीं रिपोर्ट 1,002 पृष्ठों में थी। इसमें 800 से अधिक पृष्ठ परिशिष्टों के हैं, जिनमें जमींदारों और रैयतों की अर्जियाँ, भिन्न-भिन्न जिलों के कलेक्टरों की रिपोर्ट, राजस्व विवरणियों से संबंधित सांख्यिकीय तालिकाएँ और अधिकारियों द्वारा बंगाल एवं मद्रास के राजस्व तथा न्यायिक प्रशासन पर लिखित टिप्पणियाँ शामिल की गई थीं।

पाँचवीं रिपोर्ट एक ऐसी रिपोर्ट थी, जो एक प्रवर समिति द्वारा तैयार की गई थी। यह रिपोर्ट भारत में ईस्ट इंडिया कंपनी के शासन के स्वरूप पर ब्रिटिश संसद में गंभीर वाद-विवाद का आधार बनी। पाँचवीं रिपोर्ट के साक्ष्य बहुमूल्य हैं। अठारहवीं शताब्दी के अंतिम दशकों में ग्रामीण बंगाल में क्या हुआ इसके बारे में हमारी अवधारणा लगभग डेढ़ शताब्दी तक उस पाँचवीं रिपोर्ट के आधार पर ही बनती व सुधरती रही।

पाँचवीं रिपोर्ट के प्रमुख पहलुओं की चर्चा इस प्रकार है

- इसमें शोधकर्ताओं ने ग्रामीण बंगाल में औपनिवेशिक शासन के बारे में लिखने के लिए बंगाल के अनेक जमींदारों के अभिलेखागारों तथा जिलों के स्थानीय अभिलेखों की सावधानीपूर्वक जाँच की।
- इसे तैयार करने वाले कंपनी के कुप्रशासन की आलोचना करने पर तत्पर थे।
- जिस पैमाने पर जमींदार लोग अपनी जमीन खोते जा रहे थे, उसके बारे में भी बढ़ाकर लिखा गया, किंतु उसका विशेष उल्लेख नहीं मिलता है।
- कंपनी के क्रियाकलापों पर ब्रिटेन में ध्यान रखा जाने लगा, जिसमें यह आरोप लगाया गया कि जो लाभ पूरे ब्रिटेन को मिलना चाहिए वह केवल कंपनी को ही मिल रहा है। यह इस रिपोर्ट की पृष्ठभूमि बनी।

अतः विभिन्न तथ्यों के होने के बावजूद आधुनिक शोधों से यह पता चलता है कि पाँचवीं रिपोर्ट में दिए गए तर्कों और साक्ष्यों को बिना किसी आलोचना के स्वीकार नहीं किया जा सकता है।

6. राजमहल की पहाड़ियों के पहाड़ी लोगों की जीविका के स्रोतों की परख कीजिए। संथालों के आने पर उन्होंने किस प्रकार प्रतिक्रिया की?

अथवा **संथालों के राजमहल की पहाड़ियों में बसने के बाद पहाड़ियाँ लोगों की आर्थिक स्थिति की परख कीजिए।** **CBSE 2022**

उत्तर पहाड़ी लोग राजमहल की पहाड़ियों के इर्द-गिर्द रहा करते थे। वे जंगल की उपज से अपना जीवनयापन करते थे और खेती किया करते थे। वे जंगल के छोटे-से हिस्से में झाड़ियों को काटकर और घास-फूँस को जलाकर जमीन साफ कर लेते थे और राख की पोटाश से उपजाऊ बनी जमीन पर ये पहाड़िया लोग अपने भोजन के लिए तरह-तरह की दालें और ज्वार-बाजरा उपजाते थे। वे अपने कुदाल से जमीन को थोड़ा खुरच लेते थे, कुछ वर्षों तक उस साफ की गई जमीन पर खेती करते थे और फिर उसे कुछ वर्षों के लिए परती छोड़कर नए क्षेत्रों में चले जाते थे, जिससे कि उस जमीन में खोई हुई उर्वरता फिर से उत्पन्न हो जाती थी।

जंगलों से पहाड़िया लोग खाने के लिए महुआ के फूल इकट्ठे करते थे तथा बेचने/विक्रय के लिए रेशम के कोया और राल और काठकोयला बनाने हेतु लकड़ियाँ इकट्ठी करते थे। पेड़ों के नीचे जो छोटे-छोटे पौधे उग आते थे या परती जमीन पर जो घास-फूस की हरी चादर-सी बिछ जाती थी। वह पशुओं के लिए चरागाह बन जाती थी। इस प्रकार शिकारियों, झूम खेती करने वालों, खाद्य बटोरने वालों, काठकोयला बनाने वालों, रेशम के कीड़े पालने वालों के रूप में पहाड़िया लोगों का जीवन जंगल से घनिष्ठ रूप से जुड़ा हुआ था। जब ब्रिटिश लोग पहाड़ियों को अपने नियंत्रण में करके स्थायी कृषि के लिए एक स्थान पर बसाने में असफल रहे, तो वो इसके लिए संथालों को निमंत्रण दिया।

पहाड़िया लोग जंगल काटने के लिए हल का प्रयोग करने के लिए तैयार नहीं थे तथा वे अब भी उपद्रवी व्यवहार करते थे, जबकि इसके विपरीत संथाल आदर्श बाशिंदे प्रतीत हुए, क्योंकि उन्हें जंगलों का सफाया करने में कोई संकोच नहीं था और वे भूमि को पूरी शक्ति से जोतते थे। जब संथाल राजमहल की पहाड़ियों पर बसे तो पहले पहाड़िया लोगों ने इसका प्रतिरोध किया, किंतु अंततोगत्वा वे इन पहाड़ियों में अंदर की ओर चले जाने के लिए मजबूर कर दिए गए। उन्हें निचली पहाड़ियों तथा घाटियों में नीचे की ओर आने से रोक दिया गया और ऊपरी पहाड़ियों के चट्टानी और अधिक बंजर क्षेत्रों तथा भीतरी शुष्क भागों तक सीमित कर दिया गया।

7. बंबई दक्कन में लागू की गई भू-राजस्व प्रणाली की परख कीजिए। किसान किस प्रकार साहूकारों के ऋण जाल में फँस गए? स्पष्ट कीजिए।

उत्तर **बंबई दक्कन में भू-राजस्व प्रणाली की परख**

बंबई दक्कन में लागू की गई भू-राजस्व प्रणाली, मुख्यतः पर ब्रिटिश शासन के दौरान किसानों पर भारी दबाव डालने वाली थी। 1820 के दशक में बंबई दक्कन में भूमि राजस्व प्रणाली को संहिताबद्ध किया गया, जिसमें प्रमुख रूप से कलेक्टर प्रणाली और राजस्व संग्रहण पर बल दिया गया।

(i) **कलेक्टर प्रणाली** ब्रिटिश शासन ने किसानों से सामान्यतः राजस्व वसूलने की व्यवस्था बनाई। इसमें प्रत्येक गाँव और जिले के कलेक्टर को किसानों से निर्धारित करके रूप में भू-राजस्व वसूलने का काम सौंपा गया।

(ii) **कर्जे की बढ़ती समस्या** भू-राजस्व की दरें बहुत अधिक थीं और उनका भुगतान किसान नियमित रूप से नहीं कर पाते थे, इसलिए किसान साहूकारों से ऋण लेने के लिए विवश थे।

(iii) **कृषि उत्पादन में कमी** भू-राजस्व की उच्च दरों और प्राकृतिक आपदाओं के कारण कृषि उत्पादन में गिरावट आई, जिससे किसानों की आर्थिक स्थिति और भी दयनीय हो गई।

किसान साहूकारों के ऋण जाल में कैसे फँस गए?

(i) **साहूकारों की बढ़ती ताकत** चूँकि किसानों के पास पैसा नहीं होता था, वे साहूकारों से उधार लेते थे। साहूकार उच्च ब्याज दरों पर ऋण देते थे और जब किसान समय पर ऋण चुकता नहीं कर पाते थे, तो ब्याज बढ़ता चला जाता था।

(ii) **सिस्टम का दबाव** बंबई दक्कन में भू-राजस्व की अत्यधिक दरों और कर्ज की बढ़ती प्रवृत्ति ने किसानों को एक बुरे आर्थिक चक्र में फँसा दिया। उन्हें साहूकारों से उधार लेकर पहले भू-राजस्व चुकता करना पड़ता था और फिर उधारी के ब्याज की अदायगी के कारण उनका कर्ज और बढ़ता गया।

(iii) **किसानों का शोषण** साहूकार अपने व्यापार में किसानों के शोषण का लाभ उठाते थे। वे उन्हें अत्यधिक ब्याज दरों पर कर्ज देते थे और फिर किसान समय पर कर्ज चुकता नहीं कर पाते थे, तो साहूकार उनकी जमीनों पर कब्जा कर लेते थे।

निष्कर्ष बंबई दक्कन की भू-राजस्व प्रणाली ने किसानों को साहूकारों के ऋण जाल में फँसने के लिए मजबूर किया। उच्च राजस्व दरें, प्राकृतिक आपदाएँ और साहूकारों के शोषणकारी ब्याज दरों ने किसानों की आर्थिक स्थिति को और भी खराब कर दिया, जिससे वे पूरी तरह से साहूकारों के नियंत्रण में आ गए।

8. "ब्रिटिश नीतियों ने भारतीय कृषि को धीरे-धीरे पतन के मार्ग पर अग्रसर कर दिया"? इस कथन की पुष्टि कीजिए।

दक्षता आधारित प्रश्न

उत्तर ब्रिटिश नीतियों के कारण भारतीय कृषि के धीरे-धीरे पतन की ओर अग्रसर होने के निम्नलिखित कारण थे

- अंग्रेजी सरकार भारतीय कृषि में रुचि न लेकर केवल राजस्व पर ध्यान दे रही थी। फसल खराब हो या अच्छी राजस्व चुकाना ही पड़ता था। इसके कारण जो बचत किसानों के पास होती थी, उस बचत में परिवार को ही चलाना मुश्किल था खेतों में पूँजी कहाँ से लगाते, खेतों में बिना धन निवेश किए उत्पादन के हिस्से को नहीं बढ़ाया जा सकता था, उसके फलस्वरूप उपज में कमी आ गई।
- ब्रिटिश नीतियों के कारण दस्तकारों तथा कारीगरों के रोजगार में काफी हानि हुई। तैयार माल ब्रिटिश उद्योगों से आने लगे, जो दस्तकारों द्वारा निर्मित वस्तुओं से काफी सस्ती होती थी, जिसके कारण दस्तकारों द्वारा निर्मित वस्तुओं की माँग में कमी आ गई और ये खेती पर जीविका चलाने को मजबूर हो गए।
- अब खेती पर दबाव और बढ़ गया तथा जमीनों के छोटे-छोटे टुकड़े हो गए। इसका प्रभाव कृषि उत्पादन पर पड़ा।
- अंग्रेजी सरकार द्वारा खाद्यान्न फसलों के अतिरिक्त ब्रिटिश उद्योगों के लिए व्यावसायिक फसलों का जबरदस्ती उत्पादन कराया जाता था। इन फसलों के बदले में किसानों को बहुत कम पैसे मिलते थे। कम धन राशि के कारण ये लोग अपनी शेष बची हुई जमीनों पर उपयुक्त साधन नहीं लगा पाते थे। इसका असर उत्पादन पर पड़ता था।

स्रोत आधारित प्रश्न

1. रैयत अर्जी

नीचे एक याचिका का उदाहरण दिया गया है, जो करजत तालुका के मीरगाँव के एक रैयत द्वारा कलेक्टर, अहमदनगर, दक्कन दंगा आयोग को दी गई थी।

साहूकार लोग काफी दिनों से हम पर अत्याचार कर रहे हैं, क्योंकि हम अपना घर का खर्च चलाने के लिए काफी मात्रा में पैसा नहीं कमा सकते, इसलिए हम उनसे पैसा, कपड़ा और अनाज़ माँगने के लिए मजबूर हो गए हैं। उनसे हमें ये चीजें मिलती जाती हैं पर बड़ी कठिनाई से और उसके लिए हमें उनके साथ कड़ी शर्तों पर बंधपत्र लिखने के लिए मजबूर होना पड़ता है। इसके अतिरिक्त कपड़ा और अनाज भी नकद दरों पर नहीं बेचा जाता। हमसे जो कीमतें माँगी जाती हैं वह नकदी कीमत चुकाने वाले ग्राहकों की अपेक्षा आमतौर पर 25 से 50% ज्यादा होती हैं।..... हमारे खेतों की उपज भी साहूकार ले जाते हैं; उपज ले जाते समय तो वे हमें यह आश्वासन देते हैं कि इसकी कीमत हमारे खाते में जमा कर दी जाएगी, लेकिन वे हमारे खातों में ऐसा कोई उल्लेख नहीं करते। वे जब हमारी उपज ले जाते हैं, तो बदले में कोई रसीद भी नहीं देते।

(i) साहूकार रैयतों पर किस प्रकार से अत्याचार करते थे?

उत्तर साहूकार रैयतों पर अत्याचार करते थे, क्योंकि उन्हें अपनी जरूरतों के लिए पैसे, कपड़ा और अनाज उधार लेने के लिए मजबूर किया जाता था। इसके लिए उन्हें कठिन शर्तों पर बन्ध-पत्र लिखने पड़ते थे और ये वस्तुएँ अधिक कीमत पर मिलती थीं, जो नकद ग्राहकों से 25% से 50% ज्यादा होती थीं।

(ii) साहूकार रैयतों को किस प्रकार से फसल की उपज लेने में धोखा देते थे?

उत्तर साहूकार रैयतों से फसल की उपज ले जाते थे, लेकिन बदले में कोई रसीद नहीं देते थे और यह आश्वासन देते थे कि उपज की कीमत उनके खाते में जमा कर दी जाएगी, हालाँकि इस तरह का कोई उल्लेख उनके खातों में नहीं किया जाता था।

(iii) साहूकारों से उधार लेने के बाद रैयतों को किस प्रकार की कठिनाइयों का सामना करना पड़ता था?

उत्तर रैयतों को उधार लेने के बाद कठिनाइयों का सामना करना पड़ता था, क्योंकि साहूकारों से मिलने वाली वस्तुएँ अत्यधिक महँगी होती थीं और इसके बदले में उन्हें कठोर शर्तों पर हस्ताक्षर करने पड़ते थे, जिससे उनकी स्थिति और भी कठिन हो जाती थी।

2. समाचार-पत्र में छपी रिपोर्ट

'रैयत और साहूकार' शीर्षक नामक निम्नलिखित रिपोर्ट 6 जून, 1876 के 'नेटिव ओपीनियन' नामक समाचार-पत्र में छपी और उसे मुंबई के नेटिव न्यूजपेपर्स की रिपोर्ट से यथावत् उद्धृत किया गया। (हिंदी अनुवाद प्रस्तुत है) "वे (रैयत) सर्वप्रथम अपने गाँवों की सीमाओं पर

यह देखने के लिए जासूसी करते हैं कि क्या कोई सरकारी अधिकारी आ रहा है और अपराधियों को समय रहते उनके आने की सूचना दे देते हैं। फिर वे एक झुंड बनाकर अपने ऋणदाताओं के घर जाते हैं और उनसे उनके ऋणपत्र और अन्य दस्तावेज माँगते हैं और इंकार करने पर ऋणदाताओं पर हमला करके छीन लेते हैं। यदि ऐसी किसी घटना के समय कोई सरकारी अधिकारी उन गाँवों की ओर जाता हुआ दिखाई दे जाता है, तो गुप्तचर अपराधियों को इसकी खबर पहुँचा देते हैं और अपराधी समय रहते ही तितर-बितर हो जाते हैं।''

(i) **किस समाचार-पत्र में 'रैयत और साहूकार' नामक रिपोर्ट छापी गई?**

उत्तर नेटिव ओपीनियन नामक समाचार-पत्र में 5 जून, 1876 को 'रैयत और साहूकार' नामक रिपोर्ट छापी गई।

(ii) **रैयत सरकारी अधिकारी से बचने के लिए क्या करते थे?**

उत्तर रैयत सरकारी अधिकारी से बचने के लिए गाँवों की सीमाओं पर जासूसी किया करते थे। यदि कोई आता दिखाई देता था, तो गुप्तचर अपराधियों को इसकी खबर पहुँचा देते थे।

(iii) **रैयत तथा साहूकार के मध्य संबंध क्यों खराब हो गए थे?**

उत्तर साहूकारों द्वारा दिया गया ऋण रैयतों के लिए सबसे बड़ी समस्या थी। साहूकार लोग ब्याज के नाम पर बहुत भारी रकम मूलधन में जोड़ देते थे। कहीं-कहीं तो ₹100 के मूलधन पर ₹ 2,000 के ब्याज का भी उल्लेख मिलता है। रैयत जब ब्याज चुकाते थे, तब भी साहूकार उसके बदले में कोई रशीद नहीं देते थे। सब तरह से साहूकारों ने रैयतों का शोषण करना शुरू कर दिया था। उसके कारण साहूकार तथा रैयतों के बीच संबंध खराब हो गए थे।

3. नीचे दिए गए स्रोत को ध्यानपूर्वक पढ़िए और उसके नीचे दिए गए प्रश्नों के उत्तर लिखिए

वनों की बटाई और स्थायी कृषि के बारे में

निचली राजमहल की पहाड़ियों में एक गाँव से गुजरते हुए, बुकानन ने लिखा

इस प्रदेश का दृश्य बहुत ही बढ़िया है; यहाँ की खेती विशेष रूप से, घुमावदार संकरी घाटियों में धान की फसल, बिखरे हुए पेड़ों के साथ साफ़ की गई जमीन और चट्टानी पहाड़ियाँ सभी अपने आप में पूर्ण हैं, कमी है तो बस इस क्षेत्र में कुछ प्रगति की और विस्तृत तथा उन्नत खेती की, जिनके लिए यह प्रदेश अत्यंत संवेदनशील है। यहाँ लकड़ी की जगह टसर और लाख के लिए आवश्यकतानुसार बड़े-बड़े आसन और पलास के बागान लगाए जा सकते हैं; बाकी जंगल को भी साफ़ किया जा सकता है और जो भाग इस प्रयोजन के लिए उपयुक्त न हो वहाँ पनई ताड़ और महुआ के पेड़ लगाए जा सकते हैं।

CBSE 2025

(i) **बुकानन ने निचली राजमहल की पहाड़ियों का वर्णन किस प्रकार किया।**

उत्तर बुकानन ने निचली राजमहल की पहाड़ियों को एक सुंदर और आकर्षक के क्षेत्र के रूप में वर्णित किया। उन्होंने घुमावदार संकरी घटियों में धान की फसल, बिखरे हुए पेड़ों के साथ साफ जमीन और चट्टानी पहाड़ियों का उल्लेख किया, जो इस क्षेत्र को प्राकृतिक रूप से पूर्ण और मनोरम बनाते हैं।

(ii) **बुकानन ने इस क्षेत्र में खेती के सुधार की उच्च संभावना को क्यों माना।**

उत्तर बुकानन ने इस क्षेत्र की प्राकृतिक उर्वरता और विविध भू-आकृति को देखते हुए खेती सुधार की उच्च सम्भावना मानी। इनका मानना था कि यहाँ की जमीन विस्तृत और उन्नत कृषि के लिए संवेदनशील है, जिससे उत्पाद बढ़ाया जा सकता था।

(iii) **बुकानन ने आर्थिक लाभ के लिए भूमि का उपयोग करने का प्रस्ताव कैसे दिया।**

उत्तर बुकानान ने आर्थिक लाभ के लिए जंगल साफ करने और टसर व लाख के लिए आसन व पलास के बागान लगाने का प्रस्ताव दिया। इसके अतिरिक्त, अनुपयुक्त भूमि पर पनई ताड़ और महुआ के पेड़ लगाकर संसाधनों का अधिकतम उपयोग करने की सलाह दी।

4. पाँचवीं रिपोर्ट से उद्धृत

जमींदारों की हालत और जमीनों की नीलामी के बारे में पाँचवीं रिपोर्ट में कहा गया है कि राजस्व समय पर नहीं वसूल किया जाता था और काफी हद तक जमीनें समय-समय पर नीलामी पर बेचने के लिए रखी जाती थीं। स्थानीय वर्ष 1203, तद्नुसार 1796-97 ई. में बिक्री के लिए विज्ञापित जमीन की निर्धारित राशि (जुम्मा) ₹ 28,70,061 सिक्का थी और वह वास्तव में ₹ 17,90,416 में बेची गई और ₹ 14,18,756 की राशि जुम्मा के रूप में प्राप्त हुई।

स्थानीय संवत् 1204, तद्नुसार 1797-98 ई. में 26,66,191 सिक्का के लिए जमीन विज्ञापित की गई, ₹ 22,74,076 सिक्के जमीन बेची गई और क्रय राशि ₹ 21,47,580 सिक्का थी। बाकीदारों में कुछ लोग देश के बहुत पुराने परिवारों में से थे।

ये थे, नदिया, राजशाही, विशनपुर (सभी बंगाल के जिले आदि के राजा ·········· साल-दर-साल उनकी जागीरों के टूटते जाने से उनकी हालत बिगड़ गई। उन्हें गरीबी और बर्बादी का सामना करना पड़ा और कुछ मामलों में तो सार्वजनिक निर्धारण की राशि को यथावत् बनाए रखने के लिए राजस्व अधिकारियों को भी काफी कठिनाइयाँ उठानी पड़ीं।

(i) **पाँचवीं रिपोर्ट में जमींदारों की हालत के विषय में क्या बताया गया है?**

उत्तर पाँचवीं रिपोर्ट में जमींदारों की खराब होती आर्थिक स्थिति का वर्णन किया गया है। राजस्व समय पर न वसूल होने के कारण उनकी जमीनें नीलामी पर बेचनी पड़ीं, जिससे उनकी स्थिति और अधिक दयनीय हो गई।

(ii) **1796-97 ई. और 1797-98 ई. में जमीन की नीलामी के बारे में क्या उल्लेख हैं?**

उत्तर 1796-97 ई. में ₹ 28,70,061 सिक्का मूल्य की जमीन नीलामी के लिए रखी गई थी, लेकिन यह ₹ 17,90,000 में ही बिकी। इसी तरह 1797-98 ई. में ₹ 26,66,191 सिक्का मूल्य की जमीन नीलामी के लिए रखी गई, लेकिन यह ₹ 21,47,580 में बिकी।

(iii) **जमींदारों की आर्थिक स्थिति पर क्या प्रभाव पड़ा और कौन-से प्रमुख परिवार प्रभावित हुए?**

उत्तर वर्ष दर वर्ष जागीरों के टूटते जाने से जमींदारों की आर्थिक स्थिति बिगड़ गई, जिससे उन्हें गरीबी और बर्बादी का सामना करना पड़ा। इस स्थिति से बंगाल के पुराने परिवार; जैसे-नड़िया, राजशाही और विशनपुरा के राजा प्रमुख रूप से प्रभावित हुए।

स्वयं को जाँचें

वस्तुनिष्ठ प्रश्न

1. इस्तमरारी प्रथा लागू होने के बाद लगभग कितनी प्रतिशत जमींदारियाँ बेच दी गईं?

(a) 45% (b) 55% (c) 65% (d) 75%

2. ब्रिटिश कंपनी द्वारा जमींदारों को नियंत्रित व उनकी स्वतंत्रता को सीमित करने के संबंध में कौन-सा कथन सही है?

1. जमींदारों की सैन्य टुकड़ियाँ भंग कर दी गईं।
2. आय के स्रोत सीमा शुल्क को समाप्त कर दिया गया।
2. कचहरियों को कंपनी के कलेक्टर के निरीक्षण में कर दिया गया।

कूट

(a) केवल 1 (b) 1 और 2 (c) 1, 2 और 3 (d) 2 और 3

3. .... के दशक में मंदी के कारण जमींदारों का पतन होने लगा और जोतदारों की स्थिति मजबूत होने लगी।

(a) 1860 (b) 1880 (c) 1920 (d) 1930

4. राजमहल की पहाड़ियों के संदर्भ में एक कौन-सा सही नहीं है?

(a) यहाँ के लोग जंगली उत्पादों से अपना जीवन यापन करते थे
(b) यहाँ के लोग झूम कृषि भी करते थे
(c) मैदानी भाग के जमींदारों से बचने के लिए पहाड़ी लोग खिराज (एक प्रकार का कर) देते थे
(d) यहाँ के लोग खाने के लिए महुआ के फूल एवं रेशम के कोया आदि का प्रयोग बाजार में बेचने के लिए करते थे

5. 1857 में कपास आपूर्ति संघ की स्थापना कहाँ की गई?

(a) फ्रांस (b) ब्रिटेन (c) अमेरिका (d) भारत

6. दक्कन दंगा आयोग की रिपोर्ट ब्रिटिश पार्लियामेंट में कब प्रस्तुत की गई?

(a) 1857 ई. (b) 1856 ई. (c) 1878 ई. (d) 1861 ई.

7. बुकानन ने अपने सर्वेक्षण संस्मरण में प्रमुख रूप से किन/ किस क्षेत्रों की चर्चा की है?

1. राजमहल की पहाड़ी प्रदेश
2. संथाल प्रदेश
3. दक्कनी भाग

कूट

(a) 1 और 2 (b) 2 और 3 (c) 1 और 3 (d) 1, 2 और 3

8. नीचे दिए गए कूट की सहायता से सही उत्तर का चयन कीजिए

कथन (A) 18वीं शताब्दी के अंत में जमींदार संकट की स्थिति से गुजर रहे थे।

कारण (R) गाँवों में जोतदारों की शक्ति जमींदारों की अपेक्षा अधिक प्रभावशाली होती थी।

कूट

(a) A और R दोनों सही हैं तथा R, A की सही व्याख्या है
(b) A और R दोनों सही हैं, परंतु R, A की सही व्याख्या नहीं है
(c) A सही है, किंतु R गलत है
(d) A गलत किंतु R सही है

अतिलघु उत्तरीय प्रश्न

9. औपनिवेशिक शासन में किसानों व साहूकारों की जानकारी किन-किन स्रोतों से प्राप्त होती है?

10. दामिन-ए-कोह से क्या समझते हैं?

11. 1830-40 के दशक में कृषकों को ऋण क्यों लेना पड़ता था? दो कारण बताइए।

12. जोतदार जमींदारों का विरोध कैसे करते थे?

13. लॉर्ड कॉर्नवालिस कौन था? उनके बारे में बताइए।

14. झूम कृषि से आप क्या समझते हैं?

15. पहाड़ी जाति के मुखियाओं का प्रमुख कार्य क्या था?

लघु उत्तरीय प्रश्न

16. पहाड़ी लोगों पर संक्षिप्त टिप्पणी लिखिए।

17. राजमहल की पहाड़ियों में संथाल आकर किस प्रकार बसे?

18. संथाल विद्रोह पर संक्षेप में निबंध लिखिए।

19. "शोधकर्ताओं ने पाँचवीं रिपोर्ट में उपलब्ध साक्ष्यों का उपयोग इतिहास के पुनर्निर्माण के लिए किया।" इस कथन को न्यायसंगत ठहराइए।

20. रैयत नए जमींदार के अतिरिक्त पुराने जमींदार के प्रति वफादार रहते थे, क्यों?

21. 1860 के दशक में कपास की बढ़ती माँग के फलस्वरूप ब्रिटेन में कपास आपूर्ति संघ की स्थापना हुई थी। ब्रिटेन में स्थापित इस संघ का मुख्य उद्देश्य क्या था?

दीर्घ उत्तरीय प्रश्न

22. प्राकृतिक आपदाओं के कारण किसान राजस्व की माँग को पूरा करने में असमर्थ थे। चर्चा कीजिए।

23. बुकानन की यात्राओं का खर्च ईस्ट इंडिया कंपनी क्यों उठाती थी? उसका विवरण विकास के संबंध में क्या बताता है?

24. अमेरिकी गृहयुद्ध का भारत में रैयत समुदाय के जीवन पर क्या प्रभाव पड़ा?

25. संथालों पर औपनिवेशिक नीति का क्या प्रभाव पड़ा? संथालों द्वारा जमींदारों और औपनिवेशिक राज के विरुद्ध किए गए विद्रोह के कारण बताइए?

10

अध्याय

विद्रोह और राज
(1857 का आंदोलन और उसका व्याख्यान)

यह अध्याय, 1857 के विद्रोह के प्रसार और दमन के कारणों से संबंधित है। इस विद्रोह में प्रशासकों की दमनात्मक कार्यवाहियों के विषय में जानने के लिए अनेक स्रोत उपलब्ध हैं।

▼ अध्ययन एक नजर में

▼ अभ्यास के लिए

- बहुविकल्पीय प्रश्न 33, चित्र आधारित, कथन/कारण, सुमेलित कीजिए
- वर्णनात्मक प्रकार के प्रश्न (लघु उत्तरीय प्रश्न16,दीर्घ उत्तरीय प्रश्न 6)
- स्रोत आधारित प्रश्न 8, मानचित्र आधारित प्रश्न 5

1857 ई. का विद्रोह भारतीय इतिहास का एक महत्त्वपूर्ण पड़ाव सिद्ध हुआ। इस विद्रोह के विफल होने के पश्चात् भी आधुनिक राष्ट्रीय आंदोलन के महत्त्वपूर्ण आधार का निर्माण हुआ। इस विद्रोह ने भारतीय राष्ट्रवादी भावनाओं के विकास एवं प्रसार में महत्त्वपूर्ण योगदान दिया।

10.1 1857 के विद्रोह से संबंधित गतिविधियाँ—

- भारत के प्रथम स्वतंत्रता संग्राम के नाम से प्रसिद्ध 1857 ई. के **विद्रोह**[1] की शुरुआत 10 मई, 1857 को मेरठ छावनी के सिपाहियों की बगावत से हुई। प्रारंभ में विद्रोह का नेतृत्व भारतीय सैनिकों से बनी पैदल टुकड़ी (सेना) ने किया, जिसमें बाद में घुड़सवार तथा अन्य सेनाएँ शामिल हो गईं। इन सैनिकों के साथ शहर और ग्रामीण क्षेत्र के नागरिक भी जुड़े ।
- सिपाहियों ने किसी न किसी विशेष संकेत के साथ अपनी कार्यवाही शुरू की। कुछ स्थानों पर यह कार्यवाही शाम के समय तोप का गोला दाग कर शुरू की गई, तो कुछ स्थानों पर बिगुल बजाकर विद्रोह का संकेत दिया गया।
- सिपाहियों ने शस्त्रागार पर कब्जा कर लिया, जहाँ हथियार और गोला बारूद (गोलियाँ) रखे हुए थे। इन्होंने जेल कोषागार, टेलीग्राफ ऑफिस, रिकॉर्ड रूम, बंगलों आदि सहित सरकारी इमारतों पर भी हमला किया और सभी रिकॉर्ड जला दिए । दिल्ली की टेलीग्राफ लाइन भी काट दी गई।

1 विद्रोह सशस्त्र बलों के भीतर नियमों और विनियमों की सामूहिक अवज्ञा।

दिल्ली में प्रवेश

▲ मुगल बादशाह बहादुरशाह

- 10 मई को रात्रि में चलते हुए सिपाही 11 मई, 1857 को लाल किले के द्वार पर पहुँचे। उनके साथ कई अन्य स्थानों के सिपाही भी दिल्ली में प्रवेश कर गए और शहर के लोग उनके साथ शामिल होने लगे।
- सिपाहियों ने पारंपरिक दरबारी शिष्टाचार की अनदेखी करते हुए लाल किले में प्रवेश किया।
- विद्रोह की इस भीड़ में बहुत सारे यूरोपीय मारे गए और दिल्ली के अमीर लोगों पर हमले हुए तथा लूटपाट हुई। परिणाम स्वरूप दिल्ली अंग्रेजों के नियंत्रण से बाहर हो चुकी थी।
- सिपाहियों ने अपने उद्देश्य के लिए बादशाह से माँग की कि वह उन्हें आशीर्वाद दें। बहादुरशाह ज़फर सिपाहियों से घिरे हुए थे। उनके पास सहमत होने के अतिरिक्त कोई विकल्प नहीं था। इस प्रकार विद्रोह को वैधता मिली, क्योंकि अब यह मुगल बादशाह के नाम पर लड़ा जा रहा था।
- गंगा घाटी और दिल्ली के पश्चिम में स्थित छावनियाँ विद्रोह में शामिल हो गईं।
- गोरे लोगों से जुड़ी प्रत्येक वस्तु और प्रत्येक व्यक्ति को निशाना बनाया गया। निशाने पर लखनऊ, कानपुर और बरेली जैसे शहरों के साहूकार और अमीर लोग थे।
- जैसे-जैसे सामान्य लोग विद्रोह में शामिल होते गए हमले के लक्ष्य बढ़ते गए।
- सिपाहियों के बीच का यह विद्रोह शीघ्र ही एक बड़े चौतरफा विद्रोह में बदल गया।

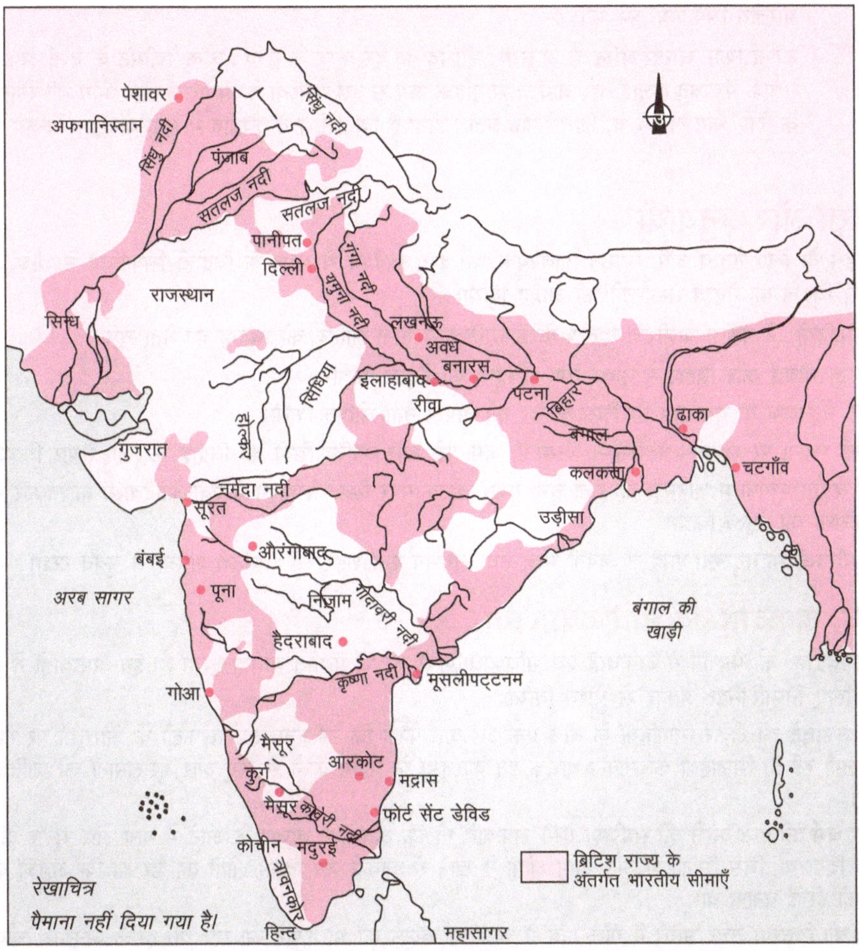

10.2 विद्रोह का स्वरूप

विद्रोह की खबर तेजी से फैली और कई छावनियों में अंग्रेजों के विरुद्ध विद्रोह हो गया। प्रत्येक छावनी में घटनाओं का क्रम लगभग एक समान था।

संचार के माध्यम

▲ रानी लक्ष्मी बाई

- 1857 के विद्रोह के समय विभिन्न छावनी के सिपाहियों के पास समुचित संचार की व्यवस्था (Line of Communication) होती थी।
- सिपाही या उनके संदेशवाहक विद्रोही रणनीतियों (Strategy) पर विचार-विमर्श के लिए एक जगह से दूसरी जगह संदेश लेकर जाते थे। उदाहरणस्वरूप; जब **सातवीं अवध इर्रेग्युलर कैवेलरी** ने मई में नए कारतूस के प्रयोग करने से इंकार कर दिया, तो उन्होंने इसकी प्रतिक्रिया जानने के लिए 48वीं नेटिव इन्फैंट्री को पत्र लिखा।
- इसके विपरीत कुछ अन्य साक्ष्यों से यह पता चलता है कि **विद्रोहियों**[2] के बीच समन्वय का अभाव था। उदाहरणस्वरूप; विद्रोह के दौरान अवध मिलिट्री पुलिस के **कैप्टन हियर्से** की मृत्यु या गिरफ्तारी को लेकर अवध मिलिट्री पुलिस और 41वीं नेटिव इन्फैंट्री के बीच मतभेद था। कैप्टन हियर्से की सुरक्षा की जिम्मेदारी भारतीय सिपाहियों की थी।
- इतिहासकार **चार्ल्स बॉल** के अनुसार, मतभेद को दूर करने के लिए प्रत्येक रेजीमेंट के देशी अफसरों की कानपुर में एक पंचायत बुलाई गई, जहाँ वे सामूहिक रूप से इस समस्या के समाधान और आगे की रणनीति तैयार करने के लिए भाग ले रहे थे, जिससे यह प्रतीत होता है कि 1857 के विद्रोह में एक योजना समन्वय एवं संचार कार्य कर रहा था।

विद्रोह के नेता और अनुयायी

- अंग्रेजों से लड़ने के लिए नेतृत्व और संगठन आवश्यक था। इस उद्देश्य से मेरठ के विद्रोही सिपाहियों ने शीघ्र ही मुगल सम्राट बहादुर शाह से विद्रोह का नेतृत्व सम्भालने का आग्रह किया।
- कानपुर में सिपाहियों ने पेशवा बाजीराव द्वितीय के उत्तराधिकारी नाना साहिब को विद्रोह का नेता चुना।
- झाँसी में रानी लक्ष्मीबाई और बिहार में कुंवर सिंह विद्रोह का नेतृत्व किया।
- अवध में लोगों ने नवाब के युवा पुत्र बिरजिस कादिर को अपना नेता घोषित किया।
- इसी प्रकार कई स्थानों पर स्थानीय नेताओं ने किसानों, जमींदारों और आदिवासियों को विद्रोह के लिए तैयार किया।
- उत्तर प्रदेश में बड़ौत परगना में शाहमल को नेता चुना गया। छोटानागपुर स्थित सिंहभूम में एक आदिवासी काश्तकार गोनू ने प्रदेश के कोल आदिवासियों का नेतृत्व किया।
- फैजाबाद के **मौलवी महमदुल्ला शाह** ने अपनी मृत्यु तक लगभग एक शहर को ब्रिटिश शासन से मुक्त रखा।

विद्रोह संबंधी अफवाहें एवं भविष्यवाणियाँ

1857 ई. के जन विद्रोह को फैलाने में अफवाहें एवं भविष्यवाणियों का भी प्रर्याप्त योगदान रहा है। इन अफवाहों ने आम जनता को विद्रोह करने के लिए निम्नलिखित प्रकार से प्रेरित किया

(i) **कारतूसों के मुद्दे** को लेकर सिपाहियों के बीच एक अफवाह फैली कि नई एनफील्ड राइफलों के कारतूसों पर गाय और सूअर की चर्बी लगी हुई है। सिपाहियों का मानना था कि इन कारतूसों के प्रयोग करने से हिंदू और मुसलमानों की जाति तथा धर्म भ्रष्ट हो जाएगा।

(ii) **जाति और धर्म को नष्ट करने की साजिश** ऐसी अफवाहें थीं कि अंग्रजों ने बाजार के आटे में गाय और सूअर की हड्डियों का चूरा मिला दिया था, जिसे सिपाहियों और आम लोगों ने खाने से इनकार कर दिया। लोगों को डर था कि अंग्रेजों का उद्देश्य भारतीयों को ईसाई बनाना था।

(iii) **चपातियों का वितरण** उत्तर भारत मे गाँव-गाँव में चपातियाँ बाँटने की भी रिपोर्टें आ रही थीं। इसके अनुसार, चौकीदार को एक आदमी द्वारा चपाती दी जाती थी। तथा पाँच और चपातियों को अगले गाँव तक पहुँचाना होता था। यद्यपि इसका उद्देश्य बहुत स्पष्ट नहीं हो सका था फिर भी इसे एक उथल-पुथल का संकेत माना गया।

2 विद्रोहियों का अर्थ है किसी स्थापित सरकार या नेता के विरुद्ध विरोध या सशक्त प्रतिरोध करने वाला।

अफवाहों को स्वीकार करने के कारण

- ब्रिटिश नीतियों के अन्तर्गत लार्ड विलियम बैंटिक द्वारा भारतीय समाज सुधार के बहाने पश्चिमी शिक्षा, पश्चिमी विचार और पश्चिमी संस्थानों का प्रसार किया जा रहा था।
- अंग्रेजों द्वारा सती प्रथा (1829) जैसे रिवाजों को समाप्त करने और हिंदू विधवाओं के पुनर्विवाह की अनुमति हेतु कानून बनाए गए, जिसे रीति- रिवाजों पर हस्तक्षेप माना गया।
- अंग्रेजों ने कुशासन और गोद लेने को मान्यता देने से इनकार करने जैसे मुद्दों पर भारतीय राज्यों को अपने अधीन करना शुरू कर दिया। सतारा, संभलपुर, जयपुर अवध, नागपुर झाँसी आदि राज्यों को इन आधारों पर अपने अधीन करने के पश्चात् अंग्रेजों ने भूमि बंदोबस्त और भू-राजस्व वसूली करना शुरू किया।
- सामाजिक, धार्मिक रीति-रिवाजों और भूमि स्वामित्व के स्वरूप को एक अव्यक्तिक और दमनकारी व्यवस्था द्वारा प्रतिस्थापित कर दिया गया।

चेक प्वॉइंट 1

1. मेरठ के सिपाहियों ने विद्रोह कब किया?
2. सातवीं अवध इर्रेग्युलर कैवेलरी ने नए कारतूस का प्रयोग करना कब बंद किया?
3. विद्रोह के दौरान कैप्टन हर्से को किसने सुरक्षा प्रदान की?
4. अवध की जनता ने किसे अपना नेता चुना?
5. कुशासन जैसे मुद्दों पर अंग्रेजों ने किन भारतीय राज्यों पर कब्जा कर लिया?

10.3 अवध में विद्रोह

अवध राज्य को औपचारिक रूप से 1856 ई. में ब्रिटिश साम्राज्य में मिला लिया गया। विलय निम्न चरणों में हुआ।

सहायक संधि

- सहायक संधि की शुरुआत 1798 ई. में लॉर्ड वेलेजली द्वारा हुई। 1801 ई. में इसे अवध पर लागू किया गया।
- अंग्रेजों के साथ सहायक संधि करने पर निम्नलिखित नियमों और शर्तों को मानना होता था, जैसे
  - अंग्रेज अपने सहयोगियों को अपनी शक्ति द्वारा बाहरी और आंतरिक खतरों से बचाने के लिए जिम्मेदार होंगे
  - ब्रिटिश सशस्त्र बलों का एक समूह सहयोगी पक्ष के क्षेत्र में रखा जाएगा।
  - सहयोगी पक्ष को इस टुकड़ी (समूह) को बनाए रखने के लिए संसाधन उपलब्ध कराने होंगे।
  - सहयोगी केवल अंग्रेजों की अनुमति से ही अन्य शासकों के साथ समझौता कर सकते हैं या युद्ध में शामिल हो सकते हैं।
- इस संधि के अंतर्गत नवाब को अपनी सेना को भंग करना पड़ता था तथा अंग्रेजों को राज्य के अन्दर अपनी सेना तैनात करने और दरबार में **ब्रिटिश रेजिडेंट**[3] के आदेशों का पालन करने के लिए बाध्य किया जाता था।
- इसके अंतर्गत नवाब कानून और व्यवस्था बनाए रखने के लिए अंग्रेजों पर निर्भर हो गए तथा विद्रोही सरदारों व तालुकदारों पर उसका नियंत्रण कमजोर हो गया।

अवध में बढ़ती दिलचस्पी और नवाब को हटाना

- धीरे-धीरे अवध को हासिल करने के अंग्रेजों की रुचि बढ़ती गई, क्योंकि इसकी उपजाऊ मिट्टी नील और कपास उगाने के लिए उपयुक्त थी।
- भारत के गवर्नर जनरल लॉर्ड डलहौजी द्वारा कुशासन की नीति से अवध पर कब्जा करने के बाद सभी जुड़े हुए क्षेत्रों और रियासतों में असंतोष उत्पन्न हो गया।
- अवध के नवाब वाजिद अली शाह थे , जिनको हटाकर कलकत्ता भेज दिया गया। इनके निष्कासन के पश्चात् दरबार और उसकी संस्कृति को नष्ट कर दिया गया ।
- इसके परिणामस्वरूप संगीतकारों, नर्तकों, कारीगरों, रसोईयों, अनुचरों प्रशासनिक अधिकारियों सहित अनेक लोगों ने अपनी जीविका खो दी।

---

3 **ब्रिटिश रेजिडेंट** यह गवर्नर, जनरल के प्रतिनिधि के पदनाम को संदर्भित करता है, वह ऐसे राज्य में रहता था, जो सीधे ब्रिटिश शासन के अधीन नहीं था।

अवध के विलय के बाद परिस्थितियाँ तालुकदारों की शिकायत

- तालुकदारों के पास कई पीढ़ियों से अवध के ग्रामीण क्षेत्रों अनेक जागीरें और किले थे। वे भूमि और सत्ता को नियंत्रित करते थे, सशस्त्र अनुयायियों कों रखते थे और किले बनवाते थे। जब तक वे नवाब के अधिकार क्षेत्र में और अपने तालुकों पर कर देते थे, तब तक उन्हें कुछ स्वतंत्रता प्राप्त थी।
- बड़े तालुकदारों के पास लगभग 12,000 पैदल सैनिक थे और छोटे तालुकदारों के पास लगभग 200 सैनिक थे, लेकिन अंग्रेजों द्वारा तालुकदारों को निरस्त करने और उनके किलों को नष्ट करने के कारण उनकी संख्या कम हो गई।

एकमुश्त बंदोबस्त: एक भू-राजस्व नीति

- 1856 ई. में **एकमुश्त बंदोबस्त** (Revenue or Summary Settlement) नामक ब्रिटिश भू-राजस्व व्यवस्था के द्वारा तालुकदारों को अपनी जमीनों से बेदखल कर दिया गया, जो छल और बल के अंतर्गत किया गया था।
- इसके परिणामस्वरूप इनके पास गाँवों की संख्या 67% से घटकर 38% हो गई। इसका सबसे अधिक प्रभाव दक्षिणी अवध पर पड़ा था।
- दक्षिणी अवध के कुछ तालुकदारों ने पहले जितने गाँवों परा कब्जा किया था, उनमें से आधे से ज्यादा गाँव खो दिए अर्थात् वे क्षेत्र अंग्रेजों के अधिकार क्षेत्र में आ गए थे।

किसानों की शिकायतें

- ब्रिटिशों द्वारा अवध के विलय के पश्चात् तालुकदारों का अंत किए जाने के पीछे निम्न कारण प्रमुख थे
  - जमीन को तालुकदारों से लेकर उसके असली स्वामी को देना।
  - किसानों के शोषण में कमी लाना।
  - राजस्व वसूली में वृद्धि करना।
- इससे किसानों को लाभ नहीं हुआ, क्योंकि अनेक क्षेत्रों में मूल्य का निर्धारण ऊँचे स्तरों पर किया गया था। इतना ही नहीं कुछ स्थानों पर राजस्व में 30% से 70% तक वृद्धि की गई थी।
- तालुकदारों को सत्ता से बेदखल करने के प्रभावस्वरूप किसानों एवं तालुकदारों का सामाजिक बंधन बिखर गया, जो पहले निष्ठा और संरक्षण की डोर से बँधा हुआ था। इन संबंधों को निम्नलिखित रूप में देखा जा सकता है
- जनता द्वारा अनेक तालुकदारों को कृपालु अभिभावक के रूप में माना जाता था। तालुकदारों द्वारा अनेक प्रकार से पैसे वसूलने के पश्चात् भी किसान उन्हें सुख-दु:ख का मसीहा मानते थे।
- किसानों का इस बात पर से विश्वास हट चुका था कि बुरे समय या फसल नष्ट होने पर राजस्व माँग में कोई कमी या वसूली के समय में वृद्धि की जाएगी। किसानों ने पर्व-त्योहारों पर कर्ज और मदद मिलने की आशा भी छोड़ दी थी, जो उन्हें पहले तालुकदार से मिल जाती थी।
- अनेक तालुकदार अवध के नवाब के प्रति अत्यंत निष्ठा रखते थे। अत: वे अंग्रेजों के विरुद्ध प्रतिरोध करने के लिए लखनऊ जाकर बेगम हजरत महल से जा मिले। इनमें से कुछ बेगम की पराजय के बाद भी अंग्रेजों से युद्ध करते रहे।

▲ यूरोपीय वर्दी में बंगाल के सिपाही

सिपाहियों की शिकायतें

- सिपाहियों का वेतन कम था, उन्हें छुट्टियाँ मिलने में भी कठिनाई होती थी।
- पहले गोरे अधिकारी सिपाहियों के साथ दोस्ताना संबंध रखते थे, किन्तु बाद में अधिकारी सिपाहियों को अपने से नीचे (अयोग्य) समझने लगते थे। गाली-गलौज और शारीरिक हिंसा सामान्य हो गई तथा विश्वास का स्थान संदेह ने ले लिया।
- उत्तरी भारत में सिपाहियों और ग्रामीण जनता के बीच गहरे संबंध थे। बंगाल आर्मी के सिपाहियों में से अनेक सिपाही अवध और पूर्वी उत्तर प्रदेश के गाँवों से थे। इनमें से अनेक ब्राह्मण जाति के थे, बल्कि अवध को **बंगाल आर्मी की पौधशाला** कहा जाता था।

10.4 विद्रोह के उद्देश्य

- अपने विचारों का प्रसार करने और लोगों को विद्रोह में शामिल करने के लिए जारी की गई कुछ घोषणाओं और समाचारों (इश्तहारों) के अतिरिक्त ऐसे साक्ष्य उपलब्ध नहीं हैं, जिनके आधार पर विद्रोहियों के दृष्टिकोण को समझ सकें।

एकता की कल्पना

- 1857 ई. में विद्रोहकर्ताओं ने जो घोषणाएँ कीं, उनमें जाति एवं धर्म में भेद किए बिना समाज के सभी वर्गों से समान रूप से आह्वान किया गया। विज्ञापनों एवं घोषणाओं में हिंदुओं एवं मुसलमानों दोनों की भावनाओं का सम्मान रखा जाता था।

- 1857 के विद्रोह में दोनों के हित समान थे। इनके हितों से संबंधित घोषणाओं में सबसे प्रमुख बहादुरशाह के नाम जारी की गई घोषणा है, जिसमें मुहम्मद और महावीर दोनों को मानने वाले लोगों से इस विद्रोह में हिस्सा लेने के लिए अपील की गई।
- अंग्रेज शासन द्वारा हिंदू-मुस्लिम एकता तोड़ने के लिए ₹ 50,000 तक खर्च किए गए, जिसमें पश्चिमी उत्तर प्रदेश स्थित बरेली के हिंदुओं को मुसलमानों के विरुद्ध भड़काया गया था। इसके बावजूद हिंदुओं और मुसलमानों ने विद्रोह में अपनी चट्टानी एकता का परिचय दिया।

उत्पीड़न के प्रतीकों के विरुद्ध

- विद्रोहियों द्वारा घोषणाओं में ब्रिटिश शासन या **फिरंगीराज**[4] से संबंधित प्रत्येक वस्तु का पूर्णरूप से बहिष्कार कर रहे थे। विद्रोही नेताओं का कहना था कि ब्रिटिशों पर विश्वास नहीं किया जा सकता। देशी रियासतों पर कब्जे और समझौतों का उल्लंघन करने की भी भर्त्सना की जाती थी। इसके अतिरिक्त निम्नलिखित उत्पीड़न से प्रेरित होकर इन घोषणाओं के माध्यम से अंग्रेजों की भर्त्सना की जाती थी
- बड़े-छोटे भू-स्वामियों को ब्रिटिश राजस्व व्यवस्था द्वारा बेदखल कर दिया जाना। विदेशी व्यापार द्वारा दस्तकार और बुनकर भी धीरे-धीरे समाप्त हो गए।
- विद्रोहियों में इस बात का भय था कि अंग्रेज हिंदुओं व मुसलमानों की जाति एवं धर्म को नष्ट कर ईसाई धर्म का प्रसार करना चाहते थे।
- विद्रोहियों द्वारा लोगों को प्रेरित किया गया कि वे एकत्र होकर अपने धर्म, सम्मान, व्यवसाय आदि की रक्षा के लिए लड़ाई लड़ें। यह लड़ाई 'व्यापक सार्वजनिक भलाई' की लड़ाई होगी।
- यह विद्रोह अनेक जगहों पर ब्रिटिशों के विरुद्ध उन सभी शक्तियों के विरुद्ध हमले का रूप ले लेता था, जिनको अंग्रेजों का हितैषी या जनता का शोषक माना जाता था, जिसमें शहर के संभ्रांत, गाँवों में सूदखोर आदि शामिल होते थे।

वैकल्पिक सत्ता की खोज

- दिल्ली, लखनऊ तथा कानपुर जैसी जगहों पर अंग्रेजी शासन के नष्ट हो जाने के पश्चात् विद्रोहियों द्वारा एक वैकल्पिक सत्ता स्थापित की गई। इस सत्ता को बनाए रखने के लिए अनेक प्रयास किए गए, जो निम्नांकित हैं
  - पुरानी दरबारी संस्कृति का सहारा लिया गया।
  - विभिन्न पदों पर नियुक्तियाँ की गईं।
  - भू-राजस्व वसूली के साथ-साथ सिपाहियों के वेतन के भुगतान के लिए व्यवस्था की गई।
  - लूटपाट को बंद करने के लिए हुक्मनामे जारी किए गए एवं अंग्रेजों के विरुद्ध जंग को जारी रखने की नीतियाँ भी बनाई गईं।
  - सेना की कमान श्रृंखला निर्धारित की गई।
- विद्रोहियों द्वारा स्थापित वैकल्पिक सत्ता का मुख्य उद्देश्य युद्ध की आवश्यकताओं की पूर्ति करना था, परंतु अंग्रेजों की कूटनीति एवं दमनचक्र के सामने यह सत्ता अधिक दिनों तक नहीं रह सकी।

10.5 विद्रोह का दमन

नये कानूनों का पारित होना

- उपलब्ध विवरणों के आधार पर ऐसा प्रतीत होता है कि 1857 के विद्रोह का दमन करना अंग्रेजों के लिए सरल नहीं था। अंग्रेजों द्वारा विद्रोह को शांत करने के लिए 1857 के मई और जून में अनेक कानून पारित किए गए।
- पूरे उत्तरी भारत में **मार्शल लॉ**[5] (Marshal Law) लागू कर दिया गया साथ ही सिपाही, अफसरों एवं साधारण अंग्रेजों को भी उन भारतीयों पर मुकदमा चलाने एवं सजा देने का अधिकार मिल गया, जिन पर विद्रोह में हिस्सा लेने का शक था।
- इन कानूनों के माध्यम से कानून की समान प्रक्रिया का अंत कर दिया गया एवं विद्रोहियों का अंत करने की नीति को अपनाया गया।

दिल्ली पर कब्जा

- दिल्ली पर अधिकार करने के लिए जून, 1857 में कलकत्ता व पंजाब दोनों ओर से हमला किया गया।
- सितंबर, 1857 तक दिल्ली पर अंग्रेजों का आधिपत्य स्थापित हुआ। इस विद्रोह को दबाने के लिए अंग्रेजों ने ब्रिटेन से विशेष सैनिकों को बुलाया। इसके अतिरिक्त अंग्रेजों ने वर्तमान उत्तर प्रदेश के एक बड़े भाग में जमींदारों एवं काश्तकारों की एकता को तोड़ने के लिए जमींदारों को उनकी जमीन लौटा देने का आश्वासन दिया। वे जमींदार, जिन्होंने विद्रोहियों का साथ दिया, उन्हें जमीन से बेदखल किया गया एवं साथ न देने वाले को ईनाम दिया गया।

---

4 **फिरंगीराज** यह मूलतः पार्शियन (फारसी) भाषा से उद्धत शब्द है, जिसका प्रयोग सामान्यतः उर्दू और हिंदी में विदेशियों के लिए किया जाता था।

5 **मार्शल लॉ** (Marshal Law) जब नागरिक अधिकार तथा नागरिक प्रशासन असफल हो जाता है, तो अस्थायी समय के लिए मार्शल लॉ लगाया जाता है, ताकि नागरिक प्रशासन पुनः बहाल किया जा सके।

गंगा के मैदानों पर कब्जा

- गंगा के मैदानों पर ब्रिटिश सेना ने गाँव-गाँव पर कब्जा कर लिया। इस समय तक, अंग्रेजों को एहसास हो गया था कि यह केवल सामान्य विद्रोह नहीं था, बल्कि विशेष और बड़ा विद्रोह था, जिसे बहुत बड़ा जन समर्थन प्राप्त था।
- अवध में एक ब्रिटिश अधिकारी के अनुसार, व्यस्क पुरुष आबादी का लगभग तीन-चौथाई हिस्सा विद्रोही था। इस क्षेत्र को मार्च, 1858 में ही नियंत्रण में लाया गया था। जब बहुत लंबी और कठोर कारवाई की गई थी।

अन्य रणनीतियाँ

- वर्तमान उत्तर प्रदेश के अनेक हिस्सों में अंग्रेजों ने वफादार जमींदारों को जागीरें लौटाने का वादा करके बड़े जमींदारों और किसानों की एकता को कमजोर करने की कोशिश की।
- विद्रोही जमींदारों को बेदखल कर दिया गया, जबकि वफादार जमींदारों को पुरस्कृत किया गया। अनेक जमींदार अंग्रेजों से लड़ते हुए मारे गए, जबकि शेष नेपाल भाग गए, जहाँ वे भूखमरी या बीमारी से मर गए।

चेक प्वॉइंट 2

1. सहायक संधि के तहत अंग्रेजों की प्रमुख जिम्मेदारियों में से एक क्या थी?
2. अवध के विलय के बाद नवाब वजिद अली शाह का क्या हुआ?
3. अवध को बंगाल सेना की नर्सरी" क्यों कहा जाता था?
4. अंग्रेज शासन द्वारा हिंदू-मुस्लिम एकता तोड़ने के लिए कितना रूपया खर्च किया गया?
5. अंग्रेजों ने दिल्ली पर कब्जा करने का लक्ष्य कब बनाया?

10.6 विद्रोह की छवियाँ

▲ दिल्ली रिज पर मस्जिद की तस्वीर

- इतिहासकारों द्वारा 1857 के विद्रोह से संबंधित जानकारी हेतु स्रोतों के लिए अंग्रेजों द्वारा लिखित दस्तावेजों तथा चित्रों को ही प्राथमिकता दी जाती है, परंतु इसके अतिरिक्त विद्रोहियों की कुछ घोषणाएँ, अधिसूचनाएँ तथा नेताओं के पत्रों से भी विद्रोह से संबंधित गतिविधियों की जानकारी मिलती है।
- औपनिवेशिक प्रशासक भी अपनी चिट्ठियों, डायरियों, आत्मकथाओं और सरकारी इतिहासों में विद्रोह की गतिविधियों को दर्ज कर गए हैं। अनेक मेमो और नोट्स, परिस्थितियों के आकलन एवं विभिन्न रिपोर्टों के माध्यम से भी अंग्रेजों के विषय में जान सकते हैं।
- ब्रिटिश अखबारों और पत्रिकाओं में सैनिक विद्रोहियों द्वारा की गई हिंसा की कहानियों को बड़े लोमहर्षक (वीभत्स) शब्दों में छापा जाता था, जो जनता को प्रतिशोध और सबक सिखाने के लिए प्रेरित करती थीं। अंग्रेजों और भारतीयों द्वारा तैयार की गई तस्वीरें इस विद्रोह का एक महत्त्वपूर्ण प्रमाण रही हैं। इस विद्रोह से संबद्ध अनेक चित्र, पेंसिल से बने रेखांकन, उत्कीर्ण चित्र, पोस्टर, कार्टून और बाजार-प्रिंट उपलब्ध हैं।

रक्षकों का अभिनंदन

▲ लखनऊ में राहत शिविर

- अंग्रेजों द्वारा बनाई गई तस्वीरों में से कुछ तस्वीरों में अंग्रेजों की रक्षा करने एवं विद्रोहियों का दमन करने वाले अंग्रेज सेनानायकों का महिमामंडन किया गया है।
- 1859 ई. में **टॉमस जोंस बार्कर** द्वारा बनाया गया चित्र **रिलीफ ऑफ लखनऊ** (लखनऊ की राहत) इसी प्रकार का एक उदाहरण है, जिसमें लखनऊ पर विद्रोही टुकड़ियों के घेरा डालने पर ब्रिटिश सेनानायकों द्वारा उसे घेरे से मुक्त कराते हुए दिखाया गया है।
- 25 सितंबर, 1857 को **जेम्स ऑउट्रम** और **हेनरी हैवलॉक** के नेतृत्व में ब्रिटिश सेना लखनऊ पहुँची, जिससे ब्रिटिश टुकड़ियों को सहारा मिला। 20 दिन पश्चात् कॉलिन कैंपबेल के नेतृत्व में भारत में ब्रिटिश सेना आई, जिसने रक्षक सेना को विद्रोही घेरे से छुड़ाया। बार्कर की पेंटिंग में कैंपबेल के आगमन के क्षण के जश्न का चित्रण किया गया है।

अंग्रेजी और ब्रिटेन का सम्मान

- **जोजेफ नोएल पेटन** ने विद्रोह की समाप्ति के दो वर्ष पश्चात् **इन मेमोरियम** नामक चित्र बनाया, जिसमें अंग्रेज औरतें तथा बच्चों की लाचार व बेबस स्थिति का चित्रण किया गया है। इसके माध्यम से विद्रोहियों का बर्बर व हिंसक रूप में चित्रण किया गया है।
- कुछ अन्य रेखाचित्रों व पेंटिंग्स में औरतों को विभिन्न रूपों में दिखाया गया है; जैसे—विद्रोही के हमले से बचाव करते हुए वीरता की मूर्ति के रूप में दर्शाया गया है।

▲ स्मृति में

प्रतिशोध और सबक

- विद्रोह से संबंधित प्रकाशित चित्रों एवं सूचनाओं ने ऐसा वातावरण तैयार किया, जिसमें न्याय के मूल्यों की रक्षा के लिए ब्रिटिश प्रतिष्ठा और सत्ता को मिल रही चुनौती का निर्मता से दमन करना आवश्यक था।

दहशत का प्रर्दशन

विद्रोहियों की निर्मम हत्या व फाँसी की तस्वीरों का पत्र-पत्रिकाओं के माध्यम से प्रचार-प्रसार किया जा रहा था। विद्रोहियों को
तोपों के मुहाने पर बाँधकर उड़ा दिया गया या फाँसी पर लटका दिया गया। इन सजाओं की तस्वीरों ने आम जनता में दहशत
उत्पन्न कर दी।

दया के लिए कोई जगह नहीं

- ब्रिटिश पत्रिका **पंच** में एक कार्टून के द्वारा कैनिंग को एक भव्य नेक बुजुर्ग के रूप में चित्रित किया गया है। इस चित्र में कैनिंग का एक हाथ एक सिपाही के सिर पर है, जिसके हाथों में एक नंगी तलवार एवं कटार है, जिससे खून टपक रहा है। इस चित्र का चित्रण उस समय के अनेक चित्रों में किया गया था।
- कैनिंग एक ऐसा गवर्नर जनरल था, जिसने यह घोषणा की कि नरमी और दया भाव से सिपाहियों के विश्वास को जीता जा सकता है। कैनिंग की इस घोषणा का ब्रिटेन की प्रेस में मजाक उड़ाया गया था।

राष्ट्रवादी छवियाँ

- बीसवीं सदी में राष्ट्रवादी आंदोलनों को 1857 ई. के विद्रोह से प्रेरणा मिली थी। 1857 ई. के विद्रोह को प्रथम स्वतंत्रता संग्राम के रूप में जाना जाता है, जिसमें देश के प्रत्येक समुदाय के लोगों ने एक साथ मिलकर साम्राज्यवादी शासन के विरुद्ध जंग लड़ी थी। 1857 ई. की यादगार को जीवित रखने में इतिहास लेखन के समान कला और साहित्य ने भी महत्त्वपूर्ण भूमिका निभाई।
- राष्ट्रवाद की भावना को जाग्रत करने का साहित्य एवं कला के द्वारा भिन्न-भिन्न दृश्यों के रूप में चित्रण किया गया है, जो निम्न प्रकार हैं
  - विद्रोही नेताओं को एक ऐसे नायक के रूप में दर्शाया गया है, जो देश को रणक्षेत्र की ओर ले जाता है।
  - नायकों को दमनकारी साम्राज्यवादी शासन के विरुद्ध उत्तेजित करते हुए चित्रित किया गया है।
  - झाँसी की रानी को एक मर्दाना के रूप में दुश्मनों को मौत के घाट उतारते हुए आगे बढ़ते हुए चित्रित किया जाना है; जैसे प्रसिद्ध कवयित्री सुभद्रा कुमारी चौहान के कविता की प्रसिद्ध पंक्ति खूब लड़ी मर्दानी वे तो झाँसी वाली रानी थी। रानी लक्ष्मी बाई के इस स्वरूप को दर्शाती है।

नोट लोक छवियों में रानी लक्ष्मीबाई को हमेशा फौजी पोशाक में घोड़े पर सवार और एक हाथ में तलवार लिए हुए दिखाया जाता है, जिसे अन्याय और विदेशी शासन के दृढ़ प्रतिरोध का प्रतीक समझा जाता है।

▲ रानी लक्ष्मीबाई एक मर्दाना योद्धा के रूप में

निष्कर्ष

चित्र दर्शाते हैं कि कलाकार घटनाओं को कैसे देखते थे, उन्हें क्या महसूस होता था और वे क्या व्यक्त करना चाहते थे। इन चित्रों के माध्यम से हम उन लोगों के बारे में जानते हैं, जिन्होंने उनकी सराहना की या आलोचना की और अपने घरों में प्रदर्शित करने के लिए उनकी प्रतियाँ खरीदीं।

इन चित्रों ने सार्वजनिक दृष्टिकोण को भी प्रभावित किया। ब्रिटेन में प्रसारित चित्र विद्रोहियों के कठोर दमन का समर्थन करते थे। इसके विपरीत, विद्रोह के राष्ट्रवादी चित्रण ने राष्ट्रवादी कल्पना को आकार देने में मदद की।

चेक प्वॉइंट 3

1. विद्रोह के दौरान किस प्रकार के भावनात्मक चित्र बनाए गए थे?
2. 'रिलीफ ऑफ लखनऊ' चित्र किसके द्वारा बनाया गया था?
3. 'पंच' में प्रकाशित कार्टून मे कैनिंग को कैसे दर्शाया गया है?
4. विद्रोह के संदर्भ में रानी लक्ष्मी बाई किसका प्रतीक हैं?

टाइमलाइन

1801	अवध में वेलेजली द्वारा सहायक संधि लागू की गई।
1856	नवाब वाजिद अली शाह को गद्दी से हटाया गया तथा अवध का अधिग्रहण किया गया।
1856-57	अंग्रेजों द्वारा अवध में एकमुश्त लगान बंदोबस्त लागू किया गया।
10 मई, 1857	मेरठ में 'सैनिक विद्रोह' का आरंभ हुआ।
11-12 मई, 1857	दिल्ली रक्षक सेना में विद्रोह : बहादुरशाह सांकेतिक नेतृत्व स्वीकार करते हैं।
20-27 मई, 1857	अलीगढ़, इटावा, मैनपुरी, एटा में सिपाही विद्रोह हुआ।
30 मई, 1857	लखनऊ में विद्रोह हुआ।
मई-जून, 1857	सैनिक विद्रोह का एक व्यापक जन-विद्रोह के रूप में बदलना आरंभ हुआ।
30 जून, 1857	चिनहाट के युद्ध में अंग्रेजों की हार हुई।
25 सितंबर, 1857	हैवलॉक और ऑउट्रम के नेतृत्व में अंग्रेजों की टुकड़ियाँ लखनऊ रेजीडेंसी में दाखिल हुईं।
जून, 1858	युद्ध में झाँसी की रानी की मृत्यु हुई।
जुलाई, 1858	युद्ध में शाहमल की मृत्यु हुई।

Mind Map

विद्रोही और राज (1857 का आंदोलन और उसका व्याख्यान)

1 विद्रोह का दर्रा

नेता और अनुयायी
- बहादुरशाह विद्रोह के प्रतीकात्मक नेता बने।
- इन्होंने धार्मिक अनेक क्षेत्रों में विद्रोह को प्रेरित किया।
- शाहमल और गोनू जैसे स्थानीय नेताओं ने ग्रामीणों और आदिवासियों को संगठित किया।

अफवाहें और भविष्यवाणियाँ
- कारतूसों पर गाय और सूअर की चर्बी होने की अफवाहों ने सिपाहियों को नाराज कर दिया।
- अफवाहें फैली कि अंग्रेजों ने जाति और धर्म नष्ट करने के लिए आटे में हड्डियों की राख मिला दी।
- भविष्यवाणियों में 23 जून, 1857 को ब्रिटिश शासन के अंत की भविष्यवाणी की गई थी।

सैन्य विद्रोह कैसे शुरू हुए?
- सिपाहियों ने विद्रोह की शुरुआत शाम के समय कहीं तोप दागने, तो कहीं बिगुल बजाकर की।
- विद्रोहियों ने हथियार कब्जे में ले लिए, खजानों को लूटा और अभिलेख जला दिए।
- इन घोषणाओं ने हिंदुओं और मुसलमानों को अंग्रेजों के विरुद्ध एकजुट किया।

संचार के माध्यम
- सिपाहियों ने पत्रों और संदेशवाहकों के माध्यम से विद्रोह का समन्वय किया।

2 अवध में विद्रोह

- 1856 ई. में अंग्रेजों ने अवध को अपने साम्राज्य में मिला लिया।
- सहायक संधि ने अवध के नवाब के नियंत्रण को कमजोर कर दिया।
- अंग्रेजों ने संधि की शर्तों के तहत अवध में अपनी सेना तैनात की।

अवध में बढ़ती रुचि और नवाब को हटाया जाना
- 1856 ई. में नवाब वाजिद अली शाह को गद्दी से हटाकर निर्वासित कर दिया गया।
- कई कारीगरों, कवियों और मजदूरों ने अपनी आजीविका खो दी।

अवध के विलय के बाद की परिस्थितियाँ
- अवध में असंतोष ने राजकुमारों, तालुकदारों, किसानों और सिपाहियों को जोड़ दिया, जिससे विद्रोह भड़क उठा।

3 विद्रोही क्या चाहते थे?

एकता की कल्पना
- 1857 के विद्रोही घोषणा पत्रों ने जाति और धर्म से परे सभी लोगों से अपील की।
- विद्रोहियों ने हिंदू-मुस्लिम एकता पर बल दिया और मुगल साम्राज्य के तहत सह-अस्तित्व की महिमा का गुणगान किया।

उत्पीड़न के प्रतीकों के विरुद्ध
- घोषणा-पत्रों में फिरंगी राज के साथ जुड़ी हर चीज को पूरी तरह अस्वीकार किया गया।
- ब्रिटिश भू-नीति ने किसानों में असंतोष पैदा किया, जमींदारों की भूमि छिन गई तथा शिल्पकारों की स्थिति भी दयनीय हुई।
- विद्रोह ने ब्रिटिश सहयोगियों और स्थानीय शासकों को निशाना बनाया, जिससे सामाजिक व्यवस्थाएँ बाधित हो सकें।

वैकल्पिक सत्ता की तलाश
- दिल्ली, लखनऊ और कानपुर में विद्रोहियों ने ब्रिटिश शासकों से पहल की तथा सत्ता बहाल करने का प्रयास किया।
- विद्रोहियों ने भूमि राजस्व, सैनिकों के वेतन और सैन्य नेतृत्व की व्यवस्था स्थापित की।
- इन्होंने व्यवस्था बहाल करने और लूटपाट को रोकने के लिए प्रयास किए।

4 ब्रिटिश दमन

- ब्रिटिश सरकार ने उत्तर भारत में मार्शल लॉ लागू करने के लिए कानून पारित किए और विद्रोहियों को दंडित किया।
- दिल्ली पर फिर से कब्जा करने के लिए अंग्रेजों ने कलकत्ता और पंजाब से दोतरफा हमला किया।
- कई जमींदार ब्रिटिश सेना से लड़ते हुए मारे गए या नेपाल की ओर पलायन कर गए।

5 विद्रोह की छवियाँ

अंग्रेज औरतें तथा ब्रिटेन की प्रतिष्ठा
- समाचार -पत्रों की रिपोर्टों ने ब्रिटेन में सार्वजनिक भावना को आकार दिया।
- जोसेफ नोएल पेटन द्वारा चित्रित 'इन मेमोरियम' नामक चित्र में महिलाओं और बच्चों को असहाय पीड़ितों के रूप में चिह्नित किया गया, जो विद्रोहियों के प्रदर्शन से डरे हुए थे
- ब्रिटिश कलाकारों ने महिलाओं को नायक के रूप में चित्रित किया था, जो विद्रोहियों का सामना कर रहीं थीं।

दहशत का प्रदर्शन
- विद्रोहियों को बर्बर तरीके से फाँसी दी की गई।

राष्ट्रवादी दृश्य कल्पना
- 1857 का विद्रोह भारत के 20वीं सदी के राष्ट्रवादी आंदोलन को प्रेरित करता है।
- विद्रोह के नेताओं को नायक के रूप में चित्रित किया गया।

दया के लिए कोई जगह नहीं
- जब प्रतिशोध के लिए शोर मच रहा हो ऐसे में शोर मचाने वाले के प्रति संयम पर मजाक उड़ाया गया।
- गवर्नर-जनरल कैनिन की सिपाहियों के प्रति दया की अपील को ब्रिटिश प्रेस ''क्लिमेंसी ऑफ केनिंग'' में मजाक बनाया गया।

प्रतिशोध और सबक
- ब्रिटेन में गुस्सा ओर सदमा विद्रोहियों के विरुद्ध हिंसक प्रतिरोध की माँग को बढ़ावा देने लगे।
- चित्रात्मक प्रदर्शनों द्वारा ब्रिटिश सम्मान को बहाल करने के लिए हिंसक दमन को आवश्यक बताया गया।
- बदला और प्रतिशोध की भावना क्रूर तरीके से व्यक्त की गई।

NCERT फोल्डर

अध्याय के मध्य में दिए गए प्रश्न

सिस्टन और तहसीलदार

विद्रोह और सैनिक अवज्ञा के संदर्भ में सीतापुर के देसी ईसाई पुलिस इंस्पेक्टर फ्रांस्वाँ सिस्टन का अनुभव हमें बहुत कुछ बताता है। वह मजिस्ट्रेट के पास शिष्टाचारवश मिलने सहारनपुर गया हुआ था। सिस्टन हिंदुस्तानी कपड़े पहने था और आलथी-पालथी मारकर बैठा था इसी बीच बिजनौर का एक मुस्लिम तहसीलदार कमरे में दाखिल हुआ। जब उसे पता चला कि सिस्टन अवध में तैनात है तो उसने पूछा " क्या खबर है अवध की ? काम कैसा चल रहा है? " सिस्टन ने कहा, " अगर हमें अवध में काम मिलता है तो जनाब -ए-आली को भी पता चल जाएगा।" इस पर तहसीलदार ने कहा " भरोसा रखो, इस बार हम कामयाब होंगे । मामला काबिल हाथों में है।" बाद में पता चला कि यह तहसीलदार बिजनौर के विद्रोहियों का सबसे बड़ा नेता था।

1. विद्रोही अपनी योजनाओं की किस प्रकार एक-दूसरे तक पहुँचाते थे, इस बारे में उपरोक्त बातचीत से क्या पता चलता है

अथवा **तहसीलदार ने सिस्टन को संभावित विद्रोही क्यों मान लिया था ?**

उत्तर विद्रोहियों की संचार व्यवस्था- विद्रोही अपनी योजनाओं की जानकारी एक-दूसरे तक पहुँचाने के लिए तत्कालीन संचार माध्यमों का प्रयोग करते थे अर्थात् एक-दूसरे से समन्वय स्थापित करते थे। 1857 के विद्रोह के समय विभिन्न छावनी के सिपाहियों के पास समुचित संचार की व्यवस्था (Line of Communicection) होती थी। सिपाही या उनके संदेशवाहक विद्रोह रणनीतियों (Strategy) पर विचार विमर्श के लिए एक जगह से दूसरी जगह संदेश लेकर जाते थे। उदाहरणस्वरूप जब सातवीं अवध इर्रेग्युलर कैवेलरी ने मई में नए कारतूस के प्रयोग करने से इंकार कर दिया तो उन्होंने इसकी प्रतिक्रिया जानने के लिए 48वीं नेटिव इंफैंट्री को पत्र लिखा

इसके विपरीत कुछ अन्य साक्ष्यों से पता चलता है कि विद्रोहियों के मध्य समन्वय का अभाव था। विद्रोह के दौरान अवध मिलिट्री पुलिस **कैप्टन हियर्से** की मृत्यु या गिरफ्तारी को लेकर मिलिट्री पुलिस और 41वीं नेटिव इंफैंट्री के मध्य मतभेद था। कैप्टन हियर्से की सुरक्षा की जिम्मेदारी भारतीय सिपाहियों की थी। अतः 41वीं नेटिव इंफैंट्री का मत था कि ब्रिटिश अफसरों की भाँति हियर्से को भी गिरफ्तार या मारकर इंफैंट्री के हवाले कर दें। मतभेद को दूर करने के लिए प्रत्येक रेजीमेंट के देशी अफसरों की कानपुर में एक पंचायत बुलाई गई जहाँ वे सामूहिक रूप से इस समस्या पर समाधान और आगे की रणनीति तैयार करने के लिए भाग ले रहे थे, जिससे यह प्रतीत होता है कि 1857 के विद्रोह में एक योजना समन्वय एवं संचार कार्य कर रहा था।

तहसीलदार द्वारा सिस्टन को संभावित विद्रोह माना

विद्रोही अपनी योजनाओं को आपसी संवाद के द्वारा एक-दूसरे तक पहुँचाते थे। यह हमें सिस्टन और तहसीलदार के वार्तालाप से पता चलता है कि विद्रोह के समय बहुत से सरकारी कर्मचारी भी विद्रोहियों से मिले हुए थे। सिस्टन के देशी पहनावे तथा बैठने के ढंग के आधार पर बिजनौर के तहसीलदार ने उसे सम्भावित विद्रोही मानकर वार्तालाप किया था, क्योंकि वह अवध में नियुक्त था।

2. पता लगाएँ कि क्या आपके राज्य के लोगों ने 1857 के विद्रोह में हिस्सा लिया था। अगर हाँ तो उन्होंने ऐसा क्यों किया होगा ? अगर नहीं तो उसकी व्याख्या कीजिए।

उत्तर हाँ हमारे राज्य के लोगों ने 1857 के विद्रोह में हिस्सा लिया था। 1857 के विद्रोह में लोगों के हिस्सा लेने के प्रमुख कारण निम्नलिखित थे

- अंग्रेजी की विस्तारवादी नीति ने लोगों की विद्रोह में भाग लेने के लिए प्रेरित किया।
- कंपनी शासन के विस्तार के साथ-साथ अंग्रेजों ने प्रदेश में अमानुषिक व्यवहार करना प्रारंभ कर दिया।
- 1850 में एक अधिनियम द्वारा वंशानुक्रम के हिंदू कानून को बदल दिया गया।
- शिक्षा ग्रहण करने के पश्चिमी तरीके हिंदुओं के साथ मुसलमानों की रूढ़िवादिता की सीधे चुनौती दे रहे थे।

3. आपकी राय में विद्रोहियों के नजरिए को पुनर्निर्मित करने में इतिहासकारों के सामने कौन-सी मुख्य समस्याएँ आती हैं ?

उत्तर बतौर विजेता कठिनाइयों चुनौतियों और बहादुरी के बारे में अंग्रेजों की अपनी राय थी। वे विद्रोहियों को अहसानफरामोश और बर्बर लोगों का झुंड मानते थे। विद्रोहियों के नजरिए को पुनः निर्मित करने में इतिहासकारों के सामने प्रमुख समस्याएँ सामने आती हैं

- कुछ घोषणाओं व इश्तहारों के सिवाय इतिहासकारों के पास ऐसी ज्यादा चीजें नहीं हैं, जिनके बिना विद्रोहियों के नजरिए को समझा जा सके।
- ऐतिहासिक साक्ष्यों के लिए अंग्रेजों के दस्तावेजों पर निर्भर रहना पड़ता है।
- अनेक विद्रोहियों का अशिक्षित होना।
- कुछ ही विद्रोहियों को ही घटनाक्रम के बारे में अपनी बात दर्ज कराने का अवसर मिला।

4. तस्वीर से क्या सोच निकलती है? शेर और चीते की तस्वीरों के माध्यम से क्या कहने का प्रयास किया गया है? औरत और बच्चें की तस्वीर क्या दर्शाती है?

उत्तर उपरोक्त तस्वीर में ब्रिटिश शेर, बंगाल टाइगर पर हमला कर रहा है। ब्रिटिश शेर के चेहरे पर भयंकर गुस्सा और बदला लेने की तड़प दिखाई दे रही है।

बंगाल टाइगर ब्रिटिश औरत और बच्चों पर अत्याचार कर रहा है, और उन सबकों बचाने का प्रयास ब्रिटिश शेर कर रहा है।

निम्नलिखित प्रश्नों के उत्तर लगभग 100-150 शब्दों में दीजिए।

1. बहुत सारे स्थानों पर विद्रोही सिपाहियों ने नेतृत्व सँभालने के लिए पुराने शासकों से क्या आग्रह किया?

उत्तर मेरठ छावनी के सिपाहियों ने 10 मई, 1857 को विद्रोह का बिगुल बजाने के पश्चात् सर्वप्रथम दिल्ली के मुगल बादशाह बहादुरशाह का समर्थन प्राप्त करने का निश्चय किया। इसके पश्चात् जैसे-जैसे विद्रोह का प्रसार होता गया, विभिन्न केंद्रों पर विद्रोहियों ने अपने नेता का चुनाव किया। विद्रोहियों ने कानपुर में पेशवा बाजीराव द्वितीय के उत्तराधिकारी नाना साहिब, लखनऊ में नवाब वाजिद अली शाह के पुत्र बिरजिस कादिर, झाँसी में रानी लक्ष्मीबाई तथा जगदीशपुर (आरा, बिहार) में स्थानीय जमींदार कुँवर सिंह को अपना नेता चुना।

ये नेता परंपरागत भारतीय सामाजिक व्यवस्था का प्रतिनिधित्व करते थे। अतः लोगों का इनसे पहले से जुड़ाव चला आ रहा था। इन नेताओं का समर्थन मिलने से विद्रोह को वैधता एवं जन-समर्थन दोनों की प्राप्ति संभव थी, इसलिए विद्रोहियों ने इन नेताओं से विद्रोह का नेतृत्व करने के लिए आग्रह किया।

2. उन साक्ष्यों के बारे में चर्चा कीजिए, जिनसे पता चलता है कि विद्रोही योजनाबद्ध और समन्वित ढंग से काम कर रहे थे।

अथवा **"अलग-अलग स्थानों पर 1857 के विद्रोह के ढर्रे में समानता की वजह आंशिक रूप से उसकी योजना और समन्वय में निहित था।" कथन की व्याख्या कीजिए।** **CBSE 2022**

उत्तर 1857 के विद्रोह की योजना के संदर्भ में विद्वानों में कुछ मतभेद हैं, फिर भी विद्रोह के ऐतिहासिक साक्ष्यों का गहन विश्लेषण करने के पश्चात् यह ज्ञात होता है कि यह विद्रोह योजनाबद्ध तथा समन्वित रूप से काम कर रहा था। इस संदर्भ में निम्नलिखित साक्ष्य प्रस्तुत किए जा सकते हैं।

- विभिन्न छावनियों के सिपाहियों में आपसी संबंध तथा संचार बना हुआ था। उदाहरण के लिए; हम सातवीं अवध इर्रेग्युलर कैवेलरी के पत्र को ले सकते हैं, जिसमें 48वीं नेटिव इंफैंट्री को लिखा गया जिसमें उन्होंने लिखा कि "हमने अपने धर्म की रक्षा के लिए नए कारतूसों के इस्तेमाल से इनकार का फैसला कर लिया है और आपके हुक्म का इंतजार कर रहे हैं।"
- सिपाही तथा उनके संदेशवाहक एक जगह से दूसरी जगह जाकर विद्रोह के स्वरूप को सबके सामने रखते तथा बगावत में शामिल होने की बात कर रहे थे।
- कुछ इतिहासकार सिपाहियों द्वारा पंचायतों में सभवतः सामूहिक निर्णय लेने के उदाहरण भी प्रस्तुत करते हैं। जैसे इतिहासकार चार्ल्स बॉल के अनुसार, कानपुर सिपाही लाइनों में रात्रि में पंचायतें जुटा करती थीं।
- विद्रोहियों द्वारा जारी की गई घोषणाओं से भी स्पष्ट होता है कि विद्रोही योजनाबद्ध एवं समन्वित ढंग से काम कर रहे थे। ये घोषणाएँ उनके विचारों और भावी योजनाओं के प्रचार का माध्यम बन रही थीं।

3. 1857 ई. के घटनाक्रम को निर्धारित करने में धार्मिक विश्वासों की किस हद तक भूमिका रही थी?

उत्तर विद्रोहियों ने अपनी घोषणाओं में इस विद्रोह को भारतीय धर्मयुद्ध की संज्ञा दी। सिपाहियों ने अपने अंग्रेज अफसरों के सामने एंफील्ड रायफलों का प्रयोग करने से इनकार कर दिया एवं धर्म व आस्था की रक्षा के नाम पर विद्रोह की शुरुआत की। वस्तुत: 1820 के दशक से अंग्रेजों द्वारा भारतीयों को सभ्य बनाने के लिए किए जा रहे अनेक कार्यों; जैसे— सती प्रथा उन्मूलन कानून (1829) का निर्माण, विधवा विवाह को वैध घोषित करना, ईसाई मिशनरियों को धर्म प्रचार की अनुमति आदि ने भारतीयों में भय एवं संदेह के भाव को जन्म दिया, जिससे प्रभावित होकर धर्म और जाति के नष्ट होने के डर की वजह से लोग अफ़वाहों पर भरोसा करने लगे। विद्रोहियों ने हिंदू-मुस्लिम धर्म के सभी लोगों से इकट्ठे मिलकर लड़ने की अपील की। इस प्रकार धर्म की रक्षा के भाव ने एक प्रेरक शक्ति का कार्य किया। यदि हम 1857 ई. के घटनाक्रम को गहराई से देखें, तो पता चलता है कि धार्मिक विश्वास इस विद्रोह की घटनाओं को निर्धारित करने वाला मूल कारक नहीं था, क्योंकि विद्रोहियों ने अंग्रेजों की दमनात्मक कार्यवाहियों का सामना करने के लिए उन्हीं एंफील्ड रायफलों का प्रयोग किया, जिनका उन्होंने धर्म की रक्षा के नाम पर बहिष्कार किया था। वस्तुतः यह विद्रोह एक उत्पीड़क तंत्र के विरुद्ध शोषित वर्ग का विद्रोह था। जिसमें विद्रोहियों ने न केवल अंग्रेजों को अपना निशाना बनाया, बल्कि भारतीय साहूकारों एवं व्यापारियों पर भी हमला किया।

4. विद्रोहियों के बीच एकता स्थापित करने के लिए क्या तरीके अपनाए गए?

उत्तर विद्रोहियों के बीच एकता स्थापित करने के लिए निम्नलिखित तरीके अपनाए गए

- 1857 ई. में विद्रोहियों द्वारा जारी की गई घोषणाओं में जाति और धर्म का भेद किए बिना, समाज के सभी वर्गों का आह्वान किया गया।
- बहुत सारी घोषणाएँ मुस्लिम राजकुमारों या नवाबों की तरफ से उनके नाम पर जारी की गईं। इन घोषणाओं में हिंदुओं की भावनाओं का ख्याल रखा जाता था।
- इस विद्रोह को ऐसे युद्ध के रूप में पेश किया जा रहा था, जिसमें हिंदुओं तथा मुसलमानों दोनों का नफा-नुकसान बराबर था।
- बहादुरशाह के नाम से जारी की गई घोषणाओं में मोहम्मद और महावीर दोनों की दुहाई देते हुए जनता से इस लड़ाई में शामिल होने का आह्वान किया गया।
- इश्तेहारों में अंग्रेजों से पहले की हिंदू-मुस्लिम एकता का संदेश दिया जाता था तथा सह-अस्तित्व का गौरवगान किया जाता था।
- विद्रोहियों ने सभी लोगों का समर्थन प्राप्त करने के लिए उनके पूर्व लोकप्रिय नेताओं को विद्रोह का नेतृत्व प्रदान किया।
- विद्रोहियों ने अपनी घोषणाओं में सभी वर्गों की समस्याओं को उठाने का प्रयास किया, जिससे सभी सामाजिक समूहों ने स्वयं को विद्रोह से जुड़ा हुआ महसूस किया।

5. अंग्रेजों ने विद्रोह को कुचलने के लिए क्या कदम उठाए?

उत्तर अंग्रेजों द्वारा विद्रोह को कुचलने के लिए उठाए गए कदम निम्नलिखित थे

- विद्रोहियों का दमन करने तथा विद्रोह कुचलने करने के लिए मई-जून, 1857 में समूचे उत्तरी भारत में मार्शल लॉ लगा दिया गया।
- सामान्यतः अंग्रेजों को भी विद्रोहियों पर मुकदमा चलाने तथा सजा देने की छूट दे दी गई।
- कानून और मुकदमे की सामान्य प्रक्रिया रद्द कर दी गई तथा विद्रोहियों के लिए सजा-ए-मौत घोषित की गई।
- विद्रोह को दबाने के लिए ब्रिटेन से विशेष फौजी टुकड़ियाँ मगाई गईं।
- दिल्ली का विद्रोह दबाने के लिए फौजी टुकड़ियों के दो दल, एक कलकत्ता से तथा दूसरा पंजाब से मँगवाया गया।
- विद्रोहियों को कुचलने के लिए दहशत का सहारा लिया गया। इन विद्रोहियों को सार्वजनिक तौर पर फाँसी दी जाती या तोप से उड़ा दिया जाता था।
- विद्रोह के नेताओं तथा सामान्य जनता के मध्य फूट डालने की कोशिश की गई। उस समय घोषणा की गई कि जो जमींदार अथवा तालुकदार अंग्रेजी सत्ता का साथ देगा, तो उसकी जागीरें वापस कर दी जाएँगी।

निम्नलिखित प्रश्नों के उत्तर लगभग 250-300 शब्दों में दीजिए।

6. अवध में विद्रोह इतना व्यापक क्यों था? किसान, तालुकदार और जमींदार उसमें क्यों शामिल हुए?

अथवा **लॉर्ड डलहौजी द्वारा अवध के अधिग्रहण से तमाम क्षेत्रों और रियासतों में गहरा असंतोष था। स्पष्ट कीजिए** **CBSE 2021**

अथवा **1857 का विद्रोह विशेष रूप से अवध में क्यों फैला? स्पष्ट कीजिए** **CBSE 2024**

उत्तर अंग्रेजों का मत था कि उत्तरी भारत पर ब्रिटिश शासन स्थापित करने के लिए अवध पर आधिपत्य स्थापित करना अत्यधिक महत्त्वपूर्ण है। इसी क्रम में 1851 ई. में गवर्नर जनरल लॉर्ड डलहौजी ने अवध की रियासत के बारे में कहा था कि "यह गिलास फल एक (Cheny) दिन हमारे मुँह में ही आकर गिरेगा" और ठीक पाँच साल बाद 1856 ई. में अवध को कुशासन के आरोप में ब्रिटिश साम्राज्य में मिला लिया गया।

1857 का विद्रोह देश के अन्य भागों की अपेक्षा अवध में व्यापक रूप से फैल गया था, जिसके कारण निम्नलिखित हैं

- अवध के नवाब वाजिद अली शाह को निर्वासित करके कलकत्ता भेज दिया गया, जिसके कारण यहाँ की जनता में अंग्रेजों के विरुद्ध व्यापक असंतोष उत्पन्न हुआ।
- अवध में भावनात्मक उथल-पुथल की भौतिक क्षति से और बल मिला। दरबार से जुड़े संगीतकारों, नर्तकों, कवियों, कारीगरों, बावर्चियों, नौकरों, सरकारी कर्मचारियों और बहुत सारे लोगों की रोजी-रोटी छिन गई थी।
- अवध के अधिग्रहण के पश्चात् अंग्रेजों ने वहाँ पर एक गैर-लचीली एवं कठोर ब्रिटिश शासन व्यवस्था को लाद दिया। इस क्रूर एवं दमनकारी व्यवस्था ने जनता के सभी वर्गों को भिन्न-भिन्न रूप में प्रभावित किया। अतः संपूर्ण सामाजिक व्यवस्था छिन्न-भिन्न हो गई।
- उत्तरी भारत में सिपाहियों और ग्रामीण जगत के बीच गहरे संबंध थे। बंगाल आर्मी के सिपाहियों में बहुत सारे अवध और पूर्वी उत्तर प्रदेश के गाँवों से भर्ती होकर आए थे। यहाँ तक कि अवध को 'बंगाल आर्मी की पौधशाला' कहा जाता था। अतः ग्रामीण जीवन में आ रहे बदलावों से उत्पन्न असंतोष से विद्रोह का होना स्वाभाविक था।

अंग्रेजों की उत्पीड़क नीतियों के कारण तालुकदार, किसान और सिपाही आपस में जुड़ गए थे।

तालुकदारों तथा जमीदारों की सत्ता का छिनना

- अंग्रेजों के आने से पहले यह काफी प्रभावशाली वर्ग था। इन वर्गों के पास अपनी सेनाएँ भी थीं, लेकिन अंग्रेजों ने आते ही इनकी सेनाएँ भंग कर इनके किले को ध्वस्त कर दिया। अवध के अधिग्रहण के पश्चात् एकमुश्त बंदोबस्त के नाम से ब्रिटिश भू-राजस्व व्यवस्था लागू कर दी गई। इस व्यवस्था के सूर्यास्त कानून के तहत जमीदारों तालुकदारों को जमीनों से बेदखल किया जाने लगा।
- इनके न्यायिक अधिकार राजस्व वसूल करने का अधिकार, राह कर (पथकर) लेने का अधिकार सबको समाप्त कर दिया गया।

किसानों का उत्पीड़न

- राजस्व की दर बढ़ा दी गई, जिससे किसानों पर बोझ बढ़ गया। कठिन वक्त में या फसल खराब हो जाने पर सरकार राजस्व माँग में कोई कमी नहीं करती थी।
- मनमाने राजस्व आकलन और गैर-लचीली राजस्व व्यवस्था के अंतर्गत किसान बुरी तरह पिसने लगे थे।

इन्हीं सब कारणों से किसान जमींदार तथा तालुकदार विद्रोहियों के साथ हो गए और विद्रोह को एक नया आयाम प्रदान किया।

7. विद्रोही क्या चाहते थे? विभिन्न सामाजिक समूहों की दृष्टि में कितना अंतर था?

उत्तर 1857 में हुए विद्रोह में शामिल विद्रोही वास्तव में क्या चाहते थे, इसका सही प्रमाण नहीं मिल पाया है, क्योंकि जो साक्ष्य उपलब्ध हैं, वे अधिकांश अंग्रेज सरकार तथा अंग्रेज अधिकारियों के निजी स्वार्थ से प्रेरित विवरण हैं।

इनमें इनकी सोच तथा विचार तो मिलते हैं, लेकिन विद्रोहियों के विचार नहीं मिलते। विद्रोहियों में अधिकांश किसान तथा सिपाही थे, जो पढ़े-लिखे नहीं थे, जिसके कारण ये लोग अपने विचार लिख नहीं पाए, फिर भी विद्रोह के घटनाक्रम एवं इन विद्रोहियों द्वारा जारी की गई घोषणाओं से पता चलता है कि

- विद्रोही सभी धर्मों तथा वर्गों के लोगों को विद्रोह से जोड़ना चाहते थे। नई शासन व्यवस्था को त्यागकर पुरानी परंपरा से प्रेरित शासन व्यवस्था को लाना चाहते थे।

- साहूकारों एवं व्यापारियों के विरुद्ध किए गए हमलों से स्पष्ट होता है कि विद्रोही तमाम उत्पीड़कों के खिलाफ थे और परंपरागत सोपानों को समाप्त करना चाहते थे। यह तथ्य उनकी समतापरक समाज की कल्पना को स्पष्ट करता है। यद्यपि यह सोच उनकी घोषणाओं में नहीं दिखाई देती।
- ब्रिटिश शासन की उत्पीड़क नीतियों ने समाज के सभी वर्गों को प्रभावित किया था, लेकिन इन नीतियों का प्रभाव भिन्न-भिन्न वर्गों पर भिन्न-भिन्न रूप में पड़ा था। अतः विभिन्न सामाजिक समूहों की दृष्टि में थोड़ा अंतर देखा जा सकता है। सिपाही चाहते थे कि उनकी धार्मिक भावनाओं की रक्षा की जाए। इसके अतिरिक्त वे चाहते थे कि उन्हें यूरोपीय सिपाही की तरह पर्याप्त वेतन, अच्छा खाना और अन्य सुविधाएँ मिलें।
- विद्रोहियों के अन्य वर्ग; जैसे—शासक, नवाब, जमींदार व तालुकदार अपनी पूर्व स्थिति पाना चाहते थे।
- सामान्य वर्ग; जैसे कि किसान, दस्तकार, व्यापारी आदि की भी अपनी इच्छाएँ और सोच थी। जहाँ किसान गैर-लचीली भू-राजस्व व्यवस्था के खिलाफ थे, वहीं दस्तकार वर्ग अपने परंपरागत व्यवसाय के पतन से चिंतित थे। राजस्व वसूली के नाम पर किसानों का भयंकर शोषण होता था।

व्यापारी वर्ग आंतरिक और बाह्य करों में छूट चाहते थे वहीं साहूकार वर्ग अपने बहीखाते तथा लेन-देन में कोई हस्तक्षेप नहीं चाहते थे। इस तरह से देखा जाए, तो विभिन्न सामाजिक समूहों की सोच तथा दृष्टि में बहुत अंतर था।

निष्कर्षस्वरूप यह कहा जा सकता है कि विभिन्न सामाजिक समूह अपने-अपने हितों के लिए लड़ रहे थे।

8. 1857 के विद्रोह के बारे में चित्रों से क्या पता चलता है? इतिहासकार इन चित्रों का किस तरह विश्लेषण करते हैं?

उत्तर विद्रोह से संबंधित चित्रों से हमें 1857 के विद्रोह के घटनाक्रमों, विद्रोहियों के बारे में अंग्रेजों एवं राष्ट्रवादियों की सोच, विद्रोहियों पर किए दमन के तरीकों आदि के बारे में पता चलता है। अतः इन्हें देखने पर तरह-तरह की भावनाएँ और प्रतिक्रियाएँ उत्पन्न होती हैं। अंग्रेजों एवं भारतीयों द्वारा बनाई गई तस्वीरें इस विद्रोह का एक महत्त्वपूर्ण प्रमाण रही हैं। इस विद्रोह से संबद्ध कई चित्र, पेंसिल से बने रेखांकन, पोस्टर, कार्टून और बाजार में प्रिंट उपलब्ध हैं। इनमें से कुछ चित्रों एवं उनसे प्राप्त जानकारी का विवरण निम्नवत् है

- अंग्रेजों द्वारा बनाए गए कुछ चित्रों में अंग्रेजों को बचाने और विद्रोहियों को कुचलने वाले अंग्रेज नायकों का गुणगान किया गया है। टॉमस जोंस बार्कर का चित्र 'रिलीफ ऑफ लखनऊ' इसी श्रेणी का एक उदाहरण है। यह पेंटिंग लखनऊ में विद्रोहियों की पराजय और ब्रिटिश सत्ता की निर्विवाद विजय की कहानी प्रस्तुत करती है। जोजेफ नोएल पेटन का चित्र 'इन मेमोरियम' भारत में जनता की निस्सहाय एवं लाचार स्थिति को दिखाते हुए अपनी सरकार से प्रतिशोध एवं सबक सिखाने की माँग के लिए प्रस्तुत किया गया है।
- कुछ चित्रों के माध्यम से अंग्रेजों ने अपनी अपराजेयता का प्रदर्शन करने एवं हिंसक दमन व प्रतिशोध को न्यायपूर्ण सिद्ध करने का प्रयास किया। ऐसी ही एक तस्वीर में न्याय की देवी को आक्रामक मुद्रा में सिपाहियों को अपने पैरों तले कुचलते दिखाया गया है। कुछ चित्रों में सैनिकों तथा विद्रोह में शामिल अन्य लोगों को खुले स्थानों पर सरेआम फाँसी चढ़ाते हुए अथवा तोप से उड़ाते हुए दिखाया गया है। यह एक प्रकार से दहशत का प्रदर्शन था। राष्ट्रवादियों ने विद्रोहियों को दमनकारी व साम्राज्यवादी शासन के खिलाफ वीरता के साथ लड़ते हुए चित्रित किया है। झाँसी की रानी को प्रायः एक ऐसी मर्दाना शख्सियत के रूप में चित्रित किया गया, जिसमें वह दुश्मनों को मौत की नींद सुलाते हुए आगे बढ़ रही थी।

इतिहासकार इन चित्रों का विश्लेषण अनेक आधारों पर करते हैं। वस्तुतः कोई भी चित्र उसको बनाने वाले चित्रकार एवं उसके परिवेश के विचारों एवं भावनाओं को अभिव्यक्त करता है। अतः इतिहासकार इन चित्रों को तत्कालीन जीवन की पृष्ठभूमि में समझाने का प्रयास करता है।

9. एक चित्र और एक लिखित पाठ को चुनकर किन्हीं दो स्रोतों की पड़ताल कीजिए और इस बारे में चर्चा कीजिए कि उनसे विजेताओं और पराजितों के दृष्टिकोण के बारे में क्या पता चलता है?

उत्तर यह तस्वीर ब्रिटिश शासन द्वारा विद्रोहियों के हिंसक दमन को न्यायपूर्ण सिद्ध करती है। इस तस्वीर में चीते को विद्रोहियों की स्थिति में रखा गया है, जिसको निस्सहाय अंग्रेज औरतों और मासूम बच्चों पर आक्रमण करते हुए दिखाया गया है। दूसरी ओर, ब्रिटिश शेर, औरत और बच्चों को चीते के कब्जे से बचाने के लिए आक्रामक मुद्रा में दिखाया गया है। अतः यहाँ अंग्रेजों के प्रतिशोध को न्याय के मूल्यों की रक्षा की दृष्टि से सही माना गया है। इस तस्वीर में विजेता आक्रामक मुद्रा में है और पराजित डरी एवं सहमी हुई मुद्रा में दिखाए गए हैं। अतः यह तस्वीर अंग्रेजों की अपराजेयता, प्रतिष्ठा एवं सत्ता को स्थापित करती है। वहीं दूसरी ओर, विद्रोहियों को हिंसक एवं बर्बर के रूप में प्रस्तुत करता है।

एक लिखित पाठ

"हम और हमारे सारे सहोदर इकट्ठा होकर अपनी आस्था की रक्षा के लिए अंग्रेजों से लड़े...। हमें दो साल तक युद्ध जारी रखने पर मजबूर किया गया। धर्म व आस्था के सवाल पर हमारे साथ खड़े राजा और मुखिया अभी भी हमारे साथ हैं और उन्होंने भी सारी मुसीबतें झेली हैं। हम दो साल तक इसलिए लड़े, ताकि हमारा अकायद (आस्था) और मज़हब दूषित न हों। यदि एक हिंदू या मुसलमान का धर्म ही नष्ट हो गया, तो दुनिया में बचेगा क्या?"

स्पेव दे

उपरोक्त पंक्तियाँ विद्रोही सिपाहियों की अर्जी से ली गई हैं। इन पंक्तियों में सिपाहियों ने अपने विद्रोह को अपनी आस्था की रक्षा के लिए किया गया संघर्ष बताया है। सिपाहियों के अनुसार, यह संघर्ष व्यक्तिगत हितों की पूर्ति के लिए अथवा भौतिक सुख-सुविधाओं के लिए नहीं किया गया, अपितु सभी भारतीयों के धर्म व आस्था पर संकट उत्पन्न होने पर किया गया है। विद्रोहियों के अनुसार, उन्होंने यह संघर्ष अपनी इच्छा से नहीं किया, अपितु उन्हें ऐसा करने के लिए मजबूर किया गया है।

इसके अतिरिक्त यह संघर्ष केवल सैनिकों का विद्रोह मात्र नहीं है, अपितु राजा, मुखिया, हिंदू, मुसलमान सभी का संघर्ष है। स्पष्टतः ये पंक्तियाँ विजेताओं को उत्पीड़क के रूप में प्रस्तुत करती हैं, जबकि पराजितों को अपनी आस्था के लिए लड़ने वाले सेनानियों के रूप में प्रस्तुत करती हैं।

10. **भारत के मानचित्र पर कलकत्ता (कोलकाता), बंबई (मुंबई), मद्रास (चेन्नई) को चिह्नित कीजिए, जो 1857 में ब्रिटिश सत्ता के तीन मुख्य केंद्र थे। मानचित्र 1 और मानचित्र 2 देखिए तथा उन क्षेत्र को चिह्नित कीजिए, जहाँ विद्रोह सबसे व्यापक रहा। औपनिवेशिक शहरों से ये क्षेत्र कितनी दूर या कितनी पास थे।**

उत्तर प्रमुख विद्रोही केंद्रों की औपनिवेशिक शहरों से दूरी-

(i) झाँसी- बंबई से लगभग 900 किमी तथा कलकत्ता से लगभग 950 किमी दूर है।

(ii) दिल्ली- बंबई से लगभग 1400 किमी तथा कलकत्ता से लगभग 1450 किमी दूर है।

(iii) लखनऊ- बंबई से लगभग 1600 किमी तथा कलकत्ता से लगभग 800 किमी दूर है।

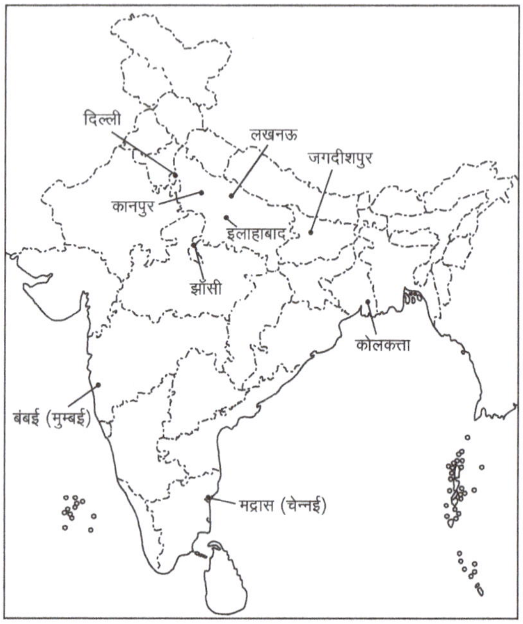

अभ्यास प्रश्न

वस्तुनिष्ठ प्रश्न

बहुविकल्पीय प्रश्न

1. **निम्नलिखित में से कौन बिहार क्षेत्र में 1857 के विद्रोह का नेता था?** **CBSE 2024**

(a) शाहमल (b) कुँवर सिंह
(c) गुन्नू (d) नाना साहेब

उत्तर (b) कुँवर सिंह

2. **निम्नलिखित में से किसने अवध साम्राज्य के लिए नीचे दी गई पंक्ति का वर्णन किया?**

"ये चैरी फल एक दिन हमारे ही मुँह में आकर गिरेगा" **CBSE 2024**

(a) लॉर्ड कॉर्नवालिस (b) लॉर्ड वेलेजली
(c) लॉर्ड डलहौजी (d) लॉर्ड कैनिंग

उत्तर (c) लॉर्ड डलहौजी

3. **निम्नलिखित में से किस स्थान पर 10 मई, 1857 को विद्रोह शुरू हुआ?** **CBSE 2024**

(a) बैरकपुर (b) दिल्ली
(c) मेरठ छावनी (d) लखनऊ

उत्तर (c) मेरठ छावनी

4. **निम्नलिखित विद्रोहियों में से किसने उत्तर प्रदेश में ब्रिटिश अधिकारी के बंगले पर कब्जा कर लिया और 1857 ई. के दौरान विवादों को निपटाने के लिए 'न्याय भवन' में बदल दिया?** **CBSE 2024**

(a) शाहमल
(b) मौलवी अहमदुल्ला शाह
(c) गोनू
(d) कुँवर सिंह

उत्तर (b) मौलवी अहमदुल्ला शाह

5. **"खूब लड़ी मर्दानी, वह तो झाँसी वाली रानी थी।"**

निम्नलिखित में से किसने इन पंक्तियों को लिखा और लक्ष्मी बाई को अन्याय का विरोध करने के प्रतीक के रूप में चित्रित किया है? **CBSE 2024**

(a) सरोजिनी नायडू
(b) सूर्यकांत त्रिपाठी निराला
(c) हरिवंश राय बच्चन
(d) सुभद्रा कुमारी चौहान

उत्तर (d) सुभद्रा कुमारी चौहान

6. **1857 ई. की क्रांति के नेताओं के विद्रोह स्थल के संबंध में सही विकल्प का चयन करें?** **CBSE 2024**

शाहमल : बड़ौत :: गोनू : ?

(a) आरा
(b) सिंहभूम
(c) फैजाबाद
(d) कानपुर

उत्तर (b) सिंहभूम

7. **अंग्रेजों ने ······ पर अधिकार करने के लिए जून, 1857 में कलकत्ता व पंजाब दोनों ओर से हमला किया।**

(a) मेरठ (b) दिल्ली
(c) अवध (d) कानपुर

उत्तर (b) दिल्ली

8. **जब प्रतिशोध के लिए ही शोर मच रहा हो, ऐसे समय पर नर्म सुझाव मजाक का पात्र बनकर ही रह जाते हैं। जब गवर्नर-जनरल कैनिंग ने ऐलान किया कि नर्मी और दया भाव से सिपाहियों की वफ़ादारी हासिल करने में मदद मिलेगी, तो ब्रिटिश प्रेस ने उसका ...... ।** दक्षता आधारित प्रश्न

(a) सम्मान किया
(b) मजाक उड़ाया
(c) न तो मज़ाक उड़ाया न ही सम्मान किया
(d) जबाव नहीं दिया

उत्तर (b) मजाक उड़ाया

9. **निम्नलिखित में से किसने 'रिलीफ ऑफ लखनऊ' (लखनऊ की राहत) को चित्रित किया था?** **CBSE 2020**

(a) टॉमस जोन्स बार्कर (b) हेनरी हैवलॉक
(c) जोजेफ नोएल (d) कॉलिन कैंपबेल

उत्तर (a) टॉमस जोन्स बार्कर

10. **सहायक संधि के निम्नलिखित प्रावधानों में से कौन-सा एक अवध पर 1801 में लागू नहीं था?** **CBSE 2020**

(a) अंग्रेज अपने सहयोग पक्ष की आंतरिक और बाहरी चुनौतियों से रक्षा के लिए उत्तरदाई होंगे
(b) सहयोगी पक्ष के भूक्षेत्र में ब्रिटिश सैनिक टुकड़ी तैनात रहेगी
(c) सहयोगी पक्ष को उस ब्रिटिश सैनिक टुकड़ी के रखरखाव की व्यवस्था करनी होगी
(d) अंग्रेजों की अनुमति के बिना सहयोगी पक्ष किन्हीं अन्य शासकों के साथ संधि कर सकेगा

उत्तर (d) अंग्रेजों की अनुमति के बिना सहयोगी पक्ष किन्हीं अन्य शासकों के साथ संधि कर सकेगा।

11. **1857 में अंग्रेजों द्वारा अवध को कब्जे में करने का निम्न कथनों में से कौन-सा न्यायसंगत कारण नहीं था?** **CBSE 2020**

(a) वाजिद अली शाह अलोकप्रिय शासक था
(b) पूरक संधि पद्धति को वाजिद अली शाह ने बड़ी सहजता से स्वीकार किया था
(c) मंगल पांडे ने अवध से विद्रोह प्रारंभ किया था
(d) अंग्रेजों द्वारा तालुकदारों को आर्थिक लाभ दिए गए

उत्तर (c) मंगल पांडे ने अवध से विद्रोह प्रारंभ किया था।

12. **आजमगढ़ घोषणापत्र में जमींदारों के बारे में, निम्नलिखित में से कौन-सा सही व्याख्या करता है?** दक्षता आधारित प्रश्न

(a) बेहिसाब जमा, जमींदारों को बेइज्जत करना, जागीरे नीलाम की गईं
(b) निर्धारित जमा, जमींदारों को पुरुस्कृत करना, जागीरें नीलाम नहीं की गईं
(c) मनमाना जमा, जागीरें नीलाम नहीं हुईं, किसानों को जमींदार बनाया।
(d) आकलन जमा, जागीरें बनी रहीं, जमीदारों को आबाद किया गया

उत्तर (a) बेहिसाब जमा, जमीदारों को बेइज्जत करना, जागीरे नीलाम की गईं।

13. **1857 के विद्रोह से संबंधित निम्नलिखित घटनाओं को कालक्रमिक क्रम में व्यवस्थित कीजिए और निम्नलिखित में से सही विकल्प का चयन कीजिए** **CBSE 2024**

1. अवध में एकमुश्त बंदोबस्त
2. अवध में सहायक संधि
3. विलियम बैंटिक की सुधारवादी नीतियाँ
4. आज़मगढ़ घोषणा

कुट

(a) 2, 3, 1, 4 (b) 3, 2, 4, 1
(c) 1, 3, 4, 2 (d) 4, 1, 2, 3

उत्तर (a) 2, 3, 1, 4

14. **1857 के विद्रोह के संदर्भ में निम्नलिखित कथनों पर विचार कीजिए** दक्षता आधारित प्रश्न

1. विद्रोह के विफल होने के पश्चात् नाना साहिब भाग कर नेपाल चले गए।
2. 1856 ई. में मौलवी अहमदुल्ला शाह ने अंग्रेजों के विरुद्ध जिहाद का प्रचार किया।
3. गवर्नर जनरल के रूप में हॉर्डिंग ने सैनिक साजो-सामान के आधुनिकीकरण का प्रयास किया।

उपरोक्त में से कौन-से कथन सही हैं?

(a) 1 और 2
(b) 2 और 3
(c) 1 और 3
(d) 1, 2 और 3

उत्तर (d) 1, 2 और 3

15. **निम्नलिखित कथनों पर विचार कीजिए** दक्षता आधारित प्रश्न

1. अवध का अधिग्रहण लॉर्ड डलहौजी द्वारा किया गया।
2. नवाब वाजिद अली शाह को गद्दी से हटाकर पंजाब निष्कासित कर दिया गया।
3. ब्रिटिश सरकार ने वाज़िद अलीशाह को लोकप्रिय शासक माना था।

उपरोक्त में से कौन-सा/से कथन सही नहीं है/हैं?

(a) केवल 1 (b) केवल 2
(c) केवल 3 (d) 2 और 3

उत्तर (d) 2 और 3

16. निम्नलिखित में से कौन-सा युग्म सही सुमेलित है? **CBSE 2024**

क्षेत्र	1857 के विद्रोह के नेता
(a) कानपुर	— कुँवर सिंह
(b) बिहार	— गोनू
(c) लखनऊ	— बिरजिस कद्र
(d) सिंहभूह	— नाना साहेब

उत्तर (c) लखनऊ-बिरजिस कद्र

17. 1857 के विद्रोह के संबंध में से कौन-सा एक युग्म सही सुमेलित नहीं है? *दक्षता आधारित प्रश्न*

(a) बिहार (आरा) – कुँवर सिंह
(b) झाँसी – नाना साहिब
(c) बड़ौत (उत्तर प्रदेश) – शाह मल
(d) सिंहभूम (छोटानागपुर) – गोनू

उत्तर (b) झाँसी—नाना साहिब

18. निम्न लिखित में से कौन-सा युग्म सही सुमेलित है?

(a) पश्चिमी शिक्षा का प्रसार – लॉर्ड कैनिंग
(b) सती प्रथा उन्मूलन कानून – 1829 ई.
(c) सहायक संधि – लॉर्ड डलहौजी
(d) इन मेमोरियम नामक चित्र – टॉमस जोन्स बार्कर

उत्तर (b) सती प्रथा उन्मूलन कानून—1829

19. नीचे दी गए जानकारी को पढ़िए तथा उस प्रणाली को पहचान कर उसका नाम बताइए दक्षता आधारित प्रश्न

- रियासत में अंग्रेज सैनिकों की नियुक्ति की इजाजत।
- नवाब को दरबार में उपस्थित ब्रिटिश रेजीडेंट की सलाह से काम करना।

(a) सैनिक प्रणाली (b) युद्ध प्रणाली
(c) सहायक संधि प्रणाली (d) राज्य हड़प प्रणाली

उत्तर (c) सहायक संधि प्रणाली

20. दी गई जानकारी को पढ़िए और निम्नलिखित विकल्पों में से 1857 के नेता को पहचानिए **CBSE 2023**

- अवध का नवाब
- उसको गद्दी से उतारकर कलकत्ता निर्वासित कर दिया गया।
- अंग्रेजों ने उसे अलोकप्रिय शासक माना जो गलत था।

(a) बिरजिस कद्र (b) शाह आलम
(c) वाजिद अली शाह (d) बहादुर शाह

उत्तर (c) वाजिद अली शाह

21. नीचे दी गई जानकारी को पढ़िए तथा उस प्रणाली को पहचान कर उसका नाम बताइए। दक्षता आधारित प्रश्न *दक्षता आधारित प्रश्न*

- यह बंदोबस्त इस मान्यता पर आधारित है कि तालुकदार बिचौलिए थे।
- तालुकदारों के पास जमीन का मालिकाना नहीं था।

इन्होंने बल और धोखाधड़ी के जरिए अपना प्रभुत्व स्थापित किया।

(a) ब्रिटिश भू-राजस्व व्यवस्था (b) ब्रिटिश सैन्य व्यवस्था
(c) राज्य हड़प नीति (d) सहायक संधि

उत्तर (a) ब्रिटिश भू-राजस्व व्यवस्था

22. 1857 के विद्रोह से संबंधित निम्नलिखित घटनाओं को उनके कालक्रमानुसार अवरोही क्रम में व्यवस्थित कीजिए *दक्षता आधारित प्रश्न*

1. मेरठ में सैन्य विद्रोह 2. लखनऊ में विद्रोह
3. युद्ध में रानी झाँसी की मृत्यु 4. युद्ध में शाहमल की मृत्यु

नीचे दिए गए कूट के अनुसार सही उत्तर का चयन कीजिए

(a) 1, 2, 3, 4 (b) 4, 3, 2, 1
(c) 1, 2, 4, 3 (d) 1, 4, 3, 2

उत्तर (a) 1, 2, 3, 4

23. सूची I को सूची II से सुमेलित कीजिए

सूची I (वायरस का नाम)	सूची II (भूमिका)
A. लॉर्ड वेलेजली	1. अधिग्रहण नीतियों की शुरुआत की
B. लॉर्ड डलहौज़ी	2. सहायक संधि की शुरुआत की
C. लॉर्ड बैंटिंक	3. चिकने कारतूसों की शुरुआत की
D. लॉर्ड हार्डिंग	4 सुधारक नीतियों की शुरुआत की

कूट

	A	B	C	D		A	B	C	D
(a)	3	2	1	4	(b)	4	3	2	1
(c)	2	1	4	3	(d)	1	4	3	2

उत्तर (c) 2, 1, 4, 3

24. सूची I का मिलान सूची II से सुमेलित कीजिए **CBSE 2025**

सूची-I (1857 के विद्रोह का नेतृत्व)	सूची-II (क्षेत्र)
A. शाहमल	1. लखनऊ
B. कुँवर सिंह	2. कानपुर
C. बिरजिस कद्र	3. बड़ौत
D. नाना साहब	4. आरा

कूट

	A	B	C	D		A	B	C	D
(a)	2	3	4	1	(b)	3	4	1	2
(c)	3	2	1	4	(d)	4	2	3	1

उत्तर (b) 3, 4, 1, 2

25. सूची I का सूची II से सुमेलित कीजिए

सूची I (1857 के विद्रोह के नेता)	सूची II (सम्बन्धित क्षेत्र)
A. कुँवर सिंह	1. सिंहभूम
B. शाह मल	2. आरा
C. बिरजिस कद्र	3. बड़ौत
D. गोनू	4. लखनऊ

कूट

	A	B	C	D		A	B	C	D
(a)	1	2	3	4	(b)	3	2	4	1
(c)	2	3	4	1	(d)	4	2	3	1

उत्तर (c) 2, 3, 4, 1

26. निम्नलिखित घटनाओं को उनके समय के साथ सही सुमेलित कीजिए

सूची I	सूची II
A. 1798	1. सहायक संधि
B. सितंबर, 1857	2. दिल्ली पर अंग्रेजों का आधिपत्य स्थापित
C. मई, 1857	3. लखनऊ में विद्रोह
D. 1858	4. युद्ध में शाह मल की मृत्यु

कूट

	A	B	C	D
(a)	2	1	3	4
(b)	3	2	1	4
(c)	1	2	3	4
(d)	1	3	2	4

उत्तर (c) 1 2 3 4

27. सूची I का मिलान सूची II से सुमेलित कीजिए

सूची I	सूची II
A. मेरठ में सैनिक विद्रोह	1. 30 जून, 1857
B. अलीगढ़ में सिपाही विद्रोह	2. 10 मई, 1857
C. चिनहाट के युद्ध में अंग्रेजों की हार	3. 11-12 मई, 1857
D. दिल्ली रक्षक सेना में विद्रोह	4. 20-27 मई, 1857

कूट

	A	B	C	D
(a)	1	2	3	4
(b)	2	4	1	3
(c)	2	4	3	1
(d)	2	1	4	3

उत्तर (b) 2 4 1 3

28. नीचे दिए गए तस्वीर का अवलोकन कीजिए और संबंधित शासक/व्यक्ति का नाम बताइ दक्षता आधारित प्रश्न

(a) नाना साहिब
(b) बहादुर शाह
(c) वाजिद अली शाह
(d) शाह मल

उत्तर (b) बहादुर शाह

29. नीचे दिए गए चित्र का ध्यान से अवलोकन कीजिए और उसका नाम बताइए

(a) इन मेमोरियम
(b) द रिलीफ ऑफ लखनऊ
(c) प्लेजर गार्डन
(d) जस्टिस (न्याय)

उत्तर (a) इन मेमोरियम

निर्देश (प्र. सं. 30-33) दिए गए कथनों में एक कथन (A) तथा दूसरा कारण (R) है। नीचे दिए गए कूट की सहायता से सही उत्तर का चयन कीजिए

कूट

(a) A और R दोनों सही हैं तथा R, A की सही व्याख्या है
(b) A और R दोनों सही हैं, परंतु R, A की सही व्याख्या नहीं है
(c) A सही है, किंतु R गलत है
(d) A गलत है, किंतु R सही है

30. कथन (A) **लॉर्ड डलहौजी ने अवध की रियासत के बारे में कहा था कि "ये गिलास फल एक दिन हमारे ही मुँह में आकर गिरेगा।"**

कारण (R) अवध की जमीन नील और कपास की खेती के लिए अच्छी थी। **CBSE 2020**

उत्तर (a) 1851 में गवर्नर जनरल लॉर्ड डलहौजी ने अवध की रियासत के बारे में कहा था कि "ये गिलास फल एक दिन हमारे ही मुँह में आकर गिरेगा।" इसके पाँच वर्ष पश्चात् 1856 ई. में इस रियासत को औपचारिक रूप से ब्रिटिश साम्राज्य का अंग घोषित कर दिया गया। अवध पर अधिकार करने के लिए अंग्रेज इसलिए इच्छुक थे, क्योंकि उन्हें लगता था कि वहाँ की जमीन नील और कपास की खेती के लिए उपयुक्त (मुफीद) है और इस क्षेत्र को उत्तरी भारत के एक बड़े बाजार के रूप में विकसित किया जा सकता है।

31. कथन (A) **ब्रिटिश भू-राजस्व नीति ने ताल्लुकदारों की हैसियत व सत्ता को चोट पहुँचाई।**

कारण (R) **ब्रिटिश अधिकारियों का मानना था कि तालुकदारों को हटाकर वे जमीन असली मालिकों को सौंप देंगे।**

उत्तर (b) ब्रिटिश भू-राजस्व नीति ने तालुकदारों की स्थिति व सत्ता को क्षति पहुँचाई। यह बंदोबस्त इस मान्यता पर आधारित था कि तालुकदार बिचौलिए थे, जिनके पास जमीन का मालिकाना हक नहीं था। ब्रिटिश भू-राजस्व अधिकारियों का मानना था कि तालुकदारों को हटाकर वे जमीनें वास्तविक मालिकों को सौंप देंगे, जिससे किसानों के शोषण में कमी आएगी और राजस्व वसूली में वृद्धि होगी।

32. **कथन** (A) **1857 में विद्रोहियों द्वारा जारी की गई घोषणाओं में, जाति और धर्म का भेद किए बिना, समाज के सभी तबकों का आह्वान किया जाता था।**

कारण (R) **वाजिद अली शाह के नाम से जारी की गई घोषणा में मुहम्मद और महावीर के नाम पर इस लड़ाई में शामिल होने का आह्वान किया गया।**

उत्तर (c) 1857 में विद्रोहियों द्वारा जारी की गई घोषणाओं में जाति और धर्म का भेद किए बिना, समाज के सभी तबकों का आह्वान किया जाता था। अनेक घोषणाएँ मुस्लिम राजकुमारों या नवाबों की तरफ से या उनके नाम पर जारी की गई थीं। बहादुर शाह के नाम से जारी की गई घोषणा में मुहम्मद और महावीर दोनों के नाम पर इस लड़ाई में शामिल होने का आह्वान किया गया था।

33. **कथन** (A) **अंग्रेजों द्वारा बनाई गई तस्वीरों में अंग्रेजों को बचाने और विद्रोहियों को कुचलने वाले ब्रिटिश नायकों की आलोचना की गई है।**

कारण (R) **अंग्रेजों और भारतीयों द्वारा तैयार की गई तस्वीरें सैनिक विद्रोह का एक महत्त्वपूर्ण रिकॉर्ड रही हैं।**

उत्तर (d) अंग्रेजों द्वारा बनाई गई तस्वीरों में अंग्रेजों को बचाने और विद्रोहियों को कुचलने वाले अंग्रेज नायकों का गुणगान किया गया है। 1859 ई. में टॉमस जोन्स बार्कर द्वारा बनाया गया चित्र 'रिलीफ ऑफ लखनऊ (लखनऊ की राहत)' इसी का एक उदाहरण है। अंग्रेजों और भारतीयों द्वारा तैयार की गई तस्वीरें सैनिक विद्रोह का एक महत्त्वपूर्ण रिकॉर्ड रही हैं।

लघु उत्तरीय प्रश्न

1. **1857 ई. के विद्रोह से पूर्व भारतीय सैनिकों की अंग्रेजी शासन के विरुद्ध शिकायतों का वर्णन कीजिए।**

उत्तर 1857 ई. के विद्रोह से पूर्व भारतीय सैनिकों की अंग्रेजी शासन से निम्नलिखित शिकायतें थीं

- इनको अंग्रेज सिपाहियों से कम वेतन मिलता था।
- नस्ली भेदभाव किया जाता था।
- इनकी भावनाओं की जरा-सी भी कद्र नहीं होती थी।
- इनके साथ गाली-गलौज किया जाता तथा शारीरिक यातना दी जाती थी।
- विदेशी राज्यों की सेवा करने पर जो अतिरिक्त वेतन मिलता था, उसे बंद कर दिया गया था।
- समुद्र पार सेवा को अनिवार्य बना दिया गया। इस समय हिंदुओं के लिए समुद्र पार करना धर्म के विरुद्ध माना जाता था।
- प्रत्येक जाति के लोगों को एक साथ छावनी में रखा जाता था।

2. **बहादुरशाह जफर ने 1857 ई. के विद्रोहियों को किन परिस्थितियों में अपना आशीर्वाद दिया? स्पष्ट कीजिए।** **CBSE 2024**

अथवा **बहादुरशाह ने अनिच्छा से ही सही, विद्रोह का नेतृत्व स्वीकार किया। चर्चा कीजिए।**

उत्तर 1857 के विद्रोह में बहादुरशाह जफर ने विद्रोहियों को निम्न परिस्थितियों में अपना आशीर्वाद दिया था।

- विद्रोही सैनिकों ने बहादुशाह जफर को भारत का सम्राट घोषित किया था।
- विद्रोहियों ने बहादुरशाह जफर से नेतृत्व करने का अनुरोध किया था।
- बहादुरशाह जफर अनिच्छा से थे, लेकिन इन्होंने अपने लोगों के साथ विचार-विमर्श के पश्चात् विद्रोहियों का अनुरोध स्वीकार कर लिया था।
- बहादुरशाह जफर मुगल साम्राज्य के आखिरी बादशाह थे।

3. **"1857 ई. की इन अफवाहों को 1820 के दशक से अंग्रेजों द्वारा अपनाई जा रही नीतियों के संदर्भ में देखा जाए, तो इसका मतलब बहुत आसानी से समझा जा सकता है।" उपरोक्त कथन की पुष्टि में प्रमाण प्रस्तुत कीजिए।**

उत्तर "1857 ई. की इन अफवाहों को 1820 के दशक से अंग्रेजों द्वारा अपनाई जा रही नीतियों के संदर्भ में देखा जाए, तो उनका मतलब आसानी से समझा जा सकता है।"

इन नीतियों को समझने के लिए हम निम्नलिखित उदाहरण दे सकते हैं

- लॉर्ड विलियम बैंटिंक के नेतृत्व में उसी समय से ब्रिटिश सरकार पश्चिमी शिक्षा, पश्चिमी विचारों और पश्चिमी संस्थानों के जरिए भारतीय समाज को सुधारने के लिए कुछ विशेष तरह की नीतियाँ लागू कर रही थीं।
- भारतीय समाज के कुछ वर्गों की सहायता से उन्होंने अंग्रेजी माध्यम के स्कूल, कॉलेज और विश्वविद्यालय स्थापित किए। इन कॉलेजों में पश्चिमी विज्ञान और उदार कलाओं के बारे में पढ़ाया जाता था।
- अंग्रेजों ने सती प्रथा (1829) को समाप्त करने और हिंदू विधवा विवाह को वैधता देने के लिए कानून बनाए।
- ईसाई मिशनरियों को भारत में ईसाई धर्म के प्रचार के लिए अनुमति दे दी गई।
- शासकीय दुर्बलता और दत्तकता को अवैध घोषित कर देने जैसे बहानों के जरिए अंग्रेजों ने न केवल अवध, बल्कि झाँसी, सतारा, संभलपुर जैसी बहुत सारी रियासतों को अपने कब्जे में ले लिया। इन विजित क्षेत्रों पर अंग्रेज अपने ढंग की शासन व्यवस्था, भू-राजस्व व्यवस्था तथा अपना कानून लगा देते थे।

4. **1857 ई. के दौरान विद्रोहियों द्वारा वैकल्पिक शक्ति का ढाँचा खड़ा करने का जो प्रयास किया गया था, उसका वर्णन कीजिए।**

उत्तर 1857 ई. का विद्रोह निःसंदेह साम्राज्यवाद विरोधी और राष्ट्रवादी था, क्योंकि इसमें हिंदुओं तथा मुसलमानों दोनों ने बढ़-चढ़कर हिस्सा लिया और दोनों का एक ही लक्ष्य था, साम्राज्यवादी शासकों को उखाड़ फेंकना। इस दौरान विद्रोहियों ने जिन शहरों पर कब्जा किया, वहाँ निम्न प्रकार की शासन व्यवस्था चलाने का प्रयास किया गया।

- विद्रोही नेता 18वीं शताब्दी के पूर्व ब्रिटिश दुनिया को पुनर्स्थापित करना चाहते थे। इस प्रकार से विद्रोहियों द्वारा स्थापित सरकार का उद्देश्य जरूरतों को पूरा करना था। दिल्ली, लखनऊ और कानपुर जैसे स्थानों पर विद्रोहियों ने सत्ता और शासन संरचना स्थापित करने का प्रयास किया।
- शासन का ढाँचा स्थापित करने के लिए दरबारी संस्कृति का सहारा लिया गया। अंग्रेजों द्वारा स्थापित भू-राजस्व प्रणाली को त्यागकर 18वीं शताब्दी में लागू भू-राजस्व व्यवस्था को मान्यता दी गई।

- लूटपाट बंद करने तथा अंग्रेजों के विरुद्ध युद्ध जारी रखने की घोषणाएँ की गईं।
- सेना की कमान शृंखला निश्चित की गई तथा प्रत्येक कमान पर एक सेनानायक को बनाया गया।

5. "1857 का विस्तार और प्रभाव में तीव्र होने के बावजूद परिणाम में कमजोर साबित हुआ।" क्यों? संक्षेप में चर्चा कीजिए।

दक्षता आधारित प्रश्न

उत्तर 1857 ई. के विद्रोह की असफलता के कई कारण थे, जो निम्नलिखित हैं

- विद्रोहियों की न तो कोई सुनियोजित योजना थी न कार्यक्रम, इसलिए यह सीमित, असंगठित और स्थानीय होकर रह गया।
- विद्रोह का स्वरूप सामंतीय था। एक तरफ अवध, रूहेलखंड तथा उत्तरी भारत के सामंतों ने विद्रोह का नेतृत्व किया, वहीं पटियाला, जींद, ग्वालियर तथा हैदराबाद के राजाओं ने विद्रोह के दमन में सरकार की भरपूर मदद की। जहाँ विद्रोहियों के पास इक्का-दुक्का (नाना साहिब, लक्ष्मीबाई) नेता थे, वहीं कंपनी के पास लॉरेंस बंधु, निकोलस आउट्रम, हैवलॉक, कैंपबेल जैसे योग्य सेनापति थे।
- शस्त्रों के नाम पर विद्रोहियों के पास या तो लूटे हुए सरकारी शस्त्रागार थे अथवा तलवार और भाला जो लड़ाई के पुराने हथियार थे, जबकि कंपनी के पास आधुनिक हथियार गोला-बारूद प्रचुरती में उपलब्ध थे ।
- रेल, डाकतार, सड़क परिवहन जैसे यातायात तथा संचार के माध्यम अंग्रेजों के नियंत्रण में थे, जिससे सैनिकों को विद्रोह के स्थान पर भेजना तथा सूचनाएँ पहुँचाना विद्रोहियों की अपेक्षा आसान था।
- समय पर ब्रिटेन से विशेष सैनिक टुकड़ियाँ मँगाई गईं, जिससे विद्रोह को काबू करने में काफी सहायता मिली।

6. "1857 के विद्रोह को ऐसे युद्ध के रूप में देखा जा रहा था, जिसमें हिंदुओं और मुसलमानों दोनों का नफा-नुकसान बराबर था।" इस कथन का विश्लेषण कीजिए। **CBSE 2025**

उत्तर 1857 का विद्रोह ब्रिटिश शासन के खिलाफ एक व्यापक जनआंदोलन था, जिसमें हिंदुओं और मुस्लमानों ने एकजुट होकर भाग लिया। आंशिक रूप से ही है। लाभ के रूप में, यह विद्रोह दोनों समुदायों के लिए स्वतंत्रता और सम्मान की साझा लड़ाई थी, जिसमें बहादुरशाह जफर जैसे मुस्लिम नेता और रानी लक्ष्मीबाई जैसे हिंदू नेता शामिल थे। यह एकता सामाजिक और आर्थिक बंधनों से ऊपर उठी। नुकसान की दृष्टि से, विद्रोह के दमन के बाद दोनों समुदायों पर ब्रिटिश प्रतिशोध समान रूप से कठोर था-गाँव जलाए गए, लोग मारे गए और संपत्ति जब्त की गई। हालाँकि मुसलमानों पर अतिरिक्त संदेह के कारण उन पर दमक कुछ अधिक हुआ, जिससे दीर्घकालिक सामाजिक-आर्थिक प्रभाव पड़ा। इस तरह, नफा-नुकसान पूरी तरह बराबर नहीं था।

7. 1856 में अंग्रेजों ने अवध पर कब्जा क्यों किया? किस बहाने को लेकर उन्होंने कब्जा किया? व्याख्या कीजिए। **CBSE 2020**

उत्तर 1851 में गवर्नर जनरल लॉर्ड डलहौजी ने अवध की रियासत के बारे में कहा था कि "ये गिलास फल एक दिन हमारे ही मुँह में आकर गिरेगा।" अवध पर कब्जे में अंग्रेजों की दिलचस्पी/इच्छा बढ़ती जा रही थी। उन्हें यह लगता था कि वहाँ की जमीन नील और कपास की खेती के लिए उपयुक्त है और इस क्षेत्र को उत्तरी भारत के एक बड़े बाजार के रूप में विकसित किया जा सकता है। अंततः 1856 में इस रियासत को औपचारिक रूप से ब्रिटिश साम्राज्य का अंग घोषित कर दिया गया।

अंग्रेजों द्वारा (लॉर्ड डलहौजी) उत्तर भारत की शान कहे जाने वाले अवध रियासत के नवाब वाज़िद अली शाह को यह कहते हुए गद्दी से हटा कर कलकत्ता निर्वासित कर दिया गया था कि वह अच्छी तरह शासन नहीं चला रहे थे। इसके अतिरिक्त ब्रिटिश सरकार ने यह निराधार निष्कर्ष भी निकाला कि वाजिद अली शाह लोकप्रिय नहीं थे।

8. 1857 ई. के जन विद्रोहों से पहले के वर्षों में भारतीय सिपाहियों के अपने गोरे अफसरों के साथ के संबंधों को स्पष्ट कीजिए।

अथवा **1850 के दशक में सिपाहियों के अंग्रेज अफसरों के साथ संबंधों की व्याख्या कीजिए।** **CBSE 2021**

उत्तर 1857 ई. के जन विद्रोह से पहले 1820 के दशक में अंग्रेज अफसर सिपाहियों से दोस्ताना ताल्लुक रखते थे, लेकिन 1857 ई. तक इन अफसरों तथा सिपाहियों के बीच रिश्ते बहुत बदल चुके थे। इन अफसरों तथा सिपाहियों के समयांतराल पर अच्छे और बुरे दोनों संबंध रहे।

सिपाहियों के साथ अच्छे संबंध

- अफसर लोग भारतीय सिपाहियों की मौजमस्ती में शामिल होते थे तथा उनके साथ शिकार करने भी जाते थे।
- इन सिपाहियों के साथ अफसर लोग मल्लयुद्ध तथा तलवारबाजी भी किया करते थे।

सिपाहियों के साथ बुरे संबंध

- 1840 के दशक तक स्थिति बदलने लगी अफसरों में श्रेष्ठता का भाव उत्पन्न होने लगा और वे सिपाहियों को निम्न नस्ल का मानने लगे।
- इनकी भावनाओं की जरा-सी भी फिक्र नहीं की जाती थी। सिपाहियों के साथ गाली-गलौज और शारीरिक हिंसा सामान्य बात हो गई थी।

9. 1857 ई. में विद्रोहियों द्वारा जारी की गई घोषणाएँ समाज के सभी तबकों से एकता का आह्वान क्यों कर रही थी? स्पष्ट कीजिए। **CBSE 2024**

अथवा **1857 ई. के विद्रोह के समय हिंदुओं और मुसलमानों के बीच धार्मिक भेद के लक्षण क्यों दिखाई नहीं दिए? स्पष्ट कीजिए।**

उत्तर 1857 ई. में विद्रोहियों द्वारा जारी की गई घोषणाओं में जाति और धर्म का भेद किए बिना, समाज के सभी वर्गों का आह्वान किया गया। अनेक घोषणाएँ मुस्लिम राजकुमारों या नवाबों की तरफ से या उनके नाम पर जारी की गईं।

इस विद्रोह को ऐसे युद्ध के रूप में पेश किया जा रहा था, जिससे हिंदुओं और मुसलमानों दोनों का नफा-नुकसान बराबर था। अंग्रेजों के खिलाफ जो भी इश्तेहार जारी किए गए, उनमें अंग्रेजों से पहले हिंदू-मुस्लिम एकता की ओर संकेत किया गया और मुगल साम्राज्य के अंतर्गत विभिन्न समुदायों के सह-अस्तित्व का गौरवगान किया गया।

बहादुरशाह के नाम से जारी की गई घोषणा में मुहम्मद तथा महावीर दोनों की दुहाई देते हुए जनता से इस लड़ाई में शामिल होने का आह्वान किया गया। नवाबों की तरफ से जो भी घोषणा की गई उनमें हिंदू जनता की भावनाओं का ख्याल रखा गया। अंग्रेजों द्वारा मुसलमानों तथा हिंदुओं के बीच खाई उत्पन्न करने की कोशिश की गई, जो नाकामयाब रही। इस प्रकार से एकता की कल्पना की जा सकती है।

10. 25 अगस्त, 1857 **की आजमगढ़ घोषणा के अनुसार ब्रिटिश व्यापारियों की स्थिति का उल्लेख कीजिए तथा इनका भारतीय व्यापारियों पर क्या प्रभाव पड़ा?**

उत्तर 25 अगस्त, 1857 की आजमगढ़ घोषणा में ब्रिटिश तथा भारतीय व्यापारियों के बारे में, जो बातें बताई गई थीं, वे इस प्रकार हैं

- ब्रिटिश व्यापारियों को अधर्मी और षड्यंत्रकारी बताया गया था, जिसने नील, कपड़े, जहाज व्यवसाय जैसी सभी महत्त्वपूर्ण और बहुमूल्य वस्तुओं के व्यापार पर एकाधिकार स्थापित कर लिया।
- इन वस्तुओं का व्यापार सामान्य व्यापारियों के लिए रह गया।
- जबकि भारतीय व्यापारियों से अनेक मदों में राजस्व की वसूली की जैसे—डाक खर्च, नाका वसूली (राह कर) आदि।
- भारतीय व्यापारियों के द्वारा दिए जाने वाले योगदान को ब्रिटिश सरकार भुलाकर एक साधारण आदमी की शिकायत पर गिरफ्तार कर सकती है।

11. सरकारी ब्यौरों में 1857 **ई. के विद्रोह को किस प्रकार प्रस्तुत किया गया है? स्पष्ट कीजिए।**

उत्तर 1857 ई. के विद्रोह के बारे में विद्रोहियों के दस्तावेज कम हैं, वहीं सरकारी ब्यौरों की कमी नहीं है। औपनिवेशिक प्रशासक और फौजी अपनी चिट्ठियों, डायरियों, आत्मकथाओं और सरकारी दस्तावेजों में अपने-अपने ब्यौरे दर्ज कर गए हैं। सरकारी दस्तावेजों में 1857 ई. के विषय में निम्नलिखित विचार थे

- सरकारी ब्यौरों में विद्रोह को हिंसक, अमानवीय तथा असफल बताया गया है।
- इनके विद्रोहों को अन्याय समझा गया तथा न्याय के मूल्यों की रक्षा के लिए इनका दमन किया गया।
- इन विद्रोहियों को दानव के रूप में दर्शाया गया, जो हिंसक और बर्बर हैं, जो अंग्रेजी प्रतिष्ठा तथा अपराजेयता को चुनौती दे रहे थे।
- इनके विद्रोहों को ईसाइयों के विरुद्ध विद्रोह की संज्ञा दी गई।
- इन दस्तावेजों में बताया गया कि यह विद्रोह पूरी तरह देश भक्ति रहित स्वार्थपूर्ण सैनिक विद्रोह था, जिसका न तो कोई देशज नेतृत्व था, न ही कोई जनसमर्थन। स्पष्टतः सरकारी ब्यौरों में 1857 ई. के विद्रोह को असफल बताया गया है।

12. 1857 **के विद्रोहियों ने एकता पर बल किस प्रकार दिया? उदाहरणों सहित स्पष्ट कीजिए।** **CBSE 2023**

उत्तर 1857 के विद्रोहियों ने एकता स्थापित करने पर विशेष बल दिया, जिसके लिए इन्होंने निम्न तरीके अपनाए

- 1857 ई. में विद्रोहियों ने जारी घोषणाओं में जाति एवं धर्म का भेद किए बिना समाज के सभी वर्गों का आह्वान किया।
- बहुत-सी घोषणाएँ मुस्लिम नवाबों एवं राजकुमारों के नाम पर जारी की गईं, किंतु साथ ही इन सभी घोषणाओं में हिंदुओं की भावनाओं को भी ध्यान में रखा गया।
- इस विद्रोह को एक ऐसे युद्ध के रूप में प्रस्तुत किया गया, जिसमें हुई जीत-हार में हिंदुओं एवं मुसलमानों दोनों का समान नफा-नुकसान था।
- मुगल शासक बहादुर शाह के नाम से जारी की गई घोषणाओं में मुहम्मद एवं महावीर दोनों की दुहाई देते हुए जनता से इस युद्ध में शामिल होने का आह्वान किया गया था।
- इश्तेहारों में अंग्रेजों से पहले की हिंदू-मुस्लिम एकता का संदेश दिया जाता था तथा सह-अस्तित्व का गौरवगान किया जाता था।
- विद्रोहियों ने सभी लोगों का समर्थन प्राप्त करने के लिए उनके पूर्व लोकप्रिय नेताओं को विद्रोह का नेतृत्व प्रदान किया।
- विद्रोहियों ने अपनी घोषणाओं में सभी वर्गों की समस्याओं को उठाने का प्रयास किया, जिससे सभी सामाजिक समूहों ने स्वयं को विद्रोह से जुड़ा हुआ महसूस किया।

13. "कला, साहित्य और चित्रों ने 1857 **की स्मृति को जीवित रखने में योगदान दिया है।" कथन को भारतीय राष्ट्रवाद के संदर्भ में न्यायसंगत ठहराए।** **CBSE 2020**

अथवा **कला और साहित्य ने रानी लक्ष्मीबाई को** 1857 **के विद्रोह के नायक के रूप में कैसे पेश किया है? जाँच कीजिए।** **CBSE 2020**

उत्तर 20वीं सदी में राष्ट्रवादी आंदोलन को 1857 के घटनाक्रम से प्रेरणा मिली। इस विद्रोह के इर्द-गिर्द राष्ट्रवादी कल्पना का एक विस्तृत दृश्य जगत बुन दिया गया था, जिसमें देश के हर तबके के लोगों ने साम्राज्यवादी शासन के विरुद्ध मिलकर लड़ाई लड़ी थी। इतिहास लेखन की तरह कला और साहित्य ने भी 1857 की स्मृति को जीवित रखने में योगदान दिया। विद्रोह के नेताओं को ऐसे नायकों के रूप में पेश किया जाता था, जो देश को रणस्थल की तरफ ले जा रहे हैं। उन्हें लोगों को दमनकारी साम्राज्यवादी शासन के विरुद्ध उत्तेजित करते चित्रित किया जाता था। एक हाथ में घोड़े की रास और दूसरे हाथ में तलवार थामे अपनी मातृभूमि की मुक्ति के लिए लड़ाई लड़ने वाली रानी के शौर्य का गौरवगान करते हुए कविताएँ लिखीं गईं। झाँसी की रानी को एक ऐसी मर्दाना शख्सियत के रूप में चित्रित किया जाता था, जो दुश्मनों का पीछा करते हुए और ब्रिटिश सिपाहियों को मौत की नींद सुलाते हुए आगे बढ़ रही है। देश के विभिन्न मार्गों में बच्चे सुभद्रा कुमारी चौहान की इन पंक्तियों को पढ़ते हुए बड़े हो रहे थे : 'खूब लड़ी मर्दानी व तो झाँसी वाली रानी थी।' लोक छवियों में रानी लक्ष्मीबाई को प्रायः फौजी पोशाक में घोड़े पर सवार और एक हाथ में तलवार लिए दिखाया जाता है

14. झाँसी की रानी की स्मृति को जीवित रखने में कला ने किस प्रकार सहायता की? स्पष्ट कीजिए। **CBSE 2022**

उत्तर झाँसी की रानी की स्मृति को जीवित रखने में कला ने बहुत ही महत्त्वपूर्ण भूमिका निभाई। झाँसी की रानी को एक मर्दाना के रूप में दुश्मनों को मौत के घाट उतारते हुए आगे बढ़ते हुए चित्रित किया गया है।

लोक छवियों में रानी लक्ष्मीबाई को हमेशा फौजी पोशाक में घोड़े पर सवार और एक हाथ में तलवार लिए हुए दिखाया जाता है, जिसे अन्याय और विदेशी शासन के दृढ़ प्रतिरोध का प्रतीक समझा जाता है।

अन्याय और विदेशी शासन के दृढ़ प्रतिरोध का प्रतीक ये तस्वीरें केवल अपने समय की भावनाओं और अहसासों को ही प्रतिबिंबित नहीं कर रहीं थीं। बल्कि इन्होंने संवेदनाओं को भी स्वरूप/दिया दी। ब्रिटेन में छप रहे चित्रों से उत्तेजित वहाँ की जनता विद्रोहियों को भयानक बर्बरता के साथ कुचल डालने के लिए आवाज उठा रही थी। दूसरी तरफ भारतीय राष्ट्रवादी चित्र हमारी राष्ट्रवादी कल्पना को निर्धारित करने में सहायता कर रहे थे।

15. 1857 **के विद्रोह के बारे में जानने के किन्हीं तीन स्रोतों का उल्लेख कीजिए।** **CBSE 2024**

अथवा 1857 **के विद्रोह के अध्ययन हेतु विभिन्न दस्तावेज उपलब्ध है, उनमें से कुछ का उल्लेख प्रस्तुत कीजिए।**

उत्तर इतिहासकारों द्वारा 1857 के विद्रोह से संबंधित जानकारी हेतु स्रोतों के लिए अंग्रेजों द्वारा लिखित दस्तावेजों तथा चित्रों को ही प्राथमिकता दी जाती है, परंतु इसके अतिरिक्त विद्रोहियों की कुछ घोषणाएँ, अधिसूचनाएँ तथा नेताओं के पत्रों से भी विद्रोह से संबंधित गतिविधियों की जानकारी मिलती है।

औपनिवेशिक प्रशासक भी अपनी चिट्ठियों, डायरियों आत्मकथाओं और सरकारी इतिहासों में विद्रोह की गतिविधियों को दर्ज कर गए हैं इत्यादि के माध्यम से विद्रोह के बारे में जान सकते हैं।

ब्रिटिश अखबारों और पत्रिकाओं में सैनिक विद्रोहियों द्वारा की गई हिंसा की कहानियों को बड़े सोमहर्षक शब्दों में छापा जाता था। अंग्रेजों और भारतीयों द्वारा तैयार की गई तस्वीरें इस विद्रोह का एक महत्त्वपूर्ण प्रमाण रही हैं। इस विद्रोह से संबद्ध अनेक चित्र, पेंसिल से बने रेखांकन, उत्कीर्ण चित्र, पोस्टर, कार्टून और बाजार-प्रिंट उपलब्ध हैं।

अंग्रेजों द्वारा बनाई गई तस्वीरों में से कुछ तस्वीरों में अंग्रेजों की रक्षा करने एवं विद्रोहियों का दमन करने वाले अंग्रेज सेनानायकों का महिमामंडन किया गया है।

इन सबके माध्यम से 1857 के विद्रोह को जान सकते हैं।

16. आपकी राय में विद्रोहियों के नजरिए को पुनः निर्मित करने में इतिहासकारों के सामने कौन-सी मुख्य समस्याएँ आती हैं।

दक्षता आधारित प्रश्न

उत्तर विद्रोहियों के नजरिए को पुनः निर्मित करने में इतिहासकारों के सामने कई महत्त्वपूर्ण समस्याएँ आती हैं। पहली समस्या यह है कि विद्रोहियों के पास प्रायः लिखित स्रोत नहीं होते, क्योंकि उनके विचार का दस्तावेजीकरण सीमित या असंगठित होता है। जिसके कारण इतिहासकारों को अक्सर सरकारी दस्तावेजों, आधिकारिक इतिहासों या विजेताओं के दृष्टिकोण पर निर्भर रहना पड़ता है, जो विद्रोहियों के उद्देश्यों और विचारों का सही रूप प्रस्तुत नहीं करते।

दूसरी चुनौती उपलब्ध स्रोतों में विद्रोहियों के विचारों का विकृत या पक्षपाती चित्रण होता है, जिससे उनकी असली मंशा और सामाजिक-सांस्कृतिक पृष्ठभूमि को समझना मुश्किल हो जाता है।

दीर्घ उत्तरीय प्रश्न

1. 1857 **ई. के विद्रोह की प्रमुख घटनाओं तथा इससे जुड़े शहरों की व्याख्या कीजिए।**

उत्तर 1857 ई. के विद्रोह की प्रमुख घटना तथा उससे जुड़े शहर निम्न प्रकार हैं

(i) **मेरठ में विद्रोह** 10 मई, 1857 में मेरठ छावनी में सिपाहियों ने विद्रोह कर दिया तथा इसकी शुरुआत भारतीय सैनिकों से बनी पैदल सेना से हुई थी, जो जल्द ही घुड़सवार फौज और फिर शहर तक फैल गई। सिपाहियों ने शस्त्रागार पर कब्जा कर लिया और उसके बाद गोरों पर निशाना साधा और उनके बंगलों, जेल, अदालतें, डाकखाने, सरकारी खजाने जैसी सरकारी इमारतों को लूटकर तबाह किया जाने लगा।

(ii) **दिल्ली में विद्रोह** इस विद्रोह का नेतृत्व बहादुरशाह जफ़र ने सँभाला। बहादुरशाह जफ़र के नेतृत्व सँभालते ही आंदोलन को वैधता मिल गई कि यह एक राष्ट्रीय विद्रोह है। सबसे पहले सिपाहियों ने शस्त्रागार पर कब्जा किया और सरकारी खजाने को लूटा, इसके बाद उन्होंने जेल, टेलीग्राफ दफ्तर, रिकॉर्ड रूम, बंगलों, तमाम सरकारी इमारतों पर हमला किया और रिकॉर्ड जला दिए। अंग्रेजों से संबंधित प्रत्येक वस्तु पर हमला किया गया।

(iii) **लखनऊ में विद्रोह** होते ही लखनऊ में बिरजिस कादिर को नवाब घोषित करके बेगम हजरत महल ने विद्रोह का नेतृत्व सँभाला। देखते-ही-देखते सारे सैनिक, किसान, काश्तकार, तालुकदार बेगम हजरत महल से आकर मिल गए तथा लखनऊ में अंग्रेजों को कड़ी चुनौती दी गई।

(iv) **कानपुर में विद्रोह** कानपुर में बाजीराव द्वितीय के दत्तक पुत्र नाना साहिब ने विद्रोह का नेतृत्व सँभाला।

(v) **फैजाबाद में विद्रोह** मौलवी अहमदुल्ला के नेतृत्व में फैजाबाद के विद्रोहियों ने चिनहाट के विख्यात संघर्ष में हिस्सा लिया। इस संघर्ष में **हेनरी लॉरेंस** की अगुवाई वाली टुकड़ियों को मुँह की खानी पड़ी।

(iv) **बड़ौत में विद्रोह** शाह मल ने उत्तर प्रदेश के बड़ौत परगना से नेतृत्व को सँभाला। उन्होंने काश्तकारों, किसानों को जोड़कर विद्रोह को व्यापक बनाया।

2. "1857 **ई. का विद्रोह एक लोकप्रिय आंदोलन था।" कथन को स्पष्ट कीजिए।**

अथवा **विभिन्न वर्गों की भागीदारी** 1857 **के विद्रोहों को एक लोकप्रिय स्वरूप प्रदान करती है। क्या आप इस कथन से सहमत हैं।**

दक्षता आधारित प्रश्न

अथवा 1857 **ई. का विद्रोह एक आम विद्रोह था। कैसे?**

उत्तर 1857 ई. के विद्रोह का प्रारंभ वैसे तो सैनिकों के माध्यम से हुआ था, लेकिन सैनिकों के साथ-साथ किसानों, जमींदारों तथा निर्वासित नवाबों ने भी इस विद्रोह का समर्थन किया तथा विद्रोह में शामिल हुए। विद्रोह में आम लोगों के शामिल हो जाने से ही हमलों तथा विद्रोह का दायरा बढ़ गया। सिपाहियों की कतारों में हुए इन छिट-पुट विद्रोहों ने जल्द ही एक चौतरफा विद्रोह का रूप ले लिया। शासन की सत्ता और सोपानों की सरेआम अवहेलना होने लगी।

"1857 ई. का विद्रोह एक आम विद्रोह था।" इस कथन को समझने के लिए हम निम्न उक्तियों का सहारा ले सकते हैं

- जैसे-जैसे शहर दर शहर सिपाही हथियार उठाते गए, वैसे-वैसे शहर के लोग उनसे जुड़ते गए। प्रत्येक छावनी में विद्रोह का घटनाक्रम लगभग एक समान था।
- अंग्रेजों से संबंधित प्रत्येक चीज पर हमला किया गया। हिंदुओं और मुसलमानों के तमाम लोगों को एकजुट होने और फिरंगियों का सफाया करने के लिए हिंदी, उर्दू और फारसी में अपीलें जारी की जाती थीं।
- कानपुर के सिपाही लाइनों की पंचायतों का भी उदाहरण ले सकते हैं, क्योंकि यहाँ सामूहिक बैठक होती थी तथा सामूहिक फैसले भी होते थे तथा भविष्य की योजनाओं को तैयार किया जाता था। सैनिकों के साथ सभी तरह के लोगों; जैसे—काश्तकार, तालुकदार, जमींदार और शासक वर्ग जुड़े और विद्रोह को एक नया आयाम प्रदान किया।
- अवध में विद्रोह के समय सैनिकों से अधिक युद्ध में आम लोग शामिल हुआ करते थे।
- कई स्थानीय नेताओं; जैसे—शाह मल, आदिवासी नेता गोनू के नेतृत्व में सिपाही विद्रोह के अतिरिक्त जन विद्रोह हुआ।
- अंग्रेजी दमन के समय सैनिकों के साथ-साथ आम लोगों को भी सजा देते हुए उस समय के चित्र में दिखाया गया है, जिससे स्पष्ट होता है कि सैनिकों के साथ-साथ इस विद्रोह में बड़ी मात्रा में जन भागीदारी थी।

3. **"1857 ई. के विद्रोह के दौरान अफवाहों और भविष्यवाणियों के माध्यम से लोगों को खड़ा होने के लिए उकसाया जा रहा था।" इस कथन की समीक्षा अफवाहों और इन पर विश्वास करने के लिए कारणों के साथ कीजिए।**

अथवा **"केवल अफवाहें ही नहीं थीं बल्कि उनका दृढ़ आधार भी था जिसके कारण लोगों ने 1857 में विद्रोह किया।" इस कथन की व्याख्या कीजिए।** **CBSE 2022**

अथवा **1857 के विद्रोह में अफवाहों ने महत्त्वपूर्ण भूमिका किस प्रकार निभाई? उदाहरणों सहित व्याख्या कीजिए।** **CBSE 2023**

उत्तर 1857 ई. के विद्रोह के दौरान अनेक प्रकार की अफवाहों एवं भविष्यवाणियों के माध्यम से लोगों को विद्रोह के लिए जागरूक किया जा रहा था। अनेक ऐसी सच्ची-झूठी अफवाहें फैलाई जा रही थीं, जिससे विद्रोह की गति बढ़ती रहे।

ऐसी प्रमुख अफवाहों एवं इनके कारणों को इस प्रकार देखा जा सकता है

- सर्वप्रथम मेरठ के सिपाहियों ने बहादुरशाह के सामने यह दलील पेश की थी कि सिपाहियों द्वारा प्रयुक्त रायफल्स के कारतूस में गाय एवं सुअर की चर्बी लगी है, जिसके प्रयोग से हिंदू व मुस्लिमों का धर्म भ्रष्ट हो जाएगा।
- इस अफवाह को नियंत्रित करने हेतु अंग्रेजों ने सिपाहियों को समझाने की भी कोशिश की, परंतु यह अफवाह शीघ्र ही पूरे उत्तरी भारत की छावनियों में जंगल में आग की तरह फैलती चली गई।
- अफवाहों में गाय और सुअर से संबंधित कारतूस के अतिरिक्त यह भी खबर थी कि अंग्रेज सरकार ने हिंदुओं और मुसलमानों के धर्म को नष्ट करने के लिए बाजार में बिकने वाले आटे में गाय और सुअर की हड्डियों का चूर्ण मिला दिया है, जिसके परिणामस्वरूप सिपाहियों तथा आम लोगों ने आटे को छूना बंद कर दिया और साथ ही सभी जगह अंग्रेजों द्वारा भारतीयों को ईसाई बनाए जाने का भय फैल गया, जिससे लोगों में खलबली मच गई।
- इसके साथ ही लोगों द्वारा यह भविष्यवाणी की गई की प्लासी की जंग के 100 वर्ष होते ही 23 जून, 1857 को अंग्रेजी सत्ता का अंत हो जाएगा। जिससे अफवाहों के अतिरिक्त अन्य गतिविधियाँ भी हो रही थीं, जिनमें उत्तरी भारत के गाँवों में चपातियाँ बाँटी जा रही थीं।
- इससे एक घटना को बल मिलता जा रहा था, साथ ही इससे राष्ट्र भावना का दिनों-दिन विकास होता जा रहा था। अतः यह कहा जा सकता है कि विभिन्न प्रकार की अफवाहें एवं भविष्यवाणियाँ ब्रिटिश सरकार के विभिन्न प्रयासों के बावजूद रुकने का नाम नहीं ले पा रही थी, क्योंकि लोगों को यह अनुभव होने लगा था कि वे जिस चीज को मानते हैं या जिसके प्रति श्रद्धा रखते हैं; जैसे—रीति-रिवाज, राज-रजवाड़े, भू-स्वामित्व या कर अदा करने का तरीका आदि, सबका अंत कर ऐसी व्यवस्था जन्म ले रही थी, जो कठोर, विदेशी तथा क्रूर या दमनकारी थी।

4. **1857 ई. के विद्रोह के क्या कारण थे? स्पष्ट कीजिए।**

अथवा **1857 का विद्रोह पूर्व संचित कारणों का प्रतिफल था, जिसे चर्बी लगी कारतूसों ने भड़का दिया। व्याख्या कीजिए।**

उत्तर 1857 ई. के विद्रोह के कारणों के बारे में इतिहासकारों में पर्याप्त मतभेद हैं। अंग्रेजों तथा भारतीय विद्वानों में अधिकांश, विद्रोह का कारण सैनिकों की शिकायतें तथा चर्बीयुक्त कारतूस को मानते हैं, लेकिन आधुनिक खोजों से यह बात सिद्ध हो गई है कि चर्बीयुक्त कारतूस के अतिरिक्त अनेक महत्त्वपूर्ण संचित कारण थे, जो 1857 ई. के विद्रोह को जन्म देने के लिए जिम्मेदार थे, जो निम्नलिखित हैं

(i) **राजनीतिक कारण** डलहौजी की हड़प नीति तथा वेलेजली की सहायक संधि की इस विद्रोह को जन्म देने में महत्त्वपूर्ण भूमिका रही। डलहौजी ने अपनी नीति से झाँसी तथा सतारा इत्यादि राज्यों को अपने ब्रिटिश क्षेत्र में मिला लिया। डलहौजी ने मुगल बादशाह बहादुरशाह जफर को अपमानित किया, जिसके कारण भारतीय जनता जो मुगल बादशाह को अपना प्रतिनिधि मानते थे, इस व्यवहार से वे अपना अपमान महसूस करने लगे। इसके अतिरिक्त भारतीयों को सूबेदार में ऊँचा पद नहीं मिलता था तथा नस्लीय भेदभाव किया जाता था। न्यायिक क्षेत्र में अंग्रेजों को प्रत्येक स्तर पर भारतीयों से श्रेष्ठ माना गया। स्थायी बंदोबस्त, रैयतवाड़ी व्यवस्था और फिर महालवाड़ी व्यवस्था द्वारा किसानों का अत्यधिक शोषण किया गया।

(ii) **सामाजिक तथा धार्मिक कारण** अंग्रेजी प्रशासन के सुधारवादी उत्साह के अंतर्गत पारंपरिक भारतीय प्रणाली और संस्कृति संकटग्रस्त स्थिति में पहुँच गई, जिसका रूढ़िवादी भारतीयों ने जमकर विरोध किया। 1829 ई. में सती प्रथा को गैर-कानूनी घोषित कर दिया गया तथा विधवा विवाह को वैध माना गया। एक अधिनियम के अंतर्गत ईसाई मिशनरियों को भारत में धर्म-प्रचार के लिए अनुमति मिल गई। इन सभी बातों से भारतीय जनता को लगा कि उनका धर्म खतरे में है और वे विद्रोह पर उतारु हो गए।

(iii) **आर्थिक कारण** भारत में अंग्रेजी साम्राज्य का सबसे बड़ा अभिशाप था, देश का आर्थिक शोषण। प्लासी के युद्ध के बाद निरंतर भारत का शोषण होता रहा, जो शायद जन असंतोष का सबसे बड़ा कारण बना। आर्थिक शोषण और उसके पारंपरिक आर्थिक ढाँचे का पूर्णतया विनाश, किसानों, दस्तकारों और हस्तशिल्पकारों तथा बड़ी संख्या में परंपरागत जमींदारों को दरिद्र बना दिया।

(iv) **तात्कालिक कारण** कैनिंग सरकार ने 1857 ई. में सैनिकों के प्रयोग के लिए नई बंदूक एन्फील्ड राइफल का चलन शुरू करवाया, जिसमें कारतूस को लगाने से पहले दाँत से खींचना पड़ता था। चूँकि कारतूस में गाय और सुअर दोनों की चर्बी लगी थी, इसलिए हिंदू और मुसलमान दोनों भड़क उठे परिणामस्वरूप 1857 ई. के विद्रोह की शुरुआत हुई।

5. 1857 के विद्रोह को जन्म देने वाली सैन्य परिस्थितियों का आकलन कर रही है। क्या आप उन सैन्य परिस्थितियों की चर्चा कर सकते हैं, जो 1857 के विद्रोह का कारण बनीं। *दक्षता आधारित प्रश्न*

उत्तर 1857 ई. के विद्रोह को जन्म देने वाली सैन्य परिस्थितियों को निम्न बिंदुओं द्वारा दर्शाया गया है

(i) **अंग्रेजों की सैनिक स्थिति अपेक्षाकृत खराब होना** अंग्रेजों ने अभी कुछ समय पहले ही कुछ राज्यों के साथ लड़ाइयाँ लड़ी थीं, जिसके कारण इनकी सैनिक शक्ति कमजोर पड़ गई थी। अनेक योग्य सैनिकों को गैर-सैन्य विभागों में नियुक्त कर दिया गया था।

(ii) **सैनिकों की संख्या में असमानता** सेना में अंग्रेजी सेना के मुकाबले भारतीय सैनिकों की संख्या अधिक थी। कहीं-कहीं स्थानों पर सिर्फ भारतीय सैनिकों को नियुक्त किया गया था तथा इनके अधिकारी भी भारतीय थे, जिससे इनको संगठित होने के लिए बल मिला।

(iii) **नस्लीय भेदभाव तथा वेतन में असमानता** अंग्रेज स्वयं को जातिगत श्रेष्ठ समझते थे तथा भारतीय सैनिकों के साथ दुर्व्यवहार करते थे। अंग्रेजी सैनिक तथा भारतीय सैनिकों के बीच वेतन का भी बहुत बड़ा अंतर था।

(iv) **समुद्र पार सेवा** कैनिंग ने एक नियम पास करके यह सुनिश्चित कर दिया कि नए रंगरूटों को विदेश सेवा के लिए भेजा जाएगा। इस समय समुद्र पार करना भारतीयों के धर्म के विरुद्ध था।

(v) **विदेशी भत्ते का धीरे-धीरे बंद हो जाना** प्रारंभिक दौर में भारतीय सैनिकों को दूसरे राज्यों में सेवा करने के लिए अतिरिक्त भत्ता दिया जाता था, लेकिन इन क्षेत्रों का धीरे-धीरे ब्रिटिश क्षेत्रों में शामिल हो जाने से दिए जा रहे अतिरिक्त भत्ते को बंद किया जाने लगा, क्योंकि इन राज्यों को विदेशी राज्य न मानकर ब्रिटिश क्षेत्र का अंग घोषित कर दिया गया था।

(vi) **प्रमुख भारतीय शहर** मेरठ, लखनऊ, कानपुर, इलाहाबाद, दिल्ली आदि शहरों में तैनात भारतीय सैनिकों की संख्या अधिक थी। इस भावना ने भी सैनिकों के मन में विद्रोह को जन्म दिया।

6. "तालुकदारों और किसानों की विभिन्न प्रकार की पीड़ाओं ने उन्हें 1857 के विद्रोह से जोड़ दिया था।" इस कथन की व्याख्या कीजिए **CBSE 2022**

अथवा **विभिन्न वर्गों ने व्यक्तिगत हितों से प्रेरित होकर 1857 के विद्रोह में भाग लिया था, इस संदर्भ में तालुकदारों और किसानों की स्थितियों की व्याख्या कीजिए।**

उत्तर अवध विलय के पश्चात् उत्पन्न असंतोष ने तत्कालीन राजकुमारों, तालुकदारो, किसानों और सिपाहियों को ब्रिटिश शासन के विरुद्ध खड़े होने को मजबूर किया। वे विदेशी शासन के आगमन को अपनी स्वच्छंद दुनिया के अंत के रूप में देखने लगे।

- विद्रोह की संपूर्ण भावनाएँ, मुद्दे, परंपराएँ और निष्ठाएँ अभिव्यक्त होने लगी थीं। अवध में विद्रोह अन्य जगहों की अपेक्षा विदेशी शासन के विरुद्ध लोक-प्रतिरोध की अभिव्यक्ति के रूप में हुआ था।
- अवध रियासत के अधिग्रहण के पश्चात् तालुकदारों पर बुरा प्रभाव पड़ा। ये तालुकदार सदियों से अपने क्षेत्र में जमीन एवं सत्ता पर नियंत्रण करते आ रहे थे।
- तालुकदारों के पास अपने किले एवं 200 से 12,000 तक सिपाही होते थे। अंग्रेजों द्वारा इन तालुकदारों की सेनाएँ भंग कर दी गईं, साथ ही इनके दुर्ग भी समाप्त कर दिए गए।
- 1856 ई. में एकमुश्त बंदोबस्त नामक ब्रिटिश भू-राजस्व व्यवस्था के द्वारा ताल्लुकदारों को अपनी जमीनों से बेदखल कर दिया गया, जो छल और बल के अंतर्गत किया गया था।
- इसके परिणामस्वरूप इनके पास गाँवों की संख्या 67% से घटकर 38% हो गई। इसका सबसे अधिक प्रभाव दक्षिणी अवध पर पड़ा था। ब्रिटिशों द्वारा अवध के विलय के पश्चात् तालुकदारों का अंत किए जाने के पीछे निम्न कारण प्रमुख थे
  - जमीन को तालुकदारों से लेकर उसके असली स्वामी को देना।
  - किसानों के शोषण में कमी लाना।
  - राजस्व वसूली में वृद्धि करना।
- इससे किसानों को लाभ नहीं हुआ, क्योंकि अनेक क्षेत्रों में मूल्य का निर्धारण ऊँचे स्तरों पर किया गया था। इतना ही नहीं कुछ जगहों पर राजस्व में 30% से 70% तक वृद्धि की गई थी।
- तालुकदारों को सत्ता से बेदखल करने के प्रभावस्वरूप किसानों एवं तालुकदारों का सामाजिक बंधन बिखर गया, जो पहले निष्ठा और संरक्षण की डोर से बँधा हुआ था। इन संबंधों को निम्नलिखित रूप में देखा जा सकता है
  - जनता द्वारा अनेक तालुकदारों को कृपालु अभिभावक के रूप में माना जाता था। तालुकदारों द्वारा अनेक प्रकार से पैसे वसूलने के पश्चात् भी किसान उन्हें सुख-दुःख का मसीहा मानते थे।
  - किसानों का इस बात पर से विश्वास हट चुका था कि बुरे समय या फसल नष्ट होने पर राजस्व माँग में कोई कमी या वसूली के समय में वृद्धि की जाएगी। किसानों ने पर्व-त्योहारों पर कर्ज और मदद मिलने की आशा भी छोड़ दी थी, जो उन्हें पहले तालुकदार से मिल जाती थी।

स्रोत आधारित प्रश्न

1. नवाब साहब जा चुके हैं

एक और गीत में ऐसे शासक की दुर्दशा पर विलाप किया जा रहा है, जिसे मजबूरन अपनी मातृभूमि छोड़नी पड़ी।

अभिजीत और किसान, सब रो रहे थे।

और सारा आलम रोता-चिल्लाता था।

हाय! जान-ए-आलम देस से विदा लेकर परदेस चले गए हैं।

(i) **नवाब को हटाने का तत्काल प्रभाव क्या पड़ा?**

उत्तर नवाब को हटाए जाने से दरबार और उसकी संस्कृति भी समाप्त हो गई। संगीतकारों नर्तको कवियों, कारीगरों, बावर्चियों, नौकरों सरकारी कर्मचारियों और बहुत सारे लोगों की रोजी-रोटी धीरे-धीरे समाप्त होती जा रही थी।

(ii) **नवाब के गद्दी से हटने और जाने पर भावनात्मक अथल-पुथल क्यों मची?**

उत्तर क्योंकि, नवाब वाजिद अलीशाह लोकप्रिय शासक थे। लोग उन्हें दिल से चाहते थे। जब वे लखनऊ से विदा ले रहे थे, तो कुछ लोग विलाप करते हुए, कानपुर तक उनके पीछे गए थे।

(iii) **अवध का अधिग्रहण अंग्रेजों की औपनिवेशिक रणनीति में किस प्रकार सही रहा? स्पष्ट कीजिए।**

उत्तर अवध की जमीन नील और कपास की खेती के लिए अच्छी थी और इस क्षेत्र को उत्तरी भारत के एक बड़े बाजार के रूप में विकसित किया जा सकता है।

2. आजमगढ़ घोषणा, 25 अगस्त, 1857

यह सर्वविदित है कि इस युग में हिंदुस्तान के लोग, हिंदू और मुस्लिम दोनों ही अधर्मी और षड्यंत्रकारी अंग्रेजों की निरंकुशता व उत्पीड़न से त्रस्त हैं। इसलिए देश के सभी धनवान लोगों को, विषेश रूप से जिनका मुस्लिम शाही परिवारों से ताल्लुक रहा है और जिन्हें लोगों का धर्मरक्षक और स्वामी माना जाता है, अपने जीवन और संपत्ति को जनता की कुशलक्षेम के लिए होम कर देना चाहिए ....। अपने धर्म की रक्षा के लिए अरसा पहले अपने घर-बार छोड़ चुके और भारत से अंग्रेजों को उखाड़ फेंकने के लिए पूरा ज़ोर लगा रहे बहुत सारे हिंदू और मुसलमान मुखिया मेरे पास आए और इन्होंने इस भारतीय धर्मयुद्ध में भाग लिया। मुझे पूरी उम्मीद है कि जल्दी ही मुझे पश्चिम से भी मदद मिलेगी। इसलिए जनता की जानकारी के लिए कई भागों का यह इश्तहार जारी किया जा रहा है। यह सबका दायित्व है कि इसको गौर से पढ़ें और इसका पालन करें। इस साझा उद्देश्य में जो लोग अपना योगदान देना चाहते हैं, लेकिन जिनके पास अपनी सेवाएँ देने के साधन नहीं हैं, उन्हें मेरी तरफ से दैनिक भोजन दिया जाएगा; और सबको मालूम हो कि हिंदू और मुस्लिम, दोनों तरह के प्राचीन ग्रंथों में, चमत्कार करने वालों के लेखन और भविष्यवक्ताओं में, पंडितों की गणनाओं में.. सबमें यह सहमति दिखाई देती कि अब भारत में या कहीं भी अंग्रेजों के पैर टिक नहीं पाएँगे।

(i) **आजमगढ़ घोषणा में विशेष रूप से किसको अपने जीवन और संपत्ति को जनता की कुशलक्षेम के लिए होम कर देने की बात कही गई है?**

उत्तर आजमगढ़ घोषणा में इस बात का उल्लेख किया गया है कि अधर्मी और षड्यंत्रकारी अंग्रेजों के शोषण से देश की जनता तथा हिंदू व मुस्लिम दोनों वर्ग त्रस्त हैं, इसलिए देश के सभी धनवान लोगों को विशेष रूप में जिनका शाही परिवारों से जुड़ाव रहा है, उन्हें अपने जीवन और संपत्ति को जनता की कुशलक्षेत्र के लिए होम कर देने की चर्चा की गई है।

(ii) **आजमगढ़ घोषणा में अधर्मी और षंड्यंत्रकारी अंग्रेजों से धर्म की रक्षा के लिए क्या प्रयास किए गए?**

उत्तर अपने धर्म के रक्षार्थ अरसे से घर-बार छोड़ चुके लोगों ने अंग्रेजों को उखाड़ फेंकने के लिए पूरा प्रयास किया। इस भारतीय धर्म युद्ध में इन्होंने भाग लिया, उन्हें उम्मीद थी कि पश्चिम से उन्हें सहयोग मिल जाएगा। उन्होंने जनता की जानकारी हेतु इश्तहार जारी किया, जिसका पालन करना सबका दायित्व था। सभी से अपनी सेवाएँ देने की अपील की तथा हिंदू-मुस्लिम के प्राचीन धर्म ग्रंथों में सबने यह सहमति दिखाई कि भारत में या कहीं भी अब अग्रेजों के पैर नहीं टिक पाएँगें।

3. असामान्य समय में सामान्य जीवन

विद्रोह के महीनों में शहरों में क्या हुआ? उथल-पुथल के उन दिनों में लोग अपनी जिंदगी कैसे जी रहे थे? सामान्य जीवन किस तरह प्रभावित हुआ? विभिन्न शहरों की रिपोर्टों से पता चलता है कि सामान्य गतिविधियाँ अस्त-व्यस्त हो गई थीं।

दिल्ली उर्दू अखबार 14 जून, 1857 की इन रिपोर्टों को पढ़िए

यही हालात सब्जियों और साग (पालक) के भी हैं। लोग इस बात पर शिकायत कर रहे हैं कि बाजारों में कद्दू और बैंगन तक नहीं मिलते। आलू और अरबी अगर मिलती भी हैं, तो बासी, सड़ी जिसे कुँजड़ों (सब्जी बेचने वाले) ने रोक कर (जमाकर) रखा हुआ था। शहर में स्थित बाग-बगीचों से कुछ माल चंद क्षेत्रों तक पहुँच जाता है, लेकिन गरीब और मध्य वर्ग वाले उन्हें देखकर बस होठों पर जीभ फिरा कर रह जाते हैं (क्योंकि वे चीजें खास लोगों के लिए ही हैं)। यहाँ एक और चीज पर भी ध्यान दिया जाना चाहिए, जिससे लोगों को बड़ा नुकसान हो रहा है। मामला यह है पानी भरने वालों ने पानी भरना बंद कर दिया है। गरीब शुरफा (कुलीन लोग) खुद घड़ों में पानी भरकर लाते हैं और तब जाकर घर में खाना बनता है। हलालखोर हरामखोर हो गए हैं, कई दिनों से बहुत सारे मोहल्लों में कोई आमदनी नहीं हुई है और यही हालात बने रहे, तो गंदगी, मौत और बीमारियाँ शहर की आबो-हवा खराब कर देंगी और शहर महामारी की गिरफ्त में आ जाएगा, यहाँ तक कि आस-पास के क्षेत्र भी उसकी चपेट में आ जाएँगे।

(i) **सामान्य लोगों की क्या शिकायतें थीं?**

उत्तर सामान्य लोगों की शिकायतें सब्जियों को लेकर कि बाजार में कद्दू और बैंगन नहीं मिलते हैं। आलू और अरबी अगर मिलती भी हैं तो बासी, सड़ी जिसे कुँजड़ों (सब्जी बेचने वाले) ने रोक कर रखा हुआ था।

(ii) **उर्दू अखबार में क्या समझाने की कोशिश की गई है?**

उत्तर 1857 ई. के समय विद्रोह के कारण सामान्य जीवन में अस्त-व्यस्तता बढ़ गई थी। लोग अंग्रेजी सरकार से जुड़ी प्रत्येक चीज का विरोध कर रहे थे। इसके अतिरिक्त समाज के अन्य उत्पीड़क वर्गों के विरुद्ध भी आंदोलन हो रहा था। इन सबके कारण पानी भरने वालों ने पानी भरने

से मना कर दिया, जिससे कुलीन वर्गों को स्वयं पानी भरना पड़ा था। शहर में काम करने वाले छोटे कर्मचारियों ने भी विद्रोह का समर्थन किया, जिसके कारण कई दिनों से मुहल्ले में सफाई नहीं हुई थी, सफाई नहीं होने से बीमारियों की आशंका बढ़ती जा रही थी।

4. तालुकदारों की सोच

तालुकदारों के रवैये को रायबरेली के पास स्थित कालाकंकर के राजा हनवंत सिंह ने सबसे अच्छी तरह व्यक्त किया था। इस विद्रोह के दौरान हनवंत सिंह ने एक अंग्रेज अफसर को पनाह दी और उसे सुरक्षित स्थान तक पहुँचाया था। उस अफसर से आखिरी मुलाकात में हनवंत सिंह ने कहा कि साहिब, आपके मुल्क के लोग हमारे देश में आए और उन्होंने हमारे राजाओं को खदेड़ दिया। आप अफसरों को भेज कर जिले-जिले में जागीरों के मालिकाने की जाँच करवाते हैं।

एक ही झटके में आपने मेरे पुरखों की जमीन मुझसे छीन ली, मैं चुप रहा। फिर अचानक आपका बुरा वक्त शुरू हो गया। यहाँ के लोग आपके खिलाफ उठ खड़े हुए। तब आप मेरे पास आए, जिसे आपने बर्बाद किया था। मैंने आप की जान बचाई है, लेकिन अब मैं अपने सिपाहियों को लेकर लखनऊ जा रहा हूँ, ताकि आपको देश से खदेड़ सकूँ।

(i) **तालुकदारों के रवैये का क्या पता चलता है?**

उत्तर उपरोक्त अनुच्छेद के अनुसार- तालुकदारों के रवैये को निम्न बिंदुओं द्वारा समझा जा सकते हैं

- तालुकदार अंग्रेजों के विरुद्ध विद्रोह करने पर उतारु थे।
- इनकी परंपरागत जमीनें छीन ली गई थीं, जिससे इनकी आर्थिक स्थिति खराब हो गई थी, इसकी चर्चा वह अंग्रेजी अधिकारी से करता है।
- तालुकदारों का अंग्रेजों के प्रति घृणा तथा द्वेषपूर्ण भावना का पता चलता है।

(ii) **'यहाँ के लोगों से' हनवंत सिंह का क्या आशय था?**

उत्तर हनवंत सिंह ब्रिटिश अधिकारी से बातचीत करते हुए यहाँ के लोगों की बात करता है। यहाँ के लोगों से हनवंत सिंह का आशय सैनिकों से था। इसके अतिरिक्त वे विद्रोही, जो सैनिकों के साथ थे।

(iii) **हनवंत सिंह ने लोगों के गुस्से की क्या वजह बताई?**

उत्तर हनवंत सिंह के अनुसार, लोगों में गुस्से की निम्न वजहें थीं

- अंग्रेज हमारे मुल्क में आए और यहाँ के राजाओं को अपदस्थ करके अपना कब्जा कर लिया।
- जमींदारों तथा तालुकदारों को पूर्व स्थिति से अलग कर दिया था तथा इनकी जागीरों के मालिकाने की जाँच करवाते थे।
- अन्य विभिन्न नीतियों के द्वारा अंग्रेजों ने भारतीयों का भयंकर आर्थिक शोषण किया था।
- उनके धार्मिक विश्वासों को ठेस पहुँचाकर वैसी नीतियों को ला दिया, जो इनके धर्म के विरुद्ध थीं।

5. सिपाही क्या सोचते थे?

विद्रोही सिपाहियों की एक अर्जी जो बच गई एक सदी पहले अंग्रेज हिंदुस्तान आए और धीरे-धीरे यहाँ फौजी टुकड़ियाँ बनाने लगे। इसके बाद वे प्रत्येक राज्य के मालिक बन बैठे। हमारे पुरखों ने सदा उनकी सेवा की है और हम भी उनकी नौकरी में आए। ईश्वर की कृपा से और हमारी सहायता से अंग्रेजों ने जो चाहा वो इलाका जीत लिया। उनके लिए हमारे जैसे हजारों हिंदुस्तानी जवानों को अपनी कुर्बानी देनी पड़ी, लेकिन न हमने कभी पैर पीछे खींचे और न कोई बहाना बनाया और न ही कभी बगावत के रास्ते पर चले।

लेकिन 1857 ई. में अंग्रेजों ने ये हुक्म जारी कर दिया कि अब सिपाहियों को इंग्लैंड से नए कारतूस और बंदूकें दी जाएँगी। नए कारतूसों में गाय और सुअर की चर्बी मिली हुई और गेहूँ के आटे में हड्डियों का चूरा मिलाकर खिलाया जा रहा है। ये चीजें पैदल-सेना, घुड़सवारों और गोलअंदाज फौज की प्रत्येक रेजीमेंट में पहुँचा दी गई हैं।

इन्होंने ये कारतूस थर्ड लाइट केवेलरी के सवारों (घुड़सवार सैनिक) को दिए और उन्हें दाँतों से खींचने के लिए कहा। सिपाहियों ने इस हुक्म का विरोध किया और कहा कि वे ऐसा कभी नहीं करेंगे, क्योंकि अगर उन्होंने ऐसा किया, तो उनका धर्म भ्रष्ट हो जाएगा। इस पर अंग्रेज अफसरों ने तीन रेजीमेंटों के जवानों की परेड करवा दी।

1400 अंग्रेज सिपाही, यूरोपीय सैनिकों की दूसरी बटालियनें और घुड़सवार गोलअंदाज फौज को तैयार कर भारतीय सैनिकों को घेर लिया गया। हर पैदल रेजीमेंट के सामने छर्रों से भरी छः-छः तोपें तैनात कर दी गईं और 84 नए सिपाहियों को गिरफ्तार करके, बेड़ियाँ डालकर, जेल में बंद कर दिया गया। छावनी के सवारों को इसलिए जेल में डाला गया, ताकि हम डर कर नए कारतूसों को दाँतों से खींचने लगें। इसी कारण हम और हमारे सारे सहोदर इकट्ठा होकर अपनी आस्था की रक्षा के लिए अंग्रेजों से लड़ें। हमें दो साल तक युद्ध जारी रखने पर मजबूर किया गया।

धर्म व आस्था के सवाल पर हमारे साथ खड़े राजा और मुखिया अभी भी हमारे साथ हैं और उन्होंने भी सारी मुसीबतें झेली हैं। हम दो साल तक इसलिए लड़े, ताकि हमारा अकायद (आस्था) और मजहब दूषित न हों, अगर एक हिंदू या मुसलमान का धर्म ही नष्ट हो गया, तो दुनिया में बचेगा क्या?

(i) **इस अर्जी में सैनिक विद्रोह के जो कारण बताए गए हैं, उनकी तुलना तालुकदार द्वारा बताए गए कारणों के साथ कीजिए।**

उत्तर

सैनिक अर्जी	तालुकदार
सैनिक अर्जी में विद्रोह के कारण को चर्बी वाला कारतूस माना गया है।	ताल्लुकेदार कहता है कि राजाओं को अपदस्थ करके अंग्रेजों ने इन पर कब्जा कर लिया था। इस कारण विद्रोह प्रारंभ हो गया।
सैनिकों की धार्मिक भावना का अपमान किया जाने लगा था।	तालुकदार अपनी आर्थिक स्थिति तथा उस पर अंग्रेजों के अधिकार की चर्चा करता है।
धर्म रक्षा को विद्रोह का कारण माना गया।	अंग्रेजों के आर्थिक शोषण को विद्रोह का कारण माना गया।

(ii) **इस अर्जी में सैनिक ने कारतूसों के बारे में क्या कहा?**

उत्तर इस अर्जी में सैनिक कारतूसों के बारे में बताते हुए कहता है कि 1857ई. में अंग्रेजों ने यह हुक्म जारी किया कि अब सिपाहियों को नई बंदूकें तथा नए प्रकार के कारतूस दिए जाएँगे। नए कारतूसों में गाय और सुअर की चर्बी मिली हुई थी, जिससे हमारा धर्म भ्रष्ट हो जाता है। अगर एक हिंदू और मुसलमान का धर्म ही नष्ट हो जाएगा, तो दुनिया में बचेगा क्या?

(iii) **सैनिक ने अपनी सेवा को अंग्रेजों के प्रति कैसा दिखाया है?**

उत्तर सैनिक अपनी सेवा के बारे में कहते हुए बताता है कि उनके पुरखों ने भी इनकी सेवा की है और हम भी इनकी नौकरी में आए। ईश्वर की कृपा से और हमारी सहायता से अंग्रेजों ने जो चाहा वो जीत लिया। उसके लिए हमारे जैसे हजारों हिंदुस्तानी जवानों को अपनी कुर्बानी देनी पड़ी, लेकिन न हमने कभी पैर पीछे खींचे और न कोई बहाना बनाया और न ही कभी बगावत के रास्ते पर चले।

6. विद्रोही ग्रामीण

ग्रामीण अवध क्षेत्र से रिपोर्ट भेजने वाले एक अफसर ने लिखा, अवध के लोग उत्तर से जोड़ने वाली संचार लाइन पर जोर बना रहे हैं"। अवध के लोग गाँव वाले हैं । ये गाँव वाले यूरोपियों की पकड़ से बिलकुल बाहर हैं। पल में बिखर जाते हैं, पल में फिर जुट जाते हैं। शासकीय अधिकारियों का कहना है कि इन गाँव वालों की संख्या बहुत बड़ी है और उनके पास बाकायदा बंदूकें हैं। **CBSE 2020**

(i) **इन गाँवों वालों से व्यवहार करने में अंग्रेजों के सामने आने वाली समस्याओं की परख कीजिए।**

उत्तर गाँव वालों से निपटने में अंग्रेजों को निम्न मुश्किलों का सामना करना पड़ा

- गाँव के लोग पहले से चली आ रही उत्तर से जोड़ने वाली अवध की संचार व्यवस्था को क्षति पहुँचा रहे थे।
- ये लोग पल में इकट्ठा हो जाते थे तथा पल में बिखर जाते थे, जिसके कारण उनके विद्रोह को दबाने में मुश्किलें आ रही थीं। गाँव वालों की संख्या अधिक थी।
- इन लोगों के पास बाकायदा बंदूकें भी थीं।

(ii) **अंग्रेजों के प्रति अवध के लोग विरोधी क्यों थे? इस को स्पष्ट कीजिए।**

उत्तर अंग्रेजों के प्रति अवध के लोग इसलिए विरोधी थे, क्योंकि अवध के नवाब को कुशासन के आधार पर सत्ता से हटा दिया था। इसके अतिरिक्त लोगों को इस बात पर गुस्सा था कि ब्रिटिश भू-राजस्व व्यवस्था ने बड़े-छोटे भूस्वामियों को जमीन से बेदखल कर दिया था और विदेशी व्यापार ने दस्तकारों और बुनकारों को बर्बाद कर दिया था।

(iii) **अंग्रेजों ने विद्रोहियों का दमन किस प्रकार किया?**

उत्तर अंग्रेजों ने विद्रोहियों का दमन करने के लिए फौजियों की सुविधा हेतु कई कानून पारित किए। मई और जून, 1857 में पारित किए गए कई कानूनों के माध्यम से न केवल उत्तर भारत में मार्शल लॉ लागू कर दिया गया, बल्कि फौजी अफसरों और यहाँ तक कि आम अंग्रेजों को भी ऐसे हिंदुस्तानियों पर मुकदमा चलाने और उनको सजा देने का अधिकार दिया गया, जिन पर विद्रोह में शामिल होने का शक था।

7. शाहमल उत्तर प्रदेश के बड़ौत परगना के एक बड़े गाँव के रहने वाले थे। वह एक जाट कुटुंब से संबंध रखते थे, जो चौरासी देस (चौरासी गाँव) में फैला हुआ था। इस इलाके की ज़मीन सिंचाई की सुविधाओं से लैस और उपजाऊ थी। यहाँ की मिट्टी काली नम थी। बहुत सारे ग्रामीण संपन्न थे और लोग ब्रिटिश भू-राजस्व व्यवस्था को दमनकारी मानते थे : लगान की दर ज्यादा और वसूली सख्त थी। नतीजा यह था कि किसानों की ज़मीन बाहरी लोगों के हाथ में जा रही थी। इलाके में आने वाले व्यापारी और महाजन ज़मीन पर कब्जा करते जा रहे थे।

शाहमल ने चौरासी देस के मुखियाओं और काश्तकारों को संगठित किया। इसके लिए उन्होंने रात के साए में गाँव-गाँव जाकर बात की और लोगों को अंग्रेजों के विरुद्ध विद्रोह के लिए तैयार किया। बहुत सारे दूसरे स्थानों की तरह यहाँ भी अंग्रेजों के खिलाफ आंदोलन एक व्यापक विद्रोह में तब्दील हो गया। अब विरोध उत्पीड़न और अन्याय के तमाम चिह्नों के खिलाफ होने लगा। किसान अपने खेत छोड़कर निकल पड़े और महाजनों व व्यापारियों के घर-बार लूटने लगे। बेदखल भूस्वामियों ने छिन चुकी जमीनों पर दोबारा कब्जा कर लिया। शाहमल के आदमियों ने सरकारी इमारतों पर हमला किया, नदी का पुल ध्वस्त कर दिया और पक्की सड़कों को खोद डाला। इसकी एक वजह यह थी कि वे सरकारी फौजों का रास्ता रोकना चाहते थे। दूसरी वजह यह थी कि पुलों और सड़कों को ब्रिटिश शासन का प्रतीक माना जाता था। उन्होंने दिल्ली में विद्रोह करने वाले सिपाहियों को रसद पहुँचाई और ब्रिटिश हेडक्वार्टर व मेरठ के बीच तमाम सरकारी संचार बंद कर दिए। स्थानीय स्तर पर राजा कहलाने वाले शाहमल ने एक अंग्रेज अफसर के बंगले में डेरा डाला, उसे 'न्याय भवन' का नाम दिया और वहीं से झगड़ों और विवादों का फैसला करने लगे। उन्होंने गुप्तचरी का भी हैरतअंगेज नेटवर्क स्थापित कर लिया था। कुछ समय के लिए लोगों को लगा कि फिरंगी राज समाप्त हो चुका है और उनका राज आ गया है। जुलाई, 1857 में शाहमल को युद्ध में मार दिया गया। **CBSE 2022**

(i) **शाहमल ने अंग्रेजों के विरुद्ध आवाज क्यों उठाई?**

उत्तर शाहमल ने अंग्रेजों के विरुद्ध आवाज उठाई, क्योंकि वे ब्रिटिश भू-राजस्व व्यवस्था को दमनकारी मानते थे। लगान की दर ज्यादा और वसूली सख्त थी। इसके कारण किसानों की जमीन बाहरी लोगों के हाथ में जा रही थी। इलाके में आने वाले व्यापारी और महाजन जमीन पर कब्जा करते जा रहे थे।

(ii) **शाहमल ने 1857 के विद्रोह के विद्रोहियों का समर्थन किस प्रकार किया?**

उत्तर शाहमल ने चौरासी देस के मुखियाओं और काश्तकारों को संगठित किया। शाहमल के आदमियों ने सरकारी इमारतों पर हमला किया, नदी का पुल ध्वस्त कर दिया और पक्की सड़कों को खोद डाला। उन्होंने विद्रोह करने वाले सिपाहियों को रसद पहुँचाई और ब्रिटिश हेडक्वार्टर व मेरठ के बीच तमाम सरकारी संचार बंद कर दिया।

(iii) **शाहमल ने अपनी गुप्तचरी के नेटवर्क का परिचय कैसे दिया?**

उत्तर शाहमल उत्तर प्रदेश के बड़ौत परगना के एक बड़े गाँव के रहने वाले थे। वे जाट कुटुंब से आते थे तथा स्थानीय स्तर पर राजा कहलाते थे। उन्होंने गुप्तचरों का भी हैरतअंगेज नेटवर्क स्थापित कर लिया था। कुछ समय के लिए लोगों को लगा कि फिरंगी राज समाप्त हो चुका है और उनका राज आ गया है। अतः हम देखते हैं कि शाहमल ने लोगों को गाँव-गाँव जाकर विद्रोह के लिए तैयार किया, अब अंग्रेजों के खिलाफ आंदोलन व्यापक विद्रोह में तब्दील हो गया था। इसी प्रक्रिया में उन्होंने गुप्तचरी का नेटवर्क भी तैयार कर लिया था।

8. **नीचे दिए गए चित्र का ध्यान से अवलोकन कीजिए तथा इस संदर्भ में इससे संबंधित निम्न प्रश्नों का उत्तर दीजिए।**

(i) **यह चित्र किस घटना पर आधारित है?** दक्षता आधारित प्रश्न

उत्तर 'इन मेमोरियम नामक' इस चित्र में 1857 के विद्रोह के दौरान ब्रिटिश महिलाओं और बच्चों की भयानक घड़ी की आशंका में लाचारता और मासूमता प्रदर्शित की गई है। यह चित्र जोजेफ नोएल पेटन ने 1857 के विद्रोह के 2 वर्ष बाद बनाई थी।

(ii) **इस चित्र में क्या दर्शाने का प्रयास किया गया है?** दक्षता आधारित प्रश्न

उत्तर जोज़ेफ नोएल पेटन का यह चित्र 1857 ई.के विद्रोह की भयानक घड़ी में अग्रेजों (महिलाओं और बच्चों) की मनोस्थिति दर्शाता है। औरतें और बच्चें एक घेरे में एक दूसरे से लिपटे दिखाई दे रहे हैं, जो अपनी बेइज्जती, हिंसा और मृत्यु का इंतजार करते प्रतीत होते हैं।

'इन मेमोरियम' नामक इस चित्र में भीषण हिंसा दिखाई नही देती, परंतु उसकी ओर इशारा मात्र किया गया है। इस चित्र में विद्रोहियों को हिंसक और बर्बर दर्शाया गया है, वहीं एक ब्रिटिश सैन्य टुकड़ी रक्षक के रूप में आगे आते पृष्ठभूमि में दिखाई देती है।

मानचित्र पर आधारित प्रश्न

1. 1. **दिए गए भारत के राजनीतिक रेखा-मानचित्र पर निम्नलिखित को उपयुक्त चिह्नों से अंकित कीजिए और उनके नाम लिखिए** **CBSE 2025**

(i) कालीबंगा - एक विकसित हड़प्पा पुरास्थल

(ii) अमरावती - बौद्ध स्थल

(iii) (a) आम्बेर-मुगलों के अधीन क्षेत्र

अथवा (b) बीजापुर-मध्यकालीन भारत का एक महत्त्वपूर्ण शहर

2. दिए गए भारत के इसी राजनीतिक रेखा-मानचित्र पर 1857 के विद्रोह से संबंधित दो केंद्रों को A और B से अंकित किया गया है। इनको पहचानिए और उनके साथ खींची गई रेखाओं पर इनके सही नाम लिखिए।

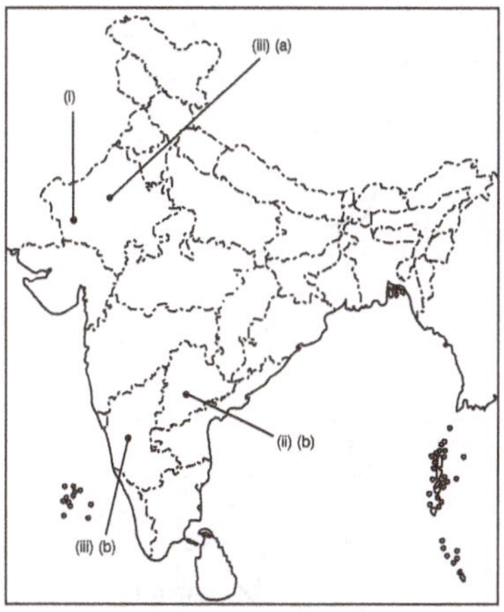

उत्तर

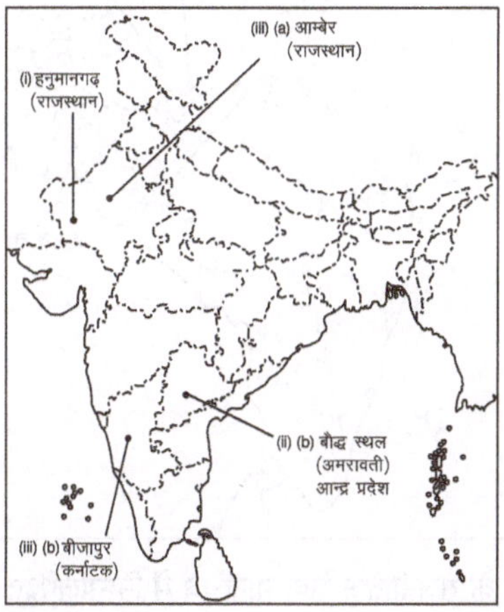

2. दिए गए भारत के रेखा मानचित्र पर भारतीय राष्ट्रीय आंदोलन के प्रमुख केंद्रों को A, B, C, D, E, F, G एवं H से रेखांकित किया गया है। इन रेखांकित केंद्रों को पहचानकर उनके नाम लिखिए।

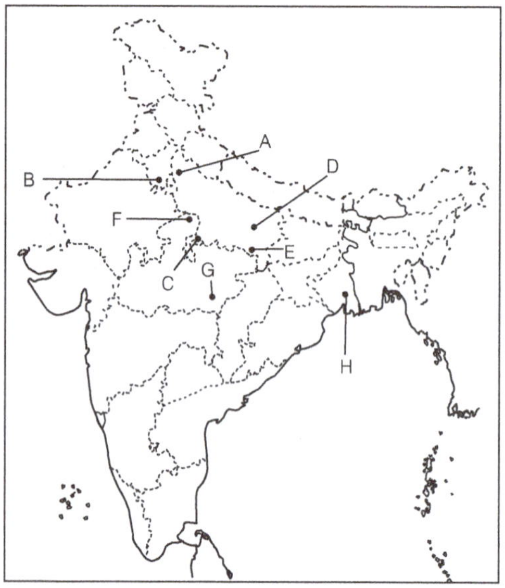

उत्तर

3. भारत के राजनीतिक रेखा मानचित्र में निम्नलिखित को उपयुक्त चिह्नों से दर्शाइए और उनके नाम लिखें

(i) पंजाब (ii) मुंबई
(iii) मद्रास (iv) बंगाल
(v) अवध (vi) लखनऊ

उत्तर

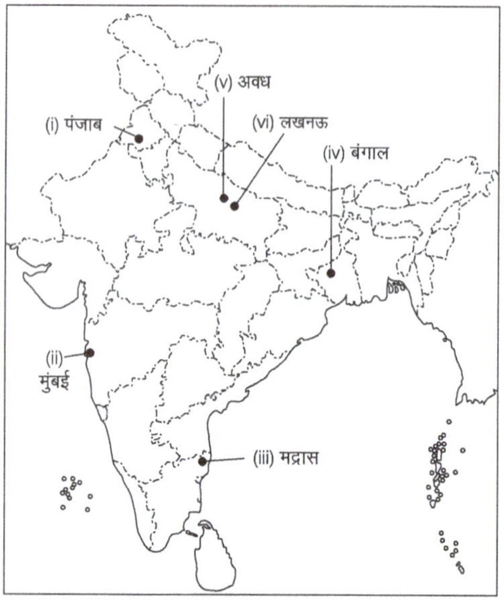

4. भारत के राजनीतिक रेखा मानचित्र पर 1857 के ब्रिटिश शासन से संबंधित निम्नलिखित प्रदेशों को दर्शाइए

(i) सिंध (ii) मसूलीपट्टनम
(iii) बरार (iv) बिहार
(v) उड़ीसा (vi) सूरत
(vii) पटना

उत्तर

5. इस रेखाचित्र पर 1857 ई के विद्रोह से संबंधित कुछ स्थल प्रदर्शित (A, B और C के रूप में) किए गए हैं तथा नीचे उनसे संबंधित प्रमुख विद्रोही नेतृत्वकर्ता के नाम दिए गए हैं। अपनी स्मरण क्षमता के आधार पर इनका सही स्थल प्रदर्शित कीजिए।

A. नाना साहब B. बेगम हजरत महल C. रानी लक्ष्मीबाई

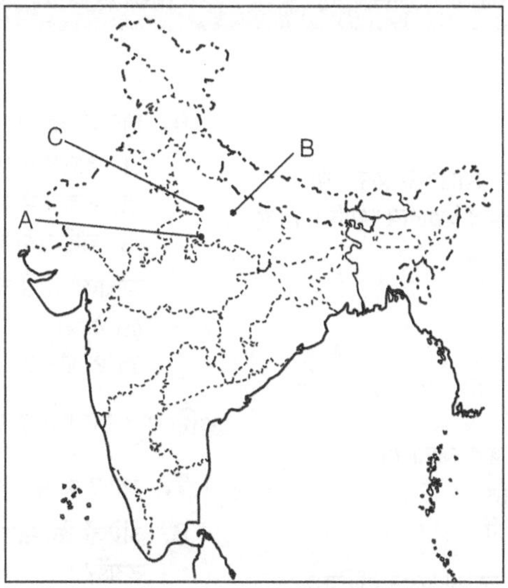

उत्तर

स्वयं को जाँचें

वस्तुनिष्ठ प्रश्न

1. किस गवर्नर जनरल ने भारत में पश्चिमी शिक्षा के प्रसार के लिए अंग्रेजी माध्यम के स्कूल, कॉलेज और विश्वविद्यालय स्थापित किए थे?

(a) लॉर्ड कैनिंग
(b) लॉर्ड विलियम बैंटिंक
(c) लॉर्ड हॉर्डिंग
(d) लॉर्ड वेलेजली

2. .... को बंगाल आर्मी की पौधशाला कहा जाता था।

(a) कानपुर (b) मेरठ
(c) अवध (d) झाँसी

3. नीचे दिए गए कूट की सहायता से सही उत्तर का चयन कीजिए।

कथन (A) अंग्रेजों द्वारा बनाई गई तस्वीरों में अंग्रेजों को बचाने और विद्रोहियों को कुचलने वाले ब्रिटिश नायकों की आलोचना की गई है।

कारण (R) अंग्रेजों और भारतीयों द्वारा तैयार की गई तस्वीरें सैनिक विद्रोह का एक महत्त्वपूर्ण रिकॉर्ड रही हैं।

कूट

(a) A और R दोनों सही हैं तथा R, A की सही व्याख्या है
(b) A और R दोनों सही हैं परंतु R, A की सही व्याख्या नहीं है
(c) A सही है, किंतु R गलत है
(d) A गलत है, किंतु R सही है

4. प्लेजर गॉर्डन (रंग बाग) का निर्माण .... करवाया था।

(a) वाजिद अली शाह
(b) बेगम हजरत महल
(c) बहादुर शाह
(d) लक्ष्मीबाई

5. 1857 के विद्रोह में कानपुर में विद्रोहियों का नेतृत्व किसने किया?

(a) झाँसी की रानी
(b) नाना साहिब
(c) बिरजिस कद्र
(d) हजरत महल

6. निम्नलिखित घटनाओं पर विचार कीजिए

1. अवध में एकुश्त लगान बंदोबस्त लागू किया गया।
2. अवध में सहायक संधि लागू की गई।
3. सती प्रथा का अंत किया गया।

उपरोक्त में से कौन-सा/से कथन सही है/हैं?

(a) केवल 1 (b) 1 और 2
(c) 2 और 3 (d) ये सभी

अतिलघु उत्तरीय प्रश्न

7. 1857 ई. के समय क्या भविष्यवाणी की गई?

8. अंग्रेजों के साथ-साथ विद्रोहियों ने किन लोगों के खिलाफ आवाज उठाई?

9. नाना साहिब के योगदानों की चर्चा कीजिए?

10. हारने के पश्चात् नाना साहिब कहाँ चले गए थे?

11. ब्रिटेन में किस अखबार ने विद्रोह के समय महत्त्वपूर्ण भूमिका निभाई?

लघु उत्तरीय प्रश्न

12. मौलवी अहमदुल्ला शाह की 1857 ई. की क्रांति के समय क्या भूमिका रही स्पष्ट कीजिए?

13. 1857 ई. के विद्रोह के सामान्य कारणों का वर्णन कीजिए?

14. अवध विलय के पश्चात् तालुकदारों की स्थिति पर क्या प्रभाव पड़ा? उल्लेख कीजिए।

15. 1857 से पूर्व भारतीय सिपाहियों तथा ब्रिटिश अफसरों के मध्य के संबंधों की व्याख्या कीजिए।

दीर्घ उत्तरीय प्रश्न

16. डलहौजी की विलय नीति को बताइए। 1857 ई. के विद्रोह में लॉर्ड डलहौजी कहाँ तक उत्तरदायी था?

17. भारतीय विद्रोहियों को राष्ट्रवादी इतिहासकारों ने कैसे प्रस्तुत किया? विस्तृत व्याख्या कीजिए।

18. "1857 की शुरुआत में उत्तर भारत में फैली अफवाहों ने विद्रोह की परिणति को एक स्वरूप प्रदान किया।" कथन की समीक्षा कीजिए।

11

अध्याय

महात्मा गाँधी और राष्ट्रीय आंदोलन

यह अध्याय, वर्ष 1915 से 48 तक के दौरान गाँधीजी द्वारा स्वतंत्रता आंदोलन के दौरान विभिन्न की गई विभिन्न गतिविधियों को शामिल किया गया है, जिसमें असहयोग, नमक सत्याग्रह और भारत छोड़ो जैसे आंदोलनों पर विशेष ध्यान दिया गया है। इसमें इतिहासकारों द्वारा एक नेता के चरित्र और उसके साथ जुड़े सामाजिक आंदोलन व उसके पुनर्निर्माण में उपयोग किए जाने वाले स्रोतों का उल्लेख किया गया है।

▼ अध्ययन एक नजर में

▼ अभ्यास के लिए

- बहुविकल्पीय प्रश्न 26, चित्र आधारित, कथन/कारण, सुमेलित कीजिए
- वर्णनात्मक प्रकार के प्रश्न (लघु उत्तरीय प्रश्न 13, दीर्घ उत्तरीय प्रश्न 9)
- स्रोत आधारित प्रश्न 9, मानचित्र आधारित प्रश्न 3

11.1 राष्ट्र का निर्माण

- किसी भी देश के राष्ट्रीय आंदोलन में एक ऐसा व्यक्ति अवश्य होता है, जो राष्ट्रवाद के विकास और राष्ट्र-निर्माण में केंद्र के रूप में कार्य करता है। विश्व इतिहास में ऐसे अनेक उदाहरण देखने को मिलते हैं, जिन्होंने उस देश के राष्ट्रीय आंदोलन में महत्त्वपूर्ण भूमिका का निर्वाह किया; जैसे -इटली के निर्माण में **गैरीबाल्डी**, अमेरिकी स्वतंत्रता संग्राम में **जॉर्ज वाशिंगटन**, वियतनाम के औपनिवेशिक शासन (Colonial Rule) से मुक्ति संघर्ष में **ही-ची मिन्ह** आदि।
- इसी प्रकार भारत के राष्ट्रीय आंदोलन में महात्मा गाँधी का अभूतपूर्व योगदान रहा, जिसके कारण इन्हें भारत के 'राष्ट्रपिता' के नाम से जाना जाता है।
- भारतीय राष्ट्रीय आंदोलन के वर्ष 1915 से 1948 के काल को 'गाँधी युग' के नाम से जाना जाता है। इस कालावधि में माहत्मा गाँधी के नेतृत्व में राष्ट्रीय आंदोलन का सफल संचालन किया गया, जिसके उपरांत ही भारत को स्वतंत्रता प्राप्त हो सकी।

भारत में गाँधीजी का आगमन

- महात्मा गाँधी का पूरा नाम **मोहनदास करमचंद** गाँधी था। ये अपने दो दशक के **विदेश प्रवास**[1] के उपरांत जनवरी, 1915 में भारत लौटे। गाँधीजी ने अपने विदेश प्रवास का अधिकांश समय दक्षिण अफ्रीका में बिताया। यहाँ गाँधीजी एक वकील के रूप में आए थे, परंतु कुछ समय पश्चात् ही वे दक्षिण अफ्रीका के भारतीय समुदाय के नेता बन गए।
- इतिहासकार **चंद्रन देवनेसन** के अनुसार, दक्षिण अफ्रीका ने ही गाँधीजी को 'महात्मा' बनाया। महात्मा गाँधी ने दक्षिण अफ्रीका में ही सर्वप्रथम अपनी अहिंसात्मक विरोध की विशिष्ट शैली **सत्याग्रह**[2] का प्रयोग किया। इसका प्रयोग उन्होंने विभिन्न धर्मों के बीच सौहार्द बढ़ाने, उच्च जातीय भारतीयों के द्वारा निम्न जातियों और महिलाओं के प्रति भेदभाव को समाप्त करने के लिए किया।

---

1 **विदेश प्रवास** किसी व्यक्ति द्वारा अपने देश को छोड़कर किसी अन्य देश में कुछ निश्चित समय के लिए निवास करने को विदेश प्रवास कहा जाता है।

2 **सत्याग्रह** (Satyagraha) सत्याग्रह का शाब्दिक अर्थ है, 'सत्य के लिए आग्रह करना'। भारत में सर्वप्रथम महात्मा गाँधी के द्वारा सत्याग्रह जैसी एक नई विशेष तकनीक का प्रयोग किया गया।

▲ दक्षिण अफ्रीका के जोहान्सबर्ग में महात्मा गाँधी

वर्ष 1915 मे कांग्रेस

- वर्ष 1915 में भारत आने के बाद गाँधीजी ने यह महसूस किया कि 1893 ई. की अपेक्षा अब भारत राजनीतिक रूप से अधिक सक्रिय हो गया है।
- भारत की सर्वमान्य राजनीतिक संस्था भारतीय राष्ट्रीय कांग्रेस की शाखाएँ अनेक कस्बों व शहरों में स्थापित हो चुकी थीं।
- कांग्रेस का भारतीय समाज के बीच व्यापक रूप से विस्तार वर्ष 1905-07 के **स्वदेशी**[3] **आंदोलन** (Swadeshi Movement) के समय हो चुका था।
- स्वदेशी आंदोलन के दौरान ही लाल, बाल और पाल के नाम से प्रसिद्ध प्रमुख नेताओं का जन्म हुआ। लाल अर्थात् लाला लाजपतराय पंजाब से, बाल अर्थात् बाल गंगाधर तिलक महाराष्ट्र से और पाल अर्थात् विपिनचंद्र पाल बंगाल से संबंधित थे।
- इन तीनों का समर्थन उनके स्वतंत्रता आंदोलन के अखिल भारतीय चरित्र की सूचना देता था, क्योंकि तीनों के मूल निवास क्षेत्र एक-दूसरे से बहुत दूर थे।
- कांग्रेस में 'उदारवादियों' (Moderates) का एक समूह भी था, जो क्रमिक एवं लगातार प्रयास का पक्षधर था। इनमें गाँधीजी के राजनीतिक गुरु गोपालकृष्ण गोखले के साथ मोहम्मद अली जिन्ना थे, जो गुजराती मूल के लंदन में प्रशिक्षित वकील थे।

राष्ट्रीय मोर्चे पर गाँधीजी

- दक्षिण अफ्रीका से लौटने के बाद गाँधीजी ने गोपालकृष्ण गोखले की सलाह पर ब्रिटिश भारत की भूमि और यहाँ के लोगों को जानने के उद्देश्य से एक वर्ष तक भारत का भ्रमण किया।
- फरवरी, 1916 में बनारस हिंदू विश्वविद्यालय के उद्घाटन समारोह में गाँधीजी को दक्षिण अफ्रीका में किए गए कार्यों के आधार पर आमंत्रित किया गया था। यह गाँधीजी का पहला सार्वजनिक कार्यक्रम था। इस समारोह में योगदान देने वाले राजकुमार, **परोपकारी**[4] लोग तथा कांग्रेस के महत्त्वपूर्ण नेताओं की उपस्थित थी।
- बनारस हिंदू विश्वविद्यालय की स्थापना एक उत्सव का अवसर था, क्योंकि यह भारतीय होने और भारतीय प्रयासों से संभव एक राष्ट्रवादी विश्वविद्यालय की स्थापना का द्योतक था।
- बनारस विश्वविद्यालय के अंतर्गत अपने संबोधन में गाँधीजी ने कहा कि "इस विश्वविद्यालय की स्थापना निश्चय ही अत्यंत शानदार है, लेकिन 'लाखों गरीब' भारतीयों की अनुपस्थिति चिंतनीय है।"
- गाँधी जी भारत के अमीर लोगों और गरीबों के बीच की खाई को लेकर चिंतित थे। इसके साथ ही इन्होंने अपने भाषण में भारतीय अभिजात वर्ग (अमीर वर्ग) पर गरीब मजदूरों को नजर अंदाज करने का आरोप लगाया।
- दिसंबर, 1916 में लखनऊ में हुए कांग्रेस के वार्षिक अधिवेशन में किसानों ने गाँधी जी को नील उत्पादकों (Indigo Planters) द्वारा किसानों के प्रति किए जाने वाले दुर्व्यवहार के विषय में भी बताया।

असहयोग आंदोलन एक जन आंदोलन

- जन आंदोलन शुरू करने से पहले गाँधीजी ने चंपारण अहमदाबाद और खेड़ा जैसे संघर्षों के माध्यम से स्वयं को एक राष्ट्रवादी नेता के रूप में साबित किया था।
- इन स्थानीय संघर्षों और व्यापक जन भागीदारी वाले रॉलेट सत्याग्रह ने गाँधी जी को असहयोग आंदोलन शुरू करने के लिए एक मजबूत आधार प्रदान किया।

प्रारंभिक संघर्ष

- भारतीय राजनीति में महात्मा गाँधी का वास्तविक पदार्पण चम्पारण में वर्ष 1917 में हुआ। महात्मा गाँधी ने किसानों के लिए काश्तकारी की सुरक्षा के साथ अपनी इच्छा अनुसार फसल उगाने की स्वतंत्रता के लिए प्रयास किए।

---

3 **स्वदेशी आंदोलन** स्वदेशी से अभिप्राय अपने देश का अथवा अपने देश में निर्मित वस्तु से है। वर्ष 1905 के बंगाल विभाजन के विरोध में स्वदेशी आंदोलन चलाया गया था।

4 **परोपकारी** वह व्यक्ति, जो अमीर और गरीब तथा जरूरतमंद लोगों की सहायता करता है (पैसे अथवा अन्य वस्तुएँ या किसी कार्य में सहायता देकर), परोपकारी कहलाता है।

- वर्ष 1918 में गाँधी जी ने गुजरात दौरे के क्रम में अहमदाबाद की कपड़ा मिलों में कामगारों के अनुकूल वातावरण के लिए संघर्ष किया तथा खेड़ा में फसल नष्ट होने के स्थान पर लगान माफ करने की माँग की।
- इस प्रकार चंपारण, अहमदाबाद और खेड़ा में किए गए संघर्ष से गाँधीजी गरीबों के लिए गहरी सहानुभूति रखने वाले राष्ट्रवादी के रूप में उभरे।

रॉलेट सत्याग्रह

- प्रथम विश्वयुद्ध (1914-18) के दौरान अंग्रेजों द्वारा प्रेस पर प्रतिबंध लगा दिया गया था। साथ ही वर्ष 1919 में सर सिडनी रॉलेट समिति की अनुशंसा पर पारित **रॉलेट एक्ट**[5] द्वारा बिना जाँच के कारावास की अनुमति भी दे दी गई थी।
- गाँधीजी ने इस व्यवस्था के विरोध में देश व्यापी अभियान चलाया और पंजाब में रॉलेट एक्ट कानून का कड़ा विरोध किया, क्योंकि इस एक्ट के अनुसार, किसी भी भारतीय को गिरफ्तार करके तथा बिना मुकदमा चलाए जेल में बंद किया जा सकता था और उसे अनिश्चित काल तक जेल में रखा जा सकता था। बिना दलील, बिना अपील या बिना वकील वाला अधिनियम कहा गया।
- रॉलेट विरोध के परिणामस्वरूप ब्रिटिशों द्वारा पंजाब के स्थानीय कांग्रेस कार्यकर्ताओं को गिरफ्तार कर लिया गया। इस गिरफ्तारी के विरोध में अप्रैल, 1919 को जलियाँवाला बाग में सामान्य लोगों की भीड़ इकट्ठा हुई थी। इस भीड़ पर अंग्रेजी अधिकारी **जनरल डायर** ने गोली चलाने का आदेश दिया, जिसमें अत्यधिक संख्या में लोग मारे गए थे। इस हत्याकांड को जलियाँवाला बाग हत्याकांड के नाम से जाना गया।

असहयोग आंदोलन का खिलाफत आंदोलन के साथ एकीकरण

- गाँधीजी रॉलेट सत्याग्रह के बाद एक सच्चे राष्ट्रीय नेता बन गए। उन्होंने इसकी सफलता से उत्साहित होकर अंग्रेजी शासन के खिलाफ भारतीयों से 'असहयोग' (Non-Co-operation) करने का आह्वान किया। गाँधीजी ने कहा कि "यदि असहयोग का सही तरह से पालन किया जाए, तो भारत एक वर्ष के अंदर ही स्वराज प्राप्त कर लेगा।" अपने संघर्ष का विस्तार करने के लिए गाँधी जी **खिलाफत आंदोलन** के समर्थन में आए।
- उनका मानना था कि वे असहयोग को खिलाफत आंदोलन के साथ जोड़कर अर्थात् हिंदू और मुसलमानों को मिलाकर औपनिवेशिक शासन को समाप्त कर सकते हैं।
- इन आंदोलनों ने लोगों को अंग्रेजों के विरुद्ध कुछ लोकप्रिय कार्रवाई के लिए प्रोत्साहित किया; जैसे–
  - छात्रों ने सरकार द्वारा संचालित स्कूलों और कॉलेजों का बहिष्कार किया।
  - वकीलों ने अदालत में उपस्थित होने से इनकार कर दिया।
  - शहरों और कस्बों में मजदूर वर्ग द्वारा कई हड़तालें आयोजित की गईं। वर्ष 1921 में 396 हड़तालें हुईं, जिसमें 6,00,000 मजदूर शामिल थे और परिणामस्वरूप अंग्रेजों का लगभग सात मिलियन का नुकसान हुआ।
  - उत्तरी आंध्र प्रदेश के पहाड़ी लोगों द्वारा वन कानूनों का उल्लंघन किया गया तथा अवध के किसानों द्वारा कर अदा नहीं किया गया।
  - कुमाऊँ के किसानों ने औपनिवेशिक अधिकारियों के यहाँ काम करने से इनकार कर दिय

खिलाफत आंदोलन (1919-1920)

- खिलाफत आंदोलन (1919-20) मुहम्मद अली और शौकत अली के नेतृत्व में भारतीय मुसलमानों का एक आंदोलन था। इस आंदोलन में की गई माँगें निम्नलिखित हैं
  - **ऑटोमन साम्राज्य** के सभी इस्लामी पवित्र स्थानों पर तुर्की सुल्तान अथवा खलीफा का नियंत्रण बना रहे।
  - **जजीरात-उल-अरब** (अरब, सीरिया, इराक, फिलिस्तीन) इस्लामी सत्ता के अधीन रहें। खलीफा के पास इतने क्षेत्र रहें कि वह इस्लामी विश्वास को सुरक्षित करने के योग्य बन सके।
- कांग्रेस ने भी अंग्रेजों के विरुद्ध इस आंदोलन का समर्थन किया।

---

5 रॉलेट एक्ट (Rowlatt Act) यह एक्ट फरवरी, 1919 में पारित हुआ। इस एक्ट के अनुसार, सरकार किसी भी व्यक्ति को बिना मुकदमा चलाए तथा अपराधी सिद्ध हुए बिना जेल में बंद कर सकती थी। साथ ही सरकार बंदी प्रत्यक्षीकरण (Habeas Corpus) के अधिकार को स्थगित कर सकती थी।

असहयोग आंदोलन का अंत

▲ असहयोग आंदोलन 1922 (विदेशी वस्त्रों को इक्ट्ठा करके आग लगाने वाला दृश्य)

- महात्मा गाँधी के अमेरिकी जीवनीकार **लुईस फिशर** के अनुसार, असहयोग आंदोलन भारत के इतिहास और गाँधीजी के जीवन दोनों के लिए महत्त्वपूर्ण था। यह आंदोलन इनकार, त्याग और आत्म-अनुशासन के अतिरिक्त स्वशासन के लिए एक प्रशिक्षण भी था।
- 1857 के विद्रोह के बाद औपनिवेशिक भारत में असहयोग आंदोलन एक अभूतपूर्व घटना थी, जिसने ब्रिटिश शासन की नींव को हिला दिया था।
- फरवरी, 1922 में किसानों के समूह ने संयुक्त प्रांत (वर्तमान उत्तर प्रदेश) के चौरी-चौरा में एक पुलिस स्टेशन में आग लगा दी, जिसके कारण कई पुलिसवालों की मृत्यु हो गई। इस हिंसात्मक घटना के कारण गाँधीजी ने असहयोग आंदोलन को स्थगित कर दिया। असहयोग आंदोलन के स्थगित होते ही मार्च, 1922 में गाँधीजी को **राजद्रोह**[6] के आरोप में गिरफ्तार कर लिया गया और कानून की अवहेलना करने के आरोप में जज सी. एन ब्रूमफिल्ड ने 6 वर्षों की जेल की सजा सुनाई।

चरखा

महात्मा गाँधी आधुनिक युग के आलोचक थे, क्योंकि इस युग में मशीनों ने मानव श्रम का स्थान ले लिया था। गाँधीजी का मानना था कि चरखे द्वारा मशीनों और प्रौद्योगिकी को किसी भी प्रकार की हानि नहीं होगी। यह गरीबों को स्वावलंबी बनाने में सहायता करेगा।

एक जनवादी नेता के रूप में गाँधीजी

▲ महात्मा गाँधी चरखा के साथ

- गाँधीजी गरीब श्रमिकों के प्रति बहुत अधिक सहानुभूति रखते थे। किसानों, गरीबों तथा श्रमिकों की स्थितियों में सुधार एवं उनके अधिकारों के लिए संघर्ष के कारण उन्हें गाँधी महाराज, गाँधी बाबा, महात्मा आदि नामों से संबोधित किया गया।
- **राष्ट्रवाद**[7] के आधार को और व्यापक बनाने के लिए गाँधीजी द्वारा जन अपील की गई, जिसके अंतर्गत देश के विभिन्न भागों में कांग्रेस की नई शाखाएँ खोली गईं।
- गाँधीजी की साधारण जीवन शैली में धोती तथा चरखे जैसे प्रतीकों ने गरीबों के बीच लोकप्रियता बढ़ा दी।
- राष्ट्रवाद के विस्तार में महात्मा गाँधी की सफलता भी सावधानीपूर्वक बनाए गए संगठन पर आधारित थी।
- देशी रजवाड़ों (रियासतों) में राष्ट्रवादी सिद्धांतों को बढ़ावा देने के लिए प्रजामंडलों की एक श्रृंखला का निर्माण किया गया। गाँधीजी द्वारा राष्ट्रवादी संदेशों के अधिकाधिक संचार करने के लिए मातृभाषा के प्रयोग को प्रोत्साहित किया गया। भाषायी क्षेत्रों के आधार कांग्रेस की प्रांतीय समितियों की स्थापना पर ही की गई।
- इन गतिविधियों से राष्ट्रवाद भारत के सुदूर क्षेत्रों तक फैल गया और अब इनमें सभी सामाजिक वर्ग शामिल होने लगे। अब भारतीय उद्यमी भी भली-भाँति समझ गए थे कि स्वतंत्र भारत में अंग्रेज उनके प्रतिद्वंद्वी नहीं रहेंगे। इसलिए जी. डी. बिड़ला जैसे कुछ उद्यमियों ने राष्ट्रीय आंदोलन का खुला (स्वतंत्र) समर्थन किया। इस प्रकार गाँधीजी के अनुयायियों में गरीब किसान और धनी उद्योगपति दोनों ही शामिल हुए।
- गाँधीजी की स्वयं महत्त्वपूर्ण भूमिका होने के पश्चात् भी 'गाँधीवादी राष्ट्रवाद' का विकास उनके अनुयायियों पर ही निर्भर था। वर्ष 1917-22 के मध्य महात्मा गाँधी से एक बहुत बड़ा प्रतिभाशाली वर्ग जुड़ा। इस वर्ग में महादेव देसाई, वल्लभभाई पटेल, जे. बी. कृपलानी, सुभाष चंद्र बोस, अबुल कलाम आजाद, जवाहरलाल नेहरू, सरोजिनी नायडू, गोविंद वल्लभ पंत और सी. राजगोपालाचारी आदि शामिल थे। इन्होंने भारतीयों को कांग्रेस की गतिविधियों में शामिल होने के लिए प्रोत्साहित किया।

---

6 **राजद्रोह** ऐसे शब्दों या कार्यों का प्रयोग, जो लोगों को सरकार के विरुद्ध कार्य करने के लिए प्रोत्साहित करता है।

7 **राष्ट्रवाद** राष्ट्रवाद एक ऐसी विचारधारा है, जो लोगों को उनके विभिन्न सांस्कृतिक जातीय पृष्ठभूमि से संबंधित होने के पश्चात् भी एकता के सूत्र में बाँधे रखती है।

चेक प्वॉइंट 1

1. इटली के निर्माण में प्रमुख भूमिका किसकी थी?
2. भारतीय राष्ट्रीय कांग्रेस ने किस आंदोलन के माध्यम से मध्यम वर्ग के बीच अपनी भूमिका को व्यापक बनाया?
3. भारतीय राष्ट्रवादी कांग्रेस में उदारवादी किस दृष्टिकोण को पसंद करते थे?
4. किस घटना के कारण 1922 में असहयोग आंदोलन स्थगित कर दिया गया?
5. राष्ट्रीय आंदोलन का स्वतंत्र समर्थन करने वाले प्रमुख उद्यमी कौन थे?

11.2 नमक सत्याग्रह : एक केस स्ट्डी

- फरवरी, 1924 में जेल से छूटने के पश्चात् गाँधीजी ने भारतीय समाज में खादी के प्रचलन को बढ़ाने का आग्रह किया, जिससे किसानों को आर्थिक स्तर पर स्वावलंबी बनाया जा सके।
- गाँधी जी ने भारत में छुआ-छूत को समाप्त करने के लिए प्रयास किया। उनका विश्वास था कि भारतीय समाज बाल विवाह और छुआ-छूत से मुक्त होकर ही स्वतंत्रता प्राप्त कर सकता है।
- असहयोग आंदोलन की समाप्ति के पश्चात् गाँधीजी ने राजनीतिक कार्यों के स्थान पर समाज सुधार के कार्यों पर ध्यान दिया और वर्ष 1928 में उन्होंने पुन: भारतीय राजनीति में प्रवेश किया।
- वर्ष 1928 में ब्रिटिश सरकार द्वारा भारतीय उपनिवेश की स्थितियों की जाँच करने के लिए कुछ श्वेत सदस्यों वाले **साइमन कमीशन** को भारत भेजा गया, जिसका अखिल भारतीय स्तर पर विरोध भी किया गया। इस विरोध भी में और बारदोली के किसान सत्याग्रह में गाँधी जी ने प्रत्यक्ष रूप से भाग नहीं लिया, किंतु अप्रत्यक्ष रूप से इसका समर्थन किया।

गांधीजी का सक्रिय राजनीति में पुन: प्रवेश

- दिसंबर, 1929 को लाहौर में कांग्रेस अधिवेशन आयोजित किया गया, जिसमें नेहरू जी को अध्यक्ष बनाकर पहली बार युवा वर्ग को नेतृत्व सौंपा गया तथा **पूर्ण स्वराज**[8] अथवा **पूर्ण स्वतंत्रता** की उद्घोषणा की गई।
- विभिन्न स्थानों पर 26 जनवरी, 1930 के दिन राष्ट्रीय ध्वज फहराया गया तथा देश-भक्ति का गीत गाकर 'स्वतंत्रता दिवस' मनाया गया।

दांडी मार्च

भारतीय समाज में भोजन ग्रहण करने के लिए 'नमक' एक आवश्यक वस्तु थी, परंतु अंग्रेजी राज में घरेलू प्रयोग के लिए नमक बनाने पर प्रतिबंध लगाया गया और इसे दुकानों से ऊँचे दामों पर खरीदने के लिए मजबूर किया जाने लगा। अत: महात्मा गाँधी ने नमक कानून को तोड़ने के लिए एक यात्रा की घोषणा की, जिसकी प्रथम सूचना तत्कालीन वायसराय **लॉर्ड इर्विन** को गाँधीजी ने दी थी।

▲ दांडी मार्च, 1930

- 12 मार्च, 1930 को गाँधीजी व उनके अनुयायियों के साथ साबरमती आश्रम से नमक सत्याग्रह की यात्रा प्रारंभ हुई, जो तीन सप्ताह के पश्चात् दांडी नामक समुद्र तट पर पहुँचने के साथ संपन्न हुई। यहाँ उन्होंने नमक बनाकर इस कानून का उल्लंघन किया।
- दांडी यात्रा के समान ही भारत में इस समय अन्य भागों में भी यात्राएँ साथ आयोजित की गईं।
- नमक कानून के उल्लंघन के साथ ही भारतीयों द्वारा ब्रिटिश कानून के विरोध का क्रम शुरू हो गया।
- विरोध के स्वर अन्य कई रूपों में देश के अन्य हिस्सों मे संचालित किए गए।
- देश के विभिन्न क्षेत्रों में इसी प्रकार के नमक मार्च आयोजित किए गए।

---

8 पूर्ण स्वराज किसी देश पर वहाँ के राष्ट्र प्रमुख या वहाँ की जनता का पूर्ण अधिकार या स्वतंत्रता को पूर्ण स्वराज कहा जाता है।

- 1930 के नमक मार्च के दौरान गाँधी जी के साथ लगभग 60,000 भारतीयों को गिरफ्तार किया गया।
- देश के विशाल भाग में किसानों ने दमनकारी औपनिवेशिक वन कानूनों का उल्लंघन किया। फैक्ट्री के कामगार हड़ताल पर चले गए। वकीलों ने ब्रिटिश अदालतों का **बहिष्कार**[9] कर दिया और विद्यार्थियों ने सरकारी शिक्षण संस्थानों में पढ़ने से इनकार कर दिया।

नमक यात्रा/दांडी मार्च का महत्त्व

गाँधीजी की नमक यात्रा की महत्ता को निम्नलिखित तीन तथ्यों के द्वारा स्पष्ट किया जा सकता है

(i) गाँधीजी की नमक यात्रा एक ऐसी अभूतपूर्व घटना थी, जिससे वे विश्व की नजर में आए। यह पहली यात्रा थी, जिसको अमेरिकी तथा यूरोपीय प्रेस ने व्यापक रूप से अपने अखबारों में स्थान दिया।

(ii) यह पहला आंदोलन था, जिसमें भारतीय स्त्रियों ने भी पुरुषों के समान बढ़-चढ़कर भाग लिया। **कमलादेवी चट्टोपाध्याय** एक समाजवादी कार्यकर्ता थीं, जिन्होंने पुरुषों के समान महिलाओं को भी आंदोलन में शामिल करने हेतु प्रोत्साहित किया। वे उन उन महिलाओं में से एक थीं, जिन्होंने नमक या शराब कानूनों का उल्लंघन करते हुए सामूहिक गिरफ्तारियाँ दी थीं।

(iii) तीसरा और सर्वाधिक महत्त्वपूर्ण कारण यह था कि इस यात्रा से अंग्रेज यह समझ गए थे कि भारतीयों को सत्ता में भागीदारी दिए बिना उन पर शासन करना अत्यंत कठिन है।

प्रथम गोलमेज सम्मेलन

- भारतीयों को सत्ता में भागीदारी देने के भय से ब्रिटिश सरकार ने लंदन में गोलमेज सम्मेलनों (Roundtable Conference) का आयोजन शुरू किया।
- पहला गोलमेज सम्मेलन नवंबर, 1930 में आयोजित किया, जिसमें देश के प्रमुख नेता शामिल नहीं हुए।

गाँधी इरविन पैक्ट/समझौता

- जनवरी, 1931 में गाँधीजी को जेल से रिहा कर दिया गया। उनके और वायसराय के बीच कई बैठकें हुईं, जिसके परिणामस्वरूप गाँधी इरविन समझौता हुआ।
- वर्ष 1931 में **गाँधी-इरविन समझौता** संपन्न किया गया। इस समझौते के अंतर्गत सविनय अवज्ञा आंदोलन का स्थगन, कैदियों की रिहाई तथा समुद्र तटीय क्षेत्रों में नमक बनाने की छूट आदि शर्तें शामिल थीं।

▲ द्वितीय गोलमेज सम्मेलन, नवम्बर 1931 को लंदन में

द्वितीय गोलमज सम्मेलन

- वर्ष 1931 के अंत में दूसरा गोलमेज सम्मेलन लंदन में हुआ, जिसमें गाँधीजी ने कांग्रेस का प्रतिनिधित्व किया। उनके अनुसार, कांग्रेस पूरे भारत का नेतृत्व करती है, लेकिन उनके इस कथन को तीन पार्टियों की चुनौतियों का सामना करना पड़ा।

(i) पहली चुनौती, मुस्लिम लीग का कहना था कि वह मुस्लिम अल्पसंख्यकों के हित में कार्य करती है।

(ii) दूसरी चुनौती, राज-रजवाड़ों का दावा था कि कांग्रेस का उनके नियंत्रण वाले भू-भाग पर कोई अधिकार नहीं है।

(iii) तीसरी चुनौती में डॉ. बी. आर. अंबेडकर का मत था कि कांग्रेस और गाँधी निम्न वर्ग का प्रतिनिधित्व नहीं करते। अत: अंबेडकर ने दलित व पिछड़ों के लिए पृथक् निर्वाचन (Separate Election) की माँग की।

- इस प्रकार दूसरा गोलमेज सम्मेलन बिना किसी नतीजे के समाप्त हो गया, जिसके कारण गाँधीजी को वापस भारत लौटना पड़ा।
- भारत वापस लौटने के पश्चात् गाँधीजी ने तत्कालीन वायसराय **लॉर्ड विलिंग्टन** से मिलने की कोशिश की, परंतु विलिंग्टन को गाँधीजी के प्रति कोई सद्भावना नहीं थी। फलत: गाँधीजी ने **सविनय अवज्ञा आंदोलन** प्रारंभ किया।
- वर्ष 1935 में नए **गवर्नमेंट ऑफ इंडिया एक्ट** में सीमित प्रतिनिधिक शासन व्यवस्था का आश्वासन दिया गया। वर्ष 1937 में सीमित मताधिकार के आधार पर हुए चुनाव में 11 में से 8 प्रांतों में कांग्रेस के प्रधानमंत्री बने, लेकिन इन्हें अंग्रेज गवर्नरों की देख-रेख में काम करना पड़ता था।

---

9 बहिष्कार का अर्थ है, दूसरे देशों की वस्तुओं तथा संस्थाओं आदि का प्रयोग न करना।

द्वितीय विश्वयुद्ध और भारत

- सितम्बर, 1939 में द्वितीय विश्व युद्ध शुरू हुआ।
- महात्मा गाँधी और जवाहर लाल नेहरू दोनों ही हिटलर और नाजी के आलोचक थे। उन्होंने वादा किया था कि यदि युद्ध के पश्चात् ब्रिटिश सरकार भारत को आजादी देती है, तो काँग्रेस उनके साथ शामिल हो जाएगी।
- इस प्रस्ताव को अस्वीकार कर दिया गया, जिसके परिणामस्वरूप अक्टूबर, 1939 में काँग्रेस के मंत्रियों ने इस्तीफा दे दिया।
- अंततः वर्ष 1940 और 1941 के दौरान कांग्रेस द्वारा कई व्यक्तिगत सत्याग्रह आयोजित किए गए।

क्रिप्स मिशन

- युद्ध की समाप्ति के उपरांत कांग्रेस ने स्वतंत्रता प्राप्ति के उद्देश्य से ब्रिटिश सरकार पर दबाव डालने के लिए वर्ष 1940-41 में अलग-अलग सत्याग्रह कार्यक्रमों का आयोजन किया। वर्ष 1940 तक राजनीतिक परिस्थितियाँ बहुत बदल गईं। मार्च, 1940 में उपमहाद्वीप के मुस्लिम-बहुल क्षेत्रों के लिए मुस्लिम लीग ने कुछ स्वायत्तता की माँग की।
- अब राजनीतिक संघर्ष का केंद्र बिंदु भारतीय बनाम अंग्रेज नहीं रह गया था। अब यह संघर्ष बिंदु कांग्रेस, मुस्लिम लीग तथा ब्रिटिश सरकार तक विस्तृत हो गया था। इसी समय ब्रिटेन में सर्वदलीय सरकार सत्ता में आई, जिसमें शामिल **लेबर पार्टी** के सदस्य भारत के समर्थक थे, दूसरी ओर सरकार के प्रधानमंत्री विंस्टन चर्चिल कट्टर साम्राज्यवादी थे।
- चर्चिल ने वर्ष 1942 में अपने मंत्री सर **स्टेफर्ड क्रिप्स** को गाँधी और कांग्रेस के साथ समझौता करने के लिए भारत भेजा। इसे **क्रिप्स मिशन** के नाम से जाना गया।
- भारत की ओर से क्रिप्स के समक्ष यह प्रस्ताव रखा गया कि यदि ब्रिटिश सरकार को कांग्रेस का समर्थन चाहिए, तो वायसराय की कार्यकारी परिषद् में किसी भारतीय को एक रक्षा सदस्य के रूप में नियुक्त किया जाए, परंतु ब्रिटिश सरकार ने इस शर्त को नहीं माना और क्रिप्स मिशन विफल हुआ।

▲ महात्मा गाँधी के साथ स्टेफर्ड क्रिप्स

11.3 भारत छोड़ो आंदोलन

- क्रिप्स मिशन की विफलता के पश्चात् महात्मा गाँधी ने ब्रिटिश शासन के खिलाफ तीसरा बड़ा आंदोलन **भारत छोड़ो** अगस्त, 1942 में शुरू किया। आंदोलन प्रारंभ होते ही गाँधीजी को गिरफ्तार कर लिया गया, किंतु युवा वर्ग ने हड़ताल और तोड़फोड़ की कार्रवाहयों के माध्यम से इस आंदोलन को आगे बढ़ाया।
- कांग्रेस के कुछ नेताओं द्वारा भूमिगत गतिविधियाँ भी चलाई गई इन **भूमिगत प्रतिरोध**[10] गतिविधियों में **जयप्रकाश नारायण** जैसे समाजवादी सदस्य सर्वाधिक सक्रिय थे। कई जिलों में (पश्चिम में सतारा और पूर्व में मेदिनीपुर आदि) स्वतंत्र सरकार (प्रति सरकार) की स्थापना की गई। भारत छोड़ो आंदोलन एक **जनांदोलन**[11] था, जिसने युवा वर्ग को अपनी ओर आकर्षित किया। बड़ी संख्या में युवा-वर्ग ने स्कूल-कॉलेज छोड़कर जेल जाना स्वीकार किया।
- इसी समय **जिन्ना** और **मुस्लिम लीग** के अन्य सदस्यों ने पंजाब और सिंध में अपनी स्थिति मजबूत की।

▲ भारत छोड़ो आंदोलन के दौरान बबंई में महिलाओं की रैली

सतारा, 1943

- 19वीं सदी के उत्तरार्द्ध से महाराष्ट्र में **एक गैर-ब्राह्मण आंदोलन** विकसित हुआ, जिसने जाति व्यवस्था और जमींदारी प्रथा का विरोध किया। इस आंदोलन ने 1930 के दशक तक राष्ट्रीय आंदोलन के साथ संबंध स्थापित कर लिए थे।
- वर्ष 1943 में महाराष्ट्र के सतारा जिले में युवा नेताओं ने **स्वयं सेवी कोर** (सेवा दल) और **ग्राम इकाइयों** (तूफान दल) के साथ समानांतर सरकार (प्रति सरकार) की स्थापना की।
- उन्होंनें जन अदालतें चलाईं और रचनात्मक कार्य आयोजित किए।
- कुनबी किसानों और दलितों के समर्थन से सतारा में प्रति सरकार या समानांतर सरकार वर्ष 1946 के चुनावों तक कार्यरत् रही।

---

10 भूमिगत प्रतिरोध किसी देश में स्वतंत्रता के संघर्ष में शामिल भूमिगत संगठन।

11 जनांदोलन (Movement) किसी सत्ता के विरुद्ध संचालित वैसा आंदोलन, जिसमें जनता की व्यापक रूप से भागीदारी हो, जनांदोलन कहलाता है।

कांग्रेस और लीग के मध्य शांति प्रयास

- द्वितीय विश्वयुद्ध समाप्त होने से पूर्व (जून, 1944) गाँधीजी को जेल से रिहा कर दिया गया और उन्होंने कांग्रेस व मुस्लिम लीग के साथ कई शांति वार्ताएँ कीं।
- ब्रिटेन में वर्ष 1945 में लेबर पार्टी की सरकार बनी, जो भारत की आजादी की पक्षधर थी। इसी समय वायसराय लॉर्ड वेवेल द्वारा कांग्रेस और लीग के प्रतिनिधियों के बीच बैठकों का आयोजन किया गया।

1946 का चुनाव और प्रत्यक्ष कार्यवाही दिवस

- वर्ष 1946 तक राजनीतिक ध्रुवीकरण पूरा हो चुका था। इसी वर्ष के प्रारंभ में प्रांतीय विधानमंडलों के लिए नए सिरे से चुनाव संपन्न हुए, जिसमें 'सामान्य श्रेणी' के अंतर्गत कांग्रेस को सफलता मिली। मुसलमानों के लिए आरक्षित सीटों पर मुस्लिम लीग को अधिक बहुमत मिला।
- वर्ष 1946 में **कैबिनेट मिशन** भारत आया। इस मिशन ने प्रांतों को सीमित स्वायत्तता देने की एक संघीय व्यवस्था का प्रस्ताव कांग्रेस एवं लीग के समक्ष रखा, परंतु मिशन का यह प्रयास असफल रहा।
- कैबिनेट मिशन की वार्ता असफल होने के बाद जिन्ना ने 16 अगस्त, 1946 को पाकिस्तान की स्थापना के लिए **प्रत्यक्ष कार्यवाही दिवस** का आह्वान किया। लीग की माँग के समर्थन में कलकत्ता, ग्रामीण बंगाल, बिहार, संयुक्त प्रांत तथा पंजाब में संघर्ष प्रारंभ हुआ।

स्वतंत्रता की घोषणा

- फरवरी, 1947 में **लॉर्ड माउंटबेटन** वायसराय बने। माउंटबेटन द्वारा एक अंतिम प्रयास के रूप में वार्ताओं का दौर प्रारंभ हुआ। माउंटबेटन की वार्ता के प्रयास में विफल होने पर ब्रिटिश भारत को आजादी देने की घोषणा कर दी गई और यह आजादी भारत विभाजन के साथ प्राप्त हुई।
- 15 अगस्त का दिन औपचारिक रूप से सत्ता हस्तांतरण के लिए तय किया गया। इस दिन भारत के लोगों ने अत्यधिक खुशियाँ मनाईं।
- दिल्ली में संविधान सभा की बैठक आयोजित की गई, जिसमें संविधान सभा के अध्यक्ष ने गाँधीजी को **राष्ट्रपिता** की उपाधि से विभूषित किया।

अंतिम बहादुराना दिन

- भारत को राष्ट्र विभाजन की शर्त पर स्वतंत्रता प्राप्त हुई थी। इस कारण गाँधीजी 15 अगस्त, 1947 के दिन 24 घंटे के उपवास पर थे और किसी भी उत्सव में शामिल नहीं हुए।
- विभाजन नामक फूट के कारण हिंदू-मुस्लिम हिंसा पूर्ण रूप से फैल चुकी थी। गाँधीजी के जीवनीकार डी.जी. तेंदुलकर के अनुसार, दिल्ली उत्सव को छोड़कर गाँधीजी कोलकाता में पीड़ितों की सेवा में संलग्न हो गए थे।
- बंगाल में दंगा संबंधी स्थितियों को शांत करने के पश्चात् गाँधीजी दिल्ली पुन: वापस आ गए। दिल्ली में शरणार्थियों की समस्याओं के कारण वे दंगा-पीड़ितों के लिए पंजाब में चाहते हुए भी नहीं जा पाए। अनेक शरणार्थियों को उनके शरणार्थी शिविर में कुरान की आयतों को पढ़ने पर आपत्ति थी। उनका मत था कि गाँधीजी उन हिंदुओं व सिखों की पीड़ा के विषय में बात क्यों नहीं करते, जो अभी भी पाकिस्तान में फँसे हुए हैं।

गाँधीजी की मृत्यु

- 20 जनवरी 1948 को गाँधीजी पर हमला हुआ, परंतु फिर भी वे अविचलित रूप से काम में जुटे रहे। 26 जनवरी को एक **प्रार्थना सभा** का आयोजन किया गया, जिसमें गाँधीजी से स्वतंत्रता दिवस पूर्व के वर्षों में किस प्रकार मनाया जाता था, इस पर चर्चा की गई।
- गाँधीजी का विश्वास था कि ''भारत के लोग अब 'सभी वर्गों और धर्मों की समानता' के लिए काम करेंगे एवं अल्पसंख्यक वर्ग पर बहुल वर्ग की श्रेष्ठता का वर्चस्व स्थापित नहीं होने देंगे।'' उनका यह मत था कि ''भारत भौगोलिक और राजनीतिक रूप से बँट चुका है, लेकिन हृदय से हम सभी सदैव मित्र एवं भाई रहेंगे, एक-दूसरे को मदद व सम्मान देते रहेंगे और शेष विश्व के लिए हम एक ही होंगे।''

- 30 जनवरी की शाम को गाँधीजी की दैनिक प्रार्थना सभा में **नाथूराम गोडसे** नामक एक युवक ने गोली मारकर उनकी हत्या कर दी।
- गाँधीजी की मृत्यु का समाचार सुनकर भारतीय ही नहीं, बल्कि गैर-भारतीय भी स्तब्ध थे। चारों ओर शोक की लहर दौड़ गई।
- एलबर्ट आइंस्टीन तथा जॉर्ज ऑरवेल जैसे प्रसिद्ध व्यक्तियों ने हृदयस्पर्शी शोक-संदेश के द्वारा शोक-संवेदना व्यक्त की।
- गाँधी का उपहास करने वाली **टाइम पत्रिका** ने उनके बलिदान की तुलना करते हुए अब्राहम लिंकन ने लिखा कि ''दुनिया जानती थी कि उसने गाँधी जी मृत्यु पर वैसे ही मौन धारण कर लिया है, जिस प्रकार उसने लिंकन की मृत्यु पर किया था''।

11.4 गाँधीजी से संबंधित स्रोत

- गाँधीजी को समझने और उनके राजनीतिक सफर तथा राष्ट्रीय आंदोलन के इतिहास को सूत्रबद्ध करने के लिए विभिन्न स्रोतों की सहायता ली जा सकती है, जो इस प्रकार हैं

सार्वजनिक स्वर और निजी लेखन

- समकालीन राष्ट्रीय आंदोलन से संबंधित महत्त्वपूर्ण स्रोत के रूप में महात्मा गाँधी और उनके सहयोगियों एवं प्रतिद्वंद्वियों के लेखन और भाषण उपलब्ध हैं। भाषणों से किसी व्यक्ति के सार्वजनिक विचारों की जानकारी मिलती है, जबकि व्यक्तिगत पत्रों से उसके निजी विचारों की जानकारी मिलती है।
- महात्मा गाँधी अपने समाचार-पत्र **हरिजन** में लोगों से मिलने वाले पत्रों का प्रकाशन करते थे। नेहरू ने राष्ट्रीय आंदोलन के दौरान उन्हें लिखे गए पत्रों का एक संकलन तैयार किया और उसे **ए बंच-ऑफ ओल्ड लेटर्स** (पुराने पत्रों का पुलिंदा)' नाम से प्रकाशित किया।

आत्मकथाएँ

- मानवीय विवरणों के साथ, समृद्ध समझे जाने वाले अतीत की जानकारी आत्मकथाओं के द्वारा मिलती है। आत्मकथाएँ प्राय: स्मृति के आधार पर लिखी गई होती हैं। आत्मकथा के माध्यम से लेखक अपनी तस्वीर प्रस्तुत करता है। इसलिए लेखक जो वस्तु-स्थिति नहीं दिखाना चाहता, उसे देखने की कोशिश नहीं करनी चाहिए।

सरकारी प्रपत्र

- औपनिवेशिक शासनकाल में पुलिसकर्मियों या अन्य अधिकारियों द्वारा लिखे गए पत्र तथा रिपोर्ट गोपनीय होती थी, जोकि महत्त्वपूर्ण स्रोत हैं। अब ये दस्तावेज **अभिलेखागारों**[12] में उपलब्ध हैं, जिसे आसानी से देखा जा सकता है। नमक सत्याग्रह के समय की पाक्षिक रिपोर्टों के आधार पर यह जानकारी मिलती है कि गृह विभाग यह मानने को तैयार नहीं था कि महात्मा गाँधी की कार्रवाई को कोई व्यापक जनसमर्थन प्राप्त हुआ था।

समाचार-पत्र

- अंग्रेजी सहित अन्य भारतीय भाषाओं में प्रकाशित होने वाले समकालीन समाचार-पत्र भी महत्त्वपूर्ण स्रोत के रूप में उपलब्ध हैं।
- ये गाँधीजी की गतिविधियों पर नजर रखते थे और उन्हें छापते थे। उनके बारे में छपी खबरों से पता चलता है कि सामान्य भारतीयों की उनके बारे में क्या सोच थी।
- यहाँ यह स्मरणीय है कि अखबारी जानकारी भी पूर्वाग्रह से मुक्त नहीं थी, क्योंकि समाचार-पत्र प्रकाशित करने वाले लोगों की सोच और विचार ही निश्चित करते थे कि क्या प्रकाशित किया जाए। यही कारण है कि लंदन से प्रकाशित समाचार-पत्र की जानकारी भारतीय राष्ट्रवादी अखबार में छपी रिपोर्ट से अलग होती थी।

---

12 अभिलेखागार ऐतिहासिक दस्तावेजों का संग्रह।

निष्कर्ष

भारतीय राष्ट्रीय आंदोलन में महात्मा गाँधी का महत्त्वपूर्ण योगदान रहा है, उनके नेतृत्व में हुई गतिविधियों द्वारा भारत एक स्वतंत्र राष्ट्र बन सका। तत्कालीन गतिविधियों तथा अंग्रेजों के संबंध में प्रस्तुत रिपोर्टों का सावधानीपूर्वक अध्ययन किया जाना चाहिए। इन रिपोर्टों में प्रत्येक घटना या वस्तु को घटनाओं का सच्चा प्रतिबिंब नहीं माना जा सकता। वे सामान्यत: उन अधिकारियों के डर को व्यक्त करती हैं, जो आंदोलन को नियंत्रित करने में असमर्थ महसूस करते थे। औपनिवेशिक राज्य जितना अधिक जनता की निगरानी करता है, उतना ही वह अपने अधिकार के बारे में चिंतित हो जाता है।

चेक प्वॉइंट 2

1. गाँधीजी ने दांडी मार्च कब शुरू किया?
2. 1942 में विंस्टन चर्चिल ने कांग्रेस से बातचीत करने के लिए किसे भारत भेजा था?
3. भारत छोड़ो आंदोलन के दौरान किन जिलों में स्वतंत्र सरकारों की घोषणा की गई?
4. स्वतंत्रता आंदोलन के दोरान नेहरू जी द्वारा लिखे गये पत्रों के संकलन का क्या नाम था?
5. पाकिस्तान द्वारा प्रत्यक्ष कार्यवाही दिवस का अयोजन कब किया गया?

टाइमलाइन

वर्ष 1915	महात्मा गाँधी की दक्षिण अफ्रीका से वापसी
वर्ष 1917	चंपारण आंदोलन
वर्ष 1918	खेड़ा (गुजरात) में किसान आंदोलन तथा अहमदाबाद में मजदूर आंदोलन
वर्ष 1919	रॉलेट सत्याग्रह (मार्च-अप्रैल)
वर्ष 1919	जलियाँवाला बाग हत्याकांड (अप्रैल)
वर्ष 1921	असहयोग आंदोलन और खिलाफत आंदोलन
वर्ष 1928	बारदोली में किसान आंदोलन
वर्ष 1929	लाहौर अधिवेशन (दिसंबर) में 'पूर्ण स्वराज' को कांग्रेस का लक्ष्य घोषित करना
वर्ष 1930	सविनय अवज्ञा आंदोलन शुरू, दांडी यात्रा (मार्च-अप्रैल)
वर्ष 1931	गाँधी-इर्विन समझौता (मार्च), दूसरा गोलमेज सम्मेलन (दिसंबर)
वर्ष 1935	गवर्नमेंट ऑफ इंडिया एक्ट में सीमित प्रतिनिधिक सरकार के गठन का आश्वासन
वर्ष 1939	कांग्रेस मंत्रिमंडलों का त्यागपत्र
वर्ष 1942	भारत छोड़ो आंदोलन शुरू (अगस्त)
वर्ष 1946	महात्मा गाँधी का सांप्रदायिक हिंसा को रोकने के लिए नोआखली तथा अन्य हिंसाग्रस्त क्षेत्रों का दौरा

Mind Map

महात्मा गाँधी और राष्ट्रीय आंदोलन

1 गाँधीजी का भारत आगमन

- महात्मा गाँधी वर्ष 1915 में दक्षिण अफ्रीका से भारत लौटे।
- इन्होंने दक्षिण अफ्रीका में अहिंसक विरोध (सत्याग्रह) का सिद्धांत विकसित किया।
- गाँधीजी का मुख्य उद्देश्य भारतीय राष्ट्रीयता को किसानों और श्रमिकों के लिए अधिक समावेशी

2 असहयोग की शुरुआत और अंत

गाँधीजी एक जन नेता के रूप में

- गाँधीजी ने भारतीय राष्ट्रीय आंदोलन में किसानों, श्रमिकों और कारीगरों को शामिल करके इसका स्वरूप बदल दिया।
- उनकी साधारण जीवनशैली, जिसमें खादी धोती पहनना और चरखा चलाना शामिल था, इसने गाँधी जी को लोगों से जोड़ा।
- गरीब किसान और समृद्ध उद्योगपति दोनों ने गाँधीजी का समर्थन किया।

असहयोग और खिलाफत का एकीकरण

- गाँधीजी ने आशा की थी कि असहयोग और खिलाफत आंदोलन हिंदू और मुसलमानों को ब्रिटिश शासन के विरुद्ध एकजुट कर सकते हैं।
- असहयोग आंदोलन एक शांतिपूर्ण फिर भी प्रभावी प्रतिरोध का रूप था, जिसने आत्म-अनुशासन और अस्वीकृति को बढ़ावा दिया।

राष्ट्रीय संघर्ष और रॉलेट अधिनियम

- गाँधीजी ने चंपारण, अहमदाबाद और खेड़ा में किसानों के अधिकारों की रक्षा पर ध्यान केंद्रित किया।
- वर्ष 1919 में गाँधीजी ने रॉलेट अधिनियम के विरुद्ध राष्ट्रीय स्तर पर विरोध शुरू किया।
- रॉलेट अधिनियम के विरोधों के परिणामस्वरूप जलियाँवाला बाग हत्याकांड हुआ।

3 नमक सत्याग्रह नजदीक से एक नजर

दांडी या नमक सत्याग्रह

- गाँधीजी ने ब्रिटिश नमक एकाधिकार के विरुद्ध विरोध करने के लिए नमक सत्याग्रह (दांडी यात्रा) का नेतृत्व किया।
- गाँधीजी की पुकार ने भारत के सभी वर्गों को उपनिवेशी शासन के विरुद्ध संघर्ष करने के लिए प्रेरित किया।
- नमक सत्याग्रह के बाद लगभग 60,000 भारतीयों, जिसमें गाँधीजी भी शामिल थे, को गिरफ्तार किया गया।

गाँधी-इरविन समझौता और दूसरा गोलमेज सम्मेलन

- गाँधीजी और ब्रिटिश सरकार ने वर्ष 1931 में गाँधी-इरविन समझौते पर हस्ताक्षर किए।
- दूसरे गोलमेज सम्मेलन के दौरान कुछ मुद्दों पर मुस्लिम लीग, रियासतों और अंबेडकर द्वारा चुनौतियाँ उभरी।
- वर्ष 1939 में कांग्रेस मंत्रालयों ने इस्तीफा दे दिया।

4 भारत छोड़ो आंदोलन

- यह आंदोलन अगस्त, 1942 में शुरू हुआ।
- आंदोलन को युवा और कार्यकर्ताओं से समर्थन मिला।
- ब्रिटिश भारत का विभाजन हुआ और 15 अगस्त, 1947 को स्वतंत्रता प्राप्त हुई

5 आखिरी, बहापुराना दिन

- गाँधीजी ने स्वतंत्रता दिवस को उपवास रखकर मनाया, क्योंकि देश विभाजन की विभीषिका से हिंसक हो चुका था।
- इन्होंने भारत और पाकिस्तान दोनों में अल्पसंख्यकों के कष्टों पर ध्यान केंद्रित किया।
- गाँधीजी की 30 जनवरी, 1948 को नाथूराम गोडसे द्वारा हत्या कर दी गई।

6 गाँधीजी के बारे में स्रोत

सार्वजनिक स्वर और निजी लेखन

- गाँधीजी की लेखनी और भाषण उनके विचारों के सार्वजनिक और निजी पहलुओं को उजागर करते हैं।
- सार्वजनिक भाषण एक व्यक्ति की आवाज को व्यक्त करते हैं, जबकि निजी पत्र व्यक्तिगत भावनाओं को दर्शाते हैं।

अखबारों से

- समकालीन समाचार -पत्र गाँधीजी पर नजर रखते थे और उनके बारे में खबरे छापते थे।
- समाचार-पत्रों के संपादकों पर राजनीतिक तथा वैश्विक दृष्टिकोण का प्रभाव था।

सरकारी अभिलेख

- सरकारी अभिलेख, जैसे अधिकारियों की रिपोर्ट, उपनिवेशी शासन के बारे में जानकारी प्रदान करती है।
- नमक सत्याग्रह के दौरान रिपोर्टों में इसके जनमानस में लोकप्रिय प्रतिक्रिया को कम करके दिखाया गया।
- अधिकारियों ने गाँधीजी के नमक सत्याग्रह को एक बेहतर प्रयास के रूप में देखा और जनसंगठनों की उपेक्षा की।

NCERT फोल्डर

अध्याय के मध्य में दिए गए प्रश्न

1. वर्ष 1915 से पूर्व भारत में हुए राष्ट्रीय आंदोलनों के विषय में और जानकारी इकट्ठा कीजिए व पता लगाइए कि क्या महात्मा गाँधी की टिप्पणियाँ न्यायसंगत हैं?

उत्तर भारत में वर्ष 1915 से पूर्व अनेक राष्ट्रीय आंदोलन हुए। भारतीय लोगों में धर्मनिरपेक्ष, जनतांत्रिक तथा राष्ट्रीयतावादी राजनीति के दृष्टिकोण को विकसित करने में 19वीं सदी की आधुनिक पाश्चात्य शिक्षा व विचारधारा ने महत्त्वपूर्ण भूमिका निभाई। भारत में राजनीतिक सुधारों के लिए सर्वप्रथम आंदोलन राजा राममोहन राय ने चलाया था। भारत को विदेशी आधिपत्य से मुक्ति दिलाने के लिए 1885 ई. में भारतीय राष्ट्रीय कांग्रेस की स्थापना की गई। 1885 से 1892 की अवधि के दौरान विधायी परिषदों के प्रसार तथा सुधार के लिए कई आंदोलन हुए, जिसके परिणामस्वरूप 1892 में भारतीय परिषद् कानून पास किया गया। वर्ष 1905 में बंगाल विभाजन के फलस्वरूप राष्ट्रीय आंदोलन का उदय हुआ। इस आंदोलन से लगभग संपूर्ण भारत प्रभावित हुआ था।

वर्ष 1915 के पूर्व हुए आंदोलनों पर महात्मा गाँधी की टिप्पणी थी कि ये आंदोलन व्यापक और संगठित नहीं थे। उनका मानना था कि स्वतंत्रता संग्राम अहिंसात्मक और अधिक संगठित होना चाहिए, जो उनकी सत्याग्रह की नीति में प्रदर्शित होता है। गाँधीजी ने कहा था कि "भारत की मुक्ति तब तक संभव नहीं, जब तक लाखों गरीबों और किसानों को उनका हक नहीं मिलता।" गाँधी की टिप्पणी संगठिन प्रयास की आवश्यकता पर बल देती है, जो न्यायसंगत प्रतीत होती है।

2. असहयोग क्या था? विभिन्न सामाजिक वर्गों ने आंदोलन में किन विभिन्न तरीकों से भाग लिया, इसके बारे में पता लगाइए।

उत्तर भारतीयों द्वारा ब्रिटिश सरकार का सहयोग बंद कर देना ही असहयोग कहलाता है। यह आंदोलन 1 अगस्त, 1920 को प्रारम्भ हुआ था। लोगों ने इस आंदोलन के दौरान सरकारी शिक्षण संस्थानों, अदालतों और विधानमंडलों का बहिष्कार किया। इसके अतिरिक्त विदेशी वस्त्रों का त्याग कर दिया, सरकारी उपाधियों तथा पदवियों को वापस कर दिया।

असहयोग आंदोलन में महिलाओं ने अंग्रेजों के विरुद्ध बढ़-चढ़कर भाग लिया। असहयोग आंदोलन एक ऐसा जन आंदोलन था, जिसमें लोंगो ने विरोध करने के विभिन्न तरीकों का सहारा लिया।

निम्नलिखित प्रश्नों के उत्तर लगभग 100-150 शब्दों में दीजिए।

1. महात्मा गाँधी ने स्वयं को सामान्य लोगों जैसा दिखाने के लिए क्या किया?

उत्तर महात्मा गाँधी ने स्वयं को सामान्य लोगों जैसा दिखाने के लिए निम्नलिखित कदम उठाए

- गाँधीजी सामान्य लोगों की भाषा एवं उनके जैसे वस्त्रों का उपयोग करते थे।
- गाँधीजी ने वर्ष 1921 में दक्षिण भारत की यात्रा के दौरान अपना सिर मुंडवा कर सूती वस्त्र धारण किए।
- गाँधीजी अन्य नेताओं की तरह जन समूह से अलग नहीं खड़े होते थे, अपितु वे उनसे सहानुभूति रखने के साथ उनसे घनिष्ठ संबंध भी स्थापित कर लेते थे।
- गाँधीजी सामान्य लोगों की भाँति प्रतिदिन कुछ समय के लिए चरखा चलाते थे।
- वे अन्य नेताओं की तरह पश्चिमी शैली के वस्त्रों को पसंद नहीं करते थे, अपितु वे उनका विरोध करते थे।
- इन्होंने सामान्य लोगों की दशा को जानने के लिए देश के विभिन्न भागों में भ्रमण किया।
- बनारस हिंदू विश्वविद्यालय की सभा में लाखों भारतीय गरीबों की विषमता पर चिंता प्रकट की।
- गाँधीजी ने यह बताया कि हमारी मुक्ति केवल किसानों के माध्यम से ही संभव हो सकती है।

इस प्रकार से गाँधीजी ने साधारण वेशभूषा में रहकर, गरीब किसान, कामगार आदि की बात कर तथा चंपारण एवं खेड़ा जैसे सत्याग्रहों से लोगों की सहानुभूति प्राप्त कर स्वयं को आम लोगों की भाँती प्रदर्शित किया।

2. किसान महात्मा गाँधी को किस प्रकार देखते थे?

उत्तर भारतीय स्वतंत्रता संग्राम के समय जनता गाँधीजी को अनेक चमत्कारिक शक्तियों से संपन्न समझती थी। विशेष रूप से किसान गाँधीजी को अपना मसीहा समझते थे। इनके प्रति चमत्कारिक शक्तियों का अनेक स्थानों पर अफवाहों के रूप में प्रसार हो रहा था।

गाँधीजी के प्रति जनसामान्य का यह विश्वास बन गया था कि भगवान ने उन्हें किसानों के दुःखों एवं कष्टों को दूर करने के लिए भेजा है और इनके पास इतनी शक्ति है कि वे सभी औपनिवेशिक अधिकारियों के निर्देशों को अस्वीकृत कर सकते हैं। किसान गाँधीजी को अपना उद्धारक मानते थे और उनका विश्वास था कि गाँधीजी ही उन्हें भू-राजस्व की कठोर दरों तथा ब्रिटिश अधिकारियों की दमनात्मक कार्यवाहियों से बचा सकते हैं। इस तरह से गाँधीजी एक जन नेता बन गए और भारतीय किसानों ने उन्हें गाँधी बाबा, गाँधी महाराज अथवा महात्मा जैसे नामों से पुकारा।

3. नमक कानून स्वतंत्रता संघर्ष का महत्त्वपूर्ण मुद्दा क्यों बन गया था?

अथवा **परख कीजिए कि गाँधीजी ने नमक सत्याग्रह क्यों प्रारंभ किया? नमक सत्याग्रह एक असाधारण घटना क्यों थी?**

अथवा **गाँधी जी द्वारा शुरू किए गए 'नमक सत्याग्रह' के कारणों और महत्त्व का वर्णन कीजिए।** **CBSE 2022**

उत्तर नमक कानून के स्वतंत्रता संघर्ष का महत्त्वपूर्ण मुद्दा बनने के पीछे अनेक कारण थे, जो निम्नलिखित हैं

- नमक कानून ब्रिटिश भारत के सर्वाधिक घृणित कानूनों में से एक था। इसके अनुसार नमक के उत्पादन और विक्रय पर राज्य का एकाधिकार स्थापित था।

- प्रत्येक घर के लिए नमक एक मूलभूत वस्तु होती है, लेकिन भारतीय को नमक बनाने का अधिकार न होने के कारण उन्हें विवश होकर दुकानों से ऊँची दरों पर नमक क्रय करना पड़ता था।
- नमक पर राज्य का एकाधिकार हाने के कारण जनसामान्य में इस कानून के प्रति असंतोष व्याप्त था।
- इस असंतोष ने लोगों को संघर्ष करने हेतु विवश कर दिया। गाँधीजी के नमक कानून उल्लंघन के विरोध में सरकार ने कानूनी कदम उठाए, जिससे देश के विभिन्न भागों में असंतोष और अधिक बढ़ गया। जो स्वतंत्रता संघर्ष का एक कारण बना।

गाँधीजी की नमक यात्रा की महत्ता को निम्नलिखित तीन तथ्यों के द्वारा स्पष्ट किया जा सकता है

(i) गाँधीजी की नमक यात्रा एक ऐसी अभूतपूर्व घटना थी, जिससे वे विश्व के समक्ष उभरकर आए। यह पहली यात्रा थी, जिसको अमेरिकी तथा यूरोपीय प्रेस ने व्यापक रूप से अपने अखबारों में स्थान दिया।

(ii) यह पहला आंदोलन था, जिसमें भारतीय स्त्रियों ने भी पुरुषों के समान बढ़-चढ़कर हिस्सा लिया। वे उन असंख्य औरतों में से एक थीं, जिन्होंने नमक या शराब कानूनों का उल्लंघन करते हुए सामूहिक गिरफ्तारियाँ दी थीं।

(iii) तीसरा और सर्वाधिक महत्त्वपूर्ण कारण यह था कि इस यात्रा से अंग्रेज यह समझ गए थे कि भारतीयों को सत्ता में भागीदारी दिए बिना उन पर शासन करना अत्यंत कठिन था।

नमक यात्रा इसलिए उल्लेखनीय है, क्योंकि इस यात्रा के दौरान गाँधीजी समाज के विभिन्न वर्गों को साथ लेकर चले तथा साथ ही उन्होंने समाज में व्याप्त विभिन्न बुराइयों; जैसे—छुआ-छूत उन्मूलन, सांप्रदायिक सद्भाव तथा हिंदू-मुस्लिम भाईचारे का संदेश दिया।
महात्मा गाँधी के द्वारा नमक कानून को तोड़कर संपूर्ण देश में सविनय अवज्ञा आंदोलन को प्रारंभ किया गया।

4. राष्ट्रीय आंदोलन के अध्ययन के लिए अखबार महत्त्वपूर्ण स्रोत क्यों हैं?

उत्तर राष्ट्रीय आंदोलन के अध्ययन के लिए अखबार महत्त्वपूर्ण स्रोत थे, जिनकी महत्ता निम्नलिखित तथ्यों से स्पष्ट होती है

- अंग्रेजी तथा अन्य भाषाओं में प्रकाशित होने वाले समकालीन समाचार-पत्रों में राष्ट्रीय आंदोलन से संबंधित घटनाओं के विषय में विस्तृत विवरण मिलता है।
- इन समाचार-पत्रों के माध्यम से ब्रिटिश सरकार की नीतियों की जानकारी मिलती है।
- समाचार-पत्रों के माध्यम से गाँधीजी की गतिविधियों के ऊपर नजर रखी जाती थी तथा साथ ही इन गतिविधियों से संबंधित विस्तृत जानकारी समाचार-पत्रों में छापी जाती थी।
- समाचार-पत्रों से यह भी जानकारी प्राप्त होती है कि जनसामान्य की धारणा गाँधीजी के प्रति क्या थी।
- समाचार-पत्रों से राष्ट्रीय आंदोलन के नेताओं के विषय में महत्त्वपूर्ण जानकारी मिलती है।
- समाचार-पत्रों के माध्यम से महत्त्वपूर्ण घटनाओं एवं नेताओं के विषय में पक्ष और विपक्ष दोनों के विचार प्राप्त होते हैं।
- औपनिवेशिक सरकार के विचार तथा इनका आंदोलन के प्रति व्यवहार कैसा होता था, इसकी जानकारी भी इन्हीं पत्रों से प्राप्त होती थी।
- समाचार-पत्र जनमत का निर्माण करने के साथ-साथ जनता की अभिव्यक्ति को भी प्रदर्शित करते थे।

5. चरखे को राष्ट्रवाद का प्रतीक क्यों चुना गया?

उत्तर सर्वप्रथम गाँधीजी के द्वारा चरखे को आधुनिक युग के मानव समाज के प्रतीक के रूप में देखा गया। उनके विचार से चरखा गरीबों को पूरक आमदनी प्रदान करके उन्हें आर्थिक रूप से सशक्त व स्वावलंबी बनाने में सहायक हो सकता है। चूँकि तत्कालीन भारत में गाँधीजी एक महत्त्वपूर्ण तथा राष्ट्रवादी नेता थे और उन्होंने ही चरखे को एक प्रतीक के रूप में प्रचारित किया था। इसलिए चरखे को राष्ट्रवाद के प्रतीक के रूप में चुना गया। यह एक ऐसा साधन था, जो ग्रामीण समाज को रोजगार उपलब्ध कराकर ग्रामीण अर्थव्यवस्था को गति प्रदान करने में सहायक था। इसमें किसी विशेष प्रकार की मशीन और प्रौद्योगिकी की आवश्यकता नहीं होती थी। गाँधीजी स्वयं खाली समय में चरखा चलाते थे और अन्य लोगों को चरखा चलाने के लिए प्रोत्साहित करते थे। यह कुटीर उद्योग का एक प्रमुख साधन था, जिसे परिवार के सदस्य प्रयोग कर सकते थे। इससे इसको बड़े स्तर पर प्रोत्साहन मिला। इसी क्रम में गाँधीजी ने वर्ष 1924 में अपनी पुस्तक 'यंग इंडिया' में लिखा था कि "मेरी आपत्ति मशीन के प्रति सनक से है। यह सनक श्रम बचाने वाली मशीनरी के लिए है।"

निम्नलिखित प्रश्नों के उत्तर लगभग 250-300 शब्दों में दीजिए।

6. असहयोग आंदोलन ने गाँधीजी को एक राष्ट्रीय नेता किस प्रकार बनाया? स्पष्ट कीजिए।

अथवा **"असहयोग आंदोलन गाँधीजी का बड़े पैमाने पर पहला संगठित सत्याग्रह आंदोलन था, जो स्वराज पर आधारित था।" उपयुक्त उदाहरणों सहित इस कथन को स्पष्ट कीजिए।** **CBSE 2022**

उत्तर असहयोग आंदोलन को ब्रिटिश सरकार के विरुद्ध एक तरह के प्रतिरोध के रूप में जाना जाता है, क्योंकि इस आंदोलन के दौरान सरकार की नीतियों एवं कानूनों का दो प्रकार के कार्यक्रमों के द्वारा विरोध किया गया, जो निम्नलिखित हैं

(i) सरकार विरोधी कार्यक्रम

(ii) रचनात्मक कार्यक्रम

(i) **सरकार विरोधी कार्यक्रम**

- सरकारी खिताबों और मानद उपाधियों का त्याग करना।
- सरकारी दरबारों और सरकारी अफसरों द्वारा या उनके सम्मान में किए जाने वाले सरकारी और अर्द्धसरकारी उत्सवों में भाग न लेना।
- विद्यार्थियों के द्वारा व्यापक रूप से विद्यालयों का त्याग करना।
- विदेशी वस्तुओं को सामूहिक रूप से जलाना।
- वकीलों के द्वारा सरकारी अदालतों का बहिष्कार किया जाना तथा विवादों को सरकारी अदालतों में न ले जाना।

(ii) **रचनात्मक कार्यक्रम**

- स्वदेशी को बढ़ावा दिया गया, इसके लिए चरखा एवं खादी को लोकप्रिय बनाया गया। खादी को प्रोत्साहित करने हेतु 20 लाख चरखों का वितरण किया गया।
- सरकारी विद्यालयों को छोड़ने वाले विद्यार्थियों के लिए राष्ट्रीय विद्यालयों की स्थापना की गई । इस क्रम में काशी विद्यापीठ, गुजरात विद्यापीठ, बिहार विद्यापीठ, बंगाल नेशनल यूनिवर्सिटी, नेशनल कॉलेज लाहौर, जामिया मिलिया इस्लामिया कॉलेज, अलीगढ़ (बाद में दिल्ली स्थानांतरित) आदि की स्थापना की गई।
- देश के विभिन्न भागों में जन-आंदोलन का आह्वान किया गया; जैसे—वर्ष 1921 में 396 हड़तालें हुईं, जिनमें 6 लाख श्रमिक शामिल हुए थे। इससे 70 लाख कार्य दिवसों का नुकसान हुआ। उत्तरी आंध्र जनजातियों ने वन कानूनों की अवहेलना की। अवध के किसानों ने कर देने से मना कर दिया तथा किसानों ने औपनिवेशिक अधिकारियों का सामान ढोने से भी मना कर दिया।

अतः गाँधीजी के नेतृत्व में कांग्रेस ने अनेक कार्यक्रमों के माध्यम से ब्रिटिश सरकार की नीतियों का व्यापक रूप से विरोध किया। विरोध के कारण अनेक सकारात्मक गतिविधियाँ देखने को मिलीं। इसी कारण असहयोग आंदोलन को एक प्रतिरोध के रूप में देखा जाता है।

7. गोलमेज सम्मेलन में हुई वार्ता से कोई नतीजा क्यों नहीं निकल पाया?

उत्तर नवंबर, 1930 से 1932 की अवधि में ब्रिटिश सरकार ने लंदन में तीन गोलमेज सम्मेलनों का आयोजन किया, किंतु गोलमेज सम्मेलनों में हुई वार्ता से कोई महत्त्वपूर्ण नतीजा नहीं निकल पाया। पहला गोलमेज सम्मेलन सरकार ने 12 नवंबर, 1930 को साइमन कमीशन की रिपोर्ट तथा संवैधानिक मुद्दों पर चर्चा करने के उद्देश्य से लंदन में किया। इस समय सविनय अवज्ञा आंदोलन अपनी चरम सीमा पर था, कांग्रेस के सभी महत्त्वपूर्ण नेता जेल में थे तथा सरकार के द्वारा दमनात्मक कार्यवाही की जा रही थी। कांग्रेस के द्वारा इस सम्मेलन का बहिष्कार किया गया। यह सम्मेलन सांप्रदायिक प्रतिनिधित्व की समस्या पर विफल हो गया।

7 सितंबर, 1931 से 1 दिसंबर, 1931 तक द्वितीय गोलमेज सम्मेलन का आयोजन किया गया। इसमें गाँधीजी कांग्रेस के एकमात्र प्रतिनिधि तथा मुहम्मद अली जिन्ना मुस्लिम लीग के प्रतिनिधि के रूप में सम्मिलित हुए। महात्मा गाँधी के द्वारा भारतीय राष्ट्रीय कांग्रेस को संपूर्ण भारत का प्रतिनिधित्व करने वाली पार्टी बताया गया, किंतु इसे तीन पार्टियों के द्वारा चुनौती दी गई। राज-रजवाड़ों का कहना था कि कांग्रेस उनके नियंत्रण वाले भू-भाग का प्रतिनिधित्व नहीं करती है। मुस्लिम लीग का कहना था कि वह अल्पसंख्यक मुस्लिमों की हितों की रक्षक है। डॉ. बी आर अंबेडकर ने गाँधीजी के इस दावे का विरोध करते हुए इस बात पर बल दिया कि भारतीय राष्ट्रीय कांग्रेस निम्न जातियों का प्रतिनिधित्व नहीं करती है। सम्मेलन में मुस्लिम लीग के द्वारा सांप्रदायिक चुनाव प्रणाली की माँग की गई तथा डॉ. अंबेडकर के द्वारा पृथक् चुनाव व पृथक् प्रतिनिधित्व की माँग प्रारंभ कर दी गई। अंततः यह सम्मेलन भी विफल रहा।

28 दिसंबर, 1931 को गाँधीजी भारत लौट आए। 1 जनवरी, 1932 को कांग्रेस कार्यकारिणी परिषद् ने सविनय अवज्ञा आंदोलन फिर से प्रारंभ करने का निर्णय लिया। 17 नवंबर, 1932 को लंदन में तीसरे गोलमेज सम्मेलन का आयोजन किया गया। ब्रिटेन में मजदूर दल ने इस सम्मेलनों का बहिष्कार किया और भारतीय राष्ट्रीय कांग्रेस ने भी इस सम्मेलन में शामिल होने से इनकार कर दिया।

इस प्रकार से तीनों गोलमेज सम्मेलनों में विभिन्न मुद्दों पर मतभेदों के होने तथा आपसी सहमति न होने के कारण कोई नतीजा नहीं निकल पाया।

8. महात्मा गाँधी ने राष्ट्रीय आंदोलन के स्वरूप को किस तरह बदल डाला?

उत्तर भारतीय इतिहास में वर्ष 1921 से 1947 की कालावधि का महत्त्वपूर्ण स्थान है। यह कालावधि गाँधीयुग के नाम से प्रसिद्ध है, क्योंकि इस काल में महात्मा गाँधी के कुशल नेतृत्व में भारतीयों ने स्वतंत्रता संग्राम का सफलतापूर्वक संचालन किया, जिसके परिणामस्वरूप भारत को स्वतंत्रता प्राप्त हुई। इस अवधि में महात्मा गाँधी ने सत्य व अहिंसा पर आधारित सत्याग्रह, असहयोग और सविनय अवज्ञा जैसे कुशल हथियारों का प्रयोग कर भारतीय राजनीति को नई दिशा प्रदान की। गाँधीजी के इन हथियारों के सफल प्रयोग ने भारतीय स्वतंत्रता संग्राम के स्वरूप को बिल्कुल बदल दिया, जिसे निम्नलिखित तथ्यों के माध्यम से देखा जा सकता है

- भारतीय जनता को देश की स्वतंत्रता जैसे महान उद्देश्य के लिए अंग्रेजों के विरुद्ध प्रबल संघर्ष छेड़ने और इस हेतु बलिदान देने के लिए तैयार किया गया।
- महात्मा गाँधी ने सत्याग्रह और सविनय अवज्ञा के सिद्धांत पर आधारित संघर्ष की अपनी नवीन विधि का प्रयोग करके राष्ट्रीय आंदोलन को एक जनसामान्य का आंदोलन बना दिया।
- वर्ष 1917-18 की अवधि में गाँधीजी ने चंपारण और खेड़ा के सत्याग्रहों में भाग लिया तथा अहमदाबाद के मिल मजदूरों की माँगों के समर्थन में संघर्ष किया। 1 अगस्त, 1920 को गाँधीजी के द्वारा असहयोग आंदोलन का प्रारंभ किया गया, जिसमें पहली बार व्यापक रूप से जन भागीदारी देखने को मिली।
- मार्च, 1930 को गाँधीजी ने विरोध के प्रतीक के रूप में नमक का चुनाव करके सविनय अवज्ञा आंदोलन प्रारंभ कर दिया और अगस्त, 1942 में 'भारत छोड़ो' आंदोलन का प्रारंभ करके अंग्रेजों को भारत छोड़ने पर विवश कर दिया।
- इस प्रकार गाँधीजी ने भारतीय राष्ट्रीय आंदोलन में सक्रिय रूप से भाग लिया। गाँधीजी ने कुशल संगठनात्मक गुणों के माध्यम से भारतीय राष्ट्रवाद के आधार को अधिक व्यापक बनाने में महत्त्वपूर्ण योगदान दिया। इनके द्वारा राष्ट्रवादी भावनाओं के प्रसार-प्रचार के लिए मातृभाषा का चुनाव किया गया। गाँधीजी के नेतृत्व में प्रारंभ किए गए असहयोग आंदोलन में समाज के सभी वर्गों ने भाग लिया। इस प्रकार सविनय अवज्ञा आंदोलन में जनसामान्य ने महत्त्वपूर्ण भाग लिया।

निष्कर्षतः गाँधीजी का नेतृत्व भारतीय राष्ट्रीय आंदोलन एक जन आंदोलन बन गया, जिसने भारतीय स्वतंत्रता में महत्त्वपूर्ण योगदान दिया।

9. निजी पत्रों और आत्मकथाओं से किसी व्यक्ति के बारे में क्या पता चलता है? ये स्रोत सरकारी ब्योरों से किस तरह भिन्न होते हैं?

उत्तर निजी पत्रों और आत्मकथाओं से किसी व्यक्ति के समकालीन घटनाओं के प्रति उसके निजी विचार एवं समझ के बारे में महत्त्वपूर्ण जानकारी मिलती है। व्यक्ति अपने निजी पत्रों और आत्मकथाओं में किसी घटना से संबंधित गतिविधियों का बिना किसी भय के सुंदर चित्रण करता है, जिससे व्यक्ति की उस घटना से संबंधित विचारधारा तथा मनःस्थिति को समझा जा सकता है; जैसे–

- निजी पत्र तथा आत्मकथाओं से उनकी विचारधारा को समझने में महत्त्वपूर्ण व उपयोगी जानकारी मिलती है। लेखक द्वारा बहुत सारे पत्र अन्य व्यक्तियों को लिखे जाते हैं, इसलिए उन्हें व्यक्तिगत पत्र के रूप में जाना जाता है, लेकिन कभी-कभी ये पत्र जनता के नाम से भी लिखे जाते हैं।
- इन पत्रों के लेखन में यह अहसास होता है कि एक दिन उन्हें सार्वजनिक रूप से प्रकाशित कर दिया जाएगा।
- अतः इस आशंका के कारण लोग निजी पत्रों में भी अपनी विचारधारा स्वतंत्रतापूर्वक व्यक्त नहीं कर पाते हैं। उदाहरणस्वरूप; महात्मा गाँधी ने अपने समाचार-पत्र 'हरिजन' में लोगों से मिलने वाले पत्रों का प्रकाशन किया था।
- इसी प्रकार जवाहरलाल नेहरू ने भी राष्ट्रीय आंदोलन के दौरान उन्हें लोगों से मिलने वाले पत्रों का एक संकलन तैयार किया, जिसे 'ए बंच ऑफ ओल्ड लेटर्स' (पुराने पत्रों का पुलिंदा) नाम से प्रकाशित किया गया।
- आत्मकथाएँ मानवीय विवरणों के हिसाब से समृद्ध समझी जाने वाली अतीत की जानकारी आत्मकथाओं के माध्यम से मिलती है। आत्मकथा के माध्यम से लेखक अपनी तस्वीर प्रस्तुत करता है। इसलिए लेखक जो वस्तुस्थिति नहीं दिखाना चाहता, उसे देखने की कोशिश नहीं करनी चाहिए। आत्मकथाएँ यह दर्शाती हैं कि लेखक के मन में कौन-सी बात है और वह किसे महत्त्व देना चाहता है।

निजी पत्र और आत्मकथाओं की सरकारी ब्योरों से भिन्नता

निजी पत्र तथा आत्मकथाओं जैसे स्रोत सरकारी ब्योरों से भिन्न होते हैं, व्यक्ति निजी पत्रों में क्रोध और पीड़ा, असंतोष और बेचैनी, अपनी आशाएँ और हताशाएँ व्यक्त कर सकता है। वहीं दूसरी ओर सरकारी ब्योरों में लेखक अपनी व्यक्तिगत भावनाओं को व्यक्त नहीं कर सकता है। निजी पत्रों तथा आत्मकथाओं में व्यक्ति के विभिन्न विचार और घटनाओं का यथार्थ विवरण देखने को मिलता है।

इसके विपरीत सरकारी ब्योरों में व्यक्ति के विचारों तथा घटनाओं का यथार्थ विवरण व्यक्त नहीं किया जाता; जैसे—ब्रिटिश काल में सार्वजनिक पत्रों और ब्योरों में किसी घटना का निष्पक्ष विवरण या व्यक्तिगत दृष्टिकोण पर सरकार का नियंत्रण होता था, जिसमें सरकार विरोधी आलेखों या विवरणों की उपस्थिति में लेखक या संस्थान पर दंडात्मक कार्यवाही की जाती थी।

अतः लेखक द्वारा इस प्रकार के लेखन से बचने की कोशिश की जाती थी, चाहे आलेख या विवरण में वर्णित बातें गलत ही क्यों न हों।

10. दांडी मार्च के मार्ग का पता लगाइए। गुजरात के नक्शे पर इस यात्रा के मार्ग को चिह्नित कीजिए और उस पर पड़ने वाले मुख्य शहरों व गाँवों को चिह्नित कीजिए।

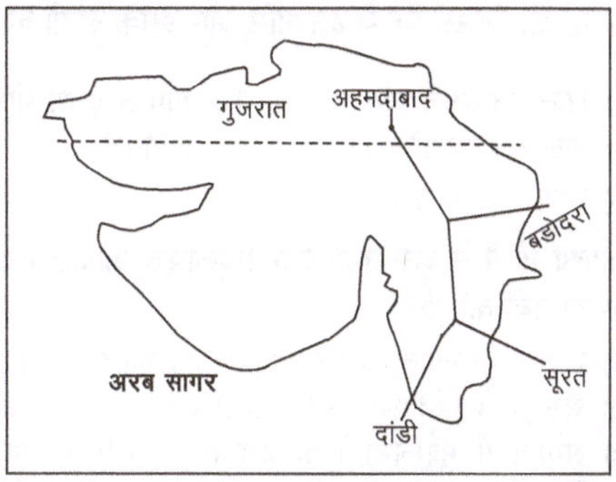

▲ गाँधीजी की दांडी यात्रा

उत्तर महात्मा गाँधी ने दांडी यात्रा की शुरुआत अपने साबरमती आश्रम, अहमदाबाद से की तथा गुजरात के नवसारी जिले के दांडी नामक स्थान पर नमक बनाकर नमक कानून का उल्लंघन किया।
यह यात्रा लगभग 240 मील की थी।
गाँधीजी की इस यात्रा को पूर्ण करने में 24 दिन का समय लगा।

अभ्यास प्रश्न

वस्तुनिष्ठ प्रश्न

बहुविकल्पीय प्रश्न

1. निम्न में से किसके अनुसार दक्षिण अफ्रीका ने ही गाँधीजी को महात्मा बनाया था?

(a) चंद्रन देवनेसन
(b) के पी जयसवाल
(c) रामचंद्र गुहा
(d) रोमिला थापर

उत्तर (a) चंद्रन देवनेसन

2. किसने महात्मा गाँधी को एक वर्ष तक ब्रिटिश भारत की यात्रा करने की सलाह दी, जिससे कि वे इस भूमि और इसके लोगों को जान सकें? **CBSE 2024**

(a) लाला लाजपत राय (b) गोपाल कृष्ण गोखले
(c) बाल गंगाधर तिलक (d) विपिनचंद्र पाल

उत्तर (b) गोपाल कृष्ण गोखले

3. महात्मा गाँधी ने असहयोग और खिलाफत आंदोलन को मिलाने की अपील क्यों की थी?

(a) समाज के निम्न तथा उच्च वर्ग को जोड़ने के लिए
(b) समाज में हिंदू और मुसलमानों को जोड़ने के लिए
(c) समाज में मुसलमानों के प्रभावों को उचित स्थान दिलाने के लिए
(d) समाज में निम्न वर्ग के उद्धार के लिए

उत्तर (b) समाज में हिंदू और मुसलमानों को जोड़ने के लिए

4. ब्रिटिश शासन के विरुद्ध गाँधीजी द्वारा शुरू किए गए 'भारत छोड़ो आंदोलन' के तात्कालिक कारण की पहचान कीजिए। **CBSE 2020**

(a) कैबिनेट मिशन (b) क्रिप्स मिशन
(c) साइमन कमीशन (d) माउंटबेटन प्लान

उत्तर (b) क्रिप्स मिशन

5. निम्नलिखित नेताओं में से किसने 'पुराने पत्रों का पुलिंदा' को प्रकाशित किया? **CBSE 2021**

(a) जवाहरलाल नेहरू (b) सरदार पटेल
(c) एन जी रंगा (d) राजेंद्र प्रसाद

उत्तर (a) जवाहरलाल नेहरू

6. निम्नलिखित में से किस आंदोलन को 'लाल-बाल-पाल' ने व्यापक बनाया और 1905-1907 तक अपने संघर्ष को 'अखिल भारतीय चरित्र' के रूप में व्यक्त किया? **CBSE 2024**

(a) गदर आंदोलन
(b) स्वदेशी आंदोलन
(c) सत्याग्रह आंदोलन
(d) किसान आंदोलन

उत्तर (b) स्वदेशी आंदोलन

7. निम्नलिखित में से कौन भारतीय राष्ट्रीय कांग्रेस के 'उदारवादियों' के समूह से संबंधित थे? **CBSE 2024**

अथवा **निम्नलिखित में से कौन भारतीय राष्ट्रीय कांग्रेस के नरम दल से संबंधित थे?** **CBSE 2024**

(a) बिपिन चंद्र पाल (b) बाल गंगाधर तिलक
(c) गोपाल कृष्ण गोखले (d) लाला लाजपत राय

उत्तर (c) **गोपाल कृष्ण गोखले**

8. निम्नलिखित में से किस शब्द का उपयोग गाँधीजी के 'अहिंसा' के दर्शन का वर्णन करने के लिए किया जाता है? **CBSE 2024**

(a) स्वराज (b) सर्वोदय
(c) बहिष्कार (d) सत्याग्रह

उत्तर (d) **सत्याग्रह**

9. "भारत छोड़ो आंदोलन" से संबंधित निम्नलिखित कथनों में से कौन-सा सही नहीं है? **CBSE 2024**

(a) भारत छोड़ो आंदोलन एक जन आंदोलन था
(b) हजारों भारतीयों ने इस आंदोलन में भाग लिया
(c) सतारा और मेदिनीपुर में 'स्वतंत्र' सरकार की स्थापना कर दी गई
(d) रजवाड़ों में 'प्रजा मंडलों' की एक शृंखला स्थापित की गई

उत्तर (d) **रजवाड़ों में 'प्रजा मंडलों' की एक शृंखला स्थापित की गई**

10. नीचे दी गई जानकारी की सहायता से ब्रिटिश अधिकारी की पहचान कीजिए *दक्षता आधारित प्रश्न*

- उन्होंने पश्चिमी शिक्षा की शुरुआत करके भारतीय समाज में सुधार की नीतियाँ अपनाईं।
- उन्होंने सती प्रथा को खत्म करने के लिए कानून बनाए।
- उन्होंने हिन्दू विधवा विवाह को वैधता दी।

(a) लॉर्ड माउंटबेटन (b) लॉर्ड वेलेजली
(c) लॉर्ड विलियम बैंटिक (d) लॉर्ड रिपन

उत्तर (c) लॉर्ड विलियम बैंटिक

11. निम्नलिखित कथनों का अध्ययन करके सही कथन का चुनाव करें *दक्षता आधारित प्रश्न*

1. **गाँधीजी ने अपने विदेश प्रवास का अधिकांश समय दक्षिण अफ्रीका में बिताया।**
2. **कांग्रेस का भारतीय समाज के बीच व्यापक रूप से विस्तार स्वदेशी आंदोलन के माध्यम से हुआ था।**
3. **कांग्रेस का उदारवादी समूह क्रमिक एवं लगातार प्रयास का पक्षधर है।**

कूट

(a) 1 और 2 (b) 1 और 3
(c) 2 और 3 (d) ये सभी

उत्तर (d) ये सभी

12. निम्नलिखित में से कौन-सा/से कथन गलत हैं?

दक्षता आधारित प्रश्न

1. भारत में खिलाफत आंदोलन मुहम्मद अली और शौकत अली के नेतृत्व में शुरू किया गया।
2. मार्च, 1922 में गाँधीजी को राजद्रोह के आरोप में गिरफ्तार कर लिया गया।
3. पहला गोलमेज सम्मेलन नवंबर, 1932 में आयोजित किया गया।

कूट

(a) केवल 3 (b) 1 और 3
(c) 2 और 3 (d) 1 और 2

उत्तर (a) केवल 3

13. निम्नलिखित में से कौन-सा युग्म सही सुमेलित नहीं है?

दक्षता आधारित प्रश्न

	वर्ष		घटना
(a)	1915	–	महात्मा गाँधी की दक्षिण अफ्रीका से वापसी
(b)	1917	–	चंपारण आंदोलन
(c)	1918	–	खेड़ा में किसान आंदोलन
(d)	1919	–	अहमदाबाद में मजदूर आंदोलन

उत्तर (d) 1919 — अहमदाबाद में मजदूर आंदोलन

14. निम्नलिखित में से कौन सही सुमेलित है? दक्षता आधारित प्रश्न

(a) नरमदल नेता – लाला लाजपत राय
(b) गरमदल नेता – राजेंद्र प्रसाद
(c) खिलाफत आंदोलन – बी. आर. अंबेडकर
(d) पूर्ण स्वराज – पंडित जवाहरलाल नेहरू

उत्तर (d) पूर्ण स्वराज—पंडित जवाहरलाल नेहरू

15. निम्नलिखित कथन का सावधानीपूर्वक अध्ययन कीजिए।

दक्षता आधारित प्रश्न

इन परिस्थितियों में सभी निष्पक्ष सोच वाले व्यक्ति इस बात पर सहमत होंगे कि आज सबसे बड़ी आवश्यकता यही है कि ऐसे अपंग समुदाय के पास संगठित निरंकुशता के विरुद्ध जीवन के संघर्ष का एकमात्र रास्ता यही है कि उसे राजनीतिक सत्ता में हिस्सा मिले, जिससे वह अपनी रक्षा कर सके.......।

उपरोक्त कथन निम्नलिखित में से किसका है?

(a) डॉ. भीमराव अंबेडकर (b) पं. जवाहरलाल नेहरू
(c) गोविंद बल्लभ पंत (d) सरदार पटेल

उत्तर (a) डॉ. भीमराव अंबेडकर

16. उत्तरी और पश्चिमी भारत के कस्बों में चारों तरफ बंद के समर्थन में दुकानों और स्कूलों के बंद होने के कारण जीवन ठहर-सा गया था। पंजाब में, विशेष रूप से कड़ा विरोध हुआ, जहाँ के बहुत से लोगों ने युद्ध में अंग्रेजों के पक्ष में सेवा की थी और अब अपनी सेवा के बदले में इनाम की अपेक्षा कर रहे थे। दक्षता आधारित प्रश्न

उपरोक्त संदर्भ के आधार पर राष्ट्रीय आंदोलन का चुनाव करें

(a) असहयोग आंदोलन (b) सविनय अवज्ञा आंदोलन
(c) रॉलेट एक्ट का विरोध (d) खिलाफत आंदोलन

उत्तर (c) रॉलेट एक्ट का विरोध

17. नीचे दी गई घटनाओं का उनके कालखंड के संबंध में सही विकल्प का चयन करें। **CBSE 2024**

जलियाँवाला हत्याकांड : 1919 :: चौरा-चोरी विद्रोह : ?

(a) वर्ष 1920
(b) वर्ष 1921
(c) वर्ष 1922
(d) वर्ष 1923

उत्तर (c) वर्ष 1922

18. सूची I को सूची II से सुमेलित कीजिए दक्षता आधारित प्रश्न

सूची I (वर्ष)	सूची II (घटना)
A. 1919	1. बारदोली में किसान आंदोलन
B. 1921	2. लाहौर अधिवेशन
C. 1928	3. असहयोग आंदोलन
D. 1929	4. रॉलेट सत्याग्रह

कूट

	A	B	C	D
(a)	2	3	4	1
(b)	4	3	1	2
(c)	4	2	3	1
(d)	3	4	2	1

उत्तर (b) 4 3 1 2

19. सूची I को सूची II से सुमेलित कीजिए दक्षता आधारित प्रश्न

सूची I (वर्ष)	सूची II (घटना)
A. 1930	1. दांडी यात्रा
B. 1931	2. गाँधी-इर्विन समझौता
C. 1935	3. गवर्नमेंट ऑफ इंडिया एक्ट में सीमित प्रतिनिधिक सरकार
D. 1939	4. कांग्रेस मंत्रिमंडल का त्यागपत्र

कूट

	A	B	C	D
(a)	2	1	4	3
(b)	3	4	2	1
(c)	1	2	3	4
(d)	2	3	4	1

उत्तर (c) 1 2 3 4

20. निम्नलिखित घटनाओं को कालानुक्रम में व्यवस्थित करें

1. जलियाँवाला बाग हत्याकांड
2. कांग्रेस मंत्रिमंडलों का त्यागपत्र
3. बारदोली में किसान आंदोलन
4. भारत छोड़ो आंदोलन

कूट

(a) 1 4 3 2 (b) 1 3 2 4
(c) 2 3 4 1 (d) 4 3 2 1

उत्तर (b) 1 3 2 4

चित्र पर आधारित प्रश्न

21. निम्नलिखित चित्र का अध्ययन कर उस भारतीय राष्ट्रीय आंदोलन के बारे में बताइए, जिसके अंतर्गत विदेशी वस्त्रों को सार्वजनिक रूप से जलाया गया।

(a) असहयोग आंदोलन (b) स्वदेशी आंदोलन
(c) सविनय अवज्ञा आंदोलन (d) खिलाफत आंदोलन

उत्तर (b) स्वदेशी आंदोलन

22. निम्नलिखित चित्र का अध्ययन कर सम्मेलन का नाम बताइए

(a) कांग्रेस का लाहौर सम्मेलन
(b) गाँधीजी और इर्विन की मीटिंग
(c) द्वितीय गोलमेज सम्मेलन
(d) स्वतंत्रता प्राप्ति के पश्चात् प्रथम संविधान सभा

उत्तर (c) द्वितीय गोलमेज सम्मेलन

निर्देश (प्र. सं. 23-26) नीचे दो कथन दिए गए हैं, जिसमें एक को कथन (A) तथा दूसरे को कारण (R) कहा गया है। नीचे दिए गए कूट की सहायता से सही उत्तर का चयन कीजिए

कूट
(a) A और R दोनों सही हैं तथा R, A की सही व्याख्या है
(b) A और R दोनों सही हैं, परंतु R, A की सही व्याख्या नहीं है
(c) A सही है, किंतु R गलत है
(d) A गलत है, किंतु R सही है

23. कथन (A) भारत को राष्ट्र विभाजन की शर्त पर स्वतंत्रता मिली थी।
कारण (R) स्वतंत्रता प्राप्ति के दिन महात्मा गाँधी 24 घंटे के उपवास पर थे। *दक्षता आधारित प्रश्न*

उत्तर (a) भारत को राष्ट्र विभाजन की शर्त पर स्वतंत्रता मिलने के कारण 15 अगस्त, 1947 को राजधानी में हो रहे उत्सवों में महात्मा गाँधी नहीं थे। उस समय वे कलकत्ता में थे, लेकिन उन्होंने वहाँ भी न तो किसी कार्यक्रम में भाग लिया, न ही कहीं झंडा फहराया। गाँधीजी उस दिन 24 घंटे के उपवास पर थे।

24. कथन (A) रॉलेट एक्ट का पंजाब में व्यापक विरोध किया गया।
कारण (R) इस विरोध के कारण जालियाँवाला बाग हत्याकांड हुआ। *दक्षता आधारित प्रश्न*

उत्तर (a) रॉलेट एक्ट के अंतर्गत किसी भी व्यक्ति को संदेह के आधार पर गिरफ्तार किया जा सकता था। इसके कारण पंजाब में व्यापक विरोध हुआ। इस विरोध के अंतर्गत जनरल डायर ने जलियाँवाला बाग में एकत्र भीड़ पर गोली चलवा दी थी। इस हत्याकांड को जलियाँवाला बाग हत्याकांड के नाम से जाना गया।

25. कथन (A) 1857 के विद्रोह के बाद औपनिवेशिक भारत में असहयोग आंदोलन एक व्यापक आंदोलन था।
कारण (R) इस विद्रोह ने अंग्रेजी साम्राज्य की नींव को मजबूत किया। *दक्षता आधारित प्रश्न*

उत्तर (c) 1857 के विद्रोह के बाद औपनिवेशिक भारत में असहयोग आंदोलन एक अभूतपूर्व घटना थी। इसने ब्रिटिश शासन की नींव को हिला दिया था। असहयोग आंदोलन के प्रभावस्वरूप बड़ी संख्या में विद्यार्थियों ने सरकारी स्कूलों एवं वकीलों ने अदालतों का बहिष्कार किया।

26. कथन (A) असहयोग आंदोलन का और विस्तार करने के लिए गाँधीजी ने खिलाफ़त आंदोलन के साथ हाथ मिला लिए।
कारण (R) गाँधीजी को उम्मीद थी कि असहयोग और खिलाफ़त को सामूहिक रूप से मिलाकर औपनिवेशिक शासन का अंत किया जा सकता है। *दक्षता आधारित प्रश्न*

उत्तर (a) अंग्रेजों के खिलाफ अपने संघर्षों का और विस्तार करते हुए गाँधीजी ने खिलाफत आंदोलन के साथ हाथ मिला लिया। उन्हें यह आशा थी कि असहयोग को खिलाफत के साथ मिलाने से भारत के दो प्रमुख धार्मिक समुदाय हिन्दू और मुसलमान मिलकर औपनिवेशिक शासन का अंत कर देंगे। इन आंदोलनों ने निश्चय ही एक लोकप्रिय कार्रवाई के बहाव को उन्मुक्त कर दिया था।

लघु उत्तरीय प्रश्न

1. समाज सुधारक के रूप में गाँधीजी की भूमिका का वर्णन कीजिए **CBSE 2024**

उत्तर गाँधी जी ने समाज सुधारक के रूप में निम्न भूमिका निभाई
- इन्होंने अहिंसक विरोध के जरिए भारत में भेदभावपूर्ण सामाजिक संरचना को बदलने का प्रयास किया।
- इन्होंने जातिवाद, साम्राज्यवाद और सम्प्रदायवाद जैसी बुराइयों के विरुद्ध कड़ा संघर्ष किया।
- इन्होंने महिलाओं, अछूतों और आर्थिक रूप से वंचित समूहों के जीवन को सुदृढ़ बनाने के लिए अनेक कार्य किए।
- इन्होंने लैंगिक समानता, विधवा पुनर्विवाह पर प्रतिबंध और बाल विवाह निषेध जैसी अमानवीय प्रथाओं के विरुद्ध आवाज उठाई।
- इन्होंने सत्य, अहिंसा, परस्पर सम्मान, सहयोग और त्याग की शिक्षा दी।
- इन्होंने नमक पर कर के विरोध में एक नया सत्याग्रह शुरू किया।
- इन्होंने अछूतों को समानता और न्याय दिलाने के लिए अभियान चलाया था।

2. महात्मा गाँधी का संक्षिप्त जीवन परिचय दीजिए। उनका अफ्रीका प्रवास उनके राजनीतिक जीवन की महत्त्वपूर्ण घटना थी। स्पष्ट कीजिए।

उत्तर महात्मा गाँधी का जन्म 2 अक्टूबर, 1869 को गुजरात के पोरबंदर नामक स्थान पर हुआ था। उनके पिता का नाम करमचंद गाँधी एवं माता का नाम पुतलीबाई था। गाँधीजी के पिता करमचंद पहले ब्रिटिश शासन के अंतर्गत पश्चिमी गुजरात राज्य में एक छोटी-सी रियासत की राजधानी पोरबंदर के दीवान थे और बाद में क्रमशः राजकोट और बीकानेर में दीवान रहे। गाँधीजी का पूरा नाम मोहनदास करमचंद गाँधी था।

प्रारंभ से ही गाँधीजी ने स्वाभाविक रूप से अहिंसा, शाकाहार, आत्मशुद्धि के लिए व्रत और विभिन्न धर्मों और पंथों को मानने वालों के बीच परस्पर सहिष्णुता को अपनाया। गाँधीजी ने अपने विदेश प्रवास का अधिकांश समय दक्षिण अफ्रीका में बिताया। यहाँ वे एक वकील के रूप में आए थे, परंतु कुछ ही समय पश्चात् गाँधीजी दक्षिण अफ्रीका के भारतीय समुदाय के नेता बन गए। महात्मा गाँधी ने दक्षिण अफ्रीका में ही सर्वप्रथम अपनी अहिंसात्मक विरोध की विशिष्ट तकनीक 'सत्याग्रह' का प्रयोग किया। इसका प्रयोग उन्होंने विभिन्न धर्मों के बीच सौहार्द बढ़ाने, उच्च जातीय भारतीयों के द्वारा निम्न जातियों और महिलाओं के प्रति भेदभाव को समाप्त करने के लिए किया। उपरोक्त तथ्यों के आधार पर कहा जा सकता है कि गाँधीजी का अफ्रीका प्रवास उनके राजनीतिक जीवन की महत्त्वपूर्ण घटना थी।

3. "चंपारण, अहमदाबाद और खेड़ा में की गई पहल से गाँधीजी एक ऐसे राष्ट्रवादी के रूप में उभरे जिनमें गरीबी के लिए गहरी सहानुभूति थी।' इस कथन को प्रमाणित कीजिए।

उत्तर उपरोक्त कथन के अनुसार, महात्मा गाँधी का वर्ष 1917 का अधिकांश समय किसानों के लिए काश्तकारी की सुरक्षा के साथ-साथ उनकी पसंद की फसल उगाने की आजादी दिलाने के साथ व्यतीत हुआ। इसके अंतर्गत वह सबसे पहले चंपारण गए, जहाँ किसान 'तिनकठिया' की व्यवस्था से परेशान थे। गाँधीजी द्वारा भारत में सबसे पहले सत्याग्रह यहीं किया गया था।

वर्ष 1918 में गाँधीजी गुजरात के अपने गृह राज्य में दो अभियानों में संलग्न रहे। सबसे पहले उन्होंने अहमदाबाद के एक श्रम विवाद में हस्तक्षेप कर कपड़े की मिलों में काम करने वालों के लिए काम करने की सुदृढ़ स्थितियों की माँग की। इसके बाद उन्होंने खेड़ा में फसल चौपट होने पर राज्य से किसानों की लगान माफ करने की माँग की। इस प्रकार चंपारण, अहमदाबाद तथा खेड़ा आंदोलन के पश्चात् गाँधीजी को गरीबों की गहरी सहानुभूति प्राप्त हुई थी।

4. खिलाफत आंदोलन तथा इसकी प्रमुख माँगों का वर्णन करें।

दक्षता आधारित प्रश्न

उत्तर खिलाफत आंदोलन (वर्ष 1919-1920) मुहम्मद अली और शौकत अली के नेतृत्व में भारतीय मुसलमानों का एक आंदोलन था। इस आंदोलन की प्रमुख माँगें निम्नलिखित थीं

- पूर्व के ऑटोमन साम्राज्य के सभी इस्लामी पवित्र स्थानों पर तुर्की सुल्तान अथवा खलीफा का नियंत्रण बना रहे।
- जजीरात-उल-अरब (अरब, सीरिया, इराक, फिलिस्तीन) इस्लामी संप्रभुता के अधीन रहे।
- खलीफा के पास इतना क्षेत्र हो कि वह इस्लामी विश्वास को सुरक्षित करने के योग्य बना सके।

मुस्लिम समुदाय और इसकी राजनीतिक प्रभुता इतनी नहीं थी कि वह अंग्रेजी शासन के सामने अपनी माँग रख सके और उसे पूरा करा सके। इसके लिए इसे व्यापक जन-समर्थन की जरूरत थी, जिसकी पूर्ति केवल कांग्रेस ही कर सकती थी और कांग्रेस भी खिलाफत आंदोलन को हिंदू-मुस्लिम एकता का सुनहरा अवसर मानने लगी थी। अतः इन्हीं सब कारणों से प्रेरित होकर खिलाफत आंदोलन असहयोग आंदोलन से जुड़ना चाहता था।

5. "नमक सत्याग्रह के साथ गाँधीजी ने अंग्रेजी शासन के खिलाफ व्यापक आंदोलन को संगठित करने की कोशिश की।" कारणों और घटनाओं के संदर्भ में कथन का विश्लेषण कीजिए।

अथवा **उन कारणों की व्याख्या कीजिए जिनके कारण 1930 का 'सविनय अवज्ञा' आंदोलन शुरू हुआ।** **CBSE 2022**

उत्तर अंग्रेजी शासन के खिलाफ आंदोलन को संगठित करने के लिए वर्ष 1930 में गाँधीजी ने घोषणा की कि वे ब्रिटिश भारत के सर्वाधिक घृणित कानूनों में से एक, जिसने नमक के उत्पादन और विक्रय पर राज्य को एकाधिकार दे दिया है, को तोड़ने के लिए एक यात्रा का नेतृत्व करेंगे। 12 मार्च, 1930 को गाँधीजी ने साबरमती में अपने आश्रम से समुद्र की ओर यात्रा शुरू की। तीन हफ्तों बाद वे अपने गंतव्य स्थान पर पहुँचे। वहाँ उन्होंने मुट्ठी भर नमक बनाकर स्वयं को कानून की दृष्टि में अपराधी बना दिया। इसी बीच देश के अन्य भागों में भी समांतर नमक यात्राएँ आयोजित की गईं।

इसके अंतर्गत देश के विशाल भाग में किसानों ने दमनकारी औपनिवेशिक वन कानूनों का उल्लंघन किया, जिसके कारण वे और उनके मवेशी उन जंगलों में नहीं जा सकते थे, जहाँ वे बिना किसी पाबंदी के घूमते थे। कुछ कस्बों में फैक्ट्री कामगार हड़ताल पर चले गए, वकीलों ने ब्रिटिश अदालतों का बहिष्कार कर दिया और विद्यार्थियों ने सरकारी शिक्षा संस्थानों में पढ़ने से इनकार कर दिया। इस आंदोलन में भी गाँधीजी के आह्वान ने भारतीय वर्गों को औपनिवेशिक शासन के विरुद्ध अपना असंतोष व्यक्त करने के लिए प्रेरित किया। इसके प्रतिक्रियास्वरूप सरकार असंतुष्टों को हिरासत में लेने लगी।

इस यात्रा के दौरान गाँधीजी ने उच्च वर्ण वालों को संबोधित करते हुए कहा था कि यदि आप स्वराज के हक में आवाज उठाते हैं, तो आपको अछूतों की सेवा करनी पड़ेगी। सिर्फ नमक कर या अन्य करों के खत्म हो जाने से आपको स्वराज नहीं मिल जाएगा। स्वराज के लिए आपको अपनी उन गलतियों का प्रायश्चित करना होगा, जो आपने अछूतों के साथ की हैं। स्वराज के लिए हिंदू, मुसलमान, पारसी और सिख सबको एकजुट होना पड़ेगा। ये स्वराज की सीढ़ियाँ हैं। इस प्रकार नमक सत्याग्रह के द्वारा महात्मा गाँधी ने लोगों को जोड़ने का कार्य किया। 6 अप्रैल, 1930 को शुरू किया गया। यह नमक सत्यग्रह सविनय अवज्ञा की औपचारिक शुरुआत थी।

6. "गाँधीजी और नमक सत्याग्रह ने अंग्रेज शासकों को गहरे तौर पर बैचेन कर दिया।" अमेरिकी समाचार पत्रिका टाइम्स के इस कथन का इस संदर्भ में विश्लेषण कीजिए।

उत्तर नमक यात्रा के शुरुआत में अमेरिकी समाचार पत्रिका टाइम्स को गाँधीजी की कदकाठी पर खूब हँसी आती थी। पत्रिका ने उनके "तकुए

जैसे शरीर'' और ''मकड़ी जैसे पेडू'' का खूब मजाक उड़ाया था। इस यात्रा के बारे में अपनी पहली रिपोर्ट में ही टाइम्स ने नमक यात्रा के मंजिल तक पहुँचने पर अपनी गहरी शंका व्यक्त कर दी थी। उसने दावा किया कि दूसरे दिन पैदल चलने के बाद गाँधीजी जमीन पर पसर गए थे। पत्रिका को इस बात पर विश्वास नहीं था कि इस मरियल साधु के शरीर में और आगे जाने की ताकत बची है,

परंतु इस यात्रा के एक हफ्ते बाद पत्रिका की सोच बदल गई थी। टाइम्स ने लिखा कि इस यात्रा को जो भारी जन समर्थन मिल रहा है, उसने अंग्रेज शासकों को 'गहरे तौर पर बेचैन' कर दिया है। अब वे भी गाँधीजी को ऐसा साधु और राजनेता कहकर सलामी देने लगे थे, जो ईसाई धर्मावलंबियों के खिलाफ ईसाई तरीकों का ही हथियार के रूप में प्रयोग कर रहा है।

8. गाँधी-इर्विन समझौते की प्रमुख बातें कौन-कौन सी थीं? विस्तारपूर्वक बताइए।

उत्तर गाँधी और इर्विन के मध्य 5 मार्च, 1931 को एक समझौता हुआ, जिसे गाँधी-इर्विन समझौते के नाम से जाना गया। समझौते की प्रमुख बातें इस प्रकार थीं

- गाँधी के नेतृत्व में कांग्रेस सविनय अवज्ञा आंदोलन समाप्त करने के लिए सहमत हो गई।
- कांग्रेस इस आधार पर गोलमेज सम्मेलन में भाग लेने के लिए तैयार हो गई कि सम्मेलन में पेश किया जाने वाला संवैधानिक सुधार, उत्तरदायित्वपूर्ण शासन तथा भारत के हित को देखते हुए प्रतिरक्षा, वैदेशिक मामलों आदि के बारे में आरक्षात्मक व्यवस्था पर आधारित होगा।
- सभी राजनीतिक बंदियों, जिनके विरुद्ध हिंसा के आरोप नहीं थे, उन्हें रिहा करने का आदेश। विदेशी कपड़ों और शराब की दुकानों पर धरना देने का अधिकार। समुद्र तटीय प्रदेशों में बिना नमक कर दिए नमक बनाने का अधिकार।

9. आधुनिक भारत के निर्माण में डॉ. बी आर अंबेडकर के योगदानों की चर्चा करते हुए इनके द्वारा स्थापित एक संगठन का उल्लेख कीजिए।

दक्षता आधारित प्रश्न

उत्तर डॉ. अंबेडकर दलित वर्गों के प्रसिद्ध नेता थे। इन्होंने अछूतों, समाज के कमजोर वर्गों एवं दलितों के उत्थान के लिए महत्त्वपूर्ण प्रयास किए। इनके द्वारा प्रथम गोलमेज सम्मेलन, जिसका आयोजन नवंबर, 1930 से जनवरी, 1931 तक किया गया था, में भाग लिया गया। इस सम्मेलन में इन्होंने दलितों के लिए पृथक् मताधिकार की माँग की थी। इस प्रकार, द्वितीय गोलमेज सम्मेलन (वर्ष 1931) में डॉ. अंबेडकर द्वारा यह स्पष्ट किया गया कि कांग्रेस और गाँधी जी निचली जातियों का प्रतिनिधित्व नहीं करते हैं। अंततः यह माँग जारी रही। इनकी माँग 'पृथक् निर्वाचिका' में वर्णित है। इन्होंने सामाजिक रूप से पिछड़े लोगों के उत्थान के लिए समय-समय पर माँग की।

डॉ. अंबेडकर के द्वारा 5 जुलाई, 1924 में बंबई में एक 'बहिष्कृत हितकारिणी सभा' का गठन किया गया, जिसका प्रमुख उद्देश्य अस्पृश्यों का सामाजिक और आर्थिक उत्थान करना था। इन्होंने 'मूकनायक' पत्रिका का प्रकाशन किया, जिसमें रूढ़िवादी राजनेताओं की आलोचना की गई। इसके अतिरिक्त इन्होंने 'भारतीय रिपब्लिकन' पार्टी बनाई। इस प्रकार इन्होंने दलित उत्थान की दिशा में प्रयास किए।

10. वर्ष 1946 में 'कैबिनेट मिशन' द्वारा सुझायी गई योजना की समीक्षा कीजिए तथा कांग्रेस और मुस्लिम लीग दोनों ने किस प्रकार कैबिनेट मिशन की सिफारिशों को ठुकरा दिया? स्पष्ट कीजिए।

दक्षता आधारित प्रश्न

उत्तर 'कैबिनेट मिशन' योजना के द्वारा निम्नलिखित सुझाव दिए गए

- भारत एक संघ होगा, जिसमें ब्रिटिश भारत या देशी राज्य होंगे। इस संघ को तीन विषयों—विदेश विभाग, रक्षा तथा संचार का एकाधिकार प्राप्त होगा।
- इसकी एक कार्यपालिका तथा विधायिका होनी चाहिए।
- संघीय विषयों को छोड़कर सभी शक्तियाँ ब्रिटिश भारत के प्रांतों के अधीन रहेंगी। संघ को दी गई शक्तियों के अतिरिक्त सभी शक्तियाँ देशी राज्यों के पास होंगी। चुनी गई प्रांतीय विधायिकाओं से प्रांत की जनसंख्या के अनुपात में सीट निर्धारित कर संविधान सभा का गठन किया जाएगा।

कैबिनेट मिशन के उपरोक्त प्रस्तावों को भारतीय राष्ट्रीय कांग्रेस ने अस्वीकार कर दिया, लेकिन मुस्लिम लीग ने कैबिनेट मिशन के प्रस्ताव को आरंभ में तो स्वीकार कर लिया, किंतु बाद में उससे अपनी स्वीकृति वापस ले ली।

मुस्लिम लीग के विरोध का कारण ब्रिटिश सरकार द्वारा पाकिस्तान की माँग को ठुकरा दिया जाना था।

दूसरी ओर कांग्रेस प्रस्ताव में राष्ट्रीय सरकार के गठन की प्रक्रिया का कांग्रेस ने इसलिए विरोध किया, क्योंकि इसमें लीग को असंगत प्रतिनिधित्व दिया गया था।

11. सांप्रदायिक सद्भाव बहाल करने के लिए गाँधीजी की साहसपूर्ण कोशिशों की व्याख्या कीजिए।

उत्तर महात्मा गाँधी सभी धर्मों को सम्मान की दृष्टि से देखते थे। वह सदैव से ही सांप्रदायिक सद्भाव बहाल करने के लिए प्रयासरत् रहते थे। इनके द्वारा किए गए प्रयास निम्नलिखित थे

- गाँधीजी ने अंग्रेजों की फूट डालो ओर शासन करो की नीति को समझ लिया था। अतः उन्होंने हिंदू-मुस्लिम एकता बनाए रखने के हरसंभव प्रयास किए। जब कभी सांप्रदायिक तत्त्व सांप्रदायिकता फैलाने की कोशिश करते, तो गाँधी जी स्वयं जाकर सद्भाव का वातावरण तैयार करने का प्रयत्न करते थे।
- पूर्वी बंगाल, बिहार, कलकत्ता व दिल्ली में फैली सांप्रदायिकता को समाप्त करने के लिए इन्होंने हिंदू-मुस्लिम से आह्वान किया कि हिंदू-मुस्लिम एक-दूसरे के विरुद्ध फैली हिंसा को रोक दें। स्वतंत्रता के समय फैली सांप्रदायिक हिंसा को रोकने के लिए गाँधीजी ने घूम-घूमकर लोगों अपील की।
- दिल्ली में आयोजित उनकी सभा में कुछ शरणार्थियों ने इसे अस्त-व्यस्त करने की कोशिश की, लेकिन गाँधीजी अड़िग रहे। गाँधीजी पर 20 जनवरी को हमला किया गया, लेकिन वे हमले की चिंता न करते हुए अविचलित रूप से अपना काम करते रहे।

12. कांग्रेस के 'लाल-बाल-पाल' की भूमिका ने उनके संघर्ष के अखिल भारतीय चरित्र को किस प्रकार व्यक्त किया? **CBSE 2022**

उत्तर कांग्रेस की स्थापना 1885 ई. में हुई थी। 1885 से 1915 ई. तक आते-आते भारतीय राष्ट्रीय कांग्रेस की शाखाएँ अनेक कस्बों व शहरों में स्थापित हो चुकी थीं। कांग्रेस का भारतीय समाज के बीच व्यापक रूप से विस्तार वर्ष 1905-07 के स्वदेशी आंदोलन के समय हो चुका था। स्वदेशी आंदोलन के माध्यम से लाल, बाल और पाल के नाम से प्रसिद्ध प्रमुख नेताओं का उदय हुआ। लाल अर्थात् लाला लाजपत राय पंजाब से, बाल अर्थात् बाल गंगाधर तिलक महाराष्ट्र से और पाल अर्थात् विपिनचंद्र पाल बंगाल से संबंधित थे। इन तीनों का यह समर्थन उनके संघर्ष के अखिल भारतीय चरित्र को सूचना देता था, क्योंकि तीनों के मूल निवास क्षेत्र एक-दूसरे से बहुत दूर थे। इन्होंने ब्रिटिश शासन के प्रति विद्रोह स्वरूप का समर्थन किया। इस प्रकार 'लाल-बाल-पाल' की भूमिका ने उनके अखिल भारतीय चरित्र को व्यक्त किया।

13. भारत में वर्ष 1905 से 1907 के दौरान घटित गतिविधियों ने राष्ट्रीय आंदोलन को किस प्रकार प्रभावित किया? समीक्षा करें।

दक्षता आधारित प्रश्न

उत्तर भारत में वर्ष 1905 से 1907 के दौरान राष्ट्रीय आंदोलन से संबंधित महत्त्वपूर्ण गतिविधियाँ हुई थीं, जो बँटवारे और स्वदेशी आंदोलन के इर्द-गिर्द केंद्रित थीं।

(i) **बंगाल का बँटवारा** ब्रिटिश सरकार ने बंगाल का बँटवारा किया, जिससे हिंदू और मुसलमान समुदायों में विभाजन की कोशिश की गई। यह कदम साम्राज्यवादी नीतियों का हिस्सा था। इस बँटवारे का व्यापक विरोध हुआ। आगे चलकर इसे रद्द कर दिया गया।

(ii) **स्वदेशी आंदोलन** भारतीयों ने विदेशी वस्तुओं का बहिष्कार करने का संकल्प लिया तथा खादी और स्थानीय उत्पादों को प्रोत्साहित किया। भारतीयों ने सरकारी स्कूलों और कॉलेजों, सरकारी कार्यों और अंग्रेजी वस्त्रों का बहिष्कार किया।

(iii) **कांग्रेस विभाजन** वर्ष 1907 में सूरत में कांग्रेस का अधिवेशन हुआ। इसमें नरमपंथी और चरमपंथियों के बीच मतभेदों की वजह से कांग्रेस में सर्वप्रथम विभाजन हुआ।

(iv) **युगांतर पार्टी** : यह एक अर्द्धसैनिक संगठन था, इसके कुछ वरिष्ठ सदस्यों को राजनीतिक और सैन्य प्रशिक्षण प्राप्त करने के लिए विदेश भेजा गया था।

दीर्घ उत्तरीय प्रश्न

1. "राष्ट्रवाद के इतिहास में प्रायः गाँधीजी को राष्ट्र निर्माण के साथ जोड़कर देखा जाता है।" स्वतंत्रता संग्राम में उनकी भूमिका का वर्णन कीजिए।

उत्तर मोहनदास करमचंद गाँधी विदेश में दो दशक रहने के बाद जनवरी, 1915 में अपनी गृहभूमि भारत वापस आए। दक्षिण अफ्रीका में ही महात्मा गाँधी को पहली बार सत्याग्रही के रूप में जाना गया। उन्होंने अहिंसात्मक विरोध में अपनी विशिष्ट तकनीक का उपयोग किया। गाँधीजी स्वतंत्रता संघर्ष में भाग लेने वाले सभी नेताओं में सर्वाधिक प्रभावशाली और सम्मानित हैं। इनकी तुलना इटली के गैरीबाल्डी, अमेरिका के जॉर्ज वाशिंगटन, वियतनाम के हो-ची-मिन्ह से की जाती थी।

भारतीय स्वतंत्रता संग्राम में गाँधीजी की भूमिका

- गाँधीजी ने विभिन्न धर्मों के बीच सौहार्द बढ़ाने का प्रयास किया तथा उच्च जातीय भारतीयों को निम्न जातीय और महिलाओं के प्रति भेदभाव वाले व्यवहार के लिए निंदा की।
- गाँधीजी अफ्रीका से आने के पश्चात् एक वर्ष तक भारत का भ्रमण करते रहे। इस दौरान वे भारत की स्थिति से अवगत हुए। इस समय तक भारत राजनीतिक दृष्टि से अधिक सक्रिय हो गया था। अधिकांश बड़े शहरों में कांग्रेस की शाखाएँ स्थापित हो गई थीं।
- वर्ष 1917 के चंपारण सत्याग्रह, वर्ष 1918 के अहमदाबाद मिल मालिकों के साथ मजदूरों के हक की लड़ाई, वर्ष 1918 में ही खेड़ा में फसलों के नष्ट होने पर राज्य के किसानों की लगान में छूट की माँग की सफलता ने भारतीय राजनीति में गाँधीजी को एक महत्त्वपूर्ण नेता के रूप में खड़ा कर दिया।
- वर्ष 1920 के असहयोग आंदोलन तथा खिलाफत आंदोलन, जो गाँधीजी के प्रयासों के कारण ही असहयोग आंदोलन में सम्मिलित हो गया था, ने 1857 ई. के बाद बड़े पैमाने पर जन-भागीदारी को आमंत्रित किया।
- वर्ष 1930 में नमक सत्याग्रह के परिणामस्वरूप ब्रिटिश शासक यह भली-भाँति समझ गए कि भारत में उनकी प्रभुसत्ता स्थायी नहीं रह पाएगी और अब उन्हें भारतीयों को भी सत्ता में भागीदार बनाना ही होगा।
- वर्ष 1942 में भारत छोड़ो आंदोलन के दौरान गाँधीजी ने 'करो या मरो' का नारा देकर आंदोलन को अखिल स्वरूप प्रदान किया, जिसने ब्रिटिश शासन की नींव ही हिलाकर रख दी। परिणामस्वरूप अंग्रेजों को भारत छोड़ना पड़ा और इस तरह गाँधीजी के सफल नेतृत्व में भारत को स्वतंत्रता प्राप्त हुई।

2. फरवरी, 1916 में बनारस हिंदू विश्वविद्यालय के उद्घाटन समारोह के अवसर पर गाँधीजी द्वारा व्यक्त विचारों की व्याख्या कीजिए। क्या उन्होंने अपने नियमों को व्यवहार में लाया? उदाहरण सहित स्पष्ट कीजिए।

दक्षता आधारित प्रश्न

उत्तर महात्मा गाँधी की प्रथम महत्त्वपूर्ण सार्वजनिक उपस्थिति फरवरी, 1916 में बनारस हिंदू विश्वविद्यालय के उद्घाटन समारोह में हुई। इस समारोह में प्रमुख रूप से उन राजाओं एवं मानव प्रेमियों को आमंत्रित किया गया था, जिन्होंने दान देकर इस विश्वविद्यालय की स्थापना में महत्त्वपूर्ण योगदान दिया। फरवरी, 1916 में बनारस हिंदू विश्वविद्यालय के उद्घाटन समारोह में गाँधीजी को दक्षिण अफ्रीका में किए गए कार्यों के लिए आमंत्रित किया गया था, जहाँ से उन्होंने भारत की तत्कालीन परिस्थितियों के संदर्भ में अपने विचार व्यक्त किए।

गाँधीजी द्वारा व्यक्त विचारों के मुख्य अंश निम्न प्रकार हैं

- गाँधीजी ने समारोह में बोलते हुए उच्च वर्गों की आलोचना की। अपने विचार प्रकट करते हुए उन्होंने कहा कि बनारस हिंदू विश्वविद्यालय की स्थापना 'निश्चय ही अत्यंत शानदार है', किंतु समारोह में उपस्थित संपन्न भद्रजनों एवं अनुपस्थित लाखों गरीबों के मध्य दिन-प्रतिदिन बढ़ती हुई आर्थिक विषमता उनकी चिंता का कारण बनी हुई है।
- गाँधीजी ने आमंत्रित विशिष्ट लोगों का आह्वान करते हुए कहा कि "भारत के लिए मुक्ति तब तक संभव नहीं है, जब तक कि आप स्वयं को इन अलंकरणों से मुक्त नहीं कर लेते और इन्हें अपने हमवतन भारतीयों की भलाई में नहीं लगा देते।"

- गाँधीजी ने आगे बोलते हुए कहा "हमारे लिए स्वशासन का तब तक कोई अर्थ नहीं है, जब तक कि हम किसानों से उनके श्रम का लगभग संपूर्ण लाभ स्वयं लेते रहेंगे अथवा अन्य लोगों को ले लेने की अनुमति देते रहेंगे। हमारी मुक्ति केवल किसानों के माध्यम से ही हो सकती है। न तो वकील, न डॉक्टर और न ही जमींदार इसे सुरक्षित रख सकते हैं।" गाँधीजी को इन भाषणों को व्यवहार में लाने का अवसर वर्ष 1917-18 की अवधि में चंपारण और खेड़ा के सत्याग्रहों में मिला तथा अहमदाबाद के मिल मजदूरों की माँगों के समर्थन में संघर्ष किया। अंततः गाँधीजी ने इनको अपने व्यवहार में लाकर अपने भाषणों को क्रियान्वित किया।

3. वर्ष 1915 से 1931 तक भारत में राष्ट्रीय गतिविधियों के भारतीय जनता पर पड़े प्रभावों का विश्लेषण कीजिए। CBSE 2025

उत्तर वर्ष 1915 से 1931 तक का काल भारत के स्वतंत्रता संग्राम में महत्त्वपूर्ण परिवर्तनों का साक्षी रहा। इस काल में राष्ट्रीय गतिविधियाँ, विशेष रूप से महात्मा गाँधी के नेतृत्व में शुरू हुई आंदोलनों ने भारतीय जनता पर गहरा प्रभाव डाला। इन प्रभावों को सामाजिक, राजनीतिक और आर्थिक दृष्टिकोण से विश्लेषित दिया जा सकता है।

राजनीतिक प्रभाव वर्ष 1915 में गाँधी की भारत वापसी के साथ राष्ट्रीय आंदोलन में नई ऊर्जा आई। चंपारण (1917) खेड़ा (1918) और अहमदाबाद मिल हड़ताल (1918) जैसे स्थानीय आंदोलन ने जनता में यह विश्वास जमाया कि ब्रिटिश शासन के खिलाफ संगठित प्रतिरोध संभव है। 1919 का रोलेक्ट एक्ट विरोध और जलियाँवाला बाग हत्याकांड ने जनता में आक्रोश उत्पन्न किया, जिससे असहयोग आंदोलन को व्यापक समर्थन मिला। इस आंदोलन ने विदेशी वस्तुओं का बहिष्कार कर, स्वदेशी वस्तुओं को अपनाया और सहकारी संस्थाओं को राजनीतिक रूप से जागरूक किया। 1930 का नमक सत्याग्रह और दांडी यात्रा ने साधारण नमक जैसे मुद्दे को राष्ट्रीय स्वतंत्रता से जोड़कर जनसामान्य को आंदोलन का हिस्सा बनाया।

सामाजिक प्रभाव राष्ट्रीय गतिविधियों ने सामाजिक जागरूकता को बढ़ावा दिया। इसके अतिरिक्त असहयोग आंदोलन में महिलाओं और ग्रामीण जनता की भागीदारी ने सामाजिक संरचना में बदलाव लाया। महिलाएँ जो पहले घरों तक सीमित थीं, अब सत्याग्रह और पिरेरिंग में शामिल हुईं। गाँधीजी के हरिजन आंदोलन ने अस्पृश्यता के खिलाफ आवाज उठाई, जिससे दलित वर्ग में जागृति उत्पन्न हुई। खिलाफत आंदोलन हिंदू-मुस्लिम एकता को बढ़ावा देने का प्रयास किया तथा धार्मिक सहिष्णुता को प्रोत्साहित किया, हालाँकि यह एकता बाद में कमजोर हुई।

आर्थिक प्रभाव इन गतिविधियों का आर्थिक प्रभाव मिश्रित रहा। विदेशी वस्तुओं के बहिष्कार से स्थानीय कुटीर उद्योगों, विशेष रूप से खादी को बढ़ावा मिला, जिससे ग्रामीण अर्थव्यवस्था में कुछ सुधार हुआ, लेकिन हड़तालों और आंदोलनों से व्यापार और उत्पादन में रुकावट भी आई। ब्रिटिश सरकार की दमनकारी नीतियों जैसे दर वृद्धि और संपत्तिजब्ती, ने किसानों और मजदूरों पर आर्थिक बोझ बढ़ाया। नमक सत्याग्रह ने नमक कर जैसे अन्यायपूर्ण करो के विरुद्ध जन-विरोध को उजागर किया, जिससे आर्थिक शोषण के प्रति जागरूकता बढ़ी।

मनोवैज्ञानिक और सांस्कृतिक प्रभाव इन आंदोलनों ने जनता में आत्म-सम्मान और स्वतंत्रता की चाह को प्रज्ज्वलित किया। गाँधी का अहिंसा और सत्याग्रह का दर्शन जनता के लिए नया हथियार बना, जिसने उन्हें शक्तिशाली ब्रिटिश साम्राज्य के सामने खड़े होने का साहस दिया। साहित्य कला और लोक गीतों में राष्ट्रवादी भावनाएँ उभरीं, जिसने सांस्कृतिक पुनर्जागरण को बल दिया।

वर्ष 1915 से 1931 तक की राष्ट्रीय गतिविधियों में भारतीय जनता को राजनीतिक रूप से सक्रिय सामाजिक रूप से जागरूक और आर्थिक रूप से आत्मनिर्भर बनने की दिशा में महत्त्वपूर्ण योगदान दिया। हालाँकि इनके साथ दमन और आर्थिक कठिनाइयाँ भी आईं, पर जनता में स्वतंत्रता की चेतना इतनी प्रबल हुई कि यह आगे के संघर्ष का आधार बनीं।

4. असहयोग आंदोलन के क्या कारण थे? भारत को स्वतंत्रता दिलाने में इस आंदोलन का क्या योगदान था? गाँधीजी ने खिलाफत को इसके साथ क्यों जोड़ा?

अथवा **असहयोग आंदोलन में भारतीय समाज के विभिन्न वर्गों ने किस प्रकार प्रतिक्रिया व्यक्त की? व्याख्या कीजिए।**

उत्तर असहयोग आंदोलन के निम्नलिखित कारण थे

- अंग्रेजी सरकार की अस्पष्ट नीतियों तथा सुधारकार्य से जनता असंतुष्ट थी। सभी स्थानों पर आर्थिक संकट, महामारी और अकाल के कारण लोगों में सरकार के प्रति असंतोष था। वर्ष 1919 का रॉलेट एक्ट जिसमें यह नियम था कि सरकार किसी को भी बिना आरोप के जेल में बंद रख सकती है। इससे जनता की गहरा स्वतंत्रता पर गहरा आघात लगा था।
- 13 अप्रैल, 1919 को हुए जलियाँवाला बाग हत्याकांड ने राष्ट्रीय आंदोलन तथा जनता की सोच की दिशा बदल दी।
- तुर्की साम्राज्य के विघटन ने भी असहयोग आंदोलन को बढ़ावा दिया।

असहयोग आंदोलन का योगदान

- असहयोग आंदोलन वास्तव में एक जन-आंदोलन था। इसका सूत्रपात एक क्रांतिकारी कदम था, जिसने कांग्रेस के स्वरूप और स्वभाव में मूलभूत परिवर्तन ला दिया। कांग्रेस अब लोकप्रिय लोकतंत्रीय अखिल भारतीय संस्था तथा भारत में विदेशी शासन के विरुद्ध अहिंसात्मक प्रतिरोध का माध्यम बन गई थी। इस आंदोलन में जनता का उत्साह चरमबिंदु पर था, व्यापक मात्रा में जनभागीदारी हुई। पहली बार यह आंदोलन एक राष्ट्रीय आंदोलन के रूप में उभरा और ब्रिटिश सरकार को आशंकित किया।
- असहयोग आंदोलन अपने किसी भी घोषित लक्ष्य को प्राप्त करने में तो सफल नहीं हुआ, लेकिन इसकी प्राप्त उपलब्धि तत्कालीन हानियों से अधिक थी।

महात्मा गाँधी ने खिलाफत को भी असहयोग आंदोलन में शामिल कर लिया, क्योंकि

- खिलाफत के साथ में आने से असहयोग आंदोलन में जन भागीदारी अपेक्षाकृत बढ़ गई। इससे कांग्रेस सर्वदलीय तथा सर्वधर्म की आवाज के रूप में सामने आई।
- तुर्की साम्राज्य के विघटन से मुसलमानों पर जो कुठाराघात हुआ था, उसकी समस्याओं के निदान के लिए भी खिलाफत को असहयोग आंदोलन से जोड़ा गया था।

5. भारत की स्वतंत्रता के बाद गाँधीजी की भूमिका का विश्लेषण कीजिए। **CBSE 2025**

उत्तर भारत की स्वतंत्रता के बाद महात्मागाँधी की भूमिका एक जटिल और बहुआयामी विषम है। 15 अगस्त, 1947 को भारत को ब्रिटिश शासन से आजादी मिली, लेकिन यह वह स्वतंत्रता नहीं थी, जिसका सपना गाँधीजी ने देखा था। उनके लिए स्वतंत्रता केवल राजनीतिक आजादी नहीं, बल्कि सामाजिक, आर्थिक और नैतिक उत्थान का प्रतीक था। स्वतंत्रता के बाद कुछ महीने में गाँधीजी ने देश को एकजुट करने, सांप्रदायिक हिंसा को रोकने और सामाजिक सुधारों को बढ़ावा देने में महत्त्वपूर्ण भूमिका निभाई, हालाँकि उनकी सक्रियता सीमित समय तक ही रही, क्योंकि 30 जनवरी, 1948 को उनकी हत्या कर दी गई।

स्वतंत्रता के तुरंत बाद भारत और पाकिस्तान के बँटवारे के कारण भयंकर सांप्रदायिक दंगे भड़क उठे। गाँधीजी ने इस हिंसा को रोकने के लिए बहुत प्रयास किए। वे बंगाल और बिहार जैसे प्रभावित क्षेत्रों में गए, जहाँ उन्होंने शांति की अपील की और उपवास किए। कोलकाता में उनका उपवास विशेष रूप से प्रभावशाली रहा, जहाँ हिंदू और मुस्लिम समुदायों ने उनके आह्वान पर हथियार डाल दिए। गाँधीजी का मानना था कि सच्ची आजादी तभी संभव है, जब सभी धर्मों के लोग एक साथ मिलकर रहें। उनकी यह अहिंसक पहल उस समय देश को विघटन से बचाने में सहायक सिद्ध हुई।

गाँधी जी ने स्वतंत्रता भारत में सामाजिक सुधारों पर भी धान दिया। वे चाहते थे कि देश में जातिवाद, अस्पृश्यता और गरीबी जैसी कुरितियाँ समाप्त हों। इन्होंने हरिजनों (दलितों) के उत्थान के लिए काम किया और ग्रामीण अर्थव्यवस्था को मजबूत करने पर जोर दिया। इनका मानना था कि भारत की आत्मा गाँवों में बस्ती है। इसलिए इन्होंने स्वदेशी और आत्मनिर्भरता को बढ़ावा देने की वकालत की। हालाँकि इनकी ये विचारधाराएँ उस समय के नेताओं जैसे जवाहरलाल नेहरू, जो औद्योगीकरण और आधुनिकीकरण के पक्षधर थे, से मेल नहीं खाती थी।

राजनीतिक रूप से गाँधीजी ने स्वतंत्रता के बाद कांग्रेस से दूरी बना ली थी। वे किसी पद या सत्ता में नहीं थे, लेकिन उनकी नैतिक शक्ति इतनी प्रबल थी कि लोग उनकी बात मानते थे। उनकी हत्या ने देश को झकझोर दिया और उनके विचारों को और मजबूती मिली। कुल मिलाकर, स्वतंत्रता के बाद गाँधीजी की भूमिका एक मार्गदर्शक, शांति और समाज सुधारक की रही, जिससे भारत के नवनिर्माण में गहरी छाप पड़ी

6. गाँधीजी के नमक सत्याग्रह शुरू करने के निर्णय के पीछे के कारणों को स्पष्ट कीजिए। यह आंदोलन एक महत्त्वपूर्ण घटना क्यों बन गई? **CBSE 2024**

उत्तर गाँधी जी ने नमक सत्याग्रह शुरू करने का निर्णय कई कारणों से लिया

(i) **नमक कानून का विरोध** ब्रिटिश सरकार ने भारत में नमक पर एक अत्यधिक कर लगाया था, जिससे गरीब भारतीयों पर आर्थिक बोझ बढ़ गया। गाँधीजी ने इसे अन्यायपूर्ण मानते हुए इसके विरुद्ध संघर्ष करने का निर्णय लिया।

(ii) **सत्याग्रह की परंपरा** गाँधीजी का मानना था कि अहिंसा और सत्याग्रह के माध्यम से संघर्ष करना ही सबसे प्रभावी तरीका है। नमक सत्याग्रह के जरिए इन्होंने इस सिद्धांत को और मजबूत किया।

(iii) **एकता और जागरुकता** नमक सत्याग्रह ने विभिन्न वर्गों के लोगों को एकत्रित किया और उन्हें स्वतंत्रता संग्राम की ओर प्रेरित किया। यह आंदोलन जनसाधारण में राजनीतिक जागरुकता फैलाने में भी सहायक रहा।

(iv) **संवेदनशील मुद्दा** नमक एक सामान्य आवश्यक वस्तु थी, जिससे अधिकांश लोग जुड़े थे। इसके माध्यम से गाँधीजी ने जनहित के मुद्दे को उठाया, जिससे आंदोलन को व्यापक समर्थन मिला।

इन सभी कारणों से गाँधीजी ने नमक सत्याग्रह की शुरुआत की, जिसने भारतीय स्वतंत्रता आंदोलन को नई दिशा दी।

नमक कानून के स्वतंत्रता संघर्ष का महत्त्वपूर्ण मुद्दा बनने के पीछे अनेक कारण थे, जो निम्न प्रकार हैं

- नमक कानून ब्रिटिश भारत के सर्वाधिक घृणित कानूनों में से एक था। इसके अनुसार नमक के उत्पादन और विक्रय पर राज्य का एकाधिकार स्थापित था।
- प्रत्येक घर में नमक का प्रयोग अनिवार्य था, लेकिन भारतीयों द्वारा स्वयं नमक बनाए जाने पर प्रतिबंध था। नमक कानून के कारण भारतीयों को विवशतापूर्वक दुकानों से ऊँचे मूल्यों पर नमक खरीदना पड़ता था।
- नमक पर राज्य का एकाधिकार अत्यधिक अलोकप्रिय था। जनसामान्य में इस कानून के प्रति असंतोष व्याप्त था। नमक उत्पादन पर सरकार के एकाधिकार ने लोगों को एक महत्त्वपूर्ण तथा आसानी से उपलब्ध ग्राम-उद्योग से वंचित कर दिया था।
- इस असंतोष ने लोगों को संघर्ष करने हेतु विवश कर दिया। गाँधीजी ने नमक कानून तोड़ा तथा सरकार ने कानूनी कदम उठाया। इससे देश के विभिन्न हिस्सों में असंतोष बढ़ा, जो स्वतंत्रता संघर्ष का एक कारण बना।

7. "भारत छोड़ो आंदोलन" को जन आंदोलन क्यों माना गया? स्पष्ट कीजिए। **CBSE 2024**

उत्तर 9 अगस्त, 1942 को संपूर्ण भारत में महात्मा गाँधी के आह्वान पर 'भारत छोड़ो आंदोलन' प्रारंभ हुआ। आंदोलन प्रारंभ होते ही सभी प्रमुख नेताओं को गिरफ्तार कर लिया गया, जिससे यह आंदोलन नेतृत्वहीन हो गया। नेतृत्वहीनता के बाद भी अपार जनभागीदारी ने ब्रिटिश शासन की नींव हिला दी। इस आंदोलन को निम्न आधारों पर जन-आंदोलन कहा गया

- इस आंदोलन में मुख्य रूप से स्कूल तथा कॉलेज के छात्रों ने महत्त्वपूर्ण भूमिका निभाई।
- इस आंदोलन में महिलाओं के द्वारा भी बढ़-चढ़कर हिस्सा लिया गया, जिसमें प्रमुख अरुणा आसफ अली, सुचेता कृपलानी तथा उषा मेहता आदि थीं।
- पूरे देश के किसान इस आंदोलन के मुख्य आधार थे। किसान चाहे अमीर हो या गरीब सभी ने आंदोलन में ऐतिहासिक भागीदारी निभाई।
- प्रशासन एवं पुलिस के निचले तबके से संबद्ध अधिकारियों ने आंदोलन में महत्त्वपूर्ण सहयोग दिया। मुसलमानों ने भी इस आंदोलन में महत्त्वपूर्ण भूमिका निभाई तथा इस आंदोलन के दौरान सांप्रदायिक हिंसा का अभाव देखने को मिलता है।
- यद्यपि इनका निर्णय आंदोलन का बहिष्कार करना था, फिर भी स्थानीय स्तर पर सैकड़ों कम्युनिस्टों ने आंदोलन में भाग लिया।

उपरोक्त विवरण के आधार पर यह कहा जा सकता है कि 'भारत छोड़ो आंदोलन' एक जन-आंदोलन था।

8. विद्वानों के अनुसार, स्वतंत्रता के बाद के महीने गाँधीजी के जीवन के श्रेष्ठतम क्षण थे। इस कथन की समीक्षा करें। *दक्षता आधारित प्रश्न*

उत्तर अनेक विद्वानों ने स्वतंत्रता के बाद के महीनों को गाँधीजी के जीवन के श्रेष्ठतम क्षण कहा है, क्योंकि वे स्वतंत्रता के पश्चात् मानवता के सबसे महत्त्वपूर्ण दायित्व का निर्वाह कर रहे थे और सभी को भाईचारे का संदेश दे रहे थे।

15 अगस्त, 1947 को राजधानी में आयोजित किए गए उत्सवों में गाँधीजी भाग नहीं ले रहे थे, क्योंकि वे उस समय कलकत्ता में 24 घंटे के उपवास पर थे। उनका मन दुःखी था, क्योंकि उन्होंने जिस दिन से इस स्वतंत्रता के लिए संघर्ष किया था, वह एक अकल्पनीय कीमत चुकाने के बाद उन्हें मिल पाई थी।

उनका राष्ट्र विभाजित हो गया था और उसमें हिंदू-मुस्लिम एक-दूसरे को मारने के लिए व्याकुल थे। बंगाल में शांति की स्थापना के पश्चात् गाँधीजी दिल्ली आ गए और यहाँ से वे पंजाब के दंगाग्रस्त जिलों में जाना चाहते थे, लेकिन राजधानी में ही शरणार्थियों की आपत्तियों के कारण उनकी सभाएँ अस्त-व्यस्त होने लगीं। बहुत सारे शरणार्थियों को उनकी सभाओं में कुरान की आयतें पढ़ने की प्रथा पर आपत्ति थी। कई लोग इस बात पर नारे लगाते थे कि गाँधीजी उन हिंदुओं और सिखों की पीड़ा के बारे में बात क्यों नहीं करते जो अभी भी पाकिस्तान में फँसे हुए हैं। डी जी तेंदुलकर के शब्दों में, "गाँधीजी पाकिस्तान में भी अल्पसंख्यक समुदाय के कष्टों के बारे में समान रूप से चिंतित थे।"

उन्हें राहत प्रदान करने के लिए वे वहाँ भी जाना चाहते थे, लेकिन वहाँ वे कैसे जा सकते थे, जब दिल्ली में ही मुसलमान पूरी सुरक्षा का आश्वासन प्राप्त नहीं कर रहे थे।

20 जनवरी को उन पर हमला हुआ फिर भी 26 जनवरी को प्रार्थना सभा में पिछले वर्ष मनाए गए स्वतंत्रता दिवस का जिक्र किया कि इस दिन को किस तरह स्वतंत्रता दिवस के रूप में मनाया जाता था। इस प्रकार, उपरोक्त विवरणों से स्पष्ट है कि भारत की स्वतंत्रता प्राप्ति व विभाजन के पश्चात् उत्पन्न सांप्रदायिक घटनाओं के कारण उत्पन्न प्रतिकूल परिस्थितियों में गाँधीजी ने एक महामानव के रूप में कार्य किए और हिंदुओं एवं मुस्लिमों के बीच जाकर सांप्रदायिक सौहार्द स्थापित करने का प्रयास किया।

9. ऐसे विभिन्न स्रोतों का वर्णन कीजिए, जिनसे हम गाँधीजी के राजनीतिक सफर एवं राष्ट्रवादी आंदोलन के इतिहास को सूत्रबद्ध कर सकते हैं।

उत्तर गाँधीजी से संबंधित अनेक ऐसे स्रोत उपलब्ध हैं, जिनके जरिए हम गाँधीजी के राजनीतिक सफर एवं राष्ट्रीय आंदोलन के इतिहास को सूत्रबद्ध कर सकते हैं, जो निम्न हैं

(i) **सार्वजनिक और निजी लेखन** इस दिशा में महात्मा गाँधी और उनके सहयोगियों व प्रतिद्वंद्वियों दोनों तरह के समकालीन लेखन और भाषण एक महत्त्वपूर्ण स्रोत हैं। महात्मा गाँधी अपने 'हरिजन' नामक अखबार में उन पत्रों को प्रकाशित करते थे, जो उन्हें लोगों से मिलते थे।

(ii) **आत्मकथाएँ** आत्मकथाएँ भी हमें उस अतीत का विवरण देती हैं, जो मानवीय विवरणों के हिसाब से अधिक समृद्ध होता है। वास्तव में आत्मकथाएँ स्मृति पर आधारित होती हैं, इसलिए उसमें कुछ त्रुटियाँ रह जाना स्वाभाविक है।

(iii) **सरकारी स्रोत** ब्रिटिश शासक ऐसे तत्त्वों पर हमेशा नजर रखते थे, जिन्हें वे अपने विरुद्ध मानते थे। इस प्रकार, सरकारी स्रोत भी हमारे अध्ययन के लिए एक महत्त्वपूर्ण स्रोत हैं। उस समय पुलिसकर्मियों तथा अन्य अधिकारियों द्वारा लिखे गए पत्र तथा रिपोर्ट गोपनीय होती थी, लेकिन अब ये दस्तावेज अभिलेखागारों में उपलब्ध हैं। इन गोपनीय दस्तावेजों से आला अधिकारियों की सोच का पता चलता है कि उन लोगों का दृष्टिकोण राष्ट्रीय आंदोलन तथा राष्ट्रीय नेताओं के प्रति कैसा था।

(iv) **अखबार** अंग्रेजी तथा विभिन्न भारतीय भाषाओं में छपने वाले समकालीन अखबार भी एक महत्त्वपूर्ण स्रोत हैं, जो महात्मा गाँधी की गतिविधियों पर नजर रखते थे और इनके बारे में खबरें छापते थे। ये अखबार इस बात का भी संकेत देते हैं कि आम भारतीय उनके बारे में सोचते थे।

इन सभी रिपोर्टों का अध्ययन करते और निष्कर्ष निकालते समय खास सावधानी रखनी चाहिए। इन सभी स्रोतों के वक्तव्य को पूर्ण रूप से सच नहीं माना जा सकता। इसके अतिरिक्त गाँधीजी के द्वारा लिखित पुस्तकें; जैसे—हिंद स्वराज, सत्य के साथ मेरे प्रयोग, मेरे सपनों का भारत, हरिजन आदि तथा गाँधीजी के जीवन पर लिखी अन्य लेखकों की पुस्तकों से महत्त्वपूर्ण जानकारियाँ मिलती हैं।

स्रोत आधारित प्रश्न

निम्नलिखित स्रोतों को ध्यानपूर्वक पढ़कर उन पर आधारित प्रश्नों के उत्तर दीजिए।

1. पृथक् निर्वाचिका पर अंबेडकर के विचार

दमित वर्गों के लिए पृथक् निर्वाचिका के प्रस्ताव पर महात्मा गाँधी की दलीलों के जवाब में अंबेडकर ने लिखा था

"हमारे सामने एक ऐसा वर्ग है, जो निश्चय ही अस्तित्व के संघर्ष में खुद को कायम नहीं रख सकता। जिस धर्म से ये लोग बँधे हुए हैं, वह उन्हें सम्मानजनक स्थान प्रदान करने की बजाय कोढ़ियों की तरह देखता है, जिनके साथ सामान्य संबंध नहीं रखे जा सकते। आर्थिक रूप से यह ऐसा वर्ग है, जो दो वक्त की रोटी के लिए सवर्ण हिंदुओं पर पूरी तरह आश्रित है, जिसके पास आजीविका का कोई स्वतंत्र साधन नहीं है। न केवल हिंदुओं के सामाजिक पूर्वाग्रहों के कारण उनके सारे रास्ते बंद हैं, बल्कि समग्र इतिहास में हिंदू समाज ने उनके सामने खुलने वाली प्रत्येक संभावना को बंद कर दिया है, जिससे दलित वर्गों को जीवन में ऊपर उठने का कोई अवसर न मिल सके। इन परिस्थितियों में सभी निष्पक्ष सोच वाले व्यक्ति इस बात पर सहमत होंगे कि आज सबसे बड़ी आवश्यकता यही है कि ऐसे अपंग समुदाय के पास संगठित निरंकुशता के विरुद्ध जीवन के संघर्ष का एकमात्र रास्ता यही है कि उसे राजनीतिक सत्ता में हिस्सा मिले, जिससे वह अपनी रक्षा कर सके।"

(i) **डॉ. अंबेडकर द्वारा दलित वर्ग के लिए पृथक् निर्वाचिका के पक्ष में दिए गए तर्कों की समीक्षा कीजिए और अपनी प्रतिक्रिया भी लिखिए।**

उत्तर डॉ. अंबेडकर द्वारा दलित वर्ग की पृथक् निर्वाचिका के पक्ष में निम्नलिखित तर्क दिए गए हैं

- जिस धर्म से दलित वर्ग बँधे हुए हैं, वह उन्हें सम्मानजनक स्थान देने की बजाय अपमानजनक दृष्टि से देखता है।

- इन दलित वर्गों के पास आर्थिक आजीविका का स्वतंत्र साधन नहीं है।
- यह वर्ग दो वक्त की रोटी के लिए पूरी तरह से सवर्ण हिंदुओं पर आश्रित है।
- इन्हें राजनैतिक सत्ता में भागीदारी मिलनी चाहिए, जिससे यह स्वयं अपनी रक्षा कर सकें।

(ii) **आर्थिक रूप से पिछड़े हुए लोगों की स्थिति का वर्णन कीजिए।**

उत्तर आर्थिक रूप से पिछड़े हुए लोगों की स्थिति निम्न प्रकार है
- ऐसे लोग दैनिक आवश्यकता की पूर्ति के लिए सवर्ण हिंदुओं पर आश्रित होते हैं। उनके पास अपने जीवन स्तर को ऊँचा उठाने का स्वतंत्र साधन नहीं है।
- उनके पास अपने जीवन स्तर की वृद्धि के लिए स्वतंत्र मार्ग नहीं है।

(iii) **दलित वर्ग को सम्मानजनक स्थान प्रदान करने के लिए कोई और रास्ता सुझाइए।**

उत्तर दलित वर्ग को सम्मानजनक स्थान प्रदान करने के लिए निम्नलिखित उपाय अपनाए जा सकते हैं
- इन वर्गों को प्रत्येक क्षेत्र में समान अवसर उपलब्ध कराने होंगे। शिक्षा की पर्याप्त सुविधा उपलब्ध करानी होगी।
- परस्पर अंतर्जातीय खानपान व भोजन व्यवस्था को बढ़ावा देना होगा।
- समान स्तर पर सामाजिक स्वीकार्यता होनी चाहिए।

2. गाँधीजी द्वारा जीवनपर्यंत अहिंसा का पालन

77 साल के बुजुर्ग गाँधीजी ने अहिंसा के अपने जीवनपर्यंत सिद्धांत को एक बार फिर आजमाया और अपना सब कुछ दाँव पर लगा दिया। उनका फैसला इस यकीन पर आधारित था कि लोगों का हृदय परिवर्तन किया जा सकता है। वे पूर्वी बंगाल के नोआखली (वर्तमान बांग्लादेश) से बिहार के गाँवों में और उसके बाद कलकत्ता व दिल्ली दंगों में झुलसी झोंपड़-पट्टियों की यात्रा पर निकल पड़े। उनकी कोशिश थी कि हिंदू-मुसलमान एक-दूसरे को न मारें और प्रत्येक स्थान पर उन्होंने अल्पसंख्यक समुदाय, हिंदू व मुस्लिम को दिलासा दिया। अक्टूबर, 1946 में पूर्वी बंगाल के मुसलमान हिंदुओं पर निशाना कस रहे थे। गाँधीजी वहाँ गए, पैदल, गाँव-गाँव पहुँचे और उन्होंने स्थानीय मुसलमानों को समझाया कि वे हिंदुओं की रक्षा करें। इसी तरह अन्य स्थानों पर, जैसे कि दिल्ली में उन्होंने दोनों समुदायों में पारस्परिक भरोसा और विश्वास बनाने की कोशिश की।

(i) **वर्ष 1946 में सांप्रदायिक हिंसा को शांत करने के लिए गाँधीजी के द्वारा क्या प्रयास किए गए?**

उत्तर वर्ष 1946 में सांप्रदायिक हिंसा को शांत करने के लिए गाँधीजी के द्वारा पूर्वी बंगाल के नोआखली से बिहार के गाँवों में और उसके बाद कलकत्ता व दिल्ली के क्षेत्रों में झुलसी झोंपड़ियों की यात्रा की गई। उनकी कोशिश थी कि हिंदू-मुस्लिम एक-दूसरे को न मारें। इस बात के लिए हर जगह हिंदू व मुस्लिमों को दिलासा दिलाई।

(ii) **गाँधीजी ने समुदायों में पारस्परिक भरोसा और विश्वास की भावना पैदा करने की कोशिश किस प्रकार की? स्पष्ट कीजिए।**

उत्तर गाँधीजी ने समुदायों में पारस्परिक भरोसा और विश्वास की भावना पैदा करने के लिए निम्नलिखित प्रयास किए
- लोगों में भरोसा और विश्वास दिलाने के लिए सामान्य वेशभूषा को अपनाया।
- गरीब, मजदूर, किसान आदि की समस्याओं पर चिंता व्यक्त की।

(iii) **इस अनुच्छेद में समाहित मूल्यों को स्पष्ट कीजिए।**

उत्तर इस अनुच्छेद में समाहित मूल्य निम्नलिखित हैं
- मानवीय मूल्य मजहब, जाति, वंश, रंग तथा लिंग से ऊपर होते हैं। इसके अंतर्गत मनुष्य को एक मनुष्य के रूप में देखा जाना चाहिए।
- गाँधीजी ने अदम्य साहस तथा अहिंसा के सिद्धांत का अनुसरण करते हुए सांप्रदायिक भावनाओं को पारस्परिक यकीन तथा सद्भावना के पवित्र जल से शांत करने का प्रयास किया।

3. पृथक् निर्वाचिका के बारे में समस्या

गोलमेज सम्मेलन के दौरान महात्मा गाँधी ने दमित वर्गों के लिए पृथक् निर्वाचिका प्रस्ताव के खिलाफ अपनी दलील पेश करते हुए कहा था 'अस्पृश्यों' के लिए पृथक् निर्वाचिका का प्रावधान करने से उनकी दासता स्थायी रूप ले लेगी। क्या आप चाहते हैं कि 'अस्पृश्य' हमेशा 'अस्पृश्य' ही बने रहें? पृथक् निर्वाचिका से उनके प्रति कलंक का यह भाव और मजबूत हो जाएगा। जरूरत इस बात की है कि 'अस्पृश्यता' का विनाश किया जाए और जब आप यह लक्ष्य प्राप्त कर लें, तो एक अड़ियल 'श्रेष्ठ' वर्ग द्वारा एक 'कमतर' वर्ग पर थोप दी गई, यह अवैध व्यवस्था भी समाप्त हो जाएगी। जब आप इस अवैध प्रथा को नष्ट कर देंगे, तो किसी को पृथक् निर्वाचिका की आवश्यकता ही कहाँ रह जाएगी?

(i) **गाँधीजी द्वारा दलित वर्गों के लिए पृथक् निर्वाचिका प्रस्ताव के खिलाफ दलील कब दी गई?**

उत्तर गाँधीजी द्वारा गोलमेज सम्मेलन के दौरान दलित वर्गों के लिए पृथक् निर्वाचिका प्रस्ताव के खिलाफ दलील दी गई।

(ii) **गाँधीजी ने पृथक् निर्वाचिका प्रावधान का विरोध क्यों किया?**

उत्तर गाँधीजी के अनुसार, "अस्पृश्यों के लिए पृथक् निर्वाचिका का प्रावधान करने से उनकी दासता स्थायी रूप ले सकती है।" इसलिए उन्होंने इसका विरोध किया।

(iii) **पृथक् निर्वाचिका के खिलाफ गाँधीजी की दलील क्या थी?**

उत्तर गाँधीजी ने दलील दी थी कि पृथक् निर्वाचिका प्रावधान से 'अस्पृश्य' हमेशा 'अस्पृश्य' ही बने रहेंगे। इससे उनके प्रति कलंक की यह भावना और मजबूत हो जाएगी।

इसलिए जरूरत इस बात की है कि 'अस्पृश्यता' का विनाश किया जाए। 'श्रेष्ठ' वर्ग द्वारा 'कमतर' वर्ग पर थोपी गई यह अवैध व्यवस्था समाप्त होने से किसी को पृथक् निर्वाचिका की आवश्यकता ही कहाँ रह जाएगी।

4. चरखा

महात्मा गाँधी आधुनिक युग, जिसमें मशीनों ने मानव को गुलाम बनाकर श्रम को हटा दिया था, के घोर आलोचक थे। उन्होंने चरखे को एक ऐसे, मानव समाज के प्रतीक रूप में देखा, जिसमें मशीनों और प्रौद्योगिकी को बहुत महिमामंडित नहीं किया जाएगा। इससे भी अधिक चरखा गरीबों को पूरक आमदनी प्रदान कर सकता था तथा उन्हें स्वावलंबी बना सकता था। मेरी आपत्ति मशीन के प्रति सनक से है। यह सनक श्रम बचाने वाली मशीनरी के लिए है। ये तब तक 'श्रम बचाते' रहेंगे जब तक कि हजारों लोग बिना काम के और भूख से मरने के लिए सड़कों पर न फेंक दिए जाएँ।

मैं मानव समुदाय के किसी एक हिस्से के लिए नहीं, बल्कि सभी के लिए समय और श्रम बचाना चाहता हूँ! मैं धन का केंद्रीकरण कुछ ही लोगों के हाथों में नहीं, बल्कि सभी के हाथों में करना चाहता हूँ।

खद्दर मशीनरी को नष्ट नहीं करना चाहता, बल्कि यह इसके प्रयोग को नियमित करता है और इसके विकास को नियंत्रित करता है। यह मशीनरी का प्रयोग सर्वाधिक गरीब लोगों के लिए उनकी अपनी झोंपड़ियों में करता है। पहिया अपने आप में ही मशीनरी का एक उत्कृष्ट नमूना है। **CBSE 2022, 24**

(i) **महात्मा गाँधी आधुनिक युग के आलोचक क्यों थे?**

अथवा **गाँधीजी आधुनिक मशीनों के आलोचक क्यों थे?**

उत्तर महात्मा गाँधी आधुनिक युग के मशीनीकरण के प्रमुख आलोचक थे, क्योंकि मशीनीकरण ने भारत की अधिकांश जनसंख्या को बेरोजगार कर दिया था। इसके कारण उन्हें अपनी आधारभूत आवश्यकताओं की पूर्ति के लिए भी संघर्ष करना पड़ता था।

(ii) **चरखे को गाँधीजी द्वारा दिए गए महत्त्व को उजागर कीजिए।**

अथवा **चरखे के महत्त्व को स्पष्ट कीजिए।**

उत्तर गाँधीजी ने चरखे को एक ऐसे मानव समाज के प्रतीक रूप में देखा, जिसमें मशीनों और प्रौद्योगिकी का बहुत महिमामंडन नहीं किया गया था। गाँधीजी के अनुसार चरखा गरीबों को पूरक आमदनी प्रदान कर सकता है तथा उन्हें स्वावलंबी बना सकता है।

(iii) **"पहिया अपने आप में ही मशीनरी का उत्कृष्ट नमूना है।" गाँधीजी के इस कथन की व्याख्या कीजिए।**

उत्तर उपरोक्त कथन के अनुसार, गाँधीजी चरखे के प्रयोग के द्वारा मशीनरी के उत्पादन को नियंत्रित करना चाहते थे। उनके अनुसार गरीब व्यक्ति अपनी झोंपड़ी में चरखे का प्रयोग करके अपने आप को स्वावलंबी बना सकता है।

अथवा

(i) **गाँधीजी ने चरखे को पवित्र क्यों माना?**

उत्तर गाँधीजी ने चरखे को इसलिए पवित्र माना, क्योंकि उन्होंने चरखे को एक ऐसे मानव समाज के प्रतीक के रूप में देखा, जिसमें मशीनों और प्रौद्योगिकी को बहुत महिमामंडित नहीं किया जाएगा। इससे भी अधिक, क्योंकि चरखा गरीबों को स्वावलंबी बना सकता था।

(ii) **गाँधीजी ने खद्दर को महत्त्व क्यों दिया?**

उत्तर गाँधीजी ने खद्दर को महत्त्व इसलिए दिया, क्योंकि खद्दर मशीनरी को नष्ट नहीं करना चाहता, बल्कि यह इसके प्रयोग को नियमित करता है और इसके विकास को नियंत्रित करता है।

(iii) **गाँधीजी ने चरखे को सेवा की भावना और समर्थ ग्रामीण जीवन की नींव से कैसे जोड़ा?**

उत्तर महात्मा गाँधी आधुनिक युग, जिसमें मशीनों ने मानव समाज को गुलाम बनाकर श्रम को हटा दिया था, के घोर आलोचक थे। उन्होंने चरखा को एक ऐसे मानव समाज के प्रतीक के रूप में देखा जिसमें मशीनों और प्रौद्योगिकी को बहुत महिमामंडित नहीं किया जाएगा।

गाँधीजी ने कहा मैं मानव समुदाय के किसी एक हिस्से के लिए नहीं बल्कि सभी के लिए समय और श्रम बचाना चाहता हूँ। इस प्रकार गाँधीजी अपनी बातों से चरखे को सेवा की भावना और समर्थ ग्रामीण जीवन से जोड़ा।

5. नमक सत्याग्रह क्यों?

नमक विरोध का प्रतीक क्यों था? इसके बारे में महात्मा गाँधी ने लिखा है प्रतिदिन प्राप्त होने वाली सूचनाओं से पता चलता है कि कैसे अन्यायपूर्ण तरीके से नमक कर को तैयार किया गया है। बिना कर (जो कभी-कभी नमक के मूल्य का चौदह गुना तक होता था) अदा किए गए नमक के प्रयोग को रोकने के लिए सरकार उस नमक को, जिसे वह लाभ पर नहीं बेच पाती थी, नष्ट कर देती थी।

अतः यह राष्ट्र की अत्यधिक महत्त्वपूर्ण आवश्यकता पर कर लगाती है। यह जनता को इसके उत्पादन से रोकती है और प्रकृति ने जिसे बिना किसी श्रम के उत्पादित किया है, उसे नष्ट कर देती है। अतः किसी भी वजह से किसी चीज को स्वयं प्रयोग न कर पाने तथा अन्य को भी उसका प्रयोग न करने देने तथा ऐसे में उस चीज को नष्ट कर देने की इस अन्यायपूर्ण नीति को किसी भी विशेषण द्वारा नहीं बताया जा सकता है। विभिन्न स्रोतों से मैं भारत के सभी भागों में इस राष्ट्रीय संपत्ति को बेलगाम ढंग से नष्ट किए जाने की कहानियाँ सुन रहा हूँ। टनों न सही पर कई मन नमक कोंकण तट पर नष्ट कर दिया गया, बताया गया है। दांडी से भी इस तरह की बातें पता चली हैं। जहाँ कहीं भी ऐसे क्षेत्रों के आस-पास रहने वाले लोगों द्वारा अपने व्यक्तिगत प्रयोग हेतु प्राकृतिक नमक उठा ले जाने की संभावना दिखती है, वहाँ तुरंत अधिकारी नियुक्त कर दिए जाते हैं, जिनका एकमात्र कार्य विनाश करना होता है। इस प्रकार बहुमूल्य राष्ट्रीय संपदा को राष्ट्रीय खर्चे से ही नष्ट किया जाता है और लोगों के मुँह से नमक छीन लिया जाता है।

नमक एकाधिकार एक तरह से चौतरफा अभिशाप है। यह लोगों को बहुमूल्य सुलभ ग्राम उद्योग से वंचित करता है, प्रकृति द्वारा बहुतायत में उत्पादित संपदा का यह अतिशय विनाश करता है। इस विनाश का मतलब ही है और अधिक राष्ट्रीय खर्च। चौथा और इस मूर्खता का चरमोत्कर्ष भूखे लोगों से हजार प्रतिशत से अधिक की उगाही है। सामान्य जन की उदासीनता की वजह से ही लंबे समय से यह कर अस्तित्व में बना रहा है। आज जनता पर्याप्त रूप से जग चुकी है। अतः इस कर को समाप्त करना होगा। कितनी जल्दी इसे खत्म कर दिया जाएगा यह लोगों की क्षमता पर निर्भर करता है।

(i) **अंग्रेजों द्वारा प्रस्तावित नमक एकाधिकार को भारतीयों ने अभिशाप क्यों समझा?**

उत्तर अंग्रेजों द्वारा प्रस्तावित नमक एकाधिकार को भारतीयों ने एक अभिशाप के रूप में निम्नलिखित कारणों से समझा

- भारतीय घरों में नमक एक आवश्यक वस्तु थी, फिर भी लोगों को घरेलू उपयोग के लिए नमक बनाने से रोका गया था। ब्रिटिश सरकार राष्ट्र की अत्यधिक महत्त्वपूर्ण आवश्यकता (नमक) पर कर लगाती थी।
- प्रकृति ने जिसे बिना किसी श्रम के उत्पादित किया, उसे ब्रिटिश सरकार कानून बनाकर लोगों की पहुँच से दूर करे दे रही है।

(ii) **नमक एकाधिकार के संदर्भ में गाँधीजी ने कुशल समझदारी की व्याख्या किस प्रकार की?**

उत्तर नमक एकाधिकार के संदर्भ में गाँधीजी की कुशल समझदारी की झलक इस बात में दिखती है कि उन्होंने नमक को विरोध का सशक्त माध्यम बनाया। गाँधीजी ने नमक के प्रश्न को आंदोलन के रूप में इसलिए भी परिवर्तित किया, क्योंकि नमक धनी तथा निर्धन दोनों वर्गों के लिए आवश्यक वस्तु थी।

(iii) **गाँधीजी की नमक विरोधी चुनौती का महत्त्व स्पष्ट कीजिए।**

उत्तर गाँधीजी की नमक विरोधी चुनौती की महत्ता इस बात से स्पष्ट होती है कि नमक यात्रा से ब्रिटिश सरकार काफी हद तक प्रभावित हुई, क्योंकि इस यात्रा में भारतीय जनसमुदाय ने बढ़-चढ़कर हिस्सा लिया। साथ ही, इसी के समरूप कई जगहों पर नमक यात्राएँ की गईं। गाँधीजी के नमक विरोधी चुनौती को अपार जनसमर्थन प्राप्त था। गाँधीजी ने 'नमक-प्रश्न' पर संपूर्ण विश्व का ध्यान आकर्षित किया, जिससे विश्व की अनेक पत्रिकाओं में नमक यात्रा की रिपोर्ट छापी गई। इस प्रकार नमक-प्रश्न को गाँधीजी ने वैश्विक घटना व प्रश्न के रूप में उभारा।

6. ए बंच ऑफ लेटर्स से

मैं कल रात ही यहाँ पहुँचा हूँ। जब से मैं वर्धा से आया हूँ, शारीरिक दुर्बलता और मानसिक अशांति से घिरा हूँ।

...यूरोप से लौटने के बाद से मैंने पाया है कि वर्किंग कमेटी की बैठकों में मैं बुरी तरह थक जाता हूँ। मेरी ऊर्जा क्षीण पड़ जाती है और प्रत्येक नए अनुभव के बाद मैं और अधिक बूढ़ा महसूस करने लगता हूँ..........।

चीजों को दुरुस्त करने और संकट को टालने में आपने जो कष्ट उठाया है, उसके लिए मैं आपका आभारी हूँ। मैंने राजेंद्र बाबू द्वारा भेजा गया (दूसरा) पत्र दोबारा पढ़ा है और उन्होंने जो गंभीर आरोप मुझ पर लगाए हैं, उन्हें देखा है..........।

तथ्य को चाहे कितनी भी विनम्रता से प्रस्तुत किया जाए, उनका आशय यह है कि मैं एक असहनीय मुसीबत बन चुका हूँ और मेरे जो भी गुण हैं- थोड़ी-बहुत क्षमता, ऊर्जा, गंभीरता, कमोबेश प्रभावित करने वाला व्यक्तित्व-सभी खतरनाक बन चुके हैं, क्योंकि वे एक गलत रथ (समाजवाद) को आगे बढ़ा रहे हैं। इन बातों के निष्कर्ष स्पष्ट हैं। मैंने अपनी पुस्तक में और उसके पश्चात् भी अपने वर्तमान विचारों के बारे में विस्तार से लिखा है। मेरे बारे में कोई फैसला लेने के लिए सामग्री की कमी नहीं है। मेरे वे विचार आकस्मिक भी नहीं हैं। वे मेरा हिस्सा हैं और यद्यपि मैं भविष्य में उन्हें बदल सकता हूँ , लेकिन जब तक मैं उन्हें छोड़ता मुझे उनको अभिव्यक्त करना ही होगा, क्योंकि मैं व्यापक एकता को महत्त्वपूर्ण मानता हूँ , इसलिए मैंने कोमलतम शब्दों में उन्हें व्यक्त किया है और निश्चित निष्कर्ष की बजाय विचार-विमर्श के लिए प्रस्ताव के रूप में ज्यादा प्रस्तुत किया है।

मुझे इस पद्धति में और कांग्रेस जो कुछ भी कर रही है, उसके बीच कोई टकराव दिखाई नहीं देता। जहाँ तक चुनावों का संबंध है, मेरा मानना है कि मेरा रवैया इस दिशा में निश्चय ही एक लाभकारी साधन था, क्योंकि उससे जनता में उत्साह का संचार हुआ है, परंतु मेरे कोमल और अस्पष्ट रवैये को मेरे सहयोगी खतरनाक और क्षतिकारक मानते हैं। आपने मुझे बताया था कि आप कोई वक्तव्य जारी करना चाहते हैं। मैं आपके वक्तव्य का स्वागत करूँगा, क्योंकि मैं मानता हूँ कि हर दृष्टिकोण को देश के सामने प्रस्तुत किया जाना चाहिए।

(i) **पत्र में राजेंद्र बाबू द्वारा जवाहरलाल नेहरू पर क्या आरोप लगाया गया है?**

उत्तर पत्र में राजेंद्र बाबू द्वारा जवाहरलाल नेहरू पर यह आरोप लगाया गया है कि वे असहनीय मुसीबत बन गए हैं, जो एक गलत रथ (समाजवाद) को आगे बढ़ा रहे हैं।

(ii) **जवाहरलाल नेहरू ने अपने विचारों के बारे में क्या लिखा है?**

उत्तर जवाहरलाल नेहरू ने अपने विचारों के बारे में लिखा है कि मेरे बारे में कोई फैसला लेने के लिए सामग्री की कमी नहीं है। मेरे विचार आकस्मिक भी नहीं हैं। मैं व्यापक एकता को महत्त्वपूर्ण मानता हूँ। यद्यपि मैं भविष्य में अपने विचार बदल सकता हूँ, लेकिन जब तक मैं उन्हें नहीं छोड़ता मुझे उनको अभिव्यक्त करना ही होगा।

(iii) **चुनाव के संबंध में जवाहरलाल नेहरू क्या कहते हैं?**

उत्तर चुनाव के संबंध में जवाहरलाल नेहरू ने कहा है कि इस दिशा में मेरा रवैया (व्यवहार) निश्चय ही एक लाभकारी था, क्योंकि इससे जनता में उत्साह का संचार हुआ है।

7. गृह विभाग की पाक्षिक रिपोर्ट (गोपनीय) मद्रास

गाँधी का सविनय अवज्ञा अभियान शुरू होने से बाकी मुद्दे हाशिये पर चले गए हैं। आम जनता उनकी यात्रा को नाटकीय और उनके कार्यक्रम को अव्यावहारिक मानती है, क्योंकि हिंदू जनता उन्हें अगाध श्रद्धा की दृष्टि से देखती है, इसलिए गिरफ्तारी की संभावना, जिसके बारे में वे स्वयं बहुत उत्सुक हैं और उसके राजनीतिक प्रभावों के बारे में बहुत गलतफहमियाँ फैली हुई हैं। 12 मार्च को सविनय अवज्ञा आंदोलन के उद्घाटन दिवस के रूप में मनाया गया। बंबई में सुबह को राष्ट्रीय झंडे को सलामी दी गई।

बंबई केसरी प्रेस ने आक्रामक भाषा का प्रयोग किया है और हमेशा की तरह आग उगलने के अंदाज में लिखा है "अगर सरकार सत्याग्रह की ताकत परखना चाहती है, तो उसे पता होना चाहिए कि सत्याग्रह की सक्रियता और निष्क्रियता दोनों से सरकार को ही नुकसान पहुँचेगा।

यदि सरकार गाँधीजी को गिरफ्तार करती है, तो उसे राष्ट्र के कोप का भाजन बनना पड़ेगा और यदि सरकार ऐसा नहीं करती है, तो सविनय अवज्ञा आंदोलन फैलता जाएगा। इसलिए हमारा मानना है कि अगर सरकार गाँधीजी को दंडित करती है, तो भी राष्ट्र की विजय होगी और अगर सरकार उन्हें अपने रास्ते पर चलने देती है, तो राष्ट्र की और भी बड़ी विजय होगी।" दूसरी ओर विविध वृत्त नामक मध्यमार्गी अखबार ने इस आंदोलन की व्यर्थता की ओर संकेत किया है और कहा है कि यह आंदोलन अपना घोषित उद्देश्य प्राप्त नहीं कर पाया है, लेकिन उसने सरकार को भी चेतावनी दी है कि दमन का रास्ता उसके उद्देश्य को कमजोर कर देगा।

(i) **सविनय अवज्ञा आंदोलन का उद्घाटन दिवस कब मनाया गया?**

उत्तर 12 मार्च, 1930 को सविनय अवज्ञा आंदोलन के उद्घाटन दिवस के रूप में मनाया गया। बंबई में सुबह को राष्ट्रीय झंडे को सलामी दी गई।

(ii) **केसरी प्रेस में लिखा है : सत्याग्रह की सक्रियता और निष्क्रियता, दोनों से सरकार को ही नुकसान पहुँचेगा। व्याख्या कीजिए।**

उत्तर केसरी प्रेस ने आक्रामक भाषा का प्रयोग करते हुए, आग उगलने के अंदाज में लिखा था कि अगर सरकार सत्याग्रह की ताकत को परखना चाहती है, तो उसे पता होना चाहिए कि यदि सरकार गाँधीजी को गिरफ्तार करती है, तो उसे राष्ट्र के कोप का भाजन बनना पड़ेगा और यदि सरकार ऐसा नहीं करती है, तो सविनय अवज्ञा आंदोलन फैलता जाएगा, इसलिए दोनों ही स्थितियों में आंदोलन सफल होगा।

(iii) **मध्यमार्गी अखबार कौन था और उसने क्या संकेत किया था?**

उत्तर विविध वृत्त नामक मध्यमार्गी अखबार ने आंदोलन की व्यर्थता की ओर संकेत किया है। इसने लिखा कि यह आंदोलन अपना घोषित उद्देश्य प्राप्त नहीं कर पाया है, लेकिन उसने सरकार को भी सचेत किया है कि दमन का रास्ता उसके उद्देश्य को कमजोर कर देगा।

8. कल हम नमक कर कानून तोड़ेंगे

5 अप्रैल, 1930 को **महात्मा गाँधी ने दांडी में कहा था**

जब मैं अपने साथियों के साथ दांडी के इस समुद्रतटीय टीले की तरफ चला आ रहा था, तो मुझे यकीन नहीं था कि हमें यहाँ तक आने दिया जाएगा। जब मैं साबरमती में था, तब भी यह अफवाह थी कि मुझे गिरफ्तार किया जा सकता है।

तब मैंने सोचा था कि सरकार मेरे साथियों को तो दांडी तक आने देगी, लेकिन मुझे निश्चय ही यह छूट नहीं मिलेगी। यदि कोई यह कहता कि इससे मेरे हृदय में अपूर्ण आस्था का संकेत मिलता है, तो मैं इस आरोप को नकारने वाला नहीं हूँ।

मैं यहाँ तक पहुँचा हूँ, इसमें शांति और अहिंसा का कम हाथ नहीं है; इस सत्ता को सब महसूस करते हैं। अगर सरकार चाहे तो वह अपने इस आचरण के लिए अपनी पीठ थपथपा सकती है, क्योंकि सरकार चाहती, तो हममें से प्रत्येक को गिरफ्तार कर सकती थी। जब सरकार यह कहती है कि उसके पास शांति की सेना को गिरफ्तार करने का साहस नहीं था, तो हम उसकी प्रशंसा करते हैं। सरकार को ऐसी सेना की गिरफ्तारी में शर्म महसूस होती है। अगर कोई व्यक्ति ऐसा काम करने में शर्मिंदगी महसूस करता है, जो उसके पड़ोसियों को भी रास नहीं आ सकता, तो वह एक शिष्ट-सभ्य व्यक्ति है। सरकार को हमें गिरफ्तार न करने के लिए बधाई दी जानी चाहिए, भले ही उसने विश्व जनमत का ख्याल करके ही यह फैसला क्यों न लिया हो। कल हम नमक कर कानून तोड़ेंगे। सरकार इसको बर्दाश्त करती है कि नहीं, यह सवाल अलग है। हो सकता है सरकार हमें ऐसा न करने दे, लेकिन उसने हमारे जत्थे के बारे में जो धैर्य और सहिष्णुता दिखाई है, उसके लिए वह अभिनंदन की पात्र है.........। यदि मुझे और गुजरात व देशभर के सारे मुख्य नेताओं को गिरफ्तार कर लिया जाता है, तो क्या होगा? यह आंदोलन इस विश्वास पर आधारित है कि जब एक पूरा राष्ट्र उठ खड़ा होता है और आगे बढ़ने लगता है, तो उसे नेता की जरूरत नहीं रह जाती।

(i) **जब महात्मा गाँधी ने दांडी यात्रा शुरू की थी, तो उनको कौन-सी आशंकाएँ थीं?**

उत्तर जब महात्मा गाँधी ने दांडी यात्रा शुरू की, तो उन्हें समुद्र की ओर न जाने की अनुमति तथा गिरफ्तार करने की प्रमुख आशंका थी।

(ii) **गाँधीजी ने ऐसा क्यों कहा कि इसके लिए सरकार बधाई की पात्र है?**

उत्तर नमक यात्रा के समय सरकार चाहती तो सभी को गिरफ्तार कर सकती थी, लेकिन उनके पास शांति की सेना को गिरफ्तार करने का साहस नहीं था। इसलिए गाँधीजी ने सरकार को बधाई का पात्र बताया और कहा कि "भले ही उसने विश्व जनमत का ख्याल करके ही यह फैसला क्यों न लिया हो।"

(iii) **'नमक यात्रा' बहुत महत्त्वपूर्ण क्यों थी?**

उत्तर नमक यात्रा इस कारण से महत्त्वपूर्ण थी, क्योंकि गाँधीजी के नेतृत्व में उनके अनुयायियों ने लंबी यात्रा के पश्चात् समुद्र तट पर पहुँचकर मुट्ठी भर नमक बनाकर नमक कानून का पहली बार उल्लंघन किया। नमक यात्रा के समान ही भारत में अन्य स्थानों पर ही ऐसी यात्राएँ आयोजित की गईं। इस यात्रा के साथ ही भारतीयों द्वारा अन्य ब्रिटिश कानूनों का विरोध क्रम शुरू हुआ।

9. नीचे दिए गए चित्र का अवलोकन करें और संबंधित प्रश्नों का उत्तर दें।

(i) **'भारत छोड़ो आंदोलन की शुरुआत कब हुई थी? इसका प्रमुख उद्देश्य क्या था?**

उत्तर भारत छोडो आंदोलन की शुरुआत महात्मा गाँधी ने 8 अगस्त, 1942 को अखिल भारतीय कांग्रेस कमेटी के मुंबई अधिवेशन में की थी। इस आंदोलन का प्रमुख उद्देश्य भारत से ब्रिटिश शासन को तत्काल समाप्त करके पूर्ण स्वतंत्रता प्राप्त करना था।

(ii) **भारत छोड़ो आंदोलन के दौरान ब्रिटिश सरकार ने किस प्रकार की कार्यवाही की?**

उत्तर ब्रिटिश सरकार ने आंदोलन को कुचलने के लिए हजारों भारतीय नेताओं और स्वतंत्रता सेनानियों को गिरफ्तार कर लिया। आंदोलन से संबंधित समाचार-पत्रों को प्रकाशित करने पर रोक लगा दी गई। कई समाचार-पत्रों ने इन प्रतिबंधों का पालन नहीं किया तथा अखबार बंद कर दिए।

मानचित्र पर आधारित प्रश्न

1. भारत के दिए गए राजनीतिक रेखा मानचित्र पर राष्ट्रीय आंदोलन के केंद्रों को A, B एवं C के रूप में चिह्नित किया गया है, उनको पहचानकर नाम लिखिए।

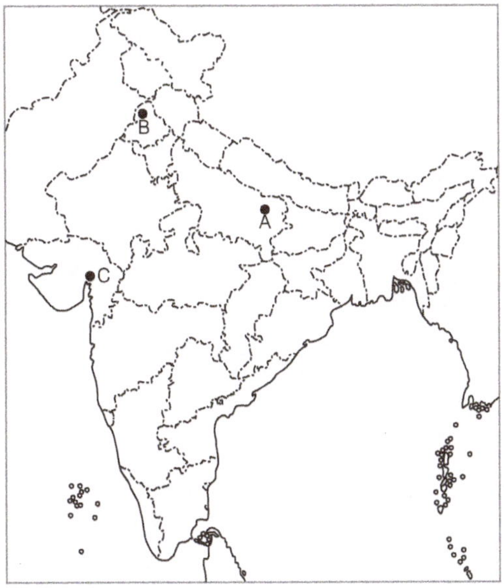

उत्तर

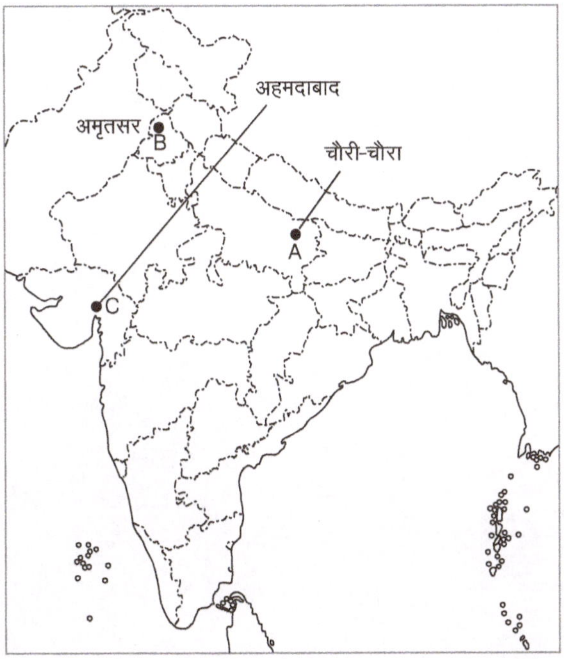

2. भारत के दिए गए राजनीतिक रेखा मानचित्र पर राष्ट्रीय आंदोलन के केंद्रों को A, B एवं C के रूप में चिह्नित किया गया है, उनको पहचानकर नाम लिखिए।

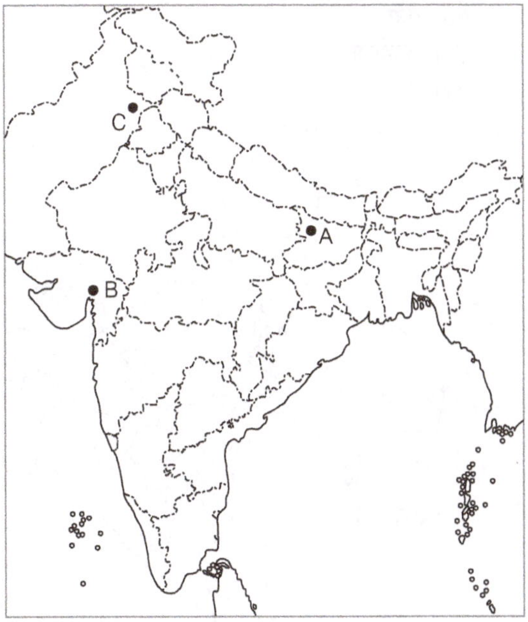

उत्तर

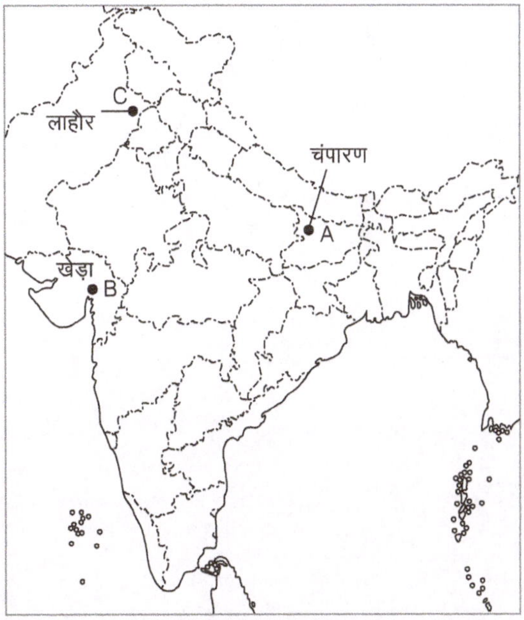

3. भारतीय मानचित्र पर निम्नलिखित को चिह्नित कीजिए

(i) बनारस

(ii) मुंबई (भारत छोड़ो संकल्प)

(iii) कराची

(iv) बारदोली

(v) दांडी

उत्तर

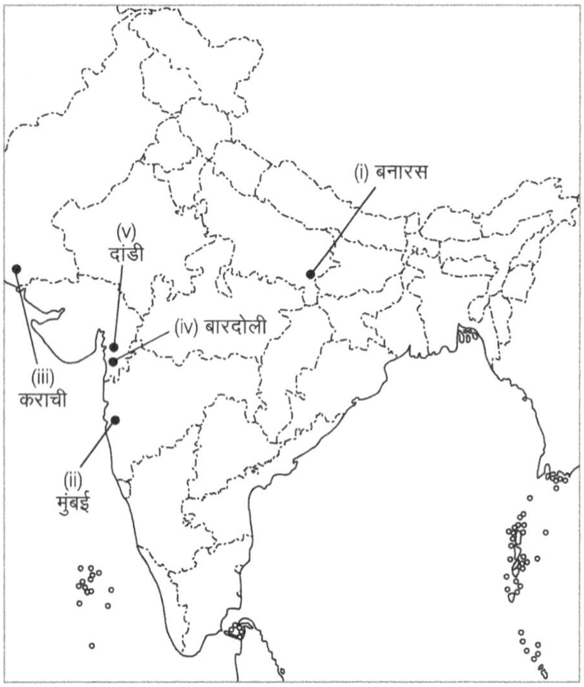

स्वयं को जाँचें

वस्तुनिष्ठ प्रश्न

1. भारतीय राष्ट्रीय आंदोलन में किस काल में महात्मा गाँधी अत्यधिक सक्रिय रहे?

(a) वर्ष 1905-1948
(b) वर्ष 1915-1948
(c) वर्ष 1920-1948
(d) वर्ष 1924-1932

2. चंपारण, अहमदाबाद और खेड़ा में की गई पहल से ·········· एक ऐसे राष्ट्रवादी के रूप में उभरे, जिनमें गरीबों के लिए गहरी सहानुभूति थी।

(a) पंडित मोतीलाल नेहरू
(b) महात्मा गाँधी
(c) बाल गंगाधर तिलक
(d) वल्लभभाई पटेल

3. असहयोग आंदोलन का प्रमुख परिणाम क्या था?

(a) विदेशी वस्त्रों का बहिष्कार
(b) विदेशी खाद्य पदार्थों का बहिष्कार
(c) सार्वजनिक सभाओं का बहिष्कार
(d) महिलाओं का आंदोलन से दूरी

4. निम्नलिखित कथनों का अध्ययन करके गलत कथन का चुनाव करें

1. भारतीय राजनीति में महात्मा गाँधी का वास्तविक पदार्पण वर्ष 1917 में हुआ।
2. प्रथम विश्वयुद्ध के समय प्रेस पर प्रतिबंध नहीं लगाया गया था।
3. अपने संघर्ष को संकुचित करने के लिए गाँधीजी खिलाफत आंदोलन के समर्थन में आए।

कूट

(a) 1 और 2
(b) 1 और 3
(c) 2 और 3
(d) 1, 2 और 3

5. कथन (A) अब तक कांग्रेस के समर्थकों में कुछ बहुत ही समृद्ध व्यापारी और उद्योगपति शामिल हो गए थे।

कारण (R) इस प्रकार गाँधीजी के प्रशंसकों में गरीब किसान और धनी उद्योगपति दोनों शामिल ही थे।

कूट

(a) A और R दोनों सही हैं तथा R, A की सही व्याख्या है
(b) A और R दोनों सही हैं, परंतु R, A की सही व्याख्या नहीं है
(c) A सही है, किंतु R गलत है
(d) A गलत है, किंतु R सही है

अतिलघु उत्तरीय प्रश्न

6. 1920 के दशक में भारत की सर्वमान्य राजनीतिक संस्था कौन-सी थी?

7. उग्र राष्ट्रवादी विचारधारा के प्रमुख नेताओं के नाम लिखिए।

8. असहयोग आंदोलन के दौरान कौन-कौन से कार्यक्रम निर्धारित किए गए थे?

9. किस आंदोलन के पश्चात् महात्मा गाँधी को राजद्रोह के आरोप में गिरफ्तार किया गया?

10. महात्मा गाँधी ने भारतीयों को स्वावलंबी बनाने के लिए किस बात पर जोर दिया?

लघु उत्तरीय प्रश्न

11. सविनय अवज्ञा आंदोलन क्यों शुरू किया गया?

12. उदारवादियों के द्वारा अपने उद्देश्यों की पूर्ति के लिए कौन-सी विधियाँ अपनाई गईं?

13. भारतीय स्वतंत्रता संग्राम में महात्मा गाँधी द्वारा संचालित नमक यात्रा की भूमिका को स्पष्ट कीजिए।

14. बारदोली सत्याग्रह का नेता कौन था? यह सत्याग्रह क्यों किया गया था?

15. गाँधीजी ने राष्ट्रवादी संदेश का प्रचार शासकीय भाषा की जगह पर मातृभाषा में करने को क्यों कहा? कारण बताइए।

दीर्घ उत्तरीय प्रश्न

16. एक जन-आंदोलन के रूप में महात्मा गाँधी द्वारा प्रतिपादित असहयोग आंदोलन पर प्रकाश डालिए।

17. गोलमेज सम्मेलन से आप क्या समझते हैं? इस सम्मेलन के दौरान घटित घटनाओं का उल्लेख कीजिए।

18. "भारत विभाजन की स्थिति एक मर्मस्पर्शी घटना थी।" विश्लेषण कीजिए।

12

अध्याय

संविधान का निर्माण (एक नए युग की शुरुआत)

यह अध्याय, संविधान के निर्माण व उसके इतिहास से संबंधित है। इसमें संविधान सभा के सदस्यों, परिस्थिति तथा भाषा आदि के बीच अल्पसंख्यकों की शक्ति के विभाजन जैसे मुद्दों पर विचार किया गया है।

▼ अध्ययन एक नजर में

▼ अभ्यास के लिए

- बहुविकल्पीय प्रश्न 27, चित्र आधारित, कथन/कारण, सुमेलित कीजिए
- वर्णनात्मक प्रकार के प्रश्न (लघु उत्तरीय प्रश्न 8, दीर्घ उत्तरीय प्रश्न 7)
- स्रोत आधारित प्रश्न 7

इसमें कोई संदेह नहीं कि संविधान निर्माण से पूर्व का समय एक उथल-पुथल का दौर था। स्वतंत्रता से पूर्व अनेक आंदोलन हुए, जिनमें असहयोग और भारत छोड़ो आंदोलन सबसे महत्त्वपूर्ण था। इन सभी प्रक्रियाओं के कारण अंततः 15 अगस्त, 1947 को भारत को स्वतंत्रता प्राप्त हुई। अब भारत के सफल संचालन के लिए एक व्यवस्थित मसौदे की आवश्यकता थी, जिस कारण संविधान के निर्माण की प्रक्रिया अपनाई गई।

12.1 भारत का संविधान

- स्वतंत्रता के समय देश विभिन्न जातियों, वर्गों तथा समुदायों में बँटा हुआ था। संपूर्ण देश को एक रूप में समाहित करने के लिए एक संविधान की आवश्यकता थी।
- संविधान (Constitution) का स्वरूप ऐसा होना चाहिए था, जो देश की एकजुटता और प्रगति के लिए विस्तृत एवं गहन विचार-विमर्श पर आधारित हो।
- दिसंबर, 1946 से दिसंबर, 1949 के बीच भारतीय संविधान को सूत्रबद्ध (Framed) किया गया।
- संविधान सभा में प्रारूप के प्रत्येक भाग पर गहन विचार-विमर्श हुआ। संविधान सभा के कुल 11 सत्र हुए, जिनमें 165 दिन बैठकें आयोजित की गईं।

संविधान निर्माण से पूर्व की घटनाएँ

- 15 अगस्त, 1947 को भारत की आजादी के साथ-साथ इसका विभाजन भी हुआ। इससे पूर्व स्वतंत्रता के लिए किए गए प्रयासों; जैसे—सुभाषचंद्र बोस द्वारा सशस्त्र संघर्ष, वर्ष 1942 का भारत छोड़ो आंदोलन, वर्ष 1946 में बंबई तथा अन्य शहरों में **रॉयल इंडियन नेवी के सिपाहियों का विद्रोह** एवं हिंदू-मुस्लिम एकता जनआंदोलन आदि लोगों को पूर्ण रूप से स्मरण थे।

- कांग्रेस और मुस्लिम लीग दोनों प्रमुख राजनीतिक दल अर्थात् हिंदू और मुस्लिम के मध्य धार्मिक तथा सामाजिक सामंजस्य स्थापित करने के प्रयास विफल हो रहे थे।
- 15 अगस्त, 1947 का समय भारत के बहुत-से मुस्लिमों और पाकिस्तान में रहने वाले हिंदुओं व सिखों के लिए एक महत्त्वपूर्ण निर्मम चयन का समय था, जिसके पश्चात् मुस्लिमों ने पूर्वी व पश्चिमी पाकिस्तान और हिंदुओं व सिखों ने पश्चिमी बंगाल व पूर्वी पंजाब की ओर प्रवासन को स्वीकार किया।
- अगस्त, 1946 में कलकत्ता में हुए भीषण नरसंहार की शुरुआत के साथ ही उत्तरी और पूर्वी भारत में लगभग एक वर्ष तक हिंसा जारी रही।
- इसी समय मुस्लिम लीग द्वारा संविधान सभा का बहिष्कार किया जा रहा था और लीग द्वारा एक अन्य संविधान बनाकर पाकिस्तान की माँग जारी रखी गई।
- दूसरी ओर समाजवादी (Socialist) भी संविधान सभा से अलग रहे, क्योंकि वे संविधान सभा को अंग्रेजों की बनाई संस्था मानते थे।
- कांग्रेस सदस्यों में भी संविधान के विभिन्न सिद्धांतों को लेकर मतभेद था। कई निर्णायक मुद्दों पर सदस्यों के मतों में भिन्नता हो जाती थी, फिर भी इन्हीं परिस्थितियों में संविधान सभा के गठन से संबंधित कार्य चलते रहे।
- स्वतंत्रता के पश्चात् नए राष्ट्र के सामने **देशी रियासतों** (Princely States) को लेकर भी गंभीर समस्या थी। ब्रिटिश राज के समय उपमहाद्वीप का लगभग एक-तिहाई भू-भाग ऐसे नवाबों और **रजवाड़ों** (Maharajas) के अधीन था, जो ब्रिटिश राज को स्वीकार कर चुके थे।
- संविधान सभा की बैठक इन सभी मुद्दों पर चलती रहीं, जिसके पश्चात् कुछ महत्त्वपूर्ण निर्णय लिए गए और भारत की संविधान सभा का गठन किया गया।

संविधान सभा का गठन

- संविधान सभा के सदस्यों का चुनाव सार्वभौमिक मताधिकार पर आधारित नहीं था। इसके सदस्यों का प्रांतीय संसदों द्वारा चुना गया था जो 1945-46 के प्रांतीय चुनाव में चुने गये थे।
- इस सभा में ब्रिटिश भारतीय प्रांतों द्वारा भेजे गए सदस्यों के अतिरिक्त रियासतों के प्रतिनिधि भी शामिल थे, क्योंकि सभी रियासतें भारतीय संघ में शामिल हो चुकी थीं।
- संविधान सभा में कांग्रेस के सदस्यों का दबदबा था क्योंकि प्रांतीय चुनावों में भी कांग्रेस की सीटें ज्यादा थीं।
- मुस्लिम लीग द्वारा संविधान सभा की प्रारंभिक बैठकों का बहिष्कार किया गया और दूसरा संविधान बनाकर पाकिस्तान की माँग जारी रखी, जिसके कारण संविधान सभा एक ही पार्टी का समूह बन गई थी। यद्यपि सभा के 82% सदस्य कांग्रेस के थे और किंतु सदस्यों के विचार में भी विरोधाभाषा थे।
- कुछ सदस्य निरीश्वरवादी और धर्मनिरपेक्ष थे तथा कुछ सदस्य राष्ट्रीय स्वयं सेवक संघ और हिंदू महासभा का समर्थन करते थे।

▲ संविधान सभा का अधिवेशन

संविधान सभा में जनता की राय

- संविधान सभा में होने वाली चर्चाओं पर जनता की राय का भी प्रभाव पड़ा तथा सामूहिक भागीदारी की भावना पैदा करने के लिए जनता की राय को महत्त्व दिया गया।
- संविधान सभा में विभिन्न पक्षों के मध्य कुछ विचार-विमर्श को अखबारों में प्रकाशित किया जाता था तथा विभिन्न प्रस्तावों पर सार्वजनिक रूप से चर्चा होती थी।
- सभा के मुद्दों पर जनता की अलग-अलग राय थी, जो निम्नलिखित है
  - भाषाई अल्पसंख्यक अपनी मातृभाषा की रक्षा करना चाहते थे।
  - धार्मिक अल्पसंख्यक अपने विशेष हित सुरक्षित करने की माँग कर रहे थे।
  - निम्न जाति समूहों ने उच्च जाति के लोगों द्वारा दुर्व्यवहार को समाप्त करने और सरकारी संस्थाओं में सीटों के आरक्षण की माँग की थी।

विधान सभा की प्रमुख आवाजें

संविधान सभा के 300 सदस्यों में से छः सदस्यों द्वारा महत्त्वपूर्ण भूमिका निभाई गई, जो इस प्रकार हैं

- **जवाहरलाल नेहरू** ने **उद्देश्य प्रस्ताव** (Objective Resolution) पेश किया, साथ ही नेहरू जी द्वारा राष्ट्रीय ध्वज का प्रारूप भी पेश किया गया। इस प्रारूप के अनुसार, राष्ट्रीय ध्वज "केसरिया, सफेद और गहरे हरे रंग की तीन बराबर चौड़ाई वाली पट्टियों का तिरंगा" झंडा होगा, जिसके बीच में नीले रंग का चक्र होगा।
- **वल्लभभाई पटेल** ने संविधान से संबंधित रिपोर्टों के प्रारूप तैयार कराए और परस्पर विरोधी विचारों के बीच सहमति तैयार कराने का महत्त्वपूर्ण कार्य किया।
- **डॉ. राजेंद्र प्रसाद** ने **संविधान सभा के अध्यक्ष** (Chairman of Constituent Assembly) के रूप में कार्य सँभाला और सभी सदस्यों को सभा में अपनी बात कहने का अवसर प्रदान करने की जिम्मेदारी निभाई।
- **डॉ. भीमराव अंबेडकर** ने तत्कालीन विधिमंत्री के साथ ही सभा की **प्रारूप समिति** (Drafting Committee) **के अध्यक्ष** के रूप में कार्य किया। इनके कार्यों में के एम मुंशी और अल्लादि कृष्णास्वामी अय्यर द्वारा भी सहयोग किया गया।
- **बी एन राव** भारत सरकार के **संवैधानिक सलाहकार** थे, जिन्होंने अन्य देशों की राजनीतिक व्यवस्थाओं का गहन अध्ययन करके अनेक चर्चा-पत्र तैयार किए।
- **एस.एन. मुखर्जी** मुख्य योजनाकार थे, जिन्होंने कठिन प्रस्तावों को सरल व स्पष्ट वैधिक भाषा में व्यक्त किया था।
- संविधान के निर्माण में 2 वर्ष 11 माह, 18 दिन का समय लगा। संविधान के प्रारूप को पारित कराने में 3 वर्ष का समय लगा और इस पर की गई चर्चाओं के मुद्रित रिकॉर्ड 11 खंडों में प्रकाशित किए गए।

चेक प्वॉइंट 1

1. संविधान के गठन में कितने क्षेत्रों का आयोजन किया गया?
2. संविधान सभा के सदस्यों का चुनाव कैसे हुआ?
3. संविधान सभा के कितने प्रतिशत सदस्य कांग्रेस के थे?
4. भाषाई अल्पसंख्यकों ने क्या माँग की थी?
5. बी.एनराव की संविधान निर्माण में क्या भूमिका थी?

12.2 संविधान की दृष्टि

- जवाहरलाल नेहरू द्वारा 13 दिसंबर, 1946 को संविधान सभा के समक्ष **उद्देश्य प्रस्ताव** प्रस्तुत किया गया था। इस प्रस्ताव में भारत को **स्वतंत्र संप्रभु गणराज्य** (Independent Sovereign Republic) घोषित किया गया था। यह प्रस्ताव एक ऐतिहासिक प्रस्ताव था, जिसमें संविधान के मूल आदर्शों की रूपरेखा प्रस्तुत की गई थी। इसमें जनता को **न्याय, समानता** व **स्वतंत्रता** का वचन दिया गया था।
- अल्पसंख्यकों (Minorities), जनजातीय क्षेत्रों, दमित तथा अन्य पिछड़े वर्गों (Depressed and Other Backward Classes) के लिए भी अधिकार संरक्षित किए गए थे। उद्देश्य प्रस्ताव पेश करते हुए नेहरू जी ने संविधान के आदर्श और प्रस्ताव किन्हीं अन्य देशों से न लेकर अपने तरीके से तैयार करने पर बल दिया।
- नेहरू जी के अनुसार, भारतीय संविधान का उद्देश्य यह होगा कि लोकतंत्र के उदारवादी विचारों और आर्थिक न्याय के समाजवादी विचारों का एक-दूसरे में समावेश हो और इन विचारों की रचनात्मक व्याख्या हो।

लोगों की इच्छा

- संविधान सभा के कम्यूनिस्ट सदस्य **सोमनाथ लाहिड़ी** संविधान सभा को अंग्रेजों द्वारा निर्मित संस्था मानते थे।
- उन्होंने सभा के सदस्यों तथा सामान्य भारतीयों को साम्राज्य वादी शासन से प्रभावित होने की सलाह दी।
- उनके अनुसार, जवाहरलाल नेहरू के नेतृत्व में अंतरिम सरकार शासन तो कर रही है, परंतु उन्हें सभी कार्य ब्रिटिश सरकार के दिशा-निर्देश से करने पड़ते थे।

संविधान सभा: आकांक्षाओं की अभिव्यक्ति

- संविधान सभा स्वतंत्रता आंदोलनकारियों की आकांक्षाओं की अभिव्यक्ति का साधन थी।
- उन्नीसवीं सदी से भारत में लोकतंत्र, समानता तथा न्याय जैसे आदर्शात्मक तत्त्व, सामाजिक संघर्षों से गहरे रूप से संबंधित थे।
- इसी समय कुछ विशिष्ट समाज सुधारकों; जैसे– विवेकानंद, ज्योतिबा फुले आदि के प्रयासों द्वारा समाज सुधार कार्यों के माध्यम से समाज में नई चेतना जाग्रत की गई।
- **स्वामी विवेकानंद** ने हिंदू धर्म में सुधार और धर्मों को अधिक न्यायसंगत बनाने के लिए काम किया।
- महाराष्ट्र में ज्योतिबा फुले के दलित जातियों की पीड़ा को उजागर किया, जबकि कम्युनिस्टों और समाजवादियों ने आर्थिक और सामाजिक न्याय के लिए मजदूरों और किसानों को संगठित किया।
- एक दमनकारी और अवैध सरकार के विरुद्ध राष्ट्रीय आंदोलन अनिवार्य रूप से लोकतंत्र व न्याय का, नागरिकों के अधिकारों और समानता का संघर्ष भी था।

ब्रिटिश सरकार द्वारा संवैधानिक सुधार

- प्रतिनिधित्व की माँग बढ़ते जाने के कारण ही अंग्रेजों को एक के बाद एक संवैधानिक सुधार करने पड़े।
- प्रांतीय सरकारों में भारतीयों की हिस्सेदारी बढ़ाने के लिए वर्ष 1909, 1919 और 1935 के अधिनियम पारित किए गए।
- वर्ष 1919 में कार्यपालिका को आंशिक रूप से प्रांतीय विधायिका के प्रति उत्तरदायी बनाया गया तथा वर्ष 1935 के **गवर्नमेंट ऑफ इंडिया एक्ट** के अनुसार उसे लगभग पूरी तरह से विधायिका के प्रति उत्तरदायी बनाया गया।
- वर्ष 1935 के गवर्नमेंट एक्ट के अंतर्गत वर्ष 1937 आयोजित चुनावों में कांग्रेस को 11 में से 8 प्रांतों में सरकार बनाने का अवसर मिला।
- वर्ष 1935 के कानून के तहत निर्वाचित विधायिकाएँ औपनिवेशिक शासन के ढाँचे में कार्य कर रही थीं तथा ये अंग्रेजों द्वारा नियुक्त गवर्नर के प्रति उत्तरदायी थीं, न कि भारतीय लोगों के।

12.3 अधिकारों का निर्धारण

- संविधान सभा के समक्ष अधिकारों के निर्धारण से संबंधित एक गंभीर मुद्दा था क्योंकि विभिन्न सामाजिक समूहों ने अपनी अलग-अलग माँग तथा इच्छा व्यक्त की। जैसे—सदस्यों में सामान्य नागरिकों के अधिकारों, पीड़ित समूहों तथा **अल्पसंख्यक**[1] समूह के अधिकारों से संबंधित मतभेद।
- इसी कारण नेहरू जी ने अपने एक भाषण में **जनता की इच्छा** (Will of the People) को सर्वोपरि बताया था।

पृथक् निर्वाचिका की समस्या

- 27 अगस्त, 1947 को मद्रास के **बी पोकर बहादुर** ने भी **पृथक् निर्वाचिका**[2] (Separate Electorates) का समर्थन किया। इन्होंने इस बात पर बल दिया कि अल्पसंख्यकों का राजनीतिक व्यवस्था में उचित प्रतिनिधित्व मिलना चाहिए, जिससे उनकी समस्याओं पर ध्यान दिया जा सके।
- कुछ मुसलमान ऐसे भी थे, जो पृथक् निर्वाचिका की माँग के समर्थन में नहीं थे। इसमें **बेगम एजाज रसूल** प्रमुख है इनके अनुसार, पृथक् निर्वाचिका आत्मघाती सिद्ध होगी, क्योंकि इससे अल्पसंख्यक बहुसंख्यक से कट जाएँगे।
- **सरदार वल्लभभाई पटेल** ने पृथक् निर्वाचिका की माँग को ऐसी अव्यावहारिक माँग बताया, जिसने एक समुदाय को दूसरे समुदाय के विरुद्ध खड़ा कर दिया। यही माँग राष्ट्र के विभाजन का भी कारण बनी।
- पृथक् निर्वाचिका की माँग को अस्वीकार करते हुए **गोविंद बल्लभ पंत** ने कहा कि यह प्रस्ताव न केवल राष्ट्र के लिए, अपितु अल्पसंख्यकों के लिए भी खतरनाक है। उनके अनुसार यह एक आत्मघाती माँग है, जो अल्पसंख्यकों की स्थायी रूप से अलग कर देगी, उन्हें कमजोर बना देंगी और शासन में उन्हें प्रभावी भागीदारी नहीं मिल पाएगी।
- पृथक् निर्वाचन क्षेत्र की माँग ने राष्ट्रवादियों को नाराज और परेशान कर दिया। **आर.वी. धुलेकर** का मानना था कि अंग्रेजों ने इन सुरक्षा उपायों का प्रयोग अल्पसख्यकों को गुमराह करने के लिए किया था।
- राष्ट्रवादियों द्वारा इन सभी धारणाओं के पीछे मुख्य उद्देश्य यह था कि वे राजनीतिक एकता और राष्ट्र की स्थापना के लिए प्रत्येक व्यक्ति को राज्य के नागरिक के रूप में स्थापित करना चाहते थे।

---

1 अल्पसंख्यक (Minority) किसी राज्य या राष्ट्र में आर्थिक या जनसांख्यिकीय आधार पर किसी समुदाय की न्यूनतम संख्या को बहुसंख्यक समुदाय की तुलना में अल्पसंख्यक माना जाता है।

2 पृथक् निर्वाचिका (Separate Electorates) पृथक् निर्वाचिका व्यवस्था के तहत् अलग-अलग अल्पसंख्यक संप्रदायों के लोगों को पृथक् मताधिकार तथा पृथक् निर्वाचन क्षेत्र की व्यवस्था की जानी थी। इसमें एक समुदाय अपने ही समुदाय के नेता को मत दे सकता था।

- वर्ष 1949 तक संविधान सभा के अधिकतर सदस्यों द्वारा यह विश्वास जताया गया कि अल्पसंख्यकों को पृथक् निर्वाचिका के स्थान पर लोकतांत्रिक व्यवस्था में सक्रिय भागीदारी करनी चाहिए, जिससे उन्हें निर्णायक मंच उपलब्ध हो सके।

अल्पसंख्यकों को परिभाषित करने का मुद्दा

- संविधान सभा में अल्पसंख्यकों से संबंधित मुद्दे पर भी विचार-विमर्श किया गया कि किसको अल्पसंख्यक माना जाए और इसका आधार क्या होना चाहिए?
- समाजवादी **एन जी रंगा** के अनुसार, अल्पसंख्यक शब्द की व्याख्या आर्थिक स्तर पर की जानी चाहिए। वे संविधान में प्रत्येक व्यक्ति को कानूनी अधिकार देने और उसकी सीमाओं को चिह्नित करने के पक्ष में थे।

आदिवासियों के संबंध में जयपाल सिंह का दृष्टिकोण

- आदिवासी समूह के प्रतिनिधि जयपाल सिंह के अनुसार, आदिवासियों को 6,000 वर्षों से अपमानित और उपेक्षित किया जा रहा है। इस समाज का इतिहास भारत के गैर-मूलनिवासियों के द्वारा लगातार शोषण का इतिहास रहा है, इसलिए उन्हें संरक्षण की आवश्यकता है।
- जयपाल सिंह ने विधायिका में आदिवासियों के लिए सीटों के आरक्षण पर बल दिया, जिससे उन्हें सम्मान और अवसर मिल सके।

संविधान सभा में दलित जातियों के लिए पृथक् निर्वाचिका

- राष्ट्रीय आंदोलन के समय अंबेडकर ने दलित जातियों (Depressed Castes) के लिए पृथक् निर्वाचिका की माँग की थी, लेकिन महात्मा गाँधी ने इसका विरोध यह कहकर किया कि इससे ये समुदाय शेष समाज से हमेशा के लिए अलग हो जाएँगे।
- मद्रास निवासी **जे.नागप्पा** के अनुसार, संख्या की दृष्टि से हरिजन अल्संख्यक नहीं है। आबादी में उनका हिस्सा 20-25% है, परंतु उनकी पीड़ा का कारण यह है कि उन्हें भली-भाँति समाज व राजनीति की नोक पर रखा गया है।
- दलित जातियों ने अपने पिछड़ेपन और अपंगता के लिए सामाजिक कानूनों और मान्यताओं को जिम्मेदार ठहराया। इन जातियों ने संरक्षण और बचाव के हल को पर्याप्त नहीं माना।
- अंबेडकर ने भी बँटवारे की हिंसा के बाद पृथक् निर्वाचिका की माँग छोड़ दी थी। अंततः संविधान सभा ने कुछ महत्त्वपूर्ण सुझाव दिए, जो इस प्रकार हैं
  - दलित जातियों के साथ मेलजोल बढ़ाने के लिए **अस्पृश्यता**[3] **का उन्मूलन** (Abolition of Untouchability) किया जाए।
  - हिंदू मंदिरों में दलित जातियों को प्रवेश दिया जाए।
  - विधायिकाओं और सरकारी संस्थानों में निम्न जातियों के लिए सीटें आरक्षित की जाएँ।

चेक प्वॉइंट 2

1. महाराष्ट्र में दलित जातियों की पीड़ा को किसने उजागर किया?
2. किस कम्यूनिस्ट सदस्य में संविधान सभा को अंग्रेजी की संस्था माना था?
3. मुसलमानों के बीच पृथक् निर्वाचन मंडल की अवधारणा के बारे में किसने चिंता व्यक्त की?
4. एन. जी. रंगा ने अल्पसंख्यक शब्द की व्याख्या कैसे की?
5. किस राष्ट्रवादी नेता ने अंबेडकर की पृथक् निर्वाचिका की माँग का विरोध किया?

12.4 राज्य की शक्तियाँ

- संविधान निर्माण के समय संविधान सभा में केंद्र एवं राज्यों के बीच शक्ति या अधिकार संबंधी विषयों पर गहन चर्चा हुई।
- इनमें कुछ लोग शक्तिशाली केंद्र के पक्षधर थे, जिनमें जवाहरलाल नेहरू प्रमुख थे।
- केंद्र और राज्य सरकारों के मध्य शक्ति विभाजन के लिए तीन सूचियाँ तैयार की गईं, जो इस प्रकार हैं
  (i) **केंद्रीय सूची** (Central List) इस सूची के विषय केंद्र सरकार के अधिकार में थे। केंद्र सरकार को अनुच्छेद-356 के अंतर्गत राज्यपाल की अनुशंसा पर राज्य का शासन अपने नियंत्रण में लेने का अधिकार भी दिया गया।
  (ii) **राज्य सूची** (State List) राज्य सूची के विषय राज्य सरकारों के अधीन रखे गए।
  (iii) **समवर्ती सूची** (Concurrent List) इस सूची के अंतर्गत आने वाले विषयों पर केंद्र और राज्य दोनों का नियंत्रण स्थापित किया गया, लेकिन इसमें भी सर्वाधिक अधिकार केंद्र का ही था।

3 अस्पृश्यता (Untouchability) समाज की किसी पिछड़ी जाति के साथ छुआछूत की भावना को अस्पृश्यता की श्रेणी में रखा जाता है।

राजकोषीय संघवाद का प्रावधान

- संविधान सभा द्वारा संविधान में राजकोषीय संघवाद (Fiscal Federalism) का भी प्रावधान किया गया, जिसके अंतर्गत सीमा शुल्क (Custom Duties), कंपनी कर (Company Tax) जैसे कुछ करों से प्राप्त होने वाली आय केंद्र सरकार को दी गई। आयकर और आबकारी शुल्क (Income Tax and Excise Duties) जैसे करों की प्राप्ति का अधिकार केंद्र व राज्य सरकार दोनों को दिया गया।
- अन्य मामलों से होने वाली आय जैसे—राज्य स्तरीय शुल्क पूरी तरह राज्यों को सौंप दी गई तथा राज्य सरकारों को अपने स्तर पर कुछ अधिभार और कर वसूलने का अधिकार भी प्रदान किया गया।

के. संथानम की राज्य संबंधी दलीलें

- के संथानम राज्यों के अधिकारों के सबसे प्रबल समर्थक थे। उन्होंने केंद्र के साथ राज्यों को भी मजबूत बनाने के लिए शक्तियों के पुनर्वितरण पर जोर दिया। केंद्र प्रभावी ढंग से कार्य करे, इसके लिए उसे एक सीमा तक ही दायित्व दिए जाएँ।
- राज्यों को मजबूत बनाने के लिए पर्याप्त जाँच-पड़ताल के बाद ही शक्तियों का वितरण किया जाना चाहिए।
- संविधान में ऐसी व्यवस्था की जानी चाहिए, जिससे इकाइयों को विकास परियोजनाएँ चलाने के लिए केंद्र पर निर्भर न रहना पड़े। संविधान में शक्तियों का केंद्रीकरण करने से केंद्र कमजोर हो जाएगा।

शक्तिशाली केंद्र की आवश्यकता

- संविधान सभा में केंद्र और राज्यों के बीच अधिकारों को लेकर गहरे मतभेद थे। शक्तिशाली केंद्र की आवश्यकता अनेक अवसरों पर महसूस की गई थी।
- संविधान सभा के कई सदस्य एक मजबूत केंद्र का समर्थन करते थे, क्योंकि उनका मानना था कि एक मजबूत केंद्र सांप्रदायिक हिंसा को रोक सकता है।
- अंबेडकर भी एक शक्तिशाली और एकीकृत केंद्र चाहते थे, जो वर्ष 1935 के गवर्नमेंट एक्ट में बने केंद्र से भी शक्तिशाली हो।
- विभाजन के दौरान हिंसा की घटनाओं से भी मजबूत केंद्र की आवश्यकता पर बल दिया गया, जिससे भविष्य में इस तरह की हिंसा न हो। इस संदर्भ में गोपालास्वामी आयंगर ने कहा कि केंद्र अधिक शक्तिशाली बनना चाहिए।
- संयुक्त प्रांत के सदस्य बालकृष्ण शर्मा ने भी शक्तिशाली केंद्र पर बल दिया, जिससे वह देशहित की योजना बनाने, आर्थिक संसाधन जुटाने, उचित शासन व्यवस्था स्थापित करने और विदेशी आक्रमण से देश की रक्षा करने में सक्षम हो।
- अनेक नेता शक्तिशाली केंद्र के विरोध में थे। उनके अनुसार, संघ तथा समवर्ती सूची में अपेक्षाकृत कम विषय होने चाहिए।

12.5 राष्ट्र की भाषा

राष्ट्र की भाषा का चयन भी संविधान सभा में एक महत्त्वपूर्ण मुद्दा था, जिस पर कई महीनों तक विचार-विमर्श हुआ।

कांग्रेस द्वारा अपनाई गई भाषा

- 1930 के दशक तक कांग्रेस ने **हिंदुस्तानी** को राष्ट्रीय भाषा के रूप में स्वीकार किया, जो हिंदी और उर्दू का मिश्रण थी। यह भारतीय जनता के बहुत बड़े तबके की भाषा थी, जो विभिन्न संस्कृतियों के आदान-प्रदान से समृद्ध हुई एक साझी भाषा थी।
- 19वीं सदी के अंत से हिंदुस्तानी भाषा में बदलाव आना शुरू हो गया था। सांप्रदायिक संघर्ष के बढ़ने से हिंदी भाषा पर संस्कृत का प्रभाव एवं उर्दू भाषा पर फारसी का प्रभाव पड़ने लगा।
- कालांतर में अन्य स्रोतों से इसमें नए नए शब्द और अर्थ समाहित होते गए, जिससे विभिन्न क्षेत्रों के बहुत-से लोग इसे सरलता से समझने लगे।

भाषा के संबंध में गाँधीजी के विचार

- गाँधीजी का मानना था कि सभी को ऐसी भाषा का प्रयोग करना चाहिए, जिसे सभी लोग आसानी से समझ सकें। इसलिए वे हिंदुस्तानी को राष्ट्र की भाषा बनाना चाहते थे।
- इनका मानना था कि हिंदुस्तानी एक बहु-सांस्कृतिक भाषा है। यह हिंदुओं और मुसलमानों तथा उत्तर और दक्षिण के लोगों को एकजुट कर सकती है।

हिंदी भाषा की आवश्यकता पर बल

- संविधान सभा में संविधान निर्माण की भाषा के रूप में हिंदी के प्रयोग की माँग की गई। हिंदी को राष्ट्रभाषा बनाने के लिए कुछ व्यक्तियों का महत्त्वपूर्ण योगदान था। जिसमें आर.बी. धुलेकर का प्रमुख स्थान है।
- संयुक्त प्रांत के कांग्रेसी सदस्य आर.बी. धुलेकर के अनुसार, जो लोग हिंदुस्तानी नहीं समझ सकते, उन्हें संविधान निर्माण में भागीदारी नहीं करनी चाहिए। उनके अनुसार, हिंदी को राजभाषा नहीं, बल्कि राष्ट्रभाषा घोषित किया जाना चाहिए।

भाषा समिति का निर्णय

- वर्ष 1949 तक संविधान सभा की भाषा समिति ने अपनी रिपोर्ट प्रस्तुत की। इस समिति ने सुझाव दिया कि **देवनागरी लिपि में** लिखी हिंदी भारत की राजकीय भाषा होगी। समिति की रिपोर्ट के प्रमुख अंश इस प्रकार हैं
  - हिंदी को राष्ट्रभाषा बनाने के लिए क्रमिक प्रयास करने चाहिए।
  - प्रारंभ के 15 वर्षों तक सरकारी कार्य अंग्रेजी भाषा में जारी होंगे।
  - प्रत्येक प्रांत अपने कार्य को किसी एक क्षेत्रीय भाषा में कर सकेगा। समिति ने हिंदी को राजभाषा के रूप में संबोधित किया था।

वर्चस्व का भय

- **श्रीमती दुर्गाबाई** (मद्रास) ने सदन से कहा कि दक्षिण में हिंदी का अत्यधिक विरोध हो रहा है। उन्होंने हिंदुस्तानी को भाषा के रूप में स्वीकार किया है, लेकिन उन्हें लगा कि उर्दू तथा अन्य क्षेत्रीय भाषाओं से शब्दों को हटाने का कोई भी प्रयास निश्चित रूप से विभिन्न भाषाई समूहों में चिंता और भय का कारण बनेगा।
- **श्री शंकरराव देव** जो बंबई से कांग्रेस के सदस्य थे, ने भी हिंदुस्तानी को राष्ट्रभाषा के रूप में स्वीकार किया, लेकिन उन्होंने चेतावनी देते हुए कहा, अगर आप हिंदी के लिए दिल से समर्थन चाहते है, तो आपको ऐसा कोई कदम नही उठाना चाहिए, जिससे उनके संदेह या भय को बढ़ावा मिले।
- **टी ए रामलिंगम चेट्टियार** (मद्रास) ने इस बात पर बल दिया कि हिंदी को आक्रामक होकर अपनाने से पहले लोगों की आशंकाओं को दूर करना आवश्यक है।
- इन सदस्यों द्वारा गाँधीजी के आह्वान पर हिन्दी के प्रति इस दृष्टिकोण ने भारत के दक्षिणी क्षेत्रों में हिंदी प्रचार-प्रसार में योगदान दिया गया।

संविधान के कुछ अभिलक्षण

- भारतीय संविधान का निर्माण लंबी बहस और परिचर्चाओं के बाद हुआ। इसके अनेक प्रावधानों का निर्माण दो परस्पर विरोधी विचारों पर सहमति बनने के पश्चात् हुआ, परंतु एक केंद्रीय अभिलक्षण ऐसा था, जिस पर सभी की सहमति पहले से ही थी। यह प्रावधान 'वयस्क मताधिकार' (Adult Franchise) था।
- संयुक्त राज्य अमेरिका तथा ब्रिटेन जैसे लोकतांत्रिक देशों में शुरुआत में मताधिकार केवल संपत्ति रखने वाले लोगों को दिया गया और फिर शिक्षित पुरुषों को इस विशेष वर्ग में शामिल किया गया।
- धर्मनिरपेक्षता संविधान का दूसरा केंद्रीय अभिलक्षण था, जिसके आदर्श रूप को संविधान की प्रस्तावना में अभिलक्षित किया गया था। यह मौलिक अधिकारों की कुशल स्थापना के लिए आवश्यक था। इनमें शामिल विशेष अधिकार निम्न हैं
  - समानता का अधिकार–अनुच्छेद-14, 16 एवं 17
  - धार्मिक स्वतंत्रता का अधिकार–अनुच्छेद-25 से 28
  - सांस्कृतिक व शैक्षिक अधिकार–अनुच्छेद-29 एवं 30
- राज्य द्वारा सभी धर्मों के प्रति समान व्यवहार का विश्वास दिलाते हुए उन्हें कल्याणकारी संस्थाएँ बनाए रखने का अधिकार भी प्रदान किया गया।
- राज्य द्वारा स्वयं धार्मिक समुदायों से दूर रहकर स्कूलों व कॉलेजों में अनिवार्य धार्मिक शिक्षा पर रोक लगाई गई।
- रोजगार कार्यक्रमों के अंतर्गत धार्मिक भेदभाव को अवैध घोषित किया गया।
- धार्मिक समुदायों में संबंधित समाज सुधार कार्यक्रमों हेतु कानूनी अवधारणाओं का भी पालन किया गया।
- भारतीय धर्मनिरपेक्षता में राज्य और धर्म के बीच संबंध-विच्छेद पूर्णत: लागू नहीं है। संविधान सभा द्वारा दोनों के बीच विवेकपूर्ण दूरी बनाने की व्यवस्था की गई है।

निष्कर्ष

- संविधान सभा की बहस संविधान निर्माण में शामिल परस्पर विरोधी आवाजी और माँगों को उजागर करती है, जो संविधान निर्माताओं द्वारा विचार किए गए आदर्शों और सिद्धांतों को दर्शाती है।
- हालाँकि इन आदर्शों को विशेष संदर्भों के अनुसार, परिवर्तित भी किया गया। तीन वर्षों की बहस में कुछ सदस्य ने दूसरों के तर्कों के आधार पर अपने विचार को संशोधित किया, जबकि कुछ सदस्य ने अपने आसपास की घटनाओं में अपनी स्थिति में बदलाव किया।

चेक प्वॉइंट 3

1. वर्ष 1949 के निर्णय के बाद आधिकारिक उद्‌देश्यों के लिए अंग्रेजी का उपयोग कब तक किया गया?
2. संविधान सभा के किन सदस्यों ने एक मजबूत और संयुक्त केंद्र की वकालत की थी?
3. संविधान सभा की भाषा समिति ने किस लिपि के प्रयोग की वकालत की?
4. हिंदुस्तानी किन दो भाषाओं का मिश्रण है?
5. भारतीय संविधान के किन अनुच्छेदों में धार्मिक स्वतंत्रता का प्रावधान है?

टाइमलाइन

26 जुलाई, 1945	ब्रिटेन में लेबर पार्टी की सरकार का सत्ता में आयी
दिसंबर-जनवरी, 1945	भारत में आम चुनाव
16 मई, 1946	कैबिनेट मिशन द्वारा संवैधानिक योजना की घोषणा
16 जून, 1946	मुस्लिम लीग की कैबिनेट मिशन की संवैधानिक योजना पर स्वीकृति
16 जून, 1946	कैबिनेट मिशन का केंद्र में अंतरिम सरकार के गठन का प्रस्ताव प्रस्तुत
2 सितंबर, 1946	कांग्रेस द्वारा अंतरिम सरकार का गठन, जिसमें नेहरू जी का उप-राष्ट्रपति के रूप में निर्वाचन
13 अक्टूबर, 1946	मुस्लिम लीग का अंतरिम सरकार में शामिल होने का फैसला
3-6 दिसंबर, 1946	ब्रिटिश प्रधानमंत्री एटली का कुछ भारतीय नेताओं से मुलाकात
9 दिसंबर, 1946	संविधान सभा का अधिवेशन प्रारंभ
29 जनवरी, 1947	मुस्लिम लीग की संविधान सभा को भंग करने की माँग
16 जुलाई, 1947	अंतरिम सरकार की आखिरी बैठक
11 अगस्त, 1947	जिन्ना का पाकिस्तान की संविधान सभा के अध्यक्ष के रूप में निर्वाचन
14 अगस्त, 1947	पाकिस्तान की स्वतंत्रता : कराची में जश्न मनाया जाना
14-15 अगस्त, 1947 (मध्यरात्रि)	भारत में स्वतंत्रता का जश्न मनाया जाना
दिसंबर, 1949	संविधान पर हस्ताक्षर किया जाना

Mind Map

संविधान का निर्माण (एक नए युग कि शुरुआत)

1 भारत का संविधान

संविधान सभा का गठन

- भारत ने 15 अगस्त, 1947 को स्वतंत्रता प्राप्त की, लेकिन इसके साथ ही भारत को विभाजन का सामना भी करना पड़ा।
- संविधान सभा के सदस्य प्रांतीय विधानसभाओं के चुनावों द्वारा चुने गए थे।

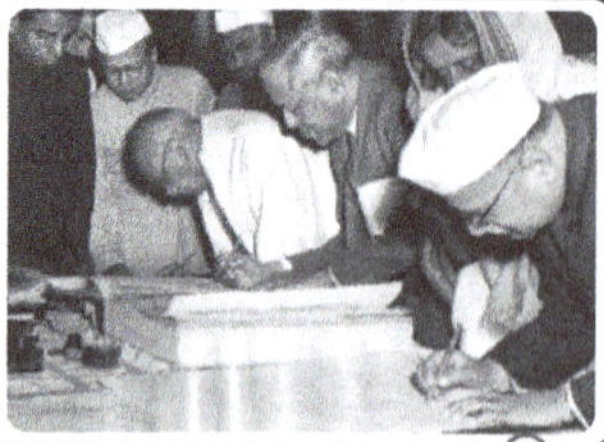

मुख्य आवाजें

- नेहरू ने उद्देशिका प्रस्ताव और भारत के राष्ट्रीय ध्वज का प्रस्ताव पेश किया।
- अंबेडकर ने संविधान सभा की प्रारूप समीति की अध्यक्षता की और संविधान के निर्माण को मार्गदर्शित किया।
- सिविल सेवक बी.एन.राव और एस.एन. मुखर्जी ने महत्त्वपूर्ण कानूनी और परामर्शी सहायता प्रदान की।
- बहसों में भारत की भाषा, मूल्य और व्यवस्थाओं में जुड़े विभिन्न विचारों पर चर्चा की गई।

2 संविधान की दृष्टि

- सोमनाथ लाहिड़ी ने संविधान सभा की चर्चाओं पर ब्रिटिश प्रभाव की आलोचना की।
- नेहरू ने बल दिया कि संविधान सभा को शक्ति लोगों की इच्छा से मिल रही है।
- ब्रिटिशों ने 1909,1919 और 1935 के अधिनियमों के माध्यम से संवैधानिक सुधार पेश किए।

3 अधिकारों का निर्धारण

- बी. पोकर बहादुर ने अल्पसंख्यकों की सुरक्षा के लिए पृथक् निर्वाचिका का समर्थन किया
- राष्ट्रवादियों ने पृथक् निर्वाचिका का विरोध किया तथा इसे हिंसा और विभाजन के लिए जिम्मेदार ठहराया।
- एन.जी.रंगा ने अल्पसंख्यकों को गरीब और उत्पीड़ित बताया, जिन्हें जीने के अधिकार की आवश्यकता थी।
- जयपाल सिंह ने जनजातीय समुदायों का शोषण और उपेक्षा का मुद्दा उठाया।
- अंबेडकर ने विभाजन की हिंसा के बाद दलित जातियों के लिए पृथक् निर्वाचिका की माँग करना बंद कर दिया।

4 राज्य की शक्तियाँ

एक शक्तिशाली सरकार

- नेहरू ने एक शक्तिशाली केंद्रीय सरकार की वकालत की।
- अंबेडकर अराजकता को रोकने के लिए एक शक्तिशाली और एकीकृत केंद्र चाहते थे।
- गोपाल स्वामी अय्यंगर और बालकृष्ण शर्मा ने भी एक शक्तिशाली केंद्र की माँग की।
- संविधान ने संघ की शक्ति को राज्यों के अधिकारों पर प्राथमिकता दी।

केंद्र बिखर जाएगा

- संविधान ने विषयों को संघ, राज्य और समवर्ती सूची में विभाजित किया।

संथानम के विचार

- संथानम ने दोनों स्तरों (राज्य और केंद्र) को सुदृढ़ करने के लिए शक्तियों के पुनर्वितरण का समर्थन किया।
- के. संथानम का मानना था कि वित्तीय प्रावधान राज्य को आर्थिक रूप से कमजोर कर देंगे।
- उनके अनुसार, प्रस्तावित शक्ति वितरण से प्रांत केंद्र के विरुद्ध विद्रोह कर सकते हैं।

5 राष्ट्र की भाषा

हिंदी की हिमायत

- भाषायी मुद्दे ने संविधान सभा की कार्रवाइयों में व्यवधान उत्पन्न किया।
- धुलेकर ने संविधान निर्माण की भाषा के रूप में हिंदी की माँग की।
- इन्होंने हिंदी को राष्ट्रीय भाषा के रूप में घोषित करने की इच्छा व्यक्त की।
- भाषा समिति का मानना था कि हिंदी को राष्ट्रभाषा बनाने के लिए हमें धीरे-धीरे आगे बढ़ना चाहिए।

वर्चस्व का भय

- दुर्गाबाई ने दक्षिण में हिंदी के विरोध को लेकर चिंता व्यक्त की।
- उन्हें डर था कि हिंदी के प्रचार से प्रादेशिक भाषाओं को नुकसान हो सकता है।
- संविधान सभा के सदस्य भाषायी मुद्दे पर समझौते और समायोजन का आह्वान कर रहे थे।

NCERT फोल्डर

अध्याय के मध्य में दिए गए प्रश्न

1. उद्देश्य प्रस्ताव में 'लोकतांत्रिक' शब्द का उपयोग न करने के लिए जवाहरलाल नेहरू ने क्या कारण बताया था?

उत्तर उद्देश्य प्रस्ताव में 'लोकतांत्रिक' शब्द का उपयोग न करने के पीछे नेहरू जी का तर्क यह था कि, कोई गणराज्य लोकतांत्रिक न हो ऐसा नहीं हो सकता, क्योंकि हमारा पूरा इतिहास इस तथ्य का साक्षी है कि हम लोकतांत्रिक संस्थानों के ही पक्षधर हैं और यह स्वाभाविक है कि हमारा लक्ष्य लोकतंत्र ही है। हालाँकि उद्देश्य प्रस्ताव में 'लोकतांत्रिक' शब्द का उपयोग नहीं किया है, क्योंकि 'गणराज्य' शब्द में यह शब्द पहले ही निहित होता है। इसलिए हम शब्दों के दोहराव से बचना चाहते थे। हमने इस प्रस्ताव में लोकतंत्र की अंतर्वस्तु के साथ आर्थिक लोकतंत्र की अंतर्वस्तु भी प्रस्तुत की है।

2. जवाहरलाल नेहरू ने 'उद्देश्य प्रस्ताव' पर अपने भाषण में कौन-से विचार पेश किए?

उत्तर जवाहरलाल नेहरू ने उद्देश्य प्रस्ताव पर अपने भाषण में निम्नलिखित विचार प्रस्तुत किए-

- भारत को एक स्वतंत्र, संप्रभु गणराज्य घोषित किया गया।
- नागरिकों को न्याय, समानता व स्वतंत्रता का आश्वासन दिया गया था।
- अल्पसंख्यकों, पिछड़े एवं जनजातीय क्षेत्रों और दलित एवं अन्य पिछड़े वर्गों के लिए पर्याप्त रक्षात्मक प्रबंध किए जाएँगे।
- भारतीय संविधान का उद्देश्य यह होगा कि लोकतंत्र के उदारवादी विचारों और आर्थिक न्याय के समाजवादी विचारों का एक-दूसरे में समावेश किया जाए।
- भारत में शासन की जो व्यवस्था स्थापित हो, वह "हमारे लोगों के स्वभाव के अनुरूप उनको स्वीकार होनी चाहिए।"

3. जी.बी. पंत निष्ठावादी नागरिकों के अभिलक्षणों को कैसे परिभाषित करते हैं?

उत्तर जी.बी. पंत ने निष्ठावादी नागरिकों के निम्नलिखित अभिलक्षण सुझाए हैं

- लोकतंत्र की सफलता के व्यक्ति को आत्मानुशासन की कला का प्रशिक्षण लेना होगा।
- लोकतंत्र में व्यक्ति को स्वयं से अधिक दूसरे लोगों की चिंता करनी चाहिए।
- नागरिकों की सभी निष्ठाएँ केवल राज्य पर केंद्रित होनी चाहिए।

4. रंगा द्वारा 'अल्पसंख्यक' की अवधारणा को किस तरह परिभाषित किया गया है?

उत्तर एनजी रंगा के अनुसार, तथाकथित पाकिस्तानी प्रांतों में निर्वासित हिंदू, सिख और यहाँ तक मुसलमान भी अल्पसंख्यक नहीं हैं, बल्कि वास्तविकता में असली अल्पसंख्यक तो इस देश की जनता है, जो इतनी दबी-कुचली तथा उत्पीड़ित है कि अभी तक साधारण नागरिक के अधिकारों का लाभ भी नहीं उठा पा रही है। आदिवासी क्षेत्रों में व्यापारियों ने मुक्त बाजार के नाम पर उनकी जमीन पर अधिकार कर लिया है। वहीं दूसरी ओर ग्रामीण क्षेत्रों में मालगुजार तथा जमींदार गरीब देहातियों का शोषण करते हैं। इन लोगों में मूलभूत शिक्षा तक का अभाव है। वास्तविकता में इन्हीं लोगों को सुरक्षा तथा सुरक्षा का आश्वासन मिलना चाहिए।

5. आदिवासियों के लिए सुरक्षात्मक उपायों की माँग करते हुए जयपाल सिंह कौन-कौन से तर्क देते हैं?

उत्तर जयपाल सिंह ने आदिवासियों के लिए सुरक्षात्मक उपायों की माँग के संबंध में तर्क देते हुए कहा कि आदिवासी कबीले संख्या की दृष्टि से अल्पसंख्यक नहीं हैं, लेकिन उन्हें संरक्षण की आवश्यकता है, क्योंकि जहाँ वे रहते थे, उन्हें वहाँ से बेदखल कर दिया गया है। उन्हें उनके जंगलों और चरागाहों से वंचित कर दिया गया तथा उन्हें नए घरों की तलाश में पलायन करने के लिए विवश किया गया। आदिवासियों को आदिम तथा पिछड़ा मानते हुए शेष समाज उन्हें हेय की दृष्टि से देखता है। जयपाल सिंह ने आदिवासियों तथा शेष समाज के मध्य उपस्थित भावनात्मक और भौतिक अंतर को समाप्त करके कहा कि "आपको हमारे साथ घुलना-मिलना चाहिए। हम आपके साथ मेल-जोल बढ़ाना चाहते हैं।"

निम्नलिखित प्रश्नों के उत्तर लगभग 100-150 शब्दों में लिखिए

1. उद्देश्य प्रस्ताव के किन आदर्शों पर जोर दिया गया था?

अथवा **जवाहरलाल नेहरू द्वारा पेश किए गए 'उद्देश्य प्रस्ताव' में व्यक्त उन आदर्शों की व्याख्या कीजिए, जिनको भारत के संविधान निर्माण के समय ध्यान में रखा जाना था।**

अथवा **जवाहरलाल नेहरू के 'उद्देश्य प्रस्ताव' को एक ऐतिहासिक प्रस्ताव क्यों कहा जाता है? किन्हीं दो कारणों को लिखिए।**

अथवा **संविधान सभा में पेश किए गए 'उद्देश्य प्रस्ताव' को ऐतिहासिक प्रस्ताव क्यों माना गया? स्पष्ट कीजिए।** **CBSE 2022**

उत्तर जवाहरलाल नेहरू ने 13 दिसंबर, 1946 को संविधान सभा के सामने एक ऐतिहासिक प्रस्ताव प्रस्तुत किया, जिसे उद्देश्य प्रस्ताव के नाम से जाना जाता है। इस प्रस्ताव में स्वतंत्र भारत के संविधान के मूल आदर्शों की रूपरेखा को प्रस्तुत किया गया था। इसमें भारत को स्वतंत्र, पूर्ण प्रभुसत्ता संपन्न लोकतंत्रात्मक गणराज्य बनाना आवश्यक माना गया है। इस प्रस्ताव में घोषणा की गई कि भारतीय गणराज्य राज्यों का संघ होगा तथा अवशिष्ट शक्तियाँ राज्यों में निहित होंगी। इस प्रस्ताव के द्वारा यह भी घोषणा की गई कि भारत की संघीय सरकार तथा एकाकी सरकार को सभी राजनीतिक शक्तियाँ तथा सभी अधिकार जनता से ही प्राप्त हुए हैं। इस प्रस्ताव में यह भी व्यवस्था की गई कि भारतीय संविधान में समान आर्थिक, राजनीतिक एवं सामाजिक अवसर मिलेंगे तथा सभी को पूर्ण न्याय मिलेगा। इसके महत्त्वपूर्ण होने के कारण निम्नलिखित हैं

- इसमें भारत को एक स्वतंत्र संप्रभु गणराज्य घोषित किया गया।
- नागरिकों को न्याय, समानता व स्वतंत्रता का आश्वासन दिया गया।

2. विभिन्न समूह 'अल्पसंख्यक' शब्द को किस तरह परिभाषित कर रहे थे?

उत्तर स्वतंत्रता प्राप्ति के पश्चात् विभिन्न समूहों के द्वारा 'अल्पसंख्यक' शब्द को भिन्न-भिन्न तरह से परिभाषित किया जा रहा था। कुछ लोगों का मत था कि भारत में मुसलमानों की संख्या कम होने के कारण ये अल्पसंख्यक हैं। इसके विपरीत कुछ लोग दलित समूह और आदिम जातियों को अल्पसंख्यक की श्रेणी में रखते हैं। इससे संबंधित विद्वानों के विचार निम्न हैं

- मद्रास के बी पोकर बहादुर का विचार था कि राजनैतिक व्यवस्था में अल्पसंख्यकों को पूर्ण प्रतिनिधित्व प्रदान किया जाए। इनका विश्वास था कि अल्पसंख्यकों की समस्या को केवल अल्पसंख्यक ही समझ सकते हैं, इसलिए देश के शासन में मुसलमानों की सार्थक भागीदारी के लिए पृथक् निर्वाचिका आवश्यक है।
- एन. जी. रंगा का विचार था कि वास्तविक अल्पसंख्यक गरीब एवं दबे-कुचले लोग थे, इसलिए अल्पसंख्यक की व्याख्या आर्थिक स्तर पर की जानी चाहिए। इसी प्रकार जयपाल सिंह ने स्पष्ट किया कि आदिवासी कबीले संख्या की दृष्टि से अल्पसंख्यक नहीं हैं, फिर भी उन्हें संरक्षण की आवश्यकता है। दमित समूहों के नेता जे. नागप्पा और के. जे. खांडेलकर जैसे नेताओं के अनुसार, वास्तविक अल्पसंख्यक दमित समूह थे, यद्यपि वे संख्या की दृष्टि से अल्पसंख्यक नहीं हैं।

3. प्रांतों के लिए अधिक शक्तियों के पक्ष में क्या तर्क दिए गए?

उत्तर संविधान निर्माण के समय संविधान सभा में केंद्र व प्रांतों के मध्य शक्ति या अधिकार संबंधी विषयों पर गहन चर्चा हुई। इनमें कुछ सदस्य शक्तिशाली केंद्र के पक्षधर थे, तो कुछ सदस्य प्रांतों के प्रबल समर्थक। इन्हीं में से एक के. संथानम राज्यों के अधिकारों के सबसे प्रबल समर्थक थे। इन्होंने राज्यों के साथ केंद्र को भी मजबूत बनाने के लिए शक्तियों के पुनर्वितरण पर बल दिया। इसके अतिरिक्त इन्होंने निम्नलिखित बातों के द्वारा उन्होंने प्रांतों के लिए अधिक शक्तियों के पक्ष में मत व्यक्त किए

- केंद्र प्रभावी ढंग से कार्य करे, इसके लिए उसे भी एक सीमा तक ही दायित्व दिए जाएँ। इसके अतिरिक्त केंद्र के अधिक नियंत्रण से शक्तियों को लागू करने में एक तार्किक समझ का प्रयोग कम होने की संभावना बनी रहेगी, जिससे एक समय के पश्चात् राज्यों द्वारा विद्रोह की संभावना बन सकती है।
- राज्यों को मजबूत बनाने के लिए पर्याप्त जाँच-पड़ताल के बाद ही शक्तियों का वितरण किया जाना चाहिए। संविधान में ऐसी व्यवस्था की जानी चाहिए, जिससे इकाइयों को विकास परियोजनाएँ चलाने के लिए केंद्र पर निर्भर नहीं रहना पड़े। संविधान में शक्तियों का केंद्रीकरण करने से केंद्र कमजोर हो जाएगा।
- मुदलियार भी प्रांतों के अधिक सशक्तीकरण के पक्ष में थे। उनका मानना था केंद्र का अधिक सशक्तीकरण 'केंद्र की निरंकुश प्रवृत्ति को बढ़ावा देगा अंततः केंद्र बिखर जाएगा। इस प्रकार संविधान सभा के उन सदस्यों ने जो प्रांतों को अधिक सशक्त करने के पक्षधर थे वे संघ सूची और समवर्ती सूची के विषयों को सीमित करने के पक्षधर थे।

4. महात्मा गाँधी को ऐसा क्यों लगता था कि हिंदुस्तानी राष्ट्रीय भाषा होनी चाहिए?

उत्तर गाँधीजी हिंदुस्तानी को राष्ट्रभाषा बनाए जाने के पक्ष में थे। उनका विचार था कि प्रत्येक व्यक्ति को एक ऐसी भाषा का प्रयोग करना चाहिए, जिसे सभी लोग सरलतापूर्वक समझ सकें। हिंदुस्तानी भाषा हिंदी और उर्दू दो शब्दो से मिलकर बनी एक समृद्ध भाषा थी। यह भारतीय जनता के बहुत बड़े क्षेत्र की भाषा बन चुकी थी, जो विविध संस्कृतियों के आदान-प्रदान से समृद्ध हुई एक मिली-जुली भाषा थी। राष्ट्रभाषा की विशेषताओं पर अपने विचार व्यक्त करते हुए गाँधीजी ने कहा था—"यह हिंदुस्तानी न तो संस्कृतनिष्ठ हिंदी होनी चाहिए और न ही फारसीनिष्ठ उर्दू। यह दोनों का सुंदर मिश्रण होना चाहिए। विदेशी भाषाओं के ऐसे शब्द लेने में कोई समस्या नहीं है, जो हमारी राष्ट्रीय भाषा में अच्छी तरह और आसानी से घुल-मिल सकते हैं। इस प्रकार, हमारी राष्ट्रीय भाषा एक समृद्ध और शक्तिशाली भाषा होनी चाहिए, जो मानवीय विचारों और भावनाओं के पूरे समुच्चय की अभिव्यक्ति दे सके। स्वयं को हिंदी या उर्दू से बाँध लेना देशभक्ति की भावना तथा समझदारी के विरुद्ध एक अपराध होगा।" गाँधीजी का यह विश्वास था कि बहु-सांस्कृतिक भाषा हिंदुस्तानी विभिन्न समुदायों के मध्य संचार की आदर्श भाषा हो सकती है। यह हिंदुओं और मुसलमानों को तथा उत्तर और दक्षिण के लोगों को समान रूप से एकजुट करने में समर्थ हो सकती है।

निम्नलिखित पर लगभग 250 से 300 शब्दों में एक लघु निबंध लिखिए

5. वे कौन-सी ऐतिहासिक ताकतें थीं, जिन्होंने संविधान का स्वरूप तय किया?

उत्तर संविधान के स्वरूप को निर्धारित करने में अनेक ऐतिहासिक ताकतें कार्य कर रही थीं, जिनका विवरण निम्न प्रकार है

- कैबिनेट मिशन योजना के अनुसार, संविधान सभा का गठन अक्टूबर, 1946 को किया गया था। इनके सदस्यों का चुनाव वर्ष 1946 के प्रांतीय चुनावों के आधार पर किया गया था। संविधान सभा में ब्रिटिश भारतीय प्रांतों द्वारा भेजे गए सदस्यों के साथ-साथ रियासतों के प्रतिनिधियों को भी सम्मिलित किया गया था। मुस्लिम लीग ने संविधान सभा की बैठकों (अर्थात् 15 अगस्त, 1947 से पहले) में भाग नहीं लिया। इस प्रकार, संविधान सभा पर विशेष रूप से भारतीय राष्ट्रीय कांग्रेस के सदस्यों का प्रभाव था। इसके 82% सदस्य कांग्रेस के भी सदस्य थे।
- भारतीय राष्ट्रीय कांग्रेस के सदस्य भिन्न-भिन्न विचारधाराओं का प्रतिनिधित्व करते थे। उनमें से कुछ 'निरीश्वरवादी' एवं 'धर्मनिरपेक्ष' थे। इन सबकी विचारधाराओं ने संविधान के स्वरूप निर्धारण में महत्त्वपूर्ण योगदान दिया।
- संविधान सभा में आर्थिक विचारों के विषय पर कुछ सदस्य समाजवादी थे और कुछ ज़मींदारों का समर्थन करने वाले थे। विभिन्न धर्मों एवं जातियों को प्रतिनिधित्व देने के उद्देश्य से संविधान सभा में कुछ स्वतंत्र सदस्य एवं महिलाओं को भी नामांकित किया गया था। इन सभी ने संविधान के स्वरूप निर्धारण को अनेक रूपों में प्रभावित किया।
- भारतीय राष्ट्रीय कांग्रेस द्वारा विधि-विशेषज्ञों को संविधान सभा में स्थान दिए जाने पर विशेष ध्यान दिया गया था। सुप्रसिद्ध

विधिवेत्ता एवं अर्थशास्त्री बी. आर. अंबेडकर संविधान सभा के सर्वाधिक प्रभावशाली सदस्यों में से एक थे। उन्होंने संविधान की प्रारूप समिति के अध्यक्ष के रूप में सराहनीय कार्य किया। गुजरात के वकील के, के. एम. मुंशी तथा मद्रास के वकील अल्लादि कृष्ण स्वामी अय्यर. बी. आर अंबेडकर के प्रमुख सहयोगी थे। इन दोनों के द्वारा संविधान के प्रारूप पर महत्त्वपूर्ण सुझाव प्रस्तुत किए गए।

6. दमित समूहों की सुरक्षा के पक्ष में किए गए विभिन्न दावों पर चर्चा कीजिए।

उत्तर दमित समूहों के अधिकारों की सुरक्षा से संबंधित प्रश्न पर लंबे समय तक चर्चा एवं बहस हुई। दमित जातियों के कुछ सदस्यों का विचार था कि संरक्षण व बचाव के द्वारा 'अस्पृश्यों' की समस्या का समाधान नहीं किया जा सकता था। जाति आधारित समाज के कानून एवं नैतिक मूल्य उनकी अपंगताओं के प्रमुख कारण थे। उच्च वर्ग उनकी सेवाओं एवं श्रम का तो प्रयोग करता है, किंतु उनके साथ सामाजिक संबंध स्थापित नहीं करता है।

(i) **जे. नागप्पा के विचार** मद्रास के सदस्य जे. नागप्पा के द्वारा यह स्पष्ट किया गया कि संख्या की दृष्टि से हरिजन अल्पसंख्यक नहीं थे, क्योंकि वे जनसंख्या के लगभग 20-25% भाग का निर्माण करते थे। उनकी समस्याओं का मुख्य कारण उन्हें समाज एवं राजनीति से दूर रखा जाना था। वे न तो शिक्षा प्राप्त कर सके और न ही शासन में भागीदारी। इन्होंने स्थिति को स्पष्ट करते हुए कहा कि हम सदा कष्ट उठाते रहे हैं, किंतु अब और कष्ट उठाने को तैयार नहीं हैं।

(ii) **के. जे. खांडेलकर के विचार** इसी प्रकार का विचार मध्य प्रांत के. जे. खांडेलकर ने व्यक्त किया था। सवर्ण बहुमत वाली संविधान सभा को संबोधित करते हुए इन्होंने कहा था कि "हमें हजारों वर्षों तक दबाया गया है। इस हद तक दबाया गया कि हमारे दिमाग, हमारी देह काम नहीं करती और अब हमारा हृदय भी भाव शून्य हो चुका है। न ही हम आगे बढ़ने के लायक रह गए हैं। यही हमारी स्थिति है।"

डॉ. बी. आर. अंबेडकर के विचार इसी प्रकार डॉ. बी आर अंबेडकर के द्वारा भी पृथक् निर्वाचिका की माँग की गई थी, लेकिन विभाजन के उपरांत इन्होंने इस माँग को छोड़ दिया। अंत में संविधान सभा के द्वारा ये सुझाव दिए गए कि अस्पृश्यता को उन्मूलित कर दिया जाए, हिंदू मंदिरों के प्रवेश द्वार बिना किसी भेदभाव के सभी जातियों के लिए खोल दिए जाएँ तथा विधायिकाओं एवं सरकारी नौकरियों में निचली जातियों को आरक्षण प्रदान किया जाए।

7. संविधान सभा के कुछ सदस्यों ने उस समय की राजनीतिक परिस्थिति और एक मजबूत केंद्र सरकार की जरूरत के बीच क्या संबंध देखा?

अथवा **हमारे नेताओं में से कुछ ने संविधान सभा में प्रस्तावित भारतीय राज्य के संघीय ढाँचे पर बहस के समय मजबूत केंद्र की वकालत क्यों की थी? स्पष्ट कीजिए।** **CBSE 2020**

अथवा **संविधान सभा में मजबूत केंद्र के पक्ष में दिए गए तर्कों की व्याख्या कीजिए।** **CBSE 2023, 2022**

उत्तर संविधान सभा के कुछ सदस्य केंद्र सरकार को अधिकाधिक शक्तिशाली देखना चाहते थे। ऐसे सदस्यों के विचारों के अनुसार तत्कालीन राजनैतिक परिस्थिति में एक शक्तिशाली केंद्र सरकार की नितांत आवश्यकता थी। उस काल में घटित होने वाली घटनाओं ने केंद्रीकरण को और अधिक प्रोत्साहित किया था। वर्ष 1946 में जिन्ना के प्रत्यक्ष कार्यवाही दिवस के दौरान भारत की सड़कों पर हो रही हिंसा के कारण देश के टुकड़े-टुकड़े हो रहे थे, इसके लिए कई सदस्यों ने मजबूत केंद्र होने की वकालत की।

स्वतंत्रता प्राप्ति के तत्काल पश्चात् देश में व्याप्त अराजकता एवं अव्यवस्था पर अंकुश लगाने के लिए तथा देश के आर्थिक विकास की योजना बनाने के लिए शक्तिशाली केंद्र की आवश्यकता और अधिक महत्त्वपूर्ण बन गई थी। अतः संविधान सभा के अनेक सदस्य शक्तिशाली केंद्र की आवश्यकता पर बल दे रहे थे। इस संदर्भ में गोपालास्वामी आयंगर ने कहा कि केंद्र अधिक शक्तिशाली बनना चाहिए। संयुक्त प्रांत के सदस्य बालकृष्ण शर्मा ने भी शक्तिशाली केंद्र पर बल दिया, जिससे वह देशहित की योजना बनाने, आर्थिक संसाधन जुटाने, उचित शासन व्यवस्था स्थापित करने और विदेशी आक्रमण से देश की रक्षा करने में सक्षम हो। जवाहरलाल नेहरू ने भी शक्तिशाली केंद्र की आवश्यकता पर बल देते हुए कहा था कि एक दुर्बल केंद्रीय शासन की व्यवस्था देश के लिए हानिकारक होगी, क्योंकि ऐसा केंद्र शांति स्थापित करने में, आम सरोकारों के बीच समन्वय स्थापित करने में और अंतर्राष्ट्रीय स्तर पर पूरे देश के लिए आवाज उठाने में सक्षम नहीं होगा।

8. संविधान सभा ने भाषा के विवाद को हल करने के लिए कौन-सा मार्ग निकाला?

अथवा **"संविधान सभा में 'राष्ट्रभाषा के विषयक' पर गहन बहस हुई।" उदाहरण सहित कथन को स्पष्ट कीजिए।** **CBSE 2022**

उत्तर संविधान सभा के सामने एक अन्य महत्त्वपूर्ण प्रश्न राष्ट्र की भाषा को लेकर था। भारत में प्रारंभ से ही अनेक भाषाएँ प्रचलन में रही थीं। देश के भिन्न-भिन्न भागों एवं प्रांतों में भिन्न-भिन्न भाषाओं का प्रयोग किया जाता था। अतः जब संविधान सभा के समक्ष राष्ट्र की एक भाषा का मुद्दा आया, तो इस पर कई महीनों तक बहस होती रही और तनाव की स्थिति उत्पन्न हो गई। 1930 के दशक तक भारतीय राष्ट्रीय कांग्रेस ने यह स्वीकार कर लिया था कि हिंदुस्तानी को राष्ट्रीय भाषा का दर्जा प्रदान किया जाना चाहिए। यह भारतीय जनता के एक विशाल भाग की भाषा थी। विभिन्न संस्कृतियों के आदान-प्रदान से समृद्ध हुई यह एक साझी भाषा बन गई थी। इसी प्रकार महात्मा गाँधी भी 'हिंदुस्तानी' को राष्ट्रभाषा बनाए जाने के पक्ष में थे। उनका विचार था कि प्रत्येक व्यक्ति को ऐसी भाषा का प्रयोग करना चाहिए, जिसे सभी लोग सरलतापूर्वक समझ सकें।

19वीं शताब्दी के अंत तक एक भाषा के रूप में हिंदुस्तानी का स्वरूप धीरे-धीरे परिवर्तित होने लगा। साम्प्रदायिक भावना के प्रसार के साथ-साथ हिंदी और उर्दू एक-दूसरे के विरोधाभाषी स्वरूप के सामने आने लगे। संविधान सभा के कुछ सदस्य भी हिंदी को राजभाषा के रूप में स्थापित करवाना चाहते थे। इसमें से संयुक्त प्रांत के एक सदस्य आर.बी. धुलेकर ने संविधान सभा के प्रारंभिक सत्र में ही हिंदी को संविधान निर्माण की भाषा के रूप में प्रयोग किए जाने की वकालत की। यद्यपि उनकी इस माँग का अन्य सदस्यों ने विरोध किया, क्योंकि सभा में वे सदस्य भी शामिल थे, जो हिंदी नहीं जानते थे।

इस प्रकार, भाषा का मुद्दा तनाव का कारण बन गया और यह आगामी तीन वर्षों तक सदस्यों को उत्तेजित करता रहा। 12 सितंबर, 1947 को राष्ट्रभाषा के मुद्दे पर धुलेकर के भाषण से एक बार फिर विवाद की स्थिति उत्पन्न हो गई। इस बीच संविधान सभा की भाषा समिति द्वारा रिपोर्ट प्रस्तुत की जा चुकी थी। इस समिति ने राष्ट्रभाषा के मुद्दे पर हिंदी समर्थकों तथा हिंदी विरोधियों के बीच उत्पन्न हुए गतिरोध की समाप्ति का एक फॉर्मूला तलाश किया। समिति का सुझाव था कि देवनागरी लिपि में लिखी हिंदी को भारत की राजकीय भाषा का दर्जा दिया जाए, किंतु समिति द्वारा इस फॉर्मूले की घोषणा नहीं की गई, क्योंकि उसका विचार था कि हिंदी के राष्ट्रभाषा बनाने के लिए आगे बढ़ना चाहिए।

फॉर्मूले के अनुसार यह निश्चित किया गया कि पहले 15 वर्षों तक सरकारी कार्यों में अंग्रेजी भाषा का प्रयोग जारी रखा जाएगा। तत्पश्चात् प्रत्येक प्रांत को अपने सरकारी कार्यों के लिए किसी एक क्षेत्रीय भाषा के चुनाव का अधिकार होगा। इस प्रकार, संविधान सभा की भाषा समिति ने विभिन्न पक्षों की भावनाओं को संतुष्ट करने तथा एक सर्वस्वीकृत समाधान प्रस्तुत करने के उद्देश्य से हिंदी को राष्ट्रभाषा के स्थान पर राजभाषा घोषित किया।

9. वर्तमान भारत के राजनीतिक मानचित्र पर यह दिखाइए कि प्रत्येक राज्य में कौन-कौन सी भाषाएँ बोली जाती हैं। इन राज्यों की राजभाषा को चिह्नित कीजिए। इस मानचित्र की तुलना 1950 के दशक के प्रारंभ के मानचित्र से कीजिए। दोनों मानचित्रों में आप क्या अंतर पाते हैं? क्या इन अंतरों से आपको भाषा और राज्यों के आयोजन के संबंधों के बारे में कुछ पता चलता हैं?

उत्तर

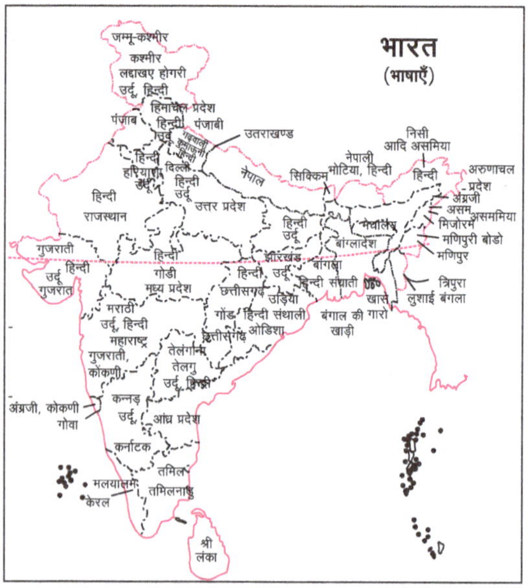

वर्तमान समय में भारत के राज्यों में बोली जाने वाली भाषाओं का विवरण निम्नलिखित है

उत्तर मध्य/पश्चिम भारतीय राज्य

- पंजाब- पंजाबी, हिंदी
- दिल्ली- हिंदी, पंजाबी, उर्दू
- राजस्थान- राजस्थानी, हिंदी
- हरियाणा- हिंदी
- गुजरात- गुजराती, हिंदी
- महाराष्ट्र- मराठी, हिंदी
- गोवा- कोंकणी, मराठी, अंग्रेजी
- उत्तर प्रदेश- हिंदी, उर्दू, क्षेत्रीय बोलियाँ
- बिहार- हिंदी, मैथिली, उर्दू
- उत्तराखंड- गढ़वाली, हिंदी कुमाऊँनी
- हिमाचल प्रदेश- कश्मीरी, हिंदी पहाड़ी, पंजाबी
- मध्य प्रदेश- गोंडी, हिंदी
- छत्तीसगढ़- भीली, गोंडी, हिंदी
- झारखंड- हिंदी, उर्दू
- पश्चिम बंगाल- बांग्ला, हिंदी, संथाली
- ओडिशा- उड़िया, हिंदी, संथाली

दक्षिण भारतीय राज्य

- आंध्र प्रदेश- तेलुगू, हिंदी, उर्दू
- तेलंगाना- हिंदी, उर्दू, तेलुगू
- तमिलनाडु- तमिल
- केरल- मलयालम
- कर्नाटक- कन्नड़

उत्तर-पूर्वी भारतीय राज्य

- त्रिपुरा- बंगला, लुशाई
- मणिपुर- बोडो, मणिपुरी
- मिजोरम- मिजो, लुशाई
- सिक्किम- हिंदी, नेपाली, भूटिया
- मेघालय- गारों, खासी
- असम- बंगला, असमिया
- अरुणाचल प्रदेश- निसी, हिंदी, अंग्रेजी

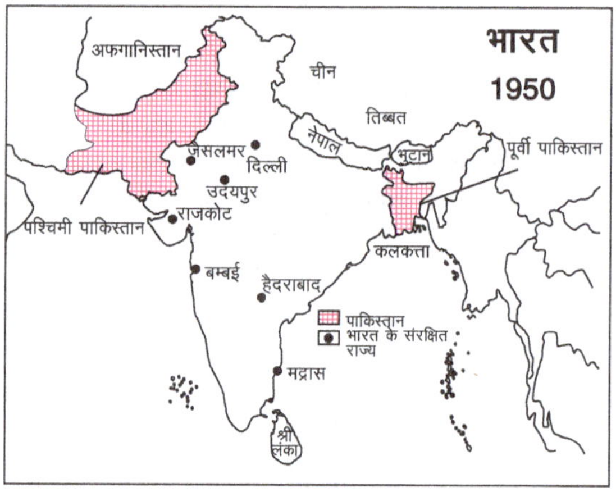

वर्तमान भारतीय राज्यों में आबादी परिवर्तन

स्वतंत्रता के पश्चात् कई राज्यों का भाषायी आधार पर पुनर्गठन किया गया, जिसे निम्न विवरणों के आधार पर समझा जा सकता है-

- महाराष्ट्र- मराठी भाषा के आधार पर गठन
- गुजरात- गुजराती भाषा के आधार पर गठन
- कर्नाटक- कन्नड़ भाषा के आधार पर गठन किया, यद्यपि यहाँ तमिल, तेलुगू का भी प्रसार बढ़ा है।
- हरियाणा- हिंदी भाषा के आधार पर गठन
- पंजाब- पंजाबी भाषा के आधार पर हरियाणा से अलग राज्य बना।
- मणिपुर- मणिपुरी तथा बोड़ो भाषा की बाहुल्यता
- गोवा- पुर्तगाली भाषा के प्रभाव में कमी दर्ज हुई तथा अंग्रेजी व हिंदी का प्रभाव बढ़ा।

अभ्यास प्रश्न

वस्तुनिष्ठ प्रश्न

बहुविकल्पीय प्रश्न

1. दिए गए विकल्पों में से उचित शब्द से रिक्त स्थान की पूर्ति कीजिए **CBSE 2024**

भारत सरकार अधिनियम, 1935 के तहत निर्वाचित विधायिकाएँ ······· के ढाँचे में काम कर रही थीं।

(a) भारतीय राष्ट्रीय कांग्रेस
(b) मुस्लिम लीग
(c) औपनिवेशिक शासन
(d) संविधान सभा

उत्तर (c) औपनिवेशिक शासन

2. निम्नलिखित विकल्पों में से संविधान सभा के गठन के प्राथमिक कारण की पहचान कीजिए **CBSE 2024**

(a) प्रांतों के शासन के लिए एक विधायी निकाय की स्थापना
(b) समन्वय के माध्यम से भारत के विभाजन के मुद्दों को निपटाना
(c) अंग्रेजों के साथ भारत की स्वतंत्रता की शर्तों पर बातचीत करना
(d) स्वतंत्र भारत के शासन के लिए एक मसौदा तैयार करना

उत्तर (d) स्वतंत्र भारत के शासन के लिए एक मसौदा तैयार करना

3. निम्नलिखित विकल्पों में से संविधान सभा के संबंध में 26 नवम्बर, 1949 के महत्त्व का चयन कीजिए **CBSE 2024**

(a) प्रारूप समिति का गठन
(b) संविधान सभा की शुरुआत
(c) भारत के राष्ट्रीय ध्वज को डिजाइन करना
(d) संविधान सभा द्वारा संविधान पर हस्ताक्षर

उत्तर (d) संविधान सभा द्वारा संविधान पर हस्ताक्षर

4. 13 दिसम्बर, 1946 को संविधान सभा में निम्नलिखित में से किसने 'उद्देश्य प्रस्ताव' पेश किया? **CBSE 2024**

(a) वल्लभ भाई पटेल
(b) बी. आर. अंबेडकर
(c) जवाहरलाल नेहरू
(d) राजेंद्र प्रसाद

उत्तर (c) जवाहरलाल नेहरू

5. संविधान सभा के निम्नलिखित सदस्यों में से किसने हिंदी को संविधान निर्माण की भाषा के रूप में प्रयोग करने को जोरदार समर्थन किया? **CBSE 2024**

(a) आर. बी. धुलेकर (b) शंकरराव देव
(c) जी. दुर्गाबाई (d) एन.जी. रंगा

उत्तर (a) आर. बी. धुलेकर

6. संविधान सभा में राष्ट्र भाषा का मुद्दा विवादित मुद्दों में से एक था। राष्ट्र के संदर्भ में दिए गए कथनों में कौन-सा कथन सही नहीं है? दक्षता आधारित प्रश्न

(a) महात्मा गाँधी उस भाषा के पक्ष में थे, जिसकी समझ अधिकांश व्यक्ति तक हो
(b) कांग्रेस हिंदुस्तानी भाषा को राष्ट्रीय भाषा के रूप में स्वीकार नहीं करना चाहती थी
(c) आर.वी. धुलेकर राष्ट्र भाषा के रूप में हिंदी के प्रबल समर्थक थे
(d) संविधान की भाषा समिति ने हिंदी को राजभाषा के रूप में स्वीकार किया

उत्तर (b) कांग्रेस हिंदुस्तानी भाषा को राष्ट्रीय भाषा के रूप में स्वीकार नहीं करना चाहती थी।

7. निम्नलिखित में से संविधान सभा में किसने प्रस्तावित किया था कि 'भारत का राष्ट्रीय ध्वज समान अनुपात में केसरिया, सफेद और गहरे हरे रंग का क्षैतिज तिरंगा' होगा? **CBSE 2023, 24**

(a) राजेंद्र प्रसाद (b) जवाहरलाल नेहरू
(c) महात्मा गाँधी (d) के. एम. मुंशी

उत्तर (b) जवाहरलाल नेहरू

8. निम्नलिखित में से किसने संविधान सभा में महिलाओं के लिए न आरक्षण और न पृथक् निर्वाचन बल्कि न्याय की माँग की? **CBSE 2023**

(a) मालती चौधरी (b) हंसा मेहता
(c) बेगम एजाज़ रसूल (d) राजकुमारी अमृत कौर

उत्तर (c) बेगम एजाज़ रसूल

9. वह समूह कौन-सा था जिसने प्रारंभ में संविधान सभा में सम्मिलित होने से इंकार कर दिया था, क्योंकि उनका मानना था कि यह एक ब्रिटिश निर्माण था?

(a) समाजवादी (b) मुस्लिम लीग
(c) आदिवासी वर्ग (d) दलित वर्ग

उत्तर (a) समाजवादी

10. दिए गए कूट का अनुसरण करते हुए सही विकल्प का चयन करें
डॉ. भीमराव अंबेडकर : प्रारूप समिति :: जे.पी. कृपलानी : ? दक्षता आधारित प्रश्न

(a) नियम समिति
(b) संचालन समिति
(c) झंडा समिति
(d) परामर्श समिति

उत्तर (c) झंडा समिति

11. कल्पना कीजिए की आप संविधान सभा के एक सदस्य हैं। संविधान सभा के निर्माण के दौरान अनेक मुद्दों पर बहस होती है। संविधान निर्माण के पश्चात् जब आप से इन मुद्दों के बारे में पूछा जाता कि उन मुद्दों के बारे में चर्चा कीजिए जिन पर सबसे ज्यादा चर्चा हुई उन्हें चिह्नित करें। आप किन मुद्दों को चुनेंगे? *दक्षता आधारित प्रश्न*

(a) पृथक् निर्वाचन का मुद्दा
(b) राष्ट्र भाषा का मुद्दा
(c) दलित जाति का मुद्दा
(d) उपरोक्त सभी

उत्तर (c) उपरोक्त सभी

12. नीचे दिए गए कथनों में से कौन-सा/से संविधान सभा के निर्माण के संबंध में सही है/हैं? *दक्षता आधारित प्रश्न*

1. संविधान सभा के सदस्य वर्ष 1946 के प्रांतीय चुनावों के आधार पर चुने गए थे।
2. विधानसभा में रियासतों के प्रतिनिधि थे।
3. संविधान सभा में मुस्लिम लीग और कांग्रेस के समान प्रतिनिधि थे।
4. संविधान सभा की कुल सदस्यता 300 थी।

कूट

(a) 1, 2 और 3 (b) 2 और 3
(c) 1, 2 और 4 (d) केवल 3

उत्तर (c) 1, 2 और 4

13. दिए गए कथनों में से कौन-से कथन सही नहीं हैं? *दक्षता आधारित प्रश्न*

1. महात्मा गाँधी ने 'उद्देश्य प्रस्ताव' पारित किया।
2. 1946 में जवाहरलाल नेहरू के नेतृत्व में अंतरिम सरकार बनी।
3. मद्रास के के. संथानम ने राज्यों के अधिकारों का पुरजोर समर्थन किया।
4. महात्मा गाँधी हिंदी को राष्ट्रभाषा के रूप में रखना चाहते थे।

कूट

(a) 2 और 4 (b) 1 और 4
(c) 2 और 3 (d) 3 और 4

उत्तर (b) 1 और 4

14. संविधान सभा में केंद्र में मजबूत सरकार बनाने के लिए निम्नलिखित में से किस पर चर्चा की गई? निम्नलिखित में से सही विकल्प का चयन कीजिए। *दक्षता आधारित प्रश्न*

1. देश के कल्याण के लिए योजना बनाने के लिए।
2. राज्य स्तर पर मजबूत प्रशासन स्थापित करने के लिए।
3. उपलब्ध आर्थिक संसाधनों को जुटाने के लिए।
4. विदेशी आक्रमण से देश की रक्षा करने के लिए।

कूट

(a) 1, 2 और 3
(b) 1, 2 और 3
(c) 2, 3 और 4
(d) 1, 3 और 4

उत्तर (d) 1, 3 और 4

15. निम्न में से कौन-सा युग्म सही सुमेलित नहीं है?

(a) 15 अगस्त, 1947 – भारत को स्वतंत्रता प्राप्त हुई
(b) 26 जनवरी, 1950 – भारत में संविधान लागू हुआ
(c) 13 दिसंबर, 1946 – उद्देश्य प्रस्ताव प्रस्तुत किया गया
(d) 27 अगस्त, 1947 – मुस्लिम लीग की स्थापना

उत्तर (d) 27 अगस्त, 1947 – मुस्लिम लीग की स्थापना

16. निम्न में से कौन-सा युग्म सही सुमेलित है?

(a) समानता का अधिकार – अनुच्छेद-14
(b) वयस्क मताधिकार – अनुच्छेद-220
(c) धार्मिक स्वतंत्रता का अधिकार – अनुच्छेद-198
(d) सांस्कृतिक व शैक्षिक अधिकार – अनुच्छेद-147

उत्तर (a) समानता का अधिकार – अनुच्छेद-14

17. नीचे दी गई जानकारी की सहायता से संविधान सभा के सदस्य की पहचान कीजिए। *दक्षता आधारित प्रश्न*

1. वे संविधान की प्रारूप समिति के सदस्य थे।
2. वे एक वकील थे।
3. उन्होंने संविधान का प्रारूप तैयार करने के लिए महत्त्वपूर्ण सुझाव दिए।
4. वे मद्रास (चेन्नई) के रहने वाले थे।

कूट

(a) बी.एन. राव
(b) के.एम.मुंशी
(c) अल्लादि कृष्णास्वामी अय्यर
(d) एस.एन. मुखर्जी

उत्तर (c) अल्लादि कृष्णास्वामी अय्यर

18. निम्नलिखित जानकारी की सहायता से संविधान सभा के सदस्य की पहचान कीजिए **CBSE 2025**

- वे संविधान सभा के अध्यक्ष थे।
- वे स्वतंत्र भारत के पहले राष्ट्रपति थे।

(a) सर्वपल्ली राधाकृष्णन
(b) जाकिर हुसैन
(c) वी.वी. गिरि
(d) राजेंद्र प्रसाद

उत्तर (d) राजेंद्र प्रसाद

19. नीचे दी गई जानकारी को ध्यानपूर्वक पढ़ें तथा बताएँ कि यह वक्तव्य किसके द्वारा दिया गया है? *दक्षता आधारित प्रश्न*

"अंग्रेज तो चले गए, मगर जाते-जाते शरारत का बीज बो गए हैं। हम इस शरारत को और बढ़ाना नहीं चाहते।"

(a) सोमनाथ लाहिड़ी
(b) जी दुर्गाबाई
(c) जयपाल सिंह
(d) वल्लभभाई पटेल

उत्तर (d) वल्लभभाई पटेल

20. निम्नलिखित घटनाओं को क्रमानुसार व्यवस्थित करें

1. मुस्लिम लीग द्वारा 'प्रत्यक्ष कार्रवाई दिवस' की घोषणा
2. ब्रिटेन में लेबर पार्टी की सरकार का सत्ता में आना

3. अंतरिम सरकार की आखिरी बैठक
4. कैबिनेट मिशन द्वारा संवैधानिक योजना की घोषणा

कूट

(a) 1, 2, 3, 4 (b) 2, 4, 1, 3
(c) 2, 3, 1, 4 (d) 4, 3, 2, 1

उत्तर (b) 2, 4, 1, 3

21. निम्नलिखित में से कौन-सा युग्म सही सुमेलित है? **CBSE 2025**

	सूची I (संविधान सभा की प्रमुख समितियों के नाम)	सूची II (अध्यक्ष के नाम)
(a)	झंडा समिति	1. एच.सी. मुखर्जी
(b)	संघ शक्ति समिति	2. पंडित जवाहरलाल नेहरू
(c)	नियम समिति	3. एस. वरदाचार्य
(d)	राज्य समिति	4. जे.बी. कृपलानी

उत्तर (b) संघ शक्ति समिति – पंडित जवाहरलाल नेहरू

22. निम्नलिखित ऐतिहासिक घटनाओं को कालक्रम में व्यवस्थित कीजिए और सही विकल्प का चयन कीजिए **CBSE 2025**

1. संविधान सभा का निर्माण
2. जलियाँवाला बाग हत्याकांड
3. भारत छोड़ो आंदोलन
4. गांधी-इरविन समझौता

कूट

(a) 2, 3, 1 और 4
(b) 2, 4, 3 और 1
(c) 3, 2, 1 और 4
(d) 4, 3, 1 और 2

उत्तर (b) 2, 4, 3 और 1

23. चित्र को ध्यान से देखें तथा भाषण देने वाले व्यक्ति की पहचान करें। दक्षता आधारित प्रश्न

(a) बी. आर. अंबेडकर
(b) जवाहरलाल नेहरू
(c) राजेंद्र प्रसाद
(d) वल्लभभाई पटेल

उत्तर (b) जवाहरलाल नेहरू

24. चित्र को ध्यान से देखें तथा चित्र में दिए गए व्यक्तियों की पहचान कर उनका नाम बताएँ।

(a) बी. आर. अंबेडकर तथा राजेंद्र प्रसाद
(b) जवाहरलाल नेहरू तथा बी. आर. अंबेडकर
(c) वल्लभभाई पटेल तथा राजेंद्र प्रसाद
(d) वल्लभभाई पटेल तथा जवाहरलाल नेहरू

उत्तर (a) बी. आर. अंबेडकर तथा राजेंद्र प्रसाद

निर्देश (प्र. सं. 23-25) दिए गए कथनों में एक कथन (A) तथा दूसरा कारण (R) है। नीचे दिए गए कूट की सहायता से सही उत्तर का चयन कीजिए

कूट

(a) A और R दोनों सही हैं तथा R, A की सही व्याख्या है
(b) A और R दोनों सही हैं, परंतु R, A की सही व्याख्या नहीं है
(c) A सही है, किंतु R गलत है
(d) A गलत है, किंतु R सही है

25. कथन (A) भारत के संविधान का एक केंद्रीय अभिलक्षण प्रत्येक वयस्क भारतीय को मताधिकार प्रदान करना था।
कारण (R) कई देशों जैसे यूनाइटेड किंगडम तथा संयुक्त राज्य अमेरिका में महिलाओं को मताधिकार प्राप्त करने के लिए काफी लंबा संघर्ष करना पड़ा। दक्षता आधारित प्रश्न

उत्तर (b) संविधान के एक केंद्रीय अभिलक्षण पर काफी हद तक सहमति थी। यह सहमति प्रत्येक वयस्क भारतीय को मताधिकार देने पर थी। इसके पीछे कारण यह था कि इसका उदाहरण अन्य किसी देश के इतिहास में नहीं था।
कई देशों जैसे यूनाइटेड किंगडम तथा संयुक्त राज्य अमेरिका में महिलाओं को मताधिकार प्राप्त करने के लिए काफी लंबा संघर्ष करना पड़ा।

26. कथन (A) नई संविधान सभा में कांग्रेस प्रभावी थी।
कारण (R) प्रांतीय चुनावों में कांग्रेस ने बड़ी जीत प्राप्त की।

उत्तर (a) नई संविधान सभा में कांग्रेस प्रभावशाली थी, क्योंकि प्रांतीय चुनावों में कांग्रेस ने सामान्य चुनाव क्षेत्रों में बड़ी जीत प्राप्त की और मुस्लिम लीग को अधिकांश आरक्षित मुस्लिम सीटें प्राप्त हुईं।

27. कथन (A) संविधान सभा में तीन सौ सदस्य थे, लेकिन महत्त्वपूर्ण सिर्फ छह सदस्य थे।
कारण (R) बाकी सभी सदस्य कांग्रेस से नहीं थे।

उत्तर (c) संविधान सभा में तीन सौ सदस्य थे। इनमें से छह सदस्यों की भूमिका अत्यंत महत्त्वपूर्ण थी। इन छह में से तीन कांग्रेस के सदस्य थे तथा शेष तीन प्रख्यात विधिवेत्ता, अर्थशास्त्री, वकील व प्रशासनिक अधिकारी थे।

लघु उत्तरीय प्रश्न

1. संविधान सभा में डॉ. बी.आर. अम्बेडकर की भूमिका का वर्णन कीजिए। **CBSE 2025**

उत्तर डॉ. बी.आर. अम्बेडकर संविधान सभा में प्रारूप समीति के अध्यक्ष थे और भारतीय संविधान के निर्माण में उनकी भूमिका निर्णायक थी। इन्होंने संविधान को समावेशी, लोकतांत्रिक और जबकि इन्होंने सामाजिक न्याय पर आधारित बनाने में योगदान दिया। सामाजिक भेदभाव, अस्पृश्यता एवं आर्थिक असमानता को दूर करने के लिए मौलिक अधिकारों और नीति-निर्देशक तत्त्वों पर दिया तथा अल्पसंख्यकों, दलितों और महिलाओं के अधिकारों की वकालत की। उनकी दूरदर्शिता से संविधान में समानता, स्वतंत्रता और बंधुत्व के सिद्धांत स्थापित हुए। बहसों में इनकी तर्कशीलता तथा कानूनी विशेषता ने संविधान को एक मजबूत ढाँचा प्रदान किया। इसलिए उन्हें संविधान का निर्माता कहा जाता है।

2. अमन संविधान सभा के उन सदस्यों पर विचार कर रहा है, जिन्होंने संविधान निर्माण में महत्त्वपूर्ण भूमिका का निर्वाह किया था। क्या उन सदस्यों के बारे में बता सकते हैं, जिससे अमन को सहायता मिल सके? *दक्षता आधारित प्रश्न*

उत्तर भारतीय संविधान सभा में 300 सदस्य थे। इन सदस्यों में से निम्न 6 सदस्यों का महत्त्वपूर्ण योगदान रहा

(i) **पंडित जवाहरलाल नेहरू** ये कांग्रेस के सक्रिय सदस्य थे। इनके द्वारा संविधान सभा के समक्ष एक उद्देश्य प्रस्ताव प्रस्तुत किया गया था। राष्ट्रीय ध्वज का प्रस्ताव भी इनके द्वारा ही रखा गया था।

(ii) **डॉ. राजेंद्र प्रसाद** ये भी कांग्रेस के सदस्य थे। इनके द्वारा संविधान सभा की अध्यक्षता ग्रहण की गई थी। इनके द्वारा संविधान संबंधी चर्चा को रचनात्मक दिशा प्रदान की गई तथा सभी को अपने विचार रखने का अवसर दिया गया।

(iii) **सरदार वल्लभभाई पटेल** ये कांग्रेसी नेता थे। इन्होंने कई रिपोर्टों का प्रारूप लिखा। इन्होंने ने विरोधी विचारों के बीच सहमति तैयार कराने में महत्त्वपूर्ण भूमिका अदा की।

(iv) **डॉ. बी. आर. अंबेडकर** ये संविधान सभा के सदस्य थे, साथ ही प्रारूप समिति के अध्यक्ष भी थे। ये कांग्रेस विरोधी थे, फिर भी गाँधीजी के कहने पर इन्होंने विधिमंत्री का पद सँभाला।

(v) **अल्लादि कृष्णास्वामी अय्यर** ये मद्रास के निवासी थे। इनके द्वारा के. एम. मुंशी के साथ संविधान के प्रारूप पर महत्त्वपूर्ण सुझाव दिए गए।

(vi) **के. एम. मुंशी** ये पेशे से वकील थे तथा डॉ. अंबेडकर का संविधान निर्माण के विभिन्न कार्यों में साथ दिया।

3. अल्पसंख्यकों के लिए 'पृथक् निर्वाचिका' से संबंधित गोविंद बल्लभ पंत एवं बेगम एजाज रसूल के विचारों की समीक्षा कीजिए। *दक्षता आधारित प्रश्न*

अथवा **पृथक् निर्वाचक मंडल की समस्या पर संविधान के निर्माण की प्रक्रिया में गोविंद बल्लभ पंत के विचारों की समीक्षा कीजिए।**

उत्तर गोविंद बल्लभ पंत पृथक् निर्वाचिका को अल्पसंख्यकों के लिए आत्मघाती समझते थे। इन्होंने 27 अगस्त, 1947 को होने वाली बैठक में इन मुद्दों पर लोगों की राय भी ली थी। ये मानते थे कि यदि अल्पसंख्यकों के लिए पृथक् निर्वाचिका का निर्माण किया जाता है, तो वे कभी भी स्वयं को समाज में स्थापित नहीं कर पाएँगे। यदि अल्पसंख्यक पृथक् निर्वाचिकाओं से जीतकर भी आते हैं, तब भी वे राष्ट्र निर्माण में अपना प्रभावी योगदान नहीं दे पाएँगे।

उनका यह भी मत था कि पृथक् निर्वाचिका एक खतरनाक माँग है, जो अल्पसंख्यकों को स्थायी रूप से अलग-अलग कर देगी, उन्हें कमजोर बना देगी तथा वे शासन में भी प्रभावी हिस्सेदारी नहीं दे पाएँगे। बेगम एजाज रसूल के द्वारा भी पृथक् निर्वाचिका को आत्मघाती समझा गया। इनका विचार था कि यह अल्पसंख्यकों को बहुसंख्यकों से पृथक् कर देगी।

4. आदिवासियों के बारे में संविधान सभा में उठाई गई समस्याओं की व्याख्या कीजिए। वे उनके लिए क्या चाहते थे?

उत्तर आदिवासियों की समस्या को संविधान सभा में एन. जी. रंगा तथा जयपाल सिंह के द्वारा उठाया गया था। इनके द्वारा निम्नलिखित समस्याओं के ऊपर प्रकाश डाला गया

- एन. जी. रंगा के अनुसार, आदिवासी लोगों को उनके मूल स्थानों से अलग कर दिया गया, जहाँ ये रहते थे। आदिवासियों को आदिम और पिछड़ा हुआ माना जाता है तथा उपेक्षा की दृष्टि से देखा जाता है। आदिवासियों से उनके अपने कानूनों से जमीन नहीं छीनी जा सकती थी, लेकिन व्यापारियों द्वारा मुक्त बाजार के नाम पर इनका भरपूर शोषण किया जाता था।
- जयपाल सिंह के द्वारा स्पष्ट किया गया कि यद्यपि आदिवासी कबीले संख्या की दृष्टि से अल्पसंख्यक नहीं हैं, परंतु फिर भी उन्हें संरक्षण की आवश्यकता है। ये पृथक् निर्वाचिका के पक्ष में नहीं थे, किंतु वे विधायिका में आदिवासियों के प्रतिनिधित्व के लिए सीटों के आरक्षण को आवश्यक समझते थे। संविधान सभा के सदस्यों ने आदिवासियों की समस्या के निराकरण के लिए निम्न सुझाव दिए
- आदिवासियों की सुरक्षा तथा उन्हें आम लोगों के स्तर पर लाने के लिए ठोस कदम उठाने पर जोर दिया जाना चाहिए।
- आदिवासियों को राजनीति में प्रतिनिधित्व प्रदान करने के लिए सीटों के आरक्षण की व्यवस्था होनी चाहिए।
- सामाजिक अस्पृश्यता का उन्मूलन किया जाना चाहिए।
- निचली जातियों को विधायिकाओं व सरकारी नौकरियों में आरक्षण तथा हिंदू मंदिरों को सभी जातियों के लिए खोल देना चाहिए।
- व्यापक स्तर पर समाज की सोच में बदलाव लाया जाना चाहिए।

5. संविधान सभा में हुई चर्चाएँ जनमत से कैसे प्रभावित हुईं? व्याख्या कीजिए।

अथवा **"संविधान सभा में हुई चर्चाएँ जनमत से प्रभावित होती थीं।" क्या आप इस कथन से सहमत हैं।** *दक्षता आधारित प्रश्न*

उत्तर संविधान सभा में सभी प्रस्तावों पर सार्वजनिक रूप से बहस की जाती थी। किसी भी विषय पर होने वाली बहस में विभिन्न पक्षों के कथनों को समाचार-पत्रों में छापा जाता था। इस प्रकार, प्रेस में होने वाली आलोचना एवं प्रत्यालोचना किसी भी विषय पर बनने वाली सहमति अथवा असहमति को व्यापक रूप से प्रभावित करती थी। जनसामान्य के सुझावों को भी आमंत्रित किया जाता था, जिसके परिणामस्वरूप सामूहिक सहभागिता का भाव उत्पन्न होता था।

संविधान सभा को मिलने वाले सैकड़ों सुझावों में से कुछ नमूनों को देखने से ही यह भली-भाँति स्पष्ट हो जाता है कि हमारे विधि-निर्माता परस्पर विरोधी हितों पर गहन विचार-विमर्श करने के बाद ही किसी निष्कर्ष पर पहुँचते थे।

जनमत से ही संविधान से संबंधित कुछ महत्त्वपूर्ण माँगें सामने आई थीं; जैसे— ऑल इंडिया वर्णाश्रम स्वराज्य संघ (कलकत्ता) का आग्रह था कि संविधान का आधार प्राचीन हिंदू कृतियों में उल्लिखित सिद्धांत होने चाहिए। गौ-हत्या पर पाबंदी और बूचड़खानों को बंद करने की विशेष रूप से माँग की गई तथा कथित निचली जातियों के समूहों ने माँग की कि सवर्णों द्वारा किए जाने वाले दुर्व्यवहार पर रोक लगाई जाए। इस प्रकार स्पष्ट होता है कि संविधान सभा में हुई चर्चाओं पर जनमत का प्रभाव था।

6. संविधान सभा में 'एकीकृत राष्ट्र' पर गोविंद वल्लभ पंत की भूमिका की परख कीजिए। **CBSE 2022**

उत्तर संविधान सभा का गठन अक्टूबर, 1946 को हुआ था। संविधान सभा का गठन कैबिनेट मिशन की अनुशंसा पर किया गया था। संविधान सभा स्वतंत्रता आंदोलनकारियों की आकांक्षाओं की अभिव्यक्ति का साधन थी।

संविधान सभा में नागरिकों के अधिकार के संबंध में कई मतभेद थे; जैसे— सदस्यों में सामान्य नागरिकों के अधिकारों, पीड़ित समूहों तथा अल्पसंख्यक समूह के अधिकारों से संबंधित मतभेद। पृथक् निर्वाचिका की माँग को अस्वीकार करते हुए गोविंद बल्लभ पंत ने कहा कि यह प्रस्ताव न केवल राष्ट्र के लिए, अपितु अल्पसंख्यकों के लिए भी खतरनाक है। राष्ट्रवादियों द्वारा इन सभी धारणाओं के पीछे मुख्य उद्देश्य यह था कि वे राजनीतिक एकता और राष्ट्र की स्थापना के लिए प्रत्येक व्यक्ति को राज्य के नागरिक के रूप में स्थापित करना चाहते थे। गोविंद वल्लभ पंत मानते थे कि यदि अल्पसंख्यकों के लिए पृथक् निर्वाचिका का निर्माण किया जाता है, तो वे कभी भी स्वयं को समाज में स्थापित नहीं कर पाएँगे। यदि वे पृथक् निर्वाचिकाओं से जीतकर भी आते हैं, तब भी वे राष्ट्र निर्माण में अपना प्रभावी योगदान नहीं दे पाएँगे।

इस प्रकार संविधान सभा में 'एकीकृत राष्ट्र' पर गोविंद वल्लभ पंत की भूमिका महत्त्वपूर्ण है।

7. "संविधान सभा ने उन्नीसवीं सदी के समाज सुधारकों की आकांक्षाओं को व्यक्त किया।" इस कथन की समीक्षा कीजिए। **CBSE 2022**

उत्तर संविधान सभा स्वतंत्रता आंदोलनकारियों की आकांक्षाओं की अभिव्यक्ति का साधन थी। 19वीं सदी से भारत में लोकतंत्र, समानता तथा न्याय जैसे आदर्शात्मक तत्त्व, सामाजिक संघर्षों से गहरे तौर पर संबंधित थे। इस समय समाज सुधारकों ने बाल-विवाह का विरोध तथा विधवा विवाह का समर्थन करना शुरू कर दिया था। विवेकानंद तथा ज्योतिबा फूले जैसे समाज सुधारकों के प्रयासों द्वारा समाज सुधार के कार्यों के माध्यम से समाज में नई चेतना का प्रचार-प्रसार किया गया। यह चेतना सामाजिक संघर्ष को कम करने और राष्ट्रीय आंदोलन को बल प्रदान करने में एक महत्त्वपूर्ण कदम सिद्ध हुई। प्रतिनिधित्व की माँग बढ़ते जाने के कारण ही अंग्रेजों को एक के बाद एक संवैधानिक सुधार करने पड़े। प्रांतीय सरकारों में भारतीयों की हिस्सेदारी बढ़ाने के लिए वर्ष 1909, 1919 और 1935 के अधिनियम पारित किए गए।

वर्ष 1919 में एडविन-मोंटग्यू-ने मोंटग्यू-चेम्सफोर्ड सुधारों की रूपरेखा प्रस्तुत की थी। जिसके माध्यम से प्रांतीय विधायिकाओं को सीमित प्रतिनिधित्व के साथ-साथ कार्यपालिका को आंशिक रूप से प्रांतीय विधायिका के प्रति उत्तरदायी बनाया गया तथा वर्ष 1935 के भारत सरकार अधिनियम के अनुसार उसे लगभग पूरी तरह से विधायिका के प्रति उत्तरदायी बनाया गया। इस अधिनियम के अंतर्गत वर्ष 1937 के चुनावों में कांग्रेस को 11 में से 8 प्रांतों में सरकार बनाने का अवसर मिला।

8. जी.बी. पंत द्वारा परिभाषित एक निष्ठावादी नागरिक के गुणों की व्याख्या कीजिए **CBSE 2024**

उत्तर जी.बी. पंत एक महान राजनीतिज्ञ, समाज सुधारक तथा स्वतंत्रता सेनानी थे। इन्होंने एक निष्ठावादी, नागरिकों के गुणों पर बल दिया। जिन्हें निम्न बिंदुओं के आधार पर देखा जा सकता है

(i) **देशभक्ति** निष्ठावादी नागरिक अपने देश के प्रति गहरा प्रेम और सम्मान रखता है। वह देश की स्वतंत्रता, अखंडता और प्रगति के लिए हमेशा समर्पित रहता है।

(ii) **नैतिकता और ईमानदारी** निष्ठावादी नागरिक का आचरण नैतिक मूल्यों पर आधारित होता है। वह सत्य, ईमानदारी और न्याय के सिद्धांतों का पालन करता है।

(iii) **संविधान और कानून का पालन** निष्ठावादी नागरिक अपने देश के संविधान और कानूनों का पालन करता है। वह न्यायिक व्यवस्था का सम्मान करता है, और किसी भी प्रकार की अव्यवस्था या गैरकानूनी गतिविधियों से दूर रहता है।

(iv) **समानता और सहिष्णुता** निष्ठावादी नागरिक सभी धर्मों, जातियों और वर्गों के प्रति समानता और सहिष्णुता का भाव रखता है। वह भेदभाव के विरुद्ध होता है और समाज में सौहार्दपूर्ण वातावरण बनाए रखने में योगदान देता है।

दीर्घ उत्तरीय प्रश्न

1. "संविधान निर्माण से पूर्व के वर्ष भारत के लिए अत्यधिक उथल-पुथल वाले थे।" इस कथन की समीक्षा करें। *दक्षता आधारित प्रश्न*

उत्तर संविधान निर्माण से पूर्व का समय काफी अस्त-व्यस्त था। 15 अगस्त, 1947 को भारत की आजादी के साथ-साथ इसका विभाजन भी हुआ। स्वतंत्रता के लिए किए गए प्रयास; जैसे- वर्ष 1942 का भारत छोड़ो आंदोलन, वर्ष 1946 में बंबई तथा अन्य शहरों में रॉयल इंडियन नेवी के सिपाहियों का विद्रोह एवं हिंदु-मुस्लिम एकता जनआंदोलन आदि लोगों के पूर्ण रूप से स्मरण थे। इसी समय मुस्लिम लीग द्वारा संविधान सभा का बहिष्कार जारी रहा और लीग द्वारा एक अन्य संविधान सभा बनाकर पाकिस्तान की माँग जारी रखी गई। वहीं दूसरी ओर समाजवादी भी संविधान सभा से पृथक् रहे, क्योंकि वे संविधान सभा को अंग्रेजों द्वारा निर्मित संस्था मानते थे। कांग्रेस सदस्यों में भी संविधान के विभिन्न सिद्धांतों को लेकर आपस में मतभेद था। कई निर्णायक मुद्दों पर सदस्यों के मतों में भिन्नता हो जाती थी, लेकिन फिर भी इन परिस्थितियों में संविधान सभा के गठन से संबंधित कार्य चलते रहे। 15 अगस्त, 1947 का समय भारत के बहुत से मुस्लिमों और पाकिस्तान में रहने वाले हिंदुओं व सिखों के लिए एक महत्त्वपूर्ण चुनाव का समय था, जिसके पश्चात् मुस्लिमों ने पूर्वी व पश्चिमी पाकिस्तान और हिंदुओं व सिखों ने पश्चिमी बंगाल व पूर्वी पंजाब की ओर प्रस्थान प्रारंभ कर दिया।

स्वतंत्रता के पश्चात् नए राष्ट्र के सामने देशी रियासतों को लेकर भी गंभीर समस्या थी। ब्रिटिश शासन के समय उपमहाद्वीप का लगभग एक-तिहाई भू-भाग ऐसे नवाबों और रजवाडों के अधीन था, जो ब्रिटिश राज को स्वीकार कर चुके थे। स्वतंत्रता की घोषणा के पश्चात् कुछ महाराजा तो बहुत सारे कड़ों में विभाजित भारत में स्वतंत्र सत्ता का सपना देख रहे थे। इन देशी रियासतों के भारत राज्य में एकीकरण की समस्या सामने थी। संविधान सभा की बैठक इन सभी मुददों पर चलती रही, जिसके पश्चात् कुछ महत्त्वपूर्ण निर्णय लिए गए और भारत की संविधान सभा का गठन किया गया।

2. संविधान सभा के गठन करने में कांग्रेस पार्टी की भूमिका की परख कीजिए। **CBSE 2020**

उत्तर संविधान सभा के सदस्यों का चुनाव सार्वभौमिक मताधिकार के आधार पर न होकर प्रांतीय चुनाव के आधार पर हुआ था। इस सभा में ब्रिटिश भारतीय प्रांतों द्वारा भेजे गए सदस्य तथा रियासतों के प्रतिनिधि सम्मिलित थे। नई संविधान सभा में कांग्रेस प्रभावशाली पार्टी थी। प्रांतीय चुनावों में कांग्रेस को सामान्य चुनावों में भारी मतों से विजय प्राप्त हुई थी तथा मुस्लिम लीग को अधिकांश आरक्षित मुस्लिम सीटों की प्राप्ति हुई, लेकिन मुस्लिम लीग ने संविधान सभा की प्रारंभिक बैठकों का बहिष्कार किया और एक अन्य संविधान बनाकर पाकिस्तान की माँग की। जिसके कारण संविधान सभा एक ही पार्टी यानी कांग्रेस पार्टी का समूह बन गई।

इन सभी कारणों से संविधान सभा के 82% सदस्य कांग्रेस पार्टी के सदस्य थे। प्रारंभ में समाजवादी भी स्वयं को संविधान सभा से पृथक् रखते थे। उनका मानना था कि यह अंग्रेजों की बनाई हुई एक संस्था थी।

क्योंकि इस संस्था में सभी कांग्रेस सदस्यों का एक मत नहीं था, बल्कि उनके मत कई निर्णायक मुद्दों पर अपनी ही पार्टी से भिन्न थे; जैस– कई कांग्रेसी समाजवाद तो कई जमींदारी से प्रेरित थे। कुछ सदस्य निरीश्वरवादी और धर्मनिरपेक्ष थे, तो कुछ सदस्य राष्ट्रीय स्वयंसेवक संघ और हिंदू महासभा के समर्थक थे। जिस कारण राष्ट्रीय आंदोलन की वजह से कांग्रेसी वाद-विवाद तथा मतभेदों पर बातचीत कर समझौतों की खोज करने में अग्रणी बन गए थे। संविधान सभा में भी इन्होंने यही रुख अपनाया और अपना वर्चस्व सिद्ध किया।

संविधान सभा में कुल तीन सौ सदस्य थे, जिनकी भूमिका बहुत महत्त्वपूर्ण रही। इन सदस्यों में से छः सदस्य अत्यधिक महत्त्वपूर्ण थे। इनमें से भी तीन जवाहरलाल नेहरू, वल्लभभाई पटेल तथा राजेंद्र प्रसाद कांग्रेस के ही सदस्य थे। इन सदस्यों द्वारा संविधान सभा के गठन तथा संविधान के निर्माण में मुख्य भूमिका निभाई गई।

3. "भिन्न समूहों ने अपनी इच्छाएँ भिन्न तरीकों से व्यक्त कीं और भिन्न माँगें प्रस्तुत कीं।" पृथक् निर्वाचित की समस्या के संदर्भ में इस कथन की पुष्टि कीजिए। **CBSE 2020**

उत्तर पृथक् निर्वाचित की समस्या के संदर्भ में विभिन्न समूहों ने अपनी इच्छाएँ भिन्न-भिन्न तरीकों से व्यक्त कीं और अलग माँगें प्रस्तुत कीं। इसकी पुष्टि निम्न तथ्यों के द्वारा की जा सकती है

- मद्रास के. बी. पोकर बहादुर ने 27 अगस्त, 1947 को पृथक् निर्वाचिका बनाए रखने के पक्ष में एक प्रभावशाली भाषण दिया। इन्होंने अपने भाषण में कहा कि अल्पसंख्यक सभी जगह होते हैं; इन्हें हम चाहकर भी नहीं हटा सकते। हमें आवश्यकता एक ऐसे राजनीतिक ढाँचे की है, जिसके अंदर अल्पसंख्यक भी औरों के साथ सद्भाव के साथ जी सकें और समुदायों के मध्य मतभेद कम-से-कम हो। इसके लिए यह आवश्यक है कि राजनीतिक व्यवस्था में अल्पसंख्यकों का पूरा प्रतिनिधित्व हो और उनकी आवाज सुनी जाए व उनके विचारों पर ध्यान दिया जाए। देश के शासन में मुसलमानों की एक साथ हिस्सेदारी सुनिश्चित करने के लिए पृथक् निर्वाचिका के अतिरिक्त और कोई रास्ता नहीं हो सकता।
- पृथक् निर्वाचिका के समर्थन में दिए गए इस तर्क से अधिकांश राष्ट्रवादियों ने कड़ी प्रतिक्रिया व्यक्त की। इस संदर्भ में आर. बी. धुलेकर ने बहादुर को संबोधित करते हुए कहा कि "अंग्रेजों ने संरक्षण के नाम पर अपना हित साधा। इसके माध्यम से इन्होंने अल्पसंख्यकों को फुसला लिया है। अब इस आदत को छोड़ दो। अब कोई तुम्हें बहकाने वाला नहीं है।"
- सरदार पटेल ने यह मत व्यक्त किया कि "पृथक् निर्वाचिका एक ऐसा 'विष' है, जो हमारे देश की पूरी राजनीति में समाहित हो चुका है।" उनकी राय में यह एक ऐसी माँग थी, जिसने एक समुदाय को दूसरे समुदाय से लड़वा दिया, राष्ट्र के टुकड़े कर दिए, रक्तपात को जन्म दिया और अंततः देश के विभाजन का कारण बनी। पटेल ने कहा, क्या तुम इस अंततः देश में शांति चाहते हो? यदि चाहते हो तो पृथक् निर्वाचिका शीघ्र छोड़ दो।
- पृथक् निर्वाचिकाओं की माँग का उत्तर देते हुए गोविंद बल्लभ पंत ने व्यक्त किया कि यह प्रस्ताव न केवल राष्ट्र के लिए बल्कि अल्पसंख्यकों के लिए भी खतरनाक है। वह बहादुर के इस विचार से सहमत थे कि किसी लोकतंत्र की सफलता इस बात पर निर्भर करती है कि समाज के विभिन्न तबकों में वह कितना आत्मविश्वास उत्पन्न करती है। इसके बावजूद पंत पृथक् निर्वाचिका का विरोध कर रहे थे।

उपरोक्त के अतिरिक्त सभी मुसलमान भी पृथक् निर्वाचिका की माँग के समर्थन में नहीं थे; जैसे—बेगम ऐजाज रसूल। उनका मानना था कि पृथक् निर्वाचिका आत्मघाती सिद्ध होगी, क्योंकि इससे अल्पसंख्यक बहुसंख्यकों से अलग हो जाएँगे।

4. भारतीय संविधान किस प्रकार केंद्र और राज्य सरकारों के अधिकारों को सुरक्षित करता है? स्पष्ट कीजिए।

अथवा **"संविधान सभा में केंद्र और राज्य स्तर पर 'सत्ता के विभाजन' के मुद्दे पर बहुत बहस हुई।" उदाहरण सहित कथन को स्पष्ट कीजिए।** **CBSE 2022**

अथवा **"संविधान की संविदा में संघवाद के मुद्दे पर विषयों की तीन सूचियाँ बनाई गईं। इस कथन को उदाहरणों सहित स्पष्ट कीजिए?"** **CBSE 2024**

उत्तर केंद्र सरकार व राज्य सरकारों के अधिकारों के प्रश्न पर भी संविधान सभा में पर्याप्त बहस हुई। जवाहरलाल नेहरू सहित अनेक लोग शक्तिशाली केंद्र के समर्थक थे। केंद्र और राज्य सरकारों के मध्य शक्ति विभाजन के लिए तीन सूचियों राज्य सूची, संघ सूची एवं समवर्ती सूची का निर्माण किया गया। केंद्रीय सूची के विषय केवल केंद्र सरकार और राज्य सूची के विषय पर केवल राज्य सरकार को नियम बनाने का अधिकार दिया गया। समवर्ती सूची के विषय केंद्र व राज्य दोनों की संयुक्त जिम्मेदारी थी। भारतीय संविधान में केंद्र और राज्य सरकारों के अधिकारों को सुरक्षित करने के लिए अलग-अलग व समुचित व्यवस्था की गई थी। खनिज पदार्थों एवं प्रमुख उद्योगों को केंद्र सरकार के नियंत्रण में रखा गया था। इसके साथ-ही-साथ अनुच्छेद 356 के अनुसार केंद्र सरकार गवर्नर के आदेश पर राज्य सरकार के सभी अधिकार अपने हाथ में ले सकती थी। राजकोषीय संघवाद की व्यवस्था भी एक जटिल व्यवस्था थी। सीमा शुल्क और कंपनी कर जैसे कुछ करों से होने वाली संपूर्ण आय पर केंद्र सरकार का अधिकार था। आयकर एवं आबकारी शुल्कों जैसे विषयों से होने वाली आय को केंद्र और राज्य सरकारों के मध्य विभक्त कर दिया गया था और राज्यस्तरीय शुल्कों जैसे विषयों से होने वाली संपूर्ण आय पर राज्य सरकारों का अधिकार स्वीकार कर लिया गया था।

राज्य सरकारें अपने स्तर पर भी कुछ अधिभार और कर; जैसे–जमीन और संपत्ति कर, बिक्री कर एवं बोतल बंद शराब पर अलग से कर वसूल कर सकती थी। संक्षेप में राज्यों की तुलना में केंद्र को अधिक अधिकार दिए गए हैं, परंतु इसका यह अर्थ नहीं है कि केंद्र राज्यों के अधिकारों का अतिक्रमण करे। ऐसी किसी भी परिस्थिति में संविधान की व्यवस्था के अनुसार सर्वोच्च न्यायालय राज्य के अधिकारों की पूरी सुरक्षा करता है।

5. भारतीय संविधान भारतीय नागरिक तथा उसके अधिकार को प्रतिष्ठापित करता है। कैसे? इसकी प्रमुख विशेषताओ को लिखिए।

उत्तर भारत के संविधान को दिसंबर, 1946 से दिसंबर, 1949 के बीच सूत्रबद्ध किया गया। इस दौरान संविधान के एक-एक भाग पर लंबी चर्चाएँ चलीं। संविधान सभा के कुल 11 सत्र हुए, तदुपरांत संविधान का निर्माण हुआ।

26 जनवरी, 1950 को भारतीय संविधान पूरे देश में लागू किया गया। भारतीय संविधान दुनिया का सबसे लंबा लिखित संविधान भारतीय संविधान के अंतर्गत नागरिकों के अधिकार को प्रतिष्ठापित करने के लिए 6 मौलिक अधिकारों की व्यवस्था की गई, जो निम्न हैं

(i) **समानता का अधिकार** इसके अंतर्गत प्रत्येक नागरिक को समान भावना व समान अधिकार दिए जाते हैं। इस अधिकार से अस्पृश्यता का अंत स्वीकार किया जाता है। लोक सेवाओं में अवसर की समानता प्रदान की जाती है।

(ii) **स्वतंत्रता का अधिकार** इसके अंतर्गत भारतीय नागरिकों को भाषण, अभिव्यक्ति, शांति सम्मेलन, किसी भी क्षेत्र में बस जाने का अधिकार, घूमने-फिरने का अधिकार, दैहिक स्वतंत्रता का अधिकार आदि प्राप्त होते हैं।

(iii) **शिक्षा का अधिकार** यह अधिकार अनुच्छेद-21 (क) के अंतर्गत 6 से 14 वर्ष के सभी बच्चों के लिए निःशुल्क और अनिवार्य शिक्षा का प्रावधान करता है।

(iv) **शोषण के विरुद्ध अधिकार** यह अधिकार अनुच्छेद-23 व 24 में निहित है। इनमें राज्य या व्यक्तियों द्वारा समाज के कमजोर वर्गों का शोषण रोकने के लिए कुछ प्रावधान किए गए हैं। अनुच्छेद-23 के प्रावधान के अनुसार, मानव तस्करी पर प्रतिबंध है। इसे कानून द्वारा दंडनीय अपराध माना गया है।

(v) **धार्मिक स्वतंत्रता का अधिकार** धर्म की स्वतंत्रता का अधिकार अनुच्छेद-25 से 28 में निहित है, जो सभी नागरिकों को धार्मिक स्वतंत्रता प्रदान करता है और भारत में धर्मनिरपेक्ष राज्य सुनिश्चित करता है। संविधान के अनुसार, यहाँ कोई आधिकारिक राज्य धर्म नहीं है और राज्य द्वारा सभी धर्मों के साथ निष्पक्षता एवं तटस्थता से व्यवहार किया जाना चाहिए।

(vi) **सांस्कृतिक और शैक्षिक अधिकार** अनुच्छेद-29 व 30 में दिए गए सांस्कृतिक और शैक्षिक अधिकार उन्हें अपनी विरासत का संरक्षण करने और उसे भेदभाव से बचाने के लिए सक्षम बनाते हुए सांस्कृतिक, भाषायी और धार्मिक अल्पसंख्यकों के अधिकारों की रक्षा के उपाय हैं।

भारतीय संविधान की विशेषताएँ

भारतीय संविधान की प्रमुख विशेषताएँ निम्न प्रकार हैं

- हमारा संविधान विश्व का विशालतम लिखित संविधान है।
- संविधान से प्रभुत्व संपन्न, लोकतंत्रात्मक, पंथनिरपेक्ष व समाजवादी गणराज्य की स्थापना का पता चलता है।
- यह संसदीय सरकार की स्थापना करता है।
- इसमें मूल अधिकारों का समावेश है।
- राज्य के नीति-निदेशक तत्त्वों का समावेश किया गया है।

6. संघवाद पर संविधान सभा के सदस्यों के विचारों को स्पष्ट कीजिए। **CBSE 2024**

उत्तर संविधान सभा में संघवाद एक ज्वलंत और गंभीर विषय था। वर्ष 1946 में ऐतिहासिक मेरठ अधिवेशन में भारतीय राष्ट्रीय कांग्रेस के अध्यक्ष **जे. बी. कृपलानी** ने इस बात पर जोर दिया कि प्रस्तावित संविधान को रेखांकित करते हुए राज्यों को दिए गए सबसे अधिक अधिकार के साथ भारत को प्रकृति में संघीय होना चाहिए। संघवाद परिणामस्वरूप भारतीय संविधान की सबसे प्रमुख विशेषताओं में से एक के रूप में उभरा, जो एक संघ की संरचना को विभिन्न अन्य पश्चिमी देशों के समान तरीके से स्थापित करता है।

विभाजन के बाद केंद्रीकरण की प्रवृत्ति अजेय हो गई, क्योंकि भारतीय समस्या का आधार अब नहीं था, हालाँकि भारत से जुड़े परिदृश्य ने संघ की आवश्यकता को समाप्त नहीं किया, क्योंकि भारतीय राज्य की समग्र और विषम संरचना की अवहेलना की जा सकती थी।

इसलिए ऐतिहासिक रूप से प्रांतों और क्षेत्रों के लिए पर्याप्त स्वायत्तता के साथ एक संघीय-राज्य प्रणाली की आवश्यकता थी, भले ही यह स्पष्ट हो कि यूनियन कैबिनेट मिशन की अपेक्षा से कहीं अधिक शक्तिशाली होगा।

यद्यपि 'संघ' शब्द का प्रयोग अनुच्छेद 1 में किया गया था और 'संघीय' शब्द का कभी भी प्रस्तावना में या किसी अन्य प्रावधान में प्रयोग नहीं किया गया था। सभा में व्यापक सहमति थी कि बाहरी परिस्थितियों को देखते हुए देश का आकार और इसकी विभिन्न विशेषताओं को देखते हुए एकात्मक सरकार न केवल अवांछनीय थी, बल्कि अव्यावहारिक भी थी।

श्री एन. गोपालस्वामी आयंगर के अनुसार, एक संघीय संविधान में संप्रभु प्राधिकरणों को विभाजित करने के लिए एक ढाँचा शामिल होना चाहिए, ताकि केंद्र में सरकार और इकाइयों में सरकारें प्रत्येक एक निश्चित क्षेत्र के अन्दर समन्वित और स्वतंत्र हों। इन्होंने जोर देकर कहा कि अन्य संविधान संघवाद की क्लासिक अवधारणाओं का ठीक से पालन नहीं करते, क्योंकि केंद्र और राज्यों के कार्यों के बीच कोई स्पष्ट सीमा नहीं थी और वे एक-दूसरे पर निर्भर थे।

यह वाक्यांश भारतीय स्थिति पर लागू नहीं होगा, क्योंकि इन्हें इन समस्याओं का समाधान करना था, जो संघवाद का समर्थन करने वाले कई संविधान निर्माताओं ने कभी नहीं देखी थीं।

डॉ. अंबेडकर के अनुसार, केवल राष्ट्रपति ही संविधान के अनुच्छेद 250, 352 और 353 द्वारा दिए गए अधिकार का प्रयोग कर सकते हैं और इस तरह की कार्रवाई के लिए भारतीय संसद के दोनों सदनों की सहमति की आवश्यकता होती है। समय और परिस्थिति की आवश्यकताओं के अनुसार ये घटक भारतीय संविधान को 'एकात्मक और संघीय' दोनों बनाते हैं। विशिष्ट परिस्थितियों में इसे एक संघीय प्रणाली के रूप में संचालित करने का इरादा है। हालाँकि इसे युद्ध के समय एक एकीकृत प्रणाली के रूप में एकसाथ काम करने के लिए बनाया गया है।

7. **"संविधान सभा के भीतर चर्चाओं को आकार देने में जनता की राय का प्रभाव था।" इस कथन की व्याख्या कीजिए।**

उत्तर कैबिनेट मिशन योजना के अनुसार, अक्टूबर, 1946 में संविधान सभा का गठन किया गया। इनके सदस्यों का चुनाव वर्ष 1946 के प्रांतीय चुनावों के आधार पर किया गया था। संविधान सभा में ब्रिटिश-भारतीय प्रांतों द्वारा भेजे गए सदस्यों के साथ-साथ रियासतों के प्रतिनिधियों को भी सम्मिलित किया गया था।

इसके 82% सदस्य कांग्रेस के थे। साथ ही भारतीय राष्ट्रीय कांग्रेस के विचारों में पर्याप्त भिन्नता पाई जाती थी। इनमें से कुछ निरीश्वरवादी, धर्मनिरपेक्ष, समाजवादी, जमींदारी प्रथा के समर्थक इत्यादि विचारधारा के लोग थे।

इनके विचारों की विविधता के प्रतिबिंब को ऑल इंडिया वर्णाश्रम स्वराज्य संघ, भाषायी व धार्मिक अल्पसंख्यक तथा आदिम जातियों के प्रतिनिधियों के वक्तव्यों में देखा जा सकता है।

संविधान सभा के अंदर चर्चाओं को आकार देने में जनता की राय का प्रभाव निम्नलिखित है

- संविधान सभा में सभी प्रस्तावों पर सार्वजनिक रूप से बहस की जाती थी।
- किसी भी विषय पर होने वाली बहस में विभिन्न पक्षों के कथनों को समाचार-पत्रों में छापा जाता था। इस प्रकार, प्रेस में होने वाली आलोचना एवं प्रत्यालोचना किसी भी विषय पर बनने वाली सहमति अथवा असहमति को व्यापक रूप से प्रभावित करती थी।
- जनसामान्य के सुझावों को भी आमंत्रित किया जाता था, जिसके परिणामस्वरूप सामूहिक सहभागिता का भाव उत्पन्न होता था।
- संविधान सभा को मिलने वाले सैकड़ों सुझावों में से कुछ नमूनों को देखने से ही यह भली-भाँति स्पष्ट हो जाता है कि हमारे विधि-निर्माता परस्पर विरोधी हितों पर गहन विचार-विमर्श करने के बाद ही किसी निष्कर्ष पर पहुँचते थे।
- जनमत से ही संविधान से संबंधित कुछ महत्त्वपूर्ण माँगें सामने आई थीं; जैसे—ऑल इंडिया वर्णाश्रम स्वराज्य संघ (कलकत्ता) का आग्रह था कि संविधान का आधार प्राचीन हिंदू कृतियों में उल्लिखित सिद्धांत होने चाहिए।
- गौ-हत्या पर पाबंदी और बूचड़खानों को बंद करने की विशेष रूप से माँग की गई तथा कथित निचली जातियों के समूहों ने माँग की कि सवर्णों द्वारा किए जाने वाले दुर्व्यवहार पर रोक लगाई जाए।

अतः इस प्रकार स्पष्ट होता है कि संविधान सभा में हुई चर्चाओं पर जनमत का प्रभाव था।

स्रोत आधारित प्रश्न

1. निम्नलिखित स्रोतों को ध्यानपूर्वक पढ़कर उन पर आधारित प्रश्नों के उत्तर दीजिए

हमने एक स्वतंत्र संप्रभु गणराज्य की स्थापना का दृढ़ और पवित्र संकल्प लिया है। भारत का संप्रभु होना नियत है। इसका स्वतंत्र होना और गणराज्य होना भी स्वाभाविक है....."। कुछ मित्रों ने सवाल उठाया है: "आपने यहाँ 'लोकतांत्रिक' शब्द क्यों नहीं रखा?" मैंने उन्हें कहा है कि निस्संदेह यह सोचा जा सकता है कि कोई गणराज्य लोकतांत्रिक न हो परंतु हमारा पूरा इतिहास इस तथ्य का साक्षी है कि हम लोकतांत्रिक संस्थाओं के ही पक्षधर हैं। स्वाभाविक है कि हमारा लक्ष्य लोकतंत्र है। लोकतंत्र से कम कुछ भी नहीं। यह लोकतंत्र कैसा होगा, उसकी शक्ल-सूरत कैसी होगी, यह एक अलग मसला है। आज के लोकतंत्रों ने दुनिया की प्रगति में अहम भूमिका निभाई है और उनमें से बहुत सारे यूरोप तथा अन्य स्थानों के देश हैं, परंतु यह संदेहजनक हो सकता है, कि अगर उन्हें पूरी तरह लोकतांत्रिक बने रहना है, तो न जाने कब उन लोकतांत्रों को अपना शक्ल-सूरत थोड़ी बहुत बदलनी पड़ती। मैं आशा करता हूँ कि किसी कथित लोकतांत्रिक देश की एक विशेष लोकतांत्रिक प्रणाली या किसी संस्थान विशेष की हम नकल करने वाले नहीं हैं। हो सकता है कि हम उससे बेहतर कुछ रच दें। बहरहाल, किसी भी सूरत में, हम यहाँ जैसी चाहे सरकार बनाएँ, वह हमारे लोगों के स्वभाव के अनुरूप और उनको स्वीकार्य ज़रूर होनी चाहिए। हम लोकतंत्र के हक में हैं। यह इस सदन को तय करना है कि इस लोकतंत्र का स्वरूप कैसा होगा? सदन इस बात को देख सकता है यद्यपि इस प्रस्ताव में हमने 'लोकतांत्रिक' शब्द का इस्तेमाल नहीं किया है, क्योंकि हमें लगा कि यह तो स्वाभाविक ही है कि "गणराज्य" शब्द में यह शब्द पहले ही निहित होता है। इसलिए हम अनावश्यक और अनुपयोगी शब्दों को प्रयोग नहीं करना चाहते थे। हमने शब्दों के उपयोग मात्र से कहीं ज्यादा ध्यान दिया है। हमने इस प्रस्ताव में लोकतंत्र की अंतर्वस्तु प्रस्तुत की है। बल्कि लोकतंत्र की ही नहीं, आर्थिक लोकतंत्र की अन्तर्वस्तु प्रस्तुत की है।

स्रोत: संविधान सभा बहस, खंड-1

(i) **स्रोत में व्यक्त 'दृढ़ और पवित्र संकल्प' का उल्लेख कीजिए।**

उत्तर स्रोत में व्यक्त 'दृढ़ और पवित्र संकल्प' का तात्पर्य संविधान सभा द्वारा देश को एक स्वतंत्र संप्रभु गणराज्य की स्थापना का दृढ़ और पवित्र संकल्प लेना है। इसके अनुसार भारत का संप्रभु होना नियत है। इसका स्वतंत्र और गणराज्य होना भी स्वाभाविक है।

(ii) **स्रोत किस प्रकार लोकतंत्र के प्रति प्रतिबद्धतां पर बल देता है?**

उत्तर पंडित नेहरू के अनुसार, कोई गणराज्य लोकतांत्रिक न हो परंतु हमारा पूरा इतिहास इस तथ्य का साक्षी रहा है कि हम लोकतांत्रिक संस्थानों के ही पक्षधर हैं। स्वाभाविक है कि हमारा लक्ष्य लोकतंत्र है। लोकतंत्र से कम कुछ भी नहीं। यह लोकतंत्र कैसा होगा, उसकी शक्ल-सूरत कैसी होगी?

(iii) **इस स्रोत में लोकतंत्र की व्याख्या गणतंत्र के संदर्भ में किस प्रकार की गई है?**

उत्तर स्रोत के अनुसार, संविधान के प्रस्ताव में हमने लोकतांत्रिक शब्दों का प्रयोग न करके इसे गणराज्य में ही निहित माना है। यह एक ऐसी शासन प्रणाली है। जहाँ सत्ता जनता के हाथ में होती है। गणराज्य में नागरिकों को अपने प्रतिनिधियों का चयन करने का अधिकारी होता है और ये प्रतिनिधि जनता की भलाई के लिए कार्य करते हैं।

2. ''मेरा मानना है कि पृथक् निर्वाचिका अल्पसंख्यकों के लिए आत्मघाती साबित होगी।''

27 अगस्त, 1947 को संविधान सभा की बहस में गोविंद बल्लभ पंत ने कहा था मेरा मानना है कि पृथक् निर्वाचिका अल्पसंख्यकों के लिए आत्मघाती साबित होगी और उन्हें बहुत भारी नुकसान पहुँचाएगी। अगर उन्हें हमेशा के लिए अलग-थलग कर दिया गया, तो वे कभी भी खुद को बहुसंख्यकों में रूपांतरित नहीं कर पाएँगे। निराशा का भाव शुरू से उन्हें अपंग बना देगा। आप क्या चाहते हैं और हमारा अंतिम उद्देश्य क्या है? क्या अल्पसंख्यक हमेशा अल्पसंख्यकों के रूप में ही रहना चाहते हैं या वे भी एक दिन महान् राष्ट्र का अभिन्न अंग बनने और उसकी नियति को निर्धारित व नियंत्रित करने का सपना देखते हैं? मेरा विचार है कि अगर उन्हें शेष समुदाय से अलग रखा जाता है और ऐसे हवा बंद कमरे में काटकर रखा जाता है, जहाँ उन्हें हवा के लिए भी औरों पर निर्भर रहना पड़ेगा तो यह उनके लिए भयानक रूप से खतरनाक होगा....। अगर अल्पसंख्यक पृथक् निर्वाचिकाओं से जीतकर आते रहे तो कभी प्रभावी योगदान नहीं दे पाएँगे। **CBSE 2020**

(i) **कुछ नेताओं ने ऐसा क्यों सोचा कि अल्पसंख्यकों के लिए पृथक् निर्वाचिका होनी चाहिए?**

उत्तर कुछ नेताओं ने अल्पसंख्यकों के लिए पृथक् निर्वाचिका की आवश्यकता को यह कहकर समर्थन दिया कि देश के शासन में अल्पसंख्यकों को राजनीतिक व्यवस्था में पूर्ण प्रतिनिधित्व मिलना चाहिए, ताकि उनकी आवाजों तथा विचारों पर ध्यान दिया जा सके। इसके लिए अल्पसंख्यकों की देश के शासन में सार्थक हिस्सेदारी सुनिश्चित करने के लिए पृथक् निर्वाचिका आवश्यक है।

(ii) **कुछ राष्ट्रवादी पृथक् निर्वाचिका की माँग के विरोध में क्यों थे?**

उत्तर ज्यादातर राष्ट्रवादियों को लगा कि पृथक् निर्वाचिका लोगों को विभाजित करने की एक साजिश थी। विभाजन के बाद तो और भी राष्ट्रवादियों ने पृथक् निर्वाचिका का पुरजोर विरोध किया। यह तो सरदार पटेल ने पृथक् निर्वाचिका का विरोध करते हुए कहा कि ''यह वो विष है जो हमारे देश की पूरी राजनीति में समा चुकी है।''

(iii) **गोविंद वल्लभ पंत पृथक् निर्वाचिका को अल्पसंख्यकों के लिए हानिकारक क्यों मानते थे?**

उत्तर गोविंद वल्लभ पंत का मानना था कि पृथक् निर्वाचिका अल्पसंख्यकों के लिए आत्मघाती साबित होगी और उन्हें बहुत भारी नुकसान पहुँचाएगी। यदि उन्हें हमेशा के लिए अलग-अलग कर दिया गया, तो वे कभी भी स्वयं को बहुसंख्यकों को रूपांतरित नहीं कर पाएँगें। निराशा का भाव शुरू से उन्हें अपंग बना देगा।

3. राष्ट्रीय भाषा की क्या विशेषताएँ होनी चाहिए?

अपनी मृत्यु से कुछ माह पहले महात्मा गाँधी ने भाषा के प्रश्न पर अपने विचार दोहराते हुए कहा था कि यह हिंदुस्तानी न तो संस्कृतनिष्ठ हिंदी होनी चाहिए और न ही फारसी निष्ठ उर्दू। यह दोनों का सुंदर मिश्रण होना चाहिए। उसे विभिन्न क्षेत्रीय भाषाओं से शब्द खुलकर उधार लेने चाहिए। विदेशी भाषाओं के ऐसे शब्द लेने में, कोई हर्ज नहीं है, जो हमारी राष्ट्रीय भाषा में अच्छी तरह से आसानी से घुल-मिल सकते हैं। इस प्रकार हमारी राष्ट्रीय भाषा एक समृद्ध और शक्तिशाली भाषा होनी चाहिए, जो मानवीय विचारों और भावनाओं के पूरे समुच्चय को अभिव्यक्ति दे सके। खुद को हिंदी या उर्दू से बाँध लेना देशभक्ति की भावना तथा समझदारी के विरुद्ध एक अपराध होगा।

(i) **भाषा के प्रश्न पर गाँधीजी के विचारों की समीक्षा कीजिए।**

उत्तर महात्मा गाँधी के अनुसार, भाषा न तो संस्कृतनिष्ठ और न ही फारसीनिष्ठ होनी चाहिए, बल्कि दोनों भाषाओं का सुंदर मिश्रण होना चाहिए। विदेशी भाषाओं के ऐसे शब्द लेने में कोई परेशानी नहीं होनी चाहिए, जो अच्छी तरह से हमारी भाषा में घुल-मिल सकते हैं। इस प्रकार हमारी राष्ट्रीय भाषा एक समृद्ध और शक्तिशाली भाषा होनी चाहिए, जो मानवीय विचारों व भावनाओं से ओत-प्रोत हो।

(ii) **क्या आप गाँधीजी के विचारों से सहमत हैं? सकारण लिखिए।**

उत्तर जी हाँ, हम गाँधीजी के विचारों से सहमत हैं, क्योंकि सरल एवं सहज भाषा के द्वारा व्यक्ति अपने विचारों को सरलतापूर्वक व्यक्त कर सकता है। यदि उसमें स्थानीय भाषा के शब्दों का मिश्रण हो, तो वह विस्तृत स्तर पर लोगों से जुड़ जाएगा।

(iii) **हिंदी और उर्दू एक-दूसरे से दूर क्यों होती गईं? स्पष्ट कीजिए।**

उत्तर हिंदी एवं उर्दू के मध्य दूरियाँ बढ़ने का कारण धार्मिक संकीर्णता थी। इसके साथ-ही-साथ उर्दू फारसी के नजदीक और हिंदी संस्कृत के नजदीक आने लगी थी, इसके परिणामस्वरूप लोगों को भाषा समझने में कठिनाई आने लगी थी।

4. ''बहुत अच्छा महोदय-साहसिक शब्द, उदात्त शब्द''

सोमनाथ लाहिड़ी ने कहा था,

महोदय मैं पंडित नेहरू को इस बात के लिए मुबारकबाद देना चाहता हूँ कि उन्होंने यह कहकर भारतीय जनता की भावना को इतने सटीक शब्दों में व्यक्त किया है कि भारत के लोग अंग्रेजों द्वारा थोपी गई किसी चीज को स्वीकार नहीं करेंगे। उन्होंने कहा कि इस तरह की जबरदस्ती पर असंतोष व आपत्ति व्यक्त की जाएगी और यदि आवश्यकता हुई तो हम संघर्ष की घाटी में उतरेंगे। बहुत अच्छा महोदय-साहसिक शब्द, उदात्त शब्द, परंतु देखना यह है कि इस चुनौती को आप कैसे और कब साकार करते हैं। महोदय, मसला यह है कि जबरदस्ती इसी समय की जा रही है।

न केवल ब्रिटिश योजना ने भावी संविधान बना दिया है,.... जो अंग्रेजों की संतुष्टि पर आश्रित होगा, बल्कि इससे यह भी संकेत मिलता है कि मामूली-से-मामूली मतभेद के लिए भी आपको संघीय न्यायालय तक दौड़ना होगा या वहाँ इंग्लैंड में जाकर नाचना पड़ेगा; या ब्रिटिश प्रधानमंत्री क्लेमेंट एटली या किसी और के दरवाजे पर दस्तक देनी होगी। केवल यही सच नहीं है कि हम चाहे जो भी योजना क्यों न बनाएँ, यह संविधान सभा ब्रिटिश बंदूकों, ब्रिटिश सेना, उनके आर्थिक व वित्तीय शिकंजे के साये में है—इसका मतलब यह निकलता है कि मूल रूप से सत्ता अभी भी अंग्रेजों के हाथ में है और सत्ता का प्रश्न बुनियादी तौर पर अभी तय नहीं हुआ, जिसका अर्थ यह निकलता है कि हमारा भविष्य अभी भी पूरी तरह हमारे हाथों में नहीं है। इतना ही नहीं, हाल ही में एटली तथा अन्य लोगों द्वारा दिए गए वक्तव्यों में यह भी स्पष्ट हो गया है कि अगर जरूरत पड़ी तो वे विभाजन से भी पीछे नहीं हटेंगे। महोदय इसका आशय यह है कि इस देश में कोई स्वतंत्रता नहीं है। जैसा कि अभी कुछ दिन पहले सरदार वल्लभभाई पटेल ने कहा था, हमारे पास केवल आपस में लड़ने की स्वतंत्रता है।

हमें बस इतनी ही स्वतंत्रता मिली है....., इसलिए हमारा विनम्र सुझाव है कि यहाँ सवाल इस योजना की रूपरेखा के जरिए कुछ पा लेने का नहीं, बल्कि यहाँ और अभी स्वतंत्रता की घोषणा करने और अंतरिम सरकार, भारत की जनता से यह आह्वान करने का है कि वे आपस में लड़ने की बजाय अपने शत्रु को देखें, जिसके हाथ में अभी भी कोड़ा है, वे ब्रिटिश साम्राज्यवाद को देखें और उससे मिलकर लड़ने के लिए आगे बढ़ें और जब हम स्वतंत्र हो जाएँगे, तब हम अपने दावों का हल ढूँढ सकते हैं।

(i) **सोमनाथ लाहिड़ी ने नेहरू जी को किस बात के लिए बधाई दी? स्पष्ट कीजिए।**

उत्तर सोमनाथ लाहिड़ी के द्वारा नेहरू जी को इस बात की बधाई दी गई कि उन्होंने अपने उद्देश्य प्रस्ताव के द्वारा भारतीय जनता की भावना को बिल्कुल सटीक शब्दों में व्यक्त किया है।

(ii) **ब्रिटिश का पहले से ही संविधान न बनाने में उनका क्या उद्देश्य था? वे क्या चाहते थे? स्पष्ट कीजिए।**

उत्तर ब्रिटिशों द्वारा पहले से ही संविधान न बनाने का मुख्य उद्देश्य यह था कि वे चाहते थे कि भारतीय किसी भी परिस्थिति से निपटने के लिए अंग्रेजों पर ही निर्भर रहें। किसी विवाद की स्थिति में इंग्लैंड के संघीय न्यायालय तक आएँ। भारतीय चाहे जो भी योजना बनाएँ, उसकी सफलता के लिए उन्हें ब्रिटिश सेना तथा आर्थिक एवं वित्तीय सहायता के लिए अंग्रेजों की शरण में आना पड़े।

(iii) **इस विषय पर सरदार वल्लभभाई पटेल के विचारों की व्याख्या कीजिए।**

उत्तर इस विषय पर वल्लभभाई पटेल ने कहा था कि "हमारे पास केवल आपस में लड़ने की स्वतंत्रता है हमें बस इतनी ही स्वतंत्रता मिली है, इसलिए हमारा विनम्र सुझाव है कि यहाँ सवाल इस योजना की रूपरेखा के द्वारा कुछ पा लेने का नहीं, बल्कि यहाँ और अभी स्वतंत्रता की घोषणा करने और अंतरिम सरकार, भारत की जनता से आह्वान करने का है कि वे आपस में लड़ने की बजाय अपने शत्रु को देखें, जिसके हाथ में अभी भी कोड़ा है, वे ब्रिटिश साम्राज्यवाद को देखें और उससे मिलकर लड़ने के लिए आगे बढ़ें और जब हम स्वतंत्र हो जाएँगे तब हम अपने दावों का हल ढूँढ सकते हैं।"

5. "जी नहीं, असली अल्पसंख्यक इस देश की जनता है।"

जवाहरलाल नेहरू द्वारा प्रस्तुत किए गए उद्देश्य प्रस्ताव का स्वागत करते हुए एन. जी. रंगा ने कहा था महोदय अल्पसंख्यकों के बारे में बहुत बातें हो रही हैं। असली अल्पसंख्यक कौन हैं? तथाकथित पाकिस्तानी प्रांतों में रहने वाले हिंदू, सिख और यहाँ तक मुसलमान भी अल्पसंख्यक नहीं हैं। जी नहीं, असली अल्पसंख्यक तो इस देश की जनता है। यह जनता इतनी दबी-कुचली और इतनी उत्पीड़ित है कि अभी तक साधारण नागरिक के अधिकारों का लाभ भी नहीं उठा पा रही है। स्थिति क्या है? आप आदिवासी इलाकों में जाइए। उनके अपने कानूनों, उनके जनजातीय कानूनों, उनकी जमीन को उनसे नहीं छीना जा सकता, लेकिन हमारे व्यापारी वहाँ जाते हैं और तथाकथित मुक्त बाजार के नाम पर उनकी जमीन छीन लेते हैं। भले ही कानून जमीन की इस बेदखली के विरुद्ध हो, व्यापारी इन आदिवासियों को तरह-तरह के बंधनों में जकड़कर गुलाम बना लेते हैं और पीढ़ी-दर-पीढ़ी दासता के नर्क में ढकेल देते हैं। आइए अब आम गाँव वालों को देख लेते हैं।

वहाँ सूदखोर पैसा लेकर जाता है और गाँव वालों को अपनी जेब में डाल लेता है। वहाँ जमींदार हैं और मालगुजार व अन्य लोग भी हैं, जो इन गरीब देहातियों का शोषण करते हैं। इन लोगों में मूलभूत शिक्षा तक नहीं है। असली अल्पसंख्यक यही लोग हैं, जिन्हें सुरक्षा का आश्वासन मिलना चाहिए। उन्हें आवश्यक सुरक्षा प्रदान करने के लिए केवल इस प्रस्ताव से काम चलने वाला नहीं है...।

(i) **इस उद्धरण को पढ़ने के बाद क्या एन. जी. रंगा को एक 'समाजवादी' कह सकते हैं? अपने उत्तर की पुष्टि उपयुक्त तर्कों के साथ कीजिए।**

उत्तर हाँ, हम एन. जी. रंगा को समाजवादी कह सकते हैं, क्योंकि
- रंगा ने अल्पसंख्यकों की आर्थिक दृष्टि से व्याख्या की।
- उन्होंने इस देश के दलित, उत्पीड़ित और दमित जनता के अधिकारों की सुरक्षा के आश्वासन से बात कही।
- उन्होंने साहूकारों और व्यापारियों द्वारा सामान्य ग्रामीणों और आदिवासियों के शोषण के विरुद्ध बात की।

(ii) **एन. जी. रंगा ने अपनी इस दलील को जवाहरलाल नेहरू के 'उद्देश्य प्रस्ताव' से किस प्रकार संबंधित किया?**

उत्तर उद्देश्य प्रस्ताव में जवाहरलाल नेहरू ने कहा
- लोकतंत्र के उदार विचारों का आर्थिक न्याय के समाजवादी विचार के अनुकूलन संलयन।
- उन्होंने भारतीय संदर्भ में लोकतंत्र और समाजवाद के विचार के अनुकूलन और पुनः कार्य करने की बात कही।
- नेहरू की दलील रचनात्मक सोच के लिए थी कि भारत के लिए क्या उपयुक्त है।

इस प्रकार, एन. जी. रंगा की दलील नेहरू के वस्तुनिष्ठ संकल्प से संबंधित थी।

(iii) **"असली अल्पसंख्यक इस देश की जनता है।" एन. जी. रंगा के इस कथन का विश्लेषण कीजिए।**

उत्तर वास्तविक अल्पसंख्यक इस देश की जनता है एन. जी. रंगा इन कथन का विश्लेषण निमन बिंदुओं द्वारा किया गया है।
- अल्पसंख्यक दलित, उत्पीड़ित और दमित जनता है।
- वे लोग जो सामान्य नागरिक अधिकारों का लाभ नहीं उठा पा रहे हैं।

- जिन आदिवासी लोगों की जमीनें व्यापरियों द्वारा छीन ली जाती हैं और आदिवासियों की स्थिति बँधुआ दासों की तरह हो गई है।
- साहूकारों, जमीदारों, मालगुजारों और विभिन्न अन्य लोगों द्वारा शोषित सामान्य ग्रामीण।
- प्रारंभिक शिक्षा से वंचित लोग।

6. ''खंडित निष्ठा के लिए कोई जगह नहीं''

गोविंद वल्लभ पंत ने कहा कि निष्ठावान नागरिक बनने के लिए लोगों को समुदाय और खुद को बीच में रख कर सोचने की आदत छोड़नी होगी।

लोकतंत्र की सफलता के लिए व्यक्ति को आत्मानुशासन की कला का प्रशिक्षण लेना होगा। लोकतंत्र में व्यक्ति को अपने लिए कम तथा दूसरा के लिए ज्यादा फिक्र करनी चाहिए। यहाँ खंडित निष्ठा के लिए कोई जगह नहीं है। सारी निष्ठाएँ केवल राज्य पर केंद्रित होनी चाहिए। यदि किसी लोकतंत्र में आप प्रतिस्पर्द्धी निष्ठाएँ रख देते हैं या ऐसी व्यवस्था खड़ी कर देते हैं, जिसमें कोई व्यक्ति या समूह अपने अपव्यय पर अंकुश लगाने की बजाय बृहत्तर या अन्य हितों की जरा भी परवाह नहीं करता, तो ऐसे लोकतंत्र का डूबना निश्चित है। **CBSE 2022, 2024**

(i) **एकीकृत राष्ट्र के लिए गोविंद वल्लभ पंत की चिंता की परख कीजिए** **2022**

उत्तर एकीकृत राष्ट्र के लिए गोविंद वल्लभ पंत ने अनेक चिंताएँ जाहिर की हैं। इन्होंने कहा कि लोकतंत्र में व्यक्ति को अपने लिए कम और दूसरों के लिए अधिक चिंता करनी चाहिए। यहाँ खंडित निष्ठा के लिए कोई जगह नहीं है।

(ii) **निष्ठा को सामाजिक पिरामिड का एक महत्त्वपूर्ण गुण क्यों माना गया है?** **2022**

उत्तर निष्ठा को सामाजिक पिरामिड का एक महत्त्वपूर्ण गुण इसलिए माना जाता है, क्योंकि यहाँ खंडित निष्ठा के लिए कोई जगह नहीं है। सारी निष्ठाएँ राज्य पर केंद्रित होनी चाहिए।

(iii) **लोकतंत्र की सफलता के लिए महत्त्वपूर्ण माने जाने वाले पहलुओं का विश्लेषण कीजिए** **2022**

उत्तर लोकतंत्र की सफलता के लिए व्यक्ति को आत्मानुशासन की कला का प्रशिक्षण लेना होगा। लोकतंत्र में व्यक्ति को अपने लिए कम औरों के लिए ज्यादा फिक्र करनी चाहिए। यदि किसी लोकतंत्र में आप प्रतिस्पर्द्धी निष्ठाएँ रख देते हैं या ऐसी व्यवस्था खड़ी कर देते हैं, जिसमें कोई व्यक्ति या समूह अपने अपव्यय पर अंकुश लगाने की बजाय वृहत्तर या अन्य हितों की परवाह नहीं करता, तो ऐसे लोकतंत्र का डूबना निश्चित है।

अथवा

(i) **पंत ने लोकतंत्र की सफलता की कुंजी का वर्णन किस प्रकार किया है?**

उत्तर पंत के अनुसार, किसी लोकतंत्र की सफलता इस बात पर निर्भर करती है। कि समाज के विभिन्न तबको में वह कितना आत्मविश्वास उत्पन्न कर पाती है। लोकतंत्र को सफल बनाने के लिए व्यक्ति को आत्मानुशासन की कला का प्रशिक्षण लेना होगा।

(ii) **पंत ने लोकतंत्र में आत्मा-अनुशासन की कला को कैसे परिभाषित किया है?**

उत्तर पंत ने लोकतंत्र में आत्म-अनुशासन की कला में व्यक्ति को अपने लिए कम तथा दूसरों के लिए ज्यादा फिक्र करनी चाहिए। सारी निष्ठाएँ केवल राज्य पर केंद्रित होनी चाहिए।

(iii) **लोकतंत्र और समानता के बीच संबंध पर पंत के विचारों की व्याख्या कीजिए।**

उत्तर पंत के अनुसार, लोकतंत्र में समानता एक प्रमुख पहलू है। लोकतंत्र में सभी वयस्कों को वोट देने का अधिकार होता है। इसे सार्वभौमिक वयस्क मतधिकार कहा जाता है। यह अधिकार सभी के लिए समान होता है। चाहे उनका धर्म, शिक्षा, जाति या व अमीर हो या गरीब।

7. नीचे दिए गए चित्र का अवलोकन करें तथा संबंधित प्रश्नों का उत्तर दें।

(i) **उपरोक्त चित्र में बाईं ओर वाला व्यक्ति एडविन मॉण्टेग्यू है। इन्हें देखकर भारतीय इतिहास में किस घटना का विचार आपके मन में उभरता है?**

उत्तर एडविन मॉण्टेग्यू ब्रिटिश भारत के राज्य सचिव थे। इन्होंने वायसराय लॉर्ड चेम्सफोर्ड से मिलकर संवैधानिक सुधार की रूपरेखा तैयार की थी, जिसे मॉण्टेग्यू-चेम्सफोर्ड सुधार, 1919 कहा गया।

मॉण्टेग्यू-चेम्सफोर्ड सुधार, 1919 में ब्रिटिश सरकार द्वारा भारत में प्रशासनिक सुधार लाने के लिए एक अधिनियम था। इसका उद्देश्य भारतीयों को प्रशासन में भागीदारी देने और भारत में प्रांतीय स्वायत्ता को बढ़ावा देना था।

(ii) **मॉण्टेग्यू -चेम्सफोर्ड सुधार अधिनियम के तहत किस प्रकार की शासन प्रणाली अपनाई गई थी?**

उत्तर इस अधिनियम के अंतर्गत भारत में 'द्वैधशासन' की प्रणाली को अपनाया गया था, जिसमें प्रांतीय विषयों को दो भागों में बाँटा गया था- स्थानांतरित विषय और आरक्षित विषय। स्थानांतरित विषयों को विधानपरिषद् के निर्वाचित सदस्यों में से मनोनीत मंत्रियों द्वारा प्रशासित किया जाना था और आरक्षित सूची में शामिल विषयों का प्रशासन गवर्नर द्वारा नौकरशाहों की कार्यकारी परिषद् के माध्यम से किया जाना था।

स्वयं को जाँचें

वस्तुनिष्ठ प्रश्न

1. संविधान सभा के कुल कितने सत्र आयोजित हुए थे?

(a) 8 (b) 9
(c) 10 (d) 11

2. किसने प्रस्तावित किया कि भारत का राष्ट्रीय ध्वज "समान अनुपात में केसरिया, सफेद और गहरे हरे रंग का क्षैतिज तिरंगा हो" जिसके केंद्र में गहरे नीले रंग का एक पहिया हो?'

(a) डॉ. बी. आर. अंबेडकर (b) जवाहरलाल नेहरू
(c) वल्लभभाई पटेल (d) आर. बी. धुलेकर

3. स्वतंत्र भारत की संविधान सभा में सदस्यों की कुल संख्या कितनी थी?

(a) 200 (b) 250
(c) 300 (d) 350

4. महात्मा गाँधी ………… भाषा को राष्ट्रभाषा बनाना चाहते थे।

(a) उर्दू (b) फारसी
(c) हिंदी (d) हिंदुस्तानी

5. संविधान सभा की प्रारूप समिति के अध्यक्ष ………… थे।

(a) वल्लभ भाई पटेल (b) जवाहरलाल नेहरू
(c) के. एम. मुंशी (d) डॉ. बी. आर. अंबेडकर

6. निम्नलिखित कथनों में से कौन-से कथन सही हैं?

1. संविधान सभा के सदस्य अप्रत्यक्ष रूप से चुने गए थे।
2. गोविंद बल्लभ पंत ने पृथक् निर्वाचक मंडल का विरोध किया।
3. श्री शंकर राव ने हिंदुस्तानी को राष्ट्रभाषा के रूप में स्वीकार किया।
4. एन जी रंगा ने आदिवासियों की गिनती अल्पसंख्यकों में की।

कूट

(a) 2, 4, 1 और 3 (b) 3, 4, 1 और 2
(c) 1, 2, 3 और 4 (d) 4, 3, 2 और 1

7. दिये गये कथन और कारण के संदर्भ में सही कूट का चयन करें?

कथन (A) संविधान सभा उन लोगों की आकांक्षाओं की अभिव्यक्ति का साधन मानी जा रही थी, जिन्होंने स्वतंत्रता आंदोलन में भाग लिया था।

कारण (R) लोकतंत्र, समानता तथा न्याय जैसे आदर्श उन्नीसवीं सदी से भारत में सामाजिक संघर्षों के साथ गहरे तौर पर जुड़ चुके थे।

कूट

(a) A और R दोनों सही हैं तथा R, A की सही व्याख्या है
(b) A और R दोनों सही हैं, परंतु R, A की सही व्याख्या नहीं है
(c) A सही है, किंतु R गलत है
(d) A गलत है, किंतु R सही है

अतिलघु उत्तरीय प्रश्न

8. संविधान सभा का गठन कब और किस योजना के अनुसार किया गया था?

9. संविधान सभा की बैठक में कब मुस्लिम लीग ने भाग नहीं लिया?

10. प्रारूप समिति में शामिल सभी सदस्यों के नाम लिखिए।

11. किसकी अनुशंसा पर संविधान सभा का गठन किया गया था?

12. प्रारूप समिति का गठन कब किया गया तथा इसके अध्यक्ष कौन थे?

लघु उत्तरीय प्रश्न

13. क्या आप ऐसा मानते हैं कि संविधान सभा में हुई चर्चाएँ जनमत से प्रभावित थीं?

14. केंद्र राज्य संबंधों के संदर्भ में के. संथानम के विचारों का उल्लेख कीजिए।

15. संविधान सभा के कुछ सदस्य तत्कालीन राजनैतिक परिस्थिति के अंतर्गत शक्तिशाली केंद्र के पक्ष थे।" चर्चा कीजिए।

16. भारतीय संविधान 26 जनवरी, 1950 को क्यों लागू किया गया? विवेचना कीजिए।

दीर्घ उत्तरीय प्रश्न

17. क्या आप ऐसा समझते हैं कि संविधान सभा एक लोकतांत्रिक तरीके से गठित की गई थी? अपने विचार दीजिए।

18. डॉ. बी. आर. अंबेडकर को भारतीय संविधान का पिता क्यों कहा जाता है? चर्चा कीजिए।

19. भारत में स्वतंत्रता के समय किस प्रकार की समस्याएँ विद्यमान थीं? अस्पृश्यों तथा अल्पसंख्यकों से संबंधित माँगों को कैसे संविधान सभा में सुलझाया?

प्रोजेक्ट कार्य

प्रोजेक्ट कार्य

प्रोजेक्ट का अर्थ

'प्रोजेक्ट' शब्द लैटिन भाषा के 'Projectum' शब्द से लिया गया है, जिसका अर्थ "किसी कार्य से पहले की योजना" है। स्कूल स्तर पर एक परियोजना एक प्रकार का शोध कार्य (रिसर्च असाइनमेंट) होता है, जिसे छात्रों को दिया जाता है। इसमें सामान्य कार्यभार की तुलना में अधिक प्रयास और स्वतंत्र कार्य करने की आवश्यकता होती है। इसके अंतर्गत छात्रों को स्वयं जानकारी एकत्र करनी पड़ती है, जिन्हें वे पुस्तकालय (लाइब्रेरी), इंटरनेट या प्राथमिक डेटा संग्रह के माध्यम से प्राप्त कर सकते हैं। एक परियोजना प्रतिवेदन को सही ढंग से तैयार किया जाना चाहिए, ताकि यह स्पष्ट, सूचनात्मक और व्यवस्थित हो।

- हाथ से लिखा हो
- आरेखात्मक प्रस्तुति हो
- उपयुक्त शीर्षकों के साथ विषय शामिल हो
- संक्षिप्त और स्पष्ट हो
- लंबाई 25 से 30 पृष्ठों की हो
- निष्कर्ष के साथ समाप्त हो।

प्रोजेक्ट कार्य की उपयोगिता

निम्नलिखित बिंदु परियोजना कार्य के उपयोग और महत्त्व को दर्शाते हैं

(i) संस्थानों, व्यवसायों, उत्पादों, सरकारी गतिविधियों के विकास और वृद्धि के बारे में जानकारी प्रदान करना।

(ii) उपभोक्ताओं को उनके हितों के अनुसार वस्तुओं की कीमत, गुणवत्ता और उपयोग आदि की जानकारी प्रदान करना।

(iii) उपभोक्ताओं की पसंद का अनुमान लगाने में सहायक होना; जैसे-पैट्रोल कार या डीजल कार, टेलीफोन या मोबाइल फोन आदि।

(iv) परियोजना रिपोर्ट शेयरधारकों के लिए उपयोगी होती है, जो किसी उद्यम की आय और लाभांश प्राप्त करने की संभावनाओं के बारे में जानना चाहते हैं।

(v) किसी देश के आर्थिक और सामाजिक विकास से संबंधित नीतियों के निर्माण में सहायता करना।

इस प्रकार, हम कह सकते हैं कि परियोजना कार्य विपणक, शेयरधारकों, अर्थशास्त्रियों, उपभोक्ताओं और सरकार को प्रभावी और दक्ष निर्णय लेने में सहायता करता है।

प्रोजेक्ट रिपोर्ट के तत्त्व

एक अच्छी परियोजना रिपोर्ट में निम्नलिखित तत्त्व होने चाहिए

शीर्षक पृष्ठ

इस परियोजना का शीर्षक, उस कंपनी का नाम जिस पर आप अपना शोध कर रहे हैं और विद्यार्थी का नाम शामिल होना चाहिए। आप अपने विद्यालय का नाम, कक्षा और विषय, शिक्षक का नाम भी सूचीबद्ध कर सकते हैं।

अभिस्वीकृति

यह सामान्य रूप से उन व्यक्तियों को आभार व्यक्त करने का तरीका है, जिन्होंने प्रोजेक्ट के दौरान आपको उपयोगी सहायता, तकनीकी या अन्य रूप में प्रदान की है।

विषय सूची

यह आपकी रिपोर्ट के मुख्य अनुभागों और उप-अनुभागों की सूची होनी चाहिए। स्पष्ट शीर्षकों का चयन करें और उनके संबंधित पृष्ठ संख्याओं के साथ डबल स्पेसिंग (दोहरे रिक्त स्थान) का उपयोग करके स्पष्टता बनाए रखें।

परिचय

यह प्रोजेक्ट कार्य का एक महत्त्वपूर्ण भाग होता है। इसे एक स्पष्ट कथन के साथ शुरू करना चाहिए, जिसमें यह बताया जाए कि यह प्रोजेक्ट किस बारे में है ताकि पाठक इसके विषय और सीमित दायरे को आसानी से समझ सकें। इसमें उन सभी चीजों का संक्षिप्त विवरण होना चाहिए जिन्हें आप प्राप्त करना चाहते थे। परिचय में प्रोजेक्ट की पृष्ठभूमि, उसकी प्रासंगिकता (महत्त्व) और मुख्य योगदान को आसान भाषा में समझाया जाना चाहिए। यह भाग प्रोजेक्ट की रूपरेखा प्रस्तुत करता है और पाठकों को यह बताता है कि पूरी रिपोर्ट में किन महत्त्वपूर्ण बिंदुओं पर ध्यान देना चाहिए।

पृष्ठभूमि

प्रोजेक्ट कार्य की पृष्ठभूमि उस संदर्भ या आधार को दर्शाती है, जिससे प्रोजेक्ट संबंधित हैं। इसमें प्रोजेक्ट शुरू करने का कारण, संबंधित समस्या, उसके समाधान के लिए उठाए गए कदम और इसके संभावित प्रभावों की जानकारी दी जाती है। यह भाग प्रोजेक्ट की आवश्यकताओं और महत्त्व को स्पष्ट करता है।

रिपोर्ट का मुख्य भाग

रिपोर्ट का मुख्य भाग सामान्यत: तीन या चार अनुभागों में विभाजित होता है, जिसमें परियोजना के दौरान किए गए तकनीकी कार्यों का विवरण दिया जाता है। इन अनुभागों की संरचना परियोजना पर निर्भर करती है। ये सामान्यत: परियोजना के विकास की क्रमबद्ध प्रक्रिया को दर्शाते हैं। इसमें परियोजना से संबंधित विषय का विस्तृत विवरण शामिल होता है।

मूल्यांकन

इसमें किसी उत्पाद का मात्रात्मक और गुणात्मक मूल्यांकन; जैसे-अभिव्यक्ति, कार्यक्षमता, उपयोग में आसानी आदि शामिल हो सकते हैं। किसी बिंदु पर, आपको अपने द्वारा किए गए कार्य के गुण और दोषों का मूल्यांकन करना चाहिए। इसमें कुछ प्रश्नावली, नमूना परीक्षण शामिल हैं, जो सत्य और तथ्यों के आधार पर परिणाम का मूल्यांकन करने में सहायता करते हैं।

निष्कर्ष

निष्कर्ष में उन बिंदुओं को शामिल किया जाना चाहिए, जो आपके द्वारा किए गए कार्य से सीखे गए हैं। यह आपके द्वारा किए गए प्रोजेक्ट का अंतिम चरण है। अत: इसका प्रभावशाली और स्पष्ट होना आवश्यक है, ताकि पाठक आपके कॉंसेप्ट को आसानी से समझ सकें और आपके प्रस्तुतीकरण के आधार पर मूल्यांकन कर सकें।

संदर्भ सूची

इस भाग में उन सभी द्वितीयक स्रोतों का विवरण दिया जाना चाहिए; जैसे-पत्रिकाएँ, समाचार-पत्र, रिपोर्ट, इंटरनेट लिंक आदि जिनका उपयोग परियोजना विकसित करने में किया गया है।

विजयनगर साम्राज्य की स्थापत्य कला पर प्रोजेक्ट कार्य

नाम : ....

कक्षा : ....

अनुक्रमांक : ....

विषय : ....

विद्यालय : ....

प्रस्तुतकर्ता ....

प्रेषित ....

अभिस्वीकृति

मैं उन सभी के प्रति अपनी गहरी और हार्दिक कृतज्ञता व्यक्त करना चाहता/चाहती हूँ, जिन्होंने इस परियोजना को बनाने में मेरी सहायता की। उनके सक्रिय मार्गदर्शन, सहयोग, सहायता और प्रोत्साहन के बिना मैं समय पर इस प्रोजेक्ट कार्य को प्रस्तुत नहीं कर पाता/पाती।

मैं अपने शिक्षक श्री/श्रीमती .... का हृदय से आभार व्यक्त करता/करती हूँ, जिन्होंने इस प्रोजेक्ट कार्य को पूरा करने में अमूल्य मार्गदर्शन और सहयोग प्रदान किया।

मैं अपने प्रधानाचार्य श्री/श्रीमती .... का भी आभारी हूँ, जिन्होंने इस परियोजना के दौरान नैतिक समर्थन प्रदान किया।

इसके अतिरिक्त, मैं अपने माता-पिता, विद्यालय के अन्य शिक्षकों और मित्रों के प्रति भी अपनी गहरी श्रद्धा और कृतज्ञता व्यक्त करता/करती हूँ, जिन्होंने इस प्रोजेक्ट कार्य को पूरा करने में मुझे बहुमूल्य सुझाव दिए।

दिनांक .... विद्यार्थी का नाम ....

प्रमाण-पत्र

यह प्रमाणित किया जाता है कि

.... प्रोजेक्ट कार्य का नाम

.... (विद्यार्थी का नाम) का प्रमाणिक कार्य है,

जिसे मेरी देख-रेख में पूरा किया गया है।

....

शिक्षक / पर्यवेक्षक का नाम और हस्ताक्षर

विषय सूची...

विजयनगर साम्राज्य की स्थापत्य कला

परिचय

मोहम्मद-बिन-तुगलक के शासनकाल के अंतिम वर्षों में उत्पन्न होने वाली अराजकता एवं अव्यवस्था के परिणामस्वरूप 14वीं शताब्दी के चौथे दशक में विजयनगर (विजय का शहर) साम्राज्य की स्थापना (1336 ई.) हरिहर और बुक्का नामक दो भाइयों ने की थी। विजयनगर, अनेगुडी किले के समीप तुंगभद्रा नदी के दक्षिण तट पर था। डेमिंगों पायस और निकोली-द-कोंटी जैसे मध्ययुगीन यूरोपीय यात्रियों के लेखन और स्थानीय भाषाओं के ये साहित्य विजयनगर के बारे में महत्त्वपूर्ण जानकारी प्रदान करते हैं। पुरातात्विक उत्खनन से विजयनगर साम्राज्य की शंति और वैभव का पता चलता है।

साम्राज्य की स्थापना के पश्चात् प्रथम दो दशकों में, हरिहर-प्रथम ने तुंगभद्रा नदी के दक्षिण के अधिकांश भाग पर नियंत्रण स्थापित किया और पूर्व-पश्चिम समुद्रधीश्वर की उपाधि प्राप्त की।

विजयनगर इतिहास के स्रोत

- कर्नल कोलिन मैकेंजी, जो एक इंजीनियर, **पुरातत्त्ववेत्ता**, सर्वेक्षक और **मानचित्रकार** थे, इन्होंने 1800 ई. में हम्पी के खंडहरों की खोज की तथा हम्पी स्थल का पहला सर्वेक्षण मानचित्र तैयार किया।
- इनकी एकत्रित प्रारंभिक जानकारी विरुपाक्ष मंदिर और पम्पादेवी मंदिर के पुजारियों की स्मृतियों पर आधारित थी।
- 1836 ई. में पुरालेखशास्त्रियों (जो प्राचीन शिलालेखों का अध्ययन और व्याख्या करते हैं) ने हम्पी के मंदिरों में पाए गए कई शिलालेखों को एकत्रित करना शुरू किया और कालांतर में 1856 ई. से छाया चित्रकारों (फोटोग्राफर) ने यहाँ के भवनों के चित्र संकलित करने आरंभ किए, जिससे शोधकर्ता इनका अध्ययन कर पाएँ।
- इतिहासकारों ने इस शहर और साम्राज्य के इतिहास के पुनर्निर्माण के प्रयास में, इन स्रोतों से प्राप्त सभी जानकारी को विदेशी यात्रियों के यात्रा वृत्तातों तथा तेलुगू, कन्नड़, तमिल और संस्कृत में लिखे गए अन्य साहित्य से मिलान किया।

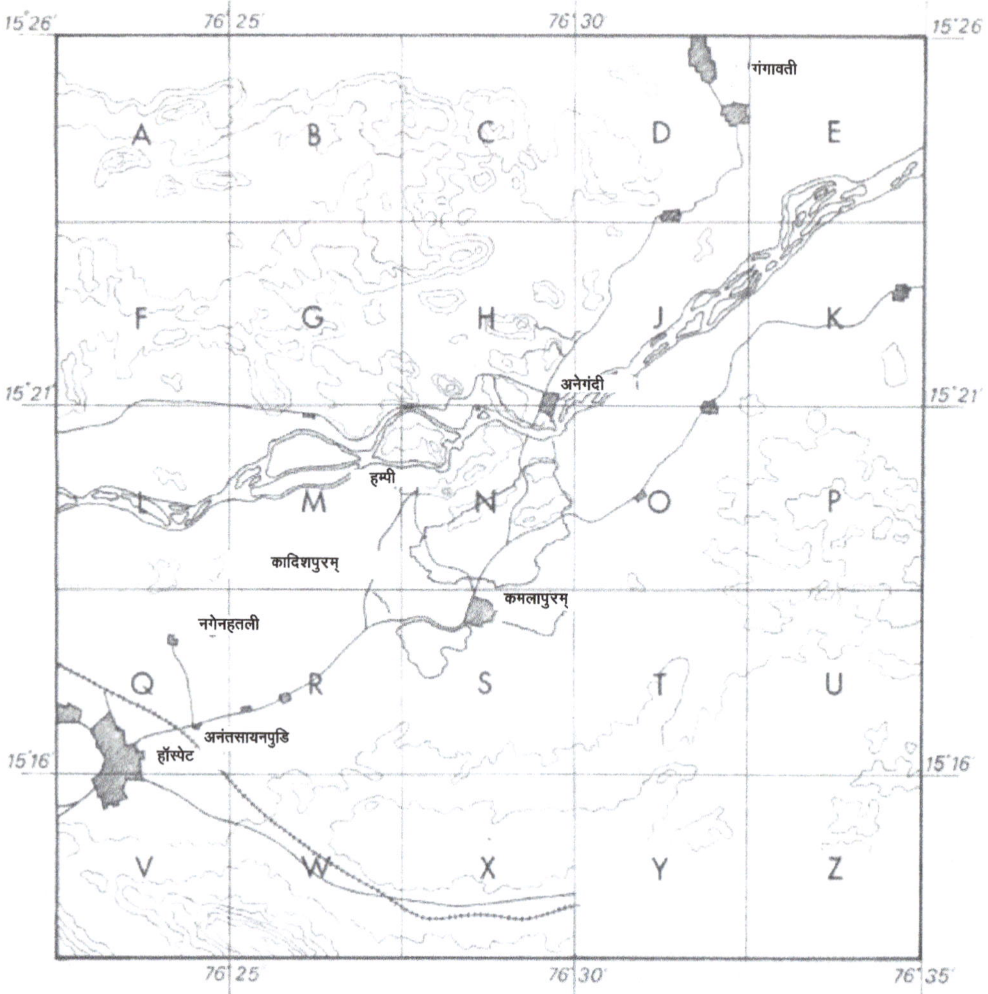

सागर हम्पी का सर्वेमैप

विजयनगर साम्राज्य के राजवंश

विजयनगर पर निम्नलिखित राजवंशों ने शासन किया। संगम-सलुव, तुलुव और अराविदु वंश आदि।

संगम राजवंश

यह विजयनगर का पहला राजवंश था, जिसने 1485 ई. तक शासन किया। हरिहर और बुक्का संगम के पुत्र थे, जो वारंगल के काकतीपों के सामंत थे। बुक्का के उत्तराधिकारी हरिहर-द्वितीय ने दक्षिणी भारत में बुक्का के अभियानों को जारी रखा तथा नेल्लौर और कलिंग के मध्य तटीय आंध्र पर नियंत्रण स्थापित कर लिया।

उन्होंने अड्‌डाकी और श्री शैलय क्षेत्रों पर भी विजय प्राप्त की तथा कृष्णा नदी के दक्षिण में प्रायद्वीप के अधिकांश क्षेत्र को जीत लिया।

संगम राजवंश का सबसे महान शासक देवराय द्वितीय था। उनके शासनकाल के समय शाहरुख का दूत अब्दुर रज्जाक विजयनगर साम्राज्य आया था। विरुपाक्ष राय द्वितीय इस राजवंश के अंतिम शासक थे।

सलुव राजवंश

सलुव वंश का संस्थापक सालुव नरसिंहा था, इसके पश्चात् इम्माड़ी ने शासन संभाला। वह एक कमजोर शासक था, इसलिए राज्य का नियंत्रण नरसा नायक के हाथों में चला गया। उनके शासनकाल में 1498 ईं में वास्को-डी-गामा कालीकट (कोझिकोड) पहुँचा।

तुलुव राजवंश

नरसा नायक के पुत्र, वीर नरसिंह तुलुव राजवंश का संस्थापक था। उसके पश्चात् 1509 ई. में उनके सौतेले भाई कृष्ण देवराय ने सत्ता संभाली। कृष्ण देवराय विजयनगर साम्राज्य का एक महान शासक था।

कृष्ण देवराय का शासनकाल, साम्राज्य सुदृढ़ता और शासन विस्तार के लिए जाना जाता है। 1512 ई. में तुंगभद्रा और कृष्णा नदियों के बीच के क्षेत्र, जो रायचूर दोआब कहलाता था, पर कृष्ण देवराय ने पूर्ण रूप से अधिकार कर लिया। 1514 ई. में कृष्ण देवराय ने उड़ीसा के शासकों पर नियंत्रण स्थापित किया तथा 1520 ई. में बीजापुर के सुल्तान को पराजित किया।

कृष्ण देवराय के शासनकाल में विजयनगर साम्राज्य ने प्रत्येक क्षेत्र में उन्नति की। कृष्ण देवराय ने भव्य मंदिरों का निर्माण कराया। मंदिरों में गोपुरम् शैली (Gopuram Style) को जोड़ा तथा अपनी माँ के नाम पर एक नगर नगलपुरम् की स्थापना की, जो विजयनगर के समीप था।

विजयनगर के संदर्भ में विस्तृत विवरण उनके काल में मिलते हैं। उनके शासनकाल को तेलुगू साहित्य का 'क्लासिक युग' कहा जाता है। कृष्ण देवराय ने तेलुगू में अमुक्तमाल्याद एवं संस्कृत में जाम्बवती कल्याणम् और उषा परिणय की रचना की। इनके दरबार में तेलुगू साहित्य के 8 सर्वश्रेष्ठ कवि रहते थे, जिन्हें 'अष्ट दिग्गज' कहा जाता है।

1529 ई. में कृष्ण देवराय की मृत्यु के पश्चात् इनके उत्तराधिकारियों को राज्य के अनेक सेनानायकों के विद्रोहों का सामना करना पड़ा, जिसके फलस्वरूप 1542 ई. तक राज्य पर नियंत्रण एक अन्य वंश, अराविदु के हाथों में चला गया।

अराविदुड राजवंश

अराविदु राजवंश की स्थापना तिरुमल ने पेनुकोंडा में की थी। इस वंश का अंतिम शासक श्री रंगा तृतीय था। इस वंश का शासन 17वीं शताब्दी के अंत तक रहा । अराविदु वंश के शासकों के शासनकाल में भी पूर्व की तरह दक्कन सल्तनत के शासकों के साथ संघर्ष चलते रहे।

विजयनगर साम्राज्य की वास्तुकला

विजयनगर साम्राज्य की वास्तुकला को विजयनगर के मंदिरों और अन्य स्थापत्यों के माध्यम से समझाया जा सकता है;

विरुपाक्ष मंदिर

यह मंदिर कर्नाटक के वल्लारी जिले के हम्पी में स्थित है। यह मंदिर भगवान विरुपाक्ष को समर्पित है, जो शिव का एक रूप है। मुख्य मन्दिर में एक गर्भगृह तीन प्रकोष्ठ, एक स्तंभों वाला हॉल और एक खुला स्तंभों वाला हॉल है। इन स्तंभों को बारीक नक्काशी से अलंकृत किया गया है। मंदिर के चारों ओर एक स्तंभों वाला गलियारा, प्रवेश द्वार, आँगन, छोटे मंदिर और अन्य स्थायत्य हैं।

नौ मंजिला पूर्वी प्रवेश द्वार

- नौ मंजिला पूर्वी प्रवेश द्वार 50 मी ऊँचा सुव्यवस्थित और समानुपातिक है। इसके अंतर्गत कुछ पुरानी संरचनाओं को शामिल किया गया है। इसमें ईंटों की अधिरचना और पत्थर का आधार है। यह बाहरी प्रांगण तक पहुँच प्रदान करता है, जिसमें कई उपमंदिर हैं, छोटा पूर्वी प्रवेश द्वार आंतरिक प्रांगण की ओर जाता है, जहाँ कई छोटे मंदिर स्थित हैं।
- तुंगभद्रा नदी की एक संकरी धारा मंदिर के छत के साथ बहती है और फिर मंदिर की रसोई तक जाती है और बाहरी आँगन से बाहर निकलती है। इस मंदिर की सबसे विशेष बात यह है कि इसके निर्माण व अलंकरण में गणितीय अवधारणाओं का विशेष उपयोग किया गया है। मंदिर का मुख्य आकार त्रिकोणीय है।

- कृष्ण देवराय इस मंदिर के मुख्य संरक्षक थे, इस मंदिर की सबसे सुंदर संरचना केंद्रीय स्तंभों वाला हॉल है, जिसे कृष्ण देवराय ने अपने राज्यारोहण के अवसर पर मुख्य मंदिर के सामने बनवाया था। सूक्ष्मता से उकेरे या गोदे गए स्तंभों पर सूक्ष्म अलंकरण से इसे आकर्षक बनाया गया। पूर्वी गोपुरम का निर्माण भी इन्होंने ही कराया था। विजयनगर के शासकों द्वारा इस मंदिर को विशाल और आकर्षक रूप दिया गया। मंदिर में अनेक सभागार बनाए गए थे, जो अनेक धार्मिक गतिविधियों के केंद्र थे।
- केंद्रीय मंदिर परिसर का एक छोटा हिस्सा था। मंदिर के हॉल/मंडप का निर्माण अनेक उद्देश्यों के लिए किया जाता था। इनमें नृत्य, संगीत, नाटक और अन्य विशेष कार्यक्रमों को आयोजित किया जाता था। इसके साथ ही कुछ स्थानों का उपयोग दैव विवाह के लिए तथा कुछ मंडपों का प्रयोग देवी-देवताओं को झूला झुलाने के लिए होता था।

विरुपाक्ष मंदिर (हम्पी)

आकाश से लिया गया विरुपाक्ष मंदिर का दृश्य

प्रोजेक्ट कार्य

राजा का महल

विजयनगर के भवनों के आकार और उनके कार्यों के आधार पर यहाँ की विशिष्ट संरचनाओं का नामकरण किया जाता था। 'राजा का भवन' नामक संरचना सबसे विशाल थी, परंतु इसके राजकीय आवास होने के निश्चित साक्ष्य नहीं मिले हैं। **सभा मंडप** एवं **महानवमी डिब्बा** इसके दो प्रभावशाली मंच हैं। संपूर्ण परिसर ऊँची दोहरी दीवारों से घिरा हुआ था और उन दीवारों के मध्य में एक सड़क थी।

मदुरई के सभा मंडप का आंतरिक भाग

महानवमी डिब्बा

यह शहर के सबसे ऊँचे स्थानों में से एक पर स्थित 'महानवमी डिब्बा' एक विशालकाय मंच है, जो लगभग 11000 वर्ग फीट के आधार से 40 फीट की ऊँचाई तक जाता है, ऐसे साक्ष्य मिले हैं, जिनसे पता चलता है कि इस पर एक लकड़ी की संरचना बनी थी। मंच का आधार उभारदार उत्कीर्णन से पटा हुआ/पड़ा है।

इस संरचना से जुड़े अनुष्ठान, संभवतः सितंबर तथा अक्टूबर के शरद मासों में मनाए जाने वाले 10 दिन के हिंदू त्योहार, जिन्हें दशहरा (उत्तर भारत), दुर्गा पूजा (बंगाल में) तथा नवरात्रि या महानवमी (प्रायद्वीपीय भारत में) नामों से जाना जाता है, के महानवमी (शाब्दिक अर्थ, महान नवाँ दिवस) के अवसर पर निष्पादित किए जाते हैं। इस अवसर पर विजयनगर शासक अपने रूतबे, ताकत तथा अधिराज्य का प्रदर्शन करते थे।

महानवमी डिब्बा

लोटस महल

राजकीय क्षेत्र के सर्वाधिक सुंदर महलों में से एक लोटस (कमल) महल है, इसको यह नाम अंग्रेजों ने 19वीं शताब्दी में दिया था, परंतु इस भवन के उपयोग को लेकर इतिहासकारों में मतभेद हैं कि इस भवन का प्रयोग किस कार्य के लिए किया जाता था।

मैकेंजी के अनुसार, यह परिषदीय भवन था, जहाँ राजा परामर्शदाताओं से मिलता होगा।

लोटस महल खल मेसोनरी (पत्थरों की चिनाई) से निर्मित है तथा इस पर बारीकी से प्लास्टर किया गया है। इसकी संरचना सममित रूप में बनाई गई है, जिसमें चारों ओर समान प्रक्षेपण (बाहर निकला हुआ हिस्सा) है, इसका गुम्बद एक खिले हुए कमल की तरह दिखता है। महल के घुमावदार हिस्से इस्लामिक वास्तुकला से प्रेरित हैं और ये स्थापत्य को मौसम की मुश्किल परिस्थितियों से बचाते हैं। यह दो मंजिला स्थापत्य है, दोनों मंजिलों पर कई जगहों पर मेहराबदार खुली जगह है, जो सुंदर प्लास्टर डिजाइन से अलकृत है। इनके कोनों पर 8 पिरामिड़नुमा मीनारे हैं तथा स्थापत्य के मध्य में एक बड़ी मीनार है। यह 24 स्तंभों पर टिकी हुई है, पिरामिडनुमा मीनार भारतीय वास्तुकला से प्रेरित है। स्तंभों पर पत्थर से तराशे हुए जलीय जानवर, पौधे आदि बने हुए हैं।

कमल महल का एक खड़ा रेखा चित्र

हजारा राम मंदिर

हजारा राम मंदिर हम्पी के शाही केंद्र के शहरी हिस्से के पश्चिमी भाग में स्थित था। यह मंदिर रामायण के प्रसिद्ध चरित्र 'राम' को समर्पित था, जो विष्णु के अवतार हैं। इस मंदिर का प्रयोग संभवत: केवल राजा और उनके परिवार द्वारा ही किया जाता था। इस मंदिर का निर्माण 15वीं शताब्दी की शुरुआत में हुआ था। मंदिर की बाहरी दीवारों पर हिंदू महानवमी (दशहरा) और बसंत होली उत्सव की आकृतियों और उत्सवों को कलात्मक रूप में दर्शाया गया है।

सबसे निचली पट्टी पर चलते हाथी दिखाए गए हैं, उनके ऊपर घुड़सवार सहित घोड़ों का अंकन है तथा सैनिकों को जनता द्वारा सम्मानित किया जा रहा है। उसके ऊपर नर्तक और संगीतकार हैं तथा सबसे ऊपरी भाग में आम जनता का उत्साह पूर्ण जुलूस दिखाया गया है। यह चित्रण उन फारसी और पुर्तगाली यात्रियों के संस्मरणों में वर्णित उत्सवों और जुलूसों को दर्शाता है, जिन्होंने विजयनगर की राजधानी का भ्रमण किया था।

हमारे राम मंदिर की दीवारों पर मूर्तिकला

विट्ठल मंदिर

विजयनगर का दूसरा प्रमुख मंदिर 'विट्ठल मंदिर' है, जिसमें विट्ठल (विष्णु के एक रूप में) मुख्य देवता के रूप में विराजमान हैं। विट्ठल भगवान को कृष्ण का ही एक रूप माना जाता है, जिन्हें **विठोवा** भी कहा जाता है। विष्णु के रूप में विट्ठल की पूजा सामान्यत: महाराष्ट्र और कर्नाटक में प्रचलित थी। इस मंदिर की मुख्य विशेषता रथ के आकार के रूप में मंदिर का निर्माण होना था। मंदिर परिसरों की मुख्य विशेषता रथ गलियाँ थीं। इन गलियों का फर्श पत्थर के टुकड़ों से बना होता था। अन्य मंदिरों की भाँति विट्ठल मंदिर को भी अनेक हॉल और रथ के रूप में डिजाइन किया जाता था। इस मंदिर की एक महत्त्वपूर्ण विशेषता रथ मार्ग थे, जो मंदिर के गोपुरम् से सीधी रेखा में फैले हुए थे। मंदिर की सड़कें पत्थर की पटियाओं से बनी हुई थीं, जिनके किनारे पर व्यापारी अपनी दुकान लगाते थे, दुकानें खंभों वाले मंडपों से सजी थीं।

मंदिर का मुख्य द्वार पूर्व दिशा में है और इसकी योजना चौकोर है। मंदिर में एक मुख्य गोपुरम् (प्रवेश द्वार) और दो साइड गोपुरम् है। मुख्य मंदिर एक पक्के आँगन के मध्य स्थित है और इसके आस-पास कई छोटे मंदिर हैं, जो सभी पूर्व दिशा की ओर संरेखित हैं।

मंदिर 500 फीट लंबे और 300 फीट चौड़े आँगन में बना हुआ है, जो तीन पंक्तियों वाले खंभों से घिरा हुआ है। यह एक मंजिला निचला स्थापत्य है, जिसकी औसत ऊँचाई 25 फीट है। मंदिर में तीन अलग-अलग खंड हैं, गर्भगृह (मुख्य मंदिर) अर्द्धमंडप (छोटा हॉल) और महामंडप (या सभा मंडप) विट्ठल मंदिर के आँगन में एक पत्थर की रथ के रूप में गरुण मंडप है। इस पत्थर के रथ के समक्ष एक बड़ा चौकोर, खुला हुआ स्तंभों वाला सभा मंडप (सामुदायिक हॉल) है इस मंडप के चार खंड हैं, जिनमें से दो मंदिर के गर्भगृह के साथ संरेखित हैं। मंडप में 56 नक्काशीदार पत्थर के बीम हैं, जो अलग-अलग आकार, लंबाई के हैं, जब इन्हें थपथपाया जाता है, तो ये संगीतमय ध्वनि उत्पन्न करते हैं।

विट्ठल रथ मंदिर

विजनगर साम्राज्य की राजधानी

विजयनगर साम्राज्य की राजधानी विजयनगर थी। अधिकांश राजधानियों की तरह यह राजधानी भी एक विशिष्ट भौतिक रूप रेखा तथा स्थापत्य शैली से अभिलक्षित थी। विजयनगर के राजाओं और उनके नायकों के कई शिलालेख हमे शहर के बारे में जानकारी देते हैं।

यात्रियों के विजयनगर शहर के संदर्भ में विचार विभिन्न यात्रियों ने जैसे निकोलोकोंटी (इटली) फारस के शाह द्वारा भेजे गए राजदूत अब्दुर रज्जाक, रूस के व्यापारी अकानासी निकितिन, कुआर्टे बारबोसा, डोमिंगो पेस और पुर्तगाल के फर्नाओनूनीज ने शहर का दौरा किया। इन सभी यात्रियों के विवरण विजयनगर के बारे में जानकारी प्रदान करते हैं। उदाहरण के लिए डोमिंगो पेस ने विजयनगर का वर्णन करते हुए कहा है कि यह बहुत सुंदर और रोम जितना बड़ा था। इन्होंने बताया कि शहर में कई पेड़, बगीचे और कई पानी की नालियाँ तथा कुछ झीलें थीं। महान किले की दीवारों ने शहर को घेर रखा था। अब्दुर रज्जाक, जो 15वीं शताब्दी में फारस के शाह द्वारा कालीकट भेजा गया एक राजदूत था, जो विजयनगर की किलेबंदी से प्रभावित हुआ। इसने दुर्गों की सात पंक्तियों का उल्लेख किया है। इसने न केवल शहर को बल्कि कृषि में प्रयुक्त आसपास के क्षेत्र तथा जंगलों को भी घेर लिया गया था। इस किले की सबसे बाहरी दीवार पहाड़ियों को आपस में जोड़ती है, जो शहर के चारों ओर बनी है। यह विशाल राजगिरि संरचना थोड़ी-सी सुंडाकार थी।

पत्थर के टुकड़े फानाकार थे, जिसके कारण वे अपने स्थान पर टिके रहते थे। दीवार का अंदर का भाग मिट्टी और मलबे के मिश्रण से बना था। वर्गाकार तथा आयताकार बुर्ज बाहर की ओर निकले हुए थे।

विजयनगर साम्राज्य का पतन

कृष्णदेव राय की मृत्यु के पश्चात् 1529 ई. में राजकीय ढाँचे में तनाव उत्पन्न होने लगा। उसके उत्तराधिकारियों को विद्रोही नायकों या सेनापतियों से चुनौती का सामना करना पड़ा। 1542 ई. तक केंद्र पर नियंत्रण एक अन्य राजकीय वंश, अराविदु के हाथों में चला गया, जो 17वीं शताब्दी के अंत तक सत्ता पर स्थित रहें।

1565 ई. में विजयनगर की सेना प्रधानमंत्री रामराय के नेतृत्व में राक्षस-तांगडी (तालीकोटा) के युद्ध में उत्तरी जहाँ उसे बीजापुर, अहमदनगर तथा गोलकुंडा की संयुक्त सेनाओं द्वारा करारी शिकस्त मिली। विजयी सेनाओं ने विजय-नगर शहर पर धावा बोलकर उसे लूटा। कुछ ही वर्षों के अंदर ही यह शहर पूरी तरह से उजड़ गया। अब साम्राज्य का केंद्र पूर्व की ओर स्थानांतरित हो गया, जहाँ अराविदु राजवंश ने वेनुकोंडा से और बाद में चंद्रगिरि से शासन किया।

मौखिक प्रश्न

1. 1336 ई. में विजयनगर साम्राज्य की स्थापना किसके द्वारा की गई?

उत्तर 1336 ई. में विजयनगर साम्राज्य की स्थापना हरिहर और बुक्का द्वारा की गई थी।

2. विजयनगर पर शासन करने वाले विभिन्न राजवंशों के नामों का उल्लेख कीजिए

उत्तर विजयनगर पर शासन करने वाले राजवंश क्रमशः, संगम, सालुव, तुलुव और अराविदु हैं।

3. विजयनगर साम्राज्य के दौरान यात्रा करने वाले किन्हीं 4 विदेशी यात्रियों के नाम बताइए

उत्तर विजयनगर साम्राज्य के दौरान यात्रा करने वाले 4 विदेशी यात्री हैं, निकोलो-द-कांटी (इटली), अब्दुर रज्जाक (फारस), अकानासी निकितिन (रूस) और कर्नावों नूनिज (पुर्तगाल)।

4. विट्ठल मंदिर के प्रमुख देवता के रूप में कौन विराजमान हैं?

उत्तर विट्ठल मंदिर के प्रमुख देवता 'विट्ठल' हैं, जो सामान्यतः महाराष्ट्र में पूजे जाने वाले 'विष्णु' के एक रूप में हैं।

5. 'रायचूर दोआब' किन दो नदियों के मध्य के क्षेत्र को कहा जाता है?

उत्तर 'रायचूर दोआब' तुंगभद्रा और कृष्णा नदियों के मध्य के क्षेत्र को कहा जाता है।

6. 'राक्षसी तांगडी' जिसे 'तालीकोटा' के नाम से जाना जाता है, का युद्ध 1565 ई. में किसके मध्य हुआ था?

उत्तर 'राक्षसी तांगड़ी' जिसे 'तालीकोटा' के नाम से जाना जाता है, का युद्ध विजयनगर, बीजापुर, गोलकुंडा और अहमदनगर की संयुक्त सेनाओं के मध्य हुआ इस युद्ध में विजयनगर की हार हुई।

7. कृष्णदेव राय के द्वारा तेलुगू और संस्कृत में लिखित पुस्तकों के नाम बताइए

उत्तर कृष्णदेव राय ने तेलुगू भाषा में "आयुक्तमल्याद" तथा संस्कृत में "जाम्बती कल्याणम्" की रचना की।

8. विजयनगर मंदिर स्थापत्य में किन नए तत्त्वों का समावेश दिखाई देता है?

उत्तर विजयनगर मंदिर स्थापत्य में नए तत्त्वों के रूप में "गोपुरम और मंडप" का समावेश दृष्टिगत होता है।

9. हरिहर द्वारा तुंगभद्रा नदी के दक्षिण में नियंत्रण स्थापित करने के उपरांत किस उपाधि को धारण किया गया था?

उत्तर हरिहर द्वारा तुंगभद्रा नदी के दक्षिण में नियंत्रण स्थापित करने के उपरांत "पूर्व-पश्चिम समुद्र अधीश्वर" की उपाधि को धारण किया गया था।

10. विजयनगर साम्राज्य की एक महत्त्वपूर्ण वास्तुशिल्प संरचना "लोटस महल" कहाँ स्थित है?

उत्तर विजयनगर साम्राज्य की महत्त्वपूर्ण वास्तुशिल्प संरचना "लोटस महल" हम्पी में स्थित है।

11. किस मंदिर का विशाल रंगमंडप अपने 56 स्तंभों के लिए प्रसिद्ध है, जिन्हें 'सारेगामा' स्तंभ भी कहा जाता है?

उत्तर विट्ठल मंदिर हम्पी का विशाल रंगमहल अपने 56 संगीत स्तंभों के लिए प्रसिद्ध है, जिन्हें 'सारेगामा' स्तंभ भी कहा जाता है।

सैंपल पेपर्स

सैंपल पेपर 1

इतिहास

व्याख्या सहित (सॉल्वड) कक्षा 12

निर्देश
1. इस प्रश्न-पत्र में पाँच खंड हैं—क, ख, ग, घ और ङ। इस प्रश्न-पत्र में 34 प्रश्न हैं सभी प्रश्न करने अनिवार्य हैं।
2. खंड क—प्रश्न सं. 1 से 21 तक वस्तुनिष्ठ प्रकार के प्रश्न हैं। प्रत्येक प्रश्न 1 अंक का है।
3. खंड ख—प्रश्न सं. 22 से 27 लघु उत्तरीय प्रश्न हैं। प्रत्येक प्रश्न 3 अंक का है, जिनका उत्तर 60-80 शब्दों से अधिक नहीं होना चाहिए।
4. खंड ग—प्रश्न सं. 28 से 30 दीर्घ उत्तरीय प्रश्न हैं। प्रत्येक प्रश्न 8 अंक का है, जिनका उत्तर 300-350 शब्दों से अधिक नहीं होना चाहिए।
5. खंड घ—प्रश्न सं. 31 से 33 स्रोत आधारित प्रश्न हैं, जिनके तीन उपप्रश्न हैं। प्रत्येक स्रोत 4 अंक का है।
6. खंड ङ—प्रश्न सं. 34 मानचित्र आधारित प्रश्न है।

समय : 3 घंटे *पूर्णांक : 80*

खंड 'क' **(21 × 1 = 21)**

1. भारतीय पुरातात्विक सर्वेक्षण के डायरेक्टर जनरल कौन थे, जिन्होंने वर्ष 1924 में पूरे विश्व के सामने सिंधु घाटी में एक नवीन सभ्यता की खोज की घोषणा की थी? (1)

(a) कर्निंघम (b) वी. एस. स्मिथ
(c) सर जॉन मार्शल (d) दयाराम साहनी

उत्तर (c) सर जॉन मार्शल

2. हड़प्पा सभ्यता के स्थल और उनसे जुड़े स्थान के बारे में सही विकल्प के साथ निम्नलिखित को पुरा करें
धौलावीरा, गुजरात, कालीबंगन। (1)

(a) महाराष्ट्र (b) गुजरात
(c) उत्तर प्रदेश (d) राजस्थान

उत्तर (d) राजस्थान

3. निम्नलिखित जानकारी को पढ़ें और उस संदर्भ का उल्लेख करें, जो इस कथन से जुड़ा हुआ है
"सैन्य प्रबंधन के लिए एक समिति तथा छः उपसमितियों का उल्लेख किया है।" (1)

(a) फाह्यान (b) ह्वेनसांग (c) मेगस्थनीज (d) डाइमेकस

उत्तर (c) मेगस्थनीज

4. निम्नलिखित में से सबसे उपयुक्त तथ्य की पहचान कीजिए, जिसके कारण राजा अशोक को उसकी प्रजा द्वारा 'देवानामपिय' और 'पियदस्सी' के रूप में जाना जाता था। (1)

(a) अशोक ने स्वयं को आदेश जारी करने के लिए अधिकृत किया
(b) उसने 'देवपुत्र' की उपाधि स्वीकार की
(c) पुरालेखशास्त्रियों ने उसे देवानामपिय के रूप में जाना
(d) उसने धम्म के माध्यम से समाज की भलाई की

उत्तर (d) उसने धम्म के माध्यम से समाज की भलाई की

5. निम्नलिखित चित्र की पहचान कीजिए और इसे उपयुक्त शीर्षक दीजिए (1)

(a) एक सरदार और उसका अनुयायी
(b) विश्वामित्र व उनके शिष्य
(c) मातृशक्ति व प्रकृति
(d) उपरोक्त में से कोई नहीं

उत्तर (a) एक सरदार और उसका अनुयायी

6. निम्नलिखित में से कौन-सा युग्म सुमेलित है **(1)**

सूची I (लेखक)		सूची II (पुस्तक)
A. अल-बरूनी	–	रेहला
B. इब्नबूतना	–	किताब-उल-हिंद
C. बर्नियर	–	ट्रैवल्स इन द मुगल एंपायर
D. बारवोसा	–	डाउट्स द बर्नियर

उत्तर (c) बर्नियर-ट्रैवल्स इन द मुगल एंपायर

7. जैन धर्म के बारे में निम्नलिखित में से कौन-सा कथन सहीं नहीं है? **(1)**

(a) जैन धर्म का मुख्य केंद्र बिंदु अहिंसा है
(b) जैन धर्म के 22वें तीर्थंकर पार्श्वनाथ थे
(c) जैन धर्म के साधु और साध्वी पाँच व्रत करते थे
(d) ग्रंथ त्रिपिटिक का संबंध जैन धर्म से है

उत्तर (b) जैन धर्म के 22वें तीर्थकर पार्श्वनाथ थे।

8. मान लीजिए आप आधुनिक भारत के ऐतिहासिक स्रोत का अध्ययन कर रहे हैं, तो बताइए कि किस स्रोत/पुस्तक की सहायता से हम तत्कालीन यूरोप की तुलना मुगलकालीन भारत से कर पाएँगे? **(1)**

(a) ट्रैवल्स इन द मुगल एंपायर
(b) द हिस्ट्री ऑफ द लेट रेवोल्युशन
(c) एवरेज ऑफ द फिलॉसफी ऑफ गेसैंडी
(d) डाउट्स द बर्नियर

उत्तर (a) ट्रैवल्स इन द मुगल एंपायर

9. निम्नलिखित जानकारी की सहायता से सिख गुरु की पहचान करें

- इनके द्वारा पंद्रहवीं शताब्दी में सिख संप्रदाय की स्थापना हुई।
- इनके विचार 'शब्द' में संग्रहित हैं।
- इनके अनुसार, परम पूर्ण 'रब' की उपासना को कोई लिंग या आकार नहीं है। **(1)**

(a) गुरु अर्जुनदेव (b) गुरु तेगबहादुर
(c) गुरु नानक (d) गुरु हरकिशन

उत्तर (c) गुरु नानक

10. सूफी सिलसिले के अंतर्गत बे-शरिया तथा बा-शरिया में क्या अंतर है? **(1)**

(a) बे-शरिया जो शरिया को मानते थे। इन्हें रहस्यवादी भी कहा जाता था
(b) बा-शरिया जो शरिया को नहीं मानते थे
(c) 'a' और 'b' दोनों
(d) उपरोक्त में से कोई नहीं

उत्तर (d) उपरोक्त में से कोई नहीं

11. कथन (A) अमरनायक सेना के प्रधान होते थे, जिनको राय द्वारा शासन व सैन्य निर्वाह के लिए राज्य क्षेत्र प्रदान किए जाते थे।

कारण (R) ये शिल्पकर्मियों, किसानों तथा व्यापारियों से कर व भू-राजस्व वसूला करते थे। **(1)**

कूट

(a) A और R दोनों सही हैं तथा R, A की सही व्याख्या है
(b) A और R दोनों सही हैं, परंतु R, A की सही व्याख्या नहीं है
(c) A सही है, किंतु R गलत है
(d) A गलत है, किंतु R सही है

उत्तर (a) विजयनगर सैन्य प्रशासन में अमरनायक सेना के प्रधान होते थे। अमरनायकों को विजयनगर शासकों (राय) द्वारा शासन और सैन्य निर्वाह के लिए राज्य क्षेत्र दिए जाते थे। अमरनायक राज्यों से प्राप्त राज्य क्षेत्र में शिल्पकर्मियों, किसानों तथा व्यापारियों से कर व भू-राजस्व की भी वसूली करते थे। उनकी आर्थिक स्थिति काफी समृद्ध थी।

12. मुगलकाल में कृषि की सिंचाई हेतु पंजाब में शाह नहर का निर्माण किस शासक ने करवाया था? **(1)**

(a) शाहजहाँ (b) अकबर
(c) औरंगजेब (d) हुमायूँ

उत्तर (a) शाहजहाँ

13. विजयनगर के महान शासक कृष्णदेव राय से संबंधित घटनाओं को सही कालक्रम में दर्शाइए

1. **बीजापुर के सुल्तान को पराजित किया**
2. **ओडिशा के शासकों का दमन किया।**
3. **रामचूर दोआब पर कृष्णदेव राय का पूर्ण अधिकार**
4. **कृष्णदेव राय की मृत्यु** **(1)**

कूट

(a) 1, 2, 3, 4 (b) 3, 2, 1, 4
(c) 2, 3, 4, 1 (d) 1, 3, 2, 4

उत्तर (b) 3, 2, 1, 4

14. जजमानी प्रथा कहाँ प्रचलित थी? **(1)**

(a) बिहार (b) पंजाब
(c) बंगाल (d) उत्तर प्रदेश

उत्तर (c) बंगाल

15. 1861 ई. में हुए अमेरिकी गृहयुद्ध के कारण भारत में कपास उत्पादन में परिवर्तन कि तुलना करें तथा इसके लिए उचित विकल्प का चयन करें। **(1)**

(a) कपास उत्पादन में गिरावट आई
(b) कपास उत्पादन में स्थिर रहा
(c) कपास उत्पादन दोगुना हो गया
(d) कपास उत्पादन पूरी तरह बंद हो गया

उत्तर (c) कपास उत्पादन दोगुना हो गया।

16. दिए गए विकल्पों में से उग्रवादी नेताओं के नामों के संदर्भ में से सही विकल्प का चयन करें **(1)**

(a) लाल, बाल, पाल
(b) लाल, पाल, ताल
(c) बाल, लाल, माल
(d) पाल, ताल, माल

उत्तर (a) लाल, बाल, पाल

17. दी गई जानकारी का उपयोग करके दिए गए विकल्पों में से 1850 के दशक में भारत की शासिका की पहचान करें।

- झाँसी में अंग्रेजों के विरुद्ध विद्रोह का नेतृत्व किया।
- जून, 1858 में अंग्रजों के विरुद्ध लड़ते हुए अपने प्राणों का बलिदान दिया। **(1)**

(a) बेगम हजरत महल (b) झलकारी बाई
(c) रानी दुर्गावती (d) रानी लक्ष्मीबाई

उत्तर (d) रानी लक्ष्मीबाई

18. निम्नलिखित कथनों में से कौन-से कथन सही नहीं हैं? **(1)**

1. भारतीय राजनीति में महात्मा गाँधी का वास्तविक पर्दापण वर्ष 1917 में हुआ।
2. द्वितीय विश्वयुद्ध के समय प्रेस पर प्रतिबंध नहीं लगाया गया था।
3. अपने संघर्ष को संकुचित करने के लिए गाँधीजी खिलाफत आंदोलन के समर्थन में आए।

कूट

(a) 1 और 2 (b) 1 और 3
(c) 2 और 3 (d) 1, 2 और 3

उत्तर (c) 2 और 3

19. सूची I को सूची II से सुमेलित कीजिए **(1)**

सूची I	सूची II
A. मेरठ में सैनिक विद्रोह	1. 30 जून, 1857
B. अलीगढ़ में सिपाही विद्रोह	2. 10 मई, 1857
C. चिनहाट के युद्ध में अंग्रेजों की हार	3. 11-12 मई, 1857
D. दिल्ली रक्षक सेना में विद्रोह	4. 20-27 मई, 1857

कूट

	A	B	C	D		A	B	C	D
(a)	1	2	3	4	(b)	2	4	1	3
(c)	2	4	3	1	(d)	2	1	4	3

उत्तर (b) 2 4 1 3

20. निम्नलिखित कथनों में से कौन-से कथन सही हैं? **(1)**

1. संविधान सभा के सदस्य अप्रत्यक्ष रूप से चुने गए थे।
2. गोविंद बल्लभ पंत ने पृथक् निर्वाचक मंडल का विरोध किया।
3. श्री शंकर राव ने हिंदुस्तानी को राष्ट्रभाषा के रूप में अस्वीकार किया।

कूट

(a) 1 और 3 (b) 2 और 3
(c) 1 और 2 (d) 1, 2 और 3

उत्तर (c) 1 और 2

21. किसने महात्मा गाँधी को एक वर्ष तक ब्रिटिश भारत की यात्रा करने की सलाह दी, जिससे कि वे इस भूमि और इसके लोगों को जान सकें? **(1)**

(a) लाला लाजपत राय
(b) गोपाल कृष्ण गोखले
(c) बाल गंगाधर तिलक
(d) विपिनचंद्र पाल

उत्तर (b) गोपाल कृष्ण गोखले

खंड 'ख' **(6 × 3 = 18)**

22. पुरातत्त्ववेत्ता बी बी लाल द्वारा मेरठ, उत्तर प्रदेश के हस्तिनापुर नामक गाँव के उत्खनन में प्राप्त किए गए किन्हीं दो प्रमाणों की परख कीजिए। **(3)**

अथवा महाभारत के लेखकों और महाभारत के लेखन काल के विषय में आप क्या जानते हैं? स्पष्ट कीजिए।

उत्तर महाभारत में अन्य किसी भी प्रमुख महाकाव्य की भाँति युद्धों, वनों, राजमहलों और बस्तियों का अत्यंत जीवंत चित्रण है। वर्ष 1951-52 में पुरातत्त्ववेत्ता बी बी लाल ने मेरठ जिले (उत्तर प्रदेश) के हस्तिनापुर नामक एक गाँव में उत्खनन किया। बी बी लाल को यहाँ आबादी के पाँच स्तरों के साक्ष्य मिले थे, जिनमें से दूसरा और तीसरा स्तर हमारे विश्लेषण के लिए महत्त्वपूर्ण है। दूसरे स्तर (लगभग बारहवीं से सातवीं शताब्दी ई. पू.) पर मिलने वाले घरों के बारे में लाल कहते हैं कि जिस सीमित क्षेत्र का उत्खनन हुआ, वहाँ से आवास गृहों की कोई निश्चित परियोजना नहीं मिलती, किंतु मिट्‌टी की बनी दीवारें और कच्ची मिट्‌टी की ईंटें अवश्य मिलती हैं।

सरकंडे की छाप वाले मिट्‌टी के पलस्तर की खोज इस बात की ओर संकेत करता है कि कुछ घरों की दीवारें सरकंडों की होती थीं, जिन पर मिट्‌टी का पलस्तर चढ़ा दिया जाता था। तीसरे स्तर (लगभग छठी से तीसरी शताब्दी ई. पू.) के लिए लाल कहते हैं कि तृतीय काल के घर कच्ची और कुछ पक्की ईंटों के बने हुए थे। इनमें शोषक-घट और ईंटों के नाले गंदे पानी के निकास के लिए प्रयोग किए जाते थे तथा वलय-कूपों का प्रयोग, कुओं और मल की निकासी वाले गर्तों दोनों रूपों में किया जाता था।

अथवा

महाभारत जैसे महाकाव्य के लेखक के संदर्भ में ऐसा माना जाता है कि इसके रचयिता भाट सारथी थे, जिन्हें 'सूत' कहा जाता था। ये सूत क्षत्रिय योद्धाओं के साथ युद्ध अभियान पर जाते थे और उनकी विजयगाथाओं को कविता के रूप में लिखते थे। पाँचवीं शताब्दी ई. पू. से ब्राह्मणों ने इस कथा परंपरा और लेखन पर अपना अधिकार कर लिया और इसे विधिवत् रूप से लिखा। इन्हीं ब्राह्मणों में से एक महर्षि वेदव्यास थे, जिन्होंने महाभारत की मूल कथा को लिखा। महाभारत महाकाव्य का लेखन कार्य किसी एक कालखंड में संपन्न नहीं हुआ, बल्कि यह अनेक कालावधियों से होकर गुजरा। सर्वप्रथम इस महाकाव्य के लेखन प्रयास लगभग 200 ई. पू. से 200 ई. के बीच किया गया।

इस समय तक लगभग हजारों की संख्या में श्लोकों की रचना की गई। 200 ई. पू. से 200 ई. तक मुख्य देवता के रूप में विष्णु की आराधना की जाने लगी थी, जिसका महाभारत के नायक 'श्रीकृष्ण' के साथ समन्वय बैठाया गया। पुनः 200 से 400 ई. के मध्य मनुस्मृति से मिलते-जुलते वृहत् उपदेशात्मक प्रकरण महाभारत में जोड़े गए। इन सब परिवर्तनों के परिणामस्वरूप इस ग्रंथ के श्लोकों की संख्या, जो प्रारंभ में लगभग 10,000 थी, बढ़कर 1,00,000 हो गई।

23. सूफी संतों की उदारवादी विचारधारा ने हिंदू-मुस्लिम संबंधों को कैसे प्रभावित किया? समझाइए। **(3)**

उत्तर सूफी मत का उदय इस्लाम के सुधारवादी और उदारवादी चरणों के तौर पर देखा जाता है। इसने न केवल इस्लाम को प्रभावित किया, बल्कि हिंदू धर्म को भी प्रभावित किया। सूफी मत के कुछ प्रभावों को निम्नलिखित तौर पर दर्शाया जा सकता है

- उदार भाव के कारण निम्न वर्ग के हिंदुओं को भी समाज में जगह मिली। मुसलमानों और हिंदुओं की वैमनस्य भावना में कमी हुई तथा ये एक-दूसरे के निकट आए। सूफी मत के प्रचार के कारण मुसलमानों और हिंदुओं के रीति-रिवाज़ परस्पर संपर्क में आए तथा एक-दूसरे को प्रभावित भी किया।

इनके प्रभाव से कई साहित्य भी लिखे गए, जिनमें जायसी का पद्मावत तथा अमीर खुसरो का काव्य ग्रंथ प्रमुख हैं।

- सूफी मत के प्रचार के कारण ही सुल्तानों और बादशाहों ने अपने धार्मिक मत को सहिष्णु बनाया तथा हिंदुओं को भी जिम्मी माना, जिसे 'शरिया' में संरक्षण का अधिकार नहीं था।
- स्थापत्य कला के क्षेत्र में भी इसका प्रभाव पड़ा तथा हिंदुओं और मुसलमानों दोनों की संस्कृति को स्थापत्य कला में अपनाया गया।

24. 18**वीं शताब्दी के अंत में 'जोतदारों' की स्थिति का वर्णन कीजिए।** **(3)**

अथवा **समकालीन बौद्ध ग्रंथों में विभिन्न विचार वाले लोगों से जीवंत चर्चाओं और विवादों की एक झलक कैसे मिलती है? स्पष्ट कीजिए**

उत्तर 18वीं शताब्दी के अंत में जहाँ एक ओर अनेक जमींदार संकट की स्थिति से गुजर रहे थे, वहीं दूसरी ओर धनी किसानों का एक समूह गाँवों में अपनी स्थिति मजबूत कर रहा था। इन लोगों को जोतदार कहा गया। जोतदारों की स्थिति नीचे दिए निम्न बिंदुओं से समझी जा सकती है

- 18वीं शताब्दी के अंत तक जोतदारों के पास भूमि का अच्छा भाग देखने को मिलता है।
- स्थानीय व्यापार और साहूकार के कारोबार पर भी अब उनका नियंत्रण हो गया था और इस प्रकार वे उस क्षेत्र के गरीब काश्तकारों पर व्यापक शक्ति का प्रयोग करने लगे थे।
- गाँवों में जोतदारों की शक्ति जमींदारों की ताकत की अपेक्षा अधिक प्रभावशाली हो गई थी।
- जोतदार गाँवों में ही रहते थे और गरीब ग्रामवासियों के बड़े वर्ग पर सीधे अपने नियंत्रण का प्रयोग करने लगे थे।
- जमींदारों द्वारा गाँव की जमा (लगान) को बढ़ाने के लिए किए जाने वाले प्रयत्नों का वे घोर प्रतिरोध करने लगे थे।
- जो रैयत जोतदारों के पक्ष में होते थे, उनसे जमींदार को राजस्व के भुगतान में जान-बूझकर देरी करा देते थे।

अथवा

समकालीन बौद्ध ग्रंथों से 64 संप्रदायों अथवा चिंतन मान्याताओं की जानकारी मिलती है। इनसे जीवंत चर्चाओं और विवादों की झलक प्राप्त होती है। शिक्षक एक स्थान से दूसरे स्थान तक घूम-घूमकर अपने ज्ञान, दर्शन अथवा जीवन के रहस्य के विषय में अपनी समझ को लेकर एक-दूसरे से वाद-विवाद करते थे।

इस प्रकार के वाद-विवाद या चिंतन शिक्षकों के आश्रमों या उपवनों में भी होते थे। यदि एक शिक्षक अपने प्रतिद्वंद्वी को अपने तर्कों से समझा लेता था, तो वह अपने अनुयायियों के साथ उसका शिष्य बन जाता था, इसलिए किसी भी संप्रदाय की लोकप्रियता समय के साथ घटती-बढ़ती रहती थी। इन संप्रदायों में बौद्ध एवं जैन संप्रदाय सबसे अग्रणी थे, जिनके शिक्षक क्रमशः बुद्ध और महावीर थे, जिन्होंने तत्कालीन वैदिक धर्म के प्रभुत्व पर प्रश्न-चिह्न लगाए थे।

25. क्या शवाधान पद्धति हड़प्पाई संस्कृति की सामाजिक- आर्थिक विभिन्नता को प्रदर्शित करती है? अपने उत्तर की पुष्टि कीजिए। **(3)**

उत्तर पुरातत्त्वविदों ने हड़प्पाई जीवन में सामाजिक एवं आर्थिक विभिन्नता को प्रदर्शित करने हेतु सामान्यतः कई विधियों का प्रयोग किया है। इन्हीं विधियों में से एक विधि शवाधान है। हड़प्पा सभ्यता के समकालिक मिस्र में पाए गए कुछ पिरामिडों को राजकीय शवाधान की संज्ञा पुरातत्त्वविदों द्वारा दी गई। इन पिरामिडों में बड़ी मात्रा में धन-संपत्ति दफनाई गई थी। वहीं हड़प्पा स्थलों से मिलने वाले शवाधानों में सामान्यतः मृतकों को गर्तों में दफनाया गया था। कभी-कभी शवाधान गर्त की बनावट एक-दूसरे से भिन्न होती थी। कुछ स्थानों पर गर्त की सतहों पर ईंटों की चिनाई की गई थी। अतः पिरामिड और गर्त दोनों समाज के उच्च एवं निम्न वर्ग की आर्थिक विभिन्नता की परिपुष्टि करते हैं। यह तथ्य सामाजिक विभिन्नता की ओर भी इंगित करते हैं, क्योंकि इससे यह अनुमान लगाया जाता है कि समाज का उच्च वर्ग शवाधान के लिए पिरामिडों का प्रयोग करता था और निम्न वर्ग के लिए गर्तों का प्रयोग किया जाता था। कुछ कब्रों में मृदभांड तथा आभूषण मिले हैं, जो संभवतः एक ऐसी मान्यता की ओर संकेत करते हैं, जिसके अनुसार इन वस्तुओं का मृत्योपरांत प्रयोग किया जा सकता था। पुरुषों और महिलाओं, दोनों के शवाधानों से आभूषण मिले हैं।

1980 के दशक के मध्य में हड़प्पा के कब्रिस्तान में हुए उत्खननों में एक पुरुष की खोपड़ी के समीप शंख के तीन छल्ले, जैस्पर (एक प्रकार का उपरत्न) के मनके तथा सैकड़ों की संख्या में सूक्ष्म मनकों से बना एक आभूषण मिला था। कहीं-कहीं पर मृतकों को ताँबे के दर्पणों के साथ दफनाया गया था। अतः कब्रों में दफनाए जाने के तरीके, आभूषण आदि से सामाजिक भिन्नता का संकेत मिलता है।

26. महिलाओं की भागीदारी से कृषि और समाज के विकास में क्या परिवर्तन हुए ? विस्तृत चर्चा कीजिए। **(3)**

उत्तर मध्यकालीन भारत में व्यक्तिगत कृषि का विकास प्रारंभ हो गया था और कुछ दिनों में ही व्यक्तिगत कृषि उस समय की मुख्य विशेषता बन गई। व्यक्तिगत कृषि में परिवार तथा उसके सदस्य ही हिस्सा लेते थे। स्त्रियाँ भी कृषि क्षेत्र में आ गईं, चूँकि श्रम का अभाव था और खेती बिना श्रम संसाधन के संभव नहीं थी। इस समय के समाज में श्रम की माँग बढ़ गई थी। इसके चलते महिलाओं ने श्रमिक के रूप में अपनी भागीदारी देनी आरंभ की। महिलाएँ कृषि तथा दस्तकारी में भी महत्त्वपूर्ण भूमिका निभाती थीं। सूत कातने, बर्तन बनाने के लिए मिट्टी को साफ करने, गूँथने और कपड़ों पर कढ़ाई जैसे दस्तकारी कार्य उत्पादन के ऐसे पहलू थे, जो स्त्रियों के श्रम पर निर्भर थे। खेती के कार्यों में स्त्रियाँ बुआई, निराई और कटाई के साथ-साथ पकी हुई फसल का दाना निकालती थीं। इनके श्रम की भूमिका काफी महत्त्वपूर्ण थी। इन्हीं सभी कारणों से इस समय स्त्रियों को एक महत्त्वपूर्ण संसाधन माना जाता था।

27. 1857 **ई. में विद्रोहियों ने अपनी एकता की कल्पना को किस प्रकार साकार किया? संक्षेप में स्पष्ट कीजिए।** **(3)**

उत्तर 1857 ई. में विद्रोहियों द्वारा जारी की गई घोषणाओं में जाति और धर्म का भेद किए बिना, समाज के सभी वर्गों का आह्वान किया गया। अनेक घोषणाएँ मुस्लिम राजकुमारों या नवाबों की ओर से या उनके नाम पर जारी की गईं। इस विद्रोह को ऐसे युद्ध के रूप में पेश किया जा रहा था, जिससे हिंदुओं और मुसलमानों दोनों का लाभ-हानि बराबर था।

अंग्रेजों के विरुद्ध जो भी इश्तेहार जारी किए गए, उनमें अंग्रेजों से पहले हिंदू-मुस्लिम एकता की ओर संकेत किया गया और मुगल साम्राज्य के अंतर्गत विभिन्न समुदायों के सह-अस्तित्व का गौरवगान

किया गया। बहादुरशाह के नाम से जारी की गई घोषणा में मुहम्मद तथा महावीर दोनों की दुहाई देते हुए जनता से इस लड़ाई में शामिल होने का आह्वान किया गया। नवाबों की ओर से जो भी घोषणा की गई, उनमें हिंदू जनता की भावनाओं का ख्याल रखा गया। अंग्रेजों द्वारा मुसलमानों तथा हिंदुओं के मध्य दूरियाँ उत्पन्न करने की कोशिश की गई, जो नाकामयाब रही। इस प्रकार से एकता की कल्पना की जा सकती है।

खंड 'ग' **(3 × 8 = 24)**

28. "महाभारत एक जटिल ग्रंथ है।" इस कथन की पुष्टि उन इतिहासकारों के संदर्भ में कीजिए, जिन्होंने विभिन्न तत्त्वों के साथ इसका विश्लेषण किया है। (8)

अथवा **"ब्राह्मणों ने कुछ नीतियों को जबरदस्ती लागू करने का प्रयास किया, जो वर्ण धर्म से जुड़ी हुई थीं।" इस कथन की व्याख्या कीजिए।**

उत्तर महाभारत भारत का एक महाकाव्य है, जिसकी रचना 1,000 वर्षों में पूर्ण हुई। अलग-अलग समय में अलग-अलग विद्वानों ने इस महाकाव्य को तैयार किया। अतः इस महाकाव्य में वर्णित घटनाओं की प्रासंगिकता को लेकर विभिन्न इतिहासकारों में अनेक मतभेद है। सर्वप्रथम वर्ष 1951-52 में पुरातत्ववेत्ता डॉ. बी बी लाल द्वारा महाभारत की सत्यता को सिद्ध करने का प्रयास किया गया। इन्होंने उत्तर प्रदेश के मेरठ में स्थित ग्राम हस्तिनापुर में कुरु राज्य की राजधानी 'हस्तिनापुर' के साक्ष्य ढूँढने का प्रयास किया। इनका मानना है कि क्षेत्रीय नामों में समानता हो सकती है, परंतु कुरु राज्य क्षेत्र में इसका स्थित होना संयोग नहीं हो सकता।

हस्तिनापुर के उत्खनन से डॉ. बी बी लाल को आबादी के पाँच स्तरों के साक्ष्य प्राप्त हुए हैं। इनमें दूसरा तथा तीसरा स्तर काफी महत्त्वपूर्ण है। दूसरा स्तर लगभग बारहवीं से सातवीं शताब्दी ईसा पूर्व के मध्य का है। इस उत्खनन के बारे में लाल कहते हैं कि "जिस सीमित क्षेत्र का उत्खनन हुआ, वहाँ से आवास गृहों की कोई निश्चित परियोजना नहीं मिलती, किंतु मिट्टी की बनी दीवारें एवं कच्ची मिट्टी की ईंटें अवश्य मिलती हैं। सरकंडे की छाप वाले मिट्टी के पलस्तर की खोज इस बात की ओर संकेत करती है कि कुछ घरों की दीवारें सरकंडे की बनी थीं, जिन पर मिट्टी का पलस्तर चढ़ा दिया जाता था।"

लगभग छठी से तीसरी शताब्दी ईसा पूर्व के तीसरे स्तर के बारे में लाल कहते हैं कि "इस स्तर के घर कच्ची और कुछ पक्की ईंटों के बने हुए थे। गंदे पानी के निकास के लिए चेंबर युक्त नालियाँ तथा ईंटों के नाले का प्रयोग किया जाता था। वलय-कूपों का प्रयोग, कुओं और मल की निकासी वाले गड्ढों, दोनों ही रूपों में किया जाता था।" अतः बी बी लाल द्वारा महाभारत की सभ्यता की खोज के दौरान प्राप्त साक्ष्यों से यह प्रतीत होता है कि महाभारत महाकाव्य में वर्णित घटनाएँ वास्तविकता के निकट थीं।

अथवा

प्राचीन भारत में हिंदू समाज अथवा ब्राह्मण समाज में ब्राह्मणों का वर्चस्व था। इन्होंने अपने ज्ञान और शिक्षा का लाभ उठाते हुए अपनी सर्वोच्च सामाजिक स्थिति को बनाए रखने के लिए वैदिक साहित्य, स्मृति तथा अनेक धर्मशास्त्रों और धर्मसूत्रों का सहारा लिया। वे इस बात पर जोर देते रहे कि समाज में व्यवसायों का निर्धारण ईश्वर द्वारा किया गया है। समाज में जो चार प्रमुख वर्ण हैं, उनका जन्म ईश्वर के शरीर के विभिन्न भागों से जुड़ा है, जो इस बात का प्रमाण है कि ब्राह्मण ब्रह्मा के मुख से उत्पन्न हुए। अतः वे ज्ञान और शिक्षा प्राप्त करें तथा समाज में शिक्षा और ज्ञान को बाँटें। वे राजा, राजतंत्र, गणतंत्रीय व्यवस्था, प्रशासनिक अधिकारियों आदि का यह दायित्व मानते थे कि ब्राह्मणों को न केवल वे दानस्वरूप भूमि उपलब्ध कराएँ, बल्कि यह भी ध्यान रखें कि भूमि निःशुल्क हो अर्थात् राज्य दान में दी गई भूमि के बदले ब्राह्मणों से भू-राजस्व न ले।

समाज के सभी लोगों को ब्राह्मणों को दान देना चाहिए, क्योंकि ऐसा उनका कर्त्तव्य है और ब्राह्मणों का अधिकार। क्षत्रियों को राज करने, सेना में भर्ती होने, प्रशासन से जुड़े दायित्व का निर्वाह करने, समाज के जान-माल और सम्मान की रक्षा करने के साथ-साथ सामाजिक नियमों, परंपराओं और व्याख्याओं को भी लागू करना चाहिए, ताकि समाज का ताना-बाना न बिखरे, राज्य में शांति व कानून व्यवस्था बनी रहे। वैश्य को सारे समाज के लोगों और पशुधन की जीविका के लिए कृषि, व्यापार और उद्यम करना चाहिए।

वस्तुओं का उत्पादन, वितरण आदि संबंधी सभी व्यवसाय उनके लिए हैं। समाज का अंतिम वर्ण तथाकथित शूद्र और चांडालों का काम था—समाज के प्रथम तीन वर्णों का सेवा संबंधी कार्य करना और सभी आवश्यक सेवाएँ प्रदान करना, ताकि सामाजिक ढाँचे का बिखराव न हो।

इस प्रकार ब्राह्मणों ने सभी वर्णों के कार्य व दायित्वों की व्याख्या की और अनेक नीतियों द्वारा समाज में अपनी प्रभुता स्थापित की। उन्होंने राजाओं और संबंधित अधिकारियों को भी अपनी नीतियों को लागू करवाने के लिए जोर दिया। साथ ही इसी के अनुरूप धार्मिक व्याख्याएँ भी की गईं।

29. विजयनगर के शाही केंद्र की महत्त्वपूर्ण संरचनाओं का वर्णन करते हुए उनके सांस्कृतिक एवं ऐतिहासिक महत्त्व को स्पष्ट कीजिए।

अथवा **विजयनगर राज्य में साहित्य, स्थापत्य एवं कला के क्षेत्र में हुई प्रगति का विवरण दीजिए। (8)**

उत्तर विजयनगर शहर का शाही केंद्र बस्ती के दक्षिण-पश्चिमी भाग में स्थित था। यहाँ की 60 से अधिक संरचना मंदिर की तरह लगती है तथा 30 संरचनाओं की पहचान महल के रूप में की गई है।

शाही केंद्रों की विशालता तथा सुव्यवस्था को देखकर विजयनगर शहर की संपन्नता को समझा जा सकता है। इसकी महत्त्वपूर्ण इमारतें निम्नलिखित थीं

(i) **सभा मंडप** सभा मंडप एक ऊँचे मंच की तरह था, जिसमें पास-पास तथा निश्चित दूरी पर लकड़ी के स्तंभों के लिए छेद बने हुए थे, जिससे इस पर दूसरी मंजिल होने का संकेत मिलता है। यहाँ से दूसरी मंजिल के लिए सीढ़ियों के साक्ष्य भी मिले हैं।

(ii) **महानवमी डिब्बा** यह एक विशाल मंच की तरह है, जिसका आधार 11,000 फीट तथा ऊँचाई 40 फीट तक है। यहाँ से प्राप्त साक्ष्यों से ऐसा प्रतीत होता है कि इस पर एक लकड़ी की संरचना बनाई गई थी। इस क्षेत्र में धार्मिक अनुष्ठान हुआ करते थे। दशहरे की महानवमी के दिन विशेष आनुष्ठानिक कार्य संपादित होते थे।

इस अवसर पर विजयनगर के शासक अपनी ताकत तथा अधिराज्य का प्रदर्शन करते थे। इन उत्सवों का गहन सांकेतिक अर्थ त्योहारों के अंतिम दिन राजा द्वारा अपनी तथा अपने नायकों की सेना का निरीक्षण करना था। इसके अतिरिक्त इस अवसर पर यहाँ मूर्तिपूजा, राज्य के अश्व की पूजा, जानवरों की बलि आदि अनुष्ठान भी होते थे।

(iii) **लोटस महल** राजकीय केंद्र के सबसे सुंदर भवनों में से एक लोटस महल है। इसका मानचित्र मैकेंजी ने बनाया था तथा यह सुझाव दिया था कि यह एक परिषदीय भवन हो सकता है तथा राजा अपने दरबारियों से यहाँ परामर्श करता होगा, लेकिन इतिहासकारों में इस बात को लेकर अधिक मतभेद हैं। इस महल का नामकरण कुछ अंग्रेज यात्रियों ने किया था।

अथवा

विजयनगर के शासक शिक्षा, साहित्य और ज्ञान के महान संरक्षक थे। इनके काल में साहित्य, स्थापत्य एवं कला के क्षेत्र में हुई प्रगति का विवरण निम्न प्रकार है

साहित्य इनके काल में द्रविड़ भाषाओं के साथ-साथ वैदिक साहित्य का भी विकास हुआ। विजयनगर के अधिकांश राजा सुशिक्षित थे। इन्होंने विभिन्न भाषाओं के साहित्य के विकास में महत्त्वपूर्ण योगदान दिया, जो निम्न हैं

(i) **संस्कृत** विजयनगर के प्रारंभिक शासकों के अधीन संस्कृत साहित्य की विशेष प्रगति हुई। बुक्का प्रथम के संरक्षण में सायण के नेतृत्व में विद्वानों के एक मंडल ने चारों वेदों की संहिताओं और अनेक ब्राह्मण ग्रंथों तथा अरण्यकों पर भाष्य लिखे। कृष्णदेव राय के संरक्षण में भी संस्कृत भाषा का विकास हुआ।

(ii) **तेलुगू** कृष्णदेव राय का शासनकाल तेलुगू भाषा का स्वर्णिम काल था। कृष्णदेव राय ने तेलुगू भाषा में 'आमुक्तमाल्यद' की रचना की। कृष्णदेव राय के दरबार में आठ तेलुगू के विद्वान् थे, जिन्हें 'अष्ट दिग्गज' कहा जाता था। तेलुगू भाषा में 'महाभारत' का भी अनुवाद किया गया।

(iii) **कन्नड़** संस्कृत एवं तेलुगू भाषा के अतिरिक्त इस काल में कन्नड़ भाषा का भी विकास हुआ। इस काल की कन्नड़ कृतियों में 'भीमक' द्वारा रचित 'वासवपुराण' अत्यंत प्रसिद्ध लिंगायत धर्मग्रंथ है।

स्थापत्य कला दक्षिणी भारत में मंदिर निर्माण शैली का चरमोत्कर्ष विजयनगर के शासकों के काल में ही प्राप्त हुआ। कृष्णदेव राय ने 'हजार राम' एवं 'विट्ठल स्वामी' मंदिर का निर्माण कराया। कल्याण मंडप एवं हजारों स्तंभों वाले गोपुरम तथा अन्य गोपुरमों का निर्माण विजयनगर के मंदिर स्थापत्य की प्रमुख विशेषता थी। इस काल में किलों का भी निर्माण हुआ था, जिसमें विजयनगर शहर का किला अतुलनीय है। विजयनगर वास्तुकला की अंतिम शैली का संरक्षण इसके नायकों ने किया। इस काल में विजयनगर के शासकों की मूर्तियाँ मंदिरों में स्थापित की जाने लगीं तथा इनकी पूजा अन्य देवताओं की तरह की जाने लगी। शासकों ने अपनी माँ के नाम पर विजयनगर के समीप नगलपुरम् नामक उप-नगर की स्थापना की तथा विट्ठल स्वामी का मंदिर भी उनके काल में ही बनाया गया। साहित्य पुस्तक के दृष्टिकोण से कृष्णदेव राय द्वारा रचित पुस्तक 'आमुक्तमाल्यद' प्रमुख थी।

चित्रकला विजयनगर काल में चित्रकला की स्वतंत्र शैली विकसित हुई। विजयनगर की चित्रकला लिपाक्षी कला के नाम से जानी जाती है। इस चित्रकला के विषय रामायण एवं महाभारत से लिए गए हैं।

30. बंगाल में इस्तमरारी बंदोबस्त लागू करने के बाद जमींदार भू-राजस्व को अदा करने में निरंतर असफल रहे। इसके कारणों और परिणामों की परख कीजिए। (8)

अथवा **1813 ई. में ब्रिटिश संसद में प्रस्तुत की गई पाँचवीं रिपोर्ट के मुख्य पहलुओं की परख कीजिए।**

उत्तर बंगाल में इस्तमरारी बंदोबस्त लागू करने के बाद भू-राजस्व के भुगतान में जमींदारों की असफलता के निम्न कारण थे

- प्रारंभिक माँगें काफी उच्च थीं, क्योंकि ऐसा महसूस किया गया था कि यदि माँग को आने वाले संपूर्ण समय के लिए निर्धारित किया जा रहा है, तो आगे चलकर कीमतों में बढ़ोतरी होने तथा खेती का विस्तार होने से आय में वृद्धि हो जाने पर भी कंपनी उस वृद्धि में अपने हिस्से का दावा नहीं कर सकेगी, इससे बचने के लिए राजस्व की माँग काफी उच्च रखी गई।
- यह माँग उस समय लागू की गई थी, जब कृषि की उपज की कीमतें नीची थीं, जिससे रैयतों तथा जमींदारों को तय राजस्व की दर को चुकाना मुश्किल था।
- फसल अच्छी हो या खराब 'सूर्यास्त कानून' के अनुसार राजस्व चुकाने के अंतिम दिन तक राजस्व चुकाना पड़ता था अन्यथा जमींदारी नीलाम होने लगती थी।
- इस्तमरारी बंदोबस्त ने प्रारंभ में जमींदार की शक्ति को रैयत से राजस्व इकट्ठा करने तथा अपनी जमींदारी का प्रबंध करने तक ही सीमित कर दिया गया था।

इस्तमरारी बंदोबस्त के प्रमुख प्रभाव निम्नलिखित हैं

- इसमें भू-राजस्व से किसानों पर अधिक प्रभाव पड़ा। किसान खेतिहर मजदूर बनकर रह गए।
- इसमें किसानों को जमींदारों के अत्याचारों व शोषण का सामना करना पड़ता था।
- वे जमींदार, जो राजस्व वसूली की उगाही में उदार थे तथा भू-राजस्व को समय पर अदा नहीं करते थे, उनकी जमींदारी नीलाम कर दी जाती थी।
- इस व्यवस्था से किसान दिन-प्रतिदिन निर्धन होते गए तथा उनमें सरकार और जमींदार दोनों के प्रति असंतोष था।
- इसमें राजस्व की दर निश्चित होने से किसानों को हानि होती थी।
- इस व्यवस्था से जमींदारों को लाभ भी हुआ, क्योंकि इसमें निश्चित भू-राजस्व की राशि होने से उनकी आय में वृद्धि हो गई।
- इस व्यवस्था से किसानों की भूमि छिन गई, जिससे किसानों की आर्थिक स्थिति दयनीय होती गई। वहीं जमींदार स्थायी भू-स्वामी बन गए।
- इससे किसानों को अत्यधिक हानि हुई, जिसका प्रभाव राष्ट्रीय स्वतंत्रता संग्राम के रूप में देखा जा सकता है।

इस प्रकार, इस्तमरारी बंदोबस्त का प्रभाव जमींदार तथा किसान दोनों पर पड़ा।

अथवा

पाँचवीं रिपोर्ट 1813 ई. में ब्रिटिश संसद में पेश की गई थी। यह कंपनी के प्रशासन तथा क्रियाकलापों पर आधारित थी। पाँचवीं रिपोर्ट 1,002 पृष्ठों में थी। इसमें 800 से अधिक पृष्ठ परिशिष्टों के हैं, जिनमें जमींदारों और रैयतों की अर्जियाँ, भिन्न-भिन्न जिलों के कलेक्टरों की रिपोर्ट, राजस्व विवरणियों से संबंधित सांख्यिकीय तालिकाएँ और अधिकारियों द्वारा बंगाल एवं मद्रास के राजस्व तथा न्यायिक प्रशासन पर लिखित टिप्पणियाँ शामिल की गई थीं। पाँचवीं रिपोर्ट एक ऐसी रिपोर्ट थी, जो एक प्रवर समिति द्वारा तैयार की गई थी। यह रिपोर्ट भारत में ईस्ट इंडिया कंपनी के शासन के स्वरूप पर ब्रिटिश संसद में गंभीर वाद-विवाद का आधार बनी। पाँचवीं रिपोर्ट के साक्ष्य बहुमूल्य हैं। अठारहवीं शताब्दी के अंतिम दशकों में ग्रामीण बंगाल में क्या हुआ इसके बारे में हमारी अवधारणा लगभग डेढ़ शताब्दी तक उस पाँचवीं रिपोर्ट के आधार पर ही बनती व सुधरती रही।

पाँचवीं रिपोर्ट के प्रमुख पहलुओं की चर्चा इस प्रकार है

- इसमें शोधकर्ताओं ने ग्रामीण बंगाल में औपनिवेशिक शासन के बारे में लिखने के लिए बंगाल के अनेक जमींदारों के अभिलेखागारों तथा जिलों के स्थानीय अभिलेखों की सावधानीपूर्वक जाँच की।
- इसे तैयार करने वाले कंपनी के कुप्रशासन की आलोचना करने पर तत्पर थे।
- जिस पैमाने पर जमींदार लोग अपनी जमीन खोते जा रहे थे, उसके बारे में भी बढ़ाकर लिखा गया, किंतु उसका विशेष उल्लेख नहीं मिलता है।
- कंपनी के क्रियाकलापों पर ब्रिटेन में ध्यान रखा जाने लगा, जिसमें यह आरोप लगाया गया कि जो लाभ पूरे ब्रिटेन को मिलना चाहिए वह केवल कंपनी को ही मिल रहा है। यह इस रिपोर्ट की पृष्ठभूमि बनी।
- अतः विभिन्न तथ्यों के होने के बावजूद आधुनिक शोधों से यह पता चलता है कि पाँचवीं रिपोर्ट में दिए गए तर्कों और साक्ष्यों को बिना किसी आलोचना के स्वीकार नहीं किया जा सकता है।

खंड 'घ' **(4 × 3 = 12)**

31. **नीचे दिए गए स्रोत को ध्यानपूर्वक पढ़कर प्रश्नों के उत्तर दीजिए (1 + 1 + 2 = 4)**

नालियों के विषय में मैके लिखते हैं–"निश्चित रूप से यह अब तक खोजी गई सर्वथा संपूर्ण प्राचीन प्रणाली है।" हर आवास को गली की नालियों से जोड़ा गया था। मुख्य नाले गारे में जमाई गई ईंटों से बने थे और इन्हें ऐसी ईंटों से ढका गया था, जिन्हें सफाई के लिए हटाया जा सके। कुछ स्थानों पर ढकने के लिए चूना-पत्थर की पट्टिका का प्रयोग किया गया था।

घरों की नालियाँ पहले एक हौदी या मलकुंड में खाली होती थीं, जिसमें ठोस पदार्थ जमा हो जाता था और गंदा पानी गली की नालियों में बह जाता था। बहुत लंबे नालों में कुछ अंतरालों पर सफाई के लिए हौदियाँ बनाई गई थीं। यह पुरातत्त्व का एक अजूबा ही है कि "मलबे मुख्यतः रेत के छोटे-छोटे ढेर सामान्यतः निकासी के नालों के अगल-बगल पड़े मिले हैं, जो दर्शाते हैं कि नालों की सफाई के बाद कचरे को हमेशा हटाया नहीं जाता था।" (अर्नेस्ट मैके, अर्ली इंडस सिविलाइजेशन, 1948) जल निकास प्रणालियाँ केवल बड़े शहरों तक ही सीमित नहीं थीं, बल्कि ये कई छोटी बस्तियों में भी मिली थीं। उदाहरण के लिए, लोथल में आवासों के निर्माण के लिए जहाँ कच्ची ईंटों का प्रयोग हुआ था, वहीं नालियाँ पकी ईंटों से बनाई गई थीं।

(i) **मुख्य नालियों को बनाने हेतु किस पदार्थ का प्रयोग होता था तथा उन्हें ढकने के लिए किस प्रकार के पत्थर की पट्टिका का प्रयोग किया जाता था? (1)**

उत्तर मुख्य नालियों को बनाने हेतु गारे से ईंटों को जमाया जाता था तथा ढकने के लिए चूना-पत्थर की पट्टिका का प्रयोग किया जाता था।

(ii) **हड़प्पा सभ्यता में जल निकास प्रणालियों पर मैके ने क्या लिखा है? (1)**

उत्तर हड़प्पा सभ्यता में जल निकास प्रणालियाँ केवल बड़े शहरों तक ही सीमित नहीं थीं, बल्कि ये कई छोटी बस्तियों में भी मिली थीं। उदाहरण के लिए, जहाँ आवासों के निर्माण के लिए कच्ची ईंटों का प्रयोग हुआ, वहीं नालियाँ पकी ईंटों से बनाई गई थीं।

(iii) **मैके, हड़प्पा नालियों के विषय में किस तथ्य को अजूबा मानते हैं? (2)**

उत्तर मैके, हड़प्पा नालियों के विषय में कहते हैं कि यह पुरातत्त्व का एक अजूबा ही है कि "मलबे मुख्यतः रेत के छोटे-छोटे ढेर सामान्यतः निकासी के नालों के अगल-बगल पड़े मिले हैं, जो दर्शाते हैं कि नालों की सफाई के बाद कचरे को हमेशा नहीं हटाया जाता था।"

32. **नीचे दिए गए स्रोत को ध्यानपूर्वक पढ़कर प्रश्नों के उत्तर दीजिए (1 + 1 + 2 = 4)**

सती बालिका

यह संभवतः बर्नियर के वृत्तांत के सबसे मार्मिक विवरणों में से एक है। लाहौर में मैंने एक बहुत ही सुंदर अल्पवयस्क विधवा, जिसकी आयु मेरे विचार से बारह वर्ष से अधिक नहीं थी, की बलि होते हुए देखी। उस भयानक नरक की ओर जाते हुए वह असहाय छोटी बच्ची जीवित से अधिक मृत प्रतीत हो रही थी।

उसके मस्तिष्क की व्यथा का वर्णन नहीं किया जा सकता। वह काँपते हुए बुरी तरह से रो रही थी, लेकिन तीन या चार ब्राह्मण एक बूढ़ी औरत, जिसने उसे अपनी आस्तीन के नीचे दबाया हुआ था, की सहायता से उस अनिच्छुक पीड़िता को जबरन घातक स्थल की ओर ले गए। उसे लकड़ियों पर बैठाया, उसके हाथ और पैर बाँध दिए, ताकि वह भाग न पाए और इस स्थिति में उस मासूम प्राणी को जिंदा जला दिया गया। मैं अपनी भावनाओं को दबाने में और उनके कोलाहलपूर्ण तथा व्यर्थ के क्रोध को बाहर आने से रोकने में असमर्थ था।

(i) **बर्नियर ने सती प्रथा का विवरण किस प्रकार दिया? (1)**

उत्तर बर्नियर सती प्रथा का बहुत ही मार्मिक चित्र प्रस्तुत करता है; जैसे—

(i) बारह वर्ष की बालिका को उस भयानक नरक की ओर ले जाने का उल्लेख करता है।

(ii) उस बालिका के हाथ-पैर बाँध दिए जाते हैं, ताकि वह भाग न पाए।

(iii) सती प्रथा में विधवा को स्वेच्छा अथवा जबर्दस्ती लकड़ियों पर बैठाकर जिंदा ही जला दिया जाता था।

(ii) **बर्नियर की अनुच्छेद में अभिव्यक्त भावनाओं का वर्णन कीजिए। (1)**

उत्तर इस मर्मांतक दृश्य को देखकर बर्नियर द्रवित हो गया था। किसी को जिंदा जला देने की इस भयानक प्रक्रिया ने उसके हृदय को विचलित कर दिया था और वह अपनी भावनाओं तथा क्रोध को बाहर आने से रोकने में असमर्थ हो गया था।

(iii) **बर्नियर ने महिलाओं के साथ किए जाने वाले व्यवहार को पश्चिमी और पूर्वी समाजों के बीच भिन्नता का एक महत्त्वपूर्ण पहलू क्यों माना है? (2)**

उत्तर पश्चिमी तथा पूर्वी समाजों की महिलाओं के बीच निम्नलिखित विभिन्नता देखने को मिलती है

(i) पश्चिमी समाजों में महिलाओं को स्वतंत्रता मिली हुई थी, वहीं पूर्वी समाज में इसकी अनुपलब्धता थी।
(ii) सती प्रथा जैसी कुरीति पश्चिमी सभ्यता में विद्यमान नहीं थी।
(iii) भारत में स्त्रियों को घर की चहारदीवारी तक सीमित रखा जाता था, जबकि पश्चिमी समाजों में स्त्रियाँ अधिकार संपन्न होती थीं।

33. **नीचे दिए गए स्रोत को ध्यानपूर्वक पढ़कर प्रश्नों के उत्तर दीजिए (1 + 1 + 2 = 4)**

महात्मा गाँधी आधुनिक युग, जिसमें मशीनों ने मानव को गुलाम बनाकर श्रम से हटा दिया था, के घोर आलोचक थे। उन्होंने चरखे को एक ऐसे मानव समाज के प्रतीक रूप में देखा, जिसमें मशीनों और प्रौद्योगिकी को बहुत महिमामंडित नहीं किया जाएगा। इससे भी अधिक चरखा गरीबों को पूरक आमदनी प्रदान कर सकता था तथा उन्हें स्वावलंबी बना सकता था। मेरी आपत्ति मशीन के प्रति सनक से है। यह सनक श्रम बचाने वाली मशीनरी के लिए है। ये तब तक 'श्रम बचाते' रहेंगे जब तक कि हजारों लोग बिना काम के और भूख से मरने के लिए सड़कों पर न फेंक दिए जाएँ। मैं मानव समुदाय के किसी एक हिस्से के लिए नहीं, बल्कि सभी के लिए समय और श्रम बचाना चाहता हूँ! मैं धन का केंद्रीकरण कुछ ही लोगों के हाथों में नहीं, बल्कि सभी के हाथों में करना चाहता हूँ। खद्दर मशीनरी को नष्ट नहीं करना चाहता, बल्कि यह इसके प्रयोग को नियमित करता है और इसके विकास को नियंत्रित करता है। यह मशीनरी का प्रयोग सर्वाधिक गरीब लोगों के लिए उनकी अपनी झोंपड़ियों में करता है। पहिया अपने आपमें ही मशीनरी का एक उत्कृष्ट नमूना है।

(i) **महात्मा गाँधी आधुनिक युग के आलोचक क्यों थे? (1)**

उत्तर महात्मा गाँधी आधुनिक युग के मशीनीकरण के प्रमुख आलोचक थे, क्योंकि मशीनीकरण ने भारत की अधिकांश जनसंख्या को बेरोजगार कर दिया था।

(ii) **चरखे को गाँधीजी द्वारा दिए गए महत्त्व को उजागर कीजिए। (1)**

उत्तर गाँधीजी ने चरखे को एक ऐसे मानव समाज के प्रतीक रूप में देखा, जिसमें मशीनों और प्रौद्योगिकी का बहुत महिमामंडन नहीं किया गया था। गाँधीजी के अनुसार, चरखा गरीबों को पूरक आमदनी प्रदान कर सकता है तथा उन्हें स्वावलंबी बना सकता है।

(iii) **"पहिया अपने आपमें ही मशीनरी का उत्कृष्ट नमूना है।" गाँधीजी के इस कथन की व्याख्या कीजिए। (2)**

उत्तर उपरोक्त कथन के अनुसार, गाँधीजी चरखे के प्रयोग द्वारा मशीनरी के उत्पादन को नियंत्रित करना चाहते थे। उनके अनुसार चरखे का प्रयोग गरीब व्यक्ति अपनी झोंपड़ी पर करके अपने आपको स्वावलंबी बना सकता है।

खंड 'ङ'

(5 × 1 = 5)

34. 1. भारतीय मानचित्र पर निम्नलिखित को चिह्नित कीजिए **(1 + 1 + 1 = 3)**

(i) राखीगढ़ी – हरियाणा स्थित हड़प्पाकालीन स्थल
(ii) लोथल – बंदरगाह नगर
(iii) कौशांबी – वत्स महाजनपद की राजधानी

अथवा

वैशाली – बुद्धकालीन एक गणतंत्र

2. इसी मानचित्र पर दो हड़प्पा स्थलों को A एवं B के रूप में चिह्नित किया गया है, उनको पहचानकर नाम लिखिए। **(1 + 1 = 2)**

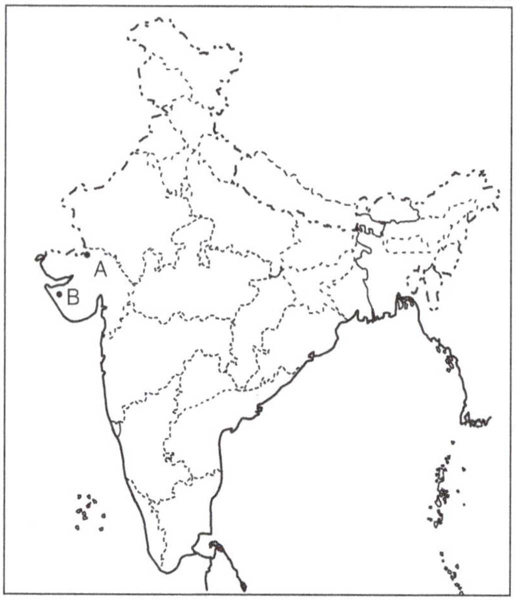

उत्तर

सैंपल पेपर 2

इतिहास

व्याख्या रहित (अनसॉल्वड) कक्षा 12

निर्देश *1. इस प्रश्न-पत्र में पाँच खंड हैं—क, ख, ग, घ और ङ। सभी प्रश्न करने अनिवार्य हैं।*
2. खंड क–प्रश्न सं. 1 से 21 तक वस्तुनिष्ठ प्रकार के प्रश्न हैं। प्रत्येक प्रश्न 1 अंक का है।
3. खंड ख–प्रश्न सं. 22 से 27 लघु उत्तरीय प्रश्न हैं। प्रत्येक प्रश्न 3 अंक का है, जिनका उत्तर 60-80 शब्दों से अधिक नहीं होना चाहिए।
4. खंड ग–प्रश्न सं. 28 से 30 दीर्घ उत्तरीय प्रश्न हैं। प्रत्येक प्रश्न 8 अंक का है, जिनका उत्तर 300-350 शब्दों से अधिक नहीं होना चाहिए।
5. खंड घ–प्रश्न सं. 31 से 33 स्रोत आधारित प्रश्न हैं, जिनके तीन उपप्रश्न हैं। प्रत्येक स्रोत 4 अंक का है।
6. खंड ङ–प्रश्न सं. 34 मानचित्र आधारित प्रश्न है।

समय : 3 घंटे *पूर्णांक : 80*

खंड 'क' **(21 × 1 = 21)**

1. हड़प्पा सभ्यता के स्थल और उनसे जुड़े स्थान के बारे में सही विकल्प के साथ निम्नलिखित को पूरा करें। (1)

मोहनजोदड़ो: लरकाना, राखीगढ़ी:

(a) हनुमानगढ़ (b) हिसार
(c) फतेहाबाद (d) रूपनगर

2. किस वाकाटक रानी ने लोगों को भूमि अनुदान दी थी? (1)

(a) दत्ता देवी (b) रामा गुप्ता
(c) प्रभावती गुप्त (d) विलासा देवी

3. नीचे दी गई मूर्ति को ध्यान से देखिए और इसके संबंध में पुरातत्त्वविदों द्वारा दिए गए नाम को लिखिए। (1)

(a) नर्तकी (b) मातृदेवी
(c) खिलौना (d) मृण्मूर्ति

4. दिए गए विकल्पों में से वर्ग एवं जाति पर आधारित वर्गों के लिए सही विकल्प का चयन कीजिए। (1)

(a) ब्राह्मण, क्षत्रिय, वैश्य (b) ब्राह्मण, वैश्य, शूद्र
(c) ब्राह्मण, क्षत्रिय, शूद्र (d) क्षत्रिय, वैश्य, शूद्र

5. निम्नलिखित महाजनपदों को उत्तर से दक्षिण के क्रम में व्यवस्थित क(1)

1. गांधार 2. अस्मक 3. अवंती 4. कुरू

(a) 1,2,3,4 (b) 4,2,3,1
(c) 1,4,3,2 (d) 1,2,4,3

6. निम्नलिखित में से कौन-सा जैन धर्म का साहित्यिक योगदान है? (1)

(a) विनय पिटक (b) दीपवंश
(c) उत्तराध्यना सूत्र (d) अशोक वदान

7. कथन (A) ब्राह्मण धर्म की उपासना करने का सर्वश्रेष्ठ माध्यम यज्ञ करना था।

कारण (R) यज्ञों में समान वैदिक मंत्रों का उच्चारण किया जाता (1)

कूट

(a) A और R दोनों सही हैं तथा R, A की सही व्याख्या है
(b) A और R दोनों सही हैं, परंतु R, A की सही व्याख्या नहीं है
(c) A सही है, किंतु R गलत है
(d) A गलत है, किंतु R सही है

8. **नीचे इब्न-बतूता के लेखन से संबंधित कथन दिए गए हैं, निम्नलिखित को ध्यानपूर्वक पढ़िए और उसकी योग्यताओं की पहचान कीजिए।** **(1)**
(a) इनू-बतूता के पास विभिन्न राजाओं और शासकों के दरबारो में कूटनीति से पेश आने की कला थी।
(b) इब्न-बतूता के पास लेखन कौशल की असाधारण प्रतिमा थी।
(c) उसे सैन्य रणनीति और युद्ध रणनीति में विशेषज्ञता हासिल थी
(d) उसे अनेक भाषाओं की समझ थी

9. **1857 के विद्रोह के संदर्भ में निम्नलिखित घटनाओं को उनके क्रमानुसार व्यवस्थित करें।** **(1)**
1. मेरठ में सैन्य विद्रोह
2. लखनऊ में विद्रोह
3. युद्ध में रानी झांसी की मृत्यु
4. युद्ध में शाहमल की मृत्यु

(a) 1, 2, 3, 4 (b) 4, 3, 2, 1
(c) 1, 2, 4, 3 (d) 1, 4, 3 ,2

10. **निम्नलिखित में से किसने एशियाई उत्पादन शैली के विचार को विकसित किया था?** **(1)**
(a) कार्ल मार्क्स (b) मांटेस्क्यू (c) वाल्टेयर (d) रूसो

11. **मान लीजिए कि आप ऐतिहासिक स्रोतों का अध्ययन कर रहे हैं। तथा आपने ईश्वर के प्रतिरूप शिव, विष्णु तथा उनके अवतार व देवियों की आराधना मूर्त रूप से करने के बारे में पढ़ा, तो बताइए कि आप किस काल का इतिहास पढ़ रहे हैं?** **(1)**
(a) मौर्य काल (b) राजपूत काल
(c) गुप्त काल (d) मुगल काल

12. **निम्नलिखित जानकारी की सहायता से प्राचीन भारत के शासक की पहचान करें।** **(1)**
- वह तुलुव वंश का महान शासक था।
- विट्ठल स्वामी मदिंर का निर्माण करवाया।
- तेलुगू में रचित 'आमुक्तमाल्यद' नामक ग्रंथ की रचना की।

(a) अच्युत देवराय (b) सदाशिव राय
(c) कृष्णदेव राय (d) वीर नरसिंह राय

13. **सूची I को सूची II से सुमेलित कीजिए** **(1)**

	सूची I		सूची II
(a)	निकोलो डी कोंटी	–	पुर्तगाल
(b)	अब्दुर्रज्जाक	–	पर्शिया
(c)	अफानासी निकितन	–	इटली
(d)	फर्नाबो नूनिज	–	रूस

14. **सूची I को सूची II से सुमेलित कीजिए** **(1)**

सूची I	सूची II
A. सुयूरगल	1. दान में दिया गया राजस्व अनुदान
B. अराजी और जमीन-ए-पाइमूद	2. मापे गए क्षेत्र
C. मीरास या वतन	3. जिस भूमि पर दस्तकारों का पुश्तैनी अधिकार होता था
D. नस्क प्रणाली	4. राजस्व निर्धारण व वसूली की एक प्रणाली

कूट

	A	B	C	D
(a)	1	2	3	4
(b)	2	3	1	4
(c)	1	3	4	2
(d)	3	2	1	4

15. **ब्रिटिश सरकार द्वारा शुरू की गई रैयतवाड़ी बंदोबस्त व्यवस्था के बारे में निम्नलिखित में से कौन-सा कथन गलत है?** **(1)**
(a) रैयतवाड़ी बंदोबस्त व्यवस्था बंगाल में लागू की गई थी।
(b) इसके अंतर्गत राजस्व की राशि, राजस्व देने वाले के साथ निर्धारित की जाती थी।
(c) राजस्व की दर स्थायी नहीं थी।
(d) यह दर प्रत्येक 30 वर्ष बाद भूमि सर्वेक्षण के बाद निर्धारित की जाती थी।

16. **रामराय के संदर्भ में निम्नलिखित कथनों को ध्यानपूर्वक पढ़िए और सही विकल्प का चयन कीजिए।** **(1)**
1. उसने 1565 ई. तालीकोटा के युद्ध में सेना का नेतृत्व किया।
2. उनकी सेना की सुल्तानों की संयुक्त सेनाओं द्वारा पराजित किया गया था।
3. उनके द्वारा शहर को पूरी तरह से त्याग दिया गया था।
4. रामराय विजयनगर का सुल्तान था

(a) 1 और 2 (b) 2 और 3
(c) 1 और 3 (d) 1, 2 और 4

17. **वर्ष 1914-18 के महान युद्ध के दौरान अंग्रेजों द्वारा कौन-कौन से प्रतिबंध भारत में अध्यारोपित किए गए?** **(1)**
1. प्रेस पर प्रतिबंध लगा दिए गए।
2. बिना जाँच के कारावास की अनुमति दी गई।
3. सभा करने की अनुमति दी गई।

कूट
(a) केवल 1 (b) केवल 2 (c) 1 और 2 (d) ये सभी

18. **कथन (A) भारत को राष्ट्र विभाजन की शर्त पर स्वतंत्रता मिली थी।** **(1)**

कारण (R) इस कारण स्वतंत्रता प्राप्ति के दिन महात्मा गाँधी 24 घंटे के उपवास पर थे।
(a) कथन A और कारण R दोनों सही हैं तथा कारण R, कथन A की सही व्याख्या है
(b) कथन A और कारण R दोनों सही हैं, परंतु कारण R, कथन A की सही व्याख्या नहीं है
(c) कथन A सही है, किंतु कारण R गलत है
(d) कथन A गलत है, किंतु कारण R सही है

19. **किस वर्ष किसानों के एक समूह ने संयुक्त प्रांत के चौरी-चौरा घटना में एक पुलिस स्टेशन पर आक्रमण कर उसमें आग लगा दी?** **(1)**
(a) वर्ष 1920 (b) वर्ष 1921
(c) वर्ष 1922 (d) वर्ष 1926

20. दी गई जानकारी का उपयोग करके निम्नलिखित विकल्पों में से राजस्व प्रणाली/कानून की पहचान कीजिए और उसका नाम लिखिए।

- निश्चित तारीख को सूर्यास्त होने तक निर्धारित राजस्व धनराशि का भुगतान अनिवार्य था।
- भुगतान निर्धारित समय तक नहीं होने पर जमींदारों को नीलाम कर दिया जाता था। **(1)**

(a) स्थायी बंदोबस्त व्यवस्था (b) जमींदारी व्यवस्था
(c) रैयतवाड़ी व्यवस्था (d) सूर्यास्त कानून

21. संविधान सभा के संबंध में निम्नलिखित कथनों पर विचार करें और सही विकल्प को चुनें।

1. संविधान सभा का गठन वर्ष 1946 में संपन्न प्रांतीय चुनाव के आधार पर किया गया था।
2. मुस्लिम लीग द्वारा संविधान सभा की प्रारंभिक बैठकों का बहिष्कार किया गया।
3. संविधान सभा के 18% सदस्य काँग्रेस के थे।

कूट **(1)**

(a) 2 और 3 (b) 1 और 2
(c) 1 और 3 (d) 1, 2 और 3

खंड 'ख' **(6 × 3 = 18)**

22. मौर्य साम्राज्य के इतिहास की रचना के लिए प्रयुक्त स्रोतों का वर्णन कीजिए। **(3)**

अथवा राष्ट्रीय एकता के लिए अशोक द्वारा किए गए प्रयासों का उल्लेख कीजिए।

23. "अल-बरूनी ने भारत की वर्ण व्यवस्था के विषय में जानकारी दी है।" इस कथन की पुष्टि कीजिए। **(3)**

24. कंपनी ने जमींदारों को महत्त्व देते हुए भी उन्हें किस प्रकार नियंत्रित किया? **(3)**

अथवा राजस्व की अत्यधिक माँग और अपनी भू-संपदा का संभावित नीलामी से बचाने के लिए जमीदारों ने क्या प्रयास किए थे।"

25. "नमक सत्याग्रह के साथ गाँधीजी ने अंग्रेजी शासन के खिलाफ व्यापक आंदोलन को संगठित करने की कोशिश की।" कारणों और घटनाओं के संदर्भ में कथन का विश्लेषण कीजिए। **(3)**

26. "जैन दर्शन द्वारा दिए गए अहिंसा और त्याग के सिद्धांत ने भारतीय परंपरा को प्रभावित किया है।" इस कथन की महावीर के संदेशानुसार पुष्टि कीजिए। **(3)**

27. वैदिक परिपाटी एवं तांत्रिक परिपाटी में संघर्ष की स्थिति क्यों उत्पन्न होती थी? विस्तार में चर्चा कीजिए। **(3)**

खंड 'ग' **(3 × 8 = 24)**

28. हड़प्पा सभ्यता की अर्थव्यवस्था के प्रमुख पक्षों का विश्लेषण कीजिए। **(8)**

अथवा

हड़प्पा सभ्यता का संक्षिप्त परिचय देते हुए सभ्यता के प्रमुख केंद्रों पर विस्तार से प्रकाश डालिए।

29. इब्न-बतूता और बर्नियर ने 16वीं व 17वीं शताब्दी की महिलाओं के जीवन का रोचक वर्णन किस प्रकार प्रस्तुत किया है? स्पष्ट कीजिए। **(8)**

अथवा

बर्नियर ने भारत में निजी भूमि स्वामित्व के अभाव को दयनीय आर्थिक स्थिति का कारण बताया। इस संदर्भ में मुगलकालीन भूमि व्यवस्था की विशेषताओं का उल्लेख करते हुए इसके प्रभावों का विश्लेषण कीजिए।

30. "राष्ट्रवाद के इतिहास में प्रायः गाँधीजी को राष्ट्र निर्माण के साथ जोड़कर देखा जाता है।" स्वतंत्रता संग्राम में उनकी भूमिका का वर्णन कीजिए। **(8)**

अथवा भारतीय संविधान सभा में डॉ. भीमराव अंबेडकर द्वारा दलित जातियों के लिए पृथक् निर्वाचिका की माँग क्यों की गई थी और इस माँग का महात्मा गाँधी ने विरोध क्यों किया?

खंड 'घ' **(4 × 3 = 12)**

31. नीचे दिए गए स्रोत को ध्यानपूर्वक पढ़कर प्रश्नों के उत्तर दीजिए **(1 + 1 + 2 = 4)**

एक दैवीय व्यवस्था अपनी मान्यता को प्रमाणित करने के लिए ब्राह्मण बहुधा ऋग्वेद के पुरुष सूक्त मंत्र को उद्धृत करते थे, जो आदिमानव पुरुष की बलि का चित्रण करता है। जगत के सभी तत्त्व, जिनमें चारों वर्ण शामिल हैं, इसी पुरुष के शरीर से उपजे थे। ब्राह्मण उसका मुँह था, उसकी भुजाओं से क्षत्रिय निर्मित हुआ। वैश्य उसकी जंघा थी, उसके पैर से शूद्र की उत्पत्ति हुई।

(i) ऋग्वेद में पुरुष की बलि का किस प्रकार वर्णन है? **(1)**
(ii) ऋग्वेद के अनुसार संसार के सभी तत्त्व और चार वर्ण पुरुष के शरीर से कैसे उपजे थे? **(1)**
(iii) ब्राह्मणों ने किस प्रकार सामाजिक नियमों का पालन करवाया था? **(2)**

32. नीचे दिए गए स्रोत को ध्यानपूर्वक पढ़कर प्रश्नों के उत्तर दीजिए **(1 + 1 + 2 = 4)**

यह डोमिंगो पेस द्वारा लिखे गए विजयनगर शहर से लिया गया एक उद्धरण है। इस शहर का परिमाप मैं यहाँ नहीं लिख रहा हूँ, क्योंकि यह एक स्थान से पूरी तरह नहीं देखा जा सकता, पर मैं एक पहाड़ पर चढ़ा, जहाँ से मैं इसका एक बड़ा भाग देख पाया। मैं इसे पूरी तरह से नहीं देख पाया, क्योंकि यह कई पर्वत शृंखलाओं के बीच स्थित है।

वहाँ से मैंने जो देखा वह मुझे रोम जितना विशाल प्रतीत हुआ और देखने में अत्यंत सुंदर। इसमें पेड़ों के कई उपवन हैं, आवासों के बगीचों में तथा पानी की कई नालियाँ जो इसमें आती हैं तथा कई स्थानों पर झीलें हैं तथा राजा के महल के समीप ही खजूर के पेड़ों का बगीचा तथा अन्य फल प्रदान करने वाले वृक्ष थे।

(i) पेस विजयनगर शहर की तुलना किससे करता है? **(1)**

(ii) पूरे शहर को 'पेस' क्यों नहीं देख पाया? उसने अपनी समस्या को कैसे सुलझाया? **(2)**

(iii) शहर की सुंदरता का वर्णन पेस किस प्रकार करता है? **(2)**

33. नीचे दिए गए स्रोत को ध्यानपूर्वक पढ़कर प्रश्नों के उत्तर दीजिए **(1 + 1 + 2 = 4)**

दक्कन दंगा आयोग को दी गई अपनी याचिका में एक रैयत ने यह स्पष्ट किया कि ऋणों की प्रणाली कैसे काम करती थी–एक साहूकार अपने कर्जदार को एक बंधपत्र के आधार पर ₹100 की रकम 3-2 आने प्रतिशत की मासिक दर पर उधार देता है।

कर्ज लेने वाला इस रकम को बांड पास होने की तारीख से आठ दिन के भीतर वापस अदा करने का करार करता है। रकम वापस अदा करने के लिए निर्धारित समय के तीन साल बाद साहूकार अपने कर्जदार से मूलधन तथा ब्याज दोनों को मिलाकर बनी राशि (मिश्रधन) के लिए एक अन्य बांड उसी ब्याज दर से लिखवा लेता है और उसे संपूर्ण कर्जा चुकाने के लिए 125 दिन की मोहलत दे देता है। तीन साल और 15 दिन बीत जाने पर कर्जदार द्वारा एक तीसरा बांड पास किया जाता ………… (यह प्रक्रिया बार-बार दोहराई जाती हैं।) ………… 12 वर्ष के अंत में ………… ₹ 1,000 की राशि पर उसका कुल ब्याज ₹ 2,028, 10 आना 3 पैसे हो जाता है।

(i) रैयत साहूकारों से ऋण किस उद्देश्य के लिए प्राप्त करते थे? **(1)**

(ii) ऋण की प्रणाली की रैयत ने किस प्रकार व्याख्या की? **(1)**

(iii) आप यह कैसे सोचते हैं कि रैयतों द्वारा ऋण लेने का तरीका उनके लिए दुःख लाया? **(2)**

खंड 'ङ'

34. 1. भारतीय मानचित्र पर निम्नलिखित को चिह्नित कीजिए **(5 × 1 = 5)**

(1 + 1 + 1 = 3)

(i) अवंति – एक महाजनपद

(ii) गांधार – उत्तर-परिश्चत में स्थित महाजनपद

(iii) वज्जि – कबीलों का एक संघ

अथवा

कौशल – बौदकालीन स्थ्ल

2. इसी मानचित्र पर अशोक के शिलालेख से संबंधित दो राज्यों को A एवं B के रूप में चिह्नित किया गया है, उनको पहचानकर नाम लिखिए। **(1 + 1 = 2)**

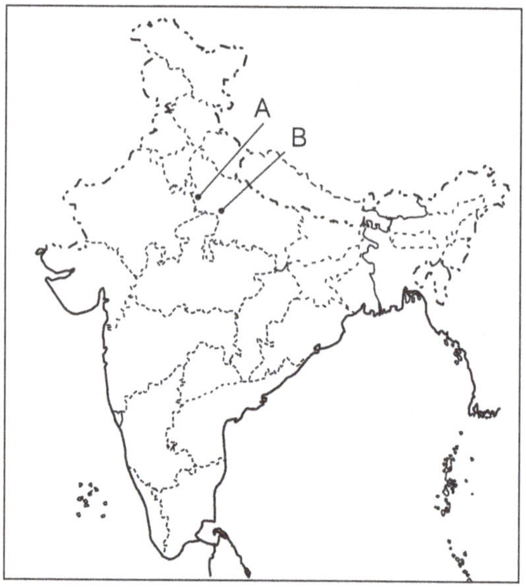

उत्तर

1. (b)	2. (c)	3. (b)	4. (a)	5. (c)	6. (c)	7. (b)	8. (b)	9. (a)	10. (a)
11. (c)	12. (c)	13. (b)	14. (a)	15. (a)	16. (a)	17. (c)	18. (a)	19. (c)	20. (d)
21. (b)									

सैंपल पेपर 3

इतिहास

व्याख्या रहित (अनसॉल्वड) कक्षा 12

निर्देश 1. इस प्रश्न-पत्र में पाँच खंड हैं—क, ख, ग, घ और ङ। सभी प्रश्न करने अनिवार्य हैं।
2. खंड क—प्रश्न सं. 1 से 21 तक वस्तुनिष्ठ प्रकार के प्रश्न हैं। प्रत्येक प्रश्न 1 अंक का है।
3. खंड ख—प्रश्न सं. 22 से 27 लघु उत्तरीय प्रश्न हैं। प्रत्येक प्रश्न 3 अंक का है, जिनका उत्तर 60-80 शब्दों से अधिक नहीं होना चाहिए।
4. खंड ग—प्रश्न सं. 28 से 30 दीर्घ उत्तरीय प्रश्न हैं। प्रत्येक प्रश्न 8 अंक का है, जिनका उत्तर 300-350 शब्दों से अधिक नहीं होना चाहिए।
5. खंड घ—प्रश्न सं. 31 से 33 स्रोत आधारित प्रश्न हैं, जिनके तीन उपप्रश्न हैं। प्रत्येक स्रोत 4 अंक का है।
6. खंड ङ—प्रश्न सं. 34 मानचित्र आधारित प्रश्न है।

समय : 3 घंटे　　　　पूर्णांक : 80

खंड 'क' (21 × 1 = 21)

1. **हड़प्पा सभ्यता (सिंधु सभ्यता) से प्राप्त हुए साक्ष्य और उनसे संबंधित स्थान के बारे में सही विकल्प के साथ निम्नलिखित को पूरा करें।** **(1)**

स्नानागार : मोहनजोदड़ो, जुते हुए खेत:

(a) बनावली　　(b) धौलावीरा
(c) कालीबंगा　　(d) रोपड़

2. **मान लीजिए कि आप प्राचीन भारतीय इतिहास का अध्ययन कर रहे हैं। इस आधार पांड्य सरदार सेनगुतुवन की वन-यात्रा के बारे में जानने के लिए कौन-सा स्रोत सही होगा?** **(1)**

(a) सिलप्पादिकारम्　　(b) संगम साहित्य
(c) तोलकाप्पियम्　　(d) तिरूकुरल

3. **साहित्यिक परंपरा में महाभारत की रचना किसने की थी?** **(1)**

(a) मनु　　(b) ऋषि व्यास
(c) वाल्मीकि　　(d) वी. एस. सुकथांकर

4. **निम्नलिखित जानकारी की सहायता से बौद्धकालीन स्तूप की पहचान करें।** **(1)**

यह स्तूप मध्यप्रदेश की राजधानी से 20 मील उत्तर-पूर्व दिशा में स्थित है। इसकी खोज 1818 ई. में की गई थी। इस स्तूप में वेसातर जातक से लिया गया एक दृश्य दिखाया गया है।

(a) अमरावती का स्तूप　　(b) साँची का स्तूप
(c) भरहुत स्तूप　　(d) सारनाथ स्तूप

5. **नीचे दिए गए चित्र का अवलोकन कीजिए और उसका नाम बताइए** **(1)**

(a) औजार　　(b) मुद्रांकन
(c) मनका　　(d) फयॉन्स से बना एक पात्र

6. **'महापरिनिर्वाणा सुत्त' निम्न में से किस साहित्य का एक भाग है?** **(1)**

(a) अभिधम्म पिटक　　(b) विनय पिटक
(c) महावामसा　　(d) सुत्त पिटक

7. **दी गई जानकारी का उपयोग करके निम्नलिखित विकल्पों में से महाजनपद की पहचान कीजिए।**

1. 16 महाजनपदों में सर्वाधिक शक्तिशाली महाजनपद
2. इसकी राजधानी गंगा एवं सोन नदियों के संगम पर स्थित थी। **(1)**

(a) कौशल　　(b) अवंति
(c) मगध　　(d) वज्जि

8. दिए गए विकल्पों में से कौन-सा विकल्प 'खालसा पंथ के पाँच नियमों के संदर्भ में सही है? **(1)**

(a) कंघा, कच्छा, कृपाण (b) केश, कच्छा, कंघा
(c) कृपाण, कंघा, काजल (d) केश, कड़ा, कंगन

9. किस युद्ध में विजयनगर के शासक को बीजापुर, अहमदनगर तथा गोलकुंडा की संयुक्त सेनाओं द्वारा शिकस्त मिली? **(1)**

(a) राक्षसी-तांगड़ी (तालीकोटा) युद्ध (b) होयसल का युद्ध
(c) मदुरै का युद्ध (d) गोवा का युद्ध

10. आइन-ए-अकबरी के संबंध में निम्नलिखित कथनों पर विचार करें और सही विकल्प को चुनें। **(1)**

1. आइन-ए-अकबरी की रचना अकबर के दरबारी इतिहासकार अबुल फजल ने की थी।
2. आइन-ए-अकबरी में शाही नियमों का सांराश है।
3. आइन-ए-अकबरी की रचना 7 खंडों में विभाजित है।

कूट

(a) 1 और 2 (b) 2 और 3
(c) 1 और 3 (d) 1, 2 और 3

11. भारत में आए निम्नलिखित तीर्थ यात्रियों को कालक्रम में व्यवस्थित करें **(1)**

1. इब्न-बतूता 2. फ्रांस्वा बर्नियर
3. अल-बरूनी 4. अब्दुर्रज्जाक समरकंदी

(a) 2, 3, 1, 4 (b) 3, 1, 4, 2
(c) 1, 2, 3, 4 (d) 2, 1, 3, 4

12. नीचे दी गई जानकारी के आधार पर विजयनगर साम्राज्य के भवन की पहचान कीजिए **(1)**

- राजकीय केंद्र का सबसे सुदंर भवन
- अंगेज यात्रियों ने 19वीं सदी में उसका नामकरण किया था।
- इसका नाम रोमांचक है, लेकिन इतिहासकार इस बारे में निश्चित नहीं है कि यह भवन किस उपयोग के लिए था।

(a) लोटस (कमल) महल (b) सभा मंडप
(c) हजार राम मंदिर (d) महानवमी डिब्बा

13. कथन (A) सत्रहवीं सदी में दुनिया के अलग-अलग हिस्सों से कई नई फसलें भारतीय उपमहाद्वीप में आईं। **(1)**

कारण (R) भारत में मक्का अमेरिका के रास्ते आया।

(a) A और R दोनों सही हैं तथा R, A की सही व्याख्या है
(b) A और R दोनों सही हैं, परंतु R, A की सही व्याख्या नहीं है
(c) A सही है, किंतु R गलत है
(d) A गलत है, किंतु R सही है

14. यूरोपीय यात्री बर्नियर के बारे में निम्नलिखित में से कौन-सा कथन गलत है? **(1)**

(a) यूरोपीय यात्री बर्नियर इटली का निवासी था।
(b) यह 1656 से 1668 ई. तक (12 वर्षों तक) भारत में रहा।
(c) इसकी प्रमुख कृति ट्रैवल्स इन द मुगल एंम्पायर है।
(d) बर्नियर दाराशिकोह के दरबार में बुद्धि जीवी व वैज्ञानिक के तौर पर रहा था।

15. महात्मा गाँधी ने असहयोग और खिलाफत आंदोलन को मिलाने की अपील क्यों की थी? **(1)**

(a) समाज के निम्न तथा उच्च वर्ग को जोड़ने के लिए
(b) समाज में हिंदु और मुसलमानों को जोड़ने के लिए
(c) समाज में मुसलमानों के प्रभावों को उचित स्थान दिलाने के लिए
(d) समाज में निम्न वर्ग के उद्धार के लिए

16. नीचे दी गई जानकारी के आधार पर विद्रोह की पहचान कीजिए **(1)**

- यह एक बड़े गाँव सूपा में शुरू हुआ था।
- सूपा एक विपणन केंद्र (मंडी) था।
- रैयतों के द्वारा साहूकारों के बहीखाते जमा कर लिए।

(a) दक्कन विद्रोह (b) संथाल विद्रोह
(c) पहाड़ी विद्रोह (d) दामिन-ए-कोह विद्रोह

17. निम्नलिखित घटनाओं को उनके समय के साथ सही सुमेलित कीजिए **(1)**

सूची I	सूची II
A. 1798 ई.	1. सहायक संधि
B. सितंबर, 1857	2. दिल्ली पर अंग्रेजों का आधिपत्य स्थापित
C. मई, 1857	3. लखनऊ में विद्रोह
D. 1858	4. युद्ध में शाहमल की मृत्यु

कूट

	A	B	C	D		A	B	C	D
(a)	2	1	3	4	(b)	3	2	1	4
(c)	1	2	3	4	(d)	1	3	2	4

18. निम्नलिखित कथनों पर विचार कीजिए। **(1)**

1. अवध का अधिग्रहण लॉर्ड डलहौजी द्वारा किया गया।
2. नवाब वाजिद अली शाह को गद्दी से हटाकर पंजाब निष्कासित कर दिया गया।
3. ब्रिटिश सरकार ने वाज़िद अली शाह को लोकप्रिय शासक माना था।

उपरोक्त में से कौन-सा/से कथन सही नहीं है/हैं?

(a) केवल 1 (b) केवल 2
(c) केवल 3 (d) 2 और 3

19. बुकानन ने अपने सर्वेक्षण संस्मरण में प्रमुख रूप से किन/किस क्षेत्रों की चर्चा की है? **(1)**

1. राजमहल के पहाड़ी प्रदेश की
2. संथाल प्रदेश की
3. दक्कनी भाग की

कूट

(a) 1 और 2 (b) 2 और 3
(c) 1 और 3 (d) 1, 2 और 3

20. निम्न में से कौन-सा युग्म सही सुमेलित है? **(1)**

(a) पश्चिमी शिक्षा का प्रसार – लॉर्ड कैनिंग
(b) सती प्रथा उन्मूलन कानून – 1829 ई.
(c) सहायक संधि – लॉर्ड डलहौजी
(d) इन मैमोरियम चित्र – टॉमस जांस बार्कर

21. निम्नलिखित नेताओं में से किसने 'पुरानें पत्रों का पुलिंदा' को प्रकाशित किया है? **(1)**

(a) जवाहरलाल नेहरू
(b) सरदार वल्लभभाई पटेल
(c) एन. जी. रंगा
(d) डॉ. राजेंद्र प्रसाद

खंड 'ख' (6 × 3 = 18)

22. "हड़प्पाई लिपि को एक रहस्यमय लिपि समझा जाता है।" उपयुक्त तर्कों सहित इस कथन को न्यायसंगत ठहराइए। **(3)**

अथवा हड़प्पावासियों द्वारा कृषि की उपज को बढ़ाने के लिए अपनाए गए किन्हीं दो तरीकों का उल्लेख कीजिए।

23. बुद्ध और महावीर के वेदों के प्रभुत्व पर दिए गए विचारों का वर्णन कीजिए। **(3)**

24. 15वीं शताब्दी के दौरान एक फारसी राजदूत अब्दुर्रज्जाक विजयनगर की किलेबंदी से क्यों अत्यधिक प्रभावित था? स्पष्ट कीजिए। **(3)**

अथवा दिल्ली के सुल्तान मुहम्मद बिन तुगलक के अधीन सेवा काल में इब्नबतूता और सुल्तान के संबधों की संक्षेप में व्याख्या कीजिए?

25. एन. जी. रंगा ने संविधान सभा में अल्पसंख्यक शब्द की व्याख्या आर्थिक स्तर पर किए जाने का आह्वान क्यों किया? स्पष्ट कीजिए। **(3)**

26. "12वीं शताब्दी के अंत में चिश्तियों ने अपने को स्थानीय परिवेश में अच्छी तरह ढाला और भारतीय भक्ति परंपरा की कई विशिष्टताओं को भी अपनाया" स्पष्ट कीजिए। स्पष्ट करें **(3)**

27. खिलाफत आंदोलन के समय भारतीय समाज में हिंदू-मुस्लिम एकता को लेकर क्या दृष्टिकोण था? **(3)**

खंड 'ग' (3 × 8 = 24)

28. अशोक के अभिलेखों में कौन-कौन सी भाषाओं और लिपियों का प्रयोग हुआ था स्पष्ट कीजिए तथा इन अभिलेखों के महत्त्व पर प्रकाश डालिए। **(8)**

अथवा मौर्य प्रशासन की मुख्य विशेषताओं को स्पष्ट कीजिए और अशोक के 'धम्म' के सिद्धांतों की व्याख्या कीजिए।

29. सोलहवीं और सत्रहवीं सदियों के कृषि इतिहास को समझने में ऐतिहासिक ग्रंथ 'आइन-ए-अकबरी' किस प्रकार एक प्रमुख स्रोत है? व्याख्या कीजिए। इसके साथ इस काल में प्रयुक्त सिंचाई और तकनीक के तरीकों को भी स्पष्ट कीजिए। **(8)**

अथवा आइन-ए-अकबरी के अनुसार, अकबर के शासन के दौरान प्रशासन और सेना के संगठन की व्याख्या कीजिए।

30. भारतीय संविधान में धार्मिक स्वतंत्रता के अधिकार का वर्णन कहाँ किया गया है और यह भारतीय समाज में किस प्रकार से धार्मिक सहिष्णुता को बढ़ावा देता है? **(8)**

अथवा भारतीय संविधान में अंतर्गत नागरिकों को प्रदान किए गए मौलिक अधिकारों की विस्तार में चर्चा कीजिए।

खंड 'घ' (3 × 4 = 12)

31. नीचे दिए गए स्रोत को ध्यानपूर्वक पढ़कर प्रश्नों के उत्तर दीजिए **(1 + 1 + 2 = 4)**

अग्नि की प्रार्थना

यहाँ पर ऋग्वेद से लिए गए दो छंद हैं, जिनमें अग्निदेव का आह्वान किया गया है–हे शक्तिशाली देव, आप हमारी आहुति देवताओं तक ले जाएँ। हे बुद्धिमंत, आप तो सबके दाता हैं। हे पुरोहित, हमें खूब सारे खाद्य पदार्थ दें। हे अग्नि, यज्ञ के द्वारा हमारे लिए प्रचुर धन ला दें। हे अग्नि, जो आपकी प्रार्थना करता है उसके लिए आप सदा के लिए पुष्टिवर्द्धक अद्भुत गाय ला दें। हमें एक पुत्र मिले, जो हमारे वंश को आगे बढ़ाए। इस तरह के छंद एक खास तरह की संस्कृत में रचे गए थे, जिसे वैदिक संस्कृत कहा जाता था। ये स्रोत पुरोहित परिवारों के लोगों को मौखिक रूप में सिखाए जाते थे।

(i) अग्नि को आहुति क्यों दी जाती थी? **(1)**
(ii) वैदिक संस्कृत क्यों महत्त्वपूर्ण थी? **(1)**
(iii) वैदिक परंपराओं के किन्हीं दो धार्मिक विश्वासों और रिवाजों को स्पष्ट कीजिए। **(2)**

32. नीचे दिए गए स्रोत को ध्यानपूर्वक पढ़कर प्रश्नों के उत्तर दीजिए। **(1 + 1 + 2 = 4)**

''पेड़ों और खेतों की सिंचाई''

यह बाबरनामा से लिया गया एक अंश है, जो सिंचाई के उन उपकरणों के बारे में बताता है, जो इस बादशाह ने उत्तर भारत में देखे। हिंदुस्तान के मुल्क का अधिक हिस्सा मैदानी जमीन पर बसा हुआ है। हालाँकि यहाँ शहर और खेती लायक जमीन की बहुतायत है, लेकिन कहीं भी बहते पानी का इंतजाम नहीं है, वह इसलिए..... कि फसल उगाने या बागानों के लिए पानी की बिल्कुल जरूरत नहीं है। शरद ऋतु की फसलें बारिश के पानी से ही पैदा हो जाती हैं और यह हैरानी की बात है कि बसंत ऋतु की फसलें तो तब भी पैदा हो जाती हैं, जब बारिश बिल्कुल ही नहीं होती। फिर भी छोटे पेड़ों तक बाल्टियों या रहट के जरिए पानी पहुँचाया जाता है...।

लाहौर, दीपालपुर (दोनों ही आज के पाकिस्तान में) और ऐसी दूसरी जगहों में लोग रहट के जरिए सिंचाई करते हैं। वे रस्सी के दो गोलाकार फंदे बनाते हैं, जो कुएँ की गहराई के मुताबिक लंबे होते हैं। इन फंदों में थोड़ी-थोड़ी दूरी पर वे लकड़ी के गुटके लगाते हैं और इन गुटकों पर घड़े बाँध देते हैं।

(i) मुगलकाल के समय लाहौर में प्रयुक्त किए गए सिंचाई के स्रोतों को उदाहरणों सहित स्पष्ट कीजिए। **(1)**

(ii) आगरा में भूमि की सिंचाई के लिए किन विधियों का उपयोग किया गया था? उदाहरणों सहित स्पष्ट कीजिए। **(2)**

(iii) सिंचाई परियोजनाओं को किस प्रकार मुगल राज्य की मदद मिली? **(2)**

33. नीचे दिए गए स्रोत को ध्यानपूर्वक पढ़कर प्रश्नों के उत्तर दीजिए **(1 + 1 + 2 = 4)**

चरखा

महात्मा गाँधी आधुनिक युग, जिसमें मशीनों ने मानव को गुलाम बनाकर श्रम को हटा दिया था, के घोर आलोचक थे। उन्होंने चरखे को एक ऐसे, मानव समाज के प्रतीक रूप में देखा, जिसमें मशीनों और प्रौद्योगिकी को बहुत महिमामंडित नहीं किया जाएगा। इससे भी अधिक चरखा गरीबों को पूरक आमदनी प्रदान कर सकता था तथा उन्हें स्वावलंबी बना सकता था। मेरी आपत्ति मशीन के प्रति सनक से है। यह सनक श्रम बचाने वाली मशीनरी के लिए है। ये तब तक 'श्रम बचाते' रहेंगे जब तक कि हजारों लोग बिना काम के और भूख से मरने के लिए सड़कों पर न फेंक दिए जाएँ। मैं मानव समुदाय के किसी एक हिस्से के लिए नहीं, बल्कि सभी के लिए समय और श्रम बचाना चाहता हूँ! मैं धन का केंद्रीकरण कुछ ही लोगों के हाथों में नहीं, बल्कि सभी के हाथों में करना चाहता हूँ।

(i) महात्मा गाँधी आधुनिक युग के आलोचक क्यों थे? **(1)**

(ii) गाँधी जी ने क्यों कहा कि "मैं मानव समुदाय के किसी एक हिस्से के लिए नहीं बल्कि सभी के लिए समय और श्रम बचाना चाहता हूँ? **(1)**

(iii) "पहिया अपने आप में ही मशीनरी का उत्कृष्ट नमूना है।" गाँधीजी के इस कथन की व्याख्या कीजिए। **(2)**

खंड 'ङ'

(5 × 1 = 5)

34. 1. भारत के दिए गए राजनीतिक रेखा मानचित्र पर निम्नलिखित को अंकित कीजिए और उनके नाम लिखिए **(1 + 1 + 1 = 3)**

(i) बोधगया – बुद्ध को आत्मज्ञान प्राप्ति

(ii) अमरावती – बौद्धकालीन स्थल

(iii) साँची – अशोककालीन एक स्तूप

अथवा

नागार्जुनकोंडा – दक्षिण भारत में स्थित एक स्तूप

2. इसी मानचित्र पर दो प्रमुख बौद्ध स्थल A और B के रूप में अंकित हैं। उन्हें पहचानिए और उनके सही नाम, उनके पास खींची गई रेखाओं पर लिखिए। **(1 + 1 = 2)**

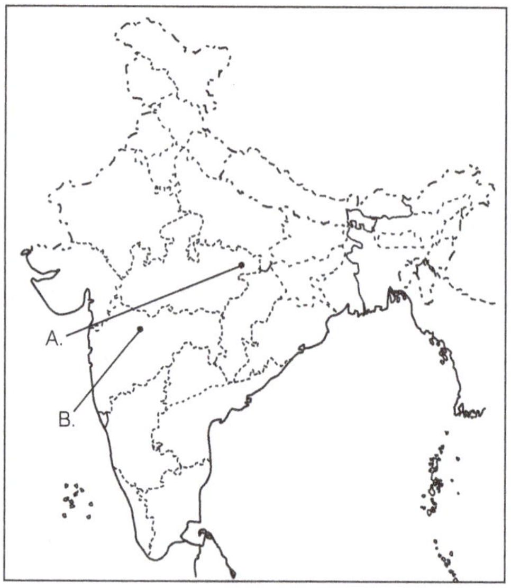

उत्तर

1. (c)	2. (a)	3. (b)	4. (b)	5. (b)	6. (d)	7. (c)	8. (a)	9. (a)	10. (a)
11. (b)	12. (a)	13. (c)	14. (a)	15. (b)	16. (a)	17. (c)	18. (d)	19. (d)	20. (b)
21. (a)									

बोर्ड प्रश्न-पत्र
(2025)

CBSE

बोर्ड प्रश्न-पत्र 2025

इतिहास

समय : 3 घंटे **पूर्णांक : 80**

निर्देश *1. इस प्रश्न-पत्र में पाँच खंड हैं–क, ख, ग, घ और ङ। सभी प्रश्न करने अनिवार्य हैं।*
2. खंड 'क'-प्रश्न सं. 1 से 21 तक वस्तुनिष्ठ प्रकार के प्रश्न हैं। प्रत्येक प्रश्न 1 अंक का है।
3. खंड 'ख'-प्रश्न सं. 22 से 27 लघु उत्तरीय प्रश्न हैं। प्रत्येक प्रश्न 3 अंक का है, जिनका उत्तर 60-80 शब्दों से अधिक नहीं होना चाहिए।
4. खंड 'ग'-प्रश्न सं. 28 से 30 दीर्घ उत्तरीय प्रश्न हैं। प्रत्येक प्रश्न 8 अंक का है, जिनका उत्तर 300-350 शब्दों से अधिक नहीं होना चाहिए।
5. खंड 'घ'-प्रश्न सं. 31 से 33 स्रोत आधारित प्रश्न हैं, जिनके तीन उप-प्रश्न हैं। प्रत्येक स्रोत 4 अंक का है।
6. खंड 'ङ'-प्रश्न सं. 34 मानचित्र आधारित प्रश्न है।

खंड 'क' वस्तुनिष्ठ प्रश्न **(12 × 1 = 12)**

1. हड़प्पा की लिपि के संदर्भ में निम्नलिखित में से कौन-सा कथन सही है? **(1)**
(a) यह लिपि वर्णानुक्रमिक थी
(b) यह बाएँ से दाएँ लिखी जाती थी
(c) इस लिपि को अभी तक पढ़ा नहीं जा सका है
(d) इस लिपि में कुछ ही चिह्न या प्रतीक हैं

2. हड़प्पा सभ्यता के किस स्थल पर मिट्टी के बने हल के प्रतिरूप मिले हैं? **(1)**
(a) कालीबंगा और धौलावीरा
(b) शोर्तुघई और लोथल
(c) बनावली और चोलिस्तान
(d) संघोल और राखीगढ़ी

3. नीचे दो कथन दिए गए हैं, कथन (A) और कारण (R)। दोनों कथनों को पढ़िए और सही विकल्प का चयन कीजिए **(1)**
कथन (A) बुद्ध के जीवनकाल में और उनकी मृत्यु के बाद भी बौद्ध धर्म तेज़ी से फैला।
कारण (R) लोग समकालीन धार्मिक प्रथाओं से असंतुष्ट थे और उस युग में तेज़ी से हो रहे सामाजिक बदलावों ने उलझनों में बाँध रखा था।
कूट
(a) A और R दोनों सही हैं तथा R, A की सही व्याख्या करता है
(b) A और R दोनों सही हैं परंतु R, A की सही व्याख्या नहीं करता है
(c) A सही है, परंतु R गलत है
(d) A गलत है, परंतु R सही है

4. जैन धर्म से संबंधित निम्नलिखित कथनों को पढ़िए और सही विकल्प का चयन कीजिए **(1)**
1. **जन्म और पुनर्जन्म का चक्र कर्म के द्वारा निर्धारित होता है।**
2. **संसार के त्याग की आवश्यकता है।**
3. **मोक्ष प्राप्ति के लिए सांसारिक अस्तित्व एक अनिवार्य नियम है।**
4. **अहिंसा का सिद्धांत महत्त्वपूर्ण है।**

कूट
(a) 1, 2 और 3
(b) 2, 3 और 4
(c) 1, 2 और 4
(d) 1, 3 और 4

5. सूची I का सूची II से सही सुमेलित कीजिए। **(1)**

	सूची I (प्राचीन महाजनपद)		सूची II (वर्तमान क्षेत्र)
A.	मगध	1.	कंधार (पूर्वी अफगानिस्तान)
B.	अवंति	2.	अयोध्या (उत्तर प्रदेश)
C.	गंधार	3.	पटना (बिहार)
D.	कौशल	4.	उज्जैन (मध्य प्रदेश)

कूट

	A	B	C	D
(a)	3	2	1	4
(b)	4	2	3	3
(c)	3	4	1	2
(d)	2	1	3	4

6. प्रभावती गुप्त को निम्नलिखित में से किस भूमिका के लिए जाना जाता है? **(1)**

(a) अशोक की पत्नी और बौद्ध संघ की प्रचारक
(b) मौर्य साम्राज्य की रानी और बौद्ध धर्म की प्रचारक
(c) समुद्रगुप्त की पत्नी और गुप्तकाल की कवयित्री
(d) चंद्रगुप्त द्वितीय की पुत्री और वाकाटक राजा की पत्नी

7. निम्नलिखित चित्र में चट्टान काटकर निर्मित मंदिर की संरचना दर्शाई गई है। दिए गए विकल्पों में से इस मंदिर की पहचान कीजिए **(1)**

(a) देवगढ़ मंदिर
(b) कैलाशनाथ मंदिर
(c) महाबलीपुरम मंदिर
(d) बृहदेश्वर मंदिर

8. अल-बरूनी का प्रमुख कार्य 'किताब-उल-हिंद' भारत के व्यापक अध्ययन के लिए महत्त्वपूर्ण है **(1)**

निम्नलिखित में से इसका प्राथमिक उद्देश्य क्या था?

(a) इस्लामी शिक्षाओं को बढ़ावा देना
(b) भौगोलिक स्थानों का मानचित्र बनाना
(c) संस्कृति और रीति-रिवाजों की आलोचना करना
(d) भारतीय संस्कृति का दस्तावेजीकरण करना

9. इब्नबतूता अपनी व्यापक यात्राओं के दौरान अपरिचित संस्कृतियों और समाजों का अन्वेषण करने में सक्षम था। निम्नलिखित में से कौन-सी योग्यता उसने सबसे अधिक विकसित की? **(1)**

(a) नेतृत्व और न्यायिक प्रबंधन
(b) सांस्कृतिक योग्यता और कौशलता
(c) प्रशासनिक और सैन्य ज्ञान
(d) वैज्ञानिक और तकनीकी विशेषज्ञता

10. निम्नलिखित में से कर्नल कोलिन मैकेंजी के संदर्भ में कौन-से कथन सही हैं? सही विकल्प का चयन कीजिए **(1)**

1. हम्पी के भग्नावशेष 1800 ई. में उसके द्वारा प्रकाश में लाए गए।
2. वह ईस्ट इंडिया कंपनी का एक अधिकारी था।
3. उसने इस स्थान का पहला सर्वेक्षण मानचित्र तैयार किया।
4. विजयनगर साम्राज्य की जानकारियाँ उसने दुआर्ते बरबोसा से लीं।

कूट

(a) 1, 2 और 3
(b) 2, 3 और 4
(c) 1, 3 और 4
(d) 1, 2 और 4

11. सूची I का सूची II से सही सुमेलन कीजिए

	सूची I (विदेशी यात्री)		सूची II (देश)
A.	अफानासी निकितिन	1.	फारस
B.	डोमिंगो पेस	2.	रूस
C.	अब्दुर-रज्जाक	3.	पुर्तगाल
D.	निकोलो-दे-कॉन्ती	4.	इटली

कूट

	A	B	C	D
(a)	3	4	1	2
(b)	2	3	1	4
(c)	1	2	4	3
(d)	2	1	3	4

12. 16वीं और 17वीं शताब्दी के भारत के कृषि इतिहास को समझने का निम्नलिखित में से प्रमुख स्रोत कौन-सा है? **(1)**

(a) आगरा और दिल्ली के राजस्व रिकॉर्ड
(b) किसानों और जमींदारों के बीच संबंध
(c) आइन-ए-अकबरी, राजवंश का महत्त्वपूर्ण इतिहास
(d) उस समय उगाई जाने वाली कृषि फसलों के प्रकार

13. **निम्नलिखित में से कौन-सा कथन 16वीं और 17वीं शताब्दी के भारत के जमींदारों के बारे में सबसे उपयुक्त है?** **(1)**

(a) जमींदार किसानों के लिए शोषक वर्ग थे
(b) राज्य की ओर से वे राजस्व एकत्र करते थे
(c) उनके गाँव वालों के साथ सदैव सौहार्दपूर्ण संबंध थे
(d) उनके पास निजी इस्तेमाल के लिए जमीन के छोटे टुकड़े होते थे

14. **एक आधुनिक शहर में, मित्रों का एक समूह आज के समाज में कबीर की शिक्षाओं की प्रासंगिकता पर चर्चा करता है। कुछ का मानना है कि ये शिक्षाएँ अप्रासंगिक हैं, जबकि अन्य समानता और प्रेम को बढ़ावा देने में उनके महत्त्व को देखते हैं। निम्नलिखित में से कौन-सा परिदृश्य आज कबीर की प्रासंगिकता को सबसे अच्छी तरह से दर्शाता है ?** **(1)**

(a) कबीर के ऐतिहासिक संदर्भ पर बहस
(b) आध्यात्मिकता को अप्रासंगिक बनाने पर चर्चा
(c) केवल सामाजिक मानदंडों और परंपराओं पर ध्यान
(d) ईश्वर के साथ सरल संबंध की खोज

15. **निम्नलिखित में से 1855 ई. के संथाल विद्रोह का मुख्य कारण कौन-सा था?** **(1)**

(a) एकमुश्त बंदोबस्त का अधिरोपण
(b) अंग्रेजों द्वारा सांस्कृतिक दमन
(c) पाश्चात्य शिक्षा को थोपना
(d) भारी कर और भूमि अधिग्रहण

16. **1793 ई. के इस्तमरारी बंदोबस्त के संदर्भ में विषम की पहचान कीजिए** **(1)**

(a) सूर्यास्त कानून (b) बर्दवान की नीलामी (c) पाँचवीं रिपोर्ट (d) दक्कन दंगा आयोग

17. **सूची I को सूची II से सही विकल्प का सुमेलित कीजिए** **(1)**

	सूची-I (1857 के विद्रोह का नेतृत्व)		सूची-II (क्षेत्र)
A.	शाहमल	1.	लखनऊ
B.	कुँवर सिंह	2.	कानपुर
C.	बिरजिस कद्र	3.	बड़ौत
D.	नाना साहब	4.	आरा

कूट

	A	B	C	D
(a)	2	3	4	1
(b)	3	4	1	2
(c)	3	2	1	4
(d)	4	2	3	1

18. **निम्नलिखित ऐतिहासिक घटनाओं को कालक्रम में व्यवस्थित कीजिए और सही विकल्प का चयन कीजिए** **(1)**

1. संविधान सभा का निर्माण
2. जलियाँवाला बाग हत्याकांड
3. भारत छोड़ो आंदोलन
4. गाँधी-इर्विन समझौता

कूट

(a) 2, 3, 1 और 4 (b) 2, 4, 3 और 1 (c) 3, 2, 1 और 4 (d) 4, 3, 1 और 2

19. **1798 ई. में लॉर्ड वेलेज़ली द्वारा पेश की गई 'सहायक संधि' की मुख्य विशेषता निम्नलिखित में से कौन-सी थी?** **(1)**

(a) अंग्रेजों द्वारा लाई गई मुक्त व्यापार नीति
(b) अंग्रेजों द्वारा देशी सेना का रख-रखाव
(c) अंग्रेजों द्वारा पश्चिमी रीति-रिवाजों को लागू करना
(d) अंग्रेजों द्वारा देशी क्षेत्र की सुरक्षा

20. **निम्नलिखित में से कौन-सा युग्म सही सुमेलित है?** **(1)**

	सूची I (संविधान सभा की प्रमुख समितियों के नाम)		सूची II (अध्यक्ष के नाम)
(a)	झंडा समिति	1.	एच.सी. मुखर्जी
(b)	संघ शक्ति समिति	2.	पंडित जवाहरलाल नेहरू
(c)	नियम समिति	3.	एस. वरदाचार्य
(d)	राज्य समिति	4.	जे.बी. कृपलानी

21. **निम्नलिखित जानकारी की सहायता से संविधान सभा के सदस्य की पहचान कीजिए** **(1)**

- **वे संविधान सभा के अध्यक्ष थे।**
- **वे स्वतंत्र भारत के पहले राष्ट्रपति थे।**

(a) सर्वपल्ली राधाकृष्णन (b) जाकिर हुसैन (c) वी.वी. गिरि (d) राजेंद्र प्रसाद

खंड 'ख'

लघु-उत्तरीय प्रकार के प्रश्न (6 × 3 = 18)

22. (a) "अशोक के प्रशासन को समझने के लिए अशोक के अभिलेख सबसे महत्त्वपूर्ण स्रोत हैं।" इस कथन की व्याख्या कीजिए। **(3)**

अथवा (b) "मौर्य साम्राज्य का इतिहास विभिन्न स्रोतों पर आधारित है।" इस कथन की व्याख्या कीजिए।

23. "ईसा-पूर्व प्रथम सहस्राब्दि का काल विश्व इतिहास में एक महत्त्वपूर्ण मोड़ माना जाता है।" इस कथन को न्यायसंगत ठहराइए। **(3)**

24. (a) उन कारणों का विश्लेषण कीजिए जिनके कारण विजयनगर साम्राज्य का पतन हुआ। **(3)**

अथवा (b) अमर-नायक प्रणाली विजयनगर साम्राज्य की एक प्रमुख राजनीतिक खोज क्यों मानी जाती है? विश्लेषण कीजिए।

25. मुगलकाल के दौरान आम लोगों के अधिकारों की वकालत करने में पंचायत की भूमिका को स्पष्ट कीजिए। **(3)**

26. "1857 के विद्रोह को ऐसे युद्ध के रूप में देखा जा रहा था, जिसमें हिंदुओं और मुसलमानों दोनों का नफा-नुकसान बराबर था।" इस कथन का विश्लेषण कीजिए। **(3)**

27. संविधान सभा में डॉ. बी.आर. अम्बेडकर की भूमिका का वर्णन कीजिए। **(3)**

खंड 'ग'

दीर्घ-उत्तरीय प्रकार के प्रश्न (3 × 8 = 24)

28. (a) "महाभारत काल के दौरान पारिवारिक रिश्तों की कुछ विशेषताएँ होती थीं।" इस कथन की व्याख्या उदाहरणों सहित कीजिए। **(8)**

अथवा (b) "राजत्व क्षत्रिय कुल में जन्म लेने पर शायद ही निर्भर था, बल्कि यह हर उस व्यक्ति के लिए होता था, जो समर्थन और संसाधन जुटा सके।" इस कथन की व्याख्या छठी शताब्दी ई.पू. के बाद के उदाहरणों सहित कीजिए।

29. (a) गुरु नानक देव की मुख्य मान्यताओं और शिक्षाओं की व्याख्या कीजिए। **(8)**

अथवा (b) मध्यकाल के दौरान भारत में चिश्तियों की मुख्य मान्यताओं और शिक्षाओं की व्याख्या कीजिए।

30. (a) वर्ष 1915 से 1931 तक भारत में राष्ट्रीय गतिविधियों के भारतीय जनता पर पड़े प्रभावों का विश्लेषण कीजिए। **(8)**

अथवा (b) भारत की स्वतंत्रता के बाद गाँधीजी की भूमिका का विश्लेषण कीजिए।

खंड 'घ'

स्रोत-आधारित प्रश्न (3 × 4 = 12)

31. दिए गए स्रोत को ध्यानपूर्वक पढ़िए और नीचे दिए गए प्रश्नों के उत्तर लिखिए।

अब तक खोजी गई प्राचीनतम प्रणाली

(नालियों के विषय में मैके लिखते हैं : "निश्चित रूप से यह अब तक खोजी गई सर्वथा संपूर्ण प्राचीन प्रणाली है"। हर आवास गली की नालियों से जोड़ा गया था। मुख्य नाले गारे में जमाई गई ईंटों से बने थे और इन्हें ऐसी ईंटों से ढंका गया था, जिन्हें सफ़ाई के लिए हटाया जा सके। कुछ स्थानों पर ढकने के लिए चूना पत्थर की पट्टिका का प्रयोग किया गया था। घरों की नालियाँ पहले एक हौदी या मलकुंड में खाली होती थीं, जिसमें ठोस पदार्थ जमा हो जाता था और गंदा पानी गली की नालियों में बह जाता था। बहुत लंबे नालों में कुछ अंतरालों पर सफ़ाई के लिए हौदियाँ बनाई गई थीं। यह पुरातत्व का एक अजूबा ही है कि "मलबे, मुख्यत: रेत के छोटे-छोटे ढेर सामान्यत: निकासी के नालों के अगल-बगल पड़े मिले हैं, जो दर्शाते हैं.... कि नालों की सफ़ाई के बाद कचरे को हमेशा हटाया नहीं जाता था।)

अर्नेस्ट मैके, अर्ली इंडस सिविलाइजेशन, 1948

जल निकास प्रणालियाँ केवल बड़े शहरों तक ही सीमित नहीं थीं बल्कि ये कई छोटी बस्तियों में भी मिली थीं।

उदाहरण के लिए; लोथल में आवासों के निर्माण के लिए जहाँ कच्ची ईंटों का प्रयोग हुआ था, वहीं नालियाँ पक्की ईंटों से बनाई गई थीं।

1. हड़प्पा के शहरों में जल निकासी प्रणालियों में एकरूपता के पीछे संभावित कारण का आकलन कीजिए। **(1)**
2. जल निकासी के नालों के किनारे रेत के ढेर मिलने के निहितार्थ का विश्लेषण कीजिए। **(1)**
3. हड़प्पा जल निकासी प्रणाली के प्रभावों का आकलन कीजिए। **(1)**

32. नीचे दिए गए स्रोत को ध्यानपूर्वक पढ़िए और उसके नीचे दिए गए प्रश्नों के उत्तर लिखिए

यूरोप के लिए एक चेतावनी

बर्नियर चेतावनी देता है कि यदि यूरोपीय शासकों ने मुग़ल ढाँचे का अनुसरण किया तो उनके राज्य इस प्रकार अच्छी तरह से जुते और बसे हुए, इतनी अच्छी तरह से निर्मित, इतने समृद्ध, इतने सुशिष्ट तथा फलते-फूलते नहीं रह जाएँगे जैसा कि हम उन्हें देखते हैं। दूसरी दृष्टि से हमारे शासक अमीर और

शक्तिशाली हैं; और हमें यह स्वीकार करना चाहिए कि उनकी बेहतर और राजसी ढंग से सेवा हो। वे जल्द ही रेगिस्तान तथा निर्जन स्थानों के, भिखारियों तथा क्रूर लोगों के राजा बनकर रह जाएँगे जैसे कि वे जिनके विषय में मैंने वर्णन किया है। मुग़ल शासक ...(हम उन महान शहरों और नगरों को खराब हवा के कारण न रहने योग्य अवस्था में पाएँगे तथा विनाश की स्थिति में, जिनके जीर्णोद्धार की किसी को चिंता नहीं है, व्यक्त टीले और झाड़ियों अथवा घातक दलदल से भरे हुए खेत, जैसा कि पहले ही बताया गया है।

1. बर्नियर के किसी एक मुख्य योगदान का उल्लेख कीजिए। (1)
2. बर्नियर ने यूरोपीय साम्राज्य और मुग़ल क्षेत्रों के बीच अंतर का वर्णन कैसे किया ? (1)
3. मुग़ल शासन के तहत लोगों की सामाजिक–आर्थिक स्थिति पर बर्नियर के विचारों की व्याख्या कीजिए। (1)

33. नीचे दिए गए स्रोत को ध्यानपूर्वक पढ़िए और उसके नीचे दिए गए प्रश्नों के उत्तर लिखिए

वनों की बटाई और स्थायी कृषि के बारे में

निचली राजमहल की पहाड़ियों में एक गाँव से गुजरते हुए, बुकानन ने लिखा

इस प्रदेश का दृश्य बहुत ही बढ़िया है; यहाँ की खेती विशेष रूप से, घुमावदार संकरी घाटियों में धान की फसल, बिखरे हुए पेड़ों के साथ साफ़ की गई जमीन और चट्टानी पहाड़ियाँ सभी अपने आप में पूर्ण हैं, कमी है तो बस इस क्षेत्र में कुछ प्रगति की और विस्तृत तथा उन्नत खेती की, जिनके लिए यह प्रदेश अत्यंत संवेदनशील है। यहाँ लकड़ी की जगह टसर और लाख के लिए आवश्यकतानुसार बड़े–बड़े आसन और पलास के बागान लगाए जा सकते हैं; बाकी जंगल को भी साफ़ किया जा सकता है और जो भाग इस प्रयोजन के लिए उपयुक्त न हो वहाँ पनई ताड़ और महुआ के पेड़ लगाए जा सकते हैं।

1. बुकानन ने निचली राजमहल की पहाड़ियों का वर्णन किस प्रकार किया। (1)
2. बुकानन ने इस क्षेत्र में खेती के सुधार की उच्च संभावना को क्यों माना। (1)
3. बुकानन ने आर्थिक लाभ के लिए भूमि का उपयोग करने का प्रस्ताव कैसे दिया। (1)

34. 1. दिए गए भारत के राजनीतिक रेखा–मानचित्र पर निम्नलिखित को उपयुक्त चिह्नों से अंकित कीजिए और उनके नाम लिखिए

(i) कालीबंगा - एक विकसित हड़प्पा पुरास्थल (1)
(ii) अमरावती - बौद्ध स्थल (1)
(iii) (a) आम्बेर–मुगलों के अधीन क्षेत्र (1)
अथवा (b) बीजापुर–मध्यकालीन भारत का एक महत्त्वपूर्ण शहर

2. दिए गए भारत के इसी राजनीतिक रेखा–मानचित्र पर 1857 के विद्रोह से संबंधित दो केंद्रों को A और B से अंकित किया गया है। इनको पहचानिए और उनके साथ खींची गई रेखाओं पर इनके सही नाम लिखिए।

व्याख्या

1. (b) यह बाएँ से दाएँ लिखी जाती थी
2. (c) बनावली और चोलिस्तान
3. (a) A और R दोनों सही हैं तथा R, A की सही व्याख्या करता है
4. (c) 1, 2 और 4
5. (c) 3 4 1 2
6. (d) चंद्रगुप्त द्वितीय की पुत्री और वाकाटक राजा की पत्नी
7. (b) कैलाशनाथ मंदिर
8. (c) संस्कृति और रीति-रिवाजों की आलोचना करना।
9. (b) सांस्कृतिक योग्यता और कौशलता
10. (a) 1, 2 और 3
11. (b) 2 3 1 4
12. (c) आइन-ए-अकबरी, राजवंश का महत्त्वपूर्ण इतिहास
13. (c) उनके गाँव वालों के साथ सदैव सौहार्दपूर्ण संबंध थे
14. (d) ईश्वर के साथ सरल संबंध की खोज
15. (d) भारी कर और भूमि अधिग्रहण
16. (d) दक्कन दंगा आयोग
17. (b) 3 4 1 2
18. (b) 2, 4, 3 और 1
19. (b) अंग्रेजों द्वारा देशी सेना का रख-रखाव
20. (b) संघ शक्ति समिति-पंडित जवाहरलाल नेहरू
21. (d) राजेंद्र प्रसाद
22. (a) अशोक के अभिलेख मौर्य सम्राट अशोक के प्रशासन को समझने का सबसे महत्त्वपूर्ण स्रोत हैं, क्योंकि ये उनके शासनकाल की नीतियों, विचारधारा और समाज सुधारों का प्रत्यक्ष प्रमाण प्रस्तुत करते हैं।

ये शिलालेख और गुफा लेख प्राकृत भाषा में ब्राह्मी लिपि में लिखे गए हैं और पूरे भारतीय उपमहाद्वीप में फैले हुए हैं। इसमें अशोक धम्म नीति, अहिंसा, पर्यावरण संरक्षण और प्रजा के कल्याण हेतु किए गए कार्यों का वर्णन है। अभिलेखों से उनके प्रशासनिक ढाँचे, जैसे अधिकारियों की नियुक्ति और जनता से संवाद की जानकारी मिलती है। अन्य स्रोतों की तुलना में ये समकालीन और प्रामाणिक होने के कारण अशोक के शासन की गहरी समझ प्रदान करते हैं।

23. ईसा पूर्व प्रथम सहस्राब्दि (1000 ईसा पूर्व से 1 ईसा पूर्व) को विश्व इतिहास में एक महत्त्वपूर्ण मोड़ माना जाता है, क्योंकि इस काल में मानव सभ्यता ने कई क्षेत्रों में क्रांतिकारी परिवर्तन देखें। लौह युग का प्रारंभ इस काल की सबसे बड़ी उपलब्धि थी, जिसने कृषि, हथियार निर्माण और औद्योगिक प्रगति को बढ़ावा दिया। मेसोपोटामिया में असीरियाई और बेबीलोनियाई साम्राज्य, मिस्र में नवीन साम्राज्य, भारत

में वैदिक सभ्यता और चीन में झोऊ वंश का उदय हुआ। इन सभ्यताओं ने धर्म, दर्शन और शासन प्रणाली को आकार दिया। ग्रीस में लोकतंत्र और दार्शनिक चिंतन का विकास हुआ, जो पश्चिमी सभ्यता की नींव बना। व्यापार मार्गों जैसे रेशम मार्ग, ने संस्कृतियों को जोड़ा। लिखित भाषा साहित्य और कानून का विकास भी इसी काल में हुआ, जिसने आधुनिक समाज के आधार तैयार किए इसलिए यह काल विश्व इतिहास में निर्णायक माना जाता है।

24. (a) कृष्णदेव राय की मृत्यु के पश्चात् विजयनगर साम्राज्य का धीरे-धीरे पतन होने लगा। कृष्णदेव राय के बाद विजयनगर के शासक भोग-विलास में डूब गए, जिससे अयोग्य उत्तराधिकारियों का शासन हुआ। 1565 ई. में तालीकोटा का युद्ध पतन का प्रमुख कारण बना, जिसके बाद शहर नष्ट हो गया।

नायकों की महत्त्वाकांक्षाएँ बढ़ी और रामराय जैसे नायकों ने सत्ता हथिया ली। मुस्लिम व गजपति शासकों से निरंतर युद्ध गलत नीतियों से नायकों के विद्रोह और व्यापार के ह्रास ने पतन को तेज किया। मंदिर के निर्माण व धार्मिक कार्यों में धन व्यय से नायकों की शक्ति बढ़ी। सेना असंगठित थी, आधुनिक हथियारों का आभाव था और कोई शासक आर्थिक स्थिति सुदृढ़ न कर सका, जिससे विजयनगर का अंत हुआ।

25. मुगल काल में पंचायतें ग्रामीण स्तर पर समाजिक और प्रशासनिक व्यवस्था का आधार थीं। ये आम लोगों के अधिकारों की वकालत में महत्त्वपूर्ण थीं, क्योंकि ये स्थानीय विवादों का निपटारा करती थीं और केंद्रीय शासन की कठोरता से राहत देती थीं। ये पंचायतें कर संग्रह, भूमि विवाद और सामाजिक नियमों को लागू करने में मध्यस्थ की भूमिका निभाती थीं, जिससे लोगों को मुगल अधिकारियों के प्रत्यक्ष दबाव से कुछ संरक्षण मिलता था। हालाँकि इनकी शक्ति सीमित थीं, क्योंकि मुगल प्रशासन का नियंत्रण जागीरदारों और सूबेदारों के हाथों में थी। फिर भी, पंचायतें सामुदायिक एकता और स्थानीय स्वायत्ता की प्रतीक थी, जो आम लोगों की आवाज को कुछ हद तक उठाती थीं।

26. 1857 का विद्रोह ब्रिटिश शासन के खिलाफ एक व्यापक जनआंदोलन था, जिसमें हिंदुओं और मुस्लमानों ने एकजुट होकर भाग लिया। आंशिक रूप से ही है। लाभ के रूप में, यह विद्रोह दोनों समुदायों के लिए स्वतंत्रता और सम्मान की साझा लड़ाई थी, जिसमें बहादुरशाह जफर जैसे मुस्लिम नेता और रानी लक्ष्मीबाई जैसे हिंदू नेता शामिल थे। यह एकता सामाजिक और आर्थिक बंधनों से ऊपर उठी। नुकसान की दृष्टि से, विद्रोह के दमन के बाद दोनों समुदायों पर ब्रिटिश प्रतिशोध समान रूप से कठोर था-गाँव जलाए गए, लोग मारे गए और संपत्ति जब्त की गई। हालाँकि मुसलमानों पर अतिरिक्त संदेह के कारण उन पर दमक कुछ अधिक हुआ, जिससे दीर्घकालिक सामाजिक-आर्थिक प्रभाव पड़ा। इस तरह, नफा-नुकसान पूरी तरह बराबर नहीं था।

27. डॉ. बी.आर. अम्बेडकर संविधान सभा में प्रारूप समीति के अध्यक्ष थे और भारतीय संविधान के निर्माण में उनकी भूमिका निर्णायक थी। इन्होंने संविधान को समावेशी, लोकतांत्रिक और जबकि इन्होंने सामाजिक न्याय पर आधारित बनाने में योगदान दिया। सामाजिक भेदभाव, अस्पृश्यता एवं आर्थिक असमानता को दूर करने के लिए मौलिक अधिकारों और नीति-निर्देशक तत्त्वों पर दिया तथा अल्पसंख्यकों, दलितों और महिलाओं के अधिकारों की वकालत की। उनकी दूरदर्शिता से संविधान में समानता, स्वतंत्रता और बंधुत्व के सिद्धांत स्थापित हुए। बहसों में इनकी तर्कशीलता तथा कानूनी विशेषता ने संविधान को एक मजबूत ढाँचा प्रदान किया। इसलिए उन्हें संविधान का निर्माता कहा जाता है।

28. (b) राजत्व क्षत्रिय कुल में जन्म लेने पर शायद ही निर्भर करता था, बल्कि यह हर उस व्यक्ति के लिए होता था, जो समर्थन और संसाधन जुटा सकें-यह कथन प्राचीन भारत में छठी शताब्दी ई.पू. के बाद के सामाजिक-राजनीतिक परिवर्तनों को रेखांकित करता था। इस काल में वैदिक व्यवस्था की कठोरता कम हुई और शक्ति का आधार वंश से अधिक व्यक्तिगत योग्यता, संसाधन और जनसमर्थन पर निर्भर करने लगा। यह परिवर्तन महाजनपदों के उदय, शहरीकरण और नए सामाजिक-आर्थिक ढाँचे के साथ स्पष्ट होता है।

छठी शताब्दी ई.पू. में मगध जैसे महाजनपदों का उदय इसका प्रमाण है। बिंबिसार, जो हर्यंक वंश से था, ने अपनी शक्ति केवल क्षत्रिय होने के कारण नहीं, बल्कि कूटनीति, विवाद-संबंधों और सैन्य शक्ति के बल पर बढ़ाई। इन्होंने कोशल और वैशाली जैसे क्षेत्रों में गठबंधन बनाए और संसाधन जुटाए। इनका पुत्र आजात शत्रु भी इसी नीति पर चला। उसने लिच्छवियों को हराने के लिए सैन्य रणनीति और संसाधनों का उपयोग किया न कि वंशमत अधिकार का दावा किया। यह दर्शाता है कि राजत्व जन्म से अधिक समर्थन और शक्ति पर निर्भर था।

मौर्य वंश का उदय इसका सबसे बड़ा उदाहरण है। चंद्रगुप्त मौर्य जो सम्भवतः निम्न वर्ण से थे, ने नंद वंश को परास्त कर मगध राज्य पर शासन स्थापित किया। उनकी सफलता क्षत्रिय कुल में जन्म से नहीं, बल्कि चाणक्य के मार्गदर्शन सैन्य संगठन और संसाधन संग्रह से मिली।

इसी तरह, अशोक ने अपने दादा की नींव पर विशाल साम्राज्य बनाया, जो जनसमर्थन और प्रशासनिक कुशलता पर आधारित था। इस काल में बौद्ध और जैन ग्रंथ भी इस बदलाव को दर्शाते हैं। बुद्ध और महावीर दोनों क्षेत्रिय थे, लेकिन उहोंने आध्यात्मिक नेतृत्व के लिए जनसमर्थन जुटाया, न कि जन्मदिन अधिकार का उपयोग किया, बौद्ध संघों में भी शक्ति और प्रभाव संगठन और अनुयायियों पर निर्भर थे। इस प्रकार छठी शताब्दी ई.पू. के बाद राजत्व का आधार बदल गया। क्षत्रिय कुल अब शक्ति का एकमात्र स्रोत नहीं रहा, बल्कि जो संसाधन, सैन्य बल और जनता का समर्थन जुटा सका, वही शासक बना।

29. (b) मध्यकालीन भारत में सूफी संतों की चिश्ती परंपरा एक प्रमुख आध्यात्मिक और सामाजिक शक्ति के रूप में उभरी। चिश्ती सिलसिला जिसकी शुरुआत ख्वाजा मुइनुद्दीन चिश्ती ने 12वीं शताब्दी में अजमेर से की, इसने अपनी मान्यताओं और शिक्षाओं के माध्यम से भारतीय समाज में गहरी छाप छोड़ी। इसकी मुख्य मान्यताएँ और शिक्षाएँ सूफी दर्शन के मूल सिद्धांतों - ईश्वर के प्रति प्रेम, मानवता की सेवा और आत्म-शुद्धि-पर आधारित थी।

मुख्य मान्यताएँ

(i) चिश्तियों का विश्वास था कि ईश्वर एकमात्र सत्य है और सारी सृष्टि उसकी अभिव्यक्ति है। यह विचार वहदत-उल-बुईरद के

सिद्धांत से प्रेरित था, जिसे इब्न अरबी ने प्रतिपादित किया था। इनके लिए ईश्वर तक पहुँचने का मार्ग प्रेम और भक्ति था, न कि केवल कर्मकांड।

(ii) चिश्ती संतों ने ईश्वर के प्रति गहन प्रेम को आध्यात्मिक साधना का आधार माना। उनका मानना था कि प्रेम के माध्यम से ही आत्मा ईश्वर से मिल सकती है।
यह प्रेम न केवल ईश्वर के लिए था, बल्कि सृष्टि, विशेष रूप से मानवता के लिए भी था।

(iii) चिश्ती संत सांसारिक सुखों और धन-दौलत से दूर रहते थे। वे सादा जीवन जीते थे और भौतिक संपत्ति को आत्मिक उन्नति में बाधा मानते थे। ख्वाजा मुइनुद्दीन चिश्ती और निजामुद्दीन औलिया जैसे संतों ने शाही अनुदान तक ठुकरा दिया, ताकि उनकी स्वतंत्रता और पवित्रता बनी रहे।

शिक्षाएँ और प्रथाएँ

(i) चिश्ती संतों की सबसे बड़ी शिक्षा थी कि ईश्वर की सबसे बड़ी भक्ति इसकी सृष्टि की सेवा में निहित है। वे गरीबों तथा भूखों और जरूरतमंदों की सहायता करते थे। लंगर (सामुदायिक भोजन) की प्रथा इसका उदाहरण है, जहाँ सभी को बिना भेदभाव के भोजन दिया जाता था।

(ii) चिश्चितों ने संगीत को ईश्वर तक पहुँचने के साधन के रूप में स्वीकार किया। सूफी संगीत सभा में कव्वालिया गाई जाती थी, जो आत्मा को ईश्वरीय प्रेम में डुबो देती थीं। हालाँकि कुछ संतों ने इसे विवादास्पद माना, पर निजामुद्दीन औलिया जैसे संत इसके समर्थक थे।

(iii) चिश्ती साधना में जिक्र और ध्यान का विशेष महत्त्व था। संत अपने शिष्यों को आत्म-चिंतन और ईश्वर के नाम के जाप के लिए प्रेरित करते थे यह अभ्यास आत्म-शुद्धि और ईश्वर से निकटता का मार्ग था।

चिश्ती परंपरा की मान्यताएँ और शिक्षाएँ ईश्वर के प्रति प्रेम, मानवता की सेवा और सादगी पर केंद्रित थीं, इनके माध्यम से इन्होंने मध्यकालीन भारत में एक ऐसी आधात्मिक क्रांति लाई, जो धार्मिक सीमाओं से परे थी। उनकी सहिष्णुता और समर्पण ने भारतीय संस्कृति को समृद्ध किया और सूचीवाद को जन आंदोलन का रूप दिया।

30. (a) वर्ष 1915 से 1931 तक का काल भारत के स्वतंत्रता संग्राम में महत्त्वपूर्ण परिवर्तनों का साक्षी रहा। इस काल में राष्ट्रीय गतिविधियाँ, विशेष रूप से महात्मा गाँधी के नेतृत्व में शुरू हुई आंदोलनों ने भारतीय जनता पर गहरा प्रभाव डाला। इन प्रभावों को सामाजिक, राजनीतिक और आर्थिक दृष्टिकोण से विश्लेषित दिया जा सकता है।

राजनीतिक प्रभाव वर्ष 1915 में गाँधी की भारत वापसी के साथ राष्ट्रीय आंदोलन में नई ऊर्जा आई। चंपारण (1917) खेड़ा (1918) और अहमदाबाद मिल हड़ताल (1918) जैसे स्थानीय आंदोलन ने जनता में यह विश्वास जमाया कि ब्रिटिश शासन के खिलाफ संगठित प्रतिरोध संभव है। 1919 का रोलेक्ट एक्ट विरोध और जलियाँवाला बाग हत्याकांड ने जनता में आक्रोश उत्पन्न किया, जिससे असहयोग आंदोलन को व्यापक समर्थन मिला। इस आंदोलन ने विदेशी वस्तुओं का बहिष्कार कर, स्वदेशी वस्तुओं को अपनाया और सहकारी संस्थाओं को राजनीतिक रूप से जागरूक किया। 1930 का नमक सत्याग्रह और दांडी यात्रा ने साधारण नमक जैसे मुद्दे को राष्ट्रीय स्वतंत्रता से जोड़कर जनसामान्य को आंदोलन का हिस्सा बनाया।

सामाजिक प्रभाव राष्ट्रीय गतिविधियों ने सामाजिक जागरूकता को बढ़ावा दिया। इसके अतिरिक्त असहयोग आंदोलन में महिलाओं और ग्रामीण जनता की भागीदारी ने सामाजिक संरचना में बदलाव लाया। महिलाएँ जो पहले घरों तक सीमित थीं, अब सत्याग्रह और पिरेरिंग में शामिल हुईं। गाँधीजी के हरिजन आंदोलन ने अस्पृश्यता के खिलाफ आवाज उठाई, जिससे दलित वर्ग में जागृति उत्पन्न हुई। खिलाफत आंदोलन हिंदू-मुस्लिम एकता को बढ़ावा देने का प्रयास किया तथा धार्मिक सहिष्णुता को प्रोत्साहित किया, हालाँकि यह एकता बाद में कमजोर हुई।

आर्थिक प्रभाव इन गतिविधियों का आर्थिक प्रभाव मिश्रित रहा। विदेशी वस्तुओं के बहिष्कार से स्थानीय कुटीर उद्योगों, विशेष रूप से खादी को बढ़ावा मिला, जिससे ग्रामीण अर्थव्यवस्था में कुछ सुधार हुआ, लेकिन हड़तालों और आंदोलनों से व्यापार और उत्पादन में रुकावट भी आई। ब्रिटिश सरकार की दमनकारी नीतियों जैसे दर वृद्धि और संपत्तिजब्ती, ने किसानों और मजदूरों पर आर्थिक बोझ बढ़ाया। नमक सत्याग्रह ने नमक कर जैसे अन्यायपूर्ण करो के विरुद्ध जन-विरोध को उजागर किया, जिससे आर्थिक शोषण के प्रति जागरूकता बढ़ी।

मनोवैज्ञानिक और सांस्कृतिक प्रभाव इन आंदोलनों ने जनता में आत्म-सम्मान और स्वतंत्रता की चाह को प्रज्ज्वलित किया। गाँधी का अहिंसा और सत्याग्रह का दर्शन जनता के लिए नया हथियार बना, जिसने उन्हें शक्तिशाली ब्रिटिश साम्राज्य के सामने खड़े होने का साहस दिया। साहित्य कला और लोक गीतों में राष्ट्रवादी भावनाएँ उभरीं, जिसने सांस्कृतिक पुनर्जागरण को बल दिया।

वर्ष 1915 से 1931 तक की राष्ट्रीय गतिविधियों में भारतीय जनता को राजनीतिक रूप से सक्रिय सामाजिक रूप से जागरूक और आर्थिक रूप से आत्मनिर्भर बनने की दिशा में महत्त्वपूर्ण योगदान दिया। हालाँकि इनके साथ दमन और आर्थिक कठिनाइयाँ भी आईं, पर जनता में स्वतंत्रता की चेतना इतनी प्रबल हुई कि यह आगे के संघर्ष का आधार बनीं।

(b) भारत की स्वतंत्रता के बाद महात्मागाँधी की भूमिका एक जटिल और बहुआयामी विषम है। 15 अगस्त, 1947 को भारत को ब्रिटिश शासन से आजादी मिली, लेकिन यह वह स्वतंत्रता नहीं थी, जिसका सपना गाँधीजी ने देखा था। उनके लिए स्वतंत्रता केवल राजनीतिक आजादी नहीं, बल्कि सामाजिक, आर्थिक और नैतिक उत्थान का प्रतीक था। स्वतंत्रता के बाद कुछ महीने में गाँधीजी ने देश को एकजुट करने, सांप्रदायिक हिंसा को रोकने और सामाजिक सुधारों को बढ़ावा देने में महत्त्वपूर्ण भूमिका निभाई, हालाँकि उनकी सक्रियता सीमित समय तक ही रही, क्योंकि 30 जनवरी, 1948 को उनकी हत्या कर दी गई।

स्वतंत्रता के तुरंत बाद भारत और पाकिस्तान के बँटवारे के कारण भयंकर सांप्रदायिक दंगे भड़क उठे। गाँधीजी ने इस हिंसा को रोकने के लिए बहुत प्रयास किए। वे बंगाल और बिहार जैसे प्रभावित क्षेत्रों में गए, जहाँ उन्होंने शांति की अपील की और उपवास किए। कोलकाता में उनका उपवास विशेष रूप से

प्रभावशाली रहा, जहाँ हिंदू और मुस्लिम समुदायों ने उनके आह्वान पर हथियार डाल दिए। गाँधीजी का मानना था कि सच्ची आजादी तभी संभव है, जब सभी धर्मों के लोग एक साथ मिलकर रहें। उनकी यह अहिंसक पहल उस समय देश को विघटन से बचाने में सहायक सिद्ध हुई।

गाँधी जी ने स्वतंत्रता भारत में सामाजिक सुधारों पर भी धान दिया। वे चाहते थे कि देश में जातिवाद, अस्पृश्यता और गरीबी जैसी कुरीतियाँ समाप्त हों। इन्होंने हरिजनों (दलितों) के उत्थान के लिए काम किया और ग्रामीण अर्थव्यवस्था को मजबूत करने पर जोर दिया। इनका मानना था कि भारत की आत्मा गाँवों में बस्ती है। इसलिए इन्होंने स्वदेशी और आत्मनिर्भरता को बढ़ावा देने की वकालत की। हालाँकि इनकी ये विचारधाराएँ उस समय के नेताओं जैसे जवाहरलाल नेहरू, जो औद्योगीकरण और आधुनिकीकरण के पक्षधर थे, से मेल नहीं खाती थी।

राजनीतिक रूप से गाँधीजी ने स्वतंत्रता के बाद कांग्रेस से दूरी बना ली थी। वे किसी पद या सत्ता में नहीं थे, लेकिन उनकी नैतिक शक्ति इतनी प्रबल थी कि लोग उनकी बात मानते थे। उनकी हत्या ने देश को झकझोर दिया तथा उनके विचारों को मजबूती मिली। कुल मिलाकर, स्वतंत्रता के बाद गाँधीजी की भूमिका एक मार्गदर्शक, शांति और समाज सुधारक की रही, जिससे भारत के नवनिर्माण में गहरी छाप पड़ी

31. (i) हड़प्पा की जल निकासी प्रणाली में एक रूपता केंद्रीकृत नियोजन, उन्नत कौशल और स्वच्छता के प्रति सामाजिक जागरूकता से आई, जो सभी शहरों में समान मानकों को लागू करती थी।

(ii) नाले के किनारे रेत के ढेर नियमित सफाई को दर्शाते हैं, पर कचरे के अपूर्ण निपटान से प्रबंधन की कमी और सम्भवतः क्षम या प्राथमिकता में कमी का संकेत मिलता है।

(iii) हड़प्पा की जल निकासी प्रणाली ने स्वच्छता और स्वास्थ्य को बढ़ावा देकर शहरी जीवन को समृद्ध किया। यह उन्नत नियोजन का प्रतीक थी, जिसने व्यापार और स्थिरता को सहारा दिया। हालाँकि, कचरा प्रबंधन की कमी ने पर्यावरणीय समस्याएँ उत्पन्न कीं, जो सम्भवतः सभ्यता के पतन में योगदान दे सकती थीं।

32. (i) फ्रांस बर्नियर का मुख्य योगदान 17वीं सदी के मुगल भारत का विस्तृत और विश्लेषणात्मक विवरण प्रस्तुत करना है। उनकी पुस्तक ''ट्रेवल्स इन द मुगल एम्पायर मुगल शासन, सामाजिक - आर्थिक स्थिति और प्रशासनिक व्यवस्था की गहन जानकारी देती है, जो एक यूरोपीय दृष्टिकोण से ऐतिहासिक अध्ययन के लिए मूल्यवान है।

(ii) बर्नियर ने यूरोपीय साम्राज्यों को समूह, सुशासित और फलते-फूलते बताया, जहाँ शासक शक्तिशाली और सम्मानित थे। इसके विपरीत मुगल क्षेत्रों को इन्होंने अव्यवस्थित और पतन शील माना, जहाँ शासक धनवान थे, पर इनकी नीतियों से राज्य निर्जन, गरीब और क्रूर लोगों का स्थान बन गया।

(iii) बर्नियर के अनुसार, मुगल शासन में लोगों की सामाजिक-आर्थिक स्थिति दयनीय थी। इन्होंने जागीरदारी और राज्य व्यवस्था की आलोचना की, जिसके कारण निजी संपत्ति का आभाव था। यहाँ की कृषि ठप थी और अर्थव्यवस्था संकटग्रस्त थी। शहर वाणिज्य के केंद्र थे पर गाँव गरीब थे। महिलाओं की स्थिति पर भी इन्होंने पर्दा प्रथा और एकांतवास को रेखांकित किया, जिससे सामाजिक अशांति बढ़ी।

33. (i) बुकानन ने निचली राजमहल की पहाड़ियों को एक सुंदर और आकर्षक के क्षेत्र के रूप में वर्णित किया। उन्होंने घुमावदार संकरी घटियों में धान की फसल, बिखरे हुए पेड़ों के साथ साफ जमीन और चट्टानी पहाड़ियों का उल्लेख किया, जो इस क्षेत्र को प्राकृतिक रूप से पूर्ण और मनोरम बनाते हैं।

(ii) बुकानन ने इस क्षेत्र की प्राकृतिक उर्वरता और विविध भू-आकृति को देखते हुए खेती सुधार की उच्च सम्भावना मानी। इनका मानना था कि यहाँ की जमीन विस्तृत और उन्नत कृषि के लिए संवेदनशील है, जिससे उत्पाद बढ़ाया जा सकता था।

(iii) बुकानन ने आर्थिक लाभ के लिए जंगल साफ करने और टसर व लाख के लिए पलास के बागान लगाने का प्रस्ताव दिया। इसके अतिरिक्त, अनुपयुक्त भूमि पर पनई ताड़ और महुआ के पेड़ लगाकर संसाधनों का अधिकतम उपयोग करने की सलाह दी।

34.

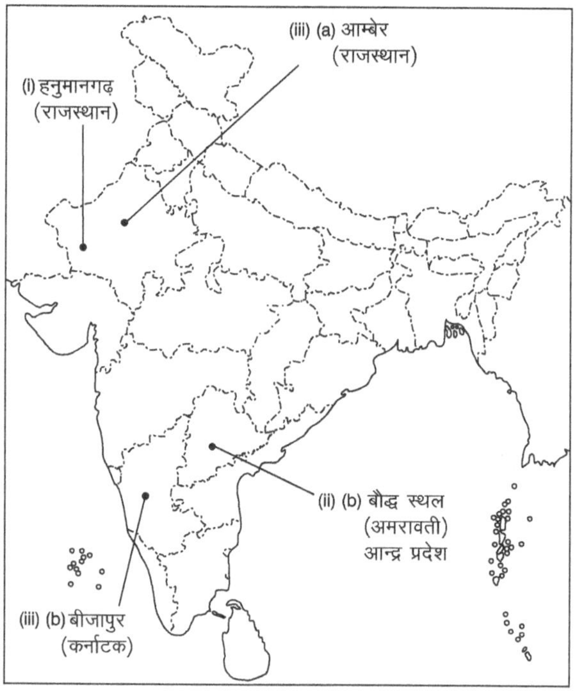